Anonymous

Urkunden und Akten der Stadt Strassburg

Anonymous

Urkunden und Akten der Stadt Strassburg

ISBN/EAN: 9783743602342

Hergestellt in Europa, USA, Kanada, Australien, Japan

Cover: Foto ©ninafisch / pixelio.de

Weitere Bücher finden Sie auf **www.hansebooks.com**

URKUNDEN UND AKTEN

DER

STADT STRASSBURG

HERAUSGEGEBEN

MIT UNTERSTÜTZUNG DER LANDES- UND DER STADTVERWALTUNG.

ERSTE ABTHEILUNG

URKUNDENBUCH DER STADT STRASSBURG.

STRASSBURG
UNIVERSITÄTS-BUCHDRUCKEREI VON J. H. ED. HEITZ.
1884.

URKUNDENBUCH

DER

STADT STRASSBURG.

DRITTER BAND

PRIVATRECHTLICHE URKUNDEN UND AMTSLISTEN VON 1266 BIS 1332

BEARBEITET

VON

ALOYS SCHULTE.

STRASSBURG
VERLAG VON KARL J. TRÜBNER.
1884.

INHALTSVERZEICHNIS.

EINLEITUNG.

Der vorliegende dritte Band des Urkundenbuches der Stadt Strassburg umfasst denselben Zeitabschnitt wie der zweite, der, von Herrn Archivdirektor Privatdozent Dr. Wiegand bearbeitet, dem vorliegenden bald folgen wird. Er umspannt gleich diesem die Zeit der Herrschaft der Geschlechter vom 23. Juli 1266, dem Tag des Friedensschlusses zwischen der Stadt Strassburg und Walther von Geroldseck, bis zum 20. Mai 1332, der mit dem Ausbruch der Feindschaft zwischen den Zorn und Mülnheim das Ende der Geschlechterherrschaft und den Beginn des Regiments der Handwerke brachte. Für die überwältigende Fülle des Stoffes reichte der enge Raum eines einzigen Bandes nicht aus, eine Teilung der Zeit nach schien aber bei dem durchaus einheitlichen Charakter dieser Periode nicht ratsam. Da nun einmal eine Teilung erfolgen musste, so entschloss sich die Kommission lieber eine solche nach dem Inhalt, nach der Natur des Stoffes eintreten zu lassen. Ganz unzweifelhaft liegt ja ein grosser Mangel der streng chronologischen Anordnung eines Urkundenbuches darin, dass die inhaltlich verwandten Stücke, die sich zum Beispiel auf den Verlauf einer Fehde beziehen, durch viele ganz fremde so von einander getrennt sind, dass der Benutzer erst mühselig zwischen ihnen die für seinen Zweck notwendigen Stücke herauslesen muss. Alles das würde bei vorliegendem Urkundenbuch, das für ein Jahr häufig mehr als 50 Urkunden bringt, doppelt fühlbar geworden sein.

Der von Dr. Wiegand bearbeitete zweite Band umfasst alles dasjenige, was für die politische Geschichte der Stadt Strassburg in Betracht kommt; der vorliegende dritte Band hingegen enthält die privatrechtlich und kultur-historisch wichtigen Urkunden; er vereint das, was für den Rechtshistoriker, für Kultur- und Lokalgeschichte in Betracht kommt.

Diese Einteilung, welche auf den ersten Blick einfach und klar zu sein scheint, barg gleichwohl erhebliche Schwierigkeiten in sich. Es gleiten ja die Kreise des Lebens so unmerklich in einander über, dass eine absolut feste Scheidung unmöglich ist. Leicht scheint es zu sein, die politischen Urkunden auszuscheiden; aber selbst hier war es zweifelhaft, ob man die Lehnsbriefe zu Band II oder III stellen solle.

Die Lehnsbriefe lehren ja am Besten, welche Kreise, welche Familien zum Beispiel im Streit zwischen Friedrich dem Schönen und Ludwig dem Bayern auf der einen oder andern Seite standen: als Dienstverträge gehören sie unter die politischen Urkunden; ihre wesentliche Bedeutung liegt aber doch auf dem Gebiete des Privatrechts, und deshalb sind sie dem vorliegenden Band zugewiesen. Werden in ihnen auch politische Verhältnisse berührt, so sind das ja nicht Beziehungen der Stadt sondern eines ihrer Bürger. Weit schwieriger war es, die auf das religiöse Leben sich beziehenden Urkunden zwischen Band II und III zu verteilen. Bei vielen tritt ja das kirchenpolitische Interesse der Art hervor, dass darüber kein Zweifel bestehen kann, wohin sie gehören; so würde Niemand die in dem grossen Streit zwischen der Stadt und den Predigerbrüdern entstandenen Urkunden in Band III suchen. Für alle anderen Fälle erschien folgende Scheidung als die beste. In Band II fanden ausser den auf kirchenpolitische Streitigkeiten bezüglichen Akten alle Statuten der Kapitel und Kirchen Aufnahme; damit die Bearbeitung der von Päpsten und Bischöfen ausgestellten Urkunden wo möglich in der Hand eines einzigen vereint bliebe, wurden auch die von diesen ausgestellten Ablassbriefe, Confirmationen u. s. w. jenen angeschlossen. Der vorliegende Band umfasst hingegen alle Schenkungen an kirchliche Institute, Pfründenstiftungen, Mess- und Seelgerätstiftungen, ferner alle auf Gründung von Beginen- und Begardenhäuser sich beziehenden Urkunden, obwohl diese meistens auch die Statuten der betreffenden Häuser enthalten, somit eigentlich zu Band II gehört hätten. Diese Art der Verteilung ist meinem Ermessen nach die ungezwungenste und natürlichste. Um allen aus dieser Teilung sich ergebenden Misständen abzuhelfen, wird im Sachregister besonders auf die Fälle Rücksicht genommen werden, in denen ein Zweifel obwalten konnte, ob sie zu Band II oder Band III einzureihen seien. Bei sorgfältiger Benutzung des Sachregisters wird demnach ein Uebersehen eines wichtigen Punktes unmöglich sein.

Der erste Band des vorliegenden Urkundenbuches strebte nach möglichster Vollständigkeit des gesamten für die Geschichte Strassburgs und seiner Bewohner noch erhaltenen urkundlichen Materials. Ausgeschlossen waren allein die Besitzurkunden der in Strassburg belegenen Stifter und Klöster, welche sich auf ausserstädtischen Besitz beziehen. Und wenn alle Urkunden berücksichtigt wurden, in denen der Name einer Strassburger Persönlichkeit vorkommt, so machte doch der Bischof eine Ausnahme. Diese Umgrenzung aufrecht zu halten war unmöglich. Das Material würde so riesig anschwellen, das Unwichtige so sehr überwuchern, dass Arbeit und Ertrag auch nicht entfernt mehr in einem Verhältnisse stände. Um wenigstens das geringwertigste Material auszuscheiden, ist in zwei Punkten die Umgrenzung enger gezogen, als beim ersten Bande.

1) Sind diejenigen Urkunden ausgeschlossen, welche sich auf ausserhalb der Stadt belegene Besitzungen Strassburger Bürger beziehen. Es wäre ja freilich ganz interessant zu verfolgen, in welcher Weise der Strassburger Bürger den ländlichen Grundbesitz immer mehr an sich zu bringen weiss, wie er ihn verwalten lässt und ausnützt, wie dann auch der Städter wieder auf das Land zieht, — aber eine Aufnahme aller dieser Urkunden würde den Umfang mehr als verdoppeln. Es müssten da die zahllosen Kaufbriefe über einzelne Aecker, die ganze Masse von Rentenbriefen aufgenommen werden, die in den Archiven aufgespeichert liegen. Es sind aber wenigstens die Urkunden aufgenommen, welche die grössern ausserstädtischen Besitzungen betreffen, so vor allem die ziemlich zahlreichen Pfandbriefe und Lehensurkunden, welche sich auf Reichslehen, bischöfliche u. s. w. Lehen und Besitzungen beziehen. Eine klare Uebersicht über die bischöflichen Lehen, welche Strassburger Bürger in Händen hatten, werden die Auszüge aus dem jüngst wieder aufgefundenen Lehnsbuch Bischof Bertholds von Bucheck bringen, einer Handschrift, die für die Geschichte des Unterelsasses im Ausgang des Mittelalters von grundlegendem Wert ist. Da ferner sämmtliche vom Rat ausgestellten Urkunden und ebenso alle Testamente Strassburger Bürger Aufnahme fanden, so trifft man auch unter ihnen mehrere, die nur auf ausserstädtische Besitzungen Bezug haben.

2) Es sind auch alle diejenigen Urkunden unbeachtet geblieben, in denen nur der Name eines Strassburger Bürgers vorkommt. Solche fanden im ersten Band als Zeugenregesten oder in den Anmerkungen Platz. Nur allein wichtige Urkunden, in denen Strassburger Bürger als Zeugen erscheinen, sind als Zeugenregesten aufgenommen worden. Ebenso sind die Namen städtischer Beamten, der Vorsteher der Stifter und Klöster bei der Sammlung und Sichtung des Materials jeweils notirt und werden, soweit sie die Amtslisten vervollständigen, in diese Aufnahme finden.

Innerhalb dieses engeren Rahmens ist Vollständigkeit erstrebt.

Man darf kühn behaupten, dass in keiner Stadt Deutschlands, nur vielleicht Köln ausgenommen, eine gleich grosse Masse von sogenannten Privaturkunden erhalten ist, wie in Strassburg. Von den Archiven der zahlreichen Klöster Strassburgs sind fast alle gerettet und bilden den Grundstock des heutigen Hospitalarchives. Ganz vernichtet ist, ausser den Archiven einiger kleinerer Stiftungen, nur das der Minderbrüder, von dem auch nicht eine Spur erhalten ist. Allzu umfangreich dürfte es wohl nicht gewesen sein, da die Strassburger Franziskaner sich lange streng an dem Verbot des Besitzes hielten und auch niemals den Dominikanern gegenüber recht aufkommen konnten. Auch die Originale der «Privaturkunden» dieses Klosters sind sämtlich zu Grunde gegangen, im Hospitalarchiv fand sich aber das grosse Copialbuch aus dem 14ten Jahrhundert vor (Protocoll Prédicateurs 107), das für unsern Band nicht weniger als 96 Nummern lieferte und unter ihnen sehr viele wichtige. Die Erhaltung dieses Copialbuchs, das bislang nur für Charles Schmidts Strassburger Gassen- und Häusernamen benutzt ist, setzt uns in den Stand, den ausserordentlichen Einfluss dieses Klosters auf alle Kreise Strassburgs zu zeigen. In ihm sind besser die Ursachen des grossen Streites, der Ende der 80er Jahre des 13ten Jahrhunderts zwischen der Stadt und den Dominikanern ausbrach, zu erkennen, als in den fast vollständig erhaltenen Akten des Streites, die Band II zum Abdruck bringt. Ungleich ungünstiger, wie über den Archiven der Stifter und Klöster, hat das Geschick über den Familienarchiven gewaltet. Es sind eigentlich nur zwei, welche in einem leidlichen Zustande erhalten sind, die Archive der Familien Zorn und Mülnheim, aber auch dort sind grosse Lücken nachweisbar. Andere noch blühende alte Strassburger Familien, wie die Grafen von Kageneck, haben alle älteren

Urkunden eingebüsst. Vereinzelt finden sich auch heute noch in den Händen von Hausbesitzern ältere Urkunden über ihre Häuser. Wie stark die Familienarchive gelitten haben, ersieht man aus den uns erhaltenen Bruchstücken der Regesten der Kanzlei Ludwigs des Bayern; die dort aufgeführten Urkunden sind, soweit sie sich auf Strassburger beziehen, ohne Ausnahme zu Grunde gegangen Der Hauptverlust trifft jedenfalls Lehnsbriefe, alte Soldverträge, Urfehdebriefe u. s. w., während die Urkunden, welche den städtischen Grundbesitz betreffen, weit vollständiger erhalten sind. Die meisten Strassburger Häuser — mit Ausnahme der grösseren Höfe — waren im 13—15ten Jahrhundert mit ein' oder anderem Zins, der an eins der vielen Stifter und Klöster zu bezahlen war, belastet. Die betreffenden Klöster begnügten sich nun aber nicht mit dem Besitze der einen auf den Zins bezüglichen Urkunde, sondern erhielten meist auch alle älteren Briefe. Wurden diese aber auch bei einer späteren Ablösung oder Veräusserung zurückgegeben, so blieben doch die Abschriften in den Copialbüchern zurück. Dem Erhaltenen gegenüber ist aus diesen Gründen das, was verloren ist, gering zu nennen. Ich kann an einem Beispiel am schlagendsten beweisen, wie gering die Verluste sind. Ein Canonikus des Thomasstiftes, der Arzt Gotfried, stiftete sich ein Seelgeräte bei 11 Strassburger Klöstern, die in einer Urkunde sämtlich aufgezählt werden; für jedes Kloster liess er eine besondere Urkunde ausfertigen, so dass also im Ganzen 11 Urkunden ausgestellt sein müssen, von denen uns nicht weniger als 9 erhalten sind, und zwar liegen noch von allen die Originale vor; nur die beiden für St. Agnes und das Reuerinnenkloster ausgefertigten Urkunden gingen verloren.

Wie wichtig dieses reiche Material für die Lokalgeschichte im engsten Sinne, für genealogische Studien und für die Kulturgeschichte überhaupt ist, liegt auf der Hand. Ich will, wenigstens kurz, die Bedeutung desselben für die Verfassungsgeschichte skizziren. Für die Geschichte der Verfassung der Stadt Strassburg öffnet sich in den vorliegenden Privaturkunden eine neue, bisher ganz und gar vernachlässigte Quelle. Man hat bislang stets die eine Frage: «Frei oder Unfrei» in den Vordergrund geschoben, und doch zeigt uns der vorliegende Band, dass in dieser Fragestellung der bewegende Gegensatz im städtischen Leben gar nicht getroffen war. Dieser liegt — das steht fest — in der Verteilung des Grundbesitzes: auf der einen Seite befinden sich die Geschlechter, in deren Händen fast der gesamte Grundbesitz in der Stadt ist, nur sie bilden den Rat, auf der andern sind die Handwerker, die von den Geschlechtern die Hofstätte in Erbleihe genommen haben und im Rate nicht vertreten sind. Im Worte «Hofherr» und «Hofsasse» liegt der Gegensatz zwischen Regierenden und Regierten, zwischen Geschlechtern und Handwerkern ausgedrückt. Der Besitz städtischer Latifundien ist die Grundlage für die Macht der Geschlechter. Es muss aber hier gleich bemerkt werden, dass der Anteil der Ministerialen an städtischem Grundbesitz ein ganz geringer ist, der noch dazu, als in Folge des Kriegs mit Bischof Walther dieser Stand aus dem Rat verschwindet, zusehends sich vermindert. Nun drängt sich die weitere wichtigste Frage auf: Wie kamen die Geschlechter in Besitz dieses Latifundialbesitzes, war er ursprünglich freies Eigen, Allodialgut, oder ist er erst später erworben worden, und sind die darauf ruhenden Lasten, welche der alte Eigentümer sich vorbehielt, dann allmählig verschwunden? Ganz entschieden sprechen gewisse Momente dafür, dass ursprünglich der Grundbesitz noch mehr in einer Hand vereint war, und zwar in der des Bischofs: In der ganzen Stadt finden sich fast ohne jede Ausnahme die gleichen Zinstermine; der Geldzins wurde zur Hälfte am Weihnachtstag (Dezember 25), zur Hälfte am Johannistage (Juni 24), der Naturalzins stets am Martinstag (November 11) bezahlt; das ist so allgemein, dass in den Regesten nur, wenn Abweichungen vorliegen, überhaupt diese Verhältnisse berührt sind. Fast stets wurden neben dem Geldzins als Naturalzins von der Hofstätte auch noch 2 Kapaunen (capones) *erhoben. Diese Art des Naturalzinses widerspricht so sehr dem städtischen Wirtschaftsleben, dass er nicht das Produkt eines ökonomischen Gedankens sein kann; er ist vielmehr, wie mir sehr wahrscheinlich ist, ganz wie der ländliche Kapaunenzins, ursprünglich nicht eine Abgabe vom Boden, sondern ein Personalzins, der anfänglich von den beiden Ehegatten erhoben wurde, die die Hofstätte zu Erbleihe nahmen. Allmählig ging dann der Zins von der Person auf die Sache über; das war wirtschaftlich notwendig, sobald Freie an Stelle der Hörigen ein Erbleihegut übernahmen. Aber wie kommt es nun, dass dieser Zins nicht an den Bischof u. s. w., sondern an den Hofherrn gezahlt wird? Noch heute ist es leicht, unter den Strassen der Stadt Strassburg diejenigen ausfindig zu machen, die im Mittelalter von den Handwerkern bewohnt wurden, und die auszuscheiden, in denen die Höfe der Geschlechter standen. Jene Gassen sind eng und schmal, die Häuser zeigen fast durchgehends dieselbe Breite und Tiefe — als charakteristische Beispiele hebe ich die Kurdewan-, die Küfer-, die Spiessgasse hervor. Die Höfe der Geschlechter standen vorzüglich in den breiten Gassen der alten Römerstadt, in der Kalbsgasse, der Juden- und Brandgasse; noch heute sind ja viele dieser alten Höfe erhalten. Während nun aber in den leider nicht sehr zahlreichen Urkunden über diese kein wahrer Erbleihezins mehr auf ihnen ruht, sondern sie als «freies Eigen» gelten, sind die Hofstätten jener Gassen nicht im Eigentume ihrer Hausbewohner, sondern in dem der Geschlechter. Wie kommt es nun aber, dass der Grundbesitz eines Geschlechtes meist nicht aus einem Hofe mit umliegenden kleineren Hofstätten besteht — dann liesse es sich ja denken, dass der Hofherr bei zunehmendem Bodenwert seinen Hof verkleinerte und einen Teil an Handwerker in Erbleihe gab? Der Grundbesitz einer Familie erstreckte sich vielmehr meist über die ganze Stadt: ja einzelne Familien scheinen fast in jeder Gasse eine oder mehrere Hofstätten besessen zu haben. Das würde sich alles am Einfachsten erklären, wenn der Bischof ursprünglich über einen grossen Teil der Stadt Hofherr gewesen wäre, dessen Rechte später an die Geschlechter übergiengen. In einzelnen Fällen ist es leicht, die Verminderung des bischöflichen Grundbesitzes in der Stadt nachzuweisen, z. B. in der Kurdewangasse; in anderen Teilen, die als Almende gelten, war bis zum Kriege mit Bischof Walther das Verfügungsrecht über dieselbe noch immer zwischen Rat und Bischof streitig, so dass gar kein Zweifel besteht, dass die Verfügung über die Almende vor der Bildung des Rates dem Bischof zustand.*

Aber gegen die Ansicht, als sei ursprünglich der Bischof neben den grossen Stiften St. Thomas und St. Peter der einzige Grossgrundbesitzer in der Stadt gewesen, spricht der Umstand, dass die Ministerialität nur in ganz geringem Masse bei der Zersplitterung des bischöflichen Grundbesitzes sich bereicherte. Ich habe mit diesen Sätzen nur eine dringend notwendige Arbeit anregen wollen, eine Geschichte des Eigentums in der Stadt Strassburg. Die Schwierigkeiten, welche sich einer solchen Arbeit entgegenstellen, liegen zum Teil darin, dass wohl eine Art von Urbar des Domkapitels in der Donaueschinger Handschrift aus dem Anfang des 13ten Jahrhunderts vorliegt, dass hingegen ein solches über den bischöflichen Grundbesitz erst von ca. 1350 vorhanden ist, und die städtischen Almendbücher nicht über das 15te Jahrhundert zurückgehen. Dazu kommt dann, dass die Form der vorliegenden Urkunden den juristischen Thatbestand in der pleonastischen Ausdrucksweise, in der schematischen Form mehr verhüllt, als klar legt. Während die von Rosenthal[1] benutzten Würzburger Urkunden fast für einen jeden einzelnen Fall besonders concipirt scheinen, sind in Strassburg die Urkunden des geistlichen Hofgerichts, und zum grossen Teil auch die andern, nach den festen steifleinenen Formeln gefertigt, die weiter unten zu besprechen sind.

Mit Arnolds vortrefflichem Buche «Zur Geschichte des Eigentums in den deutschen Städten»[2] hat man vielfach die Untersuchung dieser Verhältnisse als erledigt betrachtet. Und wenn auch in jüngster Zeit von Rosenthal die Geschichte des Eigentums in Würzburg, von Gobbers ein Teil dieses Gebietes für die Stadt Köln[3] bearbeitet ist, so darf doch die wichtigste, die Kernfrage, auch heute noch nicht als gelöst gelten. Die Hauptfrage bleibt die, ob das Erbleihegeschäft hervorgegangen ist aus dem Hofrecht, oder, wie Gobbers behauptet, aus der Zeitleihe. Das wird sich erst dann entscheiden lassen, wenn die Eigentumsverhältnisse nicht allein alter Bischofstädte, die wir bis jetzt ausschliesslich kennen, sondern auch die von Neugründungen des 12ten Jahrhunderts untersucht sind. Erst wenn wir wissen, wie diese Verhältnisse in Ueberlingen, Schlettstadt und anderen staufischen, oder in Villingen, den beiden Freiburg u. a. zähringischen Gründungen sich gestalteten, erst dann wird eine Geschichte der Erbleihe zu schreiben sein, die mehr wie lokale Gültigkeit beanspruchen darf.

Ich sagte, dass die Strassburger Privaturkunden nach festen Formeln gearbeitet sind. Es legt das sehr nahe, das alte ursprünglich benutzte Formelbuch zu reconstruiren. Da ergab es sich als ein grosser Vorteil für die Edition, dieses nicht allzu umfangreiche «Formelbuch» in der Einleitung abzudrucken und in den nachfolgenden Regesten in kurzen Notizen anzugeben, welche Formeln benutzt sind. Da einmal, um Raum zu sparen, auf einen Abdruck der Urkunden verzichtet werden musste, ist durch diese Anlage der Regesten ein wesentlicher Fortschritt über die gewöhnlichen erreicht. Diese können ja auch bei genauer Wiedergabe der Namen

---

[1] *Rosenthal. Zur Geschichte des Eigenthums in der Stadt Wirzburg. Wirzburg 1878.* [2] *Basel 1861.* [3] *Joseph Gobbers. Die Erbleihe und ihr Verhältniss zum Rentenkauf im mittelalterlichen Köln des XII-XIV Jahrhunderts. Bonner Preisarbeit in Zeitschrift der Savigny-Stiftung. German. Abtheilung. Band IV, 130-214.*

nie ein Bild der Urkunde gewähren, unsere Regesten sind in der lebendigen Verbindung mit dem Formelbuch ein verkleinertes Abbild der Urkunden, für den Benutzer doppelt angenehm, da aus der Urkunde die Phrasenfüllung fortgenommen, das Gerippe selbst aber erhalten ist. Das gewöhnliche Regest weist, wenn es auch noch so gut ist, stets nur auf die Existenz der Urkunde hin, ein voller Abdruck bietet dem Benutzer das überflüssige Phrasenbeiwerk, unser Regest ersetzt das Original.

Eine solche Behandlung der Regesten ist natürlich nur möglich bei einem Urkundenbuch, das ein in formaler Hinsicht so verwandtes Material bringt, wie das unsrige. Und verwandt, ja fast einheitlich ist das ganze Material, weil auch die vom Rate und von den andern geistlichen Gerichten ausgestellten Urkunden nach dem Muster des bischöflichen Hofgerichts bearbeitet sind. Seit dem Auftreten des bischöflichen Hofgerichts, seit 1248, beginnt eine vollständige Umgestaltung des Strassburger Urkundenwesens, die um 1285 als im Wesentlichen abgeschlossen bezeichnet werden kann. Provocirt ist diese Umgestaltung durch das geistliche Hofgericht; wir werden sehen, wie viele römisch-rechtliche Momente durch dasselbe in das Urkundenwesen hineingetragen wurden, in welcher Weise diese Umgestaltung des Urkundenwesens die Reception des römischen Rechtes vorbereitete. Dadurch gewinnt die Geschichte der Strassburger Privaturkunde eine Bedeutung, die weit hinausgreift über die Lokalgeschichte. Ich werde versuchen, einen kurzen Ueberblick über die Geschichte der Strassburger Privaturkunde zu geben, auf eine Darstellung über das Endjahr des Urkundenbuchs hinaus muss ich verzichten, da ich dort nur sehr lückenhaft das Material kenne und Vorarbeiten irgend welcher Art ganz und gar fehlen.

Am Besten hat meines Wissens F. L. Baumann an einem concreten Beispiel, am Kloster Allerheiligen zu Schaffhausen, die Entwicklung der Privaturkunde in der älteren Zeit bis 1150 gezeigt.[1] *Der Beurkundungsbefehl der lex Alamannorum war ausser Uebung gekommen, die Urkunde selbst hatte vor Gericht ihre Beweiskraft verloren, einzig und allein galt der Zeugenbeweis. Wenn nun gleichwohl über Schenkungen u. s. w. Urkunden ausgestellt wurden, so waren dieses unbeglaubigte Akte, «Aufzeichnungen über Rechtshandlungen, welche zwar gefertigt wurden, um die Kenntniss der dabei massgebenden Umstände späteren Zeiten zu vermitteln, insbesondere auch für den Zweck der Rechtsverfolgung, welche aber an und für sich nicht dazu bestimmt und geeignet waren, selbst als Beweismittel zu dienen.*[2]*» Sie sollten das Gedächtnis der Partei stärken, sie sollten die Namen der Zeugen, welche man eintretenden Falls aufrufen musste, dem Gedächtnis kommender Jahre aufbewahren.*

Auf diesem Standpunkte stand auch die Strassburger Privaturkunde in der ersten Hälfte des 12ten Jahrhunderts. Man kann am einfachsten diese Urkunde als eine notitia testium *bezeichnen, indem in ihr die Zeugenreihe das Wesentliche ist, die Darstellung des Sachverhalts aber erst ganz allmählig weiter ausgesponnen wird, die*

---

[1] *Quellen der Schweiz Geschichte, Band III, 1. Kloster Allerheiligen in Schaffhausen. Nachwort. Dazu kommt jetzt noch die treffliche Arbeit von Oswald Redlich: Ueber bairische Traditionsbücher und Traditionen in den Mittheilungen des Instituts für österreichische Geschichtsforschung, Band V, Heft 1, 1884.* [2] *Ficker. Beiträge zur Urkundenlehre, II, 88.*

Form ganz selten sich als eine feierliche gibt; die feierliche Form enthält wohl noch schwache Erinnerungen der karolingischen Privaturkunde, zumeist ist sie in Anlehnung an die Kaiserurkunde der späteren Zeit gearbeitet. Solche notitiæ testium *bietet der erste Band des vorliegenden Urkundenbuches in nr. 53 und 54 für das Stift Jung St. Peter aus den Jahren 1039 und 1040, in nr. 55, 63, 70, 79 und 95 für das Domstift selbst aus der Zeit von 1052 bis 1144. Alle diese Urkunden kennen keinerlei Art von Besiegelung.*[1] *Schon sehr früh findet sich daneben in Strassburg die vom Bischof gesiegelte Urkunde. Nach dem Vorbild der Kaiserurkunde, welche nicht scheltbar war, nahm zuerst der Bischof ein eigenes Siegel an und bekräftigte damit zunächst nur die von ihm ausgestellten Urkunden, welche von ihm ausgehende Handlungen beurkundeten. Zunächst war die Bischofsurkunde eine subjektive Urkunde. Aber schon bald wurden von ihm auch Urkunden untersiegelt, bei deren Rechtsgeschäft der Bischof als handelnd nicht beteiligt war oder doch nur seine Zustimmung gegeben hatte. So findet sich schon im 11ten Jahrhundert in nr. 57 (von 1061) diese Art der Beglaubigung vermittelst des Bischofssiegels, die dann im 12ten Jahrhundert immer häufiger wird. Aber auch schon vor Mitte dieses Jahrhunderts führen die grossen Stifter zuerst eigene Siegel, denen dann bald die Prälaten, die Grafen u. s. w. nachfolgen. Das Siegel der Stadt Strassburg findet sich zuerst im Jahre 1201. In der Besiegelung war ein Kriterium gefunden, durch welches man die Echtheit einer Urkunde prüfen konnte. Und da die Bischöfe alle diejenigen, welche die von ihnen beglaubigten Urkunden schalten, mit dem Banne bedrohten, so erzwangen sie ihren Urkunden wiederum Ansehen in den Gerichten, sie erzwangen ihnen wieder Beweiskraft. Wie es ein Verdienst der Geistlichkeit des 12ten Jahrhunderts ist, aus sich wieder in die alten verlassenen Bahnen des Urkundenbeweises zurückgekehrt zu sein, so hat der Strassburger Clerus des folgenden Jahrhunderts mit Macht auf eine öffentliche Beurkundung hingedrängt. Für das ganze 12te und noch über die erste Hälfte des 13ten Jahrhunderts hinaus ist aber das Ansehen der Urkunde noch kein unbedingtes, das Zeugnis nicht vollgültig. Für den Fall, dass ein Streit über den beurkundeten Rechtsfall entstehen sollte, war fast ganz ohne Ausnahme in der Urkunde zugleich die Reihe der Zeugen angegeben, damit eintretenden Falls diese vor Gericht geladen werden könnten. Für diese ganze Zeit ist die Zeugenreihe ein integrirender Teil der Urkunde und, wie sie das in den andern Teilen Deutschlands bis tief in das 14te Jahrhundert blieb, so wäre auch wohl dasselbe im Strassburger Sprengel der Fall gewesen, wäre nicht durch das bischöfliche Hofgericht eine völlige Revolution des Urkundenwesens in Strassburg herbeigeführt worden.*

Seit Anfang des 13ten Jahrhunderts findet sich in Strassburg zuerst die Beurkundung durch eine Laienbehörde, durch den Rat. Die erste Urkunde, welche von der Stadt mitbesiegelt wurde, ist der Vertrag, welcher die Stellung des Grafen Rudolf von Habsburg zum Bistum Strassburg (1201 nr. 139) regelte; aber schon gleichzeitig stellt der Rat selbständig eine Urkunde aus über den Beschluss, von

[1] *Die letzte nicht besiegelte Urkunde ist nr. 116 von 1176.*

einem Teil der städtischen Almende Zins zu erheben (nr. 144). Für die erste Hälfte des 13ten Jahrhunderts ist es aber Regel, dass der Rat nicht selbständig beurkundet, sondern eine Urkunde des Bischofs u. s. w. nur mitbesiegelt (so ausser nr. 139 noch 156, 195, 208, 348, 353, 370, 372, 439, 440, 454, 565). Eine Alleinbesiegelung findet sich zuerst über Beschlüsse und Verträge, welche vom Rate selbst geschlossen waren; schon oben führte ich nr. 144 an, ebenso ist der Vertrag der Stadt mit Speyer (nr. 207) und der Verkauf eines Teils der Almende seitens der Stadt in nr. 224 nur vom Rat beurkundet. Alles das waren also Parteiurkunden, Urkunden, welche von der einen Partei ausgestellt und dann der anderen übergeben wurden, damit sie dieser als Beweismittel dienten.

In der Besiegelung, welche auf Bitten eines andern geschah in einem Falle, wo an dem Inhalt der Urkunde der Siegler in keinerlei Weise interessirt war, liegt der Uebergang zur öffentlichen Urkunde, welche in keinem Teile Deutschlands, wiederum Köln ausgenommen, so früh und vollständig Platz gegriffen hat, wie in Strassburg. Zum ersten Mal besiegelt der Rat ganz allein ein Rechtsgeschäft, bei dem er nicht interessirt ist, im Jahre 1233, nr. 233; es handelt sich um die Schenkung einer Mühle an das Stift St. Thomas seitens des Bürgers Siegfried. Nachdem nun einmal der Anfang gemacht ist, mehren sich von Jahr zu Jahr die vom Rat allein ausgestellten Urkunden. Auch in den Ratsurkunden ist die Zeugenreihe ein integrirender Bestandteil. In den älteren Urkunden bis 1260 sind die Zeugenreihen offenbar ganz dem wirklichen Thatbestand entsprechend: die als anwesend genannten Ratsglieder «consiliarii» *u. s. w. waren wirklich zugegen gewesen. Aber schon gegen das Ende scheinen die Zeugenreihen des Rates mehr die Aufzählung des Rates des betr. Jahres, als wirklich genaue Zeugenreihen zu sein. In unserm vorliegenden Band ist die Ratsliste der Ratsurkunde wohl nur ganz vereinzelt noch eine wahre Zeugenreihe. Man müsste denn annehmen, dass der Rat stets vollzählig versammelt war, nie aus seinem Schoosse Mitglieder als Gesandte und Boten abschickte, eintretende Krankheitsfälle und Reisen zu Privatzwecken ganz unbeachtet.*

Schon sehr früh beginnen in einzelnen Urkunden die Zeugenreihen zu fehlen. Zwar rechne ich nicht alle Stücke dahin, welche im ersten Band ohne Zeugenreihen gedruckt sind. Man kann sich da nur auf die nach Originalen gedruckten Stücke verlassen, die Zeugenreihe ist eben in Copialbüchern und älteren Drucken sehr häufig unterdrückt worden. Eine Zeugenreihe war von vornherein ganz überflüssig in Urkunden, die einen Befehl enthielten, welcher sofort ausgeführt werden sollte. Sie war aber überhaupt am ersten entbehrlich bei Geschäften, welche auf Beschluss eines Kapitels gefasst waren. Da war in dem Namen des Kapitels die ganze eventuell aufzurufende Zeugenreihe enthalten. Sie war ferner entbehrlich bei einseitig erlassenen Befehlen, über deren Ausführung der Befehlende selbst zu wachen hatte. In allen Urkunden, welche als Briefe abgefasst waren, fehlt natürlich die Zeugenreihe von selbst. In eigentlichen Verträgen zwischen zwei gleichstehenden Parteien ist aber für die Zeit bis 1260 die Anführung der Zeugen die Regel geblieben und damit ist erwiesen, dass im Grossen und Ganzen der Zeugenbeweis noch unerschüttert dastand.

Wenn zwar die Beurkundung häufiger geworden ist, als sie das im 12ten Jahrhundert gewesen war, so ist doch die Nichtbeurkundung noch immer die Regel. Mit der zunehmenden Veräusserungsfreiheit des liegenden Gutes, mit dem Anwachsen des beschleunigteren Geldverkehrs wuchs die Zahl der Rechtsgeschäfte, die zu beurkunden waren, und mit diesem Wachstum erklärt sich vielleicht schon allein die Zunahme der Zahl der Privaturkunden bis etwa 1245.

Es stand noch immer frei, ob man das Rechtsgeschäft beurkunden lassen wollte oder nicht, und wollte man es beurkunden lassen, so konnte man ganz frei wählen, ob man den Bischof, oder den Rat, oder sonst irgend eine siegelführende Korporation oder Person um Beurkundung bitten wollte. Es bestand keinerlei Zwang. Daraus erklärt sich die Mannigfaltigkeit der Strassburger Privaturkunden des 13ten Jahrhunderts bis etwa 1260.

Bevor die Beurkundung Regel geworden, bevor vor allem eine Beurkundung seitens des Rates bekannt war, wurde von Seiten der Stadt der Versuch gemacht, den Zeugenbeweis, bei dem man offenbar sehr schlechte Erfahrungen gemacht hatte, durch Aufstellung vonöffentlichen Urkundungspersonen zu stärken. Das 2te Stadtrecht führt ganz neu, also um 1200, diese Einrichtung ein. Es sollen Männer aufgestellt werden als Schöffen, «vite probabilis bonique testimonii», *welche bei ihrer Wahl ein für allemal den Schwur leisten, stets als Urkundungsperson die Wahrheit zu sagen.* «Isti vero testes inducendi sunt in venditionibus et emptionibus ac creditionibus et persolutionibus debitorum et in omni causa.» *Das Zeugnis zweier Schöffen soll in Schuldsachen genügen. Zugleich wird durch Anteil an der Busse, welche eine durch das Zeugnis eines Schöffen überführte Person zu zahlen hatte, das Interesse der Schöffen wach gehalten. Die Nachteile der ganzen Schöffenorganisation liegen auf der Hand: bei der beschränkten Zahl der Schöffen musste der Einzelne sehr oft als Zeuge erscheinen. Wie sollte er nun alles dies, ohne durch eine Urkunde oder Aufzeichnung gestützt zu sein, später vor Gericht beglaubigen können? Machte sich der einzelne Schöffe auch privatim vielleicht eine Aufzeichnung, so war damit wiederum der Urkundenbeweis durch ein Hinterthürchen eingeführt worden. Wie energisch und glücklich nach aussen hin die Verwaltung der Stadt im 13ten Jahrhundert aufgetreten ist, in den inneren Angelegenheiten zeigt sich eine kaum begreifbare Schwerfälligkeit. Als längst alle Städte ringsum ihr geschriebenes Recht hatten, begnügte sich Strassburg noch immer mit dem ältesten Stadtrechte, das auf die Zustände dieser Zeit nicht mehr passte, und mit den dürftigen Stadtrechten II und III. Zu einer umfassenden Codifikation kam man erst, als in Folge von privaten Aufzeichnungen über Stadtstatuten eine unerträgliche Rechtsverwirrung eingetreten war. In Köln gehen die Anfänge des Grundbuchwesens bis in die erste Hälfte des 12ten Jahrhunderts zurück, dort sind in den einzelnen Pfarrbezirken in den Schreinskarten und Schreinsbüchern Grundbücher geschaffen zu einer Zeit, wo in Strassburg an Verwendung der Schrift in der städtischen Verwaltung nicht gedacht wurde. Das Institut der Strassburger Schöffen wäre fortbildungsfähig gewesen, wenn es durch schriftliche Fixirung des vor ihm Verhandelten die Aufgaben des jüngeren Notariats und des Grundbuchamts übernommen hätte. Erst gegen das*

Ende des 13ten Jahrhunderts — als es nicht mehr möglich war, gegenüber der Beurkundung durch die geistlichen Gerichte aufzukommen, — erst damals finden sich schwache Anfänge einer Beurkundung durch die Schöffen. In anderer Hinsicht hat ja das Schöffentum für die Verfassungsentwicklung von Strassburg den tiefsten Einfluss ausgeübt; durch das schon früh sich ausbildende Consensrecht zu Beschlüssen des Rates hat das Schöffentum die niederen Elemente des Volkes gesammelt und zum siegreichen Kampf gegen die Geschlechter geführt, seinen eigentlichen Zweck hat es aber ganz und gar verfehlt.

Der Wendepunkt in der Geschichte der Strassburger Privaturkunde liegt im Aufkommen der geistlichen Gerichte. Meines Wissens ist die Entwicklung der geistlichen Gerichte auf deutschem Gebiete niemals eingehender untersucht worden, nur für einzelne Sprengel sind Vorarbeiten gemacht, die aber nicht entfernt die Bedeutung derselben erkennen lassen. Für das Elsass ist geradezu nichts geschehen, man sucht selbst bei Véron-Réville[1] vergebens nach einem Abschnitt über die geistlichen Gerichte; sie werden überhaupt gar nicht erwähnt. Es liegt mir fern, eine volle Geschichte dieser Gerichte geben zu wollen — dazu gehören vor allem sehr ausgebreitete Kenntnisse auf dem Gebiete des kanonischen und römischen Rechts, — ich möchte nur die Momente, welche für die Entwicklung der Privaturkunde von Bedeutung sind, hervorheben. Die geistlichen Gerichte, deren Richter officiales oder judices curie genannt wurden, gehen wenigstens in Deutschland nicht über das 13te Jahrhundert zurück. In älterer Zeit hatte der Bischof die geistliche Gerichtsbarkeit, soweit sie nicht den Archidiakonen zugewiesen war, der Regel nach selbst ausgeübt, höchstens für einen einzelnen Fall die Entscheidung einem Prälaten übertragen. Eine regelmässig geordnete Stellvertretung war nicht vorhanden. Wir finden zwar nun auch unter den Urkunden unseres vorliegenden Urkundenbuches schon ziemlich früh eine Vertretung des Bischofs als Richters. Zuerst erscheint im Jahre 1234 nr. 240 «Ulricus cantor Argentinensis vices episcopi in judiciis gerens»; aber dass es sich nur um eine einmalige Vertretung handelte, beweist der Umstand, dass Ulrich von Dellmensingen noch 1237 lebte, während bereits 1235 ein anderer als Vertreter des Bischofs erscheint. Dieser «magister Henricus de Luthenbach canonicus Argentinensis» (nr. 243), also seinem Titel nach ein studierter Jurist, lebte nun auch noch 1240, als bereits seit 1238 wieder ein anderer als Vertreter fungirte. Es war das Arnold von Burglen, zuerst Custos des Münsters, dann seit 1240 Propst. Er erscheint zweimal: 1238 (nr. 257) und 1243 (nr. 281) als Vertreter des Bischofs. Bei den beiden erst genannten Persönlichkeiten darf man nach meinem Ermessen an eine regelmässig geordnete Vertretung nicht denken, bei Arnold von Burglen kann man zweifelhaft sein. Man darf aber nicht vergessen, dass sehr selten der bischöfliche Offizial, oder wie er in Strassburg zumeist genannt wird: der judex curie Argentinensis, aus der Reihe des Domkapitels genommen wurde. Dazu kommt dann ferner, dass für diese Zeit ein Amtssiegel des Offizialats nicht nachweisbar ist: an nr. 243 und 281 hängen Personalsiegel, das Siegel von nr. 257 ist so

[1] Essai sur les anciennes juridictions d'Alsace. Colmar 1857

stark beschädigt, dass von der Umschrift nichts mehr zu sehen ist. Da aber im Siegelfeld ein Turm sich befindet, so könnte man hier in der That eim Amtssiegel vermuten. Der erste, der sich selbst als officialis Argentinensis oder officialis episcopi Argentinensis bezeichnet und ein Amtssiegel führt, ist der Propst Nikolaus von St. Thomas zu Strassburg, der nach Charles Schmidt aus der Familie Trepel stammte und nach ihm am 13. April 1260 starb. Er erscheint als Offizial zuerst im Jahre 1248 (nr. 323) und kommt dann bis 1258 nicht weniger als 10 mal als Offizial amtirend vor (nr. 323, 333, 334, 354, 382 Note, 397, 402, 408, 412, 425)[1]. Wir dürfen also annehmen, dass von dem energischen Bischof Heinrich von Stahleck die Offizialität, das bischöfliche Hofgericht, organisirt wurde, wenn auch nicht sofort in der Form und Gestalt, wie es später zur Zeit seiner höchsten Machtausdehnung bestand. Wer während der stürmischen Regierung seines Nachfolgers, des Bischofs Walther von Geroldseck, bischöflicher Offizial war, entzieht sich der Kenntnis; unter dem folgenden Bischof, unter Heinrich von Geroldseck, wechseln dieselben in schneller Folge: zuerst erscheint ein Jurist, magister Arnoldus de Kestenholtz als presidens judiciis curie Argentinensis (nr. 535), ihm folgte Walther von Dellmensingen, «officialis curie Argentinensis» (nr. 575), ein Bruder des Domkanonikus Conrad von Dellmensingen. Im folgenden Eberhard von Entringen gelangt wieder ein Domkanonikus, und zwar ein Archidiakon zum Offizialate (nr. 591); aber alle diese haben das Amt nur für ganz kurze Zeit, höchstens ein Jahr lang bekleidet. Auf sie folgte Billung seit 1266 (nr. 611), der mit seinem Nachfolger Dietmar dem bischöflichen Hofgericht die Gestalt gibt, wie sie im Wesentlichen bis 1332, bis zur Zeitgrenze des vorliegenden Bandes blieb. Beide führen wiederum den Titel magister, sie hatten also auf der Universität sich den Titel erworben.

Wie erklärt sich das plötzliche Auftreten des bischöflichen Hofgerichtes, seine schnell anwachsende Macht? Es sind vor allem zwei Gründe, welche die Bischöfe zur Einführung des Offizials, in welchem wir den Vorgänger unserer modernen Generalvikare zu erblicken haben, bestimmen mussten. In älterer Zeit hatte der Bischof selbst das Gericht abgehalten; als nun aber im Laufe des 12ten Jahrhunderts im Anschluss an das römische Recht das kanonische Processverfahren sich ausbildete, war es dem Bischof, der natürlich meistens nicht rechtskundig war, unmöglich geworden, nach den verwickelten Bestimmungen des Processverfahrens einen Process zu leiten. Es war demnach eine Vertretung durch einen rechtskundigen Cleriker notwendig geworden. Es gab nun ja in den Archidiakonen bereits Stellvertreter der Bischöfe in einzelnen Gerichtssachen; aber aus ihnen waren Rivalen der bischöflichen Gewalt geworden; sie hatten eine selbständige Gerichtsbarkeit und Macht erworben. Ihre Macht war der bischöflichen entgegengesetzt; sie zu zertrümmern war nun eine willkommene Gelegenheit geboten. Gegen sie aufzu-

---

[1] An nr. 333 und nr. 397 hängt nach gütiger Mitteilung des Herrn Dr. Wolfram folgendes Siegel: Im Siegelfeld der Kopf eines Mannes, dazu zwei mit der Spitze nach dem Munde gerichtete Schwerter. Umschrift: .... OFFICIALIS ARGENT. Durchmesser 28 Millimeter; auch die Bruchstücke des Siegels von nr. 397 scheinen von dem gleichen herzurühren.

kommen war nur möglich durch Schaffung eines amoviblen, durchaus vom Bischof abhängigen Vertreters desselben — und das war der Offizial.

Durch die Errichtung des Offizialats erhielt die bischöfliche Gewalt eine ganz entschiedene Stärkung. In Frankreich fällt die Errichtung der Offizialate bereits in den Ausgang des 12ten Jahrhunderts und die ersten Jahrzehnte des 13ten Jahrhunderts; um 1225 findet es sich in allen Diözesen des Nordens und der Mitte[1]*. In der Nachbardiöcese von Strassburg, Verdun, erscheint die Offizialität schon vor 1214, nicht viel später wird dieselbe auch in Metz Eingang gefunden haben. Kaum hatten die Bischöfe ihre Gerichte in dieser Weise mit gelehrten Richtern besetzt und so organisirt, als auch die Archidiakonen, die Kapitel in der Sedisvakanz u. s. w., kurz alle geistlichen Personen, welche eine geistliche Gerichtsbarkeit auszuüben hatten, dem Beispiel ihrer Bischöfe folgten und ganz in gleicher Weise ihre Archidiakonal- u. s. w. Gerichte organisirten.*

Zunächst erstreckte sich die Competenz der geistlichen Gerichte natürlich nur auf geistliche Sachen, aber da auch civilrechtliche, bei denen der Geistliche als Partei beteiligt war, vor ihr Forum kamen, so wurde die Einführung der Offizialate der erste Schritt zur Reception des römischen Rechts. Dem geistlichen Richter galt als Supplementarrecht in Fällen, die nicht in den engen Rahmen des kanonischen Rechtes fielen, das römische Recht, und mag nun auch die Kenntnis des römischen Rechts bei dem geistlichen Richter eine sehr mangelhafte gewesen sein, mag in den allermeisten Fällen die Macht der Rechtsgewohnheit über das fremde Recht gesiegt haben, die Tendenz überall das römische Recht einzuschmuggeln bestand, und dadurch wurde die Bahn für die Reception des römischen Rechtes geebnet. Ich weiss sehr wohl, dass nichts verfehlter ist, als in jeder römischrechtlich klingenden Floskel einer Urkunde einen Beweis für die Reception des römischen Rechtes zu finden, — man schrieb ja meist gedankenlos die Formelbücher ab, — aber die Thatsache wird man nicht leugnen können, dass in den geistlichen Gerichten das römische Recht als das eigentlich gültige Recht in weltlichen Sachen und das deutsche Recht nur als das Gewohnheitsrecht angesehen wurde, dass überall die Neigung bestand, diesem Abbruch zu thun. Und noch in einer andern Hinsicht hat das Offizialat dem römischen Recht Bahn gebrochen. Das Offizialat war das erste mit gelehrten Richtern besetzte Gericht, das vom Volke nicht verstanden wurde; die jahrhundertlange Gewöhnung des Volkes, das — wir werden es bei Strassburg sehen — täglich mit ihm zu verkehren hatte, liess dies allmählig als einen natürlichen Zustand erscheinen. Ohne das Vorausgehen der geistlichen Gerichte wäre das gelehrte Richtertum des 16ten Jahrhunderts ohne Zweifel auf einen viel energischeren Widerstand gestossen. Dass aber auch materiell durch die geistlichen Gerichte einzelne römischrechtliche Gedanken und Institute Aufnahme fanden, wird dem, der den vorliegenden Urkundenband durcharbeitet, nicht zweifelhaft sein. Es waren die ersten Anfänge einer Hinneigung zum römischen Recht, die sich hier

[1] *Vgl. Paul Fournier: Les officialités au moyen âge, étude sur l'organisation, la compétence et la procédure des tribunaux ecclésiastiques ordinaires en France, de 1180 à 1328. Paris, E. Plon et Comp. 1880.*

geltend machten. Wenn schon für Basel, wo die geistlichen Gerichte nicht entfernt dieselbe Macht besassen, wie in Strassburg, der Einfluss derselben in dieser Richtung als ein erheblicher bezeichnet wird, so glaube ich nicht zuviel zu wagen, wenn ich behaupte, dass ein Verständnis der elsässischen Rechtszustände im späteren Mittelalter nur auf Grund einer eingehenden Würdigung der geistlichen Gerichte denkbar ist.

Nach diesen Bemerkungen kehre ich zu den Verhältnissen des Strassburger Sprengels zurück. Der Bildung des bischöflichen Hofgerichts vor 1248 folgte nicht alsobald, wie in Frankreich, die Bildung der Archidiakonalgerichte, wir finden wenigstens vor 1266 keine Spur derselben. Der weitere Gang der Entwicklung lässt sich nur an der Hand der Urkunden verfolgen. Die in andern Fällen für die innere Bistumsgeschichte ergiebigste Quelle, die Synodalstatuten, sind in Strassburg nur sehr mangelhaft erhalten. Von den Synodalstatuten des Jahres 1252 macht die Reihe gleich einen Sprung auf 1341, auf die Synode des Bischofs Berthold, deren Akten uns in einer Luzerner Handschrift erhalten sind und mit den bei Martène unter einem falschen Datum gedruckten identisch sein sollen. Die zwischenliegenden Synodalstatuten sind nur insoweit erhalten, als sie in die Statuten des Bischofs Berthold aufgenommen wurden[1].

Leider ist es nicht besser mit den Formelbüchern bestellt. Die Nachbardiöcese Speier hat im Ordo judiciarius[2] *wenigstens ein äusseres Denkmal der Thätigkeit ihrer geistlichen Gerichtsbeamten. Für Strassburg sind nur ein paar Formeln, die dem Formelbuch des Bischofs Johann von Dürbheim angehängt sind, erhalten, die einen tieferen Einblick nicht gestatten*[3]. *Mit Ausnahme der dürftigen Angaben der Geschichtsschreiber und der Synodalstatuten sind wir ganz auf die Urkunden beschränkt und aus ihnen würde man wenig über die innere Organisation der geistlichen Gerichte lernen, wenn nicht ein Vergleich mit der umfassenden Arbeit Fourniers über die französischen Offizialate wenigstens einige Streiflichter auf sie fallen liesse.*

Ueber die äussere Geschichte erfahren wir — von den Urkunden abgesehen — aus der Zeit bis 1350 nur Folgendes: In dem 1299 erlassenen Statut des Domkapitels, das man als eine Wahlkapitulation für den Bischof Friedrich von Lichtenberg anzusehen hat[4], *setzt dasselbe für alle Zeiten fest, dass der Bischof als Offizial nur einen wahren Canonikus der Domkirche einsetzen dürfe,* «prout etiam in nostra ecclesia in antiquis retroactis temporibus dinoscitur esse factum.» *Man sieht, auf welche Weise das Domkapitel die gestärkte Macht des Bischofs schwächen wollte. Ein Offizial, der aus der Reihe der wahren Domkapitulare — also aus der*

---

[1] Da der Abdruck bei Martène Thes. anecdotorum IV, 530-555, wo unter jedem Artikel angegeben ist, ob und aus welchen älteren Statuten er entnommen ist, vielfach von der Luzerner Handschrift abweicht, ich eine völlige Collation aber noch nicht besitze, so muss ich darauf verzichten, diese Quellennotizen zu benutzen, bis eine neue Untersuchung vorliegt. [2] Bei Rockinger in den Quellen zur bayerischen und deutschen Geschichte Band IX, 2, S. 985 ff., der die Heimat nicht näher bestimmt. Aber es ist ganz ohne Zweifel ein Beamter des Speierer bischöflichen Hofgerichtes der Verfasser. [3] Vgl. Anhang II. [4] Abgedruckt bei Würdtwein, Nova subs. dipl. XIII, 295.

Zahl der adligen, meist ganz und gar Familieninteressen ergebenen Männer — gewählt war, würde — so hoffte man — nicht unbedingt dem Bischof dienen. Wer damals das Offizialat bekleidete, ist uns ganz unbekannt, wir wissen nur, dass Meister Billung bis Ende 1270 im Amte war, dass ihm dann Meister Dietmar folgte, der seit Mai 1271 im Amt sich zeigt und zuletzt 1274 März mit Namen genannt wird. Da seitdem niemals mehr der Name des Hofrichters in den Urkunden erscheint, so sind wir völlig im Unklaren, wem das Offizialat anvertraut wurde, ob Domkapitularen oder nicht. Meister Dietmar, der noch 1297 lebte, wird 1281 als Pfründner am Strassburger Münster bezeichnet, war also nicht Domherr. Friedrich von Lichtenberg erhielt in Johann von Dürbheim einen Nachfolger auf dem bischöflichen Stuhl in Strassburg, welcher wegen seiner bedeutenden juristischen Kenntnisse gerühmt wird. Hatte er doch selbst sich den Magistertitel erworben, war dann in der kaiserlichen Kanzlei gewesen und später nach Eichstätt berufen worden, um durch seine Rechtskenntnis dem Bistum die streitige Grafschaft Hirschberg zu retten. Johann hat, wie es scheint, die geistlichen Gerichte seines Sprengels reformirt, in einem uns erhaltenen Statut fixirt er die Taxen der Advocaten und Procuratoren[1]. *Aus dem Wortlaut des Statuts hebe ich die Stelle besonders hervor, die beweist, dass auch auf rein weltliche Sachen die Competenz des Gerichtes ausgedehnt war*[2]. *Dieses Statut wurde von Bischof Berthold erneuert*[3]. *Dass gleichwohl die Gerichtssporteln, welche beim bischöflichen Gericht einliefen, ganz enorm gewesen sein müssen, so dass noch eine sehr bedeutende Summe an die bischöfliche Kasse abgeführt werden konnte, ersehen wir aus den Streitigkeiten zwischen Bischof Berthold von Buckeck und dem Domthesaurar Conrad von Kirkel, dem ersterer für seine guten Dienste das Offizialat übertragen hatte. Als diese sich verfeindeten und in der langjährigen Bischofsfehde zeitweilig zwei feindliche Offizialate bestanden, so dass eine grosse Verwirrung eintrat, wurde schliesslich das Offizialat vom Bischof zurückgekauft für eine einmalige Summe von 1000 Mark Silber und eine Leibrente von jährlich 450 Pfund Pfenningen*[4]. *Legt man bei der Umrechnung die Hegelschen Ansätze zu Grunde, so ergibt sich, dass die Kaufsumme auf rund 30 000 Mark, die jährlich zu zahlende Leibrente aber auf 6300 Mark sich beläuft, wobei die inzwischen auf bedeutend mehr als das Doppelte gestiegene Kaufkraft des Silbers gar nicht in Anschlag gebracht ist. Die Einführung des Offizialats war so nicht allein eine Stärkung der bischöflichen Gerichtsgewalt, sondern zugleich eine sehr bedeutende finanzielle Hülfsquelle des Bistums.*

Für die Beurkundung der Privaturkunden von 1266 bis 1330 lässt sich als Regel feststellen:

1) Eine Beurkundung der privatrechtlichen Geschäfte: Verkauf, Erbleihe, Schenkung, Testament u. s. w., wird Regel. Ein Zwang ist nicht vorhanden.

---

[1] *Würdtwein, Nova subs. dipl. XIII, 310. Datum unbekannt.* [2] in causis mere civilibus ad forum tamen ecclesiasticum de consuetudine spectantibus. [3] *s. Art. 93 der Synodalstatuten bei Martène, thesaur. anecdot. IV, 530 ff.* [4] *Vgl. die Angaben des Matthias von Neuenburg bei Böhmer Fontes IV, 226 und Closeners D. Städtechr. VIII, 140, sowie die kritische Darstellung bei Leupold, Berthold von Buchegg.*

2) Die Art der Beurkundung ist ganz frei. Es finden sich nebeneinander Parteiurkunden, subjektive Urkunden, welche von der einen Partei ausgestellt sind, und öffentliche Urkunden, welche von einer öffentlichen Behörde ausgestellt sind. Letztere mehren sich auf Kosten der ersteren von Jahr zu Jahr. Die Beurkundung vor dem bischöflichen Hofgericht wird zuletzt Regel.

3) Der Urkundenbeweis ist vor Gericht vollgültig. Das wird bewiesen durch das gänzliche Verschwinden der Zeugenreihe in sämmtlichen Urkunden. Nur in ganz wenigen Fällen, vor allem in Urkunden für die Bettelorden, erscheint noch nach 1300 die Zeugenreihe.

4) Die Form der Urkunde, anfangs schwankend, nimmt um etwa 1280 ihre feste Gestalt an und zwar bildet sie sich in der Kanzlei des bischöflichen Hofgerichts aus, findet dann in kurzem Eingang in alle Kanzleien, selbst die vom Rat ausgefertigte Urkunde ist von ihr abhängig.

In den städtischen Statuten dieser Zeit finden sich keine Verordnungen über den Zeugenbeweis mehr; wohl aber wird der Urkundenbeweis als vollgültig angesehen, ia dem Zeugenbeweis vorgezogen. So heisst es in einem 1301 oder 1313 erlassenen Statut: «wo unser burger einere ein eigen hat in dirre stat oder in dem burgbanne und das enweg lihet zu einem erbe oder verluhen het und das verbriefet ist oder wurt mit der stette yngesygele oder mit geistlichem gerihte yngesigel oder mit des ingesigel, des das eigen ist, oder one das kuntlich ist oder wurt gemacht, der —» *u. s. w.*

In den letzten Jahren hat sich das Interesse in ganz hervorragender Weise der Privaturkunde des Mittelalters zugewendet. Seit den scharfsinnigen Untersuchungen Brunners hat man mehrfach den Begriff der einzelnen Urkundenarten, die er für die von ihm behandelte Zeit festsetzt, auch auf das spätere Mittelalter angewendet. Ich mag dem nicht folgen, weil die hier behandelten Urkunden in keiner Weise als die direkten Nachkommen der alten gelten können, weil die Kenntnis der alten Gegensätze, das Gefühl für die alten Unterscheidungen ganz zu Grunde gegangen war. Eine Uebertragung dieser Begriffe auf die Urkunden des späteren Mittelalters seit der Einführung der Besiegelung lässt allzu leicht den Gedanken erstehen, als sei bei dieser Neubildung der Urkunde die alte Urkunde Richtschnur gewesen, als habe man eine Erneuerung der alten versucht, — und es gibt nichts Falscheres als dieser Gedanke. Ebenso stellt sich das Verhältnis zu den von Buchwald'schen Untersuchungen, die auf einem durch und durch anderen Material basiren, als es das vorliegende Urkundenbuch enthält. Die hier vorliegenden Urkundenarten in die von jenen aufgestellten Begriffe hineinzwängen wollen, hiesse den Reichtum des deutschen Urkundenwesens der Construktion zu Liebe verbergen.

1) Die Parteiurkunde. (Privaturkunde unseres jetzigen Rechtes.)

Unter Parteiurkunde verstehe ich eine Urkunde über ein Rechtsgeschäft, welche von der einen Partei ausgestellt, von derselben untersiegelt und dadurch beglaubigt und dann der Gegenpartei übergeben ist, damit sie dieser als Beweismittel diene. Die Beweiskraft ruht in der Besiegelung. Eine solche Parteiurkunde kann demnach nur ausgestellt werden von einer Partei, die selbst ein Siegel führt. Wenn man diese Urkunde als eine subjektive bezeichnen will, so liegt für mich da der Unterschied von der objektiven (der öffentlichen) Urkunde nicht in der Form, ob der Disponent von sich in der ersten Person redet oder ein Dritter über ihn und seine Handlung berichtet, sondern vielmehr darin, wer, ob der Disponent oder ein Dritter, das Beglaubigungsmittel, das Siegel anhängt. Wir werden sehen, dass die vor dem geistlichen Hofgericht ausgestellten Testamente vom Testator in der ersten Person reden, erst in der letzten Zeile ändert sich das und erklärt der Hofrichter, dass er (nos) *sein Amtssiegel angehängt habe. Es würde das der Form nach als eine subjektive Urkunde gelten müssen, weil aber nur das Siegel des Hofgerichts anhängt, kann ich es zu ihnen nicht rechnen. Seit ca. 1260 ist im Elsass der Besitz eines Siegels — von einem Recht der Siegelführung ist keine Rede — nicht mehr auf die geistlichen Würdenträger und Stifte und Klöster und auf die hohen weltlichen Personen beschränkt, es führen vielmehr die meisten der Mitglieder des Rates bereits Siegel, auch wenn sie nicht* milites *sind. Wenn nun aber gleichwohl von diesen siegelführenden Bürgern es selten vorgezogen wird — Regel ist es nur in Lehnssachen — die Urkunde selbst auszustellen, also eine Parteiurkunde zu geben, sondern vielmehr in den allermeisten Fällen eine Besiegelung und Ausstellung der Urkunde durch den Rat oder ein geistliches Gericht erbeten wurde, so geht auf das Klarste hervor, dass es die Tendenz der Zeit war, an Stelle der Parteiurkunde die öffentliche zu setzen. Als ein drastisches Beispiel hebe ich die Urkunde nr. 807 hervor, in der der Landgraf des Niederelsasses, Ulrich von Werd, und sein Bruder, der Domherr am Münster zu Strassburg war, eine Rente verkaufen. Man sollte erwarten — und im ganzen übrigen Deutschland würde das auch der Fall gewesen sein — dass diese Urkunde von den beiden Verkäufern selbst besiegelt wäre. Aber dem ist nicht so, nicht einmal eine Mitbesiegelung hat stattgefunden, sondern vom bischöflichen Hofgericht ist dieselbe besiegelt. Ganz in gleicher Weise lassen Domkapitulare (z. B. nr. 1045), Ministerialen und freie Ritter (z. B. nr. 897 von Stille, 962 Windeck, 963 Geroldseck) nur von dem geistlichen Hofgericht ihre Urkunden besiegeln.*

Regel bleibt die Parteiurkunde nur bei den Urkunden des Bischofs, des Domkapitels, bei den Urkunden der beiden grossen städtischen Stifter St. Thomas und St. Peter, bei den meisten Klöstern, obwohl hier die Ausnahmen schon zahlreicher sind. Häufiger findet sich aber bei all diesen Urkunden die Mitbesiegelung seitens des bischöflichen Hofrichters, so beim Bischof nr. 1125 und 1166, Domkapitel nr. 87, 286, 477, Kapitel von St. Thomas nr. 98, 128, 160, 289, 526, 621, 988, St. Peter nr. 386, 538. Sehr viel seltener ist eine selbständige Beurkundung bei den seitens der Stadt verwalteten beiden Stiftungen: Hospital und Domfabrik, obwohl beide ein eigenes Siegel führen. Bei ihnen ist nun aber nicht, wie man erwarten sollte, eine Beurkundung seitens des Rates, sondern seitens des bischöflichen Hofgerichtes Regel. Sehr häufig findet sich die Parteiurkunde bei den hochstehenden geistlichen und weltlichen Personen; Bürger stellen abgesehen von Lehnssachen fast nur in ihrer Eigenschaft als Testamentsexekutoren Parteiurkunden aus, als seltene Beispiele hebe ich nr. 156 (Schenkung), 204 (Erklärung betr. Rechte), 264 (Erb-

leihe), 837 (Seelgerätstiftung), 1143 (Erklärung betr. Rechte), 1326 (Bürgschaft) hervor.

2) Beurkundung seitens des Bischofs. Der Uebergang von der Parteiurkunde zur öffentlichen Urkunde liegt in der Besiegelung seitens des Bischofs. Eine solche Art der Beurkundung findet sich auch noch nach 1266, natürlich zumeist in Angelegenheiten mehr geistlicher Art; sie nimmt aber zusehends ab. Regelmässig findet sich die Beurkundung oder Mitbesiegelung des Bischofs, wenn in der Urkunde seine Zustimmung erwähnt ist.

3) Alle übrigen Urkunden gehören in den Bereich der öffentlichen Urkunden. In Strassburg finden wir neben einander a) die Ratsurkunde, b) die Urkunde anderer städtischer Behörden, c) die Urkunde des bischöflichen Hofgerichts, d) die Urkunde der Gerichte der andern geistlichen Würdenträger. Die Ratsurkunde ist, wenn sie Handlungen des Rates kund giebt, natürlich Parteiurkunde.

a) Die Ratsurkunde. Wir sahen oben, wie in älterer Zeit der Rat meist nur die Bischofsurkunde mitbesiegelt. Seit den Tagen des Kampfes mit Bischof Walther von Geroldseck war die Selbständigkeit der beiden Gewalten ganz unbestritten. Eine solche Art der Doppelbesiegelung war jetzt unnatürlich, sie findet sich nur unter dem Bischof Heinrich von Geroldseck in den beiden nrn. 11 und 33. Fast ebenso selten ist eine Doppelbesiegelung seitens des Rates und des bischöflichen Hofrichters (nr. 32, 85, 134, 150 und in gewissem Sinne auch in nr. 146). Auch die Mitbesiegelung seitens der einen Partei ist sehr selten, sie findet sich fast nur in Form der Mitbesiegelung seitens des Hospitals.

Wer und in welchen Fällen erbat man sich vom Rat die Beurkundung? Niemals wurde eine Beurkundung vom Rat erbeten seitens des Domkapitels, der beiden Stifter St. Peter und St. Thomas, nur ganz sporadisch von einzelnen Klöstern (St. Clara auf dem Wörthe 1103, St. Elisabeth 476), sehr selten von geistlichen Personen und Würdenträgern — und war es der Fall, so entstammen diese Würdenträger stets den im Rat vertretenen Familien (cfr. nr. 77, 224 und 337). Die grosse Masse der Ratsurkunden ist ausgestellt für die Glieder der im Rat vertretenen Familien. Daneben findet sich nun freilich auch eine grosse Zahl von Urkunden über Rechtsgeschäfte, in denen keine der beiden Parteien den Ratsgeschlechtern angehört. Sehr wahrscheinlich stand aber doch die eine Partei mit dem gerade amtierenden Bürgermeister in irgend welcher Beziehung, die wir natürlich heute nicht mehr ermitteln können.

Es scheint, dass es ganz in der Hand des amtierenden Meisters lag, ob er eine Beurkundung vornehmen wollte oder nicht. Er hatte das Stadtsiegel aufzubewahren, und wie wir aus den Gebührsvermerken ersehen, zog er die ziemlich bedeutende Kostengebühr für sich ein. Auf nr. 184 steht die Rechnung: «magistro debentur 5 solidi», *nr. 185 war unentgeltlich ausgestellt:* «magister gratis dedit», *nr. 359 war für 3 Schilling ausgestellt. Es betrug demnach die Urkundungsgebühr nach heutigem Silber (nicht nach dem der Kaufkraft berechnet) ungefähr 5 bez. 3 Mark. In welchen Geschäften erbat man vom Rat Beurkundung? Nur ein einziges mal ist ein Testament vom Rat mitbesiegelt (nr. 85 zugleich vom bischöflichen Hofrichter), nur eine*

Seelgerätstiftung (nr. 163 beim städtischen Hospital) ist vom Rat beurkundet. Da die Kirche die Ueberwachung der Ausführung der Testamente und Schenkungen für sich in Anspruch nahm, so liess man wohl lieber gleich dieselben vom geistlichen Gericht beurkunden. Auch die Beurkundung von Schenkungen liess man lieber durch das geistliche Hofgericht als durch den Rat besorgen (nr. 146, 187, 222, 409, 426). Sehr häufig ist natürlich die Beurkundung von Kauf- und Erbleiheverträgen, als regelmässig könnte man am ersten eine Beurkundung der Erbverträge durch den Rat bezeichnen (nr. 41, 97, 133, 231, 238, 413, 592, 722 vgl. auch 325, 559).

Man darf aber bei alledem nicht vergessen, dass die Beurkundung seitens des Rates der Zeit nach sehr schwankend ist. Bis Mitte der 80er Jahre ist dieselbe ziemlich konstant, man bemerkt jedoch deutlich einzelne Jahre, in denen sich die Ratsurkunden häufen, so vor allem in den Jahren 1288, 89, 90. Sehr zahlreich sind sie im letzten Halbjahr von 1299 und im ersten von 1300, wo von 23 Urkunden 11 von dem Rat ausgestellt sind, und ebenso in der letzten Hälfte von 1305 und Anfang 1306, wo von 21 9 Ratsurkunden sind. Kommen also hier 9 öffentliche Urkunden des Rates auf 1 Jahr, so verteilt dieselbe Zahl ein paar Jahre später sich auf über 11 Jahre (von 1314 April 9 bis 1325 November 22). Für die 10 und 20er Jahre des 14ten Jahrhunderts ist die Beurkundung seitens des Rates nur noch ganz sporadisch, sie wird dann unter dem Regiment des letzten Rates, der durch die Revolution von 1332 gestürzt wurde, für kurze Zeit wieder Regel. Im Allgemeinen kann man sagen, dass die Beurkundung durch den Rat abstirbt, dass der Rat die Tendenz der Zeit zur Schaffung einer öffentlichen Urkunde nicht erkannt und dadurch eine entschiedene Einbusse selbst verschuldet hat.

Die Ratsurkunde erscheint auch als Parteiurkunde. Selbstverständlich beurkundete der Rat selbst seine eigenen Handlungen, so regelmässig seine eigenen Urteilsprüche: 1052, 1120, 1132, 1136, 1176, 1293, ebenso wenn die Stadt einen Teil ihres Grundbesitzes verkauft, z. B. nr. 479, 738, oder einen Tauschvertrag abschliesst, z. B. 348, 373 u. s. w. Ganz auffallend ist der sehr häufig vorkommende Fall, dass beim Erwerb seitens der Stadt auch die Beurkundung von dieser Seite erfolgt; man sollte erwarten, dass die Stadt von der Gegenpartei eine Beurkundung durch ein anderes Gericht verlangt hätte. In der Form unterscheidet sich diese Urkunde von den übrigen Ratsurkunden in keiner Weise (vgl. z. B. 280, 614, 616, 1063, 1071, 1079).

b) Die Urkunden anderer städtischer Behörden. Von den städtischen Behörden und Beamten haben nur zwei eine selbständige Beurkundung eingeführt: es sind das 1) der Schultheiss und Vogt und 2) die Schöffen. Vom Schultheiss und Vogt wird in Gemeinschaft — nach stehender Formel — der gerichtliche Verkauf des Eigens eines nicht mehr zahlungsfähigen Schuldners beurkundet (nr. 406, 611, 633, 748, 1014, 1264). Es kommt aber auch vor, dass dasselbe Geschäft dann noch einmal vor einem geistlichen Gerichte ganz in der gewöhnlichen Weise, als handle es sich um einen freiwilligen Verkauf, beurkundet wird (so nr. 406 u. 748).

Die Schöffen, welche, wie wir sahen, um 1200 als Urkundungspersonen eingesetzt wurden, haben in dieser Zeit häufiger Geschäfte, zu denen sie hinzugezogen wurden, beurkundet. Diese Urkunden gehören zu den interessantesten des vorliegenden Bandes. Bald sind es Schenkungen (399, 400, 911), bald Urteilsprüche des Rates (506, 686, 885) oder der Schöffen (1113), am häufigsten findet sich die Beurkundung des Wittumsvertrags durch Schöffen (537, 762, 802). Welch grossen Wert man auf einen vollen Urkundenbeweis legte, sieht man daraus, dass über ein und dasselbe Geschäft von mehreren Behörden eine Beurkundung statt fand, und zwar durch Schöffen (478), durch den Rat (476), durch den Verkäufer selbst (Kloster St. Elisabeth), der den Hofrichter und den Predigerprior um Mitbesiegelung bat (476 Note).

c) Die Urkunden der kleinen geistlichen Gerichte. Die kleineren geistlichen Gerichte, welche vor 1266 nicht erscheinen, sind die Gerichte der Archidiakone. Leider fehlt uns für die Geschichte der Strassburger Archidiakonate eine Vorarbeit. So kann ich selbst nicht bestimmen, wann und in welcher Weise die Zerteilung der ursprünglich eingerichteten 7 Archidiakonate in die späteren erfolgte, wie sie die Uebersicht von Grandidier in Würdtwein Nova subsidia diplom. VIII, 55 ff. ergiebt. Die Zahl der 7 Archidiakonate scheint aber noch 1251 bestanden zu haben, vielleicht waren 2 zusammengelegt, wenigstens unterzeichnen nur 6 Archidiakone, darunter der Propst und Küster, die in diesem Jahre erlassenen Synodalstatuten (Urkb. I S. 258 ff.). Die Stadt Strassburg gehörte zum Archidiakonat des Thesaurars, der zugleich das Amt des Küsters in sich vereint.[1] Es erklärt sich daraus die grosse Macht, welche der Thesaurar in Strassburg besass. Neben seinem Gericht, welches nächst dem bischöflichen Hofgericht die grösste Macht besass, kommen dann ganz vereinzelt die geistlichen Gerichte des Propstes und der andern Archidiakone vor. Bei letzteren lässt sich der Archidiakonatsbezirk nicht bestimmen, welcher dem betreffenden Archidiakon unterstellt war, und so fällt jede Untersuchung über einen eventuellen Einfluss der in der vor dem betr. Gericht ausgestellten Urkunde genannten Oertlichkeit auf die Zuständigkeit des Gerichtes fort. Es scheint, dass irgend welcher Zwang, in bestimmten Fällen die Beurkundung durch ein bestimmtes Archidiakonalgericht vollziehen zu lassen, nicht bestand. Für den Strassburger Bürger lag natürlich das Gericht seines Archidiakons, des Thesaurars, am nächsten, wenn er aus irgend einem Grunde die Beurkundung vor dem Rat oder Hofgericht nicht wünschte. Eine Scheidung nach Geburtsland oder Geburtsort oder Wohnort bestand nicht. Nur das darf man vielleicht sagen, dass die Geistlichen mit Vorliebe durch ihren Archidiakon ihre Testamente beurkunden liessen — Regel war aber auch das nicht. Sehr häufig findet sich die Beurkundung durch 2 Archidiakonalgerichte (vgl. 486, 505, 610, 956, 1305) oder durch das Hofgericht und

---

[1] Im Lehnsbuch des Bischof Berthold von Bucheck heisst es fol. 176, wo die vom Bischof zu verleihenden Pfründen aufgezählt werden: »item thesaurariam, cui annexus est archidiaconatus in civitate et quibusdam villis vicinis et ecclesia parrochialis s. Laurencii est annexa.« Vorher heisst es: »Item in ecclesia kathedrali Argentinensi habet episcopus conferre omnes archidiaconos preter annexum prepositure.«

ein Archidiakonalgericht (nr. 78, 79, 81, 149). Die Zahl der vor den kleineren Gerichten ausgestellten Urkunden ist aber sehr gering und nimmt seit etwa 1310 noch beträchtlich ab.

Das frühe Verschwinden der Archidiakonalgerichte darf in Strassburg nicht auffallen. Während in andern, namentlich französischen Bistümern der Gegensatz zwischen der bischöflichen und der Archidiakonalgewalt ein sehr tiefer war, die Archidiakone sich eine ganz und gar unabhängige Stellung erkämpft hatten, blieb das Archidiakonat im Strassburger Bistum schon deshalb mehr vom Bischof abhängig, weil alle Archidiakone mit einer Ausnahme vom Bischof selbst ernannt wurden. So mag dann von Seiten des Bischofs auf eine Abschaffung der Archidiakonalgerichte gedrungen sein. Wir sehen nur das Resultat vor uns, dass die Archidiakonalgerichte auf dem Gebiete der Beurkundung vor dem bischöflichen Hofgerichte immer mehr zurücktreten. [1]

d) Die Urkunden des bischöflichen Hofgerichts. Weitaus in den allermeisten Fällen wandte man sich um Beurkundung an das bischöfliche Hofgericht. Nach der voraufgegangenen Uebersicht über die Beurkundung durch andere Gerichte darf ich mich kurz fassen. Regelmässig sind vom Hofrichter die Stiftungen von Pfründen, von Beginenhäusern u. s. w. besiegelt, am seltensten die Akten über Erbstreitigkeiten. Die in älterer Zeit häufiger vorkommende Mitbesiegelung seitens der einen Partei wird immer seltener, ebenso fehlt immer häufiger die Zeugenreihe, die zuletzt nur noch ganz ausserordentlich selten sich findet.

Ueber die innere Organisation dieses Gerichts sind wir nur sehr ungenügend unterrichtet. Der Offizial führt regelmässig den Titel judex curie Argentinensis — *in den deutschen Urkunden* Hofrichter des Bischofs. *Nächst ihm scheint die angesehenste Person der* sigillifer *gewesen zu sein. Die Macht des bischöflichen Hofgerichts war eine ganz enorme. Während in andern Diözesen die Competenz der geistlichen Gerichte vielfach angefochten wurde, wissen wir aus Strassburg nichts derartiges, im Gegenteil sehen wir hier das Hofgericht selbst in solchen Fällen in Thätigkeit, in denen die Competenz des geistlichen Gerichts sehr zweifelhaft ist. (Man vgl. z. B. die nrn. 441, 613, 655, 668, 694, 829, 836, 1042, 1281). Am Endjahr unseres Bandes ist das bischöfliche Hofgericht fast die einzige Urkundungsbehörde im ganzen Gebiete des Bistums Strassburg; alle irgend concurrenzfähigen Gewalten hatten vor dem bischöflichen Hofgericht zurückstehen müssen. Und das ist um so wichtiger, da wir sehen, dass seit dieser Zeit die Beurkundung Regel, die Nichtbeurkundung Ausnahme war. In dieser Stellung hat sich das bischöfliche Hofgericht selbst durch die Stürme der Reformation erhalten; selbst als die Stadt ganz protestantisch war, war doch das bischöfliche Hofgericht das Notariat für dieselbe. Erst gegen Ende des 16ten Jahrhunderts scheint da eine Aenderung vor sich gegangen zu sein.*

---

[1] *Ich erwähne aus den Synodalstatuten von 1341 bei Martène, dass in cap. 60 die Kosten der Urkunden der Archidiakonalgerichte bei Pfründenverleihungen auf ein bestimmtes Maas zurückgeführt werden. Eine Ueberschreitung der Taxen ist als Simonie zu bestrafen.*

Werfen wir nun noch einen Blick auf die Nachbardiözesen. Wohl nimmt auch in Basel das bischöfliche Hofgericht eine ähnliche Stellung als in Strassburg ein, aber die concurrirenden Gewalten sind nicht besiegt. Wohl findet sich auch in Speier häufiger die Beurkundung durch geistliche Gerichte, vor allem das des Propstes, wohl scheint auch in noch beschränkterem Maasse das in Mainz, Worms und Trier der Fall gewesen zu sein, aber alles dies lässt sich mit der Thätigkeit des Strassburger Gerichtes nicht vergleichen. Und nun gar die andern deutschen Bistümer! Sie alle haben nach und nach Offizialate eingerichtet, dieselben blieben aber beschränkt auf die rein geistliche Gerichtsbarkeit, nur ganz sporadisch ist z. B. im Bistum Konstanz eine Beurkundung durch das Offizialat erfolgt. Man begnügte sich hier überall noch mit dem Notbehelf der Parteiurkunde, oder bat den Grundherrn oder eine benachbarte Stadt oder Kloster oder auch wohl das Landgericht um Besiegelung; man hielt noch immer am alten Zeugenbeweis fest, eine allgemeine Beurkundung fand erst ganz langsam Eingang. Von diesem Gesichtspunkte aus wird die Geschichte der Strassburger Privaturkunde von grosser Bedeutung für die Geschichte des Urkundenwesens in Deutschland überhaupt.

Da in Frankreich die Beurkundung seitens der geistlichen Gerichte schon viel früher in Gebrauch gekommen, um die Mitte des 13ten Jahrhunderts sehr gewöhnlich war, bis dann gegen Ende des Jahrhunderts die Urkunden der durch den hl. Ludwig reorganisirten Gerichte an ihre Stelle traten, so sollte man glauben, dass auch die Strassburger Gerichtsurkunde nach dem Muster der älteren französischen gebildet, ja vielleicht einfach entlehnt wäre. Aber dem ist nicht so. Die Urkunde des Strassburger Hofgerichtes ist hier selbst allmählich entstanden, weicht in der ganzen Anlage ganz entschieden von den französischen und gleichzeitigen deutschen ab. Eine sehr klare Uebersicht über die Urkunden der französischen Offizialitäten giebt Fournier im Anhang I (Diplomatique des actes passés devant les officialités) zu seinem schon oben hervorgehobenen Buche: Les officialités au moyen âge. Es ergiebt sich hier sofort der Unterschied, dass die Strassburger Urkunde die in der französischen gebräuchlichen Einleitungsformeln nicht kennt, dafür aber einige auf deutschrechtlichen Elementen beruhende Formeln, namentlich die Auflassungsformel in den Kauf- und Schenkungsbriefen, aufgenommen hat. Ebenso tritt in der Strassburger Urkunde die Unterbehörde des Offizialats, das Notariat, in keiner Weise hervor. In den allermeisten französischen Urkunden aus dem Ausgang des 13ten Jahrhunderts ist der Name des Notars wenigstens unten vermerkt, in sehr vielen ist aber die Thätigkeit des Notars in den Vordergrund geschoben. Es berichtet der Notar, dass vor ihm die beiden Parteien den näher ausgeführten Vertrag geschlossen haben. Dann heisst es weiter: Auf den Bericht des genannten Notars und auf Bitten desselben hänge ich der Offizial u. s. w. mein Siegel an[1]. Ganz anders in Strassburg. Müssten wir nicht aus der Analogie auf das Vorhandensein des Instituts der Notare schliessen, wir würden von der Existenz derselben nichts wissen. Aber

[1] So ist es auch in den Metzer Urkunden, von denen hier unten nr. 1178, 1179, 1199 im Abdruck folgen, die man vergleichen möge.

auch von den Urkunden der benachbarten deutschen geistlichen Gerichte hebt sich die Strassburger Urkunde ab. Am sichersten kann ich einen Vergleich mit den Baseler Offizialatsurkunden führen, von denen bei Trouillat eine grössere Zahl gedruckt ist. Zuerst erscheinen die Urkunden des Archidiakonalgerichtes (II S. 145 z. Jahr 1264), erst später die des bischöflichen Offiziales (zu 1270. II, 204); aber hier scheint nicht so lange ein Schwanken in der Bildung der Formeln stattgefunden zu haben. Die Baseler Urkunden stellen meist die Datirung an den Kopf, kennen nicht die feste Gliederung der Strassburger Urkunde und ihnen fehlt überhaupt die Auflassungsformel. Von Wormser, Mainzer und Konstanzer Urkunden sind mir nur jeweils wenige bekannt geworden, so dass ich mir über die dortigen Verhältnisse kein Urteil erlaube; eher kann ich aus einzelnen mir entweder durch Remling oder sonst bekannt gewordenen Urkunden die tiefe Unterscheidung der Speierer und Strassburger Hofgerichtsurkunde behaupten.

Wenn in Frankreich die Urkunde der geistlichen Gerichte als eine Fortentwicklung der Urkunde der bischöflichen Kanzlei bezeichnet werden darf, so trifft dieses Verhältnis für Strassburg nicht zu. Zwar zeigt sich auch hier schon seit Beginn des 13ten Jahrhunderts dann und wann eine Hinneigung zur Anwendung canonistischer bez. römischer rechtlicher Formeln — wofür der erste Band genug Belege giebt — aber die ganze Structur der späteren Hofgerichtsurkunde ist durch dieselbe nicht vorgebildet worden. Für die Bildung der Hofgerichtsurkunde ist das Beispiel französischer Urkunden, der Unterricht der ars notatoria, *wie er damals auf den Universitäten gepflegt wurde, gewiss nicht ohne Einfluss geblieben, das Formular selbst ist aber ein Werk der Strassburger Gerichtskanzlei. Das beweist am Besten das lange Schwanken, bis sich eine Norm fest herausgebildet hat. Aber auch noch nach 1280-1285 ist eine Fortentwicklung namentlich in der Datirung zu bemerken. Die kleinen geistlichen Gerichte sind im Formular und Allem ganz und gar vom bischöflichen Hofgericht abhängig, so dass eine getrennte Behandlung nicht notwendig ist.*

Die Urkunden der geistlichen Gerichte sind fast ohne jede Ausnahme in lateinischer Sprache abgefasst, wie dieses ganz allgemein bei den geistlichen Gerichten Deutschlands und Frankreichs der Fall war und bis in die jüngsten Zeiten blieb; nur in der Diözese Metz und Verdun war der Gebrauch der Landessprache schon um 1300 verbreitet. Als Material diente stets Pergament in nicht allzu grossem Format, dessen unterer Rand nur zu einer schmalen Falte umgeschlagen war. Es ist stets nach italienischer Art zubereitet, d. h. nur einseitig calcinirt. Die Schrift ist regelmässig und sorgfältig, meist kleiner als in den gleichzeitigen nicht kanzleimässigen Urkunden, niemals unschön, häufiger stark abgekürzt. Das Siegel hängt nur in der Uebergangszeit an geflochtenen Schnüren, später ist es ganz regelmässig an Pergamentstreifen in der gewöhnlichen Weise befestigt; ebenso wechselt die Farbe, die in der Uebergangszeit durch einen leichten Zusatz von Farbe entweder dunkelgrün oder braun war, später aber ziegelrot wurde, nur nicht so unangenehm grell, wie sie in der Uebergangszeit in einzelnen Fällen angewandt wurde, sondern stets ganz gleichmässig von sanfter Färbung. Zwischen mehreren Siegeln aus verschiedenen Jahrhun-

derten wird man kaum einen Unterschied wahrnehmen können, man bereitete sie offenbar Jahrhunderte lang genau nach demselben Rezepte. Der Siegelstempel, der vom bischöflichen Hofgericht verwandt wurde, ist rund, zeigt im Siegelfeld einen Arm, dessen Hand einen Bischofsstab trägt, welcher in den für die Umschrift bestimmten Kreis mit seiner Spitze hineinragt. Rechts davon ist ein Stern, darüber die Mondsichel. Die Umschrift, welche durch eine Perlschnur vom Siegelfeld und äusseren Rand getrennt ist, lautet: s': curie . argentinen.[1] *Das Siegel des bischöflichen Hofgerichts, welches sich durch Gestalt und Zeichnung von allen gleichzeitigen deutschen Siegeln unterscheidet, ähnelt, wie auch die der andern deutschen Offizialate, denen der französischen Offizialate.*[2] *Am meisten hat es Aehnlichkeit mit dem Siegel der Offiziale von Valence, Chalon, Coutances und Avranches, die eine Hand, welche den Bischofsstab trägt, und die Bischofsmütze darstellen. Ein Rücksiegel kommt nicht vor, es ist regelmässig auf dem Rücken des Siegels der Eindruck des Daumens als Rückzeichen.*

Niemals beginnt die Urkunde mit einer Invocation oder dem Chrismon. Sehr selten findet sich überhaupt eine Grussformel. Der gewöhnliche Beginn ist die Bezeichnung des Richters. Nur in den älteren Urkunden bis 1274 wird der Name des Offizials genannt, später niemals mehr, da heisst es einfach: Coram nobis judice curie Argentinensis constitutus in forma juris *(oder* judicii, *letzteres abwechselnd ohne eine Beziehung zum nachfolgenden)* N. N. *Dann folgt der Name der einen ev. beiden Parteien und zwar wird ganz genau der Stand angegeben, entweder* civis Argentinensis *oder* miles Argentinensis *oder der Heimatsort; liegt dieser ausserhalb der Grenzen des Bistums Strassburg, so wird hinzugefügt, in welcher Diözese: also* diocesis Constantiensis, *und meist findet sich dann noch der Zusatz, dass die betreffende Person sich für diesen Fall der Gerichtsbarkeit des Strassburger Offizials unterworfen habe* (subjiciens se quoad infrascripta jurisdictioni nostre). *Die Bezeichnung des Richters als* judex curie Argentinensis *(deutsch* Hofrichter*) weicht von der in andern Bistümern gewöhnlichen* officialis *ab. In der ganzen Urkunde spricht der Offizial allein von sich in der ersten Person (Plural); nur bei einer Mitbesiegelung redet in der auf die Mitbesiegelung bezüglichen Formel auch wohl der Mitbesiegler in derselben Person.*

Der Schluss der Urkunden des geistlichen Gerichtes lautet regelmässig: «in cujus rei testimonium sigillum curie Argentinensis ad petitionem N. N. presentibus est appensum. datum anno domini» *folgt die Jahreszahl, dann das Tagesdatum. Die Angaben, auf wessen Bitten das Siegel angehängt sei, fehlt auch. Bei den Regesten ist um Raum zu sparen der ganze Siegelvermerk ausgelassen: beginnt eine Urkunde mit den Buchstaben* C. j. c. A. (= Coram judice curie Argentinensis) *beziehungsweise* C. j. c. thesaurarii *u. s. w., so heisst das zugleich, dass auch das Siegel dieser Behörde anhängt. Nur in den Fällen der Mitbesiegelung eines andern ist die Siegelbemerkung beibehalten. Die Tagesdatirung ist nur sehr selten nach*

---

[1] *Ein älteres Siegel war nur bis etwa 1275 in Gebrauch. Es zeigt das Bild eines Bischofs (Brustbild), in der Linken der Stab, die Rechte erhoben. Die Umschrift lautet:* S. CVRIE . ARGENTINENSIS. *Das noch ältere vom ersten Offizial verwandte Siegel ist bereits oben S. XVII beschrieben.*

[2] *S. die Zusammenstellung der Stempelbilder bei Fournier p. 305.*

dem kirchlichen, meist nach altrömischem Kalender angegeben. Während nun aber in den älteren Urkunden stets nur ein Datum angegeben ist, es also den Anschein hat, als ob selbst bei complizirten Geschäften alle Pactanten zugleich zugegen gewesen seien, ist in den jüngeren Urkunden ganz genau die Datirung für jede einzelne Person und für jeden Teil des Rechtsgeschäftes angegeben. So ist bei einem Verkauf eines nicht freien Eigen, der Verkauf selbst z. B. am 3. Juli, die Zustimmung des Hofherrn am 2. August erfolgt. In den jüngeren Urkunden sind in diesem Falle stets genau alle einzelne Daten (bis zu 4), die oft mehrere Monate auseinander liegen (bei nr. 1286 sogar 6 Jahre) angegeben worden; z. B. «actum *(oder seltener* datum*)* quoad prescriptum venditorem anno domini 1331, 10 kalendas februarii, quoad Annam, 2 nonas martii, quoad dominum Guntherum prescriptum anno domini 1332, 2 nonas julii.» *Diese Urkunden mit mehreren Daten sind regelmässig zum ältesten ihrer Daten eingereiht.*

Betreffs der Urkunden der Archidiakonalgerichte habe ich nichts weiter hinzuzufügen, als dass seit der Consolidirung der Urkunde des bischöflichen Hofgerichts deren Form ohne jeden Unterschied von den andern geistlichen Gerichten adoptirt ist.

Anders verhält es sich mit der Ratsurkunde. Wir sind leider zu wenig unterrichtet über das Amt der Stadtschreiber. Da selbst noch in den Streitigkeiten mit den Dominikanern die Vertreter wechseln, so möchte man fast vermuten, dass das Amt eines selbständigen Stadtschreibers erst um diese Zeit eingeführt wurde. Die älteren Ratsurkunden weichen in der Form so sehr von einander ab, dass es scheint, es sei nicht nach einem Formular gearbeitet worden, sondern jede für sich besonders concipirt. Die Regellosigkeit zeigt sich schon in der Sprache, da in der älteren Zeit die Urkunde bald deutsch bald lateinisch geschrieben ist. Aber schon bald beginnt der Gebrauch der deutschen Sprache zu siegen, die letzte lateinische Urkunde gehört dem Jahre 1292 an (nr. 269). Ganz entschieden ist ein Einfluss der geistlichen Gerichte in den lateinisch concipirten Urkunden z. B. in nr. 40, 105, wo selbst die Einredenformel mit herüber genommen ist. Aber auch in den deutschen Urkunden zeigt sich eine Aehnlichkeit mit den Formeln der Hofgerichtsurkunde (vgl. nr. 65, 119, wo die Einredeformel beibehalten ist, 250), so dass man an eine einfache Uebersetzung der Formeln der Hofgerichtsurkunde, wie bei nr. 190, denken kann. Die lateinisch concipirte Urkunde nr. 269 stimmt mutatis mutandis ganz genau mit der Urkunde des Hofgerichts. Eine feste Form nimmt die Ratsurkunde zuerst in den Erbleihebriefen an, die genau nach dem Vorbild der Urkunde der geistlichen Gerichte gemacht sind. Erst später festigt sich die Form auch der andern Urkundenarten.

Die Ratsurkunde ist meistens splendider ausgestattet, wie die Gerichtsurkunde, die Schrift grösser, stets sehr sorgfältig geschrieben. Der weisse frei gelassene Raum, der die Schrift umgiebt, ist grösser wie bei den Urkunden des geistlichen Gerichts, aber nicht entfernt so gross, wie das bei den jüngeren Ratsurkunden der Fall ist. Die Schreiber sind sehr sorgfältig gewesen, haben aber für den Vokalstand nicht ein feines Gehör; wenn man einen Vergleich zieht mit den Urkunden der

Stadt Villingen, so fällt in dieser Beziehung die Strassburger deutsche Urkunde sehr ab. Das Siegel hängt stets nicht am Pergamentstreifen, sondern an geflochtenen Woll- (Seiden?) fäden von meist zwei Farben. Die Farbe des Stadtsiegels, in den ersten Jahrzehnten des 13ten Jahrhunderts ziegelrot, ist nun stets dunkel und zwar entweder grün oder braun, die Fäden haben meist ihre Farbe sehr gut erhalten. Ein Rücksiegel fehlt. Es wird bei der Siegelung stets die überflüssige Wachsmasse auf der Rückseite in einen langen Streifen zusammengeschoben; in diesen Rücken wird dann dreimal durch Daumeneindruck eine Art Rekognition gemacht. Ein Secretsiegel findet sich zuerst 1326 an nr. 1120, wird aber zunächst nur ganz selten gebraucht.

Auch die Ratsurkunde kennt keine Invokation oder Chrismon. Sie beginnt ständig mit der stehenden Formel: Wir *Name des amtirenden Meisters* und der rat von Strazburg tûnt kunt allen den, die disen brief gesehent unde gehôrent lesen, daz *u. s. w. woran sich die Erzählung des Rechtsgeschäftes anschliesst. In erster Person spricht nur der Meister und der Rat.*

Der Schluss lautet in allen Urkunden ganz gleichmässig: daz diz wâr unde stête si, der umbe ist unserre stette ingesigel an disen brief gehenket ze einem urkünde der vorgeschriben dinge. der wart gegeben an dem *folgt das Tagesdatum,* do men von gotz gebürte zalte *Jahresdatum.* herane waren wir *u. s. w. folgen die Namen der vier Bürgermeister und der 20 Ratsmitglieder. Die Tagesdatirung ist stets — nur einer Ausnahme erinnere ich mich — nach dem kirchlichen Kalender gegeben, die Jahreszahl ist niemals in Ziffern gegeben, sondern in Buchstaben. Die Worte* herane waren wir *u. s. w. sind wohl schwerlich dahin zu verstehen, dass damit wirklich die Anwesenheit des gesamten Rates bei Abschluss des Geschäftes beurkundet werden soll, es würde dann unerklärlich sein, wie selten ein Ratsmitglied in den Ratssitzungen fehlte; ich glaube, es ist nichts weiter, als eine Aufzählung der überhaupt im Amt befindlichen Ratsmitglieder. Da sie so ganz regelmässig wiederkehrt, so sind Ratslisten in den Regesten niemals vollständig mitgeteilt, nur der erste Name ist angegeben. Es würde ein Abdruck derselben, da häufig 10 bis 15 Ratsurkunden auf ein Jahr fallen, und hie und da nur ein Name fehlt, allzu viel Raum in Anspruch genommen haben. Statt dessen sind dieselben zur Aufstellung von Ratslisten verwandt, über deren Einrichtung die Vorbemerkung zu vergleichen ist.*

Da ich im folgenden eine Zusammenstellung der verschiedenen Urkundenformulare, also gewissermassen das in den Strassburger Kanzleien gebrauchte Formelbuch reconstruire, so muss ich vorher noch ein paar Worte über das Verhältnis desselben zu den Regesten voraufschicken.

Da die Strassburger Privaturkunde ganz fest gebaut ist und sich leicht in ihre Teile zerlegen lässt, so könnte man, wenn man von kleinen Differenzen des Ausdrucks absieht, von einer jeden Urkunde das ganze Formelgerippe angeben, alle einzelnen Formeln etwa durch Buchstaben bezeichnet aufführen. Aber da viele von den Formeln für das Rechtsgeschäft ohne jede Bedeutung sind, so würde ein solches Regest mit seinen vielen Formelbezeichnungen allzu befremdend aussehen, ohne dass für die Kenntnis des Inhalts etwas gewonnen wäre. Es sind deshalb bei Anferti-

gung der Regesten alle diese nebensächlichen Formulare ganz unbeachtet geblieben und nur folgende, welche für den Rechtsinhalt von Bedeutung sind, aufgezählt. Im Erbleihebrief: *Ehrschatzformel* (Er.) *und Vorkaufsrechtsformel* (V.). *Im Kaufbrief (resp. Schenkung) Auflassungsformel* (A.), *Minderjährigkeitsformel* (M.), *Unmündigkeitsformel* (U.), *Wittumsformel* (Wit.). *Es war so möglich durch die knappe Bezeichnung von z. B.* Er. 1. *den ganzen langen Satz zu ersetzen, der den Inhalt dieser Bestimmung wiedergeben müsste. Wer einmal an einigen Urkunden sich diese Abkürzung durch das Abkürzungsverzeichnis und das folgende Formularium klar gemacht hat, für den wird ein Regest mit diesen Formeln nichts Auffallendes mehr enthalten. Dem Editor war es aber so möglich, die Regesten ganz knapp und doch die Urkunde voll ersetzend zu gestalten, auf diese Weise mehrere Druckbogen zu ersparen.*

Die folgende Zusammenstellung der verschiedenen Urkundenarten giebt zuerst jedesmal die in ihre Teile zerlegte Urkunde der geistlichen Gerichte, im Anschlusse daran die ebenso behandelte Ratsurkunde. Es ist auf kleine sprachliche Abweichungen nicht Rücksicht genommen, nur die inhaltlich von einander abweichenden Formulare sind zusammengestellt.

I. Die Verkaufsurkunde.

A. *Vor den geistlichen Gerichten.*

Die Verkaufsurkunde zerfällt in folgende Teile: a) Einleitungsformel und Verfügungsformel. b) Verkaufsbekenntnis. c) Quittung. d) Währschaftsformel. e) Auflassungsformel. f) Einredenformel. g) Siegelnotiz. h) Datum und Schlussbemerkungen. Sehr häufig finden sich dann noch eingeschoben die Wittumsformel, die Minderjährigkeitsformel, die Unmündigkeitsformel und die Güterbeschreibung. Die sämtlichen Formeln von a bis f einschliesslich bilden einen einzigen Satz, in dem c als Relativsatz eingeschoben, d, e und f aber als Participialsätze angehängt sind.

a) Einleitungs- und Verfügungsformel.

Coram[a] nobis judice curie Argentinensis[b] constitutus in forma juris[c] NN[d] pro se et heredibus suis[e] universis manu choadunata[f] vendiderunt et libere resignaverunt NN[g] presenti et ementi et eius heredibus universis[h] tale[i].

a. *Hier ist in der ältesten Zeit der Name des Hofrichters eingeschoben.* b. *In den Urkunden der Archidiakonalgerichte heisst es statt* Argentinensis *entweder* thesaurarii NN *oder* archidiaconi NN *u. s. w.* c. *Statt* in forma juris *häufig* forma *oder* figura judicii. *Meist fehlt beides. Wenn vorhanden, ist es im Regest beibehalten.* d. *Folgt der Name, mit Angabe des Standes, ev. Geburtsortes; bei Personen aus fremden Bistümern auch Name der Heimatsdiöcese.* e. *Bei mehreren Verkäufern, von denen einige nicht anwesend sind, werden meist hier sofort die Namen der abwesenden genannt* pro se et fratre suo Rûlino *oder* nomine suo et fratris sui Rûlini, adhuc minoris; *bei Vertretern von Klöstern wird zuerst nur der Vertreter genannt, hier heisst es dann z. B.* nomine monasterii s. Katherine *u. s. w.* f. *Der Zusatz nur bei mehreren Verkäufern.* g. *Name des Käufers wie oben bei* d. h. *Bei Vertreter eines Käufers z. B. eines Klosters wie bei* e, *also* ementi nomine fabrice ecclesie Argentinensis. i. *Genaue Beschreibung des Objekts, wenn dieselbe nicht allzu umfangreich ist. Ist das der Fall, so wird hier nur gesetzt* bona infrascripta *und folgt nachher die* specificatio bonorum. *Die Güterbeschreibung ist bei allen in Strassburg liegenden Grundstücken und Häusern genau, meist wörtlich auch in den Regesten beibehalten.*

b) Verkaufsbekenntnis.

et vendidisse publice sunt confessi pro propriis et liberis et ab omni census seu exactionis onere penitus absolutis[a] pro....[b]

a. *Hier steht fast regelmässig ob freies lediges Eigen, oder ob belastet. Im ersten Fall meist wie hier ausgedrückt, im Regest angegeben* p. p. e. l. = pro propriis et liberis; *bei belastetem Gut steht zwar auch meist dieselbe Phrase, es heisst dann aber weiter:* ita tamen quod de ipsa [area] non plus annis singulis census nomine debeantur NN *(Name des Zinseigentümers, dann Angabe der Höhe des Zinses)* in festo b. Martini *(oder ein anderer Zinstermin)* solvendi; *daran schliesst sich meist sofort die Zustimmung des Zinseigentümers:* NN presente et in empcionem premissam consentiente. *Die Höhe des Zinses ist natürlich auch im Regest angegeben, ebenso an wen er zu bezahlen, nicht aber wann, wenn nicht ganz ungewöhnliche Zinstermine angegeben sind (siehe oben S. XI).* b. *Angabe des Preises entweder nach der* marca argenti ponderis Argentinensis *oder nach der* libra denariorum Argentinensium, *die in der ganzen Diöcese Strassburg die einzige Rechnungsmünze war. Diese Preisangaben sind im Regest beibehalten.*

c) Quittung.

Quam pecuniam confessi sunt dicti venditores se ab eisdem emptoribus plene et integraliter recepisse sibique numeratam et traditam fore ac in usus suos[a] plenius convertisse, *oder in sprachlich abweichender Form z. B.:* quam pecuniam confessi sunt dicti venditores se ab eodem emptore recepisse et in usus suos totaliter convertisse.

a. *Wenn der Verkäufer das Geld für einen andern einzieht, so heisst es in der Quittung:* ac in usus NN plenius convertisse, *z. B. wenn ein Prokurator eines Klosters den Verkauf abschliesst.*

d) Währschaftsformel.

Die gewöhnlichste Form ist: constituentes se et eorum heredes universos iam dicti venditores warandos et principales debitores in solidum[a] dictorum — *folgt Angabe des Verkaufsobjekts*[b] pro *folgt Angabe der Qualität, ob frei eigen oder ob belastet,*[c] quemadmodum est prescriptum, erga dictos emptores et eorum heredes universos adversus omnem hominem, ut est juris.

a. *Dieser Zusatz steht natürlich nur bei mehreren Verkäufern.* b. *Das Verkaufsobjekt wird nur ganz allgemein angegeben, z. B.* domus prescripte. c. *Hier wird die Angabe des Verkaufsbekenntnisses kurz wiederholt.*

Die Währschaftsformel wiederholt also nur die Angabe der Einleitungsformel und des Verkaufsbekenntnisses, nur in dem einen Falle bringt sie Neues, wenn ausser dem Verkäufer noch andere sich zur Währschaft verpflichten. Dann heisst es statt venditores: venditores et NN.

e) Auflassungsformel (im Regest bezeichnet als **A***).*

Wir haben hier drei sachlich von einander abweichende Formeln:

1) Transtulerunt etiam dicti venditores pro se et eorum heredibus universis per porrectionem calami, ut est moris, in prefatos emptores[a] presentes et recipientes omne jus et possessionem, proprietatem et dominium vel quasi,[b] que sibi in dictis, *folgt Beschreibung des Objekts* competebat aut competere poterat modo quovis.

2) *statt* per porrectionem calami: scripto presenti.

3) *fehlt* per porrectionem calami, *ist überhaupt nicht die Art der Auflassung bezeichnet.*

Bei der Wichtigkeit der Auflassungsformel für die Rechtsgeschichte ist stets angegeben, welche von den 3 Formeln angewandt ist; in einigen wenigen Fällen, wo die Auflassung durch andere Symbole erfolgte, ist die betreffende Stelle wörtlich in das Regest herübergenommen. Am gebräuchlichsten ist die Auflassung vermittelst des Halmes, seltener ist die Auflassung vermittelst der Urkunde, scripto *oder auch* carta presenti. *Die Urkunden, in denen die Formel nr. 3, welche die Art der Auflassung nicht angiebt, vorkommt, sind in den Jahren bis etwa 1300 die Regel, verschwinden dann aber immer mehr. Ich bemerke gleich, dass in den Ratsurkunden nur die Formel 3, ein einziges Mal die Formel 1 vorkommt.*

a. *In einigen wenigen Fällen (z. B. 842, 1040, 1098, 1251) heisst es statt* in emptorem: in judicem curie nomini emptoris recipientem. *Der Sinn ist klar.* b. *Nur sehr selten ist von dieser pleonastischen Ausdrucksweise abgewichen.*

f) Einredenformel.

Renuncieverunt insuper dicti venditores pro se et eorum heredibus universis exceptioni: *nun folgen die einzelnen Einreden, die ich gleich hier sämtlich, auch für die andern Urkundenarten zusammenstelle. Die ersten 8 sind diejenigen, welche fast regelmässig in jedem Kaufbriefe erscheinen.*

1. non numerate pecunie non solute nec recepte et in utilitatem suam non converse; — 2. doli mali; — 3. actioni in factum *oder* in factum; — 4. beneficio restitutionis in integrum; — 5. et quo deceptis ultra dimidium justi pretii subvenitur; — 6. omnique juris auxilio canonici et civilis; — 7. consuetudini et statutis tam publicis quam privatis; — 8. exceptionibus et defensionibus aliis quibuscunque, quibus juvari possent ad veniendum contra premissa vel aliquid premissorum quoquomodo in judicio vel extra, imposterum vel ad presens.

Zu diesen gebräuchlichsten Einredenformeln treten dann noch hie und da folgende (z. T. allerdings nur in Schenkungsbriefen vorkommende):

9. literis a sede apostolica vel aliunde inpetratis vel inpetrandis; — 10. beneficio dividundaram actionum de duobus reis debendi vel promittendi *oder:* beneficio dividundaram actionum, epistole divi Adriani, constitutioni de duobus reis debendi vel promittendi; — 11. omni juri dicenti generalem renunciationem non valere; — 12. beneficio senatusconsulti Vellejani; — 13. beneficio ingratitudinis; — 14. et quo majoribus et minoribus subvenitur; — 15. quod vi metuve coacta vel illecta fuerit ad faciendum predicta; — 16. qua lesis monasteriis subvenitur.

Nr. 1 findet sich entgegen dem ursprünglichen römisch-rechtlichen Sinn in allen Urkunden, in denen eine Quittung enthalten ist; nr. 9 ist fast nur in Urkunden aufgenommen, in denen ein Kloster oder geistliche Personen die Verkäufer sind. Der Verzicht auf die Wohlthat des senatusconsultum Vellejanum *findet sich fast regelmässig, wenn der einzige Verkäufer eine Frauensperson ist oder unter denselben doch eine Frau ist. Namentlich in letzterem Falle ist dann der Verzicht auf diese Einrede nicht mit in die grosse Einredenformel aufgenommen, sondern folgt allein für sich nach. Häufig wird noch ausdrücklich hinzugefügt, dass die Verzichtende über den Inhalt des* senatusconsultum *belehrt sei; es heisst dann:* N. N. renunciavit super hoc a nobis certiorata beneficio senatusconsulti Vellejani. *Nr. 13 findet sich nur in Schenkungsurkunden, nr. 16 nur in Urkunden, die Veräusserungen seitens eines Klosters betreffen.*

g) Siegelvermerk. h) Datirung und Schlussnotizen.

S. oben S. XXX. Ist die Urkunde doppelt oder dreifach ausgefertigt, so heisst es am Schluss: Hujus instrumenti duo (3) sunt paria, quorum unum est apud N. N., alterum vero remanet apud N. prescriptum.

Ausser diesen Formeln, welche in sämtlichen Verkaufsurkunden vorkommen, erscheinen je nach der Natur des Rechtsgeschäfts und zwar fast regelmässig vor der Einredenformel noch: i) die Unmündigkeitsformel, k) die Minderjährigkeitsformel, l) die Wittumsformel, m) die Gutsbeschreibung.

i) Die Unmündigkeitsformel (im Regest bezeichnet U*).*

Die weitaus gewöhnlichste Form ist folgende:

Promiserunt nichilominus dicti venditores et se de hoc constituerunt principales in solidum debitores, se procuraturos et effecturos apud N. N., filiam (*bez.* sororem *u. s. w.*) ipsorum venditorum adhuc minorem, cum ad annos discrecionis sive legittime etatis pervenerit, quod dictum venditionis contractum laudabit, approbabit et ratificabit cum omni cautione, que ad hoc fuerit oportuna. *Sehr häufig findet sich dann noch der Zusatz:* Quod si secus fierit, omne dampnum, quod ex hoc... *Name der Verkäufer* sustinere contigerit, sibi resarcient et resarcire pro se et heredibus suis universis dicti venditores in solidum promiserunt.

Daneben erscheinen noch andere inhaltlich gleiche Formeln, z. B.: Constituerunt etiam se dicti venditores in solidum warandos fidejussores, quod vulgo dicitur werburgen, pro N. N. *(Schwester, Bruder, Sohn oder Tochter u. s. w.)* et se ad hoc coram nobis sollempniter in solidum obligaverunt, quod ipsi apud dictos... procurabunt et efficient, ut quam primum ad annos legittime etatis pervenerint, quod ipsi dictam vendicionem et tradicionem ratificabunt et confirmabunt.

k) Die Minderjährigkeitsformel (im Regest bezeichnet **M**).

Der Minderjährige beschwört ganz regelmässig den Vertrag zu halten in folgender Form: Promisit quoque dictus venditor per juramentum ab ipso coram nobis corporaliter prestitum, se dictum venditionis contractum ratum et gratum habiturum nec contra ipsum venire vel veniri procurare per se vel per alium quoquomodo in judicio vel extra in posterum vel ad presens. *Das Vorhandensein der Schwurformel ist regelmässig angegeben.*

l) Die Wittumsformel (im Regest bezeichnet **Wit.**)

Die gewöhnlichste Form ist: 1) Abjuravit quoque dicta venditrix *(bez.* dictus venditor) per juramentum ab ipsa (ipso) coram nobis corporaliter prestitum omne jus sibi competens in domo et area predictis occasione donationis propter nuptias sive dotis. *Es existiert also am Verkaufsobjekt ein Wittumsrecht, das jetzt aufgegeben wird.*

2) Prenominatus quoque venditor *(bez.* venditrix) asseruit per juramentum ab ipso (ipsa) corporaliter prestitum, ei nichil juris occasione dotis competere in domo et area predictis et, si quid juris hac occasione eidem conpetit, illi per juramentum renuntiaverat antedictum. *Ein Recht ist nicht vorhanden, wie eidlich bezeugt wird; sollte es doch vorhanden sein, so wird es aufgegeben.*

3) Prenominati quoque venditores asseruerunt per juramentum *(oder* per fidem) ab ipsis corporaliter coram nobis prestitam, domum etc non esse donatas nec alias fore obnoxias vel eciam obligatas. *Ein Recht ist nicht vorhanden, wie eidlich bezeugt wird.*

Es ist in den Regesten jedesmal angegeben, welche von den drei Formeln sich vorfindet.

m) Die Gutsbeschreibung.

Eine Gutsbeschreibung findet sich nur dann als selbständiger Teil der Urkunde, wenn die Beschreibung der Güter so umfassend ist, dass sie in der Einleitung stehend diese unverständlich machen würde. Sie findet sich also fast nur bei Beschreibung von Flurstücken, bei ländlichen Liegenschaften. Eingeleitet wird sie mit den Worten: Specificatio bonorum est hec et sita sunt in banno ville N. etc. etc.

B. *Die Ratsurkunde.*

Sie unterscheidet sich in ihrer Anlage von der Urkunde der geistlichen Gerichte darin, dass Einleitung, Verfügungsformel und Verkaufsbekenntnis zusammen gezogen sind, dass die Einredenformel fast regelmässig fehlt, und überhaupt alle Formeln viel knapper gehalten sind. Die einzelnen Teile stehen als selbständige Sätze nebeneinander.

a) Einleitung und Verfügung.

Wir N. N. der meister unde der rat von Strasburg tûnt kunt allen den, die disen brief gesehent unde gehôrent lesen, daz N. N. hat gegeben ze kôfende sin hus unde hovestat mit alleme reht und begriffe, als hus und hovestat her gelegen sint *(folgt Beschreibung)* vûr lidig eigen *(oder angegeben, wie belastet)* N. N. *(Name des Käufers)* vûr *(Preis)* pfunde pfennige genger und geber Strasburgere.

Alle diese Angaben sind mit in das Regest hinübergenommen.

b) Quittung.

Der pfenninge *(oder* des silbers) ist N. *(Verkäufer)* von *(Käufer)* gar und gantz gewert *(häufig noch der Zusatz)*: und ist ôch in iren nutz kumen.

c) Währschaftsformel.

Und hat ôch gelobet N. *(der Verkäufer)* und sind dez schuldig worden unverscheidenliche des *(Beschreibung des Objekts)* mit alleme rehte, als ez da vor bescheiden ist, rehte werende ze sin gegen menlicheme, alse reht ist.

d) Auflassungsformel (im Regest bezeichnet A).

Es kommt von den Auflassungsformeln der Urkunde der geistlichen Gerichte eigentlich nur die dritte in den Ratsurkunden vor. Die zweite Formel erscheint nie, sehr selten die erste.

1) und het im *(dem Käufer)* vor uns ufgegeben uzer gewalt und gewere mit dem halme alle die reht, die er hette oder haben mohte an dem vorgenanten huse unde hovestete. *Der Zusatz:* uzer gewalt und gewere *fehlt meist.*

2) *fehlt.*

3) *wie 1 ohne den Zusatz:* mit dem halme.

e) Einredenformel.

und het sich verzigen alles schirmes unde rehtes, es si geistlich oder werltlich, domitte er mohte kumen wider disen kôf und disen brief. *Eine Einredenformel, die der in der Urkunde der geistlichen Gerichte gleicht, findet sich hie und da in der Zeit vor der Fixirung der Form der Ratsurkunde, z. B. in nr. 190.*

f) Siegelvermerk, Datirung u. s. w.

Vgl. oben S. XXXII. Die Formel lautet: Das diz war unde stete si, darumbe han wir unserre stette ingesigel an disen brief gehenket, der wart gegeben an dem *(Tagesdatirung)*, do men von gotz geburt zalte *(Jahreszahl)* iar. Herane warent wir *folgt die Aufzählung der Ratsmitglieder.*

An sonstigen Formeln kommen noch vor: g) die Unmündigkeitsformel und h) die Wittumsformel. Sie finden in den Ratsurkunde ihren Platz nach der Einredenformel. Eine Minderjährigkeitsformel kommt in den Ratsurkunden nicht vor.

g) Unmündigkeitsformel (in den Regesten bezeichnet **U**).

Wand denne N. N. *(Name der unmündigen Kinder oder Geschwister u. s. w., des Verkäufers)* noch under iren iaren sint, davon so sint N. N. *(Verkäufer)* unverscheidenliche rehte schuldenere worden, daz sie schaffen sülent, swenne N. N. *(die Unmündigen)* zů iren tagen kument, daz sie disen kôf stete habent und sich verzihent allez dez rehtes, daz sie hettent oder haben môhtent an dem vorgenanten. *Bürgt nicht der Verkäufer, sondern an seiner Stelle andere, so heisst es:* Unde wande N. N. *(die Unmündigen)* noch under iren iaren sint, so het N. N. *(der Verkäufer)* werburgen geben N. N. *(Namen der Bürgen)*, swenne die selben kint ze iren tagen kument, daz sû die schaffen sullent, daz sû daz selbe hus vercigent mit ir selbes hant, alse reht ist.

h) Wittungsformel (im Regest bezeichnet **Wit.**)

1) So het ôch N. N. *(Verkäufer oder dessen Gattin)* versworn an den heiligen alles sin widemereht, daz er hette an dem N. N. *(Verkaufsobjekt)*, wand es sin wideme was.

2) Die vorgenante N. N. *(Verkäufer oder dessen Gattin)* het bi dem eide geichen, daz dise selbe hovestat nût ir wideme ist und doch durch gewarheit so het sû vor uns versworn alles wideme reht unde swaz sû rehts dran hette.

3) *Wie zwei ohne den Schluss von* und doch *an.*

II. Schenkungsbrief.

A. *Urkunde der geistlichen Gerichte.*

Die Schenkungsurkunde dieser Gerichte zeigt die grösste Aehnlichkeit mit der Verkaufsurkunde. Sie zerfällt in a) Einleitung und Verfügung, b) Schenkungsbekenntnis, c) Auflassung, d) Versprechungsformel, e) Einredenformel, f) Siegelvermerk und Datirung.

a bis e bilden einen Satz, dessen Teile durch Participalconstruction aneinander gehängt sind.

a) Einleitung und Verfügung.

Coram nobis judice curie Argentinensis constitutus N. N. *(Name des Schenkers)* motus pio affectu, quem se habere dicebat erga N. N. *(Name des Beschenkten) oder* in remedium anime sue *(ev. seiner Verwandten)* N. N. *(Name des Beschenkten)* donavit et assignavit donatione et traditione inter vivos N. N. *(Beschreibung des geschenkten Gutes)*.

b) Schenkungsbekenntnis.

donasse et assignasse se publice est confessus pure, libere, irrevocabiliter et in totum.

c) Auflassungsformel.

Ganz wie beim Kaufbrief, s. oben S. XXXV.

d) Versprechungsformel.

Promittens bona fide se hujusmodi donationem ratam et gratam habiturum nec contra ipsam venire vel veniri aliqualiter procurare.

e) Einredenformel.

S. beim Kaufbriefe S. XXXV. Selbstredend sind nur die auf Schenkungen bezüglichen Einreden aufgeführt, hie und da ist jedoch -- ein Beweis der Flüchtigkeit bei Concipirung der Urkunde — eine nur auf Verkauf anwendbare Einrede herübergenommen.

f) Siegelung und Datirung.

Ganz wie beim Kaufbrief, siehe oben S. XXXVI.

Auch in Schenkungsurkunden kommt die Unmündigkeitsformel, die Minderjährigkeitsformel, die Wittumsformel und die Güterbeschreibung vor, sie unterscheiden sich aber in nichts von den betr. Formeln der Kaufbriefe.

B. *Ratsurkunde.*

Für sie kann kein besonderes Formular aufgestellt werden, da nur ganz vereinzelt der Rat eine Schenkung beurkundet (nr. 97, 187, 426).

III. Urkunde über Stiftung eines Seelgerätes.

Diese Urkunde unterscheidet sich vom Schenkungsbrief nur darin, dass in dieselbe die einzelnen Bestimmungen über die Feier des Anniversariums aufgenommen sind. Auch hier sind die Ausdrücke der Urkunde durchaus typisch.

IV. Testament.

Das Testament unterscheidet sich darin von allen übrigen Urkunden der geistlichen Gerichte, dass meistens der Testator von sich in der ersten Person redet mit Ausnahme der letzten Sätze, in denen in erster Person der Hofrichter (bez. ein anderer geistlicher Richter) auftritt. Der gewöhnliche Beginn heisst: N. N., civis Argentinensis, debilis corpore, sanus tamen mente et nolens decedere intestatus sed volens anime mee saluti providere, prout melius potero, de bonis michi a deo collatis in hunc modum dispono et ordino. Inprimis lego, *dann folgen die einzelnen Legate. Am Schluss der einzelnen Legate folgt dann häufig die Formel:* Volo igitur, ordino et dispono, ut hujusmodi mea dispositio, ordinatio et legatum valeat, et, si valere non posset jure testamenti, valeat tamen jure donationis inter vivos facte vel legati seu codicillorum, aut prout melius subsistere poterit et valere. *Daran schliesst sich die Formel der Aufstellung der Exekutoren. Dann folgt die Beurkundung durch den Hofrichter:* In cujus rei testimonium nos judex curie Argentinensis ad petitionem N. N., quia premissis omnibus interfuimus, sigillum dicte curie presentibus duximus appendendum. *Ich bemerke aber, dass in der Concipirung der Testamente eine grössere Regellosigkeit herrscht, als in den andern vorstehend angegebenen Urkunden. Vom Rate sind Testamente nie beurkundet worden.*

V. Erbleihebrief.

A. *Die Urkunde der geistlichen Gerichte.*

Es giebt zwei Arten von Erbleihebriefen. In der einen wird von Seiten der Hofsassen das Vorhandensein eines Erbleiheverhältnisses anerkannt, in der andern giebt der Hofherr kund, dass er eine Hofstätte in Erbleihe gegeben hat. Wir behandeln genauer nur die letztere Art, die mit der ersteren die Ehrschatzformel und die Vorkaufsrechtformel gemein hat. Diese Urkunde zerfällt in folgende Teile: a) Einleitung und Verfügung. b) Erbleihebekenntnis. c) Ehrschatzformel. d) Vorkaufsrechtformel. e) Siegelvermerk. Datirung.

a) Einleitung.

Coram nobis judice curie Argentinensis *(oder* thesaurarii *u. s. w.)* constitutus (in forma judicii *oder* juris) N. N. *(Name des Hofherrn)* pro se et heredibus suis universis locavit et concessit in emphiteosim perpetuo, quod vulgo dicitur zů einem rehten erbe, N. N. *(Name des neuen Hofsassen)* presenti et conducenti sibi et heredibus suis universis aream *(folgt die Beschreibung).*

b) Erbleihebekenntnis.

Se locasse et concessisse publice est confessus pro annuo censu *(Angabe der Höhe des Zinses, im Regest natürlich beibehalten)* per ipsum conductorem et ejus heredes universos absque qualibet augmentatione [a] census nomine de area prescripta juxta consuetudinem civitatis Argentine [b] persolvendo: medietatem videlicet in festo nativitatis b. Johannis Baptiste, alteram medietatem vero in festo nativitatis domini, capones vero in festo beati Martini [c].

a. *Dieser Zusatz findet sich fast stets. Eine Steigerung des Zinses mit dem Wachsen des Grundwertes war also in Strassburg allgemein ausgeschlossen.* b. juxta consuetudinem civitatis Argentine. *Dieser Zusatz findet sich zumeist.* c. *Die Termine sind so feststehend, dass sie unten im Regest gar nicht mehr angegeben sind. Nur die seltenen Abweichungen sind angegeben.*

c) Ehrschatzformel (im Regest mit Er. *bezeichnet).*

1) Ehrschatz wird nicht bei Wechsel der leihenden Hand gezahlt. Ita tamen, quod quotienscunque dicta area ex parte possessorum, quod vulgo dicitur von der hovesessen wegen, de persona ad personam alienata fuerit, quod tociens laudimium dictum erschatz vulgariter erit dandum; ex permutatione vero domini directi dicte aree laudimium nullatenus erit dandum.

2) *Ehrschatz wird nicht gezahlt bei Wechsel der leihenden Hand und ebenso nicht vom ersten Empfänger.* Ipsi vero conductores tantum non dabunt laudimium, erschatz vulgariter appellatum, sed quandocunque et quotienscunque dicta area extra manus dictorum conductorum devoluta seu translata fuerit de una persona ad aliam, totiens laudimium erit dandum; ex permutatione vero dominorum directorum aree predicte laudimium nunquam erit dandum.

3) *Ehrschatz wird nicht gezahlt bei Wechsel der leihenden Hand und ebenso nicht von den ersten Hofsassen und dessen Kindern.* Et est adjectum, quod prefatus conductor et uxor sua et liberi sui nunquam dabunt jus, quod dicitur erschatz, de bonis predictis, si autem dicta bona alio modo quocunque alienabuntur et cum devenerint ad liberos dictorum liberorum, extunc datur jus, quod dicitur erschatz, de eisdem.

4) *Ehrschatz wird nicht gezahlt bei Wechsel der leihenden Hand, ebensowenig von den Nachkommen des Hofsassen, bei Erbfolge, wohl aber bei Kauf und von da ab regelmässig bei jeder Aenderung der beliehenen Hand.* Ita quod dictus conductor et ejus heredes universi non debeant dare laudimium, erschatz vulgariter appellatum, ex permutatione etiam dominorum directorum dicte aree nullatenus laudimium erit dandum, cum autem predicta area extra manus dicti conductoris vel ejus heredum ad manum extraneam devoluta fuerit vel translata, tunc laudimium erit dandum; et quotienscunque deinde dicta area ex parte possessorum, quod vulgo dicitur von der hovesezzen wegen, de una persona ad aliam devoluta fuerit vel translata vel alias alienata titulo qualicunque, laudimium erit dandum.

5) *Ehrschatz wird weder gezahlt bei Wechsel der leihenden noch bei Wechsel der beliehenen Hand.* De prescripta area laudimium nullatenus erit dandum, ex parte eciam dominorum directorum prescripte aree seu ex permutatione ipsorum laudimium similiter non erit dandum.

Am häufigsten kommt die vierte der vorstehenden Formeln vor, doch ist auch die Formel 1 gar nicht selten. Bei der Wichtigkeit des Ehrschatzbezuges ist in jedem Erbleihebrief angegeben, welche Formel sich vorfindet.

d) Vorkaufsrechtformel (im Regest **V** *bezeichnet).*

Die gewöhnlichste Formel ist: Fuit etiam adjectum, quod si dicti conductores et eorum heredes jus suum emphiteoticum predictum vendere voluerint, quod primo domino directo venditioni exponant et exhibere teneantur, qui si tantum precium pro hujusmodi jure dare voluerit, quantum alter, sibi pocius vendant et vendere teneantur, sin autem alii licite vendere poterunt majus precium offerenti. *Sehr häufig wird die Formel in die Ehrschatzformel (vor allem in nr. 4) eingeschoben.*

e) Schlussformeln.

Wie beim Kaufbrief, siehe oben S. XXXVI.

B. *Ratsurkunde.*

Zum Unterschied von der Urkunde der geistlichen Gerichte fehlt das Erbleihebekenntnis.

a) Einleitung.

Wir *(Name des Meisters)* der meister unde der rat von Strazburg tůnt kunt allen den, die disen brief gesehent oder gehôrent lesen, daz NN *(Name des Hofherrn)* het verluhen zeime rehten erbe NN *(folgt Beschreibung des Objekts und der Name des Hofsassen)* umbe *(Höhe des Zinses)* alle iar genger und geber Strazburger ane hoher steigen. den zins sol men halben gen ze sůngihten unde den andern halben ze wihennahten unde die cappen zů sante Martins mes. *Die Zinstermine sind unten nur angegeben, wenn sie von den vorstehend angegebenen abweichen.*

b) Ehrschatzformel (im Regest **Er.**)

1) Swie dicke ôch die hovestat von der hevesaszen wegen verendert wirt, also dicke git men erschatz, von der hoveherren wandelinge git men dekeinen erschatz, *oder* Unde wer die hovestat enphahet der git erschatz nach unserre stette gewonheit unde von der hoveherren wandelinge git men keinen erschatz.

2) Unde swer dů hovestat nach *(Name des ersten Empfängers)* enphahet, der git erschatz, aber von der hoveherren wandelunge git men keinen erschatz.

3) *Kommt in der Ratsurkunde nicht vor.*

4) Der selbe *(Name des Empfängers)* und alle sine erben gent dekeinen erschatz, von der hoveherren wandelunge git men ouch kein erschatz. *Dann folgt die Vorkaufsrechtformel und weiter:* unde wer es kôfet, der git erschatz, und da nach als dicke, als es verendert wirt von der hovesessen wegen, als dicke git men erschatz.

5) Die selben noch ir erben geben niemer keinen erschatz. *Dann folgt Vorkaufsrechtformel*: und swer kôfet der git ôch keinen erschatz.

c) Vorkaufsrechtformel (im Regest **V**).

Und wellent die hovesezin den hu duffe verkoufen, so sol man in von erst bieten dem hoveherren, wil er drumbe nůt geben alse vil, als ander lůte, so sol men in geben ze kôfende andern lůten. *Meist folgt noch der Zusatz:* unde sol mens ôch deme setzen mit disem selben gedinge.

d) Schlussformeln.

Ganz wie beim Kaufbrief, siehe oben S. XXXVIII.

VI. Rentenkaufbrief.

Die in dieser Periode zuerst auftauchenden Rentenbriefe sind zusammengesetzt aus Formeln des Kaufbriefes und Erbleihebriefes. Es verkauft z. B. Jemand von seiner Hofstätte, von der er bereits einen wahren Hauszins Jemanden zahlt, an einen dritten eine neue errichtete Rente, welche unablösbar ist. Auch bei dieser neuen Rente werden Bestimmungen getroffen über den Ehrschatz, als handle es sich um eine wirkliche erbliche Häuserleihe. Die Formeln und Abkürzungen erklären sich von selbst aus der Vergleichung mit den Formeln des Kauf- und Erbleihebriefes.

Ueber das Verhältnis der nachstehenden Regesten zum vorstehenden Formelbuch habe ich noch einiges hinzuzufügen.

Wie schon gesagt, ist um Raum zu sparen an Stelle der Inhaltsangabe eine kurze Bezeichnung der Formel eingesetzt (z. B. Er. 3 = *Ehrschatzformel 3). Findet man eine solche Formelabkürzung in der Urkunde, so hat man zunächst zu schauen, ob es sich um eine vom Rat ausgestellte Urkunde handelt oder um eine, welche von einem geistlichen Gericht ausgestellt ist (diese letztern beginnen regelmässig mit den Buchstaben* C. j. c. A. = Coram judice curie Argentinensis *oder* C. j. c. thesaurarii (archidiaconi) = Coram judice curie thesaurarii (archidiaconi). *Dann hat man vorn im Formularium die Formel zu suchen und zwar stehen folgende Formeln: Auflassungsformel* (= A.), *Unmündigkeitsformel* (= U.), *Minderjährigkeitsformel* (= M.) *und Wittumsformel* (= Wit.) *unter dem Formularium der Kaufbriefe auf Seite XXXV ff. die Ehrschatzformel* (Er.) *und die Vorkaufsrechtformel* (V.) *aber im Formular der Erbleihebriefe, geordnet nach Urkunden der geistlichen Gerichte und des Rats auf Seite XLI ff. Um alle Irrtümer zu vermeiden, sind die Formeln auch noch im Verzeichnis der Abkürzungen kurz erklärt.*

Was die Behandlung der vollständig abgedruckten Urkunden anbelangt, so wurde in der Behandlung des Textes in keiner Weise von den Grundsätzen, welche beim ersten Band massgebend waren, abgewichen. Die Zahl der Urkunden, bei denen ein Abdruck des Inhalts wegen erforderlich schien, ist nur sehr gering. Von 1569 welche in der chronologischen Reihenfolge oder in Anmerkungen gegeben sind, genügte bei 1386 ein Regest. Nur 183 sind wörtlich abgedruckt. Auch für die Stückbeschreibung blieb das Muster des ersten Bandes geltend; ich muss nur bemerken, dass alle Dorsualnotizen, Ueberschriften in Copialbüchern unbeachtet blieben, sofern sie nicht für die Sache Neues enthielten. In älterer Zeit sind Dorsualnotizen zur ev. Beglaubigung der Echtheit von Bedeutung, das trifft für das 14te Jahrhundert aber nicht mehr zu.

Bei Behandlung der Siegel richtete ich mich nach den Grundsätzen des ersten Bandes — ich will aber meine persönliche Ansicht nicht zurückhalten, lieber wäre ich von ihnen abgegangen; aber das war schon nicht mehr möglich, als ich zu meiner Ansicht kam, da bereits ein sehr grosser Teil der Urkunden bearbeitet war. Ich hätte sehr gern eine Beschreibung sämtlicher Siegel der städtischen Geschlechter gegeben.

Die gleichen Wappen, welche von verschieden benannten Geschlechtern geführt werden, beweisen, dass, wie die Urkunden bestätigen, überhaupt nur wenige, höchstens 30 Geschlechter vorhanden waren, die sich in die Herrschaft der Stadt teilten. Wenigstens dieses wichtigste Ergebnis der Siegelbeschreibung wird aber dem vorliegenden Band nicht entgehen, da eine von dem Herrn Major a. D. Kindler von

Knobloch entworfene und von mir erweiterte Tabelle derjenigen Familien folgt, welche gleiche Wappen führen. Ich benutze diese Gelegenheit, dem Herrn Major Kindler von Knobloch meinen Dank für die vielfache Unterstützung zu wiederholen, die er vorliegendem Werk zu Teil werden liess. Sein demnächst erscheinendes Werk über die Strassburger Geschlechter wird das Versäumte nachholen.

Bei den Regesten ist durch Einführung der Formeln gegenüber dem ersten Band eine ganz andere Behandlung notwendig geworden. Ueber die Einführung und Behandlung der Formeln ist nichts mehr hinzuzufügen. Im Allgemeinen wurde möglichster Anschluss des Regest an das Original in Form und Sprache erstrebt. Das Regest ist in der Sprache des Originals abgefasst, da sich so die technischen Ausdrücke ohne Weiteres beibehalten liessen, längere Stellen sind wörtlich in « » eingeschlossen. In den lateinischen Regesten sind daher auch sprachliche Verstösse beibehalten, das Regest soll ja nur klar, nicht wohlredend sein.

Aus Rücksicht auf möglichste Raumausnützung sind wenige, aber stets wiederkehrende Abkürzungen eingeführt, die für den Benutzer keine Schwierigkeiten ergeben. Dieselben sind in einem besonderen Verzeichnis zusammengestellt, das zu vergleichen ist.

Bezogen sich mehrere Urkunden auf einen Gegenstand, so sind, wenn sich dadurch Raum ersparen liess, der ersten die folgenden als Anmerkung in knappster Form angehängt. Um aber die chronologische Folge übersehen zu können folgt ein chronologisches Verzeichnis der in den Anmerkungen untergebrachten Urkunden.

Wie im ersten Band ist zu jeder Urkunde angegeben, wo dieselbe gedruckt ist, und nach welcher Vorlage. Das gilt ebenso wohl für die Regesten wie für die Abdrücke. Bei Durchsicht der Literatur wurde selbst nicht die Mühe gescheut, die Strassburger Dissertationen des vorigen Jahrhunderts durchzusehen. Einige Urkunden waren der Lohn, die andernfalls wohl auf ewig in diesen Dissertationen vergraben lägen. Bei Durchsicht der Urkundenbücher, Zeitschriften u. s. w. ist es möglich, da viele von ihnen gar keine oder sehr schlechte Register besitzen, dass einiges übersehen ist. Aber das ist nicht zu umgehen. Im Ganzen sind nur sehr wenige Urkunden bereits gedruckt, von den 1569 Urkunden, die hier gegeben sind, sind es nur 92 Stück; von 20 waren bereits Regesten veröffentlicht.

Bei manchen dieser gedruckten Urkunden musste ich mich begnügen, dieselben nach dem Druck zu veröffentlichen. Ein Aufsuchen der Originale wäre mit vielen Kosten verknüpft gewesen, die zum Erfolg in gar keinem Verhältnis gestanden hätten. Ueber die Angabe der Drucke hinaus habe ich auch noch bei jeder Urkunde, welche in Ch. Schmidt's anonymer Arbeit «Strassburger Gassen- und Häusernamen» angeführt ist, oder auf ein dort besprochenes Haus hinweist, jedesmal in der Anmerkung auf dasselbe hingewiesen, in der Form Str. G. u. H. N. S. *(= Strassburger Gassen und Häusernamen Seite). Der Lokalhistoriker wird für diese Hinweise um so dankbarer sein, da das vortreffliche Buch von Schmidt leider ohne Register ist. Es ergab sich übrigens aus diesem steten Vergleich mit Schmidt, der die Strassburger Archive sehr gründlich durchgearbeitet hat, dass nur in einem Falle eine von ihm benutzte Urkunde mir nicht zugänglich war oder von mir übersehen ist. Bei dem riesigen Umfang der Bestände der Strassburger Archive und da man in einzelnen ohne Repertorien arbeiten muss, wäre letzteres ja nicht unmöglich.*

Den Regesten sind ferner angehängt die Amtslisten, welche sich auch auf den Band II beziehen. Die Listen des Rates sind aus den Urkunden des Rates zusammengestellt, ihnen folgen die Amtslisten, die Verzeichnisse der städtischen Beamten, der Vorsteher der städtischen Klöster und Stifter, der Pfarrer, der Vorsteher städtischer Institute u. s. w. Nur beim Domkapitel musste da auf möglichste Vollständigkeit verzichtet werden. In welchem Masse durch Einführung der Rats- und Amtslisten das Namensregister entlastet wird, liegt auf der Hand. Ueber die nähere Einrichtung ist die Vorbemerkung zu vergleichen.

Bei der Einrichtung des Druckes war gegenüber der splendiden Ausstattung des I. und II. Bandes in Anbetracht der geringeren Wichtigkeit des Materials eine sparsamere Behandlung notwendig. Es wurden für den Druck der Regesten die Lettern benutzt, in denen im Band I die Fälschungen gesetzt sind. Es war das um so unbedenklicher, da der ganze Band keine gefälschte Urkunde enthält, eine noch kleinere Letter also nirgends anzuwenden war. Auch beim Druck der Fussnoten ist aus demselben Grunde gespart worden. Es wurde nicht mehr mit jeder Note eine neue Zeile begonnen, das würde bei den meist kürzern Noten eine grosse Raumverschwendung gewesen sein; sondern sie wurden, durch ein grösseres Spatium getrennt, fortlaufend gesetzt. Die Custoden oben auf der Seite wurden ebenfalls erweitert. Im ersten Band steht oben nur die Jahreszahl, bei der zunehmenden Masse der Urkunden war es nötig, auch Monat und Tag hinzuzufügen. Am Schluss des Regests (bei abgedruckten Stücken am Ende des kurzen Regests am Kopf) ist stets das Datum aufgelöst in fetter Schrift gegeben und zwar so an das Ende der Zeile gerückt, dass es die Zeile abschliesst. So ist ein Aufsuchen der Urkunde nach dem Datum möglichst leicht gemacht. Am äussern Rande sind auch die in den Urkunden vorkommenden Daten mit Ausnahme der ständig vorkommenden Zinstermine (Johanni, Weihnachten, Martini) aufgelöst, soweit das möglich war. Ausserdem ist am Rande bei jeder Urkunde und bei jedem Regest in einem möglichst kurzen Schlagwort der Inhalt angegeben, z. B. «Schenkung», «Verkauf», «Präbendenstiftung». Mit Hilfe dieser Randnotizen wird demjenigen, der das Urkundenbuch für bestimmte Zwecke durchforscht, die Arbeit sehr erleichtert werden.

Den Löwenanteil an der Ausbeute des vorliegenden Bandes bot das Hospitalarchiv zu Strassburg. Von den 1327 Urkunden, abgesehen von den 242 in Anmerkungen untergebrachten, sind 398 aus dem Hospitalarchiv; bei 4 weiteren lagen zwei oder mehrere Vorlagen vor, von denen die eine im Hospitalarchiv. Das Bezirksarchiv des Unterelsasses lieferte 378 (+ 7), wohl am Vollständigsten hat sich das Material des Thomasarchives erhalten, dem wir 191 (+ 2) Urkunden verdanken. Das Stadtarchiv lieferte die verhältnismässig geringe Zahl von 147 (+ 4), das Archiv des Frauenhauses hingegen 124 (+ 4). Sehr willkommen war es, dass uns seitens des hochwürdigen Domkapitels zu Strassburg die Benutzung des Domkapitelarchives gestattet wurde; wir verdanken ihm 26 (+ 1) Urkunden, dasselbe lieferte uns auch zum ersten Bande einige wichtige Nachträge. Es ist das erste Mal, dass diese Archivalien zu wissenschaftlicher Verwertung gelangen. Von auswärtigen Archiven lieferten Beiträge das General-Landes-Archiv zu Karlsruhe, das allgemeine Reichsarchiv zu München je 9, das Archiv des Freiherrn von Zorn-Plobsheim 7 (+ 1), das des Herrn Baron von Müllenheim auf Stotzheim 4. Das Darmstädter Staatsarchiv, die Metzer Stadtbibliothek, das Bezirksarchiv zu Colmar, die Stadtarchive zu Colmar, Oberehenheim und Rosheim, das Kantonsarchiv zu Luzern, die ehemalig Habel'sche Sammlung zu Miltenberg, das Pfarrarchiv von St. Aurelien lieferten, wie auch der Herr Major a. D. Kindler von Knobloch in Berlin ein oder anderes Stück.

Zum Schluss habe ich noch dankend des Anteils, den zahlreiche Herren an meiner Arbeit nahmen, zu gedenken. Vorab habe ich den Vorständen und Beamten der Archive und der Universitäts- und Landesbibliothek zu Strassburg zu danken, vor allem dem Herrn Stadtarchivar J. Brucker, die meiner Arbeit jede mögliche Förderung zu Teil werden liessen und des lästigen Gastes und Benutzers nicht übersatt wurden. Von fremden Archiven habe ich persönlich nur das Metzer Stadtarchiv und die dortige Stadtbibliothek besucht, an allen andern Orten hatte bereits Herr Archivdirektor Dr. Wiegand bei seiner Sommer 1877 für den I. Band unternommenen Reise auch das für Band III in Betracht kommende Material gesammelt. Von ihm rührt auch die Bearbeitung eines kleinen Teiles des Stadtarchivs her. Seit dem ersten Tage habe ich durch ihn so mannigfachen Rat und Unterstützung erhalten, dass ich einen grossen Teil des Guten dieser Arbeit ihm in dankbarer Gesinnung anrechnen muss. Einzelne Teile des Stadtarchivs waren auch schon durchgangen von meinem Vorgänger, Herrn Dr. M. Baltzer, jetzt in Weimar, dessen Vorarbeiten für die Art der Fertigung der Regesten ich dankbar benutzte; ebenso hat mein Nachfolger, Herr Dr. Wolfram, in liebenswürdigster Weise seit meiner Uebersiedlung nach Donaueschingen alle meine Anfragen beantwortet. Für die Wiedergabe der französischen Urkunden und für die Behandlung der privatrechtlichen Seiten der Urkunden erfreute ich mich des Rates der Herren Professoren DDr. Gröber, Schröder und Sohm in Strassburg und Storck in Münster, denen ich an dieser Stelle meinen Dank wiederhole. Ich würde aber als undankbar gelten müssen, wenn ich nicht auch der liebevollen Fürsorge der Herren Mitglieder der Kommission gedenken wollte, die in aller Weise mich und meine Arbeit förderten.

Die Mängel und Schwächen dieser Arbeit fühlt Keiner besser, ihren Wert und Unwert, und wie sehr sie der Nachsicht bedarf, weiss Niemand sicherer zu schätzen, als ich. Aber ich darf wohl die Versicherung wiederholen, dass ich mit Liebe und Fleiss meine Kräfte dem spröden Stoffe und der mir gestellten Aufgabe widmete.

Donaueschingen, im Februar 1884.

ALOYS SCHULTE.

VERZEICHNIS DER ABKÜRZUNGEN.

In den Regesten.

A. = *Auflassungsformel (vgl. S. XXXV bez. XXXVIII bez. XL).*
a. d. = anno domini.
Arg. *bez.* A. = Argentina, Argentinensis.
C. j. c. = Coram judice curie.
civ. Arg. = civis Argentinensis.
cur. Arg. = curia Argentinensis.
den. = denarius.
eccl. = ecclesia.
e. m. A. = extra muros Argentinenses.
Er. = *Ehrschatzformel (vgl. S. XLI bez. XLIII).*
e. u. p. et e. p. a. = ex una parte et ex parte altera.
in c. A. = in civitate Argentina.
lib. = libra.
M. = *Minderjährigkeitsformel (vgl. S. XXXVII).*
p. p. e. l. = pro propriis et liberis (*vgl. S. XXXIV*).
sig. = sigillum.
sol. = solidus.
Str. G. u. H. N. = *Strassburger Gassen und Häusernamen (vgl. S. XLV).*
U. = *Unmündigkeitsformel (vgl. S. XXXVI bez. XXXIX).*
V. = *Vorkaufrechtsformel (vgl. S. XLII bez. XLIII).*
Wit. = *Wittumsformel (vgl. S. XXXVII bez. XXXIX).*

In der Stückbeschreibung.

or. = *Originale.*
mb. = *membranaceum.*
c. = *cum.*
chart. = *chartaceus.*
cop. = *copia.*
sig. = *sigillo (is).*
pend. = *pendente (ibus).*
delaps. = *delapso (is).*
mutil. = *mutilato (is).*
G. U. Pf. = *Gewölbe unter der Pfalz (Stadtarchiv).*
V. D. G. = *Vorderes Dreizehner Gewölbe (Stadtarchiv).*
V. C. G. = *Verschlossenes Kanzleigewölbe (Stadtarchiv).*

1. Methildis, relicta Wirici civis Arg., vendit monasterio s. Marci e. m. A. 1 mansum in banno Kungeshoven pro 40 marcis argenti. «nos Gospertus canonicus s. Thome Argentinensis, Hugo, Andreas, Katerina, liberi prefate relicte, pro nobis et fratre nostro Paulo, qui nunc in partibus Gallie existit, promittimus bona suprascripta consuetudinaliter warantare, secundum quod allodia, que vri eigin dicuntur, in terminis hujus provincie debent jure warantari; nos vero Lúgardis, Kunegundis, Bertha, Gisela, filie prefate relicte, de consensu et promissu maritorum nostrorum bonis supradictis renunciavimus.» «placuit nobis hanc cartam sigillo Argentinensis curie communiri. datum et actum anno domini 1266[a], idus novenbris. accidit hec venditio in presentia subscriptorum Burcardo dicto Spendere militi, Dieterico in aqua, Henrico dicto Lencelin, Anshelmo dicto Nusbôm, Gozzone Rufo, et aliis quam pluribus.» ***1266 November 13.*** *Verkauf.*

Aus Strassb. Stadt A. lad. Chartr. s. Aurel. fasc. I. or. mb. c. sig. pend.

2. «Heinrich von Erenberg ein dûmherren der kirchen zû Strassburg, Burckart und Cûne priestere und pfrûndener zû sant Thoman, Erbe under den kremern genant Grymmel, Wilhelm sin dohterman, Johanns Apt, Hug Wahter, Claus Mursel, und Hanns zûm Riet, burgere und des ratz der statt zû Strassburg», machen bekannt, dass sie dabei waren und hinzugezogen wurden, als «Heinrich genant des Balsen sûn ein burger zû Strassburg uff gegeben hat der priorin und dem convente zû sant Elizabethen alles das reht, so er in kôffs wise hat geton mit dem strengen hern Eberhart dem marschalck zû Strassburg umb hundert und drissig marck silbers von eins garten wegen, der zûhet sich von Stebelins muren untze an des vitztûmes hovestat wider sant Andres zû, als denn das ein dútsch brieff darúber gemalt vôlleclich wiset und seit[1]. und het ouch die selben frowen gesetzet rehte besitzer und houptkoûfferin des obgenanten garten.» marschall Eberhard stimmt zu. die genannten zeugen hângen ihre siegel an. «1266, in dem november.» ***November.*** *Verkauf.*

Aus Strassb. Hosp. A. Prot. s. Elisabeth. 205 Copiar. s. XV sub lit. S nr. E. Mangelhafter Auszug in deutscher Sprache (Original lateinisch?).

a) m° cc° lx° vj° idus novenbris. *Eine Dorsalnotiz s. XV-XVI deutet das auf 1266*

---

[1] *Vgl. UB. I, 453, 34 ff.*

Schenkung. 3. *Rudolf von Fegersheim schenkt dem Kloster S. Katharina 4 Hofstätten und ein Ofenhaus.* ***1266.***

Nos magister Billungus judex curie Argentinensis universis et singulis presencium inspectoribus volumus esse notum, quod Rüdolfus dictus de Vegersheim miles Argentinensis in nostra presencia constitutus cogitans de salute anime sue recognovit se dedisse, tradidisse et assignasse pure propter deum priorisse et conventui sancte Katherine extra muros Argentinenses quatuor areas suas sitas Argentine in strata, que dicitur zieme dorne, prope curiam sive domum, que dicitur Rotenburc, possidendas et habendas in perpetuum sine cujuslibet contradictione libere et absolute, quam donationem etiam coram nobis denuo innovavit. cessit quoque eidem monasterio totum jus, quod habebat in areis antedictis. idem etiam miles legavit immo jam dedit dicto monasterio proprietatem pistrini, quod habet apud sanctum Stephanum ex opposito curie Conradi dicti Kage canonici Spirensis, usufructu sibi retento ad vitam suam solummodo in eodem, sic quod post mortem ipsius usufructus ejusdem pistrini cum proprietate cedat monasterio antedicto. et in evidentiam ac plenam probationem premissorum nos predictus judex ad preces dicti militis presentes literas fieri jussimus et sigillo curie communiri. actum anno domini 1266[1].

Aus Strassb. Hosp. A. lad. Orph. XXXV fasc. 21. or. mb. c. sig. pend. delapso.

Zeugenregest. 4. Coram magistro Billungo judice curie Arg., fratre Rüdolfo converso monasterii s. Marie Magdalene c. m. A. Sifridus dictus Rat de Wilwersheim zûme turne dicto converso nomine predicti monasterii ementi vendidit prata quedam in banno dicte ville. «actum est et recessum a judicio presentibus magistris Henrico Marsilii, Huberto, Cûnrado Kelbelino de Rodesheim, Johanne de Erstheim, et aliis quam pluribus fide dignis.» sig. cur. Arg. est appensum. datum feria 5 post conversionem s. Pauli, a. d. 1267. ***1267 Januar 27.***

Aus Strassb. Bez. A. H nr. 3020. 1. or. mb. c. sig. pend.

Schenkung. Leibzucht. 5. Billungus judex curie Arg. notum facit, quod Johannes clericus natus Friderici bone memorie dicti de Alba domum suam sitam in platea s. crucis inter domos Johannis dicti Swarze et Johannis thelonearii in remedium anime patris sui confert presenti scripto conventui monasterii s. Stephani Arg., salvo tamen usufructu Agneti relicte Gerhardi fratris donatoris ad tempus vite sue. census post Agnetis obitum distribuatur in hunc modum: conventui annuatim 1 lib. et fabrice 2 uncee. actum et datum a. d. 1267, mense januario. ***Januar.***

Aus Strassb. Bez. A. H 2683. 3. or. mb. c. sig. pend.

Zeugenregest. 6. Magister Billungus judex curie Arg. notum facit, litem inter conventum s. Marci c. m. A. et Philippum militem dictum Hullen de Zabernia super censu quodam in banno Vulcriechisheim esse decisam. «actum et datum a. d. 1267, 17 kalendas marcii, in presencia magistri Conradi dicti Kelbellin, magistri Diethmari de Ehenheim, Waltheri dicti Rûses, Heinrici de

---

[1] *Der Klosterconvent verkauft das Erbleihrecht an genanntem Ofenhaus (gegenüber dem St. Stephansbrunnen), von dem 20 Pfenn. als Zins an einen der Kanoniker von St. Stephan gezahlt werden, für 20 Pfd. Pfenninge an Herrn Matthias, Kanonicus von St. Stephan.* 1269, feria 4 ante palmas. *März 13. Aus Strassb. Hosp. A. lad. Orph. LX fasc. 9. or. mb. c. 3. sig. pend.* (C[*onradi*] de Talmenzingen archidiaconi Arg., priorisse et conventus). — *Johannes Stampf, Kanoniker an der Kirche S. Maria ad Gradus in Mainz, verkauft das genannte Ofenhaus* (situm apud s. Stephanum prope fontem cum area in introitu platee dicte meister Engelbrehtzgasse) *an Rüdiger Nusboum, Strassburger Bürger, für 51 Pfund Pfenninge. Von der Hofstatt werden 20 Pfenn.* nomine remedii *an eine Präbende von St. Stephan gezahlt. Über den Ehrschatz ist der Verkäufer im Zweifel.* actum 12 kalendas februarii a. d. 1303 *Januar 21. Aus Strassb. Hosp. A. lad. Orph. XXXV fasc. 12. or. mb. c. sig. pend.*

Winterthure senioris, Heinrici Marssilii laici, fratris Volemari, Hartüngi, Friderici, et Wernheri conversorum s. Marci predicti.» ***1267 Februar 13.***

Aus Strassb. Hosp. A. lad. s. Marc. VIII fasc. 5. or. mb. c. sig. pend.

7. «Otte des Bahen sûn und Hug des Küchinmeisters sûn» haben vor dem ehrwürdigen meister Billung, dem richter des hofes zu Strassburg, gelobt, dass, wenn Johannes, der schwager Huges, der in fremden landen weilt, stürbe, sie dann zu seiner seele heil von den gütern, die er ihnen gegeben hat, einen zins von 12 schillingen dem kloster s. Elisabeth geben würden. gegeben am tage nach kreuzerhöhung, 1267. ***September 15.*** *Schenkungsversprechen.*

Aus Strassb. Hosp. A. Prot. s. Elisabeth 205 lit. S nr. AT. Deutscher Auszug eines vermutlich latein. Originals.

8. Bertholdus clericus natus quondam Bertholdi Riusez civ. Arg. domum suam cum area sitam apud s. Michahelem prope fontem pro medietate ad eum ex successione paterna (facta bonorum paternorum cum suis coheredibus divisione) devolutam vendit priori et conventui fratrum heremitarum ordinis s. Augustini oratorium apud locum predictum habentibus pro 15 marcis argenti. 18 den. Arg. et 1½ capo annis singulis ad cappellam b. Michahelis census nomine persolvuntur. Billungus judex curie sigillum curie appendit. a. d. 1267, feria 3 ante Mauricii. ***September 20.*** *Verkauf.*

Aus Strassb. Thom. A. lad. Kaufbriefe 1. or. mb. c. sig. pend. mutil.

9. Bruder Reinbold[a] von Stotzheim, landcommenthur der Deutschherren in Burgund und Elsass, und Walther, commenthur des hauses zu Andlau (Andelahe), verkaufen an meister Rûlin, den notar des bischofs von Strassburg, ihren hof gelegen in der Brantgassen zu Strassburg[1] für 28 mark silbers. die siegel der commenthure und des Strassb. hofgerichts sind angehängt. gegeben Pauli bekehrung, 1268. anwesend waren herr Billung der hofrichter, herr Bertholt von Dieldorf domherr von s. Stephan[2], meister Anthonius pfründner am Münster, bruder Conrad, Wernher von Hadstat, bruder Johannes ein Deutschherr des hauses zu Buckheim[b], Wernher Sturm, Kuchinmeister u. s. w. ***1268 Januar 25.*** *Verkauf.*

Aus Strassb. Hosp. A. Prot. s. Elisab. 205 sub lit. S nr. J. Mangelhafter deutscher Auszug aus dem wohl lateinischen Original.

10. *In einer Urkunde, worin mehrere Einwohner von Hürtigheim* (Hirtenkeim) *dem Kloster s. Elisabeth vor Strassburg ihren Hof verkaufen, erscheinen als Zeugen:* «Burcardus Dispensator, et F[ridericus] frater ejus, Jacobus ad ursam, Johannes dictus Abbas, et Bertholdus dictus Saltzmuttere, et alii quam plures[c].» magister Billungus judex curie Arg. sigillum suum appendit. «actum et datum proxima quinta feria ante dominicam Letare, a. d. 1268.» ***März 15.*** *Zeugenregest.*

Aus Strassb. Hosp. A. lad. s. Marc. III fasc. 64. or. mb. c. sig. pend.

11. *Schenkung des Clerikers Johann von Alba an die Strassburger Prediger.* ***April 5.*** *Schenkung.*

Heinricus dei gratia Argentinensis episcopus, necnon Burcardus Spendero magister, consules et universitas civium Argentinensium omnibus presens scriptum inspecturis noticiam subscriptorum. ad peticionem domini Johannis clerici dicti de Alba, nati quondam Friderici

a) *cop.:* Reinloch. b) *cop.:* Burckheim. c) *Die ganze Zeugenreihe ist nachträglich hinzugefügt.*

---

[1] *Nach der Überschrift lag der Hof neben dem Brandhof.* [2] Bertholdus de Tirliszdorff *heisst er in Urkunde 1268 Juli 2, unten nr. 12.*

civis Argentinensis dicti Westerman, protestamur scripto presenti, areas ante monasterium domine nostre, in quibus moratur Heinricus Philippi apothecarius, et contiguam domui sue locatas pro 100 solidis, item domos et areas under den vûtereren juxta domum dicti Capuchz[1] et alias locatas pro 6 libris et 2 unceis, item bona in Wolvesheim videlicet 21 agros frugiferos divisos contra totidem, quos possidet dominus Reinboldus Virnekor junior, cum stallo molendini et jure patronatus capelle in dicta villa site eisdem *Johanni* et *Reinboldo* communibus pro indiviso, que omnia Agnes, relicta quondam Gerhardi, fratris predicti Johannis, titulo dotis vel propter nuptias donationis possidet, ad sepedictum dominum Johannem solum ex successione prefati *Gerhardi*, fratris sui, in totum jure hereditario devoluta. intendens igitur memoratus Johannes sue saluti et prefati *Gerhardi* necnon parentum ipsorum omnia et singula superius memorata cum plenitudine juris, quo ad eum devoluta sunt, fratribus predicatoribus in Argentina libere dedit jure dominii, tradidit et assignavit, ut jam proprietatis domini constituti, salvo jure dotis dicte Agnetis, ipsam vendant vel statim vel postquam usufructus a prefata Agneti fuerit absolutus, secundum quod paciuntur dicti ordinis instituta. in premisse autem donacionis testimonium presenti scripto sigilla nostra duximus appendenda. ego Johannes prefatus omnia et singula preuarrata et expresse, quicquid dicta Agnes titulo dotis possidet nomine fratris mei defuncti, fratribus predicatoribus in Argentina eo jure, quo ad me pertinent, do, trado et assigno donatione libera et penitus absoluta, in eorum evidentiam sigillum meum presentibus appendendo. ego Agnes predicta fateor omnia superius memorata me dotis titulo possidere ex assignatione Gerhardi supradicti, quondam mariti mei, et proprietatem eorum jam ad dictum Johannem meum sororium devolutam, et hec presentibus litteris recognosco. actum et datum anno domini 1268, nonas aprilis.

Aus Strassb. Thom. A. lad. Dominic. 3. or. mb. 3 c. sig. pend. (erhalten nur das der Stadt).

Schiedsspruch. **12.** Questio inter abbatissam monasterii s. Stephani ex una et Dinam relictam Dietrici olim sacriste ibidem ex parte altera super bonis Dietrici taliter per Conradum de Talmezsingen archidiaconum eccl. Arg., Bertholdum de Tirliszdorff canonicum monasterii supradicti, et Nicolaum militem dictum Zorn est sopita, quod proprietas bonorum ad monasterium, usufructus vero reddituum 5 quartalium et domus in parrochia s. Stephani site in vico, cujus caput est domus dicta zûm hirbôm, ad relictam pertineat pro tempore vite ejus. sigilla arbitrorum sunt appensa. actum a. d. 1268, feria 2 post octavam b. Johannis baptiste. ***1268 Juli 2.***

Aus Strassb. Bez. A. H 2865 Copialb. v. s. Stephan s. XV fol. 96. cop. chart.

Verkauf. **13.** Adelheidis priorissa totusque conventus monasterii s. Agnetis e. m. A. domum suam cum area, que dicitur ad nasum in aqua, ipsis donatam a Heilwigi, quondam uxore Friderici dicti Cleinegedankes, et Agneta, filia ejusdem, consortibus ipsarum monialium, vendiderunt proprietatis titulo possidendam Ebelino de Hornberg, civi Arg., pro 32 marcis argenti. sigilla priorisse et conventus sunt appensa. «actum et datum a. d. 1268, sabbato ante Adelfi, presentibus Nicolao fratre Reinboldelini, et Johanne theloneario, et Hugono filio ejusdem dicto Wizbrôtelin, et Friderico Pfaffenlab, et Hugone faber.»[2] ***August 25.***

Aus Strassb. Bez. A. H nr. 3117. or. mb. c. 2 sig. pend.

---

[1] *Vgl. Str. G. u. HN. S. 96.* [2] *Ebelin von Hornberc und seine Gattin Sophia schenken dem Kloster den genannten Hof, ein Haus* ans dôben graben bi der ziegelschûren *und Güter zu Vendenheim, die sie als Leibzucht zurückerhalten gegen einen Zins (2 Schill.). Ihre Jahresgedächtnisse wird das Kloster begehen. 1271 November 10. Or. ebendaselbst.*

14. Johannes, sänger der kirche zu Honow, statthalter der gerichte der küsterei zu Strassburg, macht bekannt, dass Heinrich genannt Vögelin, bürger zu Strassburg, mit zustimmung seiner gattin Margreden verkauft hat für 25 mark silbers an frau Alsilien von Nuwilr sein steinernes haus zu Strassburg in der Stadelgassen hinter dem thore des Barfüsserhofes. das siegel des genannten gerichts ist angehängt. gegeben 1268, 6 nonas octobris. *Verkauf.*

1268 Oktober 2.

Aus Strassb. Hosp. A. Prot. s. Elisab. 205 lit. S nr. P. Deutscher Auszug des latein Originals.

15. *Der Pfleger der Armen des h. Geistes verkauft einen Teil des Besitzes derselben.* *Verkauf.*

1269 Februar.

Burcardus junior Spendero magister, consules et universitas civium Argentinensium notum facimus universis tam presentibus quam futuris, Ottonem dictum Crebiz[a], magistrum pauperum sancti spiritus deputatum ad hoc ex ordinatione . . magistri et consulum Argentinensium, terciam partem pistrini siti in civitate Argentina inter curias dominorum de Frankenstein et Ottonis de Entringen ad dictos pauperes pertinentem nomine eorundem pauperum et consensu ac voluntate nostra plenius accedente domino Ottoni de Entringen, canonico ecclesie Argentinensis, juste et racionabiliter vendidisse pro septem marcis argenti puri et legalis ponderis Argentinensis proprietatis titulo possidendam ab ipso et ab omnibus, in quos ipse eandem terciam partem transtulerit. quam pecuniam confessus est se dictus Otto plenarie recepisse. et quia per eandem pecuniam dictorum pauperum scimus utilitatem esse procuratam, utpote in usus eorum conversam, ideo nos huic venditioni consensum nostrum presentibus impertimur. et in ipsius testimonium sigillum civitatis nostre duximus appendendum. datum anno domini 1269, mense februario.

Aus Strassb. Bez. A. G 1497 (1915) c. or. mb. c. sig. pend. mutil.

16. *Vertrag zwischen der Münsterfabrik und den Pfründen des h. Geistes über eine Rente.* *Vertrag über Rentenbezugr.*

Februar.

Nos Burcardus junior Spendero magister, consules et universitas civium Argentinensium notum facimus universis, quod cum magistri operis[1] monasterii Argentinensis de remedio Sifridi quondam ad Speculum quinquaginta duos denarios de altera dimidia area inter staciatores hucusque pauperibus sancti spiritus distribuerint annuatim, iidemque pauperes duos solidos Argentinenses fabrice predicti monasterii nomine census exsolverint de pistrino sito inter curias dominorum de Frankenstein et Ottonis de Entringen, tercia parte ejusdem pistrini nunc vendita domino Ottoni de Entringen per Ottonem dictum Crebiz nomine pauperum predictorum de consensu et voluntate nostra, inter predictos magistros operis et Ottonem magistrum pauperum sic exstitit ordinatum, quod iidem magistri operis predictum pistrinum a censu duorum solidorum predictorum absolutum et liberum perpetuo memorato domino de Entringen dimiserunt; ita tamen, quod duos solidos Argentinenses in distributione predictorum quinquaginta duorum denariorum annuatim sibi ad usus fabrice retineant in recompensam duorum solidorum, a quibus ipsum pistrinum, ut pretactum est, liberum dimiserunt. in cujus rei testimonium sigillum civitatis Argentine ad petitionem magistrorum predictorum presentibus est appensum. actum et datum anno domini 1269, mense februario.

Aus Strassb. Bez. A. G 1497 (1915) c. or. mb. c. sig. pend.

a) *or.: z corrigirt aus s.*

---

1 *Ueber die schwankende Bedeutung des Titels:* «magister operis» *(= Verwalter des Bauvermögens, und = Münsterbaumeister) vgl. Repertorium f. Kunstwissenschaft VI, 56 ff. u. Klemm: Württembergische Baumeister u. Bildhauer 5 f. Hier kann nur von den Verwaltern des Bauvermögens die Rede sein.*

Zeugenregest.

17. Anno nativitatis Christi 1269, 6 nonas marcii in presentia Billungi judicis curie Arg. ac testium ad hoc specialiter vocatorum et rogatorum videlicet . . scolastici, Burcardi, Cûnonis, prebendariorum ecclesie s. Thome, Fr[iderici] dicti Spendere militis et aliorum quam plurium Hermannus et Henricus fratres, filii Henrici militis dicti Tozeler de Hagenowe, vendiderunt bona in banno inferioris Ehenheim ecclesie s. Thome. ***1269 März 2.***

Aus Strassb. Thom. A. lad. 10 (Titres). or. mb. c. sig. pend. mutil.

Vertrag über baupolizeiliche Gerechtsame.

18. *Vertrag zwischen mehreren Bürgern über baupolizeiliche Gerechtsame.* ***April 25.***

Wir Niclawus von Kogenecke der meistere, der rat und die gemeinde von Strazburg tûnt kunt allen den, die disen brief gesehent oder gehôrent, daz vro Heilike, hern Heilmannes seligen frowe, und Heince ir sun, und Agnes ir tohtere mit irs wurtes hant Eckehartes, und Ellin mit irs wurtes hant Heincemannes von Sarburg, mit gemeineme rate unde mit ir aller gehelle vur sich und alle ir erbun hant gegeben hern Heincen dez rihteres sune, unde Margareten sinere wurtinne, und allen irn erbun die halbe mure von der Schupfen durch gande gegemne langen kelre, also daz sie druf und drin buwen sulnt mit alleme rehte; und sol das fenstere, da man zû hern Heincen stegen uf gat, das sol iemerme offen bliben: doch der in deme huse ist gesessen, der sols versprigeln vesterliche, das nieman durdurch gestigen muge in heren Heincen hof. her Heince unde vur Margareta die hant ŏch gelobet vur sich und alle ir erbun, swas schaden dise vorgenante mure iemer genimmet umbe das, daz sie druf unde drin gebuwen hant, daz sie und ir erbun mit irre cost den schaden bessern sulnt; und daz dis stete blibe darumbe ist mit ir allere wille, die da obenan genemmet sint, unsere stete ingesigele an disen brief gehenket zeime urkunde. dis geschach von gots geburte 1269 iar, an sante Marcus tage.

Aus Strassb. Hosp. A. lad. 169 fasc. 17. or. mb. c. sig. pend.

Zeugenregest.

19. *In der Urkunde von 1269 Juni 14, in welcher das Lehensverhältniss zwischen dem Strassburger Bistum und dem Landgrafen Rudolf von Habsburg geregelt wird, lautet der Schluss:* »actum et datum Argentine in aula episcopali, anno domini 1269, 18 kalendas julii, indictione 12, presentibus R. preposito[a], B[b][ertholdo] decano, M[arquardo] scolastico, C.[c] de Sultz, C. de Entringen[d], Al[e][berto] de Steinburnen archidiaconis, Joanne cellerario[f], Ul[rico][g] de Lupffen, C. de Wartenberg, N.[h] de Eichenberg canonicis Argentinensibus; H. preposito et C.[i] scolastico Honaugensibus, B. de Ruthi preposito Solodornensi, Jo. dapifero de Wildecke canonico Basiliensi, H. Mucelino canonico Turicensi, C. Rodario de Habsburg[k], domino S[ymone] de Gerolseck, domino de Rapoltstein, C. domino de Wettiswil nobilibus, O. vicedomino, B[urcardo] dicto Murnhard[l], R[eimboltone] Liebenceller[m], N[icolao] dicto Zorn, Bocellino, B[urcardo] dicto Spender, H. de Ostra, Waldenario de Gebwiller, B. de Burnen[n] militibus et aliis quam pluribus.« ***Juni 14.***

A aus Schöpflin Als. dipl. I, 463 nr. 655 nach Abschrift im ehem. bischöfl. Archiv in Zabern.
B aus Herrgott: geneal. Habsb. II, 414 nach derselben Quelle.
Die richtige Form der Namen ist aus den schlechten Abdrücken nicht sicher herzustellen.

Schiedsspruch.

20. Magister C[onradus] Leitrechen, canonicus s. Thome Arg., judex delegatus ab H[einrico] episcopo Arg., controversiam inter Mehthildim beginam de Arg. et Henricum rasorem de Tabichenstein super quibusdam agris in banno ville Tabichenstein dijudicat. agri a Lukardi begina fratribus minoribus donati erant salvo usufructu Mehthildi. acta sunt hec

a) *In B fehlt:* R. preposito. b) *A:* D. c) *B:* G. d) *B:* G. de Emmringen. e) *B:* Ac. f) *A u. B:* cellario. g) *B om.* h) *B:* F. H. i) *B:* O. k) *Ist* Dietsburc *zu lesen?* l) *B:* Wernhard. m) *B:* Lubericeller. n) *B:* Burner.

a. d. 1269, 3 nonas julii, presentibus fratre Burchardo Anerbe, Johanne dicto Scanrippe, Ortleibo, Hermanno, filiis Hiltebrandi de Tabichenstein, et aliis fide dignis, episcopus sentenciam confirmat. ***1269 Juli 5.***

Aus Strassb. Hosp. A. lad. 55 fasc. 4. or. mb. c. 2. sig. pend. mutil. Siegel des Bischofs u. des Schiedsrichters.

21. E[berardus][1] de Entringen canonicus majoris ecclesie Arg., . . [Fridericus][2] prepositus, et magister C[unradus][3] Liethrecheu canonicus s. Thome Arg., executores testamenti quondam Waltheri scolastici ecclesie s. Thome, statuunt, ut 3 quartalia siliginis in vigiliis anniversarii ejusdem scolastici existentibus tantum in vigiliis et 7 quartalia in missa pro defunctis et in visitatione sepulcri permanentibus per aliquem ex vicariis sive prebendariis, quem ad hoc decanus deputaverit, fideliter dividantur, ita tamen quod mortuis, minutis, infirmis, in studio, in propriis negociis aut suorum dominorum vel amicorum, ecclesie aut peregrinatione degentibus nichil omnino distribuatur; et quia idem scolasticus voluit, ut missa de gloriosa virgine matris dei singulis celebraretur ebdomadis, ordinant, ut de proventibus comparatis ex pecunia ejusdem scolastici dividatur 1 quartale annone omnibus usque in ipsius misse finem perdurantibus, vel saltem usque ad dum « Agnus dei » fuerit decantatum. procurator s. Thome proventus colligere et de ipsis aliquam partem decano assignare debet, qui de ipsa prebendariis et sacerdotibus cuique ex ipsis 1 denarium assignet; reliquum inter canonicos dividi debet (prebendatis episcopi, camerarii, Cûnonis et Burcardi in hac parte inter canonicos admunerandis). actum a. d. 1269, mense septembri. ***September.*** *Messfundation, Seelgerätstiftung.*

Aus Strassb. Thom. A. lad. 25 (Titres). or. mb. c. 3. sig. pend. Zu einer Dorsualnotiz ist beim Namen Waltherus später hinzugefügt von einer Hand s. XIV: « de Pfullingen ».

22. Adelheidis relicta Rûdolfi dicti Meunachi de Meistersheim, Gûta relicta Wezelonis de Offenburc, jure testamenti legant fratribus predicatoribus in Arg. domum suam, quam inhabitant, in foro equorum prope fossatum ex opposito domus Burrkardi de Mûlnheim, de cujus area 5 unc. et 2 cappones annis singulis persolvuntur Nycholao filio Gozzonis inter mercatores, ut de medietate domus post mortem unius, de altera medietate post mortem alterius disponant, prout secundum promissionem sui ordinis eis videbitur expedire. hujus legati executorum constituunt episcopum Argentinensem vel ejus officialem. apud predicatores eligunt suam sepulturam; et Adelheidis donat eis redditus 2 quartalium solvendos a sororibus s. Nycolai e. m. A. sig. episcopi est appensum. « acta vero sunt hec a. d. 1269, 4[a] nonas novembres, presentibus fratre Heinrico dicto de Oberkirchen, fratre Burckardo dicto Anerbe, et Rûlino notario supradicti patris ac domini Argentinensis episcopi. » ***November 2.*** *Schenkung.*

Aus Strassb. Hosp. A. Prot. Prédic. 107 (Copialb. s. XIV) fol 47. cop. mb.

23. Magister Billungus, judex curie Arg., notum facit, quod, cum capitulum ecclesie s. Thome Arg. ad solvendum annuatim 20 quartalia tritici et siliginis de molendino suo[4] sito apud s. Thomam juxta molendinum des Merswins[5] priorisse et conventui monasterii s. Katherine e. m. A. esset obligatum, Junta priorissa totusque conventus pro utilitatibus monasterii dicti vendiderunt redditus predictos dicto capitulo pro 35 marcis argenti. sig. curie, priorisse et conventus sunt appensa. actum a. d. 1269, 7 idus novembres. ***November 7.*** *Verkauf.*

Aus Strassb. Thom. A. lad. 10 (Titres). or. mb. c. 3. sig. pend.

a) *Die Copie hat VII non. Das ist jedoch unmöglich (= Oktober 30); es hat wohl der Copist IIII non. falsch gelesen.*

---

[1] *Nach dem Siegel; danach ist er:* archidiaconus. [2] *Nach dem Siegel.* [3] *Nach dem Siegel.* [4] *Vgl. UB I, 182, 35 ff.* [5] *Vgl. Str. G. u. HN. S. 114.*

Schenkung. *24. *Der Rat weist dem Priester am Frühaltar im Münster eine Rente an.*

1269 November 12.

Burcardus junior Spendero magister, consules et universitas civium Argentinensium notum facimus universis, quod nos accedente voluntate et consensu nostro unanimi redditus unius libre denariorum Argentinensium, qui hucusque civitati nostre de quibusdam insulis nomine census a monachis sancti Arbogasti dabantur, conferimus et donamus ad altare beate virginis, quod dicitur vrôi alter, volentes, ut dominus Arnoldus et ejus in perpetuum successores, qui idem altare pro tempore habuerint, predictam libram denariorum recipiant annuatim. in cujus rei testimonium sigillum civitatis nostre presentibus est appensum. actum et datum anno domini 1269, in crastino beati Martini.

Aus Strassb. Stadt A. V. D. G lad. 64. or. mb. c. sig. pend. Dorsualnotiz sec. 14: «item fabricatores dabunt et tenentur dare ad altare infra scriptum duodecim solidos denariorum annuatim.»

Leibzucht, Seelgeräte. **25.** Priorissa et conventus monasterii s. Marci e. m. A. notum faciunt, quod promiserunt Sigelino thelonearie filio, et Adelheidi uxori sue, civibus Argentinensibus, annis singulis, quamdiu vixerint, 5 lib. den. Arg. et 1 sol. cum 2 den. absque omni diminutione presentare; anniversaria quoque eorundem et matrum et patrum suorum annuatim celebrare. census provenientes de bonis sitis in banno s. Aurelie, que ab ipsis monasterio collata sunt, ad nullos usus alios converti debent, nisi quod exinde, in quantum se extendunt, ipsis monialibus per quadragesimam allectia cum medietate et pisces cum altera medietate in refectorio ministrentur. si Sigelinus et uxor ejus ad inopiam pervenerint, iis licitum est, partem donatorum bonorum [1] vendere. sigilla prioris predicatorum in Argentina et conventus s. Marci sunt appensa. ad majorem cautelam promittunt moniales, quod quamprimum magistri ordinis predicatorum presentia haberi poterit, ipsius quoque sigillum procurabunt appendi. actum et datum a. d. 1269, feria 3 ante festum Thome apostoli. anniversaria autem predicta sic debent celebrari:
Febr. 19. Billungi et uxoris sue Hedewigis 4 die ante nativitatem b. virginis, Sifridi autem 11 kalendas
März 22. marcii, Adelheidis 10 kalendas aprilis, Sigelini vero et uxoris sue illa die, qua morientur.

Dezember 17.

Aus Strassb. Hosp. A. lad. s. Marc XII fasc. 25. or. mb. c. 3 sig. delapsis.

Lehnsbrief. **26.** Concessio feodalis facta Hugoni Tanrys militi per episcopum Argentinensem videlicet 24 quart. avene de decima in Altburne annuatim percipiendorum (revendibilium cum 24 marcis argenti), necnon 4 agrorum frugiferorum an der Spilmaner gebreite, quos Erbo cantor s. Thome dicto Hugoni suo fratri, et idem ecclesie donaverunt. 1269.

Aus Strassb. Bez. A. G 3463 nr. 16. Regest einer Urkunde im ehem. bischöfl. Archiv, deren Abschrift im grossen Münstercopialbuch stand.

Rentenkauf. **27.** Coram Billungo judice curie Arg. Rûlinus pellifex dictus Truschelere et Junta uxor ejus, cives Arg., aream suam sitam zû Meriessot [2] prope domum illam, quam domina Bildin sororibus construxit [3], vendiderunt manu coadunata domino Cûnrado, prebendario s. Thome, quondam de Nidermunstere, pro 7 ½ marcis argenti. venditores, qui domum superedificatam nunc possident, receperunt aréam ab emptore pro annuo censu 9 unc. den. Arg. nomine census. Rûlinus et Junta et liberi eorum Lucgardis, Gerthrudis, Junta, Odilia et Nicolaus non dabunt erschatz. Er. 3. V. U. 1. actum et datum a. d. 1270, feria 2 proxima post

---

[1] *Die Schenkungsurkunde hierüber ist nicht erhalten.* [2] *Vgl. UB I, 218.* [3] *Vgl. Str. G. u. HN. S. 107*

Valentini, presentibus Johanne Abbate, C. filio Judicis, Rûlino Clobelôch, et C[onrado] nuncio civium Argentinensium, et Sigelino de Holzheim. *1270 Februar 17.*

Aus Strassb. Thom. A. lad. 12 (Titres). or. mb. c. sig. pend. mutil.

28. Heinricus, episcopus Arg., notum facit, quod in presencia sua Cûno miles dictus Sûner Argentinensis a. d. 1270, 11 kalendas aprilis confessus est, se et Katherinam uxorem suam manu coadunata vendidisse pro 6 marcis argenti Hermanno camerario ecclesie s. Thome aream sitam apud s. Thomam in Vitelliniegasze, super quam ipse Hermannus edificia construxit [1] et que pertinet jure hereditario ad Katherinam predictam, solventem annuatim 1 lib. et 4 capones. capitulum s. Thome absolvit venditorem a solutione $16^1/_2$ sextariorum siliginis et $16^1/_2$ denariorum ratione 6 agrorum in banno Adelhartshofen [a], item Heinricus thesaurarius ejusdem ecclesie eundem venditorem a solutione 3 sextariorum siliginis nomine decime. episcopi, decani, capituli, thesaurarii, camerarii et militis sigilla appenduntur. *März 22.* *Tauschgeschäft. Ablösung von Renten und Zehnten.*

Aus Strassb. Thom. A. Registrande A. fol. 133 b. cop. chart.

29. Prepositus, decanus totumque capitulum ecclesie s. Petri Arg. notum faciunt, se vendidisse 5 ortos apud s. Aurelianı sitos, qui olim nominabantur novem et dimidius orti [2], ad ipsos devolutos occasione permutacionis facte cum Reimboldo Stiubenweg pro curia sita ultra Bruscam, monasterio in Eckeholzheim [3] extra et prope civitatem Argentinam pro 60 marcis argenti. sigillum capituli dicti est appensum. actum et datum a. d. 1270, feria 4 proxima ante festum Johannis Baptiste. *Juni 18.* *Verkauf.*

Aus Strassb. Bez. A. H 3117. or. mb. c. sig. pend. mutil.

30. *Heinrich der Burggraf von Sulzmatt (Burggraf von Strassburg) tauscht Güter mit dem Kloster S. Marcus.* *Juli 8.*

Wir die priorin und der convent der swestere von sante Markise uzsewendig der muren zû Strazburg einhalb und ich Heinrich der burcgrave von Sulzmatten [4] anderhalb tû kunt allen den, die disen brief gesehent oder gehôrent, daz wir mittenandere einen wehsel haut getan unserre gûte, wande sie uns ungelegen sint, in solichere gelubede bedenthalb als an disen brieve geschriben stat. wir . . die priorin und der vorgenante convent gebent deme burcgraven, swas wir gûtes haut harbraht, das obewendig Otolvesbuhel [b] gelegen ist in Pfaffenheimere und Rufachere bennen, bi nammen: zwei hundert und vierzehen schetze mit reben, und drie und zwencig iucharte an matten, und an ackeren eine gebreite an der Schynatin lachen, die der Hase und der Kunig zeime erbi hant, einen hof und einen buhel, die ôch Heime den man sprichet der Wasichere zeime erbi het, das er und sine erbun dise gût iemerme niezsent in allen deme rehte lidecliche und friliche, alse wirs unce har genozsen hant, eigin in eignis wiz und erbi in erbis wiz. aber ich Heinrich der vorgenante burcgrave gibe den vorgenanten frowen dawidere einen hof in Kunigeshovere banne bi deme Snellinge und hundert ackere die der zû hôrent, die bede in Strazburgere und Kunigeshovere bennen ligent, der zû zwelfmanne matten den man sprichet der brûiel bime alten sante Markise und zweier manne matten den man sprichet kellematten bi der Illen, und swas ich an der vir- *Tauschgeschäft.*

a) *Cop.:* Adelhart *mit dem Abkürzungsstrich durch das* t. b) *B:* Ortolvesbuhel.

[1] *Vgl. Str. G. u. HN. S. 184.* [2] *Vgl. UB. I, 264.* [3] *Vor 1280 nach Strassburg verlegt als Kloster s. Margaretha.* [4] *Vgl. unten die Siegelbeschreibung. Ueber die elsässischen Burggrafengeschlechter ist zu vergleichen Kindler von Knobloch: Elsässische Studien 5, in der Vierteljahrsschrift für Heraldik, Sphragistik und Genealogie 1881, und desselben Verfassers Werk: Der alte Adel im Oberelsass. 1882, worauf ich hier ein für alle Mal hinweise.*

grabenen matten an der Caltahe, und swas ich an der Strangen an der Rinmatten, und swas ich hiebi und da umbe das zů disen gůten hőret habe und harbraht han, das sie und ir nachkummen in diseme clohstere dis gůt ǒch iemer me niezsent mit alleme rehte lidecliche und friliche mit eigenlicheme rehte. und disen wehssel han ich getan mit vurn Lucgarte minere wurtinne und minere kinde willen und volgunge, und entwurtez in dis clohsteres gewalt mit eigenlicheme rehte vur lidig eigin und binde mich und alle min erbun zů rehtere werschefte dirre gůte gegen allere meneglichen an allen steten alse reht ist. wand aber dis gůt daz ich in gibe unde gegeben han deme gůte, das sie mir gegeben hant, nut vollen glichen mag, so han ich in zu volleiste zů gegeben vunf unde vunfcig mark silberes; und daz ich unde min erbun swas sie lihte kumberes an diseme gůte ane gienge und coste abetůn sulnt, der umbe so bind ich mich unde min erbun mit diseme gegenwartigen brieve, daz uns dez twinge und twingen muge mit den banne swer denne dez bischoves von Strazburg gerihtes pfliget an sinere stete. wir . . die priorin und der vorgenante convent virjehent dez, daz wir von den burcgraven zu volleiste vunf unde vunfcig mark silberes genummen hant und enpfangen unde hant sie in unseren gemeinen nutz gekeret unde gelobent ime und sinen erbun vur uns und alle unsere nachkummen, daz er von uns noch von in niemer sol biswērt werden an diseme vorgenanten gůte, daz wir ime hant gegeben, unde bindent uns und unsere nachkummen zu rehtere werschefte dirre gůte gegen allere meneglichen an allen steten alse reht ist eigins in eigins wiz und erbiz in erbiwiz. und daz wir und unsere nachkummen swas den burcgraven oder sine erbun lihte kumberes an diseme gůte ane gienge unde coste abetůn sulnt, der umbe so binden wir uns und unsere nachkummen mit disen gegenwartigen brieven, daz uns dez twinge unde twingen muge mit den banne swer denne an dez bischoves von Strazburg gerihte gesetzet ist; und daz dirre wehssel iemer me stete si und swas hie gelobet bedenthalben ist ǒch stete blibe, so han wir disen brief mit dez hoves von Strazburg und mit dez priors zůn bredeieren und mit unseren ingesigelen bedenthalp virsigelt zeime urkunde, unde virzihent uns gegen andere allere ansprache unde clage unde rehtes bede geistliches unde weltliches und allere brieve, die wir herwidere urwerben mǒhtent, und obe sie lihte urworben werdent, daz wir sie niemer gegen andere gebruchent, und daz sie dubeine craft sulnt han noch dubeime slahte schirm, da mitte wir uns bihelfen mǒhtent und da mitte dirre wehssel undrant mǒhte werden. ich brůdere Burcart der prior der bredeier zů Strazburg virgihe unde gib urkunde, daz dirre wehssel bischehen ist mit minen willen unde mit mime gehelle unde wil daz er craft und stetekeit habe von minen wege an der vorgenanten frowen stete, und derumbe han ich min ingesigele an disen brief gehenket zeime urkunde. herane warent her Sigelin von sant Thomane, her Berthold zur Hellun, Cůnceman dez Wolfganges sun, her Ůlrich und her Cůnce zůn Widere, here Wernhere Kuse, brůdere Volcmar unde brůdere Friderich. unde geschach in sant Andrez cappellen zůme tůme vunf iâr, ê das dirre brief gegeben wart. daz[a] aber er gegeben wart, das was von gots geburte tusent iar zwei hundert iar unde sibencig iar, viercehen naht nach sunegihten.

A aus Strassb. Stadt A. lad. Chartr. s. Aurel. fasc. I. or. mb. c. 4 sig. pend. Das Siegel des Burggrafen enthält die bemerkenswerte Umschrift: s. Henrici burcgravii Argt., *abgebildet in Kindler v. Knobloch: Elsässische Studien 5 nr. 1 aus Vierteljahrsschrift für Heraldik, Sphragistik und Genealogie Jahrgang 1881.*

B aus Alsatia 1875-76 S. 257 ff. nach einem angeblich im Strassb. Bezirks-A. vorhandenen Original. Doch ist wahrscheinlich Bezirks-A. und Stadt-A. verwechselt, und demnach B und A identisch.

a) *B:* do.

81. Johannes dictus Kúfelin, civis Arg., pratum suum situm in banno Kunigeshoven prope Bruscam quod pratum dicitur Serrematten et colliculum adjacentem qui dicitur Halde et omne quod in eodem banno huic prato attinet vendit conventui s. Marci e. m. A. pro 28 lib. den. Arg. domini Johannis thesaurarii Arg. sigillum ad causas presenti scripto est appensum. actum et datum a. d. 1270, in crastino Mauricii, presentibus fratre Burcardo priore predicatorum, Nicolao de Kagenecke, Johanne de Blûmenowe, Burcardo sculteto de Kunigeshoven, fratre Friderico ad s. Marcum, fratre Cûnrado ad s. Marcum, et fratre Cûnrado ad s. Marcum. *Verkauf.*

1270 September 23.

Aus Strassb. Stadt A. lad. Chartr. s. Aurel. fasc. I. or. mb. c. sig. pend.

82. «Johannes Vende dez sun zûm Helfande, ein burger von Strazburg, und Grede, heren Heincen tohter von Ache,» eheleute, machen für sich und Heincelin, ihr kind, bekannt, dass sie «umb unser gemeine notdurft» ihre hube in dem bann zu Obern-Hugesbergen (30 kornäcker) mit gesammter hand verkauft haben an herrn Johannes, den sänger von Honowe, für 38 mark silbers. Billung der hofrichter und «Reinbolt von Friburg der burgere meistere, und der rât von Strazburg gebent offen urkunde des côfes und der dinge, die davor geschriben stant, und das dis alles vor uns ist gescheben rehte unde redeliche; und henkent durch bête Johannes und der vorgenanten Greden unsere ingesigele an disen brief ze êwigere stetekeite dis côfes und allere dinge, die an disen brieve stant. her ane warent her Reinbolt der Liebencellere, her Reinbolt sin sun, her Ebelin von Hornberc, her Marcus, her Rûlin zûme Dorne, her Bertholt zur Hellen, her Burcart Sicke, und der Abbet ins Brunkenhof, her Ůlrich und Cûnce die zêhen und andere biderbi liute, und bischach dirre côf von gots geburte tusent iar zwei hundert iar und sibenzig iar, an sante Dyonisien tage.» *Verkauf.*

Oktober 9.

Aus Strassb. Bez. A. H 480. or. mb. c. 2 sig. pend. mutil. Der obere Teil der Urkunde ist durch Einfluss von Wasser zusammengeschrumpft und mehrfach zerrissen, auch fehlt ein kleines Stück aus dem Text.

83. H[einricus] episcopus Arg. notum facit, quod orta materia questionis inter Berhtam relictam Nycolai civ. Arg. dicti ante monasterium e. u. et filiam et generum ejus Lucam e. p. a. super eo, quod, ut filia et gener affectabant, prefata Berhta alienaverit quedam bona mobilia in eorum prejudicium contra ordinationem factam inter sepefatam Berhtam et Nycolaum adhuc viventem de consensu liberorum suorum, prout instrumentum sigillo civitatis signatum declarat, tandem mediantibus bonis viris dicta questio terminata est. predicta Berhta renuntiavit usufructui, quem habuit in domo, que sita est inter pontem, quod dicitur Schwschenbrucken[a], de qua accipere consuevit 1 lib; item de alia domo in eodem vico in opposito dicte domus 10 unc. et 10 den.; item ibidem de duabus domibus 17 unc. et 16 unc. et 10 den., et de ortis apud s. Katherinam, necnon et censui 30 sol. de loco, ubi panni venduntur sub domo dicte relicte, ita quod bona que tempore obitus dicti Nycolai exstabant, sive fuerint conquisite sive alterutrius propria vel hereditaria, nunquam alienabit. filia et gener renunciaverunt omni juri et actioni super rebus mobilibus et de rebus immobilibus, quas emit et emet mater de bonis mobilibus post mortem sui mariti et de quibus disponere potest irrequisitis filia et genero. liberi patientur matrem utifrui omnibus possessionibus et redditibus superius memoratis. si contra venirent ambo vel alteruter, in se sententiam excommunicationis, quam ipso facto intrant, elegerunt, quam episcopus vel thesaurarius exequi tenebuntur. mater, filia et gener ad premissa servanda se obligant. sigilla episcopi et civitatis sunt appensa. actum a. d. 1270, 4 idus decembres, presentibus fratre Burkardo priore, et fratre Rûdolfo de Vegersheim ordinis fratrum predicatorum, et Nycolao Zorn[b] sculteto Argentinensi, Marco fratre *Urteilspruch in Erbangelegenheiten.*

a) = Zwischenbrucken. b) *cop. hat* Zor.

dicti[a] Luce, et magistro Rûlino notario domini episcopi memorati, et aliis quam pluribus fide dignis. **1270 Dezember 10.**

Aus Strassb. Hosp. A. Prot. Prédic. 107. fol. 20[b]. *cop. mb. nach einer Erneuerung durch denselben Bischof* anno d. 1272, 6 idus marcii *(März 10).*

Schenkung.

34. Meister Billung, hofrichter zu Strassburg, macht bekannt, dass Lúckart, Heinrich Marsilii seligen tochter, eine wittwe, dem kloster s. Katherina zu Strassburg ausser verschiedenen kornzinsen im lande das haus bei dem heiligen Kreuz zu Strassburg, das in der Judengasse, den hof in der Kalbesgasse genannt zu herrn Metzelin geschenkt habe. 1270.

Hosp. A. Prot. 231 Orph. (Copialb. s. Katherinae s. XV) fol. 199. Auszug in deutscher Sprache.

Freilassung.

35. *Freilassung der Kinder eines servus durch den Bischof Heinrich von Geroldseck.* **1271 Februar 1.**

Noverint universi, quod nos H[einricus], dei gratia episcopus Argentinensis, Gotfridum, Hugonem et Annam, liberos Ingrammi quondam famuli nostri de Goudertheim, qui nobis ex successione parentum nostrorum seu patrimonii specialis attinet sicut servi, tam pro salute anime nostre, quam obtentu obsequiorum progenitoribus nostris et nobis a dicto Ingrammo et suis predecessoribus et consanguineis impensorum manumisimus, eosque dedimus, donavimus, tradidimus, damus, donamus et tradimus ecclesie nostre Argentinensi et in eam eos donationis titulo transferimus ut libertos, sub hoc modo videlicet, quod quia predicti liberti jam longo tempore per propagationem a militibus seu eorum filiis saltem ex materna linea processerunt, qui talliis et exactionibus, sicut servis stricte solet imponi, fuerint immunes, ut ita dicti liberti et eorum successores seu propago talliis et exactionibus, angariis et perangariis, sicut imponi servis assolet, sint exempti et tantum, quando requirentur ex parte ecclesie, eos ut libertos moneat necessitas obsequendi, sicut ab antiquo circa libertorum obsequia jure et moribus est servatum. datum et actum vigilia purificationis beate virginis, anno domini 1271.

Aus Strassb. Bez. A. G 2703 (3117) n. 9. or. mb. c. sig. pend.

Schenkung.

36. *Bertha, Nicolaus Wittwe, schenkt den Predigern eine Hofstatt.* **Februar 17.**

In nomine patris et filii et spiritus sancti amen. ego Bertha, relicta Nicolai bone memorie quondam civis Argentinensis, lego predicatoribus in Argentina aream dictam zû deme mulbôme[1] emptam a domino G[unthero] de Landesberc nomine meo per Rûlinum, notarium domini nostri episcopi Argentinensis, pro viginti quatuor marcis argenti cum omnibus, que inedificavero usque ad mortem meam, salva habitatione Sophye sororis mee pro vita sua, si eam michi supervivere contigerit. volo etiam, ut dicti fratres secundum cursum ordinis sui agant anniversarium meum, mariti quondam mei prefati, et Nicolai filii mei, et Sophye sororis mee, uno die. hanc igitur meam voluntatem volo valere, qualitercunque valere potest. et in majorem evidentiam hujus et firmitatem, cum proprium non habeam, sigillo reverendi patris et domini episcopi Argentinensis presentem cartam signari procuravi. datum et actum anno domini 1271, 13 kalendas martii.

Aus Strassb. Hosp. A. lad. 62 fasc. 23. or. mb. c. sig. pend.

Schenkung.

37. Heinricus Lencelinus, et Hedewigis uxor ejus, cives Arg., de consensu liberorum suorum Agnetis, Petri, Hugonis et Heinrici aream suam sitam inter pabulatores (super qua

a) *cop. hat* dicte.

[1] *Nach einer Urkunde 1318, Mai 29 (daselbst) liegt das Haus* in vico predicatorum *(heute Goldschmiedgasse).*

residet Rûlinus Mosung, solvens exinde 30 sol. den. Arg. nomine census annuatim) testamento legant monasterio s. Katherine e. m. A. in suarum remedium animarum. quamprimum alter ex ipsis decesserit, medietas census predicti dabitur in capite jejunii pro piscibus et allecte; ambobus autem mortuis priorissa et conventus dictam aream nunquam alienabunt et redditus predictos in pisces et allectem convertent. priorissa et conventus promittunt se premissa observaturos esse et sigilla sua appendunt, item Heinricus et judex curie Arg. sigillum suum appendit. actum et datum a. d. 1271, feria secunda post Oculi. *1271 März 9.*

Aus Strassb. Hosp. A. lad. Orph. XXXIV fasc. 36. or. mb. c. 4. sig. pend.

88. «Cûnrat von Liehtenberc der sengere zû Strazburg, unde Katherina sin swestere,» machen bekannt, dass sie 200 vierteil kornzins im banne von Wolfesheim, die sie von ihrer mutter geerbt haben, dem edlen herrn, «heren Walthere, deme herren von Clingen, vir lidig eigin» für 420 mark silbers verkauft haben. «disen côf han wir getan mit unserre vorgenantere frowen willen und irs herren von Rotenberc, unde mit unserre swestere willen von Kirkile und irs herren willen von Kirkile, mit unserre swestere willen von Diersberc, unde mit heren Friderichez willen unsers brûders, unde Ludewigez unde Rûdolfez unserre brûdere sune.» Adelheit und ihr gemahl Dieterich von Rotenberc, Elsabeht und ihr gemahl Johannes von Kirkil [1], Heilike von Diersberc, Friderich von Liehtenberc, «ein tûmherre von Strazburg», und Ludewig und Rûdolf von Liehtenberg, «die vôte von Strazburg», verzichten auf alles recht, das sie vielleicht an jenem zins hätten. sie hängen ihre siegel an, ebenso der bischof Heinrich von Strassburg. «dis geschach 1271 iar, an deme sammestage nach ohstern.» *Verkauf.*

April 11.

Aus Strassb. Hosp. A. lad. 139 fasc. 18. or. mb. c. 9. sig. pend. Darunter das Reitersiegel Ludwigs von Lichtenberg mit der Umschrift: «s. Ludewici de Liehtenberc ad . . . . . . ent», *das Rudolfs:* «s. Rudotphi de Liehtenberc . . . . . . ent».

89. *Seelgerätstiftungen des Heinrich Babensun, vorzüglich im Kloster s. Elisabeth.* *Seelgerätstiftungen.*

Mai 24–30.

Alle, die disen brief gesehent oder gehôrent, die sulnt das wissen, daz ich Heinrich der Babensun wilmal ein burgere zû Strazburg, wande ich etzwenne der liute genozsen habe, derumbe so wil ich minere selen rumen und gibe und han gegeben liuterliche durch got und dur minere selen willen mir zu trohste und allen den, der ich ie genôz, deme clohstere zû sant Elsabethe zû Strazburg alles das gût zû Vinkenwilre [2] mit den brûiele und mit alleme rehte mit allere gewer und mit allen deme das der zû hôret und vunfcig und sehz cappen geltes, das ich côfte umbe hern Heinrichen Vischbachen hern Waltheres seligen sune dez marschalkes von Strazburg, als an deme brieve stat den ich drubere habe, und den selben brief und alles reht, das ich an deme vorgenanten gûte habe oder solte haben iezunt oder her nach von des selben brieviz craft, das gib ich deme vorgenanten clohstere in sine gewalt zu habinne in alle wiz, als ichs solte han gehebet. ich habe ôch erwelet mine bigrebide zû deme vorgenanten clohstere, unde sol zû minere iargecit die priorin dez vorgenanten clohsteres von deme gelte das von deme brûiele gat geben dur minere selen willen: den bredeiern zû Strazburg sehzig pfennig symeln in den reventor, den barvûzsen ôch sehzig pfennig symeln, den augustineren also vil, den sacbrûderen also vil, unserre frowen brûderen also vil, den frowen zû sante Franciscuz also vil, den ruwerin also vil, den frowen zû sante Niclawese ôch also vil, den frowen zû sante Johannese also vil, den von sante Katherinen also vil, den von sant Agnese also vil, den von sante Markise also vil, den frowen von Eckebolzheim also vil,

---

[1] *Der Vorname nach dem Siegel.* [2] *Vgl. UB. I, 241, 33.*

in den spittal zû Strazburg sancte Leonbartez also vil, in selben den frowen zû sant Elsabethe ôch also vil, den gûten liuten zû Rotenkirchen drizsig pfennig symmeln, und den closenerin zû Rotenkirchen zehen symeln, deme pfaffen der gûten liute zwencig symeln, daz man min zû minere iargecid gedenke in allen disen vorgenanten clohsteren; und swas von deme brûiele uber dise bisetzunge geubirt, das sulnt die frowen von sant Elsabethe in selben han. were aber das das gelt von deme brûiele crenkere wurde, den brest sol man gliche abe slahen allen den vorgenanten clohsteren. mit deme gelte zû Vinkenwilre unde mit deme, das da geubirt von deme brûiele, sulnt die frowen von sant Elsabethe iemerme haben einen capelan der von minen wege da singe und in ieglichere sinere messen min sunderlingen gedenke, und an deme mântage oder an deme tage, an den die sêlmesse geleit wirt, spreche umbe mich sunderlingen eine collecte und zur wochen zeimmal uber min grab gange, alse man grebur wiset. der convent von sant Elsabethe der sol zû minere iargecid des abendez volle vigilie und dez tagez sêlmesse singen und dez abendez und dez morgens uber min grab gan; so gêr ich dez, daz iegliche frowe in diseme convent alle sunnentage spreche vunf pater noster und vunf ave Maria dur minere und allere minere vorderen selen willen und durch allere der selen willen die mir ie kein gût getatent. ich bisetz ôch den vorgenanten frowen zû sant Elsabethe zehen vierteil geltes, der sulnt sie vunfi iemerme so min iargecid ist imme reventor zû dienste haben, und mit den anderen vunfen sulnt sie in dere vasten ir vische und ir heringe besseren. swie aber dise frowen von sant Elsabethe dise vorgeschriben ding niht entûnt, als da obenan bescheiden ist, so wil ich das dis gelt alles hôre zû den gûten liuten zû Rotenkirchen. tûnt aber die gûten liute niht das das ôch sie mir tûn sulnt, so sol das gelt das ich in bisetzet habe das sol hôren zû sant Elsabethe. daz aber dis stete blibe der umbe han ich erworben mit minere bêtte daz dez hovez ingesigele von Strazburg an disen brief ist gehenket zeime urkunde, vor dez rihtere ôch ich disselbe sêlgerête bisetzet han. dis geschach da von gots geburte warent tusent iar zwei hundert iar und eins unde sibencig iar in der pfinkistwochen. ich Dietmar dez hovez rihtere zû Strazburg gib urkunde, das dis sêlgerete ist gesetzet von Heinriche Babensune, als da obenan geschriben stat, und der umbe han ich dez hovez ingesigele von Strazburg her ane gehenket zeime urkunde, daz ez vor mir geschehen si in deme iare und deme tage von gots geburte als davor geschriben stat.

Aus Strassb. Stadt A. lad. s. Nicol. Thom. Steph fasc. 1. or. mb. c. sig. pend. delaps.

Verkauf. 40. *Johannes, der Wittwen Sohn, verkauft mehrere Hofstätten und Häuser an Rudolf Swap.* *1271 Juni 15.*

Nicolaus Mursel magister, consules et universitas civium Argentinensium notum facimus universis tam presentibus quam futuris, Johannem filium vidue, concivem nostrum, de consensu et per manum Anne uxoris sue dimidiam domum suam ligneam et aream, que domus dicitur zû deme Vôteline[1] versus cimiterium s. Petri Argentinensis, et viam artam prope domum lapideam versus vicum dicti. . . Bûllin et aream retro contiguam, super qua Nicolaus sacerdos residentiam habet, et aream sitam inter ejusdem Nicolai aream et aream dicti Wunschere sine ipsarum arearum pertinenciis sitis prope murum Rûdolfo Suevo, nostro concivi, pro triginta libris argenti, quarum due libre faciunt unam marcam, juste et racionabiliter vendidisse proprietatis titulo ab ipso suisque heredibus absolute et libere perpetuo possidendas. confessus est itaque dictus Johannes se pretactam pecuniam plene et integraliter recepisse, constituens se et suos heredes warandos predictarum dimidie domus et arearum generaliter adversus omnem hominem, ut est juris. in cujus rei testimonium sigillum

---

[1] *Vgl. Str. G. u HN. S. 126.*

civitatis nostre presentibus est appensum. actum et datum anno domini 1271, feria secunda proxima post Medardi presentibus domino Sifrido de Vegersheim, *u. s. w. folgt der Rat.*

Aus Strassb. Bez. A. G 4289 (4666) 1. or. mb. c. sig. pend. mut.

41. *Schwester Adelheid und Metza setzen sich einander zu Erben.* ***1271 Juli 7.*** *Erbvertrag.*

Wir Niclawes Mursel der meister und der rât und die gemeinde von Strazburg tûnt kunt allen den, die disen brief gesehent oder gehôreut, daz swestere Adelheit der Kellerin tohtere, unde swestere Metze, die bi deme Westermanne was, alsus uberein sint kummen, daz iewederi der anderen het bisetzet liuterliche durch got zeime sêlgerête swas sie gûtes hiute dis tages hant, ez si varnde gût oder ligende gût, ez werde verandert oder nût, daz das die anderi sol haben, swederi under in ê sirbet, âne solich gût, das sie lihte mit nammen bischeidet, daz mans geben sule anderswer durch irre selen willen; gewinnent sie ôch mê gûtes virbas mittenandere oder sunderlingen, das sol ôch in diseme selben rehte sin. unde das dis stete blibe, der umbe ist der stete ingesigele von Strazburg an disen brief gehenket zeime urkunde. dis geschach an deme ciztage nach Processi und Martiniani, do von gots geburte warent zwelfhundert iar und eins und sibencig iar. herane warent her Sifrid von Vegersheim, *u. s. w. folgt der Rat.*

Aus Strassb. Thom. A. lad. 24. or. mb. c. sig. pend. mutil. Darnach abgedruckt in Alsatia 1875-76 S. 261.

42. Prepositus, decanus et capitulum ecclesie s. Thome notum faciunt, quod Otto plebanus quondam s. Martini in Argentina, canonicus ecclesie s. Thome, in eadem ecclesia prebendam instituit. jus collationis post mortem plebani est apud prepositum. prebendarius habebit omnia jura, que habet prebenda a domino Hezzone de Erstheim ordinata, et omni septimana, si vacaverit a choro, die lune et sabbati unam missam celebrabit pro remedio anime legatoris. decanus per juramentum omnium canonicorum nomine premissa observare promittit; idem jurabit quilibet canonicus, qui fuerit inantea receptus. sigilla episcopi, prepositi, decani et capituli sunt appensa. actum et datum a. d. 1271, in crastino nativitatis b. virginis Marie. *Präbenden-stiftung.*

September 9.

Aus Strassb. Thom. A. Registrande A. fol. 47. cop. chart. s. XIV.

43. *Eine Begine erneuert eine den Predigerbrüdern gemachte Schenkung in Gegenwart von Zeugen.* ***November 12.*** *Erneuerung einer Schenkung.*

Constituta coram nobis Th. officiali curie Argentinensis Mechtildis begina dicta de Meistersheim confessa est, quod ipsa olim cum matertera sua Gisela begina domum in Stadelgazzen supra fossam et pratum in Meistersheim zo dhen phoden solvens 8 sextarios siliginis contulit fratribus predicatoribus conventus Argentinensis donacione, que inter vivos dicitur, pro animarum suarum remedio, usu et habitacione domus ejusdem et usufructu prati, de quo dictum, sibi tantummodo reservatis. prefata igitur Gisela jam viam universe carnis ingressa necnon apud fratres eosdem sepulta, memorata Mechtildis hujusmodi donacionem renovavit vel potius recognovit protestans, quod postquam ipsa suppremum spiritum exalaret, merum dominium apud fratres predictos in premissis domo et prato resideret cum omnibus juribus pertinentibus ad res easdem donatas et traditas, quas etiam sepe recrusita *Mechtildis* dixit se ipsorum fratrum nomine possidere. in hujus rei testimonium sigillum curie Argentinensis presentibus apposuimus in facie testium ad hoc rogatorum H. Sverbarii,

Hug[onis] fabri, H. Snevi civium Argentinensium, petentibus hoc ipsum fratribus dicte domus H. de Rinawia et Ůlrico de Hagenowia. datum Argentine anno domini 1271, in crastino Martini.

Aus Strassb. Hosp. A. lad. 56 fasc. 3. or. mb. c. sig. pend. mutil. Das Pergament trägt noch die Spuren einer älteren Schrift saec. XIII.

Wittumsstiftung. **44.** Coram magistro Dietmaro judice curie Arg.[1] Conradus, nuncius et famulus fabrice eccl. Arg.[2], Hedewigi uxori sue universos redditus in banno Suvelwihersheim (cum curis ibidem) sive ante matrimonium contractum sive constante matrimonio conquisitos in donationem propter nuptias donavit; uxor vice versa omnia bona sua mobilia donat. actum et datum a. d. 1272, feria sexta post conversionem b. Pauli, presentibus Heinrico Marsilio et Hartmůto de Schiltincheim, scabinis Argentinensibus, magistro Engelberto, et Lamperto famulo suo, et aliis quampluribus fide dignis. ***1272 Januar 29.***

Aus Strassb. Bez. A. G 4823 (5195) 1. or. mb. c. sig. pend.

Verkauf. **45.** Priorissa et conventus monasterii s. Elizabeth e. m. A. vendunt unam sextam partem curie, que dicitur domus Gerhardi piscatoris ultra Bruscam in Argentina, ipsis collatam propter deum a Hedewigi, nata quondam ejusdem Gerhardi, nunc sorore dicti monasterii, (in qua sexta parte eadem Hedewigis patri et matri sue jure successit hereditario, dum existeret in seculo) Hartmanno dicto de Suevia et Gysele uxori ejus, civibus Arg., pro 20 marcis argenti. sigilla curie Arg., priorisse et conventus sunt appensa. « actum et datum a. d. 1272, feria 6 ante Valentini, presentibus domino Bur[cardo] Spenderone, et domino Petro Napen, Hugone Stiubenweg, H[einrico] Durre, Ůl[rico] ad arietem, Jo[hanne] Panfile, C[ůnrado] de Winterture et Volmaro Trůben. » ***Februar 12.***

Aus Karlsruher Gen. Land. A. Sektion Allerheiligen fasc. Ausland. or. mb. c. 2 sig. pend.

Verkauf. **46.** Abbas et conventus monasterii in Altdorf Arg. diocesis cum priorissa et conventu s. Marci e. m. A. bonorum suorum permutationem faciunt. bona Altorfensium in banno Kunigeshoven sita permutantur pro una curia sita prope bona dominorum viridis insule et pro altera dimidia curia de prope juxta bona filiorum Merswini. sig. cur. Arg. cum sigillis abbatie Altorfensis sunt appensa. «actum et datum anno domini 1272, feria 6 post Mathie, presentibus domino Petro Napen milite, Ottone Ripelino, et Růdegero de Hunsvelt, et domino Johanne portario sancti Thome, et Sigelino ad sanctum Thomam.» ***Februar 26.***

Aus Strassb. Stadt A. lad. Chartr. s. Aurel. fasc. I. or. mb. c. 3 sig. pend.

---

[1] *In der Renovation einer Urkunde von 1272, ausgestellt im Jahre 1297 Juni 8 durch den bischöflichen Hofrichter, heisst es:* « nos... judex curie Argentinensis scire cupimus universos, quod cum de jure instrumenta vetustate consumpta possint et debeant revocari, quod nos litteras infrascriptas sigillatas sigillo curie Argentinensis antiquo et Burchardi quondam militis dicti Murnhart, de quorum sigillorum cognicio constitit per plures, qui eadem sigilla noverunt esse vera, et maxime per magistrum Dietmarum, qui tunc temporis judex fuit curie Argentinensis, fecimus renovari. » *Strassb. Thom. A. Registrande A. fol. 56*[b]. [2] *Derselbe Conrad heisst* « Conradus nuncius fabrice Argent. » *1276 August 13.* « C. n. f. ecclesie Argentinensis » *1282 Februar 14.* « Cůnradus nuncius fabrice b. virginis Arg. » *1282 April 1.* « Conradus stacionarius fabrice Argentin. et Hedwigis ejus uxor » *1288 April 1. Die Hedwig wird auch in den andern Urkunden genannt. Es handelt sich um Ankaufe in* Suvelwihersheim. *Originale daselbst. Vielleicht ist auch der* Conradus dictus Statzenierer civ. Arg. *mit ihm identisch. Original daselbst v. 1290 Dezember 19. Vgl. ferner die Urkunden 1278 August 31 und 1311 Dezember 20.*

47. Priorin und convent des klosters s. Marcus vor Strassburg machen bekannt, dass sie ihre hofstatt gelegen « zu der Spitzen by Heinrich von Wasselnheim » in Str. verliehen haben herrn Burckarten Schoub einem ritter u. frau Kunigunden, dessen gattin, zu erbleihe für einen jährlichen zins von 30 schillingen. Er. 4. V. « 1272, uff samstag nehest noch sant Sophien tag. » *Mai 14.* *Erbleihe.*

Aus dem Abdruck in der von Schilter verfassten Dissertation des Bitsch: de emponematum jure. *Arg. 1698 S. 33.*

48. H[einricus] episcopus Arg., Bertholdus prepositus, Bertholdus decanus, totumque capitulum ejusdem eccl. confitentur, quod area sita in c. A. in publica curia prope Schupfen inter curiam quondam Heilmanni c. u. p. e. e. a. juxta domum Sigelini fabri, super quam Heinricus filius Cůnradi quondam judicis Arg. dicti de Zabernia edificia construxit seu construi procuravit nunc eandem aream possidens, jacet et deinceps imperpetuum jacere debebit eidem Heinrico suisque heredibus universis et omnibus emptoribus aree sub eo jure, quod, quicumque ejusdem aree possessor extiterit, de eadem nichil amplius quam 15 sol. den. Arg. et 2 capones nomine census persolvat; sed census numquam augmentabitur; census antedicti ad ecclesiam Arg. ab antiquo jure pertinent. hec gratia (non augmentandi census) non autem extenditur ad alias areas, que ad Arg. ecclesiam pertinent. sigilla episcopi et capituli sunt appensa. datum a. d. 1272, 13 kalendas junii. *1272 Mai 20.* *Erbleihe.*

Aus Strassb. Frauenhaus A. lad. 49 nr. 3. or. mb. c. 2 sig. pend. Dorsualnotiz (s. XV): « das hus zů der rosen. »

49. Wir Marx der meister und der rat von Str. machen bekannt, dass « Ludwig Cůnratz seligen sůn von Rodeszheim, und Agnes sin eliche huszfrowe Bertholt Riusesi seligen dohter, unsere mitburgere, mit sampten handen reht und redelichen » verkauft haben für 18 mark silber dem kloster s. Elisabeth vor Str. 2 hofstätten, « gelegen in der stat Straszburg vor des Rebestockes des vogtz seligen huse über, daruff zwen birmenter gesessen sint, do git ir yeglicher von sinem teil ierlichen ein pfunt Straszburger pfenninge geltz zů zinse one hőher steigen eweclichen. » « 1272, uff mittewuch vor sant Symon und Judas der zweyer heiligen zwölfbotten. » *Oktober 26.* *Verkauf.*

Aus Strassb. Hosp. A. Prot. s. Elisabeth 205 (s. XV) lit. S nr. N. Mangelhafter Auszug.

50. *Heinrich Vischbach vermietet einen Garten nebst Teich an Meister Cuncelin zu Erbleihe.* *November 10.* *Erbleihe.*

Coram nobis magistro Dietmaro judice curie Argentinensis, et Cůnrado notario presidente judiciis domini thesaurarii Argentinensis constitutus Heinricus clericus dictus Vischbach, natus quondam marscalci Argentinensis, recognovit et publice confessus est, se locasse ortum cum vivario in Vinkenwilre situm, qui dicitur ortus marscalci [1], magistro Cůncelino ad sanctum Thomam [2] et Hedewigi uxori ejus, ita quod iidem et eorum heredes exinde in perpetuum solvant annuatim nomine census quindecim unceas denariorum Argentinensium sine omni augmentatione. verum, si eundem Vischbachum contingeret vendere ortum antedictum, is, qui eum emerit, tenebit pactum predictum ratum, si sibi placuerit. sin autem ipse Vischbachus solvet predicto magistro *Cuncelino* expensas edificiorum super orto hujusmodi constructorum taxatione eorundem facta ad arbitrium boni viri. patere autem debet via ad predictum ortum per portam . . dicti Goldere et ante hostium ejusdem, sicut exstitit ab

---

[1] *Vgl. nr. 39. Nach Dorsualnotizen s. XV lag der Garten vor dem St. Elisabethtor an der Heiritz.*
[2] *Nach Urkunde 1279 Januar 28 war er Stadtschreiber.*

antiquo. in cujus rei testimonium curie Argentinensis et domini thesaurarii ad causas sigilla presenti cedule sunt appensa. actum anno domini 1272, in vigilia beati Martini.

Aus Strassb. Hosp. A. lad. 170 fasc. 30. or. mb. c. 2 sig. pend. (Das eine ist abgefallen.)

Verkauf. **51.** Gysela die frau von Eckversheim und Marcus und Lucas und andere ihrer geschwister haben mit gesammter hand güter im banne zu Eckversheim gegeben an das kloster s. Johann vor Strassburg. sie verbürgen sich auch, dass ihr bruder Lucas, der jetzt gefangen ist, wenn er frei kommt, diesen vertrag anerkennen werde. das stadtsiegel ist angehängt. «an sanct Martins abendt, 1272. herane waren herr Reinbald der Liebenzeller,» *u. s. w. folgt der Rat.* ***1272 November 10.***

Aus Strassb. Hosp. A. lad. 108 fasc. 4. cop. chart. s. XVIII voll Schreibfehler und mit modernisirten Namen.

Verkauf. **52.** Priorissa et conventus monasterii s. Katherine e. m. A. vendunt 2 areas, quarum unam inhabitat dominus Bertoldus de Virstenberc, et alteram contiguam, quam olim emerunt a magistro Cůnrado dicto Leitreche [1], cum omnibus pertinentiis, accesibus et egressibus suis usque in viam publicam (parvo vico sito retro eandem magistri Cůnradi aream inter curiam claustralem monasterii s. Stephani, quam inhabitat dictus Branzo [2], et domum dicti Grebel tendentem ad cimiterium dicti monasterii s. Stephani dumtaxat excepto) domino Bertoldo predicto pro 28 marcis argenti p. p. e. l. Bertoldo aree traduntur. sigillum conventus est appensum, una cum sigillo Dietmari judicis curie Arg. actum et datum a. incarnationis d. 1272. —

Aus Strassb. Hosp. A. lad. Orph. XXXV fasc. 4. or. mb. c. 2 sig. pend.

Verkauf. **53.** Heinrich Marsilius der meister, der rat und die gemeinde von Strassburg geben bekannt, «daz vur Lucgart, unsere burgerin, heren Sefridez seligen wittewe, mit irre kinde willen unde gehelle Johannesez, Stumpfelins, Junten unt Fritzen» verkauft hat «deme edelen herren, heren Walthere, deme herren von Clingen unde vurn Sophien, sinere frowen,» güter im banne des dorfes Wolfesheim für 30 mark silber. «an dem frietage nach dez heiligen crucez tage in deme meien, 1273. her ane warent here Reinbold der Liebencellere,» *u. s. w. folgt der Rat* [3]. ***1273 Mai 5.***

Aus Strassb. Hosp. A. lad. 139 fasc. 18. or. mb. c. sig. pend.

Urteilspruch. **54.** Coram venerabili viro magistro Johanne presidente judice domini thesaurarii Arg. mota est questio inter Hugonem dictum de Vranckenheim clericum et dominam Gerdrudim matrem suam super curia dicta zů dem Blideckere [4] juxta Uberhanc sita in c. A. et censu 26 annis ab eadem percepto, quem estimabat Hugo 40 lib. den. Arg., necnon super 10 marcis argenti de bonis mobilibus patris ad ipsum pertinentibus. ad hoc venerant Gerdrudis puella, soror ipsius Hugonis, et Fridericus de Duntzenheim miles curator datus eidem, quibus medietas domus jam erat data, quam mater in dotem assignaverat Cůnrado suo marito, et petiverunt agros quosdam in bannis villarum Sultze et Franckenheim. questiones de consensu omnium in hunc modum sunt decise: curiam dictam habebit et possidebit Hugo solus post obitum matris sue, que eandem curiam inhabitabit, ita tamen quod nullam mulierem vel nullas aliqua suspicione notabiles horis quibuscunque suspectis introducat domum dictam; item Hugoni pertinent agri in Sultze et Franckenheim; Gerdrudis filia domum dictam inha-

---

[1] *Vgl. UB. I, 339, 9.* [2] *Vgl. UB. I. 419, 31.* [3] *Vgl. nr. 38.* [4] *Vgl. Str. G. u. HN. S. 34 und UB. I. 362.*

bitare debet, ipsi etiam omnia bona immobilia et mobilia matris cedent necnon 7 arbores nucum in Franckenheim. omnes promittunt per fidem corporaliter prestitam, quod omnia premissa observabunt et quod, qui contra fecerit, fidei violator et infamis habeatur et sententie excommunicationis subjaceat. sig. thesaurarii ad causas est appensum. actum et datum feria secunda ante festum b. Johannis Bapt., a. d. 1273. ***1273 Juni 19.***

Aus Strassb. Hosp. A. Prot. Prédic. 107 (s. XIV) fol. 36 b. cop. membr.

55. Conradus, filius preconis de Belheim, constitutus in forma judicii coram magistro Conrado de Sarburg gerente vices in judiciis domini C[onradi] de Talmezingen archidiaconi Arg. dimidium agrum in banno Belheim Sophie vidue, matri R[ůlini] notarii quondam domini episcopi Arg.[1], resignavit. «actum et datum a. d. 1273, mense julio, presentibus Hugone dicto Roschart, R[ůlino] notario, Johanne notario de s. Stephano, Her. procuratore de Eschowe, magistro Walthero de Basilea, Dietrico dicto Hornelin de Hirtenkeim, et aliis pluribus.» *Zeugenregest.*

Juli.

Aus Strassb. Hosp. A. lad. Hôp. I nr. 85. or. mb. c. sig. pend. delapso.

56. *Vertrag über Baugerechtsame.* ***September 9.*** *Vertrag über Baugerechtsame.*

Coram nobis . . thesaurario Argentinensi constituti Jacobus piscator et . . uxor Heinrici dicti Schenkel nomine ejusdem Heinrici confessi sunt, se nullum jus habere ponendi privatas in vallum magistri Cůncelini ad sanctum Thomam circa ortum apud Vinkenwilre[2]. si autem heredes eorum quicquam juris habere poterunt, imposterum de hoc eis questio relinquitur esse salva. actum anno domini 1273, in crastino nativitatis beate virginis.

Aus Strassb. Hosp. A. lad. Hôp. XLVIII fasc. 91. or. mb. c. sig. pend. delapso. Dorsualnotiz s. XV: «über des marschalcks gart zů Vinckenwilr.»

57. *Die Grafen Egeno und Heinrich von Freiburg geben ihrem Lehnsmann Rudolf Howemesser einen Hof zu Strassburg zum Eigentum; dafür nimmt er von ihnen ein Allod als Lehen zurück.* ***1274 Januar 2.*** *Verwandlung von Lehen in Eigen und umgekehrt.*

Wir grave Egene unde grave Henrich sin bruder von Vriburg tunt kunt allen den, die disen brief gesehent oder gehorent lesen, daz wir vriliche mit gesamenetер hant den hof zeme heiligen cruze zů sante Stephane ze Strazburg, der an die cappelle zem heiligen cruze stozet, den von uns ze lehene hat gehabet Rudolf Howemesser ein ritter von Vendenheim unde unser eigen waz, dem vorgenanten Rudolfe ledecliche gent unde entwurtent in sine gewalt mit eigenschafte unde allem dem rehte daz wir dran hetten, unde daz er beriiche mitte tů swaz ime gevalle anc alle irrunge unde widerrede unser unde unser erben unde mengliches; unde verschiesent[a] den selben hof unde swaz wir dran rehtes hant oder hettent mit halme unde mit munde, als man von rehte verschiesen soll. ouch ist uns derselbe hof geursazet rehte unde redeliche mit dem gůte, daz hie nach gescriben stat, daz uns het gegeben vuir ledig eigen der selbe Rudolf, unde lit in dem ban zů Westhoven alsus: [*u. s. w. folgt die Beschreibung.*] dis selbe gůt liben wir ze rehteme lehene dem vorgenanten Rudolfe Howemesser an sine hant ledegliche in lehens wise ze habene unde dermitte ze tunde vriliche, daz ein man mit sime lehene getun mag und sol von gewonheite und von rehte; unde daz alles daz war unde stete si und blibe, daz haran geschriben stat, darumbe henken wir zeme ewigen urkunde unser ingesigele an disen gegenwertigen brief. ich Rudolf Howemesser vergibe daz ich geursazet habe den hof zeme heiligen cruze mit dem vorgenanten gůte minen

a) *or.:* verschihent.

[1] *Bischof Heinrich IV † 1273 Februar 12.* [2] *Vgl. nr. 50.*

herren den vorgescribenen graven und gib ez in und wer's ins vuir ledig eigin, swa iche tůn sol und mens bedraf, ane alle geverde. unde uber alles daz davor gescriben stat von minen wegen ze rehtem urkunde, so han ich gebenket min ingesigel an disen selben brief. diz geschach do von gottes geburte warent zwelfhundert driu und sibenzig jar da nach in dem vierden anegandεn jare, an dem zinstage nach deme sibenden tage zo winnahten [1].

Aus Karlsruher Gen. Land. A. Section Breisgau fasc. Ausland. or. mb. c. 2 sig. pend. Abgefallen ist das Siegel des Grafen Egeno. Darnach abgedruckt Mone Ztschft. f. Gesch. d. Ob. Rheins XVI, 85.

Verkauf.

58. Elsa priorissa totusque conventus monasterii penitentum e. m. A. propter monasterii utilitatem vendunt «honorando viro Cunrado magistro operis ecclesie Argentinensis dicto Oleyman [2]» domum suam dictam zů dem Stulzer sitam in dem vlasgesselin in Arg. pro 27 marcis puri argenti. sigillum conventus est appositum. actum et datum in crastino circumcisionis domini, a. d. 1274 [3]. ***1274 Januar 2.***

Aus Strassb. Frauenhaus A. lad. 49 nr. 4. or. mb. c. sig. pend. Dorsualnotiz s. XIV: «Littera super domum zů dem Stultzer, in qua nunc moratur procurator fabrice.»

Verkauf.

59. Coram Hermanno de Dierstein thesaurario Arg. constitutus Sifridus Bumbile civ. Arg. recognovit in forma judicii, se vendidisse aream sitam in Gůten mannes gassen Heinrico dicto Scolari habenti domicilium super eadem area pro 4 lib. den. Arg. proprietatis titulo perpetuo possidendam. Wit. 1 (für Agnes Sifrids Gattin). liberi quoque sui Margareta, Metza et Otto jus sibi conpetens in ipsa area resignarunt secundum Arg. consuetudinem civitatis. actum a. d. 1274, feria 5 ante Hylarii, presentibus Johanne Abbate, H[einrico] Durre, Hessone, et Hartungo, et Dietrico in aqua, et aliis quampluribus. ***Januar 11.***

Aus Strassb. Hosp. A. lad. 171 fasc 7. or. mb. c. sig. pend.

Verkauf.

60. Frau Gisele, wittwe Conrads von Geispoltzheim, eines Strassburger bürgers, Johannes, Conrad und Mechthildis, ihre kinder, verkaufen an Reinbold von Westhofen ein steinernes haus im kirchspiel alt s. Peter in Criegesgasse neben dem hause Hans Bischofs für 12 pfund Str. pfenninge. das siegel des hofes ist vom richter angehängt. 3 nonas februarii, 1274 [4]. ***Februar 3.***

Aus Strassb. Hosp. A. Prot. v. Elisabeth 305 (s. XV) lit. S nr. T. Deutscher Auszug des unzweifelhaft lateinischen Originals.

Verkauf. Wittumsstiftung.

61. *Die Geschwister von Rinkendorf verkaufen ihren Hof in Strassburg. Die Tochter des Käufers giebt ihn ihrem Manne zum Wittum.* ***März 27.***

Noverint universi tam presentes quam posteri hujus littere inspectores, quod nos Wernherus clericus de Rinkendorf, et Ysendrudis soror ejus manu coadunata domum nostram cum area, que dicitur zů deme von Rinkendorf, in civitate Argentina sitam, ad nos devolutam ex successione paterna et materna, area autem comparata per nos ab Anna, Walthero, Hessone et Erlino, liberis quondam Waltheri, filiastri Erlini ad sanctum Thomam, que quidem domus facta inter nos et Juntam et Annam, sorores nostras, justa et legitima divisione omnium bonorum cessit nobis duobus, integraliter pro nostra portione vendimus et

---

[1] *Das Hospitium des Rudolf Howemesser in Strassburg wird auch erwähnt in Urkunde 1305 März 6. Strassb. Bez. A. G 3547 (3942) 1.* [2] *Vgl. über ihn Repertorium für Kunstwissenschaft V, 21 ff.* [3] *Nach Saalb. (3) fol. 11ª daselbst ist es* «das vorder teil unser frowen huses, das orthus vorne an flahsgasse.» *Es ist daher die Angabe Str. G. u. HN. S. 65, dass die Flachsgasse die heutige Haspelgasse sei, unrichtig; die Flachsgasse scheint die jetzige Schlossgasse zu sein. Vgl. UB. I, 272.* [4] *Vgl. UB. I, 447, 1 ff.*

vendidisse nos presentibus confitemur Hartmanno civi Argentinensi pro triginta marcis et una marca argenti ponderis Argentinensis, quas ab eo plene et integraliter recepimus, constituentes nos warandos ejusdem domus et aree pro propriis generaliter adversus omnem hominem, ut est juris. ego vero Hartmannus predictus Adelheidi filie mee predictam domum et aream confero et dono absolute et libere proprietatis titulo possidendam cum omni jure et dominio, quod habui seu habere debui in eisdem. quam domum et aream mihi donatam a dicto patre meo Hartmanno ego Adelheidis prefata dono et assigno in dotem et assignasse me confiteor Petro marito meo filio Beronis cum omni sollempnitate circa dotem debita et consueta. in horum autem omnium memoriam et stabilitatem ad petitionem nostram et omnium predictorum, quorum interest, sigillum curie Argentinensis presenti cedule est appensum. nos Dietmarus, judex curie Argentinensis, protestamur omnia premissa et singula per personas antedictas in modum prehabitum esse facta coram nobis appendentes sigillum curie Argentinensis huic scripto ad petitionem et consensum omnium parcium predictarum. actum et datum anno domini 1274, feria 3 post palmas. comparuerunt eciam postmodum coram nobis Junta et Anna supradicte sorores et recognoverunt se nullum jus habere in domo et area supradictis, immo si quod habere debebant in eisdem hoc simpliciter resignaverunt per jactum calami, ut est moris. actum anno et die prenotatis[1].

Aus Strassb. Bez. A. G 3479 (3875) nr. 1. or. mb. c. sig. pend.

62. *König Rudolf I gelobt den Strassburger Rittern Nicolaus Zorn und Johannes jenseit der Breusch, die er zu Reichsmannen gewonnen hat, bis Martini übers Jahr 80 Mark Silber zu zahlen, widrigenfalls ihnen 10 Mark der jährlichen Steuer von Ehnheim zu verpfänden.* **1274 Oktober 28.** Pfandbrief.

Wir Rûdolf von gots gnaden der Rômische kunig tûnt kunt allen den, die disen brief gesehent oder gehôrent, daz wir hern Niclawesen Zorn unde hern Johannesen ginsit Brusch, die rittere von Strazburg, hant deme Rômischen riche gewunnen zû man, unde gelobent in derumbe, daz wir in von sante Martins mes, die nu kummet, innewendig eins jars, das ist zû deme anderen sante Martins mes, sulnt gegeben han ahzcik mark silberes. unde swie wir in denne das silber gegebent, so sulnt sie dermitte côffen eigin, daz sie iemerme und ir lehenerben vonme riche ze rehteme lehene habent. were aber daz wir in zû deme selben sante Martins mes niht engebent ahzig mark silberes, so sulnt sie und ir lehenerben danach iergelich vonme riche zehen mark geltes an der bette zû Ehenheim haben. unde sol man in ôch die da geben ze rehteme lehene. unde swenne so wir oder unsere nahckumme ein Rômisch kunig in oder iren lehenerben ahzig mark silberes gegebent, so sulnt uns lidig sin die vorgenanten zehen mark geltes zû Ehenheim. unde sulnt sie mit den ahzig marken côffen ein eigin, das sie iemerme habent vonme riche ze lehene, oder sulnt aber irs eigins underwisen gegen ahzig marken, das sie und ir lehenerben iemerme habent vonme riche zû rehteme lehene. swie wir aber dis alles, das da vor geschriben stat, niht bettent geendet zû deme vorgeschriben cile, so sint unverscheidenliche unsere burgen Cûnrat Wernhere von Hadestat unde Cûno von Bercheim unsere lantvôte, das siez denne vir uns leisten und enden sulnt den vorgenanten ritteren oder iren lehenerben, swas wir da vor gelobet hant an disen

[1] *Den genannten Hof verkauft Petrus, Beros Sohn, und seine Gattin an* Cûnrad Ôbisselin *für* 34 1/2 *Mark Silbers* C. j. c. A. «presentibus domino Marco milite Argentinensi dicto de Eckevirsheim, et Johanne in platea vituli, Heinrico Lencelino, Hartmanno Suevo patre predicte Adelheidis, et Reimboldo Lôselino, et aliis fide dignis». «1275, in vigilia b. Mathie apostoli». *Februar 23. Ebendaselbst. or. mb. c. sig. pend*

gegenwertigen brieven. daz aber dis stete blibe, derumbe ist unser ingesigele unde derselben burgen ingesigele an disen brief gehenket zeime urkunde. dis geschach vierzehen naht vor sante Martins mes, in deme anderen jare unseres richez.

Aus v. Zorn Fam. A. or. mb. c. 1 sig. pend. laeso. Abgefallen das Siegel des Konigs und Wernhers von Hattstadt.

Einigung auf Schiedsrichter.

63. Bei einem streit über ein seelgeräte zwischen dem kloster s. Elisabeth vor Strassburg und Adelheid, wittwe Heinrich Babensuns, haben sich beide teile geeinigt vor dem bischöflichen hofrichter den streit entscheiden zu lassen durch herrn Burckart, schaffener der herren von s. Thomas, und meister Johanns, meister Engelbrehts brudersohn; können sich diese beiden nicht einigen, so entscheidet meister Dietrich als obmann. wer die entscheidung bricht, zahlt 10 mark silbers an den genannten richter. 1274, allerheiligenabend [1].

1274 Oktober 31.

Aus Strassb. Hosp. A. Prot. s. Elisabeth 205 (s. XIV) lit. S nr. AO. Deutscher Auszug eines vermutlich lateinischen Originals.

Schiedsspruch.

64. Burkardus Spender magister, consules et universitas civium Arg. notum faciunt, quod inter Hugonem de Franckenheim et Wernherum dictum Kusen seniorem civem Arg. lite suborta super eo, quod idem Hugo obstruxit fenestras parietis pertinentis pro medietate ad curiam suam dictam zû dem Blideckere [2] et pro medietate ad pistrinum dicti Wernheri contiguum curie antedicte, de consensu partium lis est decisa. partes promittunt se decisionem ratam habituros. sig. cur. Arg. est appensum. actum et datum a. d. 1274, crastino [a].

Aus Strassb. Hosp. A. Prot. Prêdic. 107 (s. XIV) fol. 37. Sehr schlechte Abschrift.

Verkauf.

65. *Walther von Matzenheim u. s. w. verkaufen Güter in Mittelhausen an Ulrich Swarber.*

1275 Januar 8.

Wir Walthere von Matzenheim, und Bertha sin wurtin, Heince Capute von Rodesheim, und Junta sin wurtin, tûnt kunt allen den, die disen brief gesehent oder gehôrent, das wir mit gesammenter hant alles unsere gût an ackeren, an matben und an hôven in den banne zû Mittelhuz oder anderswa, das dis gût ze rehte anehôret ez si eigin oder erbi, und davone man ze gulte git vier und zwencig vierteil rocken und weizsen, das geben wir und hant gegeben ze côffenne heren Ûtriche Swarbere, einen burgere von Strazburg, umb ahtewe und viercig mark silbers. dez het er uns gar gewert, dez iehen wir, und ist uns ze nutze kummen. wir sulnt ôch sin und sinere erben wer sin dis gûtes widere meneglichen, alse man ze rehte wern sol eigin in eigins wiz und erbi in erbiz wiz. wir hant ôch heren Ûtriche Swarbere dis gût ufgegeben vor den meiern und vor den hûbern zû sante Martine imme crucegange zû Strazburg; und hant die selben meiere ime dis gût gesetzet von irre hant ze gegenwarti der hûbere alse reht. wir verzihent uns ôch alles rehtez geistlichez oder weltlichez, da mitte wir oder unsere erben dis gût iemere môhtent widere gewinnen mit gerihte

a) *Das Folgende fehlt in der Copie.*

1 *Vgl. nr. 39, 50 u. 56. Auf denselben Gegenstand beziehen sich ferner folgende Urkundenregesten (aus derselben Handschrift):* Der hofrichter entscheidet diesen streit zu ungunsten Adelheits, ihres sohnes Johann und ihrer tochter Ima, Hug Kûchenmeisters gemahlin; es werden dem kloster zugesprochen 11 pfund pfenninge und 56 kappen jährlich von den gütern im Finkweiler und einer matte und den renten, die Heinrich Babensun von Heinrich Vischbach kaufte. samstag vor Andreas 1276. *1276 November 18. (ebendaselbst nr. AP.).* — Die genannte Adelheit verzichtet vor dem richter des hofes zu gunsten des genannten kloster auf alles recht an den genannten gütern. dienstag vor mittfasten a. d. 1277. *1277 Marz 3. (ebend. nr. AQ.).* 2 *Vgl. nr. 54.*

oder ane gerihte. daz aber dis stete blibe, derumbe geben wir ze burgen heren Hugen von Mittelhuz, dez kunigez rittere; der het mit uns gelobet, were daz ieman heren Ůlrichen oder sine erben an diseme gůte irrete, das sol er und wir mittenandere unverscheidenliche abetůn. das han wir alle drie gelobet. wir Reinbolt der Liebencellere der meister und der rât von Strazburg gebent urkunde, das dis geschehen ist vor unsereu scheffeln, die hie nidenan an disen brieve geschriben stat, und hant derumbe unsere stete ingesigele an disen brief gehenket zeime urkunde. herane warent here Hartmůt von Schiltenkeim, und Colin heren Gotzen sun, Wezel Marsilius, und Jacob von Barre, und bischach in sante Martins cruzegange, und die meiere alle drie von Mittelhuz und die hůbere[a] warent drane. an deme cistag nach dem zwelftentage, da von gots geburte warent tusent iar zwei hundert iar und vunfi und sibencig iar.

Aus Strassb. Bez. A. H 2667. 1. or. mb. c. sig. pend. Darnach abgedruckt in Alsatia 1875-76 S. 263 f.

66. *Herr Gunther Katzenor giebt ein Haus und Hofstatt dem Spital und empfängt es von ihm zu Leihe zurück.* *Schenkung. Leihe.*

1275 Februar 5.

Wir . . der hove rihtere zů Strazburg tůnt kunt allen den, die disen brief gesehent oder gehôrent, das here Gunthere Katzenor, ein burgere von Strazburg, vor uns het gegeben deme spittale zů Strazburg lûterliche durch got und durch sinere selen willen sine hûz und hovestat mit allen buwe und bigriffe, der darzů hôret, da er inne sitzet, under cůflûten, und het alle gewere und alles reht, das er an diseme huse und hovestete hette oder solte han, das het er ufgegeben in dez spittals gewalt und het hûz und hof von dez spittals plegeren, heren Gozeline und Niclawese von Kagenecke, widere enpfangen also, das er von iren wege dinne sol sitzen und sol in dervone geben zů cinse iergelichs zwene schillinge Strazburgere und sol in an deme cinse nieman bohere steigen. ich der vorgenante Gunthere gibe und han gegeben vorne hoverihtere zů Strazburg min hûz und hovestat, da ich inne bin, deme spittale von Strazburg vir lidig eigin lûterliche durch got und durch minere selen willen. und allen gewalt und gewere und alles reht, das ich drane hette oder solte han, das gib ich uf in dez spittals gewalt und gibe, das ichs von dez spittals plegeren, die da vor genenmet sint, han enpfangen und sol iergelichs dervone deme spittale zů cinse geben zwene schillinge. das aber dis stête blibe, derumbe ist dur mine bêtte dez hovez ingesigele von Strazburg an disen brief gehenket zeime urkunde. dis geschach an deme cistage nach der liehtmes, da von gots geburte warent tusent iar zwei hundert iar und vunfi und sibencig iar.

Aus Strassb. Hosp. A. lad. Hôp. XLV fasc. 14. or. mb. c. sig. pend.

67. «Walthere von Clingen und Sophya sin eliche frowe» verkaufen «Niclawese, dez Zornes sun, und Gerine sinere wurtinne» 125 vierteil kornzins in Wolfisheim für 250 mark silbers. Walther hängt sein siegel an. «dis geschach an s. Valentins tage, 1275»[1]. *Verkauf.*

Februar 14.

Aus Strassb. Hosp. A. lad. 139 fasc. 18. or. mb. c. sig. pend.

68. C. j. c. A. in forma judicii domina Gepa dicta de Rummoltswilre donavit in anime sue remedium monasterio dominarum s. Francisci in foro equorum sito in c. A. agros 15 sitos in banno Kunegeshoven. «actum et datum a. d. 1275, feria quarta post annunciationem *Zeugenregest.*

a) *Das Folgende von anderer Hand.*

---

[1] *Vgl. nr. 38.*

domini, presentibus domno Gozelino, Walthero Riuser, Wetzelone Marsilio, Ottone Haiersieda, et fratre Ulrico converso.»[1] **1275 März 27.**

Aus Strassb. Hosp. A. lad. 51 fasc. 3. or. mb. c. sig. pend.

Schiedspruch.

69. Magister Engelbertus (*nach dem Siegel* de Argentina) *ist mit Walther von Klingen und Heinrich von Ostrach schiedsrichter zwischen dem grafen Heinrich von Fürstenberg und dem kloster Allerheiligen.* 1275 Mai 8. **Mai 8.**

Aus Mone Zeitschr. f. Gesch. d. Oberrh. IX, 456 und z. Teil auch II, 216 nach einem Duplikat in Karlsruher G. L. A. Kl Allerheiligen. Daselbst ausser einem zweiten Duplikat die älteste aber fehlerhafte Ausfertigung (von der aber das Siegel Engelbrechts abgefallen ist); danach der Abdruck im Fürstenbergischen UB. I, 241 ff.

Zustimmung zu einem Verkauf.

70. *König Rudolf giebt der Gattin Walthers von Klingen seine Zustimmung zu dem durch diesen erfolgten Verkauf von Gütern an das Kloster s. Katharina in Strassburg bekannt. Nürnberg.* **Mai 23.**

Rudolfus dei gratia Romanorum rex semper augustus universis sacri Romani imperii fidelibus gratiam suam et omne bonum. universitati vestre constare volumus per presentes, quod Suffia uxor nobilis viri Waltheri de Clingen, dilecti familiaris nostri, asserit et asseruit coram nobis, quod gratam et ratam habet vendicionem bonorum factam . . priorisse et conventui sanctimonialium sancte Katherine Argentinensis per ipsius maritum Waltherum nobilem antedictum, renuncians omni actioni et impetitioni, que sibi posset competere vel deberet. in cujus rei testimonium presens scriptum nostre majestatis sigillo ferimus communiri. datum Nûrinberch, 10 kalendas junii, indictione tercia, anno domini millesimo ducentesimo septuagesimo quinto, regni vero anno secundo.

Aus Strassb. Hosp. A. lad. 139 fasc. 18. or. mb. c. sig. pend.

Schiedspruch.

71. *Vor dem Gericht des Thesaurars der Strassburger Kirche wird ein Streit zwischen dem Kloster s. Katharina und mehreren Armenstiftungen über Rentenbezüge entschieden.* **Mai 25.**

Cum coram nobis magistro Johanne judiciis domini . . thesaurarii Argentinensis presidente magistri atque ministri sancti Spiritus majoris ecclesie, ecclesie sancti Thome, et sancti Nicolai ultra Bruscham . . priorissam et conventum sancte Katherine traxissent in causam super eo, quod antedicte domine . . priorissa et conventus ipsi magistro seu ministro sancti Spiritus majoris ecclesie in quinque quartalibus siliginis et ordei et aliis magistris sancti Spiritus apud sanctum Thomam et sanctum Nicolaum pro sua porcione frumenti contingentibus racione legati, quod singulis annis antedicte domine ipsis ministris dare debent et hucusque sine aliqua diminucione ac contradicione contulerunt, ad presens solvere integraliter contradicant, sicut solverunt hucusque, petentes a nobis, antedictam priorissam et suum conventum conpelli ad solucionem integram annone, quam hucusque quilibet eorum de sancto Spiritu ab ipsis receperat racione legati insolutum, frater Cuno vero ipsius priorisse et conventus monasterii s. Katherine procurator excipiendo se obtulit probaturum, ut si ipse domine in possessionibus illis, de quibus antedictum legatum conferunt ministris sancti Spiritus, aliquem defectum haberent vel minus de tota summa annone de possessionibus perciperent, hoc esse defalcandum cuilibet ministro sancti Spiritus pro sua porcione eum contingente. inspectis igitur probacionibus antedicti procuratoris et priorisse invenimus,

[1] *Demselben Kloster schenkt* Drutelindis, sororia Heinrici dicti Pfutzere, *20 Aecker in* Tüngensheim *bei* Criegesheim. *1275 März 30:* «actum presentibus magistro C[onrado] de Sarburg, magistro Johanne de Erstheim, et Rûdegero de Hunesvelt, et Johanne filio pistoris.» *Or. daselbst lad. 49 fasc. 10*

procuratorem et priorissam suam intentionem, ut presumebant, minime probavisse; quare interloquendo habito jurisperitorum consilio dicimus antedictas dominas tantum de annona singulis ministris dare debere secundum quod hucusque receperunt, et easdem dominas ad integram solucionem omnibus prefatis ministris faciendam inposterum singulis annis litteris presentibus condempnamus. actum et datum sabbato post ascensionem, anno domini 1275.

Aus Strassb. Hosp. A. lad. Orph. XXXV fasc. 40. or. mb. c. sig. pend.

72. Eberhardus[1], archidiaconus Arg., domum suam in c. A., quam inhabitat Fridericus sacerdos dictus de Wissenburg, cum area et edificiis ipsius[2] b. Johanni ewangeliste patrono capelle curie sue et ipsi capelle[3] donat sub hac forma, quod dictus Fridericus, qui nunc est capellanus ejusdem capelle, et ejus successores jus inhabitandi dictam domum habeant, qui singulis annis in anniversario bone memorie Heinrici dicti de Ohsenstein, archidiaconi quondam Arg., portario eccl. Arg. 3 sol. dare debebunt et 6 candelas de 2 libris cere in anniversariis Conradi fratris, Ottonis dicti Sunnenkalb avunculi legatoris (canonicorum quondam eccl. Arg.), et in anniversario legatoris ipsius, in quolibet 2 candelas, dabunt. sigilla capituli et legatoris sunt appensa. actum et datum a. d. 1275, feria sexta infra octavam pentecostes. *Schenkung, Seelgerätstiftung.*

1275 Juni 7.

Aus Strassb. Bez. A. G 3654 (4049). or. mb. c. 2 sig. pend.

73. Prepositus, decanus et capitulum ecclesie Arg. notum faciunt, quod Otto de Entringen, canonicus ibidem, pistrinum, quod in c. A. in vico judeorum habet[4], item redditus quosdam deputavit ad prebendam, quam in eadem ecclesia instituit, et ad quam post mortem suum Gotfridum, clericum suum, presentat. collatio prebende erit apud canonicum dicte ecclesie, feodi, quod eadem habet apud Arnolzheim, possessorem. prebendarius 4 quartalia mansurnalis annone pistori capituli, pistor autem pro ipso cuneum in refectorium consueto tempore debet ministrare. cui etiam prebendario omnes refectiones et distributiones in choro, sicut ceteris prebendariis, sunt integraliter exhibende. prebendarius qualibet feria secunda et in anniversario dicti Ottonis in sui memoriam missam pro defunctis in capella b. Gregorii celebrabit, candelam (nahtlieht) ponet in altari majori ecclesie et sepulcrum visitabit etc. in anniversario solvet rectori capelle constructe in curia Eberhardi de Entringen, fratris dicti Ottonis[5], sacerdoti in capella b. Gregorii contigua ecclesie Arg., et sacerdoti altari deputato confraternitatis cuilibet 1 quartale siliginis. sigillum capituli est appensum. actum et datum a. d. 1275, in die b. Jacobi apostoli. ***Juli 25.*** *Präbendenstiftung.*

Aus Strassb. Bez. A. G 1497 (1915) nr. c. or. mb. c. sig. pend. mutil.

74. Priorissa et conventus monasterii penitentum c. m. A. Dieterico sacerdoti, prebendario ecclesie Arg., medietatem domus et aree, quam habuerunt in c. A. ex opposito domus dicte ad pilleum[6], ad ipsas spectantem ex ingressu (scil. monasterii prefati) Junte, filie quondam domini Berhtoldi prepositi Arg., vendiderunt pro 8 marcis argenti. sigillum monasterii est appensum. actum et datum a. d. 1275, in die b. Laurentii[7]. ***August 10.*** *Verkauf.*

Aus Strassb. Bez. A. G 3644 (4039) 11. or. mb. c. sig. pend.

---

[1] *Nach Dorsualnotizen:* «de Entringen» [2] *Nach der Ueberschrift des Kopialbuches des Münsterchores fol 17 (Domkapitels A.) lag das Haus in* «Hütegasse». [3] *Vgl. Str. G u. HN. S. 83.* [4] *Vgl. nr. 15 u. 16.* [5] *Vgl. nr. 72.* [6] *Vgl. UB. I, 393, 35.* [7] *Wernher v. Burner Ritter und Uta seine Gattin verkaufen für denselben Preis die andere Hälfte an genannten Dietrich Abt und Convent von Schuttern, in deren Gegenwart der Verkauf stattfand, siegeln. 1275 August 11. Orig. ebendaselbst*

Zeitleihe.

75. *Heinrich Marsilius verleiht eine Hofstatt auf 100 Jahre.* **1275 August 23.**

Cûno dictus Sûner magister et consules Argentinenses notum facimus universis, Heinricum Marsilium, et Annam uxorem ejus, concives nostros, manu coadunata concessisse aream suam sitam in extremo prope Nicolaum Rebestock apud Merensod Herwero carpentario, et Elline uxori ejus pro medietate, et sorori Richencen et omnibus ejus successoribus pro altera medietate tenendam et possidendam ad spacium centum[a] annorum pro annuo censu decem solidorum Argentine usualium absque omni augmentacione et sine omni erschatz, quotienscumque ipsa area medio tempore de una manu ad aliam fuerit devoluta. poterunt autem persone prenotate utriusque absque contradictione alterius partis edificia sua cum pacto suo vendere vel obligare honestis personis, secundum quod eis expedit. exhibebunt tamen primo dominis aree et eis assignabunt, si competens precium sicut alii homines dare voluerint; et si dicta area medio tempore vendita fuerit vel donata, pactum tamen predictum ratum stabit usque ad centum annos; quibus completis, qui tunc fuerint possessores aree scilicet hovesessen, edificia predicta in usus suos convertent. actum in vigilia Bartholomei, anno domini 1275.

Aus Strassb. Hosp. A. Prot. Hôp. V (lib. C) fol. 76. copia s. XV exeunt.

Pfandbrief

76. *König Rudolf I giebt Nicolaus Zorn und Johannes jenseits der Breusch 20 Pfund der Steuer von Ehnheim zu Lehen, die durch die Zahlung von 80 Mark Silber abgelöst werden können und die bis dahin die Gemeinde Ehnheim jährlich zu Martini zu leisten verspricht. Strassburg.* **1275 Oktober 24 — 1276 Oktober 24.**

Wir Rûdolf von gots gnaden der Rômische kunig tûnt kunt allen den, die disen brief gesehent oder gehôrent, das wir unseren getruwen Niclawese Zorne unde Johanni ginsit Brusch lihent unde hant verluhen ze rehteme lehine in und iren erben zwencig pfunde Strazburgere ze nemenne unde ze habenne iergelichz ze sante Martins mes von der bette zû Ehenheim. unde swenne wir oder, der denne dez richez vût ist, in oder irn erben gebent ahzig mark silberes, so sulnt sie das silber biwenden. unde das gût, das sie damitte gecôfent, das sulnt sie von deme riche iemerme ze rehteme lehine haben. unde so das geschiht, so gont in die vorgeschriben zwencig pfunde geltes ze Ehenheim abe unde sint deme riche lidig. unde wand ez unser wille ist und unseres lantvâtes Cûnen von Bercheim, an den wirz sattent dis lehen ze vertigenne, so hant unsere getruwen Ebelin der schultheisse, Friderich der heimburge, Friderich Cursenlin, Lûger, Isenhart, Rûdegere der marschalk, Heinrich von Ringelnstein, Hasehart der brotbecke, Cûnrat Scholle, Nendung der kûfere unde sin sun Nendung, Walthere Gezeman, Reinbold der brotbecke, Cûnrat der heimburge, Hug der kûfere unde die gemeinde von Ehenheim gelobet mit gesammenter hant ze gebenne iergelichs den vorgenanten Niclawese Zorne unde Johanni und iren erben zwencig pfunde von der bette ze sante Martins mes. herumbe das dis stete blibe, so sint unseres unde Cûnen von Bercheim ingesigele an disen brief gehenket. dis geschach ze Strazburg in deme dritten jare unseres richez[1].

Aus r. Zorn Fam. A. or. mb. c. sig. pend. laeso. Abgefallen das Königssiegel. Da Rudolf das dritte Regierungsjahr grossenteils im Elsass zubrachte, so lässt sich das Datum nicht näher bestimmen.

Erbleihe.

77. *Der Propst von s. Thomas giebt eine Hofstätte in Erbleihe.* **1276 April 11.**

Wir Hartmut von Schiltingheim der meister und der rat zu Strassburg tunt kunt allermengliche, dass herr Friderich der probst zu sant Thoman verluhen het zeime erbe[b] Johannszen

a) *cop.:* certum. b) *cop.:* zume erben.

[1] *Vgl. nr. 62.*

dem zymbermanne, unsern mitburger, sine hoffestat gelegen by Jocob von Barre in der gassen by sant Eilsbethen ierlichen umb vier untze Straszburger pfenninge geltz one höher steigen; und also dicke ouch die egenante hoffestat verwandelt wurt von einre personen an die andere von der hoffesessen wegen, also dicke sol ouch erschatz gegeben werden. und ouch den gebuwe, der uff derselben hoffestat ist, den het der egenante probst dem obgenanten Johanssen zu eigen geben. und der vorgeschribenen dinge zu urkunde, so ist der stette ingesigel zu Straszburg an dieszen brieff gehencket. und wart dirre brieff geben, als man zalte von gottz geburte tusent zweyhundert sibentzig und sechs iore, uff samestage vor dem sonnentage, als men singet in der heiligen kirchen Quasi modo geniti. hieby worent her Johans giensite Brusche, her Suner, her Reimbold von Friburg und Hartmut die vier meister und andere rotzherren der stette zu Straszburg.

Aus der von Schilter verfassten Dissertation von Bitsch: de emponematum jure. *Arg. 1698 S. 34 f.*

78. *Statuten des Beginenhauses zum Turm.* ***1276 um April 12.*** *Beginenhaus-statuten.*

In nomine patris et filii et spiritus sancti amen. nos Beata magistra, Lucgardis de Slecistat subpriorissa celereque sorores in domo, que dicitur ad turrim in Argentina congregate, quarum nomina sunt hec: Lucgardis senior, Adilheidis de Columbaria, Junta, Gepa, Irmingardis, Cristina, Liebirath, Gerdruit, Methildis de Achinheim, Methildis filia Ůlrici Brant panificis, Ellikint, Margareta de Wachinheim, Adilheidis Stollin et filia ejus Katerina ad honorem domini nostri Jesu Christi volentes materiam dissolutionis suspecte et nocive diffugere et ad disiplinam commendabilem coherceri de consilio et consensu confessoris nostri fratris Friderici dicti de Erstehein ordinis fratrum predicatorum in Argentina hec inter nos ordinavimus et fide data inviolabiliter nos observaturas publice profitemur. ordinavimus itaque et fide corporali prestita observare promisimus, [1] quod quecunque ad nos habitum nostrum susceptura venerit et permansura, si infra annum quandocunque a nobis suum mutans propositum recesserit, quod resumere valeat libere, quecunque tam in mobilibus quam in immobilibus[a] apportavit, ita tamen quod loco expensarum sive victualium reddet pro singulis mensibus denarios quadraginta, insuper si in vestibus vel pro aliis necessitatibus suis aliquid accepit a sororibus, refundet; nec hiis minuendis servicia, si que facta sunt in ejus induitione, nec opera ejus nec utilitas proveniens ex hiis, que attulit, vel poterat evenire conputentur. [2] si autem induta parvula fuerit, quocumque tempore infra annum quartum decimum recesserit, recedet, ut supra tactum est; et si moritur, cum ad sorores venerit etiam nondum induta, quicquid attulit, sororibus remanebit. item si elapso anno quarto decimo manuali fide prestita, quod obedire voluerit, et postea voluntate mutata recesserit sive propter honestam causam, puta quia in reclusorio carceris permanere voluerit sive alias ad societatem honestam transire voluerit, de omnibus secum apportatis sive in mobilibus sive in immobilibus nichil secum deportare valebit exceptis vestimentis ad se pertinentibus et lectisterniis, nisi benignitas sororum eidem voluerit facere gratiam ampliorem. item si claustrum intrare voluerit, quinque libras tantum de bonis suis accipiet apportatis[b]. [3] item volumus et ordinamus et fide data vallamus, quod si qua lapsum carnis inciderit, vel virum horis nocturnis intromisisse convicta fuerit, vel horis diurnis in loco secreto et suspecto sola cum solo aliis sororibus hoc ignorantibus inventa fuerit, vel suspectam familiaritatem cum viris vel mulieribus habuerit, quam tercio vel quarto monita vitare noluerit, et litteras ab eis acceperit et absconderit, [4] vel inobediens ordinationi magistre exstiterit vel obedire contempserit, vel socias sorores domus predicte continue

a) *or. corrigiert aus* in mobilibus. b) *Ueber den Absatz:* « item si claustrum *bis* apportatis » *hat eine Hand s. XIV geschrieben:* « vacat ».

turbaverit excessus suos aliarum excessibus levigando, aliis culpas suas improperando et turpia narrando, vel penas pro suis excessibus injunctas ferre noluerit, ut pro quolibet articulo posito singillatim de domo nostra eiciatur, expellatur et extrudatur nec aliquid de secum apportatis, sive mobile sive inmobile fuerit, secum deferat et deferre faciat, ita ut ab omnibus bonis exclusa nichil, nisi vestimenta sua, que tunc pro tempore habuerit, deferat vel exportet nec pretextu precum affinium, consanguineorum seu amicorum vel proximorum quorumcumque illud aliquatenus inmutetur, ut quas saltem timor dei a malo non revocat, saltem pena coherceat temporalis. [5] volumus eciam et ordinamus et fide data vallamus, ut si aliquid premissorum in dubium per inficiationem excedentis revocatum fuerit, quod ad probationem sufficientem testimonium magistre vel suppriorisse valeat cum majori parte sororum, et quicquid super predictis affirmaverint, quod tanquam testimonium efficax et inmutabile habeatur. [6] preterea nolumus, quod aliqua recipiatur quin in bonis paternis, maternis vel peculio adventicio vel profecticio vel alias ut in seculari habitu existens valeat succedere ex quacumque causa, nisi aliquo casu renunciemus. [7] item ordinamus, quod si aliqua apud nos in consorcio sororum nostrarum diem clauserit extremum vel a nobis non rejecta sed per se recesserit ob aliquam causam supra expressam honestam vel inhonestam, quod sicut nec ipsa recedens non petet aliquid de suis apportatis, ita nec nomine suo nec defuncte aliquis proximorum heredum sive amicorum, ita ut quod una via non liceat per aliam fraudulenter admittatur. [8] preterea si aliquo casu emergente ab invicem contingeret nos pretextu paupertatis vel alterius infortunii separari, ordinamus, ut de omnibus, que tunc possidemus sive mobilibus sive inmobilibus quelibet equali divisione suam recipiat portionem. [9] item ordinamus et promittimus fide prestita, quod in hiis, que circa statum nostrum ordinanda fuerint et corrigenda, obediemus magistre nostre et suppriorisse et ei, qui pro tempore nobis confessor fuerit deputatus, et eis nos submittimus ex presenti ordinatione, quo ad hec et quo ad omnia supra memorata et ordinata. ita eciam, quod confessor noster de consilio prioris fratrum predicatorum possit in quolibet articulo hujus cedule nobiscum dispensare, si viderit oportunum. [10] quecumque igitur recipienda premissis sibi perlectis et expositis voluerit premissa servare et promiserit necnon et fide prestita se servare firmaverit, in sororem nostre congregationis recipiatur. si autem pro hiis servandis prestare fidem negaverit, in nostrum nunquam consorcium recipiatur nec prece nec precio, quousque singula et omnia promiserit observare. [11] volumus eciam, ut future liti materia precludatur, quod quecumque etiam, si ultra annum non requisita super premissis articulis an servare voluerit, permanserit, quod ex eo, quod post annum remansit primum, pro confessa et obligata ad omnium articulorum premissorum austeritatem habeatur, in bonis suis de cetero nullam habitura petitionem, tamquam si pro excessu suo a domo et consorcio nostro excluderetur. ut autem hec omnia firma habeantur, presentem litteram ad peticionem nostram fecimus sigillis judicis domini nostri episcopi ad causas et domini Hermanni venerabilis patris nostri thesaurarii Argentinensis roborari. nos judex curie Argentinensis et thesaurarius Argentinensis premissa omnia coram nobis esse ordinata et ad peticionem predictarum dominarum presentem cedulam sigillis nostris communitam publice profitemur. actum et datum Argentine, anno domini 1276, circa octavam pasche, presentibus fratre Heinrico de Basilea quondam lectore, fratre Friderico dicto de Ersteheim, et fratre Henrico de Colonia fratribus predicatoribus, domino Johanne milite dicto de Blůminowe, Petro Bucilino, Ulrico Brant panifice, et filiastro ejus Drutmanno, domina Gepa uxore domini Napin, et Ellina sorore Petri supranominati.

Aus Strassb. Thom. A. lad. Begin. 12. or. mb. c. 2 sig. pend

79. *Statuten des Beginenhauses von Innenheim.* ***1276 April 14.*** *Beginenhaus-statuten.*

In nomine patris et filii et spiritus sancti. amen. nos Mechthildis magistra, Adelheidis subpriorissa, ceteræque sorores in domo, quæ dicitur de Innenheim, in Argentina congregatæ, quarum nomina sunt hæc: Gerdrudis, Elisabeth, Willeburgis, Anna, Catharina, Ellekint, et soror ejus Gysela, ad honorem domini nostri Jesu Christi [*u. s. w. gleichlautend den Statuten des Beginenhauses zum Turm nr. 78.*] actum et datum Argentinæ, anno domini 1276, 18 kalendas maji.

Aus Mosheim: de beghardis *158 ff.* (ex veteri decimi quarti sæculi codice Alsaticis tabulis et documentis pleno[1]) *mit der Ueberschrift:* «Formam quæ sequitur habent æqualem per omnia istæ tres domus scilicet: ad turrim dictæ, et de Offenburg et de Innenheim sitæ apud fratres prædicatores Argentinæ in constitutionibus suis et sigillis instrumentorum ipsorum, et in data annorum domini excepto quod cujuslibet domorum istarum propriæ personæ singulariter notantur.» *Der Abdruck enthält einige offenbare Fehler.*

80. *Vertrag zwischen den Minderbrüdern und der Wittwe des Marsilius.* ***April 15.*** *Vertrag.*

Prudenter via futuris litibus precluditur, cum ea, ex quibus discordie pullulare posset inposterum materia, elucidatione ac ordinatione congrua exstirpantur. igitur ego Katherina, relicta quondam Heinrici Marsilii civis Argentinensis, tenore presentium confiteor et notum facio universis, quibus nosse fuerit oportunum, fratres minores in Argentina pro solutione domus contigue porte eorum ex una parte et ex alia domui, que dicitur zûme napfe[2], quam inhabito, vendite mihi a sororibus sancte Elysabeth extra muros Argentinenses pro 60 libris, medietatem precii, 30 libras videlicet, procurasse ipsasque ad procurationem dictorum fratrum fuisse integre persolutas. preterea de consensu Juntte, filie mee, ipsis fratribus petentibus promitto et promisisse me voluntarie profiteor, ut quandocunque pro ampliatione aree, quam inhabitant jam dicti fratres, domos aliquas in latere prelibate domus contingeret demoliri, quod prefatam domum cum omni jure, quo ipsam possideo, Wezeloni Marsilii, procuratori sepedictorum fratrum, vel ei, qui pro tempore procurator exstiterit, debeo resignare, de ipsa quoque recedere, ut idem procurator de jam dicta domo valeat disponere secundum quod prenotatis fratribus noverit expedire. verumtamen 30 libras, quas tantum tradidi in emptione sepedicte domus, mihi tradi et assignari prehabiti fratres bona fide laborabunt nisi pro eo, quod jam dictam domum inhabito, velim in sortem antedictarum 30 librarum aliquid conputare. renuntio quoque pro me et meis heredibus actionibus, defensionibus, exceptionibus coram quibuscunque judicibus, omnique juris auxilio, consuetudinis et statuti contra suprascripta et specialiter contra notificationem seu confessionem sponte, scienter procuratore predicto presente ac in juditio a me factam nobis conpetentibus vel conpetituris. quod si ante ampliationem prefatam me ab hoc seculo migrare contigerit, volo, ut pluries dicta domus cum omnibus suis adtinentiis omni jure mihi conpetentibus in remedium anime mee libere et absolute cedat usibus fratrum sepius memoratorum. et si hec clausula dicatur non valere jure testamenti, valeat tamen ut ultima voluntas et extrema. ut autem omnia prenotata robur firmum obtineant presentes per . . judicem curie Argentinensis sigillo ejusdem curie presentibus testibus subscriptis ad ea spetialiter vocatis sunt meis precibus communite. nos . . judex curie Argentinensis omnia supra narrata sicut sunt narrata vera esse et coram nobis rite acta publice profitemur, appendentes sigillum curie huic scripto ad petitionem domine Katherine supradicte. actum et datum anno incarnationis dominice 1276, 17 kalendas maji,

---

[1] *Die inzwischen verschollene Handschrift und eine andere ebenfalls von Mosheim benutzte enthielten ausser anderen wichtigen Aktenstücken die Correspondenz Bisch. Johannes (v. Dirpheim) von Strassburg betr. Begharden u. s. w. a. a. O. S. 254, 269, 527, 528.* [2] *Vgl. Str. G. u. HN. S. 33.*

presentibus[a] fratre Heinrico gardiano fratrum antedictorum, fratre Anshelmo de Monolsheim, . . dicto Volzu, Sigelino, et aliis fide dignis[1].

Aus Strassb. Thom. A. lad. Kaufbriefe 3. or. mb. c. sig. pend.

Beginenhausstatuten. **81.** Adilheidis magistra, Mehtildis subpriorissa, ceterque sorores in domo, que dicitur de Offenburc in Argentina, congregate, quarum nomina sunt hec: Adilheidis scriptrix, Adilheidis, [b], Adilheidis, Engila, Sophya, Katerina, statuta congregationis sue ordinant. [*Es sind wörtlich dieselben, wie die des Beginenhauses zum Turm nr. 78.*] judex curie Arg. et thesaurarius Arg. sigilla sua appendunt. actum et datum Argentine, a. d. 1276, 4 nonas maji. ***1276 Mai 4.***

Aus Strassb. Thom. A. lad. Begin. 12. or. mb. c. 2 sig. pend. mutil.

Verkauf. **82.** C. j. c. A. magister Cůnradus scolasticus s. Leonhardi, Erbo frater, Agnes soror, Hugo et Johannes nepotes ex Demůdi sorore quondam dicti scolastici, decano et capitulo ecclesie Arg. vendunt p. p. e. l. 5 areas cum domo edificata in una sitas in c. A. in vico, qui est ex opposito curie domini Johannis cellerarii Arg., in quibus iidem sorori ipsorum uxori quondam Berhtoldi dicti de Inferno successerunt, pro 20 marcis argenti. actum et datum a. d. 1276, 3 nonas maji. ***Mai 5.***

Aus Strassb. Bez. A. G 2703 (3117) nr. 10. or. mb. c. sig. pend.

Verkauf. **83.** C. j. c. A. Johannes dictus Stumphelin civ. Arg., et Willebirgis ejus uxor vendunt 2 domus suas contiguas sitas hinder kursener louben in Arg. super areis monasterii s. Nicolay e. m. A. ipsi monasterio censuales Ůlrico dicto Ribisen civi Arg. pro 41 lib. den. Arg. minus 5 sol. actum et datum feria quarta post festum apostolorum Petri et Pauli, a. d. 1276. ***Juli 1.***

Aus Strassb. Stadt A. lad. s. Nicol. Mart. et Petr. fasc. 1. or. mb. c. sig. pend.

Schenkung. **84.** *Heilika Wittwe des jüngeren Reinbolds schenkt dem Hospital s. Leonhard eine Hofstätte.* ***Juli 24.***

Ego Heilika relicta Reinboldi junioris civis Argentinensis in anime mee remedium lego et ordino testamento hospitali sancti Leonhardi in civitate Argentinensi aream, super qua residentiam habet soror Metza, prope Meriessod, de qua nomine census quinque uncee denariorum Argentinensium et duo capones proveniunt annuatim. et istud testamentum ratum fore decerno et firmum, nisi ipsum in ultima voluntate mea duxero revocandum. in cujus rei testimonium sigillum curie Argentinensis presenti cedule est appensum. actum anno domini 1276, in vigilia Jacobi.

Aus Strassb. Hosp. A. lad. Hôp. XLVII fasc. 17. or. mb. c. sig. pend.

Testament. **85.** Heilika relicta Reinboldi junioris civ. Arg. testamentum suum ordinat. cenobio s. Agnetis e. m. A. unum mansum in Schiltenkeim, fratribus predicatoribus dom. Arg. proventus de uno agro in deme hurevelde[2], stozset uffe dez bischovez gebreite[3] nebent dez

a) *Die Namen der Zeugen sind von verschiedenen Handen (mindestens 2) geschrieben.* b) *Platz für einen Namen, der aus dem Pergament ausgeschnitten ist, so dass jetzt an der Stelle ein viereckiges Loch.*

[1] *Dieselbe Katharina schenkt vor dem Hofrichter des Thesaurars der Strassb. Kirche den Minderbrüdern die ihr eventuell wegen des obengenannten Hauses zustehenden 30 Pfund Pfenninge und ebenso alle bei ihrem Tode in demselben vorgefundenen Mobilien. 1303 Februar 19. Or. ebendaselbst lad. Kaufbriefe 6. Nach einer Dorsualnotiz s. XIV war später an der Stelle des Hauses der Friedhof der Minderbrüder.* [2] *Vgl. Hermann, Notices historiques etc. de Strasbourg. I. 229 unter nr. 6.* [3] *Vgl. Silbermann, Lokalgesch. der Stadt Strassburg S. 132.*

cleinen Reinböldelins frowen, item de uno agro in deme burcvelde nebent deme Liebencellere in banno Kunigeshoven legat. sig. cur. Arg. et civitatis Arg. sunt appensa. actum a. d. 1276, in vigilia Jacobi. ***1276 Juli 24.***

Aus Strassb. Bez. A. Verirrte Sachen, zu Fond s. Agnes. or. mb. c. 2 sig. pend.

86. C. j. c. A. in forma judicii Nicolaus filius Bertholdi quondam dicti Rufi civ. Arg. recognovit, se vendidisse Sigelino de Rinowe sororio suo pro 8 lib. den. Arg. quartam partem in domo et area, que dicitur zur mêraleu, apud introitum curie predicatorum Arg. et quartam partem domus et aree apud meryezzel, quam inhabitat Cûnradus dictus Gêhe, in quibus duabus quartis partibus patri et matri jure successit hereditario, et in quibus Agnes (uxor nunc Volzonis junioris) usufructum pro tempore vite sue perceptura est ratione donationis propter nuptias sibi quondam facte a Bertholdo, fratre predicti Nicolai, tunc ejusdem Agnetis marito. actum et datum in vigilia nativitatis beate virginis, a. d. 1276, presentibus Johanne Ablate et Hugone Wizbrötelin. ***September 7.*** *Verkauf.*

Aus Strassb. Hosp. A. lad. 170 fasc. 32. or. mb. c. sig. pend. delapso.

87. *Die Wittwe Meister Rudolfs des älteren, des Münsterbaumeisters (?), stiftet diesem ein Anniversarium im Münster.* ***November 2.*** *Seelgerätstiftung.*

Notum sit omnibus tam presentibus quam futuris presentis cedule inspectoribus, quod ego Heilika relicta quondam magistri Rudolfi senioris magistri fabrice ecclesie Argentinensis [1] bona mea subscripta, in quibus Johanni filio meo successi, in talem religo servitutem, quod exnunc in perpetuum eorundem bonorum possessores, in quos eadem bona quocunque titulo translata fuerint, dabunt et assignabunt quocunque casu contingente et in omnem eventum decem solidos denariorum Argentine usualium distribuendos presentibus in choro ecclesie Argentinensis in anniversario predicti magistri Rûdolfi; quod utique anniversarium ab eisdem celebrabitur, ut est moris. in cujus rei perhennem memoriam et perpetuam firmitatem capituli Argentinensis et curie Argentinensis sigilla presenti cedule sunt appensa. sunt autem hec bona prescripta in banno Rûmersheim [*folgt die Beschreibung.*] actum et datum anno domini 1276, in commemoratione omnium animarum.

Aus Strassb. Bez. A. G 3631 (4026) 2. or. mb. c. 2 sig. pend.

88. C. j. c. A. in forma judicii Wernherus filius fratris Johannis bone memorie quondam scribe et canonici s. Thome Arg. et Reinherus maritus Gerthrudis, filie fratris ejusdem Johannis, pro eadem et pro Wichero de Ortenberc, filio fratris predicti Johannis, necnon Dietricus ante monasterium civ. Arg. pro Wolframo de Ortenberc, filio quoque fratris memorati Johannis, curiam sitam in Arg. inter 2 claustrales curias, quarum una zeme Napfe [2] et altera zû hern Vitteline nuncupatur, manu coadunata vendiderunt Heinrico preposito Honaugensi pro 23 marcis argenti. A 2. Wernherus et Reinherus se obligant etiam pro Wichero adhuc minore. Dietricus faciet warandiam tantummodo pro parte Wolframum con- *Verkauf.*

---

[1] *Bei der schwankenden Bedeutung dieser Titel (vgl. oben nr. 16 note 1) bleibt es zweifelhaft, ob Rudolf wirklich Architekt war. Ist er es, so würde er der erste Architekt am Münster sein, der sich nachweisen lässt. Auf ihn bezieht sich folgende von Woltmann bei seiner Edition des Wohlthäterbuches aus dem Frauenhaus-Archiv (Repertorium für Kunstwissenschaft Bd. I, 260 ff.) übersehene Angabe zu 2 kal. junii [Mai 31]:* « Item Lentfridus de Landesberg obiit, dedit palefridum, loricam et duas caligas ferreas. item Rûdolfus magister operis obiit, dedit unum bantzier et gladium. » *Es folgen dann noch von erster Hand zusammen mit diesem eingetragen 8 Anniversarien, von derselben aber nach einander hinzugefügt 3 weitere.* [2] *Vgl. Str. G. u. HN. S. 138 u. 184.*

tingente, Reinberus pro uxore sua et Wichero. si aliquis contra premissa veniret, eligit se sententie excommunicationis subjacere. actum a. d. 1276, feria 6 post omnium sanctorum. *1276 November 6.*

Aus Strassb. Thom. A. lad. 10 (Titres). or. mb. c. sig. pend.

Schutz-versprechen.

89. *Adelheid von Lichtenberg verspricht dem Kloster s. Katharina in Strassburg ihren Schutz.* ***1277 Januar 5.***

Notum sit omnibus presentis cedule inspectoribus, quod nos Adelheidis domina de Lichtenberc propter devotionem, quam specialiter habemus ad beatam virginem Katherinam, universa bona monasterii beate Katherine extra muros Argentinenses et tam currus et equos et ejusdem monasterii familiam et colonos in nostram protectionem et conductum recipimus specialem, injuriam et gravamen, si quod absit eisdem a quocunque infertur, quasi nostram propriam reputantes. in cujus rei testimonium sigillum nostrum presenti cedule est appensum. actum anno domini 1277, in vigilia epiphanie[1].

Aus Strassb. Hosp. A. lad. 139 fasc. 18. or. mb. c. sig. pend.

Pfandbrief.

90. *König Rudolf verpfändet an den Strassburger Bürger Stamph einen Garten in Illwickersheim. Wien.* ***Februar 17.***

Rudolfus dei gracia Romanorum rex semper augustus ad universorum noticiam cupimus pervenire, quod nos dilecto fideli nostro Stamphoni civi Argentinensi ob multe fidelitatis servicia, que nobis inpendit hactenus vel inantea exhibere poterit fructuosa, quendam ortum nostrum situm apud Illewicerzheim prius obligatum Reinboldo dicto Stiubenwech vel ab eo solutum pro octo marcis obligavimus vel obligamus presentium testimonio litterarum. de quo quidem orto predictus Stampho annis singulis duarum librarum cum dimidia vel decem capponum redditus recipiet pleniores predictum ortum tenens vel possidens tamdiu, quousque sibi per nos de predictis octo marcis plenarie fuerit satisfactum. in cujus rei testimonium presens scriptum sibi damus sigilli nostri munimine roboratum. datum Wienne, 13 kalendas marcii, indictione 6, anno domini 1277, regno nostri anno quinto.[a]

Aus Strassb. Stadt A. V. C. G. corp. B lad. 23 fasc. 1 ad 8. or. mb. c. sig. pend. delaps. Darnach abgedruckt Mone, Ztschrft f. Gesch. d. Oberrh. VI, 126 als zum Jahre 1276 gehörend — Böhmer, R. Rud. nr. 322 (nach Briefbuch A fol 269, wo das Regierungsjahr durch quarto gegeben ist). Zur Datirung ist zu bemerken, dass die Indiktion, wie das Regierungsjahr nicht zur christl. Jahreszahl passt (beide um 1 zu hoch). Die Abänderung in der Angabe des Regierungsjahres mag beweisen, dass hier man sich nach der christlichen Jahreszahl zu richten hat. Doch passt der Ausstellungsort auch für 1278.

Präbenden-stiftung.

91. C[onradus], episcopus Arg., notum facit, quod nobilis vir Albertus de Talmassingen, majoris et s. Petri ecclesiarum canonicus, in honorem s. Oswaldi regis prebendam instituit in ecclesia s. Petri, cujus collatio est apud decanum ecclesie s. Petri. episcopus, prepositus, decanus et capitulum s. Petri consentiunt et sigilla sua una cum sigillo Alberti appendunt. datum 9 kalendas aprilis, a. d. 1277. ***März 24.***

Aus Strassb. Bez. A. G 4713 (5085). or. mb. c. 5 sig. pend. mutil.

a) *Von anderer Hand mit anderer Tinte ist in die Lücke zwischen* anno *und* quinto *eingeschoben:* Qu. quarto *liest die Abschrift im Briefbuch A fol. 269.*

[1] *Dieselbe befreit am gleichen Tage alle Besitzungen des genannten Klosters im Dorfe Wolfisheim von aller Steuer und Last, zum Heile ihrer Seele und ihres verstorbenen Gemahls Heinrich von Lichtenberg. Ebendaselbst. or. mb. c. sig. pend. delapsa.*

92. *Das Kloster s. Arbogast giebt eine Hofstätte in Erbleihe an einen Hofsassen, der vorher die Rechte der vorherhgehenden Hofsassen erworben hat.* **1277 April 19.** *Erbleihe.*

Notum sit omnibus tam presentibus quam futuris, quod Johannes natus quondam Friderici de Tancratsheim, et Drutelindis soror ejusdem Johannis per manum et consensum Hugonis dicti Schöneman mariti sui vendiderunt et tradiderunt pro decem et novem libris denariorum Argentinensium Johanni dicto Strówelin, civi Argentinensi, omne jus, quod eis conpetebat in domo et area, que dicitur Spek und Erweisse, in civitate Argentina, confitentes se coram . . judice curie Argentinensis eandem peruniam ab ipso Johanne Strówelino plene et integraliter recepisse et in usus suos fore conversam. Nosque . . prior et conventus monasterii sancti Arbogasti extra muros Argentinenses de communi consensu et deliberato habito inter nos consilio concedimus et concessimus eandem domum nostram et aream suprascriptam predicto Johanni Strowelino et suis successoribus tenendam ab ipsis in perpetuum et possidendam jure hereditario sub hac conditione: quod idem Johannes et sui inperpetuum successores edificabunt eandem domum et curiam, prout eis placuerit, sine dampno nostro de suis sumptibus et expensis. et dabunt nobis annuatim pro censu inperpetuum quatuordecim unceas denariorum Argentine usualium sine omni augmentacione, in festo scilicet Johannis Baptiste septem unceas et in nativitate domini similiter septem unceas, de qua summa nos unum solidum denariorum ad majorem Argentinensem ecclesiam dabimus annuatim. et si predictus Johannes et sui successores jus, quod eis conpetit in prenotatis domo et area, vendere vel obligare voluerint, primo nobis exhibebunt et, si nos emere noluerimus, vendent aliis absque nostra contradictione et sine fraude. et quicunque emerint receptores ipsius domus et curie, dabunt nobis erschatz. quotienscunque et quocunque titulo eadem domus et curia de una persona ad aliam fuerit devoluta, receptores similiter dabunt erschatz. in quorum omnium stabilitatem curie Argentinensis et nostrum sigilla presenti cedule sunt appensa. actum et datum anno domini 1277, feria secunda ante Georgii [1].

Aus Strassb. Hosp. A. lad. 174 fasc. 20. or. mb. c. 2 sig. pend. delaps.

93. C. j. c. A. in figura judicii Burcardus dictus Kuderer, Metza ejus uxor, et Gertrudis filia eorum confitentur se donasse donatione inter vivos manibus conjunctis (presente fratre Ludewico procuratore monasterii s. Katherine e. m. A.) dicto monasterio tertiam partem pro indiviso pertinentem ad ipsos passagii siti in superiori parte Reni dicti zů den Hunden. Ludewicus prefatus nomine priorisse et conventus dictam tertiam partem pro indiviso dictis conjugibus, eis vero defunctis Gertrudi concedit pro tempore vite utifruendam, ita quod post Gertrudis mortem remaneat apud monasterium, non apud heredes. sig. cur. Arg. cum sigillis priorisse et conventus est appensum. datum a. d. 1277, feria sexta ante pentecosten. **Mai 14.** *Schenkung.*

Aus Strassb. Stadt A. AA 1691. or. mb. c. 3 sig. pend. Darnach abgedruckt in Mone, Ztschft. f. Gesch. des Oberrh. XVI, 132.

94. *Burkard, Sicken Sohn, verkauft seinen Anteil an dem Hause zu Stolzenecke an Johannes von Geudertheim.* **Juni 8.** *Verkauf.*

Wir Markus der meistere, der råt und die gemeinde von Strazburg tůnt kunt allen den, die disen brief gesehent oder gehórent, das Burcart, Burcartes seligen Sicken sun, mit Ebertartes hant sins vetteren unde mit sinere můtere willen unde gehelle vurn Gerine so het er verkôft und gegeben ze cóffenne sin teil dez husez, das da heisset Stolzenecke, und hievor was heren Gervasien, und dez er ze erbi kummen was von deme vorgenanten Burcarte sinen

---

[1] *Vgl. UB. I, 295 u. 311. Das Haus* (que appellatur Speg und Erweissen) *von dem Kloster Arbogast zu den vorgenannten Bedingungen* (V. Er. 1) *in Erbleihe zu haben, erklärt Burcard Pfiler, Ritter von Strassburg. 1307 Januar 7. Or. ebendaselbst.*

vattere, das was dis huz halbez, das het er gegeben ze cöffenne heren Johanni von Gödertheim zû deme Mulbôme, unseren burgere, umb ahte mark silberes luteres und lötigez dez gewigez von Strazburg, ze habenne in allen deme rehte, alz es sin vattere und er hettent oder soltent han gehebit, als der stette brief drubire gegeben wart, da ez heren Gervasien erben gabent ze cöffenne Burcarte Sicken seligen und deme vorgenanten Johanni von Gouderetheim; und het verichen, das er dirre ahte marke gar gewert ist von heren Johannese; unde sol öch sin wer sin dis halben husez, alse reht ist. sin vorgenante mûtere vur Gerin het öch verichen, das dis selbe halbe huz vûl in Burcartes irs sunez teil, da sie mit ime teilte, und derumbe hette sie kein reht me drane . . were aber das si kein reht me drane hette, das het sie vor uns ufgegeben in Johannis gewalt von Goudertheim. das dis war si und stète blibe, derumbe ist unserere stette ingesigele an disen brief gehenket. dis geschach an deme ciztage nach Bonefacii, da von gots geburte warent tusent iar zweihundert iar und sibeni unde sibencig iar. her ane warent here Niclawes Zorn *u. s. w. folgt der Rat*[1].

Aus Strassb. Hosp. A. lad. 174 fasc. 32. *or. mb. c. sig. pend.*

Aufbringung der Gerichtskosten.

95. C. j. c. A. procuratores monasteriorum s. Marci, s. Agnetis, s. Katherine, s. Johannis ad canes, s. Nicolay, penitentum, s. Clare, predicatorum, Augustinensium, minorum fratrum, saccitarum necnon monasterii s. Margarete quondam dictorum de Eckeboltzhein, et leprosorum de Rothenkirch presente Friderico procuratore dominarum de s. Elizabet remittunt dominabus de s. Elizabet, quidquid hactenus perceperunt de prato dicto der brûgel sito zû Finkenwilre, de quo prato H[einricus] quondam dictus Babunsun civis Arg. ordinavit in suo testamento[2] remedia dari monasteriis antedictis per dictas dominas de s. Elizabet, gratia expensarum in figura judicii a dictis dominabus factarum pro obtinendo remedio antedicto contra heredes H[einrici] predicti, ita, quod de cetero hoc anno excepto debent remedia illa ministrare. actum anno domini 1277, feria 3 post festum Udalrici. ***1277 Juli 6.***

Aus Strassb. Stadt A. lad. s. Nicol. Thom. Stephan fasc. I. *or. mb. c. sig. pend.*

Tauschgeschäft.

96. *Reinbold Liebenzeller u. a. vertauschen mit dem Kloster s. Clara auf dem Rossmarkt ihre Gasse am Rossmarkt mit Besitzungen zu Rotenkirchen und Schiltigheim.*

Juli 14.

Wir Reinbolt der Liebencellere, Reinbolt sin brûdere, unde Reinbolt Turant sin vettere tûnt kunt allen den die disen brief gesehent oder gehôrent, das wir vur uns unde vur alle unsere erben hant gewëhzelt unde gebent unde hant gegeben der . . ebtischinne unde deme convent sante Francisken clohsteres in der stat ze Strazburg unsere gasse anme rossemerkite, die da lit zwischent deme selben clohstere und Ottun gassen von Pfettensheim, umb ir hûbe ze Schiltenkeim und umbe garten ligent ze Rotenkirchen, di da hôrent zû dirre selben hûben, die in meistere Niclawes selige gab dere probist von sant Thomane, von den garten men öch git ze cinse iergelichs driszig schillinge siben pfenninge minre. dise vorgeschribene gasse geben wir deme vorgenanten clohstere vur lidig eigin, unde sulnt öch wir und unsere erben iemerme wer sin, das dise gasse lidig eigen si. wir verihent öch, das uns die vorgenanten frowen nach gabent und gegeben hant zwa und driszig marc silberes, und das wir die von in enpfangen hant. daz dis wâr si unde stete blibe, derumbe ist durch unsere bette der stette ingesigele von Strazburg mit unseren ingesigeln an disen brief gehenket. dis geschach an sante Margareden abende, do von gots geburte warent tusent iar zweihundert iar und sibini unde sibencig iar. herane warent here Johannes ginsit Brusch *u. s. w. folgt der Rat.*

Aus Strassb. Stadt A. V. D. G. lad. 51. *or. mb. c. 3 sig. pend. quorum 1 delapsum.*

---

[1] *Vgl. UB. I, 228, 12.* [2] *Vgl. nr. 39.*

Schenkung.

97. Marcus der meister und der rat von Strassburg machen bekannt, dass « her Berhtolt von Fürstenberg, sant Anthonien wissenthaft pfleger, » alle seine matten zu Willestette gegeben hat « ze rehter gifte Berhtolde, deme schûler, genant Pfortzheim, und Rûdolfe und Katherinen und Metzeline, und Hedewige, dirre kinde mûter. » auch hat er ihnen gegeben zwei « hûser an sant Andres orte ze Strazburg, ligent gegen sant Andres hofe ûber, und ein hus in Webergasse zwischent dez Kagen hof und hern Branzen huses [1], unde daz halb ofenhus an hern Bruncken gesselin [2] und daz ofenhus, daz Ûbelruzzes was bi den Augustinern vor der muren ze Strazburg. » die mutter und iedes kind sollen daran gleichen teil haben. die schenkung hat empfangen herr Johannes in Kalbesgasse, den sie vor gericht zu ihrem vogt genommen haben. « dis geschach an sante Jacobes abende, 1277. herane warent wir her Niclauwes Zorn, her Buchart der Spender und her Reymbolt der Liebenceller. »

1277 Juli 24.

Aus Strassb. Thom. A. Registr. A fol. 113. cop. chart. nach einer vidimatio ausgestellt vom officialis curie Arg. feria 6 ante dominicam Invocavit, sub a. d. 1308. *Februar 19.*

Präbendenstiftung.

98. Hugo dictus Wizbrótelin civ. Arg. in Gotfridi quondam Frumentarii et Hilindis uxoris sue, ipsius, et uxoris sue, et Richwini sororii sui, ac omnium progenitorum suorum animarum remedium redditus 40 quartalium siliginis donat altari s. Blasii in ecclesia s. Thome Arg., ordinans de consensu capituli s. Thome, quod dominus Guntherus sacerdos nunc proxime per ipsum presentatus preposito dicte ecclesie ad dictum altare s. Blasii et ab illo investitus de eodem hos redditus teneat nomine prebende. donator jus presentationis ejusdem prebende sibi et post mortem ipsius antiquiori de parentela uterina uxoris sue, et, si de parentela donatoris et uxoris nemo supererit, antiquiori de parentela Richwini reservat. que utique presentatio facienda est infra 14 dies proximos a tempore vacationis, alioquin presentatio ad decanum devolvitur. hic sacerdos cottidie faciet omnium prenominatorum et progenitorum dictorum donatorum commemorationem animarum devote divina in eodem altare celebrando; chorum quoque s. Thome, sicut alii ibidem prebendarii, frequentabit, et si non poterit celebrare, procurare debet, quod alius sacerdos loco sui celebret illa vice; prebendarius facere debebit obedientiam preposito et decano s. Thome, qui pro tempore fuerint. oblationes sibi presentate custodi dicte ecclesie integraliter sunt assignande. sigilla curie Argentinensis et domini thesaurarii, capituli et decani [3] ecclesie s. Thome sunt appensa. sequitur specificatio bonorum. actum et datum a. d. 1277, in vigilia b. Jacobi apostoli. *Juli 24.*

Aus Strassb. Thom. A. lad. 25 (Titres). or. mb. c. 5 sig. pend. (quorum 2 delaps)

Präbendenstiftung.

99. Decanus totumque capitulum ecclesie Arg. notum faciunt, quod bone memorie dominus Albertus de Talmessingen concanonicus ipsorum ordinavit in eccl. Arg. prebendam. collatio ipsius prebende pertinet ad canonicum, qui tenuerit curiam, quam Albertus inhabitavit. prebenda nulli assignari debet vel conferri, nisi tantum ei, qui fuerit in ordine sacerdocii constitutus ac bone conversacionis et vite quique nullum beneficium ecclesiasticum habeat quod clericus habere consuevit vel si quod habet nisi libere prius illud resignet. in altari capelle s. Andree, quod est de thesaurarii consensu deputatum eidem, ipse prebendarius nisi legittime fuerit impeditus missam cotidie debet celebrare (hoc modo videlicet: qualibet die dominica officium ipsius diei, feria secunda et quinta pro defunctis, feria tercia et sabbato de b. virgine, feria quarta de b. Andrea apostolo et Nicolao confessore vicibus alternatis, sexta vero feria de s. cruce ac s. Johanne ewangelista eciam alternatim, in festis autem sanctorum de ipsis sanctis). in die dedicacionis altaris et in festo Petri et Pauli et Andree came- Juni 29. Nov. 30.

[1] *Vgl. nr. 52.* [2] *Vgl. Str. G. u. HN. S. 48.* [3] *Nach dem Siegel:* Johannes.

rarius eccl. Arg. in predicto altari celebrabit et oblaciones ad missam recipiet. oblaciones alie dividentur inter prebendarium, camerarium predictum necnon vicarium s. Laurencii. investitura prebende pertinet ad thesaurarium. prebendarius missam suam incipiet post elevationem ostie misse illius, que circa horam prime ad altare s. Laurencii celebratur. et si missam pro defunctis celebraverit, sepulturam dicti Alberti ac eciam Cůnradi fratris sui de Talmessingen quondam cantoris eccl. Arg. visitare debebit. prebendarius decano faciet obediendiam manualem, et particeps erit distributionum chori. sigilla decani, capituli et thesaurarii sunt appensa. datum Argentine, pridie nonas septembres, a. d. 1277. ***1277 Sept. 4.***

A aus Strassb. Archiv des Domkapitels or. mb. c. 3 sig. pend. delapsis.
B ebendaselbst or. mb. c. 3 sig. pend. mutil.

Zeugenregest. **100.** *In einer Urkunde, ausgestellt vom bischöfl. Hofrichter, worin Herr Günther von Landsberg seiner Gattin Anna mehrere Güter schenkt, erscheinen als Zeugen:* « actum presentibus fratribus minoribus videlicet fratre Gotfrido lectore, fratre Friderico de Wangen, fratre Heinrico de Scherwilre, et fratre Hartliebo, Nicolao fratre quondam Reinboldelini, et Wezelone Marsilii civibus Argentinensibus, Heinrico procuratore, et Walthero cellerario predicti domini *Güntheri*, Methildi, et Adelhedi beginis. » ***September 7.***

Aus Strassb. Hosp. A. lad. Höp I nr. 77. or. mb. c. sig. pend.

Schenkung **101.** C. j. c. A. Edellin, filia Margwardi de Friesenheim, in remedium anime sue donatione inter vivos donat fratribus predicatoribus in Arg. medietatem domus, que sita est retro lobium pellificum, que est conjuncta domui beginarum der Westermanin, cum area et cum omnibus, que inedificaverit usque ad mortem suam, salva sibi habitacione et usu pro vita sua. datum et actum a. d. 1277, pridie idus octobres. ***Oktober 14.***

Aus Strassb. Hosp. A. Prot. Prédic. 107 (s. XIV) fol. 40 b. cop. membr.

Verkauf. **102.** Eberhardus et Marquardus scolasticus dicti de Entringen, Argentinensis ecclesie canonici, provisores et gubernatores fabrice ecclesie Arg., de mandato et consensu episcopi Argentinensis et prepositi, decani totiusque capituli dicte ecclesie vendiderunt Heinrico preposito ecclesie Honaugensis curiam ipsius fabrice contiguam claustrali curie ecclesie s. Thome Arg., quam nunc detinet prepositus ecclesie Basiliensis ejusdem ecclesie s. Thome canonicus, sitam in parrochia s. Thome in vico, qui dicitur zů dem Rosse, quam quondam inhabitavit Cůntzelinus nuncius et famulus consulum et civium civitatis Argentinensis, pro 23 marcis argenti. de curia et area non plus dantur nomine census quam 7 uncee den. Arg. ecclesie s. Thome. episcopus Cůnradus et capitulum suum consensum adhibent. Eberhardus et Marquardus constituunt fabricam ac se ipsos, quam diu essent rectores fabrice, warandos venditionis predicte. sigilla episcopi, prepositi, decani et capituli eccl. Arg. sunt appensa. datum 15 kalendas januarii, a. d. 1277. ***Dezember 18.***

Aus Strassb. Thom. A. lad. 10 (Titres). or. mb. c. 4 sig. pend. Diese 4 Siegel sind aber die des Bischofs, des Kapitels und der beiden Domherrn von Entringen; während nach dem Wortlaut der Urkunde statt der beiden letzteren der Propst und Dechant ihre Siegel angehängt hätten.

Schenkung. **103.** C. j. c. A. in forma judicii Demůdis nata Guntheri de Brůmat, et Junta filia Odilie de Grafsteten in Argentina omnia bona sua sibi mutuo tradiderunt, ita quod illa, que primo morientem supervixerit, det fratribus predicatoribus 1 lib. den. Arg., apud quos eligunt sepelliri. post mortem ambarum omnia bona cedunt fratribus predicatoribus. jus mutandi hoc legatum sibi reservant. actum et datum feria tercia post epiphaniam domini, a. d. 1278.

1278 Januar 11.

Aus Strassb. Hosp. A. Prot. Prédic. 107 (s. XIV) fol. 86. cop. membr.

104. *Das Kloster zu Altorf verkauft seinen Hof in Strassburg an das Kloster s. Clara zu Strassburg.* Verkauf.
1278 Januar 29.

Ad precludendam posteris cavillandi materiam, monet equitas, suadet et rationis sinceritas, ut ea, que fiunt et contrahuntur legittime, ne a quoquam calumpniari valeant, litterarum testimoniis roborentur. noverint igitur universi, quos nosse fuerit oportunum, quod nos Symundus, divina pacientia abbas, et conventus monasterii in Altorf ordinis sancti Benedicti Argentinensis dyoceseos ob necessitatem et evidentem utilitatem nostri monasterii curiam nostram sitam ex opposito capelle sancti Michahelis extra muros Argentine civitatis cum domo eidem inedificata et area, cunctisque infra ambitum ejusdem curie ex utraque parte fossati intermedii sitis seu contentis pro libera et propria omnique censu ac qualibet exactione inmuni, excepto censu quatuor solidorum Argentinensium, quorum duo denarii ecclesie sancte Aurelie, reliqui vero ecclesie sancti Thome sunt annis singulis persolvendi, vendimus et vendidisse nos recognoscimus venerabilibus in Christo ac religiosis dominabus . . abbatisse videlicet et sororibus ordinis sancte Clare Argentinensis pro quindecim marcis puri et legalis argenti, reverendi patris nostri ac domini Conradi, dei gratia Argentinensis episcopi, consensu et voluntate plenius accedente. quam pecuniam confitemur nos recepisse et in utilitatem nostri monasterii convertisse, nobisque de eodem argento plene satisfactum. constituentes nos warandos dicte curie et ceterorum, que pretacta sunt, ac defensores, ita quod si predictas dominas super hiis a quocunque vel quibuscunque impeti contigerit quomodolibet seu molestari, nos ipsas ab hujusmodi impeticionibus relevabimus et per omnia reddemus indempnes. in quorum certitudinem presentem literam sigillo domini nostri episcopi antedicti ac nostris communitam sepedictis . . abbatisse et sororibus tradimus testimonialem. nos Conradus, dei gratia Argentinensis episcopus, dictum venditionis contractum, considerata utilitate ac necessitate monasterii in Altorf antedicti, de scito et assensu nostro habitum ratum habentes gratum atque firmum, eundem presentibus approbamus, et etiam confirmamus, sigillum nostrum huic littere in evidentiam eorum, que acta sunt, pleniorem appendi facientes. acta sunt hec anno domini 1278, sabbato ante purificationem beate virginis [1].

Aus Strassb. Hosp. A. lad. Hôp. XLVII fasc. 31. or. mb. c. 3 sig. pend.

105. *Irmengardis Kencingin verkauft eine Hofstätte den Augustinern.* **März 6.** Verkauf.

Lucas magister et consules Argentinenses notum facimus tam presentibus quam futuris, Irmengardim Kencingin, et Heinricum filium ejus, nostros concives, manu coadunata vendidisse aream suam . . priori et collegio fratrum heremitarum ordinis sancti Augustini domus Argentinensis sitam prope oratorium eorundem fratrum et bona dominorum sancti Arbogasti ibidem contigue sita, confitentes se ab eisdem fratribus 7 marcas puri et legalis argenti ponderis Argentinensis pro area hujusmodi nomine precii recepisse, ac constituentes se et heredes suos warandos ejusdem aree pro propria generaliter adversus omnem hominem, ut est juris. renunciaverunt etiam exceptioni pecunie non numerate non tradite non recepte, beneficio constitutionis, quo juvantur decepti ultra dimidium justi precii, et generaliter omnibus defensionibus et exceptionibus, quibus juvari possent contra hujusmodi venditionis contractum seu presens instrumentum. cui sigillum civitatis Argentine de consensu et ad petitionem predictarum partium est appensum. actum anno domini 1278, pridie nonas marcii, presentibus

---

[1] *Vgl. UB. I, 243 u. 397 u. Str. G. u. HN. S. 185. Von demselben Hof* (der hof von Altorf) *zahlt das Kloster s. Clara an s. Thomas zu Ostern 4 Schillinge weniger 4 Pfenninge, zu Johanni 4 Unsern Strassb. Pfenninge. Ehrschatz wird nicht gezahlt. Das gibt urkundlich das Kloster* s. Francisci ord. s. Clare in Argentina. *1281 Juni 11. Aus Str. Thom. A. Registr. A fol. 13.* (cop. chartac. s. XIV.)

domino Johanne ultra Bruscam, et domino Hugone Ripelino, et Nicolao de Kagenecke, et Luca, quatuor magistris, et consulibus Argentinensibus. interfuerunt Hesso in aqua et Johannes zollere, Fridericus Pfaffenlab et Yme Abbas frater predicti Kencinges.

Aus Strassb. Thom. A. Ind. Augustin. 10. or. mb. c. sig. pend. mutil.

Zeugenregest. **106.** C. j. c. A. in forma judicii Johannes miles de Ritenburg, et Gerina uxor ejus, de Lampertheim vendunt bona in banno ville Lampertheim pro bonis hereditariis Johanni dicto Loselin, civi Arg., pro 46 marcis argenti. «actum et datum feria quinta proxima ante dominicam qua cantatur Oculi, anno domini 1278, presentibus Johanne milite de Riegol, Rulino, . . dicto Hornelin, Petro dicto Bere, Reinboldo Loselino, et domino Luca magistro civitatis Argentine peragente contractum hujusmodi nomine Johannis predicti.» ***1278 März 17.***

Aus Strassb. Bez. A. H 1478. or. mb. c. sig. pend.

Prabendenstiftung. **107.** Conradus dictus Tantz civ. Arg. de consensu Anne uxoris sue donat altari b. Katherine in ecclesia b. Nicolai Arg. ultra Bruscam redditus quosdam de molendino nunc inutili et desolato in Pfettensheim et alios redditus ad instituendam prebendam sacerdotalem in dicta ecclesia, ad peragenda anniversaria donatorum, Hugonis[1], et Gertrudis, parentum dicti Conradi. item dat ad eandem prebendam census arearum, quos solvit Zobelin panifex de 2 areis contiguis domui predicti Tantze 8 unc. et 4 capones, Ulricus rufus de 2 areis 9 unc. et 2 capones, dictus Reder de 1 area 5 unc., mulier dicta Ymmetza de 1 area 5½ sol., Johannes Mündelin de area 5½ sol. actum et datum a. d. 1278, feria tercia post dominicam Letare. ***März 29.***

Aus Strassb. Thom. A. Registr. C fol. 132. cop. mb. s. XIV exeunt.

Testament. **108.** Conradus dictus Tanze civ. Arg. de consensu expresso Anne uxoris sue statuit testamentum subscriptum. cum sibi non sint liberi, de bonis, que cum uxore habet communia, 2 partes ipsum contingentes integre et conplete legat in remedium anime sue: de bonis mobilibus legat fratribus minoribus 10 lib., viceplebano s. Nicolai ultra Bruscham 1 lib., suo socio ibidem 5 sol., scolari ibidem 3 sol., altari b. Katherine[2] in eccl. s. Nicolai ultra Bruscham 10 lib., ut ex illis unus calix cum patena, casule missales, libri ad officium divinum necessarii et alia ad divinum servicium necessaria ad idem altare conparentur; eidem altari s. Katherine omnes pannos lineos seu vestes lineas, ut ex illis ornamenta conparentur; item hospitali s. Leonhardi in Arg. 6 lectos; item hospitali in Rinowe 4 lectos; item hospitali in Birtelgrefte 2 lectos; item hospitali apud s. Arbogastum 2 lectos; item ad collegium fratris Ůlrici in nigra silva apud Kniebůs 4 lectos; item Katherine filie sororis sue moniali monasterii s. Marci, item Agneti filie sororis sue moniali monasterii s. Agnetis, item Agneti dicte Tenzin moniali monasterii s. Elisabeth, cuilibet 1 lib.; item Conrado notario curie Arg. dicto de Veringen 2 marcas; item fratri Hugoni de ordine minorum 1 lib.; item fratri Heinrico de s. Stephano de ordine minorum 1 lib. ad conparandum tunicas eidem; item Wilhelmo dicto Tanze fratri suo 10 marcas. si quid vero de 2 partibus legatorem contingentibus de bonis mobilibus supererit, vult, ut medietas illorum cedat operi b. virginis in Arg. et reliqua medietas ad passagium ultra mare. item legat ecclesie superiori in Tambach bona ibidem sita; item inferiori eccl. s. Johannis in Altenwilre bona ibidem; omnia alia bona et possessiones in bannis villarum Tambach et Willestette et possessiones subscriptas in civitate Argentina (paucis agris et redditibus exceptis) legat hospitali s. Leonhardi in Arg., usufructu tamen Anne uxori sue pro tempore vite reservato. «situs bonorum in Argentina talis est: unus ortus apud monasterium s. Elisabeth, 1 ortus cum domo et 3 domus contigue, que omnia

[1] *Vgl. UB. I, 290 nr. 383.* [2] *Vgl. nr. 107.*

sita sunt infra civitatem Argentinam an der mure in parrochia s. Nicolai, item 1 curia, quam inhabitat dictus Crempe, item 1 curia, quam inhabitat dictus Butzekint, item curia, quam inhabitat dictus Trocheman, que site sunt in vico dicto des Tanzegasse [1] [a], item legat 4 unceas redditus censuum de area domus, quam inhabitat Heinricus dictus Hartheim, altari s. Katherine in eccl. s. Nicolai, ita tamen, ut de ipsis in elevacione hostie candela ardens ministretur. hujus testamenti executores constituit prepositum eccl. Honaugiensis, magistrum Dietmarum de Ehenheim, fratrem Heinricum de s. Stephano de ordine minorum et Wilhelmum Tanze fratrem suum. rogat judicem curie Arg., ut sigillum curie predicte appendat. datum et actum feria tercia post dominicam Letare, a. d. 1278. ***1278 März 29.***

A aus Strassb. Hosp. A lad. 30 fasc. 4. or. mb. c. sig. pend.
B daselbst lad. Hôp. XXXIII fasc. 4. or. mb. c. sig. pend.

109. Magister Waltherus prebendarius eccl. Arg. olim disposuerat de domo et area sitis in c. A. in vico zû dem Bruncken et easdem prebende sue in eccl. Arg. donaverat. nunc hoc legatum revocat et donat aream et domum Walthero clerico scolari suo; post ejus mortem domus vendi debet et redditus ementur, quos legat sacerdoti celebranti in cappella s. Gregorii in Arg., qui anniversarium suum et Heinrici quondam de Brendowe peraget. sigilla Bertholdi de Ohsenstein decani, Marquardi de Entringen scolastici, et Friderici de Richenbach portarii et capituli eccl. Arg. sunt appensa. actum 4 kalendas maji, a. d. 1278. ***April 28.*** *Schenkung. Seelgerätstiftung.*

Aus Strassb. Archiv des Domkapitels. Münsterchorcopialbuch fol. 51 b. cop. s. XIV.

110. Priorissa et conventus monasterii s. Marci e. m. A. notum faciunt, quod curiam suam [2] sive ortum situm apud Vulnburgetor prope curiam hospitalis locaverunt Wolfhelmo pro media parte et Dietrico Herbario pro alia medietate tenendum jure hereditario (vulgo in erbirehte). dabit autem uterque ipsorum annuatim 7 sol. et 6 den. Arg. et 1 caponem. Er. 4. V. sigilla priorisse et conventus sunt appensa. actum a. d. 1278, in crastino b. Sophye. ***Mai 11.*** *Erbleihe.*

Aus Strassb. Hosp. A. lad. s. Marc. IX fasc. 38. or. mb. c. 2 sig. pend. (quorum 1 mutil.)

111. Vor dem hofrichter zu Strassburg haben herr Rudolf, ein ritter von Bergheim, Cun sein bruder, Else, Lûcgart, Gertrud, ihre schwestern, verkauft an Agnes herrn Günthers des Burggrafen hausfrau den Branthof [3] in der Brautgasse zu Strassburg für 40 mark silbers. das siegel des hofes zu Strassburg ist angehängt. « der geben wart an dem nehesten mentage vor dem Sontage, 1278. » ***Mai 23.*** *Verkauf.*

Aus Strassb. Hosp. A. Prot. « Elisab. 205 (s. XV) lit. S nr. K. Deutscher Auszug des wohl latein. Originals.

112. C. j. c. A. Conradus dictus Mule et Gisela uxor ejus, cives Argentinenses, domum suam in c. A. sitam in parrochia sancti Stephani inter domum magistri Engelberti e. u. e. domum petitoris dicti Babest e. p. a. vendiderunt Conrado nuncio fabrice b. virginis Argentinensis, et Hedewigi uxori sue pro 12 lib. den. Arg.; ita quod de area 5 sol. nomine census dominis aree solvantur. venditor constituit se warandum juxta consuetudinem civitatis. Gisela abjurat omne jus sibi competens. Conradus Hedewigi donat in donacionem propter nupcias domum predictam. actum a. d. 1278, feria [a] quarta post festum decollacionis b. Johannis Baptiste. ***August 31.*** *Verkauf, Wittumsstiftung.*

Aus Strassb. Bez. A. G 1824 (5196) 3. or. mb. c. sig. pend.

a) feria — Baptiste *mit anderer Dinte hinzugefügt.*

---

[1] *Vgl. Urkunde nr 129.* [2] *Nach Dorsualnotizen an der Steinstrasse.* [3] *Vgl. St. G. u. HN. S. 40.*

Verkauf. **113.** Johannes in vico vituli residens natus quondam judicis, civ. Arg., et Johannes, Rûdolfus, Hugo, Cûnradus, Sophia, et Bertha, liberi Johannis, vendunt aream suam sitam ante monasterium, quam inhabitat et edificatam habet Meingotus barbitonsor, decano et capitulo eccl. Arg. pro 8½ marcis argenti. sig. cur. Arg. est appensum. actum et datum a. d. 1278, 3 nonas octobris. « presentibus cum dicto Johanne et liberis suis omnibus Heinrico Lenzelin, Ůlrico Bockelin et Heinrico dicto Durre scabinis civitatis Argentine, et aliis fide dignis vocatis a venditoribus predictis in stabilitatem prescriptorum omnium firmiorem. »

1278 Oktober 5.

Aus Strassb. Archiv des Domkapitels. Kopialbuch des Münsterchors fol. 2 b u. fol. 29 b. cop. s. XIV.

Schenkung. **114.** C. j. c. A. in forma judicii Junta puella, nata Katharine relicte Heinrici Marsilii civis Arg. (per manum Nycolai dicti Mursel tutoris sui) donavit monasterio dominarum s. Francisci civitatis Arg. bona subscripta cum pleno jure dominii, proprietatis titulo. predicti Nicolaus et Katharina promittunt, quod si forte persona quecunque dictum monasterium super bonis subscriptis gravaverit, de hoc ipsum liberabunt. bona sita sunt in c. A.: domus lapidea cum area sita prope domum dominarum s. Nycolai retro lobium pellificum, solvens annis singulis in censu 3 lib., item 4 agri in uno sulco ex ista parte rufe ecclesie inter Johannem de Sarburg et leprosos solventes 3 lib. minus 10 sol. et 8 cappones, item bona in banno Kûnheim, Swindratzheim. actum a. d. 1279, in crastino Hylarii.

1279 Januar 14.

Aus Strassb. Hosp. A. lad. 49 fasc. 20. or. mb. c. sig. pend.

Eintausch einer Leibzucht für Erbleiherechte. **115.** Vor dem hofrichter zu Strassburg hat frau Hedwig, Cûntzelins seligen wittwe, des stadtschreibers zu Strassburg, geschenkt dem kloster s. Elisabeth vor Strassburg « einen garten mit apfeltern und reben mit allem gebuwe, item und einen garten gelegen hinder dem huse zûm Karppen zûhet sich uff der stat rinckmure zû Strazburg », welche ihr und « Heinrichen des Baben sûn seligen » von dem genannten kloster zu einem rechten erbe geliehen sind; dagegen erhält sie und ihre schwester Metze für ihre lebenszeit einen jährlichen kornzins vom kloster. die siegel des hofes und des convents sind angehängt. « uff samstag nehest noch sant Paulus bekerung, 1279[1]. »

Januar 28.

Aus Strassb. Hosp. A. Prot. s. Elisabeth 205 (s. XV) lit. S nr. L. Deutscher Auszug.

Verzicht auf Besitzansprüche. **116.** Eberhardus marscalcus, Waltherus, Heinricus clericus dictus Visbach, et Waltherus fratres, filii Waltheri quondam marscalci de Argentina, renuntiant juri sibi competenti contra priorissam et conventum s. Elizabeth e. m. A. et alias personas occasione bonorum sitorum apud Vinkenwilre prope monasterium dictum, que bona quondam Heinricus dictus Babensun a predicto Heinrico comparavit, confitentes dicta bona esse propria nec feodalia. Eberhardus, Waltherus, filiaster advocati de Wascelnheim, et Heinricus dictus Visbach clericus sigilla sua appenderunt. Waltherus vero filiaster domini de Elendorf Eberhardi fratris sui sigillo usus est. datum feria tercia ante purificationem, anno domini 1279[2].

Januar 31.

Aus Strassb. Stadt A. lad. Chartr. s. Thomas. or. mb. c. 3 sig. pend. partim delapsis.

Verkauf. **117.** C. j. c. A. in forma judicii Sophya relicta Gottridi dicti Krebesser, Sophia, et Ottilia, filie ejus, et Johannes filius ejus, manu coadunata vendiderunt domum suam cum area et edificiis dictam zû dem Krebesse sitam in superiori strata civit. Arg. Sigelino dicto Vehin civi Arg. pro 68 marcis argenti. promisit etiam dicta relicta per juramentum, quod si

---

[1] *Vgl. nr. 50.* [2] *Vgl. nr. 61.*

haberet aliquid jus racione donationis propter nuptias, quod nunquam repetat in judicio vel extra domum et aream. Agnes filia predicta de consensu Cûnradi mariti sui resignavit omne jus sibi conpetens. actum et datum a. d. 1279, sabbato ante dominicam in Letare.

1279 März 11.

Aus Strassb. Hosp. A. Prot. Préd. 107 (s. XIV) fol. 33. cop. mb. Daselbst eine zweite Abschrift fol. 33 b.

118. Conrad, bischof von Strassburg, und das kapitel machen bekannt, dass sie Arnold, Johannes und Burkart, den kindern des ritters Arnold von Hittenheim genannt das Kind, welcher den hof hinter der s. Andreaskirche zu Strassburg vom bischof und kapitel zu lehen hatte, diesen hof gegeben haben, so dass sie ihn verkaufen können ohne widerrede der alten lehnsherrn oder anderer besitzer. dafür haben die empfänger 20 mark gezahlt. gegeben am mittwoch vor Judica, a. d. 1279 [1]. *Umwandlung eines Lehens zu Eigen*

März 15.

Aus Strassb. Hosp. A. Prot. s. Elisabeth 205 (s. XV) sub Lit. S nr. C. Mangelhafter, deutscher Auszug.

119. *Sophia die Krebserin und ihre unmündigen Kinder verkaufen Haus und Hofstatt.* *Verkauf.*

März 23.

Wir Hug Stûbenweg der meister und der rât von Stransburg tûnt kunt allen den, die disen brief gesehent oder gehôrent lesen, daz wir Sophya die Crebisserin und ir tôhtere Sophya und Otelie und Johannes ir sun mit irs vôtes hant Bûrcartes von Mûlnheim, den sie vorme schultheissen zeime vôte vor gerihte kusent, alse reht ist, hant gegeben ze cöffene mit gesammentere hant ir hus und ir hovestat ze . . Stransburg gelegen an der obern strazsen vür lidig eigen Sigeline Vehen unseren burgere umb ane zwa sibencig marc gûtes silbers. des silbers sint sie von ime gar gewert. der hant sie vor uns verichen unde hant gelobet, daz sie wern sulnt sin diz huses und hovestete vûr lidig eigen, alse ze Stransburg reht ist. vûr Agnes ir tohtere die het och mit irs wûrtes hant Cûnrates von Hagenowe verschossen und ufgegeben swas sie rehtes hette oder haben solte an disem vorgenanten huse und hovestete, und het sie und iri vorgenanten kint sich verzigen des rehtes, daz sie môhtent sprechen, daz in dis silbere niht worden si, oder daz sie môhtent sprechen, daz sie werent betrogen ûber halb, und alles des rehtes geistliches und weltliches, damitte sie beholfen môhtent sin nu oder hernach widere dise getat, damitte dis hus und hovestat widere môhtent gewinnen und damitte sie disen brief verwerfen môhtent vor gerihte oder an gerihte. daz das war si, darumbe ist unsere stete ingesigele an disen brief gehencket zû eime urkunde mit der vorgenanten frowen und irre kinde willen und geheiße. dis geschach an demme dunrestage vor den balmetage, da von gottes gebûrt warent tusent iar und zwei hundert iar und nûn und sûbentzig iar. here ane warent her Johans von Blûmenôwe u. s. w. *folgt der Rat* [2].

Aus Strassb. Hosp. A. Prot. Prédic. 107 (s. XIV) fol. 32 b. cop. mb. Eine zweite Copie daselbst fol. 33. Danach abgedruckt in Alsatia 1875-76 S. 226 f.

120. *Heinrich Swarber giebt eine Hofstätte in Leihe auf 100 Jahr.* *Juli 10.* *Zeitleihe.*

Wir Nicolaus Mursel der meister und der rat von Strassburg tûnt kunt allen den die disen brief gesehent oder gehôrent, daz Heinrich hern Heinriches Swarbers sun, und Sophia sin wurtin, mit gesamenter hant vur sich und vur sine erben hant verluhen ze hundert

---

[1] *Vgl. UB. I, 201 Anm. 1 u. 427 Anm. 1. Die vorgenannten 3 Brüder verkaufen mit Einwilligung des Bischofs und Kapitels den vorgenannten Hof, gelegen an der Stadtmauer, an das Kloster s. Elisabeth für 33 Mark. des Hofes, Bischofs und Kapitels Siegel sind angehängt. geschehen am Mittwoch nach Judica a. d. 1279. März 22. Daselbst nr. D.* [2] *Vgl. nr. 117.*

iaren ir hovestat in Stadelgasze nebent vurn Swenbilte ze Straszburg Heintzen von Valve unde sinen erben, also daz sie dervone sulnt geben iergeliches ze cinse zwene cappen unde zehen schillinge genger und geber Straszburgere; den zins sol hiezwischent nieman hohere steygen; und swere dise hovestat enpholet, dere sol erschatz geben. wurt ôch dise hovestat verkôft oder enweg gegeben oder swie sü verandert wurt, so sol doch dise gedinge stete bliben; wellent ôch die hovesezsen iren bu duffe verkôffen, wil den dere hoveherre nich geben, als andere lute, so sulnt sien geben ze kôfenne anderen luten mit irre gedinge ane geverde unde ane alle widererede. daz dis stete blibe, derumbe ist unsere stete ingesigele an disen brief gehencket zeime urkunde. dis geschach an deme Mentage nach Ůlrici, do ven gotz geburte warent tusent iar zweihundert iar und niuni und sibenczig iar. here ane warent here Johannes von Blůmenowe *u. s. w. folgt der Rat.*

Aus Strassb. Hosp. A. lad. 169 fasc. 28. vidim. mb. c. sig. pend. (ausgestellt v. judex curie) von 1324 August 1, zugleich Urk. 1296 August 30 enthaltend.

Verkauf.

121. Prior et conventus monasterii s. Arbogasti de consensu Conradi, episcopi Arg., manu coadunata vendiderunt quandam aream priori et collegio fratrum heremitarum ordinis s. Augustini domus Arg. sitam prope oratorium eorundem fratrum pro pretio 24 lib. monete Arg. sigillum capituli est appensum. actum a. d. 1279, 4 nonas septembris, presentibus Henrico, et Eblino fratre suo, barbitonsoribus, et Ottone dicto Swemmer, et Cunone filio Ůdalrici comitis. ***1279 September 2.***

Aus Strassb. Thom. A. lad. 32 nr. 4. or. mb. c. sig. pend.

Erbleihe, Verkauf.

122. Reinboldus Turant magister et consules Argentinenses notum faciunt, concivem suum Sifridum Bumbilere, et Agnetam uxorem ejus concessisse 2 areas suas contigue sitas prope pistrinum ultra pontem s. Stephani Arg. Symundo, et Werndrudi uxori ejus, concivibus, zeime rehten erbi pro annuo censu 13 unc. Argentine usualium et 4 caponum. Er. 3. edificia autem nunc superstancia venditores vendiderunt emptori pro 30 sol. den. Arg. datum in crastino exaltationis s. crucis, a. d. 1279, presentibus domino Turando, *u. s. w. folgt der Rat.* ***September 15.***

Aus Strassb. Thom. A. lad. 24. or. mb. c. sig. pend mutil

Bestellung eines Schiedsrichters.

123. *Papst Nikolaus III befiehlt Matthias, Kanonikus von s. Stephan zu Strassburg, einen Streit zwischen dem Bischof von Speier und dem Kloster s. Lamprecht (Speier. Bistums) wegen einer Pfarre zu erledigen. Es hatten vorher schon Verhandlungen stattgefunden vor* Heinricus de Lapide, *Kanonikus des Strassb. Münsters, dem Scholastikus von St. Thomas in Str.; als Richter waren vorher vom päpstl. Stuhle bestellt* Johannes de Eremberg majoris ecclesie, Eberhardus s. Thome Arg. canonici. u. s. w. 1279 September 22. ***September 22.***

Aus Remling, Urkundenbuch zur Gesch. der Bischöfe von Speyer S. 362 (ohne Angabe der Quelle).

Mietvertrag.

124. *Mietvertrag des Domherrn Ludwig von Thierstein.* ***September 26.***

Ich Ludewig von Thierstein ein tůmherre von Strasburg tůn kunt allen den, die disen brief gesehent oder gehorent lesen, das ich ziehen sol in den hof hern Andres teil eines tůmhern von Nuwilre unde Cůnrat sines phaffen, dem man sprichet hern Stehellins hof[1] ze Strasburg, also das der . . priorin unde dem convente von sant Elsebeth ze Strasburg an irme rehte noch dem vorgenanten hern Andres oder Conrat sime pfaffen kein schade si wederthalp; wer aber das die vorgenanten frowen mit hern Andres unde Conrat sime pfaffen

[1] *Vgl. Str. G. u. HN. S. 40 u. UB. I, 430.*

uberein kement mit minnen oder mit rehte, das der selbe Andres und Conrat in den hof lideklich lies, so sol ich ine rumen den hof, swenne ich es gemant wurde, in den siben nahten; ich gelob ôch allen den buwe, den ich da mache oder gemachet habe, so ich von deme hof var, das ich den nit sol vordern noch wider eischen dem vorgenanten Andres oder Conrat sime pfaffen noch den frowen noch nieman anders sol vordern von minen wegen noch abe sol brechen. das dis stete si, darumbe so henke ich min ingesigele und mines brûder des kusters von Strasburg an disen brief zeim rehtem urkunde. dis geschach do, da was von gotz geburte zwelf hundert iar unde niune unde sibenzig iar, an deme zinstag vor sante Michels tag.

Aus Strassb. Stadt A. G. U. Pf. lad. 181 nr. 4. or. mb. c. sig. pend. delaps.

125. *Bei dem Schiedsspruche über den Streit zwischen dem Kloster Honau und dem Ritter Anshelm von Grunenberg über den Zehnten zu Kogenheim* (Kouchenheim), *waren anwesend u. A.:* «Meister Rulin des bischofes schreiber und domherr zu St. Thomas, meister Conrad Kolbelin, herr Hugo von Lupfenstein, herr Johannes jenseit Breusch[1] und herr Heinrich von Stille». 1270. mittwoch vor s. Martins messe. ***1279 November 8.*** *Zeugenregest.*

Aus Strassb. Bez. A. G 4346. Copialb. von Honau-Alt s. Peter s. XVII fol. 344.

126. Der hofrichter macht bekannt, dass vormals frau Berhta, wittwe Rudolfs Zoller, um ihrer seele heil willen dem kloster s. Katharina vor Strassburg 20 mark silbers geschenkt hat; wofür dasselbe, solange nicht die 20 mark von ihrem sohne Johannes gezahlt sind, den Werd genannt Glantzhof behalten darf. nach ihrem tode verzichtet nun Johann für die 20 mark auf den hof. 1279. *Verzicht auf ein gestelltes Pfand.*

Aus Strassb. Hosp. A. Prot. 231 Orph. Copialb. s. Katherinae s. XV fol. 6. Deutscher Auszug.

127. C[onradus] episcopus Arg. cum conventu monasterii s. Arbogasti e. m. A. convenit. episcopus de bonis temporalibus in bannis Strasburg, Kûnigeshoffen et Schiltikein sitis ab antiquo iure solvebat conventui predicto redditus annuos, qui dicuntur der nûnde[2]; conventus vice versa ecclesie Arg. de bonis ipsius in bannis Bischoffeszheim, Hônheim et Wigersheim annuatim 10 quart. mansurnalis avene et 10 unc. den. Arg. episcopus et conventus permutant redditus predictos. sigilla episcopi, capituli Arg., prioris et conventus s. Arbogasti sunt appensa. datum a. d. 1280, feria tertia ante conversionem b. Pauli. ***1280 Januar 23.*** *Tauschgeschäft.*

Aus Strassb. Bez. A. G 1700. Copialb. von s. Arbogast s. XV. cop. chart.

128. C. j. c. A. Hermannus Camerarius procurator fabrice ecclesie s. Thome Arg. de consensu capituli et nomine fabrice vendidit edificia seu domum constructam in area ipsius ecclesie sita immediate iuxta pontem s. Thome Demûdi filie Heinrici dicti Michel civis Arg., dans eidem potestatem inhabitandi ad tempus vite sue pro 7 lib. den. Arg., quas emptrix persolvit. dicta domina dabit annuatim de area 5 sol. den. et 2 cappones. sigilla curie et capituli sunt appensa. datum et actum a. d. 1280, 2 idus februarii. ***Februar 12.*** *Leibzucht.*

Aus Strassb. Thom. A. Registr. A fol. 12. cop. chart.

129. *Vertrag zwischen der Wittwe Conrad Tantzes und dem Hospital zu Strassburg über Seelgeräte u. s. w.* ***März 23.*** *Vertrag betr. Seelgeräte.*

Reinboldus Stûbenweg magister et consules Argentinenses notum facimus universis tam presentibus quam futuris, quod Anna nostra concivis, relicta quondam Cûnradi Tantz bone

---

[1] *Ein Erbo jenseit Breusch war Rektor der Kirche in Kogenheim vor 1307. Vgl. Urkd. daselbst fol. 345.* [2] *Vgl. UB. I, 74.*

memorie, recognovit et confessa est, quod facta inter eam et hospitalis Argentinensis magistros legitima bonorum divisione cesserunt bona subscripta hospitali predicto, quia predictus *Cůnradus* ejus quondam maritus, dum vixit, eadem bona eidem hospitali in anime sue remedium testamento legavit, de quibus bonis sacerdoti in perpetuum quatuor libre argenti post obitum prefate Anne, que pro tempore vite sue usufructum habere debet in eisdem bonis, debent a dicto hospitali prebende nomine annis singulis assignari. ad hoc de eisdem bonis debent dari infirmis in refectionem quatuor libre minus duobus solidis, una scilicet libra in
Mai 24. anniversario predicti *Cůnradi* Tances, quod erit proxima die ante Urbani, de qua libra dandi sunt sex denarii sacerdotibus hospitalis, item una libra infirmis eisdem in anniversario Ger-
April 30. thrudis matris ejus, quod erit in vigilia Philippi et Jacobi, de qua libra etiam sex denarii sacerdotibus dari debent; item una libra infirmis prefatis in anniversario Hugonis patris pre-
Mai 1. dicti Tances, quod erit ipsa die Philippi et Jacobi, de qua eciam sex denarii sacerdotibus dari debent; item una libra in anniversario Anne prefate dari debet infirmis sepedictis, de qua eciam sacerdotibus sex denarii debebuntur. hec autem sunt bona prefacta, que totaliter sunt hospitalis: unus ortus cum domo solvit 30 solidos; item tres domus contigue, quarum quelibet solvit novem solidos et duos capones, que omnia sita sunt infra civitatem Argentinam an dere muren in parrochia sancti Nicolai; item curia, quam inhabitat dictus Trocheman, solvit 13 unceas, sita in des Tances gasse; item due domus et aree cupariorum prope domum Tances, quarum una solvit 13 unceas et alia octo unceas; item in banno Tanbach «[*folgt Angabe der Lage der Aecker*]; item in banno Willestette. bona vero, que subscripta sunt, pertinent ad predictum hospitale, quoad duas partes tantum: bona et redditus in Tanbach et Willestette;» item area retro predictos cuparios solvens septem unceas, item ortus et domus prope turrim, qua itur ad sanctam Elisabetham, in quibus eciam bonis predicta Anna usufructum recipiet pro tempore vite sue. in quorum omnium testimonium sigillum civitatis Argentine presentibus est appensum. datum anno domini 1280, sabbato post Gerthrudis, presentibus domino Reinboldo Turant, *u. s. w. folgt der Rat* [1].

Aus Strassb. Hosp. A. lad. 30 fasc. 4. or. mb. c. sig. pend.

Schenkung, Leibzucht. **180.** Vor dem hofrichter zu Strassburg hat frau Gertrud, Burckart Syppestâls wittwe, eines bürgers von Strassburg, den dritten teil an dem hause «genant zû dem Rotenburg [2] in dem cleinen gesselin» zu Strassburg zu einem seelgeräte gegeben dem kloster s. Elisabeth vor Strassburg; iedoch wird ihrem sohne Berlin das nutzungsrecht für seine lebzeiten vorbehalten gegen einen jährlichen zins von 5 schillingen. nach seinem tode soll der zins erhöht werden auf 8 unzen, von denen 4 an die prediger gehen. gegeben an dem tage nach kreuz auffindung, 1280 [3]. ***1280 Mai 4.***

Aus Strassb. Hosp. A. Prot. s. Elisabeth 205. Copialb. s. XV lit. S nr. X. Deutscher Auszug des offenbar latein. Originals.

Verkauf. **181.** Priorissa et conventus monasterii sororum penitentum e. m. A. domum cum area, collatam iis a bone memorie domino Conrado dicto Camerer prebendario Arg., sitam in capite vici dicti zům hůte, propter necessitatem gravem monasterio suo imminentem ex oneribus debito-

---

[1] *Vgl. nr. 107 u. 108, u. Urkd. 1306 Februar 18. Durch letztere verzichtet Anna auf das Nutzungsrecht aus den obenerwähnten Gütern des Hospitals in Dambach; behält sich aber die Hälfte des Ertrags an Obst und Wein vor und das Recht während des Herbstes in einem der dort gelegenen Häuser des Spitals zu wohnen. Sie gibt dafür aber jährlich 13 Pfd. Pfennige, dazu 20 Schillinge zum Ankauf von Rebstöcken* «et novem plaustra funi». *Or. ebendaselbst.* [2] *Vgl. Str. G. u. HN. S. 53.* [3] *Johannes Rotenburg, Bürger von Str., entlastet das Haus vom Zins (8 Unzen) und gibt dafür dem Kloster s. Elisabeth einen gleichen Zins zu Kehl zwischen Kinzig und Rhein, 1302 März 14. Deutscher Auszug ebendaselbst.*

rum vendunt domino Alberto sacerdoti in altari matutinali b. virginis eccl. Arg. celebranti pro 24 lib. den. Arg. sigilla conventus et curie Arg. sunt appensa. datum in crastino beate Marie Magdalene, a. d. 1280. *1280 Juli 23.*

Aus Strassb. Frauenh. A. Saalbuch 3 fol. 39 a. cop. s. XIV exeunt.

182. Hartmût von Schiltenkeim der meister und der rat von Strassburg machen bekannt, dass her Wernhere der Wensere und seine gattin Elline zu einem rechten erbe verliehen haben Heinriche Schetzenere und Reinlinde, seiner gattin, «ir hovestat[1] nebent deme ovenhuse bi dere alten múnsen[2] ze Strazburg» gegen einen jährlichen zins von 3 schillingen und 2 kappen. Er. 1. «sie hant ime ôch gestattet von friuntschefte, das er in des ovenhuses mure gebuwen het, und das er den noch het uf die mure geleit. anderes het er kein reht an dere muren. er und sine erben sulnt ôch iemerme mit irre cost den selben noch uffen des ovenhuses mure legen; und geschehe deme ovenhuse von deme nohe duhein schade, den sulnt er und sine erben abetůn. swie man ôch die mure hohere uftriben wil, so sulnt sie aber den noch dannan nemen und widere legen mit irre cost ane des ovenhuses schaden.» «dis geschach an deme ciztage nach der iungeren mes, 1280. here ane warent her Reinbolt Turant, *u. s. w. folgt der Rat.* *September 10.* *Erbleihe.*

Aus Strassb. Bez. A. G 4824 (5196) 4. or. mb. c. sig. pend.

183. Hartmût von Schiltkein der meister und der rat von Strassburg machen bekannt, dass Heinrich Vögelin und seine gemahlin Margaretha übereingekommen sind mit Arnold, seinem brudersssohn, dass sie ihm und seinen erben schuldig sind 5 mark silbers zu geben, wenn sie das haus, in dem sie wohnen, bei ihren lebzeiten verkaufen[2]. der garten soll Arnold zufallen gemäss dem von der stadt besiegelten briefe. ist das haus aber nicht zu lebzeiten Heinrichs verkauft, so sollen Arnold 6 mark nach dem tode der Margaretha gezahlt werden; der garten verbleibt Arnold. «dis geschach an dem dunrestage vor sant Gallen tag, 1280. heran waren her Reinbolt Túrant, *u. s. w. folgt der Rat.* **Oktober 10.** *Vertrag über Erbschaftsrechte.*

Aus Strassb. Hosp. A. Prot. Prédic. 107 (Copialb. s. XIV) fol. 26. cop. mb. nach einer vidim. ausgestellt vom judex curie Arg. *1302 Juli 23.*

184. Judex curie Arg. et Hartmûtus de Schiltenkeim, magistri et consules Arg. notum faciunt, Sigelinum dictum Vehe, et Annam uxorem ejus, cives Arg., manu coadunata vendidisse domum suam cum area sita in strata superiori in c. A. dictam zem Crebissere Johanni dicto Hentwinge, civi Arg., proprietatis titulo possidendam pro 60 marcis argenti. Cûnradus quoque filius eorum resignavit omne jus sibi conpetens in domo et area prenotatis per jactum calami secundum Argentinensis consuetudinem civitatis. sigilla curie Argentinensis et civitatis sunt appensa. datum in crastino b. Galli, a. d. 1280, presentibus hiis consulibus: domino Reinholdo dicto Turant, [*u. s. w. folgt der Rat*[4]. **Oktober 17.** *Verkauf.*

Aus Strassb. Hosp. A. Prot. Prédic. 107 (Copialb. s. XIV) fol. 33 b. cop. mb.

185. Judex curie Arg. notum facit, quod Conradus dictus der Rihter civ. Arg., filius quondam Conradi judicis Arg., confessus est, quod ipse cum priorissa et conventu monasterii s. Katerine e. m. A. permutationem faciens ipsis pro medietate domus et curie dicte zû deme von Hinstetten prius nomine Angnetis filie sue eidem monasterio assignate donavit domum dictam zû deme blinden kelre in Argentina juxta Bruscam sitam, ita videlicet quod domina *Tauschgeschäft.*

---

[1] *Nach einem Transfix von 1430 September 12 lag die Hofstätte* «in Bruiggessel apud stubam dictam zum Mörlin». [2] *Vgl. Str. G. u. HN. S. 115.* [3] *Vgl. UB. I, 402 nr. 529.* [4] *Vgl. nr. 117 u. 119.*

dicta Sindelerin avia filie sue predicte, quamdiu vixerit, domum proxime dictam debeat inhabitare, quodque pro pensione ejusdem domus ipse Conradus et sui heredes singulis annis 3 lib. den. Arg. assignare teneantur monasterio memorato; post obitum Sindelerin domus libere pertinet ad monasterium et Conradus absolutus est a pensione predicta. Conradus se et suos heredes obligat pro evictione dicte domus. Conradus ejus filius, cum ad annos pubertatis pervenerit, jurabit se hanc venditionem ratam habiturum. Petrus filius ejusdem Conradi abjurat per juramentum jus sibi conpetens. priorissa et conventus renuntiant omni actioni et juri contra domum zû dem von Rinstette aut contra domam zû deme iungen Vlemingen nomine consororis ipsarum Augnetis predicte. actum et datum a. d. 1280, dominica proxima post festum Odilie. ***1280 Dezember 15.***

Aus Strassb. Hosp. A. lad. 172 fasc. 10. or. mb. c. sig. pend.

Verkauf. **186.** Hermannus de Tierstein, custos Argentinensis, notum facit, quod Katerina, filia Johannis bone memorie dicti Kornere, olim civis Argentinensis, per manum Richwini, tutoris seu curatoris sui, fratris videlicet dicti patris, vendidit medietatem domus sue contiguam domui Wimari juxta portam Rintburgedor site ad ipsam jure proprietario pertinentem Wezeloni Marsilii, procuratori fratrum minorum domus Arg., quibus etiam reliqua medietas attinet, pro 10 marcis argenti p. p. e. l. sigillum custodis, quo in judiciis utitur, huic pagine est appensum. acta sunt hec a. d. 1280[1].

Aus Strassb. Thom. A. lad. 24. or. mb. c. sig. pend. delaps.

Messfundation. **187.** Prepositus, decanus totumque capitulum ecclesie s. Thome notum faciunt, quod bone memorie Johannes, canonicus quondam predicte ecclesie et notarius domini regis in Hagonoia, de possessionibus suis prebendam condidit in ecclesia predicta ad usum sacerdotis, qui missam pro defunctis in choro predicte ecclesie alternis septimanis vel cum ordo eum tetigerit, celebret, aliisque septimanis singulis dicet in eodem altari deputato ad missam pro defunctis pro remedio anime donatoris unam missam die lune et unam die sabbati. idem sacerdos astrictus debet esse choro omnibus horis sub debita disciplina. jus presentationis residet apud decanum; qui si infra 8 dies post vacationem nullum sacerdotem presentaverit, jus presentationis devolvitur ad prepositum. idem Johannes dedit redditus 14 quartalium et 3 sextariorum siliginis ad usum 4 pauperum scolarium frequentancium chorum. sequitur specificatio bonorum. sigillum capituli est appensum. actum a. d. 1280.

Aus Strassb. Thom. A. lad. 25 (Titres). or. mb. c. sig. pend.

Schiedsspruch. **188.** C[onradus] episcopus Arg. notum facit, dissensionem inter capitulum ecclesie Honaugensis et universitatem in Honowe ex una et universitatem ville de Ůtenheim ex parte altera super quibusdam pascuis per viros honorabiles Nicolaum dictum Zorn burggravium Argentinensem et Johannem ultra Bruscam milites pro arbitris a partibus electos esse sopitam. sigilla episcopi, capituli et Johannis domini de Liechtenberg (ad petitionem universatis in Ůtenheim) sunt appensa. datum a. d. 1281, feria quarta post Hylarii. ***1281 Januar 15.***

Aus Strassb. Stadt A. AA 1396. or. mb. c. 3 sig. pend. (abgefallen das des Lichtenbergers).

Zeugenregest. **189.** *In einer Urkunde, ausgestellt von den Richtern des bischöflichen Hofes und des Probstes, schenkt Gepa, die Wittwe des Petrus genannt Nape, Bürgers von Strassburg, Güter im Banne Innenheim an Meister Dietmar, Pröbendar von Strassburg, unter*

---

[1] *Vor demselben Archidiakon* (in suo judicio constitutae) *verkauft auch Gerlindis, die Wittwe Johann Korneres, an die Minoriten das Wittumsrecht an der Hälfte des genannten Hauses für einen Leibzuchtszins* (24 quartalia ordei et siliginis et 2 den.), *für welchen sich das Kloster s. Clara in Strassburg verbürgt. 1280. ebendaselbst lad. (Titres) 21. Original.*

Zustimmung des Ritters Peter Ripelin (ihres von Nikolaus genannt Humeyer, judex secularis Argentinensis, secundum jus et consuetudinem civitatis Argentinensis, *ihr gegebenen Vogtes) in Gegenwart von:* «magistro Petro dicto Nape, Petro dicto Ripelin milite supradicto, Nicolao Hûmeier, Johanne dicto Appet, Volschone seniore, Johanne de Knorsheim, Cûnone notario domini prepositi et Gervalko pedello curie Argentinensis predicte.»

1281 Februar 11.

Aus Strassb. Thom. A. lad. 15 (Titres). or. mb. c. 2 sig. pend. delaps.

140. Judex curie Arg. notum facit, quod abbatissa et conventus monasterii s. Stephani in Arg. permutationem fecerunt molendini sui, quod est situm in Arg. juxta molendinum et ortum Wernheri dicti Sturm, quondam civ. Arg., cum Johanne dicto Sturm, et Wernhero fratre suo, filiis predicti Wernheri, civibus Arg., pro redditibus 6 quartalium siliginis abbatisse et conventui assignandis a dictis fratribus de predicto molendino et de predictis orto ac molendino prefati quondam Wernheri infra dominicam Invocavit. fratres redditus solvere promittunt, quousque bona immobilia valentia annuatim 6 quartalia siliginis monasterio assignabunt. est etiam adjectum, quod dampna si qua evenerint molendino Johannis dicti de Kagenecke et uxoris sue ex ruptura cujusdam finis insule, qui dicitur caf, pertinentis ad dictum molendinum permutatum, dicti fratres seu eorum heredes resarcient Johanni de Kagenecke seu ejus successoribus de dampnis predictis juxta formam litterarum datarum olim Hugoni quondam dicto de Schiltenkeim et suis successoribus a monasterio prenotato. sigilla curie, abbatisse et conventus sunt appensa. actum et datum feria quinta ante dominicam qua cantatur Invocavit, a. d. 1281. ***Februar 27.*** *Tauschgeschäft.*

Aus Strassb. Bez. A. H 2683. 4. or. mb. c. sig. pend.

141. Decanus et capitulum eccl. Arg. notum faciunt, se convenisse cum Dieterico sacerdote prebendario eccl. dicte, qui ipsis dedit 52 marcas argenti, quod de granario suo dicto prebendario et suo successori 52 quartalium redditus siliginis ejusdem bonitatis, cujus fuit siligo, quem in pistrinum suum consueverint ministrare, annuatim assignent. de redditibus solvet prebendarius septimanatim omnibus canonicis et prebendariis in choro presentibus denarios quosdam. actum et datum a. d. 1281, idus junii. ***Juni 13.*** *Regelung einer Pfründe.*

Aus dem A. des Domkapitels zu Strassb. or. mb. c. sig. pend. Dorsualnotiz s. XIV inc.: «spectat ad prebendam domini Fr[iderici] de Wissemburg.»

142. Prepositus, decanus et capitulum ecclesie s. Thome aream suam zû homedere [1], sitam zwûschent brucke in Argentina prope aream Spenderonis Friderici militis, concesserunt Syfrido dicto Kembere in perpetuum pro annuo censu 7 unc. den. Arg. et 2 caponum. area indivisa debet manere. receptor aree dabit erschatz secundum Argentine consuetudinem civitatis. sigillum capituli est appensum. actum et datum in crastino b. Panthaleonis martyris, a. d. 1281. ***Juli 29.*** *Erbleihe.*

Aus Strassb. Thom. A. Registrande C fol. 18. cop. mb. s. XIV. Zur Ueberschrift ist hier hinzugefügt: «zûm lebarten.» *Ebenso Registr. D fol. 21. cop. mb. s. XIV inc.*

143. *Verkauf des Hauses zum Rade im Frohnhof.* ***August 5.*** *Verkauf.*

Wir Johannes von Kagenecke dere meistere und der rat von Strazburg tônt kunt allen den, die disen brief gesehent oder gehôrent lesen, das here Heince Lencelin unsere burgere und sine sûne hant gegeben ze côffenne das hûs zeme rade in deme frônhove und das der zû hôret, Ûlriche von Rinowe unseren burgere umbe vier unde zwencig marc silberes. des

---

[1] *Vgl. Str. G. u. HN. S. 190.*

sint sie von ime gar gewert, und sulnt dis huses wern sin, alse man ze Strazburg eigin und erbi weren sol. daz dis war si, derumbe ist unsere stette ingesigele an disen brief gehenket zeime urkunde. dis geschach an deme ciztage vor Sixti, da von gots geburte warent tusent iar zweihundert iar und eins und ahzig iar. dirre[a] vier und zwencig marke wurdent zwencig mark heren Lenceline und vier marc dere Swebinne vur ir gedinge, die sie amme huse hette. herane warent here Hug Ripelin, here Johannes heren Erben sun, here Gotzo von Rimuntheim und here Johannes von Kagenecke die vier meistere und der råt von Strazburg[1].

Aus Strassb. Bez. A. G 364 (791) b. or. mb. c. sig. pend. mutil.

Schenkung. **144.** C. j. c. A. in forma judicii Henricus dictus Vetterlin de Argentina in remedium anime sue dedit donatione inter vivos hospitali pauperum in Arg. domum sitam retro s. Nicolaum in c. A. gegen deme Tanze ubere (usufructu ipsi Henrico, Gerine et Gûtiche, cognatis ejus, dum vixerint, reservato). donator recipit domum predictam a dicto hospitali pro annuo censu 2 den. in signum proprietatis et dominii solvendo. datum a. d. 1281, feria quinta post Adelfi. ***1281 September 4.***

Aus Strassb. Hosp. A. lad. 175 fasc. 4. or. mb. c. sig. pend.

Verkauf. **145.** *Frau Agnes, Lucas Gallin, verkauft dem Frauenwerke ein Haus in Kurdewangasse.* ***Dezember 10.***

Wir Niclawes der iunge Zorn der meistere unde der råt von Strazburg tûnt kunt allen den, die disen brief gesehent oder gehôrent, daz vur Agnes mit heren Lukas hant irs wissenthaften vôtes und irs wurtes het gegeben ze côffenne umb ehtewe unde zwencig marc silberes luteres unde lôtiges des gewêges von Strazburg ir hûz in Kurdewenregassen, stosset an des hûz zeme Halbenhuse, ze Strazburg, und alles ir reht, das sie an deme huse und an dere hovestette hette unde solte han, das het sie gegeben unserre frowen werke ze Strazburg. unde hant beidi veriehen, das sie gewert sint dis silberes von heren Weheline, der lonherre ist unserre frowen werkes[2], unde sulnt ôch wern sin dis huses, alse reht ist. unde die hovestat sol unserre frowen were unde, swelh ie denne des selben werkes pflegere sint, die sulnt die verrihtigunge geben von der hovestette. das dis war si unde stête blibe, darumbe ist unsere stette ingesigele an disen brief gehenket zeime urkunde. dis geschach an dere mittewochen nach Nicolai, da von gots geburte warent tusent iar zweihundert iar und eins und ahzig iar. here ane warent here Niclawes der iunge Zorn, *u. s. w. folgt der Rat*[3].

Aus Strassb. Frauenh. A. lad. 49 nr. 8. or. mb. c. sig. pend. mutil. Nach Abschrift im Stadtbuch (Saalbuch 3) ebendaselbst abgedruckt in Alsatia 1875-76 S. 269 f.

Schenkung. **146.** C. j. c. A. Agnes uxor domini Luce militis Arg. de consensu ejusdem mariti donavit nomine pure elemosine donatione inter vivos in anime sue remedium hospitali Argentinensi 28 marcas argenti ad usus fratrum et sororum ejusdem hospitalis. inspecta autem devotione ejusdem Agnetis Nicolaus de Kagenecke miles et Johannes in platea vituli ac Johannes de Sarburg, magistri predicti hospitalis, necnon totum collegium fratrum et sororum hospitalis promiserunt, quod de curia et bonis suis sitis apud Ergeresheim annis singulis inter festa

a) *Von* dirre — *Ende von anderer Hand hinzugefügt.*

---

[1] *Nach der Ueberschrift der Abschrift (s. XIV) im Frauenhaus A. Saalbuch (A) fol. 23ª hiess das Haus zum Rade und lag neben dem zum Elnhard.* [2] *Ueber ihn (irrig von Woltmann als Vorgänger Erwins angesehen) vgl. Repertorium für Kunstwissenschaft V, 21 ff.* [3] *Das Saalbuch (3) fol. 32ª (Frauenh. A.) hat zu vorstehender Urkunde folgende Notiz s. XIV exeunt:* «das vorgeschribene hus verbrante, do das münster und das gantze eude do umb verbrante.» *Die Notiz bezieht sich offenbar auf den Brand von 1298.*

assumptionis et nativitatis b. virginis prefate Agneti quoad tempus vite dabunt 21 quartalia siliginis; ipsa autem defuncta de eisdem 21 quartalibus dabunt annuatim 3 quartalia fratribus minoribus domus Arg. pro pictantia in anniversario ipsius Agnetis et 2 quart. fabrice ecclesie Arg. in Agnetis et Luce predictorum animarum remedium; 8 quart. pro pictantia fratrum et sororum hospitalis in anniversario Nicolai quondam patris prefate Agnetis (assumptio b. Marie v.) et 8 quart. iisdem in anniversario ipsius Agnetis. sigillum curie Arg. est appensum. «Nos eciam Nicolaus junior Zorn magister et consules Argentinenses subscripti, quia predictum hospitale nostro specialiter subest regimini, prescripte obligationi auctoritatem et consensum nostrum presentibus impertimur appendentes sigillum civitatis nostre. datum sabbato ante Hylarii, anno domini 1282, presentibus domino Walthero Spendere, domino Hugone Wirich, domino Burcardo de Rinmuntheim et domino Nicolao Zorn quatuor magistris; et domino Johanne ultra Bruscam, domino Reinboldo Liebencellere, domino Reinboldo Stûbenweg, domino Hartmûto de Schiltenkeim et domino Nicolao de Kagenecke.» *1282 Januar 10.*

August 15 u. September 8. — August 15.

Aus Strassb. Hosp. A. lad. 4 fasc. 4. or. mb. c. 2 sig. pend. mutil.

147. Niclawes der iunge Zorn der meister und der rat von Strassburg machen bekannt, dass herr Johannes von Blumenôwe, ein ritter und bürger von Strassburg, und Agnes, seine gattin, mit gesammter hand verkauft haben als lediges eigentum für 18 mark silber dem kapitel von s. Thomas «diu zweiteil der hovestette under metzigern ze Strazburg, die da giltet zwei pfunt zû zirme teile und hern Johansen dem Swartzen ein pfunt zeme dritten teile, da Rûlin Habelützel uffen sitzet[1].» Wit. 2. (für Agnes, Johannes, Fridrich, Ludewig, Anna, Katherina, Gysela, Götzelin, Erbo, Hûgelin, Peter und Heilwig, ihre kinder, «sû hant verschossen nach der stette gewonheite ze Strazburg, swaz sû rehtes dran hettent oder haben soltent.») «diz geschach an dem mittewochen vor der grossen vastnaht, 1282. here ane warent here Niclawez Zorn,» *u. s. w. folgt der Rat.* ***Februar 11.*** Verkauf.

Aus Strassb. Thom. A. Registrande A fol. 133. cop. chart.

148. Walther der Spender der meister und der rat von Strassburg machen bekannt, dass «here Petur Ripelin und vur Lûcgard sin tohtere von Burcheim» mit gesammter hand verkauft haben güter in Ütenheim für 38 mark silbers den schwestern und brüdern des spitals von Strassburg als ein erbgut. «dis geschach an deme dunrestage vor mitterevasten, 1282. herane warent her Niclawes der iunge Zorn,» *u. s. w. folgt der Rat.* ***März 5.*** Verkauf.

Aus Strassb. Hosp. A. lad. Hôp. XV fasc. 83. or. mb. c. sig. pend. — Der obere Teil des Pergaments ist zerfressen, so dass im Texte grössere Lücken, die jedoch den Sinn nicht stören und ausserdem ergänzt werden können nach Prot. Hôp. VI (liber D) p. 207. copia s. XV.

149. Gozzelinus miles Arg. ad s. Thomam testamentum suum ordinat et dat monasterio s. Francisci in Argentina bona in banno Hœnheim et Bischovesheim post obitum suum et Savine uxoris sue. alia bona dat Walthero fratri suo, et Gotzoni et Gozzelino, filiis sororis sue. item legat hospitali Argentinensi redditus 15 sol. Arg., quorum 10 dantur de una area et de domo superstante, et 5 sol. et 2 capones de area contigua, sitis an der bûnden prope domum dicti Webischere, ita quod iidem redditus in suo et sue uxoris anniversario a magistra hospitalis dentur infirmis in refectionem (salvo jure dotis uxori sue). item ordinat, quod de omnibus bonis suis mobilibus, suppellectilibus, argento, pecunia parata, annona et vino et equis, vaccis, ovibus, agnis aut aliis pecoribus quibuscunque cum 2 partibus ipsum contin- Testament.

[1] *Vgl. Str. G. u. HN. S. 111.*

gentibus universa debita persolvantur ab uxore sua et confessore suo, quos hujus testamenti constituit executores. sig. cur. Arg. et domini thesaurarii ad causas sunt appensa. actum a. d. 1282, sabbato ante Margarete proximo. ***1282 Juli 11.***

Aus Strassb. Hosp. A. lad. Hôp. II fasc. 86. or. mb. c. 2 sig. pend.

Aufnahme in die Spitalgemeinde.

150. *Das Spital zu Strassburg nimmt Conrad von Knoersheim und dessen Gattin als Pfründner auf.* ***Juli 27.***

Nos Nicolaus de Kagenecke et [a] Johannes in platea vituli et Johannes de Sarburg, magistri hospitalis Argentinensis, necnon collegium fratrum et sororum ejusdem hospitalis notum facimus universis presencium inspectoribus seu auditoribus, quod nos consensu unanimi pure et simpliciter propter deum Conradum de Knorsheim [b] in nostrum confratrem et Agnetam uxorem ejus nostram recepimus in sororem ipsi *Conrado* prebendam ut sacerdoti et Agneti ut aliis in hospitali dominabus liberaliter assignantes; nec eum ad aliquod officium in dicto hospitali ponemus, sed eum ibidem esse simpliciter promittimus. ipsi autem Conradus et Agnes manu coadunata causa mortis predicto hospitali viginti quartalium pensionem sive redditus, quorum duodecim dantur de bonis apud Sweinheim et quatuor de bonis Gôfideheim et quatuor de bonis eorum apud Knórsheim in animarum suarum remedium contulerunt et ad hec precariam sive annuam pensionem viginti quartalium, quam habuerunt de fratribus de Steiga, deputaverunt dicto hospitali esse assignandam nomine ipsorum ad tempus vite eorum, sic quod conventum est de ipsorum et nostra plenaria voluntate, quod si predictum Conradum a nobis de consorcio hospitalis recedere contigerit vel decedere contigerit, medietas omnium bonorum suorum [c] jam habitorum et habendorum apud predictum hospitale libere remanebit, et altera medietas Johanni filio suo vel illius heredibus debet integraliter assignari; Agneti autem predicte quoad vixerit decem quartalia siliginis et tritici utriusque annone debent a predicto hospitali annis singulis assignari; que Agnes si premortua fuerit, predictus Conradus utetur omnibus bonis suis usque ad obitum suum sub modo et conditione prehabita fraude et dolo penitus circumscriptis, domum eciam nostram lapideam retro sitam sibi concedemus post festum Johannis Baptiste proximo venturum inhabitandam. in cujus rei testimonium curie Argentinensis et civitatis Argentine [d] sigilla presentibus sunt appensa ad petitionem magistrorum predictorum. datum anno domini 1282, feria secunda post Jacobi.

A aus Strassb. Hosp. A. lad. Hôp. XXIX fasc. 22. or. mb. c. 2 sig. pend. (1 delaps.)
B ebendaselbst. or. mb. c. 5 sig. pend. (1 delaps.)

Erbleihe.

151. Coram thesaurario eccl. Arg. in forma judicii Heinricus dictus Steininhus confessus est, sibi aream sitam in vico dicti Tanze in parrochia s. Nicolai, que olim fuit predicto Tanze, pertinentem ad hospitale s. Leonhardi in Argentina locatam esse inperpetuum pro annuo censu 6 sol. den. Arg. ab hospitali predicto. sigillum thesaurarii ad causas est appensum. actum et datum feria quinta post festum assumpcionis b. virginis, a. d. 1282 [1]. ***August 20.***

Aus Strassb. Hosp. A. lad. Hôp. XLIX fasc. 15. or. mb. c. sig. pend. mutil.

Tauschgeschäft.

152. *Konrad von Zabern und die Münsterfabrik vertauschen Häuser.* ***August 26.***

Sciant cuncti tam presentes quam posteri, quod Conradus dictus de Zabernia civis Argentinensis cessit, donavit et tradidit omne jus sibi conpetens in duabus areis sitis ante monasterium apud plateam sutorum in Argentina Heinrico Wehelino nomine fabrice ecclesie

a) *in B fehlt* et. b) *B:* Knôrsheim. c) *suorum in A von anderer Hand übergeschrieben.* d) *bei B noch:* et hospitalis et Nicolai de Kagenecke et Johannis de Sarburg.

[1] *Dorsualnotiz s. XIV:* das hus zû dem Tantz. *Vgl. nr. 129.*

Argentinensis, jure tamen domini videlicet Waltheri de Hûneburg salvo penitus et excepto. pro jure autem predicto dominus Marquardus scolasticus Argentinensis et predictus Heinricus Webelinus nomine ipsius fabrice manu coadunata tradiderunt et contulerunt prefato Conrado et suis heredibus aream, que pertinebat ad dictam fabricam, sitam aput scrinium in superiori strata Argentine tenendam jure proprio in perpetuum possidendam; constituentes se et omnes suos in hujusmodi fabrice regimine successores warandos ejusdem aree pro propria generaliter adversus omnem hominem, ut est juris. in cujus rei testimonium curie Argentinensis et predicti domini scolastici sigilla presentibus sunt appensa. datum anno domini 1282, feria quarta post Bartholomei, presentibus Hugone de Wintertur et Ůlrico Rybisen[1].

Aus Strassb. Frauenh. A. Saalbuch (3) fol. 31ª. cop. chart. s. XIV exeunt.

153. Gozzelinus miles Arg. ad s. Thomam legat in anime sue remedium monasterio s. Francisci in Arg. bona in banno Bischovesheim et Adalhartshoven salvo jure dotis Savine uxori sue, de quibus fratribus minoribus domus Arg. 2 lib. den. Arg. dantur. sig. cur. Arg. est appensum. datum et actum a. d. 1282, sabbato proximo ante festum Mathei[2]. *Schenkung.*

1282 September 19.

Aus Strassb. Hosp. A. lad. Hôp. II fasc. 62. or. mb. c. sig. pend.

154. C. j. c. A. in forma juris Johannes dictus Swartze civ. Arg., et Agnes ejus uxor vendiderunt manu coadunata domino Ottoni, plebano s. Martini Arg., redditus 1 lib. den. Arg. super domo et area pro indiviso sita prope macellum in Argentina, dicta quondam pistrinum dicti Berer[3], quam nunc tenet pro annuo censu Rûlinus Habelôtzel[4], pro 9 marcis argenti. A. 3. Reinboldus miles dictus Stûbenweg, et Agnes uxor sua, filia dictorum Johannis et Agnetis, consentiunt. sigilla curie Arg. et Reinboldi militis sunt appensa. actum feria 4 post festum b. Mauricii, a. d. 1282. ***September 23.*** *Verkauf.*

Aus Strassb. Thom. A. Registr. A fol. 150ᵇ. cop. chart.

155. C. j. c. A. Rudegerus de Hunesfelt et Agnes ejus uxor, cives Arg., de consensu Agnetis eorum filie et Jacobi dicti Volsche ipsius mariti vendiderunt redditus in Wittesheim dicto Eppen de Wittesheim pro 10 marcis argenti. datum feria quinta post Mauricii, a. d. 1282, presentibus Ottone dicto Rippelin, Conrado de Winterture seniore, Johanne dicto Appet et Hugone de Dossenbeim. ***September 24.*** *Verkauf.*

Aus Strassb. Bez. A. G 4346. Copialb. v. Alt s. Peter (s. XVII) fol. 623. cop. chart.

156. *Ritter Gozzelin bei s. Thomas schenkt dem Hospital s. Leonhard Einkünfte in Strassburg.* ***Oktober 24.*** *Schenkung.*

In nomine domini amen. ego Gozzelinus ad sanctum Thomam miles Argentinensis lego et testamento legavi in anime mee remedium hospitali sancti Leonhardi Argentinensi redditus quindecim solidorum Argentinensium, quorum decem solidi dantur de una area et domo superstante et quinque solidi et duo capones de area contigua sitis an der binden prope domum dicti . . Webischere, que domus et aree sunt proprie, ita quod in meo et Savine uxoris mee anniversario iidem quindecim solidi et duo capones ab ea, que pro tempore fuerit, magistra hospitalis predicti dentur infirmis ejusdem hospitalis in pictantiam, et duobus sacerdotibus utrique sex denarii ad missam et ad vigilias, predicte uxori mee Savine salvo jure dotis, dum vixerit, in redditibus antedictis. et si secus faceret, volo, quod iidem quin-

---

[1] *Nach der Ueberschrift bezieht sich diese Urkunde und die von 1304 Juni 13 und 1326 Juni 26 auf das Haus* zûm valken *(neben einem Hause* uf den lingreten *gelegen).* [2] *Vgl. nr. 149.* [3] *Vgl. Str. G. u. HN. S. 112.* [4] *Vgl. nr. 147.*

derim solidorum et duorum caponum redditus extunc pleno jure ad heredes meos tunc proximiores absolute et libere revertantur. in cujus rei testimonium sigillum meum[1] presenti cedule est appensum. datum anno domini 1282, sabbato ante Symonis et Jude[2].

Aus Strassb. Hosp. A. lad. 43 fasc. 2. or. mb. c. sig. pend. Eine deutsche Uebersetzung ist nach dem Deutschbuch des Spitalarchives (Prot. Hôp. II fol. 125) abgedruckt in Alsatia 1875-76.

Verkauf.

157. Waltherus prior conventus Magdalenitarum in Wrisberch Misnensis dyocesis, visitator provincialis, procurator et verus nuntius domini Henrici generalis prepositi monasteriorum b. Marie Magdalene et domine Leucardis priorisse atque conventus sororum Magdalenitarum apud s. Mariam Magdalenam in Argentina de consensu omnium priorum et priorissarum ord. Magdalenitarum constitutus in capitulo generali Maguntie 1282 dominica

Mai 10. die prima post ascensionem domini celebrato ad vendendum jus patronatus et quelibet jura et bona omnia, que dicti prepositus generalis, priorissa et conventus Magdalenitarum in Argentina habent in ecclesiis s. Viti et Nicolai in civitate Dobrsan, bona ecclesiarum predictarum monasterio in Chotiessowicz vendit pro 70 marcis argenti. sorores in Dobrsan, «que illuc multociens misse fuerunt, ut morarentur ibidem, patre faciente nequitie dato castitati libello repudii, sic semper cum incestu quasi publice contraxerunt, ut cotidianis gauderent nuptiis et de celesti sponso postposito matrimonia passim contraherent scelerata.» conventus Magdalenitarum in Argentina a priorissa et conventu Magdalenitarum apud s. Gallum juxta civitatem Pragensem sepius monitus erat, ut tante notas infamie digito consilii salutaris detergeret. in capitulo generali prescriptus procurator est constitutus, ut bona, de quibus propter guerrarum fluctus nulla vel modicissima poterat prefatis sororibus obventio provenire, aut permutaret aut venderet, ut ex eadem pecunia in partibus Reni vel alias, ubi pacis tranquillitas vigeat, equivalentia vel meliora bona emantur. datum Prage, a. d. 1282, in vigilia ss. Symonis et Jude[3]. ***1282 Oktober 27.***

Nach dem ausführlichen Regest bei Emler, Regesta Bohemie et Moravie Pars II 1882 nr. 1287. (ex. orig. bibl. univ. Prag. cop. in Mus. Boh.)

Abänderung einer Schenkung.

158. *Das Spital einigt sich mit Hug von Winterture über Abänderung einer von diesem gemachten Schenkung.* ***November 10.***

Wir Niclawes von Kagenecke, Johannes in Kalbesgassen und Johannes von Sarburch, des spittas pflegere ze Strazburch, tůnt kunt allen den die disen brief gesehent oder gehôrent, das wir mit heren Huge von Winterture uberein sint kumen umbe solich gůt, das er und sin frowe selige deme spittale ze Strazburch durch got gegeben hant, und da die eiginschaft iezunt des spittals ist, swenne so got uber in gebutet, so sulnt sine erben die zweiteil des selben gůtes zů deme nehisten nůwen nemen und sol das dritteil deme spittal werden, und danach so ist der nutz mit der eiginschefte deme spittale lidig iemerme. herumbe ist des spittas ingesigele an disen brief gehenket zeime urkunde. diz geschahe an sante Martinis abende, da von gots geburte warent tusen iar zwei hundert iar[a] unde vier und ahzig iar.

Aus Strassb. Hosp. A. lad. Hôp. XXXIII fasc. 17. or. mb. c. sig. pend.

a) *or.:* iar.

---

[1] *Das Siegel zeigt zwei übereinander liegende Fische. Die Legende:* S. Gozberti Argentinensis. [2] *Vgl. nr. 149.* [3] *Der Procurator Walther war auf der Reise aller seiner Sachen beraubt und hatte auch sein Procuratorium eingebüsst, er verspricht dem Käufer (Probst Miroslaus von Chotesovic = Gottesaue) diesen und den Kaufvertrag ausgestellt vom Generalpropst und Generalkapitel zu übersenden. 1282 November 1 in Misn. ebendaselbst nr. 2715 (ex. orig. bibl. c. r. univ. Prag.)*

159. Coram thesaurario ecclesie Arg. in forma judicii Waltherus de Tubenkeim, et Minna uxor sua confessi sunt, se recepisse jure hereditario pro annuo censu 10 sol. den. Arg. a magistro hospitalis s. Leonhardi in Arg. nomine ipsius hospitalis domum cum area sitam in parrochia s. Aurelie juxta curiam. . dicti Blenkelin, ad quem censum de dicta curia et area solvendum se suoque heredes obligant. actum et datum a. d. 1282, feria secunda proxima post festum b. Nicolai. *Erbleihe.* ***1282 Dezember 7.***

Aus Strassb. Hosp. A. lad. Hôp. XLVI fasc. 10. or. mb. c. sig. pend.

160. Gözelinus ad s. Thomam miles in remedium anime sue redditus annuos 20 quartalium siliginis de molendino in dem brüch instituit esse dandos prebende, quam ipse constituit ad s. Gallum, et nunc confert Sigebottoni sacerdoti. jus collationis est apud capitulum s. Thome Arg. sacerdos cottidie in cappella s. Galli divinum officium celebrabit et tam legatoris quam ejus uxoris Savine anniversarium peraget. vicarius ecclesie s. Aurelie predicto sacerdoti 2 lib. den. Arg. annuatim assignabit. sacerdos nullas oblaciones recipere debet, nec aliquem ad sepulturam recipere aut confessiones audire aut baptizare. si molendinum per alluvionem et decursum aque seu ejus defectum aut igne vel alio modo destrueretur, nec capitulum s. Thome nec vicarius s. Aurelie nec heredes ipsius legatoris ad reconstructionem sunt obligati. Wit. 1. (pro Savina). sigilla capituli s. Thome, curie Arg. et legatoris sunt appensa. datum a. d. 1282. *Präbendenstiftung.*

Aus Strassb. Thom. A. Registr. A fol. 270. cop. chart. s. XIV. Darnach abgedruckt bei C. Schmidt: hist. du chap. de s. Thomas S. 334.

161. C. j. c. A. magister Humbertus prebendarius majoris Arg. ecclesie domum suam lapideam sitam in parrochia ecclesie s. Stephani in vico ex opposito domus Hermanni lapicide dicti de Baden cum condicione aree, super quam dicta domus est edificata, donavit donacione inter vivos Johanni, Cûnrado et Johanni fratribus, necnon Willeburgi matri eorundem. nulli licet partem suam alienare nisi maxima necessitate urgente et de consensu omnium superstitum. actum et datum a. d. 1283, 2 idus januarii [1]. *Schenkung.* ***1283 Januar 12.***

Aus Strassb. Bez. A. H 2683. 5. or. mb. c. sig. pend.

162. C. j. c. A. in forma juris Edellindis begina Arg. in remedium anime sue legat fabrice majoris eccl. Arg. suam partem domus site uf der almenden inter domum Hetzelonis sacerdotis dicti Kembel e. u. p. e. c. a. juxta domum filii dicti Marschalg, ita tamen, quod ipsa in dicta domo ad tempus vite sue permanere debeat. datum feria sexta post dominicam Letare, a. d. 1283 [2]. *Schenkung.* ***April 2.***

Aus Strassb. Frauenh. A. lad. 49 nr. 9. or. mb. c. sig. pend.

163. «Hug von Wintertûr, und Gerlind sin wurtin, burgere von Strazburg», geben zu einem seelgeräte dem spital zu Strassburg güter im banne Tanbach, welche Gerlinden gehören, ohne ihre erben zu beschwerden, «wande wir in noch denne von gots gnaden so vil gûtes lassent, das sie unbetrogen blibent.» sie empfangen das gut zurück gegen einen zins von 10 schillingen; dieselben sollen gegeben werden «zû mins vattere iargezyte Huges Ribenackes iegelicheme dürftigen 1 pfening, und zwein priesteren iewederme 4 unde deme sigeraten 2 und das uberige der gemeinde.» nach dem tode des einen der gatten, giebt der andere jährlich *Seelgerätstiftung.*

---

[1] *Den vierten Theil des genannten Hauses verkauft Johannes an seine Mutter für 4 Pfund Pfenninge. 1290 Dezember 7.* (crastino festi b. Nicholai.) *or. mb. c. sig. pend. delaps. ebendaselbst.*

[2] *Dieselbe erneuert diese Schenkung und erweitert sie auf alle ihre bewegliche und unbewegliche Habe. Sie darf jedoch 30 Schillinge den Strassburger Minoriten vermachen. 1288 Januar 4. Original ebendaselbst nr. 17.*

zu des gestorbenen gedächtniss 1 pfund, welches in gleichem verhältniss verteilt werden sollen. nach beider tode giebt das spital 2 1/2 pfund zu gleicher verteilung. auf der schenkgeber bitten wird das stadtsiegel angehängt. «dis geschach an deme ciztage vor dem balmentage, 1283[1].» ***1283 April 6.***

Aus Strassb. Hosp. A. lad. 30 fasc. 4. or. mb. c. sig. pend. mutil.

Testament. **164.** C. j. c. A. Metza, filia quondam Wolvelini vor deme kirchhove in Tunzenheim, revocat testamenta prius condita et donat in anime sue remedium agros in banno ville Tunzenheim priori et fratribus predicatoribus domus Arg.; legavit insuper in anime sue remedium fratribus predicte domus: fratri Hertwigo 1 lib. den. Arg., fratri Ebelino 1 lib., fratri Bertoldo dicto Faber 1 lib., fratri Wernhero Kusen 10 sol., fratri Ber. de Meistersheim 10 sol., item Junte de Tunzenheim begine 1 lib. datum et actum a. d. 1283, feria 2 post diem palmarum. ***April 12.***

Aus Strassb. Hosp. A. lad. 108 fasc. 2. or. mb. c. sig. pend.

Verkauf. **165.** Waltherus de Hüneburg gener nobilis viri domini de Etendorf, et Waltherus natus ejus notum faciunt, se vendidisse Johanni Syckelino civi Arg. pro 18 marcis argenti bona in Frankenheim, cum quibus transit jus patronatus capelle b. Jacobi in Argentina contigue curie, que nominatur schultheissen Waltheres hof[2], quod quidem jus patronatus eisdem bonis attinet ab antiquo. Ludewicus de Sarwerde, patruus predicti Waltheri, et Waltherus frater ejusdem Waltheri, gener . . advocati de Wasselnheim, consentiunt. sigilla Waltherorum sunt appensa. datum a. d. 1283, feria secunda post Quasi modo geniti. ***April 26.***

Aus Strassb. Stadt A. V. C. G. Corp. K lad. 23c nr. 2 or. mb. c. 3 sig. pend. mutil.

Schenkung. **166.** C. j. c. A. in forma judicii Gerina, relicta Gerungi dicti de Eckebrehtzwilre civ. Arg., et Ita ejus filia priorisse et conventui s. Margarete c. m. A. donaverunt universa bona sua mobilia et immobilia (usufructu tamen eorum penes se retento et usufructu quorundam agrorum Adelheidi, moniali monasterii penitentum, reservato, quorundam etiam Johanni marito dicte Ite, sed ambobus tantum ad tempus vite sue). Johannes debet etiam habere medietatem domus site ultra pontem s. Stephani Argentine prope domum lapideam Cûnonis de Eckebrehtzwilre pro tempore vite sue. priorissa et conventus se obligant ad premissa servanda. donatoribus bona relocantur pro censu annuo 2 sol. den. Arg. situatio domorum et curiarum est hec: una domus nebent hern Burcarte dem Spendere prope ecclesiam s. Nicolai ultra Bruscam in c. A., item area sita zû Spitzen an dem wassere, quam habet Fr. cerdo, item curia zû Kunigeshoven apud s. Gallum. datum et actum a. d. 1283, feria 6 post dominicam Jubilate. ***Mai 14.***

Aus Strassb. Bez. A. H 3061. or. mb. c. sig. pend.

Zeugenverzeichnis. **167.** *In einem Kaufbriefe, worin das Domkapitel einige Besitzungen im Dorfe Burgheim verkauft, heisst es am Ende:* «actum sabbato ante Martini, anno domini 1283. interfuerunt hii testes, ubi predictus dominus Rudolfus [de Tulmessingen, canonicus ecclesie Arg.] resignavit bona prescripta Dietzmanno sepedicto [militi de Ehenheim] in claustro majoris ecclesie ante cameram, videlicet Fridericus Spender, Hugo Ripelinus, Johannes de Sarburg, Colinus magister, Dietmarus, Albertus capellanus, Rudolfus filius Gozmari de Ehenheim.» ***November 6.***

Aus Strassb. Hosp. A. lad. Hôp. III fasc. 89. or. mb. c. 2 sig. pend. (1 delaps.)

---

[1] *Vgl. nr. 158.* [2] *Vgl. Str. G. u. HN. S. 64.*

168. Reinboldus de Friburg magister, et consules Argentinenses notum faciunt, quod Ymme dictus Abbas, concivis eorum, et liberi sui Heincemannus, Jacobus, Irmengardis et Agnes manu coadunata vendiderunt priori et conventui fratrum ordinis b. Augustini e. m. A. domum cum area sitam prope collem s. Michahelis protensam retro usque ad portionem Hessonis in aqua civis Arg. pro 16 marcis argenti. datum a. d. 1283, sabbato ante Cecilie, presentibus domino Marco, u. s. w. *folgt der Rat*[1]. *1283 November 20.* *Verkauf.*

Aus Strassb. Thom. A. lad. Augustin. 10. or. mb. c. sig. pend.

169. C. j. c. A. Heinricus dictus Keseman et Adelheidis uxor ejus commorantes in foro equorum Argentine juxta domum quondam dicti de Bischovesheim in remedium animarum suarum donaverunt fabrice eccl. Arg. omnia bona sua mobilia et inmobilia et specialiter domum suam sitam in vico dicto des gasze von Bischovesheim[2], usufructu tamen, quamdiu ambo vixerint, ipsis reservato; promiserunt eciam dicte fabrice 1 sol. den. Arg. in festo purificationis b. Marie virginis de dictis bonis in signum proprietatis dare, ita tamen, quod uno eorum defuncto, si superstes tunc ad secundas nupcias convolaverit, quod tunc bona vinifera dividi debeant et dimidia pars ad fabricam dictam devolvatur. actum 2 nonas januarii, a. d. 1284. *1284 Januar 4.* *Schenkung.* *Februar 2.*

Aus Strassb. Frauenh. A. Saalbuch (3) fol. 91ᵃ. cop. s. XIV exeunt.

170. Conradus et Demůdis in Brůnsebach confitentur, quod Eberhardo filio suo, rectori puerorum ecclesie s. Thome Arg.[3], liberam facultatem alienandi bona patrimonialia concesserunt. sigillum civitatis in Brůnsebach est appensum. acta sunt a. d. 1284, 13 kalendas aprilis. datum feria tercia post Quasi modo geniti. *März 20 und April 18.* *Zeugnis über Freiheit der Güterveräusserung.*

Aus Strassb. Bez. A. G 1346. Copialb. von Honau-Alt s. Peter s. XVIII fol. 450.

171. C. j. c. prepositi et archidiaconi Arg. Heinricus de Oberkirche et Adelheidis soror sua Argentinenses manu coadunata donaverunt duas domus lapideas suas, quarum una sita est zwischent den von Northein unz zů dem hůs zen friden, reliqua vero domus sita est zů der kinden hůs von Northeim und an dem hus zů friden in Argentina juxta fratres minores, ab omni facidia liberas, nulli alteri datas vel obligatas (utriusque domus usu sibi reservato ad tempus vite) priori et conventui ordinis predicatorum civ. Arg. datum et actum feria quarta proxima post dominicam, qua cantatur Domine in tua misericordia, a. d. 1284. *Juni 7.* *Schenkung.*

Aus Strassb. Hosp. A. Prot. Prèdic. 107 (s. XIV) fol. 47ᵇ. cop. mb.

172. *Berthold Riuses Wittwe giebt eine Hofstatt in Erbleihe.* **Juni 22.** *Erbleihe.*

Wir Reinboldelin der meister und der rate von Strazburg tunt kunt allen den die disen brief gesehent oder gehœrent, daz frowe Salegut herren Bertholdes seligen Riuses wittewe und Salegut ihr tochter unser burgerin hant verluhen[a] zeime rehten erbe ir hovestat an dem werde ziende[b] amme graben bi der badestuben Gerharte deme Smydine und Helwige siner wurtinne und ir beder erben iemerme. die sulnt darvone ze cinse geben iergelichs[c] zehen schillinge genge und geber Strazburger ane hoher steigen und ane erschatz. vercouffent aber

a) *A:* verliben. b) *A:* zende. c) *A:* iegelichs.

[1] *Vgl. nr. 105.* [2] *Vgl. Str. G. u. H.N. S. 39.* [3] *Ein anderer Canonikus von St. Thomas,* magister Johannes, *siegelte mit mehreren anderen Geistlichen die Urkunde des Konrads von Landsberg für das Kloster Moyenmoûtier, 1283 Juni 20. Abgedruckt in Belhomme: historia Mediani monasterii S. 340.*

sie den bu an eine frömede hant, die danach iemerme die hofestat empfahent, die gent erschatz. das dis war sy und stete blibe, darumbe ist unser stette ingesigele an disen brief gehencket zeime urkunde. diz geschach an deme dunrestage vor sunegihten, 1284. herane warent her Johans Panlile, *u. s. w. folgt der Rat.*

Aus Wencker: Collecta archivi S. 146.

Zeitleihe.

178. *Eine Hofstatt wird auf 200 Jahre in Leihe gegeben und die Besserung verkauft.*
1284 August 22.

Coram nobis . . judice curie Argentinensis constituti dominus Hartmûtus de Schiltenkeim et dominus Reinboldus de Friburg milites Argentinenses, tutores liberorum . . domine de Rossewag et domine Lucgardis relicte quondam Andree de Stôffenberg, locaverunt seu concesserunt nomine pupillorum predictorum necnon ipse Hartmûtus nomine suo pro parte eum contingente aream sitam in extremo ex opposito curie domini Marquardi de Entringen scolastici ecclesie Argentinensis in parrochia sancti Andree in Argentina ad ducentos annos Nicolao sacerdoti dicto Felix et Reinboldo clerico de Westhoven et eorum heredibus seu successoribus possidendam et habendam pro annuo censu septem uncearum denariorum Argentine usualium et duorum caponum de predicta area sine augmentatione qualibet exsolvendo. cujus census medietatem predictus Nicolaus et alteram medietatem prefatus Reinboldus tam ipsi quam eorum successores dabunt. et receptores ipsius aree succedentes eis dabunt erschatz, quociens edificia ejusdem aree ex parte illorum, qui sunt vel pro tempore fuerint hovesezsen, de una persona ad aliam quocunque titulo devolvantur. que edificia si dicte aree possessores vendere vel obligare voluerint, primo debent dominis curie exhibere, et eis, si conpetens precium, sicut alii homines, dare voluerint, assignare. sin autem, jus sibi in dicta area ex successione seu locatione hujusmodi conpetens cum superedificatis seu meliorationibus vendent aliis cum pacto suo fraude et dolo penitus circumscriptis. protestati sunt etiam predicti milites, quod prenominatus Nicolaus sacerdos edificia predicte aree pro Sifrido dicto Kembere et Willeburgi uxore ejus pro septem libris Argentinensium minus quinque solidis denariorum Argentinensium suo et Reinboldi predicti clerici nomine conparavit. qui venditores confessi sunt, se ab eodem sacerdote predictum precium plene et integraliter recepisse et quod ipsi vendiderint eidem sacerdoti predicta edificia, quemadmodum est prescriptum. recognovit etiam predictus Nicolaus sacerdos medietatem edificiorum superedificatorum esse constructam cum pecunia predicti Reinboldi et ideo medietatem eorundem edificiorum ad ipsum Reinboldum pleno jure pertinere cum pacto, quod commune habent in area domus prescripte, quemadmodum superius est expressum. in cujus rei testimonium sigillum curie Argentinensis ad petitionem predictarum personarum presentibus est appensum. nos quoque Harmûtus de Schiltenkeim et Reinboldus de Friburg, tutores predicti, sigilla nostra presentibus appendi fecimus in testimonium. datum anno domini 1284, 11 kalendas septembres [1].

Aus Strassb. Bez. A. G 3644 (4039) 12. or. mb. c. 3 sig. pend. (sig. Hartmûti est delapsum).

---

[1] *Nicolaus Felix, Pfründer am Münster, erklärt in Gegenwart Elnhards, Schaffners* (procurator) *der Münsterfabrik, dass von der Hofstätte seines Hauses* (ex opposito capelle domini de Gundolvingen canonici eccl. Arg. et curie Cûnonis dicti Crinfogel) *an die Münsterfabrik jährlich zu zahlen seien 4 Schill. 8 Pfenn. u. 1 Kappe. Zahlt er sie nicht, so verfällt er der Suspension.* datum 3 kalendas februarii, a. d. 1301. *Vielleicht aber* 7 kal. febr.; *es ist ein Teil des Datums wegradirt, so dass sowohl III als VII ergänzt werden kann. Januar 30 oder 26. Aus Strassb. Bez. A. G 3479 (3875) 3. or. mb. c. sig. pend. delaps. Auf Frauenh. A. Saalb. 3 fol. 102ᵃ. cop. s. XIV exeunt. beruht das Regest in Monumenta Germ. SS. XVII, 92 not 15, wo gelesen ist* II kal. februarii *(= Januar 31).*

174. *Peter Ripelin u. A. verbürgen sich für die unmündigen Kinder Eberlins.* *Bürgerschaft für Unmündige.*
1284 August 28.

Wir Lucas der meister und der rât von Strazburg tûnt kunt allen den die disen brief gesehent oder gehôrent, das her Petur Ripelin des Zornes brûder und Eberhart Sicke und Eberlin heren Peturs stiefsun und Burcart der Fragere sint werbürgen gegen heren Conrate Mâget und sinen erben und hant gelobet, das sie schaffen sulnt swelhes vur Minnen und Eberlins kindere ie zû sinen tagen kummet, das das verrige von siner hant alse reht ist und ufgebe heren Côncen Maget alles das reht, das es solte han an den zwein hûseren und hovestetten nidenan an kurdewenre gassen, die her Cônce Maget het gecôft umbe den vorgenanten Eberlin und vur Minnen sine wurtin. und swie dirre bürgen einre stirbet, die drie sulnt ein anderen geben an des stat, der also gût si, âne geverde in den nehisten vierzehen nahten, oder sulnt aber drumbe leisten. daz dis stete blibe, derumbe ist unser stette ingesigele an disen brief gehenket zeime urkunde. dis geschach an sant Adolfes abende, da von gots geburte warent tusent iar zwei hundert iar und vieri und ahzig iar.

Aus Strassb. Stadt A. V. C. G. corp. K lad. 23ᶜ nr. 37. or. mb. c. sig. pend. delaps.

175. *Vertrag zwischen dem Strassburger Hospital und der Münsterfabrik betreffend ein Haus vor dem Münster.* ***Oktober 16.*** *Vertrag.*

Wir Niclawes von Kagenecke der meistere und der rât von Strazburg tûnt kunt allen den die disen brief gesehent oder gehôrent, das her Heinrich Wehelin der lonherre und meister Êrwin[a] der[b] wercmeistere vur sich und vur ir nachkummen mit heren Niclawese von Kagenecke mit heren Johanne ins Kalbesgassen und mit heren Johanne von Sarburg, unseres spittals pflegeren ze Strazburg, sint ubereín kummen, daz iemerme swer in deme huse deme nehisten deme mûnstere, das her Wehelin gebuwen het, gesessen ist, der sol geben deme spittal ze Strazburg iergelichs sehzehen unce Strazburgere genge und gebere pfenninge. wand ôch emals die nehiste hovestat den spittal anchôrte und mit des selben huses enweg ze lihenne noch mit deme erschatze, son het der spittal nihtz[c] niht ze schaffene. daz diz wâr si und stête blibe, derumbe sint unser stette und heren Wehelins ingesigele an disen brief gehenket zeime urkunde. dis geschach an sante Gallen tage, da von gots geburte warent tusent iar zweihundert iar und vieri und ahzig iar. herane warent here Johannes Panfile, here Lucas, here Reinboldelin und here Niclawes von Kagenecke die vier meistere und der rât von Strazburg.

Aus Strassb. Stadt A. V. C. G. corp. K lad. 23ᶜ nr. 11. or. mb. c. 2 sig. pend. Danach abgedruckt im Repertorium für Kunstwissenschaft I, 393 und bei Kraus: Kunst und Altertum in Els.-Loth. I, 365 unter Beigabe einer photoglyptischen Nachbildung, die als gelungen zu bezeichnen ist. Vgl. unten die Varianten.

a) *Der Name steht auf Rasur. Wenn die Correctur nicht sofort noch vor der Aushändigung erfolgt sein sollte, was mir das wahrscheinlichste ist, so ist dieselbe jedenfalls genau im Stil der Handschrift gemacht. Nach meiner Vermutung stand ursprünglich* da meister der *(ausgeschrieben wie vor* lonherre) wercmeistere, *da das keinen Sinn gab, so wurde die Endung* er *von* meister *und* der *wegradirt, in den so gewonnenen Platz* Êrwin *eingeschoben, die Endung* er *als Chiffre oben wieder angebracht, und das* der *über die Zeile eingefügt. Kraus hält es für denkbar, dass dort ein anderer Name als* Êrwin *gestanden habe, das scheint mir unmöglich; wie sollte dann das* der *über die Zeile gekommen sein? Das ist allerdings ja möglich, dass ursprünglich dort nur der Anfangsbuchstabe* E *(oder ein anderer) stand; für mehr als einen Buchstaben würde kein Platz gewesen sein. An eine moderne Fälschung ist deshalb nicht zu denken, weil die Urkunde erst vor wenigen Jahren vom Archivdirektor Dr. Wiegand gefunden ist, bis dahin unbekannt war; ein Fälscher würde von seiner Fälschung Nutzen gezogen, dieselbe publicirt haben. Vgl. die photoglyptische Nachbildung.* b) der *ist übergeschrieben.* c) *Das* z *steht über der Zeile.*

Pfandbrief.

176. *König Rudolf verspricht dem Strassburger Bürger Burchard von Mülnheim 20 Mark Silber und verpfändet ihm dafür einen Teil der Fischerei in Wickersheim, Illkirch und Grafenstaden. Strassburg.* ***1284 Dezember 19.***

Rudolfus dei gratia Romanorum rex semper augustus universis imperii Romani fidelibus presentes litteras inspecturis gratiam suam et omne bonum. fidem et merita prudentis viri Burchardi de Mulnheim civis Argentinensis, hospitis nostri dilecti, gratiosius intuentes sibi et suis heredibus viginti libras Argentinenses promisimus nos daturos, et quod camere nostre fiscus paratam pecuniam non habebat, eidem Burchardo et suis heredibus piscationem sive tractum unum, qui vulgariter zuch dicitur, in superiori parte Wickersheim necnon unum tractum in superiori parte Illenkirchen et unum tractum apud Gravenstaden vor dem Hale ac piscationem in fluvio dicto Hal titulo justi pignoris obligamus pacifice tenendos tamdiu, quousque sibi per nos vel nostros successores predicte viginti libre plenarie persolvantur. quibus solutis idem Burchardus ipsas convertet in predia pro se et suis heredibus a nobis et imperio feodali titulo perpetuo possidenda. in cujus rei testimonium presens scriptum majestatis nostre sigillo jussimus communiri. datum Argentine 14 kalendas januarii, indictione 13, anno domini 1284, regni vero nostri anno 12.

Aus v. Müllenheim Famil. A. in Stotzheim. or. mb. c. sig. pend. Darnach der Abdruck bei Schöpflin Als. dipl. II, 29 nr. 742. — Böhmer Reg. Rud. 807.

Verkauf.

177. C. j. c. A. in forma judicii Rûdegerus, et Elsa soror ejus, necnon Dietricus dictus Loterlin maritus dicte Else de Rodesheim vendiderunt partem ipsos contingentem in domo, que quondam fuit Eberlini dicti Spiser, sita in c. A. inter palatium episcopi et domum Ůlrici dicti Stöckere de novo constructam, Hessoni dicto Schriber civi Arg. pro 5 lib. den. Arg. A. 3. datum et actum a. d. 1284, in die beati Thome de Kantelberg. ***Dezember 29.***

Aus Strassb. Bez. A. G 364 (791) b. or. mb. c. sig. pend. mutil. Dorsualnotiz s. XIV: «littera super domum, in qua moratur magister operis.»

Schenkung, Seelgerätstiftung.

178. Der richter der küsterei zu Strassburg macht bekannt, dass die bürgerin Sophia, mutter des verstorbenen meisters Rûlin, des notars des bischofs, geschenkt hat dem kloster s. Elisabeth vor Strassburg haus und hof gelegen in der Brantgasse neben dem Branthof unter der bedingung jedoch, dass die benutzung des hauses zustehen soll frau Anna Wisin, Sophien tochter, und nach ihrem tode frau Katherinen, Annen tochter, und nach deren tode Gossen, dem bruder Katherinas, auf lebenszeit; jedoch sollen die vorgenannten personen jährlich geben 10 schilling an das werk unserer lieben frau, und ebensoviel an die Prediger-brüder. nach dem tode der genannten personen fällt das haus an das genannte kloster, jedoch soll dieses geben jährlich 1 pfund an das genannte werk und 1 pfund den Predigern zum jahresgedächtniss der genannten personen, und 1 pfund dem werk und ebenso 1 denselben Predigern zum jahresgedächtniss Rûlins. der übrige zins fällt dem kloster selbst zu; bringt das haus aber nicht mehr an zins als 3 pfund, so soll der zins in 4 teile geteilt werden, 2 den Predigern, je 1 dem werk und dem kloster. die siegel der priorin, des conventes und des genannten hofes sind angehängt. gegeben im jahre 1284[1].

Aus Strassb. Hosp. A. Prot. s. Elisab. 205 (s. XV) lit. S nr. I. Mangelhafter dtscher Auszug. Original wohl lateinisch.

---

[1] *Die genannte Katherina verzichtet auf das ihr zustehende Nutzungsrecht an dem genannten Hofe vor dem Richter des Hofes der Küsterei. 1298 November 21. daselbst. Deutscher Auszug*

179. Adelheidis relicta Rûlenderlini legat monasterio s. Johannis e. m. A. redditus in banno ville Kûtzelsheim. datum feria 3 post epiphaniam, a. d. 1285, «presentibus Rûdegero de Hunesvelt, Heinrico Swarbere, Wernhero zeme Riet, et Ottone Nûsselino, testibus ad hoc vocatis.» *1285 Januar 9.* *Zeugenregest.*

Aus Strassb. Hosp. A. lad. 108 fasc. 7. or. mb. c. sig. pend.

180. Conradus episcopus Argentinensis in recompensationem bonorum in bannis Strasburg, Kungeshoven et Schiltenkeim venditorum ab ipso Walthero dicto de Mulnheim civi Argentinensi, partem castri de Hohenstein ecclesie Argentinensi tradit. actum et datum a. d. 1285, kalendas februarii. *Februar 1.* *Tauschgeschäft.*

Aus Strassb. Bez. A. G 2719 (3133) nr. 7. or. mb. c. sig. pend.

181. Fr[idericus] scolasticus et Her[mannus] camerarius ecclesie s. Thome Arg., executores testamenti quondam Hugonis prebendarii ecclesie predicte in prebenda domini episcopi, domum cum curia sitam in Querrhgesselin in Rosgassen dictam zumme Stabe (quam domum dictus Hugo legavit suo successori, ut singulis septimanis 1 missam pro defunctis dicat ad salutem anime legatoris excepta ebdomada, quando ordo misse in choro eum tangit) assignant in presencia decani et capituli ecclesie s. Thome Waltero presbytero, successori legatoris in eadem prebenda. si Walterus in celebrando dictam missam per 7 septimanas negligens fuerit, per executores seu post eorum mortem per decanum domus dicta ei adimatur. Walterus promittit se premissa servaturum. sigillum capituli, scolastici, camerarii et Walteri sunt appensa. datum a. d. 1285, feria 5 ante dominicam Invocavit. *Februar 8.* *Messfundation.*

Aus Strassb. Thom. A. lad. 25 (Titres). or. mb. c. 4 sig. pend. (quorum 2 delaps.)

182. Priorissa et conventus s. Margarete e. m. A.[1] notum faciunt, Heinricum dictum Wehelin[2] civem Argentinensem, fundatorem dicti monasterii, bona in banno et villa Wolvesheim ad idem monasterium deputasse et multa alia bona opera fecisse. quorum beneficiorum memores predicta priorissa et conventus promittunt, quod singulis annis in anniversario suo 4 quartalia tritici ac in anniversario Berhte, uxoris dicti Henrici, tantumdem distribuant sororibus pro pictancia, et quod lampadem die noctuque ardentem coram summo altari in eadem ecclesia perpetuo servent. quod si neglectum fuerit, tunc annona predicta cedere debet pauperibus hospitalis Arg. sigilla priorisse et conventus sunt appensa. datum a. d. 1285, feria 5 ante dominicam Reminiscere. *Februar 15.* *Seelgerätstiftung.*

Aus Strassb. Bez. A. H 3061. or. mb. c. 2 sig. pend.

183. Conradus episcopus Arg., prepositus, decanus et capitulum ecclesie Arg. necnon O[tto] plebanus ecclesie s. Martini Arg. notum faciunt, quod altare b. virginis in ecclesia b. Martini Johannes de Sarburg et Sophia ejus uxor, cives Arg., dotaverint. episcopus Johanni et ejus successoribus dat jus patronatus altaris. sigilla episcopi, capituli et plebani sunt appensa. datum a. d. 1285, mense februario. *Februar.* *Präbendenstiftung.*

Aus Strassb. Bez. A. G 114 (519) 5. or. mb. c. 3 sig. pend. (1 delaps.)

---

[1] *In der Legende der beiden anhängenden Siegel wird das Kloster als noch in* Eckeboltesheim *belegen bezeichnet.* [2] *Ein* dominus Wehelin civ. Arg. *erwarb eine Wiese bei Neumühl* (apud novum molendinum) *(wohl bei Kork) 1271 November 27. Orig. im Frauenh. A. lad. 11 fasc. Willstett. Ueber Heinrich Wehelin, der vielfach als Münsterbaumeister angesehen wurde, vgl. Repertorium für Kunstwissenschaft V, 21 ff.*

Erbleihe. **184.** *Katherina Sunerin giebt eine Hofstatt in Erbleihe.* ***1285 Mai 22.***

Wir Reinbold von Lingolvesheim der meister und der rât von Strazburg tûnt kunt allen den die disen brief gesehent oder gehôrent lesen, daz vur Katherina die Sûnerin het verluhen zeime rehten erbe vur sich unde vur ir erben ir hovestat nebent Scharlatburnen, die ir ir brûdere her Erbe gab, Volmare deme kûffere und Gerburge sins vetteren tohter und ir bedere erben, die sulnt dervone geben ze einse iergelichs vier schillinge genge und gebere Strazburge ane boher steigen; und gent ir erben kein erschatz; wirt aber der bu verellt an eine frômede hant, die denne danach die hovestat enpfahent, die sulnt erschatz geben. daz dis war si und stete blibe, derumbe ist unser stette ingesigele an disen brief gehenket zeime urkunde. dis geschach da von gots geburte warent tusent iar zweihundert iar und vunf und ahzig iar, an deme ciztage nach ûzgander plinkestwochen.

Aus Strassb. Bez. A. G 3654 (4049) 3. or. mb. c. sig. pend. Gleichzeitige Dorsualnotiz: «magistro debentur 5 sol.» *Es ist damit offenbar die Gebühr für Ausstellung der Urkunde gemeint.*

Erbleihe. **185.** *Herr Conce die Maget giebt eine Hofstatt in Erbleihe.* ***Juni 15.***

Wir Reinbold von Lingolvesheim der meister und der rât von Strazburg tûnt kunt allen den die disen brief gesehent oder gehôrent, daz her Conce die Maget und vur Gerin sin wurtin hant verluhen mit gesammenter hant ir hovestat zur Leitern[1] gegen deme von Wintertûr ubere zeime rehten erbe Sigeline deme brotbecken heren Sigelins sune von Ersthein unseren burgere. und swie vur Gerin siner mûmen tohter in ubertebet, so sol sie erschatz geben und sol dise selbe hovestat haben ôch zeime rehten erbe, und sulnt sie und ir nachkummen, es sint die den siez gebent ir reht an den buwe ze côffenne oder durch got oder die in von in erbent, die sulnt von der hovestette geben eilf schillinge genge und gebere Strazburgere und zwene cappen ane boher steigen. und swer die hovestat enpfahet der git erschatz. daz dis war si und stete blibe, derumbe ist unser stette ingesigele an disen brief gehenket zeime urkunde. dis geschach da von gots geburte warent tusent iar zweihundert iar und vunfi und ahzig iar, an deme frietage nach Barnabe.

Aus Strassb. Stadt A. lad. s. Nicol. Mart. et Petr. fasc. I. or. mb. c. sig. pend. Darnach abgedruckt Alsatia 1875-76 S. 273 f. Auf der Rückseite von gleichzeitiger Hand: «magister gratis dedit», *wo wohl ebenso auf die Beurkundungsgebühr hingewiesen wird. Vgl. nr. 184.*

Erbleihe. **186.** Gozpertus, portarius ecclesie s. Thome Arg., notum facit, quod soror Hedewigis begina, et Nicolaus frater ejus, necnon Hugo et Johannes, fratres ipsorum, per manum et consensum Wolframmi sutoris, avunculi et tutoris eorundem, dicto portario libere resignaverunt omne jus emphiteoticum, quod eis conpetebat in area sita ze Meryessod[a] prope domum der Bildinne in Argentina. idem portarius de consensu capituli, sicut suum requirit officium, locat aream Hedewigi, relicte Zôbellini, et Katherine, filie ejus, zeime rehten erbe pro censu annuo 9 unc. den. Arg. dicto portario solvendo. Er. 1. V. sigilla capituli et portarii sunt appensa. datum a. d. 1285, sabbato ante Margarete[2]. ***Juli 14.***

A aus Strassb. Thom. A. lad. 12 (Titres). or. mb. c. 2 sig. pend.
B ebendaselbst. or. mb. c. 2 sig. pend. delaps.

a) *B:* Meriosod.

[1] *Vgl. Str. G. u. HN. S. 53 (Dornengasse).* [2] *Nach einer Dorsualnotiz s. XIV ging der Zins zum Jahresgedächtnis des Conrad von Niedermünster. Vgl. Urkunde nr. 27. Das Kapitel von St. Thomas giebt dieselbe Hofstätte für den gleichen Zins (dem Pförtner v. s. Thomas am Martinstag zu zahlen) in Erbleihe an Wernher genannt von Bütenheim Kürschner.* Simund von Tôriukeim, *Walther und Johannes und Katharina Geschwister verzichten zu Gunsten des Kapitels auf alles Recht an der Hofstätte. 1300 Januar 22. Das Datum* in crastino Agnetis virginis *ist später mit anderer Tinte hinzugefügt. Or. ebendaselbst.*

187. Heinrich von Wolfgangesheim der meister und der rat von Strassburg machen bekannt, dass Johannes «unser zoller und mitburger» in Kalbesgasse mit zustimmung seiner kinder Johannes, Rudolf, Hugo, und Güntzelin, und Berchta, Berthelins gattin, dem kloster s. Katharina 2 hofstätten bei s. Martin neben dem Küferbrunnen, wovon jährlich an zins gezalt werden 3 pfund und 8 kappen, geschenkt hat. «geben uff sant Peters tage zü den banden, anno 1285, hieby sint gewesen Hug von Vegersheim, Reimbolt von Lingelsheim, Heinrich von Wolffgangesheim, und Erbe ginsit der Prüsche die vier meister.» *Schenkung.*

1285 August 1.

Aus Strassb. Hosp. A. Prot. 231 Orph. (Copialb. s. Katherinæ s. XV) fol. 36 b. Deutscher Auszug; Original wohl lateinisch.

188. C. j. c. A. Sigelinus dictus Sellose [1] et Irmendrudis uxor sua manu coadunata vendiderunt unum ortum situm ultra vallum seu municionem dictam getülle et medietatem ejusdem valli, in quantum idem vallus se extendit ad latitudinem dicti orti, retro domum sitam ex opposito monasterii fratrum b. Augustini bi dem Rûst, quam domum et ortum prefatus Sigelinus emerat a Rûdigero dicto Rûses, et situs est dictus ortus juxta ortum domine Katherine relicte quondam Heinrici Marsilii senioris, Ûlrico dicto zû der schûre civi Arg. p. p. e. l. pro 10 marcis argenti. peracta vendicione emptor venditoribus ortum predictum locat in emphiteosim pro annuo censu 1 lib. den. Arg. et 2 caponum. Er. 4. V. datum a. d. 1285, 13 kalendas octobris. *Rentenkauf.*

September 19.

Aus Strassb. Thom. A Registr. A fol. 389. cop. chart.

189. C. j. c. A. in forum judicii Künegundis et Yma begine, residentes in vico dicto des Stamphes gesselin in c. A., in remedium animarum suarum donaverunt donatione inter vivos domum ipsarum sitam super area Johannis militis dicti der Kelbin sun in dicto vico des Stamphes gesselin priori et fratribus predicatoribus in Argentina, usufructu apud se et unamquamque earum retento totius domus predicte. si vero begine dicte ad talem pervenerint paupertatem, quod necesse esset domum vendere, hoc eis est licitum. datum a. d. 1285, feria sexta post festum b. Michahelis. *Schenkung.*

Oktober 5.

Aus Strassb. Hosp. A. Prot. Prêdic. 107 (Copialb. s. XIV) fol. 48. cop. mb.

190. *Marie von Stauffenberg, Schwester Adelheid von Nusbach und Meister Antonius verkaufen eine Hofstätte mit Haus.* *Verkauf.*

Dezember 5.

Wir Erbo ginsit Brusch der meister und der rât von Strazburg tünt kunt allen den die disen brief gesehent oder gehörent, daz vur Marie von Stöffenberg, unde swester Adelheit von Nusbach, und meister Antonius ein pfrûndenere ze Strazburg hant gegebene ze côfleue vur lidig eigin umbe sehz und viercig mark silberes luteres unde lôtiges des geweges von Strazburg das hûz und hovestat gelegen an deme orte gegen Steininburgetor, da man der Bredeier gasse uf gat, gegen des hove von der Dicke [2] herren Johanni Bônline, unseren burgere, und sinen erben. und hant veriehen, daz in dis silber gar worden si und vergolten si von deme selben Johanne Bônline. und het meistere Antonius vor uns gelobet, daz er wer sol sin dis huses vur lidig eigin wider meneglichen, alse reht ist; derzû het er sich gebunden, unde swas nôtrede oder anesprache umbe dis hûs anegat heren Johannen Bônlin oder sine erben, das sol in meister Antonius abetûn und sol sie des unschadehaft machen. meister Antonius het sich ôch verzigen des rehtes, daz er mit geverde uberkundiger si, oder uber halb bitrugen si, oder daz er möhte sprechen, dis silbere were ime unvergolten, und alles

---

[1] *Vgl. Str. G. u. HN. S. 146.* [2] *Vgl. Str. G. u. HN. S. 119.*

rehtes geistliches und weltliches, damitte er biholfen möhte sin widere dise getat oder damitte er disen brief verwerfen möhte vor gerihte oder ane gerihte. her Reinbold von Lingolvesheim het ŏch vor uns verichen, das er kein reht het an deme vorgeschriben huse unde hovestette, unde, swas er rehtes drane möhte han oder solte han, das het er ufgegeben heren Johanni Bönline, der dis hus nů het. daz[a] dis war si, derumbe ist unser stette ingesigele an disen brief gehenket zeime urkunde. dis geschach an sante Niclawes abende, da von gots geburte warent tusent iar zweihundert iar und vunf und ahzig iar. herane warent her Hug von Vegersheim, her Reinbold von Lingolvesheim, her Heinrich von Wolfgangesheim, her Tanriz, und der ander rât.

Aus Strassb. Thom. A. lad. 24. or. mb. c. sig. pend. Darnach abgedruckt in Alsatia 1875-76 S. 271. Dorsualnotiz s. XV: «domus dicta Scharpffenecke.»

Vertrag über baupolizeiliche Gerechtsame.

191. C. j. c. A. in forma judicii Cůno dictus Mener sutor civ. Arg. confessus est, quod Conradus dictus Morlin civ. Arg. residens in dem vronhove in Arg. a patre suo quondam comparuerat pro 4 lib. den. Arg. talem servitutem seu jus, quod domus sua in dem vronhove retro domum suam eandem, ubi eadem domus tendit versus domum ipsius Cůnonis, perpetuum lumen habere debeat et quod dictus Cůno dictum lumen nunquam obfuscare debeat, sed lumen in tanto spatio ad domum ipsius Morlini intret, sicuti hodierna die. alia jura Morlinus in domo Cůnonis non habet. Cůno suprascriptus confessus est etiam, quod prefatus Morlinus pro dictis 4 lib. emerat a dicto patre suo medietatem cloace stantem super fundo, super quo lumen intrat domum Morlini supradicti; et quod habitantes in domo Morlini jus habeant eundi ad cloacam, et, quod sic cloaca domus utriusque sit communis, ita quod de communibus expensis exportetur et, si necesse fuerit, reedificetur. item recognoverunt ambe partes, quod, quia Morlinus domum suam ex alia contigua amplificaverat, omne jus predictum non sit ambabus domibus conjunctis, sed quod, si domus inter heredes unquam divideretur, habitantes in illa parte, per quam domus amplificata est, nichil juris habebunt in cloaca predicta. datum a. d. 1285, 4 idus decembres. ***1285 Dezember 10.***

Aus Strassb. Frauenh. A. lad. 49 nr. 10. or. mb. c. sig. pend. delaps. Nach dem Saalbuch (3) fol. 18[a] (Frauenh. A.) lag das Haus dem Munster gegenüber und hiess zů bern Mörlin.

Vertrag über baupolizeiliche Gerechtsame.

192. *Vertrag über baupolizeiliche Gerechtsame zwischen mehreren Hausbesitzern.* ***1286 Januar 4.***

Coram nobis judice curie Argentinensis constitutus Johannes dictus Sickelin civis Argentinensis confessus fuit, sibi gratam esse factam, quod tingnum seu trabem inmisit in murum domus fabrice Argentinensis et civium dictorum Stůbenweg, quam habent in vico dicto Spittelgasse, et quod nullum jus habeat in muro antedicto, nec mittendi in eam aliquem trabem. in cujus testimonium sigillum curie antedicte presentibus est appensum. actum 2 nonas januarii, anno domini 1286.

Aus Strassb. Frauenh. A. Saalbuch 3 fol. 55[b]. cop. s. XIV exeunt.

Schenkung.

193. C. j. c. A. Lückardis, relicta Heinrici dicti Seltensprung de Barre, omnia bona sua mobilia et inmobilia, et specialiter 2 domos in Biekergassen[1] in Arg. sitas necnon 1 duale viniferum in banno Barre fabrice eccl. Arg. donacione inter vivos donavit in remedium animarum sue et quondam Heinrici predicti, usufructu tamen dictorum bonorum, quamdiu vixerit, sibi reservato. datum 3 idus januarii, a. d. 1286. ***Januar 11.***

Aus Strassb. Frauenh. A. Saalbuch 3 fol. 77[b]. cop. s. XIV exeunt. mit der Ueberschrift: «2 hüser in Biekergasse nyden gegen dem orte, do men get zů des henkers turne.»

a) *Das Folgende ist von anderer Hand geschrieben.*

1 *Vgl. Str. G. u. HN. S. 35.*

194. C. j. c. A. magister Anthonius phisicus, prebendarius ecclesie Arg., vendidit domum cum area[1] sitam ex opposito capelle domini de Dicke canonici eccl. Arg. apud portam dictam Steinbürgetor, quam domum edificaverunt domine de Nusbach, Johanni dicto Bönlin civ. Arg. p. p. e. l. pro 46 marcis argenti, tali condicione adjecta de consensu Johannis Bönlin, videlicet quod dicta domus nunquam altius tollatur seu edificetur, ut ex ea in curiam, ortum aut pomerium fratrum predicatorum possit haberi prospectus; si domus vel area ad vendicionem exponatur, prius fratribus predicatoribus exhibeatur; nunquam tamen vendi vel locari debet tabernario videlicet joculatori, vasorum ligatori et hujusmodi, per quorum vicinitatem aut negocium aut tumultum possent dicti fratres aliqualiter molestari. datum a. d. 1286, 16 kalendas februarii[2]. *Verkauf.* **1286 Januar 17.**

Aus Strassb. Hosp. A. Prot. Prédic. 107 fol. 15 (Copialb. s. XIV). *cop. mb.*

195. C. j. c. A. Reinboldus clericus de Westhoven domum suam cum attinenciis, divisam seu partitam a domo Nicolai dicti Felix prebendarii eccl. Arg., sitam in c. A. ex opposito curie domini de Entringen decani eccl. Arg., fabrice eccl. Arg. donacione inter vivos donavit in remedium anime sue, usufructu dicte domus pro tempore vite sibi reservato pro annuo censu 1 fertonis cere. adjectum est, quod una persona, quam dictus Reinboldus ad hoc duxerit deputandam, dictam domum post obitum Reinboldi tenere et possidere debeat ad tempus vite sue pro annuo censu 2 lib. den. Arg. datum 3 idus februarii, a. d. 1286[3]. *Schenkung* **Februar 11.**

Aus Strassb. Frauenh. A. Saalbuch 3 fol. 40a. *cop. s. XIV exeunt.*

196. C. j. c. A. Gisela, relicta Johannis militis de Wolfgangesheim, filia quondam Ludewici militis dicti Kagen, donat monasterio s. Katherine c. m. A. omnia bona sua immobilia in bannis villarum Hirtenkein et Utenheim et Hentschuhesheim, item quosdam agros in Osthoven et omnia bona sua mobilia. «actum in consistorio Argentinensi a. d. 1286, feria quinta ante dominicam Invocavit, presentibus Johanne nato dicte Kelbin milite Argentinensi, Johanne nato dicti Rihter in der Kalbesgassen, et Erbone dicto de Schiltenkeim civibus Argentinensibus, testibus ad hoc vocatis et rogatis.» *Schenkung.* **Februar 28.**

Aus Strassb. Hosp. A. lad. 138 fasc. 19. *or. mb. c. sig. pend.*

197. *König Rudolf verspricht dem Johann Vogtelin, Bürger von Strassburg, 30 Mark Silber und verpfändet ihm dafür Einkünfte in Wickersheim. Breisach.* *Pfandbrief.* **März 15.**

Rudolffus dei gratia Romanorum rex semper augustus universis sacri imperii Romani fidelibus presentes litteras inspecturis gratiam suam et omne bonum. attendentes grata et accepta que dilectus noster fidelis Johannes dictus Vogtelin civis Argentinensis nobis impendit obsequia, sibi de liberalitate[a] regia triginta marcas argenti promisimus nos daturos, pro quibus eidem de decima curie in Wickersheim triginta quartalia annone tamdiu obligamus, quousque per nos vel nostros successores sibi vel suis heredibus predicte[b] triginta marce plenarie fuerint persolute, volentes quod percepta de speciali gratia predicto Johanni aut suis

a) *cop.:* libertate. b) te *mit neuerer Dinte, darunter stand etwa* n *oder* e.

---

[1] *Vgl. nr. 190.* [2] *Heilwigis, Tochter des verstorbenen Johannes Bönlin, schenkt den Strassb. Predigern eine Rente von 1 Pfund auf dem genannten Hause zur Begehung ihres Todestages. 1313 Juni 17. Copie ebendas. fol. 15b. Dieselbe verkauft dann den Predigern das Haus (neben dem Hause der Lentfridin) für 19 Mark Silbers in Gegenwart des Priors Ulrich von Schaftoltzheim. Das Haus wird Scharfenecke genannt. 1316 August 27. Copie ebendas. fol. 15b.* [3] *Nach der Ueberschrift lag das Haus an der Ecke des Hasengässchens, neben dem Bruderhofe, und hiess* «zū Julianu».

heredibus in sortem non debeant computari. in cujus rei testimonium presens scriptum majestatis nostre sigillo jussimus communiri. datum Brisaci, idus marcii, indictione 14, anno domini 1286, regni vero nostri anno 13.

Aus Strassb. Stadt. A. Briefbuch A 269[b]. Darnach abgedruckt Böhmer: Acta imperii selecta nr. 452. — Böhm. Reg. Rud. nr. 879.

Pfandbrief. **198.** *König Rudolf verspricht dem Ritter Reimboldelin, Bürger von Strassburg, 20 Mark Silber und verpfändet dafür Einkünfte in Wickersheim. Breisach.*

1286 März 15.

Rudolffus dei gratia Romanorum rex semper augustus universis sacri imperii Romani fidelibus presentes litteras inspecturis gratiam suam et omne bonum. attendentes grata et accepta que . . .[a] strenuus vir Reinboldelinus miles et civis Argentinensis fidelis noster dilectus nobis impendit obsequia, sibi de liberalitate[b] regia viginti marcas argenti promisimus nos daturos, pro quibus eidem de decima curie in Wickersheim viginti quartalia annone tamdiu obligamus, quousque per nos vel nostros successores sibi vel suis heredibus legittimis predicte viginti marce plenarie fuerint persolute, volentes quod percepta de speciali gratia nostra predicto Reimboldo aut suis heredibus in sortem non debeant computari. in cujus rei testimonium presens scriptum majestatis nostre sigillo jussimus communire. datum Brisaci, idus marcii, indictione 14, anno domini 1286, regni vero nostri anno 13.

Aus Strassb. Stadt A. Briefbuch A 269[b]. Darnach abgedruckt bei Böhmer: Acta imperii selecta nr. 453. — Böhmer Reg. Rud. 880.

Erbleihe. **199.** Fr[idericus] prepositus, J[ohannes] decanus totumque capitulum ecclesie s. Thome notum faciunt, quod quandam aream inter pontes juxta curiam dominorum s. Arbogasti sitam magistro Berhtoldo carpentario hereditario jure concesserunt pro annuo censu 4 unc. den. Arg. et 2 caponum. Er. 1. census tantum ab uno conferri debet, videlicet herede seniore. sig. cur. Arg. est appensum. datum a. d. 1286, sabbato ante dominicam Oculi. ***März 16.***

Aus Strassb. Thom. A. Registrande C fol. 17[b]. cop. mb. s. XIV. ebenso Registrande D. fol. 20[b]. s. XIV cop. mb.

Verkauf. **200.** Coram thesaurario eccl. Arg. Gotzo dictus Wise parvus civ. Arg. vendidit Wernhero dicto Stehellin juniori terciam partem domus sue site in c. A. zûm Sluche[1] e. u. p. juxta domum Johannis dicti Hentwing e. e. a. p. juxta domum domine dicte de Kolbotzheim pro 8 marcis argenti ponderis Arg. de consensu Johannis sui filii, qui prescriptam domum per calamum resignavit, quod vulgariter dicitur furschôze, omni eo jure, quo dictus Gotzo tenuit et possedit domum eandem. argentum partim conversum est in exsolucionem debitorum. U. (Gotzo pro Johanne et ceteris liberis suis minoribus). actum et datum feria 4 proxima ante dominicam, qua cantatur Letare Jerusalem, a. d. 1286. ***März 20.***

Aus Strassb. Thom. A. lad. Kaufbriefe 2. or. mb. c. sig. pend.

Wittumsstiftung. **201.** Johannez von Eckevershein der meister und der rat von Strassburg machen bekannt, dass her Anshelm, burger von Strassburg, seiner gattin Grede näher beschriebene güter in Wihersheim, Tunzenheim, Quatzenheim zuo wittume gegeben habe. «an dem frietage in der pfinkestwochen, 1286. herane warent her Hartmût von Schiltenkeim,» *u. s. w. folgt der Rat.* ***Juni 7.***

Aus Strassb. Bez. A. G 4849 (5221) 1. or. mb. c. sig. pend. delaps.

a) *Die 3 Punkte über einer Rasur.* b) *cop.:* libertate.

[1] *Vgl. Str. G. u. HN S. 147.*

Wittumsstiftung. Schenkung.

202. C. j. c. A. im forma judicii Johannes dictus Appel civ. Arg., et Anna ejus uxor donaverunt sibi in invicem bona sua, et specialiter in bannis Hirtekeim et Tossenheim, in donationem propter nuptias, ita videlicet quod ambobus mortuis redditus quidam in Hirtenkeim Grede filie ipsorum, et Else de Bûnowe, monialibus s. Marci e. m. A., cedant, post harum vero mortem ad monasterium dictum devolvantur, ita tamen quod anniversaria uniuscujusque conjugum in dicto monasterio peragantur. universa alia bona sua, mobilia et immobilia, Johanni et Johanni, filiis suis, de ordine fratrum predicatorum (seu post eorum mortem monasterio fratrum predicatorum in Arg.) legant, ita tamen quod etiam per eos anniversaria conjugum perpetuo peragantur. legant quoque in remedium animarum suarum et anime Angnetis de Mutziche bone memorie, sororis predicti Johannis, redditus in banno Hirtekeim sacerdoti in parrochia s. Thome pro tempore celebranti. datum a. d. 1286, 4 idus augusti, «presentibus Johanne de Blûmenowe, Heinrico Swarber, Johanne dicto Hentwinge, dicto . . Welschin, Ernlin, et Johanne filio Johannis dicti Zolner in Kalbesgasse, scabinis civitatis Argentine, ut asseritur, ad hoc vocatis specialiter et rogatis.» ***1286 August 10.***

Aus Strassb. hosp. A. lad. 104 fasc. 16. or. mb. c. sig. pend. mutil.

Erbleihe.

203. Abbatissa et conventus monasterii s. Stephani concedunt Elline dicte Genselerin et Junte dicte Verlerin de Argentina aream sitam in platea, que dicitur Brûgegesselin e. u. p. prope domum Arnoldi dicti Ribenag e. e. p. a. prope domum Lentfridi filiastri Mördelini quondam in emphiteosim pro annuo censu 9 unc. den. Arg. Er. 1. si edificia incendio destruerentur et propter paupertatem ea conductores reedificare non possent, locatoribus conductores libere resignabunt jus suum. actum a. d. 1286, feria 3 ante festum s. Katherine. ***November 19.***

Aus Strassb. Bez. A. H 2865 (Copialb. von s. Stephan s. XV) fol. 95. cop. chart.

Erklärung betr. Rechte am Grundbesitz.

204. Hugo de Vegersheim mil. Arg. confitetur, se nullum jus habere in area sita in Crutenowe prope dominum de Stollenberg. et si quod habet, hoc ecclesie Arg. presenti scripto resignat. sigillum suum appendit. datum a. d. 1286, in vigilia Thome apostoli. ***December 20.***

Aus Strassb. Bez. A. G 2703 (3117) nr. 11. or. mb. c. sig. pend. mutil.

Beginenhausstiftung.

205. C. j. c. A. Wilburgis dicta de Erngerheim, lotrix fratrum minorum in Argentina, vendidit fratri Conrado episcopo Tullensi domum suam sitam in c. A. super area decani et capituli ecclesie Arg. juxta fontem zû der kugeln[1] inter domum dictam zû dem grester et domum dicti de Nuwilre pro 37 lib. den. Arg., ita quod annuatim de area predictis decano et capitulo 5 sol. et 2 capones solvantur nomine census, et quod dictam domum 20 paupercule begine gratis perpetuo inhabitare debeant[2]. A. 3. peracta vendicione dictus episcopus domum donatione inter vivos dedit abbatisse et conventui monasterii s. Francisci in anime sue remedium, ut ibidem 20 begine habitarent; et si una illarum cesserit vel decesserit, relique aliam subrogabunt; si in hoc concordare nequiverint, abbatissa unam subrogabit. actum fuit anno d. 1286.

Aus Strassb. Thom. A. lad. Begin. 12. or. mb. c. sig. pend. delaps.

Erbleihe.

206. Symund Hetzel der meister und der rat von Strassburg geben kund, dass «her Friderich der Sûner unde vur Agnes sin wurtin» verliehen haben zu einem rechten erbe «ir

---

[1] *Vgl. Str. G. u. HN. S. 78.* [2] *Ueber des Bischofes Gotteshaus vgl. Alsatia 1858-61 S. 164.*

hovestat zwischen der Hellun und der Julianin Conrate Veizsetlacke » und seiner gattin Gerthrud gegen einen zins von 14 uncen Str. pfenninge und 6 kappen. Er. 1. « an dem sammestage vor Mathie, 1287. herane warent her Hartmût von Schiltenkein » *u. s. w. folgt der Rat.* ***1287 Februar 22.***

Aus Strassb. Frauenh. A. lad. 49 nr. 14. or. mb. c. sig. pend. Nach den Dorsualnotizen lag das Haus in Hasengässelin.

Tauschgeschäft. **207.** Burcardus et Wilhelmus milites dicti Begere et Johannes clericus frater eorundem notum faciunt, quod 2 mansos in banno Munoltzheim, quos ipsi pro liberis habuerunt, Conrado episcopo Arg. et capitulo eccl. Arg. dederunt, sic quod dicta bona ab eccl. Arg. in feodum habeant in recompensationem reddituum 7 lib. den. Arg. et 56 capponum de quibusdam ortis et agris in banno civ. Arg. apud Kettenburn versus Kunegeshoven, quos ipsi nomine feodi habuerunt et postea vendiderunt. sigilla Burcardi et Wilhelmi sunt appensa. actum et datum feria 3 post dominicam Quasi modo geniti, a. d. 1287. ***April 15.***

Aus Strassb. Bez. A. G 3464 (Copialb. d. Münsters s. XVIII) nr. 29. cop. chart.

Erbleihe. **208.** *Die Stubenwege geben eine Hofstatt in Erbleihe.* ***April 25.***

Wir Niclawes der iunge Zorn der meister und der rât von Strazburg tûnt kunt allen den die disen brief gesehent oder gehôrent, daz vur Druta und ir brûdere, her Reinbolt Stûbenweg, her Erbo Stûbenweg und here Johannes und Petur Stûbenweg hant verluhen mit gesamenter hant zeime rehten erbe ir hovestat innewendig des wighuses gegen des Liebencelleres garten Sifride und sinere wurtinne der Manegoltinne und ir beder erben iemerme. die sulnt dervone geben iergelichs ze einse sehz schillinge genge und geber Strazburgere ane hoher steigen und ane erschatz, duwile es under irn erben ist. kummet aber es an eine frômede hant, die es denne enpfahent die sulnt erschatz geben, und hôret dirre eins ans Zolleres cappelle imme giezse[1]; und von der hoveherren wandelunge git man kein erschatz. daz dis war si und stete blibe, derumbe ist unser stette ingesigele an disen brief gehenket zeime urkunde. dis geschach an sante Markus tage, da von gots geburte warent tusent iar zweihundert iar und sibeni und ahzig iar. herane warent here Niclawes der iunge Zorn, *u. s. w. folgt der Rat.*

Aus Strassb. Stadt A. V. C. G. corp. K lad. 23 c. nr. 18. or. mb. c. sig. pend. delaps.

Verkauf. **209.** C. j. c. A. in figura judicii Johannes dictus Jude in Stadelgassen et Ellina, uxor ejus, filia dicti Wisen, cives Argentinenses, de consensu Johannis et Elline, liberorum suorum, vendiderunt duos agros contiguos juxta patibulum[2] extra civitatem A. sitos, et dicta Kuchimeisterin habet e. u. p. e. a. p. vero habet Hesso apothecarius civis Arg., p. p. e. l. relicte Willehelmi pellificis Arg. pro 20 lib. den. Arg. Wit. 1 *(für* Ellina). actum feria 3 post dominicam qua cantatur Jubilate, a. d. 1287. ***April 29.***

Aus Strassb. Bez. A. H 3117. or. mb. c. sig. pend. delaps.

Verkauf. **210.** C. j. c. A. in forma juris Johannes dictus Kusolt et Elisabet, uxor sua, de consensu Johannis, eorum filii, vendiderunt portionem ipsos pro indiviso contingentem in area, quam

---

[1] *Vgl. Str. G. u. HN. S. 70.* [2] *Vgl. UB. 1. 256 u. Silbermann, Lokalgeschichte der Stadt Strassburg S. 165 f.*

dicti conjuges et dictus Merswin habent inter monasterium seu claustrum Augustinensium fratrum et aream predictorum fratrum, item aream inter predictam aream fratrum et aream dicti Heiersida, super qua residens est Hetzelo hinder sant Michels buhele in Argentina, sitas p. p. e. l. priori et fratribus Augustinensibus pro 14 marcis argenti. actum a. d. 1287, feria 4 ante festum b. Johannis bapt. ***1287 Juni 18.***

Aus Strassb. Thom. A. lad. 21 (Titres). or. mb. lit. pat. c. sig. pend. Stellenweise ist die Schrift durch Feuchtigkeit ganz weggefressen.

211. *Verkauf der Hälfte des Hofes und Hauses zum Heilmanne an den gleichnamigen Bürger.* ***Juni 23.*** *Verkauf.*

Wir Burcart Reinboldelin der meister und der rat von Strazburg tůnt kunt allen den die disen brief gesehent oder gehörent, daz Erbelin, Petur und Johannes, Eckchartes seligen sůne, verköffent unde hant gegeben ze cöffenne Heilmanne unseren burgere die halbe hovestat, und den halben hu des hoves, deme man sprichet zů hern Heilmanne an den wassere ze Strazburg, vur lidig eigin umb ahzig mark silberes; ane das man dervone git iergelichs zeime selgerete ein unce Strazburgere an die camere der stift ze Strazburg. dis silberes sint sie von ime gar gewert; und sulnt öch weren sin dis halben huses und dirre halben hovestette wider meneglichen alse reht ist. ir swestere Savine het öch verichen mit irs wurtes hant Johanneses des suns von Hangoltingen, das sie kein reht het an deme vorgenanten hove. daz dis war si unde stete blibe, darumbe ist unser stette ingesigele an disen brief gehenket zeime urkunde. dis geschach an deme sůnegiht abende, da von gots geburte warent tusent iar zweihundert iar und sibein und ahzig iar. herane warent here Niclawes der iunge Zorn, *u. s. w. folgt der Rat*[1].

Aus Strassb. Hosp. A. lad. 169 fasc. 17. or. mb. c. sig. pend. mutil.

212. C. j. c. A. in forma juris Conradus dictus Schidelin et Metza, uxor sua, dicta Schidelerin civ. Arg. 2 domos contiguas, quas habent inter domum Johannis dicti Biller et pistrinum Johannis dicti Kusolt an dem querchgesselin in Arg. sitas fabrice eccl. Arg. donacione inter vivos donaverunt in remedium animarum suarum, usufructu tamen dictarum domorum ipsis ambobus, quamdiu vixerint, reservato. biis condicionibus adjectis, quod, si conjuges ad talem egestatem devenerint, quod alias sustentari non possint, nisi per alienacionem dictarum domorum, et si rectores dicte fabrice necessaria non ministraverint, tunc licitum erit, eas domos vendere, sed tunc dabunt 12 marcas argenti pond. Arg. si autem dicti conjuges liberos legitimos procreaverint, tunc dicta donacio ipso facto est irrita, et dicti conjuges dabunt 12 marcas argenti. actum a. d. 1287, 3 nonas augusti[2]. ***August 3.*** *Schenkung*

Aus Strassb. Frauenh. A. Saalbuch (3) fol. 29ᵇ. cop. s. XIV exeunt.

213. Burcart Reinboldelin der meister und der rat von Strassburg thuen kund, dass herr Petur zur Ackes seine hofstätte «an dem törhuse Heinriche deme Gůten unde Metzen siner wurtinne und irn erben» zu einem rechten erbe gegeben hat gegen einen zins von 5 $^1/_2$ pfund. Er. 4. V. «die eflermure unde der gebel die ist gemeine, unde die da hůnder ime gesessen sint, die sulnt weg zeme colc han durch sine tůr obenan, die da iezunt *Erbleihe.*

---

[1] *Vgl. nr. 18* [2] *Nach der Ueberschrift hiess das Haus:* «bi der steynin sůlen nyden in Kurdewanggasse». *Vgl. Str. G. u. HN. S. 104.*

gemalt ist.» «dis geschach 1287, an der mittewochen vor der ôrren mes. herane warent here Niclawes Zorn» *u. s. w. folgt der Rat*[1]. ***1287 August 13.***

Aus Strassb. Frauenh. A. lad. 49 nr. 11. 12. 2 or. mb. c. sig. pend. delaps. Doppelte Ausfertigung.

Stiftung einer ewigen Lampe.

214. C. j. c. A. Hesso apothecarius civ. Arg. asseruit, Heinricum Philippum bone memorie quondam patrem suum legasse in anime sue remedium redditus 10 sol. den. Arg. provenientes de area sita inter pontes, que dicitur zû Meffrides burnen, ut pro illis unius luminis lampas per noctem ardens ante ymaginem b. Marie virginis sub ambone in eccl. Arg. in perpetuum debeat ministrari. volens autem idem Hesso ordinacionem paternam perficere tradidit 1 lib. den. Arg. rectoribus fabrice eccl. Arg. in supplementum, pro qua 2 solid. redditus possunt comparari. rectores confitentur quod hiis 12 solid. annuatim contenti sunt ad hujusmodi luminis administracionem (10 videlicet de area predicta et 2 de bonis fabrice). datum a. d. 1287, 2 idus novembres[2]. ***November 12.***

Aus Strassb. Frauenh. A. Saalbuch (3) fol. 79ª. cop. s. XIV exeunt.

Schenkung.

215. C. j. c. A. in forma juris Fritscho dictus Holzman et Dûda uxor sua cives Arg. domum suam, quam inhabitant, inter domos relicte quondam Heinrici de Mendelbach et pistrinum Johannis dicti Sickelin in c. A. sitam, item aream, super qua ligna venduntur, inter aream dicti Honower et locum dictum Pferrich an dem holzmarcte ex opposito prescripte domus sitam . . . fabrice eccl. Arg. donatione inter vivos donant, usufructu tamen ipsis ambobus, quamdiu vixerint, reservato. ea adjecta condicione, quod si dicti conjuges ad talem egestatem devenerint, quod alias sustentari non poterunt nisi per alienationem domus et aree, et si rectores dicte fabrice ipsis conjugibus non ministraverint necessaria ad tempus vite, tunc licitum erit eis domum et areas predictas vendere donacione predicta non obstante. et tunc dicti conjuges vel emptores domus dabunt fabrice 10 marcas argenti; si autem dicti conjuges liberos legittimos simul procreaverint, tunc dicta donacio ipso facto irrita est, et tunc dabunt ipsi conjuges fabrice 10 marcas argenti. actum a. d. 1287, feria quarta post festum beate Katherine[3]. ***November 26.***

Aus Strassb. Frauenh. A. lad. 49 nr. 15. or. mb. c. sig. pend.

Verkauf.

216. Coram thesaurario eccl. Arg. Petrus clericus, filius quondam Rulini dicti zû der Ackes civ. Arg., vendit 3 areas suas sitas in c. A. in loco dicto ame tôrhuse proximiores aque videlicet Brusche Conrado dicto Maget civi Arg. pro 113 marcis argenti pond. Arg.; et de una area proximiore aque dat Wernherus dictus Lot singulis annis nomine census 3 lib. den. Arg., item de secunda dictus Karricher 21 unceas, et de tertia dictus Gûte 5 lib. et 10 sol. actum 2 nonas januarii, a. d. 1288[4]. ***1288 Januar 4.***

Aus Strassb. Frauenh. A. lad. 49 nr. 16. or. mb. c. sig. pend.

---

[1] *Auf nr. 12 Dorsualnotiz sec. XV-XVI:* «Super aream, ubi nunc est domus dicta zum Spannbet by der schintbrûcken». *Vgl. 1290 April 25. Am gleichen Tage (1287 August 13) macht Burkart Reinboldelin der Meister und der Rat von Strassburg bekannt, dass Peter zur Ackes seine Hofstätte an dem Wasser gegen der* Schintbrucken *an Wernher Lot, Bürger von Strassburg, in Erbleihe gegeben hat (Zins 3 Pfund).* «die efter mure und der gebel die ist gemeine; unde die da hûnder ime gesessen sint, die sulnt das gemach zeme tele han, alse von erst. und die nebentmure gegen me karricher die ist ôch gemeine.» *Folgt Ratsverzeichnis. Or. ebendaselbst nr. 13.* [2] *Nach der Ueberschrift lag das Haus* «zwischent brucken hûnder winkelburne». *Pfarrei Alt Sankt-Peter.* [3] *Nach Saalbuch (3) fol. 28ª hiess das Haus* «zu der latten» *und lag am* Holzmerkete. [4] *Nach Dorsualnotiz s. XIV ist es die* «hovestat zû Bûbenecke». *Vgl. nr. 213 u. Str. G. u. HN. S. 12.*

217. C. judice thesaurarii et archidiaconi eccl. Arg. Bertoldus dictus Crebesser civ. Arg. suam ordinat ultimam voluntatem. inprimis legat monasterio s. Katherine c. m. A., cujus monasterii monialis Gertrudis filia sua est, bona quedam in Wibersheim, Herde, Dancrazheim; item donat ipsi monasterio omnia bona sua mobilia existentia infra septa dicti monasterii, excepto, quod Salgûdi famule sue legat 1 lectum, 1 palleum et pellem; item 1 vitulum, quem habebat a Sigebottone de Gamensheim; item 16 unceas, in quibus dicta Salgûdis sibi fuit obligata; item excepto, quod Berhte, sue nepti, tegumentum ovile legavit; item excepto, quod Mehtildi de Illenkirche, sue nepti, 1 lectum et vetus tegumentum, dictum ein grûne kuter legavit; quod Berhte, filie sororis sue, 1 griseam tunicam furratam cum pelle ovina; quod Metze, filie sororis sue, 1 tunicam veterem arborei panni et vetus pellicium ovinum legavit. item legavit dicto monasterio et filie sue debita, in quibus varie persone sibi sunt obligate. sigillum thesaurarii ad causas est appensum. actum feria sexta ante dominicam qua cantatur Oculi, a. d. 1288. *Testament.* ***1288 Februar 27.***

Aus Strassb. Hosp. A. lad. Orph. LVIII fasc. 60. or. mb. c. sig. pend. delaps.

218. *König Rudolf versetzt dem Strassburger Nikolaus Schultheissen das Dorf Wickersheim. Colmar.* *Verpfändung.* ***April 4.***

Nos Rudolfus dei gratia Romanorum rex semper augustus ad universorum sacri imperii Romani fidelium noticiam volumus pervenire, quod nos strenuo viro Nicholao dicto Sculteto Argentinensi dilecto nostro fideli pro viginti quinque marcis argenti, quas idem nobis mutuavit, et pro viginti marcis, quas ex liberalitate regia sibi largiti sumus, villam nostram Wickersheim cum omnibus juribus et attinentiis suis preter stagnum et piscariam, quam ibidem habemus, titulo pignoris duximus obligandam tenendam et habendam tamdiu, quousque sibi per nos vel successores nostros in imperio quadraginta quinque marce que premisse sunt plenarie fuerint persolute. quibus solutis prefatus *Nicholaus* prelibatas viginti marcas, quas ex dono nostre munificencie eidem adjecimus, ut pretactum est, convertet in predia et eadem a nobis et imperio in feodum perpetuo possidebit presentium testimonio litterarum. datum Columbarie, 2 nonas aprilis, indictione 1, anno domini 1288, regni vero nostri anno 15.

Aus Strassb. Stadt A. V. C. G. corp. B lad. 22. or. mb. c. sig. pend. mutil. Abgedruckt bei Schöpflin Als. Dipl. II, 39 nr. 758 (wohl nach Briefbuch A fol. 270ª im Stadtarchiv). — Böhmer: Reg. Rud. 953.

219. C. j. c. A. in forma juris Otto dictus Crebs, et Brigida uxor sua, cives Arg., de consensu Brigide et Cecilie, filiarum suarum, vendiderunt domum et aream suam inter domum militum dictorum de Kagenecke et domum Wicmanni sub mercatoribus in c. A. sitam Ite de Vinstingen, relicte domini Rûdolfi militis de Fleckenstein, p. p. e. l. pro 42 marcis argenti. filie renunciant omne jus sibi conpetens. actum a. d. 1288, in crastino b. Johannis Baptiste[1]. *Verkauf.* ***Juni 25.***

Aus Strassb. Hosp. A. Prot. Prēdic. 107 (Copialb. s. XIV) fol. 21ᵇ. cop. mb.

220. Reinbolt Turant der meister und der rat von Strazburg machen bekannt, dass «Adelheid hern Ůlrichz seligen wittewe zû dem Widere und ir stiefsûne here Conrat von Periz ein tûmherre ze Howowe unde Niclawes Henice prior und Jacob hern Ůlrichz seligen sûne zû dem Widere» mit gesammter hand verkauft haben «daz huz unde das ander dernebent under eime dache uffeme graben ze Strazburg Johanni, Margareten und Agnesen, *Verkauf.*

---

[1] *Bruder Berthold von Gebenstein, Landcomthur des Deutschritterordens für Elsass, macht bekannt, dass sein Orden und der Bruder Otte Crebes, Sohn des obengenannten Otto Crebs, den obengenannten Vertrag anerkennen. Siegel des Comthurs 1288 Oktober 1. Abschrift ebendaselbst fol. 21ᵇ.*

Niclawes seligen Rebestockes kinden,» für 56 mark silbers. für die kinder schliesst den kauf ab ihr oheim «her Nyckol». von dem einen hause wird 1 unze an das spital gezahlt, von dem andern 10 an das kloster s. Arbogast. Wit. 1. (für Adelheit.) «diz beschach an dem fritage nach Ůlrici, 1288. herane warent her Reinbolt Turant,» *u. s. w. folgt der Rat*[1].

1288 Juli 9.

Aus Strassb. Hosp. A. lad. 172 fasc. 19. cop. mb. c. sig. pend. (ausgestellt 1374 Mai 31 vom judex curie thesaurarii ecclesie Arg.)

Verkauf. **221.** *Verkauf des Schanrippen Hofes.* ***Juli 14.***

Wir Reinbolt Turant der meister und der rât von Strazburg tûnt kunt allen den die disen brief gesehent oder gehôrent, daz vur Elsa, hern Niclawez frowe von Mulnecke, mit hant und mit gehelle des selben Niclawez irs wurtes, und ir brûdere Gotze und Johannes mit gesammter hant ir teil; und Jacobis seligen kint Elsa (mit irs wurtes hant und gehelle Johannis zeme Riet), und ir geswisteri Ortwin, Lûcgart und Jacob (vur die driu kint sint werburgen her Ortwin Swarber und Niclawes zur Riusen, und ist ir mûter, vur Agnes, reht schuldenere, und hant gelobet, das sie schaffen sulnt, so die selben driu kint zû iren tagen kumment, daz sie disen côf stete habent und verigent alse reht ist), und Friderich der Hyrcelere und Elsa, Johannis Mörlins wurtin, mit des selben Johannis hant und gehelle, und Niclawes zur Riusen und Johannes, ir brûder, und Phyna mit hant und mit gehelle irs wurtes, Concelins von Hornecke, die hant gegeben ze côffenne vur lidig eigin . . der priorin und deme convent ze sante Margareden bi sant Aurelien umbe zweihundert mark silberes vunfzehen marke minre iren hof heizset des Schanrippen hof bi den herren von sant Thomane zwischent deme ebenden hove und den frowen von sante Margareden, den sie gemeine hettent und ungeteilt, des sie ze erbe sint kummen von iren vattere und von irre mûter mit den garten und mit allem buwe, als er ieznnt mit buwe begriffen ist, und swas derzû hôret und mit alleme rehte, das sie drane hettent oder soltent han; und hant veriehen, das sie dis silberes gar gewert sint von deme vorgenanten clohstere; und sulnt alli die vorgenanten kint und personen, die disen hof verkôft haut, dis hoves weren sin mit gesamenter hant wider meneglichen alse reht ist. daz dis war si und stete blibe, derumbe ist unser stette ingesigele an disen brief gehenket zeime urkunde. dis geschach an sante Margareden abende, da von gots geburte warent tusent iar zweihundert iar und ehtewi und ahzig iar. herane warent her Reinbolt Turant, *u. s. w. folgt der Rat.*

Aus Strassb. Bez. A. H 1514. 3. or. mb. c. sig. pend. delaps.

Verkauf. **222.** Johannes Schilt der meister und der rat von Strassburg machen bekannt, dass «vur Agnes hern Johannes Swarten seligen wittewe unsere burgerin» verkauft hat güter in Stutzheim mit zustimmung ihrer tochter Agnes, gemahlin Reinboldes Stûbenweges, für 52 mark silbers an «hern Gotfride deme Vachmanne unseren burgere». «dis geschach 1288, an deme samestage nach sante Martins tage. herane warent her Reinbold Turand, *u. s. w. folgt der Rat*[2].

November 13.

Aus Strassb. Bez. A H 3111. 4. or. mb. c. sig. pend. mutil.

[1] *Nach einer Dorsualnotiz s. XV hiess das Haus zum Eichhorn und lag in Sporergasse (= Spiessgasse).* [2] Conrat Vachman *erklärt vor dem Rat, dass er sein Gut zu* Stutzheim, Schiltenkeim, Scherwilre *und* Fleckenberg, *wie auch alle seine fahrende Habe an das Kloster s. Agnes, das ihn als Bruder aufnimmt, geschenkt habe. Ratsurkunde.* (Gotze von Grostein *u. s. w.*) *1298 Juli 16. or. ebendaselbst.*

223. Hermann, Hesse und Rûdolf die markgrafen von Baden machen bekannt, dass ihr verstorbener vater markgraf Rudolf dem kloster zu Bûri (Lichtenthal) 100 mark silbers gab, die man «mit dem ersten nemen sol von dem gelte in dem riethe, swenne den burgern von Strasburg gar virgolten wirt, das er in schuldig was,» zu einem seelgeräte u. s. w. «an dem vritag vor santi Lucyen tage, 1288.» *1288 Dezember 10.* Seelgerätstiftung.

Aus Mone, Zeitschr. für Gesch. des Oberrh. VII, 219. (nach dem Or. in Karlsruher Gen. L. Archiv. Archiv Kl. Lichtenthal.)

224. *Gotzo, Küster zu s. Peter, giebt eine Hofstatt in Erbleihe.* **Dezember 11.** Erbleihe.

Wir Johannes Schilt der meister und der rât von Strazburg tûnt kunt allen den, die disen brief gesehent oder gehôrent, das here Gotzo, der custer von sante Petrn, mit siner erben, siner swester willen vurn Lucgarte, vurn Annen unde vurn Katherinen het verluhen zeime rehten erbe sine hovestat bi der kursenere lôben swester Cristinen und swester Lucgarte von Erstheim, die und ir nachkummen sulnt dervon geben ze cinse iergelichs ane hoher steigen vier unce genge und gebere Strazburgere und engent sie und ir erben kein erschatz. kummet aber der bu an ein frômede hant ûzser irn erben, so sol man danach erschatz geben; aber von der hoveherren wandelunge git man kein erschatz. daz dis war si und stete blibe, derumbe sint siner und der stette ingesigel an disen brief gehenket zeime urkunde. dis geschach an deme sammestage vor Lucie, da von gots geburte warent 1288 iar. herane warent her Reinbolt Turant, her Gotzo Marsilius, her Johannes Schilt und her Petur Ripelin die vier meistere und der rât ze Strazburg[1].

Aus Strassb. Thom. A. lad. Kaufbriefe 3. *or. mb. c. 2 sig. pend. delaps.*

225. Prepositus et conventus monasterii s. Arbogasti e. m. A. locant Burcardo dicto de s. Martino, et Gerine ejus uxori, civibus Arg., domum suam lapideam magnam cum orto et area sitam an dem werde prope molendinum monasterii dictum Lantmûle et ipsius domum dictam das Sesers hus, item areas monasterii universas ibidem sitas de loco qui dicitur ziegelhof usque ad predictum molendinum (2 domibus dictis Trutkindes hûsere dumtaxat exceptis) locant ipsis ad tempus vite eorundem seu unius ex ipsis superstitis, ita quod ibidem edificent et plantent suis expensis pro sue libito voluntatis et annuatim solvant de domo lapidea 9 unc., de alia vero an dem Wer sita 4 unc. absque qualibet augmentatione. duobus vero defunctis area cum edificiis insuper exstructis ad monasterium redit in remedium animarum dictorum conjugum. conjuges in premissa consentiunt. judex curie Arg. sigillum suum appendit. datum a. d. 1288. Zeitleihe.

Aus Strassb. Hosp. A. Prot. 7383 nr. 140 fol. 28[b]. *(Copiar. s. Arbogasti s. XIV exeunt.)* *cop. chart.*

226. C. j c. A. dominus Johannes dictus de Eckeversheim, miles Arg., confessus est in forma juris, quod tempore, quo matrimonium cum domina Adelheide, uxore sua, contraxerit, quod tunc eidem uxori sue 1 mansum in banno ville Eckeversheim situm et octavam partem passagii dicti zû den hunden in Reno versus Kelle et medietatem pratorum, reddituum et censuum, quos habet ultra Renum apud Kelle et inter dictum passagium et dictam villam Kelle, retenta ipsi domino Johanni sexta decima parte passagii predicti, in donationem propter nuptias Wittumsstiftung.

---

[1] Nycolaus v. Bûnowe, *Pförtner von s. Peter, giebt an die Schwestern Ellin u. Gerdrud von Kertzfeld die genannte Hofstatt* (retro lobium pellificum, ex uno latere est domus Margarete de Matzenheim, ex alio domus Cristine et Lûgardis beginarum de Erstheim und stosset hinden drau domus dicte Westermennin) *für denselben Zins in Erbleihe. 1294 Juli 4. Abschrift in Strassb. Hosp. A. Prot. Prédic. 107 (Copialb. s. XIV) fol. 50*[b]. — *Die beiden Schwestern Christina und Lucardis von Erstheim verkauften schon vorher den beiden Schwestern ihre Rechte an dem genannten Hause für 7½ Pfund Pfenninge. 1291 Februar 20. Abschrift ebendaselbst fol. 41.*

assignavit et donavit. in sexta decima parte Johannes matri sue quondam jure hereditario successerat. ac ne dubium de donatione remaneat, denuo bona predicta uxori predicte donat. datum et actum a. d. 1288.

Aus Strassb. Stadt A. G. U. Pf. lad. 185 nr. 4. or. mb. c. 1 sig. pend.

Verkauf. **227.** *Conrad und Siegfried Merswin verkaufen zwei Hofstätten und einen Garten den Augustinern.* ***1289 Januar 22.***

Wir Johannes Schilt der meister und der råt von Strazburg tůnt kunt allen den, die disen brief gesehent oder gehörent, das her Conrat Merswin und Sifrid sin brůder vur sich und vur Sifrides kinder, Sifriden, Niclawesen, Gyseln, Johannen und Peturn, hant gegeben ze cöffenne mit gesamenter hant deme priore und den brůdern den Augustineren ůzsenwendig der můren ze Strazburg zwå hovestette bi sante Michels cappelle und ein garten, da hinden stoset an sante Margreden mure vur lidig eigin umbe drizig mark silbers luteres unde lötiges des geweges von Strazburg und hant verihen, das sie dis silbers von den brůdern den Augustineren gar gewert sint. her Symund Hetzil und Niclawes Colin und die vorgenanten Conrat und Sifrid sint alle viere unverscheidenliche schuldenere worden und hant gelobet, swenne die vorgenannten Sifrides kint zů irn tagen kumment, das sie schaffen sulnt, das die vorgenanten kint disen cöf stete hant und in verzigent von irre hant mit der gewarheite, die man der zů bidarf von[a] den zwein genanten hovestetten git man zů selgerete ein schilling Strazburger und zwene cappen zů sante Michels capelle. das dis war si und stéte blibe, derumb ist unser stette ingesigel an disen brief gehenket zeime urkunde. dis geschach da von gots geburte warent 1289 iar, an deme ersten tage nach Agnetis. herane warent her Reinbold Turand, *u. s. w. folgt der Rat*[1].

Aus Strassb. Thom. A. lad. 24. or. mb. c. sig. pend.

Leibzucht. **228.** Priorissa et conventus monasterii s. Agnetis e. m. A. locant Lentfrido condimentario et Hedewigi uxori ejus, civibus Argentinensibus, ortum suum sive aream sitam e. m. A. prope Hugonem dictum Blůme tenendam ab ipsis ambobus, quoad vixerint, pro annuo censu 4 unc. den. Arg.; post mortem alterius 2 uncee de censu descendent prenotato. post amborum obitum area redire debet ad monasterium et conductores donant edificia ab ipsis insuper edificata et inedificanda monasterio, quod anniversaria amborum peragere promittit. sig. cur. Arg., priorisse et conventus sunt appensa. datum a. d. 1289, feria 5 post octavam purificacionis[2]. ***Februar 10.***

Aus Strassb. Bez. A. H 3117. or. mb. c. 3 sig. pend.

a) *Von hier ab ist das Folgende nachgetragen, jedoch von gleicher Hand.*

---

[1] Conrad *und* Sifrid Merswin *verkaufen an das Kloster s. Margaretha 3 Höfe* (curie) *hinter dem Kloster der Augustiner zwischen den Gütern der Herren genannt* von deme grůnen werde *als ledig Eigen für 40 Mark Silber. Die Gattinnen, beide Katharina genannt, schwören ihr Wittumsrecht ab; ebenso verzichten auf ihr Anrecht Nicolaus und Johannes, Sifrids Söhne. Für Petrus (jünger als 14 Jahre), Sohn Sifrids, verbürgen sich die Verkäufer. 1295 Januar 22. Or. in Strassb. Bez. A. H 3117. Petrus (jetzt* clericus) *erkennt den Verkauf an. 1304 Januar 27. Or. ebendaselbst H 3118.*

[2] *Lentfrid und seine Gattin Hedwig* (majores 25 annis, sponte et non coacti) *schenken dem Kloster s. Agnes 6 Häuser errichtet oder noch zu errichten auf dem genannten Garten* (sitas extra portam dicti monasterii juxta fossatum proximum in loco dicto Blůmengarten Hugonis quondam incipientem a dicto fossato portam et murum dicti monasterii et tendentem usque ad ortum dicti de Rangaltingen). *Der* procurator *des Klosters empfängt* more scotationis per porrectionem calami *das Recht. 1289 Januar 27. Or. ebendaselbst*

229. Gerdrudis dicta Kelbina testamentum suum ordinat, et legat fratribus predicatoribus *Testament.* domus Arg. domum suam, quam inhabitat, hiis sub condicionibus, quod filia sua Sabina usum dicte domus habeat et in anniversario matris assignet fratribus 1 lib., et quod ipsa Sabina post ejus mortem unam vel duas puellas in eadem domo sibi substituat, que annuatim 1 lib. solvere tenentur. post mortem autem harum personarum domus vendi debet et una libra in redditibus annuis comparari, que fratribus detur in anniversario legatricis. de residuo pretio 40 marce fratribus assignari debent. item vult legatrix, quod curia sua apud s. Thomam juxta domum dicti Gûldihin sita vendatur, et de precio inde redempto legat predicatoribus 6 marcas, ad fabricam s. Martini in Arg. 3 marcas, ad fabricam b. virginis 2 marcas, ad fabricam s. Thome 1 marcam, fratribus minoribus 1 marcam, Augustinis 1 lib., sororibus in Sletzstat 1 marc., penitentibus juxta Argentinam 1 lib.; item legat domum suam sitam in vico, qui dicitur Kûffergasse, ad hospitale infirmorum, de qua infirmi singulis annis recipiant 1 libram; item vult quod vendito blado suo et 2 carratis vini solvantur 30 marce pro sorore sua; item legat omnia suppellectilia seu utensilia domus sue Sabine filie sue, item legat Ite, uxori Johannis de Truhtersheim, filie filie sue, 80 marcas argenti, in quibus Ite succedere possunt tantum heredes, qui ex ipsa processerunt. in omnibus aliis bonis suis sibi succedere debent ad equam porcionem Johannes, filius suus, et Sabina filia; Johannes jam habet de porcione sua pistrinum situm in vico Judengasse in c. A. hujus testamenti executorem constituit Sabinam dictam. officialis curie Arg. sigillum suum appendit. «actum presentibus testibus rogatis et specialiter ad hoc convocatis magistro Dietmaro, Hessone canonico s. Thome, Heinrico milite de Wolfgangesheim, a. d. 1289, feria quinta post dominicam qua cantatur Oculi.»

1289 März 17.

Aus Strassb. Hosp. A. Prot. Prédic. 107 (Copialb. s. XIV) fol. 19. cop. mb.

230. Abbatissa et conventus monasterii s. Stephani notum faciunt, quod in recompensam *Schenkung einer Leibzucht.* meritorum Cûnradi concanonici sui eidem aream suam sitam in parrochia s. Stephani contiguam a latere curie claustrali dicti Cûnradi retro domum dictam zû der Smitten in longitudine 40 pedum et in latitudine 30 pedum locaverunt ad tempora vite sue habendam, edificandam et inhabitandam, ita ud quicquid inedificaverit post ejus obitum monasterio cedat. que omnia Cûnrado placuerunt. sigilla abbatisse, conventus et Cûnradi sunt appensa. actum et datum feria tercia post dominicam qua cantatur Letare, a. d. 1289. ***März 22.***

Aus Strassb. Bez. A. H 2661. 1. or. mb. c. 3 sig. pend. delaps.

231. *Erbvertrag der Kinder Eberhards von Schönecke mit ihrem Vater über das Gut der Mutter.* *Erbvertrag.* ***April 4.***

Wir Petur Ripelin der meister und der rât von Strazburg tûnt kunt allen den, die disen brief gesehent oder gehôrent, das Eberhart von Schônecke, unser burger, sinen kinden Johannise, Agnese, Elsun, Minnen, Petur, Johannise und Greden het geteilt, alse reht ist, irre mûter seligen erbital, und het in dervùr benûmet drù hûser under eime tache ze Wangen bi heren Concen Tåschen und nûn vierteil geltes ane zwene sestere in Marley ban und ein stûcke reben ze Wangen und zwei hundert mark silbers von sime varndeme gûte ze nemenne nach sime tode. das silber und die hûser unde das gelt und das stûcke reben sol er doch ûnder sin handen haben und mit deme, das er da von ze nûtze bringen mag, damitte sol er den kinden ir notdurft geben, und sulnt in die selben kint noch nieman von irn wegen an sime andern gûte irren noch biswern, er tû damitte swas er welle, und swenne er niht enist, so sol man in die drû hûser und die nûn vierteil geltes âne zwene sestere und das stûcke reben und die zwei hundert mark silbers vorûz geben von alleme sime gûte, unde sulnt an deme ûberigen ze erbe gân, alse reht ist. swelhes ôch er birâtet, duwile er lebet, das sol von deme teile sin, das ez âne gebúrt an disen zwein hundert marken und an den hûseren und an deme korngelte und an deme stûcke reben. dis ist er alles ûberein kummen mit der kinde nebiste frûnden und mâgen Johannise, Gotzen des eltern und Gotzen des iungeren irre ôheime und Johannises des langen wille und gehelle; die hant ôch vor uns verieben, das disen kinden hie mitte vollen rehte und ôbene irre mûter erbizal ûs bischeiden ist und das in reht geteilet ist. das dis war si und stête blibe, derumb ist unser stette ingesigel an disen brief gehenket zeime urkunde. dis geschach an deme mantage nach deme palmetage, da von gots gebúrte wârent tusent iar zwei hundert iar unde nûni und ahzig iar. herane warent her Reimbold Turand *u. s. w. folgt der Rat.*

Aus Strassb. Bez. A. H 2103. 9. or. mb. c. sig. pend. delaps.

Verkauf. **282.** Peter Ripelin der meister und der rat machen bekannt, dass herr Wolfram sein kleines häuslein «by dem Endinger» verkauft hat für 27 pfund an Heinrich den Badener; Luckard seine gattin verzichtet auf das wittumsrecht; zugleich versprechen beide und ihre söhne Johannes und Conrad zu schaffen, dass Katherina (ihre tochter), wenn sie zu den iahren gekommen sei, den verkauf anerkenne. «an dem zinstag nach dem palmtag, 1289»[a]. hieran warend herr Reinbold Durant, *u. s. w. folgt der Rat.* ***1289 April 5.***

Aus Strassb. Stadt A. Ratsbuch ad ann. 1287. Regest. saec. XVI inc. Die Jahresangabe 1287 kann wegen der Ratsliste nicht stimmen. Diese führt auf 1289. Im Uebrigen ist das ein Beweis für die Unzuverlässigkeit der älteren Einträge des Ratsbuches.

Erbleihe. **283.** Peter Ripelin der meister und der rat von Strassburg machen bekannt, dass die nonnen von s. Franciskus und «vur Salgût des Ruses tohter» zu einem rechten erbe verliehen haben ihre hofstätte «zwischent Johannise deme Ohsen und deme ovenhuse bi der badestuben an deme werde Conrate Lintgries deme brotbecken unde Junten siner wurtinne», welche einen jährlichen zins von 5 schillingen «ane hoher steigen und ane erschatz» davon geben sollen (15 pfenninge an das kloster und den rest an frau Salgût); wenn der Lintgries die hofstatt verkauft, so müssen die käufer erschatz geben. «dis geschach an der krumben mittewochen, 1289. herane warent her Reinbold Turand» *u. s. w. folgt der Rat*[1]. ***April 6.***

Aus Strassb. Hosp. A. lad. 171 fasc. 34. cop. mb. c. sig. pend. mutil. ausgestellt von H[einricus] de Gundelfingen archidiac. Arg. *1305 Juli 20.*

Seelgerätstiftung. **284.** Friderich ein ritter genannt von Offewilre schenkt dem kloster «von der steige» zu einem seelgeräte nach seinem und seiner gattin tode das drittel des hofes zu Strassburg «vor dem von Wolfgangesheim ubere». das kloster soll das iahrgedächtnis Friedrichs begehen. der küster des domes zu Strassburg erklärt, «das dis vor uns und in gerihtes wis» geschehen sei, und hängt sein Siegel an zu dem Friedrichs. «1289, an dem sammestage in der pfingestwochen.» ***Juni 4.***

Aus Strassb. Bez. A. G 5774 (6139). 2. or. mb. c. 2 sig. pend. delaps.

Verkauf. **285.** C. j. c. A. Margaretha relicta Walteri dicti Sehzigmarke civ. Arg., Walterus, Rûdolfus et Margareta, liberi ejus, pro se et Nicholao, Cûnone, Jacobo et Clara, liberis dicte relicte fratribus predictorum fratrum adhuc minoribus, vendunt Truttatorio portatori litterarum, et uxori ejus, necnon dicte de Columbaria, civibus Arg., domum suam sitam ultra Bruscham ex opposito estuarii zû dem Mulensteine super area monasterii s. Nicholai Arg. sitam juxta domos Fritzhonis dicti Pfaffenlapp et fabrice eccl. Arg. cum orto sito juxta predictam domum

a) reg.: 1287.

---

[1] *Vgl. nr. 172.*

pro 14 lib. et 1 sol. den. Arg. U.(venditores constituunt se warandos fidejussores, vulgariter werburgen, pro Nicholao, Cůnone, Jacobo et Clara predictis). datum 16 kalendas julii, a. d. 1289. *1289 Juni 16.*

Aus Strassb. Frauenh. A. lad. 49 nr. 18. or. mb. c. sig. pend.

286. C. j. c. A. in forma juris Wernherus dictus Sünderling nauta et Gisela de Columbaria ejus uxor dicta Menkelerin omnia bona sua, mobilia et immobilia, specialiter domum suam sitam ultra Bruscam juxta domum Trutlarii fabrice eccl. Arg. donaverunt in remedium animarum suarum donacione inter vivos, usufructu tamen penes se et alterum eorum post mortem alterius reservato. si vero alter post mortem alterius ad secundas nupcias convolaret, extunc fabrica portionem defuncti ex bonis ambobus communibus recipiet; domus autem apud viventem remanebit. conjuges receperunt predicta bona a rectoribus fabrice pro annuo censu 4 den. Arg. solvendo in festo nativitatis b. Marie virginis in signum proprietatis et dominii. actum et datum a. d. 1289, crastino b. Johannis Baptiste [1]. *Juni 25.* *Schenkung. Leibzucht.*

Aus Strassb. Frauenh. A. Saalbuch (3) fol. 44a. cop. s. XIV exeunt. Nach der Ueberschrift betrifft die Urkunde «das orthus an dem staden nydewendig der nuwen brucken neben dem ofenhuse».

287. C. j. c. A. Reinboldus dictus Stůbenweg, miles Arg., legat monasterio s. Agnetis e. m. A. ortum suum situm apud curiam dicti monasterii ea adjecta condicione, quod dicte priorissa et conventus dent Agneti, uxori Reinboldi, Johanni dicto Blenkelin et Ebelino dicto de Hohenloch, civibus Arg., vel uni ex eis post obitum Reinboldi 5 marcas argenti distribuendas iis, qui se dampnum in bonis et rebus suis vi vel alio modo injuriose passos per dictum Reinboldum docuerunt; eo eciam adjecto, quod priorissa et conventus dent dictis personis vel uni ex eis 1 lib. den. Arg. singulis annis distribuendam in anniversario Reinboldi ad prandium seu ad mensam in dicto monasterio pro pictancia. si quid supererit, in usus pauperum distribui debet. [a] sig. cur. Arg. est appensum. actum et datum a. d. 1289, 6 idus julii. *Juli 10.* *Schenkung.*

Aus Strassb. Bez. A. H 3117. or. mb. c. sig. pend. delaps.

288. Reinbolt von Friburg der meister und der rat von Strassburg machen bekannt, dass herr Johans in Kalbesgasse, herrn Erben sohn, und Phyne, seine schwester, bekannt haben, näher beschriebene äcker in Kůnigeshofen von herrn Erben dem domherrn von s. Thomas und frau Heilken von Stufe, des iungen Reinbolds frau, geerbt und dann gemeinschaftlich an herrn Johans Hawart den ältern, bürger von Strassburg, für 60 mark silbers verkauft zu haben. «dis geschach an sant Six abent, 1289. haran worent her Reinbolt von Friburg, *u. s. w. folgt der Rat.* *August 5.* *Verkauf.*

Aus Strassb. Thom. A. Registrande A fol. 280. cop. chart. s. XV.

289. *König Rudolf verpfändet den beiden Brüdern Sturm einen Teil der Reichssteuer in Offenburg. Colmar.* *September 29.* *Pfandbrief.*

Nos Rudolfus [b] dei gracia Romanorum rex semper augustus ad universorum sacri imperii Romani fidelium noticiam tenore presencium volumus pervenire, quod nos inspecta obsequiose fidelitatis prestancia, qua prudentes viri Johannes et Wernherus dicti Sturme, cives Argentinenses, dilecti nostri fideles, erga nos se semper exhibent indefessos eisdem fratribus dare et assignare promittimus 40 marcas argenti puri et legalis, pro quibus 4 marcarum redditus habendos

a) *Von hier ab andere Hand.* b) *bei Gl.:* Adolfus.

---

[1] *Vgl. nr. 235.*

a nobis in feodum annis singulis de steura sive precaria opidi nostri in Offenburg liberaliter assignamus, volentes ipsos magnificencie nostre premiis benigniter prevenire. et cum nos vel nostri successores predictis fratribus vel eorum heredibus 40 marcas argenti assignaverimus, ipsi illas in predia convertent et illa ab imperio possidebunt tytulo feodali; nec debent in sortem percepta medio tempore computari, que eis donacione libera pro suis obsequiis graciosius largimur, dantes ipsis fratribus has litteras sigillo majestatis nostre roboratas in testimonium super eo. datum Columbarie, 3 kalendas octobris, indiccione 2, anno domini 1289 [a], regni nostri anno 16.

Aus Glafey: Anecdotorum collectio S. 610. Transsumpt in Urkunde Heinrichs VII: 1310 August 19; letztere erhalten in Urkunde Karl IV 1361 [April], deren Concept Glafey dem Registerband Karls IV in Dresden entnahm. Die richtige Jahreszahl 1289 (nicht wie bei Glafey 1299) ergiebt sich aus der Indiktion und dem Regierungsjahr. — Böhmer, Reg. Rud. 1001.

Testament. **240.** C. j. c. A. domina Agnes, uxor domini Luce militis dicti de Eckevershein, confessa est se Luce, marito suo, in dotem donasse: terciam partem curie zů dem Branthove [1] et edificiorum et terciam partem curie et edificiorum zů dem von Blůmvelden, item domum et aream inter Horwelinum et Kusonem ex opposito capelle hospitalis pauperum in Argentina [2], item domum ex opposito dicte domus superius specificate sitam juxta domos dicti hospitalis et cameram dictam ein gadem retro eandem domum et sita est in vico dicto Kurdewenregasse, item ortum et piscinam juxta estuarium an dem Werde, item agros et redditus apud Kůnheim, Wolfgangesheim, Altburnen et Ergersheim, Tungensheim, que partim fuerunt quondam Mathei, fratris dicti domini Luce. de his bonis et aliis inferius specificatis, que dicto suo marito non donaverat in dotem, sic ordinavit in remedium anime sue, ejusque parentum et Johannis, filii sui, quod omnia hec bona «post ipsorum amborum obitum cedere debeant pleno jure Johanni, ejus filio, integraliter et in totum et ejusdem Johannis successive perpetuo heredibus tantum ab ipso Johanne descendentibus directa linea, et quod illi dicta bona detinere debeant et eis utifrui, et quod eadem bona vel partem eorum vendere vel alienare debeant vel possint nullo unquam tempore, sed tamen dicti heredes possint dicta bona vel partem eorum uxoribus et maritis in dotem et in donationem propter nuptias donare» tali condicione, quod proprietates dictorum bonorum ad extraneos nullatenus devolantur, sed tantummodo usufructus. deficientibus autem heredibus ipsius Johannis, qui directa linea ex eo proveniunt, statuit dicta Agnes, quod extunc dicta bona omnia inferius et superius specificata ad hospitale pauperum in Argentina cum omni jure transeant. specificatio dictorum bonorum, que legata sunt cum bonis superius specificatis est hec: agri in bannis Wolfgangesheim, Ergersheim, Altburnen, Dalheim, item 2 domus under küfferen in c. A. et 1 area contigua dictis domibus, item 3 domus contigue uffe deme Rintsutergraben zwischent deme Stamphe unde heren Egenen ovenhus juxta pontem, item in deme Můlegesselin [3] inter pontes 1 domus et curia nebent deme von Gůgenheim, item 1 domuncula cum area in deme selben Mulegesseline ex opposito dicte domus, item 2 domus an deme ecke des selben Mulegesselins, da man drin gat, da der scherer inne was, item 1 area retro in Criegesgasse juxta s. Petrum seniorem solvit annuatim 8 sol. et 2 capones; item 1 ortus retro monasterium s. Katherine juxta Johannem dictum Zollere, item 5 frusta ortorum an der Steinstrazen retro curiam Liebecellarii, quorum quodlibet solvit annuatim 8 sol. et 2 capones; item tertia pars domus et curie dicte zů der Birken. sigilla curie Arg. et dicti hospitalis sunt appensa. datum a. d. 1289.

Aus Strassb. Hosp. A. lad. Hôp. XXXIII fasc. 23. or. mb. c. 2 sig. pend.

a) *Gl.*: millesimo ccmo nonagesimo nono.

---

1 *Vgl. nr. 111.* 2 *Vgl. Str. G. u. HN. S. 157.* 3 *Vgl. Str. G. u. HN. S 114.*

241. Coram thesaurario et archidiacono ecclesie Arg. Gotzo cellerarius ecclesie s. Petri Arg. et Nicolaus frater ejus renuntiant omni juri contra C[onradum] episcopum Argentinensem et Nicolaum dictum Zorn seniorem militem Argentinensem super officio pistorie in ecclesia predicta, quod officium nuper vacavit per resignationem Reimboldi quondam de Lingolvesheim militis et nunc tenet Nicolaus Zorn predictus, super quo officio in curia Maguntinensi aliquamdiu extitit litigatum. cellerarius et frater ejus submittunt se gratie episcopi. sigilla curie et cellerarii sunt appensa. datum sabbato ante conversionem b. Pauli, a. d. 1290. — *Verzicht auf Ansprüche.*

1290 Januar 21.

Aus Strassb. Bez. A. G 2703. or. mb. c. 2 sig. pend. mutil.

242. C. j. c. A. Lucas miles magister fabrice ecclesie Arg. nomine dicte fabrice vendit Bertschino filio Ebelini piscatoris civis Arg. 4 domos et areas cum orto continuo sitas in Argentina apud turrim, per quam itur versus Vinkenwilre, pro 31 marcis argenti ponderis Arg. pro liberis et propriis, quos ortum, domos et areas legavit dicte fabrice Hermannus dictus Stehellin quondam civis Arg., tali condicione, quod vendi deberent et in usus fabrice expendi. sigilla curie et fabrice sunt appensa. actum et datum feria tercia ante festum purificationis beate virginis, a. d. 1290. ***Januar 31.*** — *Verkauf.*

Aus Strassb. Stadt A. Pf. G. lad. 101 fasc. G. or. mb. c. 3 sig. pend. Von den Siegeln erhalten das des Hofgerichts und der Domfabrik. Das Siegel der Domfabrik (abgebildet bei Kraus, Kunst und Altertum I, 503) kommt hier zum ersten Male vor. Das abgefallene Siegel war vermutlich das des Ritters Lukas von Eckwersheim.

243. *Erbleihebrief der Gemahlin des Ritters Lukas von Eckwersheim.* ***April 18.*** — *Erbleihe.*

Wir Hug Ripelin der meister und der rat von Strazburg tůnt kunt allen den die disen brief gesehent oder gehôrent, das vur Agnes, hern Lukis wurtin, mit willen und mit gehelle und mit hern Lukiz hant irs wissenthaften vôtes het verluhen zeime rehten erbe iemerme ir hovestat nebent Huge Spendero dem kôfere nidewendig vurn Elline, Heincen wittewe von Brûmat, und Johanni und Hedewige, irn kinden, umb elf ûnce dervone ze gebenne ze cinse iergelichs ane boher steigen und ane allen erschatz von in und von allen den, an die dise hovestat iemer gevellet von iren wege. und sol vur Ellin dise hovestat han, duwile sie lebet. daz dis war si, derumbe ist unsere stette ingesigele an disen brief gehenket zeime urkunde. dis geschach an deme ciztage vor Georgii, da von gots geburte waren 1290 iar. herane warent her Reinbold von Friburg, *u. s. w. folgt der Rat.*

Aus Strassb. Thom. A. lad. 24. or. mb. c. sig. pend.

244. Hug Ripelin der meister und der rat von Strassburg thuen kund, dass «her Petur zur Ackes» zu einem rechten erbe verliehen hat seine hofstatt «zwischent der summerwunne und deme dôrhuse Conrate Zollere deme metzigere und Gerthrute sinere wurtinne» gegen einen zins von 3 pfund. E. 4. V. «dis geschach an deme ciztage nach Georgii, 1290. herane warent here Reinbold von Friburg, *u. s. w. folgt der Rat* [1]. ***April 25.*** — *Erbleihe.*

Aus Strassb. Frauenh. A. lad. 49 nr. 19 or. mb. c. sig. pend. delaps.

245. C. j. c. A. in figura judicii Anna filia domine dicte de Collen relicta Eberlini dicti Spiser vendidit Ellenhardo magno et Gisele uxori sue, civibus Argentinensibus, usufructum domus et aree ac edificiorum site inter aulam episcopi Arg. et domum Ůlrici dicti Stockere in c. A., quem habuit in predictis domo et area pro tempore vite sue ratione donacionis propter nupcias sibi facte a quondam Eberlino predicto pro 40 lib. den. Arg. Wit. 1. peracta — *Verkauf, Schenkung.*

[1] *Vgl. nr. 213 u. 216.*

vendicione predicti conjuges predictam domum et jus predictum fabrice ecclesie Arg. donacione inter vivos donaverunt, ita quod ipsi ambo et uterque ipsorum post mortem alterius usufructum domus predicte ad tempus vite sue teneat. actum feria tercia ante festum pentecostes, a. d. 1290[1]. ***1290 Mai 16.***

A aus Strassb. Bez. A. G 364 (791) nr. b. *or. mb. c. sig. pend. Dorsualnotiz s. XIV:* «littera super domum, in qua moratur magister opperia.» *Davon Abschrift in Saalbuch 3 fol. 40; darnach der Abdruck Mon. Germ. SS. XVII, 92 not. 20.*

B ebendaher. *or. mb. c. sig. pend. B hat etwas abweichende Form u. den Zusatz:* «hujus instrumenti duo sunt paria, quorum unum est apud Ellenhardum magnum et aliud apud Burcardum militem de Rymentheim.» *Dorsualnotiz s. XIV:* «littera super domum sû dem Elnhart, in qua moratur magister operis.»

Zeugenregest. **246.** C. j. c. A. constituti Rûdolfus dictus de Geispolzheim et Margareta uxor sua, cives Argentinenses, vendunt Hermanno de Tierstein thesaurario ecclesie Argentinensis bona in banno ville Tüttelnheim. actum 14 kalendas augusti, a. d. 1290. «presentes[a] hujus rei sunt dominus Erbo miles ultra Bruscham, Eberhardus dictus Sicke, Elnhardus, Eberlinus de Schônecke scabini, magister Dietmarus canonicus ecclesie s. Thome Argentinensis, Conradus de Veringen et Bertoldus, prebendarii ecclesie Argentinensis, et alii quam plures.» ***Juli 19.***

Aus Strassb. Bez. A. G 808 (1229). *or. mb. c. sig. pend. mutil.*

Testament. **247.** Johannes sacerdos dictus Oleiman, prebendarius ecclesie Arg., testamentum suum ordinat. episcopo legat fertonem argenti. item ordinat, quod de possessionibus suis in banno Wolfgangesheim etc una prebenda ordinetur in capella s. Michahelis in cimiterio s. Laurentii majoris ecclesie Arg. prebendarius singulis diebus unam missam leget; jurabit custodi ejusdem ecclesie, se omnes oblaciones sibi factas eidem assignaturum esse. collacio prebende est apud decanum dicte ecclesie. item legat choro ejusdem ecclesie quosdam redditus pro anniversario suo peragendo. item legat 5 lib. den. Arg. monasterio penitentum e. m. A., 1 lib. fabrice ecclesie s. Petri junioris, item fabrice ecclesie s. Thome 10 sol., cuilibet monasterio e. m. A. 30 den. Arg., predicatoribus in Argentina 4 lib., confessori suo 1. lib., fratri Johanni dicto Lowe ordinis Augustinensium 1 lib., fratribus Augustinensibus 1 lib., fabrice ecclesie de Rynowe ad ornamenta 1 lib., fabrice ecclesie Arg. 2 lib., cuilibet inclusorio in civitate et extra civitatem ad unum miliare 1 sol. den. Arg., item Mehthildi filie Seburgis neptis sue 2 lib., item 10 quartalia siliginis Metze, Werudrudi et Sibilie, consanguineis suis, item 5 quartalia Ôsterhildi et Agneti, filie ejus, consanguineis suis, item 5 quartalia Künegundi de Gundensheim et liberis ejus, consanguineis suis; item Johanni de Gundensheim clerico Arg., consanguineo suo, librum matutinalem, librum nigrum et hystorias suas; item omnia suppelectilia et utensilia domus sue Mehthildi de Zutzendorf consanguinee sue; item ciphum suum meliorem argenteum legat ad calicem ad prebendam predictam. item ordinat, quod redditus emantur pro 10 lib., quibus redditibus frater suus utifrui debeat ad tempus vite sue et que post ejus obitum cedent beginis commorantibus in domo sua in Stadelgassen pro lignis et luminibus, quam domum frater inhabitare debet ad tempus vite sue. item legat Junte et Künegundi, consanguineis suis, 10 quartalia siliginis, fratribus domus theutonice Argentine 10 sol. den. Arg., item unam vaccam Künegundi et liberis Conradi filii nepotis sui. hujus testamenti executores constituit magistrum Conradum de Lingolvesheim, prebendarium ecclesie Arg., Rûdolfum de

a) *Das Folgende* (presentes *bis Ende*) *steht auf einem Pergamentzettel, welcher unten am Blatt der Urkunde befestigt ist, von anderer, aber gleichzeitiger Hand geschrieben.*

---

1 *Vgl. nr. 177.*

Sweinheim, dominum Johannem de Ůtenheim et Johannem, nepotem suum. sigilla curie Arg., decani, scolastici et thesaurarii ecclesie Arg. sunt appensa. a. d. 1290, feria[a] quarta post festum b. Jacobi apostoli. *1290 Juli 26.*

Aus Strassb. Bez. A. D 81. 2. or. mb. c. 4 sig. pend. delaps.

248. C. j. c. A. in figura judicii Johannes dictus de Griesheim, et Itha uxor sua, cives Argentinenses, presente fratre Heinrico, procuratore monasterii s. Margarete e. m. A., 1½ agros frugiferos in der nuwen gebreiten juxta dictum de Winterture zů garten, item 2½ agros juxta Burchardum dictum Spendere militem zů garten in der nuwen gebreiten[1] in parrochia s. Aurelie sitos dicto monasterio donatione inter vivos donaverunt in remedium animarum suarum. actum idus septembris, a. d. 1290. *September 13.* *Schenkung.*

Aus Strassb. Bez. A. H 3117. or. mb. c. sig. pend. delaps.

249. C. j. c. A. Heinricus prepositus ecclesie Honaugensis, canonicus ecclesie s. Thome Arg. et quondam ejusdem ecclesie custos, in remedium anime sue et suorum parentum necnon felicis recordacionis quondam domini Heinrici de Geroltsecke episcopi Argentinensis ecclesie s. Thome redditus quosdam et bona donavit, de quibus partem prebendariis in duobus prebendis ab ipso Heinrico preposito erectis constitutis assignat. ad prebendas pertinent due curie, una vocatur dus schribers hof quondam canonici dicte ecclesie in Vittellinsgasse[2] et alia curia magistri Cunzelini notarii civitatis. sequuntur constitutiones de jure collationis, de officiis prebendariorum etc. sigilla curie Arg., prepositi[3], decani[4] et capituli s. Thome necnon prepositi Honaugensis sunt appensa. datum et actum a. d. 1290, feria sexta proxima post Mathei apostoli[5]. *September 22.* *Präbendenstiftung.*

Aus Strassb. Thom. A. lad 25 (Titres). or. mb. c. 5 sig. pend. Die Güterbeschreibung ist auf einem besondern Pergamentblatt stehend, durch welches die Siegelstreifen hindurch gezogen sind, mit der Urkunde verbunden.

250. *Die Minderbrüder erwerben eine Hofstatt.* *Oktober 12.* *Verkauf.*

Wir Johannes der Spender der meister, unde der rat von Strazburg tůnt kund allen den, die disen brief gesehent oder gehôrent, daz Johannes Stumphelin unser burger, unde vur Wulleburg sin eliche wurtin vor uns hant verichen, daz si ir hus, daz da stozet an der minre brůder kor ze Strazburg, mit der hovestat hant verkouft hern Wezele, der minre brůdere schaffener, umbe 40 mark silbers genges unde gebes vur lidig eigin. doch davon sulnt gan iergelich selgerete cins zehen phunt oleies ze beluhtende sante Ůlriches cappelle in der phaltzen[6] unde ein schilling phenninge ze sante Arbogaste unde dehein ander cins; wand ouch daz selbe hus mit der hovestat waz der vorgenanten frowen wideme, darumbe het siu einen eit geswern, daz siu den kouf sol iemer stete haben, noch daz vorgenante hus unde hovestat sol niemer wider gevordercn. siu hant bedesamment vor uns vurichen, daz siu der vorgenanten vierzig mark silbers sint gewert allceliche, unde sulent ouch wer sin des koufes nach rehte. daz ouch dirre kouf stete blibe unde niemer múge angesprochen werden von in oder von iren erben an geistlicheme oder weltlicheme gerichte, so vurzihent siu sich alles rehtes, geistliches unde weltliches, gewonheite unde sunderreht oder hantvesten der stat von Strazburg, daz in gůt móhte sin den kouf ze irrende, alse es da vor ouch mit worten beschei-

a) *Das Folgende mit anderer Dinte und wohl auch von anderer Hand hinzugefügt.*

---

1 *Vgl. UB. I, 256.* 2 *Vgl. Str. G. u. HN. S. 184.* 3 *Nach dem Siegel:* Fridericus. 4 *Nach dem Siegel:* magister Johannes. 5 *Bischof Konrad von Strassburg bestätigt die Schenkung 1291 November 8. Or. ebendaselbst.* 6 *Vgl. UB. I, 272 nr. 357.*

den ist. daz ez war si, darumbe henke wir unser stette ingesigele an disen brief, alse wir sint gebetten von in beden. dis geschach an deme dunrestage nach sante Dyonisien tag, do von gottes geburte warent 1290 iar. herane warent her Nicolaus Zorn, her Johannes Pamphile, her Nicolaus hern Nicolauses sun von Kagenecke, her Reinbolt Turant, her Hug Wirich unde Schilt unde her Niclauwes von Milnnecke.

Aus Strassb. Thom. A. lad. Kaufbriefe 2. or. mb. c. sig. pend. delaps.

Schenkung. **251.** C. j. c. A. in figura judicii Demudis relicta Rudegeri dicti Mordelin civ. Arg. (presente fratre Ludewico, procuratore priorisse et conventus monasterii s. Katherine e. m. A.) confessa est, quartam partem domus, quam inhabitat, ex opposito s. Crucis in Argentina pro indiviso ad prefatum monasterium jure dominii pertinere, et quod Gerdrudis filia sua, cui dicta quarta pars ex successione paterna cessit, dicto monasterio per ingressum contulit, et quod ipsa Demudis dictam partem domus habet ad inhabitandum pro tempore vite sue pro 1 vierlingo cere. Demudis donat dicto monasterio omnia bona sua immobilia et mobilia. sig. cur. Arg., priorisse et conventus dicti monasterii sunt appensa. actum et datum sabbato proxima ante festum b. Nicolai, a. d. 1290. ***1290 Dezember 2.***

A aus Strassb. Hosp. A. lad. 169 fasc. 5. or. mb. c. 3 sig. (2 delaps. 1 mutil.)
B ebendaselbst lad. Orph. 58 fasc. 61. or. mb. c. 3 sig. pend.

Schiedsspruch. **252.** «Eberhart von Grifenstein unde her Bilgerin von Wangen, unde her Hug von Vegersheim, dû rittere, unde Johannes von Kolbozheim, ein burgere von Strazburg,» entscheiden als erwählte schiedsrichter einen streit zwischen dem kloster von der Steigen und herrn «Pauwel Wirich», bürger zu Strassburg, und Anna, seiner gattin, über güter zu Zehenacker. «dis geschach ze Strazburg zu den brediieren, an sancte Niclauwes tage», 1290. ***Dezember 6.***

Aus Strassb. Bez. A. G 5787 (6152). 1. or. mb. c. 4 sig. pend. delaps.

Erbleihe. **253.** *Das Spital giebt eine Hofstatt im Bruch in Erbleihe.*

Es söllent alle die wissen, die disen brieff sehent oder hôrent lesen, das der meister des spittals von Strazpurch mit aller der gehelle, die zû dem spittal hôrent, hat verluhen ein hovestat mit eime garten, die da ist gelegen in dem brûch nebent dem Merswin, vorn Luckarte der Lengin und irn erben iemerme zû eime rehten erbe, also das die selbe Luckart und ir erben alle iar dem spittale sollent geben one schaden nûn ûntze pheuninge und zwene kappen, und alle die wile, das der garte in der erben hant stat, so gebent die erben dem spittal kein erschatz. ist das aber, das daz gût usser der erben hant kumet, so sol man dem spittal erschatz geben. und das daz were und stete blibe, so ist des spittals ingesigel an disen brieff gehencket zû eime urkûnde. diz geschach sit gotz gebûrte worent zwôlffhundert iar und nûnzich iare.

Aus Strassb. Hosp. A. lad. 173 fasc. 20. cop. mb. c. sig. pend. (Ausgestellt vom judex curie Arg. 1436 April 26.)

Schenkung. **254.** Anna de Lôphin abbatissa monasterii s. Stephani de consensu conventus statuit, ut altare positum super ambone dicti monasterii in honore b. Katharine nulli deinceps canonico vel prebendario conferatur officiandum, ne per officiationem dicti altaris choro ecclesie et altari publico divinum obsequium minuatur. ad dictum altare deputat unam de domibus tribus contigue sitis a latere cimiterii s. Stephani juxta domum monachorum de Nuwenburg, que quidem olim fuit domini Paulini cantoris s. Petri Arg., comparatis per abbatissam et edificatis, videlicet precipuam versus fontem habendam a presbytero dicti altaris cum solutione juris, quod dicitur erschatz, pro 2 sol. den.[a] Arg. et 2 capponibus de area dicte domus conventui annuatim persolvendis. reliquas vero 2 domos novas sub uno tecto deputat dicto conventui, ut de censibus earundem anniversarium suum peragatur. sigilla abbatisse et conventus appendenda sunt. actum et datum feria[b] 2 post epyphaniam domini, a. d. 1291.

1291 Januar 8.

A aus Strassb. Bez. A. H 2683. 7. or. mb. c. 2 sig. pend. delapa.

B daselbst. H 2661. 2. Concept auf Pergament mit vielen Correkturen. Unten am Rande des Pergaments des Conceptes sind folgende Namen geschrieben: «Demůdis de Hirzberg. Demůdis de Lupfenstein, Adelheidis de Wangen, Adelheidis media de Lupfenstein, Agnesa de Bitsch, Adelheidis junior de Lupfenstein et Katherina dicta Hawemesserin.» *Unter diesen Namen sind wohl die Nonnen des Klosters zu verstehen.*

255. Abbatissa et conventus monasterii s. Stephani Arg. de consensu episcopi Arg. statuunt, quod altare positum super ambone predicti monasterii in honore b. Katherine consecratum, quod jam tenet Mathias concanonicus, nulli post eum canonico vel prebendario monasterii, sed per abbatissam sacerdoti ydoneo gubernandum conferatur. sacerdos omni die missam dicet et ibidem septimos, tricesimos et anniversaria ad chorum pertinentia peraget. etc. sigilla abbatisse et conventus et Cůnradi episcopi sunt appensa. datum feria 2 post epyphaniam domini, a. d. 1291 [1]. ***Januar 8.*** *Begründung einer Pfründe.*

Aus Strassb. Bez. A. H 2863 (Copialbuch von s. Stephan s. XIV) fol. 1. cop. mb.

256. Coram thesaurario eccl. Arg. in forma judicii Conradus dictus de Rangoldingen, civ. Arg., procurator seu amministrator generalis leprosorum in Rotenkirche extra civitatem Arg. locat in emphiteosim Cononi dicto Criegesheim, et Mehtildi uxori ejus aream in Crutenowe juxta aream fabrice eccl. Arg. e. u. et e. e. a. p. juxta aream monasterii s. Arbogasti sitam zeim rehten erben pro annuo censu 5 sol. den. Arg. Er. 1. sigillum thesaurarii ad causas est appensum. actum feria tercia post epiphanyam domini, a. d. 1291 [1]. ***Januar 9.*** *Erbleihe.*

Aus Strassb. Stadt A. V. D. G. lad. 74. or. mb. c. sig pend delapa.

257. *Vertrag über die Erbschaft des Johann Wehelin.* ***März 17.*** *Erbschaftsregelung.*

Coram nobis . . judice curie Argentinensis constituti in figura judicii magister Dietmarus, Hesso dictus Erlin ac Burchardus pincerna, canonici ecclesie sancti Thome civitatis predicte, executores testamenti bone memorie Johannis dicti Wehellin, quondam predicte ecclesie sancti Thome canonici, habentes et pretendentes plenam et liberam auctoritatem et potestatem ordinandi et disponendi de omnibus bonis mobilibus et inmobilibus et se moventibus, que idem Johannes usque ad obitum suum tenuit et post obitum suum reliquit[c], prout hec per instrumentum publicum super hoc confectum coram nobis liquido comprobabant, presente Heinrico nato Dietheri quondam dicti Wehelin et Elline dicte Kůnighinger, herede legitimo predicti Johannis defuncti, confitente predictos executores ordinatos ab ipso Johanne nunc defuncto ad ordinandum et disponendum de bonis predicti defuncti, ut predictum est, ac ratum habente ordinationem et disposicionem jam factam, quam eciam faciendam de bonis quondam predicti Johannis defuncti ab executoribus antedictis, disposuerunt et ordinaverunt, disposuisse et ordinasse se fatebantur, quod de bonis ipsius testatoris in remedium anime sue decem uncee denariorum Argentine usualium singulis annis in festo beati Martini dabuntur decano et capitulo predicte ecclesie sancti Thome ad peragendum festum beati Blasii in remedium et memoriam anime ipsius Johannis defuncti, ita quod hec pecunia dividatur in

a) 2 sol. den. *im Concept auf Rasur.* b) feria — *zu Ende fehlt im Concept.* c) *or.* : reliquid.

[1] *Vgl. nr. 254* [2] *Vgl. Urkunde 1318 Juni 21.*

choro presentibus et in lecto egritudinis decumbentibus non minutis aut alias absentibus quavis causa; quam pecunie summam sic ordinaverunt deduci de bonis quondam Johannis testatoris predicti: de domo et area quondam ipsius testatoris sita in den giessen inter domos Erbonis dicti Stubenwege militis de Argentina ex una et Wilhelmi dicti Dantz civis Argentinensis ex parte altera dabuntur annuatim sex uncee denariorum Argentine usualium decano et capitulo sancti Thome predictis in termino prenotato, quam domum et aream sic gravatas ordinaverunt et ordinasse se fatebantur sepedicto Heinrico, heredi legitimo ipsius defuncti, prout superius est expressum; qui quidem Heinricus presens personaliter promisit ordinacionem predictam fideliter observare; de tercia autem parte medietatis domus, quam habuit quondam sepedictus testator communem pro indiviso cum predicto Heinrico et Reinboldo nato quondam Johannis dicti Wehelin civis Argentinensis ex Irmelina uxore ejus legitima, site an dem fronhofe juxta domum fabrice Argentinensis ecclesie ex una parte et domum Heinrici dicti Lentzelin ex parte altera dabuntur quatuor uncee denariorum Argentine usualium predictis decano et capitulo sancti Thome sepius memoratis in predicto festo s. Martini, prout est superius enarratum, quam partem domus cum area sibi deputata sic gravatam ordinaverunt et disposuerunt, ordinasse et disposuisse se fatebantur predicto Reinboldo filio impuberi predicti Johannis dicti Wehelin quondam civis Argentinensis, quam pecunie summam scilicet quatuor unceas annuatim Reinboldus dictus Löselin tutor datus per nos ad peticionem Elline matris predicti Reinboldi impuberis quoad recepcionem domus et promissionem et solucionem dictarum quatuor uncearum, ut predictum est, et Petrus dictus Rippelin maritus dicte Yrmeline promiserunt fide prestita in manu nostra corporali, se soluturos [a] predictis decano et capitulo sancti Thome in termino prenotato, donec idem Reinboldus impubes ad annos pervenerit pubertatis, seque facturos et curaturos, ut extunc inantea idem Reinboldus fideliter impleat ordinata ab executoribus antedictis. ordinaverunt et disposuerunt iidem executores, quod predictus Heinricus et sui heredes seu quicunque alii successores dictam domum an dem grete cum area sua recipiet a predictis decano et capitulo sancti Thome pro annuo censu decem solidorum, ut predictum est. predictus autem Reinboldus tertiam partem medietatis domus sibi assignatam recipiet a memorato capitulo pro annuo censu quatuor uncearum, ut predictum est, ita quod neuter ipsorum vel eorum heredes aut ceteri successores dabunt erschatz aut aliquid aliud aucmentum, nisi ut predictum est. ordinaverunt et eciam et disposuerunt predicti executores terciam partem prati, quod habuit quondam Johannes testator in banno Wilstette communem cum Heinrico et Reinboldo predictis ipsi Reinboldo et suis heredibus seu quibuscunque successoribus perpetuo possidendam. et ut hec ordinacio seu disposicio rata et inconcussa permaneat, promisit sepedictus Heinricus bona et libera voluntate non coactus nec conpulsus, ut asseruit per fidem corporalem nomine juramenti in manu nostra prestitam, se gratum at ratum habiturum omnia et singula supradicta, renuncians quo ad hoc omni excepcioni, lesioni, decepcioni, circumvencioni presentis instrumenti, copie non habite, restitucioni in integrum, omnibus litteris, graciis, privilegiis habitis vel habendis a sede apostolica vel aliunde impetratis vel eciam impetrandis, et specialiter juri dicenti generalem renunciationem non valere, et omni auxilio juris canonici et civilis et omni alio per quod presens instrumentum veniri posset inposterum vel ad presens. in cujus rei testimonium sigillum curie Argentinensis ad peticionem predictorum Heinrici et Reinboldi mediante tutore ipsius Reinboldo dicto Löselin presentibus est appensum. datum anno domini 1291, sabbato ante Reminiscere.

Aus Strassb. Thom. A. Registrande A fol. 21. cop. chart. s. XIV.

a) *or.*: soliturös.

258. C. j. c. A. in figura judicii Wilhelmus dictus Dantz, civis Arg., confessus est se esse obligatum ad dandum de area sita in c. A. contigua turri, per quam itur ad monasterium s. Marci e. m. A. an des lengesten zille, super qua domus est edificata, 5 unc. den. Arg. nomine census decano et capitulo ecclesie s. Thome. Er. 1. (quoad edificia.) datum et actum a. d. 1291, feria 6 post Quasi modo geniti. ***1291 Mai 4.*** *Erbleihe.*

Aus Strassb. Thom. A. Registrande A fol. 17 b. cop. chart.

259. *König Rudolf verpfändet an den Strassburger Schultheiss Nicolaus und dessen Schwiegervater das Dorf Illkirch (Illwickersheim). Strassburg.* ***Mai 13.*** *Pfandbrief.*

Nos Rudolfus dei gratia Romanorum rex semper augustus ad universorum noticiam volumus pervenire, quod nos strenuuis et prudentibus viris Nicholao sculteto Argentinensi et Wolfhelmo dicto zem Riethe socero suo civi Argentinensi villam Illekirche [a] cum omnibus suis juribus et pertinenciis universis pro sexaginta octo marcis argenti, quas nobis mutuarunt [b], racionabiliter obligamus ab ipsis tamdiu tenendam, quousque dicte sexaginta octo marce sibi vel suis heredibus a nobis vel successoribus nostris in imperio plenarie persolvantur, nichil de fructibus medio tempore percipiendis ab ipsa villa et suis pertinenciis defalcando seu etiam deducendo; dantes has litteras nostre majestatis sigillo munitas in testimonium super eo. datum Argentine, 3 idus maji, indictione 4, anno domini 1291, regni vero nostri anno 18.

A aus Strassb. Stadt A. V. C. G. corp. B lad. 22. or. mb. c. sig. pend.
B Abschrift in Strassb. Stadt A. Briefbuch A fol. 270 a. Darnach bei Böhmer acta imperii inedita nr. 482. — Böhmer Reg. Rud. 1112.

260. C. j. c. A. in forma juris Heinricus dictus de Nusbach et Gertrudis uxor ejus moti bono zelo domum suam [1], quam habent in c. A. in vico, qui dicitur Spittelgasze in fine versus forum lignorum, fabrice eccl. Arg. donaverunt donacione inter vivos in remedium animarum suarum. dicti conjuges receperunt domum ad tempus vite a procuratoribus fabrice. licebit eciam dictis conjugibus dictam domum pro suis necessitatibus sublevandis vendere vel alienare; quod si factum est, solvere tenebuntur 6 lib. den., que eisdem conjugibus a procuratoribus predictis ad edificionem dicte domus mutuate fuerint. actum 12 kalendas julii, a. d. 1291. ***Juni 20.*** *Schenkung.*

Aus Strassb. Frauenh. A. Saalbuch 3 fol. 55 b. cop. s. XIV exeunt.

261. Itha de Vinstingen, relicta Rûdolfi de Fleckenstein militis, legatum suum priori et fratribus de ordine fratrum predicatorum domus Argentinensis factum super domo sua in c. A. in hunc modum inmutat; vult videlicet quod post decessum suum domus vendatur, ita tamen quod census 1 lib. den. Arg. eidem aree inponatur, qui conventui cedere debet. conventus peragere debet anniversarium legatricis in die obitus sui et anniversaria Rûdolfi militis de Fleckenstein mariti legatricis, domine quondam Elizabeht, prime uxoris dicti Rûdolfi, Susanne filie et Heinrici filii (adhuc viventis) de secundo matrimonio in uno die. Pretium autem vendicionis vult assignari fratri Friderico de Heinheim ordinis predicti, qui ad singula loca vel villas pergens predicto domino Rûdolfo et fratribus suis, dum vivebant, subjectas eos, erga quos sibi constare poterit ipsum Rûdolfum delequisse vel ipsam legatricem ab eis injuste aliqua percepisse, tractet amicabiliter et componat cuilibet juxta modum, quem dicti residui quantitas patietur excepta 1 marca, que erit ipso Friderico pro labore suo. si prior *Schenkung.*

a) *B*: Illewickersheim. b) *B*: mutavit.

[1] *Nach der Ueberschrift hiess das Haus:* «der Begerin hus»

et conventus secus facerent, vult, quod omne jus ipsis conpetens cedat fabrice eccl. Arg. judex curie Arg. sigillum suum appendit. actum et datum 7 kalendas julii, a. d. 1291[1]. ***1291 Juni 25.***

Aus Strassb. Hosp. A. Prot. Prédic. 107 (Copialb. s. XIV) fol. 21b. cop. mb.

Erbleihe. **262.** Die priorin und der convent von s. Elisabeth ausserhalb Strassburg machen bekannt, dass sie zu einem rechten erbe verliehen haben an Hug Wirich einen ritter von Strassburg, und seine gattin Juntha von Rossewag, 13 hofstätten in Strassburg bei s. Andreas gelegen neben Sigelin von Rinowe und Walther Schultheissen selig für einen jährlichen zins von 3 pfund. Er. 1. die siegel des priors, conventes, Hugs und des hofes von Strassburg sind angehängt. gegeben nonas augusti, 1291. ***August 5.***

Aus Strassb. Hosp. A. Prot. s. Elis. 205 (Copiar. s. XV) sub. lit. S nr. G. Deutscher Auszug.

Schenkung. **263.** C. j. c. A. in figura judicii Ulricus dictus Rybisin civ. Arg. fabrice eccl. Arg. donacione inter vivos donat agros in banno ville Rinsteten in remedium anime ejus, hiis condicionibus adjectis, quod procuratores dicte fabrice post obitum ipsius perpetuo ministrent unum lumen lampadis ardescens de nocte perpetuo singulis noctibus coram cruce majori retro summum altare ecclesie Arg. et quod redditus 1 quartal. silig. persolvantur singulis annis pauperibus. actum 18 kalendas octobris, a. d. 1291. ***September 14.***

Aus Strassb. Frauenh. A. lad. 40 fasc. Reichstett nr. 1. or. mb. c. sig. pend.

Erbleihe. **264.** *Burkard Spender giebt eine Hofstatt in Erbleihe an Elnhard bez. das Frauenwerk.* ***November 17.***

Ich Burkart der Spender zů sant Thoman, ein ritter von Strasburg, dů kunt allen den, die disen brief gesehent oder hôrent lesen, das ich die hovestat, die do lit in dem fronhove zwüschent der pfaltzen unde Ůlrich dem Stöckere, die ich unde mine vordern sehzig iar unde me ine hant gehebet gerůwekliche von eime ambahte zů lehen von minie herren dem bischove von Strosburg unde sinen vordern, gesetzet han Elnhart unsern vrowen werkes pflegere unde fro Giselen sinre eliche wurtin, in beden an unser frowen werkes stette, die wile sü bede lebent unde noch ir beder tode dem selben werke unsere frowen zů Strosburg iemerme zů eime erbe, ierliches umbe ahte untze Strosburger pfennige unde zwene cappen one alles höher steygen; den selben zins sol men mir geben alle ior, also men zů reht zins giltet noch der stette gewonheit. das dis wor si unde stete blibe, darumb habe ich der vorgenante Burkart min ingesigel an disen brief gehenket zům urkünde. dis geschach do men von gots gebůrte zalte 1291 ior, sabbato post Martini[2].

Aus Strassb. Frauenh. A. Saalbuch (3) fol. 22b. cop. s. XIV exeunt.

Schenkung. **265.** C. j. c. A in forma juris Heinricus de Hochvelden et Anna uxor ejus civ. Arg. domum suam in vico dicto Vihegasse in c. A. juxta domum dicti Wissenburger e. u. e. domum Johannis filii dictorum conjugum e. p. a. fabrice eccl. Arg. donant in remedium animarum suarum, ita videlicet quod via communis perpetuo deserviat domui donate et domui Johannis predicti, et quod cloaca purgetur communibus expensis, et quod singulis annis solvantur 2 sol. den. Arg. et 1 cappo nomine census Hugoni dicto Wirich pro eo jure, quod dicitur reitlehen, a procuratoribus fabrice predicte. actum 11 kalendas decembres, a. d. 1291. ***November 21.***

Aus Strassb. Frauenh. A. Saalbuch (3) fol. 46b. cop. s. XIV exeunt

[1] *Vgl. nr. 219.* [2] *Vgl. nr. 177 u. 245.*

266. Hug Ripelin der iunge der meister und der rat von Strassburg machen bekannt, dass herr Cûnrat, der ritter von Westhus, Str. bürger, mit zustimmung seiner kinder Johannesez und Huges an «Cûnrad von Wintertûr, den zolner», bürger von Str., verkauft hat als lediges eigen das halbe haus und die halbe hofstatt «ginsite Brûsch in sante Nyclaweses kirspel zwischent hern Huge Stûbenwege und der Kuchinmeisterin hus, da Hûg der smit inne ist» für 39 mark silber. A. 3. U. (die verkäufer und Wernher von Westhus, sohn des bruders von Conrad, für Cûnzelin, Conrads sohn.) «dis geschach an dem êrsten fritage nach sante Otelien tage, 1291. heran warent her Johannes Hetzel, *u. s. w. folgt der Rat.* *Verkauf.*

1291 Dezember 14.

Aus Strassb. Bez. A. G 1289 (1666). 2. or. mb. c. sig. pend.

267. Hermannus de Tierstein thesaurarius eccl. Arg. testamentum suum ordinat; episcopo legat 1 marcam argenti. «item cum ego meis sumptibus pro cultus divini augmento in curia claustrali, quam inhabito[1], capellam edificaverim» in Heinrici de Geroltzecke, avunculi sui, quondam episcopi Arg., qui ipsum in ecclesia Arg. creavit, Rûdolfi comitis de Tierstein et Elise, parentum suorum, necnon Ludewici, scolastici eccl. Arg., fratris sui, remedium animarum prebendam ibidem instituit. cujus jus collationis est apud dominum curie claustralis predicte. episcopus, prepositus, decanus, capitulum et Johannes de Rückesingen, ipsius curie dominus, suum adhibent consensum, sigilla episcopi, capituli et thesaurarii sunt appensa. actum a. d. 1291. *Präbendenstiftung.*

Aus Strassb. Bez. A. G 1500 (1918). b. or. mb. c. 3 sig. pend. (2 delaps.)

268. *Das Domkapitel zu Strassburg verkauft einen Hof neben der Judensynagoge zu Strassburg an Walther von Mülnheim.* *Verkauf.*

1292 Januar 11.

Noverint universi presentium inspectores, quod nos . .[2] prepositus, . . decanus, et capitulum ecclesie Argentinensis tractatu sollempni et deliberatione prehabita diligenti accedente quoque consensu et auctoritate venerabilis patris domini nostri episcopi Argentinensis propter utilitatem nostre ecclesie vendimus et tradimus, vendidisse quoque et tradidisse nos fatemur curiam nostram seu nostre ecclesie sitam in civitate Argentinensi ex opposito vici dicti zu dem Hûte contiguam synagoge Judeorum[3] et dictam zu den Bippernanze liberam et vacuam Walthero dicto de Mülnheim civi Argentinensi et suis heredibus proprietatis titulo perpetuo possidendam pro septuaginta marcis argenti puri et legalis ponderis Argentinensis, quas a prefato Walthero nos recepisse confitemur et in usus et utilitatem nostre ecclesie totaliter convertisse; constituentes nos warandos prefato Walthero et suis successoribus supradicte curie contra omnem hominem ut est juris, et renunciantes pro nobis et nostris successoribus actioni nobis competenti vel competiture contra dictum Waltherum vel ejus successores occasione juris quod incipit, «hoc jus porrectum» et juris quod incipit, «hoc consultissimo», restitutionis in integrum, deceptionis ultra dimidium justi precii, item exceptionibus non numerate pecunie non tradite vel solute ac in utilitatem nostre ecclesie non converse, doli mali, litteris quoque in forma ea que de bonis minori et majori, et aliis quibuscunque inpetratis aut inpetrandis a nobis a sede apostolica vel aliunde, ac juri dicenti generalem renunciationem non valere, omnique actioni exceptioni et juris auxilio, quo vel quibus juvari possemus aut venire vel facere contra venditionem predictam vel etiam presens instrumentum, in quorum evidentiam

---

[1] *Nach Str. G. u. HN. S. 120 in der Münstergasse.* [2] *Nach dem Siegel:* Fridericus. [3] *Vgl. Str. G. u. HN. S. 83.*

presentes litteras tradimus supradicto Walthero sigillorum venerabilis patris domini nostri episcopi Argentinensis et nostrorum munimine roboratas. nos C[onradus] dei gratia episcopus Argentinensis premissam venditionem et traditionem approbantes ipsam accidisse de nostra auctoritate et consensu sub nostro sigillo appenso presentibus confitemur. datum anno domini 1292, feria 6 ante festum beati Ylarii.

Aus Strassb. Stadt A. AA 1396. or. mb. lit. pat. c. 3 sig. pend.

Verkauf.

269. *Burcard von Rimuntheim und Reimbold Durant verkaufen dem Domkapitel den Hof der Kelbin.* **1292 Januar 21.**

Nos Hugo Rypelin junior magister et consules civitatis Argentine notum facimus presentium inspectoribus universis, quod in nostra presencia Burcardus miles dictus de Rymundeheim et Agnes uxor sua legittima et Reimboldus miles dictus Dûrant junior de consensu Odilie uxoris sue vendiderunt et tradiderunt, vendidisse et tradidisse se confessi sunt venerabilibus dominis . . decano et capitulo Argentinensi curiam dictam der Kelbine hof sitam in civitate Argentina in parrochia sancti Stephani contigue domibus et curie monachorum monasterii de Stûrzelburne et curiam parvam attinentem curie supradicte cum omnibus edificiis et attinentiis earundem curiarum liberas et vacuas proprietatis titulo perpetuo possidendas et tenendas pro octoginta marcis argenti puri et legalis ponderis Argentinensis. quam pecuniam confesse sunt supradicte persone a prefatis dominis decano et capitulo integraliter recepisse et in usus suos integre convertisse, constituentes se warandos prefatis dominis predictarum curiarum et earum attinentium in modum predictum contra omnem hominem perpetuo, ut est juris, et renunciantes exceptioni non numerate pecunie, non tradite vel solute, deceptionis ultra dimidium justi precii, restitucioni in integrum et generaliter omni actioni, exceptioni et juris auxilio, spetialiter autem juri dicenti generalem renunciationem non valere, quibus contra vendicionem, traditionem et confessionem predictam venire possent inposterum vel juvari. Johannes etiam dictus Kelbelin confessus est coram nobis se nichil juris habere in curiis et earum attinenciis antedictis et renunciavit juri, si quid habuit, in eisdem. in quorum evidentiam sigillum nostre civitatis ad petitionem predictarum personarum presentibus est appensum. actum et datum presentibus Johanne dicto Hetzel [*u. s. w. folgt der Rat*]. feria secunda post octavam beati Hylarii, anno domini 1292.

Aus Strassb. Bez. A. G 2703 (3117). 14. or. mb. c. sig. pend. mutil.

Schenkung.

270. *Bruchstücke einer Ratsurkunde.* **1291 Dezember 15—1292 April 22.**

Wir Hug Rypelin in Kalbesgassen der meister unde der ra . . . . her Reimbolt Stûbenweg der alte unde vor Angnes sin . . . . mit willen unde mit gehelle Reinboltes, Engeltrute und . . . . klostere ze sante Markese sint e danne sû drin kûment vûr . . . . den hof unde daz hûs mit der hovestete, die do heissent zû . . . . deme huse zûme sterren. unde hant die priolin und der c . . . . Stûbenweges vor uns verihen, daz si mit willen und mit g . . . . e kaufenne vûr lidig eigin hern Heinriche deme alten Sta . . . . es geweges von Strazburg. und hant vor uns verihen, daz sû . . . . s klosters nutz und sûlnt die priolin und der convent v . . . . *Das zweite Bruchstück beginnt:* eigin wider menigelicheme alse gewônlich unde reht ist . . . . gelobet mit gûten druven ane alle geverde, daz er . . . . t, daz sû stete habent disen kouf und dise gift, und sû . . . . vor Angnes sin wurtin und ire kint alle, und die . . p . . . . haben mohtent an deme vorgenanten hove, huse oder ho . . . . eme koufe oder dirre gift getûn mohtent nu oder her . . . . serre stete ingesigele zû der vorgenanten . . prioline i . . . . ohannes Hetzel, her Hug Ripelin in Kalbesgassen, her Albreh . . . . Reimboldelin, her Hug

Ripelin der altere, her Golzo von R.... genecke, her Johannes Hoyer, her Böldelin von Lingolvesheim, h.... ige Broger, her Eberlin von Schonecke, her Wilhelm Nape, h.....

Aus Strassb. Hosp. A. lad. Höp. XXIV fasc. 41. 2 Bruchstücke des Originals einer Urkunde verwendet zum Einband eines Rechnungsbüchleins für 1522. Der Sinn der Urkunde scheint der zu sein: Reinbold Stubenweg und seine Gattin schenken mit Zustimmung ihrer Kinder dem Kloster s. Markus, in das einige von den Kindern eintreten wollen, ein Haus neben dem Hause zum Stern. Das Kloster verkauft dieses an Herrn Heinrich den alten Sta..... — Das Datum der Urkunde ergiebt sich aus der Ratsliste. Die Urkunde kann nur fallen zwischen 1291 Dezember 15 und 1292 April 22.

271. *Die Stadt kauft von den Reimboldelins eine Hofstatt.* **1292 Februar 25.** Verkauf.

Wir Gósselin Schöp der meister unde der rat von Strazpurg tůnt kunt allen den die disen brief gesehent unde gehörent, daz wir gekôfet hant umbe vorn Junten hern Nyclawes sêligen wittewe unde umb ire kint Erben, Reimbolden, Cûnen unde Johannesen die hovestat zem alten sant Peter, diû da lit an dem turne, alse die rigelöcher gant unde die hindermure an dem kelre unz an den weg gegen den rigelöchern umbe ûn eine zwenzig mark luters unde lôtiges silbers Strazpurger gewêges. des silbers sint sû gar von uns gewert. diû selbe vor Junte unde ire vorgenanten kint hant diû selbe hovestat ufgegeben unde hant sich verzigen alles des rehtes daz sû dran hettent oder möhtent han, unde sulent der selben hovestat wêrn sin vûr lidic eigen wider manegelichen alse reht ist. unde daz diz war si, darumbe ist unserre stete ingesigele mit hern Reimbolt Reimböldelines ingesigele zeime urkûnde gehenket an disen brief. diz geschach an dem mentâge in der vasten nach Invocavit, do von gotes gebûrte warent tusent iar zwei hundert iar unde zwei unde nûnzic iar. heran warent her Johannes Hetzel, her Hug Ripelin der iungere, her Albreht Rôlenderlin unde her Gösselin Schöp die vier meistere, *u. s. w. folgt der Rat.*

Aus Strassb. Stadt A. V. C. G. suppl. DD. or. mb. c. 2 sig. pend. Zur Datirung ist zu bemerken, dass Güsselin Schaub den 25. Februar noch gar nicht das Amt des Bürgermeisters angetreten hatte. Damals war entweder noch Hug Ripelin Meister (erwähnt als solcher 1291 Dezember 14 und 1292 Januar 21) oder schon Albrecht Rulenderlin, der April 22 im Amte ist. Güsselin war Meister Juli 25, August 6, September 23. In diese Zeit muss demnach die Ausstellung der Urkunde fallen; die Handlung vor dem Gerichte kann darum recht wohl auf das Datum der Urkunde fallen.

272. Decanus et capitulum ecclesie Arg. vendunt, «cum de quibusdam areis seu fundis, Verkauf. in quibus fratres minores in Argentina se receperunt, eorundem fratrum procuratores ecclesie nostre solvere decem solidos cum tribus denariis et dimidio Argentinensis monete essent censu annuo obligati», dictum censum pro 11 ½ lib. den. Arg., ut inde alios redditus emant. sigilla decani et capituli sunt appensa. datum et actum a. d. 1292, undecimo kalendas aprilis [1]. **März 22.**

Aus Strassb. Thom. A. lad. 32 nr. 2. or. mb. c. sig. pend. delaps.

273. C. j. c. A. Itha begina de Argentina, dicta de Erstheim, fratri Wernhero dicto Schenkung. Kůchimeister, suppriori domus predicatorum in Argentina, et frati Ůlrico de Rinowe ejusdem domus nomine prioris et conventus fratrum predicatorum domus Arg. donat bona et redditus in banno et villis Bolsenheim, Osthus, Wolvesheim, Durningen, item 2 partes pro indiviso domus sue, quam inhabitat, hinder kursenner lôben in Argentina site, usufructu tamen sibi,

---

[1] *Nach einer Dorsualnotiz s. XIV waren es die* «aree, ubi residemus (*scil.* fratres minores)».

quamdiu vixerit, reservato. bona ipsi donatrici relocantur pro censu annuo 1 lib. cere. actum et datum idus aprilis, a. d. 1292[1]. ***1292 April 13.***

Aus Strassb. Hosp. A. lad. Hôp. III fasc. 32. or. mb. c. sig. pend.

Verkauf. **274.** Albreht Rûlenderlin der meister und der rat von Strassburg machen bekannt, dass «her Friderich der Spender und sin eliche wurtin vor Agnes» verkauft haben äcker im banne von Ůtenheim «Wolfhelme zem Riet unserme burgere» für 11 mark silbers. «diz geschach an sante Görgen abende, 1292. heran warent her Johannes Hetzel, *u. s. w. folgt der Rat.* ***April 22.***

Aus Strassb. Hosp. A. lad. 62 fasc. 1. or. mb. c. sig. pend

Verkauf. **275.** Coram thesaurario Arg. Metza, filia Jacobi dicti Meige, confessa est, se vendidisse omne jus suum in domo dicta zû der Starkelin inter carnifices Ottoni clerico dicto de Rodesheim pro 10 lib. den. Arg. sigillum thesaurarii ad causas est appensum. actum 4 kalendas maji, a. d. 1292[2]. ***April 28.***

Aus Strassb. Hosp. A. lad. 170 fasc. 2. or. mb. c. sig. pend.

Schenkung. **276.** C. j. c. A. Ita de Vinstingen[3] conventui fratrum predicatorum domus Arg. legat omnia bona sua mobilia et debita, in quibus persone alique sibi tenentur, que post obitum suum in pecuniam convertantur; ordinat etiam quod de pecunia 1 lib. in die obitus, 1 in octava, 1 in tricesima, 1 in primo anniversario conventui dicto pro pictantiis ministrentur. item detur Friderico de Beinheim 1 lib., et fratri Symundo layco de ordine predicatorum, quondam famulo ejusdem domine, 1 lib. residua bona et debita assignari debent fratri Friderico de Beinheim in modum et finem supra[4] expressos. actum et datum feria quarta post dominicam Cantate domino, a. d. 1292. ***Mai 7.***

*Aus Strassb. Hosp. A. Prot. Prédicat. 107 (Copialb. s. XIV) fol. 22*b. *cop. mb.*

Tauschgeschäft. **277.** C. j. c. A. in forma juris Lucas miles et Ellenhardus, gubernatores seu procuratores fabrice eccl. Arg., nomine dicte fabrice et frater Heinricus conversus procurator monasterii s. Francisci in Hagenowe inter se bona quedam in Bûtenheim et Tancrotsheim commutant. actum et datum feria sexta post dominicam Cantate, a. d. 1292. ***Mai 9.***

Aus Strassb. Hosp. A. lad. Orph. I fasc. 93. or. mb. c. sig. pend.

Verkauf. **278.** Gôsselin Schôp der meister und der rat von Strassburg machen bekannt, dass «her Johannes zem Riet unser burger» vom commenthur des deutschen hauses zu Strassburg für 40 mark silber äcker zu Ůtenheim und Hentschûcheim, ebenso von Johannes von Pfettensheim für 10 mark ein gut in Ůtenheim (mit 20 pfund den Lichtenbergern Johannes und Cûnrad zinsig) gekauft hat. «diz gût alles ist gekôft mit den fünfzic marken die Jacob Lenzelins wideme waren von vorn Gerlinde siner wrtinne her Johannes tohter zem Riet; und het der selbe Jacob

---

[1] *Dieselbe Itha schenkt an Fritscho, genannt von Erstheim, Laienbruder der Prediger, Einkünfte in Scheffersheim. 1298 Juli 1. Original ebendaselbst. Ebenso giebt sie den Predigern (Bruder Jacobus und Heinrich v. Speier, Procurator derselben, sind anwesend) Güter in* Duringen, Wolfesheim, Osthus, Scheffersheim *und eine Hofstatt in Strassburg* (inter pellifices juxta aream dicti Stubenweg et juxta Hiltegundim beginam). *Als Leibzucht erhält sie die Güter zurück (jährlicher Zins 1 Vierling Wachs). 1298 Juli 1. Original ebendaselbst.* [2] *Ebenso verkauft auch Jakob, Bruder der Metza, sein Recht daran für denselben Preis. Auch Jakob, der Vater beider, verzichtet auf alles Recht daran. Der Thesaurar hängt sein Siegel an. 1292 August 9. Or. ebendaselbst. — Otto, Priester von Scherweiler, genannt von* Rodesheim, *verkauft an Jakob von Barre den sechsten Teil am genannten Hause fur 8 Mark Silbers. 1292 Oktober 24 Or. ebendaselbst.* [3] *Vgl. nr. 261.* [4] *Vgl. daselbst.*

sin widemereht sinen lebetagen an disen gûten und ist dû eigenschaft hern Johannes zem Riet unde siner erben.» «an dem fritage nach Marie Magdalene, 1292. heran warent her Johannes Hetzel, *u. s. w. folgt der Rat.* *1292 Juli 25.*

Aus Strassb. Stadt A. s. Nicol. i. u. lad. J. *or. mb. c. sig. pend.*

279. *Das Stift s. Thomas verkauft der Stadt Einkünfte von der Spitzen-Mühle.* *Verkauf.*

August 5.

. . Nos Fridericus prepositus necnon magister Johannes decanus totumque capitulum ecclesie sancti Thome Argentinensis notum facimus presentium inspectoribus universis, quod magister et consules civitatis Argentinensis emerunt seu redemerunt a nobis census seu redditus decem quartalium frumenti mansurnalis, que consueverunt nobis dari singulis annis nomine ecclesie nostre predicte de fundo molendini domini Symundi dicti Hetzel militis Argentinensis siti in loco, cui vulgariter dicitur zû Spitze [1], pro viginti marcis argenti puri et legalis ponderis Argentinensis. quod argentum confitemur a predictis magistro videlicet et consulibus civitatis Argentinensis predicte plene et integraliter recepisse nobisque ponderatum et traditum esse, et renunciamus exceptioni argenti non recepti non ponderati non traditi, necnon exceptioni deceptionis ultra dimidium justi precii, et exceptioni doli mali, et beneficio restitutionis in integrum, quo majores vel minores vel vice minorum fungentes possunt adjuvari; renunciavimus etiam et presentibus renunciamus juri nobis ad presens competenti aut quod nobis in futurum competere posset in fundo molendini supradicti et specialiter omnibus aliis defensionibus et exceptionibus utriusque juris, quibus dictam infirmare possemus emptionem. in quorum evidenciam magistro et consulibus predictis presentem litteram sigillo nostri capituli tradimus communitam. acta sunt hec anno domini 1292, feria 3 ante festum beati Laurentii martyris.

Aus Strassb. Stadt A. V. C. G. suppl. DD. *or. mb. c. sig. pend.*

280. *Symunt Hetzel verkauft der Stadt alle seine Rechte an der Mühle zur Spitzen.* *Verkauf.*

August 6.

Wir Gösselin Schôp der meister und der rat von Strazpurg tûnt kunt allen den die disen brief gesehent und gehôrent, daz her Symunt Hetzel die mûle und die mûlestat, die da lit ze Spitzen alre nahest, und swaz darzû hôret, ez si wêrt oder hûs, het gegeben ze kôfende unserre stete mit allem dem rehte, daz er und sine kint dran hant und hettent, umbe funfzic marc luters und lôtiges silbers Strazpurger gewêges. des silbers ist er gar gewert und der selbe kôf ist geschehin mit willen und mit gehelle Ottelien siner tohter und Rûlemans Böckelins ir wurtes. und vûr die andern kint, die noch under iren tagen sint, so git her Symunt Hetzel ze bûrgen hern Johannesen Hetzel sinen brûder und hern Johannesen Erben hern Johanses sun ginsite Brûsch und Rûlemannen Böckelinen, swenne sû zir tagen koment, daz sû daz selbe gût vercigent alse reht ist. so het her Symunt Hetzel verieben und gelobt, daz die fûnfzic mark silbers swaz eigens men da mite koufet in allem dem rehte ligen sol alse die mûl lag. und daz diz war si, darumbe ist unserre stete ingesigel zeime urkûnde an disen brief gehenket. diz geschach an sante Syxten tage, do von gotes geburt warent tusent iar zweihundert iar und zwei und nûnzic iar. heran warent her Johannes Hetzel [*u. s. w. folgt der Rat*]. und ich Symunt Hetzel zeime urkûnde der vorgesprochenen dinge han ôch min ingesigel gehenket an disen brief [2].

Aus Strâssb. Stadt A. V. C. G. suppl. DD. *or. mb. c. 2 sig. pend. delaps.*

---

[1] *Vgl. Str. G. u. HN. S. 114.* [2] *Vgl. nr. 279.*

Pfründenstiftung für Arme. **281.** C. j. c. A. in forma juris Johannes dictus Bischof pellifex Arg., Gerina uxor ejus, Johannes et Katherina liberi de consensu Odilie filie predicte Gerine ex priori matrimonio et Erbonis dicti Erbeleist sutoris Arg. mariti dicte Odilie, vendiderunt Ellenhardo magno et Gysele, uxori sue, redditus in bannis villarum Hundensheim et Lumersheim pro 20 lib. den. Arg. peracta vendicione Ellenhardus et Gysela dictos redditus 7 quartalium siliginis et ordei donatione inter vivos donant collegio prebendarum pauperum s. Spiritus ecclesie Arg., instituentes de novo 2 prebendas pauperum collegii antedicti, ita quod deinceps esse debeant 43 persone seu prebende, quarum antea 41 erant. actum et datum idus septembres, a. d. 1292. ***1292 September 13.***

Aus Strassb. Hosp A. lad. s. Marc. IV fasc. 5. or. mb. c. sig. pend.

Erbleihe. **282.** Gösselin Schoupp der meister und der rat von Strassburg machen bekannt, dass herr Burckart der Spender und Agnes, seine gattin, ihre hofstatt «zer Leitern» gegenüber dem hause des von Wintertur an Sygelin herrn Sygelins sohn von Ertheim und Metza, seine gattin, zu einem rechten erbe verliehen haben für einen jährlichen zins von 20 unzen, davon geben die mieter 1 unze an die kammer zu unserer frauen. Er. 4. V. die mieter dürfen die hofstatt nicht weiter verlehnen ohne willen des hofherrn. «diz geschach an dem zinstage nach Mauritii, 1292. haran worent her Johanns Hetzel, *u. s. w. folgt der Rat.*[1] ***September 23.***

Aus Strassb. Hosp. A. Prot. s. Elisabeth 205 (Copialb. s. XV) lit. S nr. M. cop. chart.

Zeugenregest. **283.** C. j. c. A. Petrissa relicta Johannis dicti Hûgerich de Gengenbach conventui fratrum predicatorum in Argentina omnia bona sua immobilia donat presente Wernhero procuratore dicte domus. actum in crastino Luce ewangeliste, a. d. 1292, presentibus Johanne dicto Hentwing, Johanne dicto Blenkelin, Lentzelino dicto Orel ante monasterium, et Heinrico dicto de Oberkirchen, civibus Argentinensibus, testibus ad hoc vocatis specialiter et rogatis. ***Oktober 19.***

Aus Strassb. Hosp. A. lad. Hôp. LXXIII fasc. 66. or. mb. c. sig. pend.

Schenkung. **284.** C. j. c. A. in figura judicii Johannes dictus de Sarburg et Sophia uxor ejus, cives Argentinenses, Elnhardo et Heinrico procuratoribus fabrice eccl. Arg. nomine fabrice donacione inter vivos donaverunt duos agros contiguos in der nuwen gebreiten, stossent uf die werben bi dem nuwen closter, quos excolit Fritscho dictus Zoller de s. Aurelia, de quibus annuatim solvuntur 1 lib. den. Arg. et 4 capones, item 1/2 agrum in der nuwen gebreiten neben des zûm Spiegel halben acker, quem excolit Sifridus quondam Wernheri in der Lachen juxta patibulum in parrochia s. Aurelie e. m. A. sitos, de quo solvuntur annuatim 5 sol. den. Arg. et 2 cappones. hec condicio est adjecta, quod procuratores dicte fabrice perpetuo coram altari fabrice b. virginis unum lumen seu 1 candelam ardentem in missis celebrandis in eodem altari habeant et per petuoministrent. actum feria secunda post festum b. Lucie virginis, a. d. 1292. ***Dezember 15.***

A aus Strassb. Frauenh. A. Saalbuch 3 fol. 83b, cop. s. XIV exeunt.
B ebendaselbst. Saalbuch 4 fol. 167b. Darnach das Regest in den Mon. Germ. SS. XVII, 91 note 11.

Verkauf. **285.** Hug Danris der meister und der rat von Strassburg machen bekannt, dass Dietherich vor dem Munstere, bürger von Strassburg, mit zustimmung seiner kinder Johannes, Katherinen und Junthen, und Jacobis und Heinriches Stamphes, seiner schwiegersöhne, verkauft hat haus und hofstatt, «daz da lit bi dem burnen obewendig nebent den barfuzen»[2] für 20 mark silbers an frau Agnes die Beigerin als lediges eigentum. für Dietherich, Philipp,

---

[1] *Vgl. nr. 185.* [2] *Vgl. Str. G. u. HN. S. 49.*

Hesse und Margaretha, Dietheriches kinder, die noch unter ihren jahren sind, giebt dieser als «werburgen» seinen sohn Johannes und Sigelin von Rinowe. U. 4. «diz geschach an sant Thomans abinde, 1292. heran warent her Hug Danriz», *u. s. w. folgt der Rat.*[1]

1292 Dezember 20.

Aus Strassb. Thom. A. lad. Kaufbriefe 1. or. mb. c. sig. pend. delaps.

Tauschgeschäft.

286. Decanus et capitulum ecclesie Arg. permutant redditus 3 lib. den. Arg. et 8 capponum de areis sitis intra curiam quondam Pugilis et curiam Hawardi[2], in quibus exstant domus Johannis Hawardi (4 unc. den. Arg.), item domus Johannis de Bartenowe clipeatoris (1 lib. et 2 cappones), item pistrinum Hugonis Ripelin militis senioris (8 unc. et 2 cappones), item domus ejusdem Hugonis juxta pistrinum predictum inmediate et domus contigua eidem domui site in fine vici dicti des Schôbesgesselin[3] (de quibus 8 unc. et 2 cappones), item domus parva sita inmediate juxta portam Hawardi (4 unc. et 2 cappones), cum Johanne dicto Hawart pro curia et area ejusdem Johannis Hawardi dicti zû der Hellen sita in vico dicto Hasengesselin apud curiam dictam Bruderhof. insuper dat Johannes 7 marcas argenti. sigilla decani, capituli et curie Arg. sunt appensa. actum et datum a. d. 1292.

Aus Strassb. Bez. A. G 2703 (3117). 13. or. mb. c. 3 sig. pend. (quorum 2 delaps.)

Übertragung einer Rente.

287. C. j. c. A. Lukas miles, gubernator fabrice ecclesie Arg., nomine dicte fabrice recognovit, quod Reimboldus junior bone memorie, frater domini Friderici prepositi s. Thome Arg., Reimboldi dicti de Friburg et Reimboldi dicti Turant militum fratrum, civ. Arg., prefate fabrice in remedium anime sue dedit redditus annuos 20 unc. den. Arg. super area, in qua sita est domus magistri Conradi quondam notarii civitatis Arg., ac ipsam aream pleno jure; et cum pro dicta fabrica construenda ulterius necessarium esset, prout dictus Lucas asseruit, vendi dictos redditus, prefati fratres dictos redditus vendi nolebant nisi sub forma subscripta, ita quod in recompensam dictorum reddituum de curia, domo, horreo et area ipsius fabrice sitis ultra Bruscam juxta Johannem dictum Sickelin civem Argentinensem singulis annis solvantur dicte fabrice in anniversario Reimboldi predicti 20 uncee den. Arg. in utilitatem dicte fabrice convertende; quocirca dictus Lucas habito, ut asseruit, tractatu et consilio saniori onerat domum etc. ultra Bruscam cum censu predicto. actum a. d. 1292[4].

Aus Strassb. Frauenh. A. lad. 49 nr. 20. or. mb. c. sig. pend.

Verzicht auf Ansprüche.

288. Nicolaus[5] decanus et capitulum eccl. s. Petri Arg. remittunt pro 4 lib. den. Arg. omne jus, quod habent ex donacione facta per Metzam, quondam uxorem Rudolfi dicti Swobelin, in domo dicta zu den Vôteline sita apud portam s. Petri junioris inter vicum dicti Bûllin et curiam dicti Stûbenweg. actum a. d. 1292[6].

Aus Strassb. Bez. A. zu Fond Jung s. Peter. or. mb. c. 2 sig. pend.

---

[1] *Agnes die Wittwe Wernher Begers schenkt Petrissa und Sophia, Töchtern Ritters Andreas von Lützelstein, und Sophia, Tochter des verstorbenen Strassburger Bürgers Heinrich Rote, das genannte Haus, das als in Stadelgasse belegen bezeichnet wird, mit allem Hausrat und Mobilien. Agnes verpfändet ihre Mobilien denselben für die jährliche Zahlung von 30 Schillingen für Licht und Brand in demselben Hause. Die Schenkgeberin erhält das Haus als Leibzucht zurück für einen jährlichen Zins (1 Viertel Weins). 1297 März 16. Original ebendaselbst.* Hugo Dûnebolder *Ritter und Johannes, Sohn des verstorbenen Wilhelm Beger, Edelknecht von Geispolzheim, verzichten vor dem bischöfl. Hofrichter auf all ihr Recht an dem genannten Hause, das einst Agnes Begerin besass, und das zwischen den Häusern Hawwards, eines Strassburger Bürgers, lag, und ebenso auf einen Hof in* Wibersheim *zu Gunsten Petrissas, Tochter des verstorbenen Andreas Ritter von* Deimeringa. *1300 Juni 6. Or. ebendaselbst lad. Kaufbriefe 3.* [2] *Vgl. Str. G. u. HN. S. 73.* [3] *Nach Str. G. u. HN. S. 145 an der Judengasse.* [4] *Dorsualnotiz s. XIV:* super domo zû dem schriber; *s. XV:* im fronhove. *Nach Copie im Saalbuch 3 fol. 16ᵃ saec. XIV exeunt. war das Haus neben dem* «Rotenhuse» *gelegen.* [5] *Nach dem Siegel.* [6] *Vgl. nr. 40.*

Testament. *Dezember 19.* *September 28.*

289. Erbo cantor ecclesie s. Thome Arg. testamentum suum ordinat. dicte ecclesie legat 30 marcas argenti et quedam bona pro anniversariis ipsius et Gosperti patris (14 kalendas januarii) et Anne matris (6 kalendas octobris) peragendis. Erbo eligit sepulturam suam in medio ecclesie ante ambonem. ordinat, quod, si lapis tumuli quocumque casu ruperit, capitulum illum reficiat. Reimboldum et Erbonem de Kagenecke fratres, canonicos ecclesiarum s. Thome et s. Petri, constituit executores, quibus facultatem concedit disponendi de omnibus bonis suis mobilibus, argento, annona, vino, equis, lectis, pannis et aliis. item inhibet heredibus suis sub pena amissionis totius hereditatis, ne repetant ab Erbone filio suo naturali, Erbone dicto Spörlin et Johanne dicto Gensere, nepotibus suis, quidquid ex bonis suis mobilibus ipsis assignaverit. sigilla curie Arg., capituli s. Thome, legatoris, Erbonis et Reinboldi fratrum sunt appensa. actum et datum feria 2 post conversionem s. Pauli, a. d. 1293.

1293 Januar 26.

Aus Strassb. Thom. A. Registr. A fol. 118. cop. chart. s. XIV.

Verkauf.

290. C. j. c. A. in forma juris Fridericus miles de Ůfwilre (presente procuratore monasterii de Steiga) confessus fuit in jure, se et dominam Annam, uxorem suam, curiam, quam inhabitant, sitam in Argentina in vico domini de Ohsenstein, archidiaconi Arg., apud curiam domini Reinboldi de Haselahe, canonici s. Petri Arg., constante matrimonio inter se emisse; «quodque de consuetudine terre et civitatis Argentine mulier in rebus emptis constante matrimonio terciam partem et vir duas partes lucretur,» Fridericus 2 partes dicto monasterio vendidit pro 25 marcis argenti. sed eas carius vendere poterat. anniversarium suum peragi debet. usus curie conjugibus est retentus pro annuo censu 1 vierlingi cere. «hec omnia dictus miles in platea publica, prout est moris, stando per se et eundo peregit nolens aliquomodo obstare posse vel debere, quod in lecto egritudinis essent facta, cum per congruum sit actum, cui oppositum est ire, stare et equitare per se.» sig. cur. Arg. est appensum. «actum presentibus testibus infrascriptis ad hoc specialiter vocatis et rogatis videlicet Heinrico[a] de Wolfgangesheim et Johanne dicto Pfanfile militibus, Bůrchardo filio predicti Pfanfile et Wernhero dicto Stůrm, civibus Argentinensibus, et pluribus aliis. datum pridie kalendas februarii, a. d. 1293[1].»

Januar 31.

Aus Strassb. Bez. A. G 5774 (6139). 3. or. mb. c. sig. pend.

Zeugenregest. Strassb. Münzmeister und Bank.

291. *In dem Vertrage zwischen Bischof Konrad von Strassburg und König Adolf über Besitzungen im Elsass und Breisgau findet sich folgende Bestimmung:* «ad hoc predictus episcopus per stipulacionem sollempnem nobis promisit et se ad hoc obligavit, quod annuatim in civitate Argentinensi apud magistrum monete nobis ante diem nativitatis domini quadraginta marcas puri et examinati argenti teneatur postposita excusacione qualibet persolvisse.» «hujus autem composicionis et concordie mediatores fuerunt et testes sunt: . . . . Nicholaus scultetus Argentinensis.» «datum in Rotwile» *1293.*

Februar 19.

Aus Strassb. Bez. A. G (70) 506. or. mb. c. sig. pend. Darnach Schöpflin, Als. dipl. II, 58, nr. 786. Mone, Zeitschrift f. Gesch. d. Oberrh. VI, 127 und Mossmann, Cartulaire de Mulhouse I, 93, der fälschlich die Urkunde als auf Papier geschrieben bezeichnet. — Böhmer, Reg. Adolfs 413.

a) Heinrico *und das Folgende ist von anderer Hand hinzugefügt.*

---

[1] *Vgl. nr. 234.* Domina Agnes de Bisecke, *Friedrichs von Ufwilre Schwester, giebt zu dem Verkauf ihre Zustimmung und erhält von der Kaufsumme 10 Pfund Pfenninge. 1293 Juli 17. Or. im Strassb. Stadt A. V. C. G. Corp. K lad. 23c nr. 1. — Anna, die Wittwe Friedrichs (älter als 25 Jahre), verkauft ihr Drittel an dem genannten Hof* (e. u. p. habet curiam Nicolaus de Kagenecke mil. Arg. e. e. a. p. fratres domus in Doroltzheim) *für 30 Mark Silbers demselben Kloster. Zur Leibzucht erhält sie es zurück für ½ Pfund Wachs jährlich. (A. 1.* per porrectionem calami more scotationis ut est consuetudinis et moris). *1297 Dezember 19. Or. Strassb. Bez. A. G 5774 (6139). 4. — Ebenso verkauft Reinbold Falke von Zabern, Str. Bürger, sein Drittel an dem Hof demselben Kloster für 31 Mark Silbers. Zugegen ist Heinrich, Prior des Klosters. 1315 Oktober 11. Or. Strassb. Bez. A. G 5774 (6139). 5.*

292. C. j. c. A. in figura judicii Katherina, filia Sigelini, relicta Waltheri dicti Schade civ. Arg., (presentibus subpriore et Wernhero procuratore fratrum predicatorum Argentinensium) dictis fratribus fundum sive aream domus ipsius Katherine in Argentina an Rintsuterlöben[1] sitam, solventem singulis annis 1 lib. den. Arg., item $^1/_2$ agrum frugiferum situm prope Ketzerbuhele[2] contingentem agros monasterii s. Marci e. u. p. e. e. a. agros dictorum de Kagenecke extra civitatem Arg., solventem singulis annis 6 sol. den. Arg. minus 2 denariis, donavit donatione inter vivos, ita quod ab ipsis perpetuo in anniversario ipsius Katherine libram et 6 solidos minus 2 den. in refectorio eorum conventui eorum pro pictancia ministrent et ipsius memoriam cum vigilia et missis peragant. item fundum sive aream domus sitam juxta predictam aream, solventem annuatim 1 lib. den. Arg., fratri Bernhardo de Hymelberg de eodem ordine donavit, ita quod ipse Bernhardus post obitum dicte Katherine de ipsa faciat, prout sibi visum melius fuerit expedire. Katherina eligit apud eosdem fratres predicatores suam ecclesiasticam sepulturam. dicti supprior et procurator relocant dicta bona donatrici pro 1 vierlingo cere, item frater Bernhardus pro 1 vierlingo. actum sabbato post dominicam Invocavit, a. d. 1293. *1293 Februar 21.* *Schenkung.*

Aus Strassb. Hosp. A. lad. Hôp. XXXIII fasc. 36 or. mb. c. sig. pend.

293. *Burkard Spender von sanct Thomas verleiht eine Hofstatt auf 82 Jahre.* *Zeitleihe.*
Februar 26.

Wir Anderes Wirich der meister unde der rât von Strazpurg tûnt kunt allen den die disen brief gesehint unde gehôrent, daz her Burghart der Spender von sant Thoman unde vor Agnes sin wurtin mit gesammenter hant verluhent hant zwei unde ahzig iar dû hovestat, dû da lit unde gelegin ist hinder den kûrsenern nebent der Bêgerin hûs bi dem ovenhus, swester Ellin von Reinicheim un ir erben umbe nûn ûnze zinses alle iar genger unde gêber Strazpurger unde zwene cappen âne holer steigen. dû selbe swester Ellin git keinen êrschatz; swerz aber nach ir enpfâhet der git êrschatz; aber von der hoveherren wandelunge git men keinen êrschatz; unde wellent die hovesêzen den bû duffe verkoufen, so sol men in von êrst dem hoveherren bieten; wil er drumbe niht geben alse vil als ander lûte, so sol men in geben ze kôfende andern êrsamen lûten; unde swerz kôfet der sol êrschatz geben, unde sol mens ôch demo setzen mit dirre selben gedinge âne gevêrde. wirt ôch dise hovestat enweg gegeben oder verwehselt oder in swelhen wêg sû verandert wirt, an swen sû gevallet, der sol dise gedinge stête lan den vorgenanten personen. die hovesêzen sulent ôch dû hovestat ze keime gedinge noch ze keime langen zil lihen, wan mit des hoveherren willen. daz diz stête belibe, darumbe ist unserre stete ingesigel zeime urkûnde an disen brief gehenket. diz geschach in der vasten an dem donrestage nach Reminiscere, do von gotes geburt warent tusent iar zweihundert iar unde drû unde nûnzig iar. heran warent her Hug Danris, *u. s. w. folgt der Rat.*

Aus Strassb. Stadt A. lad. s. Nic. Mart. et Petr. fasc. I. or. mb. c. sig. pend.

294. Waltherus dictus de Mûlnheim civ. Arg. de consensu Anne conjugis sue in ecclesia majori Arg. prebendam sacerdotalem instituit et bonis suis in bannis villarum Vegerzheim, Lupolzheim et Bledensheim sitis (bonis feodalibus exceptis) dotat. jus collationis est apud thesaurarium. prebendarius omni die ‹in altari in eccl. Arg. exstante proxime juxta hostium cappelle s. Johannis baptiste consecrando in honorem bb. Petri et Pauli apostolorum› missam celebrabit, finita secunda missa altaris s. Laurencii. in choro prebendarius presens erit. *Präbendenstiftung.*

---

[1] *Vgl. Str. G. u. HN. S. 137.* [2] *Vgl. UB. I, 256.*

Waltherus prebendam confert Johanni clerico suo Swarze de Rubiaco. sig. cur. Arg., capituli, decani et thesaurarii [1] sunt appensa. actum a. d. 1293, 17 kalendas apprilis [2].

1293 März 16.

Aus dem Archiv des Strassb. Domkapitels. or. mb. c. 3 sig. pend. (sigillum decani numquam est appensum.)

Ehelichkeits-Erklärung und Erbfolge.

295. C. j. c. A. Hugo dictus de Franckenheim civ. Arg. in forma judicii presentibus Odilia et Margareta, filiabus suis, confessus est, se dudum cum Junta de Mummenheim quondam matre dictarum filiarum ante creationem ipsarum matrimonium contraxisse seque eidem Junte cohabitasse tamquam uxori legitime, prefatasque Odiliam et Margaretam filias suas esse legitimas de dicta Junta, instituens easdem filias heredes suos in omnibus bonis suis. et si ex quavis causa filie ex successione hereditatem capere non possent, vult habere et capere ratione donationis causa mortis vel alio jure vel titulo. actum et datum a. d. 1293, 4 nonas aprilis. *April 2.*

Aus Strassb. Hosp. A. Prot. Prbdic. 107 (Copialb. s. XIV) fol. 37 b. cop. mb.

Pfandbrief.

296. *Der Landvogt Otto von Ochsenstein gewinnt den Ritter Reimbold Reimboldelin dem König Adolf und dem Reiche zu einem Diener.* *April 13.*

Ich Otte von Ochsenstein, lantvogt zu Elsasze, vergihe mit disem gegenwertigen brieve, das ich Reimbolden Reimboldelin, einen ritter von Strasburg, han gewunnen dem riche ze einem diener, und gelobe ime darumbe zu gebenne von des Römischen kuneges wegen Adolfs dreiszig mark silber, und darfür uf den zehenden in dem benne zu Baldeburnen, zu Obernrode, den her Dietherich von Baldeburnen von dem riche da hatte, zwei fuder wingeltes, und dasselbe wingelt soll er also lange han untze das ime oder sinen erben das silber gar vergolten werde von des kuneges wegen oder von sinen nachkomen; und den nutz, den er die wile uf dem zehenden nimit, den gibe ich imo von einer sunderlicher gnaden von des kuneges wegen. und das dis war si, darumbe ist min insigel zu einem urkunde an disen brief gehenkt. das geschach nach dem ostertage uber vierzehen nacht an dem montage, do man zalte von gottes geburte tusent iar zweihundert iar und drü und nuntzig iar.

Aus Strassb. Bez. A. E 2447. Transsumpt in Urkunde König Adolfs 1293 Dezember 10, erhalten in beglaubigter Abschrift s. XVII.

Erbleihe.

297. Peter Ripelin der meister und der rat von Strassburg machen bekannt, dass « her Reimbolt Stübenweg der alte mit willen und mit gehelle Reimboldes Brandecken sines sunes» zu einem rechten erbe verliehen hat «den garten bi des Töben grabe und bi hern

---

[1] *Nach dem Siegel:* Hermannus. [2] *Es wäre für die Geschichte des Strassburger Münsters sehr wesentlich zu wissen, ob auf die hier erwähnte Pfründenstiftung sich die Notizen bezögen, welche ein Originalriss (Innenansicht der südlichen Hälfte der Westfaçade) im Frauenhausarchiv (abgebildet bei Kraus, Kunst und Altertum in Els. Lothr. I, 501) am unteren Rande enthält. Die Schrift (ohne Zweifel höchstens Ende des 13. Jahrhunderts) stand auf dem Blatt, bevor der Riss aufgezeichnet wurde, dessen unterste Stückchen auf Rasur stehen. Später wurde ein Teil der Schrift abgeschnitten, so dass heute nur noch 3 Zeilen in zwei durch weites Spatium getrennten Columnen erhalten sind. Von der einen Columne ist gar nichts Zusammenhängendes mehr herauszubringen. Von der andern ist ein Teil durch Anwendung von Reagentien etwas gefärbt; was ich entziffern konnte (die ganze Schrift ist als Spiegelschrift aufgetragen, also auch mit Spiegel zu lesen), beschränkt sich auf Folgendes: Zeile 1:* «. . . . . . vorgenanten her Walther von Mülnheim . . . *Zeile 2:* und schaffener und unser . . . u. s. w. . . . sügen gent an hülfe mit vollem reht. Item das . . . *Zeile 3:* nuwen pfründen verbunden sin sullent . . . misse ze sprechende uff . . . . . . genanten . . . .». *Dass sich diese Notizen auf unsere Pfründe beziehen, dafür spricht der Umstand, dass der betreffende Altar an der vom Frauenhaus abhängigen s. Johannskapelle errichtet war; dagegen, dass der Mülnheim als* her *bezeichnet wird, während in der Urkunde er nur Bürger ist, also nicht diesen Titel führt. Bezieht sich aber die Urkunde wirklich auf die Pfründe, so kann der Riss nicht vor 1293 angefertigt sein.*

Türande » herrn Johannes von Mülnheim für einen iährlichen zins von 8 unzen. Er. 4. U. (Reimbolt Stübenweg und Reimbolt Brandecke für Sophye und Engeldrût, des ersteren töchter). « diz geschach an der mittewochen vierzehen naht vor sante Johannesses mes zen sünegihten, 1293. heran warent her Hûg Danris, *u. s. w. folgt der Rat.* ***1293 Juni 10.***

Aus Strassb. Bez. A. H 2976. 2. or. mb. c. sig. pend.

298. Peter Ripelin der meister und der rat von Strassburg machen bekannt, « daz Rûdolf Danbach und vro Künigunt sin wirtin mit willen und mit gehelle hern Wernhers Sturmes und vorn Annen siner wirtinne irre hoveherren verkoffet hant von dem erbe, daz si von in hant, daz vorder hus, da men in gat anme steinhuse uf der hovestat in des Badeners hof hinder dem Stampfe, hern Heinriche, vorn Gerbun von Wintersdorf und irre dohter Hedewige und irn erben umbe 12 phunt Strassburger pfenninge. » von der hofstatt werden dem hofherrn gegeben iährlich 14 schillinge ohne steigerung. Er. 4. V. « daz geschach an der mitwochen vierzehen naht vor sante Johannes messe baptisten, 1293. heran warent her Hug Danris, *u. s. w. folgt der Rat.* ***Juni 10.*** *Verkauf.*

Aus Strassb. Hosp. A. Prot. Prédic. 107 (Copialb. s. XIV) fol. 50. cop. mb.

299. C. j. c. A. in forma judicii Metza et Ellina dicte Westermennin, begine de Argentina, donaverunt donatione inter vivos priori et conventui fratrum predicatorum domus Arg. domum et aream, quam inhabitant, hinder kürsener loben dictam der Westermennin hus in c. A., item bona in bannis villarum Scherwilre, Hugesbergen et Wihersheim apud turrim et omnia alia bona sua immobilia, ita quod prior inter alia daret post mortem ambarum 5 marcas argenti ad capitulum generale et 5 marcas ad capitulum provinciale predicatorum. prior relocat dicta bona donatoribus ad tempus vite ipsarum pro ½ libra cere, in festo purificacionis b. virginis solvenda. actum et datum 3 nonas julii, a. d. 1293. ***Juli 5.*** *Schenkung.* *Februar 2.*

Aus Strassb. Hosp. A. Prot. Prédic. 107 (Copialb. s. XIV) fol. 42ᵇ. cop. mb.

300. Frater Conradus dictus Morlin de Argentina ordinis fratrum Theotonice *ist anwesend bei der Aufnahme des Edelknechts Siegfrid von Riegel und dessen Sohn Andreas in den Deutschritterorden (Haus zu Sarburg). Urkunde von 1293.* ***Juli 23.*** *Zeugenregest.*

Abgedruckt bei Hennes, Cod. dipl. ord. s. Mar. Theut. II, 283 (nach dem Or. im Staatsarchiv zu Coblenz).

301. C. j. c. A. in forma juris Lucas miles Arg. dictus de Eckeversheim et Ellenhardus, procuratores fabrice eccl. Arg., nomine ejusdem fabrice locant Heinrico dicto Kacheler de Arg. in emphiteosim curiam dictam zû dem von Schaftolzheim sitam inter pontes dictos zwischent brucken in c. A. prope Nicolaum sutorem e. u. p. c. e. a. juxta dictum de Hunesvelt pro annuo censu 9 unc. den. Arg. Er. 1. V. actum et datum a. d. 1293, 5 idus augusti. ***August 9.*** *Erbleihe.*

Aus Strassb. Frauenh. A. lad. 49 nr. 21. or. mb. c. sig. pend.

302. *König Adolf verpfändet an Johannes Vogt, Bürger von Strassburg, die Fischerei zu Illwickersheim. Strassburg.* ***September 11.*** *Pfandbrief.*

Adolfus dei gratia Romanorum rex semper augustus ad universorum sacri Romani imperii fidelium noticiam tenore presentium cupimus pervenire, quod nos ad grate devocionis servicia, quibus providus vir Johannes Advocatus civis in Argentina creditor noster predilectus se nobis gratum reddidit et acceptum, nostre serenitatis inclinantes intuitum sibi viginti marcas argenti de benignitate regia promittimus nos daturos, pro quibus eidem piscinam nostram et imperii in villa Illewigersheim titulo pignoris duximus obligandam, sic quod eandem piscinam teneat et habeat ac ea que de ipsa piscina obvenerint sine defalcacione percipiat, quousque sibi vel suis heredibus eedem viginti marce per nos vel successores nostros in imperio plenarie fuerint persolute; quibus solutis memorata piscina ad nos et ad imperium libere revertetur. in premissorum testimonium et cautelam presentes litteras sigillo majestatis nostre jussimus communiri. datum Argentine, 3 idus septembris, indictione 6, anno domini 1293, regni vero nostri anno 2[1].

Aus Strassb. Stadt A. V. C. G. corp. B lad. 22. or. mb. c. sig. pend. Danach abgedruckt Schöpflin Als. dipl. II, 60 nr. 769. — Böhmer Reg. Adolfi 163.

Pfandbrief.

803. *König Adolf gewinnt den Ritter Reimbold Reimboldelin zu des Reiches Diener und verpfändet ihm Weingeld zu Ballbronn. Vor Rappoltstein.* ***September 21.***

Wir Adolf von gottes gnaden Römischer kunig, allewege merer des riches, tun kundt allen desz riches getriwen, die disen brief lesent oder horent lesen, das wir Reimbolde Reimboldelin einen ritter von Strasburg uns und dem riche zu einem diener han gewunen und geloben wir ime darumbe ze gebende drisig mark silbers; und wande wir iegenote kein bar silber nit enhan, so setzen wir ime ze pfande uf dem zehenden in dem banne ze Baldeburne, zu Obernrode, den herr Dieterich von Baldeburn von dem riche hat, zwei fuder wingeltes. und das selbe wingelt sol er also lange han, untz das ime oder sinen erben die drisig mark silbers von uns oder von unsern nachkomenden an dem riche gar vergolden werden. und den nutz, den er die wile uf dem zehenden nimet, den geben wir ime von einer sunderlichen gnaden. und geben wir ime ze einem urkunde disen brief mit unsereme kuniglichem insigele besigelt. dirre brief wart gegeben vor Rapoltzsteine an sancte Mauricien abende, do man zalte von gottes geburte tusent zweihundert und drei und nunzig iar, in dem andern iar unsers riches[2].

Aus Strassb. Bez. A. E 2447. cop. chart. s. XVII, beglaubigt von einem Notar nach dem Original. Eine andere beglaubigte Copie daselbst G 314 (140).

Verkauf.

804. C. j. c. A. in forma juris Sifridus dictus Merswin civ. Arg. domus et aree inferius specificate, cujus septima pars pro indiviso ad Gotzonem thesaurarium ecclesie s. Petri Arg., alia septima pars ad Heinricum et tertia ad Nicolaum, fratres dicti Gotzonis, residue vero 4 partes ad dictum Sifridum pro indiviso pertinent, easdem 4 partes p. p. e. l. vendidit Jacobo dicto de Barre civ. Arg. pro 44 marcis argenti. Sifridus et Nicolaus, filius ejus, procurabunt, quod Johannes et Petrus juniores, liberi dicti Sifridi inpuberes, cum primum majores 14 annis efficiantur, dictam venditionem ratificabunt. M. (pro Nicolao). domus et area site sunt in c. A. an dem Holwige juxta domum dictam zû der Meraten ex uno latere et ex alio juxta domum priorisse et conventus monasterii s. Johannis c. m. A. actum et datum 7 idus decembres, a. d. 1293[3]. ***Dezember 7.***

Aus Strassb. Hosp. A. lad. 170 fasc. 32. or. mb. c. sig. pend.

Königl. Bestätigung eines Vertrags.

805. *König Adolf bestätigt nochmals den vom Landvogt mit dem Ritter Reimbold Reimboldelin geschlossenen Vertrag. Ortenberg.* ***Dezember 10.***

Wir Adolf von gottes gnaden Römischer könig, allewege merer des reichs, tun kundt allen des reichs getreuen, die disen brief lesent oder hörent lesen, dass wir sahin und lasen

---

[1] Vgl. nr. 176 u. 197. [2] Vgl. nr. 295. [3] Nicolaus Kolin verkauft mit Zustimmung Gotzos (Thesaurar) und Heinrichs (Scholastikus von s. Peter zu Strassburg) an Jacob von Barre $^{5}/_{7}$ des genannten Hauses (das nach hinten an den Hof der Predigerbrüder stiess) für 70 Mark Silbers. Der Preis ist in 3 zweijährigen Abzahlungen abzutragen (je 23 resp. 24 Mark). Als Zins wird bis zur ersten Abzahlung 6 Pfund, bis zur zweiten 4 Pfund, bis zur dritten 2 Pfund jährlich gezahlt. 1303 Juli 26. Or. ebendaselbst. Der Empfang der ganzen Summe wird von Kolin und seinen beiden Brüdern beurkundet 1307 Dezember 18. Or. Strassb. Hosp. A lad. Orph. XXXIV fasc. 56.

den brief, der hienach geschriben stat von worte ze worte alsus: [*folgt nr. 295*]. und wan des vorgenanten Reimboldes dienst uns und dem riche nutzbar ist, davon so han wir steti, was der vorgenante Otte von unsern und des riches wegen getan het, rechte alse wir selbe es getan hettin zu dem vorgenanten zile. und darumbe zu einem urkunde so ist besigelt dirre brief mit unserem kuneglichem insigel. dis beschach zu Ortenberg an dem ersten dunrestage nach sant Niclauses tage, in dem anderm iare unsers riches [1].

Aus Strassb. Bez. A. E 2447. cop. chart. s. XVII, nach dem Original beglaubigt.

306. C. j. c. A. in figura judicii Eckehardus, filius Wernheri dicti Furste de Argentina, et Nicholaus, filius ejus, in remedium animarum suarum se et omnia bona sua mobilia et inmobilia necnon omnes actiones tam reales quam personales etc. et specialiter omne jus emphiteoticum in areis sitis juxta s. Andream in Argentina inter aream, que censualis est ecclesie s. Thome Arg., e. u. e. e. p. a. juxta domum s. Katherine, quarum quidem arearum proprietas pertinet ad monasterium s. Arbogasti c. m. A., donaverunt donatione inter vivos predicto monasterio s. Arbogasti (salva tamen filie Eckehardi predicti portione sua in areis predictis, si qua ei debetur). Nicholaus predictus abjuravit omne jus sibi conpetens et promittit per idem juramentum, quod in dicto monasterio et curiis ejusdem ad ea servicia, ad que deputatus fuerit per prepositum et conventum predictos, fideliter et pro viribus servire debeat, dummodo ipsis de victu et vestitu respondeatur. actum et datum 7 idus januarii, a. d. 1294. ***1294 Januar 7.***

Schenkung, Eintritt in ein Kloster.

Aus Strassb. Hosp. A. Zerstreute Sachen. or. mb. c. sig. pend.

307. C. j. c. prepositi Arg. Ludewicus filius quondam Conradi de Rodesheim, Berhtoldus, Conradus et Johannes, liberi sui, de Argentina manibus coadunatis vendiderunt bona quedam in banno opidi Rodesheim Heinrico dicto Swarber civi Arg. pro 25 marcis argenti ponderis Argentinensis. sigillum curie prepositi est appensum. datum a. d. 1294, feria secunda ante Hylarii. ***Januar 11.***

Verkauf.

Aus Rosheimer Stadt A. JJ 1-4. or. mb. c. sig. pend. mutil.

308. Burchart von Rimuntheim der meister und der rat von Strassburg machen bekannt, dass Johannes Wizprötelin zu einem rechten erbe verliehen hat die hofstatt [2] bei Alt s. Peter neben Ludewige dem Kacheler an Heinriche Selsun und seine erben gegen einen iährlichen zins von 1 pfund und 3 cappen. Er. 2. V diz geschach an dem fritage vor conversio Pauli, 1294. heran warent her Burchart von Rimuntheim, *u. s. w. folgt der Rat.* ***Januar 22.***

Erbleihe.

Aus Strassb. Thom. A. lad. 24. or. mb. c. sig. pend.

309. C. j. c. A. Johannes dictus vorn Pfinen sun, civ. Arg., et Cůnradus natus ejusdem, vendiderunt domino Cůnrado sacerdoti, canonico s. Stephani Arg., aream sitam in dem obirn gesselin in der Crûtenowe, da man sancte Nicolao gat ex opposito fontis und hůndir hern Wernhere dicto Pferricher, et domum unam desuper edificatam p. p. e. l. pro 9 marcis et 1 fertone argenti. A. 3. actum et datum 17 kalendas aprilis, a. d. 1294 [a]. ***März 16.***

Verkauf.

Aus Strassb. Bez. A. H 2683. 9. or. mb. c. sig. pend.

a) *Or.:* in nonagesimo quarto, *also 1094; aber nach der Schrift zu urteilen, gehört die Urkunde ohne Frage zu 1294.*

---

[1] *Vgl. nr. 303.* [2] *Dorsualnotiz s. XIV exeunt.:* «domus zů dem Glůxrade». *Vgl. Str. G. u. HN. S. 191.*

Verkauf. **810.** «Reimboldelin under koufluten» der meister und der rat von Strassburg machen bekannt, dass «Rûleman, hern Walthers Sehzzig-marckes seligen sûn», verkauft hat als lediges eigen «hern Huge Tanrise, eime ritter von Strazburg,» 16 äcker in Suvelwihersheim für 32 1/2 mark silbers, vom vermögen seiner gemahlin Beatrix gezahlt. «diz gescach an deme dunrestage nach sancte Gregorien tage, 1294. herane warent her Burchart von Rinnundheim,» [*u. s. w. folgen die Namen der 7 ersten Ratsmitglieder und dann:*] «und andere inne rate». ***1294 März 18.***

Aus Strassb. Bez. A. G 4823 (5195). 1. or. mb. c. sig. pend. mutil.

Verkauf. **811.** *Herr Lukas, Pfleger des Münsterbaues, verkauft Aecker und Zinse desselben.* ***April 22.***

Wir Reinboldelin der meister und der rât von Strazpurg dûnt kunt allen den, die disen brief gesehent und gehôrent, daz her Lûkes, unserre frowen werkes pfleger und lonherre von unsern wegen, den wir darzû gesetzet hant, mit unsern willen und gehelle het gegeben ze kôfende vûr lidig eigen Johannese, Willehelmes seligen sun des kûrseners, und sinen erbin in dem burgfelde ze Kûnegeshoven [*mehrere Aecker, deren Ortsbeschreibung folgt*], unde zehin schillinge geltes uf der hovestete, die da heizet ze dem von Illenkirche ze Merissôt und lit nebent Jacob Marschalke, umbe vier und drizic mark silbers eines vierdunges minre. daz silber ist unserre frowen werke und iren buwe ze nutze komen und gar vergolten. daz diz war si, darumbe sint unserre stette und unserre frowen werkes ingesigele ze eime urkûnde an disen brief gehenket. diz geschach an deme dunrestage in der ôsterwochen, do von gotes geburt warent dûsent iar zweihundert iar und vier und nûnzic iar. heran warent her Burchart von Rimuntheim, *u. s. w. folgt der Rat.*

Aus Strassb. Bez. A. H 3117. or. mb. c. 2 sig. pend. (das des Frauenwerkes gut erhalten; Abbildung bei Kraus, Kunst und Altertum I, 503). Darnach abgedruckt in der Alsatia 1875-76, S. 279 f.

Zeugenregest. **812.** C. thesaurario eccl. Arg. in forma judicii Hesso de Lûtensheim vendidit domino Johanni de Blûmenowe, militi Arg., nomine Irmeline, filie dicti Kluppfel de Spira, bona in banno et villa Mittelhus. sigillum thesaurarii est appensum. actum et datum 3 kalendas maji, a. d. 1294, presentibus Hugone de Mittelhus, Johanne de Blumenowe predicto, Reinboldo de Friburg militibus, Ortwino dicto Swarber, et Johanne dicto Manse civibus Argentinensibus. ***April 29.***

Aus Strassb. Bez. A. H 2667. 2. or. mb. c. sig. pend.

Zeitleihe. **813.** Prepositus, decanus totumque capitulum ecclesie s. Thome Arg. notum faciunt, quod Fridericum dictum de Vriesenheim, prebendarium ecclesie dicte, in locatione curie sue (quam, dum vixerat, dominus Heinricus de Phettensheim, quondam custos et canonicus dicte ecclesie, inhabitavit sitam inter curiam, que quondam fuerat pincerne, quam nunc tenet magister Johannes de s. Amarino, successor dicti Heinrici in custodia, ex una et curiam, que quondam fuerat magistri Conradi, notarii magistri et consulum civitatis Argentine, quam nunc tenet Johannes sacerdos, prebendarius dicte ecclesie, ex parte altera) aliis hoc idem desiderantibus duxerunt preferendum et locavorunt eidem dictam curiam ad tempus vite sue scripto presenti de consensu Johannis dicti Zorn, canonici dicte ecclesie, qui de ipsa curia a capitulo annuatim recipit 20 sol. den. Arg. ad tempus vite sue, et Nicolai dicti Zorn militis, patris dicti Johannis. Fridericus solvet pro censu annuo 5 lib. den. Arg. persolvendas in die
Oktober 2. b. Leudegarii. Fridericus curiam personaliter inhabitare et curiam in bonitate conservare

debet. meliorationes ab ipso facte cedere debent curie. sigilla prepositi, decani, capituli, Friderici et Nicolai sunt appensa. Johannes utitur sigillo patris. actum et datum 6 idus maji, a. d. 1294. ***1294 Mai 10.***

Aus Strassb. Thom. A. Registrande C fol. 77 b. cop. mb. s. XIV.

814. Prepositus[1], decanus totumque capitulum ecclesie s. Petri Arg. notum faciunt, se locasse Sifrido dicto de Gûgenheim lanifici suisque successoribus aream, sitam uffe Rintsutergraben e. u. bi der frôwen von Scharleheim ex alio vero latere juxta Ottonem de Swindratzheim, jure enphiteotico possidendam pro 5 sol. den. Arg. si Sifrido plures successerint, ab ipsis unus possessor locatoribus est dandus. V. Er. 1. acta sunt hec 4 idus maji, a. d. 1294[2]. ***Mai 12.*** *Erbleihe.*

Aus Strassb. Hosp. A. lad. Hôp. XLIX fasc. 14. or. mb. c. 2 sig. pend.

815. C. j. c. A. Sigelinus dictus de Rinowe civ. Arg. Katherine et Agneti, filiabus suis, monialibus in monasterio s. Katherine e. m. A., redditus 9 unc. den. Arg. super area sua sita in c. A. in vico cuppariorum, super qua sita est domus, que dicitur Zengelins hus[3], ex opposito domus zû der selen[4] donatione inter vivos donavit sub eo modo, quod post obitum dictarum filiarum dicti redditus ad monasterium predictum in remedium anime sue transeant pleno jure. datum 16 kalendas julii, a. d. 1294[5]. ***Juni 16.*** *Schenkung.*

Aus Strassb. Hosp. A. lad. 171 fasc. 14. or. mb. c. sig. pend.

816. C. j. c. A. in forma juris Berta relicta Johannis dicti Junge carpentarii de Argentina, Katherina ejus filia, et Johannes maritus Katherine, pro se et liberis dicte Berte, Johanne videlicet et Mathya, vendiderunt domum suam in curia, quam inhabitat dicta Kochin, juxta s. Stephanum et juxta curiam Mathie, canonici ibidem, custodisse monasterii s. Stephani nomine dicti monasterii pro 10 lib. den. Arg. U. (Berta, Katerina et Johannes pro Johanne et Mathya.) actum et datum 8 kalendas julii, a. d. 1294. ***Juni 24.*** *Verkauf.*

Aus Strassb. Bez. A. H 2683. 8. or. mb. c. sig. pend.

817. C. j. c. A. in forma juris Ihta dicta de Erstheim, Ellina dicta de Friesenheim, Yma et Gerina dicta de Misenheim, begine Argentinenses, procuratoribus nomine prioris et fratrum predicatorum domus Arg. donant per traditionem in animarum suarum remedium domum et aream, quam inhabitant hindern kûrnener loben in c. A. sitam, ex una parte habet Kûnegundis begina e. a. p. Gôtzo dictus Kornkôfe, ex opposito Heinrici Ackerman de s. Nycolao, ita tamen quod quatuor dicte begine, et post mortem prime tres, et post mortem trium ultima domum et aream possideant ad tempus vite. si aliqua partem suam aliis seu alicui ex reliquis legare voluerit, licitum est, sed donataria seu donatarie solvere debebunt predicatoribus 5 lib. den. Arg. procuratores locant domum et aream donatricibus pro annuo censu 1 vierlingi cere. actum et datum kalendis julii, a. d. 1294. ***Juli 1.*** *Schenkung.*

Aus Strassb. Hosp. A. Prot. Prédic. 107 (Copialb. s. XIV) fol. 43. 2 cop. mb.

---

[1] *Nach dem Siegel:* Hugo. [2] *Siegfrid u. Agnes, seine Gattin, verpfänden eine Rente von 30 Schillingen auf ihrem Hause an das Strassburger Hospital (Vertreter Meister Conrad von Ergersheim) für 24 Pfund und 10 Schillinge. 1296 Juni 26. Or. ebendaselbst.* [3] *Nach einer Urkunde von 1423 lag das Haus* «apud viculum directum ad estuarium dictum zû dem Stancke». [4] *Vgl. Str. G. u. HN. S. 102.* [5] *1315 Januar 20 giebt das Kloster s. Katharina das genannte Haus in Erbleihe an Mya, Metza u. Demudis, Töchter des verstorbenen Johannes Zengelin, Beginen, für einen jährlichen Zins von 30 Unzen 10 Pfenningen. (Er. 1. V.) Or. Hosp. A. lad. Orph. XXXV fasc. 39.*

Verkauf.

818. C. j. c. A. in forma juris Reinboldus miles de Stöffenberg, Andreas et Andreas fratres ejus, necnon Constancia et Hedewigis sorores predictorum manibus coadunatis vendiderunt redditus 9 sol. cum 4 den. Arg. et 2 capponum super 2 areis[1] sitis in c. A. ex opposito curie domini M[arquardi] decani et archidiaconi Arg., quarum arearum unam inhabitat Reinboldus clericus de Westhoven, aliam vero Felix sacerdos, Elnhardo magno civi Arg. presenti et nomine fabrice eccl. Arg. ementi pro 10 lib. minus 5 sol. den. Arg. A. 3. datum a. d. 1294, 12 kalendas septembres. ***1294 August 21.***

Aus Strassb. Frauenh. A. Saalbuch 3 fol. 40[b]. *cop. s. XIV exeunt. Darnach Regest in Mon. Germ. SS. XVII, 91 note 12.*

Schenkung.

819. C. j. c. A. Conradus, canonicus ecclesie s. Thome Arg., Johannes frater ejus, Agnes soror eorum, liberi Conradi militis dicti Schotte, recognoverunt, quod bone memorie Irmengardis mater eorum in remedium anime sue legavit ecclesie s. Thome redditus 5 sol. et 4 den. Arg. de domo et area sitis ins zollers giessen, quam Kerlingus de Bischovisheim carnifex tenuit ab eadem jure emphiteotico; item redditus 18 den. debitos eidem de area sita in vico dicto Scharlatburne in c. A., quos redditus prefati liberi de consensu patris eorum dicte ecclesie presentibus assignaverunt. datum et actum a. d. 1294, 4 nonas septembres[a]. ***September 2.***

Aus Strassb. Thom. A. lad. 25 (Titres). or. mb. c. sig. pend.

Schenkung.

820. C. j. c. A. Conradus de Argentina, quondam procurator hospitalis s. Bernhardi montis Jovis, et Lücgardis uxor ejus, existentes adhuc in seculo et in habitu seculari, in remedium animarum suarum et suorum parentum 2 domos sitas e. m. A. ex opposito cappelle s. Michahelis super area decani et capituli ecclesie s. Thome Arg. juxta dictam Spenderin donacione inter vivos donant fabrice ecclesie Arg., presente procuratore dicte fabrice, sub condicionibus subnotatis, ita quod dicti conjuges et Anna eorum filia, in quocunque statu sive in religione sive in seculo fuerint, census, qui de ipsis domibus pervenerint, solutis censibus debitis ecclesie s. Thome recipere debeant pro tempore vite sue. dicti conjuges communiter revocant quoddam legatum factum prius dicte fabrice per ipsos de domo et curia eorum sitis in Brantgasse. datum a. d. 1294, feria 2 ante festum Mathei apostoli. ***September 20.***

Aus Strassb. Frauenh. A. lad. 49 nr. 22. or mb. c. sig. pend.

Schenkungen, Seelgerätstiftungen.

821. C. j. c. A. Luscha mulier filia quondam Ulrici de Argentina, residens apud pontem s. Thome in Argentina ultra Pruscam, domum suam sitam in Argentina juxta presciptum pontem ultra Pruscam apud domum dicti Wakernel, quam inhabitat dicta Luscha, et aream ejusdem domus, quam detinet jure emphiteotico ab ecclesia s. Thome pro 5 sol. den. Arg. et 2 capponibus, in remedium anime sue, Agnetis filie sue, et quondam Burchardi sacerdotis prebendarii dicte ecclesie, et parentum suorum donavit donatione inter vivos eidem ecclesie. A. 3. decanus et capitulum post mortem ipsius Lusche infra 2 menses solvent 12 marcas argenti in remedium anime sue, videlicet fratribus minoribus 4 marcas, Katherine et Anne filiabus quondam dicti Batiche vel alteri earum 3 marcas, conventui penitentum e. m. A. 2 marcas, item Agneti cantrici ibidem ½ marc., item Kunegundi sorori claustri s. Katherine dicte de Fleckesberg, Cecilie sorori claustri s. Agnetis, Mehtildi et Demüdi sororibus s. Margarete, Augustinensibus Arg., saccitis cuilibet et quibuslibet 10 sol., item fratribus predicatoribus Arg. 1 lib., item Mehtildi dicte de s. Martino ad s. Claram 5 sol., item conventui s. Johannis 5 sol.,

a) *Die Tagesdatierung hinzugefügt, wahrscheinlich von anderer Hand.*

---

1 *Nach der Ueberschrift hiessen die Häuser:* «zů der gylgen gegen den von Lichtenberg hof über» *und lagen im Hasengässchen am Bruderhof. Vgl. nr. 195.*

item conventui de Grûnenwerde, fratribus Theutonicis, conventui s. Marci, s. Nicolai cuilibet 5 sol. si dictam pecuniam decanus et capitulum infra spacium predictum monitione 8 dierum premissa non solverint, suspensioni a divinis subjacebunt. domum et arcam dictas decanus et capitulum dicte Lusche locant ad tempus vite sue pro annuo censu 5 sol. den. Arg. et 2 caponum et 1/2 libre cere. post mortem Lusche ipsius anniversarium peragetur in dicta ecclesia, item Burchardi predicti, et in quolibet dividentur 20 sol. de censu predicto. sigilla curie et capituli s. Thome sunt appensa. datum et actum a. d. 1294, feria 6 post festum b. Michaelis[1]. ***1294 Oktober 1.***

Aus Strassb. Thom. A. lad. 25 (Titres). or. mb. c. 2 sig. pend.

822. C. j. c. A. in forma juris Anna, uxor Heinrici dicti Grosherre civ. Arg., de consensu ipsius Heinrici, necnon Gotzonis dicti Grostbeiun, filii sui, donavit redditus 1 lib. den. Arg. super 2 areis sitis in Leimengassen in c. A., quarum una sita est inter domum beginarum de Wihersheim et domum Berhte dicte Schalerin, quam inhabitat Heinricus carpentarius de Tungensheim, reliqua area sita est inter domum dicti Borlin et Agnetim de Swenwilre, in remedium animarum Katherine, filie sue, et Ůlrici, mariti ipsius, Katherine abbatisse et conventui monasterii s. Francisci in Arg. nomine et vice fratrum minorum domus Arg., sic quod dicta abbatissa et conventus dictos redditus post obitum Anne recipiant et gardyano et fratribus minoribus domus Arg. in die b. Augustini in refectorium pro pictancia ministrent; hec condicio est adjecta, quod heredes ipsius Anne proximiores dictas 2 areas luere possint pro 10 marcis argenti, et quod de his abbatissa emat de scitu tamen heredum predictorum redditus 1 lib. den. Arg. preterea dicta Anna de consensu Heinrici, sui mariti, et Gotzonis, filii sui, donavit dicte abbatisse et conventui nomine dictorum fratrum redditus 1 lib. den. Arg. super 2 agris sitis in dez Bischoves gebreite uf den weg bi dem galgen nebent sant Johannese ackern; hi redditus eodem modo, quo supra, provenient dictis fratribus minoribus in vigilia beati Ůdalrici in remedium anime Agnetis filie. actum et datum feria tercia post festum b. Dyonisii, a. d. 1294. ***Oktober 12.***

Schenkung. — *August 28.* — *Juli 3.*

Aus Strassb. Hosp. A. lad. 51 fasc. 3. or. mb. c. sig. pend.

823. C. j. c. A. Kunigundis relicta Gotzonis dicti Hohenloch et Juntha filia ejus, cives Argentinenses, domum dictam zû der kugeln[2] juxta domum Hugonis dicti de Novillari in c. A. sitam abbatisse et conventui monasterii s. Clare in c. A. donatione inter vivos donaverunt in remedium animarum suarum, ita quod eandem domum 16 paupercule begine gratis perpetuo inhabitare debeant. si una ex eis cesserit vel decesserit, superstites begine aliam infra quindenam subrogabunt; que si concordare nequiverint, gardianus fratrum minorum domus Argentinensis substituet aliam. si qua luxoriosa fuerit vel rixosa, dictus gardianus eam removebit. actum et datum 3 idus octobres, a. d. 1294[3]. ***Oktober 13.***

Beginenhausstiftung.

Aus Strassb. Thom. A. lad. Begin. 12. or. mb. c. sig. pend.

824. Götze von Gröstein der meister und der rat von Strassburg machen bekannt, dass frau Gertrût mit willen ihres gatten herrn Johannes Panfile und frau Agnes mit willen ihres gatten herrn Reimboldes Stûbenweges, des sohnes herrn Huges, und Johannes der wittewen

Verkauf.

---

[1] *Nach einer Dorsualnotiz s. XIV war das Haus später bewohnt von* «dicta Twingerin». *Eine gleichzeitige Dorsualnotiz besagt:* «productum est hoc instrumentum per Rûdegerum Merswin clericum nomine decani et capituli s. Thome in modum probationis feria 2 ante nativitatem domini, a. d. 1304.» [2] *Vgl. Str. G. u. HN. S. 78.* [3] *Nach Urkunde 1300 März 31 (ebendaselbst) war das Beginenhaus gelegen* in foro equorum an dem Rossemerckete juxta domum dictam zû der kugeln, que domus appellatur der gothus von Hohenloch. *Vgl. Alsatia 1858-61 S. 164.*

sun, drei geschwister, verkauft haben an Jacob Egene drei viertel des hauses und der hofstätte «zem månen» neben demselben Jacobe und dem hof zum aftervogt für 24 mark silbers. «an sante Gallen åbent, 1294. heran warent her Burchart von Rimuntheim, *u. s. w. folgt der Rat.* ***1294 Oktober 15.***

Aus Strassb. Bez. A. E 5600. or. mb. c. sig. pend. delaps.

Wittums-stiftung.

825. Götze von Grostein der meister und der rat von Strassburg machen bekannt, dass «Hug der Spiller und vor Ellin, sin wurtin, einander vor uns gewidemet hant daz gůt, daz hie nach geschriben stat und daz sů beide mitcinander gewunnen hant und gekôfet. der selbe Hůg und vor Ellin, sin wurtin, hant ein hůs, daz stat uf der hovestat bern Heinzen Marsilies, so hant sů ein hůs, daz lit nebent Huge von Nuwilre, des het er ir gewidemet an den zweien húsern sine zweiteil und sů inne da widere ir dritteil.» ebenso widmen sie sich gegenseitig åcker in den bannen Mittelbus, Wibersheim zem turne und Dürningen. nach verlauf von 14 jahren erlischt alles recht an der hofstatt des Marsilies. «diz geschach an dem sammestage nach sante Martins tag, 1294. heran waren her Burchart von Rimuntheim, *u. s. w. folgt der Rat.* ***November 13.***

Aus Strassb. Bez. A. G 5170 (1798). 3. or. mb. c. sig. pend. delaps.

Verkauf.

826. C. j. c. A. in figura judicii Sigelinus dictus de Rinowe civ. Arg. de consensu Sigelini, Johannis, et Gerdrudis liberorum suorum, necnon Ludewici de Wasselnheim mariti Gerdrudis, vendidit Jacobo dicto de Barre civi Arg. domum et aream dictam zů der Meraten in c. A. an der Bredegeregassen, item unam domum, quam inhabitat dictus Gehe pellifex, sitam zů Merissot in kursenner gassen in c. A. pro 26 marcis argenti sub condicione tamen, quod Agnes mater Jacobi dicti Völtsche civ. Arg. domos et areas predictas, quamdiu vixerit, tenere debeat. actum et datum 12 kalendas januarii, a. d. 1294[1]. ***Dezember 21.***

Aus Strassb. Hosp. A. lad. 170 fasc. 32. or. mb. c. sig. pend.

Beginenhaus-statuten.

827. C. j. c. A. in forma juris Sigelinus dictus Vehe et Anna, uxor ejus, cives Argentinenses, de consensu Cůnzelini filii ipsorum 2 domus suas in c. A. in vico, qui dicitur Stadelgassen, inter domum dicti Schraprun e. u. p. et domum Heinrici dicti Bliweger e. p. a., quarum una sita est ante et alia retro, in remedium animarum suarum monasterio s. Clare in Argentina donaverunt donacione inter vivos, adjectis tamen condicionibus infrascriptis (de consensu fratris Ůlrici conversi et procuratoris monasterii predicti), ita videlicet, quod perpetuo 12 paupercule begine vite et conversacionis honeste dictam domum posterius sitam gratis debeant inhabitare, et, si qua cesserit vel decesserit, quod infra quindenam aliam in ejus locum superstites begine substituant; que si de alia substituenda concordare nequiverint, voluerunt legatores, quod gardianus fratrum minorum conventus Arg. aliam in locum substituere posset. si qua ex beginis talis esset vel efficeretur, quod majori et saniori parti dictarum beginarum ejus conversacio non placeret propter infamiam incontinencie vel alias propter malam famam, illa tamquam ovis morbida ad requisicionem dicte majoris et sanioris partis per prefatum gardianum ciciatur. debent et omnes begine predicte supradicti gardiani correctione gubernari. debet etiam prima domus sepedictis sororibus deservire in hunc modum, sic videlicet quod dicte sorores censum de prima domo debeant perpetuo singulis annis recipere (8 unceis de singulis annis dumtaxat exceptis, quas 8 unceas dicti conjuges voluerunt, quod eas dicte sorores abbatisse conventuique predictis singulis annis dent et assignent, et

---

[1] *Vgl. nr. 86. Nach den Dorsualnotizen hiess das Haus zu* Merissot *auch* zu dem blige.

quod abbatissa et conventus de eis 4 amas vini emi faciant et pauperibus sororibus in sumpcione corporis domini distribuant). si gardianus vel abbatissa et conventus de dicta domo quicquam aliud post hac vellent ordinare, extunc ipso facto omne jus ipsis conpetens devolvitur ad fabricam ecclesie Arg. Cônzelinus filius renunciavit omni juri sibi conpetenti in dictis domibus. actum et datum 3 idus januarii, a. d. 1295 [1]. *1295 Januar 11.*

Aus Strassb. Hosp. A. lad. Hôp. XLVII fasc. 40. or. mb. c. sig. pend.

828. Ulricus dictus Rybysin civ. Arg. testamentum suum ordinat, in primis dat donacione inter vivos Jacobo filio suo, preposito ecclesie s. Arbogasti e. m. A., bona in banno ville Suvelwihersheim, item 10 marcas argenti super domo et curia sua, quam habet in Argentina juxta domum procuratoris quondam dicti de Mülnheim; post mortem ipsius Jacobi dicta bona transeunt ad monasterium dictum; item legat dicto monasterio in remedium anime Rûdolfi filii sui, et Heinrici quondam fratris sui bona in bannis villarum Rinsteten; item ordinat quod curia sua, quam inhabitat, titulo vendicionis transeat ad monasterium s. Arbogasti pro 50 marcis argenti, de quibus 10 marcas deputat Jacobo filio suo, et vult quod de reliquis 40 marcis 1 lib. den. Arg. detur singulis annis tamdiu, quousque dictum monasterium 10 marcas dederit, gubernatori altaris s. Vincentii in ecclesia majori Arg. ad comparandum redditum 1 lib. den. Arg. ad augmentacionem prebende altaris predicti, sic quod quotidie ibidem missa celebretur et memoria habeatur anime Dûde conjugis sue, Johannis et Rûdolfi et aliorum liberorum suorum; item legat fabrice ecclesie Arg. 3 marcas argenti, item filiabus suis, monialibus monasterii s. Nicolay in Arg., redditus 1 lib. den. Arg. ad tempus vite earum. item ordinat, quod prepositus monasterii s. Arbogasti de dicta curia det custodi ecclesie majoris singulis annis 7 unc. den. Arg. pro comparando unius lampadis lumine ad altare s. Laurentii in ecclesia Arg. hujus testamenti executores constituit Jacobum filium suum, Conradum de Zabernia avunculum dicti Jacobi, et Conradum scultetum de Gûgenheim filium fratris legatoris. sigilla curie Arg., prepositi et conventus monasterii s. Arbogasti sunt appensa. actum a. d. 1295, festo Hylarii [2]. *Januar 13.*

Testament.

Aus Strassb. Hosp. A. lad. Hôp. XXVI fasc. 4. or. mb. c. 3 sig. pend.

829. C. j. c. A. in figura judicii Johannes miles dictus de Epfiche, et Hedewigis uxor ejus manibus coadunatis vendiderunt de consensu Johannis et Berhtoldi, liberorum suorum, Richwino dicto Kôrner civi Arg. redditus 3 lib. den. Arg. de curia et edificiis ejusdem Richwini sitis in Argentina prope curiam Marci militis de Argentina e. u. p. e. e. a. p. versus viam transeuntem inter dictam curiam et curiam magistri Anthonii quondam medici in fine an der Brantgassen ex opposito curie dicte zû hern Stehelline pro 30 marcis argenti et 3 lib. den. Arg. Richwinus ipsis venditoribus locat curiam perpetuo pro annuo censu 3 lib. den. Arg. absque qualibet augmentatione. Er. 2. U. (venditores pro Katherina, Hartmanno et Diethero, eorum liberis; et pro ipsis liberis se constituunt fidejussores Dietherus clericus frater dicti Johannis militis, Johannes et Bertholdus, liberi dictorum conjugum, et si dicti conjuges et fidejussores in hoc negligentes essent, elegerunt, quod per judicem curie Arg. excommunicari possent nulla monitione premissa.). Hedewigis, Johannes et Berhtoldus juraverunt omnia predicta se rata habituros. Wit. 1 (pro Hedewigi). dicte persone in solidum elegerunt, quod ad

Rentenkauf.

---

[1] *Vgl. Str. G. u. HN. S. 163 u. Alsatia 1858-61 S. 183.* [2] *S. Arbogast verkauft den Hof an den Ritter Johann v. Mülnheim. Der Zins für die ewige Lampe (dem Thesaurar des Münsters zahlbar) kann mit 5 Mark Silbers abgelöst werden. 1316 September 10. Abschrift im Hosp. A. Prot. 7383 (Copialb. s. Arbogasti s. XIV excunt.) fol. 31.*

observationem omnium premissorum censura ecclesiastica per judicem c. A. compelli possent. actum et datum 14 kalendas februarii, a. d. 1295[1]. *1295 Januar 19.*

Aus Strassb. Hosp. A. lad. Orph. XXXV fasc. 52. *or. mb. c. sig. pend.*

Erbleihe.

830. *Richwin Körner giebt Haus und Hofstatt in Erbleihe.* ***Februar 7.***

Wir Reimbolt Turant der meister unde der rât von Strazpurg tûnt kunt allen den die disen brief gesehint unde gehôrent, daz her Richwin Kôrner unde vor Anne sin wurtin mit gesammenter hand verluhen hant zeime rehten erbe vûr sich unde vûr ir erben hûs unde hovestat nebent dem Westerman under den smiden Friderichc Stangen dem prôtbecker unde vorn Junten siner wurtin unde ir beder erben umbe fûnf pfunt cinses alle iar genger unde gêber Strazpurger âne hoher steigen. unde sol men den cins verrihten ze vier ziten in dem iare zû den vier vronevasten; unde gebent sû noch ir erben keinen êrschatz; kumet ez in frômde hant, so git men êrschatz unde nût von der hoveherren wandelunge; unde wellent die hovesêzin den hû uf der hovestat verkôfen, so sol men in von êrst dem hoveherren bieten, wil er drumbe nût geben alse vil alse ander lûte, so sol men in geben ze kôfende andern lûten; unde swerz kôfet der sol êrschatz geben, unde sol mens ôch deme setzen mit dirre selber gedinge. wurt ôch dise hovestat enwêg gegeben oder verwehselt oder swie sû verandert wurt, an swen sû gevallet, der sol dise gedinge stête han den vorgenanten personen âne geverde. daz diz wâr si unde stête belibe, darumbe ist unserre stette ingesigel zeime urkûnde an disen brief gehenket. diz geschach an dem mêntage nach der liehtmes, do von gotes geburt waren tusent iar zweihundert iar unde fûnf unde nûnzic iar. heran waren her Reimbolt Turant, *u. s. w. folgt der Rat.*

Aus Strassb. Stadt A. V. C. G. suppl. DD. *or. mb. c. sig. pend.*

Testament.

831. Ludewicus de Tierstein, scolasticus eccl. Arg., testamentum suum ordinat. episcopo legat 1 marcam argenti; dicte ecclesie annum gratie cum 6 marcis argenti, item redditus quosdam prebendario prebende, quam instituit in altari cappelle s. Nycholai juxta chorum ecclesie Arg. etc. etc. item legat fratribus minoribus domus Arg. 2 lib. den. Arg., fratribus predicatoribus 30 sol., saccitis 10 sol., fratribus s. Augustini 1 lib., monasteriis s. Clare in Arg., penitentibus, s. Nycolai zû den hunden, s. Johannis ibidem, s. Katherine, s. Agnetis, s. Marci, s. Elisabeth, s. Margarete, fratribus Theutunicorum, priori et fratribus zûme grûnen werde, s. Stephani cuilibet 1 lib. den. Arg. una cum sua memoria vult haberi memoriam H[einrici] de Geroltzecke, quondam Arg. episcopi, avunculi sui, Rûdolfi et Elise, parentum suorum, Hermanni, fratris sui, et Mehtildis, quondam abbatisse in Eschowe, matertere sue. hujus testamenti executores constituit Hermannum, thesaurarium eccl. Arg., fratrem suum, Hermannum de Tierstein, canonicum ejusdem ecclesie, patruum suum, Heinricum de Behburg, decanum ecclesie Basiliensis, magistrum Fridericum de Sultzmat, magistrum Kelbelinum et magistrum Heinricum Dietmari, prebendarium eccl. Arg. sigilla curie Arg., testatoris, thesaurarii ac Hermanni de Tierstein sunt appensa. acta sunt hec a. d. 1295, sabbato ante Invocavit[a]. ***Februar 19.***

Aus Strassb. Bez. A. G 3479 (3875). 2. *or. mb. c. 4 sig. pend.*

a) «sabbato ante Invocavit» *mit anderer Dinte hinzugefügt.*

---

[1] *Die Rente hatte Richwin den Strassburger Minoriten vermacht, deren Vertreter Johannes von Rinstete mit Zustimmung des Guardians Johannes und der anderen älteren Brüder des Konvents davon eine Rente von 30 Schilling für 30 Pfund Pfenn. an die* domicella Anna dicta de Erlegasse *verkauft. Richwin war inzwischen gestorben. Der Procurator Johann handelt* «nomine procuratorii ex privilegio prefato gardiano ceterisque fratribus per dominum Martinum IV summum pontificem de ipsorum procuratoribus indulto». *1321 Februar 12. Or. ebendaselbst.*

882. C. j. thesaurarii eccl. Arg. Johannes dictus de Wassilnheim civis Arg., et Margareta filia ejusdem renunciaverunt in forma juris omni juri ipsis conpetenti in curia dicta zu deme alten Rebestoche sita juxta curiam Peregrini militis dicti de Ehenheim e. u. p. e. e. s. juxta domum quondam dicti Crebisser, et in aliis bonis quibuscunque ab Johanne quondam dicto de Sarburg, cive Arg., ipsis relictis et donatis. Johannes renunciat insuper nomine liberorum suorum juniorum annis, quorum tutor ipse est. datum et actum 4 nonas marcii, a. d. 1295. *Verzicht auf Ansprüche.*

1295 März 4.

Aus Strassb. Bez. A. G 5440 (5808). or. mb. c. sig. pend. delaps.

883. C. thesaurario et archidyacono ecclesie Arg. in figura judicii Fridericus, scolasticus ecclesie s. Thome Arg., domum et aream sitas in c. A. retro s. Martinum inter fabros apud dominam dictam Kelbin et apud domum monasterii b. Elizabet, in quibus quondam Burcardo dicto Spender militi, fratri suo, successerat (censuales sacerdoti celebranti in altari capelle s. Johannis ecclesie Arg., quam prebendam ipse Fridericus ordinavit, in 5 sol.), quas domum et aream Johannes faber dictus Spettenagel tenet in emphiteosim pro 3 lib. et 5 sol. den. Arg., donat monasteriis penitentum, b. Nicolai, b. Johannis, b. Katherine, b. Marci et b. Margarete e. m. A. ab eisdem equaliter possidendas. predicta monasteria peragent anniversarium Burcardi (13 kalendas maji). sig. cur. predicte cum sigillo Friderici est appensum. datum et actum a. d. 1295, 3 kalendas aprilis. *Schenkung.* April 19.

März 30.

A aus Strassb. Bez. A. G 4269 (4666). or. mb. c. 2 sig. pend. (sig. Frid. est delaps.)
B aus Strassb. Hosp. A. lad. Orph. XX fasc. 109. or. mb.

884. Burchart Reimboldelin der meister und der rat von Strassburg machen bekannt, dass herr «Dietherich vor dem mûnstere mit willen und mit gehelle Junten, Dietheriches, Phylippeses, Hessen und Johannes, siner kinde, unde mit willen Heinrich Stampfes, siner tohterman», verkauft hat «Burcharde, dem kûderer, und Johanne, siner tohter man», äcker im banne von Belben, welche dem abte von Gengenbach zinsig sind, für 38 mark silbers. «wand aber Johannes, hern Dietheriches sun der altiste, nût in dem lande ist, so ist Johannes, des Kretzes tohterman, und Dietherich und Phylippes, die drie gebrûdere, rehte schuldener unverscheidenliche, daz sû daz schaffen sulent, swenne Johannes der alteste, ir brûder, wider ze lande kumet, daz er den kôf stête habe und in vertige mit sins selbes hant alse reht ist.» «diz geschach an dem mêntage nach des heilgen crûzes tag, 1295. heran warent her Reimbolt Turant, *u. s. w. folgt der Rat.* *Verkauf.*

Mai 9.

Aus Strassb. Bez. A. H 1440. 4. or. mb. c. sig. pend.

885. Decanus et capitulum ecclesie Arg. approbant donationem factam per Rûdolfum quondam sacerdotem dictum Kotze Else institrici et ejus liberis (Katerine scilicet, Margarete, Angneti, Anne, Else et Johanni) de domo dicti sacerdotis sita in c. A. in capite vici dicti zû dem hûte edificata et constructa per ipsum sacerdotem[1] in area ecclesie predicte, et concedunt prefate Else et ejus liberis necnon Johanni Engelberti, civi Argentinensi, tutori dictorum liberorum, areas dicte domus pro annuo censu 30 sol. den. Arg. (10 in anniversario C. quondam kamerarii, 10 in Alberti quondam sacerdotis dicti de Talmessingen, 10 in predicti quondam Rûdolfi solvendorum). sigillum capituli est appensum. datum sabbato post ascensionem domini, 1295 anno. *Erbleihe.*

Mai 14.

Aus Strassb. Bez. A. G 3644 (1039). 2. or. mb. c. sig. pend.

---

[1] *Nach einer Dorsualnotiz s. XV:* «domus uf dem kotzen». *Vgl. Str. G. u. HN. S. 82.*

Verkauf. **336.** C. j. c. A. in forma juris Gerdrudis, relicta Waltheri dicti Notteman an dem Holtzemerkete Argentine, de consensu Waltheri, Conradi et Metze, liberorum suorum, necnon Cunradi dicti Maget civis Arg. 2 domos et areas, sitas inter domos dicti de Rangoltingen et dicti Dûbe unde gat hindenan an des Ritterlines garten aput s. Agnetem, pro 17 lib. et 5 sol. den. Arg. vendiderunt Ebelino dicto de Munoltzheim civi Arg. peracto hujusmodi vendicionis contractu dictus Conradus zû der Megede predicto Ebelino areas domorum dictarum locat in emphiteosim pro annuo censu 7 unc. den. Arg. et 2 caponum. Er. 1. actum et datum feria quinta ante dominicam Domine in tua, a. d. 1295. ***1295 Mai 26.***

Aus Strassb. Hosp. A. lad. 169 fasc 1. or. mb. c. sig. pend.

Erbleihe. **337.** Durchart Reimboldelin der meister und der rat von Strassburg machen bekannt, dass Friderich, der propst von s. Thomas, in erbleihe gegeben hat die hofstatt « bi bischoves bürgetor nebent den frowen von Hermoltzheim » an frau Deimûte und frau Junten geschwister für einen iährlichen zins von 1 pfund und 2 cappen. « dû selbe hovestat ist an der lenge 28 schûhe und 4 vingere und an der breite 25 schûhe. » Er. 2. V. « men sol kein venster buwen gegen dem garten gegen der rincmûr, und sol der trôf vallen uf des garten grunt. so sol das lôubelin an die mûre gân gegen der offenen strazen. » « diz geschach an dem mêntage nach der pfinkestwochen, 1295. heran warent her Reimbolt Dûrant, *u. s. w. folgt der Rat.* ***Mai 30.***

Aus Strassb. Bez. A. G 4289 (1666). 3 bis. or. mb. c. sig. pend. delaps.

Schenkung. **338.** *Elnhard und Gemahlin schenken ein Haus im Frohnhof der Münsterfabrik.* ***Mai 30.***

Coram nobis . . judice curie Argentinensis constituti in forma juris Elnhardus procurator fabrice ecclesie Argentinensis[1] et domina Gysela[a] uxor ejus legittima manibus coadunatis domum suam sitam juxta palatium domini nostri episcopi Argentinensis, quam de bonis suis communiter conquisitis, ut asserebant, construxerunt, in remedium animarum suarum fabrice ecclesie Argentinensis predicte donaverunt et tradiderunt donatione et traditione inter vivos, donasse et tradidisse se publice sunt confessi pure, libere, irrevocabiliter, simpliciter et in totum. et quod . . procuratores dicte fabrice post mortem amborum conjugum predictorum recipere debeant omnia suppellectilia et utensilia ac omnia alia bona, que in dicta domo reperta fuerint tempore obitus eorundem, vino, blado et argento dumtaxat exceptis. promittentes dicti conjuges pro se et heredibus suis universis, quod dictam donationem ratam et gratam habeant nec contra eam veniant in judicio vel extra inposterum vel ad presens. sic tamen, quod perpetuo in singulis anniversariis dictorum conjugum vigilie ad altare beate virginis decantentur in sero et missa pro defunctis in mane celebretur cum sollempnitate in remedium animarum conjugum predictorum et omnium fidelium defunctorum, et quod nichilominus gubernator fabrice seu operis predicti, qui pro tempore fuerit, singulis diebus festivis et non festivis perpetuo inter missarum sollempnia offerat unum denarium ad altare beate virginis gloriose in remedium similiter animarum conjugum predictorum. item quod procuratores dicte fabrice, qui pro tempore fuerint, singulis annis de censu domus predicte in anniversario Gisele uxoris sue predicte decem solidos denariorum Argentine usualium et in ipsius Elnhardi tantum camerario majoris ecclesie Argentinensis dent et assignent in remedium

a) *B:* Gisela.

[1] Lucas miles dictus de Eckeversheim et Elnhardus magnus *erscheinen als* procuratores seu gubernatores fabrice ecclesie Argentinensis *in einem Vertrag betreffend Güter in Kestenholz und Scherweiler von 1295 März 3. Strassb. Frauenh. A. Saalbuch 3 fol. 211[a].*

animarum suarum. ita ut ipse camerarius, qui pro tempore fuerit, dictam pecuniam presentibus in choro[a] ecclesie predicte canonicis et prebendariis in hunc modum distribuat[b] in vigiliis anniversarii Gisele predicte quinque solidos denariorum Argentinensium et in die anniversarii ad missam quinque solidos, item in vigiliis Elnhardi predicti quinque solidos et in die anniversarii similiter ad missam quinque solidos denariorum Argentinensium, ita ut in dicto choro per canonicos et prebendarios in anniversariis predictis in sero vigilie et in mane missa pro defunctis celebretur. si vero factum fuerit secus[c] tam ex parte camerarii, quod forte non divideret pecuniam in modum predictum, vel si vigilie et misse pro defunctis in modum predictum non celebrarentur in choro predicto, voluerunt dicti conjuges, quod extunc dictum legatum perpetuo sit extinctum et quod dicta libra denariorum Argentinensium aput predictam fabricam perpetuo remaneat pleno jure, usufructu tamen dictorum bonorum ante omnia dictis conjugibus reservato et retento, quamdiu ambo vixerint, et alteri eorum post mortem alterius pro annuo censu videlicet pro dimidia libra cere solvenda singulis annis in festo purificationis beate virginis ipsi fabrice a predictis conjugibus et altero eorundem *Februar 2.* conjugum post mortem alterius in signum proprietatis et dominii bonorum predictorum spectantium ad fabricam antedictam. et si secus factum fuerit ex parte procuratorum fabrice predicte, ordinaverunt dicti conjuges, quod dicta donatio sit cassata ipso facto penitus et extincta. injungentes dicti conjuges omnibus heredibus suis, ut et ipsi dictam donationem ratam habeant atque firmam, sic quod in omnem eventum domus cum area et bona predicta remaneant aput fabricam predictam. et super premissis dicti conjuges renunciaverunt expresse pro se et heredibus suis universis exceptioni deceptionis[d], doli mali in factum et aliis, beneficio restitucionis in integrum, et quo deceptis subvenitur, exceptionibus et defensionibus quibuscumque, omnique juris auxilio canonici et civilis, litteris inpetratis vel inpetrandis a sede apostolica vel aliunde, quibus juvari possent ad veniendum contra premissa vel aliqua premissorum. renuntiaverunt et juri dicenti generalem renunciationem non valere; et domina[e] Gysela renuntiavit Vellejano. preterea volentes dicti conjuges, ut, si aliquis heredum suorum contra prescriptam donationem veniret vel veniri procuraret, quod carere debeat portione ipsum ex successione eorundem conjugum contingente, sed quod porcio ipsius ad fabricam ecclesie Argentinensis devolvatur pleno jure. in cujus rei testimonium sigillum curie Argentinensis ad petitionem predictarum personarum presentibus est appensum. actum et datum 3 kalendas junii, anno domini 1295[1].

A aus Strassb. Bez. A. G 364 (791). b. or. mb. c. sig. pend. Dorsualnotiz s. XIV: «super domum zů dem Elnhart».
B ebendaselbst. or. mb. c. sig. pend. Dorsualnotiz s. XIV: «donatio Elnhardi procuratoris fabrice».
C aus Strassb. Frauenh. A. Saalbuch 3. cop. s. XIV. Danach abgedruckt Mon. Germ. SS. XVII, 92 nota 21 mit dem falschen Datum: «actum in kal. junii».

839. C. j. c. A. in figura judicii Erbo natus Gerine dicte Oleymennin de Argentina vendidit Reimboldo dicto Probist, Clare, Agneti et Reimboldo juniori, liberis Grede filie quondam Heinrici dicti Nase de Argentina, domum vulgariter dictam Pfafferben hus[2] sitam apud s. Thomam ultra Bruscham in Argentina ex superiore parte prope domum Růdolfi dicti Bůttener, ex inferiori vero juxta domum Wolfhelmi piscatoris cum horreo ipsi domui contiguo, orto et area eorundem p. p. e. l. (preterquam 12 sol. ecclesie s. Thome) pro 36 marcis argenti. *Verkauf.*

a) *B add.:* Argentinensis. b) *A:* distribuant. c) *B:* si vero secus factum fuerit. d) *A:* deceptis. e) *B:* dicta.

[1] *Vgl. nr. 177, 245 und 264.* [2] *Vgl. Str. G. u. HN. S. 165.*

pretium venditor dedit sorori sue ad ingrediendum monasterium s. Margarete e. m. A. U. 1. (pro Erbone Johannes miles filius quondam Erbonis de Argentina et Phyna soror ejusdem). actum[a] et datum feria 6 proxima post dominicam qua cantatur Domine in tua, a. d. 1295. ***1295 Juni 3.***

Aus Strassb. Thom. A. lad. 20 (Titres). or. mb. c. sig. pend.

Beginenhausstiftung.

840. C. thesaurario ecclesie Arg. Burga relicta Cûnradi dicti Metzer de Hagenovia in figura judicii in remedium anime sue domum et aream suam sitas Argentine in vico Stadelgasse contiguas domui dicti de Rubiaco e. p. u. e. e. p. a. domui dicti de Tunzenheim ad ipsam sine quovis census onere spectantes (excepto quod dicto Liebenceller 2 denarii de eisdem singulis annis census nomine prestantur), donavit donacione inter vivos Wezzeloni Marsilii, procuratori fratrum minorum in Argentina, hiis convencionibus adjectis, quod perpetuo 20 paupercule begine domum et aream libere debeant inhabitare. post mortem seu cessionem alicujus begine infra quindenam alia subrogari debet a superstitibus; que si concordare nequiverint, frater gardianus fratrum minorum aliam subrogabit. si qua ex ipsis talis esset vel efficeretur, quod majori et saniori parti ejus conversacio non placeret propter infamiam incontinencie vel propter malam famam, quod esset nimis garrula, rixas et controversias inter ipsas seminando, illa ad requisitionem dicte partis per gardianum eiciatur a dicta domo. guardianus predictus habebit regimen et correctionem dictarum beginarum. post mortem Burge dabunt begine annuatim 12 sol. den. Arg. in anniversario ipsius dictis fratribus ad pitanciam. si predicta domus vetustate vel alio quovis modo inhabitabilis efficeretur, licebit cuilibet eam reedificare, quod si non factum fuerit, procurator fratrum vendet aream supradictam et eam usibus fratrum adaptabit. premissis peractis procurator locavit Burge pro tempore vite sue dictam domum et aream pro annuo censu 1/2 vierlingi cere. sig. thesaurarii ad causas est appensum. actum et datum a. d. 1295, 6 nonas julii[1]. ***Juli 2.***

Aus Strassb. Thom. A. lad. Begin. 12. or. mb. c. sig. pend. delaps.

Schenkung.

841. C. j. c. A. in figura judicii Lentzelinus dictus ante monasterium civ. Arg., Gerdrudis uxor ejus manibus coadunatis de consensu liberorum suorum Nicolai, Johannis, Jacobi, Heinrici, Johannis, Sicgelini, Hartmanni et Gerdrudis donaverunt donatione inter vivos monasterio s. Margarete e. m. A. de ordine predicatorum medietatem domus et aree pro indiviso site in Argentina ante monasterium b. virginis Marie oben an schûhsutergassen, cujus medietatem esse dicebant Metze uxoris dicti Bockelin sororis predicte Gerdrudis, que domus sita est e. u. p. prope Johannem dictum Siege e. e. a. p. prope Lucam militem. voluerunt donatores, quod Agneti et Katherine, liberis suis, existentibus in dicto monasterio, quamdiu starent in eodem, singulis annis priorissa et conventus darent 2 lib. den. Arg. actum et datum 6 idus augusti, a. d. 1295. ***August 8.***

Aus Strassb. Bez. A. H 3117. or. mb. c. sig. pend.

a) *Das Folgende mit anderer Dinte hinzugefügt.*

---

[1] *Daselbst liegt eine in formeller Hinsicht fast ganz gleiche Urkunde, nur wird das Haus dem* frater Ûlricus procurator sororum ordinis s. Clare in Argentina nomine earum *geschenkt; die jährliche Abgabe der Beginen besteht in 7 Schillingen zur Beschaffung von Fischen und 1 Vierling Wachs, welche den Minderbrüdern gegeben werden sollen; dieselben erhalten auch von ihnen wöchentlich 1 Denar für Brod.* «actum et datum a. d. 1296 sexto kalendas augusti, indictione 9.» *1296 August 1 (wie die Angabe der Indiktion beweist). Vgl. Alsatia 1858-61 S. 165.*

842. Reimbolt Stübenweg der alte der meister und der rat von Strassburg machen bekannt, dass «Heinrich, Clawes, Anne und Grede, Heinriches sèligen des Dürren kint, mit gesammenter hant und mit willen unde gehello Heinzen Hayersida, Johannosis Lenzelines und Otten Virnekornes, der vorgenanten Heinriches und Claweses swâgere», verkauft haben den garten in Útengasse[1] an der burgmauer herrn Johannes von Mülnheim, Walther und Gösselin, seinen brûdern, für 51 mark silbers. A. 3. W. (Clawes Dürre für 41 mark, Heinrich, sein bruder, für 7, Heinze Hayersida, Anne des Dürren tochter und frau Grede ihre schwester ie für 1 mark). vom hause des garten geht jährlich 1 schilling zins an das kirchspiel zu sanct Nicolaus. «diz geschach an dem samestage nach Bartholomei, 1295. heran waren her Reimbolt Dûrant, *u. s. w. folgt der Rat.* *1295 August 27.* *Verkauf.*

Aus Strassb. Bez. A. H 2976. 3. or. mb. c. sig. pend.

843. C. j. c. A. domina Sophia de Doroltzheim, Heinricus Burcgravius miles, Johannes, Dietherus, Agnes et Katherina, liberi sui, de consensu Berhtoldi mariti Agnetis, ac dicti Niere mariti Katherine, pro se et specialiter pro Burcardo et Wilhelmo fratribus, liberis dicte Sophie adhuc minoribus, locaverunt jure emphiteotico curiam eorum cum area in c. A. sitam inter ortum domini Nicolai sculteti Arg. e. u. c. e. p. s. possidet Fritscho de Heiligenstein civ. Arg. ultra Bruscam, Burcardo filio Hessonis an dem wassere civ. Arg., et Hedewigi conjugi sue pro annuo censu 3 lib. den. Er. 4. V. U. (Heinricus, Johannes et Dietricus fratres pro Burcardo et Wilhelmo.) datum 8 kalendas decembres, a. d. 1295[2]. *November 24.* *Erbleihe.*

Aus Strassb. Hosp. A. lad. 43 fasc. 2. vidim. mb. c. sig. pend. d. d. 1298 Dezember 5, ausgestellt vom bischöflichen Hofrichter.

844. Niclawes der alte Zorn der meister und der rat von Strazpurg machen bekannt, «daz vor Junte von Achenheim, hern Niclawes sèligen witewe, und Erbe, Reimbolt, Cûne und Johannes ir sûne mit gesammenter hant verluhen hant zeime rehten erbe Ludewige von Nûgerte und vorn Elsen siner wurtin und irn erben die hovestat zem alten sant Peter vornan in Biekergasse nebent dem turne alrenâhist umbe 12 schillinge cinses alle iar genger und gèber Strazpurger und 4 cappen âne hoher steigen». Er. 2. V. «diz geschach an dem sammestage[a] nach sante Niclawes tag, 1295. herin warent her Reimbolt Durant, *u. s. w. folgt der Rat.* *Dezember 10.* *Erbleihe.*

Aus Strassb. Thom. A. lad. Kaufbriefe 2. or. mb. c. sig. pend. mutil.

845. Prepositus, decanus totumque capitulum ecclesie s. Thome Argentinensis Heinrico dicto Rote piscatori civi Arg. locant in emphiteosim aream domus sitam inter piscatores ultra pontem s. Thome in Argentina infra domum Rûdolfi dicti Borhoch piscatoris et domum Johannis nati Ebelini dicti Furne piscatoris pro annuo censu 9 unc. den. Arg. et 2 caponum. ut locatores de censu persolvendo magis certiores sint, conductores usque ad instans festum *Erbleihe.*

a) sammestage *steht auf Rasur.*

[1] *Ueber die Utengasse vgl. Str. G. u. HN. S. 180.* [2] *Nach dem Prot. Hôp. V (lib. C) fol. 34b lag das Haus auf* «der inren bünden». *Dieselbe Sophia, Wittwe Johannes Burggrafen von Dorlisheim, verkauft mit Zustimmung ihrer Kinder, von denen Dietrich den Beinamen* «Schado», *Johann* «Tantelmann» *führen, den Erbleihzins von genanntem Hause an das Strassburger Spital* (Wetzelo Marsilius rector seu gubernator) *für 30 Mark Silber und 1 Pfund Pfenninge. Für die unmündigen Brüder verbürgen sich die Verkäufer, ebenso für Sophias Schwiegersöhne, von denen Agnes Gemahl* Tuneboldor *genannt wird. 1296 Juni 29* (3 kalendas julii). *Or. ebendaselbst. In der Datirungszeile fehlen ein paar Buchstaben, die nach Abschrift s. XV aber ergänzt sind.*

September 29. b. Michahelis super dictam aream edificabunt et meliorabunt ad summam 10 lib. den. Arg., alioquin hec locatio penitus est exstincta. Er. 1. V. (prout de jure et consuetudine civitatis Argentine fieri solet). sigillum capituli est appensum. actum et datum a. d. 1295.

Aus Strassb. Thom. A. lad. 20 (Titres) fasc. 1. *or. mb. c. sig. pend. mutil.*

Verkauf. **346.** Vor dem richter des hofes zu Strassburg hat Hans genannt Anerbe, bürger zu Strassburg, und Heilka, seine gattin, Arnold dem schiffmann verkauft 2 häuser unter einem dach in Kirwartengässlein, «ist einsite ein offen strâsse, andersite besitzet Reimbotto by s. Stephansbrucken; 3 heilbelinge gehen davon dem kloster s. Stephan.» 1295[1].

*Aus Strassb. Hosp. A. Prot. 231 Orphel. (Copialb. s. Katherinae s. XV) fol. 17*b. *Deutscher Auszug.*

Tauschgeschäft. **347.** *Die Franziskaner tauschen eine Almendegasse gegen ein Grundstück mit der Stadt um.* ***1296 Januar 16.***

Ich Wetzel Marsilies der minre brûder pflêger ze Strazpurg tû kunt allen den die disen brief gesehint unde gehôrent lesin, daz ich mit willen unde gehelle brûder Friderichs des gardianes unde des conventes der minre brûdere von Strazpurg gegeben habe lidecliche daz gesselin, daz bi der frowen hûs ven Mülnheim gegen den brûdern gât, der stette von Strâzpurg ze einer almende umbe die gasse bi der hûs von Ache, die hinder den vorgenanten minrebrûdern stât, die uns die vorgenante stat da widere gegeben het ze eime wehsele. unde daz diz war si, darumbe han ich min ingesigel ze eime urkünde gehenket an disen brief zû dem ingesigele dez conventez der minrebrûdere. unde wir brûder Friderich der gardiân unde der vorgenante convent hant ouch zeime urkünde der vorgenanten dinge unser ingesigel gehenket an disen brief. diz geschach an dem nêhisten mêntage noch sante Glêris tag, do men zalte von gotes gebürte zwelf hundert iâr unde sehse unde nünzic iâr[2].

Aus Strassb. Stadt A. V. D. G. lad. 18. *or. mb. c. 2 sig. pend.*

Tauschgeschäft. **348.** *Die Stadt vertauscht mit den Minderbrüdern ein Gässchen gegen ein anderes.* ***Januar 16.***

Wir Niclawes der alte Zorn der meister unde der rat von Strazpurg tûnt kunt allen den, die disen brief gesehint oder gehôrent lesin, daz wir die gasse bi der frowen hûs von Ache, die hinder de minrebrûdern stât, gegeben hant lidecliche unde gerwe den vorgenanten minrebrûdern, also daz sû nu begrifent so vil der gassen, alse wir in gezeichent hant; unde, swenne sû daz hûs der von Ache gewinnent, so ist daz ander teil ôch ir lidecliche. unde herumbe so hant die minrebrûdere unserre stette gegebin ze einer almende daz gesselin bi der frowen hûs von Mülnheim gegen den brûdern gât. daz diz wâr si, darumbe ist unserre stette ingesigel ze eime urkünde gehenket an disen brief. diz geschach an dem nêhisten mêntage nach sante Gleris tag, do men zalte von gotes gebürte 1296 iar. heran waren her Reimbolt Turant, *u. s. w. folgt der Rat*[3].

Aus Strassb. Thom. A. lad. histoire ecclésiastique 13. *or. mb. c. sig. pend.*

---

[1] *Zwei Drittel dieses Hauses* «an dez Kirwarten gesselin inter dictum Pfalsleher et Johannem dictum Reinbolt» *giebt der Schiffer Arnold seiner Gattin Margaretha zum Wittume mit Zustimmung Conrads, Canonikus am Kloster s. Stephan, das von der Hofstätte* 3 obuli *und Ehrschatz erhält. 1304 Oktober 4. Strassb. Hosp. A. lad. Orph. XXXV. or. mb. Derselbe Arnold* «mit deme einen oge» *und Greda verpfänden auf ihrem genannten Hause für 36 Pfund Pfenn. eine Rente von 2 Pfund Pfenningen auf 3 Jahre an Burkard, Johannes von Mülnheim Sohn. Nach diesem Termin verfällt ihm Haus und Hof. 1312 November 29. Or. ebendaselbst. Katherina und Künigund, Töchter des genannten Arnold* (minores, majores tamen 14 annis), *ratifiziren den Verkauf und leisten den Eid der Minderjährigen und verbürgen sich mit für die unmündige Clara. 1317 Oktober 4. Transfix an voriger Urkunde.*
[2] *Vgl. nr. 348.* [3] *Vgl. nr. 347.*

849. C. j. c. A. Hedewigis dicta Fullin begina de Argentina legavit in remedium anime sue priori et fratribus predicatoribus domus Arg. domum suam sitam hinder der kugele zû dem Tumeloche in c. A., item omnia bona sua mobilia et immobilia, salvo tamen jure mutandi hoc legatum. actum et datum 12 kalendas februarii, a. d. 1296. ***1296 Januar 21.*** *Testament.*

*Aus Strassb. Hosp. A. Prot. Prädic. 107 (Copialb. s. XIV) fol. 48*b. *cop. mb.*

850. C. j. c. A. in forma juris Elsa et Ůticha sorores, filie quondam Burckardi dicti Mordere de Argentina, in remedium animarum suarum donaverunt priori et fratribus predicatoribus domus Argentinensis seu fratri Wernhero procuratori eorundem medietatem domus sue site apud s. Aureliam e. m. A., que vocatur des Morders hus, prope Johannem dictum Blenckelin cum medietate edificiorum et orti donatione inter vivos. A. 3. preterea frater Wernherus locat donatricibus dictam medietatem domus pro annuo censu ½ libre cere. actum et datum 12 kalendas marcii, a. d. 1296. ***Februar 18.*** *Schenkung.*

Aus Strassb. Hosp. A. lad. 62 fasc. 6. or. mb. c. sig. pend.

851. C. j. c. A. in figura judicii magister Hermannus dictus Schilling zirurgicus, et Agnes uxor ejus, cives Argentinenses, in remedium animarum suarum necnon Hermanni patris et Metze matris dicti Schillingi ac magistri Heinrici patris et Berhte matris Agnetis predicte, donaverunt donacione inter vivos monasterio Novicastri ordinis Cisterc. Arg. dyoc. domum suam sitam in c. A. in vico s. Petri junioris, quam dicti conjuges inhabitant, juxta Waltherum de Mulnheim, canonicum ecclesie s. Petri, cum omni jure in area domus ac in area nondum edificata contigua ac omne jus in dictis domo et areis cum omnibus suis appendiciis retro videlicet cum coquina et alia parva domuncula cum suis edificiis eisdem contiguis sursum, seorsum, a dextra vel a sinistra. A. 3. donatores mittunt abbatem in corporalem possessionem per resignacionem clavium domus predicte. Rûdolfus abbas monasterii Novicastri, Ortliebus, Gotfridus, Conradus major cellerarius, Johannes de Mulnheim, Voltzo, Wolfhelmus de Wissensê, fratres dicti monasterii, locant dictis donatoribus pro tempore vite sue domum predictam pro annuo censu 1 lib. cere. sig. cur. Arg. est appensum una cum sigillo abbatis. actum et datum 11 kalendas marcii, a. d. 1296[1]. ***Februar 19.*** *Schenkung.*

Aus Strassb. Bez. A. H 945. 6. or. mb. c. 2 sig. delaps.

852. C. j. c. A. in figura judicii Cristina, relicta Hessonis cerdonis de Argentina, de consensu Cristine, Katherine et Johannis, liberorum ejus, necnon Heinrici, mariti dicte Katherine, et Wilhelmi, mariti Cristine, vendit Johanni dicto Gurteler, civi Argentinensi, pro 14 lib. et 1 unc. den. terciam partem domus sue site in c. A. inter cerdones juxta domum Sifridi de Marley e. u. e. e. a. p. juxta Heinricum dictum Lente cerdones, ita quod de tota area singulis annis dentur 4 unc. den. Arg. et 2 capones relicte quondam Nicolai nomine census. actum et datum 5 kalendas martii, a. d. 1296[2]. ***Februar 25.*** *Verkauf.*

Aus Strassb. Thom. A. lad. Kaufbriefe 3. or. mb. c. sig. pend.

853. C. j. c. A. in forma juris Hiltegundis begina Argentinensis dicta de Zabernia priori et fratribus ordinis predicatorum domus Arg. in remedium anime sue donat omnia bona sua immobilia sita in bannis villarum Franckenheim, Scheffelingesheim et Wolversheim necnon duas domos sitas in Argentina hinder kürsener loben donatione inter vivos. A. 3. procurator *Schenkung.*

---

[1] *Ein Hof* (curia) *gegenüber der Kirche s. Peter im Besitz des Klosters Neuenburg wird schon 1292 Oktober 9 erwähnt, damals bewohnt von* Voltzo *und* Gerdrudis, *Eheleute, von Hagenau. Or. ebendaselbst H 936. Vgl. Str. G. u. HN. S. 127.* [2] *Nach einer Dorsualnotiz s. XV hiess das Haus* «zûm rindesfûs». *Vgl. Str. G. u. HN. S. 137.*

prioris et conventus dictorum relocat donatrici dicta bona ad tempus vite sue pro 1 lib. cere (in vigilia b. Dominici). unam domum post mortem Hiltegundis tenere debet Agnes begina Argentinensis dicta de Zabernia, neptis ipsius Hiltegundis, ad tempus vite sue. actum et datum feria 4 post dominicam Letare, a. d. 1296. ***1296 März 7.***

August 4.

Aus Strassb. Hosp. A. Prot. Prédic. 107 (Copialb. s. XIV) fol. 43 b. cop. mb.

Erbleihe. **854.** C. j. c. A. in figura judicii Wilhelmus dictus Tanze civ. Arg. et Johannes, filius suus senior, locaverunt Katherine, filie Cůnradi sutoris, filii sororis domine dicte de Lupoltzheim, aream suam sitam in c. A. in strata superiori ex opposito dicti de Schiltinkeim militis juxta Fritschonem institorem e. u. e. e. a. p. juxta Henricum tornatorem jure emphiteotico pro annuo censu 20 unc. den. Arg. et 2 capponum. Er. 1. V. actum et datum feria secunda post palmas, a. d. 1296. ***März 19.***

Aus Strassb. Hosp. A. lad. Höp. XLVII fasc. 86. or. mb. c. sig. pend. delaps.

Erbleihe. **855.** Niclawes Waldener der meister und der rat von Strassburg machen bekannt, dass herr Reinbolt Stůbenweg der alte und Wetzel Marsilies, meister und pfleger des spitals von Strassburg, mit zustimmung der spitalgemeinde verliehen haben zu einem rechten erbe haus und hofstatt «under den Wennern imme spittalhove Cůnrade dem Màterer und vorn Elline siner wurtin unde irn erben um 16 ùnze cinses alle iar ane hoher steigen». Er. 5. V. «unde sol Cůnrat von Zutzendorf geben weg Cůnrade dem Materer in sinen garten zeime lòubeline fùnf schůhe wit unde ehtewer lang und sol dar ubere ein tach machen eins mannes hoch und der vorhof sol der hovesezen aller gemeine sin». «diz geschach an dem sammestage nach uzgander osterwochen, 1296. heran waren her Niclawes Waldener, u. s. w. *folgt der Rat.* ***April 7.***

Aus Strassb. Hosp. A. lad. 174 fasc. 23. or. mb. c. sig. pend.

Verkauf. **856.** C. j. curie domini thesaurarii Arg. in forma juris Petrus dictus Urselinger, filius Mehthildis dicte de Dancrazheim, civ. Arg., vendidit 2 agros frugiferos sitos in uno sulco coram civitate Arg. juxta monachos s. Arbogasti e. u. et Růlinum dictum Gilkengus e. p. a. zů Zilebòme [1], in quibus dictus Petrus Else sue sorori quondam successerat jure hereditario, p. p. e. l. pro 11 marcis argenti Wetzeloni Marsilii civ. Arg., procuratori pauperum hospitalis in Argentina, nomine ipsius hospitalis. datum a. d. 1296, feria quinta post Cantate. ***April 26.***

Aus Strassb. Hosp. A. lad. Höp. XLVIII fasc. 92. or. mb. c. sig. pend. delaps.

Verkauf. **857.** C. j. c. A. in figura judicii Sigelinus et Johannes fratres, filii quondam Sigelini de Rinowe civ. Arg., vendiderunt Wilhelmo dicto Tantz civi Arg. medietatem trium domorum et arearum pro indiviso, sitarum in der Crutenowe e. m. A. inter domum Burcardi dicti Treffese e. u. et pistrinum illorum de Rangoltingen e. p. a. ex opposito pistrini Conradi dicti zům Spiegel, p. p. e. l. pro 20 marcis argenti. A. 3. quia venditores non attigerunt 25 annos, abjuraverunt jus sibi conpetens. actum feria quinta post dominicam Factus est, a. d. 1296. ***Mai 31.***

Aus Strassb. Hosp. A. lad. 171 fasc. 7. or. mb. c. sig. pend. delaps.

Rentenkauf. **858.** Hug Wirich der meister und der rat von Strassburg machen bekannt, «daz vor Katerine, hern Huges seligen dohter des Wisen, mit willen unde gehelle vorn Gertrude, irre můter, Niclaweses, Peters, Adelheite, Elsen unde Greden, irre swestere, het verkòfet und geben ze kòfenne hern Johannese deme alten von Kagenecke, eime rittere von Strazburg,

---

[1] *Vgl. Hermann Notices hist. sur etc. Strasbourg I, 226 unter nr. 12.*

2 pfunt geltes genger und geber Strazburgere uf deme huse unde bovestete, die sú het gegen deme vischebuhele[1] an Johannes Sickelins hus alre nebest wider die múnsze umbe 23 marg silbers». Johannes von Kagenecke verleiht derselben Katherina das genannte haus zu erbleihe für einen jährlichen zins von 2 pfund. Er. 4. V. «dis geschach an dem mantage noch sant Peterz unde sant Pawelz tage, 1296. heran warent her Niclawes Waldener, *u. s. w. folgt der Rat.* ***1296 Juli 2.***

A aus Strassb. Hosp. A. lad. Hôp. XLV fasc. 82. or. mb. c. sig. pend. mutil.
B aus Strassb. Stadt A. G. u. d. Pf. lad. 37. or. mb. c. sig. delaps.

859. Hug Wirich der meister und der rat von Strassburg machen bekannt, «daz her Wetzel Marsiliez, unser burger, mit willen und gehelle Heinriches und Wetzels, siner sûne», zu einem rechten erbe verliehen hat die hofstatt, «die do lit zû sant Tumanc gegen deme Engele zwischen Johannese demo scherere unde Reinbolte dem schûchsûtere, Elsen von Erstheim unde Johannese, irme sûne, unde irn erben» für einen jährlichen zins von 15 unzen und 2 cappen. Er. 1. V. «dis geschach an dem mantage noch sant Peterz und sant Pawelz tag, 1296. heran warent her Niclawez Waldener, *u. s. w. folgt der Rat*[2]. ***Juli 2.*** *Erbleihe.*

Aus Strassb. Thom. A. lad. 4 (Titres). or. mb. c. sig. pend. mutil. Dorsualnotiz unten auf der Rückseite gleichzeitig: ‹ded. 3 sol. den.› = dedit 8 solidos denariorum, *worunter wohl die Gebühr für die Beurkundung zu verstehen ist.*

860. C. j. c. A. in figura judicii Gerina begina de Rynowe, filia quondam domine Elline, presente fratre Egenone priore et Wernhero converso procuratore fratrum predicatorum domus Arg. confert medietatem pro indiviso domus sue site uf dem graben in c. A. prope Rûdigerum lapicidam e. u. p. e. e. a. prope Gerinam de Schaftoltzheim predictis priori et procuratori nomine fratrum predicatorum titulo permutationis pro domo quadam in Rynowe, que post mortem Gerine et matris ad fratres predictos reverti debet. actum et datum idus augusti, a. d. 1296. ***August 13.*** *Tauschgeschäft.*

Aus Strassb. Hosp. A. Prot. Prédic. 107 (Copialb. s. XIV) fol. 47ᵇ. cop. mb.

861. C. j. c. prepositi Arg. in forma judicii constituti Heinricus de Valve, Demodis uxor ejus, Ellina et Heinricus, liberi, et dicta Ellina per manum Nicolai mariti sui, vendiderunt redditus annuos 12 sol. den. percipiendos de domo et area sitis in c. A. uf dem graben ex opposito cerdonum p. p. e. l. pro 10 lib. den. Arg. Elline et Nese, liberis quondam Heinrici dicti Swarber civ. Arg. insuper donat Heinricus predictus de consensu liberorum suorum Demodi medietatem domus et aree in dotem. datum crastino b. Adelphi, a. d. 1296. *Verkauf.*

August 30.

Aus Strassb. Hosp. A. lad. 169 fasc. 28. vid. mb. c. sig. pend. (ausgestellt vom bischöfl. Hofrichter 1324 August 1, zugleich nr. 120 mit umfassend.)

862. Erbe von Schiltenkeim der meister und der rat von Strassburg machen bekannt, dass «her Reinbolt Stûbenweg der alte unde her Wetzel Marsilies, die von unsern wegen meistere unde pflegere sint unsers spitals, unde die samenunge dez spitales verluhen hant zû eime rehten erbe Johannese deme Swabe unde fro Annen siner elichen wirtin» «hûs unde hofstat des vorgenannten spitales, daz da stat uf dem graben[3] einhalb bi Hermanne dem Becherer, anderhalb bi Rûlines hûs des Messerers zû der Justen uber» für einen jährlichen *Erbleihe.*

---

[1] *Vgl. Str. G. u. HN. S. 62.* [2] *Dieselbe Hofstätte wird in gleicher Weise in Erbleihe gegeben an Johannes den Scherer. 1297 April 3. Ratsurkunde (Meister:* Cûno von Kagenecke*). Or. ebendaselbst lad. 22.* [3] *Das Haus lag im Schneidergraben (Pfarrei s. Martini). Vgl. Hosp. A. Prot. Hôp. II fol. 40.*

zins von 3 pfund und 5 schillingen Strassb. pfenninge und 2 kappen. «so sol man wissen, daz der pfat, der durch die mure gat unde durch Johanneses Swabes hus zû dem lôbelin, sol hôren zû deme hûse inmenne, da Herman der Becherer inne ist; wil ôch Johannes oder fro Annen oder ir erben bûwen, so sulent si buwen, als mugelich unde reht ist.» die siegel der stadt und des spitals sind angehängt. «diz geschach an dem sammestdage nach unsers frôwen mes der iungern, 1296. heran warent her Nicolawes Waldener, u. s. w. *folgt der Rat*[1]. ***1296 September 15.***

Aus Strassb. Hosp. A. lad. 175 fasc. 14. or. mb. c. 2 sig. pend.

Schenkung. **863.** Ita de Vinstingen inmutat suum legatum [*vgl. nr. 261*] in hunc modum, videlicet quod de precio domus vendite 20 lib. distribuantur per fratrem Fridericum de Beinheim in hunc modum: fratribus conventus predicatorum 4 lib. den. Arg., confessori suo 1, fratri Johanni de Bononia 1 lib., fratri Fridrico predicto 2 lib., fratri Thome de Numagio, fratri Symundo converso, fratri Sifrido de Wiscenburg, Lûcgardi, moniali monasterii s. Margarete, dicte de Wisceuburg, cuilibet 1 lib., item conventui monasterii monialium in Wyre juxta Sarburg 5 lib., item Sophie sorori sue ibidem, Junte et Gerdrudi, sororibus in dicto monasterio, 3 lib.; si quid residuum fuerit de precio domus vendite, remanet apud priorem et conventum. officialis cur. Arg. sigillum curie appendit. actum a. d. 1296, in crastino b. Martini[2]. ***November 12.***

Aus Strassb. Hosp. A. Prot. Prédic. 107 (Copialb. s. XIV) fol. 22 b. cop. mb.

Verkauf. **864.** C. j. c. A. Gûtha relicta Wernheri dicti Buscheler de Argentina fabri, Wernherus faber, Metza et Johannes, liberi dicte Gûthe, manibus coadunatis vendiderunt Ûlrico dicto Bockelin civi Arg. curiam suam cum domo desuper edificata cum orto et omnibus edificiis sitam bi Schônmannes giessen[3] c. u. p. c. e. a. p. bi sant Johannes giessen juxta liberos quondam Hugonis dicti Buscheler pro 6 lib. den. Arg. venditores abjurant omne jus sibi in bonis prescriptis competens. actum et datum 3 nonas decembres, a. d. 1296. ***Dezember 3.***

Aus Strassb. Thom. A. lad. Kaufbriefe 2. or. mb. c. sig. pend.

Verkauf. **865.** C. j. c. A. in forma judicii Gotzo dictus Wisbrotelin senior civ. Arg. vendidit curiam suam, sitam in c. A. ultra Bruscam in loco dicto zû dem von Horenberg inter curiam Johannis dicti Bônlin et curiam abbatisse de Eschowe, Wetzeloni Marsilio, procuratori seu gubernatori hospitalis pauperum in Argentina, nomine dicti hospitalis p. p. c. l. pro 42 marcis argenti. A. 2. actum a. d. 1296, 5 kalendas januarii. ***Dezember 28.***

Aus Strassb. Hosp. A. lad. 170 fasc. 33. or. mb. c. sig. pend.

Messfundation. **866.** Fr[idericus][4], prepositus ecclesie s. Thome Arg., in honorem s. crucis dominice donat dicte ecclesie 58 marcas argenti. decanus et capitulum promittunt, quod in remedium anime donatoris singulis septimanis ab octava pentecostes usque ad adventum domini feria sexta missam majorem in choro dicte ecclesie in honorem s. crucis celebrabunt, et 5 sol. den. Arg. in singulis missis canonicis et vicariis dumtaxat in choro presentibus et usque ad finem misse manentibus, vel saltim donec «Agnus dei» fuerit decantatum, ut consuetum est, dividentur.

---

[1] *In Gegenwart der beiden Spitalpfleger giebt Johannes Swap der Krâmer* (institor) *seiner Gattin Anna das genannte Haus zum Witttum.* «acta sunt hec in presentia Johannis dicti de Kagenecke militis senioris, Sigelini dicti Vehe, Ruelini dicti Eberlin, Petri dicti de Schônecke.» *1298 Januar 16. Or. mit Siegeln der 4 Zeugen (Schöffen?), davon 2 erhalten, ebendaselbst.* [2] *Vgl. nr. 219 u. 261.* [3] *Vgl. Urkunde 1308 Juli 8:* «Schônemannes mûle» *u. Str. G. u. HN. S. 100.* [4] *Nach dem Siegel ergänzt.*

quociensunque in choro divina per interdictum generale vel speciale suspensa sunt, redditus dicti non dividentur sed manebunt in suspenso. sigilla prepositi et capituli sunt appensa. datum et actum a. d. 1296 [1].

Aus Strassb. Thom. A. lad. 25 (Titres). or. mb. c. 2 sig. pend. mutil.

367. Ulrich landgraf zu Elsass giebt mit zustimmung seiner brûder Egelolf und Philippes dem ritter Niclawes dem alten Zorn und seinen lehnserben zu lehen sein dorf Ensheim [a] und einen zins auf den hof s. Dyonisien und den hof von Erenberg [b] im selben dorfe. die drei brûder hängen ihre siegel an. montag vor lichtmess, 1297 [c]. ***1297 Januar 28.*** *Lehnsbrief.*

A aus Strassb. Bez. A. G 890 (1310). cop. chart. beglaubigt nach dem Original 1722 Juni 25.
B ebendaselbst. cop. chart. beglaubigt nach dem Original 1716 September 17.
C aus v. Zorn-Plobsheim Fam. A. Papiercopialb. s. XVII exeunt. fol. 86 [a].

368. C. j. c. A. in figura judicii prior et fratres ordinis predicatorum domus Arg. vendiderunt domino Heinrico de Fleckenstein militi, filio quondam Rûdolfi militis de Fleckenstein, domum et aream suam sitam in c. A. an dem Holwige (ad ipsos venditores devolutam ex donatione ipsis facta per quondam dominam Itham de Vinstingen, matrem Heinrici predicti) pro 36 marcis argenti. A. 3. adjectum est, quod nec Heinricus nec ejus successores a parte posteriori domus predicte ante vel supra murum versus curiam fratrum predicatorum quicquam construere debeant. si emptores domum et aream vendere voluerint, primo predicatoribus offerre debent. si prior et fratres curiam suam seu cymiterium ampliare voluerint, extunc dictus miles ipsis vendere tenetur curiam seu partem curie pro pretio conpetenti ad arbitrium bonorum virorum. Itha predicta in remedium anime sue super area domus dicte legaverat fratribus predictis censum seu redditus 1 lib. den. Arg., quam nunc Heinricus solvere promittit (10 sol. in anniversario Ithe, proxima die post octavam epiphanie, 10 sol. in crastino commemorationis omnium animarum) in ipsorum refectorio pro pictantia, ita ut prior et fratres in anniversariis domne Ithe, necnon Rûdolfi quondam sui mariti, Susanne et Heinrici, liberorum suorum, necnon Elizabete, uxoris prime quondam Rûdolfi predicti, vigilias et missas pro defunctis celebrent. Heinricus onerat aream dicte domus cum censu predicto, sub ea condicione, quod si priori et fratribus redditus 1 lib. den. super aliis bonis sitis infra muros Arg. assignaverit, quod extunc area predicte domus liberata sit. sigillum curie Arg. cum sigillo Heinrici predicti est appensum. actum 6 idus marcii, a. d. 1297 [2]. ***März 10.***

Verkauf. Seelgerätverfügungen. *Januar 14.* *November 3.*

Aus Strassb. Hosp. A. lad. 62 fasc. 17. or. mb. c. 2 sig. pend.

369. C. j. c. A. in figura judicii Johannes dictus ane erbe, civ. Arg., vendidit Ottoni dicto Viernkorn, civi Arg., duas partes pro indiviso in curia, domo et horreo sitis e. m. A. in Crutenowe bi dem hohen stege e. u. p. prope dictum Snecke et e. a. p. prope dictum Hulleweber (ita quod de tota area census nomine debeantur 25 den. et 1 capo monasterio s. Stephani Arg. et 6 den. nomine decime rectori ecclesie predicte) pro 13 lib. et 4 unc. den. Arg. A. 3. actum et datum 6 kalendas aprilis, a. d. 1297. ***März 27.*** *Verkauf.*

Aus Strassb. Bez. A. H 2683, 10-11. or. mb. c. sig. pend. delaps.

a) *C:* Ecesnheim. b) *A:* Etenberg. c) *B:* 1227.

---

[1] Idem Fridericus donat in honorem s. Thome eidem ecclesie 100 marcas. annuatim 24 misse pro salute anime donatoris peragentur, omni mense 2 misse et hoc in feria quinta et in qualibet missa 10 sol. dividentur sub modis, quibus supra. sigilla prepositi et capituli sunt appensa. *1298 Februar 21. Or. ebendaselbst.* [2] *Vgl. nr. 219, 261 u. 363. Der Fleckensteiner verkauft dasselbe Haus* (e. u. p. apud domum domini Nycolai dicti de Kagenecke e. e. a. p. apud domum domine dicte Holtzapfelin) *wieder an die Prediger für 50 Mark Silber. Abschrift Strassb. Hosp. A. Prot. Prédic. 107 fol. 24.*

Schenkung. **870.** C. j. c. A. in figura judicii Hedewigis, uxor Johannis, famuli Lücgardis, relicte Waltheri dicti Spendere civ. Arg., de consensu Johannis et Lúcgardis predictorum in remedium anime sue et progenitorum suorum donat priori et fratribus predicatoribus domus Arg. terciam partem pro indiviso de consuetudine terre generali ipsam contingentem in omnibus bonis ipsius et mariti sui, mobilibus et inmobilibus, ita ut fratres anniversarium suum perpetuo peragant. actum et datum 5 kalendas aprilis, a. d. 1297. ***1297 März 28.***

Aus Strassb. Hosp. A. Prot. Prédic. 107 (Copialb. s. XIV) fol. 83. cop. mb.

Testament. **871.** Gerdrudis, relicta Conradi Kalp civ. Arg., de consensu Johannis filii sui testamentum suum ordinat. inprimis legat fratribus predicatoribus domus Arg. redditus 2 lib. den. Arg. super curia et domo sita in c. A. in vico dicto des Reissers gasse prope Albertum dictum Rûlenderlin militem c. u. et dictum Stubenweg e. p. a., distribuendos in die anniversarii sui; Johanni filio vero licebit alios redditus 2 lib. in c. A. ipsis assignare. item legat fratribus predicatoribus 10 marcas argenti de curia dicta, item Agneti sorori sue, moniali monasterii s. Nycolai, 2 lib. den. Arg. de curia dicta; item monasteriis s. Nycolai, s. Johannis, s. Katherine, s. Agnetis, s. Marci, s. Elizabeth, s. Margarete, fratrum Augustinensium, fratrum sacciferorum, fratrum minorum et s. Clare cuilibet 5 sol. den. Arg., item fratri Heilwico, fratri Burkardo, fratri Erboni inter mercatores et fratri Nycolao dicto Hippel de ordine predicatorum cuilibet 10 sol. Johannem filium suum hujus legati executorem constituit. legatrix apud fratres predicatores eligit suam sepulturam. officialis curie Arg. sigillum suum appendit. Johannes promittit legatum expedire. actum et datum feria secunda post dominicam qua cantatur Quasi modo, a. d. 1297. ***April 22.***

Aus Strassb. Hosp. A. Prot. Prédic. 107 (Copialb. s. XIV) fol. 19 b. cop. mb.

Testament. **872.** Anna relicta Petri dicti Wise civ. Arg. testamentum suum ordinat. inprimis eligit aput fratres predicatores domus Arg. suam ecclesiasticam sepulturam; item dat dictis fratribus 1 lib. den. Arg. dandam in die sepulture sue et 5 solidos pro panibus et 1 amam vini; item legat 10 sol. iisdem dandos in septimo die sepulture sue, item 10 sol. in tricesimo die, item 1 lib. den. Arg. in primo anniversario; item legat dictis fratribus 1 lib. den. Arg. dandam ipsis annuatim de censu domus in dem Sluche site in c. A.[1] (10 sol. in anniversario suo, 5 sol. in anniversario Johannis quondam filii sui, cui successit in sexta parte dicte domus, et 5 sol. in anniversario Agnetis, quondam filie sue, cui similiter pro sexta parte successit.) item legat fratribus predictis agrum viniferum in banno Wolfgangesheim; item legat fabrice ecclesie Arg. 5 sol. dandos annuatim perpetuo a Katherina, filia sua, de censu domus site uf dem vischebuhele in c. A.[2], item fratri Rûlino filio suo de ordine predicatorum bona paterna inmobilia, in quibus patri suo jure hereditario successerat, que habuit ante ingressum ordinis, videlicet sextam partem domus in dem Sluche et sextam partem antiquarum possessionum aput Altburnen, que bona idem frater Rûlinus matri sue predicte ante professionem suam coram officiali cur. Arg. et priore suo resignaverat, ita tamen quod dicta bona Katherina predicta filia habeat ad tempus vite sue et de ipsis fratri Rûlino procuret et quod cedant post obitum Katherine et Rûlini heredibus proximioribus dicte Katherine. item legat fratribus minoribus in Argentina 1 lib. den. Arg., fratribus Augustinensibus 10 sol., fratribus saccitis 5 sol., fratri Nibelungo suo confessori 10 sol., item monasterio penitentum aput Argentinam 10 sol., item Lúcgardi marterlere sue ibidem 10 sol., item Beatrici moniali ibidem 5 sol., item Heilicge et Cecilie monialibus ibidem 5 sol., item monasterio s. Marci e. m. A. 1 quartale siliginis, item monasterio s. Johannis 30 den., s. Katherine 30 den., s. Elizabet 1 quar-

[1] *Vgl. nr. 200.* [2] *Vgl. nr. 358.*

tale siliginis, s. Nicolai 1 quartale siliginis, idem s. Margarete, idem s. Clare in Argentina, s. Agnetis 30 den., item infirmis in hospitali Arg. 5 sol., item leprosis aput Rotenkirchen 5 sol., item 2 lib. den. Arg. Rûlino filio suo predicto distribuendas per ipsum personis piis. item legat 2 agros in Altburne, quos emit cum pecunia sua, quam redemit ex vestium suarum venditione de scharleto, filie sue Katherine, que de ipsis annuatim assignare tenetur 1 quartale siliginis Anne ancille sue antique; eidem Katherine legat omnia bona sua mobilia. actum et datum feria quarta post dominicam Quasi modo, a. d. 1297.

1297 April 24.

Aus Strassb. Hosp. A. lad. Hôp. XLV fasc. 69. or. mb. c. 2 sig. pend.

373. *Fritsche von Dunzenheim giebt den Platz, worauf der Galgen steht, an die Stadt gegen ein Stück Almende.* *Tauschgeschäft.*

Mai 13.

Wir Cûne von Kagenecke der meister und der rât von Strazpurg tûnt kunt allen den, die disen brief gesehent unde gehôrent lesen, daz wir die almende, die da lit zwischent Fritschen hûs von Dunzenheim ûzewendic an dem turne unde zwischent dem graben also verre ez begriffen ist, gegeben hant den selben Fritschen und sinen erben; unde het er uns dawidere gegeben daz schiltehte ort, da der galge uffe stât[1], daz er kôfte umbe vorn Demelin hern Otten sêligen des schaffeners swester tohter von sante Martine; damitte ist daz vorgenante bletz geursâzet und sol iemerme unserre stette sin, und sulent Fritschen erben rehte weru sin des selben bletzes. daz diz war si unde stête belibe, darumbe ist unserre stette ingesigel zeime urkûnde gehenket an disen brief. diz geschach an dem mêntage nach sante Sophyen tag, do von gotes gehúrte warent zwelf hundert und siben und nûnzic iar. heran warent her Cûne von Kagenecke, *u. s. w. folgt der Rat.*

Aus Strassb. Stadt A. V. C. G. suppl. lit. D. or. mb. c. sig. pend. delaps.

374. Niclawes von Rimuntheim der meister und der rat von Strassburg machen bekannt, dass herr Heinrich Marsilies und herr Götze von Grôstein, sein sohn, verkauft haben «vûr lidic eigen den halben gebel unde den grunt, da er uffe stat zwischent irme huse unde hern Willehelmes kinde hûs in der Stadelgassen vor der Barfûzen tor ubere,» für 8 pfund pfenninge an Willehelm und Gertrut, des genannten Willehelms kinder. A. 3. «an dem cistage vor dem nontage, 1297. heran warent her Cûne von Kagenecke, *u. s. w. folgt der Rat*[2]. *Verkauf.*

Mai 21.

Aus Strassb. Bez. A. Zerstreute Sachen (gehört zu G 4826 (5198). or. mb. c. sig. pend. delaps.

375. *Schuldbrief der Grafen Egeno und Conrad von Freiburg für Hesso, den Apotheker zu Strassburg.* *Schuldbrief.*

Mai 22.

Wir Egene der grave von Vriburg unde Conrat sin sun dunt kunt allen den, die disen brief gesehent oder gehôrent lesen, daz wir schuldig sint unverscheidenliche Heissen dem apotheker, einen burger zû Strazburg, unde sinen erben zweier marke minre danne funfzig marg silbers luters unde lôtiges dez geweges von Strasburg umbe ein ros unde ander getregede, daz er uns zû kôfende het geben. diz silber geloben wir ime oder sinen erben zû geltende zû den zilen, alse hienach gescriben stat: sehzehen marg silbers zû dem zwelften dage der allernehest kumet in diseme jare, sehzehen marg silbers zû der mittervasten die danach allernehest kumet, unde die ubrigen sehzehen marg zwischent den zweien messen unserre vrowen die danach allernehest koment in demselben jare. harumbe gen wir zû burgen deme selben Hessen unde sinen erben unverscheidenliche hern Hessen den herren von Ûsenberg, hern Fritschemanne unde hern Weltern rittere von Schaftolzheim, herrn Johannese

---

[1] *Vgl. Silbermann, Lokalgesch. der Stadt Strassburg S. 165.* [2] *Vgl. nr. 325.*

den burgermeister von Vriburg vnde Wernhern von Schaftoltzheim unsern kneht also: were daz wir daz vorgenante silber niht gultent zû den zilen, alse davor geschriben stat, oder der zile deheins versâssen, so sol einre under uns zweien herren, wederer denne gemanet wirt, unde die vorgenanten burgen uns zû Strasburg in die stat nach rehter giselschefte antwirten in den nehesten ahte tagen, swenne wir drumbe gemant werden von dez vorgenanten Hessen oder sinre erben wegen oder von iren botten zû huse oder zû hove oder munt wider munt, niemer dannan zû komende, è daz silber, daz denne virsessen ist, deme vorgenanten Hessen oder sin erben vergolten werde gar; were aber daz unser zweier herren dewederre leisten mõhte, so sulen wir einen ersamen ritter fur uns legen unverscheidenliche, der der wafen pflege, einen lantman, nút der burger zû Strasburg si, unde enmag ôch der vorgenante herre von Ůsenberg selbe nuht leisten, der sol ôch in dieselbe wis einen erbern ritter für sich legen alse wir, unde sullent die leisten fur uns ane wandelunge in alle die wis, alse wir dûn soltent. wer aber daz wir oder die burgen oder deheinre under uns breche unde nút leisteten die giselschaft, alse davor geschriben ist, wer oder wele denne brechent, uffen dez oder der schaden sol der vorgenante Hesse oder sin erben daz silber, davúr wir denne leisten solten, under iuden lehenen; den schaden sint sú schuldig abe zû tûnde unde sol darzû sû unde ire lúte unde ir gût anegriffen mit geistlichem unde wertlichem gerihte unde sol sû pfenden, in wele wis er mag oder wil, beide für schaden unde hôbetgût, unde engat die pfundunge an deheinen lantfride noch an geistlich noch an wertlich gerihte. neme och der vorgenante Hesse oder sin erben der pfandunge deheinen schaden, den sulnt[a] ime die abetûn, die da gebrochen hant, ane geverde. haruber verzihen wir uns alles dez schirmes beide geistliches unde wertliches gerihtes unde gewonheite, damitte wir uns behelfen môhten wider disen brief. sturbe ôch der vorgenanten burgen deheinre, è diz silber vergolten wirt, daz got wende, so sulen wir dem vorgenanten Hessen oder sin erben in deme nehesten manode, so wir von iren wegen drumbe gemant werden, ein also erbern geben an dez selben stat, alse der waz, der do dod ist. deten wir dez nút, so sulen wir uns zû Strasburg in antwirten nach rehter giselschefte in alle die wis, alse davor geschriben ist, niemer dannan zû komende, è wir ein andern burgen an dez selben stat geben. daz diz war si unde stete blibe, darumbe han wir unsern ingesigele gehenket an disen brief. wir Hesse der herre von Ůsenberg, Fritzeman unde Welter von Schaftoltzheim, Johannes der burgermeister von Vriburg, unde Wernher von Schaftoltzheim veriehent mit diseme briefe, daz unser wille si, waz da obenan von uns geschriben ist, unde verbindent uns darzû unde gelobent ez zû leistende mit gûten truwen an alle geverde unde verzihent uns haruber alles dez schirmes, dez sich grave Egene unde sin sûn da obenan verzigen hant. daz diz war si unde stete blibe, darumbe han wir unsern ingesigele zeime urkunde gehenket an disen brief. daz geschach an deme nonabende, da von gotz geburt warent zweilf hundert iar unde siben unde nunzig iar.

Aus Karlsruher Gen. Land A. Section Breisgau. or. mb. ohne jede Spur eines Siegels, vielleicht also niemals ausgefertigt. Danach abgedruckt Mone Ztschft. f. G. d. Oberrh. X, 321.

Verkauf. **878.** C. thesaurario eccl. Arg. in forma judicii Burcardus dictus Kolin civ. Arg. vendidit commendatori et fratribus s. Johannis domus in Doroltzheim redditus 2 lib. den. Arg. in area[1] sita in c. A. ex una juxta curiam Ortwini dicti Swarbere et c. p. a. juxta curiam relicte quondam Friderici militis dicti de Ufwilre necnon ex opposito curie Heinrici militis

a) *or.: sunt.*

[1] *Vgl. UB. I, 451 (Ochsensteinergasse).*

de Wolfgangesheim, in qua area domus est edificata, que est fratrum predictorum, dicta vulgariter hern Kolines hof, pro 21 marcis argenti. A. 3. sigillum thesaurarii ad causas est appensum. actum 6 kalendas junii, a. d. 1297. *1297 Mai 27.*

Aus Strassb. Bez. A. H 1514. 4. or. mb. c. sig. pend.

877. C. j. c. A. in forma juris Johannes et Jacobus sacerdotes, Sifridus, Katherina et Hedewigis couterini, liberi quondam Sifridi dicti Etzekint de Arg., manibus coadunatis pro se et specialiter pro Greda et Katherina, couterinis suis, beginis de Epfiche, accedente consensu Conradi dicti Utilis mariti Katherine predicte, vendunt Cûnzelino dicto Reinbolt institori Arg. partem ipsos pro indiviso contingentem in passagio Reni aput Hunesvelt et ad Canes e. m. A. pro 11 lib. et 10 sol. den. Arg. minus 25 den. Arg. A. 3. Johannes et Jacobus sacerdotes predicti constituunt se pro Greda et Katherina beginis fidejussores et promittunt se procuraturos, quod et ipse venditionem ratificent. actum et datum 4 nonas julii, 1297. *Juli 4.* *Verkauf.*

Aus Strassb. Stadt A. AA 1691. or. mb. c. sig. pend. Danach abgedruckt bei Mone, Zeitschrift f. Gesch. d. Oberrh. XVI, 133 (mit dem Datum XIII kal. julii).

878. Nyclawez von Rimuntheim der meister und der rat von Strassburg machen bekannt, dass Johannes Hawart und Künegunt seine mutter mit gesammter hand die hofstätten in der gasse, «der men sprichet des Hogiers gasse amme Rossemerkite, die da ligent an Cûnzelin Hogier und sich ziehent hin abe an der múneche garte von Nuwenburg» an verschiedene nachgenannte personen in erbleihe gegeben haben: und zwar geben schwester Margrede, Berhtolt Erler, Johannes der Klingeler und seine gattin Sygene, Gertrut Damelungen, Gertrut Claweses seligen des grebers tochter, Rûdiger der weber und seine gattin Hedewig, Ludewic Lüttersche und seine gattin Ellin, Gertrût die Bischövin, Heinrich Babenberg und seine gattin Hedewig, Ellin von Dabichenstein, Johannes herrn Anshelmes sohn und seine gattin Metze je 5 unzen und 2 kappen als jährlichen zins, nur Gertrut, Clawesess tochter, giebt 7 unzen und 2 kappen. Er. 2. (für alle). V. «an sante Margreden ábende, 1297, heran warent her Küne von Kagenecke, *u. s. w. folgt der Rat.* *Juli 14.* *Erbleihe.*

Aus Strassb. Bez. A. G 6175 (6202). 1. or. mb. c. sig. pend.

879. C. j. c. A. Fritscho carnifex Arg. dictus de Novillari (specialiter pro Fritschone, Clara, Elsa, Francisco et Greda, liberis suis,) vendit Johanni dicto Blanke, civi Arg., quartam partem pro indiviso domus et aree in c. A. in dez Zollers giessen prope Fritschonem predictum e. u. et Sifridum dictum Murer de Arg. e. p. a. sitarum, cujus domus tres relique partes ad Johannem dictum Blanke pertinent, p. p. e. l. pro 19 libris den. Arg. A. 3. U. (Fritscho pro liberis suis.) actum et datum nonis augusti, a. d. 1297. *August 5.* *Verkauf.*

Aus Strassb. Stadt A. V. C. G. Corp. K lad. 23 nr. 4 or. mb. c. sig. pend.

880. Adolfus Romanorum rex concedit ad preces Heinrici Ottonis filii dicti Osselini de Westhoven bona, que ipse ab imperio in villa Baldeburnen ($7^1/_2$ carratas vini) in feodo tenet, Hugoni de Lampritheim et suis heredibus post mortem Heinrici in feodum. actum et datum Slezstad a. d. 1297, 2 kalendas septembris, regni vero nostri anno sexto [1]. *August 31.* *Lehnsbrief.*

Aus Böhmer, Acta imperii 521 (abgedruckt nach dem Or. in Darmstadt). Darnach auch bei Mone, Zeitschrift f. Gesch. d. Oberrh. XI, 435.

---

[1] *König Albrecht I genehmigt, dass Heinrich Öchselin sein Lehen an Hug von Lampertheim vermacht hat. Strassburg, 1298 August 15. Mone, Zeitschrift f. Gesch. d. Oberrh. XI, 436 (nach dem Or. in Darmstadt).*

Erbschaftsregelung.

381. Hetzel Markes der meister und der rat von Strassburg machen bekannt, dass Hug von Frankenheim, ein Strassburger bürger, gegeben hat Odilien und Margreden, seinen töchtern, seinen hof «der do heisset zû dem Blideckere in der stat ze Strazburg zwischen dem steinhove unde deme ovenhuse zû dem überhange mit alleme dem buwe, der dar zû höret, und alles daz ligende gût eigin unde erbe» in den dörfern und bannen zu Wiherzheim zûme Durne, Herde, Ysenhusen, Brüschewickerzheim, Wilgotheim, Sulze, Gynebrette, Winzenheim zu unbeschränkter verfügung, iedoch soll die eine die andere beerben. «an dem mantage vor sante Mauricientage, 1297. heran warent her Cûne von Kagenecke, *u. s. w. folgt der Rat*[1]. ***1297 September 16.***

Aus Strassb. Hosp. A. lad. 172 fasc. 9. or. mb. c. sig. pend.

Verkauf.

382. C. j. c. A. in forma juris Sefridus, lapicida Arg., et Greda dicta Strôwelerin, mater ejus, manibus coadunatis vendunt Cûnzelino dicto Reinholt institori Arg. medietatem pro indiviso partis ipsos contingentis in passagio Reni aput Hunesvelt et ad Canes e. m. A., que pars dicitur der Strôwelerin teil, pro 14 libris den. Arg. A. 3. Greda abjurat jus si quod ei competiit occasione donationis propter nuptias. actum et datum 6 idus novembris, a. d. 1297. «hujus[a] instrumenti sunt 2 paria ob cautelam, quorum unum apud Katherinam relictam predicti Cûnzelini, reliquum vero apud Reinboldum, Jacobum et Johannem ejus filios remanebit[2].» ***November 8.***

Aus Strassb. Stadt A. AA 1691. or. mb. c. sig. pend. Danach Regest bei Mone, Zeitschrift f. Gesch. des Oberrh. XVI, 134.

Ablösung von Zinsen.

383. C. j. c. A. in figura judicii decanus et capitulum ecclesie s. Thome Arg. e. u. parte et Hermannus, camerarius ejusdem ecclesie, decanus Rynaugensis, ex altera. Hermannus confessus est, quod decanus et capitulum aream suam sitam in parrochia s. Thome in loco dicto Vittelinsgasse ex opposito curie claustralis pincerne, super qua domum edificavit, de qua dedit nomine census quondam Cûnoni militi dicto Sûner 20 sol. den. Arg. et 4 cappones annuatim, liberassent a dicto censu. similiter absolverunt 6 agros in banno Adelhartzhoven, de quibus dictus miles dicte ecclesie dedit nomine census annuatim $10\,^1/_2$ sextarios mansurnalis annone et 16 den. et 1 obulum, a dicto censu prestando. quem censum Hermannus

a) *Das Folgende von ähnlicher, vielleicht derselben Hand mit anderer Dinte beigefügt.*

---

1 *Vgl. nr. 54 u. 64.* 2 *Der genannte Reinbold erwirbt von Guta, der Wittwe Johanns von Nordheim, Tochter des verstorbenen Friedrich von* Eckebrehtswilre *(mit Zustimmung ihrer Kinder Friedrich, Guta, Demuodis und Katherina und ihrer Schwiegersöhne Johannes und Gotzo, Gemahls der Katherina bez. Guta) ihren Anteil* «in passagio Reni, quod appellatur zû den hunden, ubi itur a civitate Argentina versus Offenburg, et in passagio apud Hunesvelt et in attinentiis passagiorum videlicet in censibus apud Kelle et pratis juxta Kelle, videlicet de 32 partibus dictorum passagiorum pro indiviso» *für 35 Pfund Pfenninge. 1300 Oktober 15. Or. ebendaselbst. Danach abgedruckt bei Mone, Zeitschr. f. Gesch. d. Oberrh. XVI, 135. — Ebenso erwirbt er von* Heinricus Schampenel, sartor Arg., *und dessen Gattin Agnes auf 2 Jahre deren Anteil an den Rheinfähren zu den Hunden und bei Hunesfelt für 8 Pfund Pfenn.; er muss dafür aber seinen Anteil an den Kosten der Fähre zahlen* (expensas que veniunt circa necessaria passagiorum videlicet circa naves, pontes, vias et alia necessaria) *und ebenso an dem davon fälligen Zins* (et censum debitum medio tempore). *1301 Januar 10. Or. ebendaselbst. Danach abgedruckt a. a. O. S. 135. — Heinrich Schampenel von Geispolzheim, Schuster von Strassburg, Agnes seine Gattin und Johannes der Cleriker ihr Sohn verkaufen dann völlig ihren Anteil ($^1/_8$ des gesammten) an denselben Conrad Reinbolt für 70 Pfund Pfenn. 1301 Dezember 14. Or. ebendaselbst. Regest a. a. O. S. 136. —* Hetzelo, nauta Arg., *in der Krutenau wohnend, Mathias, Hetzelo, Katherina (Gattin Wernhers Spatzinger) und Hedewigis, seine Kinder, verkaufen ihren Anteil an den beiden Fähren an Konrad Reinbold für 42 Pfund Pfenninge. 1305 Mai 27. Or. ebendaselbst. Regest a. a. O. S. 136.*

camerarius aree et domui prescriptis imponit easque eodem censu onerat inperpetuum. sigilla curie et Hermanni sunt appensa. datum a. d. 1297, feria 3 post festum b. Nicolay[1].

1297 Dezember 10.

Aus Strassb. Thom. A. Registr. A fol. 82b. cop. chart.

384. Priorin und convent des klosters s. Agnes vor Strassburg machen bekannt, dass sie verlihen haben «Nicolaweses von Griesheim genant elichen wirtin Beatrix und ir beder thôteren Katerinen unde Mehthilde und den kinden, die noch von in beden geborn sülent werden, ein hûs mit der hovestete und garten nahe bi der Brûsche in deme kirspelle, das da hôret zu unserre vrôwen zû deme tûme (und hern Burchartes sun, Johanes von Mulnheim genant, het einen hôf mit hûsern dernebent und Ebeli ein schifzimerman von Munoltzheim genant het ein hûs andersit dernebent an des Tôben graben)» zu einem rechten erbe gegen einen jährlichen zins von 18 unzen. die aussteller hängen ihre siegel an. «gegeben an deme nehesten gûteme[a] tage nach sancte Thomans tage von Kanterbrec, und was in deme iare, do man zalte von gotes gebürte zweilf hundert iar nûnzic und ahte iar[2].» *Erbleihe.*

1298 Januar 1.

Aus Strassb. Bez. A. H 3117. or. mb. c. 2 sig. pend. delaps. Wegen der Datirung vgl. die Note 2.

385. C. j. c. A. in figura judicii Dietericus dictus de Wilgotheim, lanifex Arg., vendidit Conrado dicto de Ergersheim, magistro pauperum et hospitalis Arg., nomine eorundem domum suam sitam in c. A. under den Wennern in dem Spitalhove prope domum dictam zû dem Rosegarten e. u. et prope ortum prepositi eccl. s. Thome Arg., cujus domus area pertinet ad hospitale predictum, pro 26 lib. den. Arg. A. 3. actum et datum sabbato ante purificationem b. virginis, a. d. 1298. ***Februar 1.*** *Verkauf.*

Aus Strassb. Hosp. A. lad. 174 fasc. 23. or. mb. c. sig. pend.

386. Richwinus dictus Korner, civis Arg., in Gotfridi patris sui, et Rylindis matris sue, Anne uxoris, ac Hette sororis sue animarum remedium donat donatione inter vivos ad altare b. Marie virginis in ecclesia s. Petri junioris Argentine bona multa, ut ibi prebenda sacerdotalis instituatur, cujus jus collationis sibi et heredibus suis reservat. sigilla curie Arg., decani et capituli sunt appensa. datum et actum a. d. 1298, 6 nonas marcii. ***März 2.*** *Präbendenstiftung.*

Aus Strassb. Bez. A. G 4713 (5085). 3. or. mb. c. 4 sig. pend. delaps.

a) *Die beiden Buchstaben me auf Rasur.*

---

[1] *Vgl. nr. 28. — Den Hof schenkt Hermann dem Kapitel von s. Thomas unter Vorbehalt lebenslänglicher Nutzung für seinen Bruder Götzo. Der Fabrik von s. Thomas sollen jährlich davon 10 Schillinge gezahlt werden. Die Jahresgedächtnisse Hermanns und des verstorbenen Custos genannt Lebelin werden begangen werden. 1300 November 8. Copie ebendaselbst fol. 133b.* [2] *Die genannte Beatrix und Albert Ulrich von Offenburg, der Vormund ihrer Töchter, beurkunden vor dem bischöflichen Hofrichter den Inhalt der vorstehenden Urkunde. Die Urkunde (Original mit erhaltenem Siegel am genannten Orte) trägt das Datum:* «actum et datum pridie kalendas januarii, anno domini 1297». *Dieses Datum ist aufzulösen als 31. Dezember 1297. Es wäre nur dann als 31. Dezember 1296 aufzulösen, wenn bei Jahresanfang zu Neujahr die Bezeichnung des Jahres:* «anno domini 1297» *sich nicht auf* pridie kalendas januarii *(31. Dezember), sondern auf* kalendas januarii *(Januar 1) beziehen sollte. Da nun nicht anzunehmen ist, dass die Beurkundung desselben Geschäftes vor zwei Gerichten durch den Zeitraum eines ganzen Jahres getrennt ist, so ergiebt sich für die Datirung der Klosterurkunde, dass sie am 1. Januar, nicht am 31. Dezember desselben Jahres, der auch auf einen Mittwoch fiel, ausgestellt ist. Für die Frage, ob in Strassburg Weihnachten oder Neujahr als Jahresanfang galt, ergiebt sich aus den beiden Urkunden somit nichts.*

Schenkung. **887.** C. j. c. A. Wernherus dictus Stehellin civ. Arg., et Katherina uxor sua legaverunt in remedium animarum suarum priorisse et conventui monasterii s. Elysabeth e. m. A. domum suam e. m. A. rubeam sitam bi dem swibogene an dem ziegelhof, de qua singulis annis predictis dominabus datur 1 lib. den. Arg. nomine census, item 1 domum inter piscatores sitam inter domum dicti Seser et Ebelinum dictum Furn, item redditus 1 lib. den. Arg. super domo et area sita an dem saltzhove sub his conditionibus, quod dictum monasterium in anniversario Wernheri et in eodem Katherine sibi retineat 1 lib. den. Arg. pro pictancia, et quod det perpetuo singulis annis monasteriis s. Marci, s. Agnetis, s. Katherine, s. Nycholai, s. Margarete, s. Clare, penitentum, fratribus Augustinensibus, hospitali pauperum, fabrice ecclesie s. Thome, fabrice ecclesie Arg. cuilibet 10 sol., item fratribus predicatoribus, fratribus minoribus cuilibet 1 lib. den. Arg. usufructum dictarum arearum et domorum conjuges sibi reservant ad tempus vite exceptis redditibus 1 lib. den. Arg. super domo an dem saltzhove, qui statim post obitum Wernheri devolvi debent. si redditus minui contigerit, de omnibus legatis communiter defalcetur, si augmentari, augmentum circa defectus edificiorum convertatur. Wernhero reservatur jus mutandi, addendi, minuendi et revocandi dicta legata, non autem Katherine post mortem Wernheri. sig. cur. Arg., priorisse et conventus monasterii s. Elysabet sunt appensa. actum 6 idus maji, a. d. 1298. hujus instrumenti sunt 2. ***1298 Mai 10.***

A aus Strassb. Thom. A. lad. 25 (Titres). cop. mb. c. sig. pend. mutil. ausgestellt vom judex curie. 1300 Juli 30 (sabbato post Jacobi apostoli).
B aus Frauenh. A. Saalb. 3 fol. 65[b]. cop. s. XIV exeunt.

Erbleihe. **888.** Decanus et capitulum ecclesie s. Thome Arg. notum faciunt, se locasse in emphiteosim domum suam lapideam[1] cum area sitam inter pontes juxta fontem non longe a vico Stanphonis Jacobo panifici, filio quondam Ulrici, et Agneti ejus uxori pro annuo censu 7 lib. et 14 sol. den. et 2 capponum (35 sol. in quolibet jejunio quatuor temporum) solvendo dicte ecclesie et 14 sol. et 2 capponum Rûdegero dicto de Hunesvelt, civi Argentinensi. Ex. 1. (medietas 14 sol. et 2 capponum). sigillum capituli est appensum. datum a. d. 1298, feria 6 ante Viti et Modesti. ***Juni 13.***

Aus Strassb. Thom. A. Registr. E fol. 78[b]. cop. mb. s. XIV.

Schenkung **889.** *Elnhard schenkt der Domfabrik ein Haus.* ***Oktober 25.***

Coram nobis judice curie Argentinensis constitutus Elnhardus magnus civis Argentinensis motus affectu pio, quem se habere dicebat erga fabricam ecclesie Argentinensis, eidem fabrice domum suam cum area sitam in civitate Argentina apud sanctum Petrum seniorem in vico dicto des Crieges gesselin juxta dictam Werbenegelin et Johannem militem de Wolfgangesheim cum omni jure, quo ad eum pertinet et pertinere posset quovis modo, in remedium anime sue donavit et assignavit donatione et assignatione inter vivos, donasse et assignasse se publice est confessus pure, libere, irrevocabiliter et in totum, transferens exnunc idem Elnhardus in dictam fabricam omne jus, possessionem, proprietatem et dominium vel quasi, quod ipsi in dicta domo et area competiit vel competere posset quovis modo; promittens bona fide se dictam donationem perpetuo ratam et firmam habiturum nec contra eam venturum aliqua ratione vel causa. renuncians quoad hec exceptionibus et defensionibus omnibus et singulis, quibus contra premissa vel aliquid premissorum in judicio vel extra venire posset quomodolibet vel juvari. in premissorum evidenciam sigillum curie Argentinensis ad petitionem Eln-

---

[1] *Vgl. Str. G. u. HN S. 190.*

hardi predicti litteris presentibus est appensum. et actum 8 kalendas novembris, anno domini 1298[1].

Aus Strassb. Frauenh. A. lad. 49 nr. 23. or. mb. c. sig. pend. Nach dem Saalbuch 3 fol. 41 ebendaselbst abgedruckt Mon. Germ. SS. XVII, 93 note 22.

890. *Das Kapitel des Domes giebt einem Präbendar für seine Person das Recht den Hut der Canoniker zu tragen.* *Verleihung von Vorrechten.*
1298 November 21.

Nos Fridericus de Lichtenberg, . . prepositus ecclesie Argentinensis, scripto present confitemur, quod cum capitulum ecclesie Argentinensis ad preces nostras indulserit magistro Cůnrado dicto de Lingelvesheim, tenente prebendam regis in ecclesia Argentinensi, cujus collacio ad nos pertinet racione dicte nostre prepositure, propter merita ejusdem magistri *Cůnradi*, ut idem pro tempore vite sue portare possit et debeat pilleum, sicut alii canonici ecclesie Argentinensis vulgariter dictum einen eicherinnen hůt, quod hujus portacio et usus pillei memorati ex hoc per nos vel nostros successores in dicta prepositura vel ipsum magistrum *Cůnradum* aut ejus successores in dicta prebenda trahi non debeat ad consequenciam; sed cum persona dicti magistri *Cůnradi* ipsa portacio eo cedente vel decedente ipso facto sit extincta. in quorum evidenciam capitulo ecclesie Argentinensis presentem litteram trado sigillo nostro consignatam. datum et actum feria sexta ante festum beate Cecilie, anno domini 1298.

Aus Strassb. Bez. A. G 2714 (3126). 1 or. mb. c. sig. pend.

891. Hugo prepositus, Gotzo custos, Erbo cellerarius[2], et Hugo Panphile canonici, necnon *Tauschgeschäft.* decanus, totumque capitulum ecclesie s. Petri Arg. fundos ecclesie sue infra specificatos pertinentes ad prebendas, quas prepositus et canonici in dicta ecclesia habent, permutant cum prediis abbatisse et conventus s. Clare de Hagenowe. abbatissa et conventus tenentur annuatim solvere 10 lib. den. Arg., quousque ipse preposito et canonicis dictis predia dederint, de quibus juxta arbitrium Johannis dicti Panphile, Gotzonis dicti de Grostein militum et Wetzelonis Marsilii tot redditus percipi possunt. prepositus et capitulum petunt consensum Conradi episcopi Argentinensis, qui suum adhibet consensum, sigillum suum appendens litteris, quibus et appensa sunt sigilla prepositi, canonicorum ac decani et capituli necnon abbatisse et conventus predictorum. hec est specificatio fundorum datorum per prepositum et canonicos dictos: siti sunt e. m. A. an dem Werde: relicta quondam dicti Oleuheim habet 1 aream, item Nicolaus dictus Gurteler 1/2 aream, Ebelinus de Suntheim 2 1/2, dictus Missebach junior 1, Marquardus 1, senior Missebach 1, dicta Slaterbackin vidua 1, dictus Miene 1, Johannes institor 1, relicta quondam Lůtoldi 1, Lucas miles 2, heredes quondam Conradi dicti Olstelin 1. specificatio prediorum datorum per abbatissam et conventum est hec: una domus sita in c. A. dicta zů dem von Rumoltzwilre an der obern strasse contigua e. u. p. domui dicte zů dem roten man[3] et e. a. p. domui magistri Reinwini dicta zů dem alten Klobelőch, item dimidia domus pro indiviso in Argentina inter carnifices dicta zů dem alten Lőselin, item medietas estuarii dicti zů dem Eber[4] in c. A. actum et datum a. d. 1298, feria[a] tercia post festum b. Nicolai.
Dezember 9.

Aus Strassb. Hosp. A. lad. Orph. XXXIII fasc. 22. or. mb. c. 9 sig. pend.

a) feria — *Ende von anderer, aber gleichzeitiger Hand hinzugefügt.*

---

[1] *Nach dem Saalbuch 3 fol.* 72^b *(Frauenh. A.) ist es das Haus neben dem Eckhaus bei dem Brunnen gegen Alt s. Peter.* [2] *Von der Siegellegende erhalten:* s. Erbonis Kagen, *so dass wohl Kagenecke zu ergänzen ist.* [3] *Vgl. Str. G. u. HN. S. 124.* [4] *Vgl. Str. G. u. HN. S. 171.*

Erbleihe. **392.** Albreht Rûlenderlin der meister und der rat von Strassburg machen bekannt, «daz her Niclawez der alte von Kagenecke und her Gotze von Grostein rittere und burgere von Strazburg, die von unserre stete wegen pflegere sint dez spitalz von Strazburg, hant verluhen mit dez spitalz brûdere willen Conrate dem Malerer, Ellinen siner wirtin, Conrate Zûzzendorffe und Katherinen siner wurtin und allen iren erben dez spitalz hûs und hovestat under Wennern, daz da gelegen ist zwissent dem Rosegarten und Conratez Zuzzendorffez huse, zû eim erbe umbe 3 pfunt zinses und 2 cappen ane hoher steigen, also daz der furhof sule sine gemeine dez spitalz vier husere, die da binander sint gelegen». Er. 4. V. «feria secunda ante Thome apostoli, 1298. heran warent her Johannes Schilt, *u. s. w. folgt der Rat*[1]. ***1298 Dezember 15.***

Aus Strassb. Hosp. A. lad. 171 fasc. 23. or. mb. c. sig. pend.

Erbleihe. **393.** Albreht Rulenderlin der meister und der rat von Strassburg machen bekannt, dass «her Johannez der iunge von Kagenecke ein rittere und vor Gerdrut sine wurtin mit gesamender hant hant verluhen Heinriche Mulin und Hedewige siner wurtin ir hovestat in Witengassen[2] bi dem Oleymanne und bi der kinde hovestat von Pfetensheim zwissent brucken umbe ein pfunt zinses alle iar ane hober steigen.» Er. 4. V. «an dem fritage nach dem ahten tage, 1299. heran waren wir Albrech Rûlenderlin, *u. s. w. folgt der Rat.*

1299 Januar 2.

Aus Strassb. Hosp. A. lad. Hôp. XLI fasc. 76. or. mb. c. sig. pend. mutil.

Erbleihe. **394.** Decanus et capitulum ecclesie s. Thome Arg. locant in emphiteosim perpetuam Johanni dicto Twingerlin piscatori filio Bûrchardi piscatoris aream ecclesie sue, sitam inter piscatores in littore superiori, ex una parte possidet Johannes filius Ebelini dicti Fûrne ex alia parte sita est area domini prepositi dicte ecclesie, pro annuo censu 1 lib. den. Arg. et 2 capponum. Er. 1. sigillum capituli est appensum. actum et datum nonas januarii, sub anno incarnationis domini 1299. ***Januar 5.***

Aus Strassb. Thom. A. lad. 32 nr. 1. or. mb. c. sig. pend.

Verkauf. **395.** «Conrat ein tumherr von Spire, Egenolf und Wernher, rittere, unde Bertolt, ein kohet, gebrûdere von Landesberg» verkaufen an herrn Heinrich den Swarber, bürger von Str., güter in den bännen von Ergersheim und Ehenheim für 24 mark silber. alle vier hängen ihre siegel an. «an dem mentage vur dem zwelften tage, 1299.» ***Januar 5.***

Aus Schöpflin Als. dipl. II, 71 nr. 812 (nach dem Original des Famil. A von Landsberg).

Erbleihe. **396.** C. j. c. A. in forma judicii Gotzo dictus de Grosthein, miles Arg., locavit in emphiteosim Conradi sutori in Blindengassen aream suam sitam in c. A. in vico dicto dez Blindengasse juxta Hugonem dictum Spilker e. u. et Dinam, relictam Heinrici pistoris, e. p. a. pro annuo censu 10 sol. den. Arg. et 4 capponum. Er. 4. V. datum 2 idus januarii, a. d. 1299.

Januar 12.

Aus Strassb. Hosp. A. lad. Hôp. XLIX fasc. 39. or. mb. c. sig. pend.

Erbleihe. **397.** Prepositus decanus totumque capitulum ecclesie s. Petri locant aream spectantem ad prebendam Hessonis dicti Gope, canonici ecclesie predicte, de consensu Hessonis predicti, quam in emphiteosim perpetuam habuit Otto dictus Pflûger civ. Arg., sitam juxta ecclesiam fratrum quondam saccitarum e. u. et e. a. p. possidet Wetzelo Marsilii civis Arg., preposito et conventui monasterii de omnibus sanctis ordinis Premonstratensis Arg. dyoc. in emphiteosim

---

[1] *Vgl. nr. 355.* [2] *Vgl. Str. G. u. HN. S. 189.*

(ad liberam resignationem Ottonis predicti de consensu Hedewigis, uxoris, Ottonis et Katherine, liberorum suorum, et Fritzhemanni, mariti Katherine predicte) pro annuo censu 4 lib. den. Arg. et 2 capponum. sig. capituli est appensum. actum et datum sabbato ante purificationem b. virginis, a. d. 1299. ***1299 Januar 31.***

Aus Strassb. Bez. A. G 6170 (6197). 6. or. mb. c. sig. pend. delaps.

398. Albreht Rülenderlin der meister und der rat von Strassburg thuen kund, «daz Ellenhart und Heilman unser burgere, die von unseren und unserre stete wegen unserre vrouwen munstere werkez pfleger sint, mit unseren willen und durg dez werkez nütz hant verluwen allez daz reht,» welches dem werke zustand an der hofstatt, «die da lit zwissent dez Widen hovestat und der hovestete, da Agnes die Sweiffin waz uffe gesezzen, gegen der Schupfen ubere, meister Gotfride unserre stette scriber, vorn Annen siner wurtin und allen iren erben und nachkomen zû eime erbe» für einen jährlichen zins von 28 unzen. erschatz wird nicht gegeben. ebenso haben unter denselben umständen Ellenhart und Heilman alles recht an der andern hofstätte neben der vorgenannten, «da Agnes die Sweiffin uffe waz geschzzen, an der Stemphin hovestete» verkauft an denselben Gotfrid für 36 mark silbers. meister Gotfrid gelobt das haus, auf dem der zins ruht, in so gutem zustande zu erhalten, dass das werk des zinses sicher sei. «an dem sammestage vur unserre vrouwen liehtmez, 1299. heran warent her Johannes Schilt, *u. s. w. folgt der Rat*[1]. ***Januar 31.*** *Erbleihe, Verkauf.*

Aus Strassb. Frauenh. A. lad. 49 nr. 24 or. mb. c. sig. pend. Dorsualnotiz s. XV: «Locatio domus dicte zû dem schriber». *Nach Saalbuch 3 abgedruckt Mon. Germ. SS. XVII. 93 note 14.*

399. *Ellenhard errichtet am Münster mehrere Armenpfründen zum heiligen Geist.* ***März 2.*** *Pfrundenstiftung für Arme.*

Wir Nicolawez[a] der alte von Kagenecke und Gotzo von Grostein rittere und scheffele von Strazburg tunt kunt allen den, die disen brief gesehent und gehórent lesen, daz Ellenhart der grosse ein burger von Strazburg vur uns in scheffels wiz durch siner selen willen, vron Giselen siner wurtin, Ellenhartez sinez vatter, vron Gertrude[b] siner mûter, Burcartes[c] Sydelins[2] sines ahtten, und vro Mehthikle[d] siner ettin selen willen het gegeben den durftigen des heiligen Geistez[3] in unserre vrowen mûnstere daz gût, daz hie nach geschriben stat, daz da gelegen ist in dem banne zû Eckevershein mit allem rehte, also daz der meister, der denne meister ist über der durftigen pfrunden und gût, Junten von Mutziche siner iuncfrôwen gebe alle iar, wil daz sie lebet, zwischent den zweien messen unserre vrôwen sehs vierteil rocken, sie si in geistlichem oder weltlichem lebene, von dem selben gûte und ouch also, daz men von dem gelte dez gûtez me pfrunden mache und nüt die pfrunden bessere, umbe daz, daz dehein crieg werde umbe die pfrunden, daz sie lihte zû gût wurdent, und, swenne ouch die selbe Junte nüt enist, so sulent die vorgenanten sehs vierteil geltez den durftigen ledig sin, und sol men ouch mit den selben sehs vierteil geltez, so sie gevallent, der pfrunden me machen und nüt bessern allez umbe die sache, die da vor bescheiden ist. *Aug. 15. Sept. 8*

a) *B*: Niclawez. b) *B*: Gerdrude. c) *B*: Bûrcbartez. d) *B*: Mehtilde.

[1] *Vgl. nr. 287.* Magister Gôtfridus quondam notarius civitatis Argentine *und seine Gattin Anna verkaufen an Albert Schaffener, Diener der Münsterfabrik, ihr Haus, von dem 28 Unzen dem Frauenwerke gezahlt werden und 15 Unzen an Wôunenowe, den Schwiegersohn Kunos von Kagenecke, für 94 Pfund Pfenninge. 1312 September 2. Or. ebendaselbst nr. 50. Denselben Verkauf des* meister Gôtzo Wilman der stete von Strazburg schriber *macht Johannes von Hohenstein, Vitztum des Strassburger Stiftes, bekannt. 1313 Januar 1. Or. mit Siegel des Hohensteiners ebendaselbst nr. 52.* [2] *Vgl. UB. I, 203, 7.* [3] *Deren Pfleger war Elnhard auch noch 1299 November 9, wo er im Namen der Pfründen eine Schenkung entgegennimmt. Or. Strassb. Hosp. A. lad. 94 fasc. 5.*

der selbe Ellenhart het daz gût uns ûfgegeben in scheffels wiz von der vorgenanten durftigen wegen mit solicher gedinge, daz der nütz sin si, wil daz er lebet, und die eiginschaft der durftigen, er si in geistlichem oder in weltlichem lebene, und ouch also, daz er dise gift wider tun müge, ob ez ime not tût und ob er an daz wolte ane geverde. wir hant ouch ime daz gût sinen lebetagen gesetzet von der durftigen wegen und verluhen mit der gedinge, als er ez het gegeben, alle iar umb einen schilling zinses Strazburger pfenninge, den sol er alle iar den durftigen geben von dem gûte zû eim urkunde, daz die eiginschaft dez gûtez der durftigen ist, ob ez der selbe Ellenhart erspart und nút wider tût. daz diz war und stete si, darumbe han wir unsere ingesigele in scheffelz wiz, wand uns dez der selbe Ellenhart het gebetten, gehenket an disen brief zû eim urkunde und ist das gût alsus gelegen [*folgt die Beschreibung*]. dirre brief wart gegeben, do von gots gebúrte warent zwelf hundert und nún und nünzig ir, an[a] dem nehsten mentage ante Invocavit[1].

A aus Strassb. Hosp. A. lad. s. Marc. II fasc. 51. *or. mb. c. 2 sig. pend.*
B ebendaselbst. *or. mb. c. 2 sig. pend. (quorum 1 delaps.)*

Schenkung. **400.** *Ellenhard schenkt dem Hospital zu Strassburg sein Haus zum Leoparden.*

1299 März 9.

Wir Niclawes der alte von Kagenecke und Gotze von Grostein[b] rittere und scheffel von Strazburg tunt kunt allen den, die disen brief gesehent und gehorent lesen, daz Ellenhart der groze[2] vur uns in scheffel wiz durg siner sellen willen, vron Giselen siner wurtin, Ellenhartz sinez vatter, und Gertrute siner mûter, hern Burchartz Sydelinis sinez atten, und vro Mehtilde siner ettin selen willen het gegeben dem spital zû Strazburg hus und hovestat zû dem lehbarten[c3] mit allem rehte, daz da gelegen ist zwissent hern Peters huz von Schónecke einsite und andersite het der Stampf ein hus, die ime alle jar geltent driu pfunt pfenninge ze zinse; also daz men nach sime tode teilen sule die driu pfunt pfenninge: an sime jargezite zehen schillinge, an vron Giseln siner wurtin jargezite, daz ist Agricole et Vitalis, zehen schillinge, an Ellenhartz sinez vatter jargezit, daz ist Udalrici, zehen schillinge, an vro Gertrute siner mûter jargezite, daz ist vigilia Thome, zehen schillinge, an Burchartz Sydelins sinez atten jargezite, daz ist Gordiani et Epimachi, zehen schillinge, und an vro Mehtilde siner ahttin jargezite, daz ist Laurentii, zehen schillinge, und sol men zû allen jargeziten die halben pfenninge hin abe den durftigen und den siechen in dem spital geben und die anderen halbe den brûderen und den swesteren dez spitalz; und ouch also daz men die vorgenanten

November 4. — Juli 4. — Dezember 20. — Mai 10. — August 10.

a) an *bis zu Ende in B mit anderer Dinte von derselben Hand hinzugefügt.* b) *A*: Gorostein. c) *B*: Libharten.

[1] *Eine weitere Beschreibung der Güter ist daselbst aus Mitte des 14. Jahrhunderts auf Papier geschrieben erhalten:* «dis ist daz gût daz der grosse Elnhart geben het an des heiligen geistes pfrûnde zû dem münster». *Vgl. nr. 281. Dieselbe Schenkung wiederholt Elnhard in einer von dem Hofrichter ausgestellten Urkunde von 1299 November 23. Seine Gattin Gisela ist inzwischen gestorben. Vertreter der Pfründen des heil. Geistes ist* frater Ebelinus de Argentina. *2 Originale ebendaselbst. Dorsualnotiz (fast gleichzeitig):* «productum est hoc instrumentum in modum probacionis per Jacobum dictum Egene feria sexta ante pentecosten, anno domini 1306, contra uxorem Petri dicti de Schonecke». *Eine andere, nur in Bruchstücken noch lesbare, lautet:* «sabbato ante nativitatem beate virginis ...... comparebat Heinricus Elnhart munitus ...... cum advocato suo ..... allegavit u. s. w., u. s. w. *Das Folgende bezieht sich auf die Processverhandlungen, welche die Mutter des Johann von Schoneck gegen die Pfründen des heil. Geistes führte.* [2] Ellenhart der junge, *ein bürger von Strassburg, kauft von den Geschworenen zu Ehenheim 11 Pfund Pfenn. jährlichen Zins auf 13 Hofstätten zu Ehenheim (jährlich am Martinstag zu zahlen) für 110 Pfund Strassb. Pfenninge. 1299 Januar 30. Karlsruhe Gen. Land. A. Extradenda. Origin. Danach abgedruckt Mone, Zeitschft f. Gesch. d. Oberrh VII, 191.* [3] *Ein Haus zum Leoparden lag* «zwischen brücken». *St. G. u. HN. S. 190.*

jargezit begange mit vigilien und mit messen pro defunctis als gewenlich ist. er het ez ouch mit solicher gedinge gegeben, daz er den nůtz sule haben wil daz er lebet, er si geistlich oder weltlich, und daz ouch er dise gift widertůn müge, ob ez ime nôt tůt. mit solicher gedinge het der vorgenante Ellenhart hus und hovestat mit allem rehte dem spitale gegeben und uns dem vorgenanten hern Niclawese und hern Gotzen von Grostein, dez spitals meisteren von dez spitals wegen; und haut ouch wir ime hus und hovestat von dez spitals wegen wider verluhen sinen lebetagen mit der gedinge die davor bescheiden ist, alle jar umbe einen schilling zinses Strazburgere pfenninge, den sol er alle jar geben dem spitale zů eim urkunde, daz die eigenschaft dez husez und der hovestete dez spitals sie, ob ez vur libez nôt ersparen mach. und dez zů eim urkunde so han wir disen brief in scheffels wis besigelt mit unsern ingesigeln. diz beschag[a] an dem nehsten mentage post Invocavit, do von gotz geburte warent zwelf hundert und nůn und nunzig iar.

A aus Strassb. Stadt A. V. C. G. corp. K lad. 21c nr. 8. or. mb. c. 2 sig. pend. Dorsualnotiz: «littera de testamento Ellenhardi magni».
B aus Strassb. Hosp. A. lad. 173 fasc. 9 or. mb. c. 2 sig. pend. (1 delaps.)

401. Ruelin Riplin der meister und der rat von Strassburg machen bekannt, «daz Katherine und Clara, zwo geswestere, des Murselz seligen tôhtere, vůr sich und alle ir erben hant verluhen mit gesamenter hant ir hovestat, die gelegen ist in Stadelgassen hinder den barfuzen zwisschent der Schifmennin hůse und Ellenhartez hůse, da Rudolf der sûter inne was gesezzen, hern Heinriche Weccelo, eim rittere, unserm burger, zů eime rehten erbe» für einen jährlichen zins von 1 pfund und 4 cappen. Er. 1. V. «gegeben an dem dunresdage ante dominicam Oculi, 1299. heran waren wir Ruelin Riplin, *u. s. w. folgt der Rat.* *Erbleihe*

1299 März 19.

Aus Strassb. Thom. A. lad. Kaufbriefe 2. or. mb. c. sig. pend. delaps.

402. Ruelin Riplin der meister und der rat von Strassburg machen bekannt, dass herr «Nyclawes Tuschman, unser burgere, und vro Engele sine wurtin» mit gesamunter hand verliehen haben ihre hofstatt «zwisschent brucken zwisschent Bischoves hus des oleymanes einsite und andersite stat daz hus zů dem Hůte[1], da Ludewiges hus von Wasselnheim uffe stat,» demselben Ludwig und Metzen, seiner gemahlin, für einen jährlichen zins von 1 pfund. Er. 2. V. Ludwig giebt seiner gemahlin zwei drittel des hauses und hofes zum wittum und diese ihm ein drittel. «an dem mentage ante Letare, 1299. herane waren wir Ruelin Riplin, *u. s. w. folgt der Rat*[2]. *Erbleihe, Wittumsstiftung.*

März 23.

Aus Strassb. Bez. A. G 3654 (4049). 5. or. mb. c. sig. pend. Nach dem Copialbuch des Münsterchors fol. 9b (jetzt Archiv des Strassb. Domkapitels) abgedruckt in Mone, Zeitschft. f. Gesch. d. Ober-Rheins V, 391 = Lörsch u. Schröder, Urkunden z. Gesch. des deutschen Rechts I, 122 f.

403. C. j. c. domini H. de Geminoponte archidiaconi Arg. constitutus in jure Ellenhardus magnus civis Arg. in remedium anime sue et parentum suorum omnia bona sua, que habuit in banno et villa Ekevershein, donavit donacione inter vivos pauperibus s. Spiritus *Schenkung.*

a) *B:* «do men salte von gots gebůrte zwelf hůndert iar und nůn und nůnzig iar, an der mentage post Invocavit» *und ist das Tagesdatum später mit anderer Dinte, vielleicht auch von anderer Hand hinzugefügt.*

---

[1] *Vgl. Str. G. u. HN. S. 190.* [2] *Metza die Witwe Ludwigs beibenannt* zům Sterne *und Johannes, ihr Sohn, verkaufen an Johannes Toler, Str. Schneider, das genannte Haus zum Sternen* (zwischent brucken apud s. Petrum seniorem juxta Johannem de Wůlfensheim panificem Arg. e. u. et e. p. a. juxta Götzonem murarium Arg.) *für 27 Pfund Pfenninge. Die Hofherrin Clara, Tochter Nikolaus Dütschemanns, Ritter von Str., Gattin des Wilhelm Dautz, Str. Burger, giebt die Hofstätte dem Käufer in Erbleihe. 1315 Oktober 31. Or. ebendaselbst G 3655 (4050). 11*

in ecclesia Arg. sub hoc pacto, quod ipse Ellenhardus utifrui debeat dictis bonis ad tempus vite sue; et si ipse Ellenhardus ad tantam inopiam vel egestatem deveniret, quod necessarie propter sue vite necessaria vendere vel distrahere dicta bona deberet, licebit eidem dicta bona vendere et distrahere. A. 3. recepit idem Ellenhardus dicta bona pro annuo censu (1 sol. den. Arg.) a dictis pauperibus «presentibus hûbariis dicte ville Eckeversheim videlicet Voltzone tribuno, Johanne dicto Schalbif, . . sculteto, Fritzone dicto Lose, Sifrido filiastro Voltzonis, Conrado dicto Scheнys, Conrado dicto Rote et magistro Johanne fabro». voluit insuper predictus Ellenhardus et ordinavit, quod si Junta ejus celleraria dicta de Mutzich ipsum supervixerit, quod eidem redditus 6 quartalium siliginis singulis annis de dictis bonis dentur a pauperibus supradictis, quoad vixerit. actum et datum a. d. 1299, kalendas maji[1].

1299 Mai 1.

Aus Strassb. Hosp. A. lad. s. Marc. II fasc. 51. or. mb. c. sig. pend.

Lehnsbrief. **404.** Conradus episcopus Arg. infeodat Reinboldo Reinboldelini et Burkhardo ejus fratri, militibus civibus Arg., propter gratuita obsequia episcopo et eccl. Arg. impensa, redditus 8 marcarum argenti super talia oppidi in Rynowe, quousque episcopus ipsis 80 marcas argenti assignaverit convertendas in predium, quod fratres ab ecclesia Arg. in feodum tenebant. actum et datum a. d. 1299, feria secunda post dominicam Cantate. ***Mai 18.***

Aus Strassb. Bez. A. G 750. cop. chart. s. XVII.

Schiedspruch. **405.** C. j. c. A. Heilmannus et Elnhardus, procuratores fabrice eccl. Arg., nomine fabrice ex una, et Johannes notarius domini Johannis de Obssenstein ex parte altera confessi sunt, quod, cum inter eosdem super una domo sita in foro equorum in vico dicto des gasse von Bischovisheim juxta domum Betschelini lapicide, que quondam fuit fratris Ulrici sacerdotis, questio verteretur, dicta questio inter eosdem sit amicabiliter decisa, ita videlicet, quod idem Johannes, cum pignius jus habuerit in eadem domo, dictam domum possidere debeat pro tempore vite sue, post ejus obitum vero cum omni jure ad eandem fabricam libere devolvatur. in vigilia ascensionis domini, a. d. 1299. ***Mai 27.***

Aus Strassb. Frauenh. A. Saalbuch 3 fol. 91[b]. cop. s. XIV exeunt.

Gerichtlicher Verkauf. **406.** *Schultheiss und Vogt von Strassburg verkaufen von Gerichts wegen drei Häuser.* ***Juni 18.***

Wir Niclawes Zorn der schultheisse von Strazburg unde Burcart von Ache der vogel tûnt kunt allen den, die disen brief gesehent oder gehôrent lesen, daz wir hant verkoufet von gerihtes wegen und hant geben ze koufenne der prioline unde dem convent von sante Katherinen ze Strazburg drû hûser, die do gelegen sint uf sante Katerinen hovestete nebent Mendewine und warent Rûlin Eberlins, umbe viercehen marg silbers luters unde lôtiges des geweges von Strazburg, die hern Wilhelme Danze mit rehteme gerihte duffe gevallen sint und er duffe erkobert het und imme ouch worden sint; und veriehent ouch, daz uns nieman me drumbe geben wolte. unde des zeime urkünde han wir in disen brief geben besigelt mit unsern ingesigelen. dis geschach an dem nehesten dunrestage vor sante Johanneses ues Baptisten, do von gotz gebürte warent zwelf hundert iar und nuin und nünzig iar[2].

Aus Strassb. Hosp. A. lad. Orph. XXXV fasc. 6. or. mb. c. 2 sig. pend. (quorum 1 delaps.)

Verkauf. **407.** C. j. c. A. in forma judicii Katherina relicta Ebelini dicti Gorner, Katherina et Hedewigis, filie sue, ac Ita soror Katherine vendiderunt pro 24 lib. den. Arg. Johanni dicto

[1] *Vgl. nr. 281 u. 399.* [2] *Ebendarauf bezieht sich die Urkunde von 1299 Juli 16, worin vor dem Hofrichter* Rhlin Eberlin *an das Kloster s. Katharina die 3 genannten Häuser neben Rüdeger Mendewin verkauft für den genannten Preis. Auszug in Hosp. A. Prot. 231 (Copialb. s. Katherine s. XIV) fol. 3.*

Blenshebart cellerario domini Johannis de Erenberg archidiaconi Arg. duas domas contigue sitas juxta fontem s. Stephani in Argentina in fine sive in principio platee, per quam itur versus s. Andream, super area monasterii s. Agnetis e. m. A., cui singulis annis dantur 5 unc. den. Arg. et 2 capones nomine census. A. 3. filie dicte renunciant omne jus. U. (Conradus dictus Kubeler, cocus domini episcopi Argentinensis, una cum Katherina, relicta predicta, et Ita pro Elsa, Johanne, et Alberto, liberis ejusdem Katherine). datum et actum in crastino Petri et Pauli apostolorum, a. d. 1299. ***1299 Juni 30.***

Aus Strassb. Hosp. A. lad. Orph. XXXIV fasc. 15. or. mb. c. sig. pend. delaps.

408. C. j. c. A. Petrus dictus Vogelelin civ. Arg. unam aream sitam in c. A. ex opposito curie dicte zû hern Schenterlin cum edificiis jam super edificatis Nicolao et Berhtoldo fratribus dictis Baldesse locavit in emphiteosim pro censu annuo 3 lib. den. Arg. Er. 4. V. actum et datum 5 nonas julii, a. d. 1299. ***Juli 3.*** *Erbleihe.*

Aus Strassb. Hosp. A. lad. Hôp. XLVII fasc. 52. or. mb. c. sig. pend.

409. Nyclawes Friderich der meister und der rat von Strassburg machen bekannt, dass Burkart Stûrm von Snersheim und Elsebete, seine gattin, dem kloster von s. Markus vor Strassburg kornzinse und grundbesitz in Snersheim, Herde, Bûtenheim und Uttelnheim geschenkt haben. «gegeben an sante Margareten tage, 1299. heran warent wir Rûlin Riplin, *u. s. w. folgt der Rat.* ***Juli 15.*** *Schenkung.*

Aus Strassb. Hosp. A. lad. 106 fasc. 1. or. mb. c. sig. pend. mutil.

410. C. j. c. A. Elnhardus magnus, procurator fabrice eccl. Arg., vineas seu agros in bannis Scherwilre et Kestenholtz fabrice eccl. Arg. donacione inter vivos donavit tali condicione adjecta, quod singulis annis perpetuo post suum obitum de vino excrescente super dictis vineis 4 ame vini in vigilia assumptionis b. virginis, 8 ame in vigilia dedicacionis ecclesie videlicet festo Adolfi, et in vigilia nativitatis b. virginis 4 ame vini omnibus, qui pro dictis 3 festivitatibus causa devocionis advenerint et in ecclesia Arg. pernoctaverint et per noctem ibi permanserint, distribuantur in remedium anime donatoris, uxoris ejusdem et progenitorum ejus et ob laudem b. virginis Marie. talis condicio est adjecta, quod procuratores fabrice, qui pro tempore fuerint, ipsi Elnhardo medietatem vini excrescentis super dictis vineis absque dampno suo singulis annis tradere teneantur absque dolo. datum a. d. 1299, 17 kalendas augusti. ***Juli 16.*** *Schenkung.* August 14. August 28. September 7.

Aus Strassb. Frauenh. A. Saalbuch 3 fol. 7ᵃ. cop. chart. s. XIV exeunt. Darnach abgedruckt in Mon. Germ. SS. XVII, 93 note 23.

411. C. j. c. A. in presentia fratris Berhtoldi supprioris fratrum predicatorum domus Arg. Gerdrudis dicta Hyppele confessa est, domum et curiam, quas inhabitat, sitas zû dem Sluche in c. A. a priore et fratribus predicatoribus emisse pro certo pretio dudum ab ea soluto possidendas ad tempus vite sue. nunc vendit ipsa jus deputandi duas personas, que post ipsius mortem ad tempus vite dictam curiam tenere deberent, fratribus predictis pro 24 lib. den. Arg. fratres debent Gertrudi ad tempus vite sue dare quolibet anno 1 lib. den. Arg. ad peragendum anniversarium quondam domine Ithe dicte die alte Kelbin, quodque post ejus obitum ipsi anniversarium peragant dictum. A. 3. datum 7 idus augusti, a. d. 1299. ***August 7.*** *Leibzuchtsvertrag.*

Aus Strassb. Hosp. A. Prot. Préd. 107 (Copialb. s. XIV) fol. 31. cop. mb.

412. *Der Bürgermeister und zwei Schöffen beurkunden einen Verkauf.* ***August 18.*** *Verkauf.*

Wir Niclawes Friderich der meister, Hug Wirich und Gotze von Grostein, rittere und scheffele zû Strazburg, tûnt kunt allen den, die disen brief gesehent oder gehôrent lesen, daz wir enpfangen hant und dabi warent, do vor Susanne Johannes Wisbrötelins wurtin vor uns veriach, daz er mit irme gûten willen unde gehelle dem dechane und dem capitele zû sant Peter kôft hette geben die hovestat zû dem fuhse[1], die do lit zwischen brucken nebent dem geteilten kelre, umbe nüncehendehalbe marg silbers luters und lôtiges des geweges von Strazburg; und het ôch vor uns verichen, daz su kein reht zû der selbe hovestete habe in widemes wis noch anders indeheine wis; unde waz rehtes sû dran het, daz het sû den selben herren dem dechane und dem capitele von sant Peter vor uns ufgeben und het sich ôch vor uns verzigen alles des rehtes, dez sû dran hette oder haben mohte in die heine wis. und des zeime urkünde han wir unsere ingesigele an disen brief gehenket. dis geschach an dem cihestage nach unsere frowen tag der erren, do von gotz gebürte warent zwelf hundert iar und nûni und nunzig iar[2].

Aus Strassb. Frauenh. A. lad. 49 nr. 25. or. mb. c. 3 sig. pend. (1 delaps.)

Erbleihe. **413.** Burkart der Pfiler der meister und der rat von Strassburg machen bekannt, «daz her Conrat zû der Megle, ein ritter von Strazburg unser burger, unde vrowe Heilicke sin würtin, hern Johanneses tohter von Blûmenowe,» verlichen haben ihre hofstatt, «die gelegen ist nidene an vlahsgassen nebent dem von Rinsteten einsite und andersite het die vrowe von Bisschoflesheim ein hus, Heinriche deme Mûlnere, Elline siner würtinne und allen iren erben» zu einem rechten erbe um 9 unzen pfenninge zinses. Er. 4. V. die hofstätte gehört zum witttum der Heilicka. Heinrichs sohn von der ersten frau soll mit den andern kindern an der hofstatt zu teile gehen. «gegeben an dem sameztage vor Mauritii, 1299. heran waren wir Rûlin Riplin, *u. s. w. folgt der Rat.* ***1299 September 19.***

Aus Strassb. Frauenh. A. lad. 49 nr. 26. or. mb. c. sig. pend. mutil. Dorsualnotiz s. XV: «Littera [*u. s. w.*] de domo zur Stelczen».

Verkauf. **414.** Burkart Pfiler der meister und der rat von Strassburg machen bekannt, «daz Hug des Langen sun, und Hug sin sun,[a] unsere burgere, vür sich, Metzen und Katherinen, des vorgenanten kinder,» güter im banne von Hirtenkeim verkauft haben «Burkarte Richarte, eime burgere von Strazburg,» für 19 mark silbers. «gegeben an dem sameztage nach Mauritii, 1299. heran warent wir Rûlin Riplin, *u. s. w. folgt der Rat.* ***September 26.***

Aus Strassb. Thom. A. lad. 9 (Titres). or. mb. c. sig. pend.

Erbleihe. **415.** Burkart der Pfiler der meister und der rat von Strassburg thuen kund, «daz her Johannes Hunsvelt unde vro Katherine sin würtin, Knehtelins Swarbers seligen tohter,» verliehen haben ihre hofstätte «obene in Crieges gassen an dem orte gegen den alten sante Petere, da Lûdewig der suter uffe gesezzen ist,» demselben «Lûdewige, Sophyen siner würtinne und allen iren erben» zu einem rechten erbe um 8 unzen pfenn. zinses und 2 kappen. Er. 4. V. «gegeben an dem sameztage nach sante Mychels mez, 1299. heran warent wir Rûlin Riplin, *u. s. w. folgt der Rat.* ***Oktober 3.***

Aus Strassb. Frauenh. A. lad. 49 nr. 27. or. mb. c. sig. pend. delaps.

Verkauf. **416.** C. j. c. A. in forma juris Lûgardis relicta Hartungi militis dicti de Schiltingheim, Hartmûdus miles, Clara et Agnes liberi ejusdem relicte et Johannes dictus Kusolt, maritus Agnetis predicte, Johannes natus Johannis de Wintertur vendiderunt Elnhardo magno, pro-

---

[1] *Vgl. Str. G. u. HN. S. 191.* [2] *Johannes Wisbrötelin hatte den Kauf vollzogen vor dem Richter des Thesaurars und Archidiakons der Str. Kirche. 1299. Or. ebendaselbst nr. 30.* — Hûgo Sinyt von Barre, *Strassb. Bürger, wohnhaft im Haus zum Fuchse, schenkt nebst Weinbergen in Barr u. s. w. dieses Haus und ein Haus* «an der gedeckelen brucken an dem orte» *der Fabrik des Str. Münsters. Abschrift daselbst Saalbuch 3 fol. 173b. 1327 Juni 23.*

curatori fabrice eccl. Arg., ementi nomine fabrice 1 aream sitam e. m. A. apud fratres Augustinenses juxta domum Berwardi, super qua area habet domum predicta fabrica, quam inhabitat Otto auriga, cum omnibus suis attinenciis ante et retro, longitudinem et latitudinem p. p. e. l. pro 30 lib. den. Arg. A. 3. datum a. d. 1299, nonas octobres. ***1299 Oktober 7.***

Aus Strassb. Frauenh. A. Saalbuch 3 fol. 81[b]. *cop. chart. s. XIV.*

417. Coram Johanne de Erenberg archidiacono Arg. in figura judicii Irmelina uxor Petri dicti Ripelin civ. Arg. et Reinboldus filius ejus ex alio marito genitus locaverunt in emphiteosim Ottemanno dicto de Westhoven et Mehthildi uxori sue quartam partem domus in dem fronhove juxta domum fabrice eccl. Arg. e. u. et e. p. a. juxta domum Heinrici dicti Lentzelin de consensu portarii ecclesie s. Thome Arg. pro 20 unc. den. Arg. conductores solvunt etiam 2 unc. den. Arg. (in festo b. Martini) capitulo s. Thome et 25 den. Arg. nomine feodi dicti reitleben unicuique, qui illud habet. actum et datum a. d. 1299, feria sexta ante omnium sanctorum[1]. ***Oktober 30.*** *Erbleihe.*

Aus Archiv des Strassb. Domkapitels. Copialbuch des Münsterchors s. XIV fol. 3. *cop. mb.*

418. *Verleihung eines Ofenhauses an mehrere Personen.* ***Oktober 31.*** *Erbleihe.*

Wir Burkart Püler der meister und der rat von Strazburg tůnt kunt allen den, die disen brief gesehent unde gehôrent lesen, daz her Johannes hern Erben sün über Brûsche unde juncfrowe Fine sin swester vür sich unde alle ir erben unde nachkomen hant verluhen ir ovenhus, daz do gelegen ist hinder sante Martine an dem orte an Smidegassen unde andersite stozet der lichof von sante Martine dran, und die hovestat, do daz ovenhus uffe stat, als es iezunt mit bûwe begriffen ist, blozenclìche Johannese Vendenheime unde Greden siner wirtinne, Nyclawese Crebzere unde Nesen siner wirtinne, unde Nyclawese Kesere unde Luschen siner wirtinne den sehsen unverscheidenliche unde darnach allen iren erben zů eime rehten erbe umbe zwelftehalb pfunt zinses alle jar genger unde geber Strazburgere pfenninge ane hoher steigen. den zins sülent sie unverscheidenliche halben geben zů süniehten und den andern halben zů winahten. die vorgenanten sehs personen gebent dekeinen erschatz, aber an swen ez gevellet nach ir tode, der git erschatz nach der margzalen des zinses, als in des huses unde der hovestete ane gevellet. und darnach alse dicke, als ez verendert wirt von der hovesezen wegen, alse dicke git man erschatz allez nach der margzal des zinses; von der hoveherren wandelungen git men dekeinen erschatz. wellent aber die hovesezen ir reht an der hovestete unde an dem bûwe dufle verkouffen, sie sülent ez von erst bieten den hoveherren; wellent die nüt drumbe geben alse vil, als ander lüte, sie sülent ez verkouffen andern luten, und swer ez kôfet der git erschatz; unde sol mens ouch dem selzen mit dirre selben gedinge. wirt ouch die hovestat von der hoveherren wegen verkouft en enweg gegeben oder swie sie verendert wirt, an swen sie gevellet, der sol den hovesezen dise gedinge stète halten ane geverde. die selben Johannes, Nyclawes unde Nyclawes sint unverscheidenliche schuldenere worden, obe daz hus abe brante, daz sie ez wider machent also gut, daz die hoveherren ires zinses dufle sicher sint, unde sülent ouch daz selbe hus in besseren bûwe han, denne es iezent ist, ane geverde. daz diz war und stète si, darumbe ist unserre stette ingesigel an disen brief gehenket zů eime urkünde. der wart gegeben an aller heiligen abunde, do von gotz gebürte warent zwelf hundert jar unde nün unde nünzig jar. heran waren wir Rûlin Riplin, *u. s. w. folgt der Rat.*

Aus Strassb. Stadt A. Pf. G. lad. 102 fasc. Z. *or. mb. c. sig. pend. delaps.*

---

[1] *Irmelina und Reimbold verkaufen die Rente an Heinrich den Priester, den Schaffner der Münsterfabrik. 1308 Februar 20. Copie ebendaselbst fol. 3.*

Rentenkauf. **419.** C. thesaurario eccl. Arg. Nicolaus, filius Sygelini fabri in deme vronhove, et Ellina, uxor ejus, pro se, Katherina et Nicolao, liberis suis, per manum et consensum Petri de Colonia mariti Katherine vendunt domum suam cum area sitam in vronhove bi der Schûpfe, quam iidem conjuges inhabitant (e. u. p. sita est domus Nicolay dicti Durre e. a. p. vero domus Heinrici dicti Lenczelin) (sic, quod de area nihil aliud census nomine, quod dicitur zû reitlehene, debeatur, preterquam 3½ uncee den. Arg.) cum omni jure Heinrico dicto Swarbere civi Arg. pro 30 marcis argenti. C. (conjuges et Petrus pro Nicolao). peracto hujusmodi vendicionis contractu Heinricus predictus locat domum et aream predictam Nicolao et Elline antedictis jure emphiteotico pro annuo censu 3 lib. den. Arg. Er. 4. V. actum et datum a. d. 1299, sabbato ante festum b. Cecilie. ***1299 November 21.***

Aus Strassb. Frauenh. A. lad. 49 nr. 28. or. mb. c. sig. pend. Dorsualnotiz s. XV: «littera super domo gegen der Schûpfen, ubi morantur ancille nostre.»

Verkauf. **420.** C. j. c. A. Heinricus dictus de Greffere, canonicus eccl. s. Stephani Arg., Anna mater sua, Hartmannus et Anna, liberi ejusdem Anne, de consensu Katherine begine, filie ejusdem Anne, vendunt unam aream sitam, in vico dicto Kurdewangasse in Argentina inter areas dicte Kunbûssin et Johannis quondam dicti vorn Finen sun, Heilmanno procuratori seu gubernatori fabrice eccl. Arg. nomine fabrice ementi pro 38 lib. den. Arg., ita quod 10 sol. den. Arg. annuatim de dicta area debeantur nomine census. A. 3. venditores caverunt insolidum pro Gertrude filia ipsius Anne absente promittentes, ut, quamprimum dicte Gertrudis copia haberi poterit, apud ipsam procurent, quod dictam vendicionem ratificabit. actum et datum kalendas decembris, a. d. 1299. ***Dezember 1.***

Aus Strassb. Frauenh. A. lad. 49 nr. 29. or. mb. c. sig. pend.

Verkauf. **421.** C. j. c. A. in forma juris Sigelinus filius quondam Sigelini civ. Arg. vendidit Jacobo dicto de Barre civi Arg. redditus annuos 5 unc. den. Arg. super area, super qua Berhtoldus carpentarius dictus Oleyman residentiam habet, sita ex opposito cymiterii s. Stephani Arg. et ex opposito domus dicte zû dem Birbôme an dem orte, pro 7 lib. et 10 sol. den. Arg. A. 3. datum nonas decembres, a. d. 1299. ***Dezember 5.***

Aus Strassb. Bez. A. H 2683 nr. 13. or. mb. c. sig. pend.

Mietvertrag. **422.** *Mietvertrag auf Lebenszeit des Anmieters.*

Wir [die priorissin und der convent des klosters s. Marcus vor Strassburg][a] verihent mit disem gegenwertigen brieffe, das wir unser hoffestat des huses genant zu dem Kolben, gelegen . . .[b] verlichen hant und lihent[c] her Walther von Winterture eime priester ierlichen uf funfte[d] halbe untze Strasburger pfennige geltz, die er uns ierlichen dovon gelten und bezalen sol, und wellent ouch das dieselbe lihenunge stete und veste blibe, also lange der obgenante her Walther lebet. und globent ouch das, wir die egenante hofestat nit verandern wellent one willen und wissen des egenanten hern *Walther;* und verzihent uns ouch haruber fur uns und unser closter aller fryheite, schirme und helffe, domitte wir uns wider die obgenante lihenunge behelffen kuntent oder mohtent in denheinen weg. 1299.

Aus der von Schilter verfassten Dissertation von Hitsch De emponematum jure. Arg. 1698 S. 28 f. Wegen der Lücken im Text und ihrer Ergänzung vgl. die Varianten.

Erbleihe. **423.** Nyclawes Zorn der iunge der meister und der rat von Strassburg machen bekannt, dass «Cûne hern Nyclaweses sun» und Agnes, seine gattin, in erbleihe gegeben haben Adel-

a) *Der Abdruck hat nur N. Dass ein Kloster der Hofherr ist, folgt aus dem weiteren Wortlaut; ich schliesse auf s. Markus, da nur dessen Archiv der Herausgeber für seine Arbeit benutzt zu haben scheint.* b) *Der Abdruck lässt hier die Beschreibung aus.* c) *Der Abdruck lässt folgen:* die ouch. d) *Abdr.:* funffe.

beide der Balmenerinne ihre hofstatt zwischen Otte von Erstheim und Metzen der Pfelin, «die vierde von dem hohen stège und stozet vorne und hindene an die strazen» für 1 pfund pfenn. jährlich und 4 cappen. Er. 4. V. «an sante Agnese tag, 1300. heran waren wir Rûlin Riplin, *u. s. w. folgt der Rat.* ***1300 Januar 21.***

Aus Strassb. Bez. A. Zerstreute Sachen. *or. mb. c. sig. pend. delaps.*

424. Niclawes Zorn der iunge der meister und der rat von Strassburg machen bekannt, dass herr Johannes Hunsvelt und frau Katherine, seine gemahlin, mit gesammter hand verliehen haben zu erbleihe haus und hofstatt «zû den Undürftigen gegen Snabelburg über bi dem stege einsite nebent Conrate von Rynowe deme ziegeler und andersite het Grede des Arbeiters wirtin ein hus, Heinriche deme men sprihet Zoller, dem sander, und Greden», seiner gattin, für einen jährlichen zins von 20 unzen pfenninge und 2 cappen Er. 4. V. «an dem zistage noch sante Agnese dag, 1300. heran worent wir Rûlin Rippelin, *u. s. w. folgt der Rat.* ***Januar 26.*** *Erbleihe.*

Aus Strassb. Bez. A. G 3654 (4049). 7. *cop. mb. c. sig. pend. s. XV mit folgenden Schlussworten:* «dis ist ein abegscrift von dem besigelten briefe under eime andern ingesigel dis geschach.» *Die beiden letzten Worte sind ausradirt. Von der Umschrift des Siegels ist zu lesen:* Simnndi dei . . . . . . R . . .

425. Nicolawes der iunge Zorn der meister und der rat von Strassburg machen bekannt, dass Johannes von Wintertur und frau Irmelin, seine gattin, mit gesammter hand in erbleihe gegeben haben ihre hofstatt, «die gelegen ist gegen des cappelle von Entringen über und hant Bertholt dez kelner von Richenberg einsite dran und stozet andersite an meister Johannes Engelbrehtes gesselin[1], also die vier murre begriffen haut,» Cûnen Crinvogele und Ellinen, seiner gattin, für einen iährlichen zins von 6 pfund pfenningen und 4 cappen (oder für ieden cappen 6 pfenninge). Er. 4. V. «geben an deme zinstage nach Agnetis, 1300. herane warent wir Rûlin Ripelin, *u. s. w. folgt der Rat.* ***Januar 26.*** *Erbleihe.*

Aus Strassb. Bez. A. G 4289 (4666). 5. *or. mb. c. sig. pend. delaps.*

426. Nyclawes Zorn der iunge der meister und der rat von Strassburg machen bekannt, dass herr Sifrid von Vegersheim ein ritter und Rûdolf, sein bruder, für sich und Hug, ihren bruder, dessen vogt Sifrid ist, dem kloster s. Agnes vor Strassburg all ihr gut zu Swinderatzheim gegeben haben. «gegeben an der mitewochen nach Reminiscere, 1300. heran waren wir Rûlin Riplin, *u. s. w. folgt der Rat*[2]. ***März 9.*** *Schenkung.*

Aus Strassb. Bez. A. H 3111. 2. *or. mb. c. sig. pend. delaps.*

427. Walther der herr von Geroltzeck und Susanna seine gattin, Hermann und Walther ihre söhne machen bekannt, dass sie mit zustimmung Sophien und Ůdelhilde, ihrer töchter, und deren ehegatten, herrn Johannes von Kirkele und herrn Friderichs von Wangen verkauft haben den Schutterwald an Johannes Clobelouch, einen bürger von Strassburg, für 190 mark silber. die verkäufer stellen als «werebürgen» herrn Hermann, domherr zu Strassburg, des alten Walthers bruder, herrn Johannes von Kirkele, herrn Ůlrich den landgrafen von Elsass, herrn Georigen von Veldentze, herrn Haneman herrn Walthers sohn von Geroltzecke und herrn Friderich von Wangen; diese verpflichten sich nötigenfalls zum einlager in Strassburg. «an dem mentage vor dem palmetage, 1300.» ***März 28.*** *Verkauf.*

Aus Strassb. Stadt A. Briefbuch D fol. 181. *cop. chart. s. XV.*

---

[1] *Vgl. Str. G. u. HN. S. 59.* [2] *Bereits 1295 August 20 hatte* Sifridus miles filius Hugonis quondam militis de Vegersheim *für sich und seine beiden minderjährigen Brüder Rudolf und Hugo die genannten Güter dem genannten Kloster geschenkt, in dem* Anna, amita Sifridi, et Odilia, filia Anne, *Nonnen waren. Or. ebendaselbst.*

Verkauf. **428.** Schwester Agnes, die äbtissin, und der convent von s. Franciscus des ordens s. Clare in Strassburg machen bekannt, dass sie dem kloster auf dem Werde desselben ordens verkauft haben das ihnen gehörige viertel der badestube auf dem Werde, die sie erhielten von schwester Salgûte schwesterkind für 30 mark silbers. die verkäufer hängen ihre siegel an. «gegeben 1300, in festo s. Johannis ante portam latinam.» ***1300 Mai 6.***

Aus Strassb. Stadt A. Prot. 242 Orph. (Copialb. von s. Clara auf dem Wörth s. XIV) nr. 78. cop. chart

Erbleihe. **429.** *Arnold vor dem Munster giebt einen Teil eines Hauses in Erbleihe.* ***Mai 17.***

Wir Reinbolt hern Reinböldelins der meister und der rat von Strazburg tûnt kunt allen den, die disen brief gesehent und gehôrent lesen, daz Arnolt vor dem münstere, Johannes, Grede (Jacobes würtin Marschalkes), Katherine (Kengels würtin), Agnes, Rûdolf und Arnolt, des vorgenanten Arnoldes kint, hant verluhen vúr sich und alle ire erben mit Jacobes und Kengels willen Elsen, Katherinen und Agnesen, der Seltenrichin geswestern, Rûdolfes seligen tôhtern des cremers, und allen iren erben zû eime rehten erbe ein vúnfteil des huses und hovestette zû der Grûben[a], des sie zû erbe komen sint von irre atten, umbe ane einen schilling drizig schillinge, und ôch daz vúnfteil des huses und der hovestete zû der Kemmenaten, des si ôch zû erbe komen sint von irre atten, umbe sehzehen schillinge pfenninge zinses alle iar genger und geber Strazburgere ane hoher steigen und ane allen erschatz iemerme, an swen ez iemerme gevellet. den zins sol men halben geben zû sunichten unde den andern halben zû winahten; und sol Arnolt und sine kint des zinses warten uffe den selben vúnften teilen der vorgenanten húser und hovestete und an den vorgenanten personen und iren erben. und obe daz hus abe brante, daz die vorgenanten Else, Katherine und Agnes und ire erben Arnolte und sinen den vorgenanten kinden und allen iren erben den vorgenanten zins alle iar sülent geben lidicliche und ane allen schaden. und ist daz geschehen mit Johanneses Seltenriches willen, der vorgenanten Agnesen wirtes, daz diz war und stête si, darumbe ist unserre stette ingesigel an disen brief gehenket zû eime urkünde. der wart gegeben an dem zinstage vor dem schônen montage, da von gotz gebúrte waren drizehen hundert iar. heran waren wir Reinbolt hern Reinboldelins, *u. s. w. folgt der Rat.*

Aus Strassb. Stadt. A. Pf. G. lad. 101 fasc. G. or. mb c. sig. pend.

Erbleihe. **430.**[1] Reinbolt herrn Reinböldelins der meister und der rat von Strassburg machen bekannt, dass herr Peter Stûbenweg und frau Elsebete, seine gattin, in erbleihe gegeben haben «Otten dem metzigere, Lúcgarte siner wirtinne, Johannese Betzingere dem metzigere und Liebesten siner wirtinne» haus und hofstatt «zû der kölnischen türen[1] (einsite nebent Bertholde dem Roten und andersite nebent Frideriche von Friburg bi den metzigern)» gegen einen jährlichen zins von 5 ½ pfund pfenningen «und einen lambesbuch zû ohstern» (oder für ihn 1 untze). Er. A. V. die hofsassen geloben das haus nach einem brande auf ihre kosten wieder aufzubauen und in gutem zustand zu erhalten. «an dem dunrestage in der pfinkestwochen, 1300. heran waren wir Reinbolt hern Reinböldelins, *u. s. w. folgt der Rat.* ***Juni 2.***

Aus Strassb. Bez. A. Zerstreute Sachen. or. mb. c. sig. pend. delaps

Erbleihe. **431.** Johannes Erbe der iunge der meister und der rat von Strassburg machen bekannt, «daz her Dieterich vor dem münstere mit willen und gehelle Johanneses, Dietschelins, Philippeses, Hessemannes und Junthen, Heinriches Stamphes wurtin, und ires würtes vur sich

a) *Hinter* zû der Grûben *stand* zû der Kemenaten, *die Worte sind aber nachträglich rasirt.*

1 *Vgl. Str. G. u. HN. S. 113.*

und alle ire erben hant verluhen hus und hovestat zû dem salmen an vlabsgassen Herbürge Vasoldes des seilers wittewen, Katherinen und Margreden iren kinden, Johannese, Heinriche und Berhtolde iren stiefkinden » zu einem rechten erbe gegen einen iährlichen zins von 4 pfund weniger 5 schillingen. Er. 2. V. die einwohner sollen das haus in gutem zustand erhalten. « gegeben an dem vritage nach Petri et Pauli apostolorum, 1300. heran waren wir Reinbolt hern Reinholdelins, *u. s. w. folgt der Rat.* ***1300 Juli 1.***

Aus Strassb. Thom. A. lad. 11 (Titres). or. mb. c. sig. pend.

482. C. j. c. A. Liebradis, filia quondam Johannis dicti Kusolt civ. Arg., aream suam sitam juxta cappellam s. Michahelis e. m. A. inter aream Heinrici dicti Hoiersida et Cûnonis dicti Freveler locavit in emphiteosim priori et conventui monasterii Augustinensium e. m. A. pro annuo censu 9 unc. den. Arg. Er. 4. V. datum a. d. 1300, kalendas augusti [1]. *Erbleihe.*

Juli 21.

Aus Strassb. Thom. A. lad. Kaufbriefe 6. or. mb. c. sig. pend.

483. « Her Nyclawes von Kagenecke und her Gotze von Grostein, des spittals meistere von Strazburg von meisters und rates wegen von Strazburg, » machen bekannt, dass sie mit willen der brûder des spitals in erbleihe verliehen haben « des spittals hus und hovestat nebent dem graben hinder sante Nyclawese an Wisemannes huse mit alleme rehte Ûlriche deme schûchsûtere und Cristinen siner wirtinne » für einen zins von 14 unz. pfenninge und 2 cappen (oder 1 schilling). E. 4. V. die hofsassen haben auch gelobt, « daz sie daz hus bessern sûllent und nût ergern ane geverde ». die siegel des spittals und der beiden meister sind angehängt. « diz geschach an dem mentage nach sante Jacobes tage, 1300. » ***August 1.*** *Erbleihe.*

Aus Strassb. Hosp. A. lad. Hôp. XLIII fasc. 8. or. mb. c. 3 sig. pend.

484. C. j. c. A. Reinboldus dictus Stubenweg junior miles, filius Hugonis dicti Stubenweg senioris militis de Argentina, et domina Agnes filia vidue, ejus uxor, dederunt monasterio s. Agnetis e. m. A. ortum suum situm extra civ. Arg. dictum des Stubenweges garte juxta ortum dicti Viviantz e. u. et e. a. p. tendit ad fossatum et seorsum ad ortum monasterii antedicti, in remedium animarum suarum presente fratre Conrado dicto Munichelin, converso et procuratore dicti monasterii. A. 3. W. 1. (für Agnes). priorissa et conventus promittunt anniversaria conjugum peragere. sigilla curie et Reinboldi militis sunt appensa. actum feria 3 ante diem b. Galli, a. d. 1300 [2]. ***Oktober 11.*** *Schenkung.*

Aus Strassb. Bez. A. H 3117. or. mb. c. 2 sig. pend. (1 delaps.)

485. C. j. c. A. Fritscho dictus Holtzman civ. Arg., Dûda ejus uxor legaverunt in animarum suarum remedium hospitali pauperum in Argentina duas domos sitas in c. A. zû Merissot, quarum anterior appellatur zû dem heilgen liehte, et site sunt super area Nicolai dicti de Kagenecke juxta Wetzelonem Marsilium; tali condicione adjecta, quod medietas reddituum unicuique amborum ad tempus vite sue sit reservata, et quod annuatim de ipsis perpetuo darentur fabrice ecclesie s. Martini Arg. 30 den. Arg. et pauperibus habentibus prebendas vulgariter des heilgensteines pfrûnde in ecclesia s. Martini 30 den.; ab hospitali anniversarium unius- *Schenkung.*

---

[1] *Vgl. nr 210. Liebradis giebt eine andere Hofstätte* (apud fontem s. Aurelie e. m. A.) *in Erbleihe an den Schuster Guntram und Lucgardis, dessen Gattin, für 7 Unzen Zins. Er. 1. 1307 Februar 15. Or. im Bez. A. G 3655 (4050). 5.* [2] *Vgl. nr. 237. Am folgenden Tage* (an der mitewochen vor sante Gallen mes 1300) *verleiht das Kloster den Garten den Gebern auf Lebenszeit gegen einen jährlichen Zins von 3 Pfenn. und 5 Schillingen; an ihren Jahresgedächtnissen soll jedesmal 1 Pfund Pfenninge in das Refektorium gegeben werden. 1300 Oktober 12. Or. ebendaselbst. Die Datumszeile ist später hinzugefügt.*

cujusque peragi debet (sacerdotes accipient 1 sol., scolaris 2 den., infirmi 5, alii fratres et sorores 5 sol., viceplebanus ecclesie s. Martini 1 sol.). ambobus defunctis de reliqua medietate etiam anniversarium alterius in modum prescriptum peragi debet. actum 14 kalendas novembres, a. d. 1300. ***1300 Oktober 19.***

Aus Strassb. Hosp. A. Prot. Hôp. V (lib. C) fol. 76. cop. s. XV.

Schenkung. **486.** C. j. c. A. in figura judicii dominus Fridericus prepositus ecclesie s. Thome Arg. propter pium affectum erga Reinboldum, filium Grede dicte Glaserin, domum suam seu pistrinum et aream sitas in c. A. ultra Bruscam an vischerstaden infra domos Wolvelini et dicti Butener piscatorum, « ducendo dictum Reinboldum nobis presente in dictam domum et super aream predictam demonstrandoque digito dictam domum et aream et verbis specificando » eidem Reinboldo donatione inter vivos donavit. A. 1. sig. cur. Arg. et dicti prepositi sunt appensa. datum a. d. 1300, 5 kalendas novembres. ***Oktober 28.***

Aus Strassb. Thom. A. lad. Kaufbriefe 5. or. mb. c. 2 sig. pend.

Verkauf. **487.** C. j. c. A. thesaurarii eccl. Arg. in forma judicii Johannes sacerdos, filius quondam Petri dicti Urselinger de Ehenheim superiori, vendidit Bertholdo, prebendario eccl. Arg., redditus 10 sol. den. Arg. et 2 capponum pro 9. lib et 10 sol. den. Arg. A. 3. redditus solvuntur de dimidio agro sito ex opposito der Steinstrassen e. m. A. apud 10 agros dictorum de Kagenecke in via dicta der hohe weg, item de dimidio agro ibidem juxta Nicolaum dictum Mursel. actum feria secunda post festum Martini, a. d. 1300. ***November 14.***

Aus Strassb. Bez. A. G 3654 (4049). 6. or. mb. c. sig. pend.

Zinsübertragung. **488.** *Uebertragung eines Zinses von einem Haus auf ein anderes.* ***November 14.***

Wir Reinbolt der Liebenzeller der meister unde der rât von Strazburg tûnt kunt allen den, die disen brief gesehent unde gehorent lesen, daz Nyclawes Strowelin unde frowe Katherine sin wirtin mit gesamenter hant vür uns hant gegeben unde geursazet Dietmare Ripline unde frowen Greden siner wirtinne drú pfunt geltes uffe irme hove zû dem alten von Wintertur, die derselbe Dietmar Ripline unde frowe Grede sine wirtin hettent uffe dem halben huse unde der hovestette zû hern Uten [1], und des die eigenschaft was frowen Greden Dietmars Riplins wirtinne unde des selben Dietmars wideme, und die in Nyclaweses Strowelins unde in frowen Katherinen siner wirtinne nûtz kûmen sint und also, daz dieselben drú pfunt geltes ligen súlent in alleme deme rehte uffe dem hove zû dem alten von Wintertur, als sie lagent uffe huse und hovestete zû hern Uten, daz sie Dietmars wideme sint unde frowen Greden siner wirtinne eigen. und ist daz geschehen mit willen und gehelle hern Conratz Riplins, Petermannes und Johanneses, siner brûder, frowen Genten irre swester hern Wernhers Schôbelins wirtinne und ires wirtes, und frowen Greden irre swester Graven wirtinne und ires wirtes, und Nyclaweses Burgheimes und frowen (Lesschen) siner swester Johanneses wirtinne von Bernhartzwilre und ires wirtes. daz diz war und stête si, darumbe ist unserre stette ingesigel an disen brief gehenket zû eime urkünde. heran waren wir Reinbolt hern Reinbôldelins [*u. s. w. folgt der Rat*]. diz geschach an dem mentage nach sante Martinsmez, do von gotz gebúrte warent drizehenhundert jar.

Aus v. Müllenheim Fam. A. or. mb. c. sig. pend. mutil.

Schenkung. **489.** Prior, supprior totusque conventus fratrum ordinis predicatorum in Argentina notum faciunt, quod Gerina dicta Kelbin, mater domicelle Phyne, ex ordinatione quondam domine

---

[1] *Vgl. Str. G. u. HN. S. 181.*

Ide dicte Kelbin, matris ejusdem Gerine, domum, quam Phyna inhabitat, et aream in memoriale perpetuum sui ac suorum conventui predicto donaverit, ita quod ipse domus et area inalienate apud ipsum conventum remaneant. ad easdem condiciones tenetur conventus de domo sita in deme Sluche proximiore domui conventus seu conventui versus fossatum, quam Gerina inhabitat dicta Hippelin [1], quam similiter Ida predicta ipsis donavit. sigilla prioratus et conventus sunt appensa. datum sabbato proximo post octavam b. Martini episcopi et confessoris, a. d. 1300. ***1300 November 19.***

Aus Strassb. Hosp. A. Prot. Prdic. 107 (Copialb. s. XIV) fol. 17. cop. mb.

440. *König Albrecht bestätigt dem Burchard von Mülnheim den Besitz des ihm von König Rudolf gegebenen Pfandes. Strassburg.* ***November 22.*** *Bestätigung eines Pfandes.*

Nos Albertus dei gratia Romanorum rex semper augustus ad universorum sacri Romani imperii fidelium, quos opportunum nosse fuerit, noticiam volumus pervenire, quod nos fidem et merita prudentis viri Burchardi de Mulnheim civis Argentinensis hospitis nostri dilecti gratiosius intuentes obligationem quarundam piscationum seu tractuum, que vulgariter zuch dicuntur, per inclite recordationis dominum Rudolfum regem Romanorum, genitorem et predecessorem nostrum karissimum, pro viginti libris denariorum Argentinensium nomine feodi habendorum, prout in ipsius domini Rudolfi litteris continetur [2], dicto Burchardo et suis heredibus factam ratam et gratam tenentes, eam auctoritate presentium confirmamus eidem Burchardo et dictis suis heredibus ex superhabundantia plenioris gracie indulgentes, quod percepta sive percipienda in dictis piscationibus in sortem principalis debiti nullatenus debeant computari. in cujus rei testimonium presentes litteras exinde conscribi et majestatis nostre sigillo jussimus communiri. datum Argentine, anno domini 1300, indictione 14, 10 kalendas decembris, regni nostri anno 3.

Aus v. Müllenheim Fam. A. or. mb. c. sig. pend. Darnach abgedruckt bei Schöpflin Als. dipl. II. 75 nr. 819. — Böhmer Reg. Alb. nr. 315.

441. *In dem Streite zwischen dem Kapitel von s. Thomas und dem Strassburger Johannes Blenkelin über die Grenze der Banne von Königshofen und Illkirch bei dem Sumpfe* Marlache *tritt als Zeuge auf* Nycholaus de Kagenecke miles, *welcher etwa siebzig Jahr alt war und seine Kenntnis der dortigen Verhältnisse als eine vierzigjährige bezeichnet. Er spricht von der Grenze und bezeichnet als solche die Marlache.* «recordatur etiam et vidit, quod tempore domini Waltheri episcopi Argentinensis barre fuerant posite in dicta palude ad excludendos hostes, quod ibi villa Kunigeshoven et interdum universitas civium Argentinensium miserunt suos equos et sua pecora depascenda, et dicit, quod sint 36 anni, quod hoc factum sit, et addit, quod ante paucos dies Johannes dictus Blenckelin sibi loquebatur in hec verba: «domine Nycholae, si civitati Argentinensi immineat gwerra, cautum erit nobis, quod ponamus barras et serras in dicta palude que dicitur Marlache ad excludendos hostes». et dicit quod senserit dictus Johannes de dicta palude, de qua dictum est supra.» *Er erklärt ferner, dass in der Marlache früher zu Zeiten eine starke Strömung gewesen sei.* Hugo dictus Tanris miles (*ungefähr 60 Jahr alt*) *weiss von dem vorstehenden nichts, doch erklärt er* «quod sint 20 anni vel citra, quod quidam obex fluvialis constructus fuerit in palude, que dicitur Marlache, ad restringendum meatum et fluxum Reni, ne subintraret dictam paludem.» *Der Zeuge* Burcardus dictus Ette (*80 Jahr alt*) «recordatur, quod tempore guwerre quoddam tugurium sive specula affixum fuerit cuidam arbori plantate juxta *Zeugenaussagen.*

---

[1] *Vgl. nr. 411.* [2] *Vgl. nr. 176.*

Marlach et ibi mittebantur custodes, qui nunciarent hostes civibus Argentinensibus, si qui venirent.» *Die Zeugnisse wurden verlesen* crastino Lucie a. d. 1300[1]. ***1300 Dezember 14.***

Aus Strassb. Thom. A. lad. docum. histor. XI (s. Aurelia VI) or. mb. sine sigillo.

Baugerechtsame. **442.** Propst und convent von Itenwilre und das kloster s. Arbogast kommen überein: an «dem gebel», den das erstgenannte kloster an seinem hause an dem Rossmarkte neben dem hause des zweiten kloster «aufgetriben» hat, haben die herren von Arbogast kein recht ohne zustimmung der herrn von Itenwilre daran zu bauen. wollen sie bauen, so sollen sie keine balken an dem giebel anbringen. propst und convent von Itenwilre hängen ihre siegel an. 1300.

Aus Strassb. Hosp. A. Prot. 7383 nr. 140 (Copialb. «XIV centum») fol. 44b. cop. chart.

Erklärung über Rechte. **443.** C. j. c. A. Arnoldus dictus Ribenng, Arnoldus et Reinboldus filii sui, confessi sunt, se nullum jus habere in domo et area, que quondam fuerunt Heinrici dicti Vögelin; que domus sita est in c. A. juxta domum dictam zů dem Ůberhange, et quam domum dictus Heinricus in remedium anime sue legaverat priori et fratribus predicatoribus. actum 15 kalendas februarii, a. d. 1301[2]. ***1301 Januar 18.***

Aus Strassb. Hosp. A. Prot. Prédic. 107 (Copialb. «XIV») fol. 26. cop. mb.

Verkauf. **444.** C. j. c. thesaurarii eccl. Arg. in forma juditii Steimarus dictus Göldere et Mya, uxor sua, manibus coadunatis vendiderunt Jacobo filio quondam dicti Missenheim redditus 5 sol. den. Arg. de uno orto, sito in loco dicto zů den hunden dicto Rores garte apud ortum Friderici dicti Kesseler, pro 3 lib. et 5 sol. den. Arg. preterea Mehthildis dicta Hunesvelderin, matertera dicti Jacobi, confessa est, se comparasse Jacobo antedicto de sua pecunia redditus antedictos. actum 14 kalendas martii, a. d. 1301. ***Februar 16.***

Aus Strassb. Hosp. A. Prot. Prédic. 107 (Copialb. «XIV») fol. 103. cop. mb.

Verkauf. **445.** Fridericus, episcopus Arg., et Johannes de Liehtenberg, advocatus Alsatie generalis, notum faciunt, quod coram ipsis Fridericus, comes de Liningen junior, et domina Sophia, uxor ejus, vendiderunt Nicolao Zornoni, sculteto Argentinensi, redditus 50 quartalium siliginis etc. et omnia bona sua et jura in villa et banno Ginchrette, item in banno ville Gödertheim redditus 40 quartalium siliginis pro 153 marcis argenti. sigilla episcopi, advocati et Friderici sunt appensa. actum 5 kalendas martii, a. d. 1301. ***Februar 25.***

Aus Strassb. Bez. A. G 1763 (5135), 4bis. or. mb. c. 3 sig. pend. delaps.

Rentenkauf. **446.** C. j. c. A. in forma juris Wolfhardus gladiator de Argentina et Beatrix, uxor ejus, vendiderunt pro 9 marcis argenti domino Johanni dicto de Peris, decano ecclesie s. Thome Arg., nomine capituli sui (cum argento proveniente de bonis quondam Burkardi, pincerne dicte ecclesie, consanguinei sui), redditus annuos 20 sol. den. Arg. super area, super qua conjuges dicti resident (pertinente jure dominii directi ad ecclesiam s. Thome, jure emphiteotico ad dictos conjuges, qui de ea solvebant annuatim 20 sol. den. Arg.[3]). inantea dicti conjuges solvent annuatim 2 lib. den. Arg. anniversarium Burkardi peragi debet. actum 5 kalendas marcii, a. d. 1301[4]. ***Februar 25.***

Aus Strassb. Thom. A. Registr. A fol. 117b. cop. chart.

---

[1] *Daselbst sind die betreffenden Prozessakten (Zeugenprotokolle, Termineerkundigungen u. s. w. u. s. w.) im Ganzen 31 Stück im Original erhalten.* [2] *Vgl. UB. I, 402 u. nr. 133 Friedrich, Propst von s. Thomas zu Str., erklärt, dass die Prediger das Haus des erst. Vögelin (neben dem Haus zum Sperwer und dem zum Ueberhang) verlehnen und verkaufen dürfen. 1301 Februar 10. Cop. ebendaselbst.* [3] *Vgl. UB. I, 203.* [4] *Das Kapitel von s. Thomas stellt am gleichen Tage Wolfhard einen diesbezüglichen Erbleihebrief aus (Zins 2 Pfund Pfenninge). Er. 1. Die Hofstätte lag zwischen Heinrich dem Schuster von Suersheim und der Gattin Ludewigs von Wasselnheim. Abschrift im Thom. A. Registr. C fol. 17b und D fol. 21.*

447. Officialis curie Basiliensis notum facit, quod sub anno d. 1301 feria tertia post dominicam, qua cantatur Oculi mei, hora prima comparuerunt coram ipso in figura judicii Katherina uxor Volcmari quondam dicti Küffer de Argentina ex una et Gerburgis dicta Zwangerin quondam Argentine commorans curatorio nomine Johannis et Lucgine, liberorum suorum. Gerburgis recognovit se omne jus sibi competens in domo sita in Argentina in loco dicto Scharlatbrunen, quam eadem Katherina nunc inhabitat, contigua aree scolastici ecclesie s. Thome resignasse ad manus quondam Volcmari mariti Katherine predicte, et nunc idem iterum resignat in manus Katherine. datum Basilee sub sigillo curie Basiliensis, anno et die predictis [1]. *Besitzübertrag.*

1301 März 7.

Aus Strassb. Bez. A. G 3645 (4040) Vid. *cop. mb. ausgestellt vom* jud. cur. Arg. *1301 März 29.*

448. C j. c. A. Conradus dictus de s. Bernhardo, et Lucgardis uxor ejus pauperibus infirmis et fratribus hospitalis Arg. unam domum sitam apud s. Stephanum in Argentina dictam zů dem nuwen kehre, item unam domum in vico prope s. Stephanum ex opposito curie magistri Johannis Engelberti, item redditus annuos in banno ville hohen Göffede et Synnecrist donaverunt (usufructu tamen redditunm et domus ex opposito curie Engelberti sibi quoad vixerint reservato). adjectum est, quod magister et fratres dicti hospitalis post obitum amborum conjugum Anne filie ipsorum, moniali monasterii s. Margarete, pro tempore vite sue singulis annis 2 lib. den. Arg. assignare debeant. actum 7 idus marcii, a. d. 1301. *Schenkung.*

März 9.

Aus Strassb. Hosp. A lad. Hôp. XIV fasc. 68. *or. mb. c. sig. pend.*

449. C. j. c. A. Heintzemannus dictus Appet civ. Arg. redditus annuos 1 lib. den. Arg. et 3 capponum super una domo et area sitis ultra Bruscam in c. A. juxta propinquiorem domum domui dicte zů Hornecke [2], quam domum et aream Heinricus dictus Range et heredes ejus detinent in emphiteosim annuatim pro dicto censu, donatione inter vivos donavit pauperibus infirmis in hospitali pauperum Arg. degentibus hac condicione, quod quolibet anno in anniversario Irmengardis avie sue paterne (in crastino nativitatis b. Marie v.) 7 sol. den. Arg. dictis infirmis pro pictantia ministrentur, sacerdotibus ibidem 8, sacriste vero 1; et quod sacerdotes dictum anniversarium cum vigiliis et missis peragere teneantur; et quod iidem redditus eodem modo dentur iisdem in anniversario Imonis quondam dicti Appet, patris dicti Heintzemanni, (proxima die ante festum Lucie); et quod 5 sol. in eodem anniversario perpetuo viceplebano ecclesie s. Nycolai ultra Bruscam dentur, qui eodem modo dictum anniversarium peragere tenetur. si magister, sacerdotes et fratres dicti hospitalis in aliquo premissorum secus facerent, dicti redditus ad fabricam eccl. Arg. devolvuntur. datum idus marcii, a. d. 1301. *Schenkung. Seelgerätstiftung* *September 9.* *Dezember 12.*

März 15.

Aus Strassb. Hosp. A. lad. 170 fasc. 34. *or. mb. c. sig. pend.*

450. *Die Minoriten erwerben zur Erweiterung ihres Klosters eine Hofstatt.* ***März 17.*** *Verkauf.*

Wir . . der gardian und der convente der minren brůdere des huses zů Strazburg tůnt kunt allen den, die disen brief gesehent und gehôrent lesen, daz her Wetzel der alte, der uns von dem stůle zů Rome gegeben ist zů eime procuratore, durch unsers huses nůtz und notdurft und mit unserme willen und râte het köffet umbe hern Albrehten Růlenderline, einen ritter von Strazburg, alle die reht, die er hette an dem ovenhuse an dem orte gegen dem Holwige unde an der hovestete mit alleme dem bûwe, so derzû hôret ane die brotbenke hovestele, die derzů hôrent, umbe anderthalb hundert marg silbers luters und lôtiges des

[1] *Vgl. nr. 184.* [2] *Nach Dorsualnotiz s. XV lag das Haus* « um gensen ». *Vgl. Str. G. u. HN. S. 82.*

geweges von Strazburg. und sint des mit rehter gedinge uberein kumen, daz men ime daz silber gelten sůle in sehs iaren und gant die iar an zů sůniehten, die nů zenehest kůment, und sůlent ime . . die ebbetissin und der convente des nůwen closters an dem Rossemerkete in der stat zů Strazburg, alle die wile ime daz silber unvergolten ist, alle iar geben vunfzehen pfunt geltes, daz halbe zů sůniehten und daz andere halb zů winahten und ôch also, swenne unser procurator oder ieman anders von unsern wegen keme vor sůniehten zehen wochen oder vor winahten zehen wochen mit dem vierdenteile des silbers, so sol daz vierdeteil der vunfzehen pfunde abe gan; keme er aber mit dem halben teile des silbers, so sol daz halbe teil an den vunfzehen pfunden abe gân; keme er mit dem silber gar, so sůlent die vunfzehen pfunt geltes ellencliche abe sin. swenne ouch daz silber gar unde ganz wirt vergolten hern Albrehte oder sinen erben, so sol daz nuwe closter der vunfzehen pfunde geltes ellencliche lidig sin; kement sie aber in den zehen wochen vor dem zile, so sůlent sie daz gelten, daz uffe daz zil ze geltenne gehůrt an dem vorgenanten pfenninggelte ane alle geverde. wir ouch . . die ebbetissin und der convente des nuwen closters an dem Rossemerkete in der stat ze Strazburg veriehent allez, daz da vorgeschriben stat, und gelobent mit gemeineme râte, daz pfenninggelte alle iar ze gebenne zů den zilu, alse da vorgeschriben stât, alle die wile, daz die schulde, als sie da vor bescheiden ist ze geltenne, unvergolten ist, ane alle geverde; und verzihent uns hie herüber wir . . der gardian und der convente der brůdere unde wir . . die ebbetissin und der convente die vorgenanten allez schirmes und allez rehtes, es si geistlich oder weltlich, unde brieve unde vriheite von dem stůle von Rome, und daz wir . . der gardian und die brůder oder unser procurator nůt mohtent gesprechen, wir werent betrogen ůber daz halbe teil des kôffes; und ouch wir . . die ebbetissin unde der convente nůt môhtent gesprechen, es were eine vrômede schulde: wir ensoltent sie durch reht nůt gelten; und daz wir beden siten uns nůt mohtent geschirmen damitte, daz wir mohtent gesprechen, wir hettent diz getân ane urlôp unserre meisterschefte, und aller bösen geverde, damitte wir mohtent kůmen wider dise getât und disen brief. und des zů eime urkünde so han wir . . der gardian und der convente der brůdere und ôch wir . . die ebbetissin und der convente die vorgenanten unsere ingesigele an disen brief gehenket. ich ouch Albreht Rûlenderlin vergihe, daz ich den kôf habe getân, als er da vorgeschriben stat, und bin ôch des kôffes schuldig worden reht were ze sinde gegen menlicheme, alse reht ist. und des zů eime urkünde so han ouch ich min ingesigel an disen brief gehenket. diz geschach an dem fritage nach mittervasten, do men von gotz gebürte zalte 1301 iar.

Aus Strassb. Thom. A. lad. Kaufbriefe 5. or. mb. c. 5 sig. pend. delaps. Dorsualnotiz s. XIV: «littere de domibus et areis emptis pro area nostra».

Verkauf. **481.** C. j. c. thesaurarii eccl. Arg. Katherina relicta Volgmari cuparii Arg. et Heinricus frater ipsius Volgmari (curator Johannis, Volgmari, Katherine, Agnetis et Margarete, liberorum dicte Katherine,) vendiderunt domino Reinboldo an dem Holwige militi et domine Agneti de Brůmat, uxori ejus, unam domum cum area sitam in c. A. ultra Brůscham c. u. p. prope aream domini scolastici ecclesie s. Thome Arg. et prope fontem dictum Scharlotburne, ita, quod de area nomine census dentur 4 sol. den. Arg. liberis quondam Golzonis militis dicti de Rymuntheim, pro 40 lib. den. Arg., quarum 20 venditoribus sunt solute. «relique vero viginti libre remanebunt ex conventione habita inter partes hinc inde apud dominum Reinboldum et dominam Agnetim predictos, quousque liberi predicti et singuli ex eis provenient ad discretionis etatis sue annos et quousque dicti liberi vendicionem predictam ratificabunt et renuntiabunt juri suo sibi in domo et area antedictis conpetenti sub condicionibus inferius annotatis, constituens se dicta Katherina pro se et liberis suis predictis warandam dicte domus et aree adversus omnem hominem, ut est juris. et ut dicto domino Reinboldo et domine Agneti uxori sue predictis et eorum heredibus securius caveatur de warandia predicta, constituerunt se Heinricus, Burkardus et Sigelinus, fratres dicte Katherine, insolidum principales debitores pro liberis dicte Katherine antedictis erga dominum Reinboldum et dominam Agnetem predictos ac eorum heredes super warandia antedicta.» Wit. 1. (pro Katherina). «sed quia dominus Reinboldus et domina Agnes conjuges antedicti asserebant, quod de viginti libris predictis conparari possent communi estimacione redditus quinque quartalium siliginis, quod dicitur gulte korn, et ne eis inpingi posset dolus in posterum, quod domum et aream in possessione et usufructu habuissent, et quod similiter viginti libris predictis usi fuissent ad annos discretionis dictorum liberorum sine reconpensa quavis, idcirco dominus Reinboldus et domina Agnes predicti insolidum pro se et omnibus heredibus suis promiserunt et se de hoc constituerunt principales debitores, quod singulis annis dicte relicte et ejus liberis intra festa assumptionis et nativitatis beate virginis titulo emptionis dare et persolvere debeant quinque quartalia siliginis, quod dicitur gultekorn, tamdiu quousque liberi Katherine predicte provenerint et singuli ex eis ad legittime etatis sue annos.» liberi Katherine predicti jus sibi competens abjurabunt coram magistro et consulibus civitatis Argentine. actum et datum 5 kalendas aprilis, a. d. 1301. harum litterarum 2 sunt paria[1]. ***1301 März 28.***

Aus Strassb. Bez. A. G 3645 (4040). 1 bis. or. mb. c. sig. pend.

482. Groz Erbe der meistèr und der rat von Strassburg thuen kund, dass herr Gotze von Grostein in erbleihe gegeben hat «Heinriche Anerben unde Berhten siner wirtinne» seine hofstatt «an dem Schelkeline zů dem heiligen Crůze umbe zehen unze pfenninge zinses alle iar und zwene cappen». Er. 1. V. «heran waren wir Groz Erbe, [*u. s. w. folgt der Rat.*] diz geschach an dem zinstage nach dem meygetage, 1301»[2]. ***Mai 2.*** *Erbleihe.*

Aus Strassb. Frauenh. A. lad. 49 nr. 33. or. mb. c. sig. pend. mutil.

483. C. j. c. A. Johannes de Rangoltingen senior, Fina ejus uxor, de consensu Johannis et Fine, liberorum suorum, vendiderunt Reinboldo Reimboldelin militi et domine Agneti, uxori ejus, civibus Argentinensibus, redditus 2 lib. et 5 sol. den. Arg. et 7 capponum super orto suo dicto dez garte von Rangoltingen sito apud s. Agnetim e. m. A. (c. u. prope ortum dicti Sazer et c. a. p. magister Gotfridus notarius civitatis Argentinensis a Johanne de Rangoltingen juniore fratre dicti Johannis jure emphiteotico possidet unum ortum), cum omnibus domibus et areis pro $22\frac{1}{2}$ marcis argenti. U. (Johannes, Fina et Johannes filius pro Fina filia.) datum a. d. 1301, 15 kalendas junii. ***Mai 18.*** *Verkauf.*

Aus Strassb. Bez. A. H 3118. or. mb. c. sig. pend.

484. Grôz Erbe der meister und der rat von Strassburg machen bekannt, dass «Jekelin Gôzbrehtes seligen sun, Heinriches Lenzelins tohterman, und vrowe Anne, sin wirtin,» verkauft haben Betscheline Pfaffenlaben das gut zu Schafhusen bei Hochvelden, um ihre und ihrer kinder not zu erleichtern, für 47 mark silbers. A. Wit. 1. (für Anna.) «heran waren wir Groz Erbe, [*u. s. w. folgt der Rat.*] diz geschach an dem dunrestage nach sante Urbans tage, 1301. ***Juni 1.*** *Verkauf.*

Aus Strassb. Bez. A. E 1111. or. mb. c. sig. pend. delaps.

---

[1] *Vgl. nr. 184 und 448.* [2] *Heinrich Anerbe und Berchta verkaufen mit Zustimmung Gotzo's von Grostein das Haus mit dem Recht an der Hofstätte an Johannes genannt* in Brůderkůchin *für 36 Pfund Pfenninge. Der Käufer muss jährlich 4 Pfenninge an s. Stephan zahlen* nomine remedii. *1305 Januar 12. Or. ebendaselbst nr. 38.*

Erbleihe. **485.** Groz Erbe der meister und der rat von Strassburg machen bekannt, dass «her Johannes Hunsvelt und vrowe Katherine sin wirtin» in erbleihe gegeben haben «ire hovestat, die gelegen ist bi des undürftigen turne, die neheste an der bedeckelen brucken einsite und andersite nebent Heinriche Roste, Nyclawese Smidevekle, Irmentrute siner wirtinne und allen iren erben» gegen einen jährlichen zins von 10 schillingen und 2 cappen. Er. 4. V. «heran waren wir Groz Erbe, *u. s. w. folgt der Rat.* an dem samestage vor sunichten, 1301.» ***1301 Juni 17.***

Aus Strassb. Stadt A. V. C. G. corp. K lad. 16 nr. 11a. or. mb. c. sig. pend. mutil.

Verkauf. **486.** C. j. c. A. Eckehardus dictus Wide, civis Arg., et Eberhardus, natus quondam Petri de Grassendorf, pro se et Cristina, matre dicti Eberhardi et sorore ipsius Eckehardi, vendunt curiam seu aream sitam in c. A. in dem fronhove bi der Schupfen inter domum magistri Gotfridi notarii civitatis Argentine et domum Heilmanni ab introitu diete curie usque ad murum domus, que tendit usque in vicum Kurdewangasse, ita quod medietas ejusdem muri et medietas muri dicti magistri Gotfridi dicte curie contigui ad dictam curiam debeant pertinere, Alberto dicto Schaffener, famulo fabrice eccl. Arg., et Gerdrudi, uxori sue, pro 24 marcis argenti, ita quod de dicta curia annuatim solvi debeant 10 solidi den. Arg. nomine census. A. 3. M. (pro Eberhardo.) datum 12 kalendas julii, a. d. 1301[1]. ***Juni 20.***

Aus Strassb. Frauenh. A. lad. 49 nr. 34. or. mb. c. sig. pend.

Verkauf. **487.** C. j. c. A. Waltherus dictus Kempfe vendidit redditus annuos 2 lib. den. Arg. super uno orto et domo, sita in eodem in Korbowe sitis ex opposito curie seu orti dicti Waltheri, quos nunc detinet Johannes de Winterture, Johanni dicto Manse civi Argentinensi pro 30 lib. den. Arg. hec omnia in instrumento super dicta vendicione confecto sub sigillo dicte curie Arg.

August 3. continentur, cujus data fuit sub a. d. 1285, 3 nonas augusti[2]. nunc idem vendit proprietatem dicti orti et domus necnon medietatem rivi fluentis inter dictum ortum et ortum alium predictum, ita quod tantum 8 den. Arg. monete ecclesie s. Stephani Arg. solvantur annuatim, eidem Johanni Mansen pro 15 lib. den. Arg. A. 3. datum 17 kalendas augusti, a. d. 1301. ***Juli 16.***

Aus Strassb. Bez. A. H 3118. or. mb. c. sig. pend.

Schenkung. **488.** C. j. c. A. in forma juris Dietericus dictus Stahel, faber Arg., et Adelheidis uxor sua omnia bona sua mobilia et immobilia et specialiter domum suam et aream sitam e. m. A. ex opposito fratrum Augustinensium prope Růdolfum dictum Seiler juniorem e. u. et e. a. p. juxta Gerhardum dictum zům Růste in remedium animarum suarum donacione inter vivos donant Heinrico presbytero, procuratori fabrice eccl. Arg., nomine ejusdem fabrice recipienti. peracta donacione prefati conjuges usufructum eorundem bonorum tenendum et percipiendum,

Februar 2. quamdiu vixerint, pro censu annuo 1 vierlingi cere in festo purificationis b. Marie v. dicte fabrice persolvendo sibi retinent. actum 10 kalendas augusti, a. d. 1301. ***Juli 23.***

Aus Strassb. Frauenh. A. lad. 19 nr. 35. or. mb. c. sig. pend.

Verkauf. **489.** C. j. c. A. Katherina, nata[a] quondam Petri dicti Wise begina, Agnes, nata quondam Gôtzonis dicti Wise, uxor Conradi dicti Kuse (per manum ejusdem Conradi), Gôtze, Petrus,

a) *Fehlt in der Vorlage; vielleicht auch* relicta *zu ergänzen.*

[1] *Nach der Ueberschrift einer Copie im Stadtbuch 1 fol. 32a:* «daz hus zům Rotenhuse in dem fronhove bi der Schůpfen.» *Zu dem Verkaufe geben ihre Zustimmung* magister Nicolaus cyrurgicus de Argentina *und Christina, seine Schwester, Geschwister Eckehards Widen, in einer Urkunde Worms, 1301 Juni 9, ausgestellt vom Wormser bisch. Hofrichter. Or. Hosp. A. lad. 169 fasc. 17.* [2] *Die betr. Urkunde ist nicht erhalten.*

Johannes et Gisela, liberi ejusdem Gôtzonis, Ůlricus et Anna, liberi adhuc minores, quorum curator dictus Gôtzo est, vendiderunt omne jus in domo, curia et area suis sitis in c. A. juxta portam fratrum predicatorum immediate in vico dicto zů dem Stuche, que domus appellatur zů dem alten Wisen, et quidem Katherina tertiam partem et reliqui venditores similiter tertiam partem (in quibus quidem partibus usufructum habet frater Rûlinus dictus Wise ordinis predicatorum, frater dicte Katherine), fratri Egenoni priori fratrum predicatorum domus Arg. pro 40 marcis argenti (Katherine 16, reliquis 24), ita ut Rûlino fratres predicatores satisfacerent et annuatim 19 den. Arg. solverent ecclesie s. Petri junioris. A. 3. M. (pro Petro, Johanne et Gisela), pro liberis minoribus constituunt se warandos (werburgen) Gôtzo et Petrus predicti. datum 12 kalendas octobris, a. d. 1301 [1]. ***1301 September 20.***

Aus Strassb. Hosp. A. Prot. Prédic. 107 (Copialb. s. XIV) fol. 32b. cop. mb.

460. Prepositus, decanus totumque capitulum ecclesie s. Thome locant in emphitheosim aream sitam inter pontes dictam zume leiste [2] Johanni dicto zûme leist, civi Arg., nunc possessori ejusdem aree et domus superedificate, pro annuo censu seu pensione 8 unc. den. Arg. et 3 caponum (4 unc. festo Johannis baptiste, 4 unc. et 3 cap. in festo b. Martini) capitulo seu portario ejusdem solvendorum. Er. 1. V. sigillum capituli est appensum. actum et datum sabbato post festum b. Mathei apostoli, a. d. 1301. ***September 23.*** *Erbleihe.*

Aus Strassb. Thom. A. lad. 12 (Titres). or. mb. c. sig. pend.

461. Reinbolt Brandecke der meister und der rat von Strassburg machen bekannt, dass herr «Johannes, hern Erben seligen sun über Brûssche» in erbleihe gegeben hat Agnes, des alten Tretters tochter, haus und hofstatt, «zwischent brucken nebent iungfrowen Finen siner (= Johannes) swester ovenhus einsite und andersite het die von Lingolvisheim ein hus,» für einen jährlichen zins von 16 unzen und 6 cappen. Er. 1. die hofsassen sollen haus und hof in gutem zustand erhalten. «gegeben an dem fritage nach sante Mychels mez, 1301. heran waren wir Grôz Erbe, *u. s. w. folgt der Rat.* ***Oktober 6.*** *Erbleihe.*

Aus Strassb. Bez. A. G 4289 (4666). 6. or. mb. c. sig. pend. delaps.

462. C. j. c. A. Johannes miles dictus de Blûmenôwe et Ellina uxor sua vendiderunt redditus annuos 10 sol. den. Arg. super area sive domo, sita in c. A. immediate juxta domum dictam zû hern Gilian c. u. et c. p. a. juxta curiam dictam Brûderhof ex opposito curie decani de Erenberg [3], quam domum nunc inhabitant Heinricus et Anna institores, salvis ipsis conjugibus redditibus annuis 14 uncearum denariorum Arg. et 6 capponum, quos habent super quadam area sita retro eandem domum zû hern Gilian, Elnhardo magno procuratori fabrice nomine ejusdem ementi pro 12 lib. minus 5 sol. den. Arg. A. 3. datum 4 nonas novembres, a. d. 1301 [4]. ***November 2.*** *Verkauf.*

Aus Strassb. Frauenh. A. Saalbuch 3 fol. 40b. cop. s. XIV. Darnach Regest in den Mon. Germ. XVII, 92 note 15.

463. C. j. c. A. Agnes begina de Zabernia, residens in c. A. retro lobium pellificum, propter pium affectum erga fratres predicatores domus Argentinensis et fratrem Ebelinum, confessorem suum, de Arg. fratrem dicte domus, omnes agros, quos habet in banno ville Dunzenheim et ville Mittelhus, donatione inter vivos eisdem donavit in remedium anime sue, usufructu *Schenkung*

---

[1] *Vgl. nr. 200 und 272.* [2] *Vgl. Str. G. u. HN. S. 190.* [3] *Dechant am Münster war damals Heinrich von Lupfen. Ein Johannes von Erenberg war Archidiakon, ein Heinrich von E. Kanonikus.* [4] *Gemäss der Ueberschrift im Copialbuch ist Urkunde nr. 318 zu vergleichen.*

tamen ad tempus vite sibi reservato. talis condicio est adjecta, quod si dicta Agnes domum construere vellet super area dictorum fratrum sita in c. A. retro lobium pellificum et necesse haberet vendere dictos agros apud Mittelhus pro structura perficienda, quod hoc licite facere possit et quod eandem domum, quoad vixerit, habere debeat. de consensu prioris adjectum est, quod, si Ebelinus ipsam Agnetem supervixerit, quod tunc idem redditus 8 quart. alienare valeat pro necessitatibus suis relevandis. si domus constructa fuerit, locatur Agneti pro censu annuo ½ vierlingi cere. post mortem ejus omnia bona predicta ad domum predicatorum libere devolventur. datum 2 nonas decembres, a. d. 1301 [1]. ***1301 Dezember 4.***

Aus Strassb. Hosp. A. lad. 65 fasc. 6. or. mb. c. sig. pend.

Vertrag über Zins.

464. Coram Johanne de Eremberg archidiacono Arg. in forma juris Ůlmannus dictus Böckelin, filius quondam sororis Sickelini civ. Arg., e. u. et Heinricus dictus de Nusbach e. p. a. disposuerunt inter se, quod census proveniens de area sita ante domum Heinrici predicti, que sita est ante monasterium b. virginis in c. A. inter domum dicti Lux et Ůlmanni predicti, secundum antiquam consuetudinem ipsius aree ad predictos equaliter spectare debeat. actum et datum 8 idus decembres, a. d. 1301. ***Dezember 6.***

Aus Strassb. Bez. A. H 2648. 2. or. mb. c. sig. pend. delaps.

Rentenkauf. Schenkung.

465. C. j. c. A. Albertus dictus Schaffener Vierling et Gerina, ejus uxor, de consensu Heilmanni et Elnhardi, procuratorum seu gubernatorum fabrice eccl. Arg., vendiderunt domine Lůgardi relicte Ortwini Swarbarii de Argentina redditus annuos per venditores solvendos 16 unc. den. Arg. super area et domo, que dicebatur meister Widen hof in c. A. versus lacum, qui dicitur die Schüpfe, et e. u. p. sita est domus Heilmanni predicti et e. p. a. domus Gotfridi notarii civitatis Arg. et tendit seorsum ad aream Eckehardi cyrurgici, pro 24 lib. den. Arg. venditores pretium ad edificia et structuras dicte domus, que non erat ad plenum edificata, converterunt. si negligentes fuerint in solutione, excommunicationis sententie subjacebunt et, si in hac perserverarent per 1 mensem, extunc dicta pecunia neglecta per singulos terminos (s. Johannis et nativ. domini) accomulabitur sub usuris consuetis apud judeos. peracta vendicione Lůgardis donat redditus decano et capitulo et prebendariis eccl. Arg., Nicolaus de Vilingen sacerdos, celebrans in majori altari ecclesie Arg., recipiet pro tempore vite sue dictos redditus. datum 10 kalendas januarii, a. d. 1301 [2]. ***Dezember 23.***

Aus dem Archiv des Strassb. Domkapitels. Copialbuch des Münsterchors s. XIV fol. 2b. cop. mb. Nach der Ueberschrift heisst das Haus: «zů dem roten husen».

Präbendenstiftung.

466. Fridericus scolasticus eccl. s. Thome Arg., heres unicus quondam Burcardi fratris sui dicti Spender militis, in remedium anime defuncti et sue prebendam sacerdotalem instituit in eccl. Arg. in honorem s. crucis. jus collationis est apud thesaurarium eccl. Arg., investiture apud decanum. omni die prebendarius missam dicet in capella s. Johannis eccl. Arg. et in omnibus missis Burcardi et Friderici predictorum, necnon Burchardi et Agnetis parentum suorum, et Agnetis relicte Burcardi memoriam habebit. distributionum chori prebendarius particeps erit. Fridericus episcopus Arg., capitulum eccl. Arg. et Fridericus scolasticus sigilla sua appendunt. prebenda dotatur bonis in Kungeshoven, Eckeboltzheim et domo et area sitis in Hasengasse ex opposito curie dominorum de Eremberg retro altam domum, de quibus annuatim 5 sol. den. Arg. capitulo eccl. Arg. dantur, item redditibus 5 sol. den. Arg. de domo et area juxta pistrinum der Kelbin retro s. Martinum e. u. p. et e. a. juxta

[1] *Vgl. nr. 353.* [2] *Vgl. nr. 456.*

domum monasterii s. Elizabeth [1], item redditibus 2 unc. den. Arg. et 2 capponum de domo et area in Steinstrasse, quam nunc inhabitat relicta Johannis de Dancratzheim, contiguis aree Heinrici dicti Swarber. datum et actum a. d. 1301.

A aus dem Archiv des Strassb. Domkapitels. or. mb. c. 3 sig. pend.
B ebendaselbst. or. mb. c. 3 sig. pend.

467. Vor dem richter des hofes zu Str. macht Berhtolt zum Riet bekannt, dass die frauen von s. Katharina von einem seelgeräte her 10 schillinge zins auf seinem hause, genannt zum Barte, zu Strassburg bei dem Mühlstein gelegen, haben. ietzt weiset er den frauen den gleichen zins an auf der hälfte des hauses neben der badestube genannt zum Mühlstein. 1301. *Tauschgeschäft.*

Aus Strassb. Hosp. A. Prot. 231 Orph. (Copialb. s. Katharinae s. XV) fol. 19. Deutscher Auszug.

468. Fridericus episcopus Argentinensis notum facit, quod Gebehardus de Friburgo archidyaconus ecclesie Arg. et rector ecclesie s. Martini in Argentina nomine dicte ecclesie, cujus jus patronatus ad episcopum pertinetur, ex una parte ac magistri et fratres hospitalis pauperum in Argentina infra limites parochialis ecclesie s. Martini ex parte altera mutuo inierunt talem ordinationem: « quod magistri et fratres hospitalis predicti suis sumptibus procurare valeant celebrari singulis diebus unam missam infirmis decumbentibus in egritudinis lectis, qui hucusque divinis caruerunt, quodque oblationes seu obventiones qualescunque, que dicto altari conferuntur, apud ipsum hospitale seu altare integraliter debeant remanere. ita etiam quod ad dictum altare nulla distincta vel certa prebenda deputetur; que si deputaretur, illius collationem rector ecclesie s. Martini, qui pro tempore fuerit, ipso facto sibi nomine ipsius ecclesie usurpabit et eam conferre debebit sacerdoti ydoneo infra mensem a tempore institute prebende, postquam ad ejus noticiam pervenerit, et deinde quociens vacaverit, qui infirmis predictis singulis diebus officiabit unam missam; in quorum oblacionum seu obvencionum talium recompensam, ne ecclesia s. Martini videatur habere dampna vel jacturas graves ex premissis, dicti magistri et fratres dederunt et assignaverunt rectori ecclesie s. Martini et ipse ecclesie parochiali nomine et vice dicti hospitalis redditus annuos 1 libre denariorum Argentine usualium recipiendos per rectorem dicte ecclesie, qui pro tempore fuerit, super domo et area dicti hospitalis sitis retro s. Nicolaum dictis zû dem Steinhônere, quas inhabitat Ûlricus sutor jure emphiteotico perpetuis temporibus singulis annis. » hospitale se warandum constituit pro dicto censu. si dicta missa desineret vel hospitale in aliam parochiam transferretur, extunc dicti redditus deperibunt ecclesie s. Martini et ad hospitale redeunt. sigilla episcopi, archidyaconi et hospitalis sunt appensa. datum 2 feria ante festum Hilarii, a. d. 1302. **1302 Januar 8.** *Regelung von Parochialrechten.*

Aus Strassb. Hosp. A. Prot. Hôp. X (Rotes Buch) fol. 7. cop. s. XIV exeunt. (ca. 1390).

469. *Das Spital verleiht einen Mühlenwörth auf 18 Jahre.* **Januar 13.** *Zeitleihe.*

Ez solent alle die wizzen, die disen brief sehent oder horent lesen, daz wir Niclaus von Kagenecke und Gotzo von Grostein, meistere des spitals von Strazburch, mit aller der gehelle und willen, die zû deme spital sint, haben verlûhen den wert bie spitalmûln [2] Albrehte und Willeburge, siner wûrtinne, und irn erben ahtcehen iar, also daz der vorgenante Albreht und sin erben sollent geben alle iar dirtehalp phûnt Strazpurger phfenninge und zwene kappen. und so die ahtcehen iar uzkûmen, so sol der vorgenante Albreht und sine erben darnach alle iar imerme dem vorgenanten spital geben drû phfunt phenninge und vier kappen ane hoher

---

[1] *Vgl. nr. 333.* [2] *Vgl. UB. I, 71. 76 und Str. G. u. HN. S. 114.*

steigen. und der phfenninge sol man geben drizich schillinge zû sûneihotten und die anderen drizich schillinge zu wibennahten, und die vier kappen zû sante Martines naht. und daz diz war und stete blibe, so ist des spitals ingesigel an disen brief gehenket zû eime urkunde. diz geschach sit daz gotes geburte warent driûcehen hundert iar unde zwei iar, an sante Gleris tage nach den wihennahten.

Aus Strassb. Hosp. A. lad. Hôp. XLVI fasc 8.   or. mb. c. sig. pend.

Schenkung, Aufnahme in ein Kloster.

470. C. j. c. A. Johannes de Griesheim dictus de Eckebrehtzwilre, Ita uxor ejus, et Katherina filia eorum, et specialiter Ita per consensum Sifridi dicti de Wasenecke, curatoris sui, in remedium animarum suarum donacione inter vivos donaverunt monasterio s. Margarete e. m. A et per porrectionem calami fratri Johanni dicto de Maguntia ordinis fratrum predicatorum nomine dicti monasterii bona infrascripta transtulerunt. priorissa et conventus promiserunt, quod infra quindenam dictam Katherinam in eorum consorcium recipere debeant et habere pro sorore et moniali et dictam Itam tenere in curia eorum prope dictum monasterium in veste laicali et ipsi pro tempore vite sue victum et vestitum tamquam moniali ministrare; item quod debeant annuatim fratri Ludewico converso dicti monasterii ac Gerungo dicto de Eckebrehtzwilre, filio fratris ejusdem Ite, vel Sifrido de Wasenecke, si Gerungus decesserit, 7 quartalia siliginis et tritici solvere pro Ita, quousque ipsa vixerit, et quod tantundem et 3 lib. den. Arg. solvere debeant marito dicte Ite. adjectum est, quod idem Johannes pro tempore vite sue habere debeat redditus passagii Reni apud Hunesfelt pro porcione ipsum, Itam et Katerinam pertinente. specificatio bonorum est: in bannis civitatis Argentine et Kungeshoven 48 agri tam in ortis quam in agris frugiferis, item una domus versus s. Katerinam in der Crutenowe juxta heredes quondam Cûnonis de Eckebrehtzwilre, item una area zû Spitzen juxta heredes dicti Geckis, item una area zû Hornecke, de qua solvuntur annuatim 11 unc. den. Arg., item unum horreum prope dictam aream, de quo solvuntur 30 den., item curia in Kungeshoven, item in banno Willesteten, Achenheim, item redditus quos habent in passagiis Reni dicti zû den hunden et apud Hunesfelt. datum 12 kalendas februarii, a. d. 1302[1]. ***1302 Januar 21.***

Aus Strassb. Bez. A. H 3118.   or. mb. c. sig. pend. et cedula annexa Der gleichzeitig angehängte Zettel besagt: «preterea Johanni et Katherine filie de redditibus prescriptis aliqui reservantur».

Seelgerätstiftung.

471. *Elnhard stiftet für sich und seine Gemahlin ein Seelgeräte im Münster und erlangt für sich daselbst eine Begräbnisstätte.* ***Januar 23.***

Coram . . nobis judice curie Argentinensis constitutus Elnhardus magnus, procurator seu gubernator fabrice ecclesie Argentinensis, redditus annuos triginta solidorum denariorum Argentinensium et duorum capponum, quos se habere dicebat de area domus, site in civitate Argentina inter domum dictam zû der Kevien[2] aput vicum dictum Spitalgassen et domum dictam zû dem Grienen, . . decano et capitulo ecclesie Argentinensis legavit in remedium anime sue et simpliciter propter deum, ita et tali condicione adjecta, quod singulis annis anniversarium suum et Gisele uxoris sue defuncte, quod erit quolibet anno tercia die ante
November 30. festum beati Andree apostoli, in choro ecclesie Argentinensis cum plenis vigiliis et missis, prout fieri solet, fideliter peragantur, quodque decem solidi dictorum triginta solidorum in vigilia anniversarii sui et decem solidi de mane in missa, item quinque solidi in vigilia anniversarii . . uxoris sue predicte quolibet anno et quinque solidi de mane in missa presentibus in choro dictis vigiliis et missis assignentur et inter presentes ibidem equaliter dividentur,

---

[1] *Vgl. nr. 166.*   [2] *Vgl. Str. G u. HN. S. 158.*

cappones vero cedere debent annuatim collectori dictorum triginta solidorum et distributori eorundem dictis dominis in choro predicto et jus, quod dicitur erschatz, quodcunque dari contingerit, et quod hoc cedere debeat fabrice ecclesie Argentinensis. et cum ipsum Elnhardum de hoc seculo dispositione divina migrari contingerit, voluit, quod corpus suum in ambitum dicte ecclesie tradatur ecclesiastice sepulture, in quo etiam loco elegit ecclesiasticam sepulturam, et quolibet anno in die anniversarii sui finita missa pro defunctis per dominos presentes in choro tumulus suus visitetur et ibidem, prout fieri solet, sui seu anime sue memoria habeatur. et si aliquo anno dicta anniversaria in modum predictum non peragerentur, voluit, statuit et ordinavit idem Elnhardus, quod eodem anno dicti triginta solidi cedere debeant fabrice ecclesie Argentinensis, nolens tamen idem Elnhardus, quod cum hujusmodi sepultura dominis . . decano et capitulo predictis seu ecclesie ab heredibus seu successoribus ipsius Elnhardi seu ab alio quocunque aliquod prejudicium generetur, statuens, volens et ordinans, quod nullus heredum seu successorum suorum aliquod jus in sepulcro hujusmodi seu tumulo habere debeat seu aliquod jus sibi debeat aliquatinus vendicare ratione sepulture sue predicte. voluit insuper idem Elnhardus, statuit et ordinavit, quod si premissum legatum valere non possit in modum predictum, valeat saltim jure codicillorum aut quelibet ultima voluntas, vel prout alias melius valere vel subsistere poterit quoquomodo. in cujus rei testimonium sigillum curie Argentinensis una cum sigillo dicti . . domini decani ad peticionem predictorum dominorum presentibus est appensum. nos vero . . decanus et cappitulum ecclesie Argentinensis recognoscentes pium motum et affectum, quem habet et habuit idem Elnhardus ad nos et nostram ecclesiam, promittimus pro nobis et successoribus nostris omnia premissa per ipsum Elnhardum superius ordinata fideliter adimplere et inviolabiliter observare. et in evidenciam premissorum omnium sigillum domini . . decani predicti presentibus est appensum. datum anno domini millesimo trecentisimo secundo, 10 kalendas februarii [1].

A aus Strassb. Bez. A. G 3655 (4050), 1. vid. mb. c. sig. pend. delaps. (*ausgestellt vom* judex curie Arg. *1313 April 5.*)

B aus Strassb. Frauenh. A. Saalbuch 3 fol. 55[b]. *cop. Darnach, vielleicht auch nach C abgedruckt in Mon. Germ. SS. XVII, 94 note 24.*

C aus Archiv des Strassb. Domkapitels Münsterchorcopialbuch fol. 3. cop. mb. Darnach abgedruckt Mone, Ztschft. f. Gesch. d. Oberrh. V, 329.

472. Priorissa et conventus monasterii s. Marci e. m. A. ordinis fratrum predicatorum locant in emphiteosim Götzoni dicto Kamerer de s. Thoma et Hermanno ejus filio aream sitam ultra Bruscam bi dem ziegelofene, que olim fuit Heinrici dicti Schantmann, pro annuo censu 5 unc. den. Arg. V. sig. conventus est appensum. actum feria secunda ante purificationem b. virginis, a. d. 1302. *Erbleihe.*

1302 Januar 29.

Aus Archiv des Strassb. Domkapitels. Copialb. des Münsterchors (s. XIV) fol. 8[b]. *cop. mb.*

473. C. j. c. domini Jo[hannis] prepositi Arg. in forma judicii commendator fratrum domus in Dorolzheim nomine dicte domus e. u. et Johannes scultetus de Scherwilre ac Gerina, uxor sua, c. p. a. confessi sunt, se fecisse divisionem domorum sitarum in c. A. in dem biergesseli [2], videlicet magne domus lapidee site prope curiam domini Gebhardi de Friburg, canonici ecclesie Arg., c. u. et e. a. p. prope domum dicti Kristan, et duarum domorum sitarum ex opposito dicte magne domus prope domum quondam Cûnini, tornentarii ecclesie *Güterverteilung.*

---

[1] Elnhardus magnus *giebt das Haus in Erbleihe an Nikolaus von Wange und Sophie, seine Gattin. (Zins: 30 Schill. und 2 Kappen. Er. 4. V. Höhe des Ehrschatzes: 30 Schill. und 2 Kappen.) 1302 Februar 6. Or. Thom. A. lad. Kaufbriefe 1.* [2] *Vgl. Str. G. u. HN. S. 38.*

Arg., cum curtibus ipsarum 3 domorum, ita videlicet quod dicta magna domus cum curti remanebit apud fratres predictos, relique 2 domus cum curtibus suis predictis conjugibus cedent cum 25 marcis argenti, quas a commendatore acceperunt. conjuges predicti pro medietate dicte magne domus lapidee se warandos constituunt. conjuges promittunt se dare predicto commendatori usque ad proximam dominicam, qua cantatur Invocavit, 6 idoneos fidejussores, quos commendator acceptabit, qui se obligabunt sub sigillo civitatis in Sletzstat vel sub sigillo curie predicti, quod Anna, filia dictorum conjugum, dictam divisionem perpetuo ratificabit, cum pervenerit ad annos discretionis, et quod medietas dicte domus magne a dictis fratribus non evincatur. obligantes insuper dicti conjuges duas domas suas cum curtibus titulo pignoris seu ypothece. si unum dictorum 6 fidejussorum cedere vel decedere contingerit, dicti conjuges adeo bonum fidejussorem infra 8 dies, postquam super hoc moniti fuerint, dabunt. et datis 6 fidejussoribus, 2 domus predicte penitus sunt absolute. sigillum curie predicte est appensum. datum sabbato post Valentini, a. d. 1302. ***1302 Februar 17.***

Aus Strassb. Bez. A. H 1514. 5. or. mb. c. sig. pend.

Schenkung. **474.** C. j. c. A. Ellina dicta de Northus (residens apud Vinckenwilre super area decani et capituli ecclesie s. Thome Arg. inter aream Johannis dicti der Junge militis ultra Bruscam et aream dicte ecclesie s. Thome) dicte ecclesie domum suam super dicta area donatione inter vivos donavit in remedium anime sue, usufructu tamen sibi reservato pro tempore vite sue, ita ut, prout hactenus, de area solvat redditus annuos 10 sol. den. Arg. quidquid post ejus obitum domus et area solvere poterunt annuatim ultra 10 sol. den. Arg., hoc in anniversario legatricis dividi debet. scolasticus dicte ecclesie hanc donacionem nomine dicte ecclesie recepit. actum 10 kalendas marcii, a. d. 1302. duplicatum est hoc instrumentum. ***Februar 20.***

Aus Strassb. Thom. A. lad. 25 (Titres). or. mb. c. sig. pend.

Stellung von Bürgen. **475.** Schultheisse Johannes von Scherwilr, schultheisse Dietheres bruder, und Gerin, seine gattin, machen bekannt, dass sie die früher [*in der urkunde nr. 473*] ausgeführte teilung mit Heinrich dem comthur von Dorolzheim gemacht haben betreffs der häuser und hofstätten in Strassburg, von denen den Johannitern die hälfte gehörte von schwester Annen, des Biermannes tochter, und den ausstellern die andere hälfte «nach erbezal und ŏch von köffe» gehörte. für ihre unmündige tochter Anna setzen sie zu rechter währschaft und zu bürgen «Enselinen den schultheissen von Scherwilr, Johannesen den kelner, Dieschemannen, schultheisse Dietheres sun, Ůlriche Clohzschen, Merkelinen Mollesheimes swager, und Hugen Hübichmannen», so dass, «wenne wir [*die aussteller*] ze huse oder ze hove gemant werdent, daz wir ufribten süllent in den ahte tagen donoch noch rehte und noch gewonde des landes, was gebresten die brůdere hant, wo wir das niht entetent, do süllent die bürgen leisten ze rehter giselschaft ze Sletzstat in der stat, niemer dannen ze komende unze wir das ufgerihtent.» die genannten bürgen und aussteller versprechen das vorgeschriebene zu halten. Cůnrat Wernher von Hadestat der meister und der rat von Sletzstat hängen auf bitten der bürgen und der beiden eheleute das stadtsiegel an. «dirre brief wart ze Sletzstat geben an dem ersten vritage vor sante Gregorien tag, do von gottes gebürte worent drizehenhundert iar und zwei iar.» ***März 9.***

Aus Strassb. Bez. A. H 1511. 6. or. mb. c. sig. pend. delaps.

Verkauf. **476.** *Das Kloster s. Elisabeth verkauft Herrn Stehellins Hof.* ***März 10.***

Wir Hug Rihter der meister und der rât von Strazburg tůnt kunt allen den, die disen brief gesehent unde gehörent lesen, daz . . die priolin unde der convente des clôsters von sante Elsebeten uzwendig der muren von Strâzburg mit gemeineme râte unde durch ires clôsters nutz hant gegeben ze köffenne iungfrowen Katherinen der Kuchenmeisterinne tohter des clôsters hof, dem men sprichet hern Stebellins hof, unde den garten derhinder, der zû dem selben hove hôret, unz an die ringmure, mit alleme rehte unde vúr lidig eigen, zwischent Heinzemanne Appete einsite unde andersite het daz selbe clôster einen andern hof, umbe hundert vierteil weissen unde rocken geltes halb ein halb andere. des geltes sint sie von iungfrowen Katherinen bewiset unde gewert gar unde gantz; unde hant ôch gelobet des hoves der hovestete unde des garten derhinder, alse davor bescheiden ist, unde sint des schuldig worden reht were ze sinde vúr lidig eigen gegen menlicheme alse reht ist. unde hant ir vúr uns ufgegeben alle die reht, die sie hettent an dem hove hovestete unde garten, unde sich verzigen alles rehtes, ez si geistlich oder weltlich, unde daz sie nút mohtent gesprechen, sie werent betrogen úber daz halbe teil des kôffes, unde sie hettent ez getân ane urlôp ires ôbersten, unde aller bôser geverde, damitte sie mohtent kumen wider disen kôf unde disen brief. die kappelle sol ouch dem clôstere bliben unde daz gelt, daz darzû hôret; unde sol ouch . . die priolin unde der convente dekeine priestere die cappellen liben wande eime ersamen man unde mit iungfrowen Katherinen willen, die wile daz sie gelebet. daz dis wâr unde stête si, darumbe ist unserre stette ingesigel an disen brief gehenket zû eime urkúnde. der wart gegeben an deme samezlage vor sante Gregorien tag, do men von gotz gebúrte zalte drizehen hundert iar unde zwei iar. heran waren wir Grôz Erbe, *u. s. w. folgt der Rat*[1].

Aus Strassb. Stadt A. V. C. G. corp. K lad. 14 fasc. 13. lit. c. or. mb. c. sig. pend delaps.

477. Fridericus episcopus Arg. notum facit, quod Johannes dictus Schúrpfesag civ. Arg. in honorem s. Petri et Pauli prebendam sacerdotalem instituit in eccl. Arg. in altari de novo constructo apud altare, quod appellatur des Hagen alter. collatio prebende est apud thesaurarium, investitura apud decanum eccl. Arg. in choro presens erit prebendarius. in choro peragentur anniversaria Johannis predicti (crastino Letare), Adelheidis uxoris sue nunc viventis (crastino Jacobi), et Hedewigis uxoris sue defuncte (crastino 11,000 virginum). sigilla decani et capituli eccl. Arg. et cur. Arg. sunt appensa. datum 3 idus marcii, a. d. 1302. *Pfründenstiftung.* Juli 26. Okt. 22.

1302 März 13.

Aus dem Archiv des Strassb. Domkapitels. cop. mb. ausgestellt vom bischöfl. Hofrichter 1314 Oktober 25.

478. «Egenolf der Burggrave, Reimbolt hern Reinboldelins und Burckart gebrûdere, Johans Schilt, Reimbolt der Liebenzeller, Cûne von Kagenecke und Gôszelin gebrûdere, Syfrid von Vegersheim und Burckart Schultheisze, rittere und schôffele von Strazburg» thun kund, dass sie «zûgezogen warent zû gezúgen in scheffele wise, da . . die priolin und der convente des closters von s. Elsebeten gabent ze kôffenne iungfrowen Katherinen, der Kuchenmeisterinne tohter, iren hof, dem man sprichet hern Stehellins hof, und den garten derhinder unz an der stette ringmure . . vúr ledig eigen, und daz derselbe kouf verendet wart,» wie in dem brief steht, der darûber gemacht und mit des officials, der priorin und des convents von s. Elisabeth, und bruder Egenen, der Prediger prior, siegeln besiegelt ist. des zu urkunde siegeln die oben genannten. «an dem zinstage nach der groszen vastnaht, 1302.[2]» ***März 13.*** *Verkauf.*

Aus Strassb. Stadt A. Briefb. A 188a. Darnach abgedruckt Heusler, Verfassungsgesch. der Stadt Basel S. 474. Nach Mone, Ztschrft. f. Gesch. d. Oberrh. XXIV, 165 (Regest.), befindet sich das Or. in Heidelberg Dipl. mscr. nr. 13. (Darnach Abschrift s. XIX im Strassb. Stadt A. V. C. G. corp. K lad. 14 fasc. 13 lit. b.)

---

[1] *Vgl. nr. 124. Denselben Verkauf macht das Kloster selbst bekannt. Der Verkauf ist erfolgt mit Zustimmung des Bruders Egeno, Prior im Strassburger Predigerkloster, der auch sein Siegel neben denen der Priorissin, des Convents und des Hofrichters anhängt. Die Käuferin wird als* puella de Argentina *bezeichnet. 1302 März 13. Or. ebendaselbst.* [2] *Vgl. nr. 475.*

Verkauf.

479. *Die Stadt verkauft an das Kapitel von s. Thomas eine Wassermühle.* ***März 21.***

Wir Hug Rihter der meister und der rât von Strazburg tûnt kunt allen den, die disen brief gesehent unde gehórent lesen, daz wir mit der scheffele gehelle unde durch unserre stette nutz hant gegeben ze kôffenne den erbern herren . . dem dechane unde dem cappittele von sante Thomanne unserre stette mülen, der men sprichet die wasser mûle, die aller nehest lit der selben herren mülen von sant Thomanne, unde ouch die zinse, die Cûnze von Rynowe uns geben solte von dem werde, der von der mülen gebrochen wart, mit alleme rehte, alse wir die selben mülen, die zinse und allez, daz zû der mülen hóret, her braht hant, umbe vunfzig marg silbers luters unde lôtiges des geweges von Strazburg. des silbers sin wir von in gar unde gantz gewert, und hant ôch gelobet, daz wir sie der mülen mit alleme rehte, als ez davor bescheiden ist, weren sülent gegen menlicheme, alse reht ist; also doch, daz . . der dechan unde daz cappittel von sante Thomanne alle iar dem clôstere von sante Katherinen geben sülent zehen schillinge pfenninge zû zinse von dem wege unde von der hovestele vor dem stege; sie sülent ouch den steg buwen mit irme kosten, so ez nôt tût. daz dis wâr unde stete si, darumbe ist unserre stette ingesigel an disen brief gehenket zû eime urkúnde. der wart gegeben an der mittewochen ante annuntiationem beate virginis, do men von gotz gebúrte zalte drúzehen hundert iar und zwei iar. heran waren wir Grôz Erbe, *u. s. w. folgt der Rat*[1].

Aus Strasb. Thom. A. lad. 15 (Titres). or. mb. c. sig. pend. Darnach abgedruckt C. Schmidt Hist. du chap. de s. Thomas S. 342.

Vertrag über Nutzungsrecht.

480. Hug Ryhter der meister und der rat von Strassburg machen bekannt, dass frau Gerdrut, herrn Cûne von Kagenecke gemahlin, und frau Cristine, herrn Fritschemannes gemahlin, mit ihrer männer willen und Walther Hentwing, geschwister, bekannt haben, dass das haus «zû dem krebese an der obern strassen» herrn Wernher Hentwinge mit allem recht gehöre, so iedoch, dass dieser an den Predigerbruder Stoltzeneck, ihren bruder, für dessen lebenszeit jährlich zahlen muss 5 pfund. «und hant (die übrigen geschwister) dem selben hern Wernher und sinen erben fünf phunt geltes verlet und geursaszet mit 3 pfunden geltes uffe dem huse in des Hûtes gassen zwischent dem Röscharte und dem huse zû dem hûte und 30 schillinge geltes uf huse und uf hovestete, dem men sprichet zû dem Linsin in Cruttenowe, unde denne 2 vierteil rocken geltes zû Brûmat uffe matten, die der Zevinger het, also daz der selbe her[a] Wernher und sine erben daz vorgenante gelt niessen und niemen sülent, die wile daz brûder Stoltzenecke lebet.» nach dessen tode sollen diese renten verteilt werden unter den geschwistern. «an dem mentage post annunciationem beate virginis, 1302. heran warent wir Groz Erbe, *u. s. w. folgt der Rat*[2]. ***1302 März 26.***

Aus Strasb. Hosp. A. Prot. Prédic. 107 (Copialb. s. XIV) fol. 34. cop. mb.

Verkauf.

481. C. j. c. A. Albertus de Kentzingen, filiaster Conradi dicti zû dem Pfawen, et Katherina uxor ejus vendunt portionem ipsos contingentem in pistrino, in c. A. in vico dicto zû dem dorne et juxta eandem domum dictam zû dem dorne sito, et in duabus stationibus, ubi panes vendi solent an dem vischemerckete, dictis in vulgari zwo brotbecker stete, juxta stationem Alberti dicti Rûlenderlin militis sitis, videlicet nonam partem ipsos contigentem pro

a) *cop.*: hern.

[1] *Vgl. nr. 279 und 280. Nach einer Dorsualnotiz s. XIV war es die Mühle* «zû spiznen». [2] *Vgl. nr. 117, 119 und 134.*

indiviso in dicto pistrino et stationibus predictis, Johanni dicto Clobelôch juniori, civi Arg., pro 11 lib. et 10 sol. den. Arg. A. 3. actum 4 nonas aprilis, a. d. 1302 [1]. *1302 April 2.*

Aus Strassb. Stadt A. Pf. G. lad. 102 fasc. P. or. mb. c. sig. pend.

482. *Der Marschall von Hüneburg gibt dem Johannes Knoblauch Anteil am Zoll von Strassburg zu Lehen.* *April 7.* *Lehnsbrief.*

Ich Ludwig, der marschalk von Hûneburg, tûn kunt allen den, die disen brief gesehent unde gehôrent lesen, daz ich durch den genêmen dienst, den mir her Johannes Clobelôch, ein burger von Strazburg, getân het, han zû eime rehten lehene dem selben hern Johannese verluhen siben pfunt geltes Strâzburgere pfenninge sehstehalbes schillinges minre an dem zolle zû Strazburg unde han ime daz lehen verluhen, alse men ein lehen ze rehte lehen setzen unde vertigen sol. unde des zû eime urkûnde so han ich ime disen brief gegeben besigelt mit mine ingesigele. diz geschach an dem sameztage nach mittervasten, do men von gotz gebúrte zalte drizehen hundert iar unde zwei iar.

Im Besitz des Herrn Major Kindler von Knobloch in Celle (Hannover). or. mb. c. sig. pend.

483. C. j. c. A. Heilmannus et Elnhardus magnus, procuratores seu gubernatores fabrice ecclesie Arg., vendunt aream sitam in c. A. retro lobium pellificum inter aream dicte Degerin e. u. et domum Hugonis cuparii e. p. a., a domina dicta die gûte Spenderin fabrice predicte donatam, fratri Conrado dicto de Kertzevelt converso mon. s. Nicolai e. m. A. pro 15 lib. den. Arg. item c. j. c. A. Ellina begina soror Wernheri oleiatoris residentis quondam an dem rossemerkete vendit jus suum enphitcoticum in eadem area Conrado prefato pro 13 lib. den. Arg. A. 3. datum 5 idus aprilis, a. d. 1302 [2]. *April 9.* *Verkauf*

Aus Strassb. Stadt A. lad. s. Nicol. Mart. Petr. fasc. I. or. mb. c. sig. pend.

484. Fridericus, episcopus Arg., notum facit, quod Heinricus dictus Stampf senior, civ. Arg., in remedium anime sue et quondam Edellindis, uxoris sue, in dotationem altaris b. virginis, quod est in ecclesia s. Petri Arg. seniori constructum, ad prebendam sacerdotalem donavit bona in Hypfensheim de consensu Heinrici, Johannis, Gerine et Grede, liberorum suorum. jus presentandi ad prebendam est duabus vicibus apud liberos donatoris, postea vero perpetuo apud rectorem ecclesie s. Petri. Heinricus de Friburg, thesaurarius ecclesie Arg. et loci archidiaconus, et Johannes dictus Zorn, rector ecclesie s. Petri, consentiunt, item episcopus. sigilla episcopi, thesaurarii et rectoris sunt appensa. datum Argentine, feria 6 post dominicam, qua cantatur Judica, a. d. 1302. *April 13.* *Präbendenstiftung.*

Aus Strassb. Bez. A. G 4218 (4595). 7. or. mb. c. 3 sig. pend.

485. C. j. c. A. Odilia de Stollenberg, relicta Berhtoldi pincerne de Ehenheim, per manum Sifridi dicti de Vegersheim, militis Arg. ejus tutoris, vendit unam aream, sitam in c. A. retro lobium pellificum juxta pistrinum dicti militis, fratri Conrado dicto de Kertzevelt, converso monasterii s. Nicolai e. m. A., pro 33 lib. den. Arg. A. 3. actum 6 nonas maji, a. d. 1302 [3]. *Mai 2.* *Verkauf.*

Aus Strassb. Stadt A. lad. s. Nicol. Mart. Petr. fasc. I. or. mb. c. sig. pend.

486. Hermannus decanus ecclesie Rynâgensis, gravi percussus infirmitate, ut expensas in egritudine faciendas solvere posset, ordinacionem a se factam de curia sua sita in Ville- *Abänderung eines Testaments.*

---

[1] *Ebenso verkaufen Burkard Elnhart, Bürger von Strassburg, und Guta, seine Gattin, den ihnen gehörigen neunten Teil an genannten Gütern demselben Johannes Clobelouch für 10 Pfund Pfenninge. 1303 September 5. Or. ebendaselbst.* [2] *Vgl. nr. 293.* [3] *Vgl. nr. 483.*

linsgasze juxta curiam domine de Westhus[1] apud s. Thomam, quam ecclesie s. Thome legaverat, de anno gratie prebende sue in Rynôwe, quam ecclesie ibidem legaverat, et etiam de 5 lib. den. Arg., quas Irmengardi sorori sue legaverat, revocat, volens ut predictam curiam et annum gratie Johannes, portarius ecclesie Rynaugensis, filius fratris sui, obliget vel alienet pro pecunia, qua necessitatibus decani in egritudine subveniat. si quid supererit in morte sua, portarius predictus de eis disponat. 5 lib. a sorore sua recepit. in aliis a se relictis Johannem heredem suum instituit, qui 8 lib. den. Arg. ecclesie Rynâgensi, in quibus decanus tenetur, solvere debet, pro quibus 8 lib. Johanni domum suam in Rynôwe vendit. eidem vendit bona in Criegesheim apud Düngensheim pro 7 lib. den. Arg. episcopo Arg. legat 1 fertonem argenti. sigilla curiarum thesaurarii et Gebehardi de Friburg archidiaconi sunt appensa. actum a. d. 1302, feria secunda qua cantatur Jubilate[2].
1302 Mai 14.

Aus Strassb. Thom. A. Registrande A fol. 134. cop. chart.

Verkauf. **487.** Der richter des hofes zu Strassburg macht bekannt, dass Conrat Büller von Vinckenwilre und Lusche, seine gattin, Berlin dem brodbäcker zu Strassburg verkauft haben haus und hof im Finkweiler auf der hofstatt des klosters s. Elisabeth gelegen neben Hanns Girschenckel, von der dem kloster jährlich gezahlt werden 17 pfenninge, für 10 pfund und 5 schillinge. 2 nonas junii, 1302. ***Juni 4.***

Aus Strassb. Hosp. A. Prot. s. Elisabeth 205 (Copialb. s. XV) lit. S nr. AB. Deutscher Auszug des vermutlich lateinischen Originals.

Verpfändung. **488.** C. j. c. A. prior et Johannes, procurator monasterii in Lare, suo et conventus nomine de consensu Heintzemanni dicti zû dem Helfande vendunt domino Hugoni, preposito ecclesie s. Petri Arg., pistrinum suum c. m. A. ex alia parte vici, quo itur zum grûnen Werde, juxta dictum Stampf et ex parte altera juxta Sifridum dictum Wagener et vocatur daz ovenhus zum Helfande[3], cum area ejusdem pistrini, et fons situs est ex opposito ejusdem, item agros viniferos in banno ville Kestenholtz pro 110 lib. den. Arg. peracto hujus vendicionis contractu emptores venditoribus pistrinum et alia bona prescripta locant pro 10 lib. den. Arg. solvendis singulis annis. si venditores reemere bona prescripta voluerint, emptores pro 110 lib. den. revendere tenentur inter festum b. Martini et nativitatem b. Johannis baptiste. Anshelmus, filius quondam Peregrini de Grefental, nunc scultetus in Scherwilre, renunciavit omni juri sibi competenti occasione locacionis per prescriptos dominos de Lare sibi facte. sigillum curie Arg. una cum sigillis dictorum prioris et conventus est appensum. prior et conventus monasterii predicti ratificant omnia prescripta. datum 11 kalendas julii, a. d. 1302. ***Juni 21.***

A aus Strassb. Frauenh. A. lad. 31 fasc. Kestenholz nr. 1. or. mb. c. 2 sig. pend. (tertium delapsum est.)
B aus Strassb. Bez. A. G 5197 (4825). or. mb. c. sig. pend.

Verkauf. **489.** C. j. c. A. Elsa, relicta Conradi dicti Kübeler, pro se et liberis suis vendit de consensu Conradi dicti de Lichtenberg et Wernheri dicti de Lichtenberg residentium apud Westhoven, propinquiorum dictis liberis ex parte patris eorundem, tutorum seu curatorum liberorum suorum predictorum, ut dicebat, domum unam cum area de 2 domibus dictis zû hern Mörlin in dem Fronhove videlicet propinquiorem curie Heilmanni civis Arg. seu paludi in vulgari dicto die Schûpfe, (ita quod 30 sol. den. Arg. de area dicte domus annuatim solvantur nomine census) Johanni dicto Sorner de Berse civi Arg. suo et Anne dicte de Pforczheim, uxoris sue, nomine, pro 38 marcis argenti « et quia tercia pars dicte domus vendite

---

[1] *Vgl. Str. G. u. HN. S. 184.* [2] *Vgl. nr. 28 u. 383.* [3] *Vgl. Str. G. u. HN. S. 72.*

et ejus edificiorum et tota area ejusdem domus ad ipsam Elsam pertinet, ut dicebat, et relique due partes ejusdem domus et edificiorum ad eosdem liberos suos, et nichil de area pertinere asseruit dicta Elsa ad liberos suos predictos, et ut idem emptor et uxor sua et eorum heredes de hujusmodi vendicione cerciores existant ab impeticione et infestatione liberorum predictorum, dicta Elsa terciam partem relique domus et aree pro indiviso dicte zů hern Mörlin, cujus domus et aree terciam partem pro indiviso ad se asseruit pertinere ex successione paterna, quam terciam partem domus et aree plus valere quam valeat porcio dictorum liberorum in domo vendita, de consensu dictorum Conradi et Wernheri curatorum eorundem liberorum eisdem liberis suis in reconpensam porcionis, quam habebant, donacione inter vivos donavit », dictis Conrado et Wernhero presentibus et recipientibus. A. 3. actum 7 kalendas julii, a. d. 1302. *1302 Juni 25.*

Aus Strassb. Frauenh. A. lad. 49 nr. 37. or. mb. c. sig. pend.

490. C. j. r. A. Albertus de Zabernia dictus de Gödertheim prespiter de extremis cogitans legat ad novum altare construendum in civitate Argentina in loco, quem magister Cůnradus de Sarburg, rector ecclesie in Munczenheim, deputaverit, redditus et bona in Wilgotheim, ut ibidem prebenda instituatur. prebendam deputavit Johanni clerico, filio quondam Cůnradi dicti Zerre de Zabernia. actum et datum sabbato post festum beatorum Petri et Pauli apostolorum, a. d. 1302. *Juni 30.* *Präbendenstiftung.*

Aus Strassb. Bez. A. H 2707. 1. or. mb. c. sig. pend.

491. Heinrich und Reinhard, herren von Ettendorf, verlehnen herrn Niclawese Zorn, dem schultheissen von Strassburg, im bann zu Gebolzheim 80 äcker, die hälfte des zehnten mit ausnahme von 30 vierteln, die an die von Kagenecke verlehnt sind, und den dinghof zu Gebolzheim. donnerstag nach s. Margarethentag, 1302. *Juli 19.* *Lehnsbrief.*

A aus von Zorn Plobsheim Fam. Archiv. Papiercopialb. s. XVI exeunt. fol. 87 a.
B aus Strassb. Bez. A. G 890. Beglaubigte Abschrift des Originals aus dem Jahre 1687.

492. *König Albrecht verpfändet an Reinbold Reinböldelin Zehnten in Ballbronn.* *August 1.* *Pfandbrief.*

Wir Albrecht von gottes gnaden ein Rômisch kunig des heiligen riches merer tunt kunt allen den, die disen brief gesehent und hörent lesen, das wir hant angesehen den genemen dienst, den her Reimbold Reinboldelin ein ritter von Strazburg uns und unsern vorlern an dem riche het getan und allewege tůt, darumbe son han wir ime gegeben zu eime lehen drei fuder wingeltes uf den winzehenden zu Obernroden in dem bann zu Baldeburnen, den her Diethrich von Baldeburnen ein ritter zu einem lehen hatte, und unsern kornzehenden ouch zů Baldeburnen vür vierzig mark silbers, also wenne wir oder unser nachkommen an dem riche ime oder sinen lebenserben gegebent vierzig mark silberes, so soll das vorgenante wingelt und korngelt dem riche lidig sin, unde sol derselbe her Reimbolt oder sine lebenserben, ob er nit enwer, die vierzig mark silbers an ein eigen legen und sulent das eigen von dem riche zu lehen han. swas ouch der selbe her Reimbold unde sine lehenserben niessent uf dem gute, so das zu die vierzig marke werent gegeben, den nutz lassen wir ime und sinen lehenserben varn und gebent in ime unde sinen lehenserben ellencliche von der hand durch gnade, die wir sunderlichen gegen ime hant. und des zu eime urkunde so han wir ime disen brief gegeben besigelt mit unserem ingesigele. dis geschach an der mittewochen nach sant Jacobstage des zwölfbotten in den ernen, do man von gottes geburte zalte druzehenhundert iar und zwei iar [1].

Aus Strassb. Bez. A. E 2447. cop. chart. s. XVII (ex originali) vidim. mit schlechter Orthographie. Regest bei Lichnowsky-Birk. Geschichte des Hauses Habsburg II Regesten nr. 306 unter dem falschen Datum Juli 25 nach dem im k. k. Geh. Archiv in Wien aufbewahrten Transsumpt in der Bestätigungsurkunde Friedrichs IV von 1442 Juli 26, Frankfurt.

Erbleihe.

493. Johannes Hetzel der meister und der rat von Strassburg machen bekannt, «daz frowe Junthe, hern Nyclaweses seligen wittewe under den köflüten, mit willen und gehelle Erben, Reinboldes, Cůnen und Johanneses, irre süne, het verluhen vür sich und alle ire erben swester Bryden, Veygelers swester des scherers, und allen iren erben zů eime rehten erbe ire hovestat in der cleinen Stadelgassen, die gelegen ist einsite nebent iungfrowen Annen hern Colins und andersite nebent Gůten von Hochvelden, umbe 10 schillinge pfenninge zinses alle iar und 2 cappen». Er. 1. V. «gegeben an sante Syxten tage, 1302. heran warent her Johannes Hetzel, *u. s. w. folgt der Rat.* ***1302 August 6.***

Aus Strassb. Thom. A. lad. Kaufbriefe 2. or. mb. c. sig. pend. delaps. An einigen Stellen im Ratsverzeichnis sind durch Mäusefrass kleine Lücken entstanden.

Wittumsstiftung.

494. C. j. c. A. Conradus dictus de Rufache, civis Arg., Katerine, uxori sue, duas partes pro indiviso unius domus et aree sito in c. A. retro lobium pellificum ex opposito domus domine dicte de Mulnheim et juxta domos Burcardi de Mulnheim, quam similiter construxerunt constante matrimonio inter eos, item medietatem unius domus et aree, pro indiviso sitarum in vico dicto Brůiegasse in c. A. juxta domum dicti Brandecke militis e. u. et domum Nicolai dicti Mursel e. p. a., necnon quedam bona in superiore Ehenheim, Fulcriegesheim in augmentum dotis seu in donationem propter nuptias donavit tenenda et utifruenda per eandem jure dotis juxta consuetudinem civitatis et dyocesis Argentinensis. Katherina viceversa donat marito suo tertiam partem premissorum bonorum in dotem. datum 6 idus augusti, a. d. 1302. ***August 8.***

Aus Strassb. Thom. A. lad. Kaufbriefe 1. or. mb. c. sig. pend. delaps.

Pfandbrief.

495. *König Albrecht bestätigt dem Voltzo von Hochfelden die demselben von König Rudolf verpfändeten Güter zu Wickersheim. Hagenau.* ***August 9.***

Nos Albertus dei gracia Romanorum rex semper augustus ad universorum sacri Romani imperii fidelium noticiam volumus pervenire, quod nos strennui viri Voltzonis de Hochfelden fidelis nostri instantivis supplicationibus graciosius inclinati, obligationi sibi facte per dive memorie dominum Rudolfum Romanorum regem, predecessorem et genitorem nostrum karissimum, de sexaginta quartalibus reddituum annone recipiendis de curia nostra in Wikersheim annis singulis pro sexaginta marcis argenti, quas sibi ratione emptionis dextrariorum idem noster genitor dare promisit, nostrum consensum et assensum benivolum impertimur, obligationem hujusmodi motu benignitatis regie presentium litterarum testimonio in suis articulis confirmantes. datum in Hagenowe, anno domini millesimo trecentesimo secundo, 5 idus augusti, indictione 15, regni vero nostri anno quinto.

Aus Böhmer Acta imperii nr. 560 (nach dem Or. im Strassb. St. A.). Böhm. Reg. Alb. nr. 394.

Leibzuchtsvertrag.

496. C. j. c. A. Gerdrudis de Illenkirchen confessa est, se domum, quam inhabitat, sitam in c. A. in foro equorum ex opposito Heinrici dicti Swarber et inter domum Růdigeri lapicide et domum Gerdrudis dicte de Vendenheim tendentem retro super vallum[a] gegen dem

a) *cop.:* vallem.

[1] *Vgl. nr. 303 u. 305.*

Slüche emisse a priore et fratribus predicatoribus domus Arg. pro precio dudum ab ea soluto ad tempus vite sue et Anne, filie quondam Wölfelini de Illenkirchen fratris sui, salvo tamen usu dicte domus Gerine dicte Swarberin in inferiori parte dicte domus, in qua hactenus ipsa habitabat, ita quod post ipsarum trium personarum obitum dicta domus ad eosdem priorem et fratres absolute devolvatur. et quia Gerdrudis plures expensas sustinuit circa meliorationem, ultra quam dictis fratribus promisit tempore emptionis, videlicet 40 lib. den. Arg., sibi assignari procuraverunt 20 lib. den. Arg. per priorissam et conventum monasterii s. Margarete e. m. A. tali tamen condicione, quod quamdiu Gertrudis vel Anna vixerit et post ejus mortem, quamdiu domum tenuerit, annuatim dictis fratribus dare debeat 1 lib. den. Arg. in die anniversarii domine Christine dicte Hentwingin; si vero domus ignis incendio devastaretur, libere sunt a solutione dicte libre. datum 16 kalendas septembres, a. d. 1302. ***1302 August 17.***

Aus Strassb. Hosp. A. Prot. Préd. 107 (Copialb. s. XIV) fol. 35. cop. mb.

497. C. j. c. A. Dietricus ante monasterium civ. Arg. de consensu Johannis, Dietrici, Philippi et Hessemanni et Junte, liberorum suorum, (Junta per consensum Heinrici dicti Stampf mariti sui), vendidit domum dictam zû dem salmen sitam in c. A. in dem flasgesselin et omne jus sibi competens in dicta domo et area ac unum ortum situm e. m. A. zû Fulburgetor in dem brûch de duobus ortis videlicet propinquiorem ecclesie de Rotenkirchen, Johanni filio ipsius Dietrici antiquiori ex priori matrimonio pro 40 marcis argenti. A. 3. datum 10 kalendas septembres, a. d. 1302 [1]. ***August 23.*** *Verkauf.*

Aus Strassb. Thom. A. Registrande A fol. 17. cop. chart. Nach einer vidimatio ausgestellt vom judex curie Arg. *1311 Januar 18.*

498. C. j. c. A. Crafto aurifaber Arg., et Cristina uxor ejus vendiderunt unam domum et aream sitam in c. A. inmediate juxta curiam magistri Johannis Engelberti civ. Arg. e. u. p. et e. a. juxta domum Johannis dicti Wisse et liberorum suorum et tendit retro ad estuarium Sickelini, ita quod de area ejusdem monasterio s. Stephani annuatim 6 den. nomine remedii solvantur, Grede relicte quondam Conradi dicti Linner pro 32 lib. den. Arg. A. 3. Wit 1. (pro Cristina). datum idus novembres, a. d. 1302 [2]. ***November 13.*** *Verkauf.*

Aus Strassb. Bez. A. H 2684. or. mb. c. sig. pend.

499. *Rentenkaufbrief des Johannes Selle für Johannes Knoblauch.* ***Dezember 10.*** *Rentenkauf.*

Wir Burkart Panfilin der meister und der rat von Strazburg tûnt kunt allen den, die disen brief gesehent und gehôrent lesen, daz Johannes Selle Sellen seligen sun zû der Hellen het gegeben ze kôffenne Johannese Clobelôche hern Johanneses des Clobelôches sun vier pfunt pfenning geltes lidiges geltes ane allen schaden uffe dem halben huse und hovestete mit alleme rehte zû hern Wetzele dem rihtere an dem wassere ungeteilt und uffe dem halben huse und hovestete zû Wartenberg ôch ungeteilt und uffe dem halben huse und hovestete nebent dem huse zû Wartenberg, do der küffer inne gesessen ist, ôch ungeteilt mit alleme rehte umbe sehs und drizig marg silbers luters und lôtiges des geweges von Strazburg. des silbers ist er von Johannese Clobelôche gar und gantz gewert und het gelobet der selbe

---

[1] *Vgl. nr. 431. Johannes verkauft einen Zins (4 Pfund weniger 5 Schill.) auf dem erworbenen Haus* zûm salmen *(als* orthus *bezeichnet) an Burkard Kettener, Bürger von Str., für 38 Mark Silbers. 1311 Januar 8. ebendaselbst fol. 136. Nikolaus Seiler, Bürger von Str., und Kristina, dessen Gattin, hatten dasselbe Haus in Erbleihe von s. Thomas für einen Zins von 3 Pfund und 5 Schillingen. (Er. 4. V.) 1318 Mai 13. Abschrift ebendaselbst fol. 117b und 136.* [2] *Dorsualnotiz s. XIV:* «de domo in vico zû der iuncfrôwen». *Das genannte Haus mit Hofstätte verkauft die Greda wieder an Meister Johannes Engelberti, Strassburger Bürger, für 14½ Mark Silbers. 1304 April 9. Or. ebendaselbst.*

Johannes Selle und ist ôch schuldig worden der vier pfunde pfenning geltes uffe den vorgenanten hálben húsern und hovesteten ungeteilt mit alleme rehte und uffe alleme dem rehte, daz er hette an dem vorgeschribenen gûte, des er zû erbe kumen ist von siner mûter, reht were ze sinde gegen menlicheme alse reht ist. und het ôch der selbe Johannes Selle daz halbe hus und hovestat ungeteilt zû hern Wetzele dem rihtere und daz halbe hus und hovestat ungeteilt zû Wartenberg und daz halbe hus und hovestat ungeteilt nebent dem huse zû Wartenberg, do der kûffer inne gesessen ist, alse sie da vor bescheiden sint, zû eime erbe entpfangen von Johannese Clobelôche dem vorgenanten umbe die selben vier pfunt pfenninge zinses alle iar genger und geber Strazbúrgere ime und allen sinen erben iemerme ane hoher steigen; den zins sol der selbe Johannes Selle und alle sine erben und sine nachkumen iemerme halben geben zû wihennahten und den andern halben zû súnichten. an swen ôch die vorgenanten halben húser und hovestete ungeteilt mit alleme rehte, als sie da vor bescheiden sint, und daz reht, daz Johannes Selle daran het, nach des selben Johanneses Sellen tode gevallent, oder wúrdent sie verendert bi sime lebene, an swen sie denne gevallent, der git erschatz. und da nach alse dicke, so sie verendert werdent von der hovesezen wegen, alse dicke git men erschatz. von der hoveherren wandelunge git men dekeinen erschatz. wil ouch der selbe Johannes Selle oder die nach ime hovesezen werdent ir reht uffe den vorgenanten húsern und hovesteten verkôffen, sie súllent ez von erst bieten dem hoveherren; wil der nút drúmbe geben alse vil, als andere lúte, sie súlent ez verkôffen andern lúten, und swer ez kôffet, der git erschatz, und sol mens ôch dem setzen mit dirre selben gedinge. werdent ôch die halben húser und hovestete ungeteilt mit alleme rehte, als sie da vor bescheiden sint, von der hoveherren wegen verkôften enweg gegeben oder swie sie verendert werdent, an swen sie gevallent, der sol den hovesezen dise gedinge stête halten ane geverde. daz diz wâr und stête si, derumbe ist[a] unserre stette ingesigel an disen brief gehenket zû eime urkúnde. der wart gegeben an dem mentage vor sante Lucien tage, do men von gotz gebúrte zalte drizehen hundert iar und zwei iar. heran waren wir Johannes Hetzel, *u. s. w. folgt der Rat.*

Aus Colmarer Bez. A. H Unterlinden fasc. 14 nr. 13. or. mb. c. sig. pend. mutil.

Zeugenregest.

500. *In der Urkunde, worin Gräfin Udelhilt von Fürstenberg die Stadt Oberkirch und die Burg Fürsteneck an Bischof Friedrich von Strassburg verkauft, heisst es am Schluss:* «actum Argentine, 3 nonas januarii, anno domini millesimo trecentesimo tercio, presentibus dominis Heinrico de Luphen decano, Johanne de Ernberg, Heinrico fratre ejusdem Johannis, Heinrico de Gundelvingen, Hermanno de Geroltzecke, Rûdolfo de Talmessingen, canonicis ecclesie Argentinensis, Johanne lantgravio Alsatie, Anshelmo de Rapoltzstein, Conrado domino de Valkenstein, Hugone dicto de Burgberg, Eberhardo de Grifenstein, Voltzone de Hochvelden, Egelolfo de Osthoven vicedomino, Nycolao dicto Zorn sculteto Argentinensi et aliis quam pluribus fide dignis.» *König Albrecht bestätigt diesen Verkauf 1303 März 2 zu Ulm.*

1303 Januar 3.

Aus Strassb. Bez. A. G 78 (514). or. mb. c. 3 sig. pend. (sig. Udelhildis est delapsum). Darnach abgedruckt bei Mone, Ztschft. f. Gesch. d. Oberrh. IV, 283 und Fürstenberg. UB. II, 7.

Teilung von Lehnsmännern.

501. Anshelm, herr von Rapoltstein, giebt bekannt, dass er mit seinem bruder Heinrich die lehnsmänner geteilt habe, und zählt die von ihnen auf, welche an seinen bruder gefallen sind, darunter folgende [*vielleicht aus Strassburg stammende*]: «die Stubenwege, .. her

a) *Im Or. folgt der, durch untergesetzten Punkt cassiert.*

Bernhert Loeselin, . . . her Dieterich Loeselin und sine bruedere . . .» sie sollen ihre lehen von dem bruder Heinrich nehmen, während Anshelm sie ihres eides entbindet. Rapoltzwilr. ***1303 Januar 7.***

Aus Schöpflin Als. Dipl. II, 78 nr. 826 (nach Original im Rappoltsweiler Archiv).

Schenkung.

502. C. j. c. A. Conradus dictus zů der Megede, civis Arg., et Gerdrudis, uxor sua, legaverunt monasterio s. Francissci infra muros Arg. 4 agros frugiferos sitos in uno sulco juxta patibulum civitatis Arg., solventes annuatim 10 unc. den. Arg., et 1 agrum situm in banno ville Kungeshoven etc.; tali condicione adjecta, quod post obitum amborum tantum dicta bona ad dictam abbatissam in remedium animarum suarum et Johannis, quondam filii ipsorum, cum omni jure absolute et libere devolvantur, quodque de dictis bonis Agneti, filie ipsorum, moniali dicti monasterii, quamdiu vixerit, 2 lib. den. Arg. cedere debeant pro necessitatibus suis relevandis, et quod quolibet anniversario perpetuo singulis annis dominabus dicti monasterii in refectorium earum 1 lib. cedere debeat, ita quod anniversaria peragantur cum missis et vigiliis. actum 17 kalendas februarii, a. d. 1303. ***Januar 16.***

A aus Strassb. Hosp. A. lad. 51 fasc. 5. or. mb. c. sig. pend.
B ebendaselbst. or. mb. c. sig. pend. delaps.

Verkauf.

503. C. j. c. A. Johannes dictus Grimel, miles Arg., et Anna, uxor ejus, vendiderunt 2 agros sitos in uno sulco frugiferos e. m. A. inter agrum Liebentzelarii et agrum monasterii s. Franciscci dictum daz nuwe closter unde stoszent hinden uf dez Swarbers hof an der Steinstraszen, Petro dicto Swarber, civi Arg., pro 22 lib. et 10 sol. den. Arg. A. 3. Wit. 1. (pro Anna.) actum 12 kalendas februarii, a. d. 1303. ***Januar 21.***

Aus Strassb. Hosp. A. lad. 70 fasc. 1. or. mb. c. sig. pend. Dorsualnotiz s. XIV: «über die acker zů Zůrnecke».

Erbleihe.

504. Vor dem richter des hofes der küsterei zu Strassburg macht meister Johannes von Sesenheim bekannt, dass er von dem kloster s. Elisabeth vor Strassburg geliehen hat für einen jährlichen zins von 6 pfund das haus und den hof gelegen neben dem hofe herrn Johannes von Ochsenstein[1] und neben Stehelins hof. will Johannes darauf einen hölzernen oder steinernen bau errichten, so soll er es auf seine kosten thuen; dafür soll aber vom kloster sein jahresgedächtniss begangen werden mit vigilien und seelenmessen. das siegel der küsterei ist angehängt. gegeben dienstag nach Maria lichtmess, 1303. ***Februar 5.***

Aus Strassb. Hosp. A. Prot. s. Elisabeth 205 (Copialb. s. XV) lit. S nr. H. Deutscher Auszug aus lat. Original.

Schenkung.

505. Johannes, portarius ecclesie Rynaugensis, facultate sibi concessa de rebus omnibus Hermanni, decani dicte ecclesie, disponendi ordinat, quod curia sita in Vitellinesgasze post obitum dicti Hermanni et Gótzonis, fratris sui, cedat ecclesie s. Thome; si Hermannus urgente necessitate bona sua mutuaverit, capitulum debita solvet. item distribuet in ipsius Hermanni anniversario singulis annis 1 lib., item in anniversario Conradi dicti Lebelin, quondam custodis s. Thome, item in festo s. Egidii; *September 1.* item de dicta curia solvet fabrice censum 10 sol. den. Arg. si capitulum plus quam 10 marcas solvere debebit, predictus Johannes vult id exoneratum esse a solutione 1 lib. in anniversario Lebelin. sigilla curiarum thesaurarii et G[ebehardi] de Friburg archidiaconi sunt appensa. actum et datum feria sexta post dominicam Reminiscere, a. d. 1303[2]. ***März 8.***

Aus Strassb. Thom. A. Registr. A fol. 97b. cop. chart. s. XIV.

---

[1] *Vgl. Str. G. u. HN. S. 40.* [2] *Vgl. nr. 28, 383 und 486.*

Urteilspruch.

506. *Acht Schöffen (zugleich Bürgermeister oder Mitglieder des amtirenden Rates) sprechen das Urteil in einem Streit zwischen dem Hospital und Burkard Reimböldelin über den Wasserzufluss der Mühle zum Rosse.* **1303 März 18.**

Ich Burkart Paulilin burgermeister von Strazburg tůn kunt allen den, die disen brief gesehent und gehôrent lesen, daz ich von des rates geheisse unde von der brůder wegen in dem spittale unde von des spittals wegen satzete zů rede hern Burkarten Reinboldelin under den kôflûten unde sprach in an mit gerihte, daz die můle zů dem rosse in eime gemeinen gieszen lege unde me wassers hette denne die andern můlen, und des durch reht nůt solte han, und daz die můlen alle gliche wasser soltent han. daz verentwůrtete her Burkart Reinboldelin vůr sin teil also unde sprach, daz die vorgenante můle zů dem rosse durch reht einen munt me wassers solte han denne die andern můlen, und daz er unde sine vordern die můlen und daz wasser also herbraht hettent in gewalte unde in gewere unde bi gerihte zweinzig iar unde me, unde brâhte daz vůr mit der warheite unde behůp ouch der selbe her Burkart an den heiligen, daz er unde sine vordern die halben můlen und daz wasser zehen iar in eigins wise herbraht hettent. unde wart ime erteilt mit urteile, daz in der spittal ungeirret solte lazen an dem wassere, daz er erzûget unde behebet hette, als ez da vorbescheiden ist. harumbe sprachen wir Heinrich von Wolfgangesheim, Reinbolt der Liebenzeller, Johannes Hôwemesser, Johannes Hunsvelt, Wetzel Marsilies der iunge, Reinbolt Tůrant, Burkart Waldecke, unde Nyclawes Tůtschman, rittere unde scheffele von Strazburg, an dem mentage nach mittervasten, do men von gotz gebůrte zalte drizehenhundert iar unde drů iar.

Aus Strassb. Stadt A. G U. Pf. lad. 167 nr. 4. or. mb. c. 8 sig. pend., quorum 2 delaps.

Erbleihe.

507. C. j. c. A. Fridericus dictus de Wôffelingeshoven, residens ultra pontem s. Stephani in der Crutenowe, confessus est, se conduxisse in enphiteosim 2 areas (inmediate sitas in der Crutenowe versus mon. s. Johannis juxta Cůnonem dictum Cleibe und stoszet hindenan uffe die von Kagenecke und uf Sifridi Mangolde) a monasterio s. Stephani singulis annis pro

Mai 1. 5 sol. et 3 den. Arg. (festo bb. Philippi et Jacobi solvendis) et 4 capponibus (Martini). Er. 1. (juxta consuetudinem civitatis Argentine.) V. (edificia et jus in area). item eodem modo habet Hertwigus dictus Hegener, residens ultra pontem s. Stephani Argentine in der Crutenowe, ab eisdem unam aream, sitam in der Crutenowe juxta predictum Fridericum, und stoszet uf Sifrit Mangolden, item medietatem unius aree pro indiviso, que quondam fuit Heinrici dicti

Mai 1. Hulleweber, site in der Crutenowe, pro 1 unc. den. Arg. (Philippi et Jacobi) et $1^1/_2$ capone (Martini) annuatim nomine census. Er. 1. V. (ut supra.) datum 14 kalendas aprilis, a. d. 1303. **März 19.**

Aus Strassb. Bez. A H 2684. or. mb. c. sig. pend. delaps.

Verkauf.

508. C. j. c. A. Petrus, natus quondam Eberlini dicti de Schônecke, et Katherina, uxor ejus, vendunt redditus annuos 14 unc. den. Arg. super 2 areis sitis in c. A. an dem Holtzmerkete ex opposito domus Petri dicti de Schônecke militis Arg., super quibus ligna solent vendi, Hugoni, nato Petri predicti, pro 10 lib. den. Arg. A. 1. venditores una cum Lembelino milite de Ehenheim et Burcardo fratre Hugonis dicti cavent pro liberis venditorum minoribus et se quo ad hec tanquam principales debitores obligant. datum 4 kalendas aprilis, a. d. 1303. **März 29.**

Aus Strassb. Stadt A. G. U. Pf. lad 181 fasc. 2. or. mb. c. sig. pend.

809. *Elnhard schenkt all sein Hab und Gut der Domfabrik.* **1303 April 30.** *Schenkung.*

Coram nobis judice curie Argentinensis constitutus Elnhardus magnus, procurator seu gubernator fabrice ecclesie Argentinensis[1], omnia bona sua mobilia et immobilia, et, que tempore obitus sui relliquerit, et specialiter omnia bona, agros et possessiones, quos habet in villis et bannis Kûnigesheim, Kestenholtz et Scherwilr, necnon duas partes domus et attinenciarum pro indiviso, quas se habere asseruit in opido Offenburg, quam domum asseruit appellari des Cletten hus, fabrice ecclesie Argentinensis donacione inter vivos donavit et resignavit, quod in vulgari dicitur usser sinre gewer, in remedium anime sue et simpliciter propter deum. preterea idem Elnhardus voluit, statuit et ordinavit, quod annuatim sedecim ame vini advenientibus et pernoctantibus in ecclesia Argentinensi predicta in tribus festivitatibus assumpcionis videlicet et nativitatis beate virginis et in dedicacione ecclesie Argentinensis predicte de vineis, datis ipse fabrice per eundem Elnhardum in bannis Kûnigesheim, Kestenholtz et Scherwilr sitis, perpetuo ministrentur et de vino tantum, quod excrescit in vineis antedictis, videlicet in assumpcione beate virginis de nocte quatuor ame vini, et in dedicacione dicte ecclesie octo ame, in nativitate vero beate virginis quatuor ame vini, asserens, quod eciam antea[2] dictis advenientibus ordinaverit dari de vineis suis seu distribui in dictis festivitatibus quandam summam vini, quam summam vini prius deputatam voluit in istas sedecim amas vini conputari, ita quod de priori ordinacione et de secunda per totum ministrentur sedecim ame vini. adjecit eciam idem Elnhardus, quod per presentem donacionem donaciones seu legatum per ipsum Elnhardum prius factas locis et personis quibuscunque non intendit aliquatenus revocare, sed eas vult et voluit in suo robore firmiter perdurare; item dictus Elnhardus voluit, statuit et ordinavit, quod si aliquis heredum suorum contra dictam donacionem venire et eam retardare presumpserit, quod ipso facto et ipso jure sit ipryatus jure sibi succedendi in omnibus bonis suis seu in aliqua parte earundem. quam inquam donacionem idem Elnhardus coram nobis fecit in modum et sub condicionibus prescriptis, Heilmanno in aqua procuratore seu gubernatore dicte fabrice presente et hujusmodi donacionem a prefato Elnhardo nomine et vice dicte fabrice recipiente. ac ipsi Elnhardo dicta bona tenenda, possidenda et utifruenda pro tempore vite sue nomine fabrice supradicte locavit et concessit singulis annis pro uno solido denariorum Argentinensium solvendo per ipsum Elnhardum annuatim in festo nativitatis domini fabrice predicte nomine census in signum, quod proprietas dictorum bonorum ad ipsam fabricam pertineat pleno jure. peracta itaque hujusmodi donacione idem Heilmannus attendens et recognoscens prefate fabrice multa grata servicia et beneficia ab eodem Elnhardo impensa, eundem Elnhardum recepit pro confratre dicte fabrice ac sibi prebendam super domo ejusdem fabrice deputavit, ita quod, quandocunque voluerit, sibi dicta prebenda ministretur pro tempore vite sue, prout uni sacerdotum celebranti in altari beate Marie virginis fabrice predicte, absque dolo. et in testimonium premissorum sigillum curie Argentinensis ad peticionem parcium predictarum presentibus est appensum. datum 2 kalendas maji, anno domini 1303. hujus instrumenti duo sunt paria, quorum unum remanet apud dictum Elnhardum, reliquum vero apud fabricam supradictam.

August 15. September 8. August 28.

Aus Strassb. Frauenh. A. Saalbuch 3 fol. 7ª. cop. chart. s. XIV exeunt. Darnach abgedruckt in Mon. Germ. SS. XVII, 94 note 27.

810. C. j. c. A. Johannes dictus Henflin turne sutor vendit domum unam sitam in c. A. in vico dicto Bieckergasse uf dem wihere nebent der Erbeiterin super area Johannis dicti Hunesfelt militis Arg. per manum et consensum ejusdem Friderico dicto Riser et Elline, *Verkauf.*

---

[1] *Als solcher nimmt er eine Schenkung des Ritters Hugo Schoup entgegen 1303 Juli 12. Or. im Frauenh. A. lad. 21 fasc. Ensheim nr. 1.* [2] *Vgl. nr. 410.*

uxori sue, pro 19 unc. den. Arg., ita quod de dicta area 5 sol. den. Arg. et 2 cappones annis singulis solvantur dicto militi nomine census. Er. 4. V. A. 1. datum 2 nonas junii, a. d. 1303. ***1303 Juni 4.***

Aus Strassb. Frauenh. A. lad. 49 nr. 42. or. mb. c. sig. pend. Daran Transfix von 1339 Oktober 4.

Erbleihe. **511.** Hugo, prepositus s. Petri, plebanus ecclesie s. Andree Arg., de consensu Johannis de Kungeshoven, patroni ejusdem ecclesie, aream unam dimidiam sitam nebent der spittaleres hove in strata lapidea, spectantem ad prefatam ecclesiam s. Andree, concedit in enphiteosim Johanni sutori dicto de Berstete pro annuo censu 10 sol. den. Arg. et 2 caponum sine erschatz. V. (quoad edificia desuper contenta). predicti Hugo et Johannes sigilla sua appendunt. actum et datum 5 idus junii, a. d. 1303. ***Juni 9.***

Aus Strassb. Hosp. A. lad. Hôp. XLVIII fasc. 73. or. mb. c. 2 sig. pend.

Schenkung. **512.** C. j. c. A. magister Waltherus de Mülnheim, decanus ecclesie s. Petri Arg., Johannes, Heinricus et Burcardus fratres sui bona inferius specificata fabrice eccl. Arg., presentibus Heilmanno et Elnhardo, procuratoribus seu gubernatoribus, donacione inter vivos donaverunt in patris et matris eorum remedium, talibus condicionibus adjectis videlicet, quod singulis annis redditus eorundem bonorum in usus dicte fabrice circa edificia ejusdem absque dolo plene convertantur nec locentur nisi pro pecunia numerata. fratres promittunt se donacionem ratam habituros. actum 2 idus junii, a. d. 1303. specificacio bonorum in banno Kúnigeshoven sequitur. ***Juni 12.***

Aus Strassb. Frauenh. A. Saalbuch 3 fol. 85ᵃ. cop. s. XIV exeunt. Darnach Regest in den Mon. Germ. SS. XVII, 95 note 29.

Schenkung. **513.** C. j. c. A. Reinboldus dictus Stübenweg miles, natus Hugonis dicti Stübenweg, militis Arg., de consensu Důde sororis sue medium molendinum, situm juxta ortum dictum Minnenberg pro indiviso gynesit der spittelmülen, fabrice eccl. Arg. legavit in remedium anime sue (zům rehten selgerete), usufructu sibi et Agneti uxori sue ad tempus vite reservato. Elnhardus magnus procurator dicte fabrice recipit donacionem. actum 6 kalendas julii, a. d. 1303[1]. ***Juni 26.***

Aus Strassb. Frauenh. A. Saalbuch 3 fol. 112ᵃ. cop. s. XIV exeunt. Darnach Regest in den Mon. Germ. SS. XVII, 95 note 29.

Witwenstiftung. **514.** C. j. c. A. Heimo pellifex residens in vico dicto dez gasse von Schiltinckeim ordinat de consensu Wernburgis matris sue, Lúsche sororis sue, et Johannis mariti ejusdem Lusche, quod post obitum suum Gerdrudis uxor sua, si ipsum Heimonem supervivere contingerit, duas partes domus sue pro indiviso site in dicto vico super area domine Lúcgardis de Schiltinckeim (de consensu ejusdem domine) et duas partes omnium bonorum suorum mobilium et inmobilium, que tempore obitus sui reliquerit, habere debeat pro tempore vite sue, ita quod dictam domum medio tempore nullatenus alienare teneatur et quod post obitum ipsius Gerdrudis dicta bona ad heredes proximiores ejusdem Heimonis absolute devolvantur. si Gerdrudis ad secundas nuptias convolaret, omnia premissa cessare debent et ipso facto sunt revocata.

---

[1] *1311 Juli 4 schenkt* Důoda, *Wittwe Johanns von* Útenheim, *zum Heile ihrer Seele und der ihres Bruders Reinbold Stübenweg die Hälfte der Mühle, welche sie in Gemeinschaft mit der Domfabrik besass,* siti e. m. A. zů den Ruwerin juxta molendinum Reinboldi dicti Hüffelin militis Argentinensis, *derselben Fabrik in Anwesenheit der Pfleger* (procuratores) *derselben, Burkard genannt Waldecke und Heinrich des Priesters. Abschrift ebendaselbst fol. 112ᵃ.*

viceversa ipsa Gerdrudis de consensu Hugonis patris sui, et Hedewigis sororis sue, ac Fritschonis mariti ejusdem Hedewigis, tertiam partem domus dicte et omnium bonorum suorum mobilium et immobilium sub iisdem pactis et conditionibus donat. datum 4 kalendas julii, a. d. 1303[1]. ***1303 Juni 28.***

Aus Strassb. Hosp. A. lad. Orph. XVI fasc. 44. or. mb. c. sig. pend. delaps. Ebendaselbst Abschrift ausgestellt vom judex curie Arg., a. d. 1330, feria 4 post Agnetis *(Januar 24), für* Johannes dictus Rentinger caupo Arg. et Gerdrudis, uxor ejus, que olim fuerat uxor Heimonis pellificis.

515. Hug Schöb, ritter von Strassburg[2], macht bekannt, dass er mit dem landgrafen Ulrich zu Elsass überein gekommen ist, dass, wenn ihm oder seinen lehnserben dieser 25 mark silbers zahlt, damit die 5 pfund geldes auf des landgrafen leuten und gütern in Geisboltzheim abgelöst sind. für die 25 mark soll dann Hug ein eigen vom landgrafen zu lehen nehmen. «cistag nach sant Jacobes tag, 1303.» ***Juli 30.*** *Vertrag über Lehen.*

Aus Strassb. Bez. A. G 115 (550) nr. 5. or. mb. c. sig. pend. delaps.

516. C. j. c. A. Berhta, nata quondam Johannis dicti Zoller in Kalbesgasse civ. Arg., de consensu Reinboldi militis dicti Stůbenweg, sui mariti, Anne filie sue, ad ordinem monasterii s. Katherine e. m. A. recepte, eidem monasterio, ne eidem filia sit onerosa, donavit redditus 2 lib. den. Arg. de domibus et areis, sitis in c. A. in vico dicto Kalbesgasse e. u. p. juxta domum, que dicitur zum tempel[3], e. a. p. juxta domum zum spilman et ex opposito domus Billungi dicti de Reimicheim, quos redditus ex hereditate paterna pro diviso ad se pertinere dicebat. A. 3. adjectum est, quod quandocunque Hugo dictus Rihter miles et Cůnradus, dicte Berhte fratres, vel alter eorum solverint monasterio dicto 20 marcas argenti, absoluti sunt dicti redditus; si medietatem solverint, medietas census absoluta est. datum a. d. 1303, 7 idus augusti. ***August 7.*** *Schenkung.*

Aus Strassb. Hosp. A. lad. Hôp. XXXV fasc. 41. or. mb. c. sig. pend. delaps.

517. Fridericus prepositus ecclesie s. Thome Arg. de consensu decani[4], custodis et capituli dicte ecclesie prebendam sacerdotalem ibidem sine tamen prejudicio custodis statuit et instituit et eandem prebendam bonis in bannis villarum Lingolvesheim et Lůpoltzheim dotat, in quibus bonis suis heredibus nullum jus reservatur. jus collationis est apud prepositum dicte ecclesie, sed actu sacerdoti tantum conferri debet prebenda. prebendarius decano faciet obedientiam debitam et omnibus horis canonicis intererit in choro dicte ecclesie, dicet etiam cottidie unam missam in altari b. Nicolai, et in ipsa memorationem legatoris, amicorum et benefactorum ejus habebit. sigilla Friderici Argentinensis episcopi, decani et capituli s. Thome et prepositi sunt appensa. actum et datum a. d. 1303, sabbato post decollationem Johannis Baptiste[5]. ***August 31.*** *Präbendenstiftung.*

Aus Strassb. Thom. A. lad. 25 (Titres). or. mb. c. 4 sig. pend.

---

[1] *Luscha, Wittwe Johannes Hennekin, Strassburger Kürschners, und ihr Sohn Johannes verkaufen für 24 Pfund Pfenn. an Johannes Renting* ²/₃ *des Nachlasses Heimos, des Bruders der Luscha, dessen Nutzniessung Gertrud, dessen Wittwe, hat, darunter das Haus in Schiltingheimergasse* (juxta dictum Brantzichkerne e. u. et e. p. a. juxta dictam Viebote). *1323 Juni 27. Or. in Hosp. A. lad. Orph. XXXIV fasc. 13.* [2] Burchardus dictus Schôp de Argentina miles *ist unter den Zeugen einer Urkunde des Grafen Egeno von Freiburg für die Johanniter in Freiburg.* «actum in castro Friburg.» *1283 Juni 17. Aus Mone Zeitschft. f. Gesch. d. Oberrh. X, 104 (nach Or. in Karlsruhe).* [3] *Vgl. Str. G. u. HN. S. 89.* [4] *Nach dem Siegel:* mag. Johannes. [5] *Dorsualnotiz s. XIV ineunt.:* «porrectum est hoc instrumentum in modum probandi feria 2 post nativitatem b. virginis, a. d. 1307, per Helwicum sacerdotem cappellanum altaris s. Nicolai in ecclesia s. Thome in causa, quam idem capellanus movet Heinrico dicto Stempheliu, et feria 3 post nativitatem b. virginis fiet tertia productio et altera.» *(September 11 und 12).*

Rentenkauf. **518.** C. j. c. A. Berhtoldus dictus Tancz de Argentina, et Hedewigis uxor ejus, Nicolaus, et Fritschemannus, filii eorum, confessi sunt, unam curiam cum domo et orto ac suis attinentiis sitis retro ecclesiam s. Nicolai infra muros Arg. an der Bünden juxta turrim Rûlenderlini militis se ab hospitali pauperum in Argentina in enphiteosim detinere singulis annis pro 2 lib. et 8 sol. den. Arg. nomine census (quolibet jejunio quatuor temporum 12 sol. den. Arg. sunt solvendi); quodque fratres hospitalis pro jure proprietatis seu dominii ipsis conjugibus 22 lib. den. Arg. donaverunt. recipiunt dicti conjuges a Hugone magistro hospitalis curiam pro censu predicto. si conjuges duobus terminis negligentes fuerint in solutione census, extunc curia ad hospitale pleno jure devolvetur. conjuges et eorum heredes non dabunt erschatz. adjectum est, quod conjuges et eorum heredes dictam curiam nequaquam alienare debeant absque consensu magistri et pauperum hospitalis. datum 3 idus septembres, a. d. 1303. ***1303 September 11.***

Aus Strassb. Hosp. A. lad. 43 fasc. 2. or. mb. c. sig. pend. mutil.

Zeugenregest. **519.** *In der Verkaufsurkunde, worin* «Ůdelhilt, graven Frideriches seligen von Furstenberg wittewe» *verzichtet auf das Rückkaufsrecht der Burg Fürsteneck und der Stadt Oberkirch an das Stift Strassburg, die auch von Graf Heinrich, ihrem Sohn, Johannes von Erenberg* «dem kòrbischof» *und der Stadt Strassburg besiegelt wird, erscheinen als Zeugen:* «her Heinrich von Lupfen der tůndechan, her Heinrich von Ernberg, her Herman von Tiersten und her Conrat von Frankenstein, tůmeherren zů der vorgenanten stift, her Conrat von Blůmenberg, her Cůne von Geisboltzheim, her Nyclawes Zorn der schultheisse von Strazburg, her Reinbolt Reinbòldelin, her Hug Wirich, her Johannes Schilt rittere, Eberhart Sycke, Conrat Cleine, burgere von Strazburg, Weltin von Mintzenbach, Johannes der schultheisze von Wolfahe und andere erbere lüte gnůge.» «diz geschach zů Strazburg in hern Johanneses hof von Ohsenstein des kòrbischoffes vor der cappellen, die in dem selben hove stat, an dem nehesten dunrestage nach sante Dyonisien tag» 1303[1]. ***Oktober 10.***

Aus Strassb. Bez. A. G 78 (514). or. mb c. 4. sig. pend. (quorum 1 scil. civitatis est delaps.). Darnach der Abdruck bei Mone. Ztschft. f. Gesch. des Oberrh. IV, 285. Mone hatte jedoch nur einen Auszug der wichtigsten Stellen gemacht. Als er dann später seinen Auszug mit dem Abdruck derselben Urkunde in Baders Badenia III, 257 ff. verglich, welcher auf einer späteren Abschrift beruht, wusste er nicht mehr, dass sein Auszug nicht völlige Abschrift sei; er erklärte daher seinen Text für den Entwurf, den Baders aber für die eigentliche Ausfertigung. Die genaue Siegelbeschreibung, welche Mone giebt, zeigt aber, dass ihm dieselbe Ausfertigung vorlag, wie uns, und die ist kein Entwurf. Dieses Verhältnis ist auch nicht erkannt im Fürstenberg. UB. II, 18, wo ein Regest nach derselben Vorlage, wie bei Mone und hier, gegeben ist.

Präbendenstiftung. **520.** Fridericus episcopus Arg. exequens voluntatem ultimam quondam Alberti de Zabernia sacerdotis in c. A. circa structuram novi altaris et missas in eodem perpetuo peragendas de consensu Brigide abbatisse s. Stephani ac magistri Cůnradi dicti de Sarburg clerici Argentinensis ordinat in predicta ecclesia in altari constructo super lectionario prebendam sacerdotalem de redditibus 24 quartalium siliginis et ordei et 1 lib. den. Arg., ad quos accedunt 4 agri in banno Wilgotheim. jus collationis est apud abbatissam. sigilla episcopi, abbatisse et magistri sunt appensa. actum kalendas januarii, a. d. 1304. ***1304 Januar 1.***

Aus Strassb. Bez. A. H 2863 (Copialb. von s. Stephan s. XIV) fol. 6. cop. mb. Der Altar war nach der Ueberschrift den 10,000 Märtyrern geweiht.

---

[1] *Vgl. nr. 500.*

521. Prior et conventus fratrum predicatorum domus Arg. vendunt Katherine et Ellekindi sororibus, filiabus magistri Johannis Engelbertus civ. Arg., usum et habitationem aree, site in c. A. retro domum quondam Vögelini, que nunc est dictarum sororum [1], e. u. p. et juxta aream Richwini dicti Körner civ. Arg. contiguam muro cymiterii sui juxta parvam portam, pro 14 marcis argenti, ita quod dicte sorores aream tantum habeant ad tempus vite ambarum. sig. cur. Arg., prioris et conventus sunt appensa. datum a. d. 1304, feria sexta post Hylarii. *Verkauf.*

1304 Januar 17.

Aus Strassb. Hosp. A. Prot. Prédic. 107 (Copialb. s. XIV) fol. 26 b. *cop. mb.*

522. Der hofrichter zu Strassburg macht bekannt, dass Hans Ziegler von Strassburg, Sophia seine gattin, Johannes und Claus, ihre söhne, mit willen des klosters s. Elisabeth für 14 pfund Strassburger pfenninge verkauft haben an Heren, den brodbäcker von Strassburg, ein haus «gelegen zû Vinckenwilre uff des obgenanten closters hoffestat zwúschent Burckart Golders husz und Conrat Kolers husz»; von der hofstatt werden dem kloster jährlich gezahlt 4 schillinge weniger 4 pfenn. und ein kappe. 3 idus februarii, 1304. *Verkauf.*

Februar 11.

Aus Strassb. Hosp. A. Prot. s. Elisabeth 205 (Copialb. s. XV) lit. S nr. AC. *Deutscher Auszug aus dem unzweifelhaft lat. Original.*

523. Cûno dictus Mener sutor Arg. et Berhta, ejus uxor, vendunt domum suam in vico dicto Kurdewangasse juxta aliam domum ipsius Cunonis Cunrado dicto Hunrer, filiastro Conradi dicti Heidene panificis Arg. actum 6 kalendas martii, 1304. *Verkauf.*

Februar 24.

Aus Strassb. Bez. A G 2690 (3104) fol. 13. *Auszug s. XVI.*

524. C. j. c. A. Suphia relicta Johannis dicti Fritag, Johannes et Odilia, liberi sui, de consensu Nicolai piscatoris mariti dicte Otilie vendiderunt unam domum sitam ultra pontem s. Thome Arg. inter piscatores an dem orte bi der lantmülen [2] super area Contzelini dicti de Hornecke civis Arg. per manum et consensum Contzelini et Fyne uxoris sue Rûlino dicto de Nortgasse, lapicide Arg., ementi pro 12 lib. den. Arg., ita quod 7 uncie cum 10 den. ac 1 capo dicto Conzelino de area predicta annis singulis persolvantur nomine census. Er. 1. A. 1. datum 5 kalendas marcii, a. d. 1304 [3]. *Verkauf.*

Februar 25.

Aus Strassb. Frauenh. A. Saalbuch 3 fol. 66 b. *cop. chart. s. XIV exeunt.*

525. C. j. c. A. Conradus dictus de Rinowe civ. Arg., et Lucgardis ejus uxor de consensu priorisse et conventus monasterii s. Elizabet e. m. A. vendiderunt «unam aream dictam ein ziegelhof, super qua lapides conburi solent, cum fornace, edificiis et omnibus attinenciis suis (dictis in vulgari mit den ziegelschuren) sitis juxta Wernherum quondam dictum Stehellin, zuhet an daz wasser untze oben uz an daz wasser; item unam aream cum edificiis et attinenciis suis zûhet uber den giessen, der da flússet von Vinckenwilre in den burggraben inter Ludewicum dictum Struben et Conradum dictum Boner,» Jacobo dicto de Barre civi Arg. pro 40 lib. den. Arg. tenenda et possidenda, prout dicti venditores hactenus a dicto monasterio possederunt, ita videlicet quod 3 lib. et 10 sol. den. Arg. cum 6 capponibus de dictis bonis solvantur census nomine monasterio predicto. Er. 3. si in solutione censuum negligentes fuerint per annum, elegerunt emptores, quod judex curie Arg. eos compellere possit per censuram ecclesiasticam. A. 1. Wit. 1. (pro Lúcgardi.) datum 6 nonas marcii, a. d. 1304. *Verkauf.*

März 2.

Aus Strassb. Hosp. A. lad. 106 fasc. 3. *or. mb. c. sig. pend. delaps.*

---

[1] *Vgl. nr. 133 u. 443.* [2] *Vgl. nr. 225.* [3] *Nach der Ueberschrift ist es ein* «orthus ûnder vischern gegen kettenerburne». *Katharina, Rûlins Wittwe, jetzt Gattin Siegelmanns, eines Strassburger Steinmetzen, schenkt der Domfabrik* 1/3 *des genannten Hauses und ihr Nutzungsrecht an den übrigen* 2/3, *unter der Bedingung, dass die Domfabrik die hinterlassenen Schulden Rûlins bezahle. Vertreter der Domfabrik:* Johannes presb. de Ebenheim procurator *1319 April 21. Cop. ebendaselbst.*

Präbendenstiftung.

526. C. j. c. A. Cůno dictus de Hunesfelt, civ. Arg., et Heinricus dictus Löselin, sacerdos de Hagenŏwe, de consensu Nicolai Rûlenderlin, thesaurarii ecclesie s. Thome Arg., instituerunt in dicta ecclesia super altare s. Egidii, situm prope altare s. Michahelis, unam prebendam sacerdotalem. sacerdos quotidie missam celebrabit et in ipsa memoriam donatorum, Reinfridi et Helle, parentum dicti Heinrici, habebit. prebendam Heinricus tenebit, post ejus obitum jus presentationis est apud Cůnonem et Nicolaum de Hunesfelt fratres, post eorum obitum apud thesaurarium. sigilla curie et capituli sunt appensa. actum et datum 2 nonas marcii, a. d. 1304. ***1304 März 6.***

Aus Strassb. Thom. A. Registrande C fol. 144 b. cop. mb. s. XIV exeunt.

Präbendenstiftung.

527. C. j. c. thesaurarii eccl. Arg. in forma judicii Johannes dictus Hauwart miles Arg. de consensu Agnetis uxoris, et Gertrudis filie sue donavit donacione inter vivos Johanni subdyacono, filio quondam Dyetmari pelliticis dicti de Dungesheim civ. Arg., bona et redditus in bannis villarum Fulcriegesheim, Renicheimloche, Innenheim, Zallenwilre, Bilolfisheim et unam domum dictam Ŏchelins hus, sitam an der Bůnden, de qua singulis annis dantur 10 sol. den. Arg. et 2 cappones nomine census canonicis ecclesie s. Thome Arg., ita quod altare construatur et prebenda ad dictum altare ordinetur in ecclesia s. Nicolay ultra Bruscham civitatis Arg. vel alias, ubi dicto militi aut ejus heredibus melius videbitur expedire [1]. Johannes subdyaconus promisit fide data nomine juramenti se recepturum ulteriores sacros ordines, quam cicius poterit. dictus vicarius debet perpetuo annuatim de bonis in banno Fulcriegesheim in anniversario dicti Johannis redditus tritici et siliginis variis monasteriis et ecclesiis in et extra civitatem Argentinam persolvere. actum et datum 6 idus marcii, a. d. 1304 [2]. ***März 10.***

Aus Strassb. Thom. A. lad. 25 (Titres). or. mb. c. sig. pend.

Testament.

528. Johannes dictus Hauwart miles Arg. sanus mente et aliquantulum debilis corpore testamentum suum ordinat. in primis statuit, ut missa perpetua et prebenda instituatur in ecclesia s. Nicolay ultra Druscam, quam deputat Johanni, scolari suo, filio quondam Dyetmari pellificis dicti de Dungesheim civis Arg. [3], item legat super chorum ecclesie Arg. redditus annuos 10 sol. den. Arg. percipiendos super domibus et areis sitis in dem Hasengesselin, quas nunc inhabitant Johannes dictus Steinlin et Sigebotto dictus Gůtelman, prebendarii ecclesie Argentinensis, ad distribuendum inter canonicos et prebendarios in choro presentes; item fratribus predicatoribus domus Arg. redditus 1 lib. den. Arg. cum redditibus 2 lib. den., quos quondam Johannes et Kunigundis, parentes sui, ipsis legaverunt, percipiendos super area sita uf dem graben, super qua Fridericus dictus zů der schindeln domum edificavit; item fratribus minoribus domus Arg. redditus annuos 2 lib. den. Arg. super domo et area sita in Stadelgasse dicta zů dem belde [4]; item fratribus Augustinensibus e. m. A. redditus 10 sol. den. Arg. et 2 capponum super uno agro in Kunigeshoven; item redditus 2 lib. den. Arg. dominabus existentibus in domo sua elemosinaria dicta zů der tuben [5] sita in Stadelgasse, percipiendos de domo sua dicta zů dem engele; item fratribus monasterii s. Willehelmi in Krutenowe redditus 5 sol. super area Fritschonis dicti zů der schindeln uf dem graben; item Ite, sorori dicti Klebelin, redditus 1 quartalis siliginis pro tempore vite sue in Kunigeshoven, et post mortem Ite ad heredes legatoris revertentur; item Johanni dicto de Wartenowe, consanguineo suo, novam parvam domum suam sitam in Sporergasse aput novum pistrinum

---

[1] *Nach den Dorsualnotizen auf einer vidimatio der Urkunde wurde der Altar in der Nikolauskirche errichtet zu Ehren des heil. Pantaleon.* [2] *Vgl. nr. 528.* [3] *Vgl. nr. 527.* [4] *Vgl. Str. G. u. HN. S. 163.* [5] *Vgl. Str. G. u. HN. S. 102, wo das Beginenhaus irrig in die Küfergasse verlegt ist, und Alsatia 1858-61 S. 166.*

pro tempore vite sue utendam, salva via heredibus suis intraudi et exeundi ad magnam curiam suam; item legat redditus de domo in Ehenheim et Heiligenstein Johanni militi dicto Hoygir, sororio suo, pro tempore vite sue; item redditus 10 sol. den. Arg. super area sua, que fuit quondam dicti Sprungelin, sita in Kurwangasse, infirmis jacentibus in lecto in hospitali Argentinensi; item prebende s. spiritus in ecclesia s. Nicolai ultra Bruscham redditus 10 sol. den. Arg. super area, super qua Fritscho zů der schindeln edificavit; item legat Dyetrico dicto Kolbelin, avunculo suo, 40 marcas argenti, ut unam ex filiabus suis cum dicto argento alicui monasterio dedicaret; item cuilibet monacho sacerdoti in claustro Peris ordinis Cistertiensis Basiliensis dyocesis 30 den. Arg., ut post obitum ipsius quilibet unam missam pro defunctis celebret; item tantum cuilibet monacho sacerdoti in Böngarten apud Andelahe; item legat monasterio in Trutenhusen redditus quosdam in Zallerwilre; item consanguineo suo, dicto de Bernhartzwilre, monacho ejusdem monasterii, 10 sol. den. Arg.; item cuilibet monacho sacerdoti in claustro monasterii de omnibus sanctis c. m. A. 30 den. Arg.; item leprosis e. m. A. 10 sol. den. Arg.; item filie Dietrici dicti Kolbelin, moniali s. Agnetis, 10 sol. den. Arg.; item Conrado dicto Hoygir militi, sororio suo, unam loricam cum una yserindecke; item fabrice ecclesie Arg. duos equos suos, item meliorem suum halsperch, item ein yserindecke, item daz beste waffenkleit, vestem suam variam et omnia alia et singula arma ad suum corpus pertinentia, item 10 sol. den. Arg.; item legat Conrado, monacho zů dem grunen werde, consanguineo suo, 10 sol. den. Arg.; item fabrice ecclesie s. Thome, s. Petri junioris, s. Nicolai ultra Bruscham cuilibet 10 sol. den. Arg.; item Berchtoldo sacerdoti dicto Orabis viceplebano s. Martini 30 den. Arg., item 1 lib. den. Arg. universitati civitatis Argentinensis zů dem ungelte; item fratri Růdolfo dicto de Biberahe confessori suo 5 lib. den. Arg. et eidem 10 lib. den. Arg. ad distribuendas per ipsum, prout sibi viderit. item unus nuncius specialis sub expensis suis transmittatur ad curiam Romanam, item unus ad s. Jacobum, unus ad s. Jodocum. si aliquis legatariorum contra premissa veniret, legatum ipsi factum cedet fabrice ecclesie Arg. testator vult, quod 100 marce recipiantur a Burcardo de Mulnheim, in quibus hic ipsi est obligatus, et de ipsis omnia legata premissa expediantur; si quid superfuerit, distribuatur inter pauperes, et si defecerit, de rebus suis mobilibus compleatur, de quibus sepultura sua expediri debet. hujus testamenti constituit executores Johannem militem in Kalbesgasse, fratrem Růdolfum dictum de Biberahe et Agnetim, suam uxorem. Agnes uxor, Johannes miles dictus Junge filiaster suus, et Gertrudis uxor predicti Johannis, filia prefati Hauwardi, in premissa consentiunt. sigillum dicte curie est appensum. actum et datum feria 4 post dominicam, qua cantatur Letare Jerusalem, a. d. 1304 [1]. **1304 März 11.**

Aus Strassb. Thom A. lad. 25 (Titres). or. mb. c. sig. pend.

529. C. j. c. A. Anna dicta Keltzin, institrix Arg., de consensu magistri Heinrici carpentarii mariti sui domum suam cum area, sitam in c. A. retro capellam sancti Georii [2], fabrice eccl. Arg. donacione inter vivos donavit in remedium anime sue parentumque suorum, usu tamen sibi et Junte sorori sue, quamdiu ambe vixerint, reservato. donacio facta est presente domino Heinrico procuratore dicte fabrice, qui peracta donacione Anne et Junte sorori dictam domum et aream locavit utifruendam pro tempore vite ipsarum pro uno vierlingo cere solvendo in festo purificacionis b. virginis. datum 4 idus marcii, a. d. 1304. **März 12.** Schenkung. Februar 2.

Aus Strassb. Frauenh. A. Saalbuch 3 fol. 34a. cop. chart. s. XIV exeunt.

---

[1] *Die dem Hospital gemachte Schenkung wird nach Johannes Tode vom Hospital und dem Hofrichter des Thesaurars der Strassb. Kirche besiegelt nochmals veröffentlicht. 1305 August 16. Or. im Hosp. A. Hôp. XLVIII fasc. 7.* [2] *Nach der Ueberschrift in der Sporergasse. Vgl. Str. G. u. HN. S. 117.*

Bürgschaftsleistung.

580. *Walther von Geroldseck wird von einer Bürgschaft für die Johanniter in Dorlisheim befreit.* ***1304 März 28.***

Wir Walther here von Gerolzecke ienesit Rines zû Nortenowe tûnt kunt allen den, die disen brief gesehent oder gehôrent lesen, daz uns brûder Heinrich ein komentiure und der konvente[a] von Doroltzheim het erloset fur zweihundert marcge silbers luters und lotiges, darumbe wir ir burge warent gegen hern Johannese Sicken eime burgere von Strasburg, den sie des vorgenanten silbers gewert und biszalt hant. dis erkennen wir uns, daz wir uber daz vorgenante silber erloset sint, und vergehent des an diseme gegenwertigen briefe. daz dis war si und stete blibe, so han wir der vorgenante Walther unser ingesigel an disen gegenwertigen brief gehenket zû eime urkunde und zû einre warheit der vorgesriben dinge. diz bischach an dem osterobende, do man zalte von gotes geburte druzehen hundert iar und vier iar.

Aus Strassb. Bez. A. H 1369. or. mb. c. sig. pend.

Testament.

581. Nicolaus sacerdos dictus Felix prebendarius eccl. Arg. testamentum suum ordinat. episcopo suo legat 10 sol. den. Arg.; omnia bona sua mobilia legat Adelheidi filie quondam Heilewigis begine. item statuit, ut domum suam, quam inhabitat, edificavit et construxit suis sumptibus[1], sitam in c. A. ex opposito cappelle Heinrici de Gundelvingen archidiaconi eccl. Arg., juxta quam possidet nunc Heinricus procurator fabrice eccl. Arg. e. u. p. et Rûlenderlinus miles Arg. e. p. a., predicta Adelheidis habeat ad tempus vite sue. post ejus mortem domus cedet ad prebendam, quam nunc tenet legator. prebendarius annuatim solvet 1 lib. ecclesie Arg., 10 sol. monasterio s. Katherine, 5 sol. fratribus predicatoribus pro anniversario suo peragendo. hujus testamenti executores constituit: Johannem plebanum de Lampertheim et Johannem capellanum dictorum de Mulnheim. actum feria quinta ante dominicam Quasi modo, a. d. 1304. ***April 2.***

Aus Strassb. Bez. A. G 3663 (4058). 4. vid. mb. c. sig. pend. delaps., ausgestellt vom bischöfl. Hofrichter 1355 September 3.

Testament.

582. C. j. c. A. Mathias, canonicus ecclesie s. Stephani Arg., debilis corpore testamentum suum ordinat. in primis legat episcopo 1 fertonem argenti; item fratri Johanni dicto de Spira ordinis fratrum predicatorum, confessi suo, 2 lib. den. Arg.; item fratribus predicatoribus in Arg. 4 lib. den. Arg. et unum vierlingum vini; item fratribus minoribus in Arg. 2 lib.; Augustinensibus c. m. A. 1 lib., Willehelmitis ultra pontem s. Stephani 1 lib.; item Lusche, famule sue, tunicam suam de kembelino cum caputio et pellicium suum dictum ein brustbeltz et unum pulvinar, super quo dormire solet dicta Luscha, cum uno culcitro; item Johanni clerico, nato dicte Eckehertin, unum antiphonarium[b] et unum graduale, que quondam fuerunt Rûlini dicti Crumpfûs; item super chorum dicte ecclesie annum gratie prebende sue super dicto choro; item fabrice ecclesie s. Stephani 10 sol. den. Arg.; item super eundem chorum redditus annuos 1 quartalis tritici ad distribuendum pauperibus; item Conrado dicto Surant et Kûnigundi, ejus uxori, bona in Baldeburnen. voluit legator, quod legata prescripta solvantur de debitis suis, super quibus habet instrumenta, et de vineis suis in Baldeburnen. item legavit super chorum ecclesie s. Stephani redditus quosdam, quos habet Gerina, famula sua, pro anniversariis ipsius et Gerine peragendis. item legavit ecclesie sue in Jerinkeim unum librum missale et plenarium et adhuc unum missale cinctum cum corrigia ac unam monstrantiam cristallinam cum cupro deaurato fabricatam, unam pallam altaris (ein alter twehele), unam campanam,

a) *or.:* konnete. b) *or.:* antiphanarium.

[1] *Vgl. nr. 173.*

2 albas et 1 stolam b. Leonis. item ordinavit, quod reliquie quas habet piis locis distribuantur. item legavit cuilibet canonico ecclesie s. Stephani 5 sol. den. Arg. hujus testamenti executores constituit fratrem Johannem de Spira predictum et Johannem, rectorem ecclesie in Bibelnheim. actum feria quinta post dominicam Quasi modo, a. d. 1304 [1]. ***1304 April 9.***

Aus Strassb. Bez. A. H 2684. or. mb. c. sig. pend.

583. C. j. c. A. Elnhardus magnus, procurator seu aministrator prebendarum pauperum, que in vulgari appellantur dez heiligengeistes pfrunden, in majori ecclesia Arg., vice et nomine dictorum pauperum ad excolendum locavit Gossoldo de Achenheim et Gossoldo filio suo bona in banno ville Achenheim sita ad 18 annos. datum 12 kalendas maji, a. d. 1304. ***April 20.*** *Leihe.*

Aus Strassb. Hosp. A. lad. 94 fasc. 1. or. mb. c. sig. pend.

584. C. j. c. A. Johannes natus quondam Johannis dicti ver Fynen sun vendidit quartam partem aree site in c. A. in introitu atrii, quod vocatur der fronhof, (que area tendit a dicto atrio usque in vicum dictum Kurdewangasse), videlicet porcionem ipsum contingentem ex successione hereditatis paterne in area predicta, ita videlicet, quod singulis annis de area debeantur 2 uncee cum 5 den. Arg. nomine census, Heilmanno procuratori fabrice eccl. Arg. nomine dicte fabrice ementi pro 15 marcis argenti pond. Arg. A. 3. datum a. d. 1304, idus junii [2]. ***Juni 13.*** *Verkauf.*

Aus Strassb. Frauenh. A. Saalbuch 3 fol. 21ᵃ. cop. chart. s. XIV exeunt.

585. C. j. c. A. Fridericus prepositus ecclesie s. Thome Arg. testamentum suum ordinat: in primis legavit episcopo Argentinensi unum fertonem; domos suas seu pistrinum cum omnibus attinenciis suis, quas habet ultra pontem s. Thome Arg., quas Voltzo pistor ab ipso in emphiteosim detinet, ecclesie s. Thome legat, ita quod Greda filia sua parvulam domum sitam juxta dictum pistrinum versus Bruscam gratis habere et eadem utifrui debeat pro tempore vite sue; census provenientes de dictis domibus perpetuo in anniversario ipsius prepositi inter presentes in choro s. Thome in vigiliis et missis distribuantur; item donavit eidem ecclesie debitum 100 marcarum argenti, in quo sibi Nicolaus dictus Roppenheim obligatus tenetur, item 139 marcarum Berhtoldi quondam de Furstenberg et filiorum suorum; que si debita persoluta fuerint, convertantur in emptionem predii, de quo redditus provenientes distribuantur quinque vicibus in choro et pro quibus totidem misse et vigilie celebrentur pro remedio anime legatoris. item donavit pistrinum situm in introitu vici dicti zů dem Brunaken [3], quod inhabitat dictus Heydene pistor, ad prebendam, quam instituit [4] et nuper contulit Petro sacerdoti, ita quod si Berhtoldus dictus Pfortzheim, a quo dictum pistrinum est emptum pro 30 marcis argenti, ipsud non reemerit infra certum terminum ad hoc statutum, quod tunc ad prebendam cum omni jure pertinere debeat; alioquin de precio aliud predium ematur a prebendario. sig. cur. Arg. est appensum. actum 2 idus julii, a. d. 1304, presentibus Ludewico scolastico, Nicolao pincerna, Götzone de Hagenoia canonico ecclesie s. Thome predicte, Petro presbytero prebendario ipsius ecclesie, Reimboldo nato dicti domini prepositi, Clara ejusdem Reinboldi sorore, et Katherina dicta Glaserin. ***Juli 14.*** *Testament.*

Aus Strassb. Thom. A. lad. 25 (Titres). or. mb. c. sig. pend.

---

[1] *Die genannte Gerina, eine Begine, vermacht die ihr von dem genannten Mathias hinterlassenen Mobilien dem Münsterchor zum Jahresgedächtnis des Mathias. Die Güter sind:* «5 ame vini, 2 lecti, 4 linteamina, 2 kůssini, omnes cancri, stannei, pacelle ac caldaria, 2 instrumenta (triffüsse), 1 tegmen cum pellibus vulpinis furratum et 1 lobium unius domus site in villa Baldeburnen in foro.» *1304 Juni 17. Or. daselbst G 3517 (3913). 2.* [2] *Vgl. nr. 152.* [3] *Vgl. Str. G. u. HN. S. 48.* [4] *Vgl. nr. 517.*

Verkauf. **536.** Willehelm Nape der meister und der rat von Strassburg machen bekannt, dass frau «Katherine, Johanneses des Füllers seligen wittwe, mit Burkartes, hern Hessen seligen sunes an dem wazzere, ires vogetes, hant und mit willen und gehelle und geheisze Nyclaweses Lenten, der anerstorben voget ist Katherinen und Elsebeten, Albrehtes Lenten seligen, sines brůders kinder,» verkauft hat an Johannes von Wintertur haus und hofstatt «zů dem hohen hus hindene und vorne, und ist gelegen einsite nebent dem vordern hohen hus und andersite nebent Johanneses Sycken seligen erben gegen dem von Ernberg über, vür lidig eigin» für 10 mark silbers. «Katherine, Burkart Hesse, Götze Heinriches des Pfützers sun, Gerlinde irre tohter man, und Kőfman, Götzen bruder,» verbürgen sich für den teil, welcher Katherinen und Gerlinden bisher gehörte; dieselben mit ausnahme Kőfmans und dazu der oben genannte Nyclawes Lente verbürgen sich für die vorgenannten Katherine und Elsebet, welche kinder der Katherina Füllerin sind, und für den diesen angehörenden teil. U. (Katherine, Burkart Hesse, Götze Pfützer und Kőfman für Gerlindis; Katherine, Clawes Lente, Götze Pfützer für Katherine und Elsebet). «an dem dunrestage vor sante Oswaldes tage, 1304. heran waren wir Willehelm Nape, *u. s. w. folgt der Rat*[1]. ***1304 Juli 30.***

Aus Strassb. Bez. A. G 3645 (4040). 2. or. mb. c. sig. pend. delaps.

Wittumsstiftung **537.** «Ludewig von Blůmenowe ein rittere, und Heinrich der alte Swarber, burgere und scheffele zů Strazburg», machen bekannt, dass sie zugegen waren «in scheffele wis», als «Hug der Spiller der cremere, unser burgere, vorn Elline», seiner gattin zwei drittel der nachbenannten güter und umgekehrt Elline Hugen ein drittel gab «zů eime rehten widemen». die güter liegen in Brůmat, Wintzenheim und Dürningen. und «daz hus, daz do lit hinder irme huse zů der kůgelen bi hern Huge von Nuwilre dem metziger». die beiden schöffen hängen ihre siegel an. «dis geschach an dem sunnentage vor sante Sixes tag», 1304. ***August 2.***

Aus Strassb. Bez. A. G 4826 (5198). vidim. mb. c. sig. pend. von 1312 September 19 (zugleich die Urkunden 1294 November 13 und 1307 März 15 enthaltend).

Präbendenstiftung. **538.** Hugo, prepositus ecclesie s. Petri Arg., in dicta ecclesia instituit in altari b. Nicolai prebendam; inter alia etiam anniversarium bone memorie Johannis dicti Zorn peragetur. collatio prebende est apud prepositum dicte ecclesie. sigilla curie Arg., prepositi, decani et capituli sunt appensa. actum nonas augusti, a. d. 1304. ad eandem prebendam donat Conradus sacerdos de Limersheim bona quedam. ***August 5.***

Aus Strassb. Bez. A. G 4713 (5085) or. mb. c. 4 sig. pend. delaps.

Testament. **539.** Odilia et Margareta sorores, filie quondam Hugonis dicti de Franckenheim civis Arg., testamentum suum ordinant. in primis itaque eligunt ecclesiasticam sepulturam apud fratres predicatores in Argentina in loco cymiterii, in quo verbum dei seminatur; iisdem fratribus dant domum et aream cum curia, quam inhabitant, sitam in c. A. inter pistrinum zů dem überhange c. u. et curiam dictam der steinhof c. p. a., que nominatur zů dem Bildecker[2], ita quod post ambarum obitum domum dictam fratres cum omni jure teneant et eam uni vel duabus tantum personis honeste et caste viventibus, conjugatis dumtaxat exclusis, pro tempore vite ipsarum ad inhabitandum vendant; et quod dicti fratres precium ex hac vendicione redemptum equaliter dividant in 5 partes juxta 5 anniversaria (Hugonis patris feria 4 ante kathedra Petri, Junte matris in die b. Dominici, Katherine sororis in crastino b. Laurentii, et ipsarum sororum), item ordinant, ut dicti fratres in quolibet anniversario porcionem ad pictanciam vel alias ad communem inopiam domus seu fratrum predicatorum

August 5. *August 11.*

---

[1] *Nach Dorsualnotiz s. XV-XVI lag das Haus hinter dem Bruderhof.* [2] *Vgl. nr. 54, 64 und 381.*

expendant et anniversarium habeant cum vigiliis plenis et missis pro defunctis. item tempore mortis dant omnia bona sua in villa et banno Ginebretten, ita quod fructus de ipsis in 5 partes dividant, ut supra. adjectum est, quod si prior et fratres vendicionem dicte curie, domus et aree alio quovis modo facere presumerent aut de bonis in Ginbretten aliquid venderent, quod extunc omnia bona predicta ad fabricam ecclesie Arg. et ad pauperes hospitalis in Arg. cum omni jure devolvantur. item dant monasterio s. Marci e. m. A. omnes agros in banno ville Herde, item pratum unum apud Wihersheim monasterio s. Katherine e. m. A., ita quod id vendant et de precio dent fratribus predicatoribus in Hagenowe 1 lib., iisdem in Sletzestat 1 lib., item gardiano et fratribus minoribus Arg. 2 lib., item fratribus s. Augustini in Arg. 2 lib., item fratribus s. Willehelmi in Arg. 2 lib., item infirmis hospitalis in Arg. 1 lib., item fratribus de omnibus sanctis in Arg. 1 lib., item monasterio s. Clare in Arg. 2 lib.; item monasterio s. Clare de Hagenowe e. m. A. 2 lib.; residuum monasterio s. Katherine, cui etiam dant agros in banno ville Sultze; item dant Heintzelino dicto Retelin de Sultze consanguineo suo 1 duale in Sultze; item dant omnia alia prata sua monasteriis s. Nicolai, Johannis, Katherine, Agnetis, Elizabet, Margarete e. m. A.; iisdem et monasterio s. Marci dant omnia bona in villis et bannis Sultze et Wilgotheim. de bonis suis mobilibus fratres predicatores exequias suas salubriter peragere debent et de ipsis magistre et collegio beginarum zů dem turne 2 lib. den. Arg. distribuere, item collegio zů den von Innenheim 2 lib., item zů den von Offenburg 10 sol. den., item zů den von Mollesheim 10 sol., item in quamlibet domuum dictam gotzhus, in quibus paupercule begine morari solent, 3 sol. den.; residuum fratribus predicatoribus. constituunt priorem et supriorem fratrum predicatorum domus Arg. executores et distributores premissorum. reservant sibi potestatem mutandi et alienandi, addendi vel minuendi legatum predictum in parte vel in toto. judex curie Arg. sigillum appendit. datum 8 idus septembres, a. d. 1304. ***1304 September 6.***

Aus Strassb. Hosp. A. lad. 62 fasc. 19. or. mb. c. sig. pend.

540. C. j. c. A. Greda Belvelini, uxor Hugonis de Osthoven, terciam partem domus site in Stadelgasse super area uxoris Johannis militis de Wolfgangesheim, quam domum emerat cum suo marito constante matrimonio, priori et fratribus predicatoribus domus Arg. de consensu mariti sui donatione inter vivos donavit. Greda et Hugo predicti ad tempus vite ipsorum domum dictam inhabitare debent pro annuo censu 1 vierlingi cere. datum 17 kalendas decembris, a. d. 1304. ***November 15.*** *Schenkung.*

Aus Strassb. Hosp. A. Prot. Prédic. 107 (Copialb. s. XIV) fol. 48. cop. mb.

541. Volmarus prespiter canonicus ecclesie s. Stephani Arg., rector quondam ecclesie Lůdersingen Metensis dyocesis, prebendam unam sacerdotalem in ecclesia s. Stephani Arg. ad altare s. Katherine super cancello, quod officiat dominus Mathyas, dicte ecclesie s. Stephani canonicus, instituit. prebendarius singulis diebus missam dicet in remedium anime donatoris, qui confert prebendam Uconi de Zabernia prespitero. prebendarius non est astrictus choro, suberit tamen correctioni abbatisse. prebendam dotat bonis in Mellesheim et alibi sitis, ac una domo sita juxta domum dictam der nuwe kelre prope s. Stephanum in c. A., ita quod dictus prebendarius locet unam cameram Irmengardi nepti legatoris ad tempus vite. si vero prebendario displiceret cohabitacio mulieris vel si dicte nepti cohabitacio sacerdotum, extunc prebendarius ipsi dabit in festo s. Johannis Bapt. 10 sol. den. Arg. pro alia camera conducenda. jus conferendi prebendam est apud abbatissam s. Stephani. Fridericus episcopus et abbatissa suum adhibent consensum et sigilla sua appendunt. actum et datum a. d. 1304. *Präbendenstiftung.*

Aus Strassb. Bez. A. H 2612. 4. or. mb. c. 2 sig. pend. (1 superest mutilatum).

Testament. **542.** Johannes dictus Niger sacerdos de Rubiaco, «capellanus altaris, quod Waltherus quondam de Mulnheim construxit in ecclesia Argentinensi», testamentum suum ordinat. episcopo legat 1 fertonem argenti; redditus 8 unc. den. Arg. legat choro dicte ecclesie in anniversario suo, dandos de domo et area sua sita juxta domum et curiam Johannis dicti Panphilin in vico dicto Judengasse. item legat Ellekindi, filie sororis sue, uxori Reinboldi de Westhoven, 1 duale viniferum in Westhoven, domum predictam et omnia alia sua bona. hujus testamenti executores constituit Eberhardum sacerdotem dictum de Lobestette, prebendarium eccl. Arg., et Gerhardum, filiastrum magistri Gotfridi notarii civitatis Argentine. sig. cur. thesaurarii Arg. est appensum. actum sabbato post dominicam Esto, a. d. 1305[1].

1305 März 6.

Aus Strassb. Bez. A. G 3655 (4050). 4. vidim. mb. c. sig. pend. ausgestellt vom judex curie thesaurarii eccl. Arg. *1305 Oktober 6.*

Verkauf. **543.** C. j. c. A. Heilmannus in aqua civ. Arg. et dominus Heinricus sacerdos, procuratores seu gubernatores fabrice eccl. Arg., vendiderunt 1 domum cum area ejusdem, in qua quondam dicta Irregengin residebat, sitam in c. A. inter Gerhardum dictum der gûte Gerhart et dictum Pfaffe carnificem, p. p. e. l. Else begine filie quondam Cûnini dicti de Friburg civ. Arg. pro 33 marcis argenti. A. 1. datum 7 idus martii, a. d. 1305[2]. ***März 9.***

Aus Strassb. Hosp. A. Prot. 243 Orph. (Copialb. von s. Clara auf dem Werde) nr. 160. cop. chart.

Schenkung. **544.** C. j. c. A. magister Johannes de s. Amarino, canonicus et custos ecclesie s. Thome Arg., priori et fratribus s. Augustini e. m. A. donavit domum zûm heiligen liehte[3] in c. A. sitam e. u. p. prope domum Petri dicti Meinrat pellificis et e. a. p. prope domum Friderici dicti Holtzman, quam domum magister Johannes olim emit a Conrado dicto Grosse carpentario et Cristina, ejus uxore; his condicionibus adjectis, quod fratres predicti lampadem cum lumine ardentem continue ante altare s. Katherine, quod est in ecclesia eorundem fratrum, debeant procurare ac singulis annis in anniversario domine Ite, que ibidem ante dictum altare sepulta est, ad refectorium fratrum domus dicte 60 panes de simele totidem denarios valentes debeant ministrare et anniversarium Ite cum vigilia, missa et visitatione sepulcri peragere. si negligentes fuerint, elegerunt per officialem curie Arg. ecclesiastica censura conpelli. actum 8 kalendas aprilis, a. d. 1305. ***März 25.***

Aus Strassb. Thom. A. lad. 25 (Titres). or. mb. c. sig. pend.

Schenkung. **545.** C. j. c. A. Johannes dictus in Brûderkûchin et Gertrudis, uxor sua, donacione inter vivos donaverunt Heinrico procuratori fabrice ecclesie Arg. nomine ejusdem fabrice bona in bannis villarum Stille, Bettenhoven; item domum et aream sitam in c. A. dictam zûm nuwen kelre juxta dictam Schelkelin, item domum sitam ultra pontem s. Steffani in vico dicto Helfengeszelin juxta dictam Steinungin viduam et generaliter omnia bona sua mobilia et immobilia sub condicionibus infrascriptis, videlicet quod utrique dictorum conjugum de bonis prescriptis liceat 5 lib. den. Arg. personis et locis donare, quibus voluerint, quodque predictus procurator 20 lib. den. Arg. Nicolao de Wormacia consanguineo dicti Johannis et liberis suis, item Kûnigundi filie fratris ejusdem Johannis 3 lib. post obitum dictorum conjugum dare teneatur. si vero conjuges ad egestatem pervenerint, extunc ipsis licebit tantum

---

[1] *Das Haus hiess nach einer Dorsualnotiz s. XIV später* «zu dem Brunnemann». [2] *Elsa schenkt ihrem Bruder Jakob das genannte Haus mit dem Beding, dass dieser damit eins seiner Kinder zum Eintritt in den geistlichen Stand beschenke, und zwar den ältesten Sohn, sobald er 15 Jahr erreicht hat, oder die älteste Tochter, wenn sie 12 Jahre alt wird. Abschrift ebendaselbst nr. 161.*
[3] *Vgl. nr. 435.*

de bonis alienare, quantum sufficit pro egestate sublevanda; si autem simul liberos legitimos procreaveriut, donacio est irrita. actum feria 2 post dominicam Judica, a. d. 1305.

1305 April 5.

Aus Strassb. Frauenh. A. Saalbuch 3 fol. 106 b. cop. chart. s. XIV exeunt.

546. C. j. c. A. Heinricus Peyerlin de Arg. et Katherina ejus uxor ac Ita, filia ipsius ex priori matrimonio, per manum et consensum Johannis dicti Kabushôbet, mariti ipsius Ite, et Conradi, nati Conradi dicti de Cappelle, civis Arg., vendiderunt omne jus emphiteoticum, quod habuerunt in 2 areis contigue sitis an dem Holtzmerkete ex opposito domus Petri dicti de Schônecke mil. Arg., super quibus ligna venduntur, et tendunt retro supra Bruscam, Heilmanno in aqua civi Arg. procuratori seu gubernatori fabrice eccl. Arg., ementi nomine fabrice predicte pro 22 lib. den. Arg., ita quod de dictis areis 21 uncee den. Arg. balistario Argentinensi, qui pro tempore fuerit, annis singulis nomine census persolvantur. A. 1. actum 8 idus aprilis, a. d. 1305. *Verkauf.*

April 6.

Aus Strassb. Frauenh. A. Saalbuch 3 fol. 29a. cop. chart. s. XIV exeunt.

547. Nyclawes von Rymuntheim der meister und der rat von Strassburg machen bekannt, dass «Ellin Cûntzen seligen wittewe des brotbecken an dem werde, dem men sprach von Wihersheim, Johannes unde Merkelin irr sûne» verkauft haben ihr erbrecht «an dem ovenhuso an dem werde unde an der hovestete, do daz ovenhus uffe stat, daz gelegen ist einsite aller nehest an dem clostere zû sante Claren an dem werde unde andersite nebent Gerharte Syden mit hove und mit garten mit schûren mit wege und begriffe durch die gassen unde mit alleme rehte unde begriffe, so dar zû hôrt, hern Heinriche Wetzele Marsilies unde hern Wetzele sime brûdere» für 40 pfund 10 schill. A. 3. U. (die verkäufer für Clare, Cûnzelin, Gertrud und Clawes, Ellinens jüngere kinder). die äbtissin und der convent des klosters s. Clara auf dem Wört geben als hofherrn ihre zustimmung und geben den käufern die hofstätte in erbleihe gegen einen jährlichen zins von 1 pfund. Er. 4. V. «an dem grûnen dunrestage, 1305. heran waren wir Willehelm Nape, u. s. w. *folgt der Rat.* *Verkauf.*

April 15.

Aus Strassb. Stadt A. Pf. G. lad. 101 fasc. C. or. mb. c. sig. pend.

548. *Die eingeschlossenen Schwestern bei s. Gallus treffen Bestimmungen über Aufnahme neuer Schwestern.* *Aufnahme in eine klösterl. Genossenschaft.*

Mai 9.

Coram nobis judice curie Argentinensis constitute Berhta, Ellina, Agnes et Sara, incluse inclusorii siti juxta capellam sancti Galli in villa Kunigeshoven, promiserunt in jure seque ad hoc solempniter obligaverunt coram nobis, quod deinceps nullam personam in predictum earum inclusorium in sororem recipere debeant, nisi consensus et voluntas domini decani et capituli ecclesie sancti Thome Argentinensis libere adhibeatur, presente Heinrico, vicario ecclesie sancte Aurelie extra muros Argentinenses, et dictam promissionem seu obligationem vice et et nomine decani et capituli predictorum recipiente. in cujus rei testimonium sigillum curie Argentinensis presentibus est appensum. datum 7 idus maji, anno domini 1305.

Aus Ch. Schmidt Hist. du chap. de s. Thomas S. 343 (nach einer Abschrift s. XIV im Thomas A.).

549. C. j. c. A. Johannes dictus Wiszbrôtelin civ. Arg. vendidit 1 aream sitam in c. A. ex opposito s. Petri senioris juxta pistrinum Riwini dicti Korner Else, filie quondam Cûnini dicti de Friburg civ. Arg., pro 11 marcis argenti, salvo tamen Cûnrado dicto de Missenheim jure *Verkauf.*

emphiteotico, ita quod solvat annis singulis 1 lib. den. Arg. et 3 capones. E. 1. A. 3. datum 8 kalendas junii, a. d. 1305[1]. ***1305 Mai 25.***

Aus Strassb. Hosp. A. Prot. 242 Orph. (Copialb. von s. Clara auf dem Werde s. XIV) nr. 10. cop. chart.

Schenkung. **550.** C. j. c. A. Berhta dicta zům Stalle de Argentina medietatem domus et aree pro indiviso dicte zu dem Sturme site in c. A. bi Heringburnen[2] prope domum Conradi dicti de Truhteresheim hospitali pauperum in Arg. donatione inter vivos donavit, presente Berhtoldo sacerdote et cappellano dicti hospitalis. A. 1. datum 16 kalendas julii, a. d. 1305[3]. ***Juni 16.***

Aus Strassb. Hosp. A. lad. 171 fasc. 31. or. mb. c. sig. pend. delaps.

Testament. **551.** Mehtildis, soror quondam Drútelini civis Arg., celleraria Johannis dicti Sturm civis Arg., testamentum suum ordinat. super chorum ecclesie Arg. legat redditus pro peragendo anniversario suo, fratris, Winhardi patris et Ite matris; ad fraternitatem super chorum eccl. Arg. legat redditus quosdam; fratri Johanni predicatori, filio quondam Wernheri dicti Sturm civ. Arg., et fratri Wernhero de ordine domus in Dorolzheim Arg. dyoc., fratri dicti Johannis, legat redditus; item fratri Johanni de Maguncia de ordine fratrum minorum 10 sol.; Heinrico prebendario celebranti in capella s. Gregorii redditus quosdam. bona sua mobilia legat Heilicke, filie Agnetis filie Johannis dicti Sturm, uxoris dicti Völtsche, et Anne, filie quondam Wernheri dicti Sturm, ita quod ad aliquem habitum dominarum ordinis predicatorum vel minorum deputentur. Johannem dictum Sturm, Wernherum rectorem ecclesie in Mutziche ejus filium, Heinricum rectorem altaris s. Gregorii et Nicolaum dictum Blenkelin hujus testamenti constituit executores. sig. curie thesaurarii eccl. Arg. est appensum. actum sabbato post festum b. Johannis Baptiste, a. d. 1305. ***Juni 26.***

Aus Strassb. Bez. A. G 3524 (3919). 1. or. mb. c. sig. pend.

Verkauf. **552.** Gösselin Schöp der meister und der rat von Strassburg machen bekannt, dass Johannes von Schönnecke und frau Agnes, seine gattin, verkauft haben mit gesammter hand die hälfte des hauses und hofes, dessen andere hälfte für ungeteilt Johannes von Winterture gehört, «unde ist gelegen in des Gehen geszeline[4] gegen dem Schilte über» an den genannten Johannes von Winterture für 18 mark silbers. «gegeben an der mittewochen post Petri et Pauli apostolorum, 1305. heran waren wir Gösselin Schöp, u. s. w. *folgt der Rat.* ***Juni 30.***

Aus Strassb. Thom. A. lad. 24. or. mb. c. sig. pend.

Verkauf. **553.** C. j. c. thesaurarii ecclesie Arg. Johannes dictus Eckebolzheim et Gösselinus, frater ejus, filii Ůlmanni salificis, vendiderunt Anne et Elline sororibus suis, beginis, dictis de Schafhusen, pro 12 lib. et 10 sol. den. Arg. partem dimidie domus dicte zů dem Richen[5] in Stadelgasse ex opposito fratrum ipsos contingentem ex successione quondam Katherine dicte de Northeim, cui iidem fratres cum aliis quibusdam heredibus ab intestato successerunt, pro

---

[1] *Elsa schenkte die Hofstätte dem Kloster s. Clara auf dem Wörthe vor Str. und fügte zu dieser Schenkung hinzu einen Hof* (in vico dicto die cleine Stadelgasse juxta domum monasterii s. Clare predicti e. u. et e. p. a. juxta domum quondam Voltzonis de Tüngensheim dictam ein gotzhus). *Vom Hause erhielt als Zins jährlich 1 Pfund Sophia die Gattin des Ritters Wernhers von Westhus 1308 Marz 1. Or. daselbst lad. Orph. XXXIII fasc. 15.* [2] *Vgl. Str. G. u. HN. S. 49.* [3] *Aus den Dorsualnotizen s. XIV und XV scheint hervorzugehen, dass das Haus auch zum roten Bären genannt wurde.* [4] *Vgl. Str. G. u. HN. S. 68.* [5] *Vgl. Str. G. u. HN. S. 163.*

propriis et liberis, excepto quod de dicta domo dantur singulis annis 30 den. Arg. canonicis s. Petri junioris ecclesie Arg. nomine testamenti. actum 2 nonas julii, a. d. 1305[1]. **1305 Juli 6.**

Aus Strassb. Thom. A. lad. Kaufbriefe 1. or. mb. c. sig. pend. delaps.

554. Gösselin Schöp der meister und der rat von Strassburg machen bekannt, dass herr Reinbolt Reinböldelin und frau Agnes seine gemahlin mit zustimmung herrn «Nyclaweses von Rymuntheim, der wissenthaft voget ist Claweses hern Götzen seligen sunes von Rymuntheim sines brûders, und ôch ze gegene hern Götzen von Grostein und hern Heinriches Wetzels, des selben Claweses nehesten frûnden von siner mûter», haus und hofstatt zu Scharlotburnen, die Volmar der kûfer und Gerburg, die tochter seines vetters, zu einem erbe haben für einen jährlichen zins von 4 schillingen von frau Katherina der Sûnerin, in erbleihe gegeben haben Brûscheline und Elline, seiner gemahlin, für einen jährlichen zins von 5 schill. und $2\frac{1}{2}$ pfund pfenninge (davon erhält Clawes 4 schill., Reinbolt 1 schill. und $2\frac{1}{2}$ pfund). Er. 1. (für Clawesen 4 schill.), Er. 4. (für Reinbolds anteil), V. (zunächst für Clawes, dann für Reinbolt). «an sante Margreden abunde, 1305. heran waren wir Gösselin Schöp, [*u. s. w. folgt der Rat.*] dirre brieve sint drie[2].» **Juli 14.** *Erbleihe.*

Aus Strassb. Bez. A. G 3655 (4050). 3. or. mb. c. sig. pend.

555. C. j. c. A. Hugo dictus Siegeregen et Metza, uxor sua, residentes super area fabrice eccl. Arg. an der Almeinde inter aream monasterii s. Clare et aream s. Stephani, domum suam super predicta area sitam et omnia bona mobilia et inmobilia, que tempore mortis sue reliquerint, fabrice eccl. Arg. donacione inter vivos donant in remedium animarum suarum, ita videlicet quod ipsi dictam domum tenere debeant ad tempus vite ipsorum, promittentes dicte fabrice singulis annis dare 12 sol. den. Arg. (3 quolibet jejunio quatuor temporum) nomine census in signum proprietatis et dominii domus memorate. procurator locat ipsis domum predictam. actum feria quinta post festum b. Adelphi, a. d. 1305[a] [3]. **September 2.** *Testament.*

Aus Strassb. Frauenh. A. lad. 49 nr. 1. or. mb. c. sig. pend. Wegen der Datirung vgl. die Variante.

556. *Das Spital in Strassburg giebt eine Hofstätte in Erbleihe.* **September 15.** *Erbleihe.*

Ich meister Cûnrat Liebersun, des spittols meister von Strasburg, unde die anderen brûdere gemeinliche dez selben spittols dûnt kunt allen den, die disen brief gesehent oder hôrent lesen, daz Heinrich der schûsuter genant von Rynowe unde Agnes, sine eliche husvrowe, die do wilemal unser hofesesser wornt zwischent brucken, hant rehte unde redeliche verkôft ir hus, do su wilemal inne wort gesessen, daz do heisset zû dem Bosser[4] oben an deme Mulgesselin zwischent brûcken, Elizabet hern Johannes seligen husfrowen von Rietheim umbe zwei pfunt unde zwenzig pfunde Strasburgere pfenninge, unde veriohent ôch vor uns, daz su der selben pfenninge gewert wernt von ir gar und gantz. die selben Heinrich und Agnes verzigent sich ôch vor uns alles rehtes, daz su hettent oder haben môhtent an deme selben huse von widemes rehte oder von anderme rehte, wie daz were. wir veriehent ôch an

a) *or.:* m. cc. quinto = 1205. *Das Datum ist offenbar unrichtig, da der Schriftcharakter, der Gebrauch typischer Formeln und die Anwendung eines erst ca. 1270 eingeführten roten Siegels der Curie mit Halbmond u. s. w. auf das Ende des 13., Anfang des 14. Jahrhunderts hinweisen. Es ist also wohl zwischen dem* cc *und* quinto *entweder ein* c *(also 1305) oder eine Zahl, etwa* nonagesimo *(1295), ausgefallen.*

[1] *Der genannte Johannes verkauft einen Teil des genannten Hauses (neben der Duntzenheimin), den er ererbt hatte von seiner verstorbenen Mutter Isendrudis, an seine beiden Schwestern für 30 Schillinge. 1309 Juli 18. Or. ebendaselbst lad. 21 (Titres).* [2] *Vgl. nr. 164, 447 und 451.* [3] *Diese Urkunde gab die Veranlassung zu der unerwiesenen Behauptung, schon 1205 habe die Domfabrik bestanden. Vgl. Variante a.* [4] *Vgl. Str. G. u. HN. S. 114.*

diseme gegenwertigen briefe, daz wir die hofestat dez selben husez hant verluhen der vorgenanten Elizabet unde allen iren erben zû eime rehten erbe mit willen unde mit geheissede hern Albrehtes Rûrenderlins, eins ritters, unde hern Jacobes von Barre, eins burgers von Strasburg, die do sint dez vorgenanten spittols oberste pflegere, umbe ahte unse Strasburgere unde drie rappen geltes deme selben spittol zû gebenne unde zû geltenne alle iar noch gewonheite der stete von Strasburg. daz diz war si unde stete blibe, darumbe so han wir unser ingesigele gehencket an disen brief zû eime worn urkúnde der vorgeschribenen dinge. diz geschah an deme ahtesten dage nach unserre frowen mes der iungeren, do men zalte von gottes geburte 1305 iar.

Aus Strassb. Hosp. A. lad. 172 fasc. 14. or. mb. c. sig. pend.

Tauschgeschäft. Regimenhausstiftung.

557. Johannes Panfilin der meister und der rat von Strassburg machen bekannt, dass «her Nyclawes von Kagenecke der alte het gegeben sine hovestat vor dem múnstere, die gelegen ist einsite nebent Johannese Kupfermanne und andersite dran hant Andreses Wiriches seligen erben, mit alleme rehte hern Cûnen von Kagenecke, sime sune, und vrowen Gertrute, siner wûrtinne, unde iren erben vûr daz pfunt geltes, daz her Cûne von Kagenecke und frowe Gertrut, sin wûrtin, hettent uffe huse unde hovestete in sante Walpurge gaszen[1], und ist gelegen einsite an des Hûtelers hus und andersite het Dôsze ein hus». das haus in der Walpurgisgasse stiftet der genannte Nicolaus 15 armen schwestern, denen er ausserdem einige andere einkünfte anweist. Berhte, seine tochter, herrn Heinriches Wetzel gattin, soll der schwestern pflegerin sein und nach ihrem tode soll das amt an den ältesten und nächsten erben des herrn Heinrich Wetzel übergehen. «gegeben an dem zinstage vor sante Gallen tag, 1305. heran waren wir Gösselin Schôp, *u. s. w. folgt der Rat*[2]. ***1305 Oktober 12.***

Aus Strassb. Thom. A. lad. 32 nr. 26. or. mb. c. sig. pend.

Vereinbarung über Zinse.

558. Brigida die äbtissin und der convent des klosters von s. Stephan zu Strassburg und Erbe der commentur und der convent des hauses zu Rynowe von s. Johannes Spital vereinbaren betreffend das gut der letztern im banne zu Boffesheim, das zinshaft und «vellig» ist in den dinghof des klosters s. Stephan zu Boffesheim, jährlich dritthalb schilling zu Martini zu geben und «ein hûber, der zû dinge unde zû ringe gange unde ôch anders tû, alse ein hûber tûn sol, alse gewonheit unde reht ist in dem selben hofe, ane velle ze gebende.» samstag nach s. Martinstag, 1305. ***November 13.***

Aus der Habel'schen Sammlung in Miltenberg. or. mb. c. sig. pend. delaps.

Wittumsstiftung.

559. Johannes Panfilin der meister und der rat von Strassburg machen bekannt, dass Fritsche von Nuwilre seiner gattin Katherinen zum wittume gegeben hat im werte von 48 mark verschiedene güter in Gödertheim, Epfiche; «so het er ir ôch geleget zwelf marke bares silbers an die mônisse, die sûlent ôch ligen in widemes wise.» «zinstage vor Katherine, 1305. heran waren wir Gösselin Schôp, *u. s. w. folgt der Rat.* ***November 23.***

Aus Strassb. Bez. A. G 6191 (6218). 4. or. mb. c. sig. pend.

Verkauf.

560. Johans Panfilin der meister und der rat von Strassburg machen bekannt, dass «Junte Cûnratz seligen witwe dez brotbecken von Linggies und Junte die Bervigerin mit willen und gehellde her Rôlin Ripelins, der wissenhaft vogt ist Heinriches, Junten, Johanses, Sickeses, Götzen und Niclauses, der vorgenanten Junten der Bervigerin kinder,» verkauft haben dem kloster s. Clara auf dem werde ihr erbrecht, das sie von demselben kloster haben

[1] *Vgl. Str. G. u. HN. S. 196 u. 77.* [2] *Vgl. Alsatia 1858-61 S. 169.*

auf der hofstatt, die gelegen ist an dem werde zwischen dem kloster und Conrads ofenhaus bis an das wasser gegen «die Ruwerin» für 60 pfund pfenninge. für die 4 jüngsten noch unmündigen kinder der Bervigerin verbürgt sich diese, ihr vormund Rûlin, Heinrich, der bruder der kinder, und Wildeman, ihr grossvater von mutters seite. «gegeben an dem fritage noch s. Katherinen tage, 1305. beran warent wir Gösselin Schôb, *u. s. w. folgt der Rat*[1]. ***1305 November 26.***

Aus Strassb. Hosp. A. Prot. 242 Orph. (Copialb. s. XIV von s. Clara auf dem Werde) nr. 186. cop. chart.

561. C. j. c. A. frater Johannes dictus Burner, monachus monasterii in Stûrtzelbûrne, et Hansemannus dictus Roſchelin apotecarius, civis Arg., habentes plenam potestatem a Margaretha et Elizabeht dictis Dûrnerin, monialibus inclusorii in Wissenburg apud domum predicatorum ibidem, et Husa de Stûtzheim, eorum matertera, vendunt pro 10 lib. den. Arg. Johanni dicto de Hirtigkheim venditori annone, civi Arg., melioraciones in domo et area (in c. A. in der alten Kurdewangassen juxta domum dictam zû dem von Lûpoltzheim e. u. et e. p. a. juxta uxorem Bertholdi dicti Swarber) ultra censum 35 solidorum capitulo ecclesie s. Petri junioris Arg. debitum. capitulum ab emptore erschatz recepisse confitetur, Johanne dicto Gyligere presbytero procuratore presente. A. 3. actum quoad procuratores 16 kalendas januarii, quoad procuratorem 15 kalendas januarii, a. d. 1305. ***Dezember 17 und 18.*** *Verkauf.*

Aus Strassb. Bez. A. G 4345. lib. II fol. 3. (nr. 33.) cop. chart. s. XV.

562. Johannes Viviantz der meister und der rat von Strassburg machen bekannt, dass Heinrich Parcifal der fischer und seine gattin Katherine mit zustimmung ihrer kinder Engeltrude, Brigiden und Heinrichs mit gesammter hand verkauft haben herrn Johannes und herrn Walther von Mûlnheim, gebrüdern, 1 pfund geldes auf ihren 2 häusern und hofstätten, die gelegen sind neben Sygebrehte dem schiffsmann und andererseits neben dem Liebenzeller, für 20 pfund pfenninge. U. (für die kinder Johannes und Clawes verbürgen sich die eltern, Heinrich der bruder und Reinhart und Johannes, Reinberts des fischers söhne.) Wit. 1. (für beide eltern.) Er. 4. V. «gegeben an dem fritage nach dem zwelften tage, 1306. heran waren wir Gösselin Schôp, *u. s. w. folgt der Rat.* ***1306 Januar 7.*** *Rentenkauf.*

Aus Strassb. Hosp. A. lad. Orph. XXXV fasc. 49. or. mb. c. sig. pend.

563. C. j. c. thesaurarii ecclesie Arg. Johannes dictus Clobelôch, civis Arg., vendit Else filie quondam Johannis dicti zûm Riet an der obereu strassen civis Arg. begine 2 partes domus in Stadelgasse site cum area ad ipsum Johannem pertinentes de septima parte dicte domus pro indiviso, de qua domo singulis annis dantur 1 lib. den. Arg. fratribus minoribus domus Arg. et fabrice eccl. Arg. 2 libre cere, et que domus est sita juxta domum dicti de Oberenkirche et juxta Ůlricum dictum Salzmutter, pro 11 lib. den. Arg. actum feria sexta ante conversionem b. Pauli, a. d. 1306. ***Januar 21.*** *Verkauf.*

Aus Strassb. Stadt A. Pf. G. lad. 102 fasc. Stadelgasse. or. mb. c. sig. pend. delaps. Auf der Rückseite: «Johannes senior constituit se fidejussorem af VIII libr.»

564. Johans Viviantz der meister und der rat zu Strassburg thuen kund, dass «Heinrich Anerbe unde Berhte sine wirtin mit gesameter hant hant geben zû kôffe ir erbereht an huse unde hovestette, gelegen einsite an Contzelin des dohterman von Basel und nebent Gerinne der wahsfrowen andersite, Jacobe Wissen unde Ellin sinre wûrtin» für 13 pfund und 5 schillinge. der kauf ist geschehen mit einwilligung herrn Niclaus von Kagenecke des alten, der Jacob *Verkauf, Wittumsstiftung.*

---

[1] *Vgl. nr. 233 und 428.*

das haus in erbleihe gibt gegen einen jährlichen zins von 5 schillingen und 1 cappen. Er. 1. «der selbe Jacob Wisse het Ellin sinre würtin sine zweiteil sines erberehtes an dem vorgenanten huse gewidemet, unde sü ime darwider ir dirteil, unde hant einander die widemen gevertiget noch unser stette reht unde gewonheit». «an eime samestage noch der liehtmesse, 1306. heran worent wir Gösselin Schôp, *u. s. w. folgt der Rat (aber nur zum Teil in der Copie beibehalten).* ***1306 Februar 5.***

Aus Strassb. Frauenh. A. Saalbuch 3 fol. 105ᵃ. cop. chart. s. XIV exeunt. Nach der Ueberschrift war das Haus «genant zû Rafensburg bi sant Steffen gegen dem heilgen crûtze über neben dem huse genant zû der lucernen.»

Verkauf. **565.** Johannes Viviantz der meister und der rat von Strassburg machen bekannt, «daz her Hug von Kagenecke het gegeben ze kôffenne Fritschen von Selselsheim, eime burgere von Strazburg, 7 pfunt geltes, 4 üntze minre, die er hette uf hûsern unde uffe hovesteten zû dem zwigeline und uffe der hovestat dernebent, do der selbe Fritsche uffe gesessen ist, unde uffe huse unde hovestete, do Heinrich Fritschen brûder uffe gesessen ist, von der almenden obene an der gassen ort untz an Billunges Recken hus, und alle die reht, die er hette an den selben hûsern unde hovestetten, der er zû erbe kumen ist von hern Johannese von Kagenecke seligen, sinem vattere, alse von sinen wegen vûr uns erzôget ist mit erbern scheffeln, vûr lidig eigin umbe 80 marg silbers luters unde lötiges des geweges von Strazburg.» «an der mittewochen vor Mathie apostoli, 1306. heran waren wir Gösselin Schôp, *u. s. w. folgt der Rat.* ***Februar 23.***

Aus Strassb. Hosp. A. lad. Hôp. XLIX fasc. 32. or. mb. c. sig. pend.

Verkauf. **566.** Burkart Schôp der meister und der rat von Strassburg machen bekannt, dass «Götze Vôltsche unde vrowe Agnes, sin würtin, Johanneses Sturmes tohter, mit willen und gehelle hern Reinboltes Stûbenweges des alten und hern Johanneses, sines brûders, Johanneses Sturmes unde Johanneses, sines sunes, irre kinde nehesten frûnden von der mûter, unde Götzen Vôltschen an der obernstraszen, der kinde nehesten frûndes von dem vattere,» verkauft haben mit gesammter hand das gut zu Pfettensheim Burkarte Erline, Johanneses Lentzelins tochtermanne, für 140 mark silbers. «an dem mentage post dominicam Reminiscere, 1306. heran waren wir Gösselin Schôp, *u. s. w. folgt der Rat.* ***Februar 28.***

Aus Strassb. Thom. A. lad. 15 (Titres). or. mb. c. sig. pend.

Schenkung. **567.** C. j. c. A. Anna uxor Conradi dicti de Truhtersheim, civis Arg., porcionem ipsam contingentem in domo dicta zû dem von Truhtersheim et in area ejusdem, sita in c. A. inter domum dictam zû hern Gleselin et domum zûm Sturme bi Heringburne, fabrice eccl. Arg. donacione inter vivos donavit in remedium anime sue, usu tamen et habitacione dicte domus ipse Anne, quamdiu vixerit, reservatis. dominus Heinricus, procurator dicte fabrice, nomine ejusdem donatrici domum et aream relocavit pro annuo censu 1 vierlingi cere; salvo jure dotis ipsi Conrado, quod habet de domo et area pro tempore vite sue. datum 3 idus marcii, a. d. 1306. ***März 13.***

Aus Strassb. Frauenh. A. Saalbuch 3 fol. 53ᵃ. cop. chart. s. XIV exeunt.

Verkauf. **568.** C. j. c. A. Fritschemannus de Duntzenheim, miles Arg., filius quondam Fritschemanni de Duntzenheim militis, vendidit Johanni dicto Bühsener, civi Arg., redditus annuos 2 lib. et 10 sol. den. Arg. super domo et area dictis zû dem grossen gotte[1], sitis in c. A. an Glockener ort juxta domum quondam Johannis dicti Kircheim sartoris e. u. et e. p. a.

[1] *Vgl. Str. G. u. HN. S. 64.*

juxta dictas Messererin de Hagenôwe pro 75 lib. et 10 sol. per juramentum, quod se civitati Argentine prestitisse dixerat; venditor asserit redditus non esse dotales, sed laudimiales. A. 1. actum idibus marcii, a. d. 1306. ***1306 März 15.***

Aus Strassb. Bez. A. G 3656 (4051). or. mb. c. sig. pend.

569. Agnes relicta Johannis dicti de Hauwart militis Arg. testamentum suum ordinat de consensu Johannis militis dicti Junge filiastri sui. inprimis legat fratribus minoribus domus Arg. redditus annuos 1 lib. den. Arg. de area, super qua Richwinus dictus de Roppenheim domum edificavit, sita an der obernstrassen ex opposito curie Alberti dicti Rûlenderlin militis, ita quod dicti fratres anniversarium legatricis, que apud eosdem suam elegit sepulturam, peragant. item dat compluribus monasteriis redditus siliginis et tritici, monasterio s. Marci redditus 4 den. Arg., quos dictum monasterium dabat de domo sita in vico s. Elizabeth, que fuit quondam prepositi s. Thome Arg.; item dat «ad prebendam altaris s. Pantaleonis in ecclesia s. Nicolai, constructam per quondam Johannem maritum», legatricis redditus quosdam, et redditus 8 unc. den. Arg. super area Richwini de Roppenheim; item predicatoribus dom. Arg. redditus 10 sol. den. Arg. super area predicti Richwini; item legat redditus quosdam hospitali pauperum, «prebende pauperum altaris s. spiritus ultra Bruscam»; Elline famule sue de Mutziche, Hedwigi cellerarie sue de Walhesheim et aliis; item legat Conrado Hoyer et fratri suo 20 marcas argenti, Rûdolfo dicto de Bihera ordinis minorum confessori suo 6 marcas, fratri Jacobo medico ordinis minorum 1 lib., item fratri Fr. de Entringen gardiano 1 lib., fratri Bernhardo dicto Kage 10 sol., item fratri Frichel 5 sol., item cuilibet fratri dicti ordinis 1 sol., item fratribus predictis 3 pictancias, item fratribus predicatoribus et Augustinensibus et Wilhelmitis 1 pictanciam; item legat fabrice eccl. Arg. 4 lib. et vestes suas kemelinas; item in die sepulture sue vestes sue varie, que dicuntur Berschalach, deferri debent super funem apud fratres minores; item cuilibet begine 2 den., item sororibus commorantibus in domo sua dicta zu der tuben cuilibet 1 sol., item distribuantur inter pauperes 4 lib. den. Arg., item legat ad fabricam ecclesie s. Nicolai ultra Bruscham 1 lib. testamenti executores constituit gardianum fratrum minorum domus Arg., fratrem Rûdolfum de Biberha et Conradum dictum Hoyer fratrem suum. sigillum dicte curie est appensum. actum et datum feria quarta ante dominicam qua cantatur Quasi modo geniti, a. d. 1306. ***April 6.*** *Testament.*

Aus Strassb. Hosp. A. Prot. Prédic. 107 (Copialb. s. XIV) fol. 99. cop. mb. von zweiter Hand s. XIV exeunt. nachgetragen nach einer vidim. von 1376.

570. Burkart Schôp der meister und der rat von Strassburg machen bekannt, «daz her Heinrich Wetzel unde frowe Berhte, sin wûrtin, hant verluhen mit gesamenter hant vùr sich und alle ire erben Heinriche von Hoye und Junthen, siner wûrtinne, und allen iren erben zû eime rehten erbe ire hovestat zû Kagenecke[1], die gelegen ist einsite nebent hern Johannese Löseline und andersite nebent dem selben hern Heinriche Wetzele, mit allemе rehte umbe nûndehalbe ùntze pfenninge zinses alle iar ane hoher steigen.» Er. 4. V. «an dem zinstage nach sante Georien tage, 1306. heran waren wir Gösselin Schôp, *u. s. w. folgt der Rat.* ***April 26.*** *Erbleihe.*

Aus Strassb. Hosp. A. lad. Hôp. XLVII fasc. 24. or. mb. c. sig. pend.

571. Johanns von Bergheim, fùrsprecher der klöster s. Johannes und s. Elisabeth vor Strassburg, gewinnt vor dem gerichte des bischofs zu Strassburg wider herrn «Hugen Schoup einen wissenthaften vogt Niclaus Rypelin, der under sinen ioren ist, hern Hugen Ripelins seligen sûn des iüngern ritters,... ein husz und hoffestatt gelegen nebent frowe Heilken einre *Urteilspruch.*

[1] *Vgl. Str. G. u. HN. S. 44 u. 88.*

wittewen Reimboltz des iüngern burgers zu Straszburg in der Kürsenergassen und heisset zů der Tůnowe und lit nebent hern Hug Itipelin seligen dem ritter ». das haus war den genannten klöstern von frau Heilka zu einem seelgeräte geschenkt. das urteil ward gegeben « uff mittewuch nehest vor dem heiligen pfingesttage zů primezit, 1306. » das siegel des hofes von Strassburg ist angehängt[1]. ***1306 Mai 18.***

Aus Strassb. Hosp. A. Prot. s. Elisabeth 205 (Copialb. s. X4') lit. S nr. R. Deutscher Auszug des vermutl. latein. Originals.

Vertrag über Baugerechtsame. **572.** C. j. c. A. Jacobus dictus de Barre, civ. Arg., recognovit, se nullum jus habere in muro fratrum predicatorum in Argentina, sito juxta portam seu januam dictorum fratrum, per quam itur versus lobium pellificum seu fratres minores, et quod dicti fratres predicatores ad preces ipsius ipsum retro in domo sua dicta zů der meralen non de jure, sed ex gratia licentiaverint edificia sua ponere ad dictum murum et aliquos tignos seu trabes mittere in dictum murum et resecare de dicto muro spissitudinem et dictum murum altius edificare, ita tamen quod ex premissis nullum prejudicium fratribus generetur, quodque idem Jacobus in dicto muro nullas fenestras seu foramina ponere debeat, per quas respici poterit in curiam fratrum predicatorum, et quod nullum stillicidium seu fluxus aliquis de edificiis suis aliquatenus cadere debeat super fundum seu murum predictum. Jacobus pro se et successoribus suis premissa facere promittit. datum a. d. 1306, 8 kalendas junii[2]. ***Mai 25.***

Aus Strassb. Hosp. A. lad. 62 fasc. 19. or. mb. c. sig. pend.

Schenkung. **573.** C. j. c. A. Gerhardus dictus zů dem eimere, civis Arg., et Elsa, uxor ejus, Johanni clerico, filio suo, dyacono, ut eo liberius ad ordines sacerdotii valeat promoveri, preter redditus ex Owenheim et Innenheim redditus 5 quartalium siliginis habendos annuatim ab ipso clerico super domo ipsius Gerhardi in c. A. sita, quam ipsi conjuges inhabitant, dicta zuo dem eimere, que domus annuatim census nomine 4 lib. den. Arg. bene solvit, donatione inter vivos donant. datum 6 kalendas junii, a. d. 1306. ***Mai 27.***

Aus Strassb. Stadt A. s. Nicol. in undis. lad. J. or. mb. c. sig. pend.

Verkauf. **574.** Burckart Reinboldelin der meister und der rat von Strassburg machen bekannt, dass « vro Agnes herrn Hessen seligen tohter des Gopen von Geisbolzheim, Walthers seligen wittwe von Pfettensheim, unsere burgerin, » verkauft hat an Johannes Klobeloch, herrn Peters von Schonnecke tochtermann, ²/₃ eines hauses und hofstätte, « in Spettergassen gegen dem Klobeloch über einsit nebent dem Wenser und andernsit het der selbe Johans ein hus », für 31 mark silbers. A. 3. U. (« her Hesse Gope, her Hug des schultheiszen sun von Bnotenheim ritter, und Burckart Cope, hern Hessen bruder, » für Hesse, Heilge, Ellekint, Ennelin und Agnes, kinder der verkäuferin). « an dem samestage nach sant Margareten tage, 1306. heran warent wir Burckart Reinboldelin, *u. s. w. folgt der Rat.* ***Juli 16.***

Aus Bulletin de la société pour la conserv. des mon. et doc. hist. de l'Alsace, II série, 7 tome, S. 105 (nach dem Original im Besitz des Herrn de Billy mitgeteilt und erläutert von L. Spach). Die Erläuterung auch abgedruckt in Spach œuvres choisies V, 445 ff.

Erbleihe. **575.** C. j. c. A. Anna, relicta Wilhelmi dicti Tantz militis Arg., locavit Conrado dicto Murer dicto de Esselingen et Huse uxori sue, civibus Arg., in emphiteosim domum et aream, sitam in c. A. retro s. Nicolaum zů lengesten zille prope Johannem pistorem e. u. et e. a. p.

---

[1] *Am gleichen Tage appellirt gegen das vorstehende Urteil Johannes von Bergheim im Namen der beiden Klöster beim h. Stuhl in Rom. Die Appellation ist gesiegelt vom Hofrichter. Auszug ebendaselbst.*
[2] *Vgl nr. 86 und 326.*

versus s. Nicolaum, unde ist ein orthus, pro annuo censu 14 unc. den. Arg. Er. 4. V. datum 16 kalendas augusti, a. d. 1306[1]. ***1306 Juli 17.***

Aus Strassb. Hosp. A. lad. 43 fasc. 3. or. mb. c. sig. pend. delaps.

576. C. j. c. A. Agnes dicta Westernennin civ. Arg., residens in vico dicto zû dem Sluche, priori et conventui fratrum predicatorum domus Arg. curiam suam cum domo, sitam in dicto vico zû dem Sluche in c. A., donat in remedium anime sue. fratres post mortem Agnetis emere debent redditus 3 lib. den. Arg., qui ipsis singulis annis pro pictancia cedant in anniversario Agnetis, quod cum vigiliis et missis peragere teneutur. datum 4 nonas augusti, a. d. 1306[2]. ***August 2.*** *Schenkung.*

Aus Strassb. Hosp. A. Prot. Prédic. 107 (Copialb. s. XIV) fol. 30. cop. mb.

577. C. j. c. A. Johannes, natus Eberhardi dicti Sicke civ. Arg., redditus annuos 30 sol. den. Arg. et 6 capponum super domo et area, sitis in c. A. juxta domum dictam daz oleyhus ex alia parte domus illius de Gûgenheim in confinio domus dicte zû der kugele[3], quas domum et aream Ůlricus dictus Wisledergerwer detinet in emphiteosim pro censu annuo 2 lib. et 10 sol. cum 6 capponibus, vendidit Heinrico Marsilii militi Arg. ementi nomine abbatisse et conventus monasterii s. Clare infra muros Arg. pro 14 marcis argenti. A. 3. datum 6 idus augusti, a. d. 1306. ***August 8.*** *Verkauf.*

Aus Strassb. Hosp. A. lad. 174 fasc. 11. or. mb. c. sig. pend. delaps.

578. C. j. c. A. Ellina, relicta Johannis dicti Crûter an der Steinstrasse c. m. A., Johannes et Johannes, Luscha ac Ellina, liberi ipsius relicte, et Conradus, maritus Lusche, vendunt Nicolao dicto Kolin, civi Arg., petiam frugiferam vulgariter dictam ein hof, in vico dicto Rôffegasse e. m. A. sitam propinquiorem bonis dicti Weusere et juxta bona Elline relicte predicte, p. p. e. l. pro 9 lib. et 10 sol. den. Arg. A. 1. actum 13 kalendas octobris, a. d. 1306[4]. ***September 19.*** *Verkauf.*

Aus Strassb. Stadt A. Ÿ. G. lad. 102 fasc. R. or. mb. c. sig. pend.

579. Johannes dei gratia episcopus Arg., arbiter, electus ex parte decani et capituli ecclesie s. Thome Arg. ex una necnon Nicolay dicti Zorn sculteti et Hugonis dicti Zorn fratrum, Reinboldi militis dicti Sûzse, Reinboldi armigeri fratrum, Waltheri de Mulnheim et Conradi dicti Hoyer, militum, Reinboldi armigeri de Croswilre, Reinboldi dicti Tûrant militis, ac Johannis dicti Hoyer militis, civium Arg., ex parte altera super controversia, que inter dictas partes hactenus fuit super certis bonis mobilibus et immobilibus donatis seu legatis dicte ecclesie ad certos usus pios per quondam Fridericum, ipsius ecclesie prepositum, prout *Schiedsspruch.*

---

[1] *Nach einer Notiz v. 1355 (daselbst) hiess das Haus:* zum alten briefe, *nach einer Dorsualnotis lag es im Giessen.* [2] *Agnes wiederholt diese Schenkung vor dem Prior, dem Predigerbruder Wernher Kuchenmeister und dem Hofrichter. Die Prediger dürfen den Hof nicht veräussern, sondern müssen von ihm einen Seelgerätzins von 2 Pfund aufbringen. Wollen die Prediger Kloster* (domus) *und Kirche erweitern, so dürfen sie den Hof hineinziehen, müssen dann aber eine Rente von 2 Pfund Pfenn. kaufen. Agnes behält den Hof auf Lebenszeit gegen einen jährl. Zins von 1 Pfund Wachs. Es siegelt auch der* prior provincialis Theutonie. *1307 November 5. Abschrift a. a. O.* [3] *Vgl. Str. G. u. HN. S. 78.* [4] *Johannes, ein Bäcker, Sohn des Johann Cruter, und Greda, seine Gattin, verkaufen an denselben Kolin die Hälfte eines Grundstückes in der* Reufogaszen *(neben des Clobelouchs Kindern und dem Käufer) für 5 Pfund weniger 5 Schillinge. 1313 September 12. Or. ebendaselbst. Nicolaus Kolin vermacht 1½ Gartäcker in* Reufogasze *(neben der Wenserin) und 1 Acker bei Rotenkirchen in dem Burgfelde (zwischen Gütern von s. Elisabeth u. s. Agnes) der Strassb. Münsterfabrik. 1321 Oktober 22. Or. ebendaselbst. Den Acker in Rotenkirchen hatte Kolin für 10 Pfund weniger 10 Schillinge erworben von Guta, Wittwe Reinbolds von Lingolsheim, Strassb. Bürgers, und deren Sohn Reinbold. 1309 Juni 18. Abschrift s XIV in Frauenh. A. Saalbuch 3 fol. 86*b.

in instrumento sigillo curie Arg. sigillato plenius sunt expressa[1], ordinat, ecclesiam dictam habere omne jus in dictis bonis, et non partem alteram; ipsisque personis super hiis perpetuum silencium imponit sub pena in compromisso apposita. actum et datum feria 6 post Galli, a. d. 1306. ***1306 Oktober 21.***

Aus Strassb. Thom. A. lad. 25 (Titres). or. mb. c. sig. pend.

Verkauf. **580.** Conrat Ryplin der meister und der rat von Strassburg machen bekannt, dass «Johannes zů der Ackes mit Heinriches Houdinets, sines vogetes, hant, den er vor gerihte zů vogete genomen het umbe dise getat», verkauft hat 4 äcker zu Rotenkirchen in dem Burgfeld als ledig eigen an Johannes Tômenheim, Sophie, dessen gattin, und Grede, deren schwester, für 42 pfund pfenninge. A.3. auch Katherine zů der Ackese, desselben Johannesses mutter, und Tine, seine schwester, mit Craftes ihres gemahls willen erklären, dass ihnen kein recht an den 4 äckern zustehe. «an der mittewochen nach sante Cecilien tage, 1306. heran warent wir Burkart Reinboldelin, *u. s. w. folgt der Rat.* ***November 23.***

Aus Strassb. Hosp. A. lad. 70 fasc. 2. or. mb. c. sig. pend.

Bitte um Gebet. **581.** *König Eduard I von England schreibt an den Meister des Predigerordens und alle Ordensglieder, welche auf dem zunächst zu Pfingsten in Strassburg* (apud Argentein in Alemannia) *stattfindenden Generalcapitel des Ordens erscheinen, und bittet sie, für ihn, seine Gattin, seine Kinder und das Reich zu beten.* «datum apud Laurecost, primo die decembris», 1306. ***Dezember 1.***

Aus Rymer, Foedera etc. inter reges Angliae etc. vol I pars II, 1005.

Witwenstiftung. **582.** C. j. c. A. Hugelinus dictus Clôtzelin de Argentina donavit Katherine uxori sue in dotem unum bancum seu macellum situm inter macella in Argentina, quod habuit juxta macellum dictum Nire e. u. et macellum Rûdolfi dicti Riplin militis e. p. a. actum et datum 11 kalendas januarii, a. d. 1306. ***Dezember 22.***

Aus Strassb. Bez. A. H 2976. 4. or. mb. c. sig pend.

Tauschgeschäft. **583.** Brigida abbatissa et conventus monasterii s. Stephani Arg. permutant de consensu Johannis episcopi cum Cûnrado sacerdote rectore ecclesie parrochialis s. Stephani, transferentes aream cum domo dictam zû dem birbôme[2], sitam ex opposito orti dicti Siechgarte monasterii predicti et est domus extrema (orthûs), in eundem Conradum, qui vice versa transfert redditus 2 lib. den. Arg. super curia et domo suis dictis des Kellers hof, sitis in c. A. juxta pontem s. Stephani, quos redditus emit a Hugone dicto Jöchen et Sara ejus uxore, et redditus 30 sol. den. Arg. super area et domo sua edificata, sita uf dem graben in c. A., dicta des hûs von Trûsenheim, juxta aream quondam dicti Fritag apothecarii e. u. et domum quondam dicti Ohse e. p. a., quos emit a Hilteburgi filia quondam Bertoldi dicti de Trûsenheim, Nicolao sacerdote, Bertoldo et Johanne dictis Fûhsselin, filiis dicti Hilteburgis. sigilla episcopi, abbatisse et conventus sunt appensa. datum Argentine, 16 kalendas marcii, a. d. 1307. ***1307 Februar 14.***

Aus Strassb. Bez. A. H 2684. 2 or. mb. c. 3 sig. pend. delaps.

Erbleihe. **584.** Johannes Stûbenweg der meister und der rat von Strassburg machen bekannt, dass Heinrich der «trehseler» verliehen hat Berhtolde dem zimmermanne und Hartburge, seiner gattin, zu einem rechten erbe seine hofstätte «im Smidegiessen nebent Groz Johannese dem

---

[1] *Vgl. nr. 534 und note zu 517.* [2] *Vgl. Str. G. u. HN. S. 39, wo eine mir unbekannte Urkunde von 1268 herangezogen ist.*

zimbermanne einsite und andersite nebent Walthere Boppen » für 8 unze pfenninge jährlichen zinses und 2 kappen. E. 1. V. «gegeben an der mittewochen nach sante Valentins tage, 1307. heran warent wir Conrat Ryplin, *u. s. w. folgt der Rat.* ***1307 Februar 15.***

Aus Strassb. Hosp. A. lad. 171 fasc. 24. or. mb. c. sig. pend.

585. *Mietsvertrag des Bischof Johann von Strassburg über den von ihm bewohnten Stehellinshof.* ***März 7.*** *Mietsvertrag*

Noverint universi et singuli presencium inspectores, quod nos Johannes dei gratia episcopus Argentinensis recognoscimus per presentes, utile dominium et directum curie, site in civitate Argentina ex opposito Hetzelonis dicti Marx militis, dicte hern Stehellins hof, quam inhabitamus et hactenus inhabitare consuevimus, cum orto contiguo eidem curie et omnibus hedificiis superhedificatis necnon juribus et pertinenciis ejusdem curie ad domicellam Katherinam dictam Kůchinmeisterin, civem Argentinensem, pertinere integraliter et in totum; confitentes bona fide nos dictam curiam cum orto et suprahedificatis inhabitare et hactenus inhabitasse, tenere et hactenus tenuisse conductionis titulo ab eadem ad tempus vite nostre pro centum quartalibus tritici et siliginis equaliter utriusque per nos solvendis annis singulis Katherine memorate; non obstante judicato quovis nobis facto, cum essemus in minoribus constituti in judicio sculteti Argentinensis de dicta curia contra Katherinam predictam in solutionem debiti cujusdam, cum ipsa nobis de ipso debito, propter quod ipsum judicatum factum extitit, satisfecerit finaliter et in totum. cui judicato propter hoc non immerito renunciavimus ac renunciamus litteras per presentes, ipsam curiam ab omni jure et obligatione quavis, quo et qua obnoxia nobis extitit racione et occasione dicti judicati, simpliciter absolvendo. et ut nulli super premissis et quolibet premissorum dubium in posterum oriri valeat quoquo modo, sigillum nostrum majus una cum sigillo curie nostre Argentinensis presentibus est appensum. et quia coram nobis judice curie predicte premissa omnia et singula cum sollempnitate ad hoc debita et consueta rite et rationabiliter sunt peracta, sigillum ipsius curie ad peticionem, jussum et mandatum reverendi in Christo patris et domini nostri predicti necnon ad peticionem domicelle Katherine predicte cum sigillo majori ejusdem domini nostri presentibus duximus appendendum, in evidenciam, probationem, testimonium et recognitionem omnium premissorum. datum Argentine, anno domini 1307, feria tercia proxima post dominicam, qua cantatur Letare [1].

Aus Strassb. Stadt A. AA 1398. or. mb. c. 2 sig. pend. (sig. episcopi est delaps.)

586. Syfrid von Vegersheim der meister und der rat von Strassburg machen bekannt, *Verkauf.*
dass Burkart Kolin verkauft hat an Clawese Kolin einen kornzins von einem gute in Bledensheim für 12 mark silbers. « so wart ouch Philippen, Burkartes Kolins süne, von uns uffe der pfaltzen angewunnen, das er dekein reht hat an dem gelte und dem gûte. » «gegeben an der nehsten mittewochen nach mitterwasten, 1307. heran warent wir Conrat Ryplin, *u. s. w. folgt der Rat.* ***März 8.***

Aus Strassb. Hosp. A. lad. Höp. III fasc. 9. or. mb. c. sig. pend.

587. Sifrid von Vegersheim der meister und der rat von Strassburg machen bekannt, *Verkauf.*
dass Willehelm Blůmelin und Irmelin seine gattin verkauft haben haus und hofstatt, « in Stadelgassen gegen der minre brůder tor über einsite bet der von Grostein und andersite hant die von Velde und Anne von Marlei ein hus, » als ledig eigen an Hug den Spiller und Adelheit, seine gattin, für 154 pfund pfenninge. Wit. 3. Hug giebt seiner gattin $^2/_3$, diese

[1] *Vgl. nr. 124 u. 476.*

ihm $1/3$ des erworbenen zum wittum. «an der nehsten mittewochen nach sante Gregorien tage, 1307. herun warent wir Conrat Ryplin, *u. s. w. folgt der Rat*[1]. ***1307 März 15.***

Aus Strassb. Bez. A. Zerstreute Sachen. or. mb. c. sig. pend. mutil.

Verkauf. **588.** C. j. c. A. Cůno dictus de Hunesvelt, natus quondam Růdegeri de Hunesvelt, civis Arg., vendidit unam aream sitam in c. A. inter pontes, super qua constructum est pistrinum dictum daz rote ovenhus[2], e. u. p. juxta domum Nicolai dicti de Herde et e. a. juxta domum dicti Kacheler, dictam zů dem von Schaftolzheim, p. p. e. l. decano ecclesie s. Thome nomine dicte ecclesie pro 16 lib. et 10 sol. den. Arg. ementi. A. 1. Gertrudis, Katherina, Greda et Nicolaus, couterini dicti Cůnonis, resignant omne jus, si quod habent in area premissa. datum idus marcii, a. d. 1307[3]. ***März 15.***

Aus Strassb. Thom. A. Registrande A fol. 135 b. cop. chart.

Rentenkauf. **589.** C. j. c. A. Ludewicus dictus de Wasselnheim, civis Arg., vendidit Anne, relicte Conradi dicti Tautz civ. Arg., redditus annuos 2 lib. den. Arg. a venditoribus solvendos super domo et area suis, in c. A. sitis bi Müllerstege[4] juxta Johannem dictum Lange militem de Wangen e. u. et e. p. a. juxta Heinricum fratrem dicti venditoris, pro 40 lib. den. Arg. A. 3. Er. 5. actum et datum 13 kalendas aprilis, a. d. 1307[5]. ***März 20.***

Aus Strassb. Thom. A. lad. 10 (Titres). or. mb. c. sig. pend.

Verkauf. **590.** C. j. c. A. Katherina, soror Sygelini dicti Schenterlin de Argentina, Voltmarus et Johannes, filii dicte Katherine, vendiderunt unam curiam cum domo, sitam ultra Bruscam bi Scharlathburnen juxta Fridericum dictum de Heiligenstein, (ita quod de curia nomine census debeantur 4 sol. den. Arg. Nicolao, filio quondam Gotzonis dicti de Rymundeheim), Reinboldo Reinbökdelini, militi Arg., pro 40 lib. den. Arg. A. 1. Wit. 1. (pro Katherina). datum nonas aprilis, a. d. 1307[6]. ***April 5.***

Aus Strassb. Bez. A. G 3655 (4050). 6. or. mb. c. sig. pend.

Tauschgeschäft. **591.** Abbatissa et conventus monasterii s. Clare uf dem Werde transferunt titulo permutationis aream suam, sitam an dem Werde juxta dictum de Sunenheim die Gidelste vulgariter dicitur ein hoffestat der von Ottenheim, in Hetzelonem dictum Marckes militem et Gertrudim, ejus uxorem, pro redditibus 9 unc. den. Arg. super domo et area sita zů Merissot in c. A. juxta fontem, quam Volmarus pellifex et Katherina uxor ejus possident jure emphiteotico, ex u. p. sita est domus dicti Rebestog e. a. domus dicti Sellose. sigilla Hetzelonis et cur. Arg. sunt appensa. actum 6 idus maji, a. d. 1307. ***Mai 10.***

Aus Strassb. Hosp. A. Prot. 242 Orph. (Copialb. von s. Clara auf dem Werde s. XIV) nr. 19. cop. chart.

Erbschaftsteilung. **592.** Johannes Hetzel der meister und der rat von Strassburg machen bekannt, dass herr Heinrich von Wolfgangesheim und dessen gattin Adelheit ihren kindern Johannes, Lucart und Conrat zu gleichen teilen güter ie im wert von 200 mark gegeben haben. insbesondere erhält Johannes 2 häuser «zů dem Kappite», Lucart erhält 12 mark mehr. für den rest der güter behalten sich die eltern das verfügungsrecht vor. nach dem tode der eltern sollen die beiden

---

[1] *Vgl. nr. 374. Nach Dorsualnotiz s. XIV:* «domus zů dem adeler». *Vgl. Str. G. u. HN. S. 163.* [2] *Vgl. Str. G. u. HN. S. 190.* [3] *Vgl. nr. 388.* [4] *Vgl. Str. G. u. HN. S. 47.* [5] *Bruder Friedrich von Entringen, Conventual des Minoritenklosters in Str., der den Nachlass der verstorbenen Anna regelt, verkauft die Rente auf dem genannten Hause* (area tendit de Bruhsca usque ad stratam publicam) *für 20 Mark Silbers an die Begine Katherina, Tochter des verstorbenen Fritscho von Dunzenheim in Stadelgasse. 1308 Mai 20. Or. ebendaselbst.* [6] *Vgl. nr. 184, 447, 451 und 554.*

brüder ie 12 mark von den gütern nehmen und den rest unter sich gleichmässig teilen. «an der ersten mitwochen vor sante Johanses des töffers, 1307. heran waren wir Johannes Hetzel, *u. s. w. folgt der Rat.* ***1307 Juni 21.***

Aus Strassb. Hosp. A. Prot. Prädic. 107 (Copialb. s. XIV) fol. 53. cop. mb.

593. C. j. c. A. Heinricus dictus Kempfe et Alheidis, uxor sua, confessi sunt, se habere in emphiteosim a preposito et conventu monasterii s. Arbogasti e. m. A. domum et aream cum orto, sitas juxta littus monasterii s. Arbogasti, pro censu annuo 13 sol. minus 2 den. et 2 caponum. Er. 4. V. actum 5 nonas julii, a. d. 1307. ***Juli 3.*** *Erbleihe.*

Aus Strassb. Hosp. A. Prot. 7383 (Copialb. von s. Arbogast s. XIV exeunt.) fol. 29 b. cop chart.

594. C. j. c. A. Johannes et Jekelinus, fratres carnales, filii Gotzonis panificis Arg., vendiderunt porciones suas, quas habebant in pistrino sito in c. A. zwischent brücken an Rintsutergraben e. u. et e. p. a. juxta pistrinum dicti de Hunesvelt et in area dicti pistrini, (quilibet videlicet ex venditoribus vendidit sextam partem ejusdem pistrini) Nicolao, fratri ipsorum carnali, quamlibet partem pro 20 lib. den. Arg. A. 1. dicti venditores et Gotzo dictus Gros Götze, item Gotzo dictus Cleine Götze et Hartungus, fratres venditorum, renunciant pacto apposito in instrumento super donacione dicti pistrini theutonice confecto et sigillo civitatis Argentine consignato, quo dicitur, quod ipse emptor et sui fratres sibi invicem succedere debeant, volentes, ut liberi dicti emptoris ipsi in dictis 2 partibus venditis succedere debeant et in porcione, quam habet idem emptor, et statuentes, quod instrumentum premissum quoad premissa nullius sit momenti. M. (pro Hartungo et Cleine Götze). datum 9 kalendas septembres, a. d. 1307 [1]. ***August 24.*** *Verkauf*

Aus Strassb. Hosp. A. lad. 173 fasc. 29. or. mb. c. sig. pend.

595. C. j. c. thesaurarii eccl. Arg. Ellina uxor Conradi dicti Hoyer militis Arg. et Agnes soror Elline (cum consensu Conradi et Nicolai dicti Dutschman militis, tutorum Agnetis et Wernheri militis de Westhus necnon Sophie uxoris sue) locant Heinrico dicto zům rappe civi Arg. in emphiteosim aream, sitam in dem gesselin zů deme rappen [2] apud s. Petrum juniorem inter domum junioris dicti Minner e. u. et e. p. a. juxta domus sacerdotis de Rinstette ex opposito curie dicte zů dem Egeden, pro annuo censu 10 sol. den. Arg. Er. 1. V. actum nonas septembres, a. d. 1307 [3]. ***September 5.*** *Erbleihe.*

Aus Strassb. Bez. A. Zerstreute Sachen. or. mb. c. sig. pend delaps.

596. C. j. c. thesaurarii eccl. Arg. in forma judicii Junta dicta Wildemennin et Heinricus dictus Beringer et Junta soror sua, liberi dicte Junte, pro se, Johanne, Sixto, Gotzone et Nicolao, liberis dicte Junte, vendiderunt Jacobo dicto de Barre civi Arg. dimidiam domum suam, sitam an den Althöseren juxta domum quondam dicti Habelutzel e. u. et apud domum dictam zů dem alten Löselin ex a. p. pro 40 lib. den. Arg. U. (venditores pro Johanne, Sixto, Gotzone et Nicolao predictis). actum 8 kalendas octobres, a. d. 1307. ***September 24.*** *Verkauf.*

Aus Strassb. Hosp. A. lad. 170 fasc. 2. or. mb. c. sig. pend.

---

[1] *Der genannte Nicolaus (als* institor *bezeichnet) verkauft mit Zustimmung seiner Gattin Ellina, Tochter Johann Seilers* (institor Arg.), *die Hälfte des genannten Ofenhaus als ledig Eigen an Paul Mosung, Strassburger Krämer, der für sich, für seine Mutter Beatrix und seinen Bruder Johannes handelt, für 55 Pfund Pfenninge. 1309 August 19. Strassb. Hosp. A lad. 169 fasc 28. Or.* [2] *Vgl. Str. G. u. HN. S. 129.* [3] *Heinrich zu dem Ruppen und Katharina seine Gattin verkaufen das Haus für 14 Pfund Pfenninge an Erbo, den Kellner von s. Peter. 1314 April 19. Or. ebendaselbst G 4828 (5200).*

Verkauf. **597.** C. j. c. A. Johannes et Eberhardus, fratres carnales, liberi quondam Sigelini de Rynowe civ. Arg., minores puberes, de consensu Gertrudis, matris et curatricis ipsorum, vendiderunt redditus annuos 13½ unc. den. Arg. super domo et area, in der Crutenowe c. m. A. an Katzenstege juxta dictum Yselinger, Adelheidi, relicte Conradi dicti Knoblûs, sutoris Arg., pro 22 lib. den. Arg. A. 3. Wit. 1. (pro Gertrudi.) datum 9 kalendas decembris, a. d. 1307. ***1307 November 23.***

Aus Strassb. Bez. A. G 4289 (4666). 7. or. mb. c. sig. pend. delaps.

Verkauf. **598.** C. j. c. A. Johannes Lentonis dictus Menselin civ. Arg. de consensu Else uxoris sue vendit fundum seu aream cum horreo, sitos in c. A. ultra Bruscham über die nûwe brücke propre aream monasterii s. Johannis c. u. et e. p. a. juxta aream h. virginis, p. p. c. 1. Heilemanno et Heinrico presbytero, procuratoribus fabrice eccl. Arg., nomine fabrice pro 31 lib. den. Arg. A. 1. actum a. d. 1307, 2 nonas decembres. ***Dezember 4.***

Aus Strassb. Frauenh. A. lad. 49 nr. 39. or. mb. c. sig. pend.

Verkauf. Seelgeräte. **599.** Frater Dietherus prior et conventus fratrum ordinis predicatorum domus Arg. vendunt fratri Henrico de s. Nicolao aream, in loco, qui dicitur under kürsener louben, prope domum dominarum de s. Nycolao et domum dicte Eptin sitam, pro 20 libris argenti; hac condicione adjecta, quod post Henrici obitum venditores cotannis in ejus anniversario 1 libram argenti pro ejus anniversario celebrando recipient, quos redditus nunquam alienatum iri promittunt; alioquin, si contrarium fecerint, ad opus fabrice majoris ecclesie illi redditus devolvantur. datum a. d. 1307, tercia feria ante festum b. Thome apostoli[1]. ***Dezember 19.***

Aus Strassb. Stadt A. lad. s. Nic. Mart. Petr. fasc. 1. or. mb. c. 2 sig. pend.

Eintritt in das Strassb. Spital. **600.** *Mechthildis von s. Johann übergiebt sich und einen ihr gehörigen Hof dem Strassburger Spital. Bestimmungen über Leibzucht und Seelgeräte.*

Nos Rulenderlin et Jacobus de Barre, rectores hospitalis Argentinensis, et collegium fratrum ejusdem hospitalis notum facimus universis tam presentibus quam futuris, quod Mehthildis de sancto Johanne se transtulit pro remedio anime sue cum omnibus suis ad dictum hospitale et dedit et assignavit libere curiam suam, sitam apud sanctum Johannem extra muros civitatis Argentinensis, et pro hac curia promittimus et promisimus predicte *Mehthildi*, sive sit apud nos vel alibi, dare et assignare annuatim festo Martini decem uncias denariorum Argentinensium, quamdiu vixerit; post obitum autem ejus quinque solidi denariorum in ejus anniversario infirmis nostris in communem refectionem in perpetuum dividemus et distribuemus. et hoc faciendum nos et nostros successores presentibus obligamus. in cujus rei testimonium sigillum predicti hospitalis presenti cedule est appensum. datum anno domini 1307.

Aus Strassb. Hosp. A. lad. Hôp. XLV fasc. 8. or. mb. c. sig. pend.

Erbleihe. **601.** *Erbleihebrief der Anna, Richwin Körners Tochter, und ihrer Kinder.* ***1308 Januar 9.***

Wir Nycolaus Colin der meister unde .. der rât von Strazburg tûnt kunt allen den, die diesen brief gesehent und gehôrent lesen, daz vrowe Anna, Richwin Korners dohtter, hern Burkartes seligen wittewe, hern Johannes Erben seligen sûnes über Brüssche, vûr sich und

---

[1] *1317 Juli 14 bezeugen Agnes* begina dicta de Zabernia, residens retro lobium pellificum in Argentina, *und Hedewigis*, olim famula sua, *dass Bruder Heinrich Ackerman von Frankenheim, der im Kloster s. Nicolaus vor Str. wohnt, den Predigern von Strassburg zur Begehung seines Jahresgedächtnisses eine Rente von 1 Pfund auf dem genannten Hause angewiesen habe. Hosp. A. Prot. Prédic. (Copialb. s. XIV) fol. 78b. cop. mb.*

ier kint mit willen und gehelle hern Johanneses des Jungen, der selben kinde vetter und der der selben kinde anerstorben vogel ist, unde ôch mit willen und gehelle Richwin Korners, vrowen Annen vatters, und der selben kinde atte, het verluhen vür sich und alle ir erben durch irre kinde nütz, alse die selbe vrowe Anne, her Johannes und Richwin Kornere die vorgenanten vor uns verihen hant, zwei hûser, hove und hovestette zû dem Crinvogele uber sante Thomans brücke mit alleme rehtte und begriffe Petere Rypline, Irmengarte, sinre wirtinne, und allen irn erben zû eime rehtten erbe lidecliche umbe ane zwene schillinge sehs phunt phenninge zinses alle iar genger und geber Straszburgere und vier cappen ane hober steigen. den zins sol man halben geben zû sûniehten und den andern halben zû wihennahtten und die cappen zû sante Martins mes. des zinses sulent die hovesessen geben hern Johannese dem Jungen, hern Reimbolte sime brûdere, hern Johannese Ritterline, Hartunge und Wûnnowe, hern Erben seligen kinden, und her Burkartes seligen kinden des vorgenanten, und irn erben ahte schillinge und zwene cappen alle iar von dem orthûse gegen dem ovenhûse über, so sulent sie geben alle iar hern Huge dem Wensere und vrowen Lückarte, hern Hartmûtes seligen wittewe von Schiltingheim, und irn erben vier ûnze und zwene cappen von dem hûse, daz nebent dem selben hûse lit. die selben Peter Ryplin, Irmengart, sin wirtin, und alle ir erben gent dekeinen èrschatz, von der hoveherren wandelunge git man ôch dekeinen èrschatz; wellent aber die hovesessen ir erberebt an den hovestetten und an dem bûwe duffe verkôffen, so sûlent sie es von èrst bieten den hoveherren; wellent die nüt drumbe geben alse vil, alse ander lüte, so sûlent sie es verkôffen andern lüten, und swer es kôffet der git èrschatz und da nach, alse dicke alse es verendert wirt von der hovesessen wegen, alse dicke git man èrschatz. wurdent ôch die hovestette von der hoveherren wegen verendert, an swen sie gevallent, der sol den hovesessen dise gedinge stete halten ane alle geverde. unde ist vrowe Anna die vorgenante èrberehtes schuldig worden vür sich und alle ir erben reht were zû sinde gegen menlicheme, alse reht ist. die hovesessen die sûlent ôch die hûser, hove und den gebû duffe halten iemerme in solicheme gebûwe, daz die hoveherren irs zinses duffe sicher sint; unde ist diz geschehen mit willen und gehelle der vorgenanten personen, die hoveherren sint der vorgenanten hovestette. daz diz war und stete si, darumbe ist unserre stette ingesigele an disen brief gehenket zû eime urkünde. diz geschach an der èrsten mittewochen nach dem sybenden tage des iares, da man zalte von gotz gebürte 1308 iar. heran waren wir Johannes Hetzel, *u. s. w. folgt der Rat.*

Aus Strassb. Thom. A. lad. 24. or. mb. c. sig. pend. Nach dem Copialbuch des Münsterchors fol. 28 (Archiv des Domkapitels) abgedruckt bei Mone, Zeitsch. f. Gesch. des Oberrh. V, 393 mit dem Datum Januar 10.

602. C. j. thesaurarii eccl. Arg. Odilia, filia quondam Marquardi uf deme Werde e. m. A., testamentum suum ordinat et legat abbatisse et conventui monasterii s. Clare uf dem Werde e. m. A. duas partes domus, site uf dem Werde e. m. A. e. u. p. juxta domum Friderici dicti Missebach et e. a. p. juxta domum Rûdegeri filii predicti Friderici, item redditus et bona in Honerhurst, Jeringheim, item omnia bona sua mobilia, ita tamen quod ipsa Odilia de hiis disponat ad valorem 4 lib. den. Arg. actum 15 kalendas februarii, a. d. 1308[1]. *Testament.*

1308 Januar 18.

Aus Strassb. Hosp. A. lad. Orph. XXI fasc. 56. or. mb. c. sig. pend. delaps.

---

[1] *Vgl. nr. 391. Das letzte Drittel verkauft an dasselbe Kloster für 6 Pfund und 6 Schillinge Adelheid, die Wittwe des genannten Marquard von Yeringheim. 1312 September 12 Or. ebendaselbst lad. Orph. XXXIV fasc. 1.*

Verkauf. **603.** C. j. c. thesaurarii eccl. Arg. in figura judicii Lampertus panifex et Ellina, uxor sua, residentes in pistrino juxta pontem s. Stephani renunciaverunt omni juri et actioni super una curia, sita retro dictum pistrinum trahente ad aquam, et via, quam habuerunt ex gratia in dicta curia, prout in instrumento sigillo cur. Arg. sigillato continetur, adversus Agnetim, filiam quondam Diemůdis, sororis Waltheri dicti zům Spiegele, excepto stillicidio pistrini. dicti conjuges super hoc receperunt a dicta Agneti 2 lib. et 5 sol. den. Arg. datum feria sexta post conversionem Pauli, a. d. 1308. ***1308 Januar 26.***

Aus Strassb. Hosp. A. lad. XXXV fasc. 25. or. mb. c. sig. pend.

Wittumsstiftung. **604.** Decanus et capitulum ecclesie s. Thome Arg. notum faciunt, quod Johannes dictus Furne, piscator Arg., aream, sitam ultra pontem s. Thome prope Wernherum dictum Stebellin e. u. et Johannem dictum Twingerlin e. p. a., eidem Johanni a capitulo predicto in emphiteosim locatam pro censu annuo 7 sol. den. Arg. et 2 caponum, cum domo super area edificata Katherine filie Johannis fabri Arg., uxori sue, in donationem propter nuptias donavit, ut Katherina eadem domo utatur juxta consuetudinem civitatis Argentine. sigillum capituli est appensum. datum in vigilia purificationis b. virginis, a. d. 1308. ***Februar 1.***

Aus Strassb. Bez. A. G 3647 (4042). 1. or. mb. c. sig. pend. delaps.

Ratifikation eines Verkaufes. **605.** C. j. c. A. Wövelinus filius Wolfhelmi piscatoris Arg., de consensu Waltheri de Ohsinstein clerici, sui curatoris, venditionem domus, site in c. A. ultra pontem s. Thome e. u. juxta Růdegerum dictum Růses, canonicum ecclesie s. Thome Arg., et e. a. p. juxta Johannem, fratrem Berschini piscatoris, factam per quondam Katherinam, matrem suam, Gerdrudi, relicte quondam Burchardi dicti Twinger, ratificavit in presencia Pauli dicti Masung, institoris Arg., dictam ratificationem recipientis nomine Gerdrudis memorate. datum idus februarii, a. d. 1308. ***Februar 13.***

Aus Strassb. Thom. A. lad. 32 nr. 6. or. mb. c. sig. pend.

Verkauf. **606.** C. j. c. A. Johannes dictus de Blůmenowe, miles Arg., vendidit unum fundum juxta bona monasterii s. Katherine e. m. A. et juxta aquam cum domo et horreo supra edificatis p. p. e. l. fratri Walthero converso dicti monasterii nomine monasterii dicti pro 20 lib. den. Arg. A. 1. si compertum fuerit processu temporis aliquem censum deberi de dicto fundo, venditores pro qualibet uncea census 1 lib. den. Arg. solvere tenentur. actum 15 kalendas martii, a. d. 1308. ***Februar 15.***

Aus Strassb. Hosp. A. lad. Orph. XXI fasc. 53. or. mb. c. sig. pend.

Anerkennung von Verträgen. **607.** *Die Predigerbrüder Strassburger Convents bestätigen die Abmachungen ihres Priors und Suppriors über einige Häuser am Münster.* ***März 12.***

Noverint universi quos nosse fuerit oportunum, quod nos fratres ordinis predicatorum conventus Argentinensis omnia et singula, que coram honorabilibus viris et dominis magistro et consulibus civitatis Argentinensis in quibuscumque causis factis et negotiis vel alibi per reverendum patrem nostrum priorem nostri conventus seu nostrum suppriorem et specialiter super questione quarundam arearum, sitarum ex opposito ecclesie beate virginis, super quibus Hessoni apothecario prestare tenemur[a] debitam warandiam contra liberos quondam domini Arnoldi civis Argentinensis vel ejus heredes, tractata facta et ordinata firmiter rata grata et firma tenebimus rata et firma habere promittimus per presentes. in quorum testimonium sigillum nostri conventus huic apposuimus instrumento. datum Argentine, anno domini 1308, in die beati Gregorii pape.

Aus Strassb. Stadt A. Pf. G. lad. 101. or. mb. c. sig. pend.

a) *or.:* tenemus.

Erbleihe. **608.** C. j. c. thesaurarii Arg. Rûdegerus dictus Lentzing de s. Aurelia confessus est, quod domus et area, site ex opposito capelle s. Michahelis c. m. A. e. u. et e. a. juxta aream canonicorum s. Thome Arg., proprie sunt et fuerunt Waltheri dicti zûm Spiegele et sororum suarum, et quod ipse et sui heredes jus emphiteoticum tantum habent zû eime erbe und nût zû eigenschaft pro annuo censu 10 sol. den. Arg. (et 1 sol. den. Arg. solvitur ecclesie s. Thome). datum 16 kalendas maji, a. d. 1308. ***1308 April 16.***

Aus Strassb. Thom. A. lad. 20 (Titres). or. mb. c. sig. pend. delaps.

Erbleihe. **609.** C. j. c. A. decanus et capitulum ecclesie Arg. locant in emphiteosim domum suam, sitam in c. A. in vico dicto Hasengesselin e. u. juxta domum quondam Hauwardi et e. a. p. juxta ortum domini decani et capituli predictorum, Sigebottoni dicto Göttelmann, prebendario eccl. Arg., pro 2 lib. et 5 sol. den. Arg. Göttelmannus domum donare tenetur ad unam prebendarum, quas olim Hermannus de Tierstein tunc thesaurarius eccl. Arg. instituit, quarum unam ipse Sigebotto habet, alteram Johannes, procurator capituli. datum 10 kalendas maji, a. d. 1308[1]. ***April 22.***

Aus Archiv des Strassb. Domkapitels. Copialb. des Münsterchors s. XIV fol. 4.

Schenkung. **610.** C. j. c. Hermanni de Thierstein et Sy[mundi] de Horburg archidiaconorum Arg. Gertrudis begina, filia quondam Conradi de Lingolvisheim, prebendarii eccl. Arg., et Agnes, mater ejusdem Gertrudis, donaverunt domum, in vico dicto de Schiltincheim Argentine e. u. p. juxta domum Alberti textoris et e. a. p. juxta domum Katerine begine et ex opposito juxta domum Conradi dicti Schûlteise cementarii sitam, et jus in area monasterio penitentum de Argentina in remedium animarum donatricum et predicti Conradi. domus inhabitatio reservatur duabus donatricibus. mater domum vendere potest, sed de pretio aliud predium emet. huic donationi interfuerunt Bruno sutor, Heinricus dictus Altwelker, et Albertus dictus Senftleben textor, et Anna filia Gossonis de Argentina, testes ad hoc vocati et rogati. sigilla dictarum curiarum sunt appensa. actum [a] 4 nonas maji, a. d. 1308. ***Mai 4.***

A aus Strassb. Bez. A H 2976 5. or. mb. c. 2 sig. pend.

B ebendaselbst. or. mb. c. 3 sig. pend. mit folgendem Schlusse, anschliessend an das Datum: « sigillum etiam . . priorisse et conventus predictorum in evidenciam premissorum presentibus est appensum. actum ut supra. »

Gerichtlicher Verkauf. **611.** *Schultheiss und Vogt versteigern einen Anteil am Besitz eines Hauses.* ***Mai 13.***

Wir Nyclawes Zorn der schultheise und Reinbolt Reinböldelin der voget von Strazburg tûnt kunt allen den, die disen brief gesehent oder gehôrent lesen, .. daz Sygebotte zû der schûren unser burger mit rehteme gerihte und mit urteile erkobert und usgewartet het uffe dem fûnften teile des huses, dem men sprichet zû dem môren, bi sancte Nyclaweses brucke, und uffe alleme dem rehte, daz Kûntzelin zû dem barte uf dem selben huse hete, eilf pfunt geber Strazburgere, die er imme schuldig waz; und het uns anerkobert mit urteile, daz wir sin teil an dem vorgenanten huse und sin reht vûrkôffen sûllent und Sygebotten dem vorgenanten mitte gelten. daz fünfte teil des huses, daz den vorgenanten Kûntzelin an hôret, han wir veile gebotten menegelicheme, alse reht ist, und hant es geben zû kôffende Johannese Clobelôche umbe zwelf marg silbers und ein pfunt Strazburger pfenninge und hant deme

a) *B:* datum.

[1] *Vgl. nr. 528. Sigebotto schenkt das Haus an seine Pfründe. Seine Nachfolger müssen jährlich 15 Schillinge dem Münsterchor zahlen (ablösbar mit 10 Pfund Pfenningen). Zunächst soll aber das Haus bewohnen Wernher Körner, Pfründner des s. Antonius Altar im Münster. Walram von Veldentz Domdechant giebt seine Zustimmung 1320 August 5. Transfix am Vorigen. Ebendaselbst in Abschrift*

schuldener mitte vürgolten, und welte ôch nieman me drumbe gen. wir hant ôch Küntzelin zû dem barte daz überige, waz uber unser reht und über die schulde uns worden ist, gar gegeben ane geverde, und dez zû eime urkunt sint unser ingesigele von des gerihtes wegen an disen brief gehencket. diz geschach an dem möndage noch sancte Sophien dag, do von gotz gebürte worent ahte iar und drützehen hundert iar.

Aus Strassb. Bez. A. Zerstreute Sachen. *or. mb. c. 2 sig. pend. mut.*

Verkauf **612.** C. j. c. A. Hartmûdus miles, Agnes et Clara begina, liberi quondam Hartmûdi militis Arg. dicti de Schiltinckeim, et specialiter Agnes de consensu Johannis dicti Kusolt mariti sui vendiderunt Johanni dicto Klobelôch civi Arg., filiastro Petri de Schönecke, proprietatem et dominium 4 arearum, sitarum e. m. A. in ea via, qua itur ad s. Marcum, inter ipsum emptorem e. u. et e. p. a. juxta dictum Körnelin, que singulis annis inferre valent redditus 20 unc. den. Arg. et 8 caponum, pro 20 marcis argenti pond. Arg. A. 1. actum idus maji, a. d. 1308. ***1308 Mai 15.***

Aus Strassb. Hosp. A. lad. 43 fasc. 1. *or. mb. c. sig. pend.* *Dorsualnotiz s. XV:* dis yst abe gebrochen und bortent zû dem spittel usswendig der muren. »

Urteilspruch. **613.** Judex curie Arg. dijudicat litem inter Heinricum de Rütelingen, procuratorem monasterii s. Stephani in Arg., et Johannem dictum Sicke seniorem in Argentina ortam. Heinricus dixit hec: quondam Hugonem dictum Kuchinmeister omne jus emphiteoticum sibi conpetens in tribus areis, sitis in vico zûme heilgen crûze juxta dictam Rinwartin e. u. et e. a. p. juxta relictam quondam Egenolfi burgravii, quas ipse tenuit pro censu certo 10 sol. den. Arg. in emphiteosim a dicto monasterio, vendidisse Johanni dicto Sicke civi Arg. Johannes tamen, cum juxta consuetudinem civitatis Argentine, cum hujusmodi jus de una persona ad aliam alienatum fuerit, laudimium prestari soleat, laudimium 5 sol. den. solvere contradicit, dicens se successisse Hugoni tamquam patri ab intestato. petit igitur Heinricus, dictum reum ad solvendum laudimium condempnari. testibus productis etc. etc. judex condempnat reum ad solvendum laudimium 5 sol. den., sed in expensis litis partis agentis propter probabilem causam litigandi et justam causam ignorancie, cum in jus alterius successerit, non condempnatur. lata est hec sententia in consistorio Argentinensi, partibus presentibus et dictam sententiam a judice fieri petentibus. actum feria 6 post Johannis Baptiste, a. d. 1308. ***Juni 28.***

Aus Strassb. Bez. A. H 2684. *or. mb. c. sig. pend.*

Verkauf. **614.** *Reimbold Stûbenweg verkauft ein Grundstück an die Stadt.* ***Juli 1.***

Wir Cûne von Kagenecke der meister und der rat von Strazburg tûnt kunt allen, die disen brief gesehent unde gehörent lesen, daz her Reinbolt Stûbenweg der alte und vrowe Berhte sin würtin hant gegeben ze kôffenne mit gesamenter hand daz ort von dem ovenhuse, dem men sprichet daz rote ovenhus, iensite an der schintbrucken meistere unde rate unde unserre stette gemeinliche von Strazburg zû einre almende umbe drizig marg silbers luters unde lötiges des geweges von Strazburg. des silbers sint sie von unserre stette gar unde gantz gewert unde hant ôch gelobet unde sint des schuldig worden unverscheidenliche der almende rehte wern ze sinde gegen menlicheme alse reht ist. so het ôch vrowe Berhte vor uns versworn an den heiligen allez ir wideme reht, daz sie dran hette. unde ist ôch dirre kôf geschehen mit willen unde gehelle Conratz von Sultze, Heinriches sines brûderes unde Heinriches Kniebûszes kesselere, die daz selbe ovenhus zû eime erbe hant. men ensol ôch niemer dekeinen überhang gebuwen von dem ovenhuse über die vorgenanten almende noch gestatten ze buwenne. so het ôch Anne, hern Reinboltes Stûbenweges unde vrowen Berhten tohter, Burkartes wurtin von Tuntzenheim, mit des selben Burkartes ires würtes unde ires vogetes willen verichen, daz dirre kôf geschehen si mit irme gûten willen, unde het sich verzigen alles des rehtes, des sie daran hette. wand denne Sophye ôch ir beder kint noch under sinen iaren ist, da von so sint her Reinbolt Stûbenweg der selben Sophyen vatter unde vrowe Berhte ir mûter vùr die selben Sophyen ir tohter unverscheidenliche schuldig worden, daz sie schaffen sûlent, swenne die selbe Sophye ir tohter zû iren tagen kumet, daz sie disen kôf stete habe unde sich verzihe alles des rehtes, des sie dran hette oder haben môhte. daz diz war unde stete si, darumbe ist unserre stette ingesigel an disen brief gehenket zû eime urkûnde. der wart gegeben an dem mentage nach sûniehten, do men gotz gebûrte zalte drizehen hundert iar unde ahte iar. heran waren Cûne von Kagenecke, *u. s. w. folgt der Rat.*

Aus Strassb. Stadt A. V. C. G. suppl. lit. D. or. mb. c. sig. pend.

615. C. j. c. A. Hugo dictus Rihter miles Arg. et Lûcgardis uxor sua manu coadunata vendunt Heilmanno dicto an dem wasser et Heinrico sacerdoti, procuratoribus fabrice eccl. Arg., nomine ejusdem redditus annuos 1 lib. den. Arg. super orto uno dicto des Westermannes garte, sito e. m. A. retro monasterium s. Katherine hinder Schônemannes mûle juxta Rûdolfum dictum Zoller fratrem militis antedicti, solvendos ab ipsis conjugibus pro 10 marcis argenti. recognoscunt iidem procuratores se dictos redditus emisse de pecunia legata eidem fabrice per quondam magistrum Waltherum dictum de Mûlnheim, decanum eccl. s. Petri junioris in Arg. venditores una cum Syfrido milite de Vegersheim warandos se constituunt. A. 3. Wit. 2. (pro Lûcgardi.) datum 8 idus julii, a. d. 1308. ***1308 Juli 8.*** *Rentenkauf.*

Aus Strassb. Frauenh. A. lad. 49 nr. 40. or. mb. c. sig. pend. mutil.

616. *Hesse, der Apotheker, verkauft der Stadt ein Grundstück unter Vorbehalt der Berechtigung zum Bau eines Ueberhanges u. s. w.* ***Juli 24.*** *Verkauf.*

Wir Cûne von Kagenecke der meister und der rat von Strazburg tûnt kunt allen den, die disen brief gesehent unde gehôrent lesen, daz Hesse der appotheker het gegeben ze kôffenne meistere unde rate unde unserre stette gemeinliche von Strazburg daz ort an der hovestete, die gelegen ist an Arnolde dem cremere, daz bede gassen begriffen het als ez ietzunt angezeichent unde begriffen ist, zû einre almende umbe vierzig marke silbers luters unde lôtiges des geweges von Strazburg. des silbers ist der vorgenante Hesse von unserre stette wegen gar unde gantz gewert, unde het ôch gelobet unde ist des schuldig worden der almende, alse sie da vor bescheiden ist, reht wer ze sinde gegen menlicheme alse reht ist. ez ist ôch also beredet, daz der selbe Hesse oder sine erben sûlent ùber die vorgenante almende einen ùberhang machen, er sol aber alse hôch sin, daz ein fûder hôwes wol dar under hin mûge gan, unde sûlent in ôch an dem ùberhange alle ire reht behalten sin ane alle geverde. der selbe Hesse unde sine erben die ensûlent in der almende, die wir dar umbe in kôft hant, dekeinen kelreshals weder buwen noch machen. daz diz war unde stete si, darumbe ist unserre stette ingesigel an disen brief gehenket zû eime urkûnde. der wart gegeben an sante Jacobes abunde, do men gotz gebùrte zalte drizehen hundert iar unde ahte iar. heran waren wir her Cûne von Kagenecke, *u. s. w. folgt der Rat.*

Aus Strassb. Stadt A. V. C. G. suppl. lit. D. or. mb. c. sig. pend. delaps.

617. C. j. c. A. Heinricus dictus Baldeys de Arg. et Metza uxor sua donatione inter vivos donant in remedium animarum suarum omnia bona sua mobilia et inmobilia fabrice eccl. Arg., Manegoldo clerico procuratore dicte fabrice presente et donacionem recipiente. A. 1. Manegoldus nomine fabrice relocat dictis conjugibus eadem bona ad tempus vite amborum *Schenkung.*

Februar 2. pro 1 vierlingo cere annuatim census nomine persolvendo in festo purificationis b. virginis. adjiciunt iidem conjuges, quod quilibet ipsorum tempore obitus sui 3 lib. den. Arg. et specialiter ipsa conjux vestes suas legandi et donandi personis et locis piis, quibus maluerit, liberam habeat facultatem, et quod heredibus dictorum conjugum reservatum sit jus succedendi in domo, quam inhabitant iidem conjuges, sita in c. A. in der Brantgasse dicta zů hern Tirlin. actum nonas septembres, a. d. 1308. hujus instrumenti 2 sunt similia.

1308 September 5.

Aus Strassb. Frauenh. A. lad. 49 nr. 41. or. mb. c. sig. pend.

Verkauf. **618.** Hug von Schönnecke der meister und der rat von Strassburg machen bekannt, dass Gerdrud, Katherine und Grede, Rüdigers seligen töchter von Hunsvelt[a], verkauft haben 5 pfund pfenninge auf dem hause und der hofstatt des ofenhauses, «daz gelegen ist zwischent brucken, daz Clawes der brotbecke, des gůten Wernhers des brotbecken sun, und Katherine, sin wirtin, zů eime erbe hant, und ist gelegen einsit nebent Götzen den brotbecken und andersite nebent Johansen Leistemanne dem schůchsůtere», den beginen Heilwige der Bischoflinne und ihrer schwester Katherine für 25 mark silbers. auch Peter von Hunsvelt, Cůne und Clawes, ihre brüder, stellen sich zu bürgen. «an eime samestage vor unser frowen mez der iungen, 1308. heran waren wir Cůne von Kagenecke, u. s. w. *folgt der Rat.*

September 7.

Aus Strassb. Hosp. A. Prot. Prédic. 107 (Copialb. s. XIV) fol. 42. cop. mb.

Vertrag über eine Leibzucht. **619.** C j. c. A. frater Johannes dictus Stoltzenecke de ordine fratrum predicatorum, nunc conventualis domus Arg., ex una et Wernherus dictus Hentwing miles Arg., frater carnalis dicti fratris Johannis, ex parte altera, volentes materiam dissensionis super redditibus 5 lib. den. Arg., quos idem frater Johannes a quondam Cristina matre sua ex titulo donacionis recepit super domo dicta zů dem krebeser ad tempus vite ipsius pro necessitatibus suis sublevandis, sublevare deinceps inantea, sic inter se ordinant, quod videlicet jus in dictis redditibus cedat Wernhero, qui fratri Johanni dat domum dictam zů dem hůte et ortum sitos in Crutenowe et pratum in Brůmat ad tempus vite sue, ita quod post obitum fratris Johannis dicta bona redeant ad dictum Wernherum, Waltherum fratrem, Gerdrudim et Cristinam sorores. prior fratrum predicatorum consentit. datum 13 kalendas octobris, a. d. 1308. hujus instrumenti sunt 2[1]. ***September 19.***

Aus Strassb. Hosp. A. Prot. Prédic. 107 (Copialb. s. XIV) fol. 34 b. cop. mb.

Testament. **620.** Heinrichus dictus de Belheim, canonicus ecclesie s. Stephani Arg., sanus mente licet aliquantulum debilis corpore, testamentum suum statuit. in primis legat in remedium anime sue episcopo Arg. 1 fertonem argenti, item dominabus s. Stephani et canonicabus et sacerdotibus et canonicis $^1/_4$ proventuum, qui sibi de anno gratie cedere debent post mortem; item fratribus minoribus et fratribus predicatoribus domuum Arg. cuilibet $^1/_4$ partem eorundem, item dominabus monasterii s. Clare uffe deme Werde apud Argentinam $^1/_4$ de proventibus antedictis; item fratri Burchardo minori, confessori suo, 10 sol. den. Arg.; item Nicholao sacerdoti, plebano nunc in Talheim, libros videlicet primum sententiarum, libros b. Dyonisii, librum, qui dicitur ymago mundi, et libellum, qui continet legendas sanctorum et summam virtutum et vitiorum; item 4 canonicis s. Stephani legat redditus 12 quart. tritici et siliginis eque mensure, quos habet apud Offenheim, ita tamen si se astrinxerint ad celebrandas in perpetuum tres missas singulis septimanis; quod si noluerint, legat eosdem redditus domi-

a) cop.: Husvelt.

[1] *Vgl. nr. 117, 119, 134 und 480.*

nabus monasterii s. Clare uf dem Werde, ita quod eedem misse celebrentur; item ordinat, quod lecti, pulvinaria et cussini sui in 4 partes equales dividantur et 4 congregationibus beginarum in civitate Arg.: zům Riet, des Velsen gotzhus, zů der willigen armůt, vorn Burgen gotzhus assignentur; item omnia alia bona sua vendantur, ita quod de precio ferto predictus argenti solvatur et 10 sol. den. Arg. predicti, et reliqua inter pauperes dividantur, quos plebanus de Talheim predictus decreverit eligendos. Conradum s. Stephani et Nicolaum in Talheim plebanum constituit executores hujus testamenti. judex curie Arg. sigillum suum appendit. actum 18 kalendas decembres, a. d. 1308[1]. ***1308 November 14.***

A aus Strassb. Hosp. A. lad. 143 fasc. 5. Original des Entwurfs der Urkunde ohne jede Spur einer Besiegelung.

B daselbst eine beglaubigte Abschrift der vorstehenden Urkunde, wörtlich mit dem Entwurf übereinstimmend, ausgestellt vom judex curie domini Jo[hannis] de Ohsenstein archidiaconi ecclesie Arg. *1309 April 27.*

621. Richwinus dictus Kôrner, civis Arg., sanus mente et corpore in anime sue et progenitorum suorum remedium de consensu prepositi, decani et capituli ecclesie s. Thome Arg. donat bona quedam ad altare s. Martini in dicta ecclesia ante hostium chori, quod est versus cymiterium, juxta quod ymago s. Cristofori est depicta, et in eodem altari instituit prebendam sacerdotalem, cujus prebendarius singulis diebus unam missam celebrare tenetur. jus collationis sibi ad tempus vite sue reservat, post ejus obitum decanus, si prebenda vacare contigerit, infra spatium 1 mensis conferre debet prebendam actu sacerdoti, qui decano obedientiam facere et oblationes factas custodi restituere tenetur. si decanus negligens fuerit, jus collationis cedit preposito, si etiam hic, episcopo. vicarius horis canonicis interesse debet. item legat redditus quosdam ad peragendum anniversarium suum, quod jam in sua vita peragi vult. Ludewicus prepositus, Hesso decanus totumque capitulum premissa approbant et sigilla una cum sigillo curie Arg. appendunt. bona in banno ville Munoltzheim sita specificantur et redditus 21 unc. den. Arg. in banno s. Aurelie de tribus agris in uno sulco in der nuwen gebreite. datum a. d. 1308, in vigilia b. Andree apostoli. ***November 29.*** *Präbendenstiftung.*

Aus Strassb. Thom. A. lad. 25 (Titres). 2 or. mb. c. 4 sig. pend. Daselbst eine dritte Ausfertigung der Urkunde, nur abweichend in der Datirung und, da das Siegel des bischöfl. Hofgerichts niemals angehängt ist, auch wohl nie ausgefertigt. Das Datum: datum 8 kalendas novembris, a. d. 1308 *(= Oktober 25) ist später hinzugefügt. Die drei Texte stimmen überein.*

622. C. j. c. A. Agnes begina, neptis quondam Conradi dicti zů dem Spiegele, vendidit unum pistrinum, situm in der Crutenowe trans pontem s. Stephani juxta pistrinum Petri dicti Swarber e. p. u. et e. p. a. juxta heredes dicti Treffesse, p. p. e. l. Johanni, nato quondam Burcardi de Můlnheim civis Arg., pro 47 marcis argenti minus 10 sol. A. 1. Husa, matertera dicti venditricis, asserit se nullum jus habere in dicto pistrino. actum 19 kalendas januarii, a. d. 1308[2]. ***Dezember 14.*** *Verkauf.*

Aus Strassb. Hosp. A. lad. Orph. XXXIV fasc. 3. or. mb. c. sig. pend.

---

[1] *Ebendaselbst ist auch im Original ein Spruchbrief des* judex curie Arg. *von 1309 Dezember 18, worin dieser die obenerwähnten Einkünfte in Offenheim dem Kloster s. Clara auf dem Werde zuspricht, da 3 der Kanoniker von s. Stephan* Heinricus dictus de Oreffere, Reinboldus et Gerhardus *die Uebernahme der damit verbundenen Last durch eine Urkunde ablehnen und der vierte* Johannes dictus Burkelin *sich zur Uebernahme der Last nicht verpflichten, auf seine Rechte an den Einkünften aber nicht verzichten will. Seine Ansprüche werden zurückgewiesen. Das Kloster wird durch den* frater Heinricus conversus *vertreten.* «lata est hec sententia in consistorio Argentinensi.» [2] *Vgl. nr. 603.*

Verkauf. **623.** C. j. c. A. Gertrudis, relicta Conradi dicti Veispag, de consensu Conradi dicti de Morsmûnster nunc mariti sui et Sifridi sutoris filiastri ejusdem Gertrudis, item Johannes clericus, Kunigundis, Greda, Wernherus et Otilia, liberi Gertrudis ex priori matrimonio, vendunt Heinrico sacerdoti procuratori fabrice eccl. Arg. suo ipsius nomine ementi domum cum area, sitam in c. A. zwûschent der Hellen und der Julianin hus in dem Hasengesselin, pro censuali, ita quod annuatim debeantur 14 unc. den. Arg. et 6 cappones Johanni dicto de Blûmenôwe mil. Arg., pro pretio 10 lib. den. Arg. A. 3. datum 3 kalendas januarii, a. d. 1308[1]. ***1308 Dezember 30.***

Aus Strassb. Frauenh. A. Saalbuch 3 fol. 41ᵃ. cop. chart. s. XIV.

Testament. **624.** Heinricus de Gundelvingen, canonicus et archidiaconus eccl. Arg., testamentum suum ordinat. episcopo legat mediam marcam argenti, item ad prebendam per ipsum institutam in ecclesia Arg. in honore b. virginis, s. Blasii, s. Martini et s. Katherine super choro ecclesie in loco, qui dicitur der lettener, in altari prebende prius ab ipso ordinate, in remedium animarum Eberhardi de Entringen avunculi sui, canonici ecclesie Arg., qui ipsum in ecclesia Arg. creavit, Marquardi de Entringen quondam decani, Swiegeri de Gundelvingen patris sui et Ite matris sue legat bona quedam et unam domum apud s. Andream an dem orte. jus collationis prebende est apud dominum feodi ecclesie Argentinensis, quod dicitur Stadelgasse. prebendarius annuatim 6 scolaribus pauperibus cuilibet 1 cuneum dabit. episcopus, decanus et capitulum, quorum sigilla sunt appensa, consentiunt. datum a. d. 1308.

Aus Strassb. Bez. A. G 1500 (1918) c. or. mb. c. 4 sig. pend. delaps.

Schenkung. **625.** C. j. c. A. Beatrix, relicta Rûdolfi dicti Mosung de Arg., Johanni, filio suo carnali, tamquam bene merito, donat donatione inter vivos domum dictam zû der grûben, in c. A. juxta parrochiam s. Martini juxta domum similiter dictam zu der grûben, quam nunc relicta Johannis dicti Seltenrich et Katherina dicta Meigerin, soror sua, habent[2], et juxta dictum Werkotz sitam, de consensu Rûlini dicti Riplin militis, curatoris donatricis, adiciens, quod si aliquis de heredibus donatricis Johanni in hac donatione prestiterit impedimentum, a donatricis successione exclusus sit, salva tamen eidem heredi legittima portione jure nature debita. A. 1. actum 4 nonas januarii, a. d. 1309. ***1309 Januar 2.***

Aus Strassb. Stadt A. V. C. G. corp. K lad. 23ᶜ nr. 76. or. mb. c. sig. pend. mutil.

Verkauf. **626.** C. j. c. A. Johannes dictus Kusolt, civis Arg., et Agnes, uxor sua, manu coadunata vendiderunt omne jus et census, quos habebant in area et domo desuper constructa in c. A. juxta vicum dictum Criegesgasse c. u. et c. p. a. juxta vicum dictum Witengasse unde stoszent niden uf den Glantzhof und het obewendig der spital eine hovestat dran, quas inhabitat Gerhardus dictus Kûbeler, Johanni dicto Schilt militi Arg. pro 11 lib. et 5 sol. den. Arg. A. 3. Wit. 1. actum 7 idus februarii, a. d. 1309. ***Februar 7.***

Aus Strassb. Bez. A. H 1514. 9. or. mb. c. sig. pend.

Erbleihe. **627.** C. j. c. A. Gisela dicta Begerin, procuratrix monasterii s. Stephani Arg., locat in emphiteosim unam aream, sitam c. m. A. in der Krutnow juxta Reimboldum de Wilstetten c. u. et c. p. a. juxta domum dicti Balmenere, Rûdolpho dicto de Bischovisheim pro 4 unc. den. Arg. et 2 capponibus. Er. 1. actum 6 idus februarii, a. d. 1309. hujus instrumenti sunt 2. ***Februar 8.***

Aus Strassb. Bez. A. H 2865 (Copialb. von s. Stephan s. XV) fol. 43. cop. chart.

---

[1] *Vgl. nr. 206. Demselben Priester verkauft dann der genannte Johannes von Blumenau mit Zustimmung seines Sohnes Reinbold den erwähnten Zins für 15 Mark und 1 Pfund. 1309 Juni 21. Copie ebendaselbst fol. 41ᵇ.* [2] *Vgl. nr. 429.*

628. C. j. c. A. Heinricus conversus monasterii s. Clare uf dem Werde e. m. A. de mandato abbatisse et conventus locat in emphiteosim unam curiam, sitam in c. A. an der öberstrazzen et vocatur zû dem von Rumoltzwilre juxta domum dictam zû dem rotten manne e. u. et e. p. a. juxta domum Heinrici dicti Swap, Sophie relicte Rûdolfi de Mollisheim monetarii pro redditibus annuis 5 lib. et 5 sol. den. Arg. preterea conductores solvere debent portario eccl. Arg. 3 sol. den. Arg. annuatim. Er. 4. V. sigilla curie, abbatisse et conventus sunt appensa. actum 10 kalendas martii, a. d. 1309. hujus instrumenti 2 sunt paria. *Erblehe.*

1309 Februar 20.

Aus Strassb. Hosp. A. Prot. 242 (Copialb. von s. Clara s. XV) nr. 1. cop. chart.

629. C. j. c. A. Katherina, relicta Nicolai dicti Crôse carnificis Arg., eademque nata domine dicte de Lare, et Otto, filius ejusdem relicte, minor 25 annis, pubes tamen (sicut mater sua asseruit et de hoc fidem fecit), vendiderunt Heinrico dicto de Mùlnheim civi Arg. redditus annuos 1 lib. den. Arg. per venditores solvendos super domo et area, sitis in c. A. oben an Vihegasse gegen Smideburne über, et vocatur zû dem Ysenbarte, pro 18 lib. et 10 sol. den. Arg. novorum. U. (Johannes dictus Mùnich de Argentina pro predicto Ottone). actum nonas marcii, a. d. 1309[1]. *Rentenkauf.*

März 7.

Aus Strassb. Bez. A. G 6175 (6202). 3a. or. mb. c. sig. pend. mutil. mit Transfix (vgl. die Anmerkung).

630. Reinbolt Hûffelin der meister und der rat von Strassburg machen bekannt, dass «her Albreht Rûlenderlin, und vrowe Agnes, sin wùrtin, mit willen und gehelle irre kinde, Rôlins, Nyclaweses des tûmeherren von s. Thomanne, Mychahels, Ellekinde, und Symundes, ires wùrtes,» verkauft haben «iren garten, der gelegen ist uffe der stette graben zû Strazburg einsite an Kôrnlins garten und andersite an cleine Clobelôches garten und stozet hindene an des Kusoltes garten, mit alleme rehte und begriffe brûder Heinriche, der bekerten vrowen pflegere, von sinen wegen und der bekerten vrowen wegen vùr lidig eigin umbe 60 marke silbers.» Wit 1. (für Agnes.) U. (Albreht, Agnes und Rûlin für Albreht, Johannes, Hug, Gôsselin und Johannes, unmündige kinder Albrechts und Agnesens.) «an dem dunrestage nach mittervasten, 1309. heran waren wir Cûne von Kagenecke, *u. s. w. folgt der Rat*[2]. *Verkauf.*

März 13.

Aus Strassb. Hosp. A. lad. 43 fasc. 1. or. mb. c. sig. pend.

631. C. j. c. A. Gertrudis, relicta Nicolai de Eichahe, suo et Junthe, Johannis, Grede et Else, liberorum dicti quondam Nycolai et ipsius relicte, nomine propter evidentem utilitatem et propter gravia onera debitorum et usuras currentes continue occasione dictorum debitorum, facta fide per ydoneos testes de dicto debito et de usuris currentibus, decreto judicis interposito, de consensu et voluntate Fritschonis sculteti de Eichahe, curatoris ejusdemque patrui liberorum, vendidit quartam partem curie, site in c. A. apud s. Thomam, hern Volmars hof von Eichahe, que pars liberis obvenit ex successione patris sui, p. p. c. l. Walthero de Gertewilre, procuratori abbatisse et conventus inferioris monasterii, pro 90 lib. den. Arg. jus reemptionis reservatur venditoribus ad 3 annos. A. 1. procurator promittit, si quarta *Verpfändung.*

---

[1] C. j. c. A. predictus Otto «minor proximus tamen adolescentie, ut nobis (*i. e. judici*) ex probationibus super hoc receptis constabat» premissam venditionem approbat. M. datum 9 kalendas junii, a. d. 1312. (= *Mai 24*) *Or. Transfix an der Haupturkunde.* [2] *Nach einer Dorsualnotiz s. XIV ist auf diesem Garten und dem des Körnlin das neue Hospital gebaut.*

pars non reempta fuerit finitis 3 annis, quod tunc assignabit dicte relicte 10 lib. den. Arg. venditrix promittit partem reemere de pecunia sua et liberorum suorum propria. actum 16 kalendas aprilis, a. d. 1309. ***1309 März 17.***

Aus Strassb. Bez. A. G 3071 (3479). 3. or. mb. c. sig. pend. delaps.

Verkauf.

682. C. j. c. thesaurarii eccl. Arg. in figura judicii Jacobus dictus Rote, panifex Arg., et Husa, ejus uxor, pro se Johanne et Nicolao, liberis suis, vendunt domum, in c. A. in vico dicto Kurdewangasse super area pertinente ad Margaretam dictam de Marley et liberos suos et inter aream aliam ejusdem Margarete e. u. et e. p. a. juxta aream Johannis dicti de Dungensheim sitam, Kůnoni dicto Bǒulin pro 10 lib. den. Arg., tali condicione adjecta, quod singulis annis dentur de area dicte domus Margarete de Marley et ejus heredibus videlicet Demůdi, filie sue, et aliis liberis filiorum quondam Margarete 17 uncee den. Arg., et 10 uncee den. Arg. dominis, ad quos etiam dicta area pertinet jure quod dicitur reitlehen. A. 3. actum et datum 14 kalendas aprilis, a. d. 1309[1]. ***März 19.***

Aus Strassb. Stadt A. Pf. G. lad 101 fasc. O. or. mb. c. sig. pend. Auf der Rückseite fast gleichzeitige Dorsualnotiz: «producta sunt hæc instrumenta per Heinricum dictum Halphus, procuratorem partis ree, in medium probationis, feria 6 post Invocavit, anno domini 1312.» = *Februar 18.*

Gerichtlicher Verkauf.

683. *Schultheiss und Vogt verkaufen von Gerichts wegen das Haus eines zahlungsunfähigen Schuldners.* ***April 8.***

Wir Niclawes Zorn, der schultheisse, unde Reinbolt Reinbǒldelin, der voget von Strazburg, důnt kunt allen den, die disen brief gesehent oder gehǒrent lesen, daz Růlin, hern Albreht Růlenderlins sun, und Wǒlfelin und Knabe und Wǒlfelin, hern Cůnrates sun, und Cůnrat Winterlinger und Růfelin, die gerwere, vor uns erkobert und usgewartet hant mit gerihte uffe dez hus von Hagenowe dez schůchsůters, daz do lit in Kurdewangasse uffe der hovestat von Duntzenheim zwischen der von Duntzenheim einsite und Diether Lamprehtes sun andersite, vierzehen pfunt Strazburger pfenninge, und hant uns anerkobert mit gerihte und mit urteile, daz wir daz selbe hus vǔrkǒffen sǔlnt und in gelten, alse ferre daz gůt gereichen mag; daz hus han wir feile gebotten menegelicheme, alse reht ist, und hant ez von dez gerihtes wegen geben zů kǒffende der vorgenanten vrowen von Duntzenheim, uffe der hovestat ez stad, umbe vierzehen pfunt Strazburger pfenninge, und hant die von ir empfangen und hant den schuldenern mitte vǔrgolten, alse verre daz gůt gereichen mǒhte, von dez gerihtes wegen; wande nieman wolte me umbe daz hus gen, danne sǔ drumbe geben het. und dez zů eime urkǔnde sint unser ingesigele von dez gerihtes wegen an disen brief gehenket. daz geschach an dem sinsdage noch usgander osterwochen, do von gotz gebǔrte worent nǔn iar und drǔczehen hundert iar.

Aus Strassb. Bez. A. G 6175 (6202). 2. or. mb. c. 2 sig. pend.

Verkauf.

684. Reinbolt Hůffelin der meister und der rat von Strazburg machen bekannt, dass Johannes Schieke und seine frau Adelheid dem kloster s. Markus vor Strassburg verkauft haben ein gut gelegen in dem banne von Wihersheim zů dem Turne (zinsig den von Geroltzecke). «gegeben an dem dunrestage nach uzgander ohsterwochen, 1309. heran waren wir Cůne von Kagenecke, *u. s. w. folgt der Rat.* ***April 10.***

Aus Strassb. Hosp. A. lad. 106 fasc. 17. or. mb. c. sig. pend. delaps.

Verkauf.

685. C. j. c. A. Anna begina, nata quondam Burcardi dicti Kolin civis Arg., vendit portionem, que sibi ex jure successionis obvenit ex patre suo, in passagiis apud s. Johannem zů

---

[1] *Vgl. Str. G. u. HN. S. 104*

den Hunden et apud Hunesvelt vulgariter an den varen zû sante Johannese zû den Hunden unde zû Hunesvelt Diethero dicto Kölbelin, civi Arg., pro 20 marcis argenti ponderis Arg. A. 4. actum 3 kalendas maji, a. d. 1309 [1]. ***1309 April 29.***

Aus Strassb. Stadt A. AA 1691. or. mb. c. sig. pend.

686. C. j. c. A. Heinricus de Gamundia sacerdos, nunc viceplebanus ecclesie s. Nicolai Argentinensis, testamentum suum ordinat. in primis legat episcopo 1 fertonem argenti; item pauperibus et infirmis hospitalis s. Anthonii 10 lib. den. Arg.; item ecclesie s. Thome Arg. 10 marcas argenti pro redditibus 1 lib. den. Arg. per decanum et capitulum conparandis et in anniversario suo distribuendis, quod cum vigilia et missa peragi vult. in eadem ecclesia eligit suam sepulturam. item legat ad dotem ecclesie s. Nicolai Arg. pro edificiis structure sive hospicii sacerdotis dictam ecclesiam officiantis 4 lib. den. Arg., item fabrice ecclesie Arg. 1 lib. den. Arg., item pauperibus hospitalis Arg. 1 lib. den. Arg., cuilibet sacerdoti ecclesie s. Thome 1 tricesimum. magistrum Conradum, cantorem ecclesie s. Thome, hujus testamenti constituit executorem, qui bona sua vendat et de precio inde recepto dicta legata persolvat et si quid residuum fuerit, de ipso disponat prout anime donatoris melius viderit expedire. actum 3 kalendas maji, a. d. 1309. ***April 29.*** *Testament.*

Aus Strassb. Thom. A. lad. 25 (Titres). or. mb. c. sig. pend.

687. C. j. c. A. prepositus et conventus mon. s. Arbogasti e. m. A. vendunt magistro, consulibus et universitati civitatis A. molendinum dicti monasterii, quod dicitur sant Arbogastes lantmůle [2], situm in c. A. apud piscatores in superiori littore s. Thome, cum fluxu aque et omnibus pertinentiis p. p. e. l. pro 15 marcis argenti. A. 4. (in judicem predictum). sigilla curie, prepositi et conventus sunt appensa. actum 7 idus maji, a. d. 1309. ***Mai 9.*** *Verkauf.*

Aus Strassb. Stadt A. Briefb. A 179b. cop. mb.

688. C. j. c. thesaurarii eccl. Arg. in figura judicii Nicolaus dictus Rebstock civ. Arg., maritus quondam Grede dicte Köchlin, recognovit, se aream, super qua dicta Greda domum construxit, in vico dicto s. Steffans hoff ex opposito cimiterii s. Stephani Arg. detinere in emphiteosim a monasterio predicto pro annuo censu 1 sol. den. Arg., persolvendo in festo b. Martini. datum 7 idus maji, a. d. 1309. ***Mai 9.*** *Erbleihe.*

Aus Strassb. Bez. A. H 2865 (Copialb. von s. Stephan s. XV) fol. 107. cop. chart.

689. C. j. c. A. Irmelina, uxor Phillemanni, famuli quondam domini de Erenberg canonici eccl. Arg. recognovit, quod quondam Hugo sacerdos, frater ejusdem Irmeline, in sua ultima voluntate dedit dicte Irmeline in mandatis, ut de bonis subscriptis disponeret. Irmelina igitur bona sua mobilia, que a Hugone accepit et conquisivit constante matrimonio, legat choro ecclesie Arg. pro anniversariis ipsius, Philemanni et Hugonis peragendis. insuper legat ad cappellam s. Gregorii in ambitu ipsius ecclesie redditus quosdam. actum 7 kalendas junii, a. d. 1309. ***Mai 26.*** *Schenkung.*

Aus Strassb. Bez. A. G 3655 (4050). 7. or. mb. c. sig. pend.

---

[1] «Philippes Colin, Burkarten Colins seligen sun von Strazburg,» *und dessen Gattin Katherina verkaufen an denselben Diether Kolbelin ihren Anteil* «an den varen ze sancte Johannese zû den Hunden und zû Hunesvelt» *für 21 Mark Silbers.* «der selbe Philippes und Katherine sin wurtin hant ôch gesworn vor uns an den heiligen, daz sie dehein ander gůt habent, daz unverwidemet si, damitte sie ir notdurft gebessern mögent denne mit diseme gůte, und daz sie ez durch ir rehte notdurft verköft habent. sie hant ôch versworn allez ir wideme reht an dem selben gůte.» Růdolf Zoller *der Meister und der Rat von Strassburg geben das bekannt. 1309 September 5. Or. ebendaselbst. Danach Regest in Mone, Zeitschft. für Gesch. des Oberrheins XVI, 136.* [2] *Vgl. nr. 225.*

Verkauf. **640.** Reinbolt Hüffelin der meister und der rat der stadt Strassburg beurkunden, dass Heintzeman Appet und Grede seine gattin verkauft haben «ir hus, hof, hovestat unde garten, die gelegen sint an der hovestete einsite nebent unsers herren des bischoves Johanneses hof von Strasburg, unde andersite ist gelegen hern Hug Wiriches seligen hof in der stat zů Strasburg» für 110 mark silbers an «iuncfrowen Katherinen der Küchinmeisterin von Strasburg». A. 3. U. 1 (die eltern und Wetzel Broger für Cecilia, ihre tochter). Wit. 1. (für beide eheleute.) «an dem fritage nach uzgander pfinkestwochen, 1309. heran waren wir Cůne von Kagenecke, *u. s. w. folgt der Rat.* ***1309 Mai 30.***

Aus Strassb. Stadt A. V. C. G Corp. K lad. 11 fasc. 14 lit a. or mb. c. sig. pend.

Erbleihe. **641.** C. j. c. A. Johannes dictus Hetzel, miles Arg., et Heinricus dictus Dürninger, magistri hospitalis pauperum in Argentina, nomine dicti hospitalis locaverunt in emphiteosim domum sive pistrinum et aream, sitas juxta pontem s. Stephani Arg. e. u. et domum dictam zům Treffese c. p. a., Berhtoldo panifici, nato quondam Burcardi fratris dicti Gůtwernher, et Lücgardi, uxori sue, pro annuo censu 3 lib. et 10 sol. Er. 5. actum 4 idus junii, a. d. 1309. ***Juni 10.***

Aus Strassb. Hosp. A. lad. Hôp. XLV fasc. 30. or. mb. c. sig. pend.

Verkauf. **642.** C. j. c. domini thesaurarii ecclesie Arg. Anna, relicta quondam Johannis dicti Swap institoris, pro se, Johanne, Anna, Phina, Katerina, Ita et Johanne, liberis dicte Anne, vendidit domum suam sitam uf dem graben dictam zů der wintmülen intra muros Arg. Jacobo dicto Becherer pro 12 lib. et 2 unc. den. Arg. actum et datum a. d. 1309, 4 idus junii. insuper abjurat Anna omne jus dotis. «actum ut supra et hanc finalem clausulam presentibus approbamus»[1]. ***Juni 10.***

Aus Strassb. Hosp. A. lad. 175 fasc. 14 or. mb. c. sig. pend.

Vertrag über Pfarrrechte. **643.** C. j. c. A. Erbo dictus de Kagenecke, rector ecclesie in Rottenkirchen e. m. A., nomine ejusdem ecclesie ex una et Jacobus dictus de Barre civ. Arg. et Waltherus de Meistersheim, procuratores domus leprosorum apud Rotenkirchen, nomine ejusdem domus ex parte altera recognoverunt, quod super omni materia questionis orta super oblacionibus et obvencionibus decimarum provenientium infra muros et septa dicte domus leprosorum extiterant concordati, quod videlicet procuratores dicte domus singulis annis tradere debeant 2 unceas den. Arg. in reconpensam oblationum ac decimarum sacerdoti dictam ecclesiam officianti, ita tamen quod capellanus capelle site infra muros ejusdem domus leprosorum auctoritatem et facultatem liberam habeat audiendi confessiones leprosorum ejusdem domus necnon ipsis ecclesiastica sacramenta ministrandi et corpora eorum sepeliendi, nulla ulteriori licentia prefati rectoris requisita. Johannes episcopus Arg. consentit et sigillum suum appendit. judex curie sigillum curie Arg. cum sigillo rectoris predicti appendit. datum 16 kalendas julii, a. d. 1309. ***Juni 16.***

Aus Strassb. Hosp. A lad. 17 fasc. 2. or. mb. c. 3 sig. pend. partim mutil.

Verkauf. **644.** C. j. c. A. Nicolaus dictus Måler, miles Arg., de consensu Elizabet matris, item Heinrici et Johannis, fratrum ipsius Nicolai, vendidit redditus annuos 8 unc. et 10 den. Arg. super area, super qua constructa est domus dicta Koputen hus[2], sita in c. A. nebent dem güldin orte, Johanni dicto Manse, civi Arg., pro 13 lib. den. Arg. A. 1. actum 17 kalendas septembres, a. d. 1309. ***August 16.***

Aus Strassb. Hosp. A. Zerstreute Sachen. or. mb. c. sig. pend.

---

[1] *Vgl. nr. 362.* [2] *Vgl. Str. G. u. HN. S. 62.*

645. Hesso, decanus ecclesie s. Thome Arg., sanus quidem mente licet debilis ad presens in corpore, in remedium anime sue legat preposito et capitulo ecclesie s. Thome prebendam anni gratie sue, item legat libros suos matutinales, quos emit a capitulo pro 8 marcis argenti, ita tamen ut prebenda et libri vendantur et in redditus convertantur, ut anniversarium suum in vigiliis et in missa peragatur et sepulcrum visitetur; item legat fabrice dicte ecclesie unam concam argenteam cum uno cifo argenteo, qui depositi sunt super turrim pro pignore pro Johanne dicto Schöb, canonico ecclesie s. Thome; item legat cuilibet vicariorum celebrantium in altaribus ipsius ecclesie pro singulis diebus missas suas 1 tricesimum; item Johanni de Achenheim et Heinrico de Hagenowe, prebendariis majoris altaris, et dicto de Franchenheim, vices camerarii nunc gerenti, similiter 1 tricesimum. legator suum sigillum appendit. actum et datum 7 idus septembres, a. d. 1309. ***1309 September 7.*** *Testament.*

Aus Strassb. Thom. A. lad. 25 (Titres). or. mb. c. sig. pend.

646. C. j. c. A. Gertrudis, relicta Nicolai dicti Irregang civ. Arg., propter pium affectum erga fratrem Nicolaum, filium suum, de ordine fratrum s. Johannis hospitalis Jerusalemitani eidem causa mortis donavit omnia bona sua mobilia et immobilia, et specialiter unam domum, sitam in c. A. juxta Mathiam panificem e. u. et e. p. a. juxta dictum Matheschande, ita ut Nicolaus eas vendere, alienare etc. possit. quod si aliquis prelatorum Nicolai eum impedire voluerit, quominus alienare, vendere et distrahere valeat dicta bona, legatum est extinctum et bona cedunt ad heredes proximiores dicte Gertrudis. actum 15 kalendas octobres, a. d. 1309. ***September 17.*** *Schenkung.*

Aus Strassb. Bez. A. H 1382. 11. or. mb. c. sig. pend.

647. *Die Herzöge Friedrich und Leopold von Oesterreich nehmen den Strassburger Schultheiss, Nicolaus Zorn, zum Burgmann an.* ***September 22.*** *Lehnsbrief.*

Wir Friederich und Leupold von gottes gnaden hertzogen von Oesterreich und von Steyr, herren von Krain, uff der Marche und von Portenawe, graven zu Habspurg und von Kiburg und landtgraven im Elsasse thun kund allen den, die disen brief sehent oder hörent lesen, das wir für uns und unser bruder schuldig sin worden und gelobt han zu geben dem erbarn ritter Niclaus Zorne, schultheissen von Strasburg, hundert mark lötigs silbers des geweges von Strazburg untz ze sant Johannes mes ze sünewenden, der nu zu ehest kumt; das silber sol er anlegen umb ein eigen, oder sines eigens also vil underwisen und sol, da es eigen, von uns zu einem burglehen haben, er und sein sün Reinbolt, Niclaus, Rülin und Niclaus Zörnelin, und sol er unser burgman sin auf unser burg zu Ortemberg oder Scherwiler. wer aber das er stürb, das gott wende, so sol es fallen an sine vorgenanten sün, imer das burglehen besitzen. damit benüget uns wol welre ietzt under in ist. wer onch das in die 100 mark silbers nit wurden von unsern wegen zu dem vorgenanten zil, so sol in oder sinen sünen den vorgenanten unser pfleger zu Ortemberg oder unser vogt zu Ensichesheim alle iar geben und underwisen zehn mark geltes des vorgenanten silbers und geweges uf Scherwiler oder dabei in dem tal on alle geverde. das das stet blib, darumb geben wir in disen brief versigelten mit unsern anhangenden insigeln. der brief ist gegeben, do von Christes geburt waren ergangen drizehen hundert iar und darnach in dem nünten iar, an sanct Mauricien tag.

Aus von Zorn-Plobsheim Fam. A. Papiercopialbuch s. XVII. cop. mit schlechter Orthographie.

648. Cûno dictus Mener sutor Arg. et Berhta, ejus uxor, vendunt domum, sitam in c. A. in Kordewongasse juxta Cunonem natum venditorum, Johanni Stivinster et Cristine, uxori sue. actum 5 nonas octobres, 1309. ***Oktober 3.*** *Verkauf.*

Aus Strassb. Bez. A. G 2690 (3104) fol. 13. Auszug s. XVI.

Verkauf. **649.** C. j. c. A. Erlinus, pellifex Arg., et Katherina, uxor sua, manu coadunata vendiderunt unum banckum sive macellum, situm in c. A. inter macella carnificum juxta macellum Nicolai dicti Überslage c. u. et c. p. a. juxta macellum Nicolai dicti Fülle (ita quod de eodem census nomine annuatim debeantur 5 sol. den. Arg. Cûnoni dicto Bönlin, filiastro Johannis dicti Panfelin), Nicolao dicto Uberslag pro 9 lib. den. Arg. A. 1. datum 5 nonas octobres, a. d. 1309. ***1309 Oktober 3.***

Aus Strassb. Bez. A. H 2976. 6. or. mb. c. sig. pend.

Schenkung. **650.** C. j. c. A. Adelheidis begina, filia quondam Echardi dicti de Schiltingheim, in lapidea strata commorans, domum suam, sitam in c. A. in eadem strata juxta domum Ebelini dicti Zeheuder c. u. p. et c. a. juxta domum, quam inhabitat Johannes Dürlin, donacione inter vivos cum omni jure emphiteotico sibi in area ejusdem domus competenti donavit fabrice eccl. Arg., Mangoldo procuratore ipsius fabrice presente. A. 3. peracta donacione prefatus Mangoldus domum predictam dicte donatrici ad tempus vite locavit inhabitandam pro annuo censu 2 den. Arg. (in festo b. Martini solvendorum) in signum directi dominii. datum 3 idus octobres, a. d. 1309. ***Oktober 13.***

Aus Strassb. Frauenh. A. Saalbuch 3 fol. 88a. cop. s. XIV exeunt.

Wittumsstiftung. **651.** C. j. c. A. Fritscho dictus de Novillari, caupo Arg., Hedewigi, uxori sue, in donationem propter nuptias donavit duas partes duarum domorum, constructarum contigue super una area sitarum in c. A. under den Wenner juxta Heinricum textorem dictum Singer c. u. et c. p. a. est plathea communis. Hedewigis viceversa marito suo donavit terciam partem earundem domorum. Johannes dictus zû dem Engele, civ. Arg., cui debetur census de area, consentit. actum 15 kalendas decembres, a. d. 1309. ***November 17.***

Aus Strassb. Bez. A. G 4289 (1666). 8. or. mb. c. sig. pend.

Verkauf. **652.** *Wilhelm von Schönenburg verkauft der Stadt Strassburg Aecker in Illkirch auf der Almende.* ***Dezember 8.***

Ich Wilhelm von Schönenburg tûn kunt allen den, die disen brief gesehent und gehôrent lesen, daz ich gegeben habe zû kôffende meister und rate und der stette von Strazburg alle die acker, die ich habe in dem banne zû Illenkirche, die gelegen sint in der almende, und die zû der almenden von Strazburg gescheiden worden untze an disen hütigen dag, umbe syben marcke silbers luters und lötiges dez geweges von Strazburg. dez silbers bin ich von der stette wegen von Strazburg gar und gantz gewert, und habe ôch globet und bin dez schuldig worden mit disem gegenwertigen briefe vür mich und vür alle mine erben, die burger von Strazburg der ackere reht werunde zû sinde gegen menglichem, alse reht ist, und habe mich verzigen alles dez rehtes, daz ich hette oder haben möhte an den selben ackern. und dez zû eime urkünde, so habe ich den burgern von Strazburg gegeben disen brief besigelt mit minem ingesigel. der wart gegeben an dem mentdage nach sant Nyclauses dage, da men von gottes gebürte zalte drützehenhundert iar und nün iar.

Aus Strassb. Stadt A. Briefb. A 192b. cop. mb.

Verkauf. **653.** Wetzel Broger der meister und der rat von Strassburg machen bekannt, dass Margarete Wisbrötelin, Wernhers Riplins wittwe, verkauft hat haus und hofstatt, gelegen «in dem steinhove[1] einsite an der von Ütenheim und andersite an der Kiselingen von Mollesheim, vron Salgûte der Kernin von Westhoven und Katherinen, irre tochter,» für 84 pfund pfen-

[1] *Vgl. UB. I, 362 u. Str. G. u. HN. S. 31.*

ninge. frau Elsebet von Mülnecke, Götze und Johannes Wisbrötelin, ihre geschwister, erklären kein recht an dem hause und der hofstatt zu besitzen. «an dem lunrestage nach sancte Lucientage, 1309. heran waren wir Rüdolf Zoller, *u. s. w. folgt der Rat.*

1309 Dezember 18.

Aus Strassb. Thom. A. lad. 24. or. mb. c. sig. pend.

654. Wetzel Broger der meister und der rat von Strassburg thun kund, «daz Lentzelin des Tagesterten tohterman und vro Ellekint sin wurtin» gegeben haben zu kauf mit gesammter hand «ir hus und irre hovestat, dem men sprichet zů der rosen bi der Schůpleu, mit allem rehte Huge von Ehenheim, eim burger von Strazburg, und vron Greden der Öhsenerin, siner wurtin,» für 60 mark silbers, so dass nur 9 unzen und 2 cappen als zins vom hause gezahlt werden. A. 3. Wit. 1. (für beide). U. (die eltern für Nese, Lentzelin und Tinlin, ihre kinder). «an dem mentage vor dem wihennaht tage, 1309. herane waren wir Růdolf Zoller, *u. s. w. folgt der Rat*[1]. *Verkauf.*

Dezember 29.

Aus Strassb. Frauenh. A. lad. 49 nr. 44. or. mb. c. sig. pend.

655. *Urteilspruch in einem Streit über ein Haus.* **1310 Januar 14.** *Urteilspruch.*

In Christi nomine amen. coram nobis . . judice curie Argentinensis Waltherus, prebendarius ecclesie sancti Thome Argentinensis, Gösselinum de Blůmenowe, canonicum dicte ecclesie sancti Thome, in causam traxit et ei libellum obtulit, in hec verba dicit et proponit in jure: coram vobis . . judice curie Argentinensis Waltherus de Winterture, prebendarius ecclesie sancti Thome Argentinensis, contra Gösselinum dictum de Blůmenowe, canonicum dicte ecclesie sancti Thome, quod ipse Gösselinus aream, sitam in civitate Argentina prope domum dictam zůme rosse[2] inne querchgesselin et prope domum Johannis pergamentarii, ad . . priorissam et conventum monasterii sancti Marci extra muros Argentinenses jure dominii pertinentem, et qui communiter habentur et hactenus sunt habiti pro dominis aree antedicte, dicto Walthero locatam a predictis . . priorissa et . . conventu in emphiteosim seu pro tempore vite sue pro quatuor unceis et dimidia denariorum Argentinensium nomine census ab eodem Walthero, quamdiu vixerit, singulis annis . . priorisse et . . conventui sepedictis et eorum monasterio persolvendis, detinet minus juste; petit igitur dictus actor ipsum reum ad restituendum sibi aream antedictam cum censibus et obventionibus perceptis et qui et que percipi poterant a tempore detentionis inique, sententialiter condempnari et ad hoc condempnatum compelli cum expensis in lite factis, quas protestatur ipse Waltherus faciendas, juris beneficio in omnibus sibi salvo, astringens se ad probandum ex premissis necessaria sibi tantum et ad hec se petit admitti. ad quam petitionem Rüdegerus dictus Merswin, procurator . . decani et . . capituli ecclesie sancti Thome, pro dominis in judicio nominatorum per dictum Gösselinum, et causam predictam defendentem procuratorio nomine eorundem litem contestatur, respondit narrata vera non esse et petita fieri non debere. lite igitur legittime contestata, juramento de calumpnia per ipsum actorem et procuratorem predictum prestito coram nobis, dictis ipsorum debite publicatis, factis positionibus per actorem et responsionibus ad easdem per dictum procuratorem debite subsecutis, producto etiam instrumento in modum probationis per ipsum actorem, auditis et propositis excepcionibus peremptorie partis ree, testibus productis et

---

[1] *Vgl. nr. 48. Hug giebt dem Münsterchor zur Begehung seines Seelgerätes einen Zins von 1 Pfund Pfenn. auf genanntem Hause und dessen Keller (neben dem Hause des verstorbenen* Heilmanne an dem wassere). *Vertreter des Chores sind* Johannes von Elrestal und Nicolaus von Dübingheim *Pfründner. 1312 Oktober 15. Cop. s. XIV aus Arch. des Domkapitels. Münsterchorkopialbuch fol 14*[b]. Keterine, Oertlint und Ellekint, *des verstorbenen Hug von Ehenheim Töchter, verkaufen ihrer Stiefmutter,* Greda Öchsenerin, *die Hälfte des genannten Hauses. 1315 Februar 1. Urkde des Rates:* Gotze von Grozstein der meister und der rat *u. s. w. Frauenh. A. lad. 49 nr. 60.* [2] *Vgl. Str. G. u. H. N. S. 139.*

receptis, quos idem procurator super dictis exceptionibus producere intendebat, dictis ipsorum testium una cum depositionibus ipsius actoris et procuratoris per ordinem sollempniter publicatis, ipsisque visis diligenter et examinatis, tandem in dicta causa concluso ac juris ordine in omnibus observato, quia licet invenerimus, intentionem ipsius actoris, quo ad petita supra in dicto libello quo ad decanum et . . capitulum defensionem ipsius Gósselini subeuncium ex confessione ipsius procuratoris et instrumenti tenore sufficienter probatam et fundatam, ex adverso tamen ex parte . . decani . . et capituli sancti Thome exceptiones presertim de renunciatione propositas, quantum ad excludendam seu elidendam intentionem actoris tam per confessionem ipsius actoris quam per depositiones suorum testium sufficienter ipsum procuratorem fundasse invenimus nec ab actore quidquam in contrarium doctum, allegatum et ostensum, quod excludat exceptiones predictas et probationes habitas super ipsis, idcirco nos . . judex predictus diligenti deliberatione prehabita deum habentes pre oculis prefatum procuratorem procuratorio nomine decani et . . capituli sancti Thome tamquam subeuncium defensionem ipsius Gósselini ac per hoc ipsos dominos suos supradictos ab inpetitione ipsius actoris, quoad petita supra in dicto libello, et juxta tenorem ipsius diffinitive absolvimus in hiis scriptis. lata est hec sententia in consistorio Argentinensi per nos . . judicem predictum, Walthero actore et procuratore . . decani et . . capituli predictorum presentibus et dictam sententiam a nobis ferri petentibus. actum crastino beati Hilarii, anno domini 1310.

Aus Strassb. Thom. A. lad. 11 (Titres). or. mb. c. sig. pend.

Erbleihe. Zeitleihe.

656. C. j. c. A. Katherina, relicta Waltheri dicti Schado civ. Arg., 2 partes domus et aree, in c. A. inter lobium cerdonum et domum dicti Ber sitarum, quas habet pro tempore vite sue, et terciam partem, quam habet in emphiteosim, locavit Katherine, nate quondam Symundi dicti Bischof de Sarburg, pro annuo censu 6 lib. pro tempore vite locatricis, post ejus mortem vero pro 2 lib. quoad terciam partem tantum. Er. 1. (pro tercia parte). V. (pro domino fundi reservatur). datum 18 kalendas februarii, a. d. 1310. hujus instrumenti sunt 2[1].

1310 Januar 15.

Aus Strassb. Hosp. A. Prot. Prédic. 107 (Copialb. s. XIV) fol. 47. cop. mb.

Erbleihe.

657. Wetzel Broger der meister und der rat von Strassburg machen bekannt, dass «Johannes, der wittewen sun, dem man sprichet Mórsvelt, ein burger von Strazburg», in erbleihe gegeben hat «sine hovestat, die gelegen ist zů dem iungen sancte Petere in burggassen[2] einhalp an der Stědelerin und anderhalp an dem Keppeler und stoszet uf die ringmure,» Niclawese Colin gegen einen iährlichen zins von 4 schillingen und 1 cappen (oder 6 pfenninge). Er. 4. V. «an dem frigetage nach sancte Agnese tage, 1310. herau waren wir Růdolf Zoller, *u. s. w. folgt der Rat*[3].

Januar 23.

Aus Strassb. Bez. A. G 4826 (5198). or. mb. c. sig. pend. delaps.

Verkauf zu Leibrecht.

658. Die priorin und der convent von s. Elisabeth vor Strassburg machen bekannt, dass sie verkauft haben einen zins von 10 schillingen auf ihrem haus und hofstatt zu Strassburg in der Schmiedegassen zwischen einem andern ihnen gehörigen hause und herrn Johanns in Kalbesgassen, welche bewohnt Johannes Ehenheim, für 10 pfund geldes an frau Gisela,

---

[1] *Vgl. nr. 293.* [2] *Vgl. Str. G. u. HN. S. 51.* [3] *Derselbe Johannes schenkt auf den Chor des Str. Münsters (Johannes v. Geispoltzheim Priester, Kaplan des Pförtners der Str. Kirche Heinrich v. Dicka, ist Vertreter) eine Rente von 1 Pfund auf allen seinen Häusern u. Hofstätten in der Burggasse zu seinem Seelgeräte. Später wird der Schenkgeber die Rente auf ein bestimmtes Haus legen. 1312 März 10. Or. daselbst G 3655 (4050). 9.*

schwester Anna Klôbelouchin und schwester Katherin Klôbelouchin; nach dem tode dieser drei fällt der zins an das kloster zurück, und soll man ihr jahresgedächtnis begehen. unterlässt man dieses, so fällt der zins an das werk unserer lieben frau. die verkäufer hängen ihre siegel an. gegeben freitag vor Lichtmess, 1310[1]. ***1310 Januar 30.***

Aus Strassb. Hosp. A. Prot. s. Elisabeth 205 (Copialb. s. XV) lit. S nr. O. ***Deutscher Auszug des vermutlich latein. Originals.***

659. C. j. c. A. prior et conventus fratrum heremitarum ordinis s. Augustini domus e. m. A. confitentur, se recepisse 3 marcas argenti a magistro Gôtfrido phisico, canonico ecclesie s. Thome Arg., profitentes se juxta ejus dispositionem emisse redditus annuos 12 sol. den. Arg. in banno ville Eckeboltzheim. prior et conventus peragent annis singulis in anniversario Gôtzonis et Petrisse, parentum dicti Gôttridi, (crastino Mathie apostoli) eorum anniversarium, et post Gôtfridi obitum etiam hujus. datum 3 kalendas februarii, a. d. 1310. hujus instrumenti sunt 2[2]. ***Januar 30.***

Seelgerät-stiftung.

Februar 25.

Aus Strassb. Hosp. A. lad. Hôp. IX fasc. 34. or. mb. c. sig. pend.

660. Johannes episcopus Arg., Hugo prepositus, Johannes de Brandenburg decanus, Gotzo thesaurarius ac capitulum ecclesie s. Petri Arg. notum faciunt, quod Junta, Gepa domicelle, Johannes et Johenneselin, liberi quondam Johannis dicti Lange militis de Wangen, prebendam sacerdotalem instituerunt in altari in honore b. Columbe virginis constructo. prebenda dotatur multis bonis, que per porrectionem calami, «que de consuetudine civitatis et dyocesis Argentinensis more schottationis in rebus donatis pro tradicione habetur», traduntur. jus presentationis est apud heredem seniorem fundatorum. Junta ad prebendam presentat Johannem de Wangen, nunc cappellanum in Kochersberg. sigilla episcopi, prepositi, decani, thesaurarii et capituli sunt appensa. actum et datum sabbato post purificationem b. virginis gloriose, a. d. 1310. ***Februar 7.***

Präbenden-stiftung.

Aus Strassb. Bez. A. G 4713 (5035). or. mb. c. 5 sig. pend. (partim delapsa.)

---

[1] *Den genannten Zins, den der verstorbene Werlin Klobelouch gekauft hatte, schenkt Schwester Katharina Klobelouchin dem Kloster s. Elisabeth für eine ewige Lampe und zur Beschaffung von Hostien. 1323. Auszug ebendaselbst.* [2] *Ganz dieselben Verträge schloss Meister Gôtfrid mit andern Strassburger Klöstern ab: Mit den Wilhelmern, die Güter in* Berse *kaufen, 1310 März 9. Or. ebendas. lad. Hôp. III fasc. 25. — Mit s. Elisabeth, welches eine Rente auf einem Garten* extra septa dicti monasterii ante pontem monasterii juxta Hugonem dictum Zorn *anweist. 1310 März 19. Or. Thom. A. lad. 13 (docum. histor.). — Mit s. Katharina, welches eine Rente* super 2 domibus dicti monasterii contiguis sitis extra septa dicti monasterii juxta viam, per quam itur zû Crutenowe nude flôzzet daz wasser bünden dran hin, *anweist. 1310 März 26. Or Hosp A. lad. Hôp. XLVI fasc. 39. — Mit s. Margaretha, das eine Rente im Bann des Dorfes* Trenheim *anweist. 1310 April 3. Or. im Thom. A. lad. 13 (docum. histor.). — Mit s. Marcus, das eine Rente* super una area sita in c. A in vico dicto Stadelgasse dicta zû dem friden *(vgl. Str. G. u. HN. S. 164)* juxta dictum de Oberkirchen et domum beginarum natarum domine dicte Krebesserin *anweist. 1310 April 9. Or. im. Hosp. A. lad. Hôp. XLIV fasc. 26. — Mit s. Johannes, welches Güter im Banne* Tambach *bestimmt. 1310 Mai 25. Or. im Hosp. A. lad. s. Marc. 11 fasc. 8. — Mit s. Nicolaus, das eine Rente anweist* super domo et area sitis e. m. A. in vico dicto Gûtmannesgasse juxta domum Wilhelmitarum et aliam domum mon. s. Nicolai. *1313 Mai 15. Or. Hosp. A. lad. 170 fasc. 23. — Mit dem Hospital* (frater Guntherus magister et fratres) *endlich wird die Abmachung getroffen, es erhält 6 Pfund und kauft eine Rente in* Tambach. *1311 November 4. Die sämmtlichen Klöster verlieren bei Vernachlässigung der Anniversarien ihren Anspruch auf die Einkünfte an das Hospital. Der Schaffner dieses soll sich alle Jahr bei allen Klöstern nach der Abhaltung des Anniversariums erkundigen. Or. im Hosp. A. lad. Hôp. V fasc. 94. — Die Augustiner, Wilhelmer und s. Margaretha stellen für die erhaltenen 3 Mark eine Rente von 12 Schillingen, die übrigen Klöster von nur 10 Schillingen.*

Erbleihe.

661. C. j. c. A. Agnes relicta Reinboldi dicti Völtsche civis Arg. locat in emphiteosim vulgo zû eim rehten erbe aream, in c. A. retro s. Martinum an dem orte juxta Cûnradum dictum Keser sitam, Heinrico dicto de Frideberg, fabro Arg., et Katherine, uxori sue, pro annuo censu 3 lib. den. Arg. et 2 caponum. Er. 4. V. dicti etiam emphiteote sive eorum successores debent tenere aream in adeo bono edificio, ut locatrix et heredes ejus dictum censum consequi valeant, et solvent mediam partem expensarum pro cloaca reficienda et purganda, que sita est super area Cûnradi dicti Keser. actum 2 idus februarii, a. d. 1310. hujus instrumenti 2 sunt paria. ***1310 Februar 12.***

Aus Strassb. Stadt A. G. U. Pf. lad. 37. or. mb. c. sig. pend.

Präbendenstiftung.

662. Conradus sacerdos, rector ecclesie parrochialis s. Stephani Argentinensis, auctoritate Johannis episcopi, Brigide abbatisse, et conventus monasterii s. Stephani instituit de novo prebendam in dicta ecclesia. prebendarius singulis diebus in altari de novo per fundatorem predictum constructo officium misse peraget. jus collationis est apud abbatissam. ad prebendam legat domum dictam zû dem birbôme[1], ex parte anteriori versus stratam communem, que vulgariter dicitur ein örthus ex opposito orti dicti monasterii (siechgarte), cum area dicte domus usque ad aream et domum sitas in parvo vico, quas legator emit a Johanne et Anna, liberis quondam Hessonis dicti Schriber civis Arg., item bona in Muneltzheim et alibi. episcopus, abbatissa et conventus consentiunt et sua sigilla una cum sigillo legatoris appendunt. datum 16 kalendas marcii, a. d. 1310. ***Februar 14.***

Aus Strassb. Bez. A. H 2612. 7. or. mb. c. 4 sig. pend. delaps.

Schenkung. Beginenhaus.

663. C. j. thesaurarii eccl. Arg. Johannes dictus Rindefûs, institor Arg., donavit donatione inter vivos in remedium anime sue redditus annuos 30 sol. den. Arg. super domo et area, sitis ante portam s. Petri senioris e. m. A. juxta domum dictam zû dem stöffe, und ist daz orthus ante portam predictam, qui redditus fuerunt in bonis Johannis dicti Kusolt canonici ecclesie s. Thome Arg., magistre et collegio domus beginarum dicte zû dem rindefûsse[2] und ist ein gotzhus inter cerdones contigue ab uno latere apud domum dicti Lente et ex alio latere juxta domum dicti de Marley, pro lignis et luminibus tali condicione, quod predictam gotzhus 20 begine inhabitent. sig. cur. thesaurarii est appensum. datum 11 kalendas marcii, a. d. 1310. ***Februar 19.***

Aus Strassb. Thom. A. lad. Begin. 12. or. mb. c. sig. pend.

Testament.

664. C. j. c. A. Juntha begina Arg. dicta de Tuntzenheim omnia legata per ipsam facta super bonis suis mobilibus et inmobilibus necnon omnes disposiciones super eisdem revocavit in hiis scriptis et insuper testamentum suum de novo condidit et ordinavit. in primo itaque legavit liberis quondam Volmari de Tuntzenheim, sui fratris, bona sua inmobilia, sita in banno ville Tuntzenheim; omnia bona sua mobilia vero fratris Thome de Nunmagen ordinis predicatorum, nunc conventualis domus predicatorum in Argentina, sui confessoris, disposicioni commisit, sic quod hic vel, qui pro tempore mortis Junthe extiterit confessor, omnia bona sua mobilia capiat et recipiat et de eis disponat, prout saluti anime dicte Junthe melius viderit expedire. si liberi fratris predicti hoc presens testamentum impedirent, idem legatum irritum est et bona inmobilia cedant ad fabricam seu structuram chori domus fratrum predicatorum. actum 7 kalendas martii, a. d. 1310. ***Februar 23.***

Aus Strassb. Hosp. A. lad. 55 fasc. 6. or. mb. c. sig. pend.

---

[1] *Vgl. nr. 583.* [2] *Vgl. Alsatia 1858-61 S. 166.*

665. C. j. c. A. Johannes dictus Panphilin, miles Arg., et Elsa, ejus uxor, manu coadunata vendiderunt Ůlrico cuppario, magistro cuppariorum Argentinensium, et Elline, uxori sue, unam aream, sitam in c. A. trans pontem s. Thome retro dictum Crinvogel an dem orte bi dem burne, p. p. e. l. pro 20 lib. den. Arg. A. 1. Wit. 1. (pro Johanne). Johannes confessus est, quod dictum pretium 20 lib. den. Arg. conversum est in emptionem curie site in c. A. in Judengassen dicte zů dem dütschenherren, volens quod usque ad hanc summam curia sibi sita sit sub jure dotis. datum pridie idus marcii, a. d. 1310. ***1310 März 14.*** *Verkauf.*

Aus Strassb. Thom. A. lad. Kaufbriefe 1. or. mb. c. sig. pend.

666. Colata abbatissa et conventus monasterii in Erstheim ordinis s. Benedicti vendunt redditus 5 sol. den. Arg. cum 2 capponibus dandos ratione cujusdam legati super una area seu domo, sita in c. A. in vico, qui dicitur dez heiligen crizes gasse, ex uno latere apud curiam canonicalem s. Stephani monasterii, quam nunc inhabitat Heinricus dictus de Greffere canonicus dicti monasterii, et e. a. apud aream Reinboldi militis dicti Stübenweg senioris et trahit retro ad curiam Henrici dicti Öbesselin, Johanni dicto Böckelin civi Arg. pro 6 lib. et 5 sol. den. Arg. sigilla abbatisse et conventus sunt appensa. datum feria secunda post dominicam qua cantatur Reminiscere, a. d. 1310. ***März 16.*** *Verkauf.*

Aus Strassb. Bez. A. G 3479 (3875). 4 or. mb. c. 2 sig. pend. delaps. Dorsualnoti: s. XV exeunt.: «domus posterior zům Rinckendorff.»

667. C. j. c. A. Arnoldus nauta, residens in der Grutenowe e. m. A., et Greda, uxor sua, item Agnes, Cůnradus et Johannes, soror et fratres dicte Grede, liberi quondam Cůnradi dicti Slotterbacke uf dem Werde e. m. A., recognoverunt, unam aream, sitam uf dem Werde e. m. A. e. u. p. juxta dictam Můien et e. p. a. juxta domum Friderici dicti Missebach, jure dominii pertinere ad abbatissam et conventum monasterii s. Clare uf dem Werde e. m. A. et eandem aream ab his ad spatium 9 annorum a nunc festo b. Johannis Bapt. proxime venturo pro 1 lib. den. Arg. census nomine locatam esse dictis Arnoldo et Grede. hec condicio adjecta est, quod si infra predictos 9 annos abbatissa et conventus dicti monasterii ad usum sue familie sive dicti monasterii mansionem vel receptaculum aliquid super eadem area construere vellent, quod hoc valeant atque possint monitione per quartam partem anni super dicta mansione facienda premissa, et quod extunc dicta conductio sublata sit penitus et quod abbatissa et conventus edificia constructa super eadem area persolvere debeant dictis conductoribus juxta taxationem 2 arbitratorum fide dignorum, eligendorum ab ambabus partibus, aut 1 arbitratoris, si 2 inter se discordaverint. si conductores ad electionem arbitratorum procedere non curarent vel ad ipsorum arbitrium stare recusarent, infra mensem sua edificia de dicta area tollere debent. datum 10 kalendas aprilis, a. d. 1310[1]. ***März 23.*** *Zeitleihe.*

Aus Strassb. Hosp. A. lad. 171 fasc. 15. or. mb. c. sig. pend.

668. *Urteilspruch des bischöfl. Hofrichters über den Besitz eines Hauses und Appellation an den Mainzer Erzstuhl.* ***April 29 und Mai 5.*** *Urteilspruch.*

In Christi nomine amen. coram nobis . . judice curie Argentinensis Růdegerus dictus Merswin clericus procuratorio nomine . . decani et . . capituli ecclesie sancti Thome Argentinensis Nicolaum dictum Rauwer et Annam dictam Vettich in causam traxit et eis libellum

---

[1] *Vgl. nr. 391. — Die genannte Agnes, Tochter des verstorbenen Konrads, verkauft an das genannte Kloster 1/2 des beschriebenen Hauses für 4 Pfund weniger 6 Schillinge. 1314 Juli 8. Or. ebendaselbst lad. Orph. XXXV fasc. 3.*

obtulit in hec verba: proponit in jure: coram vobis . . judice curie Argentinensis Rüdegerus dictus Merswin clericus, procurator venerabilium dominorum . . decani et capituli ecclesie sancti Thome Argentinensis, nomine ipsorum contra Nicolaum dictum Rawer, famulum domini Jo[hannis] de Ohsinstein, scolastici ecclesie Argentinensis, et Annam dictam Vettich, quod ipsi rei detinent et possident minus juste pro indiviso domum et aream infra specificatas Lusche mulieris defuncte, filie quondam Ůlrici de Argentina, quam ipsa Luscha legavit in remedium anime sue, Agnetis filie sue, et quondam Burcardi sacerdotis prebendarii ecclesie sancti Thome predicte, et parentum suorum seu donavit, tradidit et assignavit donacione et tradicione inter vivos, donasse et tradidisse est confessa coram vobis . . judice predicto ecclesie sancti Thome predicte, una cum dicti rei domum et aream infra specificatas . . decano et capitulo ecclesie sancti Thome predicte seu ipsi ecclesie sancti Thome predicte restituere, tradere seu assignare indebite contradicunt. petit procurator predictus nomine quo supra, antedictos reos ad restituendum, tradendum et assignandum sibi seu . . decano et capitulo predictis seu ecclesie sancti Thome predicte domum et aream infra specificatas cum fructibus a tempore detencionis inique perceptis, qui in processu cause declarabuntur, per vos diffinitive condempnari et conpelli cum expensis in lite factis, protestationibus faciendis, juris beneficio in omnibus sibi salvo, non astringens se ad probandum omnia premissa, sed necessaria sibi tantum. specificatio autem domus et aree hec est et site sunt in civitate Argentina juxta pontem ecclesie sancti Thome predicte ultra Bruscam apud domos ecclesie sancti Thome predicte et dicti Wackernel, quam inhabitabat dum vixit Luscha antedicta. ad quam petitionem dicti rei litem contestati responderunt, narrata vera non esse et petita fieri non debere. lite igitur in ipsa causa legittime contestata, juramento de calumpnia hinc inde prestito a partibus antedictis, dictis principalium debite publicatis, ipsisque visis diligenter et examinatis, producto eciam instrumento publico in modum probacionis per partem agentem, auditis et propositis excepcionibus partis ree et replicacionibus ad easdem cum duplicacionibus postea subsecutis, testibus productis et receptis, quos pars rea super excepcionibus suis producere intendebat, dictis ipsorum una cum deposicionibus principalium per ordinem sollempniter publicatis ipsisque visis diligenter et examinatis, tandem in negocio concluso ac juris ordine in omnibus observato, quia invenimus intentionem partis agentis, quoad donationem factam inter vivos et detentionem juxta tenorem ipsius libelli partim ex confessione dictorum reorum et partim ex instrumenti tenore sufficienter fundatam et probatam, ex adverso autem per partem ream nil fore propositum et probatum, quod elidat intencionem partis agentis: idcirco nos . . judex predictus diligenti deliberacione prehabita prefatos reos ad restituendum, tradendum et assignandum parti agenti domum et aream supra in libello specificatas et ad restitucionem inde fructuum perceptorum per eosdem diffinitive condempnamus in hiis scriptis partem ream in expensis litis parti agenti presentibus condempnantes. lata est hec sententia in consistorio Argentinensi per nos . . judicem predictum partibus presentibus et dictam sententiam a nobis fieri petentibus. actum feria quarta post dominicam Quasimodo, anno domini 1310. a qua sententia tamquam ab iniqua Nicolaus dictus Rauwer reus predictus illico et viva voce sedem Moguntinensem appellavit et appellationes a nobis instanter, instancius et instantissime petivit. actum anno et die prenotatis. cui appellacioni ob reverenciam dicte sedis Moguntinensis duximus presentibus deferendum et has appellationes eidem parti appellanti concedimus per presentes. actum feria tercia post dominicam Misericordia domini, anno supradicto[1].

Aus Strassb. Thom. A. lad. 11 (Titres). or. mb. c. sig. pend.

---

[1] *Vgl. nr. 321 und die daselbst angeführte Dorsualnotiz.*

669. C. j. c. A. Johannes, natus quondam Wilhelmi dicti Tantz militis Arg., vendidit Katherine, nate Cůnradi dicti Kolbe de Arg., redditus annuos 2 caponum super una area, sita in c. A. in der oberstrassen juxta domum dictam zů der linden[1] e. u. et e. p. a. juxta domum Heintzelini tornatoris, pro 10 sol. den. Arg. A. 1. actum 5 idus maji, a. d. 1310. *Verkauf.*

1310 Mai 11.

Aus Strassb. Stadt A. HH. Tribu des maréchaux. Décision du magistrat etc. *or. mb. c. sig. pend. delaps.*

670. C. j. c. A. Reimboldus Reimboldelini, militis Argentinensis, et Reimboldus, filius suus, confessi sunt, quod hostium seu januam, quam dictus Reimboldus fecit de fundo seu orto suo, sito extra portam s. Petri junioris immediate juxta curiam fratrum de omnibus sanctis, pro habendo viam de curia sua in curiam et ecclesiam dictorum fratrum, fecerit ex speciali gracia prepositi, prioris et fratrum predictorum, ita quod dicta janua clausuram habere debeat ad claudendum per eosdem fratres et quod, quandocunque fratribus placuerit, dictam januam possint obstruere et claudere perpetuo muro. sigilla curie Arg. et Reimboldelini patris sunt appensa. actum a. d. 1310, 14 kalendas julii. ***Juni 18.*** *Vertrag über Wegegerechtsame.*

Aus Strassb. Bez. A. G 6175 (6202). 4. *or. mb. c. 2 sig. pend. (exstat sig. Reimboldi).*

671. Die priorin und der convent des klosters von s. Katherina vor Strassburg machen bekannt, dass sie verliehen haben ihre hofstatt « in Judengasse zu Strassburg einsite an dem gattern gelegen und andersite helt der Löselin ein hovestat, meister Cůnraten Pfeffer dem Giger und Katherinen siner huszfrowen » zu einem rehten erbe für einen jährlichen zins von 2½ pfund. freitag nach ausgehnder pfingstwoche, 1310. ***Juni 19.*** *Erbleihe.*

Aus Strassb. Hosp. A. Prot. 231 Orph. (Copialb. s. Katharinae s. XV) fol. 3b. *Deutscher Auszug.*

672. C. j. c. A. Wernherus dictus Zorn, nauta Arg., vendit Anshelmo dicto Böcke et Grede, uxori sue, domum et aream trans pontem s. Stephani in der Crutenowe c. m. A. juxta domum dicte Gürtelerin et domum dicti venditoris sitas et omne jus in vico, per quem itur ad domum venditam, ita, quod 2 sol. den. Arg. ad refectionem pontis s. Stephani annis singulis de domo et area prenotatis debeantur, pro 24 lib. den. Arg. A. 1. actum 9 kalendas julii, a. d. 1310. *Verkauf.*

Juni 23.

Aus Strassb. Stadt A. Pf. G. lad. 101 fasc. K *or. mb. c. sig. pend.*

673. Niclawes von Rymuntheim der meister und der rat von Strassburg machen bekannt, dass herr Göszelin von Kagenecke und seine gemahlin, Gůte die Spenderin, verkauft haben « ir hus, hof und hovestat mit allem rehte vür lidig eigen, die gelegen sint an dem Holwige einsite nebent dem von Vinckewilre und andersite ist gelegen her Otten Friderichen seligen hof, Berline von Offenburg dem tůchmanne und Ellin, siner wurtin, unsern burgern » für 107 mark silbers. Göszelin, Gůte und Johannes, ihr ältester sohn, verbürgen sich für Cůne, Erbe[a] und Clare, Göszelins und Gůten unmündige kinder. Göszelin und Gůte schwören, dass das haus unverwidmet sei. « Niclawes, ein tůmhere zů sante Thomane », sohn Göszelins und Gůten, erklärt, der verkauf sei mit seiner zustimmung geschehen. « gegeben an sancte Sixtes tage, 1310. herane waren wir her Niclawes von Rymuntheim, *u. s. w. folgt der Rat.* *Verkauf.*

August 6.

Aus Strassb. Thom. A. lad. Kaufbriefe 3. *or. mb. c. sig. pend. delaps.*

a) Der Name ist nur zum Teil noch zu erkennen. Der Rest ist zerrissen.

---

1 *Vgl. Str. G. u. HN. S. 123.*

Bestätigung eines Lehnbriefs.

674. *König Heinrich bestätigt einen Lehnsbrief König Rudolfs. Hagenau.*

1310 August 19.

Nos Heinricus dei gracia Romanorum rex semper augustus ad universorum sacri Romani imperii fidelium noticiam tenore presencium volumus pervenire, quod cum dive recordacionis Rudolfus Romanorum rex predecessor noster prudentibus viris Johanni et Wernhero dictis Sturme, civibus Argentinensibus, graciam fecerit secundum litteras regias in hac verba [*folgt die Urkunde nr. 239*], nos predictos Johannem et Wernherum prosequentes propter suam probitatem gracia speciali prenotatam graciam ad instar inclite recordacionis Adolfi et Alberti Romanorum regis nostrorum predecessorum ratam habemus et gratam presencium testimonio litterarum majestatis nostre sigilli munimine signatarum. datum Hagenow 14 kalendas septembris, anno domini 1310, regni vero nostri anno 2.

Aus Glafey Anecdotorum collectio 610. Transsumpt in Urkunde Karl IV von 1361 April, dessen Wortlaut Glafey dem Registerband Karl IV in Dresden entnahm. Böhmer Reg. Heinr. nr. 281.

Seelgerätstiftung.

675. Hug Zorn, ritter zu Strassburg, vollführer des letzten willens Peter Panfelins, eines edelknechtes von Str., seines neffen, giebt mit zustimmung bruder Johanses von Sternegasse, conventual des Predigerklosters zu Strassburg, der Peters beichtvater war, dem kloster s. Margreden vor Strassburg 1 vierteil gerste jährlich von einer rente in Matzenheim; das jahrgedächtnis Peters wird im kloster begangen werden. siegel des bischöflichen hofrichters. 12 kalendas octobres, 1310[1]. ***September 20.***

Aus Strassb. Bez. A. H 3093. 1. cop. mb. s. XV.

Verkauf.

676. Wetzel Marsilies der iunge der meister und der rat von Strassburg machen bekannt, «daz Johannes Kornelin mit willen und gehelle hern Niclawses eins tûmherren von Rynowe, Peters, Sigelins und Goszelins, siner kinder», verkauft hat «sinen garten, der gelegen ist uszewendig an dem graben gegen dem turne, da men hinne gat zû sancte Marckese und stoszet einsite uf den graben und andersite an die Slotternegelin, mit dem buwe, der da uf stat, brûder Heinriche, der bekerten vrowen pflegere, von sinen und von der bekerten vrowen wegen vür lidig eigin umbe 60 marke silbers». A. 3. es geben «her Johannes Kusolt, der schûlemeister von Rynowe, Liebe und Agnes, sine swestere, mit Walthers Hentwingen, Agnesen wirtes, wille» ihre zustimmung zum verkauf und verzichten auf alle ihre rechte an dem garten. «gegeben an dem dunrestage vor sancte Michels mes, 1310. herane waren wir Niclawes von Rymuntheim, u. s. w. *folgt der Rat*[2]. ***September 24.***

Aus Strassb. Hosp. A. lad. 43 fasc. 1. or. mb. c. sig. pend.

Verkauf.

677. C. j. c. A. Conradus dictus von Hornecke, civis Arg., et Salina, uxor sua, manu coadunata de consensu Katherine, Johannis et Nicolai, liberorum suorum, vendunt pro 50 lib. den. Arg. Conrado dicto de Ololtzhoven, civi Arg., tertiam partem, que Conrado ex successione materna obvenit, in passagio vulgariter an dem var zû den Hunden, quod commune habebant pro equis portionibus pro indiviso cum Johanne dicto Cleinklobelôch et cum heredibus quon-

---

[1] *Ebenso macht der bischöfliche Hofrichter bekannt, dass Hug Zorn und Frau Ldkart Panfelin, Vollführer des Testaments Peters, dem Kloster s. Margarethen vor Str. eine Kornrente in Matzenheim gegeben, doch muss dieses einen Teil geben an die Klöster der Prediger, Augustiner, Wilhelmer, s. Clara in und ausserhalb der Stadt, der Reuerinnen, Prämonstratenser, s. Nikolaus, Johannes, Katharina, Agnes, Marcus und Elisabet und an das Hospital in Strassburg. In allen Klöstern wird das Jahrgedächtnis gefeiert werden. 1317 März 5. Cop. ebendaselbst.* [2] *Vgl. nr. 690. Nach Prot. Hôp. X fol. 29 stand später auf der Hofstätte das Haus für die Kranken und die alte Kirche des Hospitals.*

dam dicti Kuderer[1], ita quod de eadem tertia parte non plus census annuatim debeatur quam 10 den. Arg. A. 1. Wit. 2. actum 13 kalendas novembris, a. d. 1310[2].

1310 Oktober 20.

Aus Strassb. Stadt A. AA 1691. or. mb. c. sig. pend. Danach Regest bei Mone Zeitsch. f. Gesch. d. Oberrh. XVI, 138.

678. Wetzel Marsilies der meister und der rat von Strassburg machen bekannt, dass «Johannes von Wintertur und vro Irmelin, sin wirtin, vür sich und alle ir erben hant verluhen Cuentzeline von Sweinheim und allen sinen erben iemerme zû eime rehten erbe ire hovestat, die gelegen ist in des gasse von Schiltencheim nebent Johannese von Hochfelden einsit und andersite het der murer von Oberuhoven, umbe 9 schillinge pfenninge ziuses iergeliches ane hoher steigen». Er. 4. V. «die hovesezen sûlent hus und hovestat in solichem buwe halten, daz die hoveherren irs zinses da uffe sicher sint ane alle geverde». «gegeben an dem zinstage nach sancte Martins mez, 1310. herane waren[a] wir her Niclawes von Rymuntheim, u. s. w. *folgt der Rat.* *Erbleihe.*

November 17.

Aus Strassb. Hosp. A. lad. Hôp. XLV fasc. 48. or. mb. c. sig. pend. Nach einer Dorsualnotiz saec. XV lag das Haus «juxta fontem».

679. Prepositus, decanus, totumque capitulum ecclesie s. Petri Arg. locant in emphiteosim aream suam, sitam in c. A. retro lobium pellificum juxta domum quondam domine dicte Westermennin e. u. et e. p. a. juxta 5 areas ecclesie antedicte, Mehtildi et Elizabet sororibus beginis dictis de Berstetten pro annuo censu 8 sol. den. Arg. Er. 1. sigillum capituli est appensum. actum 8 kalendas decembres, a. d. 1310. *Erbleihe.*

November 24.

Aus Strassb. Hosp. A. Prot. Prédic. 107 (Copialb. s. XIV) fol. 52. cop. mb.

680. C. j. c. A. Elsa, relicta Cûnradi paniflcis de Gertewilre, item Burcardus, Berhtoldus, Cûnradus et Clara, liberi dicte relicte, manu coadunata vendiderunt pro $8\frac{1}{2}$ marcis argenti decano et capitulo ecclesie s. Petri Arg. redditus annuos 1 lib. den. Arg. super domo et area, sitis in c. A. in dem smidegiesse juxta domum domine dicte de Lare e. u. et e. p. a. juxta domum Hette dicte Hurricherin, prestandos per venditores in vigilia ascensionis domini. pro capitulo emit Cûnradus dictus de Lûmersheim, prebendarius dicte ecclesie, cum pecunia quondam Waltheri dicti de Mûlnheim, decani dicte ecclesie. A. 1. U. (relicta et liberi predicti pro Katherina et Elsa, liberis dicte relicte). V. (quoad meliorationes). actum kalendas decembres, a. d. 1310. hujus instrumenti sunt 2, quorum unum apud Heinricum dictum de Mûlnheim remanebit[2]. *Rentenkauf.*

Dezember 1.

Aus Strassb. Bez. A. G 4826 (5198). or. mb. c. sig. pend.

681. Wetzel Marsilius der meister und der rat von Strassburg machen bekannt, dass Petermann Bûtzelin und Türiche, seine schwester, kinder Peter Bûtzelins seligen, mit zustimmung ihrer mutter Türiche und deren gemahles Dietmar Ripelins gegeben haben haus und hofstatt, «gelegen an dem Holwige einesite an schultheissen Niclauses seligen erben huse und andersite het Niclauses von Wintertur ein hus, Sickese Sickesen seligen sûne» zu einem *Erbleihe.*

a) *or. om.:* waren.

[1] *Conrad und Katherina, seine Gattin, schenken ihrer Tochter Adelheid und Johannes Rorer, deren Gemahl, die bezeichneten Einkünfte und erhalten sie als Leibzucht von diesen zurück für einen jährlichen Zins von 2* cappones (festo Martini). *1328 Oktober 22. Or. ebendaselbst.* [2] *Der genannte Burkard verkauft vor dem Hofrichter seinem Bruder Cûntzelin nach der Mutter Tod seinen Anteil an dem genannten Haus u. Hofstatt* (in dem giessen bi der vihegassen juxta der Hurricherin hus e. u. et e. p. a. juxta dictam Dusent Heiligin) *für 8 Unzen. 1317 Februar 8. Or. daselbst.*

rechten erbe für einen iährlichen zins von vier pfund Strassb. pfenninge. Er. 4. V. die hälfte des zinses fällt der mutter zu, so lange sie lebt. «an dem zinstage noch sante Niclauses tage, 1310. heran worent wir her Niclaus Rymuntheim, *u. s. w. folgt der Rat.*

1310 Dezember 8.

Aus Strassb. Hosp. A. Prot. Hôp. V (lib. C) fol. 24b. cop. s. XV med.

Schenkung. **682.** C. j. c. A. Margareta relicta Wernheri dicti Ripelin armigeri Arg. priori et conventui fratrum predicatorum domus Arg. donatione inter vivos donavit redditus annuos 2 lib. den. Arg. super curia et domo, sitis in c. A., quas inhabitat dicta donatrix, dictis zû dem Ueberhange juxta domum dicti Vögelin, presente fratre Johanne dicto Wisze conventuali dicte domus. anniversarium donatricis peragi debet. prefatus frater relocat dictos redditus donatrici ad tempus vite pro annuo censu 1 vierlingi cere. apud ipsam domum fratrum predicatorum eligit donatrix suam ecclesiasticam sepulturam. actum 18 kalendas januarii, a. d. 1310.

Dezember 15.

Aus Strassb. Hosp. A. Prot. Prédic. 107 (Copialb. s. XIV) fol. 59b. cop. mb.

Verkauf. **683.** *Die Gattin Johanns von Schöneck verkauft ein Haus mit Hofstätte.*

1311 Januar 28.

Wir Johannes von Wintertur zû dem Engele der meister und der rat von Strazburg tûnt kunt allen den, die disen brief gesehent und gehôrent lesen, daz vro Katherine, Joohanneses wurtin, hern Eberlins seligen sûnes von Schônecke, mit des selben Johanneses, irs wurtes und irs vogetes, hant het gegeben ze kôfende ir hus und hovestat mit alleme rehte und begriffe, als hus und hovestat her gelegen sint, daz gelegen ist in dem Sluche einsite an dem von Kolbotzheim und andersite bet der Hentwing ein hus[1], vúr lidig eigin, ane daz 19 pfenninge sûlent gan alle iar zû selegerete zû sancte Petere dem iungen, Johannese Blancken, unserm burgere, umb 100 pfunde pfennige genger und geber Strazburgere. der pfenninge ist vro Katherine die vorgenante von Johannese Blancken gar und gantz gewert, und het ôch gelobet vro Katherine die vorgenante und mit ir Johannes, ir wurt, und sint schuldig worden unverscheidenliche des vorgenanten huses und hovestette in alle wis, als es do vor bescheiden ist, reht werende ze sinde gegen menlichem, als reht ist, und het im[a] mit Johanneses des vorgenanten, irs vogetes, hant vor uns ufgegeben alle die reht, die sie hette oder haben mohte an dem vorgenanten huse und hovestette, und sich verzigen alles schirmes und alles rehtes, es si geistlich oder wertlich, domitte sie mohte kumen wider disen kôf und disen brief; so het ôch Johannes der vorgenante versworn an den heiligen alles sin widemereht, daz er hette an dem vorgenanten huse und hovestette, wand es sin wideme was. so hant ôch verichen Gotze Wise vúr sich und vúr Burcarten sinen brûder, des voget er ist, und der selbe Burchart mit ime, und vro Ospire, ir swester, Burchartes wurtin von Ache, mit des selben Burchartes irs wurtes wille, daz sie kein reht habent an dem vorgenanten huse und hovestette und, was sie rehtes derane hettent oder haben mohtent, des hant sie sich verzigen ane alle geverde. daz diz war und stete si, darumbe han wir unserre stette ingesigel an disen brief gehencket. der wart gegeben an dem dunrestage vor der liehtmes, do men von gotz geburte zalte 1311 iar. herane waren wir her Niclawes von Rymuntheim, *u. s. w. folgt der Rat.*

Aus Strassb. Thom. A. lad. 24. or. mb. c. sig. pend.

a) *or.:* im *auf Rasur.*

---

1 *Vgl. nr. 200, 372 und 459.*

684. C. j. c. A. Burkardus dictus Kettener civ. Arg. in remedium anime sue et quondam Gerdrudis uxoris sue bona in Schiltingheim, Utenheim sita cum 100 lib. den. Arg. animo dotandi 2 altaria per ipsum Burkardum et suis expensis in ecclesia s. Thome Arg. infra ejusdem ecclesie hostium majus, per quod intratur sub turri de novo constructa, quorum unum quod est in dextro latere ad honorem b. Marie virginis et aliud ex opposito ad honorem b. Johannis Baptiste constructum est, decano et capitulo dicte ecclesie nomine dictorum altarium donavit, in eisdem altaribus de consensu episcopi et capituli instituit 2 prebendas sacerdotales, quarum collationem Burkardus sibi reservat, post ejus obitum jus collationis prebende s. Johannis est apud prepositum, prebende s. Marie apud decanum, prebendarii decano obedientiam prestabunt et equalem porcionem cum aliis sacerdotibus chori de cottidianis distributionibus habebunt. ad anniversaria ipsius Burkardi et uxoris sue in choro peragenda donavit capitulo redditus 3 lib. 15 sol. de area et domo dicta zû dem salmen, und ist das orthus, sitis in c. A. in der flahsgassen[1], item redditus 15 unc. den. Arg. de area et domo, sitis in c. A. juxta domum dictam zûm rappen in anteriori parte curie dicte des Phûtzers hof[2], quos emit a Heintzelino dicto Phutzer nato quondam Margwardi de Offenburg et Katharina filia Junte dicte Wissin naute de Argentina, ipsius Heintzelini uxore. datum 2 idus februarii, a. d. 1311. sigilla Johannis episcopi, curie Argentinensis, prepositi, decani et capituli s. Thome sunt appensa[3]. *Präbendenstiftung.*

1311 Februar 12.

Aus Strassb. Thom. A. lad. 25 (Titres). or. mb. c 5 sig. pend.

685. C. j. c. A. Metza, relicta Johannis dicti Howelûchel civ. Arg., item Johannes, Katherina et Anna, liberi dicte relicte, manu coadunata vendiderunt Heintzelino et Minneline, liberis quondam Nicolai dicti de Sarburg civ. Arg., redditus annuos 8 unc. den. Arg. et 2 cap. super domo et area, sitis in c. A. an der Bûnden juxta aream Johannis dicti Junge militis Arg., cujus domus et aree anterior pars tendit ad turrim, dictam an Bûnde turn, pro 13 lib. et 5 sol. den. Arg. A. 1. (presente Johanne dicto Closener milite Arg., curatore Heintzelini et Minneline predictorum, et dictam vendicionem et translationem recipiente). Wil. 1. (pro Metza). U. (venditores pro Walthero, dicte relicte filio adhuc minore). M. (pro Johanne, Katherina et Anna). actum 10 kalendas marcii, a. d. 1311. *Verkauf.*

Februar 20.

Aus Strassb. Hosp. A. lad. 43 fasc. 2. or. mb. c. sig. pend.

686. *Urteilspruch des Rates über die Benutzung einer Weide in Schiltigheim.* *Urteilspruch.*

März 30.

Wir Niclawes Zorn, Reimbolt Reimboldelin, Johannes von Blûmenowe, Sifrit von Vegersheim, Cunrat Rypelin und Burchart Schultheisze warent uf der pfaltzen, do die vrowen von sancte Agnesen clagetent vor meister und vor rate, daz her Rûdolf Rypelin, Ottelin sin sun, her Otte Rypelin, her Burchart Schôp, Reimbolt von Lingolvesheim und Boldelin hern Bôldelins sun sie irretent an der weiden zû Schiltinkheim und daz sie nût woltent gestatten, daz ir vihe und ire schaf uf die weide giengent, die sie viertzig iar und me in gewalt und in gewer und in nutze hant gehebet, als sie vor meistere und vor rate erzûgetent. diz geschach, do her Niclawes Friderich meister was und wart daz verentwurtet von irre widersachen wegen. do geclaget und geentwurtet wart und die warheit verhôret wart iewedersite, do wart daz urteil gesetzet an hern Johannesen Schilten, der do in dem rate was, der sprach zû rehte, daz die vrowen von sancte Agnesen soltent die weide bruchen mit irem vihe,

---

[1] *Vgl. nr. 497.* [2] *Vgl. Str. G. und HN. S. 129.* [3] *Schon am 12. August 1310 hatte derselbe Burkard Kettener für die Präbende der h. Maria den Clerikus Trutkind, Sohn des verstorbenen Rülins des Schiffers von Strassburg, präsentirt, welcher innerhalb eines Jahres die Priesterweihe empfangen soll. Or. ebendaselbst.*

wand sie unsere burgerinne sint, die sie gebruchet hettent viertzig iar und me, untze daz sie in mit rehte wurde angewunnen. des urteiles volgete der rat miteinander hern Johannes Schilte; und wart in gebotten, daz sie des closters vihe nüt irren soltent an der weide, untze daz es in mit besserme rehte werde angewunnen. ich Niclawes Friderich der burgermeister vergihe, daz es ergienge mit gerihte, als do vor geschriben stat. ich Johannes Schilt vergihe, daz daz urteil an mich gesetzet wart und daz es erginge als do vor bescheiden ist. so vergihe ôch ich Albreht Rûlenderlin, daz ich in dem rate were und daz es gerihtet wurde, als do vor geschriben stat. und des zû eime urkunde so han wir Niclawes Zorn, Reimbolt Reimboldelin, Johannes Schilt, Albreht Rûlenderlin, Niclawes Friderich, Sifrit von Vegersheim, Johannes von Blûmenowe, Cunrat Rypelin und Burchart Schultheisse die vorgenanten unsere ingesigele an disen brief gehencket. dise urteil wart gegeben an dem cinstage vor dem balmetage, do men von gotz gebûrte zalte drûzehenhundert iar und in dem eilften iare[1].

Aus Strassb. Bez. A. H 3114. or. mb. c. 9 sig. pend. (quorum 4 delaps.)

Erbleihe. **687.** Niclawes Friderich der meister und der rat von Strassburg thuen kund, dass «Niclawes von Rymuntheim, hern Gotzen seligen sun von Rymuntheim, und vro Agnes, sin wirtin, des Tanrises seligen tohter», mit gesammter hand verliehen haben zu einem rechten erbe für sich und alle ihre erben Gôsseline Clobelôche und allen seinen erben ihr haus in der Spetergasse[2], genannt «zû Stralnecke, nebent cleine Clobelôche» für 6 pfund pfenn. zinses. Er. 4. V. «an dem cinstage nach dem sunnentage, so men singet Quasi modo, 1311. derane warent wir her Niclawes von Rymuntheim, *u. s. w. folgt der Rat.* ***1311 April 20.***

Aus Strassb. Stadt A. HH. Tribu des Tonneliers. Dettes actives et passives. or. mb. c. sig. pend. mutil.

Verkauf. **688.** *Meister Eckehard Wide verkauft eine Hofstätte an Albrecht Schaffener.* ***Mai 3.***

Ich Johannes von Hohenstein, vitzetûm der stift zû Strazburg, tunt kunt allen den, die disen brief gesehent oder horent lesen, das meister Eccehart Wide wûrkôft het mit gûte willen sine hovestat, die do gelegen ist in Kurdewangasse einsite nebent Gervalken seligen

---

[1] *Eine Erneuerung dieser Urkunde erfolgte im Jahre 1333 nach dem Ableben der meisten der siegelnden Schöffen. Die Urkunde lautet:* «Allen den si kunt, die disen brief gesehent oder gehôrent lesen, das ich Rûlman Swarber unde Burckart Twinger unde Gosze Sturm unde Berhtolt Manaze unde Clâwes Rebestog unde Clâwes Swan unde Cûntze Pfaffenlap unde Walther Clobelôch, scheffel von Strazburg, dobi worent unde es hortent unde sehent, do her Johannes Swarber unde Reinbolt zû dem Drûbel an .. meister unde an .. rat von Strazburg vordertent, do Johannes Clobelôch der alte meister was, von der closter vrowen wegen zû sant Agnese: die scheffel werent alle dot, die an diseme nach gescriben briefe gescriben stant, der in disen brief gescriben ist, untze an hern Burckart Schultheissen unde botent, das sû mit urteil überein kement, das andere scheffel den hie nach gescriben brief besigeln soltent, unde ir besigeln also gûte kraft hette, also der scheffel besigeln, die an deme hie nach gescriben briefe gescriben stant, die wile das sû lebetent. darzû seite her Burckart Schultheisse der vorgenante vor meister unde vor .. rat uf sinen eit, das die ding ergangen werent in alle die wis also sû gescriben stant an dem hie nach gescriben briefe, der in disen brief gescriben ist, unde er unde die selben doten scheffel den selben brief besigelt hettent; do kam .. meister unde .. rat übereín mit rehter urteil unde erteiltent, das andere scheffel den hie nach gescriben brief wol besigeln soltent unde die selbe kraft solte haben, also der hie nach gescriben brief het, den die selben scheffel, die an diseme nach gescriben briefe gescriben stant, besigelt hant die wile sû lebetent. unde ist dis der brief: [*folgt der Wortlaut der oben im Texte gedruckten Urkunde*]. wir ôch die vorgenanten scheffel Rûlman Swarber, Burckart Twinger, Gosze Sturm, Berhtolt Manaze, Clâwes Rebestog, Clâwes Swan, Cûntze Pfaffenlap unde Walther Clobelôch der vorgescriben vorderunge unde urteil zû eime waren urkûnde han wir unsere ingesigele an disen brief gehencket. der wart gegeben an dem grûnen dunrestage vor dem osterdage, in dem iare do man zalte von gotz gebûrte drizehen hundert iar unde drû unde drisig iar.» *1333 April 1. Aus Strassb. Stadt A. V. D. G. lad. 48. or. mb. c. 8 sig. pend., quorum 1 delaps.* [2] *Vgl. Str. G. u. HN. S. 154.*

huse unde andersite nebent des Heylemannes seligen hovestete, unde het die geben zû köphende Alberechte Scaffenere, unsere frowe werkes dienere, unde siner elichen wirtin und ist das geschehen[a] mit irme gûte wille, unde han och den vorgenante Alberechte in gewalt unde in gewere gesetzet der hovestete in alleme rechte, alse die hovestat her kûmen ist unde gelegen ist unze an disen dag. und ist daz geschehen[b] iewedersite mit gûte wille. unde des zû eime urkunde so habe ich der vorgenante Johannes min ingesigele an diesen brief gehenket. der wart geben an dem mendage nach dem meigedage, do men zalte von gotz gebürte drizehenhundert iar in dem eilften iare.

Aus Strassb. Frauenh. A. lad. 49 nr. 36. or. mb. c. sig. pend. delaps.

689. C. j. c. A. Johannes dictus in Kalbesgasse miles Arg. et Phyna, soror ejus, donaverunt in remedium animarum suarum redditus annuos 7 lib. den. Arg. super 2 domibus et areis, dictis zû hern Diemen sitis in c. A. prope domum dictam zû dem guldin schale[1], abbatisse et conventibus monasteriorum s. Clare an dem Werde, Johannis, Katherine, Marci, Elisabet, Angnetis et Margarete sitorum e. m. A. (cuilibet eorundem monasteriorum perpetuo singulis annis in anniversariis Johannis et Phine 1 lib. den. Arg.), sic quod in dictis monasteriis in anniversariis dicti Johannis et Phyne cum vigiliis et missis memoria habeatur. item donaverunt personis et locis, apud quas suam ecclesiasticam elegerint sepulturam, redditus annuos 5 lib. den. Arg. super domo et area, dicta zû dem löwen sitis in c. A. prope pontem s. Nicolai, hac condicione, quod 5 lib. in anniversario Johannis et Phyne, in quolibet medietas, ipsis personis in refectorio pro pictancia ministrentur et quod dicte persone de sero cum vigiliis et de mane cum missis ipsorum memoriam habeant, quorum omnium redditaum administrationem et distributionem priorisse monasterii s. Angnetis aut alteri persone, quam dicta Phyna ad hoc duxerit deputandam, presentibus commiserunt. insuper statuerunt, quod quodcunque monasterium negligens fuerit in peragendo anniversaria predicta, quod tunc redditus ei deputati ad hospitale pauperum infirmorum per ipsos Johannem et Phynam instaurandum et ad usus fabrice eccl. Arg. devolvantur, quodque hujusmodi redditus, si per tres annos continuos defecerent et negligentes essent, extunc perpetuo remaneant apud dictum hospitale et fabricam antedictam. hujus legati priorem et suppriorem fratrum predicatorum domus Arg. executores constituunt. datum 18 kalendas junii, a. d. 1311. ***1311 Mai 15.*** *Schenkung.*

Aus Strassb. Hosp. A. lad. 173 fasc. 45. vid. mb. c. sig. pend. delaps. ausgestellt vom judex curie *Arg. 1311 Oktober 14.*

690. C. j. c. A. magister Wernherus de Ehenheim, cantor s. Petri junioris in Argentina, confessus est, se tenere ad tempus vite bona quedam a capitulo ecclesie Hynaugiensis pro censu annuo 1 lib. den. Arg., et quod heredibus suis nichil juris competit in eisdem bonis. datum 2 nonas junii, a. d. 1311. ***Juni 4.*** *Leibzucht.*

Aus Oberehnheimer Stadt A. DD II tir. 22. or. mb. c. sig. pend.

691. C. j. c. A. Clara, nata quondam Hartmûdi dicti de Schiltingheim, vendidit Jacobo dicto de Barre seniori, civi Arg., 2 areas, sitas in c. A. in vico dicto des gasse von Schiltingheim in foro equorum juxta domum dicti Löwelin e. u. et e. p. a. juxta domum Heinrici dicti der gûte Heinrich, p. p. e. l. pro 22 lib. den. Arg. A. 1. actum 4 kalendas julii, a. d. 1311. ***Juni 28.*** *Verkauf.*

Aus Strassb. Hosp. A. lad. Orph. XXXIV fasc. 27. or. mb. c. sig. pend.

a) *or.:* gesechen. b) *or.:* gesachen.

---

[1] *Vgl. die Notizen über dieses Haus bei Salomon im Bullet. de la soc. pour la cons. des mon. histor. de l'Alsace, Band XI, 198.*

Rentenkauf. **692.** C. j. c. A. Dietherus dictus Kruche, monetarius Argentinensis, vendidit Johanni dicto Merswin civi Arg. superficiem et edificia unius curie, site in c. A. in vico dicto Leimengasse hünder dem Stampfe, dicte Diethers Kruchen hof[1], et omne jus in area dicte superficiei pro 5 lib. den. Arg. A. 1. prefatus emptor locavit dicto venditori edificia ad tempus vite sue tantum pro annuo censu 5 sol. den. Arg. actum 4 idus julii, a. d. 1311. ***1311 Juli 12.***

Aus Strassb. Hosp. A lad. Höp. XLVIII fasc. 10. or. mb. c. sig. pend.

Lehnsbrief. **693.** Heinricus, Romanorum rex, ad petitionem dicti Ochselin feodum quoddam dictum Ochselinslehen situm in Baldebrunne, solvens singulis annis 7½ carratas vini, confert strenuis viris Burck[ardo] Philer, Burck[ardo] et Hugoni dictis Schoub. »datum in castris ante Brixiam, 17 calendas augusti, anno domini millesimo trecentesimo undecimo, regni vero nostri anno tertio[2].« ***Juli 16.***

A aus Böhmer Acta imperii nr. 634 (nach dem Original in Darmstadt).
B aus Strassb. Bez. A. C 262. 46. cop. chart. vidim. von 1757.

Aufnahme einer Klage. **694.** *Aufnahme einer Klage seitens des bischöflichen Hofrichters über Errichtung einer Mauer.* ***Juli 30.***

Noverint universi, ad quos presentes pervenerint et quos nosce fuerit oportunum, quod coram nobis . . judice curie Argentinensis ad hoc specialiter vocato et rogato constituti domina Brigida, . . abbatissa monasterii sancti Stephani Argentinensis, et Heinricus, perpetuus vicarius ecclesie parrochialis sancti Stephani predicti, apud monasterium sancte Clare uf den Werde extra muros civitatis Argentine in loco, ubi ex parte . . abbatisse et conventus monasterii sancte Clare predicte operarii seu muratores incipiebant facere novum opus seu murum ultra stratam publicam, que separat dictum monasterium sancte Clare a dicto muro novo ex uno latere et ex alio latere juxta almendam communem, que tendit ad fluvium dictum Brusche, presentibus operariis dicti operis seu muri et fratre Heinrico, converso dicti monasterii sancte Clare, et quam pluribus canonicis et canonicabus monasterii Stephani predicti ac aliis personis fide dignis, domina . . abbatissa monasterii sancti Stephani predicta suo conventus et monasterii sancti Stephani predicti nomine et dictus . . vicarius suo et vicarie seu ecclesie parrochialis sancti Stephani predicte nomine denunciaverunt novum opus, et quod dictum novum opus seu murus predictus fieret et edifficaretur in prejudicium dicti monasterii sancti Stephani et ecclesie parrochialis sancti Stephani, que incorporata est monasterio sancti Stephani predicto, et dictam denunciacionem fecerunt per jactum lapidis, quem projecit Reinboldus, canonicus monasterii s. Stephani predicti, de mandato et jussu domine . . abbatisse sancti Stephani et . . vicarii predictorum. tempore vero dicte denunciacionis dictus murus in altitudine fuit versus dictam stratam et monasterium sancte Clare predictum duodecim lapidum, qui dicuntur mursteine, et versus fluvium predictum decem et octo lapidum; longitudo vero dicti muri versus fluvium tendebat usque ad quandam portam seu ostium ligneum versus fluvium et versus stratam tendebat usque ad domum dicti monasterii sancte Clare, quam nunc inhabitat Eberhardus dictus Kornköf. et in premissorum omnium et singulorum evidens testimonium sigillum curie Argentinensis ad peticionem domine . . abbatisse et vicarii predictorum presentibus est appensum. datum et actum feria sexta post Jacobi apostoli, sub anno domini 1311.

Aus Strassb. Bez. A. H 2684. or. mb. c. sig. pend. delaps.

---

[1] *Vgl. Str. G. u. HN. S. 109.* [2] *Vgl. nr. 380.*

Verkauf. Leibzucht. **695.** C. j. c. A. Cristina, relicta Heinrici dicti Dunghase, vendidit jus suum emphiteoticum in domo, area, curia et orto, sitis an der Bünden juxta Conradum dictum Pinwen c. s. et e. s. p. juxta domum, quam inhabitat Heinricus dictus Harrer, magistro et hospitali pauperum in Argentina pro 2 lib. et 10 sol. den. Arg. A. 3. (in Waltherum sacerdotem dicti hospitalis). peracta vendicione relocat dictus Waltherus dicte Cristine predictam domum pro tempore vite sue pro censu annuo 5 sol. den. Arg. actum 17 kalendas septembres, a. d. 1311. hujus instrumenti sunt 2. ***1311 August 16.***

Aus Strassb. Hosp. A. Prot. Hôp. V (lib. C) fol. 36b. cop. s. XV.

Verkauf. **696.** Frater Johannes dictus Messerer prior et conventus fratrum heremitarum ordinis s. Augustini domus c. m. A. vendunt magistro Johanni de Senheim bona in Brûmat. actum 2 idus septembres, a. d. 1311. ***September 12.***

Aus Strassb. Bez. A. Zerstreute Sachen. or. mb. c. 3 sig. pend. delaps.

Schenkung. **697.** C. j. c. A. Elisabet, relicta Nicolai de Mûlnecke militis Arg. (de consensu Nicolai militis, Heinrici et Johannis, liberorum suorum), Grede et Elisabeti, natis suis, ac Lusche, nate dicti Grimmolt militis Arg., monialibus monasterii s. Elisabet e. m. A., donatione inter vivos donavit redditus annuos perpetuos 1 lib. den. Arg. super area domus dicte zû Merissot, site in vico dicto zûm schrine prope Richwinum dictum Kôrner, ita quod de eisdem redditibus singulis annis 1 sol. den. Arg. decano et capitulo eccl. s. Thome Arg. ministretur et quod post obitum omnium 3 monialium dicti redditus cedere debeant priorisse et conventui dicti monasterii, et quod priorissa et conventus singulis annis in die b. Francisci anniversarium (*Oktober 4.*) predicti quondam Nicolai cum vigiliis et missa peragere teneantur. frater Heinricus conversus dicti monasterii donacionem recipit. A. 1. actum 11 kalendas octobres, a. d. 1311. ***September 21.***

Aus Strassb. Hosp. A lad. 171 fasc. 14. or. mb. c sig. pend. delaps

Erneuerung einer Schenkung. **698.** C. j. c. A. Ellina, relicta Johannis militis de Eckeversheim, confitetur se Johanni dicto de Eckeversheim, militi Arg., nato suo, donasse ante 11 annos proxime retroactos redditus 15 den. Arg., quos habet septimanatim super passagio vulgariter uf dem var zû den Hunden, in recompensam 30 marcarum argenti ponderis Arg., quas eidem nato dare promisit, cum ipsi relicte jus donandi in dictis redditibus competiit; innovat eandem donationem promittens contra ipsam non venire, recognoscit eundem Johannem per illud spatium in possessione dictorum reddituum fuisse. actum 7 kalendas decembris, a. d. 1311[1]. ***November 25.***

Aus Strassb. Stadt A. AA 1691. or. mb. c. sig. pend. Danach Regest in Mone Zeitsch. f. G. d Oberrh. XVI, 186.

Erbleihe. **699.** C. j. c. A. Albertus dictus Schaffener Vierling locavit in emphiteosim Reinboldo dicto Materer, Heinrico dicto de Altheim, Nicolao dicto Kantz et Cüntzelino de Buhswilre, lanificibus Argentinensibus, presentibus et conducentibus pro se et eorum heredibus domum, sitam in c. A. prope lobium cerdonum juxta dictam de Swindratzheim et jus in area dicte

---

[1] *Vgl. nr. 226. Johannes und seine Gattin Gisela verkaufen dann die Einkünfte an Conrad den Priester, vormals Rektor von s. Stephan in Strassburg, für 65 Pfund Pfenninge. 1311 Dezember 20. Or. ebendaselbst. Danach Regest. a. a. O. S. 137. Conrad verkauft die Einkünfte weiter für 32 Mark Silber an* Johann Clobelöch und Diether Kölbelin, *Strassburger Bürger (Johann erhält 2/3, Diether 1/3). Conrad verpflichtet sich nicht zur Währschaft* (de evictione redditnum vel ad warandiam). *1316 Juli 31. Or. ebendaselbst.*

domus, que area appellatur der Verlerin hovestat[1] (de consensu Cůnradi dicti de Lůmersheim sacerdotis, capellani altaris s. Nicolai constructi in ecclesia s. Petri junioris in Argentina, asserentis, aream pertinere ad dictum altare), pro redditibus annuis 4 lib. den. Arg. absque laudimio census nomine solvendis, pro quarta parte per quemlibet conductorem. capellanus altaris recipiet annuatim de conductoribus censum 12 sol. den. Arg. et 4 caponum. capellano laudimium solvetur, quotienscunque dicta area alienata fuerit in parte vel in toto, videlicet de qualibet parte 18 denarii et 1/2 capo «secundum legem conventionis habitam inter partes». datum 2 nonas decembris, a. d. 1311. hujus instrumenti sunt 2[2]. ***1311 Dezember 4.***

Aus Strassb. Bez. A. G 4826 (5198). or. mb. c. sig. pend.

Tauschgeschäft. **700.** C. j. c. A. Nicolaus sacerdos, natus quondam Cůnradi stationarii fabrice ecclesie Arg., Anne sorori sue, uxori Willehni, agros in banno Suvilwihersheim donat in recompensam 30 lib. den. Arg. de 60 lib., in quibus eidem Anne est obligatus occasione venditionis unius domus site in c. A. juxta domum Hugonis dicti Schöp militis Arg. apud s. Stephanum. actum 13 kalendas januarii, a. d. 1311. hujus instrumenti sunt 2[3]. ***Dezember 20.***

Aus Strassb. Bez. A. G 4823 (5195). 1. or. mb. c. sig. pend.

Zeitleihe. **701.** C. j. c. A. Heintzelinus, natus quondam Nicolai dicti de Sarburg, civ. Arg., ad tempus vite ipsius Heintzelini tantum locat (per manum et consensum Johannis dicti Closener militis Arg. et Johannis de Wasselnheim civis Arg., curatorum ejusdem Heintzelini minoris, adulti tamen) Cunrado, nato quondam Hertwigis de Ersthein, 2 partes unius orti, siti e. m. A. in Korbowe juxta ortum Heintzemanni dicti Appet civ. Arg. e. u. et juxta ortum dictum der Entringer garten e. p. a., item Heinrico, fratri dicti Cůnradi, tertiam partem residuam ejusdem orti pro censu annuo 22 unc. den. Arg. et 6 caponum absque qualibet augmentatione et absque laudimio (census 2/3 partes a Cůnrado 1/3 pars ab Heinrico persolvenda est). si unus fratrum negligens fuerit in solutione dicti census, jus suum devolvitur ad fratrem. si ambo fratres negligentes fuerint, hec locatio penitus est extincta. si successor locatoris conductores a dicto orto amovere voluerit, tunc tenetur conductoribus valorem edificiorum domus constructe in dicto orto solvere, sin autem dictis conductoribus licet edificia demoliri et materiam sibi assumere. datum 10 kalendas januarii, a. d. 1311[4]. ***Dezember 23.***

Aus Strassb. Hosp. A. lad. Hôp. XLIV fasc. 46. or. mb. c. sig. pend.

Zinszahlung. **702.** C. j. c. A. Johannes dictus Rodesheim civis Arg., et Angnes, nata quondam Heinrici dicti Förster de Honowe olim civ. Arg., uxor sua, promiserunt, se Heinrico fratri carnali dicte Angnetis et ejusdem Heinrici heredibus de domo anteriori et area, sitis in c. A. trans Brůskam juxta domum dicti Bönlin e. u. p. et e. a. juxta domum Heinrici dicti Hochvelden, daturos et soluturos esse redditus annuos 13 unc. den. Arg. nomine census absque laudimio. Heinricus frater Angnetis recognovit predicta. datum 14 kalendas februarii, a. d. 1312. hujus instrumenti sunt 2. ***1312 Januar 19.***

Aus Strassb. Frauenh. A. lad. 49 nr. 48. or. mb. c. sig. pend.

---

[1] *Vgl. Str. G. u. HN. S. 182.* [2] *Schaffener verkauft von der Rente 3/4 an Heinrich Kolin, Scholasticus von s. Peter in Str., für 54 Pfund Pfenninge (unter Zustimmung Heinrichs von Wolfgangesheim und Burkard Waldecke Ritter und Heinrich von Hagenau Priester,* gubernatores seu procuratores ac negotiorum gestores fabrice eccl. Arg.). *1311 Dezember 23. Or. im Frauenh. A lad. 49 nr. 45.* [3] *Vgl. nr. 44 und 112.* [4] *Die Erben des Mieters Konrad:* Berhta dicta Vischerin, Arg., Wendelmodis, *ihre Tochter, und deren Gatte Heinzelin Meierlin verkaufen an den Vermieter wieder all ihr Recht für 5 Pfund Pfenn. 1325 März 12. Transfix am vorigen.*

703. Burchart Schöp der meister und der rat von Strassburg machen bekannt, dass die brüder herr Heinrich Wetzel und herr Wetzel Marsilius, ritter von Strassburg, zu einem rechten erbe verliehen haben die hofstätte, «die gelegen ist zwischent sancte Thomans kirchof und kettenburnen und lit gegen deme engel über und heisset zû deme wolfe und ist gelegen einsite nebent herrn Heinrich Wetzels hovestette, die er verluhen het Johannesen dem scherer, und andersite nebent Heinriche dem schûchsutere, Johannese deme scherer und Sophien, siner wirtinne,» für einen jährlichen zins von 1 pfund pfenninge und 2 kappen. Er. 4. V. «an deme mendage vor der liehtmes, 1312. harane worent wir her Johannes Panphylin, *u. s. w. folgt der Rat*[1]. *Erbleihe.*

1312 Januar 31.

Aus Strassb. Thom. A. lad. 22 (Titres). or. mb. c. sig. pend.

704. C. j. c. thesaurarii ecclesie Arg. in figura judicii Cûno armiger dictus de Achenheim, filius quondam Nicolai militis inter mercatores, et Agnes, uxor sua, cives Argentinenses, manu choadunata vendiderunt redditus annuos 13 unc. den. Arg. super area, sita in c. A. in vico dicto die cleine Stadelgasse e. u. p. juxta domum dictam zû dem hûte[2] et e. a. p. juxta aream ejusdem Cûnonis, Reimboldo, filio quondam Johannis dicti Tauris (pro Reimboldo recipit venditionem Reimboldus, frater Cûnonis), pro 11 marcis argenti. A. 1. datum a. d. 1312, 7 kalendas marcii. *Verkauf.*

Februar 23.

Aus Strassb. Thom. A. lad. Kaufbriefe 6. or. mb. c. sig. pend. mutil.

705. C. j. c. A. Jeckelinus, natus quondam Cûnradi sculteti de Suvilwibersheim, et Lûcgardis, soror dicti Jeckelini, pro se, item Johanne et Anna, fratre et sorore Jeckelini et Lûcgardis, vendiderunt Heile, uxori Ottonis dicti de Bûtenheim, civis Arg., bona infrascripta in banno ville Fulcriegesheim sita de pecunia recepta de curia ipsius Heile, dicta zû hern Schenterline[3] in c. A. sita, que quidem curia erat in bonis dicte Heile ante contractum matrimonii; volens etiam idem Otto, quod dicta bona infrascripta dicte Heile esse debeant et apud ipsam perpetuo remanere «in omnem modum et jus, sicut dicta curia zû hern Schenterline remansisset post obitum dicti Ottonis, non obstante consuetudine vel jure municipali civitatis Argentinensis, qua cavetur, quod due partes bonorum emptorum a conjugibus constante matrimonio inter eos remanere debeant apud maritum, cui juri et consuetudini dictus Otto pro se et ejus heredibus universis renuntiavit et renuntiat per presentes» de consensu Anne, sororis Ottonis, ipsius heredis universalis, item Anshelmi et Katherine, liberorum dicte Anne, Elline nate quondam Hartungi, fratris dicti Ottonis, Johannis dicti de Trenheim residentis in Baldeburne, Nicolai dicti Hüntscher de Baldeburne, mariti Anne, sororis Anshelmi et Katherine predictorum; dictus de Gundilfingen, canonicus eccl. Arg., recipit annuatim de bonis 1 obulum nomine remedii. preterea dictus Otto confessus est, quod bona ab ipso et Heila uxore empta pro Elsa, relicta quondam Johannis dicti Wise uf der Almende civis Arg., Oswaldo, Nicolao, Heinrico, Clara et Katherina, liberis ejusdem Else, sita in banno ville Fulcriegesheim, prout in instrumento sigillo judicis curie thesaurarii Arg. consignato plenius continetur, empta fuerunt similiter de pecunia recepta a curia dicta zû hern Schenterlin, volens etiam idem Otto dicta bona apud Heilam remanere in eundem modum, qui supra expressus est. ad hec Heila recognovit, curiam dictam zû hern Schenterlin se donasse dicto Ottoni in dotem, nunc vero domo vendita donat Ottoni jus dotis in bonis predictis, videlicet quod ipse iis utatur pro tempore vite sue. preterea Heila confessa fuit, quod idem Otto ipsi Heile satisfecerit integraliter de argento, quod ad eundem pervenit occa- *Verkauf. Wittum.*

---

[1] *Vgl. nr. 359 und Str. G u. HN. S. 147.* [2] *Vgl. Str. G. u. HN. S. 164* [3] *Derselbe Hof wird erwähnt schon in einer Urkunde von 1305 Dezember 20 (ebendaselbst) als kurz vorher abgebrannt*

sione vendicionis predicte. conventum erat inter conjuges, ut argentum in aliqua bona converti non deberet nisi accedente consensu expresso Burcardi dicti Panphilin, militis, et Nicolai dicti Blenkelin, civ. Arg., qui huic emptioni consentiunt. sigillum curie Arg. est appensum. datum per Jeckelinum, Lúcgardim, Ottonem et Annam sororem ipsius Ottonis 6 kalendas marcii, a. d. 1312, per Anshelmum, Katherinam, Ellinam, Johannem dictum de Trenheim, item Nicolaum dictum Hüntscher et Burcardum dictum Panpfelin militem 6 idus junii, per Nicolaum dictum Blenkelin kalendas julii. ***1312 Februar 24, Juni 8 und Juli 1.***

Aus Strassb. Hosp. A. lad. 56 fasc. 7. or. mb. c. sig. pend.

Testament. **706.** Johannes, viceplebanus ecclesie s. Thome Arg., sanus mente, debilis tamen corpore testamentum suum ordinat. ordinat de bonis suis mobilibus et immobilibus in villa et banno Ephiche prebendam sacerdotalem institui in eccl. s. Thome, cum redditus in tantum excreverint, ut sufficientes videantur ad instituendam prebendam. redditus 10 sol. den. Arg. de ipsis ad anniversarium suum in choro peragendum legat. jus collationis prebende erit apud capitulum. item vult, ut debitum suum, in quo tenetur magistro Johanni de s. Amarino, custodi dicte ecclesie, item debitum 6 lib. den. Arg., in quibus certis personis est obligatus, cum 3 carratis vini, 13 lib. et 10 sol. den. Arg., in quibus sibi certe persone sunt obligate, ac omnibus suppellectilibus et utensilibus domus sue (2 tamen lectis exceptis) persolvatur. cantorem ecclesie s. Thome et Cûnradum, fratrem suum, viceplebanum in Jebensheim, hujus ultime voluntatis constituit executores. sig. cur. Arg. est appensum. actum 3 kalendas marcii, a. d. 1312. ***Februar 27.***

Aus Strassb. Thom. A. lad. 25 (Titres). or. mb. c. sig. pend.

Verkauf. **707.** C. j. c. A. Margareta, soror quondam Volmari dicti de Eichahe civ. Arg., uxor Andree quondam advocati in Bernestein, et Katherina, filia ejusdem Margarete de priori matrimonio, accedente consensu Nicolai dicti de Eicha, mariti dicte Katherine, ac Andree predicti, item Rûdolfus et Nicolaus, fratres sepedicte Katherine, manibus coadunatis vendiderunt omnem partem ipsos contingentem occasione successionis predicti quondam Volmari in domo et curia ejusdem domus dicta des gûten Spenders hof, sita prope cymiterium s. Thome Arg. juxta curiam domine abbatisse in Hohenburg, Walthero procuratori abbatisse et conventus monasterii inferioris pro 75 lib. den. Arg. A. 1. M. (pro Nicolao). actum a. d. 1312, 3 kalendas martii [1]. ***Februar 27.***

Aus Strassb. Bez. A. G 3071 (3479). 5. or. mb. c. sig. pend.

Erbleihe. **708.** C. j. c. A. Heinricus dictus Wetzel, miles Arg., de consensu Nicolai dicti Maler militis Arg. et Gertrudis uxoris sue locat in emphiteosim domum et aream, in c. A. in vico dicto Brûgegasse an dem orte juxta domum dicti Groserbe sitas, Hugoni filio dicti Kûffermeister et Anne, uxori sue, pro redditibus annuis 2 lib. et 10 sol. den. Arg., quorum Heinrico 1 lib. den., Nicolao et uxori sue residui 30 sol. den. solvendi sunt; ita tamen quod conductores primo solvere debeant dictam 1 libram Heinrico eidemque jus, quod vulgariter erschatz dicitur, debeatur. Er. 4. V. actum kalendis marcii, a. d. 1312. ***März 1.***

Aus Strassb. Stadt A. lad. s. Nicol. Mart. Petr. fasc. I. or. mb. c. sig. pend.

Verkauf. **709.** Elisabet, uxor Güntheri militis dicti de Burne, de consensu Güntheri jam dicti, Jacobi abbatis et conventus monasterii in Stürzelburne ordinis Cisterciensis vendidit Johanni militi dicto Scholte domum et curiam, sitas in c. A. in vico dicto Brantgasse apud domum

---

[1] *Vgl. nr. 631.*

Johannis militis dicti Junge e. p. u. et e. a. juxta domum Nicolai dicti Zorn sculteti Argentinensis, pro 33 marcis argenti. predictus abbas, Güntherus et conventus resignant omne jus sibi competens et sigillum suum appendunt. datum proxima feria quarta post dominicam qua cantatur Oculi mei, anno vero ab incarnacione domini 1312. *1312 März 1.*

Aus Strassb. Hosp. A. Prot. Orph. 242 (Copialb. von s. Clara) nr. 4. cop. chart. s. XIV-XV.

710. C. j. c. A. Anna, nata quondam Johannis dicti Brüning, relicta Wernheri dicti Habeschif, vendidit priorisse et conventui monasterii s. Angnetis e. m. A. (fratre Johanne converso presente) jus emphiteoticum in domo et area e. m. A. prope s. Anguetim inter areas dicti monasterii sitis, que tendunt ad viam, per quam itur ad s. Angnetim, pro 4 lib. den. Arg. A. 1. U. (Anna pro Johanne et Katherina liberis suis). actum kalendas marcii, a. d. 1312. *März 1.* *Verkauf.*

Aus Strassb. Bez. A. H 3118. or. mb. c. sig. pend. delaps.

711. C. j. c. A. Fritschemannus de Eckebretzwilre, civis Arg., Sophia, uxor ejus, item Fritschelinus, Johannes et Nicolaus adultus, liberi conjugum predictorum, manibus coadunatis vendunt Diethero dicto Kölbelin, civi Arg., mediam partem juris, quod habent super passagiis zû den Hunden und zû Hunesvelt, ita quod inde non plus quam 4 den. Arg. minus uno quadrante vulgariter ein ort domino de Liechtenberg annuatim debeantur, pro 20 lib. den. Arg. A. 1. M. (pro Nicolao.) datum 7 idus marcii, a. d. 1312. *März 9.* *Verkauf.*

Aus Strassb. Stadt A. AA 1691. or. mb. c. sig. pend. Danach Regest bei Mone Zeitschrift f. G. des Oberrheins XVI, 137.

712. C. j. c. A. Hetzelo dictus Markes, miles Arg., vendidit Sifrido dicto Bosser de Argentina 1 pratum dictum obematte, an dem Snellinge[1] e. m. A. situm juxta pratum monasterii s. Arbogasti e. u. et e. p. a. juxta dictos de Mülnheim, pro 28 lib. den. Arg. A. 1. actum 2 nonas aprilis, a. d. 1312. *April 4.* *Verkauf.*

Aus Strassb. Hosp. A. lad. 70 fasc. 3. or. mb. c. sig. pend.

713. C. j. c. A. Rychwinus dictus Körner civ. Arg., Greda, Anna, et Symundus, liberi sui, manibus coadunatis vendiderunt fratri Wernhero, Marmorensi episcopo, medietatem unius aree, contigue muro fratrum predicatorum domus Argentinensis, que «de vico parvo predicatorum usque ad murum frumentarii oppositum 52 pedibus, de muro vero veteri predicatorum usque ad medietatem sentine, que vulgo dicitur Albergrien 60 protenditur pedibus», pro 33 marcis argenti p. p. e. l. A. 1. actum 2 nonas aprilis, a. d. 1312[2]. *April 4.* *Verkauf.*

Aus Strassb. Hosp. A. Prot. Prédic. 107 (Copialb. s. XIV) fol. 27. cop. mb.

714. C. j. c. A. Johannes sacerdos, Elizabet, Clara et Katherina minor, pubes tamen, liberi quondam Johannis dicti Kneht de Mutziche, locaverunt in emphiteosim Götzoni dicto Spanheim, murario Arg., et Demûdi, uxori sue, domum et aream, in c. A. sitas zwüschent brucken juxta domum dicti Sterne e. u. et e. p. a. juxta domum dicti Vogel, pro annuo censu 20 unc. den. Arg. Er. 4. V. M. (pro Katherina). U. (locatores pro Johanne, Adelheidi et Agneti, fratribus et sororibus locatorum). actum 13 kalendas maji, a. d. 1312[3]. *April 19.* *Erbleihe.*

Aus Strassb. Bez. A. G 4269 (4666). 9. or. mb. c. sig. pend. delaps.

---

[1] *Vgl. UB. I, 343.* [2] *Vgl. die wörtlich übereinstimmende Lokalbeschreibung UB. I, 402 und nr. 443.* [3] *Die genannten Verkäufer verkaufen an Heinrich Kolin, Scholastikus von Jung s. Peter zu Str., für den Altar der h. Maria Magdalena in derselben Kirche auf der genannten Hofstätte eine Rente von 20 Pfennigen für 34 Pfund Pfenninge. 1312 Mai 12. Original daselbst G. 4826 (5198).*

Lehnsbrief. **715.** Johans, herr von Roppelsteine, giebt um «den dienst, den uns und unsern fordern Johans von Winterlur zů deme hohen huse, ein burger von Stroszburg, und sin frůnt hant geton,» diesem und seinen lehenserben die lehen, welche bisher herr Johans der Schotte, ritter von Arnoltzheim, und Ůlleman sein bruder hatten im dorfe Melsheim[a] bei Hochfelden. siegel des Rappoltsteiners. «1312, an deme nebesten mendage vor den pfingesten.» **1312 Mai 8.**

Aus Strassb. Bez. A. E 578. 1. cop. chart. s. XIV exeunt.

Rentenkauf. **716.** Johans der Junge der meister und der rat von Strassburg thuen kund, dass «her Sigelin von Holtzheim ein burger von Strosburg» verkauft hat «Petermanne Völschen, eime burger von Strosburg, sine hůsere, hovestette, hof unde ouch garten, die gelegen sint in sant Elsabetgasse indewendig der stette muren von Strosburg einsite an Grůnewalde Lentzelin, eime burger von Strosburg, unde andersite an dem webere von Zabern unde stossent vornen zů an den weg und hindenen uf das klein owelin, fůr lidig eigen umb 110 marg silbers». A. 3. zugleich giebt Petermann Völtschin demselben Sigelin von Holtzheim die vorgenannten häuser in erbleihe für einen jährlichen zins von 10 pfund Strassburger pfenninge, jedoch so, dass Sigelin die häuser, hofstatt, hof und garten «in sollichere buwe haben sůllent, daz der selbe Peterman unde sine erben du uf des vorgenanten zinses sicher sigent.» «am samestage vor sant Urbans tage, 1312. haran worent wir her Johans Panfelin, *u. s. w.* *folgt der Rat.* **Mai 20.**

Aus Strassb. Frauenh. A. Saalbuch 3 fol. 63ª. cop. chart. s. XIV exeunt.

Schenkung. **717.** C. j. c. A. Elizabet, uxor Guntheri dicti de Burne militis, monasterio sanctimonialium s. Clare uffe dem Werde e. m. A. curiam suam cum domo vulgariter dictam der hof zůme Slůen, sitam in Argentina juxta domum Johannis dicti Junge de Argentina militis e. u. et domum Nicolai dicti Zorn sculteti e. p. a., et redditus in Scherwilre donavit donatione inter vivos in remedium anime sue, presente fratre Nicolao procuratore dicti monasterii, usufructu tamen sibi et suo marito reservato. A. 1. moniales tenentur anniversaria dictorum conjugum quolibet jejunio quatuor temporum peragere. actum 7 kalendas junii, a. d. 1312. hujus instrumenti sunt 2. **Mai 26.**

Aus Strassb. Hosp. A. lad. Orph. XVI fasc. 1. or. mb. c. sig. pend.

Rentenkauf. **718.** C. j. c. A. Petrus dictus de Schönecke canonicus eccl. s. Petri Arg., vendidit pro 40 lib. et 10 sol. den. Arg. Johanni dicto Globelöch civi Arg., sororio suo, redditus annuos 2 lib. den. Arg. super domo et orto, sitis e. m. A. an der Bůnden juxta Sigelinum dictum Hirte e. u. et e. p. a. juxta dictum Kusolt, solvendos census nomine ab eodem venditore. si hic per unum annum negligens existeret in solvendis redditibus, extunc excommunicacionis sententie subjacebit et nichilominus occupabitur judicio seculari. V. Er. 4. datum feria sexta post octavam pentecostes, a. d. 1312. **Mai 26.**

Aus Strassb. Hosp. A. lad. 43 fasc. 2. or. mb. c. sig. pend.

Testament. **719.** Gertrudis dicta de Trubtersheim, nata quondam Gisele de Landesberg, testamentum suum ordinat. primo instituit perpetuam missam in ecclesia ville Achenheim, item legat uni liberorum Anne, relicte domini Hessonis de Griffenstein militis, 30 marcas argenti, qui ordinem fratrum hospitaliorum intraverit, si parentes ejus 10 marcas addiderint ordini prefato; item uni liberorum quondam domini Güntheri de Landesberg militis Arg., qui intraverit ordinem predictum, 40 marcas. item vult, quod singulis annis 2 lib. den. Arg. dentur ad mensam fratrum predicatorum domus Arg., videlicet in anniversario Hugonis patris sui et
Januar 16. Metze avie, quod est die proximo ante Anthonii, 1 lib. et in anniversario matris (die proximo

a) *Im Papier eine Lücke. Die Ergänzung nach dem Inhalt der übrigen Urkunden über denselben Gegenstand.*

ante conversionem Pauli) 1 lib. item legat omnia utensilia et suppellectilia, vestes et cleinodia ad domos et collegia pauperum beginarum in c. A., que distribuantur prout Agneti begine dicte de Landesberg in conventu beginarum dicto zû dem Turne melius visum fuerit expedire. item legat fratri Johanni de ordine fratrum predicatorum, filio Anne[a] predicte, 10 marcas argenti, item fratri Hûgelino ejusdem ordinis nato Erbonis militis dicti de Achenheim 1 lib., item fratribus Walthero et Egenolfo dictis de Landesberg et Nycolao dicto de Achenheim ordinis fratrum minorum cuilibet 2 lib., item duobus natis dicti Erbonis, fratribus ejusdem ordinis, cuilibet 1 lib., item Lûcgardi, nate quondam dicti Güntheri, moniali monasterii s. Clare in Argentina uf dem Rossemerckette, 2 lib.; item cuilibet consanguinearum suarum in eodem monasterio monialium 10 sol., item Anne, nate predicti quondam Güntheri, moniali monasterii s. Marci e. m. A., 2 lib.; item Gisele, nate ejusdem quondam Güntheri, moniali inferioris monasterii, 2 lib.; item Anne dicte de Griffenstein, moniali monasterii in Eschowe, 2 lib.; item dicte Agneti begine 2 lib. item vult quod fructus reddituum a se donatorum Anne sorori sue et liberis Anne ac Johanni dicto de Truhtersheim armigero, nato quondam Johannis de Truhtersheim militis fratris legatricis, primi anni post obitum assignentur in solutionem debitorum. item vult, quod executores subscripti domum suam in c. A. in vico predicatorum sitam, dictam daz orthus, juxta Phinam domicellam post obitum vendant et cum precio recepto redditus emant et de eisdem ordinent in anime legatricis remedium, prout sibi viderit expedire. in aliis vero bonis mobilibus et immobilibus heredes constituit conventum domus hospitalis s. Johannis Jherosolymitani in Thoroltzheim vel conventum ejusdem ordinis, qui vicinior est civitati Argentinensi. hujus autem testamenti constituit executores fratres Hermannum dictum Juden commendatorem et Johannem dictum de Westhus priorem domus ordinis fratrum hospitalis predicti vel commendatorem et priorem, qui tunc erit, et dictum fratrem Johannem ordinis fratrum predicatorum. si aliquis heredum (inprimis Anna soror et Johannes de Truhtersheim) impedire conaretur aliquod legatum, legatum ipsis factum ipso facto est cassum. judex curie Arg. sigillum suum appendit. actum 2 kalendas junii, a. d. 1312. *1312 Mai 31.*

Januar 24.

Aus Strassb. Hosp. A. Prot. Prédic. 107 (Copialb. s. XIV) fol. 153. cop. mb.

720. C. j. c. A. Heintzo dictus Heger, Johannes ejus frater, Gerdrudis, uxor Heintzonis, et Angnes, uxor Johannis, residentes in der Crutenowe e. m. A. manu coadunata vendiderunt Burcardo dicto Richart seniori, civ. Arg., domum et aream, e. m. A. in der Crutenowe sitas juxta domum Nicolai dicti de Kagenecke, militis Arg., c. u. et e. p. a. juxta domum Waltheri dicti Rehtwin (ita quod de ipsis annis singulis debeatur 1 unc. den. Arg. ad altare s. Vincentii in ecclesia Arg. nomine remedii), in quibus dicti fratres parentibus suis successerant, pro 16 lib. den. Arg. A. 1. Wit. 1. (pro Gerdrudi et Agnete). peracta venditione emptor relocavit venditoribus domum et aream in emphiteosim pro redditibus annuis 1 lib. den. Arg. Fr. 4. V. actum 18 kalendas julii, a. d. 1312. hujus instrumenti 2 sunt. *Juni 14.*

Rentenkauf.

Aus Strassb. Thom. A. lad. 2 b (Pièces historiques). or. mb. c. sig. pend.

721. C. j. c. A. Cûnradus dictus Schidellin civ. Arg. et Metza uxor ejus donaverunt ad prebendam in altari, constructo a dictis conjugibus in eccl. Arg. ob honorem b. Jacobi, b. Martini et omnium sanctorum, bona in Offendorf. prebendam contulerunt donatores Heinrico sacerdoti nato Gertrudis cyrurgice de Ehenheim superiori. pro bonis in Offendorf assignantur redditus in Ingemarsheim, Wihersheim apud turrim et Henle. actum 6 idus julii, a. d. 1312. *Juli 10.*

Präbendenstiftung.

Aus dem Archiv des Strassb. Domkapitels. or. mb. c. sig. pend.

a) *cop.:* avne. *ob* avie *zu lesen?*

Einigung betreffs Testirfreiheit.

722. *Berthold von Windeck versöhnt sich mit seiner Schwägerin Phina Kälbin und erkennt dieser Testirfreiheit zu.* ***1312 Juli 20.***

Wir Hug Zorn der meister und der rat von Strasburg tunt kunt allen den, die disen brief gesehent und gehörent lesen, daz her Berhtolt von Windecke, ein ritter, und vro Gerdrut, sin eliche wurtin, hern Johannes seligen tohter in Kalbesgasze, und iuncvro Phyne, des vorgenanten Johanneses seligen swester, mit einander gütlich und lieplich verrihtet und verslihtet sint aller der miszehelle und ansprache, die sie gegen einander hettent oder haben möhtent von welre hande sachen es mohte gesin untze an disen hütigen tag. und het öch her Berhtolt und vro Gerdrut, sine wurtin, gelobet und ist ir güt wille, daz iuncvro Phyne die vorgenante schaffen und tün sol mit allem irme güte, daz sie iezent het oder noch gewinnet, swas sie wil, und sol öch daz geben, sweme sie wil, si mag öch geben durch got oder durch irre sele willen, sweme sie wil, und wie vil sie wil, sie sie siech oder gesunt, ane hern Berhtoldes und vro Gerdrute widerrede der vorgenanten und süllent daz nüt irren noch schaffen geirret. so sol öch daz hus, da iuncvro Phyne die vorgenante inne ist, daz da lit gegen den bredliern über[1] mit nammen bliben in allem dem rehte, als es besetzet ist, und vergehent, daz sie dehein reht darzü hant. es ist öch hern Berhtoltes und vron Gerdrute, siner wurtin, güt wille, daz alles daz selgerehte, daz her Johannes selige in Kalbesgaszen der vorgenante mahte und besatte und als es besigelt ist mit des hoves ingesigel von Strasburg, in allewis, als er es besatte und ordinierte, vur sich sol gan und stete bliben sol; und hant öch gelobet bi guten trüwen, daz nüt ze hindernde noch zü irrende noch da wider zü komende noch geschaffet gehindert noch geirret in keine wis; und verzihent sich öch alles des rehtes, daz sie an dem vorgenanten selegerete hettent oder haben möhtent ane aller slahte geverden. daz dis wor und stete sie, darumbe hant wir unsere stette ingesigel gehenket an disen brief, der wart geben an dem tunrestage nach sancte Margareten tage in dem iare, da men von gotz gebürte zalte 1312 iar. harane worent wir her Hug Zorn, *u. s. w. folgt der Rat.*

Aus Strassb. Thom. A. lad. 24. or. mb. c. sig. pend.

Präbenden-stiftung.

723. Heinricus de Gundelvingen, canonicus et archidiaconus eccl. Arg., instituit prebendam in ecclesia de Kolbotzheim in suo archidyachonatu constituta. prebendarius sacerdoti prebende, per eundem Heinricum institute in capella curie sue claustralis eccl. Arg., quam nunc inhabitat[2], annuatim dabit in recompensam 3 lib. den. Arg., que cum 30 lib. den. Arg. depositis aput Burcardum de Mülnheim civem Arg. antea competebant ad prebendam curie claustralis. sigilla Johannis episcopi Arg., archidiaconi predicti et Gerungi rectoris ecclesie in Kolbotzheim sunt appensa. actum 1312, 4 kalendas augusti[a]. ***Juli 29.***

Aus dem Archiv des Strassb. Domkapitels. or. mb. c. 3 sig. pend. (sig. archid. est mutilatum).

Stellung von Bürgen.

724. *Markgraf Rudolf von Baden stellt seinen Gläubigern in Strassburg Bürgen.* ***August 9.***

Wir marcgrave Rüdolf von gottes gnaden der eltere von Baden tünt kunt allen den, die disen brief sehent oder horent lesen, daz wir versetzet hant für uns Berhtolden von Solingen, einen burger von Strazburg, gegen Enseline eime juden von Strazburg umbe hundert marg unde vier unde viertzig marg silbers dez geweges von Strazburg, gegen Jöseline eime juden von Hagenowe und dem vorgenanten Enseline umbe drittehalp hundert pfunde Strazburger pfenninge, gegen Johannes Böckeline unde Contzeline Hosseler, zwein burgern von Strazburg,

a) *Die Tagesdatirung ist nachgetragen.*

1 *Vgl. nr. 411 und 439.* 2 *Vgl. nr. 531.*

umbe vier unde viertzig pfunt Strazburger pfenninge, gegen hern Wilhelm Napen umbe eins und drisig pfunt Strazburger pfenninge, gegen Niclawese von Burcheim, einen burger von Strazburg, umbe sehezehen pfunt Strazburger pfenninge, gegen Selmeline, eime juden von Strazburg, umbe zwentzig pfunt pfenninge, fur Sifride den Peier unde fur einen von Sletzstat gegen eime heisset Messerer umbe eilf pfunt pfenninge, unde gegen Ludewige von Tancratzheim umbe sibedehalp und drisig pfunt allez Strazburger pfenninge. und daz wir ôch versetzet haut fur uns Johannesen gesant Cleinhannes, einen burger von Strazburg, unde einen heisset Schaffener, dez vorgenanten Berhtoldes von Selingen brûder, gegen Clawes Soldan einen burger von Strazburg umbe vier und drisig pfunt Strazburger pfenninge; unde geloben su ze losende umbe daz vorgenante gût noch der masze, als ez ir iecliehen antriffet, ane allen iren schaden. dete wir dez niht, so sulent unde mûgent sû uns unser lute unde unser gût pfenden unde angriffen noch der masze, alse su versetzet sint, bitze daz su erloset werdent von der vorgenanten schulde. unde waz sû der vorgenanten pfendungen oder angriffes unser unserre lûte oder unsers gûtes schaden nemen in denheine wis der gewonlich were, da gelobe wir su von unschadehaft ze habende mit dem vorgenanten hôbetgûte noch der masze, so ez ir ieclichen antrifet unde rûret, alse davor geschriben stat. und darumbe daz dis war si unde stête blibe, derumbe ist unser ingesigele an disen brief gehencket zû eime offen urkunde derselben dinge. dirre brief wart geben zû Baden an sante Laurencien abende, do men zalte von gottes geburte drûtzehen hundert jar und zwelf jar.

Aus Karlsruher Gen. Land. A. Baden Generalia *or. mb. c. sig. pend.*

725. Hug Zorn der meister und der rat von Strassburg machen bekannt, dass Fritsche von Heiligenstein der alte, ein bürger von Strassburg, und seine gattin, frau Gerdrut, gegeben haben ihrem sohne Huge im wert von 100 mark silbers nachbeschriebenes gut, das dieser seiner gemahlin Agnes, herrn Symunt Hetzels tochter, zum wittum giebt. die güter liegen zu Lingolvisheim, Lampertheim und Goxwilre. Hug verspricht seine eltern in ungestörtem besitze der übrigen güter zu lassen und erkennt ihnen volle testirfreiheit zu. ebenso geben herr Symunt Hetzel und frau Katherine ihrer tochter Agnes für 50 mark silber nachbezeichnete güter, die Agnes ihrem gemahl zu wittum giebt. die güter liegen zu Kolbotzheim und «zehen schillinge Strasburgere pfeninge geltes uf einre hovestette eins huses, die gelegen ist einsite bi Conrates hus von Appenwilre und andersite bi der hus von Gûndensheim und stoszet hindenen uf die Brûsche zû Spitzen in der gaszen in der stat zû Strasburg.» ihren eltern verspricht Agnes dasselbe, wie oben Hug den seinen. «an der mittewochen nach unser vrowen tag der eren, 1312. haran worent wir her Hug Zorn, *u. s. w. folgt der Rat.* *Erbvertrag.*

1312 August 16.

Aus Strassb. Bez. A. H 1465. *or. mb. c. sig. pend.*

726. C. j. c. thesaurarii eccl. Arg. Agnes relicta Conradi dicti Kuse, Agnes et Conradus, ejus liberi, cives Arg., vendunt redditus annuos 1 lib. den. Arg. per venditores solvendos super media parte domus et aree, site in c. A. an dem vischemerkete c. u. p. juxta Johannem dictum Jungen militem et e. a. p. juxta Dietherum dictum de Kolbotzheim pro indiviso, Diethero predicto pro 20 lib. den. Arg. A. 1. V. Er. 4. datum 4 kalendas septembris, a. d. 1312. hujus instrumenti sunt 2[1]. ***August 29.*** *Rentenkauf.*

Aus Strassb. Stadt A. G. U. Pf. lad. 37. *or. mb. c. sig. pend.*

---

[1] *Nach Dorsualnotiz hiess das Haus zum* Sneblis *und wurde nach Saalbuch 3 fol. 58ª (Frauenhaus A) der Zins 1462 von der Stadt angekauft und an dessen Stelle die Kanzlei errichtet. Vgl. Str. G. u. HN. S. 105.*

Verkauf. **727.** C. j. c. A. Reinboldus, natus quondam Reinboldi cerdonis Arg., vendidit pro 5 lib. den. Arg. Hugoni, nato Fritschonis dicti de Heiligenstein senioris, civis Arg., quintam partem pro indiviso unius domus, site in c. A. in vico dicto zů spitzin juxta domum monasterii Bômgarten e. u. et e. p. a. juxta domum procuratoris canonicorum ecclesie Argentinensis, tendentis a parte posteriori super Brûskam, p. p. e. l. Greda relicta prefati cerdonis, Katharina, Clara, Anna et Gûta, filie predicte Grede, et Gerdrudis, uxor venditoris, consentiunt. A. 1. datum 2 kalendas septembres, a. d. 1312. ***1312 August 31.***

Aus Strassb. Thom. A. lad. Kaufbriefe 3. or. mb. c. sig. pend.

Erbleihe. **728.** Decanus et capitulum ecclesie s. Petri Arg.[1] de consensu Hugonis prepositi locant Johanni Sigeberthi, concanonico suo, aream suam, sitam in c. A. retro lobium pellificum retro domum puellarum dictarum Swarberin ex opposito domus Elline dicte de Kertzevelt, in emphiteosim pro annuo censu 4 unc. den. Arg. portario dicte ecclesie solvendo. Er. 4. V. sigilla prepositi et capituli sunt appensa. datum 12 kalendas octobris, a. d. 1312. ***September 20.***

Aus Strassb. Bez. A. G 4891 (5262. II fol. XXIII. cop chart. s. XV.

Verkauf. **729.** C. j. c. A. Wölfelinus cerdo Arg. vendit Ůlrico dicto Ůtzelin sutori Arg. et Heilewigi, uxori sue, unam domum, sitam in c. A. in vico dicto Kurdewangasse inter domum Cůnonis dicti de Hochvelden et domum Heintzelini dicti Vinaz super area quondam domine Heilicke relicte Fritschonis dicti de Duntzenheim civ. Arg. an Rintburgetor et liberorum suorum, que nunc obvenit Fritschemanno militi, nato quondam domine Heilicke, et omne jus eidem Wölfelino competens in dicta area, de consensu Fritschemanni antedicti pro 9 lib. den. Arg. A. 1. Wölfelinus venditor promittit se omne dampnum seu interesse, quod ipsos emptores occasione dicte emptionis ex parte liberorum Berhtoldi dicti Peier sutoris Arg. et Katherine uxoris sue contigerit sustinere, plene et integraliter resarcire velle. preterea locat Fritschemannus predictus predictis emptoribus prescriptam aream pro annuo censu 1 lib. den. Arg. Er. 1. V. actum 12 kalendas decembris, a. d. 1312[2]. ***November 20.***

Aus Strassb. Frauenh. A. lad. 49 nr. 51. vid. mb. c. sig. pend. ausgestellt vom judex curie Arg. *1313 April 21*

Verkauf. **730.** Wetzelo miles Arg., procurator fratrum minorum domus Arg., accedente voluntate fratris Petri gardiani et fratrum predictorum in Argentina vendidit priorisse et conventui monasterii s. Katherine c. m. A. redditus 20 sol. den. Arg., quos ipsi consueverant dare dictis fratribus singulis annis in anniversario Sigelini quondam dicti Vehe civis Arg., prout se suis instrumentis coram officiali curie Arg. obligaverunt, pro 9 lib. den. Arg., quas ab ipsis venditor recepit. predictus gardianus suum consensum adhibet et sigillum appendit. actum et datum 7 idus decembres, a. d. 1312. ***Dezember 7.***

Aus Strassb. Hosp. A. lad. Orph. XXXV fasc. 35. or. mb. c. sig. pend.

---

[1] *In dem Verzeichnis der durch* preces primarie *von Kaiser Heinrich VII verliehenen Pfründen* (Iste sunt prebende ad preces confessoris collate) *heisst es:* ad sanctum Petrum in Argentina prebenda Ebelino presbitero. *Aus den Resten der Kanzlei Heinrichs VII im Kapitelsarchiv zu Pisa von Ficker mitgeteilt in: Ueberreste des deutschen Reichsarchivs zu Pisa, S. 237.* [2] *Nach dem Stadtbuch 3 fol. 55 hiess das Haus* «zů hern Widam» *oder* «zům haspel» *und lag der* «steinen sðlin» *gegenüber.* — *Ützelin und seine Gattin schenken das Haus der Domfabrik. Zur Leibzucht erhalten sie es von Manegold* clericus procurator fabrice *gegen einen Jahreszins von ½ Vierling Wachs zurück. 1313 April 20. Or. ebendaselbst nr. 55.*

781. C. j. c. thesaurarii eccl. Arg. Berhtoldus dictus de Richenberg sacerdos, rector altaris s. Vincentii in ecclesia Arg., vendidit domum et aream, in c. A. in vico magistri Engilberti e. u. p. juxta domum archipresbyteri in Gengenbach et e. s. p. juxta curiam dictam zů dem Krimvogele[1], p. p. e. l. (excepto quod 4 unc. den. Arg. venditori nomine census annuatim solvantur) Conrado dicto Schydelin, civi Arg., pro 27 lib. den. Arg. A. 3. datum a. d. 1312, 3 idus decembres[2]. *1312 Dezember 11.* Verkauf.

Aus Strassb. Bez. A. G 3655 (4050). 8. or. mb. c. sig. pend.

782. Sifrit von Vegerszheim der meister und der rat von Strassburg machen bekannt, «das frow Grede die Grosz Erbin mit willen und gehelle hern Niclauses Dûtschemannes, der ein wissenthaft vôget ist Erben und Suffyen der vorgenanten frow Greden kinder, und mit willen und gehelle Eilsen ire dohter und Johanses Swarbers irs elichen wûrtes und irs wissenthaften vôgtes für sich und alle ire erben hant verluhen mit gesamnenter hant ein halp ovenhus, das gelegen ist an dem holtzmerckete einsite der Schidelerin und het Johans Wasselnheim der steinmetze das ander halbe ovenhus, Heintzen Peygerlin und Katherinen siner elichen wûrtin» für einen zins von 5½ pfund pfenninge und 2 cappen. Er. 1. V. «die hovesessen sûllent ouch das selbe halbe ovenhus in solichem buwe halten, das die hoveherren irs zinses do uffe sicher sint.» «an fritage vor sant Thomannes dage, 1312. haran warent wir her Hug Zorn, *u. s. w. folgt der Rat.* *Dezember 15.* Erbleihe.

Aus Strassb. Stadt A. Chartul. der Elend. Herberge S. 59. cop. nach einer vid. ausgestellt vom* judex curie Arg. *1403 April.*

783. C. j. c. A. Cůno dictus Welker residens e. m. A. apud Augustinenses in remedium anime sue donatione inter vivos donavit fabrice eccl. Arg. tres partes pro indiviso domus et aree, sitarum ex opposito ecclesie fratrum heremitarum ordinis s. Augustini e. m. A. juxta dictum de Hunesvelt e. u. p. et e. a. juxta Reinboldum Reinbôldelini mil. Arg. A. 1. (in Manegoldum clericum procuratorem dicte fabrice recipientem nomine fabrice). peracta donatione prefatus Manegoldus relocavit donatori prescriptas tres partes utifruendas quoad vixerit tantum pro annuo censu 1 vierlingi cere, solvendo in purificatione b. Marie v. in signum Februar 2. directi dominii. actum sabbato ante circumcisionem domini, a. ejusdem 1312[3]. *Dezember 30.* Schenkung.

Aus Strassb. Frauenh. A. lad. 49 nr. 47. or. mb. c. sig. pend. delaps.

784. C. j. c. A. Cůno dictus Walker, residens e. m. A. ex opposito domus fratrum Augustinensium, legat in anime sue remedium redditus annuos 10 sol. den. Arg. super uno agro (uf eime garte ackere), sito e. m. A. bi dem galgen uf dem burgvelde juxta bona hospitalis pauperum in Argentina e. u. et e. p. a. juxta bona monasterii s. Agnetis, fratribus predicatoribus Arg., ita quod post ejus obitum dicti redditus cedere debeant in anniversario suo, quod cum missis et vigiliis peragi debet, fratribus dicte domus ad refectorium. item Schenkung.

---

[1] *Vgl. Str. G. u. HN. S. 59.* [2] *Die Rente von 4 Unzen verkauft Berthold dem Konrad vor dem bischöflichen Hofrichter für 7 Pfund Pfenninge. 1316 Januar 29. Or. daselbst G 3658 (4053). 2.* [3] *Nach dem Saalbuch 3 fol. 82b betrifft die Urkunde:* «fûnf hûselin annander gelegen gegen sant Michels bûhel genant zûm growen rocke». *Das letzte Viertel verkauft Gotzo Menlewin, Bürger von Strassburg, (und Clara, seine Tochter, und seine unmündigen Kinder Johannes, Katerina und Brigida) der Domfabrik* (Heinricus presb. procurator) *für 9 Pfund Pfenn. Den Anteil an dem Hause* (juxta Johannem fabrum e. u. et e. p. a. juxta Johannem dictum Wagener), *von dem jährlich 10 Schillinge und 4 Cappen an Konrad Riplin, Ritter von Strassburg, gezahlt werden, hatte ihnen ihr Oheim, der verstorbene Kuno Walker geschenkt. 1317 Juni 14. Or. ebendaselbst nr. 66.*

legavit cuilibet fratri conventuali dicte domus 6 den. Arg. percipiendos statim post ejus obitum, apud quam quidem domum suam elegit ecclesiasticam sepulturam. actum 3 kalendas januarii, a. d. 1312. ***1312 Dezember 30.***

Aus Strassb. Hosp. A. lad. 62 fasc 6. or. mb. c. sig. pend.

Entscheidung über Lehensstreitigkeiten.

785. *Kaiser Heinrich VII befiehlt dem Friedrich von Wangen, den Godelmann von Dorsweiler wiederum in den Besitz einer Mühle in Hagenau zu setzen, dessen er auf Veranlassung eines Strassburger Goldschmieds entsetzt war. Im Lager bei San Casciano.* ***1313 Januar 13.***

Heinricus dei gratia Romanorum imperator semper augustus nobili viro Frederico de Wangen, fideli suo dilecto, gratiam suam et omne bonum. ex parte nobilis viri Godlmani de Dorswilre nostri dilecti fidelis nobis expositum extitit querolose, quod ad cujusdam aurificis Argentinensis instantiam et procurationem minus justam et absque causa rationabili qualibet a possessione cujusdam molendini siti in Hagnoe, quod idem Godlmanus a nobis et imperio tenet in feodum, sit ejectus, super quo petivit a nobis salubri sibi remedio provideri, disponentes itaque juxta commissi vobis officii debitum in jure suo quemlibet defensare, de prestantia quoque tue legalitatis et circumspectionis industria plenius confidentes, tibi vices nostras in hac parte duximus committendas fidelitati tue mandantes pariter ac volentes, quatenus, si est ita, dictum Godlmannum in possessionem pristinam molendini predicti restituas, ac de perceptis fructibus seu pensionibus in ipsius injuriam medio tempore facias idem per satisfactionem condignam integre responderi. si vero dictus aurifex vel alius aliquis actionis quippiam contra memoratum Godlmanum super dicto molendino suisque juribus monuerit, utrinsque convocatis partibus causam audias, cognoscas, examines et debito fine decidas, faciens, quod decreveris, auctoritate nostra firmiter observari presentium[a] testimonio literarum. datum apud sanctum Cassianum in castris supra Florentiam, idus januarii, anno domini millesimo trecentesimo tertio decimo, regni nostri anno quinto, imperii vero primo[1].

Aus Strassb. Bez. A. C 308. cop. chart. s. XVII mit entstellter Rechtschreibung.

Verkauf.

786. «Notum sit omnibus presentes literas inspecturis, quod cum ego Burkardus dictus Kettener, civis Argentinensis, procurator fabrice ecclesie sancti Thome Argentinensis, edificia dicte ecclesie reparare seu reedificare incepimus nec ad hoc perficiendum habeam sumptus necessarios[2], ideo ad hujusmodi edificia reparanda exigente utilitate et necessitate cogente dicte fabrice vendo et me vendidisse presentibus confiteor jus utendi fruendi seu utifruendi agrorum frugiferorum dicte fabrice Fritzemanno dicto Spies, clerico Argentinensi, pro viginti una marca argenti puri et legalis ponderis Argentinensis ad vitam ipsius Fritzemanni.» agri siti sunt in banno ville Scheflingesheim. capitulum dicte ecclesie consentit. actum a. d. 1313, 3 kalendas februarii[3]. ***Januar 30.***

Aus Strassb. Thom. A. lad. 20 (Titres). or. mb. c. 3 sig. pend. delaps. Nach Registrande A fol. 170 zum Teil abgedruckt bei Schmidt Histoire du chapitre de s. Thomas, S 56 note 53.

a) *cop.:* presentis.

[1] *Schon vorher hatte König Heinrich denselben Befehl an* Fredericus de Wangen, nobilis viri Joffridi de Leiningen, advocati provincialis per Alsatiam, substitutus *erlassen, ohne dass jedoch in der Urkunde des Strassburger Goldschmiedes besonders gedacht wurde.* «datum in castris ante Florentiam, 3 nonas octobres, anno domini 1312, indictione 11, regni nostri anno quarto, imperii vero primo.» *(Oktober 5). Abschrift ebendaselbst.* [2] *Es ist mir sehr zweifelhaft, ob dieser Burkard Kettener wirklich Baumeister war, und nicht vielmehr einfacher Vermögensverwalter der Fabrik. Die Nachrichten, welche Königshofen über ihn bringt, basiren alle auf unsern Urkunden, sind also nahezu wertlos. Vgl. Kraus, Kunst und Altertum in Els.-Lothr. I, 325.* [3] *Der Käufer verkauft sein Anrecht wiederum der Fabrik von s. Thomas* (Johanni scolastico ejusdem ecclesie nomine fabrice ementi). *1330 Oktober 17. Transfix an der Haupturkunde.*

737. C. j. c. thesaurarii eccl. Arg. in figura judicii Enselmus judeus Argentinensis vendit domum suam et aream, sitam in c. A. in Hasengasse e. u. p. juxta domum fabrice eccl. Arg. et e. a. juxta domum Conradi dicti Oleman, et omne jus emphiteoticum sibi conpetens in dicta domo Johanni sacerdoti dicto Hawart p. p. e. l. (exceptis 2 lib. minus 5 sol. et 1 cappone, qui dantur singulis annis Johanni dicto Junge militi civi Arg. census nomine) pro 7 lib. den. Arg. datum kalendas februarii, a. d. 1313[1]. ***1313 Februar 1.*** *Verkauf.*

Aus Strassb. Frauenh. A. lad. 49 nr. 49. or. mb. c. sig. pend. delaps.

738. Burchart Schultheisse der meister und der rat von Strassburg thuen kund, dass sie Heiden dem Koche, ihrem knechte, und Giselen, seiner gattin, und Volmar dem Glaser und Annen, seiner gattin, «ein hûselin daz ist gelegen in Kordewangasse, daz Hasen des altwelkers was und daz uns von dem selben Hasen gevallen ist mit rehtem gerihte von siner missetate wegen, die er tet in unsere stat, und lit einsite nebent Heinriche dem zimbermanne und andersite nebent Wernher dem kistener, umbe 4 pfunt phenninge» verkauft haben. «gegeben an dem fritage vor der grossen vastnaht, 1313. harane worent wir her Hug Zorn, *u. s. w. folgt der Rat*[2]. ***März 2.*** *Verkauf.*

Aus Strassb. Frauenh. A. lad. 49 nr. 54. or. mb. c. sig. pend. mutil.

739. C. j. c. A. Johannes, portarius ecclesie Rynaugensis, donacione inter vivos in remedium quondam Hermanni, camerarii ecclesie s. Thome Arg., patrui sui, dicte ecclesie donavit redditus annuos 1 lib. den. Arg. super domo et curia ipsius Johannis, in c. A. in vico dicto Vittelinsgasse sitis juxta domum dicti Walich proclamatoris vini e. u. et e. p. a. juxta domum dicte de Westhus, ut anniversarium Hermanni peragatur. item legat de eadem domo redditus 1 lib. den. Arg. pro anniversario quondam Cûnradi dicti Lembelin, thesaurarii ejusdem ecclesie; item redditus 1 lib. den. Arg. de eadem domo ad celebrandum festum s. Egidii, item redditus 10 sol. de eadem fabrice dicte ecclesie. Johannes sibi jus revocationis reservat. post mortem Johannis domus et area pleno jure devolvuntur ad capitulum. dominus Albertus dictus de Sterneberg, decanus eccl. s. Thome, donacionem recipit. actum 3 idus martii, a. d. 1313[3]. ***März 13.*** *Schenkung.* *September 1.*

Aus Strassb. Thom. A. Registrande A fol. 134[b]. cop. chart.

740. C. j. c. A. Johannes dictus Mörlin, natus Nicolai dicti Wiseman civ. Arg., Cûnzelinus dictus Zeller civ. Arg. et Agnes, ejus uxor, soror Johannis, manu coadunata vendiderunt Nicolao dicto Riplin, civi Arg., et Lusche dicte Swarberin, uxori sue, domum dictam zû vorn Harpurge[4], sitam in c. A. in vico dicto Stalgasse nebent dem zolkelre einsite und andernsite nebent hern Jacob von Barre, et jus emphiteoticum in area dicte domus pro 22 lib. den. Arg. A. 1. Wit. 1. (pro Cûnzelino et Agneti). actum 9 kalendas aprilis, a. d. 1313. ***März 24.*** *Verkauf.*

Aus Strassb. Thom. A. Registr. A fol. 236. cop. chart. Von einer Hand s. XIV—XV nachträglich in die Handschrift eingetragen.

---

[1] *Nach fast gleichzeitiger Dorsualnotiz:* «super area zû der hellen». *Nach der Ueberschrift einer Copie im Stadtbuch fol. 70[b] lag das Haus neben dem Kapitelgarten. Johannes Hauwart verkauft sein Recht an dem Haus und Hof für denselben Preis (7 Pfund) an Heinrich den Priester von Hagenau, den Schaffner des Frauen-Werkes. 1313 März 22. Or. ebendaselbst nr. 53.* [2] *Dorsualnotiz s. XV:* «super domo zû der hulven in Kurdewangasse.» *Volmar Glaser und seine Gattin verkaufen unter Zustimmung Heideno Kochs,* famuli magistri et consulum civitatis Argentine, *und dessen Gattin das genannte Haus an Jakob Wide von Speier, jetzt Strassburger Bürger, und dessen Gattin Bertha für 8 Pfund Pfenninge. 1317 März 17. Or. ebendaselbst nr. 64.* [3] *Vgl. nr. 28, 383, 486 und 505* [4] *Vgl. Str. G. u. HN. S. 175.*

Verkauf. **741.** C. j. c. A. Johannes dictus in Brûderkuchene, habens custodiam ymaginis retro publicum altare ecclesie Arg., et Gerdrudis, uxor sua, de consensu Burcardi dicti Waldecke militis Arg. et Heinrici sacerdotis de Hagenowe, gubernatorum seu procuratorum fabrice ecclesie Arg., vendiderunt capitulo ecclesie Haselacensis domum et aream in villa Stille. actum 6 kalendas aprilis, a. d. 1313. ***1313 März 27.***

Aus Strassb. Bez. A. G 5262 (5631). 3. or. mb. c. sig. pend.

Seelgeräte-stiftung. **742.** *Richwin Körner stiftet ein Seelgeräte bei s. Clara auf dem Rossmarkt.* ***April 4.***

Wir swester Agnes die eptissin und der convente der swestere von sanct Francisco sanct Claren ordens zu Strazburc indewendic der mureu tunt kunt allen den, die disen gegenwertigen brief sehent oder hôrent lesen, daz uns der erber herre her Richwin der Korner, ein burger zu Strazburc, het geben 10 libras Strazburger denare umbe 10 solidi geltes, die sol men alle iar nemen uffe der hovestat und uffe deme huse, do Johannes der steinmezze inne ist, daz do gelen ist zwischent den zweien smitten uffe deme Rossemerkete, also daz wir die vorgenanten 10 solidi uffe der vorgenanten hovestat suilent gehen unserme convente uf den tisch iemerme ze eime selgerete und sûlent och iemerme sin iargezit began, die wile er lebet, und sines vater und sinre mûter und vro Annen siner elichen wirtin und aller sinre kinde, siu sint lebende oder tot, an deme vritage vor dem palmedage; und nach dez vorgenanten Richwines tode so siule wirs began, also es denne gevellet, und siulent sin und der vorgescriben personen gedenken mit messen und vigilien, alse es unser gewonheit ist, unde donach mit allen deme, daz wir iemer gûtes gedûnt, siu sint lebendic oder tot. und obe wir daz nût endetent, also do vorgescriben stat, so sol daz gelt dez iares an den spitol vallen. daz diz war si und stete und feste blibe, derumbe so henke wir die eptissin und der convente unserre ingesigele an disen brief. diz geschach do von gotes gebûrte warent dusent iar und driu hundert iar und 13 iar, an der mitewuchen vor dem palmedage.

Aus Strassb. Hosp. A. lad. 175 fasc. 20. or. mb. c. 2 sig. pend. Dorsualnotiz s. XIV-XV: «uber das lb geltes daz stot uff dem hûs zû dem gulden ort zuschent den zwein smitten uff dem cleinen Roszmerket».

Erbleihe. **743.** C. j. c. A. Brigida abbatissa et conventus monasterii s. Stephani Arg. de consensu Heinrici sacerdotis, perpetui vicarii ibidem, locaverunt Fritschoni dicto de Heiligenstein zûm Rosse, civi Arg., pro tempore vite ipsius decimam fructuum provenientium de terris agrorum et aliorum bonorum, sitis in loco dicto Ceiskindes wert zwischent dem Rine, der bi Kelle abe flûszet, unde ist der selbe werd gelegen bi Ûlemannes Bôckelines unde Hûgelins Riplins werde, pro 1 quartali siliginis annualim solvendo. actum 10 kalendas maji, a. d. 1313. ***April 22.***

Aus Strassb. Bez. A. H 2864. or. mb. c. sig. pend.

Schenkung. **744.** C. j. c. A. domicella Phyna, soror quondam Johannis dicti in Kalbesgasze militis Arg., donatione inter vivos donavit domum suam, quam inhabitat, sitam in c. A. ex opposito fratrum predicatorum domus Arg., priori et conventui fratrum predictorum, salvo sibi tamen usu ad tempus vite, et quod post ipsius obitum reverendus dominus Wernherus, Marmorensis episcopus, si ipsam supervixerit, usum habeat ad tempus vite sue. fratres tenentur domum vendere ad inhabitandum personis honestis, que in anniversario dicte Phyne 1 lib. den. Arg. solvere tenentur. si vero fratres domum et aream finaliter vendant, extunc donacio hec est irrita, et cedere debet jus ad monasterium Novum Castrum Cisterciensis ordinis Arg. dyoceseos. Phyna confitetur, se domum dictam conduxisse a priore pro annuo censu 5 sol. den. Arg. datum 6 nonas maji, a. d. 1313. hujus instrumenti sunt 2[1]. *1313 Mai 2.*

Aus Strassb. Hosp. A. Prot. Prédic. 107 (Copialb. s. XIV) fol. 17 b. cop. mb.

745. C. j. c. A. Johannes dictus Kusolt, civis Arg., et Angnes, uxor ejus, vendiderunt de consensu Johannis, nati ipsorum, Gôtzoni dicto de Hagenowe, nato quondam Berhtoldi de Môtensheim, et Hedewigi, uxori sue, ac Metze, nate ipsorum, unam domum, sitam uf dem Rossemerkete in c. A. in cono vici dicti des von Schiltingheim gasze juxta domum Dietherici dicti Amelung, p. p. e. l. pro 10 lib. den. Arg. A. 1. preterea dicti venditores locant de consensu dicti Johannis in emphiteosim prescriptis emptoribus aream domus vendite antedicte pro annuo censu 30 sol. den. Arg. Er. 3. V. datum 5 nonas maji, a. d. 1313. *Mai 3.*

Verkauf. Erbleihe.

Aus Strassb. Hosp. A. lad. Hôp. XLII fasc. 26. or. mb. c. sig. pend.

746. C. j. c. A. domina Cecilia dicta de Nidecke, relicta Erbonis dicti Stûbenweg militis Arg., Nicolaus miles, Rûdolfus et Burcardus armigeri, liberi dicte relicte, de consensu Reinboldi dicti Brandecke militis Arg. vendiderunt Nicolao dicto Zorn, armigero Arg., ementi curatorio nomine Neso filie quondam Berhtoldi dicti de Offenburg militis, generi Reinboldi dicti Stûbenweg senioris militis Arg., et pro ipsa Nesa redditus annuos 1 lib. den. Arg. et 4 caponum super 2 agris (gartackere) in der nuwen gebreite bi dem galgen e. m. A. sitis in uno sulco juxta bona Hetzelonis dicti Markes militis e. u. et e. p. a. juxta bona Grede domicelle dicte zû der schûren, pro 20 lib. et 10 sol. den. Arg. A. 1. Wit. 3. (Cecilia). actum 8 kalendas junii, a. d. 1313. *Mai 25.*

Verkauf.

Aus Strassb. Bez. A. H 1514. 8. or. mb. c. sig. pend. mutil.

747. Heinricus dictus Auerbe et Bertha, nata quondam Sigeberti de Argentina, conjuges, in ecclesia parrochiali s. Stephani Arg. in altari s. Nicolai instituunt prebendam de consensu Johannis episcopi, Conradi de Kirkele, thesaurarii eccl. Arg., Brigide abbatisse et conventus monasterii s. Stephani ac Heinrici de Etteningen, perpetui vicarii dicte ecclesie. jus presentationis ad prebendam est ad centum annos apud heredes fundatoris, postea apud abbatissam. nunc prebendam conferunt Johanni nato Erlewini de Argentina clerico, suo consanguineo, licet minori, habenti tamen 18 annos. sigilla predictarum personarum sunt appensa. datum a. d. 1313, 6 idus junii. *Juni 8.*

Prebendenstiftung.

Aus Strassb. Bez. A. H 2677. or. mb. c. 5 sig. pend. (partim delapsis).

748. *Schultheiss und Vogt verkaufen das Haus eines zahlungsunfähigen Schuldners.* *Juni 23.*

Gerichtlicher Verkauf.

Wir Niclawes Zorn der schultheisse und Reinbolt Reinboldelin der vogel von Strazburg tûnt kunt allen den, die disen brief gesehent oder gehôrent lesen, daz Fritscheman von Tuntzenheim, dez Pfylers dohterman, vor uns mit gerihte und mit urteile erkobert und usgewartet het uf Wilhelmes hus dez Biermannes, daz do lit an Glockener ort gen der

---

[1] *Vgl. nr. 411, 439 und 722. Dieselbe Schenkung, welche bereits Grossmutter und Mutter gemacht hatte, wird von der Phyna Kelbin nochmals wiederholt. Von der Kaufsumme für Benutzung auf Lebenszeit soll der* supprior, lector, liberarius, procurator *und* custos *100 Pfund erhalten für die notwendigsten Bedürfnisse des Klosters. Diese Summe soll aber nicht zu Bauten oder zur Schuldentilgung verwandt werden. Executor ist Bruder Friedrich von Basel aus dem Predigerorden und Katharina Küchenmeisterin. 1326 September 16. Copie ebendaselbst. Auch so scheint die Schenkung noch angegriffen zu sein. Sie wird vor dem Hofrichter wiederholt in Gegenwart des Bruders* Johannes Heintzelo (procurator), *der das Haus für einen wahren Zins* (pro vero censu) *von 10 Schillingen der Schenkgeberin als Leibzucht giebt. Nach der Beschreibung hiess das eine nebenliegende Haus* zû der von Landesberg *und gehörte auch der Küchenmeisterin. 1328 Juli 27. Copie ebendas. fol. 20.*

Birken über, und uf allem dem daz darzû hôret, daz ein waz, vier und sehtzig pfunt genger und geber Strazburger pfenninge und het uns anerkohert mit urteile, daz wir daz hus verkôffen sûlnt und ime mitte gelten. daz hus han wir veile gebotten menegelichem, alse reht ist, und han ez geben zû kôffende von dez gerihtes wegen Diethere von Kolbotzheim, der do sitzet an dem vischemerckete, umbe vier und sehtzig pfunt Strazburger pfenninge und wolte ôch nieman me drumbe gen, und hant dem . . schuldener mitte vergolten, alse verre daz gût gereichen môhte. und dez zû eime urkûnde sint unser ingesige von dez gerihtes wegen an disen brief gehencket. diz geschach an sante Johannes Baptist ahent, do von gotz gebûrte wôrent drûtzehenhundert iar und drûtzehen iar [1].

Aus Strassb. Bez. A. G 3656 (4051). or. mb. c. 2 sig. pend. (superest sigillum Reinboldi).

Tauschgeschäft. **749.** C. j. c. A. Paulus dictus Masung, institor Arg., et Angnes, soror ejus carnalis, permutationem ineunt. Paulus de consensu monasterii s. Clare uf dem werde e. m. A., quod renuntiat omni juri monasterio in 2 partibus domus dicte zû der grûben competenti, permutat Angneti duas partes pro indiviso dicte domus, in c. A. retro s. Martinum juxta domum dictam zû dem Werkotzen et domum Burcardi dicti Twinger site, et jus emphiteoticum in area ejusdem domus, cujus una pars Paulo ex successione materna, reliqua ex donatione quondam Johannis fratris sui obvenerat, pro tertia parte pro indiviso domus dicte zû der Eich, in c. A. juxta vicum zû der Kemenatem dictum et domum dicti Duntzenheim cupparii Arg. site, et jure emphiteotico super area dicte partis, quam partem et jus Angnes permutat Paulo presenti et acceptanti. que tertia pars Angneti ex successione materna obvenerat. A. t. W. permutatores ex utraque parte dant sibi invicem possessionem, intrandi facultatem nulla sententia alterius judicis expectata. actum 6 idus julii, a. d. 1313. hujus instrumenti 2 sunt paria [2]. ***1313 Juli 10.***

Aus Strassb. Stadt A. V. D. G. lad. 51. or. mb. c. sig. pend.

Erbleihe. **750.** Reinbolt Brandecke der meister und der rat von Strassburg machen bekannt, dass herr Heinrich Wetzel und herr Wetzel Marsilius, sein bruder, zu einem rechten erbe an Conrat Smultzen von Brûszebach verliehen haben ihr haus, hof und hofstätte in Reisers gasse bei herrn Willehelm Napen für einen jährlichen zins von 3 pfund 5 schillingen. Er. 1. V. «an dem cinstage vor sante Adolves tage, 1313. harane worent wir her Reinbolt Brandecke, u. s. w. *folgt der Rat.* ***August 28.***

Aus Strassb. Thom. A. lad. 25 (Titres). or. mb. c. sig. pend. mutil.

Verkauf. **751.** C. j. c. A. Conradus dictus Oleman civis Arg. et Adelheidis, uxor ejus, de Oberkirche vendiderunt Heinrico sacerdoti de Hagenowe, procuratori fabrice eccl. Arg., ementi de pecunia ipsius propria, curiam et domum dictas zû der hollen, in c. A. in vico dicto Hasengesselin

---

[1] *Fast gleichz. Dorsualnotiz:* «domus zû dem gattern». *Dorsualnotiz s. XV-XVI: Haus* «zû dem grossen gott in Fladergasse». *Vgl. nr. 568. — Am folgenden Tage, 1313 Juni 24, wird das Kaufgeschäft zwischen Wilhelmus* praxator *(unter Zustimmung seiner Gattin Katerina und seiner Töchter der Beginen Gisela, Gertrudis und Grede) und Dietherichs von Kolbotzheim vor dem Hofrichter des Thesaurars der Strassb. Kirche abermals beurkundet in der gewöhnlichen Form.* domus sita est ex opposito domus dicte zû der Birken juxta domum Conradi dicti Dalhein civ. Arg. e. u. et e. p. u. juxta domum Waltheri fabri de Hagenowe civ. Arg. *Die Hofherrin, Gertrud von Dunzenheim, Begine, giebt die Hofstätte dem Käufer in Erbleihe (Zins 2 Pfund 10 Schill. Er. 4) Or. ebendaselbst. Das Haus wird dann 1317 Februar 5 u. 6 von Dietherich von Kolbotzheim verkauft an Nikolaus von Vilingen genannt Swarber und dessen Neffen Nikolaus, Pfründner am Strassb. Münster, für 41 Mark Silbers. Das Haus wird als* in confinio dicto zûm gattere *belegen bezeichnet. Die Hofherrin Gertrud, Tochter Fritschos von Duntzenheim am Rintburgethor, giebt das Haus in Erbleihe (Er. 2. V.). Or. ebendaselbst.* [2] *Vgl. nr. 625.*

sitas juxta domum Gûtelmanni sacerdotis prebendarii eccl. Arg., tendentes retro ad ortum canonicorum eccl. antedicte, necnon jus emphiteoticum in area curie et domus predicte pro 9 lib. et 10 sol. den. Arg. A. 1. actum 11 kalendas octobres, a. d. 1313.

1313 September 21.

Aus Strassb. Frauenh. A. Saalbuch 3 fol. 41ᵇ. cop. s. XIV exeunt.

752. C. j. c. A. Johannes dictus Junge miles Arg. et domina Gertrudis, uxor sua, locaverunt in emphiteosim Heinrico sacerdoti de Hagenowe, procuratori fabrice eccl. Arg., curiam suam dictam zû der hellen, in c. A. sitam in vico dicto Hasengesselin, contiguam ab uno latere pomerio seu orto capituli eccl. Arg. ex alio latere contiguam domui dicti Veispacke, pro annuo censu 3 lib. et 10 sol. den. Arg. ac 2 capponum. Fr. 1. V. fuit etiam adjectum, quod si dictus conductor vel ejus heredes curiam predictam ad fabricam eccl. Arg. vel ad aliud monasterium sive locum pium duxerint erogandam, procuratores seu negotiorum gestores dicte fabrice predictis locatoribus et eorum heredibus perpetuo unam personam debeant deputare ac efficere apud eandem personam, quod ipsa censum predictum terminis prescriptis ac laudimium solvat et solvere teneatur; qua quidem persona de medio sublata alia persona in locum ejusdem in modum prescriptum subrogetur. actum 2 nonas octobris, a. d. 1313. hujus instrumenti 2 sunt paria[1]. *Erbleihe.*

Oktober 6.

Aus Strassb. Frauenh. A. Saalbuch 3 fol. 42ᵃ. cop. s. XIV exeunt.

753. C. j. c. A. Engela, relicta Nicolai dicti de Sarburg civ. Arg., legat in animarum et sue et progenitorum suorum remedium domum et aream ipsius, sitas in c. A. an dem Holwige juxta domum dictam zû dem Stûbenwege[2] e. u. et e. p. a. juxta domum Nicolai dicti Zorn sculteti Arg., beginis nunc domum dictam inhabitantibus hac condicione, videlicet quod dicte begine promittant, ut perpetuo 12 begine domum inhabitent, que in suis orationibus ipsius donatricis commemorationem habeant; hoc etiam adjecto, quod una beginarum de medio sublata, alia in locum ejusdem per Dûticham, ipsius Engele neptem, relictam Billungi de Reinicheim civ. Arg., subrogetur seu per aliam personam ab ipsa Dûticha deputatam. item legat dictis beginis redditus in Rimûtheim etc. etc. actum 8 idus octobres, a. d. 1313. *Beginenhausstiftung.*

Oktober 8.

Aus Strassb. Hosp. A. lad. Hôp. IV fasc. 16. cop. mb. ausgestellt vom judex curie Arg. *1313 Oktober 31.*

754. «Ulrich, der lantgrave in nidern Elsaz, und Philippes, sin brûder, ein tûmherre von Strazburg,» bekennen, herrn Johannes von Schaftoltzheim, einem ritter von Strassburg, 40 mark silbers schuldig zu sein für ein ross, das er ihnen verkauft hat; damit Johannes um so sicherer sei, geben sie ihm einen kornzins zu Brûmat; er soll denselben zu lehen haben, bis die 40 mark gezahlt sind; jedoch ist er zu keinem dienst verpflichtet. Ulrich hängt sein siegel an. «gegeben an aller heilgen abende», 1313. ***Oktober 31.*** *Pfandbrief.*

Aus Strassb. Hosp. A. lad. 158 fasc. 4. or. mb. c. sig. pend. mutil.

755. *Johannes Engelbert einigt sich mit seinen Schwiegersöhnen über die Erbschaft.* *Erbschaftsvertrag.*

November 1.

Wir Sifrit von Vegersheim, Johans Panphelin, Johans von Mûlnheim, Burcart Waldecke, rittere, scheffel unde amman von Straczburg, warent dabin und wurdent dazû gezogen in scheffels wise und ammans, do Johans Engelbret, unser burger, und Hug Schop, und Agnes sin wirtin, Clawis Zorn, und Heilike sin wirtin, dez selben Johans tohtere und tohtere manne, mit gesamanter hant und Gôsselin sin sûn uberein kament mit einander mit rehter

---

[1] *Vgl. nr. 737 und 751.* [2] *Vgl. Str. G. u. HN. S. 80.*

gedinge, daz der selbe Johans wol geben sul von sime gûte zû einer ewigen messen und zû einer pfrûnden eime ewigen briester an den alter, der do stat in deme chore der cappelle des heiligen cruczes in sant Stephans kirsbelle, daz hus, daz da heisset der Limerin hus[1] und gelegen ist nebent deme hofe, da der selbe Johans inne sitzet, und darzû hundert marg silbers, das man damitte ein ewig gelt kôffe zû der selben pfrûnden. der selbe Johans sol och nemen vierzig fûder wines von dem winen in dem grossen kelre, der in sime hofe stat, und sol och damitte tûn nach sinem willen. der selbe Johans mag ôch daz gût, daz er hâtte in deme banne und in dem dorf zû Wiversheim durch siner selin willin geben uffe den chore zû Straczburg oder anderswar, swa ez ime fûget, unde drû vierteil geltes rocken unde weisen koffen oder heisen koffen von sime gûte an unser frowen werg zû Strazburg iemer me vûr die schulde, die er giht, die er schuldig were von siner swiger wegen an daz selbe werg. und sulent die selben tohtere und tohtermanner den selben Johans dekeine wise irren an den vorgenanten dingen und sulent kein ansprach niemer me han an kein mensche noch an kein gotzhus, den dez vorgenante gût benûmet oder geben wirt. der selbe Johans hatte och erkant, daz siner tohter Helenen der Wirichen hundert marcke silbers me ist worden von ime, denne sinen andern kinden iegelichem, und hâtte darumbe gegeben ledekliche von der hant den vorgenanten tohtern und Goselin zû volleist drûhundert marg silbers ussen den gûten, die er hette in deme bannen zû Kolbotzheim und zû Harre, und hâtte die selben gûtte von in enpfangen umbe einen benempten zins zwei viertel haberne zû geltenne alle iar

Oktober 16. zû sant Gallen messe, die wile er lebet, und da nach sol man daz gût schetzen, ist ez drû hundert marg wert, so sol ez sie begnûgen, ist es boser, so sol man in nach ziehen. der selbe Johans sol och gerûwet sitzen ane ansprach mit dem andern gût, daz er hâtte und noch gewinnet, und sol davon zern und geben durch siner selen willen swem er wil, er sie siech oder gesûnt, und sol sine schulde gelten, als er went reht tûn, er mag och geben andern sinen kinden, die unberaten sint, als vil als er gegeben hâtte der Wirichen, und sol daz alles stete bliben, was er tût, und ane ansprach aber siner kinde und siner tohtermanner. dez zû eime urkûnde sin unser ingesingel an diesen brief gehenket. der wart gegeben und beschac, da man zalte von gottes gebûrte drûczenhundert und drûczehen iar, an aller heiligen tag.

Aus Strassb. Bez. A. H 2612. 8. or. mb. c. 4 sig. pend. (quorum sigillum Sifridi tantum exstat).

Testament. **784.** Johannes Engilberti civis Arg. debilis corpore, sanus tamen mente, testamentum suum ordinat. «in primis enim ob reverentiam dei omnipotentis et ejus sanctissime genitricis ac sancte Crucis, in qua ipse salvator noster pro salute mundi mortem et passionem pertulit gloriosam, necnon ob honorem s. Stephani prothomartiris, s. Johannis Baptiste, s. Johannis ewangeliste et omnium sanctorum in remedium quoque animarum mei et Helene quondam uxoris mee, necnon patris et matris et magistri Engilberti quondam avunculi et benefactoris mei, instituo et ordino prebendam sacerdotalem habendam perpetuo in altari s. Crucis posito in choro capelle s. Crucis parrochie s. Stephani Arg., conferendam quotiens vacaverit actu sacerdoti idoneo, qui illam offitiet missam dicendo in ipso altari singulis diebus, quibus inpedimento legitimo non fuerit inpeditus, scilicet unam die in septimana qualibet pro fidelibus defunctis et duas de beata virgine, matre dei, et reliquas, prout viderit expedire; memoriam quoque animarum mei et uxoris mee et aliarum personarum predictarum, quam in singulis missis suis et fundens pro illis et pro me et pro redemptione nostra cum effectu congruo preces pias domino deo nostro ejusque sanctissime genitrici et sancte Cruci et aliis omnibus sanctis dei.» ad predictum altare donat testator domum, quam habet in c. A., dictam der Lymerin hus contiguam curie sue, cum suis edificiis et pertinentiis et 100 marcas argenti, de quibus

[1] *Vgl. nr. 498.*

proventus et redditus prediales debent parari. exnunc prebendam Heinrico clerico suo dicto de Rotwilre confert. post ejus obitum abbatissa s. Stephani ipsam prebendam, quotiens vacaverit, conferet. item donat ad chorum eccl. Arg. omnia bona, que habet in banno et villa de Wiversheim pro anniversario suo peragendo. item legat ad opus fabrice eccl. Arg. 10 lib. den. Arg. in recompensam reddituum 1 quartalis tritici, quos socrus sua olim legavit dicte fabrice, ut intellexit, nec hactenus sunt soluti. item dat commendatori et fratribus hospitalis s. Johannis in Doroltzheim 10 marcas argenti expendendas in subsidium terre sancte, quas magister Engilbertus avunculus et Ortliebus frater suus olim, quorum bona provenerunt ad ipsum, dandas in modum prehabitum legaverunt et hactenus non sunt date. dat eisdem fratribus unum agrum viniferum in banno Doroltzheim, quem ipsi dedit uxor seu relicta Waltheri militis de Girbaden. « item volo et jubeo, ut heredibus Samuelis judei solvantur viginti libre den. Arg., in quibus obligatus remansi, et culcitrum cum serico, cum qua fui coopertus hactenus, reddantur eis. item recepi mutuo ab ipso judeo una cum Schöbone, genero meo, triginta libras den. Arg., domine abbatisse olim in Eschowe, quas solvere debent Waltherus de Brucke, Philippus dictus Schotte et alie persone, sicut in instrumento curie Argentinensis super hoc confecto et in cista mea reposito continetur. item do, lego Heilewiwi de Benwilre ancille mee quatuor lib. den. Arg. et quintam libram, pro qua mihi obligatus est lectus suus, et cursatum meum antiquum partitum cum vario furratum. item do, lego Anne de Benwilre, sorori sue, duos agros viniferos in Basiliensi diocesi sitos, quos emi pro consanguineo seu consobrino suo dicto Adam de Benwilre et ut ei ematur tunica nova et redimatur cursatus suus, quem obligavit Joselino judeo. item do, lego Crapfoni famulo meo quinque libras den. Arg. item do, lego cellerarie mee Gisele unam lib. den. Arg. et pretium suum totum; similiter lego Heintzelino coco meo unam libram den. Arg. et pretium suum totum, item lego Heintzelino famulo coquine decem solidos den. Arg., item lego Swartzoni famulo meo duas libras den. Arg., item lego Elline famule mee quatuor libras den. Arg. et cursatum meum antiquum cum pelle volpina furratum. item lego filie mee illegitime, quam habeo ex Greda, decem marcas argenti. item lego Heinrico dicto de Wissenburg scolari meo quatuor lib. den. Arg., item lego Hennekino parvo et pauperi duas lib. den. Arg., quas successive volo sibi dari per Katherinam filiam meam. item do, lego monasterio in Eschowe quinque marcas argenti pro defectu, quem dominas ipsius monasterii presumo habuisse in octuaginta marcis argenti, pro quibus emi redditus ab eisdem. » item remittit testator monasterio s. Arbogasti e. m. A. omne frumentum, in quo sibi tenetur nomine pensionis, pro anniversario suo peragendo. item vult, quod relicta dicti Hochvart det viceplebano in Kolbotzheim 10 unceas den. Arg. de censibus per ipsum testatorem debitis et neglectis; item dat confessori suo domino Heinrico vicario perpetuo ecclesie s. Stephani Arg. vestes suas novas cum pellicio volpino et 6 lib. den. Arg., et sociorum ejus utrique 10 solidos et utrique scolarium suorum 1 solidum den. predictorum; item dat canonicis s. Stephani Arg. 10 lib. den. Arg., ut de hiis certi redditus comparentur et inter eos et abbatissam et conventum s. Stephani perpetuo dividantur, ut anniversarium suum peragant annuatim cum vigiliis et cum missis. iisdem legat 1 lib. den. pro tricesimo suo peragendo. item dat specialiter domine dicte Schelmin de s. Stephano 1 lib. den. Arg., item legat fratribus predicatoribus domus Arg. 10 lib. « et quod redimatur et assignetur eis cyphus argenteus obligatus cum codice meo pro tribus marcis argenti canonicis s. Thome Argentinensis pro Johanne dicto Schöbellin. » item dat fratribus minoribus domus Argentinensis 6 lib., item fratribus ordinis s. Augustini e. m. A. 5 lib., item fratribus ordinis s. Wilhelmi e. m. A. 5 lib., pro tricesimo suo peragendo. item dat cuilibet monasteriorum monialium s. Nicolai, s. Johannis, s. Katherine, s. Angnetis, s. Marci, s. Elizabet, s. Margarete et penitentum extra muros Argentinenses ac s. Clare uffe dem werde similiter e. m. A., necnon s. Clare uffe dem rossemerckete infra muros Argentinenses 10 sol. pro tricesimo suo peragendo. legat insuper spetialiter domine Gerdrudi sorori Nicolai generi sui in dicto monasterio s. Margarete 1 lib. den. Arg., ut pro ipso oret. item legat penitentibus dictis den bekerten et fratribus de omnibus sanctis e. m. A. quibuslibet 10 sol., item leprosis apud Rotenkirchen 5 sol. item remittit Heinrico clerico et servitori suo dicto de Rotwilre omne debitum, si in quo ipsi ex causa qualicumque hactenus extitit obligatus, ob plurima servitia ipsi per eum impensa. item dat Irmeline olim cellerarie sue 3 lib. den. Arg. heredes testatoris premissa expedire tenentur de centum marcis argenti, «quas eos redimere feci de vinis meis quadraginta carratis et si quid eis supererit, quod hoc convertant et tribuant ad orationes bonorum hominum in remedium anime mee juxta consilium Angnetis dicte Schôbin et Katherine filiarum mearum et si quid defuerit gratiam ab eis inploro, ut hoc solvant de reliquis bonis meis extra legata hujusmodi.» legat Helene et Katherine, filiabus quondam Anne filie sue et Kagonis, 50 marcas argenti dandas et assignandas nunc in festo pasche proxime venturo de debitis, in quibus ipsi tenentur abbatissa et conventus monasterii in Erstheim, ita videlicet, quod dicta pecunia ad patrem ipsarum nullatenus devolvatur et in usus ipsarum sororum solummodo convertatur, sic videlicet quod eidem Katherine si matrimonium contraxerit, triginta marce argenti in subsidium erogentur et relique scilicet Helene viginti marce, sive ad religionem transire sive ad matrimonium voluerit convolare et, si sine prole decesserint ambe, quod hujusmodi pecunia et omnia alia ipsis per testatorem et matri sue quondam donata et assignata ad testatoris heredes proximiores tantum libere devolvantur, ita tamen quod una alteri interim succedat. hujus testamenti constituit conservatores, executores et perfectores Hugonem dictum Schôp militem, Nicolaum dictum Zorn, generos suos, et Gospertum filium suum, injungens illis et aliis heredibus sub debito juramenti et fidei, in qua ipsi tenentur, ut observationem premissorum studeant fideliter procurare. sigillum testatoris una cum sigillo curie Arg. est appensum. «actum presentibus Hugone dicto Schôp milite, Nicolao dicto Zorn et Gosperto predictis et mandatum ac executionem premissorum in se suscipientibus bona fide, crastino Martini episcopi, anno domini millesimo trecentesimo tertio decimo. hujus instrumenti duo sunt paria, quorum unum apud Heinricum de Rotwilre predictum, aliud vero apud executores remanet antedictos[1].»

1313 November 12.

Aus Strassb. Bez. A. H 2612 8. or. mb. c. 2 sig. pend.

Erbleihe.

757. Heinrich Wetzel ein ritter, Johannes von Wintertur zûm Engele, ein bürger von Strassburg, und Johannes Virdenheim, pfleger und meister des spittals von Strassburg, machen bekannt, dass sie im einverständnis mit allen brûdern desselben spitals Burkarde Richart dem iungen, einem bürger von Strassburg, und seinen erben verlühen haben «hus und hovestat, das gelegen ist in der stat zû Strasburg nieden an Stadelgasse uffe Rintsûtergraben nebent der von Swindratzheim einsite und andersite nebent der Peterin sûne, und alles daz erbereht, daz Johannes Rorabe der wollesleher hette an dem selben huse unde ôch hovestete», für einen iährlichen zins von 9 unz. Strassb. pfenn. Er. 1. V. Heinrich Wetzel und Johannes von Wintertur hängen ihre siegel mit dem des spitales an. «gegeben an der mittewochen vor s. Lucientage, 1313.» ***Dezember 12.***

Aus Strassb. Hosp. A. lad. 169 fasc. 28. vid. mb. c. sig. pend. ausgestellt vom judex cur. Arg. 1327 September 10. Nach den Dorsualnotizen lag das Haus «uf dem Rintsûtergraben».

Gottesdienst-ordnung.

758. Johannes episcopus Arg., cum collegio filiarum c. m. A. juxta turrim, que vulgariter dicitur hern Rûlenderlins turn, in parrochia capelle s. Nicolai ultra Bruscam sub cura fratris Heinrici de Honburg commorancium et que sub nomine sororum penitentum sibi

---

[1] *Vgl. nr. 756.*

in eisdem loco et societate elegerunt perpetuam mansionem, cum ab ipso cum consensu ecclesie s. Thome indultum esset, ut ibidem habeant oratorium de novo construendum, cumque petitum esset, quatenus ipsum oratorium consecraretur et bonis per quondam Johannem dictum Schurpfesag burgensem in Sletzstat pro sustentatione 1 sacerdotis ibidem dotaretur, ordinat, ut redditus dicti ad prebendam sacerdotalem deputarentur, ita ut sacerdos ipsum locum officiet divina ministrando et quod quater in anno in remedium anime donatoris missam faciat. sequitur specificatio bonorum et reddituum. sigillum episcopi est appensum. actum a. d. 1313.

Aus Strassb. Thom. A. lad. 25 (Titres). 2 or. mb. c. sig. pend.

759. Schwester Katherina die äbtissin und der convent des klosters s. Clara auf dem wörde bekennen ihre zustimmung dazu, dass Paul Mosung die hälfte des hauses zu der gruben wider sant Martin, einseite neben deme Werkotzen anderseits neben Burkart Twinger, seiner schwester gab. 1313[1]. *Zustimmung zu einem Tausch.*

Aus Strassb. Bez. A. G 2690 (3104). Deutscher Auszug s. XV-XVI.

760. C. j. c. A. Simundus et Conradus fratres armigeri, nati quondam Simundi militis de Frundesberg, ac Eberhardus armiger, natus quondam Eberhardi de Fründesberg armigeri, patrui eorum, vendunt Nicolao dicto Zorn, sculteto Argentinensi, curiam sitam in villa Sesenheim (ad quam spectat jus patronatus ecclesie dicte ville et decima novalium banni dicte ville) pro 110 marcis argenti. actum 2 idus januarii, a. d. 1314. ***1314 Januar 12.*** *Verkauf.*

Aus dem v. Zorn-Plobsheim'schen Archiv. Papiercopialbuch s. XVII exeunt. fol. 42a. Darnach abgedruckt Schöpflin, Als. dipl. II, 107 nr. 877.

761. C. j. c. A. domicella Fina dicta Kelbin de Argentina fratri Hermanno de Moguntia, commendatori vices gerenti magistri ordinis hospitalis s. Johannis Jherosolomitani per Alamanniam, nomine domus in Toroltzheim vendidit pro 850 marcis argenti curiam magnam in Rinstette, omnia bona sua in bannis Rinstette, Suvelwihersheim, Wihersheim zu dem Turne, Schiltingheim, Bischovisheim prope Argentinam, Hönheim, Lingolvesheim, Rodesheim, Kestenholtz, Wangen, item curiam dictam des Guldin[2] hof, que sita est in c. A. juxta dictum Clobeloch, item unam domum in vico cupariorum et que tendit ad vicum dictum Bruiegasze cum area ejus, item 2 pistrina cum areis infra pontes ejusdem civitatis, quorum unum est juxta pistrinum Hugonis dicti Ribler et secundum juxta dictam Dretterin, item unum dimidium pistrinum situm in vico dicto Judengasze Argentine, quod in vulgari nominatur daz durchgande ovenhus[3], item unum locum sive aream, que vulgariter nominatur ein brotbank in foro piscium Argentine bi der Harphen juxta dictum Stubenweg. A. 3. actum feria secunda post Mathie apostoli, a. d. 1314[4]. ***Februar 25.*** *Verkauf.*

Aus Strassb. Bez. A. H 1500. 2. or. mb. c. sig. pend. delaps.

762. «Wir Johannes unde Walther gebrüder von Mülnheim und Syfert von Vegersheim, rittere unde scheffele zû Strazburg, tûnt kunt allen den, die disen brief gesehent oder gehörent lesen, daz wir dobi worent und in scheffel wiz empfangen hant, daz Johannes Stempfelin unser burger het gewidemet und geben zû eime rehten widemen vörn Katherinen, *Wittumsstiftung.*

---

[1] *Vgl. nr. 749.* [2] *Die alte Familie der Guldin war damals schon wohl ausgestorben. Ein Hug Güldin war 1230 Schöffenmeister. Vgl. UB. I, 147, 37. 1229 oder 1232 wurde* Heinricus Aureus (Guldin) *in Strassburg als Ketzer verbrannt. Vgl. Ann. Colm. minores Mon. Germ. SS. XVII zu 1229 und Notæ historicæ Altorfenses in den Mitteilungen des Instituts für österr. Geschichtsforschung IV, 211 zu 1232.* [3] *Vgl. nr. 229.* [4] *1321 verkaufen die Johanniter alle ihre Güter in den 6 zuerst genannten Orten für 1180 Mark Silbers. 1321 Juni 21. Or. ebendaselbst.*

Mathies Treffesen tohter unsers burgers, daz gût, daz hie nidenan geschriben stat, und het ir den widemen vor uns gevertiget, alse reht ist, also daz sû den selben widemen haben und nützen und niessen sol nach unserre stette reht und gewonheit ane alle geverde.» die güter sind gelegen in Olswilre und Stotzheim. die 3 schöffen hängen ihr siegel an. «an dem sammesdage nach der grossen vastnaht, 1314.» *1314 März 2.*

Aus Strassb. Hosp. A. lad. Hôp. XXIV fasc. 40. or. mb. c. 3 sig. pend.

Verpfändung. **763.** Otto dominus de Ochsenstein notum facit, se Heinrico de Mulnheim, civi Arg., vendidisse redditus 80 lib. den. Arg. de proventibus villarum suarum Marlei, Northeim et Kircheim pro 40 marcis argenti ponderis Arg. A. 3. Otto promittit per juramentum Heinricum et heredes suos non impedire, quominus villani villarum dictarum Heinrico et heredibus suis redditus dictos solvant, dans una secum fidejussores juratos nobilem virum Gobehardum de Gerolzecke, Burchardum de Oberkirche, Willehelmum Burcgravium de Osthoven milites, Rûdolfum de Bercheim et Eberlinum de Grifenstein armigeros, quod, si Heinricus vel h. s. circa perceptionem reddituum dampnum haberent, tam ipse quam fidejussores monitione 8 dierum premissa ad civitatem Argentinam in obstagium obsidum more se presentabunt, ante quam defectus suppleatur, non recessuri. Otto corporali sacramento promittit, quod, si rex vel imperator Romanus aut aliquis ejus nomine villas ab ipso Ottone redimeret, ipse 400 marcas argenti Heinrico sine mora assignabit, alioquin perjurii vitium incurrit et tam ipse quam fidejussores monitione 8 dierum premissa ad civitatem Argentinam in obstagium se presentabunt ante solutionem argenti dicti non recessuri. qui dictum obstagium non servaret, illius homines personam et res Heinricus et h. s. judicio spirituali aut seculari aut propria auctoritate sine judicio possunt occupare non obstante pacis presidio generalis vel private, cui Otto una cum fidejussoribus renuntiat. et si Heinricus, heredes sui aut fautores occasione litis vel monitionis dampnum sustinebunt, indempnes reddi debent, super quo dampno Heinrici proprio stabitur juramento. fidejussorum si quis moritur, infra mensem alius debet substitui post requisitionem, alioquin tam Otto quam fidejussores eodem modo ut premittitur obstagium intrabunt ante substitutionem factam non recessuri. conventum est, quod, si Otto vel heredes sui infra festa b. Martini et pasce redditus reemere voluerint, Heinricus et heredes sui revendere debeant pro rata argenti et reddituum predictorum, ita tamen, quod infra summam 100 marcarum argenti recipere non teneantur, si vero post festum pasce, Heinrico et h. s. salvi esse debent redditus illius anni cum sorte principali. Otto tradit presens instrumentum Heinrico sigillis suo et fidejussorum roboratum. fidejussores se ad prescripta obligant observanda. actum et datum nonas marcii, a. d. 1314 [1]. *März 7.*

Aus Strassb. Stadt A. V. C. G. corp. A lad. 37. or. mb. c. 6 sig. pend., quor. 4 delaps.

Verkauf. **764.** C. j. c. A. Lûtgardis magistra, Gerdrudis dicta zû der scheren, Metza de Achenheim, Greda soror Johannis dicti Schilt militis Arg., Katherina dicta Stöllin, Anna de Rûmersheim, Künigundis de Sarburg, Angnes de Landesberg, Gisela et Greda sorores, nate quondam

---

[1] *Otto Horgessere der Schultheiss und die übrigen Dorfbewohner* (villani) *von Marlenheim* (Marlei) *bekennen, dass sie jährlich zu s. Martin die von ihrem Herrn Otto von Ochsenstein verpfändeten 40 Pfund Pfenn. an Heinrich von Mülnheim zahlen müssen. Sie verpflichten sich unter einem Eide zur ev. Ableistung des Einlagers. Nach einmonatlicher Dauer desselben darf Heinrich die geschuldete Summe zum Schaden der Einwohner leihweise aufnehmen. Vertreter des Mülnheimers ist sein Cleriker Berthold. 1314 März 11. Or. ebendaselbst. In derselben Weise verpflichten sich Johann der Schultheiss und die übrigen von Kirchheim zur Zahlung von 10 Pfund. 1314 März 11. Or. ebendaselbst. Ebenso* Voltzo scultetus *und andere genannte Bürger von Nordheim zur Zahlung von 30 Pfund. 1314 März 11. Or. ebendaselbst, durch Feuer stark beschädigt, stellenweise unlesbar.*

Wilhelmi dicti Bierman de Arg., Demůdis, nata Petermanni dicti de Schönecke, Gerdrudis et Katherina sorores, nate quondam Cůnradi dicti Cleine civis Arg., begine societatis domus dicte zům Durne in c. A. site vendunt pro 24 lib. den. Arg. Nicolao dicto de Kolbotzheim, civi Arg., 4 areas, contigue e. m. A. in der Crutenowo versus Sturmecke sitas des Cleinen hovestete nuncupatas juxta Fritschonem dictum Wittelin e. u. et e. p. a. juxta Waltherum dictum Retwin, p. p. e. l. A. 1. actum idibus martii, a. d. 1314. ***1314 März 15.***

Aus Strassb. Stadt A. V. D. G. lad. 75. or. mb. c. sig. pend.

765. C. j. c. A. Wernherus dictus Matteman de Westhoven et Elsa, uxor ejus, nata quondam Cůnonis dicti Mörlin in dem fronhove civis Arg., de consensu expresso Cůnradi, Elizabet, Johannis et Ite, liberorum dicte Else ex priori suo matrimonio, minorum, majorum tamen 14 annis, necnon Nicolai dicti Unrowe, mariti dicte Elizabet, manu coadunata vendunt Johanni dicto Stifinster civi Arg. et Cristine uxori sue domum, sitam in c. A. in dem fronhove juxta domum Johannis dicti Sorner de Berse e. u. et e. a. p. juxta domum Burcardi dicti Winterlinger, ac omne jus in area, ita quod de ipsa non plus annis singulis debeatur, quam 30 sol. den. Arg. nomine feodi, quod vulgariter dicitur zů reitlehe, pro pretio 42 marcarum argenti. A. 1. Wit. 3. datum 17 kalendas aprilis, a. d. 1314[1]. ***März 16.*** *Verkauf.*

Aus Strassb. Frauenh. A. lad. 49 nr. 56. or. mb c. sig. pend.

766. C. j. c. A. Cůno dictus de Achenheim, armiger Arg., de consensu expresso Gerdrudis, Anguetis et Johannis, liberorum suorum minorum puberum tamen, vendidit Heinrico dicto Kolin, scolastico ecclesie s. Petri Arg. ementi suo nomine et de sua pecunia, redditus annuos 1 lib. den. Arg. super domo et area, sitis in c. A. in vico dicto Stadilgasse retro murum fratrum minorum juxta domum Metze begine de Spira e. u. et e. p. a. juxta domum heredum quondam Ottonis dicti de Erstheim lanificis Arg., nomine census solvendos emptori a venditore ita tamen, quod domus et area prescripte post obitum dicti venditoris apud unicum heredem seniorem venditoris remanere debeant indivise, pro pretio 20 lib. den. Arg. V. (pro meliorationibus ultra redditus prescriptos.) Er. 4. A. 1. M. (pro liberis minoribus.) U. (venditor et Reinboldus dictus de Achenheim miles, frater ejus carnalis, pro Cůnone filio venditoris.) actum 14 kalendas aprilis, a. d. 1314[2]. ***März 19.*** *Verkauf.*

Aus Strassb. Frauenh. A. lad. 49 nr. 57. or. mb. c. sig. pend. delaps.

767. C. j. c. A. Johannes dictus Kusolt, civis Arg., et Angnes, ejus uxor, locaverunt in emphiteosim Alberto dicto Senfleleben, textori Arg., et Angneti, uxori ejus, aream, sitam in c. A. uf dem Rossemerkete in vico dicto des gasze von Schiltigheim juxta domum Götzonis dicti de Hagenowe e. u. et e. p. a. juxta domum dicti Lowelin, pro annuo censu 10 sol. den. Arg. et 2 caponum. Er. 4. V. preterea prefatus Albertus duas partes aree et domus super eadem constructe donavit uxori sue donatione proter nuptias et viceversa Angnes marito suo tertiam partem. datum idibus aprilis, a. d. 1314[3]. ***April 13.*** *Erbleihe.*

Aus Strassb. Hosp. A. lad. Orph. XXXIV fasc. 27. or. mb. c. sig. pend.

---

[1] *Vgl. nr. 191.* [2] *Derselbe verkauft 1315 März 1 an denselben Heinrich Kolin dann auch das ganze Haus* (pro propriis et liberis) *für 40 Pfund Pfenninge. Die Kinder schwören den Verkauf zu halten, bei dem unmündigen Kuno versprechen der Verkäufer und sein Bruder Johannes die Billigung des Verkaufs zu erwirken. Or. ebendaselbst nr. 58, Transfix an der Haupturkunde.* [3] *Die Hofstätte verkauft Johannes Kusolt und Agnes, seine Gattin, als Erben ihrer Schwester Clara an Jakob von Barre den älteren, Bürger von Strassburg, für 11 Pfund Pfenninge. 1314 April 20. Or. ebendaselbst.*

Schenkung. 768. C. j. c. A. in figura et forma judicii Katherina et Adelheidis, sorores germane, filie quondam Johannis Engilberhti civis Arg., donaverunt donatione inter vivos fratri Heinrico priori provinciali fratrum ordinis predicatorum provincie Teuthonie autorizanti et recipienti nomine fratris Hugonis, germani ipsarum, ejusdem ordinis, domum ipsarum, quam inhabitant, quam habuit quondam Heinricus dictus Vögellin juxta parvum vicum predicatorum et domum, que dicitur der überhang, ex opposito lobii pelliticum in Arg. cum omnibus juribus, pertinenciis, attinenciis et appendiciis ante et retro subtus et supra ingressibus et egressibus, proprietate et dominio directo cum pactis infrascriptis, primo videlicet quod ipsis usus remaneat, quamdiu vixerint, et quod post earum obitum domus locetur pro annuo censu, quem frater Hugo recipiat pro necessitate sua sublevanda pro tempore vite sue. A. 2. sorores confitentur se domum tenere pro annuo censu ½ libre cere. si aliquis prelatorum fratrem Hugonem impediret in possessione dicte domus, transit domus ad fabricam eccl. b. Virginis in Arg. provincialis predictus appendit suum sigillum. presentibus testibus vocatis venerabili patre ac domino fratre Wernhero episcopo Marmorensi, fratribus magistro Eckehardo professore sacre theologie, Matheo priore Arg., Petro priore Columbariensi et Egenone de Stöffen predicti ordinis predicatorum. idibus aprilis, a. d. 1314. hujus instrumenti sunt 2[1].

1314 April 13.

Aus Strassb. Hosp. A. lad. 62 fasc. 19. or. mb. c. 2 sig. pend.

Erbleihe. 769. Clawes Tüscheman der meister und der rat von Strassburg machen bekannt, dass «Hug ein brotbecker und Yte, sin eliche wurtin, mit willen und gehelle Huges des vorgenanten Huges sun» in erbleihe gegeben haben «Berhtolde eime smide und Katherinen siner elichen wurtin», «ein stücke des ovenhuses und der hovestette, daz da heiszet zû deme Ebere[2], und gat daz stücke undenen untze an die zwo süllen und an die priveigen und gat obenen bi der stuben zwischent den zwein wenden,» gegen einen jährlichen zins von 2 pfund pfenningen. Er. 4. V. «die hoveseszen süllent ôch die hovestat in solichem buwe halten, daz die hoveherren irs cinses da uffe sicher sint. es ist ôch beret, daz daz kôbelin, daz da stat zwischent dem ovenhuse und der smitten, sol gemeine sin beder hüser, und süllent es rumen und buwen mit gemeiner kosten, so es not tût. es ist ôch beret, daz der vorgenante Berhtolt und sine wurtin und ire erben dem vorgenanten Huge und sinen erben weg süllent geben zû der stegen und süllent ôch ein kemin machen und buwen, ob es in fûget, und süllent sie daran nüt irren. und ist dis alles geschehen mit willen und gehelle vro Annen hern Hessen seligen wittewen an dem Wassere, Burchartes, hern Johanneses Helfensteins irre kinde, vro Annen Rôlins seligen tohter und Johanneses Mülnecken irs wurtes, die der vorgenanten huses und hovestette rehte hoveherren sint, und süllent ôch die selben hoveherren irs cinses warten bede uf dem ovenhuse und uf der smitten.» «an dem fritage vor sante Gerien tage, 1314. harane worent wir her Reinbolt Brandecke, *u. s. w. folgt der Rat.*

April 19.

Aus Strassb. Stadt A. Pf. G. lad. 102 fasc. Sta. or mb. c. sig. pend.

Verkauf. 770. C. j. c. A. Johannes dictus Mörsvelt, civis Arg., vendidit pro 12 lib. den. Arg. Erboni dicto de Kagenecke, cellerario ecclesie s. Petri Arg., nomine suo et de pecunia sua ementi unam aream, sitam in c. A. in vico dicto Burcgasze juxta domum Johannis dicti Ortolf murarii e. u. et e. p. a. juxta domos Johannis dicti de Wolfgangesheim militis Arg., p. p. c. l., in qua quidem area venditor se quondam Angneti dicte Stübenwegin, sorori sue, asseruit successisse, de consensu Nicolai dicti Kolin, civis Arg. A. 1. datum 3 kalendas maji, a. d. 1314[3].

April 29.

Aus Strassb. Bez. A. G 4826 (5198). or. mb. c. sig. pend.

---

[1] *Vgl. nr. 133, 443, 521, 682.* [2] *Vgl. nr 391.* [3] *Vgl. nr. 657.*

771. C. j. c. A. Johannes dictus Hohenloch, civis Arg., et Katherina, uxor ejus, manu coadunata vendiderunt Heinrico dicto de Mûlnheim, civi Arg., agros (gartackere) quosdam sitos e. m. A. in banno s. Aurelie p. p. e. l., in quibus venditor quondam Kûnigundi dicte de Hohenloch, avie paterne, successerat, pro 30 marcis argenti. A. 1. actum 5 nonas maji, a. d. 1314. ***1314 Mai 3.*** *Verkauf.*

Aus Strassb. Bez. A. H 1514. 9. *or. mb. c. sig. pend. delaps.*

772. C. j. c. A. thesaurarii eccl. Arg. in figura judicii Heinricus dictus Kesseler dictus Kniebos et Hartburgis, ejus uxor, cives Argentinenses, vendiderunt Ebelino dicto de Munoltzheim, civi Arg., unum macellum (einen fleisbang), situm inter macella civitatis Arg. e. u. juxta macellum Waltheri dicti Spegmesser et e. a. p. juxta macellum dicti Schuttenûl, pro 8 lib. et 10 sol. den. Arg. (ita quod annuatim census nomine 5 sol. solvantur de eodem Kûnoni dicto Bônlin, civi Arg.) A. 3. datum a. d. 1314, nonas maji. ***Mai 7.*** *Verkauf.*

Aus Strassb. Bez. A. H 2976. 6. *or. mb. c. sig. pend.*

773. C. j. c. A. Johannes et Gôsselinus fratres, nati quondam Waltheri dicti de Dûmenheim, militis Arg., manibus coadunatis vendiderunt Petro dicto Kempfe ementi nomine hospitalis antiquioris pauperum in Argentina jus super domo et area dicti hospitalis dictis zûm Jegere [1], sitis in c. A. in inferiori parte vici cuperiorum ex opposito domus dicte zûm alten Zoller, pro 14 unc. den. Arg. A. 2. actum 15 kalendas augusti, a. d. 1314. ***Juli 18.*** *Verkauf.*

Aus Strassb. Hosp. A. lad. 172 fasc. 49. *or. mb. c. sig. pend.*

774. Walramus de Veldentze, canonicus majoris ecclesie Arg., Hugo prepositus s. Petri eccl., necnon Henricus Weczelonis et Nycolaus de Rymelnheim milites Arg., executores testamenti quondam magistri Johannis de Senheim, jurisperiti Arg., prebendam in dicta ecclesia s. Petri ad altare s. Petri instituunt. prebendam dotant inter alia etiam 30 marcis argenti, quas apud Burchardum de Mûlnheim civem Arg. deposuerunt. sigilla executorum et Berhtoldi [2], thesaurarii eccl. s. Petri, sunt appensa. datum 5 idus augusti, a. d. 1314. ***August 9.*** *Präbendenstiftung.*

Aus Strassb. Bez. A. G 4741 (5112). *or. mb. c. 5 sig. pend.*

775. C. j. c. A. Dietherus dictus de Duntzenheim, cupparius Arg., et Angnes, uxor ejus, vendunt de consensu expresso Heinrici sacerdotis, procuratoris fabrice eccl. Arg., ibidem presentis Lamperto de Westrania, carpentario Arg., et Grede, uxori ejus, jus emphiteoticum super domo una constructa, sita in c. A. in vico dicto Criegesgasse nebent dem gotzhuse, et jus in area ejusdem domus pro 9 sol. den. Arg. A. 2. Heinricus sacerdos nomine dicte fabrice locat zûm rehten erbe dictis emptoribus prescriptam domum pro annuo censu 9 unc. den. Arg. et 10 den., qui quidem census cedere debebunt Elline dicte Kesemennin pro tempore vite ipsius Elline tantum, prout prefatus Heinricus recognoverat. Er. 4. preterea dicti conductores solvere debebunt singulis annis 18 den. dicte monete, qui alias solvi consueverunt, ut dicitur, de area dicte domus. datum 4 idus augusti, a. d. 1314. ***August 10.*** *Verkauf.*

Aus Strassb. Frauenh. A. lad. 49 nr. 59. *or. mb. c. sig. pend.*

776. C. j. c. A. domina Odylia, relicta Reimboldi dicti Turant militis Arg., Reimboldus et Susanna, liberi dicte relicte minores puberes, per manum Reimboldi dicti Sûsze militis Arg. curatoris liberorum, vendiderunt pro 81 lib. den. Arg. Johanni dicto Kusolt et Johanni Rywini, canonicis ecclesie s. Thome, ementibus nomine capituli dicte ecclesie necnon altaris de novo constructi in dicta ecclesia per quondam magistrum Gotzonem de Hagenowe, cano- *Verkauf.*

---

[1] *Vgl. Str. G. und HN. S. 101.* [2] *Nach dem Wappen aus der Familie der Zorn.*

nicum predicte ecclesie, ita quod tercia pars reddituum eidem altari cedat et residue due partes cedant decano et capitulo, dominium ac proprietatem fundi siti ultra pontem s. Thome in c. A. in vico, ubi itur versus Elizabeth ex opposito domorum Sygelini de Holtzheim versus areas domine dicte Höwemesserin c. u. p. et e. a. versus areas Johannis dicti Syckelin et ortum monasterii s. Johannis zů den hunden, ita quod fundus annuos redditus 4 lib. et 10 sol. den. Arg. inferre valeat, salvo tamen Růdigero dicto Růses, canonico predicte ecclesie, et ejus heredibus seu successoribus jure emphyteotico. A. 1. Wit. 3. (pro Odylia.) M. actum 3 nonas septembres, a. d. 1314. ***1314 September 3.***

Aus Strassb. Thom. A. Registrande C fol. 21. cop. mb. s. XIV incip.

Verkauf. **777.** C. j. c. A. fratres Hermannus de Moguntia ordinis hospitalis s. Johannis gerens vices magistri ordinis per Alemanniam et Johannes de Grůnbach commendator ac fratres domus in Doroltzheim vendunt domicelle Katherine dicte Kuchenmeisterin domum et aream, in c. A. in vico apud predicatores dictas zů dem von Landesberg prope domicellam Phynam dictam Kelbin an dem orte ex opposito curie dicti de Tierstein. datum 15 kalendas octobres, 1314. ***September 17.***

Aus Strassb. Bez. A G 2690 (3104) fol. 27. Auszug s. XV.

Schenkung. **778.** Cůnradus de Frankenstein, canonicus eccl. Arg., donat camerarie in ecclesia Arg., cujus collatio ad thesaurarium ejusdem ecclesie pertinet, redditus 2 lib. den. Arg., ut camerarius hostias consecrandas magis decentes et decoras sacerdotibus in eccl. Arg. et in cappellis ejusdem die quolibet celebrantibus assignet. Cůnradus de Kirkele thesaurarius consentit. sigillum officialis cur. Arg. est appensum. actum et datum sabbato post Mathei apostoli, a. d. 1314. ***September 28.***

Aus Archiv des Strassb. Domkapitels. 2 or. mb. c. sig. pend.

Verpfändung. **779.** Fridericus, Lupoldus et Heinricus, duces Austrie, fratres vendunt Heinrico de Mülnheim civi Argentinensi castrum suum Rychenberg et civitatem Bercheim et castrum Ortemberg et villam Scherwyler et vallem Alberti (Abrechtsthal)[1] cum omnibus redditibus (150 marcis argenti), item redditus 175 marcarum argenti de exactionibus civitatum suarum Brucke et aliarum in Argoia necnon civitatis in Wintertur pro 3500 marcis argenti. venditores fidejussores juratos dant Ulricum comitem Ferrotensem, Rudolphum marchionem de Baden seniorem, Otthonem dominum de Ochsenstein, Ottonem et Berschinum comites de Strassberg fratres, Rudolphum comitem de Nidawe[a], Wernherum comitem de Honberg, Burckhardum de Osenberg, Heinricum de Wriesenberg, Ulricum de Bütikon[b], magistrum curie venditorum, Hartmannum de Tegerfeldt marscalcum venditorum, et Wilhelmum burcgravium[c] de Osthoven, qui se obligant, quod si emptores in bonis venditis defectum aliqualem habuerint, in civitate Argentina presentabunt equites vel se ipsos. est etiam conventum, quod emptores bona predicta venditoribus revendere teneantur pro 3500 marcis argenti seu medietatem eorum pro medietate pretii. si Heinricum castra casu quocunque perdere contingerit, venditores promittunt eum adjuvare in recuperatione eorundem, et similiter expensas

a) *cop.:* Fidiraw. Nidawe *heisst es aber in den späteren, besser überlieferten Urkunden.* b) *cop.:* Bütikeim. Butikon *heisst es ebenso später.* c) *cop.:* bürengravium.

[1] *Ueber die Besitzungen der Habsburger im Weilerthal (Albrechtsthal), Scherweiler, Bilstein, Ortenberg, Ramstein vgl. das Habsburgische Besitzverzeichnis von 1303 bei Trouillat Mon. de l'histoire de l'évêché de Bâle III, 43 ff. und das in den Publ. des litterar. Vereins von Stuttgart Bd. XIX publizirte.*

pro custodia eorum tempore guerre et pro restructione edificiorum prestabunt. sigilla venditorum, fidejussorum et emptoris sunt appensa. actum et datum in civitate Argentinensi, 3 nonas octobris, id est sabbatho post festum b. Michaelis proximo, a. d. 1314[1].

1314 Oktober 5.

Aus Strassb. Bez. A G 1359 (1777) nr. b, 1. cop. chart. s. XVI-XVII mit sehr schlechter Orthographie.

780. Coram Johanne, episcopo Arg., Heinricus dictus de Rodesheim, sacerdos Arg., animo instituendi sacerdotalem prebendam in ecclesia collegii sive societatis sororum saccitarum sita prope turrim, que nominatur hern Rûlenderlins turn e. m. A., pro sue, Johannis quondam dicti de Rodesheim civis Arg., Engle ejus filie, Heinrici et Kunigundis, progenitorum ipsius Heinrici, et Clare dicte de Schiltingheim animarum salute donatione inter vivos dicte ecclesie ad prebendam predictam bona in bannis ville Kriegesheim, oppidi Rodesheim et in oppido Rodesheim sita donat. prebendarius in die anniversarii quondam Johannis predicti variis monasteriis redditus assignare tenetur specificatos. jus presentandi ad dictam prebendam est post mortem Johannis apud decanum et capitulum ecclesie s. Thome Arg., qui si negligentes fuerint, apud prepositum dicte ecclesie. prebendarius debet in altari, quod est in dextro latere ecclesie collegii predicti positum et in honore b. Marie v. et s. Nycolai consecrandum, misse officium cottidie celebrare, nec quicquam de oblationibus, decimis, que ad ecclesiam s. Nycolai vel ad thesaurarium s. Thome pertinent, usurpare debet. de quibus attendendis quivis sacerdos, cui de prebenda predicta provisum fuerit, juramentum debet prestare coram decano vel thesaurario ecclesie s. Thome. Johannes episcopus ad premissa suum adhibet consensum, item Sigellinus prepositus, Albertus decanus, Cûnradus thesaurarius et capitulum s. Thome, quorum omnium sigilla sunt appensa. actum et datum a. d. 1314, feria sexta ante Galli[2]. *Oktober 11.* *Präbendenstiftung.*

Aus Strassb. Thom. A. lad. 25 (Titres). or. mb. c. 5 sig. pend. (1 delaps.)

781. C. j. c. A. in forma juris Heinricus dictus Vaszieher de Argentina, et Ellina uxor ejus manibus choadunatis de consensu Gôte et Grede, filiarum suarum, vendiderunt domum suam cum aliis edificiis, sitam an der Bunden in c. A. e. u. juxta dictum Sickelin et e. p. a. juxta hospitale Arg., et jus emphiteoticum in area ejusdem domus Johanni dicto Virdenheim, magistro hospitalis Arg., pro 14 lib. den. Arg., ita quod 10 sol. den. Arg. et 2 cappones de dicta area dicto hospitali anno quovis census nomine debeantur. A. 1. datum 17 kalendas novembres, a. d. 1314. *Oktober 16.* *Verkauf.*

Aus Strassb. Hosp. A. lad. 43 fasc. 2. or. mb. c. sig. pend.

782. C. j. c. A. dominus Berhdoldus de Windecke et uxor ejus, domina Gerdrudis, nata quondam Johannis dicti in Kalbesgasze militis Arg., recognoverunt, domicellam Phinam dictam Kelbin, sororem ipsius quondam Johannis, ipsis satisfecisse de 100 lib. den. Arg., quas eadem domicella dictis conjugibus promiserat se daturam, ut ipsi legata per dictum Johannem et Phinam facta non impedirent. actum 10 kalendas novembres, a. d. 1314. *Oktober 23.* *Quittung betr. eine Entschädigung.*

Aus Strassb. Hosp. A. Prot. Prédic. 107 (Copialb. s. XIV) fol. 20. cop. mb.

---

[1] *Herzog Friedrich erkennt diese Verpfändung an, und verspricht sobald als möglich selbst sein Siegel an die Verpfändungsurkunde zu hängen.* «datum prope Maguntiam, in die b. Luce, a. d. 1314.» *(1314 Oktober 18) Abschrift ebendaselbst.* [2] *Schon 1314 Februar 8 hatte derselbe Heinrich der noch zu errichtenden Präbende die Güter in Kriegsheim geschenkt, wie Bischof Johann beurkundet. Cop. im Strassb. Bez. A. D 13, 1.*

Verkauf. **783.** C. j. c. thesaurarii eccl. Arg. in figura judicii Burcardus dictus Ecke carnifex, Ellina ejus uxor, cives Arg., Ita, Nicolaus, Ellina et Greda, liberi eorundem, vendiderunt pro 12 lib. den. Arg. Conrado dicto Crôse civi Arg. unam domum et aream, sitas in c. A. in vico dicto daz cleine vihegesselin juxta domum dicti Nene carnificis e. u. et e. p. a. juxta domum relicte Johannis dicti Blanke, ita quod census nomine debeantur 2 sol. et 1 obulus monete et 1 cappo, qui dantur annuatim ad officium magisterii coquine domini episcopi Arg. vulgariter daz kûchinmeisterdûm. A. 3. actum et datum a. d. 1314, 11 kalendas januarii. ***1314 Dezember 22.***

Aus Strassb. Hosp. A. lad. 171 fasc. 32. or. mb. c. sig. pend. mutil.

Verpfändung. **784.** Fridericus Romanorum rex, Lupoldus et Heinricus, duces Austrie et Styrie, Johanni episcopo Argentinensi vendunt castrum Bilenstein ac omne jus in castro Richemberg, civitate Bergheim, castro Ortemberg, villa Scherwilre et valle Alberti, prius per ipsos Heinrico de Mûlnheim civi Arg. sub certa forma venditis[1], pro 3000 marcis argenti. jus reemptionis transit ad episcopum. actum et datum 5 kalendas januarii, a. d. 1314. ***Dezember 28.***

Aus Strassb. Bez. A. G 83 (519). or. mb c. 2 sig. pend. (Der untere Rand ist abgerissen und damit ein Teil des Datums, das sich aber ergänzen lässt). Nach einem Copialbuch der Stadt Strassburg abgedruckt bei Schöpflin Alsatia diplomatica II, 110. Böhmer Regesta Frid. nr. 5.

Verkauf. **785.** *In dem ehem. bischöflichen Archiv zu Zabern war laut Inventar aus dem vorigen Jahrhundert eine Urkunde erhalten, deren Inhalt wie folgt angegeben ist:* «Copia sub sigillo curie venditionis curie claustralis in vico prædicatorum, dicte zu dem Störcken, per decanum et capitulum de consensu Johannis episcopi facte Philippo apothecario Argentinensi pro 100 marcis argenti, necnon emptionis curie in vico dicto des von Ochsensteinsgasz site per dictos decanum et capitulum facte a Walramo de Veldenz canonico cum 70 marcis argenti receptis de memoratis 100 marcis. 1314.»

Aus Strassb. Bez. A. G 3461. Auszug nach dem Inventar. Dieselbe Urkunde stand auch im grossen Copialbuch fol. 26.

Befehl zur Uebergabe einer Burg. **786.** Fridericus Romanorum rex mandat strenuo viro Heinrico Waffelario de Eckerich, quatenus castrum Bilstein Johanni episcopo Arg. statim assignet. datum in Selse, 3 nonas januarii, a. d. 1315, regni vero nostri anno primo[2]. ***1315 Januar 3.***

Aus Strassb. Bez. A. G 786. or. mb. c. sig. pend. delaps.

Verpfändung. **787.** Fridericus Romanorum rex, Lupoldus et Heinricus, duces Austrie et Stirie, fratres, honesto viro et discreto Heinrico de Mûlnheim, civi Argentinensi, vendunt redditus 40 marcarum argenti super castrum Rychemberg, civitatem Bercheim, castrum Ortemberg, villam Scherwyler et vallem Alberti pro 400 marcis argenti, jus reemptionis venditores sibi reservant. sigilla Friderici regis et Lupoldi ducis sunt appensa, Heinricus dux non habet proprium sigillum. actum et datum in Selse, sabbato post circumcisionem domini proximo, a. d. 1315[3]. ***Januar 4.***

Aus Strassb. Bez. A. G 1359 (1777) nr. b. 1. cop. chart. saec. XVI-XVII. In der Form gleicht die Urkunde ganz den in der Kanzlei des bischöfl. Strassburgischen Hofgerichts concipirten, so dass sie auch wohl aus derselben herrührt.

---

[1] *Vgl. nr. 779.* [2] *Vgl. nr. 784. Denselben Befehl erteilt Herzog Leopold, der den Waffeler auch von seinem Eidschwur betreffs des Besitzes der Burg entbindet.* «datum Argentine, 18 kalendas februarii, a. d. 1315.» *(Januar 17) Or. ebendaselbst.* [3] *Vgl. nr. 779 und 784.*

788. Johannes episcopus, Heinricus decanus et capitulum ecclesie Arg. castrum Dilstein ac omne jus in castro Richemberg, civitate Bergheim, castro Ortemberg, villa Scherwilre et valle Alberti (Albrehtes tal) venditum ipsis a Friderico Romanorum rege, Lupoldo et Heinrico, ducibus Austrie et Styrie, pro 3000 marcis argenti, revendere eis pro summa antedicta promittunt et pro tanto pretio, quod superadditum fuerit, si munitiones et bona antedicta reemi continget nomine ecclesie predicte a Heinrico de Mülnheim cive Argentinensi. sigilla episcopi et capituli sunt appensa. actum et datum 18 kalendas februarii, a. d. 1315[1]. *Pfandgeschäft.*

1315 Januar 15.

Aus Strassb. Bez. A. G 116 (551). 11. or. mb. c. 2 sig. pend. delaps. Darnach abgedruckt bei Rosenkränzer Bischof Johann I von Strassburg. Trier 1881, S. 93.

789. *Vor 1315 Januar 29 schliesst König Friedrich mit mehreren Bürgern von Strassburg einen Vertrag ab betreffs ihrer Unterstützung und Teilnahme am bevorstehenden Kampfe. Die Existenz der Urkunde folgt aus der Urkunde von 1315 Januar 29 (abgedruckt bei Böhmer Acta imperii nr. 659), worin 13 Ritter und Edelknechte für des Reiches Dienst gewonnen werden. Jeder Ritter erhält 25, jeder Edelknecht 20 Mark* « umb sollichen dinst, als sie uns und dem riche gethan habent und noch süllent thün, und mit namen disen krieg mit gantzen truwen allen zü diende, . . . denselben alles das zû dûnde mit gedinge, das wir unser getruwen dienern von Strassburg dûn sallen, als ir brieffe sagen.» *Da die Summen erst nachher gezahlt werden sollen, so werden als Bürgen gesetzt der Herzog Leopold von Oestreich und Otto von Ochsenstein; dieselben sollen bei Nichteinhaltung der Termine* « sich antwurten und leysten in allem dem rechte, als die briffe unser diener von Strassburg lerent und sagentt.» *Soldbriefe.*

790. C. j. c. A. Cûnradus de Criegesheim, sartor Arg., et Ellina, uxor sua, in presentia priorisse et conventus monasterii s. Elizabet e. m. A. confessi sunt, ab his se in emphiteosim conduxisse aream, e. m. A. in der Crutenowe juxta domum dicti Velkelin e. u. et e. a. p. juxta domum Cûnradi dicti de Maurimonasterio, sutoris Arg., sitam, pro annuo censu 5 unc. den. Arg. et 2 caponum. Er. 4. V. actum 2 kalendas februarii, a. d. 1315. ***Januar 31.*** *Erbleihe.*

Aus Strassb. Stadt A. lad. s. Nicol. Thom. Steph. fasc. I. or. mb. c. sig. pend. et transfixo de anno 1444.

791. Fridericus Romanorum rex, Lupoldus et Heinricus, duces Austrie et Styrie, Heinrico de Mülnheim, civi Arg., creditori suo, mandant, ut revenditionem promissam castrorum Richemberg et Ortemberg, civitatis Bergheim, ville Scherwilre, vallis Alberti (Albrehtes tal) ecclesie Argentinensi faciat, quandocunque per Johannem episcopum Argentinensem, « principem et secretarium nostrum carissimum » fuerit requisitus. sigilla regis et Lupoldi ducis sunt appensa. datum Suvelnheim, 14 kalendas marcii, a. d. 1315[2]. ***Februar 16.*** *Befehl zur Erlösung eines Pfandes.*

Aus Strassb. Bez. A. G 117 (552). 1. or. mb. c. 2 sig. pend. delaps. Darnach abgedruckt Mone Zeitsch. f. Gesch. d. Oberrh. XII, 330 und Rosenkränzer Bischof Johann I von Strassburg, S. 94. Böhmer Reg. Frid. nr. 295.

792. *Herzog Leopold von Oesterreich verspricht dem Strassburger Schultheissen, Nicolaus Zorn, für seine Dienste 100 Mark.* ***März 3.*** *Schenkung.*

Nos Lupult dei gratia dux Austriæ et Styriæ, dominus Carniolæ, Marchiæ ac Portusnaonis comes in Habspurg et Kiburg necnon lantgravius superioris Alsacie generalis ad universorum presens scriptum intuencium noticiam cupimus pervenire, quod nos sinceritatem fidei, quam vir strenuus Nicolaus dictus Zorn, scultetus Argentinensis, nobis et progenitoribus

---

[1] *Vgl. nr. 784.* [2] *Vgl. nr. 784 und 788.*

nostris in omnibus nostris negociis et agendis publice et occulte monstravit affectum, quæ decet linpitius intuentes grata vicissitudine respondendos eidem et suis heredibus motu liberalitatis propriæ promittimus bona fide, quod non solum centum marcas argenti Argentinensis ponderis infra festum nativitatis domini in futurum proxime sibi demus, sed et ipsis semper ac ubilibet graciosa mente complacere velimus in omnibus que sunt vel que esse poterint consona votis suis, presentium testimonio litterarum sigilli nostri robore munitarum. datum Argentine, 5 nonas martii, a. d. 1315.

Aus dem von Zorn-Plobsheim'schen Archiv. Papiercopialbuch s. XVII exeunt. fol. 69b.

Erbleihe. **793.** *Das Kloster s. Agnes giebt eine Hofstätte in Erbleihe an Clawes, den Juden von Katzenhausen.* ***1315 März 17.***

Wir die priolin und aller der convent von sant Agnese dûnt kunt allen den, die disen brief sehent oder hôrent lesen, daz wir Clawese deme iuden von Katzenhusen und Elline, siner elichen wûrtinne, und alleu iren erben hant verluhen zû eime rehten erbe ein hofestat an dem ziegelhove bi dem alten huse umbe vier ùntze genger unde geber Strasbûrger alle iar ane erschatz. were aber daz sùz welteut verkôffen, so sûllent sùz uns e bieten, denne ander lûten; ist aber daz es ander lùte kôffent, die sûllent erschatz geben, alse der stette gewonheit ist. were aber daz, daz er den zins verseluze wider unsern willen, so solte daz gedinge ab sin und sullen wir unser eigen liben weme wir wellent. das dis wor und stette blibe, derumbe hencken wir die priolin und der convent unser ingesigel an disen brief. dirre brief wart geschriben an deme mendage noch dem palmedage, do men zalte von gottes gebûrte dusig iar und drùhundert iar und fùnfzehen iar.

Aus Strassb. Bez. A. H 3118. vid. mb. ausgestellt vom judex curie Arg. 1362 Juli 11.

Schenkung. **794.** C. j. c. A. Richwinus dictus Kôrner, civis Arg., in remedium anime sue donatione inter vivos donavit ad chorum ecclesie Arg. redditus annuos 10 sol. den. minus 2 den. Arg. super una area, sita in c. A. apud s. Petrum seniorem dicta zû dem swerte[1] juxta domum dictam zû dem Bareler, item annuos redditus 5 sol. et 0 den. super area sita juxta aream zû dem swerte predictam. anniversarium donatoris peragetur, quamdiu vixerit, in octava
November 18. b. Martini et post obitum ejus illa die qua occurrit. A. 1. (in Johannem sacerdotem, procuratorem capituli). actum 7 idus aprilis, a. d. 1315. ***April 7.***

Aus Strassb. Bez. A. G 3655 (1050). 10. or. mb. c. sig. pend.

Pfandschaft betreffend. **795.** *Die Städte Aarau, Sursee, Waldshut, Sempach, Mellingen, Zofingen und Lenzburg verpflichten sich gegen Heinrich von Mülnheim zu der von den Habsburgern verpfändeten jährlich zu zahlenden Summe und stellen dafür Bürgen.* ***April 12.***

Wir Cûnrat von Wikeim der schultheiss, der rat und die gemeinde von Arowe veriehen mit disem gegenwûrtigen briefe, daz wir schuldig sin von unser stette wegen fùr unser herre die herzogen von Ôsterich dem erbern manne hern Heinriche von Mùlnheim, eim burgere ze Stroburg, drûe und drissig mark silber geltes, luters und lôtiges, des geweges von Stroburg, alle iar an sant Martins tag, und wir Jop der schultheiss, der rot und die gemeinde von Surse fûnf und zwenczig mark, und wir Rûdger von Seckingen der rot und die gemeinde von Waltzhût nûnzehen mark, und wir Ůlrich von Galmaton der schultheisz, der rot und die gemeinde von Sempach vierzehn mark, und wir Hartman von Vilmeringen der schultheisz, der rot und die gemeinde von Mellingen zwo mark, und wir Heinrich von Luterowe der schultheiss, der rot und die gemeinde von Zofingen fûnf und vierzig mark, und wir Ůlrich

1 *Vgl. Str. G. u. HN. S. 190.*

der schultheisz, der rot und die gemeinde von Lentzburg siben mark. das selbe silber geloben wir hern Heinrichen von Mülnhein oder sinen erben ze gebende und geltende und ze antwürtende in die stat ze Strosburg alle ior an sant Martins tage und geben imme darumb ze bürgen unverscheidenlich mit gesworneṁ eide Conrat von Vaken, Niclaus Stieber, Rûdger Rubin und meister Johans den schûlmeister, burger ze Arowe, Job den schultheiszen, Rûdger den arzot und Heinrich von Saffaton, burgere ze Surse, Rûdger von Seckingen und Heinrich Hünerliger, burgere ze Waltzhût, Peter von Omendingen und Ûlrich von Bözewile, burgere ze Sempach, Arnolt Hellekessel einen burger ze Mellingen, Heinrich von Lutcrowe, Rûdolf von Ougst, Johans zû dem brunnen den eiltern, Heinrich von Rietal und Cûnrat von Huprechtingen, burgere ze Zofingen, und Dieterich des schultheissen brûder, einen burger ze Lentzburg, also und mit solicher gedinge: were daz wir die vorgenanten burgere und stette daz vorgesprochen silber nüt engebent zû dem zile, als hievor geschriben stot, so süllent die vorgenannten unser burgere sich antwürten in die stat ze Strosburg bi dem eide, den si darumb gesworn hant, noch rechter und gewonlicher giselscheft nidewendig acht tagen, wenne sie darumb gemant werdent ze huse oder ze hofe, oder munt wider munt, niemer danan ze kommende noch lidig ze werdende, hern Heinrich von Mülnhein oder sinen erben sie das vorgeschribene silber gar und gentzlich vergulten. were aber, daz si brechent und nüt enleistent, als hievor geschriben stot, so mag er oder sin erben daz silber lehenen, daz unvergolten ist, uf unser stette und unsern schaden, der gewonlich sie, und mügent ouch uns unser stette und unser bürgen, die do brechent, angriffen mit geistlich und mit weltlichem gerichte und ane gerichte, und mügent uns ouch phenden, und sol daz angriffen und phenden nüt gon an deheinen lantfriden noch an dehein gerichte geistlich noch weltlich, neme ouch er sin erben oder ir helffere deheins gerichtes, lehendes manunge oder phandunge deheinen schaden, den sin wir und unser stette in schuldig ab ze tûnde bi gûten truwen ane alle geverde. wir süllen ouch sinen oder eins sins erben eiden glouben umb den schaden. were ouch das der bürgen einre abginge, so sol die stat do er burger was einen andern gen, der als gût sie, nidewendig eim monat, wenne sie darumb gemant wirt. tete si des nüt, so süllent sich die andern bürgen antwürten in die stat zu Strosburg, niemer danan ze kommende, e der bürge wart gegeben und gesetzet. wir verzihen uns ouch für uns und unser stette über alles das hievor geschriben stot, alles rehtz und schirmes, bede geistlichs und weltlichs, gerichtes und gewonheit, domitte wir oder unser stette beholffen möchte sin nu oder harnoch in dehein wise. und des zeim woren urkünde so geben wir die vorgenanten burgeren von Arowe, von Surse, von Waltzhût, von Sempach, von Mellingen, von Zofingen, von Lentzburg hern Heinrich von Mülnhein dem vorgesprochenen disen brief besigelt mit unser stette ingesiglen. dis beschach und wart diser brief geben an dem samstage noch dem sunentage so man singet Misericordia domini, des iares do man zalte von gotz gebürt tusent iar drü hundert iar und fünfzehen iar [1].

Aus Luzern. Kantonal Arch. *cop. chart. s. XV. von der Hand des Stadtschreibers Egloff Etterlin nach einer vidimatio des Richters des Strassburger Thesaurars von 1396 Desember 29* (fer. 6. prox. post. nativ. domini). *Regest in den Regesta boica V, 303; es befindet sich das Original also vermutlich in München.*

---

[1] *Vgl. nr. 779 und die bei Boos Aarauer Urkundenbuch S. 296 abgedruckte Urkunde von 1462 Februar 8, wonach Ludwig von Mülheim, Erhart von Hynach, Heinrich Beger von Geyspitzheim, Berchtold von Wildsperg und Claus Zorn von Bülach noch damals eine Schuldforderung von 774 ½ Gulden jährlichen Zinses an die Städte Zofingen, Aarau, Lenzburg, Sursee und Sempach hatten. Damals kaufte sich Aarau für seinen Anteil (206 ¼ Gulden jährlich) frei.*

Erbleihe.

796. C. j. c. A. priorissa et conventus monasterii s. Johannis zů den Hunden e. m. A. ordinis s. Augustini locaverunt in emphiteosim Gösselino dicto Schöp, Burcardo dicto Waldecke militibus et Heinrico sacerdoti de Hagenowe, procuratoribus et gubernatoribus seu negotiorum gestoribus fabrice ecclesie Arg., domum et aream, item 1 aream juxta horreum fabrice predicte e. u. et e. p. a. juxta domum dicte fabrice, item 1 aream ex alia parte horrei predicti ex opposito vici dicti Böckelin civis Arg. sitas trans novum pontem in c. A., pro annuo censu 2 lib. den. Arg. Fr. 4. V. datum 12 kalendas maji, a. d. 1315. hujus instrumenti 2 sunt.

1315 April 20.

A aus Strassb. Frauenh. A. lad. 49 nr. 61. or. mb. c. sig pend.
B aus Strassb. Hosp. A. lad. s. Marc. IX fasc. 33. or. mb. c. sig. pend.

Stellung von Bürgen.

797. *Die Stadt Winterthur stellt Bürgen für die von den Herzögen von Oesterreich an Heinrich von Mülnheim, Bürger von Strassburg, verpfändete Rente von 30 Mark Silber.* ***April 21.***

Wir Wezel der schultheis . . der rat und diu gemeinde von Wintertur vergehen mit disem gegenwertigen brief, daz wir schuldig sint von unserre stete wegen wur unser herren . . die herzogen von Österrich dem erbern manne hern Heinrich von Mülnheim, einem burger ze Strasburc, drisig marg silber geltes lüters und lötiges des geweges von Strasburc; daz selbe silber geloben wir im oder sinen erben ze gebende und ze geltende und ze antwurtende in der stat ze Strasburc allû iar an sant Martins tag, und geben im darumbe ze burgen von unser stete wegen mit geswornem eide unverscheidenlich Johannes Schultheisen, Peter Bleten, Eberhart von Rinôwe, und Rûdolf Taneller, unser burger, also und mit solicher gedinge: were daz wir im oder sinen erben daz silber nût engeben noch engulten zû dem zil, als hie vor gescriben stat, so suln die vorgenanten unser burgen sich antwurten in die stat ze Strasburc bi dem eide, den sie darumbe gesworn hant, nach rehter und gewonlicher giselschaft inwendig aht tagen, swenne sie darumbe gemant werdent zû hus oder zû hof oder munt wider munde, niemer dannan ze komende noch lidig ze werdende, hern Heinrich von Mulnheim oder sinen erben si daz vorgesprochen silber gar und ganzlich vergolten; were aber daz sie brechen und nût enleisten als hie vor gescriben stat, so mag er oder sin erben daz silber lehenen uf unsern und unserre stette schaden, der gewonlich si, und mugen ôch uns unser stat und unser burger und ôch die burgen, die da brechent, angrifen mit geislichem und mit weltlichem geriht und âne geriht und mugen uns ôch phenden. und sol daz angrifen und diu phanduuge nût gân an denheinen lantfriden noch an denbein geriht geislich noch weltlich. neme ôch er sin erben oder ir helfer denheines gerihtes lehendes manunge oder phandunge denheinen schaden, den sint wir und unser stat in schuldig abe ze tûnde bi gûten trûwen âne alle geverde. wir suln ôch sinem oder eines sines erben eide gelôben umbe den schaden. were ôch daz der burgen einer abe gienge, so suln wir einen andern geben an des selben stat inwendig einem manot, so wir darumbe gemant werden; tetin wir des nût, so suln die andern burgen sich antwurten in die stat ze Strasburc niemer dannan ze komende, unz der burge gegeben wirt und gesezet. heruber und uber alles, daz hie vor gescriben stât, so verzihen wir uns alles rehtes und schirmes bediu geisliches und weltliches gerihtes und gewonheit, damit wir wider disen brief und dise gelubede beholfen môhtent sin nu oder hernach in dehein wise. und des zû einem waren urkunde so geben wir die vorgenanten burger und stat hern Heinrich von Mulnheim dem vorgesprochen disen brief besigelt mit unserre stette ingesigel. der wart gegeben an dem nehesten mantage vor sant Gerien tag, do man zalt von gotes geburt tusent iar drühundert iar und fûfzehen iar[1].

Aus Strassb. Stadt A. G. U. P. lad. 79 nr. 3. or. mb. c. sig. pend. delaps.

[1] *Vgl. nr. 779.*

798. C. j. c. A. Reimboldus dictus Brandecke, miles Arg., vendidit domum suam cum area, quas possidet Wernherus dictus Hiler, que quidem area tendit retro ad claustrum s. Katherine e. m. A. prope ortum Reimboldi dicti Stubenweg militis, patris dicti Brandecke militis, priorisse et conventui monasterii s. Katherine p. p. e. l. pro 12 marcis argenti, ita tamen quod dicto Wernhero Hiler et ejus heredibus jus suum emphiteoticum perpetuo sit reservatum, quodque fossatum inter venditorem et claustrum existat in statu antiquitus observato, et quod monasterio licitum sit murum construere in eodem loco. A. 1. (in Sophiam priorissam). datum 5 kalendas maji, a. d. 1315. *1315 April 27.* *Verkauf.*

Aus Strassb. Hosp. A. lad. Orph. XXXIV fasc. 2. or. mb. c. sig. pend.

799. C. j. c. A. Gösselinus dictus Schôp, Burcardus dictus Waldecke, milites, et Heinricus sacerdos de Hagenowe, procuratores et gubernatores fabrice ecclesie Arg., item Heinricus Wetzelonis et Johannes dictus zû dem Engele de Wintertur, civis Arg., magistri hospitalis antiquioris pauperum in Arg., recognoverunt se recepisse a magistro Johanne dicto de Brandenburg, canonico ecclesie s. Petri Arg., 30 marcas argenti, fabricam videlicet pro duabus partibus, hospitale vero pro tertia parte, commutandas in emptionem orti inferius annotati. ad hec Anshelmus dictus de Keisersberg, civis Arg., et Angnes, ejus uxor, manu coadunata vendiderunt more schottationis, que in civitate et diocesi Argentinensi in rebus immobilibus pro traditione habetur, ortum situm e. m. A. juxta ortum domini Hugonis dicti Zorn, prepositi ecclesie s. Petri predicte, et ortum Nicolai dicti Waldener, militis Arg., e. u. et e. p. a. juxta ortum dicti Priol, civis Arg., cum omnibus supraedificatis, dictis procuratoribus et magistris de pecunia prefata, scilicet pro duabus partibus procuratoribus, pro tertia parte magistris hoc modo, quod si idem ortus pro aliquo censu obnoxius extiterit, idem census abhinc inantea solvi debeat a dictis venditoribus de media parte curie sue, site in c. A. juxta domum seu curiam relicte Reinboldi de Zabernia dictam des Stampfes hof e. u. et e. p. a. juxta estuarium dictum zûm Mûlsteine et domum Berhtoldi dicti zûm Riet, tendentis retro ad Brûskam, necnon de area, sita similiter in c. A. bi der Schôpfen juxta domum quondam magistri Gôtfridi, notarii ejusdem civitatis Arg., nunc existentem in bonis Alberti dicti Schaffener Vierling, que quidem media pars curie et area ac ortus predicti extiterant obligati pro censu 8 lib. den. Arg. Burcardo dicto de Duntzenheim, civi Arg. A. 1. he condiciones sunt adjecte, quod dictus ortus apud fabricam inalienate remanere debeat et si dicto hospitali 10 marcas argenti solverint procuratores fabrice, quod tunc ortus integraliter sit et remaneat apud fabricam; et quod si lapsis 30 annis infra biennium dictum ortum de pecunia sua propria ad ipsorum usum et pro se nullo quesito colore reemere voluerint, hoc eis liceat pro 30 marcis argenti, ita tamen, quod si que edificia super fundo dicti orti ultra jam edificata de novo ultra estimationem 20 marcarum argenti edificata essent, hec in dicta reemptione solvantur sive quod patiantur, hec demoliri et tolli ab emptoribus dictis. hiis peractis locaverunt procuratores et magistri prefato magistro Johanni ad tempus vite sue et post ejus obitum per 1 mensem pro annuo censu 1 libre cere fabrice et ½ lib. hospitali solvendo. actum 15 kalendas junii, a. d. 1315. hujus instrumenti 4 sunt. *Mai 18.* *Schenkung.*

Aus Strassb. Hosp. A. lad. XXXIV fasc. 6. or. mb. c. sig. pend.

800. C. j. c. A. Conradus dictus Strube, civis Arg., et Katherina, nata quondam advocati de Eichahe, uxor ejus, manibus coadunatis vendiderunt de consensu Volmari et Cûntzelini, filiorum suorum adultorum, abbatisse et conventui inferioris monasterii (Sifrido procuratore ejus presente) tertiam partem p. p. e. l. de duabus partibus curie, site in c. A. apud s. Thomam juxta curiam Rûdolfi dicti Ripelin militis Arg. e. u. et e. p. a. juxta curiam monasterii de Hohenburg, que quidem 2 partes obvenerunt couterinis quondam Volmari de Eichahe ex *Verkauf.*

successione ejusdem Volmari, que etiam tertia pars vendita est anterior pars curie tendens ad stratam, pro 82 lib. den. Arg. A. 1. U. (pro Johanne filio venditorum). M. (pro Volmaro et Cüntzelino). actum 5 idus junii, a. d. 1315[1]. ***1315 Juni 9.***

Aus Strassb. Bez. A. G 3071 (3479) nr. 8. or. mb. c. sig. pend. delaps.

Vertrag betr. eine Präbende.

801. C. j. c. A. Nicolaus de Vilingen, sacerdos et prebendarius eccl. Arg. ac capellanus altaris s. Johannis baptiste, pro se et successoribus suis in dicto altari promittit, se daturum de proventibus prebende ad chorum dicte ecclesie 5 lib. den. Arg. (mediam partem in anniversario quondam Beatricis dicte Mosungin institricis Arg. et residuam medium partem in anniversario quondam Johannis dicti Mosung, nati dicte Beatricis, fundatoris seu creatoris dicte prebende) necnon 6 quartalia annone mansurnalis ad refectorium dicte ecclesie. prebendario salve sunt distributiones chori et refectiones refectorii; quod Johannes, procurator decani et capituli, et Johannes, capellanus domini . . de Dicke portarii dicte ecclesie, promittunt. actum 11 kalendas julii, a. d. 1315. ***Juni 21.***

Aus Strassb. Bez. A. G 3479 (3875) nr. 5. or. mb. c. sig. pend.

Wittumsstiftung.

802. *Der Unterschultheiss von Strassburg und seine Gemahlin stiften in Gegenwart von Schöffen einander ein Wittum.* ***Juli 2.***

Wir Reinbolt Zorn, des schultheissen sûn von Strazburg, Gotze von Grostein rittere und Burchart von Dûntzenheim tûnt kunt allen den, die disen brief sehent oder hôrent lesen, daz wir dabi warent und dazu wûrdent gezogen in scheffels und amans wiz, daz Gunther, der underschultheisse von Strazburg, und vûr Kûnigunt, sine eliche wûrtin, einander widemettent ze rehtem widemen ir hus und die hovestat, da daz hus uffe stat, mit allem begriffe, als es gelegen ist, und alles daz reht, daz sie beide an dem huse und an der hovestat hant, daz da gelegen ist ze Strazburg in der stat an dem winmerkete wider Bischovisbûrgetor einsite an Billung Recken huse und andersit an der frowen hus von Hermotzheim, und gat vor uz an die straze unde hin after an die rincmure der stette, und ist geschehen mit gûtem willen und gehelle hern Reinboldes des vorgenanten hoveherren des selben huses unde der hovestette, und hab es in ouch gesetzet in alle die wise, als es an disem brieve stat geschriben; also, daz Gunther sin zweiteil vûrn Kûnigunde und sie imme ir dritteil widere, daz eins noch des andern tode sol haben unde niessen, die wile es lebet, alse men einen widemen sol haben unde niessen noch der stette gewonheit ze Strazburg. daz dis war und stête si, darumbe so han wir unsere ingesigele zeime offenen urkûnde der vorgeschriben dinge gehencket an disen brief. der wart geben da man zalte von gotz gebûrte drizehen hundert iar und funzehen iar, an der mittewochen noch sancte Peters und sancte Pauwels tage zweier apposteln.

Aus Strassb. Bez. A. G 5440 (5808). 2. or. mb. c. 3 sig. pend. (sig. Zornonis est delapsum).

Verkauf.

803. C. j. c. thesaurarii eccl. Arg. in figura juditii Gysela, relicta Gôtzonis dicti Wise civis Arg., Agnes, relicta Conradi dicti Kuse, Gysela, Petrus, Johannes et Anna, liberi predicte Gysele, vendiderunt Johanni dicto Bôckelin, civi Arg., redditus 1 lib. den. Arg. per venditores solvendos super domo et area, sitis in c. A. in loco qui dicitur Heringburne under den fûterern apud arcam et domum ex uno latere monialium de s. Agneti et e. a. juxta dictam Snewelerin, item redditus annuos 5 unc. den. Arg. super area, sita in c. A. uf dem graben e. u. latere juxta Heinricum militem dictum Marsilies et e. a. juxta Johannem dictum Sorner de Berse, item redditus $2^{1}/_{2}$ quartalium siliginis in Brûschewikersheim pro

---

[1] *Vgl. nr. 631 und 707.*

43 lib. den. Arg. A. 3. jus emptionis totius domus emptoribus reservatur, si venditor domum suam cum area vendere voluerit. Er. 1. actum et datum feria sexta ante Margarete, a. d. 1315[1]. *1315 Juli 11.*

Aus Strassb. Bez. A. G 3657 (4052). 1. or. mb. c. sig. pend. delaps.

804. C. j. c. A. Reinboldus dictus de Lingolvesheim, miles Arg., et Reinboldus armiger, natus quondam Bökdelini militis Arg., manibus coadunatis locaverunt in emphiteosim pro annuo censu 36 sol. den. Arg. magistro Johanni de Brandenburg, canonico ecclesie s. Petri Arg., aream unam, sitam e. m. A. juxta fossatum exterius et attingit ab una parte dictum fossatum, a parte vero superiori incipit ab area dicti Priol et tendit deorsum ad domum Lotricis, a parte vero opposita incipit ab horreo Johannis dicti Zoller et tendit deorsum usque ad murum constructum apud vicum communem, cum via media tendente per dictam aream a superiori parte deorsum, ita quod eadem via tantum debeat esse communis areis dicti Priol et Lotricis et aree magistri Johannis predicti; hoc tamen adjecto, quod dictus magister Johannes ad ortum suum situm retro, qui olim erat in bonis dicti Betscheman, similiter servitutem vie, itineris et actus etc. perpetuo habeat. Er. 4. V. actum 16 kalendas augusti, a. d. 1315[2]. *Juli 17.* *Erbleihe.*

Aus Strassb. Bez. A. G 4826 (5198). or. mb. c. sig. pend.

805. C. j. c. A. Berschinus magister piscatorum, civis Arg., et Gerdrudis, nata Gerdrudis sororis dicti Berschini (de consensu expresso domine Katerine nate quondam domine dicte de Rössewag, domine directe aree, necnon Reinboldi dicti Süsze senioris, militis Arg., mariti dicte Katerine), locaverunt in emphiteosim Heinrico Wetzelonis militi Arg., procuratori et magistro hospitalis novi, siti in parrochia ecclesie s. Thome Arg., conducenti nomine hospitalis domum et aream, sitas in c. A. juxta dictum hospitale e. u. et e. p. a. juxta domum dicti Twingerlin, pro annuo censu 4 lib. den. Arg. 3 lib. et 10 sol. solvantur dictis locatoribus de area dicta et de domo et area hospitalis, sitis juxta dictam aream, residui 10 sol. prefatis conjugibus cedunt. preterea debet procurator 4 den. et 1 obulum Arg. monete annuatim heredibus Reinboldi Liebenzellarii militis Arg. solvere. V. (pro Katerina et Reinboldo Süsze). datum 2 kalendas augusti, a. d. 1315. hujus instrumenti 3 sunt. *Juli 31.* *Erbleihe.*

Aus Strassb. Hosp. A. lad. 19 fasc. 2. or. mb. c. sig. pend.

806. C. j. c. A. Johannes dictus Kabushöbet, civis Arg., vendidit Junte, relicte Conradi dicti Dasche, civi Arg., annuos redditus 1 lib. den. Arg. super media parte domorum et arearum, sitarum in c. A. ex opposito curie quondam dicti de Entringe juxta domum Johannis dicti Sickelin senioris militis Arg. e. u. et e. p. a. juxta domum fabrice ecclesie Arg.; item Johannes dictus Peierlin natus Heinrici dicti Peierlin civ. Arg. vendidit prefate emptrici redditus 1 lib. den. Arg. super residua media parte pro 34 lib. den. Arg. A. 1. U. (prefatus Johannes dictus Kabushöbet et Johannes Wölfelini, natus quondam dicti Heringhöbet de Argentina, pro Johanne, filio Johannis dicti Kabushöbet, ex quondam Ita priore uxore, filia Heinrici dicti Peierlin predicti). emptrix medietatem reddituum emit de sua propria pecunia, *Verkauf.*

---

[1] *Nach Dorsualnotiz s. XV-XVI hiess das Haus am Fischmarkt:* «zů der Goltblůmen». *Vgl. Str. G. u. HN. S. 63.* [2] *Vgl. nr. 799. Meister Johannes verpfändet 2 Häuser mit den Hofstätten* (juxta domum Agnetis Lotricis e. u. et e. p. a. juxta aream dicti Priol) *für 50 Pfund Pfenninge an Erbo von Kagenecke, Canonicus von Jung s. Peter, der jährlich 4 Pfund von den 2 Häusern erhält. 1316 März 13. Or. ebendaselbst. Johannes, Bischof von Str., erkennt die Verleihung, welche der inzwischen verstorbene Edelknecht Reinbold und der Ritter Reinbold machten, an unter Vorbehalt aller Rechte des Bistums, von welchem Ritter Reinbold das oben beschriebene Grundstück zu Lehen zu haben erklärt. 1318 Januar 27. Or. ebendaselbst.*

residuam vero de bonis dotalibus id est sibi in dotem donatis. proprietas hujus partis est apud Katherinam, filiam suam, uxorem Johannis dicti Mûrsil. actum 5 idus augusti, a. d. 1315 [1]. *1315 August 9.*

Aus Strassb. Bez. A. G 3658 (4053). 1. cop. mb. c. sig. pend. angehängt der Urkunde von 1324 Oktober 30. (vgl. Anm. 1.)

Verkauf.

807. C. j. c. A. nobiles viri, dominus Ulricus lantgravius Alsatie et Philippus frater ejus, canonicus eccl. Arg., vendunt Hugoni dicto Schop, militi Arg., ementi nomine fratris Hugonis de ordine fratrum predicatorum, nati quondam magistri Johannis Engilberhti civis Arg., redditus annuos 10 lib. den. Arg. de bonis in banno et villa Osthus sitis pro 50 marcis argenti. venditoribus jus reemptionis reservatur. A. 1. actum 13 kalendas septembres, a. d. 1315. *August 20.*

Aus Schöpflin Als. dipl. II, 116 nr. 897 (nach dem Or. im damal. bischöfl. A in Zabern).

Erbleihe.

808. C. j. c. A. Heinricus dictus Gürteler civis Arg. confessus est in presencia Agnetis priorisse, se a priorissa et conventu monasterii s. Katherine e. m. A. conduxisse in emphiteosim aream dicti monasterii, sitam in c. A. uf dem graben juxta aream von Trûsenheim e. u. et dictum Böckelin e. p. a., pro annuo censu 1 lib. den. Arg. E. 1. V. datum kalendas septembres, a. d. 1315 [2]. *September 1.*

Aus Strassb. Hosp. A. Prot. 233 Orph. (Copialb. s. Katherinæ s. XV) fol. 2. cop. chart.

Vertrag über Baugerechtsame.

809. C. j. c. A. Johannes dictus Klobeloch filiaster Petri dicti de Schônecke militis Arg. ex una, Heinricus Wetzel miles Arg., Johannes de Wintertur dictus zûm Engel civis Arg. et frater Heinricus de Homburg, procurator beginarum saccitarum domus, site e. m. A. ex opposito turris dicte des Rûlenderlins turn ex parte altera, vice et nomine dicte domus super dissensione inter se taliter sunt concordati, quod videlicet murus, interjectus inter aream collegii et aream Johannis, spectet ad Johannem et quod jus habeat edificia inmittendi et inedificandi, quodque dictum collegium idem jus habeat inedificandi in dictum murum et desuper et ultra fossatum, quod est versus domum dicti collegii, ita tamen quod alveus dicti fossati ac idem fossatum non artetur (nût werde geengeret), sed quod liberum fluxum habeat aqua pluvia et alia aqua, et quod proprietatem habeat dictum collegium, palos dictos pfele inmittendi in dictum alveum et testudinem (gewelbe) desuper edificandi, et quod Johannes servitutem habeat expurgandi alveum. datum 14 kalendas octobris, a. d. 1315. *September 18.*

Aus Strassb. Hosp. A. Prot. Hôp. X (Rotes Buch) fol. 80 b. cop. s. XIV exeunt. (ca. 1390.)

Erbleihe.

810. C. j. c. A. domina Agnes, priorissa, et conventus monasterii s. Katherine e. m. A. locaverunt in emphiteosim domine Katherine, relicte Hetzelonis de Eckevertheim, armigeri, domum et aream, sitas in c. A. ex opposito domus dicti de Fürstenberg juxta areas monasterii s. Arbogasti e. u. et e. p. a. juxta domum Johannis dicti Spirer presbyteri Arg., pro annuo censu 4 lib. den. Arg. Er. 1. V. conductrix promittit domum habere in bono

---

[1] *Nach einer Dorsualnotiz s. XVI lag das Haus in* Bermentergasse. *Die von Heinrich Prierlin gekaufte Rente von 1 Pfund verkauft Junta an den Chor des Strassburger Münsters für 17 Pfund Pfenninge. Der Ankauf erfolgt durch Johannes von Geispoltzheim und Johannes Smidelin, Priester und Pfründner am Münster, mit dem Gelde des verstorbenen Nicolaus Swarber, Pfründner daselbst. 1324 Oktober 30. Or. ebendaselbst.* [2] *Ebenso bekennt Johannes genannt Taler, Strassb. Schneider, und Ellina, seine Gattin, dass er unter gleichen Bedingungen die Hofstätte gelehnt habe. 1322 Januar 5. Copie ebendaselbst fol. 2 b.*

edificio. et quod domus et area indivise semper apud unicum heredem seniorem debeant remanere. actum kalendas octobres, a. d. 1315. hujus instrumenti 2 sunt paria. *1315 Oktober 1.*

Aus Strassb. Hosp. A. lad. 172 fasc. 27. or. mb. c. sig. pend.

811. C. j. c. domini thesaurarii eccl. Arg. in figura judicii Betschelinus dictus Rûses vendidit census annuos 3 den. Arg. super una area, sita in c. A. retro lobium pellificum juxta domum Sigelini prepositi s. Thome Arg., fratri Heinrico converso monasterii s. Nycolai e. m. A. pro 4 sol. den. Arg.; item census annuos 6 den. Arg. super una area, sita juxta dictam Eppelin in c. A., Else begine dicte de Berstete pro 8 sol. den. Arg.; item census 3 den. Arg. super una area, contigua jam dicte aree, pro 4 sol. den. Arg. Else begine dicte de Ersthein. datum 11 kalendas novembres, a. d. 1315. *Oktober 22.* *Verkauf.*

Aus Strassb. Hosp. A. Prot. Prèdic. 107 (Copialb. s. XIV) fol. 85 b. cop. mb.

812. C. j. c. A. Billungus, cerdo Arg., et Agnes, uxor ejus, Katherina, Kûnigundis, Clara, Johannes et Nicolaus, liberi eorum, manibus coadunatis vendiderunt decano et capitulo et choro eccl. Arg. (Johanne presbytero procuratore emente nomine dicti chori de pecunia, quam Heinricus de Dicke, portarius dicte ecclesie donaverat), domum et aream, sitas in c. A. an Rintsûtergraben juxta domum Wôlfelini cerdonis e. u. et e. p. a. juxta vicum interjectum domui Fritschonis de Utenheim et domui ac aree venditis, p. p. e. l. pro 20 lib. den. Arg. A. 1. conjuges promittunt se effecturos apud Annam natam ipsorum, quod infra spatium unius anni dictum contractum approbet, alioquin excommunicationis sententie subjacebunt. M. (pro Johanne adulto et Nicolao minore, pubere tamen). procurator nomine quo supra locat venditoribus domum et aream prenotatas pro annuo censu 1 lib. den. Arg. Er. 4. V. actum 7 idus novembres, a. d. 1315. hujus instrumenti sunt 2. *November 7.* *Rentenkauf.*

Aus Strassb Bez. A. G 3657 (4052). 2. or. mb. c. sig. pend.

813. C. j. c. A. Wernherus dictus Hûmelin, miles de Ehenheim, et Johannes dictus Grave de Heiligenstein vendiderunt abbatisse et conventui inferioris monasterii partem suam domus et curie ac aree, sitarum in c. A. prope s. Thomam juxta curiam monasterii in Hohenburg e. u. et juxta curiam Rûdolfi dicti Riplin militis Arg. e. p. a., que quidem pars est posterior pars domus lapidee et dicte curie et protendit ad Bruskam, pro 46 marcis argenti. A. 2. Sifridus, procurator dicti monasterii, contractum recipit. actum 14 kalendas januarii, a. d. 1315[1]. *December 19.* *Verkauf.*

Aus Strassb. Bez. A. G 3071 (3479) nr. 7. or. mb. c. sig. pend.

814. C. j. c. A. Lucas armiger, filius quondam Johannis dicti de Eckerersheim, militis Arg., vendit de consensu Johannis militis et Marci armigeri, fratrum suorum presentium, pro 65 lib. den. Arg. Diethero dicto Kôlbelin, civi Arg., portionem ipsi competentem in passagio Reni vulgariter an dem vare zû den Hunden et tertiam partem censuum annuatim solvendorum de areis, pratis et aliis bonis in Kenle, 3 lib. den. Arg. et 35 sol. den. Arg. et 33 unc. den. Arg. et 16 caponum, salvo matri venditoris quoad vixerit usufructu passagii dicti et tertie partis redditum occasione donationis propter nuptias per quondam Johannem sibi assignate A. 1. bona specificantur. datum 18 kalendas februarii, a. d. 1316[2]. *1316 Januar 15.* *Verkauf.*

Aus Strassb. Stadt A AA 1691. or. mb. c. sig. pend.

[1] *Vgl. nr. 631, 707 und 890.* [2] *Die Brûder des Lucas: Ritter Johanns und Edelknecht Marcus verkaufen mit Zustimmung ihres Bruders an Johannes Klobelouch den älteren $^1/_8$ der Einkünfte von den Fähren am Rheine* (zû den Hunden und zû Hanesvelt) *und $^2/_3$ der oben angegebenen Einkünfte in* Kenle *für 135 Pfund Pfenninge. 1316 März 1. Or. ebendaselbst.*

Verkauf. **815.** C. j. c. A. Gerhardus dictus de Colonia, civis Arg., et Ita dicta Schultheissin, uxor ejus, manibus coadunatis vendiderunt Ebelino dicto de Munoltzheim seniori, civi Arg., annuos redditus 13 sol. den. Arg., quos dicta Ita habuit super scampnis (fleischbenke) subscriptis, sitis in c. A. inter macella carnificum, pro pretio 10 lib. den. Arg. A. 1. specificatio dictorum reddituum est: primo 4 sol. et 4 den., quos Hugo dictus Clötzelin, item 4 sol. 4 den., quos Öttelinus dictus Döbe, carnifices Arg., de duobus scampnis contigue sitis juxta Burcardum dictum Eckelin e. u. et e. p. a. juxta Petrum dictum Tesche solvunt, item redditus 4 sol. et 4 den., quos Berhtoldus dictus Teschelin carnifex Arg. de media parte scampni, siti juxta Petrum dictum Tesche, dat. actum 6 idus februarii, a. d. 1316. ***1316 Februar 8.***

Aus Strassb. Hosp. A. lad. Höp. XLVIII fasc. 99. or. mb. c. sig. pend.

Verkauf. **816.** C. j. c. A. domina Ita, relicta Johannis militis de Truhtersheim, de consensu expresso Johannis armigeri, sui filii, vendidit redditus annuos 2 lib. et 8 unc. den. Arg. ac 10 caponum super duabus areis suis, sitis an dem Hohenstege zû der kugelen in c. A. prope Rûdegerum dictum zû dem Nusbôme e. u. et e. p. a. prope domum dictam der gotzhus von Hohenloch[1], Conrado dicto Schidelin et Metze ejus uxori, civibus Arg., pro 60 lib. et 16 unc. A. 1. (in judicem predictum nomine emptorum). datum 13 kalendas marcii, a. d. 1316[2]. ***Februar 17.***

Aus Strassb. Frauenh. A. lad. 49 nr. 62. or. mb. c. sig. pend. delaps.

Pfandbrief. **817.** C. j. c. A. Nicolaus dictus Soldan civis Arg. confessus est pro se et Luscha uxore sua, nata quondam Rûlini dicti Riplin militis Arg., et suis heredibus se singulis annis debere percipere 44 quartalia siliginis super villa Matzenheim, jurisdictione, hominibus ac omnibus bonis necnon pullos hactenus dari consuetos Ûlrico lantgravio Alsatie et Philippo ejus germano, canonico ecclesie Arg., vendita et venditos per dominos predictos pro 100 lib. den. Arg.; recognovit etiam Nicolaus sibi nichil aliud juris competere in villa, quam redditus et pullos predictos, quos pro summa predicta revendere promittit. datum 5 idus marcii, a. d. 1316. ***März 11.***

Aus Strassb. Bez. A. G 117 (552) nr. 7. or. mb. c. sig. pend.

Erbfolgeordnung. **818.** C. j. c. A. Agnes et Katherina, sorores carnales, nate quondam Conradi dicti Ohssener civis Arg., recognoverunt, se ad invicem fecisse divisionem duarum domorum, in c. A. sitarum unius dicte zû der rosen bi der Schûpfen juxta domum quondam Heilmanni civis Arg.[3], que predicte Agneti ex divisione dicta obvenerat, et unius domus site inter pellifices ex opposito estuarii ibidem juxta domum Fritschemanni dicti de Duntzenheim, filiastri Burcardi dicti Pfiler militis Arg., que ex dicta divisione obvenerat Katherine, recognoscens quelibet ex ipsis, se esse contentam; quodque etiam inter se amicabiliter convenerunt, ut nulla ex ipsis sororibus alteri in bonis et hereditate succedat et quod cuilibet licitum sit de bonis suis disponere et ordinare. actum idibus martii, a. d. 1316. hujus instrumenti 2 sunt paria. ***März 15.***

Aus Strassb. Frauenh. A. lad. 49 nr. 63. or. mb. c. sig. pend.

Testament. **819.** C. j. c. A. Junta begina, filia quondam Conradi sacriste de Munoltzheim, fratribus predicatoribus domus Arg. donat donatione inter vivos (presente fratre Rûdegero dicto de Hunesvelt, procuratore dicte domus), bona in banno ville Munoltzheim, Rinsteten sita; item legavit fratri Matheo albo dicti ordinis 2 lib. den. Arg., item fratri Rûdegero predicto 30 den. Arg., item cuilibet fratri conventuali dicte domus 6 den., item cuilibet de 7 monasteriis sub

[1] *Vgl. Str. G. u. HN. S. 78.* [2] *Metza, jetzt Wittwe, verkauft mit Zustimmung Friedrichs des Abtes des Klosters Neuburg Str. Bistums an Nicolaus von Brumat, Strassburger Krämer, die vorgenannten Einkünfte für 60 Pfund Pfenninge. 1323 Februar 14. Or. ebendaselbst nr. 79.* [3] *Vgl. nr. 654.*

regimine predicatorum apud Arg. 6 den. Arg., item ad sacristiam dicte domus 5 sol., item fratribus minoribus 30 den., item domibus fratrum heremitarum ordinis s. Augustini et fratrum Wilhelmitarum apud Arg. cuilibet 1 sol., item fabrice eccl. Arg. 2 unceas, item ad ecclesiam parochialem ville Munoltzheim 2 unceas, item in orationem dictam in der gebet von Vegersheim apud Arg. 1 unc. den. Arg. residua bona remanebunt apud domum fratrum predicatorum, apud quos etiam suam eligit ecclesiasticam sepulturam. sui testamenti constituit executores confessarium suum et procuratorem dicte domus. actum 15 kalendas aprilis, a. d. 1316[1]. ***1316 März 18.***

Aus Strassb. Hosp. A. lad. Hôp. XX fasc. 106. or. mb. c. sig. pend.

820. C. j. c. A. Cůno dictus Kleibe de Arg. et Gôta, ejus uxor, vendunt pro 4 lib. den. Arg. monasterio s. Stephani in Arg. redditus annuos 5 sol. den. Arg. super domo et area, in der Krutenowen e. m. A. infra dictos de Wöffelingeshoven sitis, super qua quidem area dicti conjuges solvebant antea 1 sol. den. Arg. cotannis monasterio predicto. A. 1. (in Ulricum dictum Lorber sacerdotem, procuratorem monasterii). Er. 4. actum 3 nonas aprilis, a. d. 1316. ***April 3.*** *Rentenkauf.*

Aus Strassb. Stadt A. V. D. O. lad. 60. or. mb. c. sig. pend. delaps.

821. C. j. c. A. in forma juris Johannes de Matere inferiori, faber Arg., et Hiltegundis, ejus uxor, confessi sunt, se conduxisse aream, sitam in foro equorum in c. A. in fine platee, dictam hern Stehellins smitte[2], a decano et capitulo ecclesie s. Petri Arg. in emphiteosim pro censu annuo 6 lib. den. Arg., solvendo domino Gôtzoni decano predicte ecclesie. si negligentes fuerint in solutione census, eligunt compelli ab judice curie per ecclesiasticam censuram. datum 8 kalendas maji, a. d. 1316. ***April 24.*** *Erbleihe.*

Aus Strassb. Bez. A. G 4826 (5198). or. mb. c. sig. pend.

822. C. j. c. A. Nicolaus dictus Blenkelin, civis Arg., in ipsius, Heilke, uxoris sue, sororum, liberorum etc. animarum remedium donatione inter vivos: annuos redditus 9 sol. de redditibus 24 sol. super area, proximiori an der Schůpfen sita in c. A. retro stabulum fabrice ecclesie Arg., quam ab ipso natus quondam dicti de Lyndowe in emphiteosim detinet, donavit ad chorum ecclesie Arg., ita quod crastino b. Margarete 8 sol. inter canonicos, et 1 sol. inter pauperes scolares dividatur pro anniversariis dictorum conjugum peragendis. actum crastino Marci ewangeliste, a. d. 1316[3]. ***April 26.*** *Schenkung.* Juli 16.

Aus Strassb. Bez. A. G 3658 (4053). 3. or. mb. c. sig. pend.

823. Hugo prepositus, Gôtzo decanus, Bertoldus thesaurarius et capitulum ecclesie s. Petri Arg. notum faciunt, quod Erbo de Kagenecke, cellerarius dicte ecclesie, prebendam sacerdotalem ad altare b. Petri in eadem ecclesia instituit; jus presentationis est apud cellerarium. Erbo presentat Nicolaum de Geboltzheim, clericum suum. Erbo etiam officium coci, quod ad cellerarii collationem pertinet, ad prebendam incorporavit. ad prebendam donat domum et aream, sitas in Burggasse c. u. juxta domum Johannis de Wolfgangesheim militis et e. p. s. juxta domum Ortolfi lapicide[4], item redditus 4 lib. den. Arg. super domo et area, nuncupatis *Pfründenstiftung.*

---

[1] *Dieselbe erklärte in einer Urkunde (Original daselbst), dass ihr nur das Nutzungsrecht an dem von ihr bewohnten Hause neben des Armbrusters Haus in Strassburg zustehe, da es sonst den Predigern gehöre. 1326 September 1.* [2] *Vgl. Str. G. u HN. S. 140.* [3] *Derselbe stiftete zu gleichem Zwecke den Strassburger Predigern eine Rente von 10 Schill. von demselben Hause. Als Tag des Jahrgedächtnisses wird der Tag nach* epiphania *(Januar 7) festgesetzt. Anwesend der Predigerbruder Rudeger von Hunsfeld. 1330 Juli 9 oder 14.* (feria sexta oder secunda ante festum b. Margarete). *Abschrift s. XIV im Hosp. A. Prot. Prédic. 107 fol. 76*[b]. [4] *Vgl nr 770.*

das hus zû dem von Basile, sitis in c. A. apud s. crucem e. u. et e. p. a. juxta domum dicti Mördelin penes domum dicte Walsfröwe[1]; item redditus 10 sol. super domo et area dicti Kuphermannes, juxta domum dicti Schörlin ante monasterium b. virginis sitis, item domum cum area, sitam in Rappengesselin[2]. sigilla Erbonis, prepositi, decani, thesaurarii et capituli sunt appensa. acta sunt hec sabbato proximo post inventionem s. crucis, sub a. d. 1316. ***1316 Mai 8.***

Aus Strassb. Bez. A. G 4713 (5035). or. mb. c. 5 sig. pend. partim delaps.

Erbleihe. **824.** C. j. c. A. Johannes Cusoldi, civis Arg., et Nesa, filia quondam Hartmûdi de Schiltinkeim militis Arg., uxor ejus, locaverunt monasterio penitentum c. m. A. in emphyteosim aream, sitam in Argentina uf dem Rossemerkete in des gasze von Schiltenkeim juxta Albertum textorem e. u. et e. a. juxta dictam Rybeysin, pro annuo censu 8 unc. den. Arg. et 1 caponis. Er. 4. V. actum 12 kalendas junii, a. d. 1316[3]. ***Mai 21.***

Aus Strassb. Bez. A. H 2976. 7. or. mb c. sig. pend.

Verkauf. **825.** C. j. c. A. in figura judicii Johannes natus quondam Heinrici dicti Stamph civis Arg. vendidit Conrado dicto Smultz, civi Arg., census annuos 6 lib. den. Arg. percipiendos annis singulis festo b. Martini super uno estuario et area, sitis e. m. A. in parrochia s. Aurelie c. u. p. juxta pistrinum dictum zûm helfande et e. a. p. juxta aream liberorum quondam Bilgerini militis de Kagenecke, pro 60 lib. den. Arg. Johannes predictus necnon Mathias dictus Drieffesse, socer ejus, constituunt se warandos. A. 3. datum 3 kalendas junii, a. d. 1316. ***Mai 30.***

Aus Strassb. Frauenh. A. Saalbuch 3 fol. 81. cop. chart. s. XIV exeunt.

Verkauf. Schenkung. **826.** C. j. c. A. domina Ita, relicta Johannis de Truhtersheim militis, vendidit Else de Reutebû begine annuos redditus 8 unc. den. Arg. super una area, sita in c. A. in dez Stampfes gesselin juxta domum Berhtoldi dicti Havener de Argentina e. u. et e. p. a. juxta murum Wetzelonis Marsilii militis Arg. uf der almende, pro pretio 13 lib. et 5 sol. den. Arg. (consentiente Johanne dicto de Truhtersheim armigero, nato dicte venditricis). A. 1. preterea prefata Elsa priori et conventui ordinis predicatorum domus Arg. donavit donatione inter vivos dictos redditus in remedium anime sue sub hiis conditionibus, videlicet quod frater Wernherus dictus Kuse de dicto ordine post obitum dicte donatricis eisdem redditibus, quoad vixerit tantum, utifruatur; quodque post ipsius fratris obitum iidem redditus dicto conventui ad mensam perpetuo cedant in anniversario donatricis, quod a fratribus cum missa et vigiliis peragi debet. A. 1. (in fratrem Rûdegerum de Hunesvelt, procuratorem prioris et conventus dictorum, qui dictos redditus relocat dicte donatrici ad tempus vite sue pro censu annuo 1 vierlingi cere). datum 10 kalendas julii, a. d. 1316. hujus instrumenti 2 sunt. ***Juni 22.***

Aus Strassb. Hosp. A. lad. Hôp. XLVII fasc. 59. or. mb. c. sig. pend.

Verkauf. **827.** C. j. c. A. Sifridus et Katherina minores 14 annis, Jeckelinus et Johannes minores, puberes tamen, liberi quondam Jacobi dicti Rihtershotte de Arg., Katherina quoque et Johannes predicti per consensum Berhtoldi dicti Stogwerter de Arg., curatoris eorundem, item Sifridus et Jekelinus prenotati per manum Johannis dicti Strosburger, curatoris eorundem, vendiderant Nicolao dicto Marley et Katherine uxori sue, civ. Arg., domum unam ipso-

---

[1] *Vgl. nr. 251 und 843.* [2] *Vgl. nr. 595.* [3] *Vgl. nr. 610. Ebenso geben sie in Erbleihe an* Fritzo, textor Arg., *den Sohn Heinrichs von Barre, und an Katherina, Tochter des verstorbenen Krebes, dessen Gattin, das Haus in der Schiltenkeimer Gasse neben der Wastellin und Rudolf dem Priester von Wintzenheim, unter gleichen Bedingungen für einen Zins von 9 Unzen und 2 Kappen. 1316 Oktober 20. Or. Hosp. A. lad. Hôp. XLI fasc. 25.*

rum, edificatam super area dicta zû dem gattern, sitam in c. A. in vico dicto Sporergasse juxta aream quondam dicti Junge militis Arg. e. u. et e. a. p. juxta domum Heinrici fabri, necnon omne jus emphiteuticum in domo dicta pro 21 lib. den. Arg. A. 1. actum 4 kalendas julii, a. d. 1316. ***1316 Juni 28.***

Aus Strassb. Frauenh. A. Saalbuch 3 fol. 35[b]. *cop. chart. s. XIV exeunt. Die Ueberschrift lautet:* « uber das hus zûm gattern in sporergasse, do der parlierer inne sitzet. »

828. C. j. c. thesaurarii eccl. Arg. in forma juris Johannes dictus Mörsfelt senior civis Arg. vendidit Ottoni dicto Endecrist sacerdoti, prebendario ecclesie s. Petri Arg., unam aream, sitam in vico dicto Burgassen juxta Husam quondam dictam Ackermennin e. u. et prope Nicolaum dictum Kolin e. p. a., p. p. e. l. pro 7 lib. et 10 sol. den. Arg. actum 5 nonas julii, a. d. 1316. ***Juli 3.*** *Verkauf.*

Aus Strassb. Bez. A. G 4826 (5198). or. mb. c. sig. pend.

829. Reimboldus de Kagenecke, scolasticus ecclesie s. Thome Arg., testamentum suum ordinat. statuit, quod executores testamenti de bonis suis mobilibus non infrascriptis et de omnibus bonis immobilibus preter iis, que sibi ex paterna successione obvenerunt, instituant prebendam perpetuam sacerdotalem in dicta ecclesia, item de bonis immobilibus suis paternis 20 marcas argenti vult dari ad eandem prebendam. item dat ad eandem omnia bona sua in banno et villa Wolvesheim sita, item omnia debita sua. item legat Nicolao de Kagenecke, canonico ecclesie s. Thome, 2 canceros parvos stanneos, 2 pacellas parvas, 2 ollas ereas parvas, 1 lectum magnum et 1 lectum parvum; item legat Hugoni de Lutenheim, prebendario ecclesie s. Thome, pergamenum ad libros matutinales per se comparatum ad hoc, item eidem 1 chouncham argenteam deauratam. item vult, quod ipsa prebenda prima vice filio fratris dicti Hugonis et nulli alteri conferatur. si heredes premissis noluerint consentire, executores habent facultatem disponendi de omnibus bonis. Sigelinum, prepositum ecclesie s. Thome, Nicolaum de Kagenecke, canonicum ecclesie s. Petri Arg., dictum de Sterregasse fratrem ordinis predicatorum et Hugonem de Lutenheim, prebendarium predictum, hujus testamenti executores constituit, presentibus preposito et Hugone dictis. sigillum curie Arg. est appensum. datum 4 nonas julii, a. d. 1316. ***Juli 4.*** *Testament.*

Aus Strassb. Thom. A. lad. 25 (Titres). or. mb. c. sig. pend. Dorsualnotiz s. XIV inc. zum Teil kaum noch zu entziffern: « feria 6 post assumptionem b. virginis sub anno d. 1316 excipietur contra presens instrumentum, quidquid excipere voluerit ex parte Erbonis, cellerarii ecclesie s. Petri, Nicolai de Kagenecke, Gosselini de Kagenecke et Johannis dicti Huneevelt de Argentina libello in causa predicta porrigendo sabbato post Laur. et al . . . actum idus augusti »

830. C. j. c. A. Gósselinus dictus Schöp, miles Arg., et domina Gerdrudis, ejus uxor, in animarum suarum remedium legaverunt priorisse et conventui monasterii s. Agnetis e. m. A. annuos redditus 1 lib. den. Arg. super curia dicta des Schôbes hof[1] et area, sitis in c. A. an der oberstrassen juxta domum Heintzemanni dicti Swap de Mollesheim civis Arg. e. u. et e. p. a. juxta domum filie quondam dicti Crétz, ita quod post dictorum conjugum obitum Heilka et Anna, filie Johannis dicti de Blûmenowe, militis Arg., moniales dicti monasterii, prescriptis redditibus utifruantur, quamdiu vixerint. moniales anniversarium donatorum peragi procurabunt et post eorum obitum priorissa. actum 6 kalendas augusti, a. d. 1316[2]. ***Juli 27.*** *Schenkung.*

Aus Strassb. Bez. A. H 3118. or. mb. c. sig. pend.

---

[1] *Vgl. Str. G. u. HN. S. 123.* [2] *Dieselben Eheleute schenken dem Strassburger Münsterchor zur Begehung ihrer Anniversarien auf dem genannten Hofe eine Rente von einem Pfund. 1316 Juli 27. Abschr. s. XIV im Archiv des Domkapitels, Münsterchorcopialbuch fol. 17*[b]. *Ebenso schenken sie den Strassburger Dominikanern zur Begehung ihres Jahresgedächtnisses eine Rente von 2 Pfund Pfenningen auf dem genannten Hofe. 1320 Juli 9. Abschrift im Hosp. A. Prot Préd. 107 (Copialb. s. XIV) fol. 57.*

Lehnsbrief. **881.** Ulrich landgraf zu Elsass macht bekannt, dass er für die dienste, die ihm und seinen vordern herr Burkart Schöp, ritter von Strassburg, erwiesen hat, diesem und seinen leibeserben zum lehen gegeben hat die dörfer Ursheim, Artzenheim, Baldoltzheim und Elsenheim (halb) und ebenso einkünfte zu Brûmat. «an sante Oswaldes tage, 1316.»

1316 August 5.

Aus Strassb. Bez. A. G 93 (529). Transsumpt aus der Urkunde 1325 Oktober 18, die zum Teil sehr beschädigt ist durch Mäusefrass.

Schenkung. **882.** C. j. c. A. domina Katherina, relicta Hugonis dicti Wenser militis Arg., recognovit in presentia fratris Rûdigeri dicti de Hunesvelt, procuratoris fratrum predicatorum domus Arg., quod idem quondam Hugo in sua ultima voluntate dicte domui legaverit redditus annuos 1 lib. den. Arg.; quibus redditibus nunc Katherina predicta onerat domum et aream suam, sitas in c. A. juxta Johannem dictum Brendelin e. u. et e. p. a. juxta Petrum cuparium in vico cupariorum. actum 15 kalendas septembres, a. d. 1316.

August 18.

Aus Strassb. Hosp. A. Prot. Prédic. 107 (Copialb. s. XIV) fol. 77. cop. mb.

Rentenkauf. **883.** C. j. c. A. Katherina et Ellekindis, filie quondam Hugonis dicti Zoller in der Crutenowe civis Arg., manibus coadunatis vendiderunt Cûnrado presbytero, olim rectori ecclesie s. Stephani Arg., aream unam et domum desuper edificatam, sitas e. m. A. in Reinhartis gesselin in der Crutenowe gegen den Wilhelmer prope Gerdrudim dictam Hovesesserin e. u. et e. p. a. prope Heinricum dictum Burge nautam, p. p. e. l. pro 10 lib. den. Arg. A. 1. peracta vendicione emptor relocat in emphiteosim aream et domum venditricibus pro redditibus annuis 10 sol. den. Arg. conductores domum in bono edificio tenere debent. heres senior infra mensem, postquam area et domus ad ipsum fuerint devolute, easdem a prefato emptore vel ejus heredibus recipere debet. quod si omiserit aut negligens fuerit in solutione census, aut si domum non teneret in bono edificio aut si area et domus divise fuerint, tunc licitum est locatori, domum et aream ad se revocare. Er. 2. V. actum kalendas septembres, a. d. 1316.

September 1.

Aus Strassb. Bez. A. H 2684. or. mb. c. 2 sig. pend. et cum transfixo[1].

Schenkung. **884.** C. j. c. A. Hetzelo dictus Marcus senior, miles Arg., abbatisse et conventui monasterii s. Clare uf dem Werde donat donatione inter vivos ob pium affectum necnon ob satisfactionem 10 marcarum argenti, in quibus monasterio erat obligatus, 2 domus contiguas, sitas e. m. A. in vico dicto Kageneckergesselin apud Augustinenses juxta domus Heinrici Hetzelonis militis Arg., ita tamen quod census inde provenientes Fine, nate donatoris, moniali ejusdem monasterii, cedant ad tempus vite sue. A. 1. (in fratrem Heinricum conversum dicti monasterii). abbatissa et conventus absolvunt donatorem de solutione 10 marcarum. actum 17 kalendas octobres, a. d. 1316[2].

September 15.

Aus Strassb. Hosp. A. Prot. 242 Orph. (Copialb. von s. Clara auf dem Werde s. XIV) nr. 20. cop. chart.

Verkauf. **885.** C. j. c. A. Nicolaus dictus Hörwelin, filius Heinrici dicti Hörwelin de Argentina, de consensu Johannis dicti Horwer civis Arg., curatoris sui, vendidit Nicolao dicto Kolin, civi Arg., pro 30 marcis argenti domum et aream, sitas in c. A. in der Judengasze juxta magis-

---

[1] *Anna, die Wittwe Otto's Kürtze von Ütenheim, in Strassburg wohnhaft, verkauft an Johannes, Sohn des verstorbenen Johannes Böckelin von Strassburg, und Nikolaus Cüntzelin und Ulrich, seine Brüder, die ihr durch Erbschaft von dem verstorbenen Konrad zugefallene Rente für 8 Pfund 10 Schilling. 1326 März 10. Transfix an obenstehender Urkunde.* [2] *Schwester Katherina Aebtissin und der Convent von s. Clara machen ihrerseits das Vorstehende bekannt. 1316. Or. im Strassb. Stadt A. V. D. G. lad. 51.*

trum Heintzelinum et tendunt a parte anteriori in dictum vicum Judengasse et a parte posteriori ad Berhtholdum dictum zům Riet, civem Arg., ita quod non plus quam 3 lib. minus 4 unceis den. Arg. prescripto Berhtholdo annis singulis nomine census debeantur. A. 1. M. datum 5 kalendas octobres, a. d. 1316. *1316 September 27.*

Aus Strassb. Thom. A. lad. 11 (Titres). or. mb. c. sig. pend.

886. *Im Strassb. Bez. A. G 3466 S. 311 befinden sich abschriftlich mehrere Aktenstücke über einen Streit zwischen Conrad von Lierheim, Canonikus am Str. Münster, und Conrad von Kirkel, Thesaurar derselben Kirche, über den Besitz eines Hofes* (curia claustralis). *Zeugenaussage der Kanoniker Ludwig von Thierstein, Hermann von Thierstein, Heinrich von Geroltzeck, Walther von Schouwenburg, des Archidiakons Symund von Horburg, Albert Edelknecht Bruder des Canonikus Rudolf von Talmassingen, des Str. Bürgers Berthold zum Riet und Fritschemann genannt Griswiler von Strassburg, welche 3 letztgenannten den Konrad von Lierheim auf einem Ritt nach Freiburg begleitet hatten, um vom Propst der Strassb. Kirche die Einweisung in den Besitz von Hof und Lehen zu erreichen, die dieser in Gegenwart der genannten Zeugen verweigert. Es war kurz vorher der Kanonikus Eberhard von Wartstein gestorben, der seinen Hof und seine Klosterlehen dem Konrad von Lierheim überwiesen hatte. Alle Urkunden von 1316 Herbst. Der* notarius curie Arg. *heisst* Johannes de Twurri, *der* pedellus curie Arg.: Heinricus Kolbener. *Zeugenaussagen.*

Aus Strassb. Bez. A. G 3466 p. 311. cop. s. XVII.

887. *Conrad zu der Megede und Gemahlin stiften sich ein Seelgeräte beim Kloster s. Nicolaus zu den Hunden.* *Oktober 17.* *Seelgerätstiftung.*

Ich Cůnrat zů der Megede ein ritter zů Strazburg unde frowe Helewig von Blůmenowe sin eliche wirtin tůnt kůnt allen den, die disen brief sehent oder hören lesen, unde fürjehent an diseme gegenwertigen briefe, daz wir hant geben lûterlich durch got unde durch unsere selen willen iemerme eweklichen alle dů rěch, die wir hant oder haben moctent uf deme huse unde uf der howestat, die do ist gelegen in der stat zů Strazburg bi den metzigern, under den altbůssern, unde ist gehêssen zů der linden[1], einsite nebent dez Bůllers owenhůs unde andersite nebent dez Richwin Körnez owenhus, der priolin unde deme cowent zů sancte Niclawese zů den hůnden ussewendic der ringmuren zů Strazburg, mith solicher gedinge daz dů worgenante priolin unde der cowent unser beider iargezit sollent begen iemerme eweklichen also sů gewallent mit vigilien unde mit selemessen. derumbe daz dis wor si unde stete blibe, so han ich der vorgenante Cůnrat disen brief besigelt mit mime ingesigel unde fürzihe mich aller der schirme unde allez rěctes, des ich mich geschirmen mochte, es si[a] mith gericte eider one gericte ich eider min nochkomen eider min erben. unde ich frowe Helewig wan ich ingesigels nůt inhan, so gelöbe ich stete zů hande allez, daz do wůrgescriben stat, unde fürzihe mich aller der schirme, der ich mich geschirmen mocte, ane alle gewěrde. dis geschach an deme nehesten sunnentage noch sancte Gallen tage, in deme iare do men zalte von gottez gebůrte drůtzehen hůndert iar und seszehen iar.

Aus Strassb. Stadt A. lad. s. Nic., Mart., Petr. fasc. II. or. mb. c. sig. pend.

888. C. j. c. domini thesaurarii eccl. Arg. in forma juris Johannes dictus de Gölertheim et Adelheidis, ejus uxor, cives Arg., manibus coadunatis vendiderunt Walthero converso *Verkauf.*

a) *si fehlt im Original.*

[1] *Vgl. UB. I, 204*

dicto de Meisterzheim, civi Arg., unam domum et aream, sitam in c. A. in des Phutzers hof juxta dictum de Nothalden e. u. et e. p. a. juxta Johannem de Rosheim p. p. e. l. pro 27 lib. den. Arg., ita quod murus cellarii ipsius domus versus dictum de Nothalden ipsi emptori et dicto de Nothalden sit communis. A. 3. Wit. 1. (pro Adelheidi). actum 8 kalendas novembres, a. d. 1316. ***1316 Oktober 25.***

Aus Strassb. Hosp. A. lad. Hôp. XLII fasc. 41. or. mb. c. sig. pend.

Schenkung. Messfundation.

839. C. j. c. A. Agnes, relicta Fritzemanni dicti de Schaftoltzheim militis Arg., et Johannes miles, natus ejusdem Agnetis, donatione inter vivos donaverunt in remedium anime quondam Fritschemanni Elline sorori dicti Johannis et Agneti dicte Ritterin, monialibus monasterii s. Marci e. m. A., curiam suam, in c. A. in vico s. Elizabeht juxta turrim porte s. Elizabeht e. u. et e. p. a. juxta domum Hügelini dicti Ryplin sitam, cum omnibus domibus, orto etc., ita tamen quod dicte moniales singulis annis dent 12 lib. den. Arg. priori et conventui fratrum predicatorum domus Arg. prior et conventus hujus domus procurare debent singulis diebus celebrari unam missam specialem in remedium anime dicti quondam Fritschemanni super altari, coram quo est sepultus; item tenentur singulis annis decem vicibus anniversaria Fritschemanni, dictorum donatorum et Wilhelmi armigeri, filii dicte Agnetis, peragere. prefate moniales infra spatium 10 annorum revendere tenentur dictam curiam donatoribus pro 100 marcis argenti, ac tenentur idem argentum convertere in alios perpetuos redditus, de quibus dare debent redditus dictos predicatoribus. post obitum unius dictarum monialium alia de consilio fratrum Dominici et Ülrici dictorum de Schaftoltzheim de eodem ordine subrogetur. si fratres predicatores negligentes fuerint in premissis, redditus cedent monasterio s. Marci. A. 1. (in prefatas moniales recipientes de licentia priorisse et fratris Eckehardi vicarii magistri generalis ordinis antedicti). sigilla curie Arg., Reinboldi dicti Hüffelin militis Arg. et Johannis militis donatoris sunt appensa. actum idus novembres, a. d. 1316. hujus instrumenti sunt 2[1]. ***November 13.***

Aus Strassb. Hosp. A. Prot. Prédic. 107 (Copialb. s. XIV) fol. 44. cop. mb. Eine zweite Copie daselbst fol. 44b. Eine dritte nach einer vidim. von 1318 daselbst fol. 45.

Verzicht auf eine Pfründe.

840. *Der Priester Heinrich Faber von Stuttgart verzichtet auf die Pfarrei* Fürbach, *zu der er präsentirt war von* Albrecht con Vrowenberg, *zu Gunsten des von dem rechtmässigen Patron, dem Kloster Bebenhausen, präsentirten* magister Johannes Reuwinus, canonicus ecclesie s. Thome Arg. datum Stügarten, a. d. 1316, in die b. Cecilie. ***November 22.***

Aus Mone Zeitschrift für Gesch. des Oberrheins XVIII, 441 (nach dem Or. des Karlsruher G. L. Archivs abgedruckt).

Verkauf.

841. C. j. c. A. nobilis vir Heinricus domicellus de Swartzemberg Constantiensis diocesis vendit Johanni, item Johanni et Nicolao, fratribus dictis Clobelöchin, civibus Arg. omnia jura et census super bonis suis in parrochia Schutterwalt sitis pro 50 lib. den. Arg. Johannes de Swartzenberg canonicus eccl. Arg., frater Heinrici, consentit. datum a. d. 1316, 4 kalendas decembres. ***November 28.***

Aus Strassb. Stadt A. Briefbuch A fol. 162. cop. chart. s. XV-XVI.

---

[1] *Der genannte Johannes von Schaftoltzheim, Ritter von Str., setzt seine Schwester Ellina, jetzt Priorissin von s. Markus, und Agnes von Scharrach, Nonne daselbst, in vollen Besitz des genannten Hofes durch Urkunde von 1326 Dezember 22. Johann erhält Verlängerung der Rückkaufsfrist auf Lebenszeit. Abschrift daselbst fol. 45b.*

842. C. j. c. A. Johannes, filius quondam Ludewici dicti de Wasselnheim residentis apud s. Thomam in Argentina, et Clara, uxor dicti Johannis, filia Johannis de Scherwilre, vendiderunt pro 38 marcis argenti abbati et conventui Mediani monasterii[1] ordinis s. Benedicti Tullensis dioceseos domum et aream, in c. A. sitas an Müllerstege e. u. et e. p. a. juxta Bertschinum magistrum piscatorum, ita quod de ipsis non plus census nomine quam 2 lib. den. Arg. absque laudimio singulis annis dentur Adelheidi, relicte Fritschemanni dicti de Duntzenheim, filiastri Burcardi dicti Pfiler militis Arg. dicta relicta et Johannes frater Fritschemanni, curator liberorum dicte relicte, in hunc contractum consentiunt. A. 1. (in judicem dictum et Sigelinum de Mülnheim, prepositum ecclesie s. Thome, nomine dicti monasterii). U. 2. (venditores, Greda soror prefate Clare et Johannes dictus Bergheim civis Arg. pro Johanne filio dictorum venditorum). adjectum est, quod postquam dictus minor prescriptum contractum ratificaverit cum effectu, quod tunc dicti promissores a premissa promissione exonerati sint. Wit. 1. (pro Clara). actum die dominica ante Nicolai, a. d. 1316. hujus instrumenti sunt 2[2]. Verkauf.

1316 Dezember 5.

Aus Strassb. Thom. A. lad. 10 (Titres). or. mb. c. sig. pend.

843. *Zustimmung des Hofherrn zum Besitzwechsel in der Hofsassen Hand.* ***Dezember 7.*** Erbleihe.

Noverint universi presencium inspectores, quod ego Erbo de Kagenecke, canonicus et cellerarius ecclesie sancti Petri in Argentina, dominus directus aree et domus dictarum zû dem Mordeline, sitarum in civitate Argentinensi ex oposito capelle sancte Crucis ex una parte juxta domum dicti Rynowe tendentem ex alia parte ad vicum dictum des Mordelins gesselin, profiteor in hiis scriptis me consensisse expresse donacioni inter vivos, tradicioni et assignacioni, quas Demûdis, filia quondam Rûdegeri dicti Mordelin civis Argentinensis, asseruit se fecisse Nese filie sue de parte ipsi Demûdi ante dictam donacionem conpetenti pro indiviso in domo et area antedictis, et de mea voluntate dictam donacionem processisse; item profiteor, quod dicta Demûdis dictam partem pro indiviso coram me resignavit in manus meas tamquam in manus domini aree et domus predictarum, et ego contuli juxta conswetudinem civitatis Argentine dictam partem Nese predicte tamquam dominus directus domus et aree predictarum. in cujus rei testimonium ego Erbo predictus sigillum meum proprium duxi presentibus appendendum. datum 7 idus decembres, anno domini 1316[3].

Aus Strassb. Hosp. A. lad. 173 fasc. 21. or. mb. c. sig. pend. delaps.

844. C. j. c. A. Lieba domicella dicta Kûsoltin, nata quondam Johannis dicti Kusolt civis Arg., locavit in emphyteosim Elline, relicte Alberti dicti Löffeler de Argentina, et Ellekindi, ejus filie, unam aream, sitam e. m. A. apud s. Aureliam bi dem critze juxta curiam viceplebani ibidem e. u. et e. a. p. juxta dictum Marschalg, pro annuo censu 5 sol. den. Arg. Er. 3. (non dant Ellina et Ellekindis). V. actum 4 idus decembres, a. d. 1316. Erbleihe.

Dezember 10.

Aus Strassb. Thom. A. lad. 10 (Titres). or. mb. c. sig. pend. mutil.

845. C. j. c. A. domicella Phyna dicta Kelbin de Argentina aream domus dicte dez gotzhus von Hohenloch[4], site in c. A. juxta domum dictam zû der kûgellin e. u. et e. p. a. juxta domum Hugonis de Novillari, censibus seu redditibus 4 unc. den. Arg. sibi oneratam, exonerat de eisdem, quamdiu pauperes begine eam inhabitaverint. si vero begine desinerent domum inhabitare, tunc est area censualis cum censu 4 unc. hospitali pauperum per predictam domicellam constructo. datum 13 kalendas januarii, a. d. 1316. ***Dezember 20.*** Zinserlass.

Aus Strassb. Bez. A. G 4826 (5198). or. mb. c. sig. pend.

---

[1] *Vgl. Str. G. u. HN. S. 160 und Belhomme historia Mediani monasterii S. 346.* [2] *Vgl. nr. 589.* [3] *Vgl. nr. 251.* [4] *Vgl. Str. G. u. HN. S. 78.*

Testament. 846. Katherina, filia quondam Waltheri dicti de Dûmenheim civis, militis Arg., testamentum suum ordinat; in primis legat fabrice ecclesie Arg. togam et tunicam de vestibus suis melioribus; item legat Irmengardi, sorori sue ex parte patris, pallium suum melius et pellem meliorem (eine kursene), item Mehthildi, famule filie sue, 1 lib. den. Arg., si ad obitum suum permanserit cum filia predicta; item priorisse et conventui monasterii s. Katherine c. m. A. 1 lib. den. Arg. ad refectorium pro pictantia in die obitus sui; item legat cuilibet collegio claustralium utriusque sexus infra et extra muros civitatis Arg. in suburbio sitis (monasteriis s. Stephani, Arbogasti, zûm grûnen Werde, et domo fratrum Teuthonicorum duntaxat exceptis), 10 sol. den. Arg. omnia premissa solvi debent ab heredibus infra unum mensem post diem obitus sui. item legat Katherine de Morsburne, famule sue, redditus quosdam; item legat in remedium anime sue hospitali pauperum in Argentina antiquiori 10 sol. den. Arg. et 4 capones dandos de domo et area ac orto ejusdem domus, e. m. A. uf der Genseweide sitis vor Fulburgetor [1] inter areas Johannis dicti de Wintertur et Hessonis apothecarii civium Arg., quas quidem aream et domum cum orto Reinfridus de Munvershein a legatrice detinet titulo conductionis pro redditibus annuis 30 sol. den. Arg. et 4 caponum. judex curie Arg. sigillum suum appendit. actum 13 kalendas januarii, a. d. 1316. hujus instrumenti sunt 2. ***1316 Dezember 20.***

A aus Strassb. Hosp. A. lad. Hôp. XLVI fasc. 14. or. mb. c. sig. pend.
B ebendaselbst lad. 169 fasc. 11. or. mb. c. sig. pend.

Seelgerätstiftung. 847. C. j. c. A. Gerdrudis relicta Johannis dicti de Wintertur zûm hohen Huse civis Arg. ad chorum eccl. Arg. donat redditus annuos 1 lib. den. Arg. super domo et area, sitis in c. A. juxta curiam claustralem domini Rûdolfi de Talmessingen canonici eccl. Arg., quam domum heredes Eberhardi dicti Sicke civ. Arg. inhabitant; anniversaria conjugum in choro peragentur. A. 1. (in Johannem presb. prebendarium dicte ecclesie et capellanum domini de Dicke portarii dicte ecclesie nomine chori recipientem). actum 12 kalendas januarii, a. d. 1316 [2]. ***Dezember 21.***

Aus dem Archiv des Strassb. Domkapitels. Münsterchorcopialbuch fol. 18. Copie des 14. Jahrhunderts.

Präbendenstiftung. 848. Rûdolfus de Talmassingen, canonicus ecclesie Arg., prebendam sacerdotalem « ad altare in sinistra parte super ambone dicto lettener chori ecclesie Argentinensis edificandum in honorem ss. Arbogasti et Jodoci » instituit. possessor curie, quam legator inhabitat [3], habebit jus presentationis. legator presentavit Conradum clericum suum. Johannes episcopus, decanus [4] et capitulum ecclesie Arg. consentiunt et sigilla sua appendunt. actum a. d. 1316.

Aus Strassb. Bez. A. G 1500 (1918) c. or. mb. c. 4 sig. pend. (2 delapsa.)

Erbleihe. 849. C. j. c. A. Thûda, relicta Johannis dicti de Ůtenheim civis Arg., locavit Rûlino dicto Baseler, rasori Arg., et Else, uxori sue, in emphyteosim aream, sitam in c. A. an dem Holtzmerkete dictam zû dem Grien juxta domum dictam zû der Kevien e. u. p. et e. a. juxta domum Richwini dicti Kôrner, in qua nunc residet dictus Niderlender, pro annuo censu 1 lib. den. Arg. Er. 4. V. conductores debent aream habere in adeo bonis edificiis, ut locatores censum prescriptum commode valeant consequi. actum 4 idus januarii, a. d. 1317. hujus instrumenti sunt 2. ***1317 Januar 10.***

Aus Strassb. Bez. A. H 2107. 4 or. mb. c. sig. pend. et cum transfixo de anno 1538.

---

[1] *Vgl. Silbermann, Lokalgeschichte der Stadt Strassburg S. 73 u. 127.* [2] *Nach Randbemerkung lag das Haus* « in vico predicatorum ». [3] *Vgl. nr. 847.* [4] Heinricus de Luphen *nach dem Siegel.*

850. C. j. c. A. Berhta dicta Lentzelerin de Argentina vendit Heinrico dicto Baldes, civi Arg., pro se et Metza, uxore sua, redditus annuos 15 sol. den. Arg. super area fabrice eccl. Arg., sita in c. A. ante monasterium beate virginis, quam quondam Johannes dictus Richart titulo conductionis habuit a fabrica memorata, pro 12 lib. den. Arg.; item c. j. Heinricus dictus Priol civis Arg. vendidit dictis conjugibus redditus annuos 15 sol. den. Arg., quos venditor habuit super area prenotata, pro 12 lib. et 10 sol. den. Arg. A. 1. actum quoad venditricem predictam 4 idus januarii, quoad venditorem 11 kalendas aprilis, a. d. 1317. *Verkauf.*

1317 Januar 10 u. März 22.

Aus Strassb. Frauenh. A. lad. 49 nr. 65. or. mb. c. sig. pend.

851. Gisela dicta Begerin senior, canonica monasterii s. Stephani Arg., donat redditus quosdam et agros ad altare b. Nycolai in monasterio s. Stephani pro prebenda sacerdotali et missa perpetuo habenda in dicto altari. A. 2. (in Heinricum de Etteningen perpetuum vicarium monasterii predicti nomine prebende). collatio prebende devolvitur ad perpetuum vicarium ecclesie s. Stephani Arg. capellanus interesse debebit in ecclesia predicta divinis officiis et tenebitur, cum summa necessitas hoc exegerit, parrochianis parrochie s. Stephani Arg. ministrare ecclesiastica sacramenta et astrictus est ad choadunandum ipsum perpetuum vicarium in divinis ministeriis et confessionibus audiendis. sig. cur. Arg. est appensum. actum et datum 12 kalendas februarii, a. d. 1317 [1]. *Präbendenstiftung.*

Januar 21.

Aus Strassb. Bez. A. H 2863 (Copialb. von s. Stephan s. XIV) fol. 34. cop. mb.

852. Johannes episcopus Arg. de consensu prepositi, decani, custodis totiusque capituli s. Thome ad novam plantationem xenodochii seu hospitalis pauperum et infirmorum extra muros opidi Mollesheim per ipsum inchoati de ecclesia, que est in parrochia s. Nycolai Argentine ultra Bruscam e. m. A. prope turrim, que vulgariter hern Rûlenderlins turn dicitur, duas prebendas transfert, quia hospitale Arg. cum suis sacerdotibus et ministris ad ecclesiam predictam est translatum et sic per hos preter dictas duas prebendas ad devotam supplicationem collegii sororum de penitentia sub custodia fratris Heinrici de Honburg degentium fundatas quoad divina officia sufficienter est provisum. sigilla episcopi, prepositi [2], decani [3], thesaurarii [4] et capituli s. Thome sunt appensa. actum et datum 7 kalendas marcii, a. d. 1317. *Pfründenverlegung.*

Februar 23.

Aus Strassb. Thom. A. lad. 13 (documents historiques). or. mb. c. 5 sig. pend. (sig. episcopi est delaps.)

853. Hugo, prepositus ecclesie s. Petri Arg., testamentum suum ordinat. inter alia legata dicte ecclesie facta fundat anniversarium quondam fratris sui Johannis, decani ecclesie s. Thome. sigilla curie Arg. et prepositi sunt appensa. actum a. d. 1317, sabbato proximo ante dominicam, qua cantabantur Oculi. *Testament.*

März 5.

Aus Strassb. Bez. A. G 4721 (5093). 2. or. mb. c. 2 sig. pend.

854. Lupolt herzog von Oestreich und Steier verkauft an Heinrich von Mülnheim, bürger von Strassburg, für 610 mark silbers eine rente von 61 mark auf den städten in Argowe und in Turgowe, vierzehn tage nach Ostern zahlbar. herzog Lupolt verpflichtet sich eintretenden falls zum einlager in Strassburg. ebenso erklärt der herzog dem Heinrich zahlen zu *Pfandbrief.* April 17.

---

[1] Heinricus de Ettelingen perpetuus vicarius ecclesie s. Stephani Arg. parrochialis *bekennt in Gegenwart der Aebtissin Brigida von s. Stephan das Präsentationsrecht zu oben genannter Pfründe stehe nicht ihm, sondern, wie auch bei den andern Altären in derselben Kirche, der Aebtissin zu. 1320 Mai 13. Abschrift ebendaselbst fol. 35.* [2] *Nach dem Siegel:* Sigelinus. [3] *Nach dem Siegel:* Albertus. [4] *Nach dem Siegel:* Conradus. *In der Urkunde ist irrig gesagt, das Siegel des custos sei angehängt.*

März 28. April 11. müssen 100 mark bis montag nach palmentag, 50 mark bis montag nach ausgehender osterwoche; auch hier ist Lupolt bei dem von ihm dem Heinrich geschworenen eide zum einlager verpflichtet. «an dem montage nach mittervasten, 1317 [1].» **1317 März 14.**

Aus Strassb. Bez. A. G 1359 (1777) nr. b. 1. cop. chart. s. XVI-XVII

Schenkung. **855.** C. j. c. A. domina Adelheidis, relicta Heinrici de Wolfgangesheim militis Arg., confessa est in presentia fratris Rûdegeri dicti Hunesvelt, procuratoris prioris et conventus ordinis fratrum predicatorum domus Arg., quod quondam Heinricus predictus in ipsius et quondam Cûnradi armigeri ac Lukine, liberorum suorum, necnon ejusdem Adelheidis remedium animarum legaverit dictis fratribus redditus annuos 4 lib., quibus Adelheidis superaddidit redditus 1 lib. in remedium anime quondam Johannis militis, nati sui, ita quod dicti fratres anniversaria dictarum personarum cum vigiliis et missis peragant. Adelheidis assignat redditus super curia, sita in c. A. juxta curiam domini Heinrici de Dicke, portarii ecclesie Arg., ex opposito curie fratrum hospitalis s. Johannis Jerusalemitani, cujus curie usum reservat Katherine, filie quondam Johannis predicti, ad tempus vite ejusdem. actum 18 kalendas maji, a. d. 1317 [2]. **April 14.**

Aus Strassb. Hosp. A. Prot. Prédic. 107 (Copialb. s. XIV) fol. 53. cop. mb.

Zeitleihe. **856.** *Ritter Albrecht von Ufweiler verleiht der Stadt auf Zeit seines Lebens seine Au bei der langen Brücke, die er vom Bistum zu Lehen hat.* **Mai 7.**

Allen den si kunt, die disen brief gesehent und gehôrent lesen, daz ich Albreht von Ofwilre ein ritter han verluhen und lihe mit diseme gegenwertigen briefe minen lebetagen den erbern und den bescheiden dem meistere und dem râte und den burgern gemeinlichen von Strazburg mine owe, die ich han von der stift zû Strazburg zû lehene, die da lit gensite der langen brucken und stozet an der vorgenanten burgere almende von Strazburg, und heisset dez owe von Ofwilre, alle iar die wile ich lebe umbe fünf pfunt Strazburger pfenninge ane hoher steygen. die pfenninge sol men mir [a] geben alle iar zû sante Johannes tag zû sûnigihten; und süllent die anegan zû sante Johannes tage zû sûnigihten die nu ze nehest koment. die vorgenante lihunge globe ich die wile daz ich lebe stete zû habende den vorgenanten burgern von Strazburg und wil ôch darwider nút dûn noch schafen getan in keinen weg ane alle geverde. und dez zû eime urkunde, so han ich Albreht von Ofwilre der vorgenante min ingesigel gehencket an disen brief. der wart gegeben an dem samestage nach

a) *Die drei letzten Worte auf Rasur.*

---

[1] *Im Jahre 1317 soll nach Wencker Collecta archivi 629 König Friedrich seinen Kanzler (Dechant von Brixen) in Geschäften nach Strassburg geschickt haben. Er stützt diese Erzählung auf die damals noch vorhandenen Stadtrechnungen* (libri rationum ad annum 1317), *in ihnen sei der Kanzler als* joculator *bezeichnet. Derselbe habe sich nach Friedrichs Niederlage nach Strassburg zurückgezogen, habe in der Wohnung der Ochsensteiner gelebt und sei 1323 gestorben. Die Stadt habe ihm ein Denkmal aus Stein errichten lassen. Der Verlust dieser für die Stadtgeschichte jedenfalls sehr wichtigen, niemals recht benutzten Handschriften ist sehr zu beklagen. Wo wären Stadtrechnungen, die bis in das 13. Jahrhundert zurückgiengen? Ausser von Wencker habe ich die Strassburger nie benutzt gefunden. Dieser giebt Collecta archivi 592 auf sie gestützt einen Einblick in das Amt des Stadtschreibers. Es seien ihrer 2 gewesen, der eine der Ober- oder Stadtschreiber, der zweite der Unterschreiber. Unter ihnen hätten zwei Unterbeamten gestanden. Zur Zeit König Rudolfs sei* Johannes gener Erlini de s. Thoma *Oberschreiber gewesen, was mit den Thatsachen stimmen kann (vgl. Amtsverzeichnis). Ihm sei wahrscheinlich gefolgt Meister Gotfrid, der zuerst 1300 in den Stadtrechnungen so genannt werde (in Urkunden schon 1299 vorkommend). Unterschreiber sei zu seiner Zeit gewesen Priol, dann Jacob Kempfe und Ottemann Pflüger (1313). Auf Gotfrid sei Meister Hugo gefolgt, sein Unterschreiber sei Walther gewesen. Alle diese Angaben widerstreben keineswegs den Urkunden.* [2] *Vgl. nr. 234.*

dem meyetage, in dem iare do men zalte von gottes gebürte drützehen hundert iar und sibentzehen iar.

Aus Strassb. Stadt A. V. C. G corp. K lad. 23 c nr. 10. or. mb. c. sig. pend.

857. Markgraf Rudolf der ältere von Baden bekennt, herrn Berchtolt von Selingen, einem bürger von Strassburg, 20 mark lötigen silbers und 10 schilling Strassb. pfenn. sowie Brandecke von Strassburg 20 mark lötigen silbers um einen hengst schuldig zu sein, die halb zu nächste Michaeli, halb zu nächste weihnachten zu zahlen seien. im fall der nichtzahlung erlaubt er ihnen, ihn und seine leute und güter zu pfänden und anzugreifen bis zur schadloshaltung. montag in der kreuzwochen, 1317 [1]. ***1317 Mai 9.***

Anerkennung einer Schuld.

September 29.

Aus Karlsruher Gen Land A Baden Generalia. or. mb. c. sig. pend.

858. C. j. c. A. Jeckelinus, natus quondam Fritschonis dicti de Duntzenheim an Stadilgasze civis Arg., confessus est in presentia fratris Rûdigeri dicti de Huncsvelt, procuratoris domus fratrum predicatorum, quod quondam Johannes, frater suus, in remedium animo sue legaverit dicte domui redditus annuos 1 lib. den. Arg., ita quod anniversarium suum perpetuo peragatur. Jeckelinus voluit et consensit, quod prior et conventus redditus de tribus domibus ipsius Jeckelini, contigue sitis in c. A. inter pellifices juxta Jacobum dictum de Harre seniorem civ. Arg. e. u. et e. p. a. juxta dictam Bischofin, annuatim recipiant. actum 5 idus maji, a. d. 1317. ***Mai 11.***

Ausführung einer Schenkung.

Aus Strassb Hosp A. Prot. Prédic. 107 (Copialb. s. XIV) fol 77 b. cop. mb.

859. C. j. c. A. Sygelinus dictus Hyrte, civis Arg., antiquo hospitali pauperum in Argentina donacione inter vivos donavit redditus annuos 4 unc. den. Arg. super curia, domo et area, sitis in c. A. ginsit Brûsch hinder sant Niclawese juxta relictam Wilhelmi dicti Dantz und stoszet an den graben, solvendos in jejunio quatuor temporum. fratres dicti hospitalis dicto tempore anniversarium ejusdem donatoris et Heilewigis uxoris cum vigiliis et missis perpetuo peragent. A. 1. (in Petrum dictum Kempfe magistrum dicti hospitalis). hospitali nichil juris preter premissa in dicta curia, area et domo competere debebit. actum 14 kalendas junii, a. d. 1317. hujus instrumenti sunt 2. ***Mai 19.***

Schenkung.

Aus Strassb. Hosp A lad. Hôp. XXXIII fasc. 11. or. mb. c sig. pend.

860. C. j. c. A. Petrus dictus zu dem gúldin orte de Argentina et Gerlindis, ejus uxor, vendiderunt Fritschoni dicto Gerter panifici Arg. domum et aream, in c. A. in Blindengasse juxta Brûningum sartorem e. u. et e. a. p. juxta dictum Pfaffenhoven cingulatorem sitam, p. p. e. l. pro 15 lib. den. Arg. A. 1. in domo successerat Petrus quondam Nicolao panifici. Wit. 2. (pro duobus venditoribus). actum nonas junii, a. d. 1317. ***Juni 5.***

Verkauf.

Aus Strassb. Hosp. A Prot. 242 Orph. (Copialb. von s. Clara auf dem Werde) nr. 165. cop. chart.

861. C. j. c. A. Heinricus dictus Kacheler civis Arg. vendidit pro 37 lib. den. Arg. Metze, filie Jacobi dicti Röbelin de Sahsbach, domum cum area, in c. A. infra pontes sitam in vico dicto Mûlgesselin juxta dictum Horgesser e. u. et e. a. p. juxta Petrum dictum Löselin, armigerum Arg., dominum directum domus et aree prenotatarum, de quibus ipsi solvuntur 15 sol. den. Arg. nomine census. idem emptoribus locat domum et aream. A. 1. domus anterior viam debet habere ad cloacam expurgandam, domus posterior tenetur ad faciendam caminam. Er. 4. V. actum 8 idus junii, a. d. 1317. ***Juni 6.***

Verkauf.

Aus Strassb. Thom. A. lad. Kaufbriefe 6. or. mb. c. sig. pend.

---

[1] *Vgl. nr. 723.*

Erbleihe. **862.** «Heinrich Wetzel und Clawes Otte Friderich, ritter von Strazburg, des spitales meistere und phlegere,» machen bekannt, dass «swester Agnes von Honowe» alle ihre rechte an dem hause und der hofstatt, «die gelegen sint bi Merissote gegen der Biklinne hus übere» übertragen hat an Peter Kemphe, desselben spitals meister. darauf verlieh der Peter Kemphe im namen des spitals die hofstatt mit dem willen der beiden obengenannten meister und aller brüder und schwestern, die in dem spital sind, herrn Reinbolt Reinboldeline, einem ritter von Strazburg, zu einem rechten erbe, wie es vorher Agnes hatte, für einen jährlichen zins von 5 unzen Strassb. pfenninge und 2 kappen. Er. 1. das haus soll allezeit «ein gotzhus» bleiben «durch des vorgenanten hern Reinboltz selen willen und durch frôn Agnese und frou Gyselen, sinre beider elichen wirtinnen seligen, sele willen und aller irre fründe und nachkomen sele willen». Reinbolt, Heinrich Wetzel und Clawes Ottefriderich hängen ihre siegel an. «an deme dunrestage nach s. Barnabas tag des zwelfbotten, 1317[1].»

1317 Juni 16.

Aus Strassb. Hosp. A. lad. 169 fasc. 3. or. mb. c. 3 sig. pend. partim mutil.

Schenkung. **863.** C. j. c. A. Anna, relicta Wilhelmi dicti Dantz, militis Arg., in ipsius et dicti Wilhelmi remedium animarum legavit monasterio s. Agnetis e. m. A. redditus quosdam in banno ville Wolfesheim pro anniversariis amborum peragendis. item dicta relicta statuit, quod post ejus obitum de redditibus annuis 1 lib. den. Arg., quos habet super area domus dicte zû hern Mörlin[2], site in c. A. retro carnifices, in quolibet anniversariorum tam ipsius relicte, quam quondam Wilhelmi, item quondam Petri, fratris dicte relicte, necnon quondam Clare et Johannis, privignorum jamdicte relicte, procreatorum ex priori matrimonio dicti Wilhelmi, 2 sol. den. Arg. presbyteris celebrantibus in ecclesia parrochiali s. Nicolai trans Bruskam et 2 sol. ad prebendam pauperum s. spiritus apud jam dictam parrochiam cedant et quod ibidem anniversaria peragantur. prefata relicta hujus legati executorem constituit suum heredem seniorem. actum 7 kalendas julii, a. d. 1317. hujus instrumenti sunt 2. ***Juni 25.***

Aus Strassb. Bez. A. H 3130. 6. 2 or. mb. c. sig. pend.

Schenkung. **864.** C. j. c. A. Waltherus dictus Boppe civis Arg. confessus est in presencia Richwini clerici Arg., ad dictum clericum pertinere proprietatem tercie partis pro indiviso domus, site in c. A. in dem Giessen juxta Berchtoldum dictum dem schifzimbermann e. u. et e. p. a. juxta Johannem dictum Vogelsong, et aree dicte tercie partis (redditibus seu censibus annuis 4 unc. den. Arg. et 1 capponis per dictum Waltherum emptis a dominis directis ejusdem aree dumtaxat exceptis, quorum proprietas ad ipsum Waltherum pertinet, ut dicebat); item 1 prati siti in banno ville Wingersheim, item reddituum de bonis in banno ville Westhoven sitis; usufructum vero dicte tercie partis ad ipsum Waltherum tantum quoad vixerit, pertinere occasione dotis ei per quondam Metzam ejus uxorem, amitam dicti clerici, in tercia parte assignate. premissis itaque peractis prefatus Richwinus in ipsius et dicte quondam amite ac quondam Burcardi ipsius Richwini patris animarum remedium et salutem donacione inter vivos donavit fabrice eccl. Arg. dictam proprietatem seu ipsam terciam partem. A. 2. (Mangoldo clerico dicte fabrice presente). actum 5 kalendas julii a. d. 1317. ***Juni 27.***

Aus Strassb. Frauenh. A. Saalbuch 3 fol. 47ᵃ. cop. s. XIV exeunt. Nach der Ueberschrift «nebent der herbergen zûm bôme».

Erbleihe. **865.** C. j. c. A. domina Katherina, relicta Wernheri dicti Hentwig, nata quondam Hugonis dicti Danris, militum Arg., et Johannes filius ejus locaverunt in emphiteosim Johanni dicto de Rodesheim civi Arg., nato quondam Ludewici dicti de Rodesheim civis Arg., domum

---

[1] *Nach Dorsualnotizen s. XIV-XV handelt es sich um des* Burggraven gotzhus. *Vgl. Str. G. u. HN. S. 108 und Alsatia 1858-61 S. 166. Reinböldelins Gotteshaus.* [2] *Vgl. Str. G. u. HN. S. 113.*

dictam zû dem Krebeser et aream ejusdem, sitas in c. A. in der Oberstrassen, de consensu Waltheri dicti Hentwing armigeri Arg., curatoris dicti Johannis filii, pro annuo censu 9 lib. den. Arg., ita tamen quod de censu prescripto Else filie quondam Wölfelini dicti zûm Riet civis Arg., quoad vixerit, cedere debeant singulis annis 3 lib. et 5 solidi, que sibi pertinent occasione donationis propter nuptias per quondam Wernherum dictum Hentwig, militem Arg. juniorem, ejus maritum, filium prefate Katherine, facte; qui redditus post mortem Else ad venditores redeunt. Elsa huic vendicioni suum adhibet consensum. Er. 4. V. datum kalendas julii, a. d. 1317. hujus instrumenti sunt 2[1]. *1317 Juli 1.*

Aus Strassb. Hosp. A. Prot. Prädic. 107 (Copialb. s. XIV) fol. 36. *cop. mb.*

866. C. j. c. A. Anna, filia quondam Diethérici dicti de Kolzwilre, begina Arg., vendidit decano et capitulo ecclesie s. Thome Arg. (domino Alberto de Sternenberg decano presente) omne jus ipsi competens in area et domo, sitis inter pontes (zwüschent brucken), in vico dicto Stampfesgasse juxta dictum de Geispoltzheim e. u. et domum quondam Ottonis dicti de Swindratzheim e. p. a., de quibus decanus et capitulum antea receperunt redditus $2^1/_2$ unc. den. Arg. nomine census, pro 10 lib. et 5 sol. den. Arg. A. 1. actum 2 nonas julii, a. d. 1317. *Juli 6.* *Verkauf.*

Aus Strassb. Thom. A. Registrande A fol. 142b. *cop. chart.*

867. C. j. c. A. Otto dictus Ripelin, Clara et Heintzelinus minor, major tamen 14 annis, liberi quondam Hugonis dicti Ripelin armigeri Arg., vendiderunt Reimboldo dicto de Achenheim, militi Arg., 2 domos et earum areas, contigue sitas in c. A. uf der Ahnenden juxta aream Berhtoldi de Windecke e. u. et tendunt a parte posteriori super domos Henrici Wetzelonis militis Arg., p. p. e. l., in quibus domibus et areis venditores successerunt quondam Grede, matri sue, filie quondam Heinrici dicti Stampf civis Arg., pro 26 lib. den. Arg. A. 1. M. (pro Heintzelino). actum 15 kalendas augusti, a. d. 1317. *Juli 18.* *Verkauf.*

Aus Strassb. Thom. A. lad. Kaufbriefe 6. *or. mb. c. sig. pend.*

868. C. j. c. A. Johannes dictus de Bersteten, oleator Arg., et Sophia, ejus uxor, de voluntate Katherine, Sophie et Else ac Johannis, liberorum suorum, necnon Erbonis, nati quondam Hugonis dicti Spender, cuparii Arg., vendiderunt pro 16 lib. et 10 sol. den. Arg. Else, relicte Johannis dicti Manse civis Arg., domine directe aree, mediam partem unius domus, site in c. A. dicte zûm Kopete am guldin orte e. u. p. et e. a. juxta Heinricum dictum Hecker civem Arg., ita quod de area ejusdem partis medie non plus preterquam 8 uncee et 10 den. Arg. nomine census. domine directe predicte et 4 uncee den. A. nomine legati super chorum ecclesie Arg. annis singulis debeantur. A. 1. M. (pro Johanne filio). U. (pro Heintzelino et Petermanno). peracto contractu prefata emptrix relocavit in emphiteosim dictis venditoribus mediam partem pro indiviso domus prescripte et aream ejusdem partis pro redditibus annuis 1 lib. den. Arg. absque qualibet augmentatione, ita quod dicti conductores preter redditus prescriptos ipsi locatrici solvere teneantur dictum censum 8 unc. et 10 den., necnon super chorum memoratum dictum legatum 4 uncearum. Er. 1. (quoad censum 8 unc. et 10 den.). Er. 4. (quoad redditus 1 lib. den. Arg.). V. datum nonas augusti, a. d. 1317[2]. *August 5.* *Rentenkauf.*

Aus Strassb. Hosp. A. Zerstreute Sachen. *or. mb. c. sig. pend.*

---

[1] *Vgl. nr. 117, 119, 134, 480 und 619.* [2] *Vgl. nr. 644.*

Erbleihe. **869.** C. j. c. A. domina Gertrudis relicta Johannis dicti zum hohen huse de Winterthur civ. Arg. confessa est, se tenere in emphyteosim a decano et capitulo eccl. Arg. 2 areas in c. A. in Hasengesselin (unam inter domos altarium s. Johannis et Petri in dicta eccl., aliam inter domum dictam zum hohen huse et domum dicte Berserin), quamlibet aream pro annuo censu 5 sol. den. Arg. Er. 4. V. actum 4 kalendas septembris, a. d. 1317. ***1317 August 29.***

Aus Strassb. Bez. A. G 3463 (Copialb. des Münsters s. XVII) nr. 217. cop. chart.

Erbleihe. **870.** «Peter Kenphe der meister unde danach die brûdere gemeinliche in deme spitale zû Strasburg» thuen kund, dass sie mit willen «hern Heinriches Wetzeles und hern Claweses Otte Friderichles rittere von Strasburg, ûnseres spitales meistere und phlegere, hant verluhen Cûnrate Gurtelere eime burger von Strasburg und allen sinen erben zû eime rehten erbe ûnser und ûnseres spitales hovestat, die gelegen ist uffe deme graben einsite nebent hern Reinbolte von Achenheim und andersite an des selben Cûnratz Gurteleres tore, und do der selbe Cûnrat Gurteler uffe gebuwen het,» für einen jährlichen zins von 7 unzen und 2 cappen. Er. 4. V. das spittalsiegel ist angehängt; auch die beiden vorgenannten meister hängen ihr siegel an. «diz geschach do man zalete von gotz geburte 1317 iar, an[a] deme zistage nach sancte Adolfes tages. dirre briefe sint zwene und stont geliche, der han ich Cûnrat Gurteler einen besigelet mit drien ingesigelen an davor geschriben stôt, und han ich disen brief mit mineme ingesigele besigelet zû eime urkunde der vor geschribenen dinge[1].» ***August 30.***

Aus Strassb. Hosp. A. lad. Hôp. XLIV fasc. 6. or. mb. c. sig. pend. delaps. In Prot. Hôp. V (lib. C) fol. 44[b] *Ueberschrift:* «hofestat uf de graben ist begriffen zû dem huse und zû dem hofe zû dem Gûrteler vor dem Mûnster, do nû inne sitzet Laulin Wurmse.»

Verkauf. **871.** C. j. c. A. Johannes dictus de Achenheim, armiger Arg., natus quondam Nicolai dicti under Kôflûten civis Arg., vendit Petro dicto Swarber, civi Arg., ibidem presenti redditus annuos 13 unc. den. Arg. super una area angulari, sita in c. A. niden an Stadilgasse, super qua olim residebat Gerhardus dictus der hinkende Gerhart, und stosset uf der Rintshûter graben, et omne jus in dictis redditibus, in quibus se venditor quondam parentibus suis asseruit successisse, pro 22 lib. minus 4 unc. den. Arg. A. 1. actum kalendas septembres, a. d. 1317. ***September 1.***

Aus Strassb. Frauenh. A. lad. 49 nr. 67. or. mb. c. sig. pend. et transfixo d. d. 1372 Juli 31.

Verkauf. **872.** C. j. c. A. Agnes, filia quondam dicti Esschevar Arg., Johannes et Nicolaus, nati ejus minores, majores tamen 14 annis, vendiderunt Fritschoni dicto de Sesselsheim, civi Arg., mediam partem 1 domus, site juxta Nicolaum dictum Stangen de Morsmunster civem Arg. e. u. et dictam Wisin Argentinensem an der Almenden e. p. a., pro 30 lib. den. Arg. A. 1. M. 1. (pro Nicolao). actum 4 idus septembres, a. d. 1317[2]. ***September 10.***

Aus Strassb. Thom. A. lad. Kaufbriefe 6. or. mb. c. sig. pend.

Zustimmung zu einem Verkauf. **873.** Wetzel Broger der meister und der rat von Strassburg machen bekannt, dass «vro Cylie, Heintzeman Appetes tohter,» mit zustimmung Johanneses Loselins des iungen, ihres gemahles, «der ir daruber zû vogete vor gerichte gegeben wart», aufgegeben hat mit diesem

a) *Das folgende bis zum Ende von derselben Hand mit anderer Dinte.*

---

[1] *Vgl. Str. G. u. HN. S. 154.* [2] *Die andere Hälfte verkauft Johannes* Brehtende *von Wasselnheim und dessen Gattin Ellekindis, Tochter des verstorbenen Johannes* Eschevarwe, *an den Hofherrn, Albert Rulenderlin, Ritter von Strassburg, für 26 Pfund Pfenninge. 1319 Februar 26. Or. ebendaselbst lad. 21 (Titres).*

briefe haus und hofstatt mit dem garten, «der gelegen ist einsite an unsers herren des bisschofes hof von Strazburg und andersite nebent hern Hug Wiriches hof». «an dem dunrestage nach des heiligen crúzes tag zû herbeste, 1317. harane warent wir her Wetzel Broger, *u. s. w. folgt der Rat*[1]. ***1317 September 15.***

Aus Strassb. Stadt A. V. C. G. Corp. K lad. 14 vol. 14. or. mb. c. sig. pend.

874. C. j. c. A. domina Anna, relicta Golzonis de Grostein militis Arg., Cûnoni, filio suo, canonico ecclesie s. Petri Arg., donatione inter vivos de consensu Golzonis militis, Anne dicte Crêbesserin, Agnetis dicte zû der Megede, Nicolai et Heinrici dicti Romer, liberorum suorum, donavit redditus annuos 2 lib. Arg. nummorum super 2 domibus et earum area, sitis in vico dicto Burcgassen in c. A. e. u. juxta Segerin et e. p. s. juxta Petrum de Schönecke, canonicum ecclesie s. Petri predicte. A. 1. redditus predicti reddentur ad condivisionem hereditatis paterne et materne faciendam inter Cûnonem et ejus chouterinos. Cûno vendidit eosdem redditus Anne dicte Crebesserin, sorori sue, pro 30 lib. den. Arg. A. 1. redditus per Cûnonem reemi possunt infra spatium 6 annorum pro 30 lib. datum a. d. 1317, 17 kalendas octobris. ***September 15.*** *Verpfändung.*

Aus Strassb. Bez. A. G 4826 (5198). or. mb. c. sig. pend.

875. C. j. c. A. Engeldrudis in dem brûch, filia quondam Alberti dicti de Wolvesheim de Argentina, et Hûgelinus, filius quondam Anne sororis sue, adhuc minor adultus tamen, donaverunt donacione inter vivos Gerine dicte de Achenheim et Junte, filie fratris sui[a], monialibus monasterii s. Agnetis e. m. A., duas partes duarum domuum, sitarum in dem brûch e. m. A. juxta dictam de Snersheim e. u. p. et e. a. juxta dictam Ůlrichin, et jus in areis, quarum domuum residua tercia pars ad Beatricem[b], sororem dicte Engeldrudis, pertinet, ita quod de areis ambarum domuum 4 unc. den. Arg. et 2 capones ecclesie s. Thome nomine census annuatim debeantur. moniales predicte una cum priorissa monasterii sui de dictis domibus disponant in remedium animarum donatorum. A. 2. (in Cûnradum dictum de Mollesheim, famulum dicti monasterii). dicte moniales donatoribus dederunt 10 lib. den. Arg. predictus famulus relocat dictas duas partes donatoribus pro annuo censu 1 lib. den. Arg. ad tempus vite sue. actum 16 kalendas octobres, a. d. 1317. ***September 16.*** *Schenkung.*

Aus Strassb. Bez. A. H 3118. or. mb. c. sig. pend.

876. Cûnradus dictus de Rufach et Katherina, uxor ejus, cives Arg., testamentum suum ordinant, quod testamentum seu ipsa legata cedere volunt tantum post amborum obitum. primo eligunt apud fratres minores domus Arg. suam ecclesiasticam sepulturam, quibus fratribus videlicet cuilibet legant 5 sol. den., item in die depositionis, septimi, tricesimi et primi anniversarii quolibet eorundem dierum 2 lib. den. fratribus dicte domus ad refectorium suum pro pictantia; item legant qualibet feria sexta primi anni post obitum novissimi inter ipsos ambos decedentis 5 sol. den. Arg. fratribus dicte domus; item volunt, quod quolibet die quadriennii ante altaria ecclesie dicte domus 1 den. offeratur fratribus, ut in missis ibidem celebrandis sui memoria habeatur; item legant abbatisse monasterii s. Clare i. m. A. 2 lib. den. Arg. et cuilibet moniali 5 sol. den. Arg. etc. (ut supra apud fratres minores); item legant cuilibet converso et cuilibet sorori laice 30 den.; item cuilibet fratri domorum ordinis fratrum minorum sub custodia Alsaciensi 30 den. et cuilibet domui sub dicta custodia 1 lib. den. Arg. *Testament.*

a) *Auf Rasur steht:* filie fratris sue. *Das* sue *bezog sich vielleicht auf ein früher dort gestandenes* sororis.
b) *Der Name auf Rasur.*

[1] *Vgl. nr. 640.*

(domo fratrum minorum in Argentina exclusa); item monasterio s. Clare uf dem Werde apud Argentinam et monasterio in Allesbach ordinis predicti cuilibet moniali 30 den. et cuilibet monasterio 1 lib. den. Arg.; item cuilibet domorum et monasteriorum ordinis fratrum minorum et s. Clare constitutarum in provincia, in qua domus fratrum minorum in Argentina est sita, domibus supra notatis exclusis, cuilibet 1 lib.; item 2 lib. ad quodlibet capitulum 4 capitulorum provincie dicte domus primorum celebrandorum per fratres minores; item provinciali in quolibet capitulo 1 lib.; item ad primum majus capitulum generale fratrum minorum 4 lib. den. Arg. et generali ejusdem capituli 2 lib. den. Arg.; item fabrice eccl. Arg. 1 lib.; item fratribus ordinis predicatorum Arg. 2 lib.; item cuilibet domorum fratrum heremitarum ordinis s. Augustini, Wilhelmitarum et Carmelitarum apud Argentinam 1 lib., item cuilibet monasterio monialium videlicet s. Margarete, s. Elisabet, s. Marci, s. Agnetis, s. Katherine, ss. Johannis et Nicolai zû den hunden, et penitentum 30 sol.; item conventui monasterii in Paris ordinis Cystertiensis 3 lib., item cuilibet conventui monasteriorum Novicastri, Bômgartensis (Arg. diocesis) Stûrtzilburnensis (Metensis) et Alte silve (Tullensis) ordinis Cystertiensium 2 lib.; item ad fabricam b. virginis opidi Rubiacensis 1 lib. etc. etc. item infirmis hospitalis majoris pauperum apud Argentinam 2 lib., item infirmis hospitalis minoris apud pontem s. Thome in Argentina 10 sol., item cuilibet domui 30 domorum dictarum vulgariter gotzhûser apud Argentinam 5 sol., item leprosis apud Rotenkirchen e. m. A. 2 lib. fratres minores et monasterium s. Clare i. m. A. constituunt legatores executores hujus testamenti. si quid ultra dicta legata supererit, de hiis residuis tertia pars fratribus minoribus domus Arg. in ipsorum infirmaria decumbentibus, alia tertia pars sororibus monasterii s. Clare i. m. A. in ipsorum infirmaria, residua tertia pars pauperibus distribuetur. legatores revocant omnia legata prius facta. executionem testamenti committunt abbatisse et conventui monasterii s. Clare i. m. A. judex curie Arg. sigillum appendit, item abbatissa et conventus dicti monasterii. datum 12 kalendas novembris, a. d. 1317. hujus instrumenti 2 sunt paria [1].

1317 Oktober 21.

Aus Strassb. Hosp A. lad. Hôp. XXXIII fasc. 30. or. mb. c. 3 sig. pend.

Rentenkauf. **877.** C. j. c. A. Petermannus, Johannes clericus et Berwigus fratres, nati quondam Johannis dicti Roteuburg civis Arg., pro se, Hessone, Walthero et Nicolao minoribus, fratribus suis, pro quibus cavent de ratihabicione sub ypotheca rerum suarum, manibus coadunatis vendiderunt Johanni dicto Klobeloch seniori, civi Arg., venditori pannorum, redditus annuos 3 lib. den. Arg. super domo et area, sitis in c. A. dicta in vulgari zû Rotenburg [2] das orthus ex opposito curie Hugonis dicti Zorn militis Arg., persolvendos per dictos venditores, pro 30 marcis argenti. A. 1. U. emptor se obligat ad revenditionem pro precio premisso infra spacium 10 annorum. actum 2 idus novembres, a. d. 1317. hujus instrumenti sunt 2.

November 12.

Aus Strassb. Thom. A. Registrande A fol. 322ᵇ. cop. mb. s. XV ineunt.

Erbleihe. **878.** C. j. c. A. domicella Phyna, soror quondam Johannis dicti in Kalbesgasze militis Arg., locavit in emphiteosim (zû eim rehten erbe) Reinboldo dicto Brandecke militi Arg. domum et aream, sitas in c. A. in vico cuppariorum juxta estuarium predicti conductoris e. u. et e. p. a. juxta domum dictam zû dem von Stockache [3], pro redditibus annuis 2 lib. den. Arg., quarum 1 solvent hospitali majori pauperum in Arg. (quoad vixerit tantum Berhta relicta quondam Wernheri dicti Zengelin cuparii Arg.), post ejusdem Berhte obitum hospitali minori sito in c. A. apud pontem s. Thome, per dictum quondam Johannem et ipsam domi-

[1] *Ein älterer Schenkungsvertrag zwischen Konrad und dem Kloster s. Klara auf dem Rossmarkt von 1317 August 9 ist erhalten im Original ebendaselbst lad. 51 fasc. 9.* [2] *Vgl. nr. 130. Nach der Ueberschrift lag das Haus in Dornengasse.* [3] *Vgl. Str. G. u. HN. S. 102.*

cellam fundato. prima libra cedere debebit infirmis actu decumbentibus in hospitali majori pauperum prenominato. preterea idem conductor et ejus heredes singulis annis de domo et area predictis solvere debent nomine feodi (vulgariter dicendo zû reitlehen) 1 sol. den. Arg. et 1 caponem Johanni dicto de Dûmenheim, militi Arg. Er. 4. V. datum 5 idus decembres, a. d. 1317. hujus instrumenti sunt 3. ***1317 Dezember 9.***

Aus Strassb. Hosp. A. lad. 19 nr. 1. or. mb. c. sig. pend. delaps.

879. C. j. c. A. dominus Sigelinus de Mülnheim, prepositus ecclesie s. Thome Arg., pia *Schenkung.* motus dilectione erga Waltherum et Gösselinum, natos quondam Gossonis de Mulnheim, fratris ipsius prepositi, iis donavit donatione inter vivos domum et aream, in c. A. sitas juxta vicum parvum ex opposito cymiterii fratrum minorum c. u. et e. p. a. juxta domum monasterii s. Nicolai, quam nunc begine inhabitant, curia quoque dicte domus retro tendit ad domos dictas der Linweterin hus unde Rufaches hus, discreto viro Nicolao dicto Zorn milite, sculteto Arg., dictorum donatariorum avo materno presente. A. 1. (in Nicolaum scultetum nomine quo supra). peracta donatione prenotatus scultetus dictorum donatariorum nomine dictas domum et aream sepedicto preposito locavit pro annuo censu 1 lib. den. dando et solvendo, quoad vixerit, in festo s. Martini. datum pridie nonas januarii, a. d. 1318. ***1318 Januar 4.***

Aus Strassb. Frauenh. A. lad. 49 nr. 69. or. mb. c. sig. pend.

880. Gerdrudis begina, filia Hugonis de Truhtersheim armigeri quondam, testamentum *Testament.* suum ordinat. inprimis eligit ecclesiasticam sepulturam apud fratres predicatores in Argentina in loco cymiterii, ubi verbum dei seminatur; quibus fratribus legat domum suam cum curia, ex opposito fratrum predicatorum juxta domum dicte Kelbin c. u. et c. a. p. est vicus publicus, ita quod fratres dicti post obitum donatricis possessionem curie habeant et quod eam uni vel duabus tantum personis honeste et caste viventibus (conjugatis dumtaxat exclusis) ad tempora vite ipsarum ad inhabitandum vendant sub ea conditione, quod inhabitantes singulis annis census nomine dent fratribus predicatoribus 4 lib. den. Arg.: in anniversariis legatricis 30 sol., Hugonis patris sui, et matris ejusdem Hugonis (in crastino b. Thome apostoli) 1 lib., Gisele *Dezember 22.* matris legatricis et Eberhardi quondam de Landesberg patris Gisele, et Gerdrudis, ejusdem matris (vigilia conversionis b. Pauli) 30 sol. pretium redemptum ex vendicione dicte curie in *Januar 24.* hunc modum distribui debet: fratribus predicatoribus in Argentina 3 lib. den. Arg. et cuilibet fratri 5 sol., item fratribus predicatoribus in Wissenburg, in Hagenowe, in Sletzestat, in Columbaria, in Gewilre 1 lib., item monasteriis s. Johannis, s. Katherine, s. Nycolai, s. Marci, s. Agnetis, s. Elizabeht, s. Margarete c. m. A., fratribus minoribus in Argentina, monasterio s. Clare in Argentina cuilibet 1 lib. den. Arg.; commendatori et fratribus s. Johannis de Doroltzheim 2 lib. residuum de pretio reservat sibi legatrix ad disponendum super eo. si post mortem habitantium domus dicta vacat, aliis personis ad inhabitandum vendant fratres predicatores et precium inde receptum distribuant in modum prescriptum seu, cum ad plenum sustinere non valeret, de scitu commendatoris predicti pro rata. si fratres predicatores secus facerent, quam est prescriptum, jus vendicionis transit ad fratres in Doroltzheim et, si etiam hii secus facerent, ad fabricam eccl. Arg.; legatum et anniversaria predicta perpetuo permaneant apud fratres predicatores. legatrix sibi reservat jus mutandi hoc legatum. judex curie Arg. sig. suum appendit. datum a. d. 1318, kalendas februarii [1]. ***Februar 1.***

Aus Strassb. Hosp. A. Prot. Prédic. 107 (Copialb. s. XIV) fol. 50ᵇ. cop. mb.

---

[1] *Vgl. nr. 719.*

Verkauf. **881.** C. j. c. A. Dietricus de Burne, civis Coloniensis, et Greda, ejus uxor, filia quondam Ile dicte Schultheiszin, olim nate dicte Schultheiszin institricis Argentinensis, Colonie moram trahentes, subicientes se jurisdictioni dicti judicis quoad omnia infrascripta vendiderunt manibus coadunatis Burcardo dicto Twinger, civi Arg., et Grede, uxori sue, ac Anne, sorori Grede, (ita ut media pars Annam contingat) domum et aream, sitas in c. A. inter institores juxta domum Pauli dicti Mosung e. u. et e. p. a. juxta domum monasterii s. Johannis zů den hunden, p. p. e. l., que quidem area ex successione materna Grede venditrici obvenerat, pro 80 lib. den. Arg. Küneburgis dicta Gürtelerin, institrix Arg., omne jus sibi in domo et area compelens resignat. A. 2. datum 2 nonas februarii, a. d. 1318. ***1318 Februar 4.***

Aus Strassb. Bez. A. H 1514. 11. or. mb. c. sig. pend.

Verkauf. **882.** C. j. c. A. Katherina, relicta Johannis dicti Mörsvelt civis Arg. senioris, vendidit Nicolao dicto Kolin, civi Arg., aream, sitam in c. A. apud s. Petrum juniorem in Burgasze juxta dictum Machevröde e. u. et e. a. p. juxta quondam dictum Endekrist presbyterum und stoszet hinden uf den burggraben, p. p. e. l. pro 4 lib. et 10 sol. den. Arg. Nicolaus dictus Koge de Argentina consentit. A. 2. actum 7 kalendas marcii, a. d. 1318. ***Februar 23.***

Aus Strassb. Bez. A. G 4826 (5198). or. mb. c. sig. pend.

Testament. **883.** Katherina, uxor Heinrici dicti Veieler rasoris Arg., debilis aliquantulum corpore testamentum de consensu mariti sui ordinat de bonis sibi a deo collatis tam specialiter ad ipsam quam communiter ad ambos pertinentibus, in quibus tertia pars competit ipsi marito juxta consuetudinem civitatis Arg. inprimis legat Else, famule dicti Kölbelin, unum pallium panni Lütiche; Fritschelino, filio matertere sue, 1 lib. den. Arg.; fratri Walthero ordinis fratrum predicatorum 5 sol. den. Arg.; hospitali b. Anthonii 1 lib. cere; hospitali b. Bernhardi 1 lib. cere, ut confraternitati hospitalium eorundem ipsa conscribatur; Grede incluse inclusorii ecclesie s. Andree 1 pellicium suum vulpinum; Johanni dicto Lorantz clerico 8 lib. den. Arg., presentandas Johanni dicto Serie; Lusche begine, filie Rülini pellificis, 1 pellem in vulgari dicendo ein künigeline wembine kürsene; item ordinat, quod tunica sua dicta mittelvar et tunica schanbelat, et alie minores res ad corpus suum spectantes, ut sunt pepli et talia, per dictam Luscham vendantur et distribuantur juxta ordinacionem sibi a legatrice fidei commissam; item legat Johanni, fratri Fritzelini superius annotati, 2 lib. den. Arg., item redditus annuos 9 sol. Arg. nummorum et 2 sextariorum in Büheltal fratribus predicatoribus domus Arg. pro suo anniversario, item fratri Heinrico de Lützelnberg ordinis fratrum predicatorum 1 tricesimum; item fratri Johanni de Mutziche ordinis fratrum minorum 1 tricesimum. hujus testamenti Heinricum sacerdotem cappellanum cappelle b. Gregorii prope ambitum ecclesie Arg., Nicolaum sacerdotem dictum Swarber prebendarium ecclesie Arg. et Heinricum suum maritum constituit executores. judex curie Arg. sigillum suum appendit. datum nonas marcii, a. d. 1318. ***März 7.***

Aus Strassb. Hosp. A. lad. Hôp. I nr. 75. vid. mb. c. sig. pend. ausgestellt vom judex curie Arg. *1318 Oktober 3.*

Präbendenstiftung. **884.** Johannes episcopus Arg. notum facit, quod Paulus dictus Mosung civis Arg., executor testamenti quondam Johannis fratris sui, ad prebendam per hunc institutam in altari s. Johannis baptiste in eccl. Arg. de novo constructo et consecrato[1] donaverit bona quedam. collatio prebende, quam nunc habet Nicolaus sacerdos, est apud thesaurarium eccl. Arg.

---

[1] *Vgl. nr. 801.*

Heinricus decanus, Cůnradus thesaurarius et capitulum eccl. Arg. consentiunt et una cum episcopo sigilla sua appendunt. datum a. d. 1318, nonas marcii. *1318 März 7.*

Aus dem Archiv des Strassb. Domkapitels. cop. mb. (von 1353 Hofrichter) c. sig. pend.

885. *Der Rat von Strassburg entscheidet einen Zehntenstreit zwischen dem Kloster* *Entscheidung eines Zehntenstreites.* *s. Markus und der Liebenzellerin.* ***März 10.***

Allen den sy khunt, die disen brief gesehent und gehorent, das wir Niclaus Zorn, schultheiss zu Strasburg, Reimbolt Stůbenweg der alte, Claus von Rymuntheim, Gōszlin von Kageneck, Claus Dütschman, Claus Otfriderich, Johannes Stubenweg und Reimbolt Brandeck, rittere und schofele zu Strasburg, an gericht warent vor meister und vor rate zu Strasburg uf der pfaltzen, da her Reimbold Reimboldelin meister was und ouch wir Claus von Rymuntheim, Göszelin von Kageneck, Claus Dütschman und Johannes Stubenweg die vorgenanten zu den ziten in dem rate warent und dise nachgeschribne urtel mit den andern in dem rate sprachent, und sie auch hortent, da frow Ann von Bergkheim, hern Reimbolt Liebenzellers seligen witwe, vor meister und vor rat zu Strasspurg ansprach die geistlichen und die erbern frowen die priorin und den convente des closters von sanct Markese, das da gelegen ist usswendig der muren zu Strassburg, das die vorgenanten frowen der vorgenanten frow Annen Liebenzellerin zehend soltent geben von dem wald zu Herde by Wilstette ihinsit Rhins, den sie ir auch etwielang versessen hetten; des verantwortetten sich die vorgenanten frawen; und nach der vorgenanten Liebenzellerin ansprach und nach der vorgenanten frowen antwort ward zu beden siten die warheit erteilt. und do man die vorgenante warheit erhorte, da wurden die vorgenanten frawen der vorgenanten frawen Liebenzellerin ledig umb den vorgenanten zehenden mit rehter urtel vor meister und rate zu Strasburg uf der pfaltzen, wan die vorgenanten frawen erzůgtent erberliches, das sie vormals ledig wurdent des vorgenanten Liebenzellers und auch sins bruders. so hond wir die vorgenante ritter und schoffele unsere ingesigele gehengt an disen gegenwertigen brief. der ward geben an dem fritag vor der grossen fasznacht in dem iar, da man von gottes geburt zalt drutzehen hundert iar und achtzehen iar.

Aus Strassb. Hosp. A. lad. s. Marc. 57 fasc. 6. cop. chart. s. XVI.

886. Reinbold Reinboldelin der meister und der rat von Strassburg machen bekannt, *Verkauf.* dass «vro Katherine, Johanneses Morsveldes seligen wittewe des eltern, unsere burgerin», verkauft hat als ledig eigen haus und hofstatt zu Strassburg «in Burggasze einsite nebent der Kerlin huse und andersite nebent Claweses Colines huse» an Heinrich Machefröden von Wingersheim und Greden, seine gattin, für 7 1/2 pfund pfenninge. A. 3. «gegeben an dem mentage nach der groszen vastnacht, 1318. harane warent wir her Wetzel Broger, *u. s. w. folgt der Rat.* ***März 13.***

Aus Strassb. Bez. A. G 4826 (5198). or. mb. c. sig. pend. delaps.

887. C. j. c. A. Sigelinus de Mülnheim, prepositus ecclesie s. Thome in Argentina, in *Testament.* remedium anime sue decano et capitulo dicte ecclesie donatione inter vivos debita sua cum anno gracie donavit (presente magistro Johanne Rywini, canonico dicte ecclesie), ita quod, postquam decanus et capitulum dicta debita receperint, eadem debita in redditus annuos convertant, qui redditus post mortem prepositi in hunc modum dividantur: redditus 5 lib. den. Arg. altari b. Marie virginis, quod est constructum super ossa defunctorum in ecclesia dicta, 2 lib. cum anno gratie in anniversario ipsius domini, 2 lib. in octava festi b. Johannis baptiste, Juli 1. item in quolibet festo bb. apostolorum Mathye, Philippi et Jacobi, Jacobi, Bartholomei, Mathei, Febr. 21. Mai 1. Juli 25. Aug. 24. Sept. 21. Okt. 28. Nov. 30. Symonis et Juda et Andree in quolibet festo 1 lib. den. Arg. redditus 14 lib. den. Arg. dividantur in choro in diebus adventus, specificatio debitorum et personarum est hec: Petrus dictus Desche carnifex de Argentina debet 90 lib. den. Arg., Wolthelmus dictus Rebestock civis Arg. 90 lib., Gebehardus de Friburg, prepositus eccl. Arg., 45 lib. 8 sol. den. Arg. et 11 florenas aureas, magister Heinricus de Hugeswilre, canonicus ecclesie s. Thome, 27 lib., dominus Waltherus de Geroltzecke dictus de Tuwingen 12 marcas argenti, [Matthias] de Bûchecke, custos monasterii Mûrbacensis[1], 12 ½ marcas argenti. actum 14 kalendas maji, a. d. 1318. ***1318 April 18.***

Aus Strassb. Thom. A. lad. 25 (Titres). or. mb. c. sig. pend.

Verkauf. **888.** C. j. c. A. Cûno de Achenheim, armiger Arg., vendidit Petro dicto Swarber, civi Arg., duas areas, sitas in c. A. in Bieckergasse juxta Johannem, fratrem dicti venditoris, quarum arearum Berhtoldus dictus Murer unam, aliam vero uxor quondam Ludewici dicti Wûcherer habent in emphyteosim, necnon omne jus in edificiis desuper constructis pro 20 lib. et 20 unc. den. Arg. A. 2. actum 13 kalendas maji, a. d. 1318. ***April 19.***

Aus Strassb. Thom. A. lad. Kaufbriefe 4. or. mb. c. sig. pend.

Verkauf. **889.** C. j. c. A. Johannes Blenkelini junior civis Arg. et Anna nata Nicolai dicti Strowelin uxor ejus vendunt Johanni dicto Clobelôch civi Arg. redditus 24 sol. super curia, sita in vico dicto zum dorne juxta Nicolaum dictum Clobelôch civem Arg. et ex altera parte juxta vicum dictum zû dem pfawen. actum 3 kalendas maji, a. d. 1318[2]. ***April 29.***

Aus Strassb. Bez. A. G 2690 (3101) fol. 118. Im 16. Jahrhundert verfertigter Auszug.

Verkauf. **890.** *Die Deutschherren vor Strassburg verpflichten sich dem Kloster s. Margaretha den Ziegelofen zu beseitigen.* ***Mai 3.***

Wir brûder Johans der commendûre unde die brûdere thûschenherren ordens des huses vor der stat zû Strasburg thûnt kunt allen den, die disen brief ansehent oder hôrent lesen, das brûder Karle, unser hochmeister, het angesehen die vlissige bette, die die geistlichen vrowen die . . priolin und der convent von sante Margarethen vor der stat zû Strasburg hant getan umb den ziegeloven, der bi dem vorgenanten huse stat, das man den abe tete, und durch der selben vrowen bette willen so hat der selbe hochmeister in gelobet vir sich unde alle die brûder unde alle die huser, die in dirre provincien sint, und het sich ôch und alle die brûdere unde die hûser, die in dirre provincien sint, darzû verbunden mit diseme gegenwertigen brieve, das er den selben ziegeloven sol abethûn von sant Martins mes, der nu komet, ûber dru iar; und sûllent ôch die brûdere noch der orden do noch niemer keinen andern ziegeloven machen noch buwen bi[a] dem vorgenanten huse bi gûten truwen ane alle geverde; doch also, were das steine noch den drin iaren uf dem ziegeloven blibent, die ungebrant werent, die sol man druffe burnen ane alle geverde; und ist dise gelübede geschehen mit gehelle und willen unser brûdere des vorgenanten huses unde brûder Berhtoltz von Bûchecke lantcomendure, brûder Wôlvelins von Nellenburg, commendures zû Olshusen unde zû Meienowe, brûder Robins von Geroltzecke, commendure zû Somerswalt, brûder Wernhers Fossers, commendûre zû Kûnitz, unde des von Rinkenburg, commendure zû Hiltzkirchen, unde des Stôfelers, commendûre in Bûgheim, brûder Johans von Valkenstein, commendûre zû Friburg, brûder Johans von Werde, commendûre zû Mûlnhusen, brûder Niclawes

a) bi *auf Rasur.*

---

[1] *Von 1321-1328 Erzbischof von Mainz.* [2] *Katherina, die Schwester Annas, Gattin des* Volmar Kôppelin de Rodesheim *verkauft an Walther, den Sohn des genannten Johann Clobelouch, eine Rente von 2 Pfund und 8 Schillingen auf dem obengenannten Hause:* « zû dem alten von Winterture ». *1322 Mai 22. Auszug ebendaselbst fol. 118.*

von Biengen, commendûre zû Gewilre, brûder Hug Riplin, commendûre zû Rufach, brûder Wernher Dûnebolder, commendûre zû Keisersberg, und des[a] Stûbenwegen, commendure zû Andelahe. und darumb so hant die vorgenanten vrowen den brûdern und dem vorgenanten huse geben zehent pfunt Strasburger pfenninge zû stûre zû einre mureu; und verieheut ôch wir brûder Johans, der commendûre, und die vorgenanten brûdere des vorgenanten huses, das uns die pfenninge von in worden sint gar und gantz. und des zû eime steten urkûnde so han wir des huses ingesigele des vorgenanten mit brûder Berhtoltz des lantcommendûre ingesigel gehenket an disen brief. wir[b] brûder Berhtolt von Bûchecke, lantcommendure, veriehe aller der dinge, die hie vor gescriben stant, das si war sint, und des zû eime urkûnde so han ich min ingesigel gehenket an disen brief. der wart geben an der mittewochen noch usgander osterwochen, do man zalte von gotz gebûrte drûtzehenhundert iar und ahtzehen iar.

Aus Strassb. Bez. A. H 3118. or. mb. c. 2 sig. pend.

891. C. j. c. A. Heimboldus dictus Hûffelin, miles de Argentina, presente domicella Phyna, amita ipsius, in forma juris confessus est, sibi nullum jus competere in universis bonis mobilibus et immobilibus, que ipsa domicella habet sive habuit. per juramentum promittit, se non impediturum, quod dicta bona quovis modo in alios transferrentur. actum 2 nonas maji, a. d. 1318. ***1318 Mai 6.*** *Erklärung betr. Herkbr.*

Aus Strassb. Hosp. A. Prot. Prälic. 107 (Copialb. s. XIV) fol. 18. cop. mb. Daselbst fol. 20b eine zweite Copie mit dem Datum 3 nonas maji *nach einer vidimatio von 1335.*

892. Johannes episcopus Arg., Hugo prepositus, Gôzzo decanus, Johannes thesaurarius ac capitulum ecclesie s. Petri Arg. notum faciunt, quod Heinricus de Mulnheim, civis Arg., et Katherina, ejus uxor, in dicta ecclesia prebendam instituerint in altari de novo erigendo. A. 1. (per porrectionem calami, que de consuetudine civitatis et dyocesis Arg. more scholacionis in rebus donatis pro tradicione habetur). Heinricus ad prebendam presentat Berhtoldum de Hûningen, capellanum suum. jus presentandi est apud heredem seniorem fundatoris. sigilla episcopi, prepositi, decani, thesaurarii et capituli sunt appensa. datum 8 idus maji, a. d. 1318. ***Mai 8.*** *Präbendenstiftung.*

Aus Strassb. Bez. A. G 4713 (5035). 8. or. mb. c. sig. 5 pend. partim delaps. Dorsualnotiz s. XVIII: « capellania b. Marie virginis in capella s. Jacobi ».

893. C. j. c. A. Johannes de Ehenheim presbyter, procurator fabrice eccl. Arg., nomine dicte fabrice locavit perpetuo in emphiteosim Dietrico filiastro Hannemanni de Hochfelden carnificis Arg. presenti unum macellum seu stacionem ipsius, sitam in c. A. inter macella carnificum juxta Heinricum dictum Witenburg e. u. et e. p. a. juxta macellum quondam Cûnemanni dicti de Hochvelden carnificis Arg., pro annuo censu 1 lib. den. Arg. actum 7 idus maji, a. d. 1318[1]. ***Mai 9.*** *Erbleihe.*

Aus Strassb. Frauenh. A. Saalbuch 3 fol. 50b. cop. chart. s. XIV exeunt.

894. C. j. c. A. Johannes armiger, natus quondam Johannis de Truhtersheim militis, vendidit pro 35 lib. den. Arg. Fritschoni, nato Fritschonis dicti de Heiligenstein senioris civis Arg., ementi nomine Fritschelini, Simundi et Katherine, liberorum quondam Hugonis fratris dicti emptoris, unam aream, sitam in c. A. in vico dicto Drûselgeezelin juxta Johannem *Verkauf.*

a) und des *auf Rasur.* b) wir *auf Rasur.*

[1] *Nach der Ueberschrift war die Fleischbank* « under der metzigen an der zilen wider die althûser. unde ist der zehende bang von oben her abe zû zalende ».

dictum Clobelîch, filiastrum domini Johannis de Oberkirchen, c. u. et c. p. a. juxta dominam Gerdrudim, relictam Johannis dicti Junge militis Arg., p. p. c. l. [1], que quidem area dicto venditori ex successione quondam domine Ite, matris sue, obvenit, et de qua singulis annis redditus 35 sol. den. Arg. solvi consueverant, ita tamen quod usufructus aree Agneti, dictorum liberorum matri, quoad vixerit, ratione donationis propter nuptias per dictum quondam Hugonem, ejus maritum, assignate competat. A. 1. actum 5 idus maji, a. d. 1318.

1318 Mai 11.

Aus Strassb. Hosp. A. lad. 172 fasc. 48 or. mb. c. sig. pend.

Erbleihe. **895.** C. j. c. A. Rôlinus dictus Stoltzelin, textor Arg., et Mya, uxor ejus, confessi sunt in forma juris, se conduxisse a decano et capitulo ecclesie s. Thome Arg. in emphyteosim unam domum ac aream, sitas in c. A. in Stampfes gesselin, que olim fuerant Johannis Koswilre scriptoris, pro censu annuo 1 lib. den. Arg. et 2 caponum. Er. 1. V. actum 3 idus maji, a. d. 1318. ***Mai 13.***

Aus Strassb. Thom. A. Registrande C fol. 40. cop. mb. s. XIV.

Verkauf. **896.** C. j. c. A. Erbo de Dûmenheim, armiger Arg., et Nesa nata Löselini militis Arg., uxor ejus, vendiderunt hospitali pauperum in Ehenheim superiori annuos redditus 5 quartalium minus 1 sextario siliginis et ordei eque mensure super quodam molendino, sito in banno opidi Ehenheim, pro precio 10 lib. et 10 sol. den. Arg. actum 8 kalendas junii, a. d. 1318. ***Mai 25.***

Aus Ober-Ehnheimer Stadt A. GG 48 tir. 37. or. mb. c. sig. pend. delaps.

Verkauf. **897.** C. j. c. A. Wolfhelmus de Stille senior miles et Agnes ejus uxor, Wolfhelmus miles et Johannes clericus liberi, vendiderunt Paulo dicto Mosung, civi Arg., bona in banno ville Mittelhus sita pro precio 111 lib. den. Arg. datum 4 kalendas junii, 1318. ***Mai 29.***

Aus Karlsruh. Gen. Laudes A. Extradenda. or. mb. c. sig pend.

Verkauf. **898.** C. j. c. A. Cûno de Criegesheim, nauta Arg., Anna uxor et Delia begina, soror Cûnonis, vendunt Ûlrico dicto de Hûgelsheim, sutori Arg., et Gûte uxori ejus, pro 10 lib. den. Arg. domum, sitam c. m. A. in der Krutenowen bi dem tych juxta aream s. Arbogasti et aream quondam dicti Wittellin, (ita quod inde non plus preterquam 5 sol. den. Arg. leprosis domus in Rotenkirche et 5 sol. den. Arg. Clare, uxori Waltheri dicti Retwin piscatoris Arg., annuatim debeantur, consensu Waltheri et Clare predictorum et Jacobi de Barre civis Arg., amministratoris et gubernatoris dicte domus leprosorum, accedente, ita quod dicti census precedant alios omnes census de eadem domo debitos). A. 2. Wit. 2. (pro Anna). actum 11 kalendas julii, a. d. 1318 [2]. ***Juni 21.***

Aus Strassb. Stadt A. V. D. G. lad. 74. or. mb. c. sig. pend.

Erbleihe. **899.** Die Priorin und der konvent des klosters von s. Elisabeth von Strassburg machen bekannt, dass sie in erbleihe gegeben haben an « Gotze von Hugesbergen eine hovestat, ist gelegen zwischent sante Johannese und den Ruwerin, » gegen einen jährlichen zins von 4 schillingen und 1 kappen. Die priorin und der konvent hängen ihre siegel an. « gegeben an sante Johanneses tage zû sungihten, 1318. » ***Juni 24.***

Aus Strassb. Hosp. A. lad. s. Marc. VI fasc. 42. or. mb. c. 2 sig. pend.

---

[1] *Nach einer Dorsualnotiz s. XV hiess das Haus zum Jäger. Vgl. Str. G. u. HN. S. 54.*
[2] *Vgl nr. 256.*

Schenkung. Verkauf.

900. C. j. c. domini thesaurarii ecclesie Arg. in figura judicii Waltherus dictus de Meistersheim, olim procurator leprosorum domus in Rotenkirchen e. m. A., de voluntate Diemari clerici, nati quondam filie ipsius Waltheri, necnon consensu ejusdem Diemari, tutoris seu curatoris Johannis, fratris ipsius Diemari, sibi a judice predicto ad infrascripta specialiter dati, minoris 25 annorum, plenius accedente et auctoritatem suam propter evidentem ipsius minoris utilitatem prestante, in remedium anime sue legavit leprosis sive infectis domus leprosorum apud Rotenkirchen e. m. A. (Johanne dicto Cleine sacerdote, syndico seu procuratore dictorum leprosorum presente), mediam partem domus, site in c. A. in parrochia s. Petri junioris in curia dicta des Pfutzers hof e. u. juxta domum dicte de Nothalden et e. a. p. juxta domum relicte Heinrici dicti de Ache, de qua media domo predicta annis singulis in anniversario ejusdem Waltheri 5 sol. den. Arg. prefatis leprosis pro pictantia distribui debent. insuper vendidit idem Waltherus dictis leprosis alteram medietatem dicte domus pro 12 lib. den. Arg., ita videlicet quod dicti leprosi prefato Walthero singulis septimanis 1 sol. den. Arg. dare debeant usque ad assecutionem 12 librarum predictarum pretextu vendicionis antedicte. si vero Waltherus ante solutionem 12 librarum predictarum decesserit, residuum argentum insolutum eisdem leprosis cedat. datum a. d. 1318, 5 kalendas julii[1].

1318 Juni 27.

Aus Strassb. Hosp. A. lad. Hôp. XLII fasc. 41. or. mb. c. sig. pend.

Verkauf.

901. C. j. c. A. domina Heilka, relicta domini Egenolfi burcgravii de Oshoven, vendidit Ottemanno dicto Pflûger civi Arg. 1 agrum frugiferum e. m. A. uf der gebreite, situm inter bona Waltheri de Mûlnheim junioris militis Arg. und stoszet an eime ende uf Kagenecker brûch und an dem andern ende uf den graben hûnder des Sûszen garte, p. p. e. l., qui quidem ager venditrici obvenerat ex successione quondam domine Metze, matris sue, pro 10 lib. et 10 sol. den. Arg. A. 1. actum 5 kalendas julii, a. d. 1318. ***Juni 27.***

Aus Strassb. Hosp. A. lad. Hôp. XLIII fasc. 47. or. mb. c. sig. pend.

Verwandlung eines Hofes in einen Klosterhof

902. Brigida äbtissin und der convent von s. Stephan machen bekannt, dass sie das steinerne haus im hof «zu der smitten in Kalbesgasse», das herr Ulrich Lorber ein priester vom kloster hat, zu einem klosterhof gemacht haben, so dass der jüngste von den 4 Domherrn des klosters es bewohnen soll gegen einen zins von 30 schillingen. «am dunderstag noch sant Ůlrichs tage», 1318. ***Juli 6.***

Aus Strassb. Bez. A. H 2665 (Copialb. v. s. Stephan s. XV) fol. 95. cop. chart.

Erbleihe.

903. Hug Schôp der meister und der rat von Strassburg machen bekannt, das «her Lutze Schenke von Ehenheim, ein ritter, und vro Gerdrût, sine eliche wirtin», zu einem rechten erbe verliehen haben haus und hofstatt zu Strassburg «under den fûteren und heisset zû der alten mûnzen einsite nebent dem Jordane[2], Johannese Noppen von Pfettensheim und Claren, sinre elichen wirtin», für einen jährlichen zins von 3 pfund. Er. 4. V. «gegeben an dem dunrestage vor sante Margreten tag. harane warent wir her Wetzel Broger, u. s. w. *folgt der Rat.* ***Juli 13.***

Aus Strassb. Thom. A. lad. 2 (Pièces historiques). or. mb. c. sig. pend.

Verkauf.

904. C. j. c. A. Gôsselinus dictus Schôp, Burcardus dictus Waltecke, milites Arg., et Johannes dictus Urselinger, gubernatores fabrice ecclesie Arg., vendiderunt Erboni de Kagenecke, cellerario ecclesie s. Petri in Argentina, (Nicolao dicto de Geboltzheim presbytero dicti

---

[1] *Vgl. nr. 838* [2] *Vgl. Str. G. u. HN S. 26.*

cellerarii presente) omnia jura fabrice competentia in orto, sito in c. A. in dem Thoman loche, qui fuerat quondam Reinboldi dicti Zorn militis Arg., pro 20 lib. den. Arg. A. 2. actum 16 kalendas augusti, a. d. 1318. ***1318 Juli 17.***

Aus Strassb. Bez. A. G 4825 (5197). or. mb. c. sig. pend. Gleichzeitige Dorsualnotiz: «empcio orti magni retro curiam Erbonis de Kagenecke cellerarii a fabrica Argentinensi»

Verkauf. **905.** Hug Schôp der meister und der rat von Strassburg machen bekannt, dass «vro Clare, hern Hug Ripelins seligen tochter, vur sich und vur Johannesen und Gerdrûde, ire kint, die sû het von Johannese seligen Johanneses seligen sune von Winterture zû dem Engel, irme elichen wirte, mit willen und gehelle Huges von Winterture, der vorgenanten kinde vetter, irs wissenthaften und anerstorben vogetes,» verkauft hat all ihr gut im dorf und banne Önolvisheim, das die kinder von ihrem vater geerbt haben, dem kloster s. Agnes vor Strassburg für 129 pfund pfenninge. die ritter Reinbold Reinboldelin, Albreht Rûlenderlin, Clawes von Rymelnheim und Burghart Schultheisze, freunde der kinder von vaters und mutters seite, erklären, der verkauf sei mit ihrer zustimmung erfolgt. «an dem zinstage nach sante Margreten tag, 1318. harau warent wir her Wetzel Broger, *u. s. w. folgt der Rat.* ***Juli 18.***

Aus Strassb. Bez. A. H 3106. 1. or. mb. c. sig. pend.

Verkauf. **906.** C. j. c. A. frater Albertus prepositus conventusque monasterii de omnibus sanctis extra muros Arg. an der Steinstrassen ordinis Premonstratensium vendiderunt Heilke dicte Sidewirkerin de Argentina, filie quondam Heinrici pelliticis de Ehenheim, annuos redditus 2 lib. den. Arg. super bonis in banno ville Hermotzheim sitis pro precio 20 lib. den. Arg. actum 13 kalendas augusti, 1318. ***Juli 20.***

Aus Karlsruh. Gen. Landes A. Extradenda. or. mb. c. sig. pend. delaps.

Verkauf. **907.** C. j. c. A. Agnes, relicta Nicolai Zornonis junioris militis Arg., vendidit Elline, relicte Cûntzonis de Ergersheim ortulani Arg., et Grede, filie Fritschonis quondam de Rotenkirchen, redditus in banno ville Rotenkirche pro 15 lib. den. Arg.; item redditus ibidem vendidit Reimboldus dictus Túrant miles Arg. et Ottemannus de Hermotzheim, maritus Susanne sororis dicti Reimboldi, pro 15 lib. den. Arg. actum 2 nonas septembres, a. d. 1318. ***September 4.***

Aus Archiv des Strassb. Domkapitels. Münsterchorcopialb. s. XIV fol. 40 b. cop. s. XIV.

Schenkung. **908.** Priorissin und convent des klosters s. Agnes zu Strassburg überlassen, «umb die gift (1 pfunt und ein schilling geltes uf einre hovestat in kûffergasse nebent Paules Masung einsit und andersit nebent dem Wenser seligen) des geltes und umbe die frúntschaft, die uns hant getan die erbern lúte vro Heilewig von Ache, hern Johanneses seligen wittewe Brendelins, und Grede und Heinrich, ir kint,» diesen die nutzniessung des geldes, so lange *August 19.* einer von ihnen lebt, gegen die jährliche zahlung eines halben vierling wachses zu Adolfi zum zeichen, dass die eigenschaft beim kloster sei. die siegel der priorissin und des conventes sind angehängt. «an dem mentage vor sant Michels tage, 1318[1].» ***September 25.***

Aus Strassb. Bez. A. H 3118. or. mb. c. 2 sig. pend.

---

1 *Nach Dorsualnotiz s. XV:* «hus zûme Zarten.» *Vgl. Str. G. u. HN. S. 102. Daselbst Urkunde von 1318 September 23 (Original), worin der bischöfliche Hofrichter die Schenkung und die Verlehnung beurkundet, welch letztere* frater Heinricus de Berne, conversus dicti monasterii, *ausführt.*

909. C. j. c. A. Heinricus de Hagenowe, famulus fabrice ecclesie Arg., et Katherina, relicta Nicolai dicti Marley de Arg., nunc uxor dicti Heinrici, eidem fabrice in animarum suarum remedium donacione inter vivos omnia bona sua mobilia et immobilia donant, Mangoldo clerico ejusdem fabrice presente. A. 2. peracta donacione Mangoldus nomine dicte fabrice relocavit dictis donatoribus bona omnia predicta ad tempus vite pro annuo censu 1 vierlingi cere, solvendo in festo purificationis b. Marie virginis in signum directi dominii. actum 12 kalendas decembres, a. d. 1318. hujus instrumenti sunt 2. ***1318 November 20.*** *Schenkung. Februar 2.*

Aus Strassb. Frauenh. A. Saalbuch 3 fol. 35b. cop. s. XIV exeunt.

910. C. j. c. A. Erbo dictus de Achenheim, miles Arg., vendidit Heinrico dicto Gürteler, civi Arg., redditus annuos 10 sol. den. Arg. et $2^1/_2$ caponum super una area, sita in c. A. in der groszen Stadilgaszen juxta Conradum de Büsewilre e. u. et e. p. s. juxta Conradum dictum Jude, in quibus venditor quondam domine Junte de Achenheim, matri sue, successerat, pro 12 lib. den. Arg. A. 1. sigilla curie et venditoris sunt appensa. actum 2 kalendas januarii, a. d. 1318. ***Dezember 31.*** *Verkauf.*

Aus Strassb. Thom. A. lad. 32 nr. 3. or. mb. c. 2 sig. pend.

911. *Frau Dude schenkt den Barfüssern zu Strassburg ein Haus.* ***Dezember 31.*** *Schenkung.*

Wir Otto Rypelin ein rytter, Johannes Clobelôch der alte und Clawes Rebestog burgere, schöffele von Strasburg, thunt kunt allen den, die disen brief ansehent oder horent lesen, das wir darzû wurdent gezogen in schöffels wis unde es sahent und hortent, und es enpfiengent mit der hant, do vro Dûde von Strasburg, her Johans seligen wittewe von Otenheim, gap durch got lûterlichen und durch irre selen willen bi lebendeme gesunden libe und bi gesunden sinnen us gewalt unde gewere hern Heinrich Wetzele, eime ryttere, unde[a] Johans Gartener, der brûder schaffener des huses zû Strasburg zû den barfûszen, von der selben brûder wegen unde an der selben brûder stat, ir hus mit der hovestette und dem buwe, begriffe und rehte, das darzû höret, gelegen in der stat zû Strasburg gegen der vorgenanten barfûszen closter über unde ist ein orthus nebent dem steinhove[1] einsit und andersit nebent der gassen zû dem Stuche. die vorgenanten schaffenere her Heinrich und Johans luhent ôch und sattent von der vorgenanten brûder wegen der selben vro Thûden wider das vorgenante hus iren lebetagen umb einen schilling pfenninge, den sie alle iar sol geben zû zinse den vorgenanten schaffeneren, oder wer an irre stette der selben brûdere schaffener were von der selben brûder wegen, zû eime zeichen, das die eiginschaft des vorgenanten huses ir si und bi in blibe. die vorgenante vro Dûde gap ôch den vorgenanten zins vor uns, do wir zûgegene warent, den vorgenanten schaffenern von der vorgenanten brûdere wegen. wer ôch schaffener ist oder wirt der vorgenanten brûder, der sol noch der vorgenanten vro Thûden tode von der selben brûder wegen das vorgenante hus geben zû köffende einre geistlichen personen iren lebetagen und ir lip gedinge, und wenne die nit enist, aber einre ir lebetagen und ir lip gedinge, also, das man das selbe hus eweclichen geistlichen personen gebe zû köffende iren lebetagen unde nieman anders. und die pfenningen, die also von dem selben huse koment, die sûllent die selben schaffenere bekeren in der vorgenanten brûdere nûtz gar unde gantz. und des zû eime rehten waren urkûnde aller der dinge, die hie vor geschriben stant, so han wir die vorgenanten schöffele durch flisziger bette willen der vorgenanten vro Dûden und

a) *Or.:* unde unde.

---

[1] *Vgl. nr. 653.*

der brüdere unsere ingesigele gehenket an disen gegenwertigen brief. dis geschach an sant Silvester tage nach winnahten, do man zalte von gottes gebürte 1318 iar. den vorgenanten zins sol man öch geben iergelich zů dem sibenden tage noch winnahten.

Aus Strassb. Thom. A. lad. Kaufbriefe 3. or. mb. c. 3 sig. pend. (quorum 2 delaps.)

Verkauf. **912.** C. j. c. A. Cůno de Achenheim, armiger Arg., vendidit unam aream, sitam in c. A. in vico dicto die Langestadelgasse dictam Turlins prope dictum der Güteman, p. p. e. l. (salvo tamen jure emphiteotico dicte de Westhoven filie Brůningi), Petro dicto Swarber, civi Arg., pro 22 lib. den. Arg. A. 1. datum 4 nonas januarii, a. d. 1319. ***1319 Januar 2.***

Aus Strassb. Bez. A. G 6175 (6202). 5. or. mb. c. sig. pend.

Zeugenregest. **913.** *In der Urkunde, in welcher Markgraf Rudolf der ältere von Baden an das Bistum Basel die Burg Strassberg u. s. w. verkauft, sind unter den Zeugen:* Johannes de Mulheim, Hugo dictus Zorn milites. *Offenburg 1319.* ***Januar 5.***

Aus dem Abdruck bei Trouillat, Mon. de l'év. de Bâle III, 274 (nach dem Original im Archiv des ehm. Bistums Basel).

Schenkung. **914.** C. j. c. A. Fridericus dictus Philleman et Irmentrudis, ejus uxor, cives Arg., legant in remedium animarum suarum omnia bona sua mobilia et immobilia exceptis 10 lib. den. Arg. decano, capitulo ac prebendariis chori eccl. Arg. hujus testamenti executores constituunt Johannem, procuratorem capituli eccl. Arg., Nicolaum dictum de Dübingheim et Johannem dictum de Geispoltzheim, prebendarios eccl. Arg. actum 17 kalendas februarii, a. d. 1319. hujus instrumenti sunt 2 [1]. ***Januar 16.***

Aus Strassb. Bez. A. G 3658 (4053). 6. or. mb. c. sig. pend.

Erneuerung von Urkunden. **915.** Lupolt herzog von Oestreich und Steier erneuert alle von ihm für Heinrich von Mülnheim mit seinem alten siegel ausgestellten briefe nun mit seinem neuen siegel. «ze Strassburg, an dem zinstage vor unserer frauwen tag der liechtmesse, 1319 [2].» ***Januar 30.***

Aus Strassb. Bez. A. G 1359 (1777) nr. b. 1. cop. chart. s. XVI-XVII.

Erbleihe. **916.** Reinbold Süsze der eltere der meister und der rat von Strassburg machen bekannt, dass Heinrich von Mülnheim, bürger von Strassburg, in erbleihe gegeben hat haus und hofstätte in Strassburg «iensite Brůchse einsite bi dem huse, daz do heiszet zů hern Üten [3] und andersite nebent Heinrich Heckere» Heinrich Heckere und Metzen, seiner gattin, für einen iährlichen zins von 4 pfunden. Er. 2. V. «gegeben an deme zinstage vor der pfaffen vastnacht, 1319. harano warent wir her Hug von Schönecke, u. s. w. *folgt der Rat* [4]. ***Februar 13.***

Aus Strassb. Bez. A. H 2976. 8. or. mb. c. sig. pend. mutil.

Testament. **917.** Reinboldus de Achenheim, miles Arg., et Greda, filia quondam Nicolai dicti Rebestog civis Arg., uxor Reinboldi, testamentum suum ordinant. monasterio s. Agnetis c. m. A. legant redditus annuos 13 unc. den. Arg. super area, sita in c. A. in Stadelgassen, necnon redditus quosdam in Ütenheim pro anniversariis suis peragendis, item monasterio s. Marci redditus in Wolfgangesheim, item s. Clare i. m. A. redditus in Achenheim, item redditus 1 lib. den.

---

[1] *Vgl. nr. 639.* [2] *Vgl. nr. 779, 784, 787, 788, 791 und 854.* [3] *Vgl. Str. G. u. HN. S. 181.*
[4] Domina Belyma de Griffenstein, relicta Johannis dicti de Mülnheim mil. Arg., Eberlinus, Johannes milites, Sigelinus armiger et Anna, liberi dicte relicte, vendunt conductori prescripto horreum et aream prescriptam p. p. e. l. pro 13 lib. den. Arg. *1331 Januar 30. Or. daselbst H 2977.*

Arg. super domo, dicta zû dem hûte[1] in c. A. in der Stadelgassen etc. etc. item fabrice ecclesie Arg. spadonem suum rubei coloris ac omnem armaturam dictam harnesch. Erbonem dictum de Achenheim, fratrem suum, constituit hujus testamenti executorem. datum 3 idus maji, a. d. 1319. *1319 Mai 13.*

Aus Strassb. Bez. A. H 3118. or. mb. c. sig. pend.

918. Gerdrudis dicta Jûngin, uxor domini Egenolfi de Landesberg senioris, sana mente et corpore, testamentum de bonis suis immobilibus, que ei ex successione quondam Johannis dicti Hauwart militis Arg. et Agnetis, parentum, obvenerunt, disponit. ipsa ordinat, quod de redditibus annuis 30 quartalium siliginis in Bilolvisheim 10 quartalium redditus apud prebendam, per ipsam institutam et Johanni presbitero dicto Bilgerin de Gengenbach collatam, debeant remanere, et capellanus hujus prebende de residuis redditibus in ipsius Gerdrudis et quondam Johannis dicti Junge militis Arg. prioris mariti anniversariis teneatur dare singulis annis 2 quartalia monasterio s. Clare uf dem Rossemerckete, item idem cuilibet monasteriorum penitentum e. m. A., s. Clare uf dem Werde e. m. A., s. Nicolai, s. Johannis zû den Hunden, s. Marci, s. Katherine, s. Agnetis, s. Elysabet, s. Margarete e. m. A.; statuit, si capellanus in datione reddituum negligens esset aut heredes ipsius Gerdrudis dationem impedirent, quod redditus tunc ad fabricam eccl. Arg. devolvantur. legat conventui fratrum ordinis predicatorum domus Arg. redditus 1 lib. den. Arg. de redditibus annuis 2 lib. den. Arg. et 2 caponum super area domus, in c. A. bi der mûnsen[2] juxta aream dicte Wisin site, in ipsius et mariti sui anniversariis pro pictantia in communi et residuos redditus loco, apud quem ecclesiasticam sepulturam suam duxerit eligendam, cedendos singulis annis ejusdem loci personis in suo anniversario pro pittantia in communi. legat choro ecclesie Arg. redditus 1 lib. de redditibus 2 lib. et 5 sol. den. Arg. ac 2 caponum super area, juxta prescriptam contigue sita, ita quod in anniversariis ipsius Gertrudis et mariti sui deni solidi inter canonicos et prebendarios chori presentes vigiliis et missis distribuantur. legat Johanni dicto Bilgerin predicto redditus annuos 2 lib. den. Arg. super areis, sitis in c. A. retro estuarium dicti Stûbenweg in deme giessen, qui redditus post Johannis obitum heredibus ipsius Gertrudis cedant; legat ad prebendam sacerdotalem per quondam Johannem dictum Hauwart, patrem suum, apud ecclesiam parrochialem s. Nicolai trans Brûscam in Arg. institutam redditus 2 caponum super 2 areis, an der mûnsen sitis supra annotatis; legat fabrice eccl. Arg. redditus annuos 1 lib. de redditibus 2 lib. et 1 sol. den. Arg. super area domus dicte zûm gattere, in c. A. in Sporergasse juxta magistrum Heinricum fabrum site. legat redditus 1 lib. de residuis redditibus 1 lib. et 1 sol. den. Arg. ad hospitale majus apud Argentinam, ita quod deni solidi in anniversariis ipsius G. et mariti sui pro pictantia in communi cedant fratribus anniversaria celebrantibus; ordinat, quod residui redditus 1 solidi una cum redditibus 5 solidorum super area contigue juxta aream an der Mûnsen sita presbitero in ecclesia parochiali s. Nicolai cedant 6 denarii, residuum vero cedat prebende s. Spiritus apud eandem ecclesiam, ita quod iidem presbiteri ipsius G. et mariti sui anniversaria peragant. legat fabrice eccl. Arg. vestem suam meliorem cum pallio meliori, fratri Rûdolfo de Biberahe ordinis fratrum minorum[3] craterem argenteum dictum vulgariter einen silbern napf, qui ipsi G. obvenit ex divisione bonorum cum liberis suis habita, in valore 8 lib. den. Arg.; legat de redditibus annuis 22 quartalium tritici et siliginis in Kûngeshoven redditus 2 quart. tritici super chorum ecclesie s. Thome Arg. et redditus 2 quart. siliginis super chorum ecclesie s. Petri junioris Arg., ita quod inter canonicos et prebendarios presentes in choris vigiliis et missis in anniversariis ipsius G. et mariti sui peragendis distribuantur juxta consuetudinem; legat de residuis 18 quart. redditibus

Testament.

[1] *Vgl. nr. 704.* [2] *Vgl. Str. G. u. HN. S. 160.* [3] *Vgl. nr. 569.*

proxime prescriptis redditus 2 quart. tritici et siliginis ad prebendam prescriptam per quondam patrem suum institutam et Johanni presbitero dicto de Gengenbach predicto residuos redditus 16 quart. tritici et siliginis, qui post Johannis obitum heredibus ipsius G. proximioribus cedant; statuit, quod, si per expeditionem publicam vel auram malam seu sterilitatem terre, vulgariter her unde hagel oder missewahs, omnes redditus recipi non possent a legatariis, tunc his secundum qualitatem defectus secundum illum cursum qui dicitur nach der margzal defalcandum fuerit et subtrahendum. instituit prebendam sacerdotalem in ecclesia parrochiali s. Nicolai vel alibi, si decanus et capitulum ecclesie s. Thome reluctaverint; cujus prebende sacerdos missam dicat singulis diebus, quibus impedimento legitimo non impediatur, et in singulis missis memoriam ipsius G. et quondam mariti et parentum suorum habeat, et legat ad hanc prebendam redditus annuos 23 quart. siliginis in Belheim et redditus annuos 1 carrate vini rubei censualis et 1 lib. den. Arg. in Andelahe et Bergheim; statuit, quod post suum obitum redditus annui 44 quart. siliginis in Wilgeshusen apud Hochvelden et domus cum area in Argentina in Judengasze juxta domum quondam Burcardi dicti Panphilin militis Arg. sita et 2 domus cum area in Argentina in vico dicto Drosingesselin ex opposito domus Ůlrici dicti Böckelin civis Arg. site per executores ipsius G. vendantur et de pretio inde recepto cuilibet fratri ordinis minorum domus Arg. 30 den. dentur et fratri Johanni de Bernhartzwilre canonico regulari monasterii in Truhtenhusen 10 sol. den. Arg. et cuilibet sorori moranti in domibus dictis gotzhusern in Arg. 4 den., de residuo vero locis seu personis debita ipsius G. persolvantur. constituit testamenti executores dominum Egenolfum de Landesberg maritum suum, Nicolaum dictum Zorn scultetum, Hetzelonem dictum Markes seniorem, Reinboldum et Reinboldum dictos Sůsze fratres, Reinboldum dictum Hůffelin, Nicolaum de Rymůlheim, Reinboldum Reinböldelini seniorem, Johannem de Múlnheim, Conradum dictum Hôger milites et Petrum dictum Swarber civem Arg. ac Johannem dictum Bilgerin presbiterum predictum. sigillum curie Arg. est appensum. coram judice curie Arg. dominus Egenolfus de Landesberg senior testamentum comprobat et una Johanne dicto Bilgerin presente testamentum exequi promittit; c. j. c. A. Johannes senior, Nicolaus, armigeri, Bohardus, Johannes Erbonis, et Lucgardis, liberi testatricis ex quondam Johanne dicto Junge procreati, et specialiter Lucgardis per manum Johannis, ejus mariti nati Johannis dicti de Múlnheim militis Arg., se testamentum gratum habituros et nullatenus impedituros esse promittunt per juramentum corporale. datum 17 kalendas junii, a. d. 1319. hujus instrumenti 3 sunt paria. ***1319 Mai 16.***

A aus Strassb. Stadt A. G. U. Pf. lad. 37. or. mb. c. sig. pend. delaps.
B aus Strassb. Thom. A. lad. 25 (Titres). or. mb. c. sig. pend.

Schenkung. **919.** C. j. c. A. Metza, nata quondam Cůnradi de Rodesheim civis Arg., fratris quondam Engele, relicte Nycolai sculteti militis Arg., recognovit in presencia fratris Heilmanni de sancto Martino, conventualis domus fratrum predicatorum in Argentina, in remedium animarum personarum subscriptarum dictam Engelam legasse dicto conventui redditus annuos 2 lib. den. Arg. super domo et area, sitis in c. A. in Judengasze juxta domum liberorum quondam Hugonis sculteti militis Arg., item 10 sol. den. Arg. super domo et area, sitis in c. A. apud lobium cerdonum, que olim fuerunt in bonis quondam dicte Schedin, ita videlicet quod 1 lib. den. Arg. in anniversario dicte Engele, item 10 solidi in prefati quondam Cůnradi, item 10 solidi in quondam Junte, sororis dicte Metze, item 10 solidi in quondam Engele, matris dicte relicte, cedant fratribus dictis pro pictancia et quod dicta anniversaria peragantur. redditus inalienati debent remanere apud fratres predictos. si ipsi secus facerent, tunc redditus cedere debent fabrice ecclesie Arg. insuper dicta Metza donat redditus in Erngersheim. actum 11 kalendas junii, a. d. 1319. ***Mai 22.***

Aus Strassb. Hosp. A. Prot. Prédic. 107 (Copialb. s. XIV) fol. 75b. cop. mb.

920. C. j. c. A. Hiltebrandus, nauta Arg., filiaster dicte de Wöffelingeshoven, Cüntzelinus, Adelheidis, uxor Johannis dicti Schutterwalt pellificis Arg., per manum ejusdem, Lügardis, uxor Johannis dicti de Selse, per manum ejusdem, Metza adhuc minor adulta tamen, liberi dicti Hiltebrandi (de consensu Heinrici, Johannis, Alberti et Adelheidis coutherinorum dictorum de Wöffelingeshoven civium Arg.), vendiderunt pro 8 lib. den. Arg. Cûnrado, olim rectori ecclesie s. Stephani in Argentina, cum pecunia fabrice dicte ecclesie et pro ipsa ementi, redditus annuos 10 sol. minus 3 den. Arg. super una curia, sita e. m. A. in der Krutenowe ohewendig dem hohen stege juxta Rûdolfum et Walterum fratres dictos Snecken e. u. et e. p. a. juxta Harpurgin dictam Urristin und stosset aftern uf des Manegoldes garte, quos venditoribus dicti Snecken hactenus persolverunt et de qua curia antea habuit eadem fabrica redditus annuos 6 den. Arg. A. 2. M. (pro Metza.) U. (Hiltebrandus pro Johanne et Ebelino, filiis ejus). actum 14 kalendas julii, a. d. 1319. *1319 Juni 18.* *Verkauf.*

Aus Strassb. Bez. A. H 2684. or. mb. c. sig. pend.

921. C. j. c. A. Albertus dictus Moperti Walch de Arg., Elsa ejus uxor, Gerina filia ipsorum suo et Petri nomine, filii dictorum conjugum adhuc minoris, donant in remedium animarum suarum donatione inter vivos fabrice eccl. Arg. mediam domum, sitam in c. A. in Bieckergasse juxta dictam Reppessin e. u. p. et e. a. juxta Reinboldum dictum de Achenheim militem Arg., et omne jus in media area de consensu expresso dicti militis, domini directi aree. A. 1. (in dominum Johannem de Ehenheim, gubernatorem dicte fabrice). premissis peractis gubernator predictus relocavit donatoribus dictam mediam domum et mediam aream conducentibus ad tempora vite ipsorum donatorum omnium ac minoris predicti pro annuo censu 4 den. Arg. festo s. Martini solvendo in signum directi dominii apud fabricam residentis. actum 14 kalendas julii, a. d. 1319. *Juni 18.* *Schenkung.*

Aus Strassb. Frauenh. A. lad. 49 nr. 70. or. mb. c. sig. pend. Nach einer Dorsualnotiz s. XV hiess das Haus «zûm krebes».

922. Heinrich Wetzel ein ritter und Clawes Taweler von Vinckewilre ein burger, schöffele von Strazburg, thuen kund, dass sie zugegen waren, sahen, hœrten und hinzu gezogen wurden «in schöffels wis», als Ernest der schneider von Strassburg ein seelgeräte stiftete bei den Predigern. die schöffen hängen ihre siegel an. «an dem zinstage vor dem sûnichten tage, 1319.» *Juni 19.* *Zeugenregest.*

Aus Strassb. Hosp. A. Prot. Prédic. 106 sub S nr. XXIII. cop. s. XIV.

923. C. j. c. A. Cûnradus presbyter, olim rector ecclesie s. Stephani Arg., considerans, quod omnia bona sua partim ab dicta ecclesia et partim ex suis serviciis industria et laboribus, quasi castrense peculium sive adventicium obvenerint, heredibus suis nihil legans ad prebendam per ipsum institutam in dicta ecclesia donat redditus 4 lib. den. Arg. super area et domo ac pistrino (et est domus angularis) in c. A., sita zû Merissôt juxta fontem e. u. et e. p. a. juxta relictam Johannis dicti Blanke civis Arg., et redditus alios in Küngeshoven et alibi. capellanus tenetur singulis annis emere 90 ulnas panni (1 sol. den. Arg. quelibet ulna valens) et tot personis pauperculis dividere, ut unicuique sit tunica. sig. cur. Arg. est appensum una cum sigillis abbatisse et Cûnradi. actum 2 kalendas augusti, a. d. 1319. *Juli 31.* *Schenkung.*

Aus Strassb. Bez. A. H 2684. or. mb. c. sig. pend.

924. Prior und convent des klosters von s. Elisabeth vor Strassburg haben an Johannes Hetzel, Metze seine gattin, Johannes ihren sohn, zu einem rechten erbe verliehen haus und *Erbleihe.*

hofstatt «zû Vinckenwilre an unserm Wassertor» gegen einen iährlichen zins von 8 untzen. Er. 3. V. die verleiher hängen ihre siegel an. «an sant Peters tag in der benen, 1319.» *1319 August 1.*

Aus Strassb. Hosp. A. Prot. s. Elisabeth 205 (Copialb. s. XIV) lit. S nr. AV. Deutscher Auszug.

Rentenkauf. **925.** C. j. c. A. Johannes dictus Hesackint senior, natus Hessonis apothecarii civis Arg., vendidit pro 20 lib. den. Arg. Gerdrudi relicte Johannis dicti de Wintertur zûm Hohenhuse civis Arg. redditus annuos 1 lib. den. Arg. super domo et area, dictis zû dem wergmeistere, in c. A. sitis juxta domum majorem dictam zû dem alten wergmeistere e. u. et e. p. a. juxta domum Robini nati quondam Katherine dicte Cûsterin, solvendos a venditore nomine census. V. (quoad meliorationes domus et aree predictarum ultra dictos redditus). Er. 4. A. 1. actum 17 kalendas septembres, a. d. 1319. *August 16.*

Aus Strassb. Hosp. A. lad. 172 fasc. 3. or. mb. c. sig. pend.

Verkauf. **926.** C. j. c. A. Reinboldus dictus Nikol miles Arg. de consensu domine Agnetis, uxoris sue, vendidit Johanni dicto Sûner et Fritschemanno fratribus, filiis quondam Fritschemanni dicti Ottefriderich militis Arg., redditus annuos 10 sol. den. Arg. de redditibus 25 sol. den. Arg. super passagio apud Saltin juxta monasterium s. Arbogasti e. m. A.[1] necnon agris ac aliis bonis ad passagium spectantibus pro 7 lib. den. Arg., quos Nicolaus dictus Ottefriderich, curator emptorum, solvit. V. (pro meliorationibus ultra dictos redditus). A. 1. Wit. 3. (pro Agneti). jus reemptionis ad duos annos venditori reservatur. datum 3 idus septembres, a. d. 1319. hujus instrumenti sunt 2[2]. *September 11.*

Aus Strassb. Thom. A. lad. 28 (Titres). or. mb. c. sig. pend.

Erbleihe. **927.** C. j. c. A. Gösselinus dictus Schöp, Burcardus dictus Waldecke milites et Johannes de Ehenheim presb., gubernatores et procuratores fabrice ecclesie Arg., vice et nomine ejusdem locaverunt Ůlrico dicto Flader et Ite uxori sue de Arg. unam aream, sitam in c. A. in vico dicto Sporergasze inter areas domine Gerdrudis dicte Jûngin retro capellam beati Georii, pro annuo censu 2 lib. den. Arg. persolvendo Anne dicte Keltzin de Arg. quoad vixerit tantum, et post ejus obitum procuratoribus dicte fabrice, ita tamen quod dicti conductores preter dictum censum alios census debitos de dicta area singulis annis solvere teneantur. census fabrice nunquam est augmentandus. datum 18 kalendas octobres, a. d. 1319. hujus instrumenti 3 sunt paria[3]. *September 14.*

Aus Strassb. Frauenh. A. lad. 49 nr. 71. 72. 73. 3 or. mb. c. sig. pend.

Schenkung. **928.** C. j. c. A. Juntta dicta Bosserin, nata quondam Rûdolfi dicti Selose de s. Aurelia, ob pium et naturalem affectum erga Sigelinum dictum Selose, filium fratris dicte Junte, eidem Sigelino donatione inter vivos donavit duas domos contiguas cum earundem area e. m. A. ex opposito domus fratrum heremitarum ordinis s. Augustini sitas an dez Selosen gesselin[4] juxta domum dictam zûm Rûst, sub hiis conditionibus, videlicet quod dictus donatarius et ejus heredes perpetuo singulis annis in festo nativitatis domini dare teneantur redditus 1 lib. den. Arg. fabrice eccl. Arg., domibus fratrum heremitarum ordinis s. Augustini, predicatorum,

---

[1] *Vgl. Silbermann, Lokalgesch. der Stadt Strassb. S. 187.* [2] Johannes Sûner, *Strassburger Edelknecht, verkauft den bezeichneten Zins an Berthold Manase, Str. Bürger, Vormund Henselins, seines Neffen, Sohnes des Johann Manase, für 7 Pfund Pfenninge. Rückkaufsrecht auf 3 Jahre vorbehalten. 1332 April 29. Or. ebendaselbst.* [3] *Vgl. nr. 529. Nach einer Dorsualnotiz lag das Haus in der Fladergasse.* [4] *Vgl. Str. G. u. HN. S. 146.*

Wilbelmitarum, Carmelitarum et hospitali majori apud Arg., cuilibet dictorum locorum 32 den. Arg. de dicta libra et residuum totum videlicet 4 sol. den. Arg. domui dicte dem gotzhuse per eandem donatricem fundate, site juxta domus donatas antedictas. A. 1. actum 17 kalendas novembres, a. d. 1319. hujus instrumenti 2 sunt paria. ***1319 Oktober 16.***

Aus Strassb. Frauenh. A. lad. 49 nr. 74. or. mb. c. sig. pend.

929. Heinricus dictus Kolin, scolasticus ecclesie s. Petri Arg., testamentum suum ordinat. *Testament.* episcopo legat 1 fertonem argenti, item de 120 marcis argenti instituit prebendam sacerdotalem in altari b. Marie Magdalene sito in dicta ecclesia. jus collationis prima vice est apud Petrum dictum Merswin, canonicum dicte ecclesie, secunda vice est apud Nicolaum dictum Kolin, civem Arg., fratrem legatoris, tertia vice est apud Nicolaum, fratrem dicti Petri, et deinde apud scolasticum dicte ecclesie. legator vult, quod cum 30 sol. den. Arg. lapis (dictus vulgariter ein sarg) cum ymagine sua desuper sculpta super sepulchrum ipsius ponendus comparetur. vult, quod de 11 marcis argenti, quas recepit a judeis pro alveo transeunte ortum judeorum apud Argentinam, executores disponant. preterea legat variis personis multa alia legata. executores constituit Petrum et Nicolaum dictos Merswin. sigilla curie Arg. et legatoris sunt appensa. actum 10 kalendas novembres, a. d. 1319. ***Oktober 23.***

Aus Strassb. Bez. A. G 4721 (5093). 2. or. mb. c. 2 sig. pend. delaps.

930. Reinbolt Süsze der meister und der rat von Strassburg machen bekannt, «daz her *Erbleihe.* Johannes von Helfenstein, ein ritter, und Burghart Hesse, sin brůder, unsere burgere», in erbleihe gegeben haben «vier hovestete, die ir eigen sint und gelegen sint zů Strasburg vor der stat in der Crůtenowe einsite nebent der gaszen, die do scheidet die vorgenanten hovestete und der vorgenanten gebrůder hůsere, und stoszet vorne an die strasze gegen Velkelins hûs uber und zůhet hinden uffe daz waszer», «Cůnrat Bůfelate von Wolfahe und Cristinen sinre wirtin, unsern burgern», für einen jährlichen zins von 2 pfund pfenningen. Er. 4. V. die gasse soll gleich weit sein vom pfosten am thore bis hinten an das wasser und ist gemeinsam allen anstossenden hofstätten. der mieter hat das recht des tropfenfalles, und des anlegens von fenstern und thüren zur gasse hin für die von ihm zu bauenden häuser. «an sante Anderes abende des zwelfboten, 1319. harane wârent wir her Gotze von Grostein, u. s. w. *folgt der Rat.* ***November 29.***

Aus Strassb. Hosp. A. lad. Hôp. XLVIII fasc. 77. or. mb. c. sig. pend.

931. C. j. c. A. Lutzo dictus Schenke, miles de opido Ehenheim superiori, et domina *Verkauf.* Gerdrudis, ejus uxor, nata quondam Burcardi Reinbôldelini militis Arg. manibus choadunatis vendiderunt Burcardo dicto Twinger, civi Arg., et Grede, uxori ejus, ac Anne, dicte Grede sorori, relicte Heinrici dicti Mosung civis Arg. (ad Annam pro media parte), omne jus in domo et area, sitis in c. A. under den fůtererin zů der alten münscen nebent dem Jordane, pro 59 lib. den. Arg. A. 3. Wit. 1. (pro Lutzone). venditores, Sifridus dictus de Vegersheim, Cůno frater dicte Gerdrudis, milites Arg., Johannes, armiger, frater dicti Lutzonis, constituunt se warandos pro liberis minoribus venditorum. datum 3 idus decembres, a. d. 1319[1]. ***Dezember 11.***

Aus Strassb. Thom. A. lad. Kaufbriefe 3. or. mb. c. sig. pend

[1] *Vgl. nr. 903.*

Erbleihe. **982.** C. j. c. A. Richwinus dictus Kôrner civis Arg. locavit Friderico dicto de Rynowe, civi Arg., et Grede, uxori sue, in emphiteosim perpetuam curiam, 2 domos et areas earundem, sitas e. m. A. in dem Brûch bi dem Mutzichere, pro annuo censu 2 lib. den. Arg. et 15 sol. et 2 capponum. de censu solvuntur 5 sol. et 2 capones super chorum ecclesie Arg. nomine legati. Fr. 4. V. actum 12 kalendas februarii, a. d. 1320. hujus instrumenti sunt 2[1].

1320 Januar 21.

Aus Strassb. Hosp. A. Prot. Prédic. 107 (Copialb. s. XIV) fol. 83. cop. mb.

Schenkung. **983.** Erbo de Kagenecke, cellerarius ecclesie s. Petri Arg., dicte ecclesie donat redditus 4 lib. den. Arg. super domibus et edificiis, que quondam fuerunt magistri Johannis de Brandenburg, olim ejusdem ecclesie canonici, sitis in vico dicto in der Reiffegasse e. m. A. ex opposito horrei, quod idem magister ibidem edificari fecit[2]. Gôtzo decanus et capitulum donationem recipiunt. capitulum de granario ecclesie sue cellerario et Reinboldo dicto Farre, qui cum cellerario in domo ejusdem habitat, annuatim 10 quartalia siliginis solvet, que post mortem eorundem cedent annuatim pro anniversario cellerarii. A. 3. item donat legator et adaptat curie sue claustrali ortum situm retro eandem, quem emit a fabrica ecclesie Arg., una cum ortulo parvo retro eandem curiam, ita quod successor suus in curia claustrali pensionem annuam cum laudimio dominis directis aree solvere teneatur et item 4 candelas super sepulcrum donatoris in eadem ecclesia faciat. A. cellerarius, decanus et capitulum sigilla sua appendunt. «nos Petrus dictus Swarber et Heinricus de Mülnheim, . . scabini civitatis Argentine, quia premissa omnia et singula in modum predictum coram nobis ad hec per dictos dominos cellerarium . . decanum et . . capitulum pro testibus vocatis specialiter et rogatis sunt acta, idcirco sigilla nostra propria fecimus appensari.» datum nonas februarii, a. d. 1320. hujus instrumenti sunt 2.

Februar 5.

Aus Strassb. Bez. A. G 4827 (5199). or. mb. c. sig. pend.

Schenkung. **984.** C. j. c. A. Rûdolfus dictus Berstette, tractor vasorum de Argentina, et Greda, ejus uxor, in remedium animarum suarum donacione inter vivos donaverunt fabrice ecclesie Arg. domum unam, sitam in c. A. in vico dicto des Heyers gasze juxta aream Conradi dicti Heyer e. u. et e. p. a. juxta domum Jacobi sutoris de consensu expresso Katherine filie dicti Rûdolfi sub hac condicione, videlicet, si urgens necessitas ipsis donatoribus incumbuerit, quod dictam domum vendere possint. A. 1. (in Mangoldum clericum dicte fabrice). actum 3 idus februarii, a. d. 1320.

Februar 11.

Aus Strassb. Frauenh. A. Saalbuch 3 fol. 92ᵃ. cop. s. XIV exeunt.

Rentenkauf. **985.** C. j. c. A. Johannes dictus de Bersteten et Sophia dicta de oleyfrowe, ejus uxor, residentes in Argentina, vendiderunt pro 20 lib. den. Arg. Burcardo dicto Twinger et Grede, uxori sue, ac Anne, sorori Grede, civibus Arg., (Anne ementi medietatem) redditus annuos 1 lib. den. Arg. per venditores solvendos super una area, sita in c. A. et est media pars unius aree pro indiviso dicte zûm Capete[a] an dem gùldin orte e. u. et e. p. a. juxta Heinricum dictum Hecker civem Arg. V. (quoad meliorationes ultra 7 sol. et 1 den. Arg. nomine remedii debitos choro ecclesie Arg.). Katherina, Sophia et Elsa (Katherina per manum Johannis oleatoris, mariti sui), filie dicti venditoris ex priori matrimonio, ac Johannes minor,

---

[1] *Margareta vollführt die Schenkung ihres verstorbenen Vaters Richwin für das Wilhelmerkloster zu Strassburg (dessen Vertreter Bruder Nicolaus) durch Anweisung einer Rente von 10 Schillinge auf dem von Rynowe bewohnten Hause* (citra muros Argentinenses ante portam ejusdem civitatis prope s. Petrum seniorem in loco, qui dicitur in dem Brûch). *1322 August 21. Or. im Thom. A. lad. Kaufbriefe 2.* [2] *Vgl. nr. 804.* [3] *Vgl. nr. 868.*

adultus tamen, filius dictorum venditorum, consentiunt et resignant scripto presenti omne jus ipsi competens in dictis redditibus judici curie. A. 1. M. (pro Johanne). U. (venditores pro Heintzelino, filio suo). datum 5 kalendas marcii, a. d. 1320[1]. *1320 Februar 25.*

Aus Strassb. Thom. A. lad. Kaufbriefe 5. or. mb. c. sig. pend.

986. C. j. c. A. Lutgardis, relicta Ingrammi militis de Göderlheim, considerans, ecclesiam parrochialem s. Crucis in Arg. per triduum una missa carere qualibet septimana, et ut omni die jam dicti tridui una missa habeatur, donacione inter vivos redditus in banno ville Duttelnheim donavit ipse ecclesie. perpetuus vicarius dicte ecclesie tres missas procurabit celebrare. qui si secus faceret, procuratio devolvitur ab abbatissam monasterii s. Stephani. A. 1. (in Heinricum de Etteningin perpetuum vicarium dicte ecclesie). actum 3 kalendas marcii, a. d. 1320. *Februar 27.* *Messfundation*

Aus Strassb. Bez. A. H 2863 (Copialb. von s. Stephan s. XIV) fol. 38. cop. mb.

987. Hugo prepositus ecclesie s. Petri Arg., executor testamenti quondam Johannis dicti Viviantz militis Arg., redditus annuos in banno ville Ensheim, Beatrici, ejusdem militis relicte, in donacionem propter nuptias per eundem militem assignatos, salvo tamen eidem relicte usufructu, necnon omnia alia bona mobilia et inmobilia ex potestate preposito predicto per sepedictum militem tradita dat et trudit scripto presenti ad altare s. Nicolai, constructum in ecclesia s. Petri, instituens prebendam sacerdotalem ibidem. collatio prebende est apud prepositum dicte ecclesie. Hugo deputat ad executores premissorum decanum et Nicolaum de Kagenecke, canonicum ecclesie s. Petri predicte. sigilla judicis curie Arg. et Hugonis sunt appensa. actum et datum 8 idus marcii, a. d. 1320[2]. *März 8.* *Präbendenstiftung.*

Aus Strassb. Bez. A. G 4713 (5085). 9. or. mb. c. 2 sig. pend.

988. C. j. c. A. Ellina, uxor Rûdolfi villici de Husbergen civis Arg., providens saluti anime sue et Rûdolfi et quondam Hugonis dicti Spiller, institoris Arg., prioris mariti sui, ordinavit, quod de tertia parte domus et aree, pro indiviso sitarum in c. A. ante portam fratrum ordinis minorum, que ad ipsam Ellinam proprietatis titulo pertinent, domus dicta vulgariter ein gotzhus post ipsius Elline et Rûdolfi obitum, ad quem dicta tertia pars quoad vixerit occasione dotis pertinet, perpetuo habeatur. in quam quidem domum per priorem ordinis fratrum predicatorum domus Arg. collocari voluit 8 personas femellas bone vite, ex quibus 8 personis Ellekindim filiam sororis dicte Elline voluit esse unam, item 1 vel 2 de progenie ipsius Ellekindis, item Gerinam de Walhesheim moram Argentine trahentem. item ordinat, quod prior domus fratrum predicatorum excessus illicitos, si quos commiserint, *Beginenhausstiftung.*

---

[1] *Ebenso verkaufen sie 1322 Juli 31 durch Rentenkauf an Johann Manesse zum Riet, Bürger von Str., für 17 Pfund Pfenninge eine Rente von 1 Pfund Pfenninge auf ihrem obengenannten Hause, von dem Manesse früher einen Zins von 34 Schill. u. 2 Pfenn. bezog* (vgl. nr. 644 *und* 868). *Der dem Münsterchor geschuldete Zins von 8 Unzen und 10 Pfenn. geht allen anderen vorauf. Vertreter des Münsterchors, der zustimmt, sind* Johannes cappellanus domini de Dicke *und* Nicolaus de Dûbingheim, prebendarii eccl. Arg. *Or. im Hosp. A. Zerstreute Sachen. — Dieser an Manesse zahlbare Zins wird in einer neuen Verkaufsurkunde von 1327 Juni 27 auf 1 Pfund 5 Schill. 2 Pfenn. erhöht. Bei Säumigkeit in Zahlung des Zinses verfällt das Haus nach Ablauf 1 Monats dem Hofherrn (Manesse). Die Verkäufer haben 18 Pfund Pfenninge erhalten. Or. im Hosp. A. Zerstreute Sachen.*

[2] *Schon 1317 Januar 13 hatte Johannes Viviantz* (eger corpore) *dem Propst Hugo Vollmacht gegeben, seine Güter zu guten Zwecken zu verteilen; jedoch behält er sich die Freiheit Legate zu machen vor. Seiner Schwester behält er 40 Mark Silber, seiner Gattin Beatrix aber das Nutzungsrecht aller Güter vor. Darüber hatte er selbst schon vorher eine Urkunde ausgestellt (nicht erhalten). Or. ebendaselbst fasc. 7.*

corrigere poterit et debebit, quodque in locum amote vel decedentis semper personam aliam debeat subrogare. Ellina legat Ellekindi quosdam redditus, qui ad domum dictam gotzhus cedere debebunt. actum 10 kalendas maji, a. d. 1320[1]. *1320 April 22.*

Aus Strassb. Hosp. A. lad. Hôp. XLI fasc. 63. vid. mb. c. sig. pend., ausgestellt vom judex curie *Arg. 1386 Januar 16.*

Verkauf. **939.** C. j. c. A. Waltherus, natus quondam Nicolai dicti Rossetûscher in Argentina, vendidit de consensu Agnetis, sororis dicti venditoris, Cûnrado de Maurimonasterio et Anne, uxori ejus, sorori venditoris, pro 5 lib. minus 4 unceis mediam partem pro indiviso unius domus, constructe super area Junte domicelle, nate quondam Jacobi dicti de Barre senioris civ. Arg., in c. A. in vico dicto dez gasse von Schiltigheim site juxta domum dicte Lowelin, ita quod de area non plus census nomine solvatur quam 5 sol. den. Arg. et 1 capo prefate domicelle, que medietatem pro censu dicto emptoribus locat in emphiteosim. Er. 1. V. A. 1. datum 4 kalendas maji, a. d. 1320[2]. *April 28.*

Aus Strassb. Hosp. A. Prot. 242 Orph. (Copialb. von s. Clara auf dem Wörthe) nr. 199. cop. chart.

Präbendenstiftung. **940.** Sigelinus prepositus, Hugo de Lûtenheim prebendarius s. Thome, ac Nicolaus de Kagenecke canonicus s. Petri ecclesiarum, executores testamenti quondam Reinboldi de Kagenecke, canonici et scolastici ecclesie s. Thome, juxta ultimam voluntatem Reinboldi[3] in honorem s. Georgii sacerdotalem prebendam deputant cappelle s. Marie, que est choro ecclesie s. Thome contigua, juxta quam idem Reinboldus est sepultus. Johannes decanus et capitulum s. Thome et episcopus consentiunt. prebendam prima vice Fritschoni nato Erbonis de Lûtenheim presbytero conferunt de consensu Conradi custodis ecclesie s. Thome. jus collationis est apud predictum Hugonem et apud eum, quem ad hoc deputaverit, et post hujus mortem apud prepositum ecclesie s. Thome. prebendarius per obedienciam decano et per frequentacionem choro est astrictus et cottidie missam celebrabit. ut equalem porcionem de distribucionibus in choro recipiat, annuatim capitulo assignabit 2 lib. den. Arg. sequitur specificatio bonorum, in quibus etiam jus in domo in c. A. sita ultra pontem s. Thome inter piscatores, quam predictus Hugo inhabitare debet pro tempore vite sue. sigilla episcopi, decani, custodis et capituli s. Thome sunt appensa. datum crastino bb. Philippi et Jacobi apostolorum, a. d. 1320. *Mai 2.*

Aus Strassb. Thom. A. lad. 25 (Titres). or. mb. c. 4 sig. pend. und Transfix von 1334 August 20.

Verkauf. **941.** Vor dem hofrichter verkauft Ellin Cruterin zu Strassburg an bruder Heinrich von Honburg und Betschelin Rûsos, meister des grossen spittals zu Strassburg, ein haus gelegen zu Strassburg hinter der kürschnerlaube neben Heinrich Wetzel ritter, von dem ein zins von 5 schillingen jährlich gezahlt wird an Wilhelm Dantze, edelknecht, der das verkaufsrecht behält. V. Er. 4. der kaufpreis beträgt 10 pfund weniger 6 schilling. actum nonas maji, a. d. 1320. *Mai 7.*

Aus Strassb. Hosp. A. Prot. Hôp. II (Deutschbuch) fol. 85. Deutscher Auszug s. XV med.

Verkauf. **942.** C. j. c. A. Reinboldus dictus Hûffelin, miles Arg., vendidit redditus annuos 1 lib. den. Arg. super domo sua et area, dictis zû dem stalle in c. A. in vico dicta zû dem stalle,

---

[1] *Vgl. nr. 374 und 587.* [2] *Vgl. nr. 691. Die ganze Hofstätte giebt Junta dem Conrad in Erbleihe für einen Zins von 10 Schill. und 2 Kappen. 1324 September 21. Hosp. A. lad. Orph. XXXV fasc. 28. Abschrift besiegelt vom* decanus eccl. s. Petri Arg., judex sedis apostolice deputatus, feria sexta post dominicam Invocavit sub a. d. 1327. *(1327 März 6).* [3] *Vgl. nr. 829.*

Burcardo ejus fratrueli pro 20 lib. den. Arg.; sed emptor venditoribus pro dicto pretio revendere tenetur. A. I. datum 10 kalendas junii, a. d. 1320. *1320 Mai 23.*

Aus Strassb. Hosp. A. Prot. Prédic. 107 (Copialb. s. XIV) fol. 55[b]. *cop. mb.*

943. C. j. c. A. Reinboldus dictus Brandecke miles Arg. confessus fuit in presencia Burkardi dicti Waldecke militis et Johannis dicti de Ehenheim presb., gubernatorum et procuratorum fabrice eccl. Arg., quondam Reinboldum dictum Stübenweg seniorem militem Arg., patrem predicti Brandecke, eidem fabrice in remedium anime sue donacione inter vivos donasse redditus annuos 1 lib. den. super domo et area dictis der Swartzen hus[1], sitis in c. A. an dem Holwige juxta domum dictorum de Mülnecke e. u. et c. p. a. juxta dictum Heidenrich, quas inhabitat Nicolaus dictus Hanener. quam quidem donacionem ex nunc predictus recognoscens ratificat sub hiis condicionibus, videlicet, postquam dictus Reinboldus eidem fabrice 20 lib. den. Arg. tradiderit, quod tunc domus exonerata sit a redditibus predictis et simul restituendum sit hujusmodi instrumentum. actum 3 nonas junii, a. d. 1320. *Juni 3.* *Ausführung einer Schenkung.*

Aus Strassb. Frauenh. A. Saalbuch 3 fol. 59[a]. *cop. chart. Nach der Ueberschrift lag das Haus* «uuder der düchlöben».

944. C. j. c. A. Demüdis, filia quondam Rüdegeri dicti Mördelin civis Arg., omni juri in area et domo, sitis in c. A. apud s. Crucem juxta Johannem dictum Rynowe sutorem e. u. et c. p. a. juxta domum Metze dicte Mügin, sororis dicte Demüdis, renuntiat per presentes, idemque jus commune Demüdi et Katherine dicte Lempfridin, sorori Demüdis, in manus domini Erbonis dicti de Kagenecke, cellerarii ecclesie s. Petri Arg., domini directi dictarum domus et aree, libere resignavit. ad hec prefatus Erbo locavit in emphiteosim Agneti, filie dicte Demüdis, uxori magistri Hugonis, notarii civitatis Arg., et Katherine prefate pro annuo censu 4 sol. den. Arg. et 1 caponis. V. Er. 4. sigillum curie Arg. et predicti Erbonis sunt appensa. datum idibus augusti, a. d. 1320[2]. *August 13.* *Erbleihe.*

Aus Strassb. Hosp. A. lad. 169 fasc. 5. or. mb. c. 2 sig. pend.

945. C. j. c. A. domina Anna, relicta Gőtzonis dicti de Grostein, militis Arg., suo et Katherine, filie sue adhuc minoris, nomine et pro ipsa (pro qua cavit de ratihabitione sub rerum suarum ipotheca), de consensu Gőtzonis militis, Anne, Agnetis, Nicolai armigeri, Cünonis canonici ecclesie s. Petri Arg., Heinrici et Wetzelonis, liberorum dicte relicte, locavit Johanni de Maurimonasterio, rectori ecclesie in Onolvisheim, et Agneti, filie Heinrici dicti Engelin de Bütenheim, famule dicti rectoris, residentibus in Argentina, ad tempus vite ipsorum seu unius ex ipsis, domum et aream, sitas in c. A. in cono vici dicti Leymengasze juxta aliam aream locatricis, pro annuo censu 30 sol. den. Arg.; sub hiis conditionibus, quod Gőtzo et Rülinus, liberi predicti Johannis de Maurimonasterio, eorumque heredes proximiores dictam domum et aream in emphiteosim habere debeant pro censu predicto. fuit etiam adjectum, quod si predicti Johannes et Agnes post obitum suum reperirentur obligati in debito se ad summam 10 librarum extendente, quod Gőtzo et Rülinus predicti ad solutionem finaliter teneantur. Er. 4. V. hoc eciam adjecto, si ex parte conductoris in domo et area prescriptis reciperentur alique persone inhoneste et male fame, a quibus vicinis ibidem scan- *Zeitleihe.*

---

[1] *Vgl. Str. G. u. HN. S. 106.* [2] *Vgl. nr. 251 und 843. Katherina verkauft dann an die genannte Agnes und deren Gatten Hugo ihren Anteil für 24 Pfund Pfenn. Hugo giebt von dem ganzen Hause* $^{2}/_{3}$ *seiner Gattin zum Wittum, diese ihm* $^{1}/_{3}$. *Der Hofherr Erbo stimmt zu. 1324 Mai 23. Or. ebendaselbst.*

dalum oriretur, quod tunc licitum sit locatrici et ejus successoribus, personas inhonestas auctoritate propria expellere de domo et area memoratis. datum 13 kalendas septembres, a. d. 1320[1]. ***1320 August 20.***

Aus Strassb. Hosp. A. lad. Hôp. XXXIV fasc. 2. or. mb. c. sig. pend und Transfix von 1326

Zinsverhältnis. **946.** Judex c. A. pronunciat, Petrum dictum Jöche, prebeudarium altaris s. Jacobi in ecclesia s. Stephani in Argentina, esse obnoxium conventui monasterii s. Stephani in 5 sol. annuatim de area cum fonte quondam dicte de Selse, nunc annexa curie dicte zû dem birbôme, que curia sita est in c. A. prope ecclesiam predictam et juxta domum dictam das olehus. Johannes dictus Hawart, canonicus et procurator dicti monasterii, cum predicto Petro convenerat de censu predicto. actum 5 kalendas septembres, a. d. 1320. ***August 28.***

Aus Strassb. Bez. A. H 2661. 1. or. mb. c. sig. pend.

Erbleihe. **947.** C. j. c. A. Wernherus dictus de Pfettensheim civ. Arg. locavit in emphiteosim Heymoni pellifici Arg. unam aream, in c. A. an dem Rossemerckete in vico dicto dez von Pfettensheim gasse prope murum monasterii s. Clare juxta dictum Kleiber e. u. et e. p. a. juxta filios quondam Hugonis dicti de Dossenheim civis Arg., pro annuo censu 12 sol. den. Arg. Er. 4. V. actum 15 kalendas octobres, a. d. 1320. ***September 17.***

Aus dem Archiv des Strassb. Domkapitels. Münsterchorcopialbuch fol. 25 b. cop. s. XIV.

Schenkung. **948.** Der richter des hofes zu Strassburg macht bekannt, dass Bere, ein brodbäcker zu Strassburg, «gesessen by Kettenburne by sant Thoman» und Kunigundis, seine gattin, ihrer tochter Katharina gegeben haben 4 vierteil roggen jährlich auf einem zins von 2 pfund geldes, den die eltern erhalten von einem hofe ausserhalb der mauern «zû Vinckenwilre gelegen nebent der selben gebere hof einsite und andersiten nebent der Isenhärtin, und ist ein cleinhof». nach dem tode geht der geschenkte zins an die eltern zurück. 13 kalendas octobres, 1320. ***September 19.***

Aus Strassb. Hosp. A. Prot. s. Elisabeth 205 (Copialb. s. XV) lit. S nr. AD. Dtscher Auszug.

Erbleihe. **949.** C. j. c. A. Cûnradus dictus Pfaffe, natus quondam Cûnradi panificis de Gertwilre, panifex Arg., et Greda, ejus uxor, confessi sunt in presentia Johannis Sigeberhti, portarii, et Petri dicti Merswin, canonici ecclesie s. Petri Arg., se tenere a decano et capitulo ejusdem ecclesie in emphiteosim domum et aream supra [*nr. 680*] descriptam pro annuo censu 14 unc. den. Arg. et 1 caponis in vigilia ascensionis domini solvendo. si per quindenam post lapsum termini in solutione dicti census existerent negligentes, extunc cadere debent a jure emphiteotico. Petrus dictus de Schônecke civis Arg. suam voluntatem adhibet, ita tamen quod decanus et capitulum ipsi et ejus heredibus 2 unc. den. Arg. et 1 caponem de dicta area singulis annis solvere teneantur. datum idibus novembris, a. d. 1320. ***November 13.***

Aus Strassb. Bez. A. G 4827 (5199). or. mb. c. sig. pend.

Erbleihe. **950.** C. j. c. A. Brigida abbatissa et conventus monasterii s. Stephani Arg. locant in emphiteosim Huse cupparie, nate Nycolai dicti de Ratzenhusen, piscatoris Arg., domum superiorem dictam zû der smitten et aream domus, in c. A. in vico dicto Kalbesgasze juxta domum quondam Rûlini dicti Riplin militis Arg. e. u. et a. p. juxta domum inferiorem zû der smitten dictam sitas, pro annuo censu 2 lib. et 10 sol. den. Arg. Fr. 1. sic etiam,

[1] *Gotzo und Rulin verkaufen das genannte Haus weiter an Johannes, den Sohn des verstorbenen Edelknecht Johannes von Rande, Vicepleban in Rande, für 30 Pfund weniger 5 Schillinge. 1326 September 27. Transfix an voriger Urkunde.*

quod conductrix et heredes sui quartam partem expensarum circa purgationem ac refectionem cloace solvere et domum et aream in adeo bono edificio tenere debeant, ut locantes certi sint suo censu. V. datum 18 kalendas januarii, a. d. 1320. hujus instrumenti 2 sunt paria. *1320 Dezember 15.*

Aus Strassb. Stadt A. V. D. G. lad. 78. or. mb. c. sig. pend. delaps.

951. Conradus dictus Smultz de Brûnsebach civis Arg. ordinat suum testamentum. *Testament.* inter multa alia legata sunt et hec: ipse legat fabrice ecclesie Arg. et fabrice eccl. s. Thome omne jus, quod habet super estuario, sito prope fratres Augustinenses c. m. A. ex una juxta dictum Howemesser militem et ex a. p. juxta dictam Helfandin, item iisdem debitum 23 lib. den. Arg., in quo sibi tenetur Johannes dictus Stempfelin filiaster quondam Mathie dicti Treffese, item decano et capitulo ecclesie s. Thome redditus in Stolzheim pro anniversariis ipsius, parentum et Eberhardi fratris peragendis; item legat domum suam, sitam in c. A. in vico dicto des Reiserσgasse dictam zû dem meienfro[1] ad prebendam altaris super lectenario ecclesie s. Thome, quam tenet Sifridus dictus zû dem turne, item eidem 2 spondilia dicta spanbette, tabule, tripedes, scampna, sedes, sedilia, cathedre in dicta domo existentia etc. etc. decanum et magistrum Johannem Reinwin canonicum ejusdem ecclesie hujus testamenti constituit executores. sigillum curie Arg. est appensum. actum 4 kalendas januarii, a. d. 1320. *Dezember 29.*

Aus Strassb. Thom. A. lad. 25 (Titres). or. mb. c. sig. pend.

952. Heinricus de Dicke, canonicus et portarius eccl. Arg., testamentum suum ordinat. *Testament.* inprimis legat episcopo Arg. 1 fertonem argenti. inter alia legata et hec: certos redditus legat capellano altaris capelle s. Andree eccl. Arg., juxta quod sepulturam suam eligit. item deputat certam summam bladi in cuneos pistandam et inter scolares pauperes distribuendam. recognoscit etiam se his creditoribus obligatum: domine de Ramberg, domine claustrali in Andelahe, in 11 lib. den. Arg., Johanni, dormentario ecclesie Arg., in 12 lib. et 10 sol., Kûnigundi, relicte Lamperhti, coci sui, ac Wilhelmo, cellerario suo in Andelahe, certam summam debet. Heinricus, filius quondam fratris legatoris, solvet 50 marcas argenti, si turrim in valle Andelahe habere voluerit. hujus testamenti executores constituit dominum Ûlricum de Rapoltsteine, canonicum eccl. Arg., avunculum legatoris, Johannem Kusoldi, scolasticum eccl. Rinaugensis, Cûnradum de Meistersheim et Johannem, capellanum curie legatoris, prebendarios Arg. ecclesie. actum feria quinta post Hilarii, a. d. 1321. *1321 Januar 15.*

Aus Strassb. Bez. A. G 2708 (3122) nr. 10. vid. mb. c. sig. pend. delaps. ausgestellt vom judex curie Arg. *1322 Dezember 29.*

953. C. j. c. A. Agnes dicta Phôtin et Metza, relicta Burcardi famuli Schachonis de Arg., *Verkauf.* filia dicte Agnetis, de consensu expresso Katherine et Agnetis, filiarum dicte Agnetis, manibus coadunatis vendunt pro 8 lib. et 9 sol. den. Arg. Johanni dicto de Basel, institori de Arg., et Elline, uxori sue, domum unam, sitam in c. A. in vico dicto Kurdewangasse juxta Heinricum carpentarium e. u. et e. p. a. juxta Wernherum dictum Kistener presente Bertschino dicto Fischer cive Arg., domino directo dicte aree, et venditionem auctorizante, salvo eidem Bertschino annuo censu sibi debito de area predicta, scilicet 11 unc. den. Arg. E. 4. A. 1. actum 12 kalendas februarii, a. d. 1321[2]. *Januar 21.*

Aus Strassb. Frauenh. A. lad. 49 nr. 75. or. mb. c. sig. pend.

---

[1] *Vgl. Str. G. und HN. S. 130.* [2] *Vgl. nr. 738.*

Schenkung. **954**. C. j. c. A. Albertus dictus Schaffener Vierling civis Arg. in presencia Gösselini dicti Schôp et Burkardi dicti Waldecke militum, gubernatorum, et Johannis de Ehenheim presbyteri, procuratoris fabrice eccl. Arg., se et omnia bona sua mobilia et immobilia donat fabrice eccl. Arg. in remedium anime sue et quondam Gertrudis dicte Hegenin, uxoris sue. specificacio bonorum: primo videlicet in c. A. domus una juxta paludem dictam die Schûpfe, que olim fuit in bonis quondam magistri Gôtfridi notarii predicte civitatis[1], item una domus contigua dicte domui, quam ipse donator inhabitat[2], item una area retro domum proxime prescriptam, quam quidem aream donator in emphiteosim tenet a Heinrico dicto de Mûlnheim cive Arg., item domus et area zû der Schûpfen nebent der rosen, item pistrinum zû der brautreiten cum universis juribus etc. item in oppido Sletzstat, item in banno ville Burne, Scherwilr, Kestenholtz, Diefental, Barre, Zallenwilre, Dangkratzheim, Brûmgestal, Berghôltenheim, Irpstette, Bibelnheim, Burner. datum 17 kalendas aprilis, a. d. 1321[3]. **1321 März 16.**

Aus Strassb Frauenh. A. Saalbuch 3 fol. 253ª. cop. chart. s. XIV

Schenkung **955**. C. j. c. A. Jacobus dictus Seyler, nuncupatus der Winsticher Arg., Lûtgardis uxor sua et Johannes, filius eorundem, per manum Johannis dicti Junge militis Arg., domini directi aree subscripte, fabrice eccl. Arg. in remedium animarum suarum donacione inter vivos donaverunt unam domum cum pertinenciis ejus, sitam in c. A. in Hoyersgasse uf dem Rossemerkete juxta dictum Ore proclamatorem vini e. u. et e. a. juxta dictum Hôvelin murarium. A. 1. (in Johannem de Ehenheim presbyterum, gubernatorem dicte fabrice). actum 10 kalendas aprilis, a. d. 1321. **März 23.**

Aus Strassb. Frauenh. A. Saalbuch 3 fol. 92ª. cop. chart. s. XIV exeunt.

Testament. **956**. C. judicibus curiarum Argentinensium Johannis et Rûdolfi de Ohsenstein archidyaconorum constitutus magister Dielmannus de Novenberg, clericus Argentinensis[4], testamentum suum ordinat. inter alia instituit prebendam in ecclesia s. Crucis Arg.; prebendam confert Heinrico, perpetuo vicario ecclesie s. Stephani Arg. jus collationis est apud abbatissam monasterii s. Stephani. executores magistro Eberhardo phisico et apothecariis pro medicinalibus et cura sua respondeant. hujus testamenti executores constituit Conradum de Kirkel, thesaurarium ecclesie Arg., magistrum Heinricum Dietmari, prebendarium ecclesie Arg., et magistrum Johannem Vetterkint, advocatum Argentinensem[5]. sigilla dictarum curiarum sunt appensa. actum et datum 7 kalendas aprilis, a. d. 1321. **März 26.**

Aus Strassb. Bez. A. H 2613. 1. or. mb. c. 3 sig. pend.

Testament. **957**. Heinricus Dietmari presbyter et prebendarius ecclesie Arg. testamentum suum ordinat. episcopo legat 3 marcas argenti. ad chorum ecclesie Arg. legat bona quedam, in qua ecclesia insuper instituit prebendam sacerdotalem, cujus jus collationis erit apud episcopum, in altari expensis legatoris construendo retro altare majus ecclesie Arg. ante crucem magnam ibi positam; item legat ad chorum cappam suam choralem. item legat redditus pro panno

---

[1] *Vgl. Anmkg zu nr. 389.* [2] *Vgl. nr. 456.* [3] *Vgl. nr. 699.* [4] *In der Ueberschrift der Copie derselben Urkunde im Copialbuch von s. Stephan s. XIV (Bez. A. H 2863) heisst Dielmann:* «advocatus curie Argentinensis». *Derselbe* (Dielmannus de Novenberg clericus advocatus civis Argentinensis) *wird auch erwähnt in Urkunde von 1318 September 27. Karlsruher Gen. Land A. Copialbuch 733 S. 222.* [5] *Die Grabschrift dieses Stadtschreibers (gestorben 1329 Januar 16) fand sich 1769 beim Abbruch des Bruderhofes. Vgl. Grandidier Essais histor. supplément (1868) S. 68. Sie lautet:* «An. dom. m ccc xxix xvii kal. februarii obiit magister Johannes Vetkint, advocatus civitatis Argent., natus Hugonis de Nova civitate et Jutæ coniugis Argent., cum quo cubat Elsa uxor sua, nata Petri Pamphili armigeri Argentinensis. Agne dei, rogo, tolle mei peccata Johannis Vetkint atque meæ dilectæ coniugis Elsæ.»

griseo levioris pretii commutando, qui singulis annis ad vestiendos mendicos et miserabiles pauperes laicos impendatur (quilibet pauper 7 ulnas de panno recipiet). item legat redditus dividendos inter pauperes scolares chori et scolas ibidem frequentantes. item legat bona ad prebendam per ipsum institutam in ecclesia Altenwilre apud Dambach. preter multa legata variis monasteriis facta legat et hec: Gerine amite sue 10 marcas argenti, liberis quondam Hartmůdi de Ehenheim fratris quondam magistri Dietmari prebendarii dicte ecclesie, excepto Dietmaro presbytero eorundem liberorum fratre, 20 marcas arg., fabrice ecclesie Arg. 10 marc. argenti, item Johanni nato quondam Hartmůdi de Ehenheim predicti, nepotis sui, 10 lib. den. Arg. item Hugoni dicto de Lampertheim presbytero et canonico regulari ecclesie s. Leonardi Basiliensis libros suos matutinales omnes et 10 lib. den. Arg., item fratribus predicatoribus et fratribus minoribus domuum Arg. utrisque 12 lib. den. Arg., item fratribus heremitis s. Augustini et s. Wilhelmi apud Argentinam cuilibet domui 6 lib. den. Arg., item reliquis ecclesiis conventualibus et monasteriis in civitate Argentina et ejus suburbiis cuilibet 1 lib. den. Arg., item cuilibet sacerdoti s. Thome et s. Petri Arg. hujus testamenti executores constituit Walramum de Veldentze decanum ecclesie Arg., magistrum Cûnradum custodem ecclesie s. Thome Arg., Hetzelonem dictum Markes militem Arg., Nicolaum de Dùbingheim prebendarium eccl. Arg. et Anshelmum de Zabernia clericum Argentinensem. sigillum curie Arg. est appensum. datum 3 idus aprilis, a. d. 1321 [1]. ***1321 April 11.***

Aus Strassb. Bez. A. G 1442 (1860). or. mb. c. sig. pend.

958. C. j. c. A. Ellina relicta Ůlrici magistri kuppariorum Argentinensium, Katherina, Ůlricus, Johannes dictus Manseler, et Hugo, liberi ejus, manu coadunata et specialiter Katherina per manum Johannis magistri kuppariorum Argentinensium, mariti sui, vendiderunt pro 30 lib. den. Arg. Stephano de Meyngen, civi Arg., domum et aream, sitas in c. A. hinder dem Swedeche juxta Johannem dictum Mùlestein und ist an Hornecken gesselin das orthus wider sante Elisabeht, p. p. e. l., ita quod tamen singulis annis debeatur 1 sol. den. Arg. ad ecclesiam parrochialem s. Nicolai Arg. (6 den. viceplebano, 4 socio ejus et 2 sacriste) nomine remedii. A. 2. Wit. 1. (pro Ellina). M. (pro Johanne, Ůlrico et Hugone). U. (Ellina, Katherina, Johannes et Hugo pro Husa filia quondam Elline filie predicte Elline). actum 3 nonas maji, a. d. 1321 [2]. ***Mai 5.*** *Verkauf.*

Aus Strassb. Thom. A. lad. Kaufbriefe 1. or. mb. c. sig. pend.

959. C. j. c. A. Anna antiquior, relicta Burcardi dicti Treffese in der Crutenowe apud Argentinam, confessa est in presentia Johannis dicti Hauwart, canonici ecclesie s. Stephani Arg., quod quondam Mathias dictus Treffese, civis Arg., in emendam omicidii per ipsum in *Seelgerätstiftung.*

---

[1] *Greda, die Tochter des verstorbenen Johann von Dumenheim Bürger von Str., Eberhard Zarte Priester, Pfründner am Münster, Clara dessen Schwester, Gattin Johanns von Holsheim Schaffners des Strassburger Domkapitels, Junta und Gertrud, die Töchter der verstorbenen Gerina von Innenheim, Anna, Katherina und Engentza, Schwestern des verstorb. Dietmar Pfründners am Münster, und endlich Ellekind, die Tochter des verstorbenen Hartmud, Bruders des verstorbenen Dietmar, Canonikus von St. Thomas, erkennen als nächste Erben des Meisters Heinrich Dietmar, Pfründner am Münster, alle Schenkungen desselben an. Or. ebendas. G 4748 (5120). 1. Dasselbe thut Heinrich von Sarburg, Bürger von Str., als Gatte der Grede von Tumenheim. 1331 September 18. Transfix an voriger Urkde. Magister* Heinricus Dietmari *erniedrigt die Legate für die Domfabrik und das Strassb. Hospital von je 50 Pfund auf je 10 Pfund. 1331 April 11. Or. ebendaselbst. Da diese Angaben aber nicht mit dem Texte des Testaments stimmen, so fehlt wohl ein oder andere Urkunde im Zusammenhang.* [2] *Vgl. Str. G. u. HN. S. 82. Vgl. nr. 665. Dasselbe Haus und Hofstatt (nun als benachbart Nicolaus von Dùbingheim Pfründner am Münster bezeichnet) verkauft das Kloster s. Clara in Alspach (Baseler Bistums) für 33 Pfund Pfenn. an den Strassburger Bürger Konrad von Rufach. 1327 Oktober 30. Or. im Thom. A. lad. 21 (Titres).*

personam quondam Johannis dicti Schôp, sororii sui, perpetrati lumen nocturnale olei ardens in ecclesia b. Stephani instituerit in dicti quondam Johannis anime remedium, et ad hoc predicta Anna de consensu Anne filie, item Anne, Burcardi et Johannis, neptis et nepotum, donat redditus in Sweighusen apud Willesteten. datum pridie idus maji, a. d. 1321.

1321 Mai 14.

Aus Strassb. Bez. A. H 2678. 4. or. mb. c. sig. pend. delaps. In der Urkunde wechselt die Dinte, dieselbe Handschrift bleibt aber.

Rentenkauf. **960.** C. j. c. A. Katherina, relicta Rûlini dicti Lentzelin civis Arg., Nicolaus, Sophia, Rûlemannus et Heintzelinus, liberi dicte relicte, vendiderunt Heinrico dicto de Mûlnheim, civi Arg., redditus annuos 1 lib. den. Arg. de domo et area, sitis in c. A. an Sporergasze nebent dem Sporer einsite und andersite nebent deme Goltsleger und stoszent after uf den Satteler, per venditores solvendos, pro 20 lib. den. Arg. A. 1. jus reemptionis reservatur
Februar 2. usque ad purificationem b. Marie v. proxime venturam. datum 17 kalendas junii, a. d. 1321.

Mai 16.

Aus Strassb. Bez. A. G 6175 (6202). 6. or. mb. c. sig. pend. delaps.

Verkauf. **961.** C. j. c. A. Reinboldus Reinbôldelini miles Arg. vendidit domine Gerdrudi, relicte Johannis dicti de Wintertur civis Arg., domum dictam zû deme Hohenhuse unde ist ein orthus et aream ejusdem domus, in c. A. sitas juxta domum dicte emptricis, quam ipsa inhabitat, p. p. e. l. pro 100 marcis argenti. domus et area venditori obvenerant ex successione paterna et materna. Agnes, filia venditoris et uxor Burcardi dicti Schultheisse militis Arg., Reinboldus miles et Gerdrudis, uxor Eberlini dicti de Mûlnheim militis Arg., liberi dicti venditoris, consentiunt. A. 1. datum 6 kalendas junii, a. d. 1321. ***Mai 27.***

Aus Strassb. Bez. A. G 3645 (4040). 2. or. mb. c. sig. pend.

Erbleihe. **962.** C. j. c. A. Gertrudis, relicta Berhtoldi de Windecke militis, locat Heinrico dicto Kirwarte, filio dicti Kretz de Arg. et Katherine de Geispoltzheim, uxori dicti Heinrici, presentibus in emphiteosim unam peciam, sitam e. m. A. uff der meye matte[1] stosset an die owe juxta Heinricum Wetzelonis militem Arg. und het weg meyen gasse usz über die vorgenante frowe Gertrude, pro annuo censu 8 unc. den. Arg. et 4 capponum. Er. 4. V. actum 4 nonas junii, a. d. 1321. ***Juni 2.***

Aus Strassb. Stadt A. lad. Chartr. Laurent. Mart. fasc. II. vidim. mb. von 1391 Februar 3 ausgestellt vom judex curie Argentinensis.

Verkauf. **963.** C. j. c. A. Waltherus de Geroltzecke trans Renum vendit Burcardo dicto Twinger civi Arg. et Grede, uxori ejus, ac Anne, sorori ejusdem Grede, bona in banno et villa Osthus apud Erstheim sita pro 172 lib. den. Arg. liberi venditoris: Johannes, canonicus ecclesie Arg., et Waltherus, Elsa (maritus Johannes de Rapoltsteine Basiliens. diocesis) et Susanna (maritus Hugo de Geroltzecke in Vosago) consentiunt. datum nonas junii, 18 et 2 kalendas julii, 13 kalendas septembres 1321. ***Juni 5, 14 und 30, August 20.***

Aus von Müllenheim Famil. A. or. mb. c. sig. pend. delaps.

Erbleihe. **964.** Priorissa et conventus monasterii s. Elysabeht e. m. A. locaverunt in emphiteosim Cûntzelino panifici juxta pontem s. Thome et Sophie uxori ejus, filie dicte Fundenin de Brûmat, domum et aream, in c. A. inter piscatores sitas juxta domum Berhtoldi de Offenburg prebendarii ecclesie s. Thome Arg. e. u. et e. p. a. juxta domum Johannis piscatoris fratris magistri Bertschini piscatorum (accedente consensu Katherine, uxoris Johannis dicti

---

[1] *Vgl. Silbermann Lokalgesch. d. Stadt Strassb. S. 115.*

Hanseler de Schôuecke civ. Arg.), pro annuo censu 2 lib. et 3 sol. den. Arg. persolvendo dicte Katherine ad tempus vite ipsius tantum et post ejusdem obitum priorisse et conventui monasterii prenotati. insuper conductores de dicta area singulis annis 6 sol. den. Arg. et 2 capoues ecclesie s. Thome solvere tenentur. conductores domum in bono edificio conservare debent. Er. 4. V. sigilla curie Arg., priorisse et conventus sunt appensa. datum kalendas julii, a. d. 1321. hujus instrumenti 2 sunt paria. ***1321 Juli 1.***

Aus Strassb. Thom. A. lad. 27 (Titres). or. mb. c. 3 sig. pend. Dorsualnotiz s. XV: «locacio domus am staden zûm stebele.»

965. C. j. c. A. Agnes, nata quondam Heinrici dicti Hôyersida civis Arg., de consensu sororum suarum Else et Grede vendidit Nicolao dicto Kolin, civi Arg., redditus annuos 10 sol. den. Arg. super domo sive claustro fratrum heremitarum ordinis s. Augustini e. m. A., qui redditus venditrici obvenerant ex successione paterna, pro 8 lib. den. Arg. A. 1. datum 12 kalendas augusti, a. d. 1321. ***Juli 21.*** *Verkauf.*

Aus Strassb. Thom. A. lad. Kaufbriefe 4. or. mb. c. sig. pend.

966. Prior et conventus ordinis fratrum predicatorum locant domum zum Scharpfenecke[1] Heilwigi dicti Bônlerin ad tempus vite sue pro annuo censu 1 lib. cere, et post ipsius obitum Grede, filie Cûnonis dicti Bônlin civis Arg., fratris dicte Heilwigis, ad tempus vite pro 1 lib. den. Arg. Cûno dictus Bônlin, Ellekindis, Agnes, Cûno, Johannes, liberi predicti Cûnonis, non debent fundere aliquas partes aliquibus personis ad inhabitandum, Ellekindis promittit hoc per manum Johannis dicti de Zabernia mariti, et Agnes hoc per manum Jeckelini dicti Reinbolt mariti sui. sig. cur. Arg. est appensum. datum 8 kalendas augusti, presentibus Berhtoldo dicto zûm Riet et Hugone dicto de Blûmenowe, scabinis civitatis Argentine pro testimonio ad premissa ex parte dictarum partium, ut dicitur, vocatis, a. d. 1321. hujus instrumenti sunt 2[2]. ***Juli 25.*** *Leibzucht.*

Aus Strassb. Hosp. A. Prot. Prédic. 107 (Copialb. s. XV) fol. 16. cop. mb.

967. C. j. c. A. Agnes, filia quondam Heinrici dicti Stampf civis Arg., vendidit Ůlrico dicto Lorber presb. Arg. redditus annuos 10 sol. den. Arg. super domo et area, in c. A. an Rintsûtergrabe juxta dictum Duntzenheim cerdonem e. u. et e. p. a. juxta Gôtzonem dictum Smit cerdonem sitis, pro 10 lib. den. Arg. A. 1. actum 5 kalendas augusti, a. d. 1321[3]. ***Juli 28.*** *Verkauf.*

Aus dem Archiv des Strassb. Domkapitels (Copialb. des Münsterchors s. XIV) fol. 12b. cop. mb.

968. C. j. c. A. Ellina relicta Eberhardi dicti Sicke civis Arg. confessa est in presentia fratris Johannis dicti Sturm, procuratoris fratrum predicatorum domus Arg., quondam Ortolfum patrem suum priori et fratribus dicte domus in remedium anime sue legasse redditus annuos 10 sol. den. Arg. super domo et area, sitis in c. A. trans Brûskam sive pontem dictum die Schintbrucke prope domum dictam Wiszenowe e. u. et e. p. a. juxta fabricam, sub hiis pactis, quod redditus inalienati remanere debeant apud domum predictam et cedant in anniversario dicti patris fratribus pro pictantia in communi. anniversarium peragi debet cum vigiliis et missa. actum 14 kalendas septembres, a. d. 1321. ***August 19.*** *Schenkung.*

Aus Strassb. Hosp. A. lad 62. fasc. 34. or. mb. c. sig. pend.

---

[1] *Vgl. nr. 194.* [2] *Am selben Tage wiederholt Heilwig in Gegenwart der vorgenannten Schöffen ihre Schenkung von 1313 Juni 17 (nr. 194 note 2). Gegenwärtig ist der Prior des Strassburger Convents, Bruder Friedrich von Basel. Auch geben die vorgenannten Verwandten ihre Zustimmung zu der Schenkung. Copie ebendaselbst.* [3] *Ulrich Lorber vermacht die Rente zu einer Seelgerätstiftung dem Münsterchor. 1327 Januar 19. Copie ebendaselbst.*

Präbendenstiftung. **969.** C. j. c. A. Fridericus de Zutzendorf presbyter prebendarius eccl. Arg., cappellanus altaris cappelle b. Nicolai in eccl. Arg., confessus est in presentia Nicolai de Dübingheim, prebendarii ejusdem ecclesie, quondam dominum Heinricum de Lupfen decanum eccl. in institucione dicte prebende ordinasse, quod prebendarius ejusdem prebende annuatim 5 lib. den. Arg. portario dicte ecclesie solvat. datum 17 kalendas octobres, a. d. 1321. ***1321 September 15.***

Aus dem Archiv des Strassb. Domkapitels. Münsterchorcopialb. fol. 44. cop. s. XIV.

Wittumsstiftung. **970.** C. j. c. A. Agnes, filia Dietheri dicti Kölbelin senioris civis Arg., recognovit per manum dicti Kölbelin junioris, fratris ipsius Agnetis, curatoris sibi dati ab Eberlino dicto Sicke nunc gerente vices sculteti seu judicis secularis civitatis Argentine coram judice curie presente, prefatum patrem de hereditate quondam Katherine, matris sepedicte Agnetis, eidem Agneti donasse bona specificata, que nunc donat marito suo Fritschoni juniori, nato quondam Fritschonis dicti de Heilgenstein senioris civis Arg., in dotem. item Fritscho uxori sue dat bona quedam, in quibus redditus 3 lib. et 10 sol. den. Arg. super curia Johannis fratris dicti Fritschonis, sita in c. A., quam olim inhabitabat Fritscho senior. actum 6 kalendas novembres, a. d. 1321. hujus instrumenti sunt 2. ***Oktober 27.***

Aus Strassb. Bez. A. G 4858 (5222). 1. or. mb. c. sig. pend. delaps.

Verkauf. **971.** C. j. c. A. Hetta et Heilka, sorores quondam Hugonis militis de Westhoven, confesse sunt, se ad tempus vite ambarum tantum usum curie dicte der Westermennin hof[1], site in c. A. in vico dicto züm Sluche juxta dictum de Mülnecke e. u. et e. p. a. juxta curiam dictam der Hepplin hof, a priore et conventu fratrum predicatorum domus Arg. emisse pro 40 marcis argenti. que sorores omni juri in curia dicta renunciant et in manus fratris Friderici de Basilea, prioris dicte domus, per porrectionem calami transferunt. sorores recipiunt 40 marcas argenti. acta sunt hec 6 kalendas decembres, presentibus Burkardo dicto Schultheisse milite Arg., fratribus: priore predicto, Dominico suppriore, Cûnrado dicto Cips, Hartungo de Hochvelden, Johanne Sturmonis, Nycolao de Mollesheim, Johanne de Offenburg et Johanne de Griffenstein fratribus predicti ordinis vocatis ad hoc testibus et rogatis, a. d. 1321. ***November 26.***

Aus Strassb. Hosp. A. Prot. Prédic. 107 (Copialb. s. XIV) fol. 30. cop. mb.

Erbleihe. **972.** C. j. c. A. Waltherus miles et Gösselinus, filii quondam Gossonis dicti de Mülnheim militis Arg., manibus choadunatis locaverunt in emphyteosim Johanni dicto de Mülnheim militi Arg. patruo suo medietatem orti dicti dez von Mülnheim garte, siti in c. A. in vico dicto Utengasze, et medietatem 5 domorum et arearum spectantium ad dictum ortum, sitarum inter vallum dictum dez Döben graben ac eundem ortum, pro redditibus annuis 9 lib. den. Arg. si conductores quandocunque assignaverint 50 marcas argenti, a solutione reddituum 5 lib. den. Arg. sunt absoluti; a solutione reliquarum 4 lib. den. Arg. absolventur, si conductores exoneraverint de redditibus 4 lib. ortum, situm apud Vinkenwilre e. m. A., qui olim fuit in bonis quondam domini Sigelini dicti de Mülnheim, prepositi ecclesie s. Thome Arg. actum 4 nonas decembres, a. d. 1321. hujus instrumenti sunt 2. ***Dezember 2.***

Aus Strassb. Bez. A. H 2977. or. mb. c. sig. pend. delaps.

Verkauf. **973.** C. j. c. A. Heintzelinus, natus quondam dicti Gervalke de Argentina, et Cristina, ejus uxor, manibus choadunatis vendiderunt Fritschoni de Bledensheim, ortulano Arg., et Katherine, uxori sue, domum superioris aree, site in vico dicto Grûnewerdergasze e. m. A.

---

1 *Vgl. nr. 576.*

juxta areas Johannis dicti de Dancratzheim, que area se extendit ad stratam publicam, per quam itur ad Augustinenses, ita quod de area solvatur annuus census $3^1/_2$ unc. den. Arg., cujus quidem census 3 partes magistro et consulibus civitatis Argentinensis, 2 vero Burcardo dicto Erlin et Anne, sorori sue, civibus Argentinensibus, debentur, pro 11 lib. den. Arg. Lentzelinus miles, nunc magister dicte civitatis, et Burcardus predictus huic vendicioni consentiunt. A. 1. predictus magister et Burcardus locant aream emptoribus in emphiteosim pro censu predicto. Er. 1. V. dictus Fritscho duas partes dictorum reddituum Katherine, uxori sue, donavit donatione propter nuptias et Katherina viceversa marito suo tertiam partem. datum 17 kalendas januarii, a. d. 1321. ***1321 Dezember 16.***

Aus Strassb. Thom. A. lad. (Titres) 21. or. mb. c. sig. pend. Dass hier das Datum richtig als 1321 Dezember 16, nicht 1320 Dezember 16, aufgelöst ist, ergiebt sich aus der Erwähnung des Bürgermeisters, der dem vom Herbst 1321—Herbst 1322 amtirenden Rat angehörte. Vgl. die Urkde 1322 August 9.

974. C. j. c. A. Phyna domicella, nata quondam Jacobi dicti de Barre senioris civis Arg., *Schenkung.* ob favorem specialem erga abbatissam et conventum monasterii s. Clare infra m. A. eisdem in ipsius Phyne et quondam Jacobi patris necnon quondam domine Gerdrudis, matris ejusdem Phyne, animarum remedium donatione inter vivos donavit domum, quam inhabitat, et aream ejusdem domus in c. A., an dem Holwige sitas juxta portam fratrum predicatorum[1], necnon redditus annuos 30 quartalium siliginis supra bonis in Swindratzheim. A. 1. (in Johannem dictum Helt, procuratorem abbatisse et conventus). peracta donatione dictus procurator omnia bona et redditus donatrici relocavit ad tempus vite ejusdem pro annuo censu 10 sol. den. Arg., solvendo in festo Martini. actum 12 kalendas februarii, presentibus Heinrico Wetzelonis et Reinboldo de Achenheim, militibus Arg., pro testimonio ex parte donatricis et procuratoris ad premissa vocatis et rogatis, a. d. 1322. ***1322 Januar 21.***

Aus Strassb. Hosp. A. lad. 51 fasc. 2. or. mb. c. sig. pend. und Transfix von 1327.

975. C. j. c. A. Fritschemannus de Eckebrehtzwilre et Sophia, ejus uxor, residentes *Verkauf.* e. m. A. in der Crutenowe, Johannes et Nicolaus, eorum nati, manibus choadunatis vendunt pro 21 lib. den. Arg. Diethero dicto Kölbelin, civi Arg., jus in passagio zů den Hunden apud Renum et in uno prato, zů Kenle juxta liberos quondam Cůnradi dicti an dem Orte civis Arg. sito, item in censibus annuis 5 den. Arg. et quarte partis 1 caponis super area ibidem sita, spectantibus ad passagium dictum. A. 1. Wit. 1. (pro Sophia). datum 3 nonas februarii, a. d. 1322[2]. ***Februar 3.***

Aus Strassb. Stadt A. AA 1691. or. mb. c. sig. pend.

976. C. j. c. A. Johannes, Hermannus, Nicolaus et Katherina, liberi quondam Hermanni *Verkauf.* dicti Winstlicher de Argentina, manibus choadunatis vendunt pro 18 lib. den. Arg. domine Grede, relicte Petri dicti Stůlenweg militis Arg., vice liberorum suorum ex eodem quondam Petro procreatorum et cum pecunia eorundem ementi omne jus venditoribus competens in domo et area, in c. A. in dem gieszen juxta Nicolaum dictum Gige et ortum quondam Petri memorati sitis, super quibus domina Greda redditus annuos 9 unc. den. Arg. necnon ecclesia s. Thome Arg. redditus annuos 1 lib. den. Arg. et 2 caponum habent. A. 1. actum 2 idus februarii, a. d. 1322[3]. ***Februar 12.***

Aus Strassb. Stadt A. IV. G. lad. 101 fasc. G. or. mb. c. sig. pend.

---

[1] *Vgl. nr. 304.* [2] *Vgl. nr. 711. Die Verkäufer verbürgen sich zugleich dafür, dass Fritschelin ihr Sohn den Vertrag anerkenne, und stellen als Pfand Güter in Schaftoltzheim. 1322 Februar 3. Or. Transfix an vorigem.* [3] *Nach der Ueberschrift zur Abschrift der Urkunde in Registrande A (Thomas A. fol. 277 u. 373) lag das Haus neben der Metzger Trinkstube.*

Rentenkauf. **977.** C. j. c. A. Katherina, nata quondam Sigebottonis oleatoris de Argentina, vendidit Gorzoni, cappellano cappelle s. Gregorii juxta ambitum ecclesie Arg., ementi de sua propria pecunia redditus annuos 30 sol. den. Arg., solvendos in festo Martini per venditricem, super domo et jure sibi competenti in area, sita in c. A. super vallo juxta domum Johannis dicti Taler sartoris e. u. et e. p. a. juxta aream monasterii s. Stephani in Arg., et fuit quondam dicte Ohsin, pro 13 lib. den. Arg. venditores redditus reemere possunt usque ad festum nativitatis domini proxime venturum. A. 1. venditrix una cum Conrado dicto de Talheim, cive Arg., warandos reddituum se constituit. actum 6 kalendas marcii, a. d. 1322.

1322 Februar 24.

Aus Strassb. Bez. A. H 2684. or. mb. c. sig. pend.

Verkauf. **978.** C. j. c. A. Wernherus dictus Marschalg et Metza, ejus uxor de Adelnhoven citra muros Arg., vendiderunt fratri Conrado converso monasterii b. Margarete c. m. A. terciam partem curie, c. m. A. usewendig des wissenturnes e. u. juxta Meffridum e. p. a. juxta Cůnonem dictum Freveler site, pro 2 lib. den. Arg. A. 1. datum 5 nonas marcii, a. d. 1322[1].

März 3.

Aus Strassb. Bez. A. H 3119. or. mb. c. sig. pend.

Verkauf. **979.** C. j. c. A. Růdegerus dictus Schere armiger et Adilheides, ejus mater, de Lampertheim manu coadunata vendiderunt pro 30 lib. den. Arg. unam aream, a parte posteriori tendentem uf hern Heinrichs hof von Mulnheim in Argentina, sitam juxta curiam monasterii in Selse e. u. et Johannem dictum Zorn militem Arg. e. p. a., Heinrico de Mulnheim, civi Arg., p. p. e. l., supra qua quidem area venditor construxit murum, qui communis erit venditori et emptori. A. 1. actum quo ad Růdegerum 10 kalendas maji, quoad Adilheidim 4 idus marcii, a. d. 1322. ***März 12 und April 22.***

Aus Strassb. Bez. A. G 6211 (6238), 1. or. mb. c. sig. pend.

Verkaufs-versprechen. **980.** Burkart Schôp ein ritter von Strassburg macht bekannt, dass, wenn der landgraf Ulrich von Elsaz ihm oder seinen erben 5 mark silbers gäbe, der teil des dorfes Elsenheim, welcher früher des schultheissen Johannes seligen wittwe von s. Pült gehörte (ohne die 26 vierteil geldes, «die zu eim seslehen zů sante Pült horent»), an den landgrafen fallen soll. Burkart hängt sein siegel an. «an der mitewochen vor mitervasten, 1322.» ***März 17.***

Aus Strassb. Bez. A. G 1352 (1770) nr. a. or. mb. c. sig. pend. delaps.

Verkauf. **981.** C. j. c. A. Johannes dictus Hessekint, natus Hessonis apothecarii civis Arg., vendidit pro 19 lib. den. Arg. Johanni dicto de Gôdertheim civi Arg. domum dictam zů dem cleinen wergmeistere et aream ejusdem, in c. A. sitas apud s. Crucem juxta domum dictam zů dem alten wergmeistere e. u. et e. p. a. juxta domum monasterii s. Stephani, ita quod stillicidium et aqua cadens in curiam domus vendite suum fluxum habere debeat per curiam domus zů dem alten wergmeistere in stratam ibidem, et quod inquilinis ejusdem domus vendite competat servitus et iter eundi ad cloacam alterius domus quodque cloaca fuerit mundificanda per domum zům alten wergmeistere communibus duarum domorum expensis, sic eciam quod de domo vendita et area non plus census nomine preter quam 1 lib. den. Arg. domine Gerdrudi relicte Johannis dicti de Wintertur zů dem Hohenhuse civis Arg. solvatur. A. 1. actum 9 kalendas aprilis, a. d. 1322[2]. ***März 24.***

Aus Strassb. Hosp. A. lad. 173 fasc. 3. or. mb. c. sig. pend.

---

[1] *Johannes Würtelin und Anna seine Gattin, wohnend bei s. Aurelia* bi dem winzem turne, *verkaufen an denselben Käufer für 2 Pfund Pfenn. ihren Anteil an dem genannten Hofe, ebenso Albert Büler und Katherina Marschalkin, seine Gattin, bei Alt s. Peter wohnend, für denselben Preis. 1322 März 6 und 9. Or. ebendaselbst.* [2] *Vgl. nr. 925.*

982. C. j. c. A. sub anno d. 1322, 11 kalendas maji prior et conventus ordinis fratrum *Schenkung.* predicatorum domus Arg. recognoverunt, se a domicella Phyna dicta Kelbin de Argentina recepisse 200 lib. den. Arg. sub pactis infrascriptis, videlicet quod de ipsa pecunia 100 lib. in annonam convertantur per sex officiatos (priorem, suppriorem, procuratorem, custodem, librarium et elemosinarium) inter festa assumpcionis et nativitatis b. Marie virginis, et pro reliquis *Aug. 15. Sept. 8.* 100 lib. dicti officiati vina emant a. festo b. Michahelis usque ad nativitatem dominicam, *September 29.* et quod abinde recolligant prefatam summam pecunie de omnibus obventionibus et elemosinis distribuendis et errogandis dicte domui, ut in fine ejusdem anni tota summa sit totaliter recollecta, sic quod defectum conventus supplere debeat, ut denuo officiati annonam et vina emant in modum prescriptum. abbas et prior monasterii Novicastri Cisterciensis ordinis Arg. diocesis predictos officiatos super emptione annone circa festum b. Michahelis et super emptione *September 29.* vini circa festum b. Hylarii inquirere debent annuatim; si officiati secus facerent quam *Januar 13.* est premissum, cadunt de omni jure et dicte 200 libre cedunt dicto monasterio, ut inde emantur redditus 14 lib., de quibus legatrix ordinat. prior et conventus dicte domus, abbas et conventus dicti monasterii se obligant ad premissa. sigilla premissorum et judicis curie Arg. sunt appensa. datum ut supra. hujus instrumenti sunt 2. ***1322 April 21.***

Aus Strassb. Hosp. A. Prot. Prédic. 107 (Copialb. s. XIV) fol. 81. cop. mb.

983. C. j. c. Rûdolfi de Ohsenstein archidiaconi Otto dictus Wenner, civis Arg., vendidit *Verkauf.* unam domum, sitam Argentine under den Wenner[1] oben an der gassen bi deme rosegarte, Gertrudi de Göffede, cellerarie Anshelmi primissarii in Kützelsheim, pro 40 lib. den. Arg. A. 1. talis conditio est adjecta, quod Otto dictus domum inhabitare debeat pro tempore vite sue et quod dicta Gertrudis vinum et annonam in ipsa domo seu ejus granario et cellario debeat conservare. actum 2 kalendas maji, a. d. 1322. ***April 30.***

Aus Strassb. Thom. A. lad. 27 (Titres) fasc. 1370-1379. or. mb. c. sig. pend.

984. Hedewigis dicta swester Hedewig de Meistersheim testamentum suum in sue, item *Testament.* Dietmari patris et Elysabeht matris ac Berhte sororis remedium animarum condit et statuit in hunc modum. in primo dat ad opus seu structuram domus fratrum ordinis predicatorum in Arg. 5 lib. den. Arg., apud quos fratres eligit suam ecclesiasticam sepulturam; item dat cuilibet fratri ejusdem domus 1 tricesimum, item dat fratri Cûnrado de Geispoltzheim de dicto ordine 1 marcam argenti vel illi, qui tempore obitus ipsius fuerit confessor; item Wilhelmitis apud Arg. 1 tricesimum cedendum ad coquinam suam, item 1 lib. den. Arg. ad opus domus sue; item Carmelitis apud Arg. 1 lib. ad structuram domus sue et 1 tricesimum ad coquinam, item fratribus minoribus domus Arg. 1 lib. den. Arg., item fratribus heremitis apud Arg. 5 sol., item cuilibet domui dicte eime gotzhuse apud Arg. 1 unc. den. Arg., item cuilibet monasteriorum sororum apud Arg. 1 tricesimum, item cuilibet hospitali apud Arg. 5 sol. den. Arg., item fratri Wetzeloni de Saxonia 10 sol. den. Arg. hec omnia persolventur de bonis mobilibus et immobilibus suis; residuum vero cedere debet ad domum fratrum predicatorum. hujus testamenti constituit executores priorem et procuratorem domus fratrum predicatorum et fratrem Wetzelonem predictum. specificatio bonorum in Meistersheim, Ebenheim superiore, et inferiore, Ingemarsheim. judex curie Arg. sigillum curie appendit. actum 2 kalendas maji, a. d. 1322. hujus instrumenti 2 sunt paria. ***April 30.***

Aus Strassb. Hosp. A. lad. 56 fasc. 3. or. mb. c. sig. pend.

---

[1] *Vgl. Str. G. u. HN. S. 186.*

Schenkung. **985**. C. j. c. A. Agnes, soror Johannis dicti Knabe, cerdonis Arg., in remedium anime sue deputavit redditus annuos 10 sol. den. Arg. de uno agro dicto ein gartacker, c. m. A. in deme brûch sito inter bona dicti de Grostein de Argentina und stoszet niden an daz brûch; sub hiis conditionibus, videlicet quod post ipsius Agnetis obitum de dictis redditibus annuatim 2 uncee cedant apud s. Petrum seniorem in Argentina ad candelam ceream urendam circa elevationem corporis Christi, quodque residue 4 uncee fratribus ordinis predicatorum domus Arg. pro pictantia similiter post ipsius Agnetis obitum cedant, et de 4 unceis 1 uncea cedere debeat fratri Dominico de Küngesheim ordinis predicti. actum 6 idus maji, a. d. 1322.

1322 Mai 10.

Aus Strassb. Hosp. A. lad. Hôp. XLV fasc. 66. or. mb. c. sig. pend.

Erbleihe. **986**. C. j. c. A. frater Petrus de Grostein et conventus fratrum predicatorum domus Arg., item Katherina, filia quondam Waltheri de Dûmenheim militis Arg., (fratres pro 1/4, Katherina pro 3/4), locant Götzoni et Hugoni fratribus dictis Welker Arg. in Stadelgasze in emphiteosim perpetuam tertiam partem pro indiviso domus et aree, in c. A. juxta lobium cerdonum e. u. et e. a. juxta domum Jacobi dicti Vendenheim nuncupatam zûm beren sitarum, pro annuo censu 2 lib. den. Arg. V. (pro Katherina). Er. 4. Katherina ministrare debet partem sibi contingentem in dictis redditibus fratribus dicte domus in die anniversarii quondam Gôszelini de Dûmenheim armigeri, fratris Katherine, et fratres singulis septimanis 3 missas celebrare tenentur super ambone dicte domus. si secus facerent, Katherina et ejus heredes absoluti sunt a ministratione reddituum. sigilla curie Arg., prioris et conventus sunt appensa. actum quoad Katherinam et Cûntzonem 5 nonas junii[a], a. d. 1322, quoad priorem et conventum 14 kalendas augusti, a. d. 1323. hujus instrumenti sunt 3.

Juni 1 und 1323 Juli 19.

Aus Strassb. Hosp. A. Prot. Préd. 107 (Copialb. s. XIV) fol. 82. cop. mb.

Erbleihe. **987**. C. j. c. A. in forma juris Johannes de Ehenheim presb., procurator fabrice eccl. Arg., nomine dicte fabrice locavit in emphiteosim Walthero dicto de Nûgürte residenti in Arg. domum et aream, sitas in c. A. uf der Almende juxta domum Marscalci de Stotzheim c. u. p. et e. a. juxta sorores dictas de Lûtenheim, pro annuo censu 11 unc. den. Arg. Er. 4. V. hoc etiam est adjectum, quod anno quocunque ipse conductor vel ejus heredes procuratoribus dicte fabrice assignaverint 19 lib. den. Arg. aut mediam partem ejusdem pecunie: si totam pecuniam, quod tunc a totali solutione dicti census, si vero mediam partem, quod tunc a solutione dimidii census prefatus conductor et ejus heredes exonerati sint. actum 4 nonas junii, a. d. 1322. hujus instrumenti duo sunt paria[1]. *Juni 2.*

Aus Strassb. Frauenh. A. lad. 49 nr. 76. or. mb. c. sig. pend.

Schenkung. **988**. C. j. c. A. Hartmannus presbyter, filius quondam Hartmanni de Bernhusen, capellanus monasterii s. Margarete e. m. A., et Burcardus frater dicti presbyteri in remedium animarum suarum donatione inter vivos donaverunt domum et aream cum earum attinentiis, in c. A. sitas ex opposito fontis dicti Rintsûterburne[2] juxta domum quondam Sigelini lapicide c. u. et c. p. a. juxta quondam Burkelinum, natum quondam Wölvelini dicti zûm Riet, necnon 20 lib. den. Arg. ad prebendam sacerdotalem in ecclesia s. Thome Arg. super ambone ejusdem ecclesie, quam nunc officiat Sifridus presbyter, natus quondam Sifridi dicti zû dem Burne civis Arg., sub hiis conditionibus, videlicet quod Hartmanno et post ejus obitum Burcardo ad tempus vite sue usus domus, site in c. A. in vico dicto Reissersgasze ex utraque

a) *So die Copie, vermutlich stand im Original:* II nonas. *(Juni 4).*

1 *Vgl. nr. 162.* 2 *Vgl. Str. G. u. HN S. 49.*

parte juxta magistrum Leonem, cyrurgicum Argentinensem[1], ad dictam prebendam per quondam Cûnradum dictum Smultz deputate et ipsis ab executoribus testamenti ejus, videlicet Johanne decano et magistro Johanne Rywino, canonico ecclesie s. Thome, locate competat. A. 2. decanus, capitulum, executores predicti et predictus Sifridus consentiunt. sigilla curie Arg., decani, capituli et magistri Johannis sunt appensa. actum 7 idus junii, a. d. 1322. *1322 Juni 7.*

Aus Strassb. Thom. A. lad. 25 (Titres). or. mb. c. 4 sig. pend.

989. C. j. c. A. Heintzo dictus Priol, civis Arg., vendidit Ottoni dicto Pflûger, civi Arg., *Verkauf.* domum cum pertinentiis, sitam in c. A. in Spittalgasze juxta dictum Bôckelin e. u. p. et e. a. juxta hospitale pauperum Arg., ita quod de area ipsius 10 den. Arg. debeantur, pro 25 lib. den. Arg. A. 2. actum 3 idus junii, a. d. 1322. *Juni 11.*

Aus Strassb. Thom. A. lad. Kaufbriefe 3. or. mb. c. sig. pend. delaps.

990. Schwester Gerdrud, die äbtissin und der convent des kloster von s. Franziskus *Schenkung.* s. Claren ordens innerhalb Strassburgs machen bekannt, dass «Ellekint, Burcardes Ketteners selgen swester, eins burgers von Strazburg», ihnen geschenkt habe die hofstätte, «die der Bûlin het von ir zû eime erbe, gelegen in der stat ze Strazburg bi Kettenburne an dem orte der gaszen, der man sprichet hern Erlins gaszen»[2], von der er jährlich 4 pfund Strassburger pfenninge geben soll. das kloster giebt der schenkerin und Odilien, «irre iuncfrowen», jährlich 2 pfund zu weihnachten und 2 zu Johanni, so lange sie leben oder eine von ihnen; nach ihrem tode sind die einkünfte ganz dem kloster um ihrer und ihrer swester Gepen willen. die äbtissin und der convent hängen ihre siegel an. «1322, an deme sûnigeht abende.» *Juni 23.*

Aus Strassb. Hosp. A. lad. 170 fasc. 13. or. mb. c. 2 sig. pend.

991. Fritscheman von Tunczenhein der meister und der rat von Strassburg machen *Erbleihe.* bekannt, dass Otto Phlûger und frau Minnelin seine gemahlin, bûrger von Str., in erbleihe gegeben haben «Heintzen Heinrichs seligen des schûchsuters sûne bi sant Thoman und Katherinen sinre wûrtin, hus und hovestat bi vischer burnen[3] daz orthus» für einen jährlichen zins von 14 unzen. Er. 4. V. «an sant Laurencien abende, 1322. heran worent wir her Wetzel Broger, u. s. w. *folgt der Rat.* *August 9.*

Aus Strassb. Thom. A. Registrande A fol. 233. cop. chart. s. XIV-XV, aber nicht von der Hand des ersten Schreibers.

992. *König Ludwig giebt das Schultheissenamt in Hagenau an Walther von Lands- Lehnsbrief. berg. Regensburg.* *Oktober 1.*

Item dominus rex [Ludovicus] contulit scultetatum in Hagenaw Walthero juniori de Landesperch. datum Ratispono feria sexta post Michahelis, anno domini 1322, regni nostri anno octavo[4].

Aus dem allg. Reichsarchiv zu München Tomus privilegiorum nr. 25. Registerband der Kanzlei König Ludwigs fol. 100a. Kanzlei-Regest. Darnach abgedruckt Oefele scriptores rerum Boicarum I, 722. Böhmer Reg. Lud. 470.

---

[1] *Vgl. Str. G. u. HN. S. 130.* [2] *Vgl. Str. G. und HN. S. 59.* [3] *Vgl. Str. G. u. HN. S. 49.* [4] *Vgl. dazu die Urkunde Ludwigs für Hagenau von 1322 Dezember 24 (Schöpflin Als. dipl. II, 129. Böhmer Reg. Lud. 521), worin er verspricht Hagenau keinen Schultheiss von Strassburg zu geben, und die deselben von 1331 April 21, worin dieses Versprechen der Stadt Hagenau wiederholt wird (Böhmer Reg. Lud. 2993).*

Verkauf. **993.** Johannes dictus de Schafhusen lanifex Arg. et Ellina, ejus uxor, de consensu Elline et Fritschonis, liberorum suorum, vendunt Friderico presbytero, nato sororis Cůnradi dicti Gürteler civis Arg., redditus 2 lib. super domo, sita Arg. in vico dicto Stadilgasse juxta domum Nicolai de Geispoltzheim c. u. et c. p. a. juxta domum Reinboldi dicti Rote. actum 4 idus octobres, 1322. ***1322 Oktober 12.***

Aus Strassb. Bez. A. G 2690 (3104) fol. 118. Im XVI. Jahrhundert verfertigter Auszug.

Verkauf. **994.** C. j. c. A. Růdolfus dictus Vendenheim de Schiltingheim, Steinungus de Wilre apud Maurimonasterium et Cůnradus sutor de Maurimonasterio vendiderunt Lamperhto, filiastro dicti Pfaffe de Arg., unam domum, sitam in c. A. in vico dicto Schiltingheimgasze an dem Rossemerkete inter domos dicti Krebes et dicte Hünrerin, (ita quod de area ipsius non plus census nomine detur annuatim preter quam 1 lib. den. Arg. et 2 capones Johanni dicto Kusolt civi Arg., qui asserit dictam domum venditoribus ex successione quondam Růdolfi presbyteri dicti de Wasenecke, consanguinei ipsorum, obvenisse, et ad venditionem suum consensum adhibet) pro 12 lib. den. Arg. A. 1. preterea Johannes dictus Kusolt predictus locat aream in emphiteosim prefato emptori et Brigide, uxori sue, pro redditibus annuis 1 lib. den. Arg. et 2 caponum. V. Er. 4. actum quoad dictam venditionem 4 nonas novembres, actum vero quoad locationem predictam 3 nonas ejusdem mensis, a. d. 1322. ***November 2 und 3.***

Aus Strassb Hosp. A. lad. Hôp. XLII fasc. 26. or. mb. c. sig. pend.

Verkauf. **995.** C. j. c. A. Reinboldus senior, filius Reinboldi senioris, militis Arg., dicti Süsse, et Phyna, uxor dicti filii, manu coadunata per manum et consensum Nicolai dicti Maler de Mülnecke militis Arg., curatoris dicte Phine eidem de consensu dicti mariti sui dati quoad contenta in presenti instrumento per Heinricum dictum Johan vicescultetum civitatis Arg. coram judice predicto presente, vendiderunt pro 45 lib. den. Arg. Petro dicto Swarber seniori, civi Arg., aream cum jure ejusdem, sitam in c. A. in Küffergasze juxta domum dictam zů dem von Stogohe c. u. et c. a. p. juxta estuarium dicti Brandecke, ac jus in edificiis super aream constructis, item 2 agros minus 1 vierdegezal consulcaneos, sitos e. m. A. bi der galggassen juxta dominas monasterii s. Margarethe Arg. e. u. p. et c. a. juxta dictum Brandecke p. p. e. l., salvo dicto Kempfelin cuppario Arg. et ejusdem matri et heredibus jure emphiteotico in area, de qua dant 15 unc. den. Arg. census nomine annuatim. A. 2. actum 13 kalendas decembres, a. d. 1322. ***November 19.***

Aus Strassb. Frauenh. A. lad. 49 nr. 77. or. mb. c sig. pend. et transfixo de anno 1374.

Lehnsbrief. **996.** *König Ludwig giebt das Dorf Bläsheim (?) zu Lehen an Symund von Scharroch. Augsburg.* ***November 29.***

« Item dominus rex [Ludovicus] contulit Symoni de Schâchrůch in feodum villam Pledensheim nobis et imperio vacantem per Egelolfum burgravium de Ôchschoven. datum Auguste, in vigilia s. Andree apostoli, anno domini 1322, regni nostri anno nono. »

Aus dem allg. Reichsarchiv zu München Tomus privilegiorum nr. 25. Registerband der Kanzlei König Ludwigs fol. 99ª. Kanzlei-Regest. Darnach abgedruckt Oefele scriptores rerum boicarum I, 742. Böhmer Reg. Lud. 496.

Pfandbrief. **997.** *König Ludwig verpfändet an Rulin Rulenderlin Weinberge in Oberachenheim. Augsburg.* ***Dezember 11.***

Nota quod dominus rex [Ludovicus] obligavit strennuo militi Rülein Ruelanderlin civi Argentinensi et suis heredibus vineas, sitas in Obernachenheim, sibi vacantes ex morte quondam Egelolfi burchgravii in Oschoven, et bona, sibi et imperio vacantia ex morte Chůnradi quondam de Sawrburch, et filio suo pro 40 marcis argenti per ipsos tenendas, quousque per ipsum vel successores suos pro predicta pecunia redimantur. datum Auguste, sabbato post Nycolai, anno domini 1322, regni nostri anno nono.

Aus dem allg. Reichsarchiv zu München Tomus privilegiorum nr. 25. Registerband der Kanzlei König Ludwigs fol. 101ᵃ. Kanzlei-Regest. Darnach abgedruckt Oefele scriptores rerum boicarum I, 743. Böhmer Reg. Lud. 513.

998. C. j. c. A. Cûnradus dictus de Obernhoven, murarius Arg., et Cristina, ejus uxor, manibus coadunatis vendiderunt Else domicelle, filie quondam Niebelungi de Geispoltzheim, domum angularem in c. A. an dem Rossemerckete in vico dicto der gasze von Schiltingheim, sitam juxta domum dicte Hûnrerin c. u. et e. p. a. juxta domum dictarum Zollerin, et que olim erat in bonis Clare dicte de Dicke, necnon jus emphiteoticum in area (ita quod de eadem census nomine detur annuatim 1 lib. den. Arg. domine Agneti dicte de Schiltingheim, uxori Johannis dicti Kusolt civ. Arg., domine directe aree antedicte) pro 39 lib. den. Arg. A. 1. Wit. 3. preterea prefata domina Agnes locavit per manum mariti sui in emphiteosim predicte emptrici aream prescriptam pro redditibus predictis. Er. 4. V. actum feria quarta post festum b. Lucie, a. d. 1322[1]. *1322 Dezember 15.* *Verkauf.*

Aus Strassb. Hosp. A. lad. Hôp. XLII fasc. 26. or. mb. c. sig. pend.

999. *König Ludwig giebt dem Hugo Schaub 200 Mark Silbers von den Juden in Colmar. Regensburg.* *Dezember 26.* *Pfandbrief.*

Item dominus rex [Ludovicus] ordinavit Hugoni dicto Schaup militi Argentinensi ducentas marcas argenti in Cholmarn aput judeos. datum Ratispone, in die beati Stephani prothomartyris, anno domini 1322, regni vero nostri anno nono[2].

Aus dem allgem. Reichsarchiv in München Tomus privilegiorum nr. 25. Registerband der Kanzlei König Ludwigs fol. 100ᵃ. Kanzlei-Regest. Darnach abgedruckt Oefele script. rer. boic. I, 742. Böhmer Reg. Lud. 522.

1000. C. j. c. A. Johannes dictus zûm Riet, Nicolaus, Hugo, Bertholdus, Agnes, uxor Gôtzonis dicti Wisbrôtelin, civis Arg., et Elsa, uxor Hermanni dicti Wirich, armigeri Arg., liberi quondam Wôlfelini dicti zûm Riet civis Arg., item Wôlfelinus, Johannes et Heilka, liberi quondam Burkardi dicti zûm Riet, nati dicti quondam Wôlfelini, suo, Hugonis, Katherine et Burkardi couterinorum dictorum 3 liberorum adhuc minorum nomine locaverunt in emphiteosim Johanni dicto de Rosheim, civi Arg., domum et aream dictas zû dem beren[3], sitas in c. A. in vico dicto zûm rosze, pro redditibus annuis 4 lib. den. Arg. solvendis Heilke et Ellekindi, monialibus monasterii s. Johannis zû den Hunden e. m. A., filiabus dicti quondam Wôlfelini, quamdiu altera ex ipsis vixerit, et post earum obitum ceteris liberis quondam Wôlfelini et eorum heredibus. Er. 1. V. U. (Wôlfelinus, Johannes et Heilka et Katherina eorum mater pro Hugone, Katherina et Burkardo predictis). datum 16 kalendas marcii, a. d. 1323. hujus instrumenti sunt 2. *1323 Februar 14.* *Erbleihe.*

Aus Strassb. Thom. A. Registrande A fol. 222. cop. chart. s. XIV—XV, aber nicht von der ersten Hand des Copialbuchs.

---

[1] *Elsa vermacht das Haus (jetzt anstossend an der Agnes Eigelerin von s. Clara und der Zollerin Haus) dem Kloster s. Clara auf dem Rossmarkte, das der Elsa Jahresgedächtnis begehen wird. Bruder Heinrich, Convers des Klosters, erhält für seine Lebenszeit von dem Hause jährlich 1 Pfund Pfenninge. 1323 Mai 1. Or. ebendaselbst.* [2] *Nach Mossmann Recherches sur la constitution de la commune à Colmar S. 146 war* Hugo Schop, Hug der Schoub von Strasburg *von 1322 bis 1323 Schultheiss von Colmar. Vgl. desselben Verfassers Notes et documents tirés des archives de Colmar 1872 note 2, wo auf eine sehr interessante Urkunde von 1323 Dezember 9 hingewiesen wird, worin der Ritter Hugo Schaub als Schultheiss erscheint.* [3] *Vgl. Str. G. u. HN. S. 139.*

Verkauf. **1001**. C. j. c. A. Ita, relicta Hugonis dicti Zapfe de Ůtenheim, et Elsa, ejus filia, residentes Argentine, manibus coadunatis vendunt Johanni de Ehenheim presbytero, procuratori fabrice eccl. Arg., cum pecunia eidem fabrice per Conradum novum hospitem de Rotenkirchen et Ellinam ejus uxorem deputata ementi, partem dimidiam pro indiviso fundi, c. m. A. in der Reuffegaszen juxta bona liberorum dicti Clobelóch et bona quondam Nicolai dicti Kolin, civis Arg., siti, p. p. e. l. A. 1. prenominatus quoque emptor vice fabrice locat Conrado novo hospiti et Elline predictis dimidiam dictam partem utifruendam ab ambobus quamdiu vixerint et superstite ex eis ad tempus vite pro annuo censu dimidii vierlingi cere fabrice dicte solvendo in signum directi dominii apud fabricam residentis. actum 12 kalendas marcii, a. d. 1323. ***1323 Februar 18.***

Aus Strassb. Stadt A. Pf. G. lad. 102 fasc. R. or. mb. c. sig. pend.

Schenkung. **1002**. C. j. c. A. Metza dicta Filwirkerin residens Argentine legatum sororibus inhabitantibus domos dictas vulgariter gotzhüsern sitas in c. A. de redditibus super bonis in Kůtzilsheim sitis revocat et eosdem dat hospitali novo sito trans pontem s. Thome in Argentina. actum 2 kalendas marcii, a. d. 1323. ***Februar 28.***

Aus Strassb. Bez. A. G 347 (774) nr. c. or. mb. c. sig. pend.

Widemestiftung. **1003**. Agnes, die priorissin, und der convent des klosters s. Katherina vor Strassburg machen bekannt, «das Clawes Gölder von Strasburg gap zů eime rehten widemen vůrn Husen sinre wirtin ein hus mit dem, das darzů höret, gelegen in der stat zů Strasburg uf unserre hovestat bi dem hohen stege, das halbes dem selben Clawes anhöret, nebent Burkarte Beghůt; do gap er ir sin halp teil» mit einwilligung der klosterfrauen, die «mit eime halme» ihr setzen die hofstätte, «als gewonlich ist noch der stette reht und gewonheit von Strasburg.» die priorissin und der convent hängen ihre siegel an. «an dem zistage noch mittelvasten, 1323.» der zins von dem hause beträgt 10 schillinge. ***März 8.***

Aus Strassb. Hosp. A. lad. Orph. XXXIV fasc. 12. or. mb. c. 2 sig pend.

Schenkung. **1004**. C. j. c. A. Ebelinus de Talheim, lanifex Arg., et Katherina ejus uxor in remedium animarum suarum donacione inter vivos donaverunt fabrice eccl. Arg. omnia bona sua, mobilia et inmobilia et specialiter unam domum, sitam in c. A. in vico dicto Leymengasse juxta domum dicti zům Brunken e. u. et e. p. a. juxta dictam die flache Gerdrut, et 1 agrum viniferum in banno ville Talheim, situm ex uno latere juxta quendam de Brůmat et ex alio juxta Erlewinum de Talheim, sub hiis condicionibus, quod quilibet dictorum conjugum de dictis bonis ad valorem 2 lib. den. Arg. legare posset, sic eciam, si ipsos conjuges insimul liberos procreare contigerit, quod tunc donacio penitus sit extincta. A. 1. (in Johannem de Ehenheim presbyterum, procuratorem dicte fabrice). actum 10 kalendas aprilis, a. d. 1323. ***März 23.***

Aus Strassb. Frauenh. A. Saalbuch 3 fol. 79b. cop. chart. s. XIV.

Präbendenstiftung. **1005**. C. j. c. A. Luscha, relicta Berhtoldi dicti zům Riet an deme Můlesteine civis Arg., et Johannes miles, filius suus, in remedium animarum suarum dictique quondam Berhtoldi bona infrascripta «ad prebendam sacerdotalem perpetuam instituendam in cappella construenda in ambitu ecclesie Arg. penes cappellam sancti Andree apostoli ex una et ex alia juxta scolas scolarium, si ibidem commode fieri poterit, sin autem alias in ipsa ecclesia Argentinensi, ubi commode fieri potest,» necnon census et redditus subscriptos donant donatione inter vivos sub hac conditione, quod dicta prebenda, quotiens ipsam vacare contigerit, actu sacerdoti pauperi et laudabilis vite et bone conversationis conferatur, qui omni die unam missam celebrare debebit et annuatim in anniversario dicti Berhtoldi 1 lib. den. Arg. de censibus subscriptis in choro inter vicarios distribuere et donare tenetur, quam prebendam donatores ex nunc Rûdolfo dicto Grimolt de Sando presb. Arg. conferunt. A. 1. (in eundem vice sua et suorum successorum). bona sita sunt in banno ville Illenkirchen et domus cum edificiis, sita in c. A. in vico sancte Crucis juxta dictos donatores e. u. et e. p. a. juxta Heinricum dictum Ôbesselin, ac jus ipsis conpetens in area dicte domus, de qua 5 sol. et 4 den. donantur nomine census Walthero dicto Hentwingen et ejus uxori, quos census dabit cappellanus dicti altaris. datum 6 idus aprilis, a. d. 1323[1]. *1323 April 8.*

Aus Strassb. Stadt A. G. U. P. lad. 181 nr. 19. or. mb. c. sig pend. Daran Transfix v. 1331 Juli 30, ein zweites von 1323 September 24 abgefallen.

1006. C. j. c. A. Gertrudis dicta Jûngin, uxor Egenolfi de Landesperg militis Arg., in hujus presentia confitetur, se ante sex proxime retroactos annos ante matrimonium cum ipso contractum locasse Cûntzelino, filio quondam Dietheri dicti Schûtze, sutoris Arg., in emphiteosim aream, sitam in c. A. an der mûnssen juxta aliam aream Gertrudis e. u. p. et e. a. juxta heredes quondam Johannis dicti Rotenburg Arg., pro annuo censu 2 lib. den. Arg. et 2 caponum; quam locationem Gertrudis per consensum mariti sui approbat. E. 1. V. hoc quoque intervenit, quod conductores aream etc. ita conservare debeant, ut locatrix certa sit de censu. actum 3 kalendas maji, a. d. 1323. hujus instrumenti 2 sunt. *April 29.* *Erbleihe.*

Aus Strassb. Stadt A. G. U. Pf. lad. 37. vidim. mb. c. sig. pend. 1376 Juni 30 ausgest. vom jud. cur. Arg.

1007. C. j. c. A. Fritschemannus de Duntzenheim, miles Arg., vendidit Petro dicto Swarber, civi Arg., pro 60 lib. den. Arg. redditus annuos 3 lib. den. Arg. super areis suis, sitis in c. A., una videlicet in dem fronehove inter domum relicte Ebelini dicti Gerner et suorum liberorum et domum Conradi dicti Kûbeler, alia vero area retro eandem aream sita inmediate inter eandem relictam dicti Ebelini et domum Conradi dicti Mener tendentem retro in vicum dictum Kurdewangasse, cum omni eo jure, quo dictus venditor areas et redditus hucusque tenuit, salvo tamen jure emphiteotico personis, que easdem areas detinent (daz den hovesessen behalten si ir erbereht an den selben hovestetten). A. 3. adjectum est, quod si ipse venditor infra spacium 3 annorum emptori assignaverit 60 lib. den. Arg., quod extunc emptor eosdem redditus venditori revendat. actum 2 nonas maji, a. d. 1323[2]. *Mai 6.* *Pfandbrief.*

Aus Strassb. Hosp. A. lad. 173 fasc. 10. or. mb. c. sig. pend.

1008. C. j. c. A. Johannes dictus de Geispoltzheim, carpentarius Arg., et Agnes, ejus uxor, vendiderunt Volmaro dicto Crophe civi Arg. tres domos nuncupatas des zimbermannes hûser, sitas Argentine in vico dicto Leimengasse in curia dicta dez Kruchenhof, et jus in areis ipsarum, ita quod non plus census nomine debeatur preter quam census 1 lib. den. Arg. Syfrido dicto Merswin civi Arg., domino directo dictarum arearum (dicto Syfrido expresse consentiente), pro 5 lib. et 5 sol. A. 1. actum 8 kalendas junii, a. d. 1323. hujus instrumenti sunt 2[3]. *Mai 25.* *Verkauf.*

Aus Strassb. Hosp. A. lad. Hôp. XLVIII fasc. 10. or. mb. c. sig. pend.

---

[1] Luscha et Grimoldus (nomine altaris in antiquo capitulo ambitus ecclesie Arg. dedicandi b. Martino episcopo) et Gerdrudis dicta Jûngin civ. Arg. patrona ac Johannes dictus Schultheisse presbyter Arg. capellanus altaris b. Pantaleonis in eccl. parrochiali b Nicolai trans Brûscam dividunt bona in Illenkirchen ad dicta altaria spectantia. datum 8 kalendas octobris, a. d. 1323 *Sept. 24. Or. ebendaselbst. Früher Transfix an der Urkunde im Text.* [2] *Nach einer Dorsualnotiz hiess das Haus* «zû hern Lembelin». [3] *Vgl. nr. 692.*

Schenkung. Beginenhausstatuten.

1009. C. j. c. A. Metza, relicta Cûnradi dicti Schidelin civ. Arg., in remedium anime sue domui dicte der Schidelerin gotzhus, in c. A. retro lobium pellificum site ex opposito estuarii ibidem, redditus annuos 30 sol. den. Arg. de redditibus 2 lib. et 10 sol., quos Bilgerinus, cerdo Arg., et Katherina, ejus uxor, Cûnrado dicto Schidelin et Metze, relicte ipsius, predictis super domo et area, sitis in c. A. in der mûlgassen inter pontes juxta domum dictam der hus von Offenburg c. u. et e. p. a. juxta domum Rôlini cerdonis et tendunt retro in vicum dictum daz Glantzhofsgasze, vendiderunt, legavit seu causa mortis donavit pro lignis et luminibus inibi conburendis, sub his condicionibus, quod, quotiens una de sororibus dictam domum inhabitantibus decedere contigerit, totiens loco sui Heinricus[a] dictus Fürstelin, capellanus altaris bb. Jacobi et Martini[b] in ecclesia Arg. (fundati per quondam Cûnradum et Metzam predictos), quamdiu vixerit, seu alia persona ab ipso Heinrico deputata liberam habeat facultatem aliam recipiendi, sic etiam, si qua ex predictis sororibus talis esset aut efficeretur, quod majori et saniori parti reliquarum sororum ejus vita et conversatio non placeret vel propter infamiam incontinentie aut alias propter malam famam qualemcunque, ut si forte nimis garrula rixas et controversias inter ceteras sorores seminaret ac similia committeret, illa ad requisitionem majoris et sanioris partis per Heinricum et ejus substitutum separetur a dicta domo et alia loco sui recipi debebit. ad[c] hec coram judice curie Argentinensis Fridericus, abbas monasterii Novi castri Cystertiensis ordinis Arg. diocesis, voluntatem suam prescripto legato adhibuit. datum 3 kalendas julii, a. d. 1323. ***1323 Juni 29.***

Aus Strassb. Hosp. A. lad. Hôp. XLI fasc. 63. or. mb. c. sig. pend. Daran Transfix von 1337.

Verkauf.

1010. C. j. c. A. Sophia et Phyna, filie quondam Johannis dicti Menselin civis Arg. adulte, per consensum Dietrici dicti Rihter armigeri Arg. curatoris sui vendiderunt Junte de Zabernia sorori quondam Petri plebani in Dabichenstein agros in banno ville Arnoltzheim sitos et redditus 5 sol. den. Arg. super area ibidem sita et dimidiam vecturam «einen halben engir vulgariter nuncupatam de illa villa in civitatem Arg. singulis annis vehendam» pro precio 37 lib. et 10 sol. den. Arg. item Heinricus dictus Rappe, famulus Johannis Arg. episcopi, vendidit eidem emptrici redditus (3 octales siliginis, quos Heinricus dictus de Vessenheim cerdo Arg. et Katherina ejus uxor super agris quibusdam etc. vendiderunt Heinrico dicto Rappe) pro precio 10 lib. et 10 sol. den. datum 6 et 4 nonas julii, 1323. ***Juli 2 und 4.***

Aus Karlsruh. Gen. Landes A. Extradenda. or. mb. c. sig. pend.

Schenkung.

1011. C. j. c. A. Katherina, filia quondam Alberti dicti Kerne de Westhoven, Arg. commorans, in remedium anime sue, parentum et progenitorum suorum legavit et causa mortis donavit fratribus predicatoribus domum et aream nuncupatas zûm Steinhove, sitas in c. A. juxta dictam de Utenheim c. u. p. et e. a. juxta dictam Sigebrehtin de Mollesheim und lit geger der barfûszen tor über bi dem überhange, sub hac condicione, videlicet quod redditus 2 lib. den. Arg. super dicta domo inalienate apud fratres predicatores remanere debeant et quod
Juni 19. ipsi fratres die bb. Gervasii et Prothasii martirum anniversarium ipsius locatricis et quondam
September 28. fratris Johannis de ordine fratrum predicatorum, fratris sui carnalis, item vigilia b. Michahelis archangeli anniversarium quondam Alberti patris et quondam Salgûndis matris ipsius legatricis cum vigiliis et missa peragant, et quod in quolibet 1 lib. den. Arg. cedere debeat fratribus ad mensam pro pictancia. quod si fieri neglectum est, redditus cedunt ad domum

a) *Der Name des* Heinricus *ist in der Urkunde regelmässig von derselben Hand später nachgetragen.* b) *Der Name:* bb. Jacobi et Martini *ist ebenso in der Urkunde jedesmal nachgetragen.* c) *Von hier ab der Schluss mit anderer Dinte geschrieben.*

ordinis s. Johannis Ierosolymitani in Doroltzheim. actum 14 kalendas augusti, a. d. 1323. hujus instrumenti 2 sunt [1]. *1323 Juli 19.*

Aus Strassb. Hosp. A lad. 62 fasc. 19. or. mb. c. sig. pend.

1012. C. j. c. A. Otto dictus Nusbôm civis Arg. et Hedewigis, ejus uxor, domum suam, in c. A. vor Rintbürgetor juxta domum Heinrici de Mülnheim et domum Nicolai dicti de Brûmat institoris Arg. sitam, in remedium suarum et Anshelmi patris, Junthe matris, Heilewigis et Rûdigeri dicti Nusbôm, contheriuorum Ottonis, et quondam Rûlini dicti Ripelin militis, filii Heilewigis, animarum donant abbatisse et conventui monasterii s. Clare uf dem werde e. m. A. donatione inter vivos, his condicionibus, quod 12 mulieres paupercule vite laudabilis illam domum inhabitent, quarum quotiens una cesserit, totiens superstites infra quindenam proximam aliam debeant eligere et recipere; que si concordare nequiverint, gardianus fratrum minorum domus Arg. aut visitator fratrum et sororum de penitentia s. Francisci per eundem gardianum in visitationis officio institutus in locum cedentis sororis aliam eligat. si qua vero ex sororibus propter mores majori parti reliquarum non placeret, ad requisitionem partis majoris per gardianum et visitatores predictos separetur ab reliquarum consorcio et alia recipiatur, sicut predicitur. debent sorores eorundem gardiani et visitatoris correctione et regimine gubernari et eisdem obedire. A. 1. (in fratrem Gerhardum conversum dicti monasterii). comparente coram judice Cûnrado dicto Rihter Arg. collectore censuum portarie ecclesie Arg. et nomine portarie consentiente salvis portarie juribus. promittunt donatores se donationem firmam habituros esse et renunciant excepcionibus. actum 2 nonas augusti, a. d. 1323 [1]. *August 4.* *Beginenhausstiftung.*

Aus Strassb. Stadt A. V. D. G. lad. 51. or. mb. c. sig. pend.

1013. C. j. c. A. Johannes dictus Schaffener, magister hospitalis pauperum Arg. antiquioris, suo et fratrum sanorum nomine, frater Heinricus de Honburg, procurator infirmorum, eorundem nomine de consensu Heinrici dicti Wêtzel et Cûnradi dicti Ripelin, militum Arg., gubernatorum dicti hospitalis, vendiderunt Gôsselino dicto Schôp, mil. Arg., annuos census seu redditus 14 unc. den. Arg. et 1 caponis super domo et area, sitis in c. A. inter pontes juxta domum dictam zûm fuhsse c. u. et e. a. p. juxta pistrinum Johannis de Dankratzheim uf der zollebrucke (die hovesezzen sûllent 6 pfenninge geben vûr den cappen) pro 20 lib. den. Arg. A. 2. actum 3 nonas septembres, a. d. 1323. *September 3.* *Verkauf.*

Aus Strassb. Thom. A. lad. Kaufbriefe 5. or. mb. c. sig. pend.

1014. *Schultheiss und Vogt, letzterer vertreten durch seinen Vater, verkaufen von Gerichts wegen ein Haus.* *September 3.* *Gerichtlicher Verkauf.*

Wir Claus Zorn der schultheisze zû Strasburg, Eberlin von Mülnheim voget mines sünes Reibôldelins [a], der voget zû Strasburg ist, dez voget ich bin, tûnt kunt allen den, die disen brief sehent oder hôrent lesen, das her Johans Zorn, ein tûmherre in der stift zû sant Thoman zû Strasburg, mit gerihte und mit rehter urteil vor uns erkobert hat und us gewartet, alse reht ist, uf pfaf Bilgerins und siner erben hus und hovestat, daz do gelegen ist in der stat zû Strasburg zû dem alten sant Peter eineit an dem kirchove [b] und stosset hinden an dez lütpriesters hof und andersite an Johannese Schutterer; diz selbe hus han wir veil gebotten von dez gerihtes wegen dem hovcherren unde menigelich, alse reht ist, und het uns ôch daz an ir erkobert mit gerihte und mit urteil, daz wir daz hus unde hovestat und waz der selbe

a) *B:* Reiboldelins. b) *B wiederholt:* zû dem alten sant Peter.

1 *Vgl. nr. 653.* 2 *Vgl. Alsatia 1858-61 S. 184.*

Bilgerin oder sin erben an dem huse oder hovestat bettent fürköffen süllent unde dem schuldenern gelten, und hant es ze köffende geben von dez gerihtes wegen mit allem dem rehte, daz sü dran hettent, hern Johannese Zorn dem vorgenanten umbe drützehendehalp pfunt Strazburger pfenninge, unde wolte öch nieman me drumbe gen. unde hant den schuldeneren mit vergolten. unde dez zü einem urkünde so han wir Clawes Zorn der vorgenante schultheisze unser ingesigele gehenket an disen brief unde ich Eberlin der vorgenante von Mülnheim, wande ich voget bin mins sünes dez vorgenanten Reimbökdelins, der voget zü Strasburg ist, so han ich min ingesigel von mines sünes wegen, wenne er under sin tagen ist, zü dez schultheiszen ingesigele gehencket zü eime urkünde an disen brief unde verbinde mich für in, wez do vorgeschriben stat. diz geschach an dem samstage vor unser fröwen tage der iüngern in dem iare, do men zalte von gottes gebürte druzehen hundert iar unde drü und zwentzig iar [1].

A aus Strassb. Thom. A. lad. Registrande C fol. 67^b. cop. mb. s. XIV.
B ebendaselbst Registrande A fol. 105^b und 106. cop. s. XV.

Reginenhausstiftung. 1015. C. j. c. A. Gösselinus dictus Schöp miles Arg. et Gertrudis ejus uxor in remedium animarum suarum, parentum et progenitorum suorum donacione inter vivos donaverunt Engele de Reinicheim commoranti in curia donata subscripta et aliis mulieribus pauperibus seu sororibus ibidem commorantibus ipsam curiam cum domo et orto, nuncupatam des Stampfes hof [2], sitam in c. A. juxta Heinricum dictum Wetzel militem e. u. et e. p. a. juxta dictum Priol, ita quod dicta curia sit domus dicte congregationis, in vulgari ein gotzhus et quod 20 pauperes mulieres eam inhabitent, quarum una sit magistra (nunc ad id a donatoribus predicta Engela deputatur). magistra a sororibus elegetur, magistre officium erit in locum decedentis sororis aliam substituere et, si qua vitam duceret contrariam honestati, eam amovere. item donaverunt sororibus dicte domus pro lignis et luminibus annuos redditus 2 lib. den. Arg. et 1 caponis (loco caponis 6 den. Arg. annuatim solvuntur) super domo et area, sitis in c. A. zwischent brucken juxta domum dictam züm fuhsse [3] e. u. et e. p. a. juxta pistrinum Johannis uf der zolbrucken. A. 1. actum 18 kalendas octobres, a. d. 1323. hujus instrumenti 2 sunt paria [4]. ***1323 September 14.***

Aus Strassb. Thom. A. lad. Begin. 12. 2 or. mb. c. sig. pend. Am Rande fast gleichzeitige Notiz: «nota quod defunctis donatoribus unum par hujus instrumenti remaneat apud sorores s. Clare intra muros civitatis Argentine.»

Lehnssachen. 1016. Otteman Pfluger, ein bürger von Strassburg, erklärt für sich und seine lehenserben dem landgrafen Ulrich von Elsasze für 40 pfund das «haber gelt uffe den frigen hoven zü Vendenhein und von dem vihe, daz uszer dem selben dorffe uffe unsere weide gat,» das er von ihm zu lehen hat, zurückgeben zu wollen. Otteman, Sifrit und Rüdolf gebrüder von Vegersheim ritter hängen ihre siegel auf bitten Ottemans an. «fritage nach sante Mauricien tage, 1323.» ***September 23.***

Aus Strassb. Bez. A. G 881 (1301). or. mb. c. 3 sig. pend. delaps.

Schenkung. 1017. C. j. c. A. Margarehta relicta Nycolai dicti Lappe militis Arg. sui ipsius nomine, Nycolaus dictus Lappe miles Arg., filius ejus, curator Anne et Ellekindis, liberorum quondam Symundi dicti Körner Arg. adhuc minorum, nomine curatorio eorundem, Agnes filia prefati quondam Symundi sui ipsius nomine per consensum Hermanni armigeri mariti sui, nati

---

[1] *Das Kapitel von s. Thomas macht bekannt, dass das einst ihrem verstorbenen Kantor Johannes Zorn gehörige Haus jetzt zur Hälfte an s. Thomas zur Hälfte an Alt s. Peter gefallen sei. 1325 Mai 7. Abschrift ebendaselbst. Registr. C fol. 67^b.* [2] *Vgl. Str. G. u. HN. S. 176.* [3] *Vgl. Str. G. u. HN. S. 191.* [4] *Vgl. Alsatia 1858-61 S. 167.*

Reinboldi dicti Hùffelin militis Arg., de consensu Ellekindis, matris ejusdem Agnetis, item Burkardus natus quondam Anne sororis ipsius Margarete sui ipsius nomine per consensum prefati Reinboldi Hùffelin curatoris sui, item idem Reinboldus curator Else minoris filie quondam Johannis fratris dicti Burer nomine curatorio dicte Else de consensu Lise dicte Pùllerin, matris ipsius Else, in remedium animarum suarum, parentum et progenitorum suorum et specialiter quondam Richwini dicti Kôrner et quondam Anne uxoris sue, parentum dicte Margarete, donatione inter vivos donaverunt priori et conventui fratrum predicatorum domus Arg. redditus subscriptos, ita quod anniversaria Richwini et Anne quotannis peragantur et redditus inalienati apud fratres predictos remaneant. si ipsi fratres secus facerent, quam est premissum, tunc redditus cedunt fabrice ecclesie Arg. A. 1. (in fratrem Hugonem de Achenheim de dicto ordine). specificatio reddituum est hec: 30 sol. den. Arg., quos dicta Wisin solvit de domo et area, sitis in c. A. in Brantgasze juxta Hetzelonem Marci und ist daz orthus oben an der gassen [1]; 1 lib. den. Arg., quos Fridericus de Rynowe solvit de domo et area, sitis juxta muros Argentinenses in dem brûch heissent zû dem von Mutziche juxta Löselinum Argentinensem e. u. p. et e. a. juxta Heinricum de Missenheim [2]; 14 sol. den. Arg. et 2 den., quos dat dicta Symundi de domo et area in c. A. in Bieckergasze juxta dictam Wishrötelerin viduam e. u. et e. à. juxta Burckardum dictum Erbe Arg. datum 8 idus octobres, a. d. 1323.

1323 Oktober 8.

Aus Strassb. Hosp. A. Prot. Prédic. 107 (Copialb. s. XIV) fol. 83. cop. mb.

1018. *Der König giebt dem Walther von Landsberg Anteil an der Steuer von Mühlhausen. Donauwörth.* *Lehnsbrief.*

Oktober 12.

Item dominus rex [Ludovicus] dedit Waltero de Lantsperch super steura in Mulhausen triginta marcas argenti pro spadone. item dedit eidem super eadem steura tantum, quantum scultetus in Hagenaw recipit de officio sculletatus in Hagenaw per istum annum, et hoc predictus de Landsperch percipiet de primis usibus regi debentibus de predicta steura in Mulhausen. datum in Werden, feria quarta ante Galli, anno domini 1323, regni vero nostri anno 9.

Aus Oefele scriptores rer. boic. I, 744 nach dem Kanzleiregest im tomus privilegiorum nr. 25 (Regestenband der Kanzlei Ludwigs) im allg. Reichsarchiv in München fol. 104 a. Böhmer, Reg. Lud. 640.

1019. C. j. c. A. Burkardus armiger, natus quondam Burkardi dicti Erbe militis Arg., per manum Reinboldi dicti Hùffelin militis Arg., ejus patrui et tutoris presentis, vendidit Petro dicto Swarber civi Arg. duas areas contigue junctas, sitas in c. A. e. u. prope domum dictam zûm dorhuse et e. p. a. prope domum fabrice eccl. Arg. tendentes retro ad domum dictam zûm affen [3], p. p. e. l., non dotatam et alias non alienatam modo quovis, ut venditor asseruit corporaliter prestito sacramento, pro 110 lib. den. Arg. A. 1. actum 13 kalendas novembres, a. d. 1323 [4]. *Verkauf.*

Oktober 20.

Aus Strassb. Frauenh. A. Saalbuch 3 fol. 48 a. cop. s. XIV exeunt.

1020. *König Ludwig verpfändet an Johann von Mülneck das Dorf Mommenheim. Donauwörth.* *Pfandbrief.*

Oktober 25.

Nota quod dominus rex [Ludovicus] obligavit strenuo viro Joanni de Mulneck militi villam in Mummenheim cum suis pertinenciis pro 80 marcis argenti pro dampnis in servitiis apud ipsum receptis, eandem villam per ipsum Joannem et suos heredes tenendam et possidendam

---

[1] *Vgl. nr. 329.* [2] *Vgl. nr. 932.* [3] *Vgl. Str. G. u. HN. S. 112.* [4] *Nach der Ueberschrift lagen die Häuser:* «am dorhuse uydewendig der metzigen bi den fleischbenken, do men das pfynnig fleisch uffe howet *u. s. w.*» *manus sec. XV:* «sint yetz genant zûm Spanbet.» *Vgl. nr. 213.*

quousque per dictum dominum regem vel suos successores in imperio ab ipsis pro predicta pecunia redimatur. datum apud Werdeam, 8 kalendas novembres, anno domini 1323, regni vero nostri anno nono[1].

Aus Oefele script. rer. boic. I, 744 nach dem tomus privilegiorum nr. 25 (Regestenband der Kanzlei Ludwigs) im allg. Reichsarchiv in München fol. 103 b. Kanzlei-Regest. Böhmer, Reg. Lud. 648.

Verkauf.

1021. C. j. c. A. Johans dictus de Sarbrucke de Arg. et Katherina, ejus uxor, manibus coadunatis vendiderunt redditus annuos 1 lib. den. Arg. de redditibus 2 lib. emptis per eundem Johannem a domina Katharina de Hadestat, relicta Berhtoldi dicti Murnhart, militis Arg., super uno orto dicto der Rynwert sito in Rûprehtzowe, Heinrico dicto Kempfe cupario Arg. pro 8 lib. den. Arg. actum 6 kalendas novembres, a. d. 1323. ***1323 Oktober 27.***

Aus Strassb. Frauenh. A. Saalbuch 3 fol. 111 b. cop. chart. s. XIV.

Verkaufs-versprechen.

1022. Johannes ein ritter von Strassburg herrn Johannses seligen sohn von Mûlnheim erklärt, dass der ihm gehörende zins von 6 pfund auf der bette zu Brûmach eingehe, falls der landgraf Ulrich landvogt zu Elsass oder seine erben ihm 30 mark silber zahlen. an s. Stephanstag in den Weihnachten, 1323. ***Dezember 26.***

Aus Darmstadt Staats. A. Fonds Hanau-Lichtenberg nr. 178. or. mb. c. sig. pend.

Erbschafts-vertrag.

1023. C. j. c. A. Waltherus, canonicus ecclesie s. Petri Arg., idemque filius Heinrici dicti de Mulnheim civ. Arg., promittit per juramentum corporaliter prestitum, quod patrem suum, sive sit sanus corpore vel eger, in omnibus bonis suis nullo modo voluerit inquietare. patri licet ob honorem dei donare quidquid voluerit. sed jus hereditatis curie, quam inhabitat dictus pater[2], site in parrochia s. Petri junioris Arg., cum 2 domibus retro jacentibus tendentibus in vicum dictum dez Hôyersgasze, ejusdem Waltheri fratribus Johanni et Burcardo militibus necnon Johanni et Heintzelino armigeris pro 700 marcis argenti remaneat, ita tamen quod fratres Walthero pro porcione sua 100 marcas dare teneantur, qui omni juri hereditatis, quoad premissa renuntiat. item jus patronatus ecclesie in Minrewilre Basiliensis dioc. et aliarum ecclesiarum ad fratres laicos predictos debet pertinere. pecunia, vestes, dextrarii, palefredi, cleinodia et res alie mobiles per dictum patrem fratribus Waltheri predictis vel uxoribus eorum donate apud eosdem debent remanere, item sumptus circa ipsos facti per patrem. si ipsum Waltherum laicari contigerit obtenta super hoc sanctissimi pontificis licentia, tunc eidem Walthero non obstante juramento predicto «salvum est jus succedendi cum ejus fratribus predictis, in feodio, jure patronatus ecclesiarum seu cappellarum quarumcunque ac aliis bonis quibuscunque.» actum 4 kalendas januarii, a. d. 1324. hujus instrumenti sunt 2. ***Dezember 29.***

Aus Strassb. Bez. A. G 6211 (6238). 1. or. mb. c. sig. pend.

Präbenden-verlegung.

1024. Decanus et capitulum ecclesie Arg. cognoscentes, quod propter paucitatem sacerdotium publicum altare officiantium in ecclesia Arg. divinus cultus in eo plerumque defectum sustineat, de consensu episcopi Johannis ordinant, quod prebenda sacerdotalis ordinata in ecclesia predicta per quondam Fridericum de Richemberg decanum ejusdem ecclesie ad dictum altare transferatur. ***ca. 1323-24.***

Aus Strassb. Bez. A. G 2951. Concept auf Pergament ohne Datum. Auf der Rückseite Concept einer andern auf denselben Gegenstand bezüglichen Urkunde, grossen Teils unlesbar, mit Datum: «actum et datum apud ecclesiam Arg. predictam in die undecim milium virginum, anno domini 1323.» *1323 Oktober 21.*

---

[1] *Auf denselben Gegenstand bezieht sich auch folgendes, ungenau datirtes Kanzlei-Regest aus derselben Quelle fol. 99 a, bei Oefele I, 742:* «Item dominus rex permisit Johanni militi de Mulndeck, videre litteras suas super villa in Mummenheim. anno ut supra.» *Die vorhergehende Urkunde datirt von 1322 November 26, jedoch ist die Anordnung der Urkunden in dem Regestenband nicht streng chronologisch. Statt* permisit *ist wohl* promisit *zu lesen. Böhmer, Reg. Lud. 491.* [2] *Vgl. nr. 979.*

1025. C. j. c. A. Heinricus dictus Baldes, civis Arg., et Lúcgardis, ejus uxor, sponte et non coacti confessi fuerunt in presentia Gósselini dicti Schôp, Cûnradi dicti Riplin, militum Arg., gubernatorum, et Johannis de Ebenheim presbyteri, procuratoris fabrice eccl. Arg., quod profatus Heinricus et quondam Metza, prior ipsius uxor, donatione inter vivos penitus omnia bona mobilia et inmobilia, que ipsi Heinricus et Metza habuerunt aut perpetuis temporibus conquirerent, dicte fabrice donaverint effecectualiter, quod vulgo dicitur, daz es dran habende were, usufructu tamen ipsis, quoad unus eorum vixerit, retento. et quia prefatus Heinricus ad secundas nuptias convolavit, quod vulgo dicitur, daz er sich verandert het, ob hoc, ut nulla dissensio seu actio imposterum inter ipsos Heinricum et Lúcgardim aut eorum successores ac ipsam fabricam oriretur, taliter conventum est, quod post obitum ipsius Heinrici absque qualibet contradictione ad fabricam predictam redire debent unum pistrinum situm in c. A. in Spittalgasse juxta dictum Sicken e. u. et e. p. a. juxta liberos quondam Eberhardi dicti Sicke, et redditus annui 8 lib. den. Arg., quos Heinricus habet super areis et domibus, in dicta civitate ante monasterium beate Marie sitis de domo dicta zû dem valken usque ad domum quondam Metze dicte Schidelerin, item agri in bannis villarum Irpfsteten et Scharroch-Bergheim et item redditus annui, quos habet Heinricus ad tempus vite de dicta fabrica; quodque prefatus Heinricus predicte Lúcgardi in donationem propter nuptias seu in dotem donare possit 1 domum in der alten Kurdewangassen sitam juxta dictum Zûrne illuminatorem e. u. et e. p. a. juxta Dietherum dictum Schûtze sutorem et redditus annuos 1 lib. den. Arg., super domo dicta zûm Stampfe retro s. Martinum sita apud vicum dictum die nider Brûgegasse e. u. et e. p. a. juxta pergamentarium, ac unum ortum bi der Schôpfen situm juxta Hetzelonem dictum Markes e. u. et e. p. a. juxta domum dictam zûm schriber, sub tali conditione, quod dicta Lucgardis ad tempus vite ipsius tantum eisdem bonis prescriptis utifrui debeat jure donationis propter nuptias sive dotis, qua de medio sublata quod tunc eadem bona absque contradictione qualibet plene redire debeant ad fabricam sepedictam; hoc tamen adjecto, si dictam Lucgardim ex Heinrico liberos (dictos vulgariter libes erben) contigerit procreare, quod tunc post obitum Lúcgardis liberi dictis bonis dotalibus utifrui debeant et liberi eorundem liberorum (der kint unde kindes kind iemerme), quousque heres nullus ultra restat, quod vulgo dicitur: «untz an die stunt, daz kein libes erbe me da ist». tunc eadem bona dotalia cedere debent in toto dicte fabrice. conventum etiam inter partes extitit antedictas, quod post obitum dicti Heinrici 30 lib. den. Arg. pretextu bonorum mobilium, que Heinricus nunc habet, dicta fabrica debeat recipere; residua vero bona manebunt apud Lúcgardim. fuit etiam adjectum, si dicta Lúcgardis predecesserit prefatum Heinricum liberis legittimis ab ipsis communiter non procreatis, quod tunc omnia bona ipsius Heinrici mobilia et immobilia cedere debeant fabrice prenotate. sigillum curie Arg. est appensum. actum nonas januarii, a. d. 1324. hujus instrumenti duo sunt[1]. *Schenkungs-abänderung.*

1324 Januar 5.

Aus Strassb. Frauenh. A. lad. 49 nr. 80. or. mb. c. sig. pend. delaps.

1026. C. j. c. A. domina Katherina, relicta Wernheri dicti Hentwic senioris militis Arg., in ipsius, dicti quondam mariti sui, Wernheri et Johannis militum, liberorum suorum, animarum remedium legavit priori et conventui fratrum predicatorum domus Arg., redditus *Schenkung. Messfundation.*

---

[1] *In der Urkde 1325 Januar 24 vermacht er aber wiederum alle seine Güter, bewegliche und unbewegliche (das Haus in der alten Kurdewangasse, die Einkünfte aus dem Hause zum Stampfe, den Garten bei der Schûpfen, das Backhaus* (pistrinum) *in der Spittalgasse, die Einkünfte aus den Häusern beim Münster, die Aecker in Irpfsteten und Bergheim u. s. w.) der Fabrik des Münsters mit Vorbehalt des Nutzungsrechtes für Zeit seines Lebens. Er überträgt alles Recht auf den Schaffner, Johannes von Ehenheim. Lûcgardis verspricht durch einen körperlichen Eid diese Schenkung zu halten. Or. daselbst nr. 81. Vgl. ferner die nr. 617 und 850.*

annuos 9 lib. den. Arg. super domo dicta zûm Crebesse et de area ejusdem, in c. A. an der obern strassen sitis juxta domum quondam Reinboldi dicti Vôlsche civis Arg. e. u. et e. a. p. juxta domum Reinboldi Reinbôldelin, militum Arg.; redditus non debent alienari. omni die perpetuis temporibus post obitum dicte domine in ecclesia dicte domus pro salute animarum predictarum missa dici debet specialis a fratre ejusdem conventus, quem septimanatim prior dicte domus ad hoc deputare debet. anniversaria legatricis, ejus mariti (die Vitalis), Wernheri (vigilia Luce ewangeliste), Johannis (die Remigii) cum missis et vigiliis peragi debent. in quolibet anniversario Katherine et Wernheri 1 lib., Wernheri et Johannis 10 sol. cedere debent pro pietancia. residui redditus 6 lib. cedere debent ad usus necessarios et communes. omnia in presenti instrumento contenta in capitulo fratrum dicte domus ante quodlibet 4 anniversariorum per priorem publicari debent. si fratres secus facerent, quam est predictum, dicti redditus cedunt ad dominum thesaurarium ecclesie Arg. post mensem, ita tamen quod ipse immediate de eisdem redditibus perpetuo missam dici procuret et prebendam sacerdotalem in ecclesia Arg. instituat. quod si dictus thesaurarius distulerit per quartam partem anni, tunc potestas conferendi prebendam cedere debet ad dominum decanum dicte ecclesie. prior et conventus se obligant ad premissa. sigilla curie Arg., prioris et conventus dicte domus sunt appensa. datum 17 kalendas februarii, a. d. 1324. hujus instrumenti sunt 2[1].

April 28. Oktober 17. Oktober 1.

1324 Januar 10.

Aus Strassb. Hosp. A. Prot. Prédic. 107 (Copialb. s. XIV) fol. 35b. cop. mb.

Praebendenstiftung.

1087. C. j. c. A. Margareta, filia quondam Cûnradi villici de Barre, et Elsa dicta Smidin de Geispoltzheim residentes Argentine fundant prebendam sacerdotalem in ecclesia s. Petri junioris Arg. jus collationis est apud decanum. actum 17 kalendas februarii, a. d. 1324.

Januar 16.

Aus Strassb. Bez. A. G 4714 (5086). or. mb. c. sig. pend.

Schenkung.

1088. C. j. c. A. domina Anna dicta de Schiltingheim, Phina et Junta domicelle, filie quondam Jacobi dicti de Barre senioris civ. Arg., recognoverunt in presencia Johannis de Ehenheim presbyteri, procuratoris fabrice ecclesie Arg., eundem ipsarum patrem in remedium anime sue donasse predicte fabrice redditus annuos 3 lib. den. Arg. super fornace sive furno dicto ein ziegel ofen, sito apud civitatem Argentinam prope domum quondam dicti Stebelin; ideirco quelibet ipsarum trium personarum pro sua porcione: Junta videlicet redditus annuos 1 lib. den. Arg. super dimidia parte pro indiviso domus et aree site in c. A. an dem Saltzhove (et est domus angularis versus Bûhenecke, quarum residua dimidia pars pertinet ad monasterium s. Agnetis), domina Anna quoque redditus 1 lib. super dimidia parte pro indiviso unius aree, super qua residet quidam pictor de Austria in c. A., in vico dicto Sporergasze site juxta aliam aream prefate Anne e. u. et e. p. a. juxta aream dicte Junte, super qua residet Rûlinus sellator, Phina vero prescripta redditus annuos 1 lib. den. Arg. super domo dicta Merissat et ejus area, sitis juxta domum Burkardi dicti Richart e. u. et e. p. a. juxta Juntam sepefatam, donacione inter vivos in reconpensam dictorum reddituum donant fabrice memorate, prefato procuratore ipsius presente. A. 1. actum 14 kalendas februarii, a. d. 1324[2].

Januar 19.

Aus Strassb. Frauenh. A. Saalbuch 3 fol. 35a. cop. s. XIV.

Befehl zur Räumung einer Burg.

1089. Lupolt, herzog zu Oesterreich und Steyer, heisst in seinem und seiner brûder namen: «den erbarn man, Heinrichen von Mulnheim, einen burger zu Strassburg, unsern wirt», die burg zu Richemberg und die stadt Bergheim mit allen rechten übergeben an

---

[1] *Vgl. nr. 117, 119, 134, 480, 619 und 865.* [2] *Nach der Ueberschrift war das Haus am Salzhof ein Eckhaus, das* Merissat *genannte lag* under kürsener.

Heinrich den Waffeler von Eckerich. «an mentage vor unser frouwen tag der lichtmesze, 1324[1].» *1324 Januar 30.*

Aus Strassb. Bez. A. G 1359 (1777) nr. b fol. 8. cop. chart. s. XVI-XVII mit schlechter Orthographie.

1080. *Das Kloster der Reuerinnen verpflichtet sich den Graben hinter dem Kloster nicht zu verbauen.* *Februar 7.*

Vertrag über baupolizeiliche Rechte.

Wir Metze von Steinhofen priorin und der convente des closters zû den ruwerin, daz da gelegen ist vor der stette ringmuren zû Strazburg, veriehent vür uns und alle unsere nachkomen in dem selben closter und erkennent mit disem gegenwertigen briefe, daz wir den graben und den flus, der da gelegen ist aftern an unsers closters muren gegen der spittel múln über und gât der flus dez selben graben von dem gieszen der uf hern Gôzelins Scholbes múln gat, niemer ingeziehen süllent mit muren mit zûnen noch verbuwen noch witer begriffen, danne er ietzent ist, in deheinen weg an alle geverde, und des zû eime urkúnde so hant wir unsers conventes ingesigel an disen brief gehencket. der wart gegeben an dem nehsten zinsdage vor sant Valentins dage, dez iares, da man von gotz gebúrte zalte drútzehenhundert iar zwentzig iar da nach in dem vierden iare.

Aus Strassb. Stadt A. Briefb. A 180b. cop. mb. s. XIV.

1081. C. j. c. A. Johannes dictus Zoller bi Bischofbúrgetor, civis Arg., in presencia fratris Fritschonis conversi monasterii s. Marci c. m. A. confessus est, se a priorissa et conventu dicti monasterii aream cum suis juribus, sitam in c. A. uf der Almenden nebent der straszen gegen dem Staheler[2] einsit und andersit nebent Eberharte von Brúningheim gegen Bischofbúrgetor unde lit nidenan an des Judenbreters gotzhus, conduxisse in emphiteosim (zû eime rehten erbe) pro annuo censu 5 sol. den. Arg. Er. 4. V. preterea idem Johannes in remedium anime sue, parentum et progenitorum suorum legavit de area et edificiis ejusdem annuos redditus 5 sol. den. Arg. actum idus februarii, a. d. 1324. *Februar 13.*

Erbleihe. Schenkung.

Aus Strassb. Hosp. A. lad. 106 fasc. 10. or. mb. c. sig. pend.

1082. Heinricus de Mûlnheim civis Arg. revenditionem bonorum [*nr. 784, 788 und 791*] nominatorum [castro Dilenstein non nominato] promittit. sigillum suum Heinricus appendit. datum 16 kalendas marcii, a. d. 1324. *Februar 14.*

Rückverkaufs-Versprechen.

Aus Strassb. Bez. A. G 119 (554). or. mb. c. sig. pend. Regest bei Rosenkränzer, Bischof Johann I. Trier 1881 S. 95.

1083. C. j. c. A. Heinricus dictus Baldes civis Arg. ex una et Heinricus carpentarius ac Johannes dictus Seckeler de Basilea, incole dicte civitatis, ex parte altera occasione muri stantis et positi super ipsius Heinrici dicti Baldes orto, in eadem civitate sito juxta domum Hetzelonis dicti Markes senioris mil. Arg. e. u. et e. p. a. juxta domum dictam zûm schriber ex opposito duarum domorum dictorum carpentarii et Johannes, inter se taliter convenerunt, dictum murum bene esse positum, quodque cloaca posita inter dictum murum et duas domos prescriptas communis sit et esse debeat ipsis partibus, ita tamen, si ipse Heinricus vel ejus heredes accessum habere voluerint ad dictam cloacam, quod tunc iidem circa purgationem dicte cloace dimidiam partem expensarum facere teneantur, consensu expresso Bertschini civis Arg. olim magistri piscatorum Arg., domini directi arearum duarum domorum prescriptarum, ibidem presentis. datum 8 kalendas marcii, a. d. 1324[3]. *Februar 22.*

Vertrag.

Aus Strassb. Frauenh. A. lad. 49 nr. 82. or. mb. c. sig. pend.

---

[1] *Vgl. nr. 786.* [2] *Vgl. Str. G. u. HN S. 187.* [3] *Vgl. nr. 1025.*

Verkauf. **1084.** C. j. c. A. Johannes dictus Hirte, civis Arg., avunculus olim Cûnradi zû der Megede civis Arg., Lampertus, Nicolaus et Katherina, liberi dicti Johannis, suo et Johannis ac Nese, liberorum adhuc minorum nomine, de consensu Rûlini dicti Löselin, militis Arg., curatoris eorundem minorum, vendiderunt pro 40 lib. den. Arg. Sigelino dicto Hirte, civi Arg., porciones, a qualibet persona predicta decimam septimam partem, curie, domus et aree, sitarum in c. A. in Smidegasse nuncupatarum des alten hof zûr Megede gegen hern Burkarte Schôbe über juxta Berlinum panificem e. u. p. et c. a. juxta curiam quondam Cûnradi zûr Megede predicti, in qua nunc relicta ejusdem residet, und stossent hindenan an hern Albrehte seligen Rûrenderlin, que porciones venditoribus obvenerant ex donacione predicti Cûnradi. M. (pro Lamperto, Nicolao et Katherina). Lucgardis et Greda, sorores emptoris, Sigelmannus, Nesa et Johannes liberi quondam Klomanni dicti Hirte, fratris dicti emptoris (etiam pro Lawerlino et Cûntzemanno chouterinis suis adhuc minoribus), Gertrudis (per manum Heinrici de Spira mariti sui), Greda (per manum Johannis dicti Schenterlin Arg. mariti sui), Johannes dictus Nortgasze, liberi quondam Else sororis dicti emptoris, renunciant omni juri sibi competenti in porcionibus predictis. item Johannes Schenterlin et Greda, ejus uxor, vendunt partem sibi competentem in dicta curia pro 6 lib. den. Arg. A. 2. datum kalendas marcii, a. d. 1324[1]. ***1324 März 1.***

Aus Strassb. Bez. A. H 1514 nr. 12. or. mb. c. sig. pend. et transfixo 1329 Februar 11.

Pfandbrief. **1085.** «Ûlrich lantgrave zû Elsaszen, Phylips sin brûder tûmherre zû Strazburg, Johannes des vorgenanten lantgrave Ûlrichs sun, Walther der alte, Johannes von Witershein der alte, Berchtolt von Witershein sin brûder, Johannes von Mummenheim, Johannes Virthener von Ramestein, Walther Spitteler, Dietherich von Biloveshein rittere, Walther Spitteler, Wilhelm Zuckemantel, Hartung sin brûder, Andres Murnhart, Johannes von Bûtenheim, Johannes Schorpether, Symunt von Brûmat, Erbe von Scheffelingeshein edele knehte von Brûmat, und Otte Gros, schultheisse zû Brûmat,» machen bekannt, dass sie «durch nutz und durch fromen und sichtecliche notdorft unser und der gemeinde der stette zû Brûmat» verkauft haben «uffe deme ungelte zû Brûmat fünf pfunde Strazburger pfenninge geltes,» anfangend von
Februar 2. nächsten lichtmesstag, jährlich an diesem tage zu zahlen «Ottemanne Pflugere, eime burgere von Strazburg, und sinen erben» für 50 pfund pfenninge. die vorgenannten, der landgraf, die ritter und edelknechte und der schultheiss verpflichten sich zur zahlung der rente und eintretendenfalls zum einlager in Strassburg. «were ôch, daz die vorgenanten herren dcheinre selber nút leisten wolte, welcher danne nút leisten wil, der sol einen erbern ritter, der zû dem waffen ritet, an sine stat legen, der leiste in alle wis als da vorgeschriben stat ane alle geverde. wer ôch, daz wir nút getruwent, daz unser deheinre die vorgeschribene giselschaft nút leiste oder sû lihte breche, den sol der vorgenante Otteman oder sin erben oder ir helfere angriffen und pfenden und darzû die gemeinde von Brûmat mit gerichte und ane gerihte, wie es in fûget, und sol der angrif gan an kein gerihte, es si geistlich oder weltlich, noch an keinen lantfriden noch an keine friheit oder gewonheit landes oder stette.» allen schaden, der dem Ottemann daraus erwächst, leisten die bürgen. stirbt ein bürge, so stellen nach 8 tagen die überlebenden einen neuen. die stadt Brumat kann die rente mit 50 pfund ablösen,
Februar 2. muss jedoch die zahlung leisten vor weihnachten; sonst ist der zu Lichtmess fällige zins noch

[1] C. j. c. A. Johannes et Nesa (per manum Rûlemanni dicti Schenterlin, mariti sui) liberi Johannis dicti Hirte (predicti venditoris) ratificant contractum premissum necnon vendicionem, quam fecit pater suus de redditibus 10 sol. den. Arg. emptori predicto de orto dicto des garte zû der Megede. M. (pro Johanne et Nesa). actum quoad Nesam et ejus maritum predictos 3 idus februarii, actum vero quoad Johannem filium predictum 10 kalendas marcii, a. d. 1329. *Februar 11 und 20. Transfix an der Haupturkunde.*

zu entrichten. «wir globent och ǒch bi den vorgenanten unsern truwen, eren und eiden, niemanne anders furbas sullent geben ze kǒffende uffe das, das wir den vorgenanten Otteman oder sine erben von diseme kǒffe und von sinre gedinge wise oder scheiden in deheinen weg ane alle geverde.» die landgrafen, ritter und edelknechte hängen ihre siegel an. «wande aber ich Otte Gros der vorgenante schultheisse zů Brůmat nút ingesigels habe, so begnůget mich mit der vorgenanten minre herren und der vorgenanten rittere und ǒch der vorgenanten edelre knehte ingesigele. dirre brief wart gegeben an der nehsten mittewoche vor sante Gregorien tage, 1324 [1].» *1324 März 7.*

Aus Strassb. Stadt A. V. C. G. corp. K lad. 23 b nr. 42 *or. mb. c. 18 sig. pend., quor. 2 delaps.*

1086. C. j. c. A. domicella Ellekindis, soror quondam Burcardi dicti Kettener civis Arg., recognovit, redditus annuos 12 quartalium siliginis in bannis villarum Rumoltzwilre et Craftsteten sitos per ipsam et quondam Gepam suam sororem venditos et ab eodem quondam Burcardo deputatos esse ad domum dictam ein gotzhus, in c. A. bi ketteburne sitam juxta pistrinum dictorum Bůlin, pro luminibus et lignis; et quod 6 mulieres paupercule seu sorores prescriptam domum inhabitare deberent; in locum decedentis abbatissa et conventus monasterii s. Claro i. m. A. aliam subrogabunt, que habent regimen ipsarum mulierum, que eciam ad requisitionem majoris et sanioris partis sororem indignam removebunt. pro dictis redditibus predicta Ellekindis alios permutat. actum 4 idus martii, a. d. 1324 [2]. *März 12.* *Beginenhausstiftung. Tauschgeschäft.*

Aus Strassb. Thom. A. lad. Begin. 12. *or. mb. c. sig. pend. delaps.*

1087. C. j. c. A. domina Agnes zů dem spiegel nata quondam Nycolai dicti Wimar civis Arg. legat abbatisse et conventui monasterii s. Clare uf dem Werde e. m. A. domum suam, in c. A. in vico dicto zům Sluche sitam juxta dictam de Steinboven e. u. et e. p. a. juxta domicellam dictam de Kolbotzheim, sub hac condicione, quod mulieres paupercule seu sorores dictam domum perpetuo debeant inhabitare. (*Dann folgen Statuten gleich denen in nr. 340 bis* post mortem Burge; *nur steht statt* begine «sorores» *und erscheint neben dem* gardianus *auch als Stellvertreter der* visitator fratrum et sororum de penitencia s. Francisci.) item legat eisdem dicta Agnes pro lignis et luminibus redditus annuos 3 lib. den. Arg. super uno pistrino, in c. A. sito retro curiam, quam legatrix inhabitat. item legat eisdem 3 lectos, 2 pulvinaria, 4 kussinos, 2 caldaria ac 2 patellas. pridie idus marcii, a. d. 1324 [3]. *Beginenhausstiftung.*

März 14.

Aus Strassb. Hosp. A. lad. Begin. 12. *Auszug auf Papier aus dem Testament der genannten Agnes, geschrieben von Bruder Friedrich Degen,* visitator personarum tercie regule s. Francisci, *von 1438 April 30.*

1088. C. j. c. A. Greda et Berhta, sorores dicte de Rynǒwe, residentes Argentine, confesse sunt in presencia fratris Petri de Grostein, prioris fratrum predicatorum domus Arg., quod ipse ambe, quamdiu vixerint, et superstes ex eis usum haberent domus et aree, in c. A. retro lobium pellificum juxta dictam de Berstetten e. u. et e. p. a. juxta domum monasterii s. Nicolai sitarum, et quod post mortem ipsarum redirent ad fratres predictos. actum 11 kalendas aprilis, a. d. 1324. *März 22.* *Leibzucht.*

Aus Strassb. Hosp. A. Prot. Prǎdic. 107 (Copialb. s. XIV) fol. 52. *cop. mb.*

---

[1] *An der Urkunde ist befestigt eine andere von 1327 Mai 28, worin Heinrich von Mummenheim erklärt den Vertrag ebenso anzuerkennen, wie sein seliger Vater.* [2] *Vgl. Str. G. u. HN. S. 148 und Alsatia 1858-61 S. 169* [3] *Vgl. Str. G. u. HN. S. 147 und Alsatia 1858-61 S. 168.*

Anerkennung von Verpfändungen.

1039. Albertus dux Austrie et Stirie, comes Phiretarum, recognoscit contractum venditionis castrorum in Richenberg et in Ortenberg, civitatis in Bergheim, ville in Scherwylr et vallis Alberti necnon contractum venditionis redditunm 236 marcarum argenti, solvendorum annuatim Heinrico dicto Mülnheim, civi Arg. per civitates ipsius in Argoia et Turgoia. hos contractus, cum conditione reemptionis factos, Albertus approbat per presentes. insuper ipse warandum se constituit pro debitis quibuscunque, a Lupoldo duce apud eundem Heinricum contractis et inantea contrahendis. insuper Albertus consentit, quod predicto Heinrico castra et ville predicte tamdiu in potestate permaneant, quousque omnium debitorum per Lupoldum contractorum plenaria solucio facta fuerit. datum in Brisaco, proxima sexta feria ante diem palmarum, a. d. 1324[1]. ***1324 April 6.***

Aus Strassb. Bez. A. G 1359 (1777) nr. b fol. 9. cop. chart. s. XVI-XVII mit schlechter Orthographie.

Präbendenstiftung.

1040. C. j. c. A. Rûdolfus dictus Judenbreter civis Arg. et Gerhildis, ejus uxor, in remedium animarum suarum, parentum et progenitorum suorum donaverunt domum, in c. A. bi Bischofbürgetor stoszet vornan wider die strasze gegen den Staheler unde hindenan an Eberharte von Brûningesheim und lit obenan und nidenan an Johaunese Pflûger, necnon jus sibi competens in area domus pro domo dicta ein gotzhus, ita ut 10 mulieres seu sorores de tercio ordine b. Francisci ipsam domum perpetuo inhabitent. mulieres sint sub regimine visitatoris tercii ordinis s. Francisci; una sit magistra eligenda per sorores. in locum decedentis, cedentis seu propter mores malos ab ipsis expulse alia subrogetur per ipsas. A. 1. (in judicem recipientem in titulum et formam predictas). actum 4 idus aprilis, a. d. 1324[2]. ***April 10.***

Aus Strassb. Thom. A. lad. Begin. 12. or. mb. c. sig. pend.

Schenkung. Leibrecht.

1041. C. j. c. domini thesaurarii eccl. Arg. Sigelinus, cellerarius ecclesie Rynaugensis Arg. dyoc., Johanni, nato Jacobi dicti zû der bellen, Anne, uxori ejus, sorori dicti Sygelini, civibus Arg. et liberis ex dicta Anna procreatis donatione inter vivos donavit unam curiam cum suis edificiis, sitam e. m. A. an der Steinstraszen e. u. p. juxta relictam Ludewici de Wasselnheim et e. a. juxta curiam ipsius donatoris. A. 1. dicti donatarii promittunt se daturos Katherine, sorori ipsius Sygelini, moniali monasterii s. Nicolai e. m. A., ab hinc usque ad festum nativatis b. Johannis Bapt. 5 lib. den. Arg., necnon deinde singulis annis 2 lib. den. Arg. et 2 capones ad tempus vite Katherine dicte; item se daturos esse annis singulis Katherine dicte de Scherwilre, moniali dicti monasterii, 1 lib. den. et 1 caponem ad tempus vite ipsius. datum a. d. 1324, 8 kalendas maji. ***April 24.***

Aus Strassb. Hosp. A. lad. Hôp. XLIII fasc. 47. 2 or. mb. c. sig. pend. Dorsualnotiz s. XIV: «cellerarius de Rynowe dictus Waldener.»

1042. *Zeugenaussagen über einen Friedensbruch in der Stadt Strassburg.* ***Mai 12.*** Conradus de Surburg, famulus Eberlini militis de Mûlnheim Argentinensis, testis juratus et rogatus, dicit, se vidisse actorem fugam facere in domum dicti Eberlin Argentine, non tamen vidit invasionem per reum et suos complices vel fingere eosdem adversus actorem cultellis evaginatis, sed a suorum sociorum relatu intellexit, qui hec dixerunt, se vidisse dictos reum et complices ejus actorem cultellis evaginatis acriter invasisse et adversus eum finxisse. dictus Votûmei, famulus dicti Eberlin militis, testis juratus et rogatus dicit, quosdam bene sex vel circa numero, quos tamen non noscit, excepto filio Menselini invasisse cultellis evaginatis actorem adversus eum crudeliter et diro modo finxisse, actore se pro posse defendente vulgariter loquendo, sû stochent grimelliche uf in und gegen ime, et credit, quod

[1] *Vgl. nr. 779, 784, 787, 791 und 854.* [2] *Vgl. Str. G. u. HN. S. 187 und Alsatia 1858-61 S. 168.*

nisi se defendisset suo cultello actor, ipsi eum occidissent vel letaliter vulnerassent. hec dicit accidisse paulo ante quadragesimam proximo transactam in vico dicto Roseböimgasse Argentine quodam die facto prandio et credit hec esse notoria Argentine. — publicata sunt in absentia partis ree per contumaciam ad hoc vocata et citata sabbato post dominicam Jubilate, anno domino 1324. *Mars 4.*

Aus Strassb. Stadt A. G. U. P. lad. 178 nr. 48. Pergamentzettel ohne Besiegelung. Original.

1043. C. j. c. A. Hermannus prepositus totusque conventus canonicorum ecclesie s. Arbogasti ordinis s. Augustini e. m. A. confessi sunt, se conduxisse a decano et capitulo ecclesie s. Thome Arg. decimaciones seu fructus omnes decimacionum ad eos nomine ecclesie s. Mauricii e. m. A., que ecclesia s. Aurelie vulgariter nuncupatur, spectantes, quas ipsi prepositus et conventus s. Arbogasti pro certa summa annone hactenus colligere consueverunt de bonis quibuslibet sitis ultra flumen Alsam in stadio s. Arbogasti et circa ac sitis juxta curtim dictam Otenkel[1] ac eciam de bonis dictis der Glisberg, sive illa bona per monasterium sive nomine illius per alios excolantur, exceptis tamen decimationibus auserum et fundi, qui dicitur Kagenmatte ac 2 agrorum, quos nunc colit dictus Greifler, ad ecclesiam s. Aurelie spectantibus, quas sibi predicti decanus et capitulum reservarunt. locatio perpetua est et pensio annua est 38 quartalia tritici et 30 quartalia ordei et solvetur ante festum b. Martini hyemalis ad granarium s. Thome in Argentina; ab hac solutione tempestatis, grandinis, guerre, inundationis aquarum aut alterius cujuscunque calamitatis et sterilitatis periculo non excusante. sigilla curie, prepositi et conventus sunt appensa. actum 13 kalendas junii[a], a. d. 1324. ***1324 Mai 20.*** *Zehnten.*

Aus Strassb. Thom. A. lad. docum. historiques 11. or. mb. c. 3 sig. pend. (exstat tantum 1). Darnach abgedruckt bei Schmidt hist. du chap. de s. Thom. 351. — Das Tagesdatum steht unter dem umgeklappten Rande hart am Rande.

1044. *Zeugenaussage betreffend einen Vertrag über einen Hof in Strassburg, geschlossen zwischen dem Kloster Niedermünster und den Schenkgebern desselben.* ***Juni 7.*** *Zeugenaussage.*

Ich Gunther von Landesperg, ein tůmherre ze Spire, tůn kunt allen den, die disen gegenwertigen brief ansehent oder hòrent lesen, daz mir kúntliche ist unde wissende, daz die erber frowe . . die abbetissen dez Nydermünsters ze Hohenburg uf einsyte unde die Kellerin von Gertwilre und ir thoter, die von Eichahe, undersite umbe so getane ansprache, so die von Eichahe hate an mine frowe die ábbetissen umbe daz teile an der abbetissen hove, daz do kofet wart umb die von Eichahe und ire kint, gerihtet wúrdent mit einander gůtliche nach ire beider willen, abe sie do ze male ieder site sprachent. zů dem ersten also, daz die Kellerin und die von Eichahe ir tohter sóllent han daz teile in deme hove, daz der Keller selige, ir eliche man, unde sin die Kellerin gabent mit gesammeter hant deme clostere dez Nydermunsters ze Hohenburg, und ist daz daz höwelms und der stal an deme wazsertore in deme vorgenanten hove ze Strazburg, also daz siu sůllent darinne wonen, obe siu wellent, iren lebetagen mit so getaneme gesinde, daz sů mit ire gůte erzúgen wellent oder mügent und sůllent daz frowen sin und kein man; lóget in ouch selber niht dar inne ze wonende, so sůllent sie es doch niemanne lihen umbe zins noch vergeben ane alle geverde. neme ouch die von Eichahe ein man, so sol sie ir reht han verlorn an deme vorgenanten huse; neme ouch kein ir thoter kein man, die sol sie niht in deme huse hán ane miner frowen urlop unde gůten willen, sů ensullent ouch zů deme wolerme tore haben gewalt noch reht núwen ze mógelichen ziten us und in ze gande und ir notdúrf ze tragende ane geverde. woltent aber sie nach den wahtegloken oder anderz unzitlichen der tore niezsen mit ufe oder zů

a) *Die Tagesdatirung ist später in den leergelassenen Raum eingefügt.*

[1] *Vgl. UB. I, 313, 2. 330, 28.*

tûnde anders, denne miner frowen, oder den, die denne von miner frowen wegen in deme hove sint, wol gevellet, daz ist man in niht schuldig; und der in daz verseit, der tût in weder gewalt noch unreht. min frowe die abbetissen solt ouch meister Friderichen, den Keller von Haselache, gegen Strazburg senden, unde gebobetent die Kellerin und die von Eichahe in eime kurtzen zile ouch darin ze kûmende oder aber hern Johansen seiligen, dem portenere von Rinowe, darin ze sendende also, daz dise vorgenante rihtegunge vor gerihte werde beschriben und besigelt, und solte ouch denne die Kellerin wider geben den brief, der ir und der von Andelahen seiligen irre tohter wart gegeben über daz vorgenante hus. die Kellerin und die von Eichahe soltent ouch daz hus enphahen iergeliche ze habende umb zweine kappen zû sant Martins messe, die ze gebende. diz hus sol ouch sin der Kellerin und der von Eichahe iren lebetagen mit den gedinglichen wortden alse dovor gescriben stat und ouch me, wenne sie beide niht ensint, so ensol daz reht, daz sû hant gehabet iren lebe tagen zû dem vorgenanten huse an keine iren erben vallen. sie ensûllent es ouch verandern niht lebende oder tot, wân daz hus sol denne lideclichen an daz vorgenante closter dez Nidermunsters ze Hohenburg vallen in allem deme rehte, als es die vorgenanten . . der Keller unde . . die Kellerin dar gegeben hânt, ane alle irre erben widerrede und mengeliches umbe dise gnade, die min frowe der von Eichahe tet an diseme vorgenanten huse, so knuwete die von Eichahe fûr mine frowen und verzeich sich aller anesprache und rehtes, daz siu gehabet hate oder in decheine wiz haben mohte nû oder hernach an daz vorgenante steinen hus, daz umbe sû und ire kint koffet wart deme egenanten clostere, und gab ir daz uf in ir hant mit mineme hentschûhe. do diz geschach, do worent bi die zwo Waffelerinne und die von Hennetzheim, frowen dez vorgenanten closters, meister Friderich, der Kellere von Haselache, her Johannes, der portenere von Rinowe, der Kellerinne sûn, Walther, der Keller von Gertwilre, Claus Burchein von Strazburg und ich Gunther von Landesperg der vorgenante. diz geschach an sante Aurelien tage ze Gertewilre in der e genanten abbetissen stûben in deme iare do man zalte von gotes gebûrten drûzehen hundert jar darnach in deme nûnzehenden iare. daz ich hie bi si gewesen und mich uf die sache nû ze male werlichers niht verstande, danne davor gescriben stat, daz spriche ich bi der warheite, die ich deme stifte ze Spire hân getane. und dez zû eime ûrkunde so han ich min insigel gehenket an disen gegenwertigen brief und hân gebetten die rihtere von Spire, wan ich es alsus vergehen han vor in, daz sie ir ingesigel zû deme mime henken an disen brief durch eine vesteliche bewerunge mins insigels und der vorgescribenne rede. wir die rihtere dez geisthelichen gerihtes ze Spire vergehent, daz wir durch bette dez vorgenanten hern Gunthers von Landesperg, unsers tûmherren, hant gehenket unser ingesigel zû deme sime an diesen brief zû einre werlichen urkûnde dirre vorgescribenne rede, daz er siu vor uns vergehen hat. dirre brief wart gegeben ze Spire do man zalte von Cristes gebûrte drûzehen hundert iar unde vier unde zweinzig iare an deme dunrestage in der phingestwochen[1].

Aus Strassb. Bez. A. G 3071 (3479). 20. or. mb. c. 2 sig. pend. Dorsualnotiz s. XIV: «umbe die missehelle zwisschent miner frowen der eptissen von nidern Hohenburg und Johannes Rebstoch von der sache wegen, da er wande rehte haben in dem hof zû Strazburg von sins swehers wegen, des er und sin wurtin hent sich verzigen und ouch veriehen hant, das sû kein rehte darzû hent noch wellent haben und hent da von gelasen. dabi war min frowe die eptissen, fro Gisel von Landesperg, her Egelolf von Landesperg der alt, her Gunther von Landesperg, meister Friderich Keller zû Hasselo, her Rûlin Rûlenderlin von Strasburg, her Wernher ein priester, der in den selben hof ist gesessen, und der schaffener des selben closters. dis geschahe an dem fritag vor sant Valintins tag des iars, do man zalt von gottes geburt 1329.» *Februar 10.*

[1] *Vgl. nr. 631, 707, 800 und 813.*

Pfründenstiftung

1045. C. j. c. A. Hermannus junior de Geroltzecke, canonicus ecclesie Arg., «ad altare constructum de novo et fundatum per ipsum in cappella b. Martini sita in ambitu dicte ecclesie apud capellam b. Andree apostoli» donat redditus quosdam. jus patronatus est apud seniorem familie de Geroltzecke, qui canonicus ejusdem ecclesie est, deficientibus de dicta parentela autem canonicis, apud illum, qui curiam claustralem ipsius Hermanni, in c. A. apud curiam Burcardi dicti de Mùlnheim civ. Arg. sitam, tenebit. actum idus junii, a. d. 1324.

1324 Juni 13.

Aus Strassb. Bez. A. G 1500 (1918). d. vid. mb. von 1439 ausgestellt vom judex curie thesaurarii.

Rentenkauf.

1046. C. j. c. A. Anna antiquior, nata quondam Berhtoldi dicti Bettiche de Argentina, et Katherina, nata quondam Gisele sororis dicte Anne, item Anna, Elsa et Nicolaus, liberi quondam Katherine, similiter sororis prefate Anne antiquioris, manibus choadunatis vendiderunt pro 16 lib. et 5 sol. den. Arg. Johanni dicto de Geispoltzheim et Cûnrado dicto de Meistersheim, prebendariis ecclesie Arg., redditus annuos 1 lib. den. Arg. per venditores solvendos super domo, area et orto, sitis in c. A. inter piscatores juxta Eberlinum dictum Zigeler. emptores emunt nomine chori cum pecunia Ûlrici dicti Lorber preshyteri Arg. Er. 4. V. A. 1. redditus post obitum Ûlrici cedent ad anniversarium ipsius peragendum. actum 7 kalendas julii, a. d. 1324[1].

Juni 25.

Aus Strassb. Bez. A. G 3659 (4034). 2. or. mb. c. sig. pend. et transfix.

Pfründenstiftung.

1047. Ûlricus dictus Lorber presbyter, prebendarius altaris b. Marie virginis constitutus in eccl. s. Andree Arg., auctoritate Johannis episcopi Arg. de consensu Brigide abbatisse et conventus monasterii s. Stephani Arg. instituit prebendam sacerdotalem in cappella b. Michelis sita juxta dictum monasterium s. Stephani. prebendarius actu sacerdos esse debet et qualibet die in dicta capella misse officium peraget, item singulis diebus dominicis et festivis in choro predicti monasterii sicut canonici ibidem missis publicis interesse debet. in die anniversarii Ûlrici prebendarius cum 4 sacerdotibus anniversarium peraget et sepulcrum ejus visitabit. collacio prebende, quam prima vice sibi reservat, erit apud abbatissam predicti monasterii, cujus regimini etiam subest prebendarius. bona ad prebendam donata sita sunt in Bossendorf. sigilla episcopi, abbatisse et conventus sunt appensa. datum 2 idus julii, a. d. 1324.

Juli 14.

Aus Strassb. Bez. A. H 2863 (Copialb. von s. Stephan s. XIV) fol. 31. cop. mb.

Testament.

1048. C. j. c. A. Cûnradus dictus Scholle, cantor ecclesie s. Thome Arg., legat episcopo unum fertonem argenti, item decano et capitulo dicte ecclesie redditus annuos 4 lib. den. Arg. cum 40 lib. comparandos ad anniversarium suum peragendum, item fabrice dicte ecclesie redditus 1 lib. den. Arg. cum 10 lib. comparandos, item cuilibet liberorum ipsius de 5 liberis 2 carratas vini recipiendas ex cellario suo; qui si per heredes Cûnradi impedirentur, quominus possent consequi dicta vina, quod tunc cedant vina dicte fabrice. datum 17 kalendas augusti, a. d. 1324.

Juli 16.

Aus Strassb. Thom. A. lad. 25 (Titres). or. mb. c. sig. pend.

Erbschaftsregelung.

1049. *10 Schöffen machen den Vertrag bekannt, den die Söhne Heinrich Wetzels über dessen Nachlass, besonders über den Sedelhof am Holweige, gemacht haben.* ***Juli 17.***

Wir Gözelin von Kagenecke, Johannes Hunesvelt sin brûder, Götz von Grozstein, Bilgerin der alte, Johannes Swarber, Reimbolt Reimböldelin, Clawes von Grozstein rittere, Johannes

[1] *Dieselben verkaufen dann noch an denselben Käufer (Johann von Geispolzheim Pfründner Vertreter) auf demselben Hause eine weitere Rente von 5 Schillingen für 4 Pfund Pfenninge. 1326 Juli 29 und September 2, 1327 Februar 16. Or. daselbst. Transfix an der Haupturkunde.*

Golscloch, Erbeler von Schiltincheim unde Rüleman Swarber, scheffele zû Strazburg, tûnt kunt allen den, die disen brief sehent unde hôrent lesen, das wir hiebi warent und wurdent ôch herzû gezogen und enpfiengent es mit der hant in scheffeln wise als reht ist, das her Peter von Dunzenheim ein ritter, hern Heinrich Wetzels seligen tohter man, eins ritters zû Strazburg, her Johannes Wetzel ein ritter, her Clawes ein tûmherre zû sante Thoman, Wetzel und Heinzelin gebrûder mit einander teiltent ir eigin unde ir erbe, des sù zû erbe sint komen von dem vorgenanten hern Heinrich Wetzel seligen irs vater, unde gelobete der vorgenante her Peter von Dunzenheim für sine eliche wurtin unde ôch die vorgenanten gebrûder sine swagere bi gûten triwen dise teilunge stete zû hande ane alle geverde unde zugent ôch, daz das loz umbe dise teilunge also unde mit solicher gedinge, welheme under in der sedelhof zû hern Marsilie an dem holwige wurde mit dem loze wenne der kummet in disen nehesten fünf iaren unde vierzig marg silbers git umbe die zwei hûser, die hinden an dem vorgenanten sedelhofe stant, der für sù beidù geschetzet sint, so sol man sù geben zû dem sedelhofe; werdent sù aber nùt gekôft in disen nehesten fünf iaren als vorgeschriben stat, so mag der, des dù zwei hinder hûser danne sint, mit denselben hûsern tûn unde lan was er wil; unde sol doch allewege der sedelhof unde die selben zwei hinder hûser reht unde gemeinschaft haben zû der prifoyen unde wenne man die prifoye uz treit, so sol man sù tragen durch der hinder huser eins unde sol der sedelhof den halben kosten geben unde die zwei hindern hûser den andern halben; es sullent ôch alle ir hûser bliben in dem rehte mit trôfe mit liehte mit nôhen mit uzvliezendem wasser, als sù unze her gestanden sint, ane alle geverde. und des zû eime waren urkùnde, so hant wir die vorgenanten rittere und scheffele, wan wir hiebi warent und herzû gezogen wurdent, als reht ist, durch bete der vorgenanten hern Peters und siner swagere unserù ingesigele gehenket an disen brief. der wart gegeben an dem cistage nach sante Margreden tag, in dem iare da man zalte von Cristes geburte drùzehenhundert iar und vier unde zwenzig iar.

Aus Strassb. Stadt A. V. D. G. lad. 72. or. mb. c. 10 sig. pend., quorum 2 delaps.

Verkauf. **1080.** C. j. c. A. Erbo dictus Weldelin, miles Arg., et Agnes, ejus uxor, filia quondam Wilhelmi dicti Dantz militis Arg. manibus choadunatis vendiderunt pro 53 lib. et 4 unc. den. Arg. Burcardo dicto Twinger, civi Arg., Grede, uxori ejus, ac Anne, sorori Grede (pro dimidia parte ementi), tres agros (gartackere) in suburbio civitatis Argentine apud Rotenkirchen p. p. c. l., item redditus annuos 1 lib. den. Arg. super una area, in c. A. an der oberstraszen sita juxta domum proximiorem domo dicte zûm helfande[1] e. u. et e. p. a. juxta dictum Kolbe sutorem et tendit a parte posteriori super curiam dictam der alte Münszehof versus inter pontes, qui redditus venditrici obvenerant ex successione quondam Johannis fratris ejus, agri vero ex successione parentum. A. 1. Wit. 3. (pro Erbone). adjectum est, quod possessoribus sive emphiteotis jus suum salvum maneat. actum 2 kalendas augusti, a. d. 1324. ***1324 Juli 31.***

Aus Strassb. Bez. A. D 77. 2. or. mb. c. sig. pend. delaps.

Verkauf. **1081.** C. j. c. A. Wimmarus dictus Materer, lanifex Arg., confessus fuit in presentia Hedewigis de Westhusen residentis Argentine, eidem Hedewigi ante spatium 3 annorum unam domum, in c. A. in vico dicto Stadikgasze sitam tendentem a parte posteriori super fossatum cerdonum juxta domum Metze de Hochvelden e. u. et e. p. a. juxta aream Petri dicti Swarber, cum omni jure vendidisse, ita quod de dicta area annuatim 7 sol. et 4 den. dentur cum tertia parte 2 caponum nomine census filiabus quondam dicti de Westhus militis Arg., pro

---

[1] *Vgl. Str. G. u. HN. S. 123.*

15 lib. den. Arg. transtulit nichilominus dictus venditor denuo per porrectionem calami domum. actum 3 nonas augusti, a. d. 1324. ***1324 August 3.***

Aus Strassb. Hosp. A. lad. 169 fasc. 28 or. mb. c. sig. pend.

1052. Johannes Waldener der meister und der rat von Strassburg sprechen ein urteil über einen zinsstreit zwischen den klöstern s. Elisabeth und s. Johannes. gegeben dienstag vor Laurentii, 1324. ***August 7.*** *Urteilspruch.*

Aus Strassb. Hosp. A. Prot. s. Elisabeth 205 sub litera B nr. 14. Sehr schlechter, unvollständiger Auszug s. XV.

1053. C. j. r. A. Katherina, relicta Ernesti, sartoris Arg., priori et conventui fratrum ordinis predicatorum domus Arg. in ipsius necnon quondam Gerine sororis, Odilie matris, Ellonis patris, Odilie sororis, monialis apud monasterium s. Elysabeth c. m. A., animarum remedium legat redditus quosdam in opido Rynowe, insuper in recompensam 30 lib. den. Arg., quas ipsa in remedium anime predicti mariti sui priori et conventui dictis solvere debuit, debita subscripta, in quibus ipsi et marito suo persone subscripte extiterant obligate, cessit et ex titulo donacionis inter vivos transtulit per porrectionem calami in fratrem Petrum de Grostein, priorem dicte domus. specificatio debitorum est hec: 3 lib. den. Arg. Nycolaus dictus Zorn miles filiaster quondam magistri Johannis Engilberhti civ. Arg., 1 lib. Berhtoldus armiger natus quondam Berhtoldi de Offenburg militis, 5 lib. Erbo dictus de Schiltinghein armiger, 2 lib. et 9 sol. Cůno dictus de Achenheim de Argentina, 2 lib. Erbo de Achenheim miles, 2 lib. et 10 sol. Reinboldus dictus de Bůtenhein mil. Arg., 2 lib. et 10 sol. Sthellinus dictus Howenewer miles, 15 sol. Schencke de Ehenheim miles filiaster dicte de Bůtenhein, 2 lib. Burkardus de Hohenburg, 22 sol. Waltherus de Hohenburg, 10 sol. dictus de Hugeswilr canonicus ecclesie s. Thome Arg., 7 sol. uxor Hugonis dicti Zorn militis Arg., 18 sol. Bilgerin senior miles Arg., 11 sol. Bilgerin junior miles, 2 lib. liberi quondam Fritschemanni dicti Ottefriderich militis Arg., item 3 lib. heredes quondam Hugonis dicti Wirich, militis Arg., 5 lib. quondam Johannes dictus Kage armiger, pro quo Wernherus dictus Kuse de Argentina et dictus Arberer de Rubiaco intercesserunt. datum 19 kalendas septembres, a. d. 1324. ***August 14.*** *Schenkung.*

Aus Strassb. Hosp. A. Prot. Prédic. 107 (Copialb. s. XIV) fol. 296. cop. mb.

1054. C. j. c. A. Johannes dictus Schöbinhůt, textor Arg., et Katherina, uxor sua, et Johannes, filius eorundem, vendiderunt Růdegero dicto Marggrave Arg. et Gůthe, uxori sue, domum, sitam in c. A. in des Stampfes gasze juxta dictum Havener e. u. et e. a. p. juxta uxorem Sigelini de Mülnheim armigeri, ita quod de area ejusdem domus non plus preterquam 8 uncee den. Arg. fratribus predicatoribus domus Arg., dominis directis dicte aree, census nomine annis singulis debeantur (fratre Johanne dicto Sturm procuratore, ut dixerat, ac conventuale dicte domus, suum consensum adhibente) pro 6 lib. den. Arg. A. 2. M. (pro Johanne). actum 17 kalendas septembres, a. d. 1324[1]. ***August 16.*** *Verkauf.*

Aus Strassb. Hosp. A. lad. Hôp. XLVI fasc. 37. or. mb. c. sig. pend.

1055. C. j. c. A. Katherina, relicta Bernhardi cerdonis Arg., Dietherus, Johannes, Greda et Elsa, liberi dicte relicte, (Greda per consensum Johannis dicti Knabe cerdonis, mariti sui) *Verkauf.*

---

[1] Růdeger Marcgrave *verkauft* $^2/_3$ *des genannten Hauses an das grosse Strassb. Spital* (Johannes Schaffener magister et frater Heinricus de Honburg procurator infirmorum hospitalis) *für 15 Pfund Pfenninge. Guta die Gattin Rüdegers und seine Kinder: Paul, Ellekind, Nicolaus, Johannes und Rüdeger haben kein Anrecht an dem Verkauften. 1327 Februar 12. Or. ebendaselbst. Das letzte Drittel verkauft an dasselbe Spital Guta für 8 Pfund 2 Schillinge. 1327 Mai 8. Or. ebendaselbst.*

manibus coadunatis vendiderunt Erboni dicto de Dürningen clerico Arg. dimidiam partem pro indiviso unius domus, in c. A. in vico dicto Stadilgaszen site juxta domum Reinboldi dicti Rote e. u. et e. p. a. juxta domum Berlini civis Arg., de cujus domus area 30 den. Arg. emptori et ejus sororibus, dominis directis, nomine census cedunt, pro 11 lib. den. Arg. A. 1. actum 2 kalendas septembres, a. d. 1324[1]. *1324 August 31.*

Aus Strassb. Bez. A. G 6455 (6661). 4. or. mb. c. sig. pend.

Einigung auf Schiedsrichter.

1086. C. j. c. thesaurarii ecclesie Arg. abbatissa et conventus monasterii s. Stephani in Argentina e. u. et Heinricus de Otteningen, vicarius parrochialis ecclesie s. Stephani, e. p. a. super omni questione inter ipsos occasione domus et aree dicte zū der smitten et per ipsum vicarium de novo super eisdem edificatorum, sitarum in c. A. in vico dicto[a] .... gasse juxta domum, quam inhabitat Reinboldus canonicus monasterii predicti e. u. et e. p. a. juxta domum, quam inhabitat relicta Frischonis cuparii, ex parte monasterii in magistrum Johannem Erlini canonicum ecclesie s. Thome, e. e. p. vicarii in magistrum Conradum thesaurarium ejusdem ecclesie et pro communi in magistrum Jacobum officialem et clericum domini Conradi de Kirkel thesaurarii eccl. Arg. tamquam in arbitros compromiserunt, iisdem plenam facultatem dantes. ambo partes promittunt sub pena 20 lib. den. Arg., se sententiam observaturos esse. sigillum dicte curie est appensum. datum 2 kalendas septembres, a. d. 1324. *August 31.*

Aus Strassb. Bez. A. H 2684. or. mb. c. sig. pend.

Tauschgeschäft.

1087. *Die Stadt vertauscht mit dem Bürger, Jacob zu der Hölle, eine Brodbank gegen ein Grundstück.* *August 31.*

Wir Johannes Waldener der meister und der rat von Strazburg tūnt kunt allen den, die disen brief gesehent und gehórent lesen, daz wir mit willen und gehelle unserre scheffele und durch nutz und vrome unserre stette haut gewihselt mit Jacobe zū der Hellen unserme burgere und hant ime gegeben vúr sinen brotbang, den er hette ligende under unserre phaltze, do men ime iergelichen von gab zū zinse zehen untze Strazburger phenninge, von unserre stette almende ein bletz, daz do gelegen ist zwischent dez vorgenanten Jacobes garten und unsers spittals garten zū Strazburg, daz do uffiez und widergab unserre stette her Johannes selige in Kalbesgasze, daz der selbe Jacob und alle sine erben und nachkomen haben súllent daz vorgenante bletz vúr ledig eigin iemerme ane mengeliches widerrede mit allem dem begriffe und mit allem dem rechte, alz ez hette der vorgenante her Johannes selige in Kalbesgasze. wir globent ŏch vúr unsere stat dez vorgenanten bletzes und der vorgenante Jacob vúr sich und alle sine erben dez vorgenanten brotbanckes vúr ledig eigin recht wer ze sinde gegen mengelicheme alse recht ist. und daz diz war und stete si, so hant wir unserre stette ingesigel an disen brief gehenket. der wart gegeben an dem nehsten fritage nach sante Adolphes tage dez iars, do men von gotz gebúrte zalte truzehenhundert iar zwenzig iar da nach in dem vierden iare. haran warent wir her Burkart Schultheisse, u. s. w. *folgt der Rat.*

Aus Strassb. Stadt A. V. C. G. suppl. lit. D. or. mb. c. sig. pend. delaps.

a) *Es fehlen etwa 4 Buchstaben, ein Stückchen des Pergaments ist abgerissen.*

[1] *Gertrudis und Hetta, Töchter des verstorbenen Erbos v. Dürningen, verkaufen an Wolfhelm von Kraftstette* (lanifex Arg.) *und dessen Gattin Katherina, Tochter Reinbold Rotes, die Hofstätte des genannten Hauses, von der sie einen Zins von 5 Schillingen erhielten, und die Hälfte des darauf erbauten Hauses, für 20 Pfund Pfenninge. Wolfhelm giebt* $^{2}/_{3}$ *des Erworbenen seiner Gattin, diese jenem* $^{1}/_{3}$ *zum Wittum. 1326 August 26 (für den Verkauf), August 27 (für die Schenkung). Original ebendaselbst.*

1058. C. j. c. A. Irmelina, relicta Johannis dicti zûm Engele de Wintertur civis Arg., Hugo et Cûnradus, armigeri Arg., filii dicte relicte, de consensu Clare, dicte relicte filie, et uxoris Johannis dicti Blûmenowe civis Arg., vendunt manibus choadunatis Grede, sorori carnali Sophie dicte de Dûnenheim de Arg., redditus annuos 2 lib. et 8 unc. den. Arg. super 2 domibus et areis, contigue sitis in c. A. ex opposito curie quondam Voltzonis dicti de Hochvelden militis Arg. juxta curiam dictam zûm Grinvogelle e. u. et e. p. a. juxta domum Johannis dicti de Dicke, prebendarii eccl. Arg., pro 57 lib. den. Arg. A. 1. Wit. 1. (pro Irmelina). U. (pro Greda, filia Irmeline). datum 4 idus septembres, a. d. 1324[1]. *Verkauf.*

1324 September 10.

Aus Strassb. Bez. A. G 3659 (4054). or. mb. c. sig. pend

1059. Clawes Blenkelin, ein bürger von Strassburg, erklärt, dass ihm der landgraf Ůlrich, landvogt im Elsass, von des königs Ludwigs wegen ein lehen in dem bann von Illenkirche gegeben hat und dass er die nächsten vier jahre keinen nutzen davon haben wird. ist er nach ablauf dieser nicht im besitz des lehens, so soll der landgraf ihm 40 mark silbers und von seinem eigentum ihm ein lehen geben. Blenkelin hängt sein siegel an. «geben zu dez heiligen crûczes tag ze herbest,» 1324. *Lehnsverspr.*

September 14.

Aus Strassb. Bez. A. G 216 (649) nr. h. or. mb. c. sig. pend.

1060. C. j. c. A. Nycolaus, natus quondam Cûnradi dicti de Rietheim carnifex Arg., et Anna, ejus uxor, confessi sunt in presentia Johannis Sygeberhti, portarii ecclesie s. Petri Arg., et Nycolai dicti Kôrnelin presbyteri, procuratoris decani et capituli ecclesie predicte, se a decano et capitulo predictis domum et arearn, in c. A. in dem gieszen an der Vihegaszen sitas juxta dictam Hürricherin e. u. et e. p. a. juxta domum relicte dicti Weinere, sutoris Arg., tenere in emphiteosim pro annuo censu 14 unc. den. Arg. et 1 caponis (uncee solvende sunt dominica Jubilate; capo festo s. Martini). si conductores negligentes fuerint in solutione census, judicio ecclesiastico et seculari valent occupari. Er. 1. V. actum 17 kalendas octobres, a. d. 1324[2]. *Erbleihe.*

September 15.

Aus Strassb. Bez. A G 4827 (5199). or. mb. c. sig. pend.

1061. C. j. c. A. Heilka de Sletzstat, filia quondam Cûntzonis panificis, commorans Argentine in remedium anime causa mortis donavit fratribus predicatoribus domus Arg., apud quos suam elegerat sepulturam, 3 lib. den. Arg., item 2 lib. den. Arg., que converti debent in ceram et alia incendia circa suas exequias, et quod quolibet die primi anni una candela super ipsius tumulum poni debeat; item unam domum cum jure in area, sitam in c. A. in Stadelgasze uf dem Riutsbtergraben juxta dictam de Northeim e. u. et e. a. p. juxta Petrum dictum Swarber, ita ut domus vendatur et de pretio inde recepto comparentur redditus annui 1 lib. den. Arg. pro anniversario dicte Heilke annuatim peragendo; item legavit cuilibet fratri ordinis predicatorum tunc conventuali dicte domus 1 sol., item cuilibet fratri conventuali ordinis minorum domus Arg. 1 den.; item cuilibet conventui fratrum ss. Augustini, Wilhelmi, omnium sanctorum et Carmelitarum 5 sol. den. Arg.; item fabrice eccl. Arg. 1 lib., item fratri Thome de Nûnagen de ordine fratrum predicatorum confessori suo 5 lib. den. Arg., cui etiam dari debent 10 lib., ut eas convertat in usus, prout sibi ab ipsa antea est commissum, item fratri Johanni de Ravensburg 2 lib. et fratri suo carnali cyrmentegenoni 1 lib. de ordine fratrum minorum, item Gisele de Wartstein moniali monasterii s. Katherine Arg. 5 sol., item Clare dicte Richartin moniali monasterii apud s. Nycolaum Arg. 5 sol., item Else de *Testament.*

---

[1] *Nach einer Doreualnotis s. XV-XVI lagen die beiden Häuser in der Judengasse neben dem Hof St-Valentin. Vgl. Str. G. u. HN. S. 83 u. 59.* [2] *Vgl. nr. 979.*

Schônecke moniali monasterii penitentum Arg. 5 sol., item cuilibet conventui mulierum in monasteriis dictis beslossene clôster sitis in c. A. ac burgbanno ejusdem 5 sol. den. Arg., item Metze relicte Sigelini de Ersthein avunculi ipsius legatricis 1 lib. pro una pellicia comparanda, item Sigelino filio dicte Metze seniori $^1/_2$ agrum in Flexberg, item tribus aliis filiis ipsius Metze cuilibet 2 lib. den. Arg., item Waltbero de Hündenshein lanifici Arg. 1 lib. den. Arg., item fratri Johanni dicto Sturm de ordine predicatorum 2 unceas den. Arg., item monasterio in Altorf 10 sol. et $^1/_2$ agrum in Flexberg. hujus testamenti constituit executores priorem fratrum predicatorum domus Arg., Waltherum de Hündeshein predictum et Demûdim dictam Halteringen Argentinensem, qui disponant de omnibus aliis bonis juxta consilium fratris Thome predicti. actum 7 kalendas octobres, a. d. 1324. ***1324 September 25.***

Aus Strassb. Hosp. A. Prot. Prédic. 107 (Copialb. s. XIV) fol. 83 b. cop. mb.

Pfandbrief. **1062.** Ûlrich landgraf von Elsass, Philipp, ein domherr zu Strassburg sein bruder, Johannes, Ulrichs sohn, verpfänden an Johannes von Blûmenowe, herrn Ludwigs seligen sohn, edelknecht von Strassburg für 10 mark silber 3 pfund pfenn. auf einer matte bei Brumat. «an der mittewochen nach sante Michels tag, 1324.» ***Oktober 3.***

Aus Strassb. Bez. A. E 1594. or. mb. c. 3 sig. pend. Darnach abgedruckt bei Schöpflin Alsatia dipl. II, 132 nr. 928.

Verkauf. **1063.** Claus Maler der meister und der rat von Strassburg machen bekannt, dass herr Erbe von Achenheim, bürger von Str., ihnen verkauft hat: «sin brotbang, hovestat und daz phunt geltes, daz er uf dem selben brotbang hette vür lidig eigin, der do gelegen waz an dem uzern pfilere der phaltzen gegen sante Jostes cappellen über,» für 16 pfund Str. pfenninge. A. 3. «an dem nehsten zinstage vor aller heiligen tage, 1324. haran warent wir her Claus Maler, u. s. w. *folgt der Rat.* ***Oktober 30.***

Aus Strassb. Stadt A. V. C. G. corp. K lad. 23c nr. 55. or. mb c. sig. pend. mutil.

Pfandbrief. **1064.** C. j. c. A. Burkardus armiger, natus quondam Burkardi dicti Erbe militis Arg., per consensum Reinboldi dicti Hüffelin, militis Arg., patrui et curatoris ipsius armigeri, vendidit Johanni dicto Sickelin juniori militi Arg. annuos redditus 3 lib. den. Arg. de annuis redditibus 5 lib. et 2 unc., quas venditor habet de domo et area nuncupatis zûm Swederiche[1], quas Petrus Ripelin civis Arg. habet in emphiteosim, sitis in c. A. ginsit sant Thomans brucke juxta hospitale pauperum, pro 55 lib. den. Arg. A. 2. Wit. 3. venditor in redditibus patri suo successit. fuit quoque adjectum, quod, quandocunque idem venditor assignaverit infra spacium 8 annorum prefato emptori 45 lib. den. Arg., quod tunc emptor dictos redditus revendere debeat, usque ad id emptor est dominus directus aree. actum 4 idus novembres, a. d. 1324. hujus instrumenti 2 sunt paria[2]. ***November 10.***

Aus Strassb. Hosp. A. lad. 19 fasc. 2. 2 or. mb. c. sig. pend. und Transfix von 1324. Nach dem Copialbuch des Münsterchors im Domkapitelsarchiv gedruckt bei Mone Zeitschrift f. Gesch. des Oberrh. V, 393.

Verkauf. **1065.** Burcardus dictus Hesse et Hedewigis dicta Reyn de Rosheim uxor ejus civ. Arg., vendiderunt Berlino seniori venditori pannorum civ. Arg. et Ellekindi uxori sue redditus annuos 30 sol. den. Arg. super domo et area, sitis in der Krutenowe Arg. juxta venditores

---

[1] *Vgl. Str. G. u. HN. S. 164.* [2] *Der vorgenannte Johannes Sickelin verspricht vor dem judex curie den vorg. Burkard in Einziehung der 2 Pfund Zins, welche er sich behalten hat, nicht zu hindern. 1324 November 20. Transfix an der Haupturkunde. Auf dem einem Originale der Haupturkunde folgende Dorsualnotiz:* «exhibitum et lectum est presens instrumentum in presentia Gerbardi dicti Schöp militis Argentin., feria tertia ante Valentini, sub anno domini m ccc xxx septimo.»

predictos, pro 26 lib. den. Arg. A. 1. Burcardus asserit per juramentum suum, quod prestitit, ut asserit, civitati Arg.[1], dictos redditus non esse dotales et se quondam Anne, matri sue, successisse in eisdem. actum 4 nonas decembres, a. d. 1324. ***1324 Dezember 2.***

Aus Strassb. Hosp. A. lad. Hóp. XLI fasc. 57. or. mb. c. sig. pend.

1066. Hugo de Sarburg, perpetuus vicarius ecclesie s. Nicolai ultra Bruscam Argentine, aliquantalum debilis corpore testamentum suum ordinat; in primis legat episcopo unum fertonem argenti, item ecclesie s. Thome, in qua suam sepulturam eligit, redditus quosdam pro anniversario suo peragendo; item eidem 126 oves antiquas, quas habet apud Hugonem dictum Judenbreter de Krutenbach, item Johanni decano, magistro Johanni Ruwini canonico cuilibet 10 sol., Cůnrado thesaurario 4 suas concas argenteas, magistro Heinrico de Hugeswilre canonico ecclesie s. Thome 10 sol. den. Arg., item fabrice eccl. s. Thome 10 lib., fabrice ecclesie Arg. vestem suam blaveam, item legat de 30 sol. den. Arg., quos mutuavit super antiphonarium musicale, Alberto de Rotwilre prebendario dicte ecclesie 5 sol., item Johanni dicto Peier, Johanni dicto de Frankenheim, Johanni dicto Junge, Johanni dicto Kremer et Heinrico camerario s. Thome presbyteris cuilibet 5 sol., item Nicolao de Erstheim presbytero socio suo 5 sol. et vestem suam gilvi coloris, item Hedewigi famule sue subunculam suam kembelinam, duas vestes lineas et 2 linteamina, item Elisabeht de Sarbrücke 2 lib. den. Arg., item ad prebendam, quam fundavit in ecclesia s. Stephani in Sarburg redditus quosdam. omnia alia bona sua mobilia et inmobilia legat ecclesie s. Thome. hujus testamenti executores constituit Johannem decanum, Cůnradum thesaurarium, magistrum Johannem Ruwini et Heinricum de Hugeswilre predictos. sig. cur. Arg. est appensum. actum 7 idus januarii, a. d. 1325. ***1325 Januar 7.*** *Testament.*

Aus Strassb. Thom. A. lad. 25 (Titres). or. mb. c. sig. pend.

1067. C. j. c. A. Fridericus dictus Thöger, perpetuus vicarius ecclesie s. Aurelie e. m. A., ad prebendam sacerdotalem instituendam per eum super altari dicte virginis in eadem ecclesia pro dotatione ejusdem misse donavit bona in bannis villarum Schaftoltzheim et Wolfesheim. collationem prebende ad tempus vite sibi reservat, post ejus obitum decanus et capitulum s. Thome Arg. eandem habebunt. sacerdos cottidie in ortu diei missam celebrabit. actum 4 idus januarii, a. d. 1325. hujus instrumenti sunt 2. ***Januar 10.*** *Präbendenstiftung.*

Aus Strassb. Thom. A. lad. 25 (Titres). 2 or. mb. c. sig. pend.

1068. C. j. c. A. Künegundis, filia quondam Cůnradi dicti Wagener de Baldeburne, commorans Arg., de suis bonis in hunc modum ordinat. in primis legavit fratribus predicatoribus domus Arg., apud quos suam ecclesiasticam elegit sepulturam, 1 lib. et 20 sol. den. Arg., cedentes in refectorium ipsorum pro pictancia; item legavit cuilibet fratri presbytero, tunc conventuali, 6 den. Arg., item dicto conventui agros in banno ville Düttelnheim (fratres anniversarium suum et Demůdis, sororis ipsius, in die s. Gertrudis peragere tenentur), item fabrice dicte domus 1 lib. den., item voluit, ut 1 lib. den. convertatur pro cera ad ipsius exequias honorifice peragendas, item legavit fratri Petro de Grostein priori 1 lib., item fratri Hugoni de Achenheim 3 lib., item fratri Merkelino de Lare 1 lib., item Ůlrico de Mittelhus de dicto ordine 5 sol., item conventui predicatorum domus in Hagenowe et domus in Wissenburg cuilibet 10 sol., item fabrice eccl. Arg. 10 sol., item legavit singulis conventibus utriusque sexus monasteriorum in civitate et burgbanno Arg. (monasterio s. Stephani excepto) cuilibet 1 tricesimum, item 20 domibus mulierum in Argentina, dictis gotzhüsern, 1 lib. den. Arg. *Testament.* *März 17.*

[1] *Ein Burkart Hesse war im Jahre 1305-06 Mitglied des Strassburger Rates und hat als solcher wohl den Eid geleistet.*

cuilibet 1 solidum, item Anne dicte von über Rin 2 sol., Demodi de Geispotzheim 2 sol., existentibus in domo dicta des Merswins gotzhus, item Metze incluse in Altheim 5 sol., item Junthe incluse apud collem s. Michahelis in Arg. 1 sol., item Elline incluse in superiori Hugesbergen 1 sol., item infirmis decumbentibus in lectis hospitalis antiquioris Arg. 30 den., item Lůgardi de Hunesvelt et Nese de Zabernia, monialibus monasterii s. Nicolai Arg., cuilibet 1 trecentesimum, item Agneti et Gisele, executoribus suis, cuilibet 5 sol. den. Arg., item fratri Johanni dicto Fůterer et fratri Hartungo de Dúngensheim de ordine fratrum predicatorum, cuilibet 5 sol., item Metze, relicte Hesselini de Baldeburne, Gertrudi, Anne et Gisele, liberis suis, 1 quartale siliginis et magnum cůssinum, quod habet, item fratri dicto der Tůrlender de ordine fratrum predicatorum 5 sol., item Junthe de Baldeburne in des Luckeses gotzhus 5 sol., item Petrisse de Baldeburne, relicte Cůnonis de Bůtenheim, 5 sol., item Agneti dicte Hörweler in Arg. 1 lib. den. Arg., item Demodi de Baldeburne et Dine, ejus sorori, 5 quartalia siliginis, item Elline, consanguinee sue, uxori Hermanni de Flexberg, dimidium agrum in banno ville Flexberg et pelliciam meliorem, quam habet, ac cervical dictum ein pflumvederin cůssin, item Elline, filie dicte Elline, 1 lib. den. Arg., item Johanni, Lutzemanno et Nibelungo fratribus, consanguineis suis, filiis quondam Cůnonis de Bůtenheim agrum in Baldeburne. residua ab executoribus convertantur in promptam pecuniam sacrificandam ad altaria ad stolam apud domum predicatorum. legatrix constituit priorem predicatorum fratrum et confessorem ipsius, fratrem Merkelinum de Lare, Agnetim de Schafhusen et Giselam de Baldeburne Argentine commorantes suos executores. actum 3 idus januarii, a. d. 1325. ***1325 Januar 11.***

Aus Strassb. Hosp. A. lad. IV fasc 95. or. mb. c. sig. pend.

Leibzucht. **1069.** C. j. c. A. Hugo dictus Schöp, miles Arg., confessus est in presentia Johannis notarii abbatisse monasterii in Eschowe, se a dicto monasterio unam aquam dictam vulgariter der Erich in flumine Alse sitam inter villas Gravenstaden et Eschowe accepisse utifruendam pro tempore vite sue. sigilla curie Arg. et Hugonis sunt appensa. actum 14 kalendas februarii, a. d. 1325. ***Januar 19.***

Aus Strassb. Bez. A. G 1558. or. mb. c. 2 sig. pend. (sigill. curie est delapsum).

Schenkung. **1070.** C. j. c. A. domicella Phyna dicta Kelbin de Argentina in remedium anime sue donatione inter vivos donavit abbatisse monasterii s. Stephani redditus annuos 2 unc. den. Arg. et 2 caponum super una area, in c. A. in vico dicto Blindengasze juxta dictam de Windecke sita, super qua residet dictus Streler, ut inde procurentur lumina urenda apud summum altare dicti monasterii, cum ibidem divinum officium peragitur. A. 3. actum et datum 12 kalendas februarii, a. d. 1325. ***Januar 21.***

Aus Strassb. Bez. A. H 2684. or. mb. c. sig. pend. Gleichzeitige Dorsualnotiz: «XVIII den. constat sigillum.»

Verkauf. **1071.** Růdolf von Vegersheim der meister und der rat von Strassburg machen bekannt, dass herr Reimbolt von Lingolfesheim und frau Grede, seine gattin, bürger von Str., der stadt als ledig eigen verkauft haben «drú pfunde und fúnf schillinge geltes Strazburger pfenninge uf irn bencken, die sie hettent under unser stette pfaltze und rathus zů Strazburg», für 52 pfund pfenninge. Wit. 1. (für frau Grede). A. 3. «an der mittewochen nach sant Agnesen dage, 1325. haran warent wir herr Růdolf von Vegersheim *u. s. w. folgt der Rat.* ***Januar 23.***

Aus Strassb. Stadt A. Briefb. A 184ᵇ und 293ᵇ. 2 cop. mb. s. XIV.

1072. *König Ludwig verpfändet den Mülnheimern in der Mundat belegene Dorfschaften. Ulm.* *Pfandbrief*
1325 Januar 24.

Nota quod dominus rex [Ludovicus] obligavit Waltero, Eberhardo, Walthero, Johanni et Reynboloni de Mûlnheim villas sitas in Mûntat in Alsacia, que sibi et comicie palatine pertinent, pro 300 marcis argenti, per ipsos ac eorum heredes tenendas, quousque per ipsum vel suos heredes ab ipsis pro predicta pecunia redimantur, vel donec ipse rex et non alter ipsis predictam pecuniam in bonis aliis deputabit. datum in Ulma, in vigilia conversionis b. Pauli, a. d. 1325, regni vero nostri anno 11.

Aus dem allg. Reichsarchiv zu München Tomus privil. nr. 25, Registerband der Kanzlei König Ludwigs fol. 112[b]*. Kanzlei-Regest. Darnach abgedruckt Oefele scriptores rer. Boicarum I, 751. Böhmer Reg. Lud. 777.*

1073. *König Ludwig überträgt ein Lehen, das früher Burchard Zorn hatte, an Sigfrid Fullin. Ulm.* *Lehnsbrief.*
Januar 24.

Nota quod dominus rex [Ludovicus] contulit Syfrido Fullin feodum castrense in castro Lychsperch, quod tenuit Burchardus quondam dictus Zorn ab ipso et imperio. datum in Ulma, in vigilia conversionis b. Pauli, anno domini 1325, regni vero nostri anno 11.

Aus dem allg. Reichsarchiv zu München Tomus privil. nr. 25, Registerband der Kanzlei König Ludwigs fol. 112[b]*. Kanzlei-Regest. Darnach abgedruckt Oefele scriptores rer. Boic. I, 751. Böhmer Reg. Lud. 778.*

1074. *König Ludwig verpfändet an Nicolaus Blenkelin eine Wiese in Illkirch. Ulm.* *Pfandbrief.*
Januar 24.

Nota quod dominus rex [Ludovicus] obligavit Nycolao dicto Placnchlin et suis heredibus pratum quod vocatur Osthaimsant in Illenchirchen pro 40 marcis argenti, in quibus sibi tenetur, ab ipso pro predicta pecunia redimendo secundum continentiam litterarum, quas ipsi ab Ulrico lantgravio Alsatie habuerunt[1], et iste, qui tenet Illenchirichen, non debet ipsum aliquomodo inpedire. datum in Ulma, in vigilia conversionis b. Pauli, anno domini 1325, regni vero nostri anno 11[2].

Aus allg. Reicharchiv in München Tomus privil. nr. 25, Registerband der Kanzlei König Ludwigs fol. 112[b]*. Kanzlei-Regest. Darnach abgedruckt Oefele scriptores rer. Boic. I, 751. Böhmer Reg Lud. 779.*

1075. *König Ludwig verpfändet an Walther von Wintertur Lehen in Wezzelsheim. Ulm.* *Pfandbrief.*
Januar 24.

Nota quod dominus rex [Ludovicus] contulit Walthero de Winterluwer feoda in Wezzelsheim et suis heredibus, que antea tenuit Burchardus dictus Zôrn ab ipso et imperio, per ipsos tenenda et utenda, sicut predictus Burchardus tenuit, donec ab ipsis per ipsum regem vel suos successores in impero pro 30 marcis argenti redimantur. datum in Ulma, in vigilia conversionis b. Pauli, a. d. 1325, regni vero nostri anno 11.

Aus dem allg. Reichsarchiv in München Tom priv. 25. Registerband der Kanzlei Ludwigs. Kanzlei-Regest. Darnach abgedruckt bei Oefele script. rer. Boic I, 751. Böhmer Reg. Lud. 780.

---

[1] *Vgl. nr. 160.* [2] *Zur Stellung der Blenkelins gegenüber Ludwig vergl. das Verzeichnis der durch preces primariæ vom König verliehenen Pfründen, dessen Bruchstücke, zu 1322 gehörend, bei Oefele scriptores rer. Boicarum I, 735 ff. veröffentlicht sind. Ich teile daraus folgende auf Strassburg sich beziehende Stellen mit:* «Item ad ecclesiam s. Thome in Argentina pro Nycolao filio Planchlin civis Argentinensis pro prebenda et canonicatu cum clausula.» *S. 739.* «Item preposito et decano ecclesie s. Petri junioris in Argentina pro Petro notario Chunradi de Vriburch cum clausula.» *S. 739.* «Item abbati in Salas Argentinensis dyocesis pro Joanne de Spira filio Zurnonis pro beneficio.» *S. 740.*

Pfandbrief.

1076. *König Ludwig ermächtigt Michael Rulenderlin die Dörfer Illkirch, Grafenstaden, Wickersheim und den Zehnten zu Wickersheim, die verpfändet sind, an sich zu bringen und verpfändet ihm auf denselben weitere 100 Mark. Ulm.* **1325 Januar 28.**

Wir Ludowich von gots gnaden Römischer chüng, ze allen ziten merer des richs, veriehen offenlich an disem briefe, daz wir unserm lieben getruwen Micheln Rülenderlin von Strazburch gewalt geben haben und geben mit diesem briefe, daz er die dörfer Ilenchirchen, Grofenstaden, Wichersheim und den zehenden ze Wichersheim an unserer stat lösen und erledigen mach und sol von Purcharten dem schultheizzen und von sinen geswistergiden, von Hugen zů dem Riet, von dem Paenphel und von andern, den die selben dörfer steent und versetzet sint, umb als vil geltes, als si in versetzet sint, also daz er und sin erben die selben dörfer und gůt haben und niezzen sülen mit allen rehten und nützen und in aller wise, als si die inne gehebt hant, von den er si lösen sol. zů dem gelte schlahen wir im hundert march silbers uf die selben dörfer, die wir im gegeben haben umb die dienst, die er uns williclich getan hat und noch tůn mach. die selben hundert march sol er auch uf den pfanden haben in aller wise, als daz gelt da er si umb löset von den, die si iezů inne habent und da si brief umb habent von Römischen chüngen und cheisern. darüber ze urchünd geben wir in disen brief mit unserm insigel gesigelt. der geben ist ze Ulme, dez montags vor unserer vrowen tag ze lichtmesse, do man zalt von Cristes gebürte drizehenhundert iar darnach in dem fünif und zweinzigsten iar, in dem eylften iar unsers richs[1].

Aus Strassb. Stadt A. V. C. G. corp. B lad. 22 unter nr. 1—13. or. mb. c. sig. pend. mutil. Darnach abgedruckt bei Schöpfl. Als. dipl. II, 134 nr. 932. Böhmer Reg. Lud. 784.

Rentenkauf.

1077. C. j. c. A. Jacobus, Agnes et Katherina, liberi quondam Jacobi dicti zům Rosebôme civ. Arg., vendiderunt pro 40 lib. den. Arg. Sophie, relicte Johannis dicti de Důmenheim civis Arg.[2], redditus annuos 2 lib. den. Arg. per venditores solvendos super domo dicta zům Rôsebôme, quam ipsi inhabitant, et area ejusdem in c. A. in vico dicto Rosebômes gesselin[3] juxta domum dictam zům Dorfmanne e. u. et e. p. a. juxta aliam domum dictam zům Rosebôme, spectantem ad liberos quondam Phylippi apothecarii civis Arg. si venditores negligentes in solucione census fuerint, excommunicationis sententie subjacebunt. A. 1. venditores reservant sibi jus reemptionis infra spatium 6 annorum a data hujus. actum 3 kalendas februarii, a. d. 1325. **Januar 30.**

Aus Strassb. Thom. A. lad. Kaufbriefe 5. or. mb. c. sig. pend. delaps.

Tauschgeschäft.

1078. *Die Stadt tauscht mit dem Hospital Brodbänke vor dem Münster gegen Krautbänke bei s. Martin.* **Januar 31.**

Wir Rüdolf von Vegersheim der meister und der rat von Strazburg tůnt kunt allen den, die disen brief gesehent und gehörent lesen, daz wir durch unserre stette nutz frumme und gůt umbe die krutbecke bi sante Martin in unserre stat zů Strazburg, die do worent unsers spittals zů Strazburg, hant gegeben dem selben spittale achtzehen phunde geltes Strazburger phenninge und hand in ŏch der bewiset uffe unsern brotbencken, die gelegen sint vor unserre vrowen münster an der lichene muren in der stat zů Strazburg, daz er sie dovon neme alle iar, untz unser stat den selben spittal bewiset an andern stetten der vorgenanten achtzehen phunde geltes oder aber die vorgenanten achtzehen phunde geltes dem vorgenanten spittal abegeköffet. wir globent ŏch vür uns und alle unsere nachkomen von unserre stette wegen disen brief und dise wandelunge stete ze habende und nüt dowider ze tůnde noch

---

[1] *Vgl. vor allem nr. 176, 218, 259 und 440.* [2] *Vergleiche die Angaben des bischöfl. Lehnsbuches unter dem Namen Johannes von Dumenheim.* [3] *Vgl. Str. G. u. HN. S. 138.*

schaffen getan, wand alz ez dovor bescheiden ist, in gerihtes wise oder ane gerihte ane alle geverde. und daz diz war und stete si, so hant wir unserre stette ingesigel an disen brief gehenket. der wart gegeben an dem tunrestage vor unserre vrowen tage der liechtmesze des iarz, do men zalte von gotz geburte trůzehen hundert iar, da nach in dem fünf und zwenzigesten iare. haran warent wir her Claus Måler, *u. s. w. folgt der Rat.*

Aus Strassb. Stadt A. V. D. G. lad. 76. or. mb. c. sig. pend. delaps.

1079. Rudolf von Vegersbein der meister und der rat von Strassburg machen bekannt, dass herr Burkart Philer, bürger der stadt, verkauft hat «zehen schillinge Strazburger pheninge geltes uffe sime teile des brotbanckes, den er ligende het under unserme rathuse zů Strazburg, die er geerbet het», für 8 pfund pfenninge. A. 1. «er het ôch vor uns gesworn an den heiligen, daz er daz vorgeschriben gelt sinre elichen vrowen noch deheine sime kinde nůt habe zů widemen gegeben.» «an dem nehsten mentage nach unserre vrowentage der liechtmesze, 1325. haran warent wir her Claus Maler, *u. s. w. folgt der Rat.* *Verkauf.*

1325 Februar 4.

Aus Strassb. Stadt A. V. C. G. suppl. DD. or. mb. c. sig. pend.

1080. C. j. c. A. Sara relicta Hugonis dicti Jöche civis Arg., de consensu Petri presbyteri filii, et Katherine ac Anne, filiarum dicte relicte, locavit in emphiteosim Brigide abbatisse monasterii s. Stephani Arg. nomine conventus aream et curiam, que olim nuncupabatur dez Kellers hof et tendit e. u. p. ad ortum sive pomerium abbatisse dicti monasterii et e. p. a. ad publicam stratam necnon ad domum magistri Burcardi dicti Jöche et ad turrim apud pontem s. Stephani dictum s. Stephans brücke intra muros civitatis sitas, item unam domum, quam nunc inhabitat rasor, cum area et fundo e. m. A., tendentes a parte anteriori ad dictum pontem et ad arcum turris predicte et a parte inferiori ad aream cloace abbatisse, pro annuo censu 6 lib. et 3 den. Arg. (2 lib. den. Arg. et 3 den. sunt census antiquus) sine laudimio. si locatrix redditus predictos vendere voluerit, primum abbatisse vendicioni exponet. V. (juris emphiteotici). sigilla curie Arg., abbatisse et conventus sunt appensa. datum 15 kalendas martii, a. d. 1325. hujus instrumenti sunt 2[1]. *Erbleihe.*

Februar 15.

Aus Strassb. Bez. A. H 2684. 2 or. mb. c. 3 sig. pend. (in quolibet 2 delaps.)

1081. C. j. c. domini Hermanni de Thierstein, archidiaconi eccl. Arg., Conradus dictus de Münversheim, curator Conradi, Anne, Nycolai, Henselini, liberorum quondam Reinfridi an der Steinstrassen adhuc minorum, curatorio nomine curiam unam, sitam an der Steinstrassen, que nuncupatur dez Waldeners hof, juxta Ludewicum militem de Wasselnheim, locatam predicto quondam Reinfrido per Petrum, filium quondam Waldener militis Arg., canonicum ecclesie s. Thome Arg., remittit Henselino filio Jacobi zů der hellen civis Arg. pleno jure. actum et datum 8 kalendas marcii, a. d. 1325[2]. *Leihe.*

Februar 22.

Aus Strassb. Hosp. A. lad. Hôp. XLIII fasc. 47. or. mb. c. sig. pend.

1082. C. j. c. A. Johannes, Anna et Reynboldus, liberi quondam Johannis dicti Danris civis Arg., recognoverunt in forma juris, quondam Katherinam dictam Hentwingin, amitam ipsorum, de redditibus annuis 12 sol. et 6 den. Arg. super area domus dicte zum Mörlin, *Schenkung.*

---

[1] *Katherina und Anna, Töchter der Sara, von denen Anna an* Sifrid Engeslich von Mollesheim *verheiratet ist, verkaufen an das Kloster s. Stephan (Jacob von Osthoven Canonicus an diesem Kloster und Friedrich Gürteler Priester, Schaffner des Klosters) eine Rente von 4 Pfund Pfenningen auf den genannten Hofstätten für 71 Pfund Pfenninge. Petrus Jocke Priester, Sohn der Sara, giebt seine Zustimmung, verpflichtet sich aber nicht zur Währschaft. 1330. März 20. Or. ebendaselbst.* [2] *Vgl. nr. 1041.*

site in c. A. retro macellum, quam aream nunc detinet Gosselinus, salifex Arg., in remedium anime sue redditus 7 sol. et 6 den. ac in remedium quondam Johannis militis filii sui 5 sol. donasse fratribus Carmelitis domus Arg. redditus non debent alienari et anniversaria quondam
Jan. 3 Sept. 16. Katherine in octava s. Johannis apostoli ac quondam Johannis filii in die b. Eufemie peragi debent. quam donacionem predicti liberi et specialiter dicta Anna per consensum Ottonis de Matzenheim, mariti sui, approbant. actum 6 nonas martii, a. d. 1325. ***1325 März 2.***

Aus Strassb. Hosp. A. Prot. 7368 fol. 29b (Copialb. der Carmeliter s. XVI). cop. chart.

Schenkung. **1083.** *Die Vertreter des Abtes von Præmonstratum genehmigen den Verkauf des Allerheiligenhofes in Strassburg seitens des Klosters Allerheiligen.* ***März 14.***

Universis Christi fidelibus presentes litteras inspecturis. nos Rodulphus, dei paciencia abbas Wadegensis, ac Philipus, prepositus de Enkenbach, prelati ordinis Premonstratensis, Treverensis et Wormaciensis dyocesis, cupimus esse notum: quod cum nobis hoc anno a reverendo in Christo patre domino A. divina providentia abbate Premonstratensi et capitulo generali commissum specialiter extiterit, quatenus super vendicione ac alienacione domus ordinis nostri celle omnium sanctorum site extra muros Argentinenses, que olim fuerat fratrum saccitarum, inquisicionem solertem et diligentem adhiberemus; nos vero secundum ipsius commissionis traditam nobis formam diligenter et solerter procidentes inquisivimus de dicte domus vendicione et alienacione et invenimus ac connovimus, eam esse et futuram fore dicte ecclesie celle omnium sanctorum comodam et utilem ac toto ordini nostro honestiorem et utiliorem, quam fuerit usque modo. unde ipsius domus vendicioni et alienacioni nostrum benivolum assensum adhibemus pariter et consensum, ipsam vendicionem et alienacionem auctoritate nobis conmissa laudantes et approbantes et testimonio presentium literarum confirmantes. datum sub sigillis nostris, anno domini 1325, feria quinta post dominicam Oculi.

Aus Strassb. Bez. A. G 6170 (6195). 9. or. mb. 2 c. sig. pend. delaps. Der untere Pergamentrand, woran die Siegel hiengen, ist ganz abgerissen.

Verkauf. **1084.** C. j. c. A. domina Gerdrudis, nata quondam Johannis dicti in Kalbesgasse militis Arg., per manum et consensum Sigelini dicti de Mùlnheim armigeri Arg., mariti sui, vendidit Sophie, relicte Johannis dicti de Dûmenheim civis Arg., agros (gartackere) subscriptos p. p. e. l. pro 30 lib. et 15 sol. den. Arg. A. 1. venditrix constituit se una cum Sigelino predicto et Johanne dicto de Mùlnheim milite, fratre Sigelini, warandos. venditrix asserit se patri in dictis agris successisse. specificatio agrorum est hec et site sunt in banno s. Aurelie in suburbio civitatis Arg.: primo ½ ager apud patibulum juxta bona monasterii s. Agnetis e. u. et e. p. a. juxta bona liberorum quondam Johannis dicti de Kagenecke militis Arg., 2 agri et 1 vierdegezal contigui in dez bischoves gebreite ziehent uf Hebestritz anewender inter bona monasterii s. Katherine. actum 13 kalendas aprilis, a. d. 1325. ***März 20.***

Aus Strassb. Hosp. A. lad. 70 fasc. 2. or. mb. c. sig. pend.

Verkauf. **1085.** C. j. c. A. Agnes, relicta Erbonis dicti de Schiltingheim militis Arg., de consensu et voluntate Erbonis filii, Phyne et Anne, filiarum dicte relicte, necnon Lembelini dicti Doman, mariti dicte Anne, vendidit Gósselino Engilberhti, militi Arg., dicte relicte filiastro, redditus annuos 11 unc. den. Arg. super scampno panificum et ejus statione, in c. A. sub nova aula sitis juxta scampnum heredum quondam Alberti Rûlenderlini militis Arg., pro 14 lib. minus 4 unc. den. Arg. A. 1. datum 5 kalendas aprilis, a. d. 1325. ***März 28.***

Aus Strassb. Bez. A. H 2684. or. mb. c. sig. pend. delaps.

Pfandschaft.

1086. Eberlin von Mülnheim, ein ritter von Strassburg, erklärt, dass, wenn ihm der landgraf Ulrich von Elsass 130 mark silbers gegeben habe, alsdann das weingeld im betrage von 200 ohm (amen) weines zu Kestenholtz, das ihm vom landgrafen verpfändet ist, wieder an diesen zurückfallen soll; ebenso, wenn die hälfte gezahlt wird, die hälfte. Eberlin hängt sein siegel an. «mitewoche noch dem œsterdage, 1325.» **1325 April 10.**

Aus Strassb. Bez. A. G 1474 (1892) nr. 8. or. mb. c. sig. pend.

Leibrecht.

1087. C. j. c. A. Reinboldus, prebendarius monasterii in Hohenburg, et Greda, ipsius Reinboldi filia naturalis, recognoverunt, eis nichil juris conpetere in domo et area, in c. A. prope s. Petrum seniorem sitis juxta domum fabrice s. Marie nuncupatam zů dem Walsmanne[1] e. u. et c. p. a. juxta Johannem dictum Bůler, et si quid juris ipsis conpetiit, illi renuntiaverunt in hiis scriptis idemque jus in manus judicis predicti vice et nomine fabrice eccl. Arg. recipientis libere resignaverunt. preterea Johannes de Ebenheim presbyter procurator fabrice ecclesie Arg. nomine dicte fabrice locavit domum et aream Reinboldo et Grede predictis, quoad vixerint, pro censu annuo 6 den. Arg. (festo s. Martini solvendo). datum 13 kalendas maji, a. d. 1325. hujus instrumenti 2 sunt. **April 19.**

Aus Strassb. Frauenh. A. lad. 49 nr. 84. or. mb. c. sig. pend.

Incorporierung von Einkünften.

1088. Johannes episcopus Arg. ob parvitatem prebendarum chori eccl. Arg. incorporat eccl. Arg. ecclesiam in Mollesheim et assignat eidem medietatem reddituum. aliam medietatem recipiet hospitale in Mollesheim. sigilla episcopi et capituli sunt appensa. datum pridie kalendas maji, a. d. 1325. **April 30.**

Aus dem Archiv des Strassb. Domkapitels. or. mb. c. 2 sig. pend.

Verkauf.

1089. C. j. c. A. Petrus dictus Heidene, filius quondam Burkardi de Schônecke civis Arg., vendit Grede, relicte Hugonis de Schônecke militis Arg., presenti annuos redditus 13 unc. den. Arg. super 2 areis sitis contigue in c. A. an dem Holtzmerkele, super quibus solent poni plutei seu ligna, juxta emptricem e. u. et e. a. juxta Löselinum seniorem militem Arg. et tendunt super Bruscam, pro 14 lib. den. Arg. A. 2. actum 6 idus maji, a. d. 1325. **Mai 10.**

Aus Strassb. Stadt A. G. U. Pf. lad. 181 fasc. 2. or. mb. c. sig. pend.

Verkauf.

1090. *Rulman von Strassburg u. s. w. verkaufen 2 Metzgerbänke an Hannemann von Hochfelden.* **Mai 18.**

Wir Růlman von Straszburg, Gisel, sin elich wirtenne, Jordan, Dietheres sun dez metzigers von Hatstat, und Junte, sin elich wirtinne, ze Colmer gesessen, vergehent und tůnt kunt allen den, die disen brief sehent oder hôrent lesen, daz wir reht und redelich und eins rehten kôffes habent ze kôffende geben dem erbaren manne Hannemannen von Hohvelden, der ze Strazburg ist gesessen, eim metziger, und . . siner wirtenne alle die reht, die wir hettent an zwein metziger benken in der stat ze Strazburg gelegen, unde wir ze erbe komen sint, und ouch von reht erben sôllent, von . . . hern Bilgerins wegen, im ze habende und ze niessende eweklich umbe sechs pfunt pfenninge Strazburger gůter und genemer, die der vorgenante Hanneman uns darumb hat geben und ôch wir von im empfangen hant gar und gentzelich und in unsern nutz bewendet. die vorgenanten reht in aller der wise, als vorgeschriben ist, hant wir mit gesamenter hant dem selben Hanneman und siner wirtenne ufgeben und gevertiget, als reht ist, in und irn erben ze habende und ze niessende, und sôllent ôch dez ir und irre erben were sin wir und unser erben an allen stetten, da sis bedôrffent, ôch als reht ist. disen kôf und alles daz hie geschriben ist, geloben wir unver-

[1] *Vgl. Str. U. u. HN. S. 191.*

scheidenlich stete ze hande für uns und für unser erben und niemer da wider ze komende noh ze tůnde noh schaffen getan ane geverde. und darumb so verzihen wir uns ŏch für uns und unser erben allez rehtez geistliches und weltliches, allez burgrehtes, vorderunge und ansprache und aller der geverde, die wirr oder ieman von unsern wegen erdenken mögen nu oder harnah, damit wir wider dekein ding daz an disem brief geschriben stat getůn möhten ane geverde. und daz diz war und stete belibe, darumb so hant wir gemeinlich gebetten disen brief besigelt mit der burger ingesigel von Colmer ze eime urkunde. und wir . . der schultheisse . . und der meister und der rat von Colmer durch bette der vorgenanten personen hant unserre stete ingesigel ze Colmer an disen brief gehenket ze einem urkünde und gezůgniste der vorgeschribenen dinge, der wart geben ze Colmer nah gottes gebürte drůzehenhundert iar darnah in dem fünf und zweintzigsten iar, an den nehsten sammestage nach unsern herren uffart dage.

Aus Strassb. Hosp. A. lad. Hôp. XLIX fasc. 65. or. mb. c sig. pend.

Verkauf. **1091.** C. j. c. A. Ellina, relicta dicti Triege de Arg., de consensu Johannis dicti Cůnin, Hedewigis et Katherine, sororum ejus, Johannis dicti Rinowe sutoris Arg., Conczelini ejus fratris, Clare filie quondam Cůnini pellificis Arg., Jöselini mariti Clare, item Johannes dictus Cůnin predictus et dictus Jöselinus, tutores Katherine et Johannis, chouterinorum dicte Clare, minorum a Heinrico de Esselingen vicesculteto Arg. eis dati, eorundem nomine procuratorio vendunt pro 18 lib. den. Arg., domum in c. A., in vico dicto Vihegasse majori e. n. juxta Jeckelinum dictum Saltzmůtter et e. p. a. juxta Johannem dictum de Rangoltingen sitam, Bertholdo dicto Tesch carnifici Arg., ita quod de area 4 uncee den. Arg. et 2 capones annuatim debeantur. U. (Johannes et Jöselinus pro minoribus predictis). Wit. 1 (pro venditrice). Johannes minor adultus jurat de ratihabitione venditionis sacramentum corporale. actum quoad venditricem, Johannem de Rinowe, Contzelinum et Claram 9 kalendas junii, quoad Katherinam 8 idus junii, quoad Hedewigin et Johannem minorem 4 idus julii, quoad Johannem Cůnin et Jöselinum kalendis augusti, a. d. 1325. ***1325 Mai 24, Juni 6, Juli 12 und August 1.***

Aus Strassb. Stadt A. V. C. G. corp. K lad. 23 nr. 15. or. mb. c. sig. pend.

Verkauf. **1092.** C. j. c. A. Berwicus, natus quondam Johannis dicti Rotenburg civis Arg., vendidit Paulo dicto Mosung civi Arg. dimidiam partem pro indiviso octave partis passagii Reni zů den Hunden, item dimidiam partem pro indiviso censuum 11 sol. den. Arg. et 3 caponum annuatim de bonis in Yeringheim et Kenle solvendorum, item dimidiam partem pro indiviso orti in Kenle necnon jus venditori in passagio Reni apud Hunesvelt competens, pro pretio 130 lib. den. Arg. A. 1. bona et jura venditori ex successione paterna obvenerant. actum 9 kalendas junii, a. d. 1325. ***Mai 24.***

Aus Strassb. Stadt A. AA 1691. or. mb. c. sig. pend. Danach Regest in Mone Zeitsch. f. Gesch. d. Ob. Rheins XVI, 137.

Verkauf. **1093.** C. j. c. A. Anna, relicta Johannis dicti de Wolfgangesheim militis Arg., vendidit Sophie, relicte Johannis dicti de Důmenheim civ. Arg., pro pretio 30 lib. den. Arg. redditus annuos 20 unc. den. Arg. super area dicta dez Swabes hof et super domo et edificiis ejusdem aree, sitis e. m. A. an der Steinstrassen juxta Heinricum dictum Swarber, militem Arg., e. u. et e. p. a. juxta Cůntzelinum novum hospitem, in quibus patri suo, videlicet quondam Ůlrico dicto Swarber civi Arg., successerat. A. 1. ad majorem cautelam premissorum Götzo et Nicolaus fratres, dicti de Grostein, milites Arg., se predicte venditionis constituerunt warandos. Wit. 3. (pro Anna). actum quoad venditricem 13 kalendas julii, quoad fratres predictos 10 kalendas julii, a. d. 1325. ***Juni 19 und 22.***

Aus Strassb. Hosp. A. lad. Hôp. XLIII fasc. 46. or. mb. c. sig. pend

1094. C. j. c. A. Fritscho dictus Schidelin et Greda, ejus uxor, cives Arg., manibus coadunatis vendiderunt pro 35 lib. den. Arg. Cůnrado dicto de Rufach, civi Arg., dimidiam partem domus, site in c. A. bi dem hohenstege juxta locum dictum die Trenke e. u. et e. p. a. juxta domum quondam Johannis de Kagenecke, militis Arg., et tendit a parte posteriori super fossatum cerdonum, cujus alia pars est in bonis Heinzelini dicti Hörwelin, ita quod de area dimidie partis non plus detur annuatim preter quam 8 sol. den. Arg. et 2 capones census nomine domicelle Katherine, nate quondam Nicolai dicti Mursel civis Arg., que in hanc vendicionem consentit. A. 1. dicta dimidia pars Grede obvenerat ex successione quondam Heintzelini dicti Dose, fratris ejus. prefata domicella Katherina locat emptoribus dimidiam partem aree pro censu predicto in emphiteusim. Ex. 2. V. actum 7 idus julii, a. d. 1325. *Verkauf.*
1325 Juli 9.

Aus Strassb. Thom. A. lad. Kaufbriefe 6. or. mb. c. sig. pend.

1095. C. j. c. A. Berhta dicta de Rynowe, filia quondam Johannis dicti Wehelin civ. Arg., in remedium anime sue legavit priori et conventui ordinis fratrum predicatorum domus Arg. omnia bona sua mobilia. apud dictam domum eligit suam ecclesiasticam sepulturam. actum 15 kalendas augusti, a. d. 1325[1]. *Schenkung.*
Juli 18.

Aus Strassb. Hosp. A. Prot. Prédic. 107 (Copialb. s. XIV) fol. 80. cop. mb.

1096. Hermann, herr zu Lichtenberg, verlehnt herrn Niclawese Zorne, dem schultheiss von Strassburg, 33 viertel roggen zins in dorf und bann Schalkendorf. 1325, freitag vor s. Bartholomäustag[2]. *Lehnsbrief.*
August 23.

Aus dem frhrrl. v. Zorn-Plobsheim'schen Archiv. Papiercopialb. s. XVII exeunt. f. 203a. cop. chart.

1097. *Die Stadt vertauscht Besitzungen mit Sophia, Herrn Bilgerins Gattin.* **August 27.** *Tauschgeschäft.*

Wir Rŭdol Stŭbenweg der meister und der rat von Strazburg tůnt kunt, allen den die disen brief gesehent und gehorent lesen, daz wir von unserre stetde wegen und durch iren nutz und frome einen wehsel hant getan, alz hienach geschriben stat, mit vron Sophien hern Bilgerins elichen wirtin vůr uns und alle unsere nachkomen und sů herwider vůr sich und alle ire erben mit willen und gehelle hern Bilgerins des vorgenanten irz elichen wirtes unde wissenthaften vogetes. der vorgenanten vrun Sophien und iren erben sůllent abegan ewiclichen die fůnf schillinge geltes uf dem orthuse genesite Schintbrucken, do die kesselere inne sitzent[3], die unserre stetde warent, und sol unser stat kein gelt me da uffe han von der fůnf schillinge wegen; so sol aber unserre stat abegan die fůnf schillinge geltes uf irme bronthancke, der gelegen ist under unserre phaltzen, davon man ir gab alle iar fůnf schillinge und ein phunt, und sol man ir und iren erben davon nůt me geben danne ein phunt; und hant globet zů beden siten und sint sin ŏch schuldig worden des vorgeschriben wehsels reht wer ze sinde gegen mengelicheme alse reht ist. wir vůr uns und unsere nachkomen von unserre stetde wegen und sů vůr sich und ire erben stete ze habende die vorgeschriben wehselunge und disen brief ane alle geverde. und daz diz war und stete si, so han wir unserre stetde ingesigel an disen brief gehenket. der wart gegeben an dem zinstage vor sante Adolfes tage, dez iarz do man zalte von gotz geburte trůzehen hundert iar und fůnfe und zwenzig iar. haran warent wir Claus Maler, *u. s. w. folgt der Rat.*

A aus Strassb. Stadt A. V. C. G. suppl. DD. or. mb. c. sig. pend.
B ebendaselbst Pf. G. lad. 102 fasc. P. or. mb. c. sig. pend.

---

[1] *Ganz dieselben Bestimmungen trifft am gleichen Tage* Greda dicta de Rynowe, filia quondam Johannis dicti Wehelin civ. Arg. *Ebendaher fol. 80.* [2] *Derselbe verlehnt an denselben 50 Mark Silber auf einer Matte zwischen der alten Schutter und der Kinzig, genannt die Lichtenbergerin. 1330 Mittwoch nach Lichtmess. Februar 7. Ebendaselbst fol. 203b.* [3] *Vgl. nr. 614*

Schenkung. **1098.** C. j. c. A. Hedewigis, filia quondam Heinrici dicti Helleveger de Westhusen, Heinrico, filio suo, clerico titulo legati donavit bona subscripta (retento sibi usu ad tempus vite sue) sub hac condicione, quod videlicet, si ipse clericus in seculo permanserit sive in statu clericali vel laicali, quod tunc post ipsius filii mortem in donatricis, filii et fratris Lentzelini in hospitali Arg., fratris dicte donatricis, animarum remedium cedant infirmis in hospitali antiquiori pauperum Arg., ita ut ipsarum personarum anniversarium peragatur perpetuis temporibus; si vero ipse clericus aliquam religionem fuerit ingressus, quod tunc dicta bona post ipsius mortem cedere debebunt ordini hujusmodi. A. 1. (in judicem predictum nomine dicti clerici). specificatio dictorum bonorum est hec: primo una domus sita in c. A. in Stadelgasse juxta Petrum dictum Swarber[1], item bona in Westhusen. actum 14 kalendas octobres, a. d. 1325. hujus instrumenti sunt 2. ***1325 September 18.***

Aus Strassb. Hosp. A. lad. Hôp. LVI fasc. 6. or. mb. c. sig. pend.

Eigentumsrechte. **1099.** C. j. c. A. Conradus et Johannes, filii Cônradi dicti Gûrteler civis Arg., confitentur, quod turris contigua et sita apud ortum dictum der Golzgarte in c. A., quam quondam Nicolaus dictus de Rymûtheim miles Arg. de gratia magistri et consulum civitatis Arg. possedit, titulo proprietatis pertinet ad civitatem Arg., quod, quamdiu ipsi fratres eandem turrim possident, possidebunt ex magistri et consulum civitatis Arg. gratia; et ipsi et quilibet possessor dicti orti solvere debent singulis annis 4 sol. den. Arg. de petia dicti orti, sita prope turrim antedictam, altari seu cappellano altaris dicti Frûgealter siti in ecclesia Arg. inter altare b. Marie virginis et altare s. Nicolai. promittunt insuper dicti fratres dictam turrim tenere in structura solita. actum 5 kalendas octobris, a. d. 1325. ***September 27.***

Aus Strassb. Stadt A. Briefb. A 179ª. cop. mb. s. XIV.

Lehen. **1100.** C. j. c. A. Burcardus dictus Schôp miles Arg. recognovit, se omne jus sibi competens in villis Ursheim, Artzenheim, Baldoltzheim et Elsenheim resignasse pro 205 marcis argenti et 140 lib. den. Arg., quas recepit a Johanne episcopo Arg. nomine Ulrici lantgravii Alsatie inferioris. [*folgt der Wortlaut der Urkunde nr. 831*]. sigilla curie Arg. et Burcardi sunt appensa. actum 15 kalendas novembres, a. d. 1325[2]. ***Oktober 18.***

Aus Strassb. Bez. A. G 93 (529). or. mb. c. 2 sig pend. Das Pergament ist mehrfach zerfressen.

Schenkung. **1101.** C. j. c. A. Agnes, relicta Johannis dicti Klobelôch, civis Arg., ob pium affectum, quem habet erga filiam suam Annam, eidem de hereditate paterna sua donat de consensu Waltheri, Delie, Adelheidis et Nicolai, dicte Agnetis liberorum, necnon Johannis de Winterture Arg., mariti dicte Delie, donatione inter vivos annuos redditus 14 unc. den. Arg. super scampnis dictis brotbencke, situatis sub palatio civitatis Argentinensis, item octavam partem proventuum de passagiis Reni zû den Hunden und zû Hunesvelt, item duas partes reddituum super bonis in villa Kenle[3], salvo tamen dicte de Eckeversheim relicte pro tempore vite sue usufructu predictorum proventuum passagiorum et reddituum, transferens per porrectionem calami, ut est moris, in prefatam Annam presentem et recipientem per manum Johannis, mariti sui, nati Pauli dicti Masung Arg., illos redditus loco 150 marcarum argenti ponderis Arg. preterea dicta Anna donavit in dotem Johanni marito suo redditus predictos, ut iis Johannes pro tempore vite sue jure dotis utifruatur secundum jus Argentinense et consuetudinem civitatis. actum 13 kalendas decembris, a. d. 1325. hujus instrumenti 2 sunt paria. ***November 19.***

Aus Strassb. Stadt A. Pf. G lad. 102 fasc. P. or. mb. c. sig pend.

---

[1] *Vgl. nr. 1051.* [2] *Die Dörfer besass der Landgraf Ulrich selbst zu Lehen von der Kirche zu Strassburg, wie aus einer Urkunde von 1325 Oktober 21 daselbst hervorgeht.* [3] *Vgl. nr. 811.*

1102. C. j. c. A. domina Gerdrudis, relicta Cûnonis dicti de Kagenecke militis Arg., disponit de aliquibus bonis ipsius. primo in anime sue remedium legat Gisele, filie sue, domine claustrali monasterii s. Johannis zû den hunden e. m. A., redditus annuos in Criegesheim apud Düngensheim, de hiis redditibus vero dabit 2 lib. den. Arg. conventui ordinis fratrum predicatorum (1 pro anniversario peragendo predicti quondam Cûnonis, 1 item Gertrudis). 10 sol. monasterio s. Johannis die anniversarii quondam Cristine matris prefate Gerdrudis, 10 sol. monasterio s. Elysabeth e. m. A. die anniversarii dicte quondam Cristine. Gerdrudis quoque statuit, quod post obitum suum frater Johannes dictus Stoltzenecke, germanus ipsius domine Gerdrudis, et frater Petrus de Monasterio ordinis predicatorum de residuo, ultra dictos redditus 3 lib., disponant et ordinent, prout saluti anime Gerdrudis melius visum fuerit expedire; item disponant de ipsius cleinodiis consistentibus in anulis, vasis argenteis, et obis, ac de peplis et de omnibus vestibus, si ipsa Gerdrudis de ipsis non ordinaverat. Gerdrudis eligit etiam apud fratres predicatores suam ecclesiasticam sepulturam. «acta sunt hec die b. Cecilie, presentibus fratre Johanne dicto Stoltzenecke predicto et fratre Cûnone de Kagenecke ordinis predicti ac Nicolao de Pfettensheim cive Argentinensi ad premissa pro ex parte dicte domine Gerdrudis vocatis et rogatis», a. d. 1325. *1325 November 22.* *Testament.*

Aus Strassb. Hosp. A. lad. 108 fasc. 5. or. mb. c. sig. pend.

1103. Claus Zorn der ältere der meister und der rat von Strassburg machen bekannt, dass die äbtissin und der convent «zû sante Claren uf dem werde» verkauft haben der priorissin und dem convent zu s. Nicolaus «den garten mit den zwein husern und hovestetden, die darzû gehôrnt, vûr lidig eigin, die do iungvrowen Junten seligen warent des tholer von Barre, von der selben iungvrowen Junten seligen wegen mit alleme buwe rehte und begriffe, alz sie untz her gelegen und begriffen sint einsite nebent den vrowen zû sante Niclawese den vorgenanten und andersite nebent dem garten, der do waz innevrowen Fynen von Barre und stosset aftern uffe den graben, der do scheidet dez Mangoltz garten und den vorgenanten garten,» für 47 mark silbers. «an sante Lucien tage, 1325. haran warent wir Claus Zorn der eltere, u. s. w. *folgt der Rat.* *December 13.* *Verkauf.*

Aus Strassb. Stadt A lad. s. Nicol. Thom. Steph. fasc. I. or. mb. c. sig. pend.

1104. Hermannus prepositus, Johannes thesaurarius, totumque capitulum ecclesie s. Arbogasti e. m. A. locant aream ad officium custodie deputatam, in c. A. in der Crutenowe juxta aream ecclesie s. Stephani Arg. et aream leprosorum in Rotenkirche e. m. A. sitam, Heilemanno dicto de Hügelsheim et Katherine uxori ejus, civibus Arg., in emphiteosim pro annuo censu 10 unc. den. Arg. et 2 caponum. Er. 4. V. emptor non sit potens vel talis persona, a qua capitulo in censuum solutione guwerra seu impedimentum poterit suboriri. sigilla prepositi, thesaurarii et conventus appensa sunt. datum 17 kalendas januarii, a. d. 1325. *December 16.* *Erbleihe.*

Aus Strassb. Stadt A. V. D. G lad. 50. or. mb. c. 3 sig. pend. (2 delaps.)

1105. C. j. c. A. Johannes dictus Hanneman, carnifex Arg., et Gerina, uxor ejus, vendiderunt Heinrico de Honburg, gubernatori hospitalis antiquioris pauperum Arg., nomine infirmorum solum in lectis decumbentium, duo scampna dicta zwene vleschbencke, sita in c. A. inter macella juxta Berhtoldum dictum Desche e. u. et e. a. juxta fabricam ecclesie Arg., p. p. e. l. pro 30 lib. den. Arg. A. 2. actum 7 idus januarii, a. d. 1326[1]. *1326 Januar 7.* *Verkauf.*

Aus Strassb. Hosp. A. lad. 173 fasc. 27. vid. mb. c. sig. pend. ausgestellt vom judex curie domini prepositi. *1333 April 1.*

---

[1] *Johannes, Sohn des genannten Verkäufers, giebt zum Verkauf seine Zustimmung. 1326 August 11. Transfix an der Haupturkunde.*

Schenkung. **1106.** C. j. c. A. Nicolaus dictus Stempfelin Arg. Agneti et Junthe, sororibus suis, donatione inter vivos donavit omnia bona immobilia, redditus et census, que et quos habet in civitate et burgbanno Arg., item in bannis et villis Olswilre et Künigesheim. A. 1. actum 3 idus januarii, a. d. 1326[1]. ***1326 Januar 11.***

Aus Strassb. Bez. A. G 4809 (5181). 1. or. mb. c. sig. pend. delaps.

Verkauf. **1107.** C. j. c. A. Burcardus dictus Schultheisze, miles Arg., et domina Agnes, ejus uxor, ac Reinboldus, et Burcardus armigeri, filii conjugum predictorum, manibus elevatis vendiderunt Burcardo dicto Twinger civi Arg., Grede uxori sue, et Anne, ipsius Grede sorori, relicte Heinrici dicti Mosung (conjugibus pro ½ et Grede pro ½ parte), redditus 2 lib. et 11 sol. super domo et area, in c. A. zû Scharlotburne sitis, pro 49 lib. den. Arg. A. 1. Agnes asserit per fidem se quondam Reinboldo Reinböldelini militi Arg., patri suo, successisse in redditibus antedictis. Wit. 3. (pro Burcardo). actum 19 kalendas februarii, a. d. 1326[2]. ***Januar 14.***

Aus Strassb. Bez. A. G 3659 (4054). 3. or. mb. c. sig. pend.

Verkauf. **1108.** C. j. c. A. Hugo dictus Clotz, carnifex Arg., et Katherina, ejus uxor, de consensu Grede privigne dicte Katherine et Cüntzelini dicti Höhestete carnificis, mariti dicte Grede, item Katherine et Nicolai dicti zû der altenmünszen panificis, mariti ejusdem Katherine, necnon Anne, predictorum Hugonis et Katherine filie, ac Dietrici de Ettendorf, mariti ejusdem Anne, vendiderunt Wilhelmo carnifici, filio quondam Wilhelmi carnificis Arg., fratris dicti Hugonis, unum macellum, in c. A. inter macella carnificum juxta Ottonem dictum Nier e. u. et e. p. a. juxta Rûdolfum dictum Riplin militem Arg.[3], ita quod de macellis dentur annuatim 4 sol. et 4 den. Arg. nomine census Gisele, relicte Ebelini dicti de Mûnoltzheim civ. Arg., que macellum emptori pro censu predicto locat, item dimidiam partem pro indiviso unius macelli, ibidem juxta Johannem Gosberhti e. u. et e. p. a. juxta Nicolaum Lûtfridi siti, cujus residua dimidia pars ad emptorem pertinet, pro 25 lib. den. Arg. A. 1. Wit. 1. (pro Katherina, uxore Hugonis). actum quoad omnes personas predictas excepta relicta predicta 16 kalendas februarii, actum vero quoad dictam relictam 11 kalendas martii, a. d. 1326. ***Januar 17 und Februar 19.***

Aus Strassb. Bez. A. H 2977. or. mb. c. sig. pend.

Verkauf. **1109.** C. j. c. A. Heinricus dictus Schertzheim, caldareator Arg., et Burga, ejus uxor, Brigida et Berhtoldus, liberi ipsorum, vendunt pro 5 lib. et 5 sol. den. Arg. Walthero dicto Stûler de Argentina et Lucgardi, uxori sue, unam domum, in c. A. bi der bedecketen brucken juxta Hugonem de Barre e. u. et e. a. p. juxta Drütilmannum sutorem, (ita quod non plus detur de area annuatim preter quam 10 sol. den. Arg. et 2 capones nomine census Johanni dicto Hunesvelt, militi Arg., domino directo aree), de consensu expresso prefati militis ibidem presentis. Er. 1. recognovit dictus miles, se nunc laudimium recepisse. A. 1. U. (pro Greda, filia venditoris). actum 13 kalendas februarii, a. d. 1326. ***Januar 20.***

Aus Strassb. Frauenh. A. lad. 49 nr. 85. or. mb. c. sig. pend.

Präbendenstiftung. **1110.** C. j. c. A. Sigelinus dictus Bilgerin miles Arg., executor ultime voluntatis Anne filie quondam Cûnonis dicti Sûner militis Arg., olim uxoris sue, de consensu Cûnonis militis et Nicolai armigeri fratrum atque Dyne sororis ipsius dictorum de Rymelnheim eorundemque

[1] *Die beiden genannten Schwestern, Töchter des verstorbenen Heinrich Stampf, setzen sich gegenseitig zu Erben ein unter Zustimmung ihrer Brüder, des Priesters Heinrich und Johannes. 1326 April 5. Original daselbst.* [2] *Vgl. nr. 184, 447, 451, 554 und 590.* [3] *Vgl. nr. 582.*

heredum proximiorum prefate Anne instituit de bonis dicte quondam Anne prebendam sacerdotalem in ecclesia s. Thome in altari s. Pauli, in quo et alia prebenda per quondam Volmarum de Eychache civem Arg. instituta est. prebendarius singulis diebus missam celebrabit. distribucionum in choro particeps erit; et in recompensacionem earundem dabit choro annis singulis 4 lib. den. Arg. Sigelinus prebendam confert Friderico dicto Spies tunc viceplebano ecclesie parrochialis s. Petri senioris Arg. jus patronatus est apud decanum et capitulum ecclesie s. Thome. prebenda dotatur bonis in bannis villarum Batzendorf, Berstheim et Wintershusen. actum 9 kalendas februarii, a. d. 1326. ***1326 Januar 24.***

Aus Strassb. Thom. A. Registrande A fol. 34[b]. *cop. chart. s. XIV.*

1111. C. j. c. A. Cûnradus dictus de Otoltzhoven, civis Arg., Katherina ejus uxor, Heilka et Ellekindis, filie eorum, et specialiter Heilka per manum Johannis dicti Zürner sui mariti, et Ellekindis per manum Johannis dicti Rorer sui mariti ibidem presentium, locaverunt in emphiteosim Cûnrado presbytero dicto de Swindratzheim residenti Argentine domum unam, in der Crutenowe e. m. A. sitam juxta Götzonem dictum Mendewin e. u. et e. p. a. juxta pistrinum Petri dicti Swarber, necnon omne jus ipsis locatoribus conpetens in dimidia parte vici, ante dictam domum siti inchoantis in pistrino predicto et in publica strata et tendentis ad flumen Reni ex opposito turris dicte des güldentürns, item omne jus locatoribus conpetens in area dicte domus, ad monasterium s. Stephani Arg. proprietatis titulo pertinente pro annuo censu 2 lib. et 4 unc. den. Arg. preter censum predictum dabunt abbatisse et conventui monasterii s. Stephani de area predicta 8 unc. den. Arg. Fritscho dictus Gürteler presbyter procurator dicti monasterii in dictam locationem consentit. E. 1. pro censu 2 lib. et 4 unc: Er. 5. V. Katherina predicta asserit per juramentum corporaliter prestitum se parentibus in dicta domo successisse, Conradus per fidem asserit sibi in iisdem jus dotale non competere. datum 13 kalendas marcii, a. d. 1326[1]. ***Februar 17.*** *Erbleihe.*

Aus Strassb. Hosp. A. lad. 172 fasc. 13. or. mb. c. sig pend.

1112. C. j. c. A. Cûno dictus Frevelere de s. Aurelia apud Argentinam et Metza, ejus uxor, filia quondam Nycolai dicti Scholleman de Kützilsheim, manibus choadunatis vendiderunt Sophie, relicte Johannis dicti de Dûnenheim civis Arg., 2 agros (gartackere) p. p. e. l. in banno civitatis Argentine in dem burgvelde contigue sitos juxta bona Grede dicte zû der Schûren e. u. et e. p. a. juxta alia bona emptricis, pro 27 lib. den. Arg. A. 1. venditores asserunt per juramentum corporaliter prestitum, bona non esse dotalia nec ulli obnoxia. U. (venditores cum Johanne dicto Schaffener de s. Aurelia pro Irmelina, Reinlindi, Anna, Jekelino, Katherina et Nicolao, dictorum venditorum liberis adhuc minoribus). actum 4 kalendas marcii, a. d. 1326. ***Februar 26.*** *Verkauf.*

Aus Strassb. Hosp. A. lad. 70 fasc. 2. or. mb. c. sig. pend.

1113. *Entscheidung eines baupolizeilichen Streites.* ***März 2.*** *Entscheidung eines baupolizeilichen Streites.*

Allen den si kunt, die disen brief gesehent und gehörent lesen, daz an uns Johannesen Klobelôch und Rûlman Swarber, scheffele und burgere zû Strazburg, und an Heintzen Berwarten liezent meister Hug, unserre stette schriber, und Meintze Mûgin alle ire misschelle, die sie gegen einander hettent von der zweier hûsere wegen zûm Mördelin; do sprechent wir

[1] Conductor prescriptus vendit jus emphiteoticum in domo prescripta Johanni. nato Johannis dicti Rietman de Uffenheim hospiti et Katherine ejus uxori, residentibus in der Crutenôwe e. m. A., pro 30 lib. et 1 den. Arg.; Katherina uxor Cûnradi de Otoltzhofen civ. Arg. et Fritscho dictus Gürteler presb. procurator monasterii s. Stephani consentiunt. actum 5 kalendas februarii, a. d. 1329 *Januar 28.* *Or. ebendaselbst.*

bede uf unsern eit, und sprach ez ôch mit uns der vorgenante Berwart: sider die vorgenante Mûgin sich vermas zû erzûgende, daz die want halber ir were, die do scheidet meister Huges hövelin und der vorgenanten Mûgin hus, und daz nùt erzûgete, daz die selbe want gar sol sin meister Huges, so sprechent wir aber bede uf unsern eit, und het uns der vorgenante Heintze daran geholfen, alse wir die warheit hant gehôrt und geschach daz mit willen und gehelle meister Huges und der Mûgin der vorgenanten, daz meister Hug von des valles wegen, daz der Mûgin tag viel an irme hindern huse nebent meister Huge dem vorgenanten, der selben Mûgin nùtzniht ist schuldig uf zerihtende. so sprechent wir aber uf unsern eit, und het uns der vorgenante Heintze dar an geholfen, alse wir die warheit hant gehôrt aber mit der vorgenanten zweier personen willen und gehelle, daz meister Hug und Metze die vorgenanten ein muerlin eins halben steines dicke mit gemeine kosten uf sûllent fûrn durch daz kehrlin, daz do stosset an den weg, alz die mure stat, die ir beder gewelbe scheidet. ich Heintze Berwart der vorgenante sprich uf minen eit, daz die vorgenanten iungherre Johannes und iungherre Rûlman reht hant gesprochen und gehille mit in an allem dem sprechen, daz sû da obenan gesprochen hant, und bitte sie ôch wande ich ingesigels nùt enhabe, daz sie dis sprechen mit iren ingesigeln versigelnt und begnûget mich ôch damitte. wir Johannes und Rûlman die vorgenanten zû eime waren urkunde aller der vorgeschriben dinge und durch bette Heintzen dez vorgenanten haben wir unsere ingesigele an disen brief gehenket, der wart gegeben an dem suntage, do man sang Letare, dez iarz do man zalte von gotz geburte drùzehen hundert iar und sehs und zwenzig iar[1].

Aus Strassb. Hosp A. lad. Hôp. XLI fasc. 75. or. mb. c. 2 sig. pend.

Präbenden-stiftung. **1114.** C. j. c. A. Sefridus dictus de Nunnenwilre et Mehtildis, ejus uxor, cives Arg., de consensu Brigide abbatisse et conventus monasterii s. Stephani Arg., ad quod jus patronatus ecclesie parrochialis s. Stephani pertinet, et Heinrici de Etteningen, perpetui vicarii ejusdem ecclesie, in dicta ecclesia instituit prebendam in altari b. Marie virginis. ad prebendam deputant Johannem, filium Cûnradi, fratris dicti Sefridi. collatio prebende est apud abbatissam. prebendarius horis canonicis, sicut alii prebendarii, superpelliciatus interesse tenetur. prebenda dotatur variis bonis. sigilla curie, abbatisse, conventus et Heinrici sunt appensa. actum 4 nonas marcii, a. d. 1326. ***1326 März 4.***

Aus Strassb. Bez. A. H 2613. 2. or. mb. c. 2 sig. pend. (quorum 2 delaps.)

1115. C. j. c. A. Alberhtus dictus Judenbreter de Reinicheim civis Arg. et Minnelina ejus uxor, nata quondam Nicolai dicti de Sarburg civ. Arg., manu chondunata vendiderunt Johanni nato quondam Johannis dicti Böckelin civis Arg., et Nicolao, Güntzelino, et Ulrico fratribus pro pretio 12 lib. den. Arg. redditus annuos contentos in instrumento, cui presens littera transfixa est, consensu expresso Heintzelini dicti de Sarburg fratris dicte Mynneline, qui renunciavit omni juri in dictis redditibus. A. 1. Wit. 1. (pro Alberhto). U. (venditores et Heintzelinus predicti pro Greda, Katherina, Alberhto, Heintzelino, Mynnelina et Elsa, liberis dictorum venditorum). datum nonas marcii, a. d. 1326. ***März 7.***

Aus Strassb. Hosp. A. lad. 43 fasc. 2. cop. chart. (von ca. 1400). Wohl ursprünglich Transfix an nr. 685.

Verkauf. **1116.** C. j. c. A. Burcardus armiger, filius quondam Burcardi dicti Erbe militis Arg., vendidit Erboni dicto zû dem Stôffe, civi Arg., 2 agros frugiferos in suburbio civitatis Arg. sitos, videlicet 1 agrum in dem burgvelde juxta dominos s. Arbogasti e. u. et tendit ultra viam et e. a. p. juxta Wilhelmum dictum Dantz civ. Arg. juxta patibulum civitatis Argentine,

[1] *Vgl. nr. 944.*

item 1 agrum in des bischoffesgebreite juxta heredes quondam Symundi dicti Korner e. u. et e. p. a. juxta Erbonem emptorem, p. p. e. l. pro 22 lib. minus 10 sol. den. Arg. A. 1. venditor asserit per juramentum corporaliter prestitum, agros uxori sue non dedisse in dotem vel alias eosdem agros esse obnoxios. actum 16 kalendas aprilis, a. d. 1326. *1326 März 17.*

Aus Strassb. Hosp. A. lad. 70 fasc. 4. or. mb. c. sig. pend.

1117. C. j. c. A. Heinricus de Ehingen, sartor Arg., Sophia, uxor sua, et Katherina, filia eorundem, donacione inter vivos fabrice ecclesie Arg. omnia bona sua mobilia et immobilia dederunt et per porrectionem calami tradiderunt presente Johanne de Ehenheim presbytero, gubernatore et procuratore dicte fabrice. specificacio bonorum: primo domus sita in c. A. vor sant Andres tor juxta domum prebende, quam nunc obtinet Röfelinus prebendarius eccl. Arg., et redditus 1 lib. den. de agro in banno ville Oberehenheim. his peractis donatores recipiunt a procuratore omnia bona ad tenendum et utifruendum pro tempore vite sue pro censu annuo 1/2 vierlingi cere in signum directi dominii. actum kalendas aprilis, a. d. 1326. *April 1.* *Schenkung. Leibzucht.*

Aus Strassb. Frauenh. A. Saalbuch 3 fol. 102b. cop. s. XIV exeunt.

1118. C. j. c. A. Beatrix, relicta Johannis dicti Viviantz, abbatisse et conventui monasterii s. Clare uf dem Rossemerkete Arg. donacione inter vivos de manu sua donavit in remedium anime sue annulum bonum cum magno saphiro sub hoc pacto, quod idem annulus inalienatus apud ipsas dominas permanere debeat, et quod abbatissa dominabus seu cuilibet domine de dicto conventu, que indigenciam habuerit dicti annuli pro aliqua infirmitate fuganda, ipsum sibi prestare teneatur. eadem statuit de consensu Berhte domicelle, pedisseque sue, ut redditus in Schaftoltzheim, donati a Berhta dicta, post dicte pedisseque obitum, necnon Agnetis neptis ejusdem, monialis monasterii s. Johannis Arg., necnon obitum Beatricis, sororis dicte monialis, idem monasterium ingressure, dictis abbatisse et conventui cedere debeant et quod de ipsis anniversaria quondam Hugonis dicti Tanrys, prioris mariti, et quondam Johannis dicti Viviantz, secundi mariti, ac quondam Nese, uxoris Nicolai de Rümelnheim, nate ipsius Beatricis, peragantur. actum 3 nonas aprilis, a. d. 1326[1]. *April 4.* *Schenkung.*

Aus Strassb. Hosp. A. lad. 50 fasc. 15 or. mb. c. sig. pend. mutil.

1119. C. j. c. A. Adelheidis, relicta Hessonis dicti Pfaffenlap, nunc uxor Petermanni dicti Löselin, armigeri Arg., per manum dicti sui mariti in presentia Agnetis, matris ipsius Adelheidis, promittit, ipsam matrem suam promittere quiete et pacifice tenere et possidere omnia bona sua donare ipsa ac alias de ipsis disponere, prout in instrumento, cui hec cedula infixa est, continetur. Adelheidis approbat omnia et singula, que in ipso instrumento continentur. actum 4 idus aprilis, a. d. 1326. *April 10.* *Vertrag.*

Aus Strassb. Stadt A. G. U. P. lad. 178 nr. 53. or. mb. c. sig. pend. delaps. Früher Transfix an einer andern Urkunde.

1120. *Der Rat entscheidet einen Streit über Grundbesitz in Osthausen.* *April 24.* *Urteilspruch.*

Wir Burkart von Mülnheim . . der meister und der rat von Strazburg tünt kunt allen den, die disen brief gesehent oder gehörent lesen, daz her Sygelin Waldener, tümherre unde keller zü Rynöwe, von der erbern herren wegen dez dechans und dez capitels von Rynöwe vor uns ansprach Cüntzen Phaffenlaben von Betschelins, Henselins und Dynlins wegen, Betschelin Phaffenlabes seligen kinde, der vogel er ist, umbe zwenzig vierteil rocken unde

---

[1] *Der zweite Theil der Urkunde wird (ausschliesslich der Bestimmungen über die Anniversarien) in einer weiteren Urkunde von gleichem Datum (daselbst) wiederholt.*

gersten geltes halb ein halb ander in dem banne zû Osthus. nach clage und nach entwerte und nach ir beder warheit do kament wir mit rehter urteil überein und sprachent ez öch zû rehte, daz der vorgenanten herren brief in Rynôwe stete sol bliben, den sie darüber hant versigelt mit dez hoves ingesigel zû Strazburg, und alle die wile der vorgenante vogel von der vorgenanten kinde wegen den vorgenanten herren niht uzbescheiden het so vil ackere, die zwenzig vierteil geltes rocken und gersten halb ein halb ander getragen mûgent, so sol man den vorgenanten herren vor uz alle iar geben zwenzig vierteil geltes rocken unde gersten halb ein halb ander von den fünfzig vierteil rocken und gersten geltes halb ein halb ander, so Eberhart Sicke selige hette in dem banne zû Osthus dem vorgenanten, unde wenne die vorgenanten herren uzgewiset werdent so viel ackere die zwenzig vierteil rocken unde gersten geltes halb ein halb ander getragen mûgent, alz da vor geschriben stat, so sol daz überige lidig sin. unde gebuttent öch mit urteil den vorgenanten parten zû beden siten die vorgeschriben urteil stete ze habende; und dez zû eime urkünde so haben wir unserre stetde ingesigel an disen brief gehenket. der wart gegeben an dem dunrestage nach sante Georien tage, dez iarz do man zalte von gotz gebürte trûzehen hundert iar und sehs und zwenzig iar. haran warent wir Claus Zorn der eltere, *u. s. w. folgt der Rat.*

Aus Strassb. Bez. A. G 4270 (4647). 2. or. mb. c. sig. pend. mutil. Angehängt ist das hier zuerst vorkommende kleine Ratssiegel (Sekretsiegel). Es zeigt die Jungfrau Maria mit dem Jesuskinde unter einem gotischen Baldachin. Die Umschrift lautet: «s. secretum civium Argentinens civitatis.»

Verkauf. **1121.** C. j. c. A. Eberlinus dictus de Mûlnheim, miles Arg., et Gertrudis, ejus uxor, manibus choadunatis vendiderunt priorisse et conventui monasterii s. Agnetis e. m. A. (presente Heinrico de Berse converso) areas, ortos cum domibus, sitos et sitas e. m. A. juxta ortum Bentzonis residentis an dem holtzmerkete e. u. et e. p. a. juxta bona monasterii predicti protendentes ex parte anteriori versus viam publicam et ex parte posteriori versus fossatum civitatis Arg. (der burcgrabe), ita tamen quod omnibus emphiteoticis (hovesezzen) jus suum permaneat, pro 51 lib. den. Arg. A. 1. actum 8 idus maji, a. d. 1326. ***1326 Mai 8.***

Aus Strassb. Bez. A. H 3119. or. mb. c. sig. pend.

Schenkung. **1122.** C. j. c. A. Clara nata quondam Johannis dicti Birszus carnificis Arg. donatione inter vivos de consensu expresso Lúcgardis, matris ipsius Clare, donavit fabrice eccl. Arg. domum et aream, in c. A. apud paludem sive locum dictum vulgariter die Schupfe sitas juxta aream dicte fabrice, que olim erat in bonis quondam Anshelmi de Keisersberg, e. u. et e. p. a. juxta domum ejusdem fabrice, que olim erat in bonis quondam Irmeline dicte de Eckevershein. A. 1. (in Gösselinum dictum Schöp, Conradum dictum Riplin milites, gubernatores, et Johannem de Ehenheim presb., procuratorem dicte fabrice, presentes). dicti gubernatores et procurator pro ipsa fabrica per sollempnem stipulationem verborum promise-
Aug. 15. Sept. 8. runt, se singulis annis inter festa assumptionis et nativitatis b. Marie ipsi donatrici et matri sue, quamdiu vixerint, et superstiti ex eis, daturos esse pensionem annuam 8 quartalium siliginis de granario dicte fabrice ad saccos predicte filie atque matris. actum 10 kalendas junii, a. d. 1326. hujus instrumenti 2 sunt paria. ***Mai 17.***

Aus Strassb. Frauenh. A. lad. 49 nr. 87. or. mb. c. sig. pend.

Verkauf. **1123.** C. j. c. A. Johannes, natus quondam Sifridi panificis Arg., vendidit hospitali antiquiori Arg. (Johanne dicto Schaffener magistro dicti hospitalis et fratre Heinrico de Honburg magistro infirmorum ejusdem) terciam partem unius pistrini, in c. A. retro s. Nicolaum trans Brûskam siti juxta dictam Kurnegelin e. u. et e. a. p. juxta ejusdem pistrini partes duas spectantes ad Cůnradum et Katherinam predicti venditoris chouterinos, cum jure emphiteotico in area, que titulo proprietatis ad hospitale pertinet, (consensu expresso Cůnradi et Katherine predictorum et Cůnradi de Zabernia pistoris, mariti dicte Katherine) pro 7 lib. et 10 sol. den. Arg. A. 1. datum 14 kalendas junii, a. d. 1326[1]. ***1326 Mai 19.***

Aus Strassb. Hosp. A. lad. Hôp. XLVII fasc. 12. or. mb. c. sig. pend.

1124. C. j. c. A. Sygelinus dictus Hirte, civis Arg., et Heilka uxor sua vendiderunt Heinrico de Mülnheim civi Arg. (presente Berhtolto presbytero, cappellano dicti Heinrici, et nomine ejusdem emente) curiam, que olim fuerat Ludewici dicti Lynsin, domum, aream etc, sitas «in c. A. an dem staden ginsit Brüsch bi des Pfaffenlabes brückelin[2] nebent dem hove allumb und umbe, den der selbe Sygelin und sin wirtin haut zů eime erbe von hern Huge Zorne, der do heisset zů dem von Westhus, einsit und andersit an des selben Sigelins und sinre wirtin 2 kleinen hüselin, die do stoszent uf des Pfaffenlabes brückelin, unde stoszet der selbe hof, der Linsins was, hindenan uf den giessen gegen des Pfaffenlabes hof über» p. p. e. l. pro 117 lib. den. Arg. A. 2. Wit. 1. (pro venditoribus). peracto hujusmodi vendicionis contractu relocavit emptor venditoribus in emphiteosim curiam, domum et aream venditas pro annuo censu 6 lib. den. Arg. Er. 1. V. conductores domum in bono statu conservare debent. actum 9 kalendas junii, a. d. 1326. hujus instrumenti 2 sunt paria[3]. *Rentenkauf.* ***Mai 24.***

Aus Strassb. Hosp. A. lad. 169 fasc. 23. or. mb. c. sig. pend.

1125. Hermannus prepositus et conventus monasterii s. Arbogasti e. m. A. ordinis b. Augustini vendiderunt priori et conventui fratrum heremitarum ordinis b. Augustini domus e. m. A. tres areas p. p. e. l. cum edificiis 2 arearum et jure in edificiis tertie aree, super qua residet dicta Pflögerin, contigue sitas e. m. in confinio domus emptorum juxta murum ejusdem domus e. n. et e. p. a. juxta dominam Gerdrudim, filiam quondam Johannis dicti Kalb militis Arg., tendentes a parte anteriore ad publicam stratam et a parte posteriori super fundos monasterii zů deme grüuenwerde, pro 140 lib. den. Arg. A. 2. Johannes, episcopus Arg., consentit. sigilla episcopi, curie Arg., prepositi et conventus s. Arbogasti sunt appensa. coram fratre Johanne dicto von deme gieszen, conventuali monasterii fratrum heremitarum, datum 4 kalendas junii, a. d. 1326. *Verkauf.* ***Mai 29.***

Aus Strassb. Thom. A. lad. Kaufbriefe 5. or. mb. c. 4 sig. pend. (1 delaps.)

1126. C. j. c. A. Hugo armiger et domicella Clara, soror sua, liberi quondam Johannis dicti Wisbrötelin civis Arg. et domine Susanne de Vegersheim, que abjurat jus dotis sibi competens in areis infrascriptis, vendiderunt Wolfhelmo, filiastro Reinboldi dicti Rote lanificis Arg., et Katherine, uxori Wolfhelmi, pro 64 lib. et 10 sol. den. Arg. quatuor areas, sitas in c. A. inter pontes an der straszen apud s. Petrum seniorem in hunc modum: 3 areas contiguas juxta domum dicti Walsman e. u. et e. p. a. juxta domum quondam Cůnradi de Missenheim sartoris, super qua domo monasterium s. Clare uf dem Werde habet quoddam *Verkauf.*

---

[1] *Die genannte Katherina, Gemahlin Heinrichs Kaltisen, verkauft den Kranken desselben Hospitals ihr obengenanntes Haus (neben dem Hause Johannes Kurnagels und dem Johannes Schantvogel) für 15 ¹/₄ Pfund Pfenninge. Für die unmündigen Kinder Katherinas, Künzelin und Greda, verbürgen sich die Eltern und Johannes Kurnagel, Edelknecht von Stromburg. 1329 Juni 27. Or. ebendaselbst.* [2] *Vgl. Str. G. u. HN. S. 70.* [3] *Später hiess der Hof:* «Snewelins hof in dem giessen gegen Nesselbache nydewendig sant Claus» *nach Urkunden daselbst.*

remedium; item unam aream dictam zûm Barelere juxta domum dicte zûm Leist e. u. et e. p. a. juxta dominam Lücgardim, relictam Berhtoldi dicti zûm Riet, civis Arg., p. p. e. l., ita tamen quod emphiteotis salvum sit jus emphiteoticum. A. 1. Wolfhelmus Katherine duas partes dictarum arearum donat in donationem propter nuptias, et viceversa Katherina Wolfhelmo unam partem. actum 14 kalendas julii, a. d. 1326. *1326 Juni 18.*

Aus Strassb. Thom. A. Ind. Kaufbriefe 1. or. mb. c. sig. pend.

Ausführung einer Schenkung. **1127**. C. j. c. A. Heilka, nata quondam Burkardi dicti de Duntzenheim armigeri Arg., confessa fuit in presencia Johannis de Ehenheim presb., procuratoris fabrice eccl. Arg., quod quondam Burkardus predictus in remedium anime sue fabrice legavit redditus annuos 1 lib. den. Arg.; et ut dictum legatum ad effectum perducatur, predicta Heilka voluit per manum et consensum Johannis dicti Begere de Geispoltzheim armigeri, sui mariti, quod dicta fabrica dictos redditus singulis annis in festo nativitatis b. Johannis Baptiste consequi et percipere debeat de curia dicta zû dem von Ketzingen et ejus attinenciis et juribus universis, in c. A. sitis juxta Johannem dictum Junge militem Arg. e. u. et e. p. a. juxta Johannem de Heiligenstein civ. Arg., et ab inquilinis ejusdem curie, de qua solvi census annuus 4 lib. den. Arg. consueverat. datum 9 kalendas julii, a. d. 1326[1]. *Juni 23.*

Aus Strassb. Frauenh. A. Saalbuch 3 fol. 48 a. cop. s. XIV exeunt.

Verkauf. **1128**. C. j. c. A. Johannes dictus de Schaftoltzheim miles Arg. vendidit fabrice ecclesie Arg., Johanne de Ehenheim presbytero ejusdem fabrice procuratore presente, redditus annuos 1 den. Arg., quos fabrica ipsi venditori de quibusdam areis in c. A. apud ecclesiam majorem Arg. ante domum dictam zûm valken sitis solvere consuevit, necnon omne jus venditori competens in dictis areis, pro 18 lib. den. Arg. A. 1. E. actum 6 kalendas julii, a. d. 1326[2]. *Juni 26.*

Aus Strassb. Frauenh. A. Saalbuch 3 fol. 21 a. cop. chart. s. XIV exeunt.

Tauschgeschäft. **1129**. C. j. c. A. priorissa et conventus monasterii s. Katherine e. m. A. et Gerdrudis, relicta Steinmari dicti Hiler pistoris Arg., permutationem inter se ineunt. priorissa et conventus dant prefate relicte, Johanni, Wernlino et Katherine, liberis ipsius adhuc minoribus, domum suam inferiorem de tribus domibus cum area ejusdem, sitam retro s. Katherinam juxta Katherinam dictam Westermenin e. u. et e. p. a. juxta Katherinam dictam Mendewinin, pro domo, sita retro s. Katherinam apud murum dicti monasterii juxta domum Gosberhti, et pro jure emphiteotico dicte relicte pertinenti in area ejusdem domus, quam domum dicta relicta monasterio predicto donat de consensu Wernheri dicti Hiler, piscatoris Arg., patrui liberorum adhuc minorum. A. 2. pro liberis dictis warandos se constituunt dicta relicta, Wernlinus patruus et Johannes Gosberhti, ipsius relicte frater. quia domus permutate non sunt equales, obligat monasterium se annuatim relicte et eorum liberis ad tempus vite eorum de granario suo dare 6 quartalia siliginis. sigilla curie Arg., priorisse et conventus dicti monasterii sunt appensa. datum 6 kalendas julii, a. d. 1326. hujus instrumenti sunt 2[3]. *Juni 26.*

Aus Strassb. Hosp. A. Ind. Orph. XXXIII fasc. 8. or. mb. c. 3 sig. pend.

Schenkung. **1130**. C. j. c. A. Erbo de Kagenecke, cellerarius ecclesie s. Petri Arg., renovat donationem et adaptionem ad curiam suam claustralem de domo et ortulo, quos emit ab Ysenhardo pellifice et Gertrudi dicta de Mollesheim, ejus uxore, civibus Arg., necnon orti magni empti a

---

[1] *Nach der Ueberschrift lag das Haus an dem Staden oberhalb St. Niklausbrücke und war* «genant zûm Swemmer» *Vgl. Str. G. u. HN. S. 172.* [2] *Vgl. nr. 152.* [3] *Vgl. nr. 798.*

procuratoribus fabrice ecclesie Arg., de quibus areis Hugelino et Cüntzelino, fratribus natis quondam Johannis de Winterture dicti zû dem Engele, census nomine annis singulis persolvuntur 19 sol. minus 4 den. Arg. Erbo domum, ortulum et ortum tectum domum, contigue sitam, quam inhabitat frater Heinricus, de cujus area 5 sol. den. dominis directis supradictis solvuntur, et quam frater Heinricus ab Erbone ad tempus vite sue tenet pro pensione annua 1 lib. den. Arg., legat ecclesie s. Petri, ut annexe esse debeant curie sue claustrali. actum 2 kalendas julii, a. d. 1326[1]. ***1326 Juni 30.***

Aus Strassb. Bez. A. G 4827 (5199). or. mb. c. sig. pend.

1181. Prepositi s. Stephani Wissenburgensis, Spirensis dyocesis, et s. Petri, Argentinensis, ecclesiarum executuri mandatum quondam Cûnemanni dicti zû der Megede, civis Arg., de consensu Sigelini dicti Hirten ejusque consanguineorum prebendam sacerdotalem ecclesie s. Petri applicant et quidem altari s. Marie Magdalene. jus presentationis est prima vice apud heredes dicti Sigelini, postea apud dictam ecclesiam et quidem apud Cûnonem de Grostein, canonicum ipsius ecclesie, racione curie sue claustralis, site juxta curiam feudalem Heinrici dicti Kolin, scolastici ipsius ecclesie, e. u. et e. p. a. juxta collegium pauperum mulierum (der Löselin gotzhus) et a parte anteriori tendit super stratam publicam ex opposito domus Burkardi de Dürningen, a posteriori vero parte continuatur domui Heinrici dicti Swarber militis Arg., ac apud omnes ejus in predicta curia successores. sigilla prepositorum, Götzonis decani, Cûnradi[2] thesaurarii totiusque capituli ecclesie s. Petri et Sigelini dicti Hirte sunt appensa. datum 6 nonas julii, a. d. 1326. ***Juli 2.*** *Pfründenstiftung*

Aus Strassb. Bez. A. G 4721 (5093). or. mb. c. 6 sig. pend.

1182. *Der Rat entscheidet einen Streit zwischen dem Kloster der Reuerinnen und Johannes von Hohenstein, Bürger von Strassburg, betreffend Güter in Dankratzheim.* *Schiedspruch.*

Juli 22.

Wir Claus von Grostein der meister und der rat von Strazburg tûnt kunt allen den, die disen brief gesehent unde gehörent lesen, daz brûder Heinrich Stotzhein, ein convers zû den Ruwerin vor unserre rigmuren, clagete vor uns uffe Johannese von Hohenstein, unsern burger, von der erberen vrowen wegen . . der priörin unde dez conventes zû den Ruwerin unserre burgerin, daz der selbe Johannes die vorgenanten vrowen irrete an irme hove zû Dankeratzhein und in daz ir da inne nemme; da verentwerte sich der vorgenante Johannes und sprach, er wer ein voget über den hof unde hette reht darzû. nach clage unde nach entwerte unde nach ir bester warheite, die sie vor uns leitent, da kament wir mit rehter urteil überein unde sprachent ez öch zû rehte, behûbe die vorgenante . . priörin selbe dritte vrowen dez vorgenanten conventes an den heiligen, daz sie besser reht hettent zû dem vorgenanten hove, danne Johannes der vorgenante, so solte sie der vorgenante Johannes an dem vorgenanten hove ungeirret lassen. daz het die vorgenante . . priörin selbe dritte behebet, alse da vor geschriben stat. darumbe sprechent wir zû rehte, daz der vorgenante Johannes die vorgenanten vrowen an dem vorgenanten hove ungeirret sol lassen, und hant im öch daz gebotten mit rehter urteil, da er zû gegen waz vor uns. unde dez zû eime urkünde so haben wir unserre stetde ingesigele an disen brief gehenket, der wart gegeben an dem einstage vor sante Jacobes tage dez zwelfbotten dez iarz, da man zalte von gotz gebürte trüzehen hundert iar unde sehs unde zwenzig iar. haran warent wir Claus Zorn der eltere, *u. s. w. folgt der Rat.*

Aus Strassb. Bez. A. H 2990. or. mb. c. sig. pend. delaps.

[1] *Vgl. nr. 933.* [2] *Nach dem Siegel:* « de Mulnheim ».

Verkauf. **1133**. C. j. c. A. Conradus dictus Muller de Swindrotzheim presbyter Arg. vendit domum et horreum, c. m. A. in der Crutenowe juxta domum dicti Busin et domum quondam Ůlrici de Reinichenloch sitas, cum quocunque jure super area domus et horrei predictarum (ita, quod non plus quam 9 sol. den. Arg. et 1 capo annis singulis debeatur Johanni dicto Hunesvelt de Kagenecke militi Arg., domino directo illius aree, venditioni consensum adhibenti), Else, filie quondam Conradi dicti Lange petitoris Arg., pro 13 lib. den. Arg. A. 1. Fr. 4. V. actum 6 idus augusti, a. d. 1326. ***1326 August 8.***

Aus Strassb. Stadt A. lad. s. Nicol. Thom. Steph. fasc. 1. or. mb. c. sig. pend.

Verkauf. **1134**. C. j. c. A. Johannes de Mulnheim, miles Arg., Lůcgardis dicta Jüngin uxor sua vendunt pro 60 lib. den. Arg. Heinrico de Mülnheim civi Arg., presente magistro Berhtoldo presbytero, cappellano dicti civis, redditus annuos 3 lib. den. Arg. super domo dicta zům Biermanne[1] et ejus area, sitis in c. A. hinder brůderhof und ist daz orthus obenan an dem gesselin, do daz durchgande ofenhus inne stat und lit gegen des alten dechans hof uber. A. 2. Wit. 1. (pro Lůcgardi). venditores ac Waltherus de Mülnheim patruus, Eberlinus de Mülnheim frater dicti venditoris, Johannes dictus Waldener, Růdolfus de Vegersheim, Albertus dictus Růrenderlin, Reinboldus dictus Reinböldelin, Johannes dictus Junge milites, Sigelinus de Mülnheim armiger et Cůntzelinus dictus Cůnin civis Arg. warandos se constituunt. actum 5 idus augusti, a. d. 1326. ***August 9.***

Aus dem Archiv des Strassb. Domkapitels. Münsterchorkopialbuch fol. 16. cop. s. XIV.

Erbleihe. **1135**. Claus von Grostein der meister und der rat von Strassburg machen bekannt, dass Peterman Völczschin, Petermann und Henselin, seine söhne, Strassburger bürger, mit gesamnter hand in erbleihe gegeben haben die hofstatt «gelegen bi dem hohenstege uffe dem Rintsütergraben einsite nebent Voltzen huse unde andersite nebent der barfüssen hüselin» an Cůntzelin, Lembelins seligen sohn des rindsüters, für einen jährlichen zins von 1 pfund. Fr. 4. V. «gegeben an der mittewochen nach unserre vrowen tage der iungern, 1326. heran warent wir her Claus Zorn der eltere, u. s. w. *folgt der Rat.* ***September 10.***

Aus Strassb. Thom. A. lad. Kaufbriefe 1. or. mb. c. sig. pend. delaps.

Urteilspruch. **1136**. *Der Rat entscheidet einen Streit zwischen den Johannitern zu Dorlisheim und dem Ritter Petermann Beger, der sich der Gerichtsbarkeit des Rates unterwirft.*

September 12.

Wir Claus von Grostein der meister unde der rat von Strazburg tůnt kunt allen den, die disen brief gesehent unde gehörent lesen, daz die Johannesere dez huses zů Doroltzhein, gelegen in dem bistům zů Strazburg, vor uns ansprachent hern Peterman Beger, einen ritter, der vor uns willekurte reht ze nemende, daz er sie irrete an den gůtern, die in gegeben hette Gerin von Truhtersheim, vron Gyselen seligen thoter von Landesberg, alse an dem brieve stat gentzlichen geschriben, der über die gift gemaht ist unde besigelt ist mit dez hoves ingesigele zů Strazburg, der in gerihtes wise vor uns gelesen wart. nach clage unde nach entwerte unde nach ir beder warheite, die wir verhört hant, da kament wir überein unde sprachent ez ŏch zů urteil unde zů rehte, daz der vorgenante brief stete sol sin unde daz der vorgenante her Peterman die vorgenanten Johannesere an den gůtern, die an dem vorgeschriben brieve geschriben stant, ungeirret sol lassen. unde dez zů eime urkünde, so haben wir unsre stette ingesigel an disen brief gehenket. der wart gegeben an dem fritage

[1] *Vgl. nr. 473.*

nach unserre vrowen tage der iungern dez iarz, da man zalte von gotz geburte truzehen hundert iar unde sehs unde zwenzig iar. heran warent wir her Claus Zorn der eltere, *u. s. w. folgt der Rat.*

Aus Strassb. Bez. A. H 1385. 5. or. mb. c. sig. pend. (Sekretsiegel).

1187. Ůlricus prepositus, Johannes decanus totumque capitulum ecclesie s. Thome Arg. notum faciunt, quod promiserint se expedituros et impleturos lumen olei perpetuum nocturnum ardens in lampade apud sepulcrum quondam Sygelini dicti de Mülnheim, prepositi dicte ecclesie, ad id a Walthero milite, nato quondam Goszonis dicti de Mülnheim militis Arg., fratris predicti Sygelini, 6 lib. den. Arg. receperunt. sigilla prepositi, decani et capituli sunt appensa. datum a. d. 1326, 12 kalendas octobris. **1326 September 20.** *Vertrag.*

Aus Strassb. Thom. A. Registrande C fol. 49. cop. mb s. XIV incip.

1188. C. j. c. A. Johannes dictus Gosprecht civis Arg. et Katherina ejus uxor ob favorem specialem erga fabricam eccl. Arg. eidem in remedium animarum suarum ac in recompensam vagarum restitucionum donacione inter vivos donaverunt unum macellum, in c. A. inter macella carnificum situm juxta dictum Vogelsang e. u. et e. p. a. juxta Johannem dictum Gips. A. 2. (presente Johanne de Ehenheim presbytero, procuratore dicte fabrice). datum 8 kalendas octobres, a. d. 1326[1]. **September 24.** *Schenkung.*

Aus Strassb. Frauenh. A. Saalbuch 3 fol. 50b. cop. s. XIV exeunt.

1189. *Soldvertrag des Reimbold Schultheiss und anderer Strassburger Ritter mit der Stadt Metz.* **September 25.** *Soldvertrag.*

Nous Renbauz Xoltes[2], Wernaires Husselins[3], Jehan Maiance et Cossen Gournagle[4] de Strabour escuier faisons savoir a tous, ke nous et chascun de nous devons et servir aidier les citains et la communiteit de lai citeit de Mes ou fait de lai were, que est entre les dit citains et lai communiteit de Mes et lour aidans d une pairt et ciaux de Mes, qui novellement sont departit et issit de Mes, que lai communiteit et les menans de Mes tiennent en rewairt et qui damaige lour entendent a pourteir, et touz lour aidans queil qu il soient d autre pairt, et devons conforteir les dits citains et communiteit de Mes en fait de lai dite were encontre toutes manieres de gens, pour que chascuns de nouz averait et deverait avoir pour lai poinne et pour ses souz vint livres de Messains et chascune semaine vint souz de Messains pour despens; et est a savoir, ke chascuns de nous ait jai eut et receut de lai dite communiteit lai maite de lai somme de ses souz c est a savoir chascuns deix livres et avons receut de ceste meite boin paiement; et averons l'autre meite[a] a lai fin de lai dite were, en se [sic!] li dit citains et communiteiz avoient trewe[b] de lai dite were demei an ou pluz apres les dites trewes donees sauf ceu, que li dit citain et communiteiz averoient seix semaines de dilation a faire le paiement de lai dit dairienne meite pour l'argent a pourchassier. et averoit chascuns de nous chascune semaine vint solz pour nos despens; et les trewes faitus, nouz avons receut a Mes senz nulz . . . . . .[c] aquitte dedens un moiz apres ceu que li dit citain et communiteiz le nous averoient fait a savoir par lors lettres pour faire notre devoir et notre service en ceste were ensi come devant; et ceu avons nous promis et promettons

a) *cop.:* meit. b) *cop.:* trewere. c) *Diese Lücke, die den Sinn unverständlich macht, auch in der Vorlage.*

[1] *Nach der Ueberschrift lag die Bank:* «under der metzigen hünder dem mürlin des burnen zů hern Mŏrlin, und ist an der Schlŭcken gegen der stuben zů her Mŏrlin.» [2] *Reimbolt Schultheiss.* [3] *Vielleicht Wernher Hüffelin, dann wäre oben* Huffelins *zu lesen. Vgl. nr. 1162, wo unter den els. Edelleuten Wernher Hüffelin mit aufgezählt wird.* [4] *Gosso Kurnagel.*

par ces lettres auz dis citains et communiteit a tenir et a wardeir et l avons creanteit par nos foiz corporelement donees en leu de sairment en lai main dou notaire ci desouz denomeit par stipulation sollempnée et loiaul[a] et sor l obligation de touz nos biens et nous en sommes quant a ceu mis en lai jurisdiction de l officiaul de Mes auquel nous avons prieit en lai personne de Lamprec notaire jureit de lai court de Mes en ces presentes lettres en tesmoguaige de veriteit. et nous officiauz de Mes a lai requeste des dis escuyers qu il nouz en ont fait en lai personne dou dit notaire ensi com il le nouz ai fiaulement raporteit, a quel[b] nous croions et voulons que on croient en ceu et en moult plus grande choze, avons mis le sael de lai dite court de Mes en ces presentes lettres en tesmognaige de veriteit des choses desor dites. que furent faites l au de graice mil ccc et vint et six, le juedi devant lai feste saint Michiel[1]. Ul. scripsit solum rogatus[2]. Lamprec[3].

Aus Metz Stadt Bibl. Handschrift nr. 181 (Soldvertrâge) S. 19. Abschrift s. XVII nach dem ehemals auf dem Metzer Stadtarchiv vorhandenen Original. Nach letzterem Regest bei Tabouillot Histoire de Metz IV, 43.

Verkauf. **1140.** C. j. c. A. Heinricus et Wölfelinus ac Katherina, liberi quondam Heinrici panificis residentis an der Steinstraze Argentine, vendiderunt Ottoni dicto Phlûger, civi Arg., domum et aream cum earum edificiis, sitas Argentine in des hûtes gasse juxta domum dictam des Spiegelers husz[4] c. u. et c. p. a. juxta Johannem dictum Spirer, presbyterum et prebendarium chori ecclesie Arg., p. p. c. l. pro 70 lib. den. Arg. A. 1. actum quoad Heinricum et Katherinam predictos 2 idus octobres, actum vero quoad Wölfelinum predictum 10 kalendas novembres, a. d. 1326. **1326 Oktober 14 und 23.**

Aus Strassb. Bez. A. G 3644 (4039). 3. or. mb. c. sig. pend. delaps.

Vertrag. **1141.** Der bruder « Hug von Wasselnheim, der da ist an eins comendurz stat, unde die brûdere gemeinliche des coventz des huses von sante Johannese zû Doroltzheim » machen bekannt, dass sie weder die frauen von s. Clara am Rossmarkte zu Strassburg noch « Sigelin Sprengen oder sine nachkommen, der da sitzet in deme huse, daz da gelegen ist nebent deme orthuse aller nehest an den kremen in der Sporer gaszen zû Strasburg », ansprechen wollen in gericht oder ohne gericht um die 3 pfund, die der Sygelin iährlich giebt von der hofstatt des vorgenannten hauses, und die der convent des vorg. closters zu Doroltzheim « manig iar » empfangen hat « von des brûders wegen unsers ordens, der da heiszet brûder Johannes von Rintpûrgetor, unde waz Johannes Lamellen sun von Strazburg. » von ietzt an soll der Sygelin die 3 pfund dem closter s. Clara geben, bis die Johanniter melden, dass der vorgenannte bruder Johannes noch lebe; alsdann müssen die frauen alles empfangene geld an diese zurückzahlen; nach dem tode des Johannes fallen die einkünfte dem s. Clarenkloster zu. ist der selbe schon gestorben « emolz der daten diz briefes », so geht aller seit der zeit gezahlte an das Clarenkloster. bruder Hug und der convent von Doroltzheim hängen ihr Siegel an. « geben an deme nehesten mentage nach Allerheilgentage, 1326. »

November 3.

Aus Strassb. Hosp. A. lad. 51 fasc. 8. or. mb. c. sig. pend. delaps.

a) *cop.:* loiaut. b) *cop.:* ceu, *jedoch nicht mit Sicherheit zu entziffern.*

[1] *Die Urkunde bezieht sich auf die grosse Metzer Fehde von 1326-27, die im Juni 1327 beendigt ward. Vgl. die Urkunden bei Tabouillot Histoire de Metz, Tom. IV. Es darf nicht auffallen, dass die scheinbar von elsässischen Edelleuten ausgestellte Urkunde in französischer Sprache concipirt ist. Der eigentliche Aussteller ist nämlich der Notar des bischöflichen Hofgerichts zu Metz, in dessen Kanzlei für Soldverträge, Quittungen u. s. w. feste Urkundenformulare vorhanden waren, nach deren einem vorliegende Urkunde aufgesetzt ist. Vgl. die nr. 1178, 1179 und 1187.* [2] *Name des Schreibers.* [3] *Name des Metzer Notars.* [4] *Vgl. Str. G. u. HN. S. 82.*

1142. C. j. c. A. Reinboldus dictus Suesze armiger, filius quondam Reinboldi dicti Süze militis residentis Arg. an der Obernstrasze, locavit in emphiteosim Ludewico dicto Zimberman de Hochvelden, civi Arg., domum et aream, sitas e. m. A. prope grünen werder gezzelin juxta pistrinum domicelle dicte zû dem helffande e. u. et e. p. a. juxta domum Erlini residentis in der Drüsengaszen Arg. prope fontem ibidem, pro annuo censu 15 unc. den. Arg., de quibus persolvuntur quovis festo jejunii 4 temporum 6 sol. et 3 den.; ita tamen, si dictus conductor negligens existeret in solutione dicti census, prefatus locator vel ejus heredes valent recipere pignus sine judicio. Er. 1. V. actum a. d. 1326, 4 nonas decembres. hujus instrumenti 2 sunt paria. *Erbleihe.*

1326 Dezember 2.

Aus Strassb. Frauenh. A. lad. 49 nr. 68. or. mb. c. sig. pend.

1143. Hug Schoup, ein ritter von Str., macht bekannt, dass er dem kloster s. Stephan jährlich zu Martini zahlen muss: 2 unzen von dem hause zû dem von Morburg, 6 schilling und 2 kappen von der hofstätte des von ihm bewohnten grossen steinernen hauses, 19 pfenn. von der hofstätte, welche ehemals dem Dürren gehörte zu Kruneneck, 1 schilling von einer andern hofstätte daselbst, 3 schill. und 5 pfenn. von dem halben hof, der seinem schwager meister Engelbrecht gehörte, 1 schilling von dem haus von dem zûm Ringendorf, 3 pfenn. von Spirers haus in der Wôbergasse, «an dem mittwoch vor sant Niclaus tag, 1326.» *Anerkennung von Renten.*

Dezember 3.

Aus Strassb. Bez. A. H 2865 (Copialb. von s. Stephan s. XV) fol. 97. cop. chart.

1144. C. j. c. A. domicella Katherina dicta Murszellin, civis Arg., testamentum suum ordinat. Agneti, filie quondam Johannis dicti Egene militis Arg., consanguinee sue, legat redditus in banno ville Stützheim; fratribus predicatoribus, apud quos suam eligit sepulturam, 7 lib. den. Arg., item emi voluit 30 lib. cere et 1 baldekinum pro 5 lib. den. Arg. pro exequiis suis honorifice peragendis; item legat fratribus ejusdem ordinis Thome de Numagio 2 lib., Merkelino de Lare, Berhtoldo de Heiterbach cuilibet 1 lib., Johanni Sturmonis, Hetzeloni, Johanni Pamphelini et Petro de Grostein cuilibet 5 sol., item fratri Hartungo converso 10 sol.; item cuilibet fratri conventuali 1 tricesimum. Johanni presbytero de Rodesheim, patrino testatricis, nunc celebranti apud monasterium s. Elysabeht e. m. A., 5 lib.; item duabus sororibus dictis Schöttin, monialibus dicti monasterii s. Elysabeht, cuilibet 1 lib. den.; item duabus sororibus dictis de Mulnecke, monialibus ibidem, et tribus sororibus dictis de Eppfiche, consanguineis ipsius, monialibus ibidem, cuilibet 10 sol., item dicte de Rodesheim, consanguinee ipsius, moniali ibidem 1 lib., fratribus minoribus domus Arg. 1 lib., fabrice ecclesie Arg. pallium ipsius melius cum caputio furrato meliori; item cuilibet sorori in domibus dictis gotzhûsere in civitate Argentina 2 den., item cuilibet incluse inclusoriorum sitorum in civitate Arg. et in ejusdem suburbio 4 den., item cuilibet domorum fratrum heremitarum ordinis b. Augustini, Wilhelmitarum et Carmelitarum 10 sol. den., item s. Marci, Agnetis, Katherine, Johannis et Nicolai zû den hunden, Elysabeth, s. Clare infra et e. m. A., ac penitentum redditus annuos 10 sol. den., quos testatrix emi voluit. item legat Else filie dicte Grevin, consanguinee sue, 10 marcas argenti, item tantundem uni liberorum Hennini dicti Swarber, militis Arg., ad ingrediendum monasterium quoddam. item Katherine et Salgûdi, filiabus dicte Betschelerin, de tertia regula s. Francisci 10 marcas argenti, item Katherine, pedisseque sue, 6 quartalia, et Ite, famule sue, 4 quartalia siliginis, item redditus 4 quartalium siliginis monasterio s. Margarete (reservato tamen usu Katherine pedisseque pro tempore vite sue), item Gisele dicte Landöltin, moniali s. Margarete, 1 lib., item dicte de Westhus et 2 sororibus dictis Dütschemennin et Clare dicte Riplerin, monialibus ibidem, cuilibet 10 sol., item cuilibet moniali ibidem 1 sol., item legat dicto monasterio redditus 1 lib. den. et 4 caponum, quos Petrus dictus Kôfman senior dat de area, super qua residet, item 5 sol. et 1 caponis, quos *Testament.*

Johannes natus ipsius Petri dat de area juxta dictam de Schafhusen, item redditus 5 sol. et 1 caponis, dicta de Schafhusen de area, super qua residet, 1 lib. et 4 caponum dicta de Göffede de area, super qua residet juxta domum dicti Petri, 1 lib. et 4 caponum Greda zů der Schůren de area apud domum ipsius, 1 lib. et 4 caponum dictus Vendenheim de area, super qua residet in Langenstadilgasze, item 30 sol. et 6 caponum Biderman de Gůgenheim de 2 areis in dicto vico, item 10 sol. et 2 caponum frater dicti Blomenser de area in dicto vico juxta dictum Vendenheim, item 8 sol. et 1 caponis super domo dicta des Elnhartz gotzhus[1], sita in vico Kleinstadilgasze, item 8 sol. et 2 caponum dicta de Erstheim de area in eodem vico, item 8 sol. et 2 caponum Cůnradus dictus de Rufach retro fratres minores sita juxta domum dicte de Erstheim, item 6 sol. et 2 caponum monasterium s. Agnetis de una area sita an Rintsútergrabe, item 6 sol. den. Bilgerinus senior, miles Arg., de domibus dictis des von Kagenecke gotzhûsere an Rintsútergrabe. priorissa et conventus dicti monasterii de redditibus predictis fratribus predicatoribus domus Arg. 2 lib. in anniversario testatricis et 2 lib. in quondam Clare, sororis ipsius, solvere tenentur, ut ipsi fratres dicta anniversaria peragant. monasterium s. Margarethe anniversaria eadem et patris, fratris, matris, avie peraget. item ordinat, quod legata argenti predicta solvantur de bonis suis extra civitatem Arg. sitis, ibidem specificatis. hujusmodi testamenti constituit executores fratrem Egenolfum medicum ordinis predicatorum, priorissam monasterii s. Margarethe, que nunc est Katherina de s. Aurelia, et Husam dictam Zörnin, monialem ibidem. sigillum curie Arg. est appensum. datum 3 idus decembres, a. d. 1326.

1326 Dezember 11.

Aus Strassb. Bez. A. H 3119. or. mb. c. sig. pend. delaps.

Testament. **1146.** Wernherus de Ehenheim, prepositus ecclesie s. Stephani Wissenburgensis, testamentum suum ordinat. episcopo Argentinensi legat unam marcam argenti. fundat unam prebendam sacerdotalem in ecclesia sua s. Petri junioris Arg. super altare b. Marie virginis, constitutum juxta portam chori ipsius ecclesie e. u. et cameram sacriste chori e. p. a.; jus presentacionis est apud perpositum s. Petri, quod autem sibi et magistro Heinrico de Ehenheim, consanguineo suo, reservat. Johanni episcopo Arg. legat summam suam seu librum qui nominatur summa Hostiensis sive copiosa, item fratribus predicatoribus Arg., «librum Innocencii», qui habet copertorium album cum clavis asseribus affixis, item Nicolao de Kagenecke, preposito dicte ecclesie, libellos suos Refredi in jure canonico et civili ad pios usus in dicta ecclesia, item magistro Heinrico, consanguineo suo, librum «tabulam juris» ac «apparatum seu lecturam Hostiensem» in 2 voluminibus necnon «librum Innocencii», qui est sine clavibus, item omnes alios libros suos juris legat dicte ecclesie s. Petri, ut vendantur et precium in redditus convertatur pro anniversario suo. inter alia legata et hec: fabrice ecclesie Arg. equos suos. episcopum Arg., Walramum de Veldentze decanum majoris ecclesie, Nicolaum prepositum, Götzonem decanum et magistrum Heinricum de Ehenheim canonicum s. Petri eccl. constituit executores hujus testamenti. sigilla episcopi, curie Arg. et capituli s. Petri sunt appensa. datum idus decembris, a. d. 1326[2]. ***Dezember 13.***

Aus Strassb. Bez. A. G 4721 (5093). or. mb. c. 3 sig. pend.

---

[1] *Vgl. Str. G. u. HN. S. 164.* [2] *Hoc testamentum legator c. j. c. A. in parte mutat hoc modo: episcopo Berhtoldo legat 5 lib. den. Arg., prebendam confert Johanni clerico suo, canonico dicte ecclesie s. Stephani Wissemburgensis. «summam Hostien» legat Nicolao preposito s. Petri. «decretum» suum, ab episcopo Johanne derelictum, legat ad hospitale in Mollesheim. redditus 2 lib. legat Gerdrudi, filie sue naturali in collegio mulierum de Innenheim. loco Johannis episcopi et Walrami, nunc episcopi Spirensis, executores constituit Nicolaum prepositum, Gotzonem decanum et magistrum Heinricum. actum 6 nonas octobres, a. d. 1331. Oktober 2. Or. daselbst aber ohne jede Spur von Besiegelung, der untere breite Rand war nie eingeschlagen zur Besiegelung.*

Verkauf.

1146. C. j. c. A. Ebelinus et Nicolaus, filii dicte Albrehtin, residentes uf dem Spittalwerde, ortulani, vendiderunt hospitali majori Arg. (Johanne dicto Schaffener magistro et fratre Heinrico de Honburg procuratore infirmorum dicti hospitalis presentibus) jus dictum vulgariter eine gedinge ipsis competens in orto dicti hospitalis uf Spittalwerde, retro penitentes e. m. A. sito juxta molendinum dicti hospitalis e. u. et e. p. a. juxta ortum Reinboldi dicti Hüffelin militis Arg., consensu expresso dicte Zürnin de Argentina quoad dictam venditionem plenius accedente, pro 12 lib. den. Arg. A. 1. datum 14 kalendas januarii, a. d. 1326[1]. ***1326 Dezember 19.***

Aus Strassb. Hosp. A. lad. Höp. XLVI fasc. 8. or. mb. c. sig. pend.

Rentenkauf.

1147. C. j. c. A. Jacobus dictus Künin, civis Arg., vendidit Johanni, advocato in Honöwe, redditus annuos 2 lib. den. Arg. de redditibus annuis 5 lib. den. Arg., quos emptor venditori solvere consuevit de domo dicta züm Silberberge et ejus area, in c. A. sitis juxta domum dicti Gûtgerhart e. u. et e. p. a. juxta dictam Snewelerin, pro 20 lib. den. Arg. A. 1. si venditor reemere vult redditus dictos 2 lib., ei emptor revendere debet eosdem pro pretio dicto. actum 14 kalendas januarii, a. d. 1326[2]. ***Dezember 19.***

Aus Strassb. Hosp. A. Prot. 242 Orph. (Copialb. von s. Clara auf dem Werde s. XIV) nr. 162. cop. chart.

Erbleihe.

1148. Brida die äbtissin und der convent von s. Stephan in Strassburg machen bekannt, dass sie zu einem rechten erbe gegeben haben «hern Ülriche Lorber, einem preister von Strasburg, und allen den dei sine pfronde besitzent, dei er gemachet hat zû unserme kloster uffe sancte Michelz kappelle,» haus und hofstätte «daz vorderste hus deme man sprichet zû der Smitten in der Kalbezgassen, daz gelegen ist einesite nebent dem Olbende und andersiten nebent vern Husen, hern Frischen seligen frowen dez küferz,» für einen iährlichen zins von 1 pfund und 6 pfenninge (an stelle eines kappen). von dem zins sind ie 10 schilling ablösbar mit 10 pfund, nicht aber die 6 pfenninge. der bewohner «sol öch helfen gelten den kosten, den man habende würt, wanne men ez bedarf zû der gemeinen privegen us zû tragende, alse vil, alse ime danne kumet zû geltende nach der schetzunge dez selben husez und der anderen hüsern, die zû der selben privegen gant.» die siegel der äbtissin und des conventes hängen an. 1326[3].

Aus Strassb. Bez. A. H 2684. or. mb. c. 2 sig. pend. delaps.

Verkauf.

1149. C. j. c. A. Odilia, relicta Heinrici dicti Memminger olim sigillatoris curie Arg., vendidit pro 35 lib. den. Arg. Katherine, nate quondam Dietmari dicti de Düngensheim, domum et aream, in vico dicto des Engelbrehtes gasze Argentine sitas juxta Johannem dictum de Borre e. u. et e. a. p. juxta Egelinum dictum de Gündelvingen, prebendarium ecclesie Arg., accedente consensu Irmengardis, relicte Johannis dicti de Wintertur, residentis zû dem Engel Argentine, domine directe ejusdem aree, cui de area cedunt annis singulis 1 lib. et 1 sol. den. Arg. A. 1. venditrix asserit per juramentum domum nulli esse obnoxiam. actum 5 idus januarii, a. d. 1327. ***1327 Januar 9.***

Aus Strassb. Thom. A. lad. Kaufbriefe 3. or. mb. c. sig. pend.

---

[1] *Vom Spital wird der Garten zur Leibzucht gegeben an Nicolaus Vogil von Vinkenwilre, den Sohn des verstorbenen Eberhard Swap von Doroltzheim, und Metza von Rynowe, seine Gattin, für einen jährlichen Zins von 4 Pfund und 4 Cappen. Sie müssen Garten und Gebäude in gutem Stande erhalten und, wenn von ihnen der Mühle Schaden geschehen solle, und 2 vom Spital das beschwören, verlieren sie das Recht der Nutzung. Elsa, Tochter der Mieter, erhält nach dem Tode der Eltern nur alle Früchte des betr. Jahres. 1327 Januar 26. Or. ebendaselbst.* [2] *Vgl. nr. 543. u. Anm. dazu. Jacob und seine Gattin Greda schenken dem Kloster s. Clara auf dem Werde aus Dankbarkeit für empfangene Wohlthaten das Haus zum Silberberg. 1329 September 7. Abschrift ebendaselbst nr. 134.* [3] *Vgl. nr. 1036.*

Seelgerätstiftung. **1180.** C. j. c. A. domicella Agnes, filia quondam Heinrici dicti Swarber civ. Arg., in remedium ipsius donavit priori et conventui ordinis fratrum predicatorum domus Arg. dimidiam partem pro indiviso reddituum eidem Agneti et Adelheidi, sorori ipsius, communium, ita quod post Agnetis obitum anniversarium suum et anniversarium patris Heinrici (die beati *Januar 13.* Hylarii) prior et conventus cum vigiliis et missis peragere teneantur; et quod in quolibet anniversario 1 lib. den. Arg. fratribus in mensam pro pictantia cedere debeat. redditus inalienati debent apud domum remanere. si alienantur vel in usum predictum non cedunt, ad fabricam eccl. Arg. devolvi debent. Agnes omnia legata sua antea facta simul revocat. redditus siti sunt in hunc modum: 30 sol. et 7 capones, quos dat dictus Liebegût residens an der Steinstraszen de quibusdam bonis apud Zürnecke juxta dictum Wûl e. u. et e. p. a. juxta Nicolaum dict. Bride, 20 unc. den. Arg., qui de tribus agris et 1 vierdegezal apud patibulum sitis juxta bona monasterii s. Margarete solvuntur. 10 sol. et 6 cap., quos dicta Banwartin de domibus et areis in Kageneckerbrûch, sitis juxta heredes quondam Wetzelonis Marsilii militis Arg. e. u. et e. p. a. juxta bona canonicorum s. Thome Arg., solvit. actum 4 idus januarii, a. d. 1327. hujus instrumenti 2 sunt paria. ***1327 Januar 10.***

Aus Strassb. Hosp. A. lad. 62 fasc. 6. or. mb. c. sig. pend.

Erbleihe. **1181.** C. j. c. A. Clara, filia quondam Hugonis dicti Ripelin militis Arg., relicta Johannis dicti de Wintertur armigeri Arg., locavit Johanni dicto de Oberuhoven, murario Arg., in emphiteosim unam aream, sitam in c. A. in vico nuncupato dez gasse von Schiltingheim juxta Johannem dictum Brûmat e. u. et e. p. a. juxta Rûlinum pellificem Arg., pro censu annuo 10 sol. den. Arg. et 2 caponum. Er. 4. V. actum 4 idus januarii, a. d. 1327. ***Januar 10.***

Aus Strassb. Thom. A. lad. 27 (Titres). or. mb. c. sig. pend.

Schenkung. **1182.** C. j. c. A. domicella Phyna, nata quondam Jacobi dicti de Barre senioris civis Arg., abbatisse et conventui monasterii s. Clare infra muros Arg. in remedium anime ipsius donatione inter vivos donavit et tradidit scripto presenti domos et areas inferius specificatas, transferens per porrectionem calami in fratrem Hetzelonem conversum dicti monasterii in presentia domine Lorate abbatisse omne jus in domibus et areiis, que site sunt in hunc modum: primo videlicet in c. A. domus, quam inhabitat dicta donatrix, dicta zû der Meratten, et area ipsius ex opposito lobii pellificum contigua vico predicatorum e. u. et e. p. a. juxta domum monasterii s. Clare uf dem werde, que olim erat in bonis quondam domicelle Junte, sororis ipsius donatricis, cum jure ipsi donatrici conpetenti in dicto vico[1]; item domus dicta der Süserin hus et area ipsius bi Heringburne apud carnifices juxta dictam Genselerin; item domus dicta zû hern Sterkelin cum jure sibi conpetenti in area ipsius under den althûssern juxta domum monasterii s. Clare uf dem Werde et dicti Kelbelin: item in Dummenloche tres domus contigue juxta dominam Annam de Schiltingheim, sororem dicte donatricis, item ibidem una domus juxta predictam dominam Annam cum jure ipsi donatrici conpetenti in areis dictarum 4 domorum proxime prescriptarum; item extra muros dicte civitatis in der Grutenowe due domus contigue cum areis et horreo juxta prefatam dominam Annam; et ibidem in vico s. Nicolai tres domus et aree ipsarum contigue juxta domum heredum quondam Johannis dicti Blenkelin senioris civ. Arg. et tendunt a parte posteriori ad ortum dicti quondam Johannis. actum 3 idus januarii, a. d. 1327. ***Januar 11.***

Aus Strassb. Hosp. A. lad. 170 fasc. 32. or. mb. c. sig. pend.

[1] *Vgl. nr. 86, 326 und 572.*

1183. C. j. c. A. Ellina et Gerdrudis sorores dicte de Kertzevelt residentes Argentine *Schenkung* priori et conventui ordinis fratrum predicatorum domus Arg. in remedium animarum suarum donatione inter vivos donaverunt redditus annuos 10 sol. den. Arg. super agro vinifero in Westhoven, necnon 1 domum, in c. A. retro lobium pellificum sitam juxta domum Lusche domicelle dicte Swarberin, cum jure in area ipsius domus, de qua dantur singulis annis 4 uncee den. Arg. portario ecclesie s. Petri Arg. A. 1. (in Johannem dictum Sturm ordinis predicti). peracta donatione relocavit dictus procurator donatricibus dicta bona ad tempus vite ambarum pro annuo censu 1 vierlingi cere. Johannes Sigeberhti, portarius dicte ecclesie s. Petri, quoad jus aree suum consensum adhibet et locat ipsam fratri Johanni dicto Spender; sic ut semper unus possessor sit dandus, qui portario laudimium solvere teneatur. datum 17 kalendas februarii, a. d. 1327[1]. ***1327 Januar 16.***

Aus Strassb. Hosp. A. lad. LVI fasc. 45. or. mb. c. sig. pend.

1184. C. j. c. A. Leo Sigeberhti, civis Arg., et Elsa, uxor sua, considerantes Adelheidi, *Erbteilung.* filie, et Sigeberhto, filio dictorum conjugum, de bonis non esse provisum, sicut aliis liberis suis, ordinant de consensu Johannis, Retwini et Agnetis, similiter liberorum dictorum conjugum, et Nicolai dicti Mosung civ. Arg., mariti dicte Agnetis, quod Adelheidis et Sigeberhtus recipiant domum, quam inhabitant parentes, nuncupatam zûm Richin, et aream ipsius domus, sitas in c. A. ex opposito porte fratrum minorum juxta aliam domum zûm Richin c. u. et c. p. a. juxta domum dictarum de Hagenowe, pro 240 lib. den. Arg. a Jeckelino dicto de Duntzenheim cive Argentinensi comparatas, necnon omnia bona in banno ville Fulcriegesheim, de quibus dantur redditus 32 quartalium tritici et siliginis; insuper Agnes 100, Sigeberhtus 30 lib. den. Arg. accipiet. actum 12 kalendas februarii, a. d. 1327. hujus instrumenti sunt 2. ***Januar 21.***

Aus Strassb. Thom. A. lad. Kaufbriefe 5. or. mb. c. sig. pend. delaps.

1185. C. j. c. A. Heinricus de Mulnheim civis Arg. in presentia Heinrici de Wissenburg, *Quittung.* notarii domini Ottonis de Ohssenstein advocati Alsacie generalis, confessus est, sibi ab ipso domino Ottone omnia debita ab ipso contracta integraliter esse soluta usque ad summam 626 1/2 marcarum argenti, super qua summa Heinricus habet unum instrumentum. Heinricus habet preterea redditus 80 lib. den. Arg. super villis Northeim, Marlei et Kircheim. actum 9 kalendas februarii, a. d. 1327. hujus instrumenti sunt 2. ***Januar 24.***

Aus Strassb. Stadt A. V. C. G. Corp. A lad. 37. or. mb. c. sig. pend. delaps. Das Original ist durch Feuer sehr stark beschädigt.

1186. C. j. c. A. Greda, nata quondam Nicolai dicti Trûbe civis Arg., vendidit Ûlrico *Verkauf.* presbytero Arg., nato quondam Petrisse dicte de Spira, unam domum, in c. A. in vico s. Elysabeht sitam juxta dictum Grünewalt Lentzelini c. u. et c. p. a. juxta Husam, relictam Sigelini dicti de Holtzheim civ. Arg., et Johannem dictum Kupferman et est domus anterior versus stratam publicam, ita quod de dicta area non plus detur annuatim preterquam 8 sol. den. Arg. census nomine dicte Huse (ipsa Husa ibidem presente et expresse consentiente), pro 17 lib. den. Arg. A. 1. datum 2 kalendas februarii, a. d. 1327. ***Januar 31.***

Aus Strassb. Frauenh. A. lad. 49 nr. 92. or. mb. c. sig. pend.

1187. C. j. c. A. Conradus dictus Zoller nauta et Ortruna, ejus uxor, residentes in der *Schenkung.* Crutenowe c. m. A. fabrice eccl. Arg. donacione inter vivos in remedium animarum suarum donaverunt domum ipsorum, in der Crutenôwe sitam juxta estuarium ibidem c. u. et c. p. a.

---

[1] *Vgl. nr. 221.*

juxta domum dictam zům alten Treflesen, ita ut de area ipsius cedant annuatim 4 unc. den. Arg. et 2 capones Johanni dicto Hunesfelt militi Arg., domino directo ejusdem aree, qui adest, consentit et locat eandem aream Johanni de Ehenheim presbytero procuratori fabrice eccl. Arg., ita tamen, quod domino directo semper una persona per fabricam sit danda, qui aream recipiat et laudimium solvat. A. 1. peracta donacione procurator dictus locat dictis denatoribus ad tempus vite dictam domum pro annuo censu 1 vierlingi cere (solvendo in festo purificationis b. Marie virginis) in signum directi dominii. condicio est adjecta, si urgens necessitas donatoribus incumbuerit, quod tunc valeant domum alienare. actum 13 kalendas marcii, a. d. 1327. hujus instrumenti sunt 2. ***1327 Februar 17.***

Februar 2.

Aus Strassb. Frauenh. A. Saalbuch 3 fol. 107[b]. cop. s. XIV exeunt.

Erbleihe. **1158.** C. j. c. A. Waltherus natus Conradi dicti Höhestete de Argentina promittit per sollempnem stipulationem verborum interpositam, se de domo et area zer Růsen[1], in c. A. an dem Saltzhove bi dem wassere inter Johannem dictum zer Růsen et Johannem dictum Mansen amme steininen stocke sitis, Gresle, relicte Wernheri dicti Riplin armigeri Arg., item Gresle et Else, filiabus quondam Nicolai dicti de Mülnecke militis Arg., monialibus monasterii s. Elysabeht c. m. A., necnon priorisse et conventui ejusdem monasterii 4 libras et 4 unces, den. Arg. soluturum census nomine quovis anno. Er. 1. datum 10 kalendas marcii, a. d. 1327. ***Februar 20.***

Aus Strassb. Stadt A. lad. s. Nicol. Mart. Petr. fasc. I. or. mb. c. sig. pend.

Verkauf. **1159.** «Wir Cůnrat Rypelin unde her Reimbolt von Achenheim, rittere, unde her Johannes von Ehenheim, ein priester, unserre vrŏwen werkes phleger von Strazburg, tůnt kunt, daz wir durch des werkes nütz und frome für uns und unser nachkome in der selben phlegnisse hant gegeben zů kŏfe heren Ůriche Lorber eim priester von Strazburg» rebäcker zu Wulvensheim und zu Mellisheim für 5 pfund pfenninge. «so han wir die vorgenanten phlegere des werkes ingesigele an disen brief gehenket zů eime rehten urkünde.» «dis geschach an dem samestage vor s. Mathis tage, 1327.» ***Februar 21.***

Aus Strassb. Bez. A. H 2707. 2. or. mb. c. sig. pend. Vgl. die Abbildung dieses interessanten Siegels bei Kraus, Kunst und Altertum in Elsass-Lothringen I.

Präbendenstiftung. **1160.** Johannes dictus de Ebenheim, clericus Arg., relictus Else dicte de Andelahe, instituit 2 missas super altari bb. apostolorum juxta fontem s. Athale in monasterio s. Stephani Arg. constructo. quilibet prebendariorum cottidie et perpetuo infra missam post offertorium populum monebit, ut quilibet homo pro legatore oret. prebendas legator dotat variis bonis, in quibus etiam redditus 2 lib. den. Arg. super una domo et area in Argentina ultra Bruscam sitis, quos emit a Johanne dicto Haneman carnifice. sigilla curie Arg. et legatoris sunt appensa. actum et datum a. d. 1327, 17 kalendas aprilis[a 2]. ***März 16.***

Aus Strassb. Bez. A. H 2613. 3. 2 or. mb. c. 2 sig. pend.

Verkauf. **1161.** C. j. c. A. Johannes dictus Lininger, Fritscho et Heintzo, fratres, Katherina, Ellekindis et Anna, sorores eorum, liberi quondam Heinrici dicti Lininger civis Arg., sorores de consensu Jeckelini dicti Merwer, mariti Katherine, Winlini panificis, mariti Ellekindis, et Ludewici dicti Lieber naute de Argentina, mariti Anne, per consensum domine Anne, relicte Gotzonis militis dicti de Grostein civ. Arg., domine directe bonorum infrascriptorum, vendi-

a) Die Jahres- und Tagesdatirung von 1327 bis Ende ist später nachgetragen.

---

[1] *Vgl. Str. G. und HN. S. 142.* [2] *Angehängt ist ein Zettel, die Zustimmung des Klosterconvents und Heinrichs von Etteningen, ewigen Vikars an derselben Kirche, enthaltend. 1327 März 16.*

derunt Heinczelino dicto Berlin, venditori pannorum, civi Arg., jus suum emphiteoticum in domo et area, sitis in c. A. under der löben ex opposito monete civitatis Argentine juxta Reinboldum militem natum quondam Burcardi Reinboldelini militis Arg. e. u. et e. p. a. juxta domum dictam zû dem von Vinkenwilre, necnon bona in banno ville Westhoven pro 87 lib. den. Arg. A. 1. peracta vendicione dicta Anna locavit de consensu Gotzonis, Nicolai et Heinrici dicti Romer militum fratrum, Cûnonis et Wetzelonis, canonicorum ecclesie s. Petri in Argentina, Anne relicte Conradi dicti Krebesser, et Agnetis, relicte Cûntzemanni dicti zû der Megede, liberorum prelate domine Anne, dicto emptori in enphitheosim bona prescripta necnon domum et areas pro annuo censu 5 lib. et 10 sol.; bona debent remanere indivisa. V. Er. 4. Heintzelinus predictus donat uxori sue duas partes in donationem propter nuptias et uxor viceversa marito suo tertiam partem. actum 14 kalendas aprilis, quoad personas predictas excepto Fritschone, quoad quem actum fuit 6 kalendas aprilis, et excepto Heintzone predicto, quoad quem actum fuit idus junii, sub anno d. 1327.

1327 März 19 und 27, Juni 13.

Aus Strassb. Bez. A. H 547. 3. or. mb. c. sig. pend. Das Original ist sehr stark durch Wasserflecken beschädigt.

1162. C. j. c. A. Katherina dicta Bischovin de Arg. confessa fuit in presentia fratrum Petri de Grostein et Heinrici de Lutzelnburg ordinis fratrum predicatorum, conventualium domus Arg., quod quondam Heilwigis, soror predicte Katherine, in remedium anime sue legaverit dicte domui redditus annuos 2 lib. den. Arg. et 10 sol. de redditibus annuis 5 lib. den. Arg., inter pontes sitis super uno pistrino dicto zû dem von Kippenheim juxta domum dictam zûm Leisten e. u. et e. p. a. juxta pistrinum, quod tendit ad aquas seu fossatum, ita quod perpetuo omni die ad unam missam dicendam in ecclesia dicte domus offeratur 1 den. Arg., residua vero libra in ipsius Heilwigis anniversario pro pictantia cedat. Katherina suum adhibet consensum. redditus inalienati debent remanere apud dictum conventum. qui si negligens fuerit, tunc cedunt redditus ad fratres hospitalis s. Marie Teutonicorum domus e. m. A. actum 6 kalendas aprilis, a. d. 1327. hujus instrumenti sunt 2[1]. ***März 27.*** *Schenkung. Messfundation.*

Aus Strassb. Hosp. A. Prot. Prédic. 107 (Copialb. s. XIV) fol. 64b. cop. mb.

1163. Frater Albertus de Reinichen prior totusque conventus ordinis fratrum predicatorum domus Arg. recognoscunt, se omne jus sibi competens in domo et area, sitis in Argentina retro lobium pellificum juxta Cristinam dictam de Erstheim e. u. et Ellinam dictam de Kertzevelt e. p. a., resignasse preposito, decano et capitulo ecclesie s. Petri Arg. pro 9 lib. den. Arg., quas receperint. sigilla prioris et conventus sunt appensa. actum et datum 4 kalendas maji, a. d. 1327. ***April 28.*** *Verkauf.*

Aus Strassb. Bez. A. G 4827 (5199). or. mb. c. 2 sig. pend.

1164. C. j. c. A. Heinricus natus quondam Jacobi de Zuge, Constantiensis dyoc., et Katherina nata quondam Metze, sororis quondam Reinboldi dicti Metteman, civis Arg., privigna dicti Heinrici, subicientes se jurisdictioni judicis curie Arg., quoad infrascripta, confessi sunt in presentia magistri Hugonis, notarii civitatis Argentine, ipsis esse satisfactum per gubernatores fabrice ecclesie Arg. de hereditate predicti Reinboldi. actum 5 kalendas junii, a. d. 1327. ***Mai 28.*** *Quittung.*

Aus Strassb. Stadt A. V. C. G. Corp. A lad. 63. or. mb. c. sig. pend.

---

[1] *Vgl. nr. 618. Genannte Katherina,* «inter pellifices» *wohnend, schenkt den Predigern (anwesend der Prior Peter von Grostein) ihren Anteil an dem genannten Hause. 1330 April 19. Ebendas. fol. 42b.*

Verkauf. **1165.** C. j. c. A. Růdolfus dictus Stůbenweg, miles Arg., et domina Gerdrudis, ejus uxor, manu choadunata vendiderunt pro 100 marcis argenti priorisse et conventui monasterii s. Agnetis e. m. A. (fratre Heinrico de Berse converso presente) unum ortum, areas et domos tendentes obene und nebent zů ad bona dicti monasterii, sita juxta ipsum monasterium c. u. et c. a. p. ad aquam transeuntem et tendunt a parte anteriori ad stratam almende, ita quod de ipsis 21 den. Arg. ecclesie s. Petri junioris nomine census dentur, et quod Volkelino carpentario et ejus heredibus in domo anteriori et area ejusdem salvum sit suum jus emphiteoticum. A. 1. Wit. 3. actum 2 nonas junii, a. d. 1327. ***1327 Juni 4.***

Aus Strassb. Bez. A. H 3119. or. mb. c. sig. pend.

Verkauf. **1166.** Prepositus et conventus monasterii Celle omnium sanctorum in nigra silva ordinis Premonstratensis Arg. diocesis notum faciunt, quod cum area sua, olim fratrum saccitarum existens, sita in suburbio civitatis Argentinensis ante portam s. Petri junioris Arg., tendens a parte anteriori uf die Steinstraszen et a parte posteriore uf das brůch ab uno latere juxta Reinboldum militem natum quondam Reinboldelini magni militis Arg. et dictam de Bůtenheim, relictam fratris predicti quondam Reinboldelini, ab alio vero latere juxta ortum et aream Nycolai dicti Zorn militis, sculteti Argentinensis, dicto monasterio inutilis, infructuosa esset, quin immo dampna et pericula ac ordini predicto scandala surgerent plurima ex eadem, accedente ad hoc consensu Johannis episcopi Arg. necnon prelatorum ordinis sui [1], ipsam aream suam, salvis tamen ipsis omnibus bonis, redditibus, vineis et censibus in civitate Arg. et in terminis Alsatie, quos hucusque tenuerunt, legato tamen 60 simellarum excepto, quod
Juli 1. monasterium s. Elizabet e. m. A. in festo b. Ůdalrici annis singulis dicte aree et ibidem deo servientibus dare consuevit, vendiderunt pro 180 marcis argenti Heinrico dicto de Mulnheim civi Arg., ita quod non plus census nomine de dicta area debeatur, quam 1 lib. den. Arg. et 2 cappones Nycolao de Kagenecke, preposito eccl. s. Petri Arg., ratione sue prebende de quadam area contigua aree prenotate, necnon 4 lib. heredibus quondam Heinrici et Welzelonis dictorum Marsilii, militum Arg., de una area contigua aree prepositi antedicti [2]. A. 2. sigilla episcopi, curie Arg., prepositi et conventus sunt appensa. actum et datum 13 kalendas julii, a. d. 1327. ***Juni 19.***

Aus Strassb. Bez. A. G 6170 (6197). 7. or. mb. c. 4 sig. pend.

Verkauf. **1167.** C. j. c. A. monasterium s. Agnetis e. m. A. vendit Růdolfo dicto Stůbenweg militi Arg. omne jus in domo zů dem Getterlin, sita in c. A. ex opposito Reinboldi dicti Reimbőldelin militis Arg. juxta domum dictam zů dem Drůbele (quam nunc inhabitat relicta Cůntzelini dicti Reinbolt civis Arg.) c. u. et c. p. a. juxta domum Burkardi dicti de Důngensheim civis Arg. proximiorem domui dicte zů dem Hundesrücken et tendit a parte posteriori super domum Fritschemanni de Duntzenheim mil. Arg. nuncupatam zů dem Esel, pro 30 marc. argenti. Fritschemanno salvum est jus suum emphiteoticum in domo vendita. A. 2. actum 12 kalendas julii, a. d. 1327 [3]. ***Juni 20.***

Aus Archiv des Strassb. Domkapitels. Copialbuch des Münsterchors fol. 13. cop. chart. s. XIV.

Tauschgeschäft. **1168.** Lůgart Rippelerin, die priorin, und der convent von s. Agnes vor Strassburg machen bekannt, dass sie die drei pfund geldes, die sie auf dem haus und hof Fritsche-

---

[1] *Vgl. nr. 1083.* [2] *Vgl. nr. 397.* [3] *Der genannte Stůbenweg und seine Gattin Gerdrud verkaufen eine Rente von 3 Pfund auf dem genannten Hause an den Chor des Strassburger Münsters (Vertreter:* Johannes rector ecclesie s. Martini in Arg., Nicolaus Hennecker *und* Heinricus Kremer, prebendarii ejusdem chori), *fällig am Martinstage, für 48 Pfund Pfenninge. 1331 Januar 25. Abschrift ebendaselbst.*

mannes von Tuntzenheim, eines ritters, „gelegen bi dem holewige dem man sprichet zû dem esel[1],“ als seelgerätzins von frau Junta von Schuvey hatten, nebst andern gütern vertauscht haben für einen garten, häuser und hofstätten bei ihrem kloster gelegen, die früher der Stübenwege waren; Fina die Kelbin giebt ihre zustimmung. priorin und convent verpflichten sich die 3 pfund von ihrem gute zu Schiltingheim an dem gedächtnisstage (in dem meien an dem selbsten tage nach sante Sophyen tage) dem convent auf den tisch zu geben. priorin und *Mai 16.* convent hängen ihre siegel an. an sante Johans tage ze sûngihten, 1327. ***1327 Juni 24.***

Aus Strassb. Bez. A. H 3119. or. mb. c. 2 sig. pend. (sig conventus est delaps.)

1169. Der Strassburger dompropst, Gebhard von Freiburg, muss derselben kirche eine *Urteilspruch.* rente verpfänden ev. alle seine pfründeneinkünfte wegen schlechter verwaltung der kircheneinkünfte, ebenso muss der dechant Walram von Veldentz zahlen für von ihm nicht ausgezahlte Gelder. ***Juli 5.***

Aus Strassb. Bez. A. G 2719 (3133) nr. 14. cop. s. XVIII.

1170. C. j. c. thesaurarii ecclesie Arg. in figura judicii Wernherus dictus de Pfettensheim civis Arg. locavit Berschino dicto Zukebrot et Katherine, uxori sue, civibus Arg., in *Erbleihe.* emphiteosim unam domum et aream, sitas in c. A. in vico dicto Grôbengasse juxta Rûlinum pellificem e. u. p. et e. a. juxta Heinricum de Mulnheim civ. Arg., pro censu annuo 1 lib. den. Arg. et 1 caponis. Er. 4. V. conductores promiserunt domum habere in bona et congrua structura, ita quod locator censum consequi posset. actum nonas julii, a. d. 1327. ***Juli 7.***

Aus Strassb. Thom. A. lad. (Titres) 21. or. mb. c. sig. pend.

1171. C. j. c. A. Heinricus armiger, natus quondam Heinrici Wetzelonis Marsilii militis *Erbleihe.* Arg., et Wetzelo armiger, frater dicti Heinrici armigeri, tutor Nese, Heintzelini, Behthildis et Dine adhuc minorum, liberorum quondam Johannis militis, fratris predictorum fratrum, locaverunt in emphiteosim cappelle omnium sanctorum an der Steinstraszen site e. m. A. (presente et conducente Heinrico de Mulnheim cive Arg.) domum, aream et ortum, tendentes a parte anteriori uf die Steinstraszen, a parte posteriori uf das brûch contigua ab uno latere aree quondam dicti Phlûger, cujus proprietas pertinet ad ecclesiam s. Petri Arg. et e. p. a. juxta pistrinum, ortum seu agrum Nycolai dicti Zorn militis sculteti Arg., pro annuo censu 4 lib. den. Arg. Er. 4. V. actum 8 idus julii, a. d. 1327. hujus instrumenti sunt 2[2]. ***Juli 8.***

Aus Strassb. Bez. A. G 6175 (6202). 7. or. mb. c. sig. pend.

1172. C. j. c. A. Waltherus de Landesberg miles vendidit Ottoni dicto Huse civi Arg. *Pfandbrief.* pro 30 lib. den. Arg. redditus annuos 14 quartalium siliginis et ordei solvendos per venditorem de bonis in Heiligenstein et Ehenheim inferiori. venditori jus reemptionis reservatur. actum idus julii, a. d. 1327. ***Juli 15.***

Aus Strassb. Stadt A. Briefbuch A fol. 181b. cop. mb. s. XIV.

1173. C. j. c. A. Nesa, filia quondam Reinboldi dicti Sûzse militis de Argentina, per *Verkauf.* manum Erbonis armigeri nati Hugonis dicti Genseffiz militis de Argentina mariti sui vendidit Johanni dicto Bôckelin, civi Arg., redditus annuos 1 lib. den. Arg. super una domo et area, sitis in c. A. retro ecclesiam parrochialem s. Nicolai ultra Brûscham, dictis in vulgari Cûnratz des zolleners huse, et tendit a parte anteriori adversus ecclesiam dictam directe et e. p. a. juxta domum sacriste, dictam dez sigersten huselin, pro 18 lib. et 10 sol. den. Arg. Ûlricus dictus Sûzse, canonicus ecclesie s. Thome in Argentina, frater Nese predicte, cavet

[1] *Vgl. Str. G. u. HN. S. 80.* [2] *Vgl. nr. 1166.*

pro eadem de ratihabitione contractus presentis sub rerum suarum ypotheca. A. 2. Nesa per juramentum promittit se contractum servaturam esse. Wit. 2. (pro Erbone). actum 5 kalendas augusti, a. d. 1327. **1327 Juli 28.**

Aus Strassb. Bez. A. H 1514 13. or. mb. c. sig. pend.

Verkauf. **1174.** C. j. c. A. Otto, Genta et Demodis, liberi quondam Nicolai dicti Schôneman de Hermotzheim (Demodis per manum Bertholdi dicti Grave, sui mariti, et Genta per manum Nicolai dicti Druhtersheim, sui mariti), vendiderunt Sifrido dicto de Franckenheim civi Arg., filio quondam Sifridi dicti de Franckenheim, unam domum ac jus aree ejusdem, sitas in orto quondam prepositi ecclesie s. Thome de Argentina juxta dominam dictam de Hagnecke e. u. p. et e. a. juxta Egenlinum dictum Keller de Mutziche, ita quod de area non plus census nomine annis singulis debeatur preter quam 1 lib. den. Arg. et 2 cappones predicte domine de Hagenecke, pro 24 lib. den. Arg. A. 1. actum 10 kalendas septembres, a. d. 1327. **August 17.**

Aus Strassb. Bez. A. H 5440 (5808). or. mb. c. sig. pend.

Erbleihe. **1175.** C. j. c. A. frater Nicolaus de Baldeburne, conversus monasterii s. Clare uf dem werde e. m. A., nomine ejusdem monasterii locavit in emphiteosim Alberto et Metze, uxori Nicolai de Hermotzheim, liberis quondam Alberti dicti Senfteleben textoris Arg., aream [*nr. 707 descriptam*] pro censu annuo 15 sol. den. Arg. et 2 caponum absque qualibet augmentatione. Fr. 4. V. instrumentum super locatione dicte aree facta prefato quondam Alberto est cassum, sed constitutio dotum in suo vigore permanere debet. actum 15 kalendas septembres, a. d. 1327. hujus instrumenti sunt 2[1]. **August 18.**

Aus Strassb. Hosp. A. lad. Orph. XXXIV fasc. 27. or. mb. c. sig. pend. Daran Transfix von 1327.

Schiedspruch. **1176.** *Der Rat entscheidet einen Streit über eine Hofstätte zwischen Wölfelin Rebestock und dem Kapitel von s. Thomas.* **September 2.**

Wir Claus Ottefriderich der meister unde der . . rat von Strazburg tûnt kunt allen den, die disen brief gesehent oder gehôrent lesen, daz Wolfelin Rebestock unser burger vor uns ansprach die erbern herren den dechan unde daz capitel von sant Thoman in unser stat ze Strazburg gelegen, ouch unser burger, umbe die hovestat, die do ufgat von dem mülwege untze an sin gertelin. nach clage unde entworte unde nach ir beidere warheit unde briefe, die wir verhortent, do komen wir überein, wolt der eltest oder einre mit den elsten dûmherren dez vorgenanten stiftes zû sant Thoman unde dez selben stiftes schaffener swern an den heilgen, daz die vorgenante hovestat daz vorgeschriben capitel zehen iare unde me inne unde er hette braht unversprochenlich unde daz zû der vorgenanten hovestette daz selbe capittel besser reht habe, danne ieman, so solt ez genieszen daz vorgenante capittel. do swûrnt vor uns zû den heiligen her Gösselin von Plûmenôwe, der einre mit den elsten dûmherren ist dez vorgenanten capittels zû sant Thoman, unde Billunge ir schaffener, daz daz vorgenante capittel die vorgenante hovestat inne unde her braht hettent unversprochenlich zehen iare unde me, unde daz vorgenante capittel besser reht darzû habe danne ieman. darumbe sprechen wir ze reht unde ze urteil, daz daz vorgenante capittel ez genieszen sol unde daz der vorgenante Wolfelin daz vorgeschriben capitel an der vorgenanten hovestat ungeirret sol laszen. unde dez zû einem waren urkünde han wir unser stet ingesigel gehenket

[1] *Derselbe Bruder Nikolaus erklärt, Ehrschatz sei nur zu zahlen für den Zins von 10 Schilling und 2 Kappen. 1327 Oktober 20. Transfix an der Haupturkunde.*

an disen brief. der wart geben an der nehsten mittewochen nach sant Adolfes tag in dem iare, do man zalt von gotz gebürte drüzehen hundert iare unde siben unde zweintzig iare. heran warent wir her Gösselin Schöp, *u. s. w. folgt das Verzeichnis des Rates.*

Aus Strassb. Thom. A. Registrande A fol. 142b. cop. chart.

1177. *Elsa von Hageneck giebt eine Hofstätte in Erbleihe.* ***1327 September 3.*** Erbleihe.

Ich Else von Hagenecke, hern . . Dietriches Vogel frowe von Wasselnheim eins ritters, dû kunt allen den, die disen brief sehent oder hörent lesen, . . das ich die hovestat, die do gelegent ist in des probestes garte einsite nebent Egene von Mutziche unde andersite nebent mir Elsen der vorgenante, mit willen unde gehelle mins elichen mannes hern Dietriches des vorgenanten setze und geseszet habe . . Sifride von Franckenheim, eim burger von Straszburg, in alleme rehte, also sü vorgelegen ist, noch der stette gewonheit unde gibe öch, daz mir min erschatz worden ist von deme selben Sifride. und daz dis wor si unde stete blibe, also dovor geschriben ist, so hencke ich Dietrich Vogel der vorgenante min ingesigel an disen gegenwerdigen brief durch mere sicherheit. dis geschach an deme ersten dunrestage noch sant Adolfes tage, do men zalte von gotz geburte drüzehen hundert iar und süben und zwentzig iar[1].

Aus Strassb. Bez. A. G 5440 (5806). or. mb. c. sig. pend.

1178. *Quittung ausgestellt von Fritschemann Scholte von Strassburg über von der Stadt Metz erhaltenen Sold.* Quittung. ***September 12.***

Je Frichemans Xole de Strabourch[2] chevelliers faiz savoir et cognissant a touz, que li citain et li communiteis de Mes me ont pleunement et entierement pour mi et pour Jehan de Fribour[3] escuier le dairien paiement de lai somme, que li dit citain et communiteiz devoient et promirent a paier a mi et au dit Jehan pour nos sonz, pour li service, que je et li dit Jehans avons fait auz dis citains et a lai dite communiteit on fait et en lai besogne de lai werre, que dairienement ait estait meute contre les dis citains et communiteit de hauz et nobles princes le roy de Bahaigne, le duc de Lorehaine et le comte de Bair et ciauz, qui adonc estaient fuers issuit de Mes, lor songis et lor aidans, et la quele werre ait esteit novellement apaiziee par l aide de deu; et ai receut pour le dit Jehan tout le dairen paiement devan dit de dis citainz et communiteit en boins deniers conteiz et nombreis et a mi loialement et parfaitement delivreiz; et on ancor li dis citain et communiteit fait asseiz a mi pour mi et pour le dit Jehan de touz les damaiges, perdes et coustanges, que nouz avons eut et encourruit en service de lai dite citeit de Mes pour l occoison de lai dite werre soit en chevauz, en armes ou en autres chozes queles qu elles soient; et ai fait et faiz par ces lettres pour mi et pour le dit Jehan auz dis citainz et communiteit pleine acquitance de toutes les chozes desor dites a touz jours maix senz venir encontre par mi ne par autre en quel maniere que ce soit; et en doie pourteir auz dis citains et communiteit bone paix et bone warantize dou dit Jehan et de tous ceuz, qui riens lor en venroient demandeir pour le dit Jehan et toutes ces chozes. j ai promis a tenir par ma foi sor ceu donee corporelement et sor l obligation de touz mes biens et sor poinne d escumieniement, et m en met pour cest caiz en la jurisdiction de l officiaul des Mes. en tesmognage de lai quele choze et pour ceu, que ferme soit estable, ai je mis mon saeil en ces presentes lettres et ait prieit au dit officiaul de Mes le siege vacant en la persone d Aubertin de Mes, notaire de lai courte de Mes,

---

[1] *Vgl. nr. 1174.* [2] *Fritschemann Scholte von Strassburg.* [3] *Johann von Freiburg; ob aus der Stadt Freiburg oder aus der so benannten Strassburger Familie ist zweifelhaft: doch kenne ich kein Glied der Familie mit dem Vornamen Johann.*

qu il feist mettre le sael de lai dite court des Mes en ces presentes lettres aveuz le mien. et nouz officiaul de Mes dessor dis a la priere don dit signour Frichemant et a lai relacion dou dit notaire avonz fait mettre le sael de lai dite court awenz le sien en tesmognage de veriteit. qui furent faites l an de graice nostre signour m cce et vint et sept, samedy devant l exaltation saint crux. Alb. de M...[a] Ge. W. scripsit solum[b], [1]

A aus Metz Stadt A. art. 18 liasse 2. or. mb. c. 2 sig. pend. delaps. Die Urkunde steht auf sehr schlechtem, dünnen Pergament, das so zerfressen ist, dass nicht ganz die Hälfte der Buchstaben erhalten ist. Was erhalten, ist zum Teil auch so beschädigt, dass selbst mit Zuhülfenahme der Formeln anderer dem Inhalt nach verwandter Urkunden der Text nicht rein herzustellen gewesen wäre. Zur Ergänzung der Lücken diente:

B aus Metz Stadt Bibliothek Manuscr. nr. 181 (Soldverträge) S. 39. Abschrift s. XVII nach dem damals noch gut conservirten Original A. Nach A Regest bei Tabouillot Histoire de Metz IV, 43.

Quittung. **1179.** *Quittung des Walther von Schäffolsheim und 72 anderer elsässischer und Strassburger Ritter und Edelknechte über von der Stadt Metz empfangenen Sold.*

1327 September 24.

Nous Wathiers de Xafalshem[2], Bertolt Smit de Rossem[3], Vrichemans Xot de Strabourch[4] et Volmer de Still[5] chivelliers faisons savoir et cognissant a tous ceauls, qui ces presentes lettres veiront et oront, que les persounes ci dessous nommeis, c est assavoir: signor Jehan, Jehan de Rotenehouze[6], signor Pierre le Bawr . . , signor Gehan de Rossem[7], signor Theidrit de Beheinsten[8], signor Henrit de Rossem[9], signor Theidrit Keuvre de Molesem[10], signor Eguelo de Loupestein[11], signor Henrit de Wolkeshem[12], Henchelin de Dorensem[13], Henzelo de Dorensem, Vriche de Dorensem, Tieze de Dorensem, Jehan de Dorenston[14], valet signor Jehan de Dorensem, Henzele de Dorensem, Coinche de Dorensem, Volche de Dorensem, Folmer de Dorensem[15], Waltre Dieter, Lowelin de Rossem, Waltre Roter, Hechele Dotenchem[c, 16], Clawe Crimelin de Rossem[17], Henzele Stangue[18], Reinhant de Vierdenchem[19], Henrit Queneppin de Guelesem, Jehan de Guelesem, Henzelins Pieregnesse[20], Eurelin fils signor Henrit de Rossem[21], Jehan de Colveshem[22], Henchelin valet signor Henrit de Rossem[d], Valdemorne, Guerárt Bukelin[23], Jehan Guire de Belenosteine, Jehans Mallaire, Aguer . . . . tem, Guerbole de Bossewilre, Herelin de Marley[24], Jacob d Altessem, Jehan d Ostehove[25], Warnair de Belenzstein[26], ... de Lupestein, Andreu de Lupestein[27], Jehan Cagnencke[28], Houlze de Straborch, Eulrit Loicelin[29], Henric de Liebestein, Henric de Scoleixve, Guerairt Noupe[30], Wernaire Waizen, Symon Hessel[31], Huzelin de Straborch, Jehan de Holkestein, Airlin de Horneke, Benldelin Hufelin[32], Stenegasse de Straborch[33], Herbe de Helkestem, Moter Nou-

a) Albertin de Mes *von anderer Hand, vermutlich von ihm selbst unterschrieben.* b) *Von der Hand des Schreibers des Contextes.* c) *Vielleicht zu lesen* d Ottenehem. d) *cop.:* Rossem. *Tabouillot:* Rossem.

[1] *Vgl. nr. 1139.* [2] *Walther von Schäffolsheim.* [3] *Berthold Schmied von Rosheim.* [4] *Fritschemann Scholte von Strassburg.* [5] *Vollmar von Stille.* [6] *Vielleicht Johann von Rathsamhausen.* [7] *Johann von Rosheim.* [8] *Dietrich von Beheimstein.* [9] *Heinrich von Rosheim.* [10] *Dietrich Kember von Molsheim.* [11] *Egeno von Lupfstein.* [12] *Heinrich von Wolfgangesheim (Wolxheim).* [13] *Vielleicht Heinzelin von Dorlisheim, ebenso die folgenden: Heinzelo, Fritsche und Diezo von Dorlisheim.* [14] *Vielleicht Johann von Dürrenstein.* [15] *Johann, Heinzelo, Kunzo, Voltzo, Volmar von Dorlisheim.* [16] *Vielleicht Hetzelo von Duttlenheim oder Hetzelo von Ottenheim.* [17] *Nicolaus Grimelin von Rosheim.* [18] *Heinzelo Stange.* [19] *Reinbold von Vierdenheim.* [20] *Heinzelin Biergässer aus Strassburg.* [21] *Ulrich, Sohn Heinrichs von Rosheim.* [22] *Vielleicht Johann von Kolbsheim.* [23] *Gerhart Buckelin von Strassburg.* [24] *Herlin von Marlenheim.* [25] *Johann Burggraf von Osthofen.* [26] *Vielleicht Wernher von Bilnstein.* [27] *Zwei Lupfsteiner.* [28] *Johann von Kageneck aus Strassburg.* [29] *Ulrich Löselin aus Strassburg.* [30] *Gerhart Schaub aus Strassburg.* [31] *Symon Hetzel aus Strassburg.* [32] *Böldelin Hüffelin aus Strassburg.* [33] *Sternegasse aus Strassburg.*

warberch, Petre Rotenborch, Rembalt Nolles[1], Wernaire Hufelin[2], Gosse Cornagle[3], Broucairt de Rossem, Wolvelin de Riete[4], Nellemhairt de Straborch[5], Vricheman de Waistehove[6], Houke de Stil[7] et Vricheman de Wihre, ont eut et receut de nos bien ameis les citains et la communiteit de Mes plain paiement et entier de tout ceu, que li dis citains et communiteis devoient et avoient promis a paieir a toutes les personnes desor nomees pour tout le servixe, que les dites personnes ont fait et poioient avoir fait a dis citains et a la ditte communiteit, tuit ensemble et chascun d eauls pour lui on fait et en la bezoigne de la werre, que darienement ait estee meute encontre les dis citains et la ditte communiteit par poxans et nobles princes le roy de Baihaigne[8], le duc de Lorrehaine et le conte de Bar et ceauls, qui aidons estoient fuers yssus de Mes, et li quelle werre est par la graice de deu novellement apaixiee, et por toutes causes et occoixons queiles qu elles soient, et en ont li dis citains et communiteit fait bien et entier et loial paiement aus dittes personnes en boins deniers conteiz et nombreis et a eaulz loialement et entierement delivreis. et recognissons encor nos quaitre chivelliers desor nomeis, que li dis citains et communiteit de Mes ont asseis fait aux dittes personnes tout a lor greit de tous les damaiges, coustanges et perdes, que les dittes personnes et chascun d eaulz tuit ensemble et chascuns por luy avoient soustenut et encorrut on service de dis citains et de lai ditte communitei on fait et pour l occoison de la ditte werre et de tous autres fais, soit en chivalz, en armes, en hernez, soit en toutes autres chozes queiles qu elles soient et peuxent estre, en telle maniere que nulles des personnes desor nomeis ne autres por eaulz ne les en pueent jamaix a nul jor rien demandeir ne reclameir encontre les dis citains et la dite communiteit ne encontre nul d eaulz de toutes les chozes desor dittes ne de nulles d elles, et en devons porteir paix et porterons aus dis citains et communiteis bonne paix et bonne warantixe des chozes desus dites encontre les dittes personnes et encontre tous autres, que riens lor en vorroient demandeir ne demanderoient por les personnes devant dittes ou por aucunes d elles en tout ou en partie, grande ou petite. en toutes ces choses desour dites avons nous promis et promittons par ces lettres a tenir a faire et a esseuir [?] tout enthierement aus dis citains et communiteit par nos fois sor ceu de part nos donnees en la main dou notaire ci desous nomeit et sor poine d escumeniement et obligation de tous nos biens moibles et non moibles presens et a venir; et nous en mettons en cest cais en la juridiction et en la coherrion de home honorable l officiaul de Mes, qui que soit por le temps, toutes exceptions, aides et defenses de droit et de fait et tous privilaiges arriers mis. en tesmoignage de la queile chose et pour ceu que ferme soit et estamble, nos Walthiers, Bertolz, Vrichemans et Wolmers chivelliers desor nomeis avons mis noz propres saielz en ces presentes lettres et avons pour plus grand seurteit de dis citains et communiteit prieit et requis l officiaul de Mes le siege vacant en la personne de Perin Wiric clerc, notaires jureit de la court de Mes, qu il voille[a] mettre le saiel de la ditte courte de Mes en ces presentes lettres aivos les[b] por plus grand foit a avoir des choses desor dites. et nous officiaul de Mes le siege vacant desor dis a la prieire et a la requeste de dis signor Walthiers, signor Vrichemans et signor Volmer chivelliers, qu il nous en ont fait en la personne dou dit notaire, anci com il le nos a fiaublement raportait et a quel nous creons et volons que on croient [sic] en ceu et en molt plus grant choses, avons fait mettre le saiel de la ditte court de Mes en ces presentes lettres aiveulz les lors saielz en tesmoignage

a) *cop.:* voisle. b) *So die Copie*

[1] *Reimbolt Schultheiss.* [2] *Wernher Hüffelin aus Strassburg.* [3] *Gosso Kurnagel aus Strassburg.* [4] *Wölflin zum Riet aus Strassburg.* [5] *Wohl Schellenhart aus Strassburg.* [6] *Fritschemann von Westhofen.* [7] *Hugo von Still.* [8] *König Johann.*

de veriteit et por plus grand foit a avoir en choses desor dittes. les queilles furent faites l an de graice nostre signor mil trois cent et vint et sept, le lundy ou jour de la feste de l exaltation sainte creux. *Darunter die Unterschrift des Notars:* Per. Wyrici.

Aus Stadtbibliothek zu Metz. Handschrift nr. 181. Soldverträge der Stadt S. 49. Abschrift s. XVII nach dem inzwischen verschwundenen Original im Stadtarchiv. Darnach Regest bei Tabouillot Histoire de Metz IV, 43.

Verkauf.

1180. C. j. c. A. Erbo armiger, natus Hugonis dicti Gensfüs de Bötenheim militis, et Nesa, filia quondam Reinboldi dicti Süsze senioris militis Arg., uxor ejus, vendunt priorisse et conventui monasterii s. Elizabet e. m. A. (presente Friderico dicto Gurteler sacerdote cappellano ejusdem monasterii) redditus annuos 10 sol. den. Arg. super una area, in Arg. sita juxta matrem Johannis dicti Twinger e. u. et e. p. a. juxta hospitale Phine domicelle dicte Kelbin, quos redditus procurator dicti hospitalis dare consuevit, pro 10 lib. minus 5 sol. den. Arg. A. 1. Wit. 3. actum quoad Erbonem 9 kalendas, quoad Nesam prefatam 3 kalendas octobris, a. d. 1327[1]. ***1327 September 23 und 29.***

Aus Strassb. Hosp. A. lad. 19 fasc. 2. or. mb. c. sig. pend.

Gründung eines Bethauses.

1181. Nicolaus prepositus, Götzo decanus, Conradus thesaurarius totumque capitulum ecclesie s. Petri Arg. notum faciunt fundationem oratorii de omnibus sanctis, siti infra limites dicte parrochie in suburbio civitatis Arg. an der Steingasz, quod oratorium discretus vir Henricus dictus de Mülnheim, civis Arg., a monasterio Omnium sanctorum in Nigra silva comparavit ac dotare intendit de bonis ipsius, ut exinde certus clericorum secularium numerus in sacerdotalibus ordinibus constitutorum pro divinis officiis inibi celebrandis sustentetur. capitulum consentit sub his tamen pactis: fundatori et ejus heredibus licitum est 5 prebendas in dicto oratorio fundare, nec ultra hunc numerum prebende fundari debent. jus patronatus seu presentandi est apud Henricum, et devolvitur post mortem ejus ad filium suum antiquiorem ecclesiasticum vel laicum, ac deinde ad filios antiquiores, sed post mortem filiorum omnium ad consanguineos proximiores et antiquiores per lineam masculinam descendentes, et ad unicam tantum personam tantum debet jus hujusmodi devolvi. oratorium nec est nec inposterum constitui debet ecclesia collegiata; sed 5 prebendarii ut singulares persone et non in modum collegii in ipso oratorio sunt, nec aliquem inter se superiorem, rectorem sive prelatum habebunt, sed sub decani eccl. s. Petri correctione debebunt consistere, salvo jure episcopo Arg. debito. fundator et ejus in patronatu successores infra 3 menses a tempore vacationis unius prebende preposito eccl. s. Petri personam idoneam actu sacerdotem debent presentare. ipse prepositus infra mensem presentatum de eadem prebenda sine quolibet sportularum gravamine investire debebit. si prepositus negligens fuerit, jus suum cedet episcopo, si autem fundator et ejus heredes, jus suum transit monitione premissa post unius mensis terminum ad prepositum eccl. s. Petri. oblationes, que in dicto oratorio ad truncum, altaria, ad pixidem vel ad stolam seu ad alia loca offeruntur, debent per dictos prebendarios fideliter recolligi et in pixidem cum duabus seratis, quarum una clavis apud eccl. s. Petri, altera in oratorio remanebit, reponi, que pixis in festis pasche et nativitatis domini aperienda est; et pecunie ibidem invente tertia portio ad pixidem ecclesie s. Petri, 2 portiones ad prebendarios devolvuntur. eadem divisio debet fieri de legatis quibuscunque oratorio, prebendis vel prebendariis factis, non autem de donationibus inter vivos. nulla portio ecclesie s. Petri debetur de legatis et donationibus, quas faciunt ipsi prebendarii suis prebendis seu oratorio, similiter integraliter cedunt oratorio quod de cereis candelis, sive cera, de ovis, nucibus, leguminibus etc. ibidem offeratur, neque de calicibus, casulis, albis, stolis, manipulis, pallis altarium etc.

---

[1] *Vgl. nr. 805.*

nullam partem ecclesia s. Petri habebit in denerariis secretalibus, quos ipsis prebendariis ad manus dari contigerit, antequam aliquibus indumentis sacerdotalibus ad missam spectantibus induantur. sepulturam seu jus sepeliendi aliquas personas in dicto oratorio prebendarii non habent, excepti sunt prebendarii, Heinricus de Mülnheim fundator et ejus liberi: Waltherus canonicus ecclesie s. Petri, Joannes et Burchardus milites, Joannes dictus Bischof et Heinricus armigeri, Katerina et Greda et liberorum predictorum uxores vel mariti, necnon heres Henrici, ad quem jus patronatus devolutum fuerit. prebendarii parrochianis nulla sacramenta ecclesiastica ministrare possunt absque licentia speciali thesaurarii vel plebani. iidem prebendarii debent etiam interdictis vel cessationibus quibuscunque generalibus vel singularibus se conformare ecclesie s. Petri; in processionibus ad requisitionem decani s. Petri cum habitu religionis sicut alii prebendarii s. Petri debent interesse. ut premissa serventur, quilibet prebendarius, postquam presentatus fuerit, jurabit obedientie juramentum, cujus tenor sequitur. Henricus de Mülnheim consentit in premissa, similiter Johannes episcopus Arg. sigilla episcopi, prepositi, decani, thesaurarii et capituli eccl. s. Petri et Heinrici sunt appensa. actum et datum kalendis octobris, a. d. 1327. hujus instrumenti sunt 2 [1]. ***1327 Oktober 1.***

Aus Strassb. Bez. A. G 6250 (Copialb. von Allerheiligen) S. 22 ff. cop chart. s. XVII.

1182. Prepositus et conventus celle Omnium sanctorum in nigra silva ordinis Premonstratensis Arg. dyoc. notum faciunt, quod aream suam, sitam in suburbio civitatis Argentine an der Steinstrasze dictam dez Phlûgers hovestat contiguam aree olim fratrum saccitarum, quam tenent ab ecclesia s. Petri Arg. in emphiteosim, vendiderunt Heinrico dicto de Mülnheim civi Arg., ita quod de area solvatur 1 lib. et 2 cappones. sigilla prepositi et capituli sunt appensa. datum kalendas octobres, a. d. 1327 [2]. ***Oktober 1.*** *Verkauf.*

Aus Strassb. Bez. A. G 6170 (6197). 8. or. mb. c. 2 sig. pend

1183. C. j. c. A. Willeburgis de Hundensheim, magistra sororum de tercio ordine b. Francisci domus nuncupate des Schôbes gotzhus site Argentine in Stampfes gesselin, ac omnes alie sorores inhabitantes eandem domum monasterio s. Clare uf dem Rossemerkel Argentine donatione inter vivos donaverunt domum predictam cum area et orto ejusdem sub hiis condicionibus, quod 20 sorores de tertio ordine s. Francisci ibidem habitent. [*Folgen Statuten gleich denen in Urkunde nr. 340 bis* post mortem; *nur ist das Wort* begine *durch* sorores *ersetzt.*] si domus incendio destrueretur et vel alio modo deficeretur, redditus 2 lib. den. Arg., quos sorores habent super una domo sita infra pontes [3], vendantur ad reparandum edificia. A. 1. Gerdrudis relicta Gosselini dicti Schôp militis in premissa consentit. actum 8 kalendas novembres, a. d. 1327. actum quoad dictam relictam 5 idus junii, a. d. 1328 [4]. ***Oktober 25 und 1328 Juni 9.*** *Beginenhausstiftung.*

Aus Strassb. Thom. A. kol. Begin. 12. or. mb. c. sig. pend.

1184. C. j. c. A. Cûnradus de Brûmat, cappellanus altaris s. Columbe in ecclesia s. Petri junioris Arg., donavit eidem ecclesie domum dictam zûm Hoklerstocke [5], in c. A. an der Almende sitam juxta dictam Eberwinim textricim e. p. u. et e. p. a. juxta Nicolaum de Kützilsheim sutorem, item bona in banno ville Holtzheim et opidi Brûmat. A. 1. (in Nicolaum de Kagenecke prepositum). actum 5 kalendas decembres, a. d. 1327. ***November 27.*** *Schenkung.*

Aus Strassb. Bez. A. G 4741 (5113). or. mb. c. sig. pend.

---

[1] *Vgl. den Aufsatz H. von Müllenheim-Rechbergs im Bulletin de la société pour la conservation des monuments et documents historiques. Série II, Tome XI, pag. 136 ff.* [2] *Vgl. nr. 397.* [3] *Vgl. nr. 1015.* [4] *Vgl Alsatia 1858-61 S. 167.* [5] *Vgl. Str. G. u. HN S. 29.*

Schenkung. **1185.** C. j. c. A. domicella Phyna dicta Kelbin de Arg. sana mente et corpore valido (ut verbis vulgaribus utamur: daz sie riten und gan mõhte) in remedium anime sue donavit hospitali novo trans pontem s. Thome in c. A. sito per ipsam et quondam Johannem dictum Kalb militem Arg., fratrem Phyne, fundato census subscriptos super fundis et areis infrascriptis necnon fundos patruos inferius specificatos, quorum omnium specificacio est hec: primo videlicet in c. A. in vico dicto Blindengasze due aree, inter quas est sita una area, super qua residet dictus Streler, de quarum una debetur annuatim 1 lib. den. Arg., de alia vero 2 unc. den. Arg. et 2 capones; item dimidia pars pro indiviso 1 aree site in vico judeorum, quam olim dictus Winlin presbyter detinuit in emphiteosim, de qua donatrici dantur 5 uncee den. Arg.; item e. m. A. an der Steinstraszen unus ager, dictus ein gartacker in dem erbe juxta Rôdegerum de Wasenecke e. u. et e. p. a. juxta dictum Herder, de quo cedunt annuatim 7 uncee den. Arg. et 2 capones. item in dicto confinio unus consimilis ager juxta dictam de Wintertur, de quo dantur annuatim 10 sol. den. cum 3 caponibus, item curia dicta dez Junghern Hof apud Rotenkirchen, de qua 10 unc. et 4 capones cedunt, item agri in banno ville Bútelnheim. he condiciones sunt adjecte, quod capellanus et famulus sive servitor seu procurator infirmorum dicti hospitalis post obitum Phyne census prescriptos colligere debeant et omnes census prescriptos Katherine de Offenburg, prefate domicelle pedisseque, quamdiu vixerit tantum, necnon Katherine, ejusdem famule antiquiori, ad tempus vite annuatim tradere teneantur, sic quod ipsa Katherina antiquior in hospitali stare et manere debeat. post mortem ambarum de redditibus dictis primo et principaliter in quolibet anniversario (Phyne et Johannis) misse et vigilie peragentur. in quolibet festo nativitatis domini, [August 15.] Johannis ewangeliste, annunciacionis, ascensionis, peractionis corporis Christi, assumptionis et [November 1.] omnium sanctorum 10 solidi cedere debent, ita ut cuilibet persone tam infirme quam sane dicti hospitalis una simella, dimidium bicarium vini et carnes cocte et asse, aut pisces diebus, quibus carnes non sumuntur, ministrentur. domicella se hanc donacionem jam ante anni spatium fecisse recognovit. actum 16 kalendas januarii, a. d. 1327. hujus instrumenti sunt 2.

1327 Dezember 17.

Aus Strassb. Hosp. A. lad. 19 fasc. 2. or. mb. c. sig. pend.

Schenkung. **1186.** C. j. c. A. Richwinus clericus Arg. in remedium anime sue et ob honorem b. Marie virginis donacione inter vivos donavit fabrice eccl. Arg. redditus annuos 2 lib. den. Arg. et 8 caponum, quos donator habet super bonis infrascriptis. A. I. (in Conradum dictum Ripelin et Reinboldum dictum de Achenheim milites gubernatores et Johannem de Ehenheim presbyterum procuratorem dicte fabrice). condiciones subscriptas expresse adjecit Richwinus, quod post ipsius obitum procuratores dicte fabrice singulis annis 16 lib. cere emere teneantur et quod 16 candele equalis ponderis et quantitatis dicte vulgariter pfündige, gewundene kertzen de dicta cera conficeantur, quarum 2 ardentes qualibet vigilia b. M. V. in pulsacione vesperarum videlicet purificacionis, annunciacionis, assumpcionis et nativitatis b. Marie v., item qualibet vigilia nativitatis domini, resurrectionis ejusdem, penthecostes et omnium sanctorum ponantur ante imaginem altaris b. Marie v. siti sub ambone in eccl. Arg., urende usque ad clausuram faciendam per custodem dicti altaris et de mane in primo introitus dicti custodis denuo incendantur et ardescant usque ad consummacionem candelarum. et, si quid residuum fuerit de dictis redditibus, quod illud cedat ad ornatum hujusmodi imaginis et altaris. specificacio bonorum: sita sunt in suburbio civitatis Arg.: 4 agri minus 1 duale zwüschent den zweigen wegen unde stossent hündenan an Rotenkirchen juxta Jeckelinum dictum Schûchfuter ortulanum an der Steinstrasze e. u. et e. a. p. juxta alterum dimidium agrum monasterii s. Clare an dem Werde Argentine, item unum duale gienesit der selben anderhalben und andersite het der probest von sant Peter. sigillum curie Arg. est appensum una cum sigillo dicte fabrice. actum 14 kalendas januarii, a. d. 1327. hujus instrumenti sunt 2.

1327 Dezember 19.

Aus Strassb. Frauenh. A Saalbuch 3 fol. 87 b. cop. s. XIV exeunt.

1187. *Quittung über von der Stadt Metz erhaltenen Sold, ausgestellt von Johann Rote und dem Strassburger von Steingasse.* Quittung

Dezember 29.

Nos Johannes Rote de Roshem et Steingasser de Argentina notum facimus universis, quod nos recepimus cum integritate perfecta a civibus et communitate civitatis Metensis quidquid dicti cives et communitas debebant ac promiserant Johanni de Argentina et Stephano de Roshem, famulis nostris, se soluturos, traditures et deliberaturos racione servicii, quod ipsis civibus et communitati inpenderunt in facto negocio et expeditione guerre super a biennio habite et illate contra dictos cives et communitatem per magnificos nobiles ac potentes viros regem Boemye, ducem Lotharingie et comitem Barrensem ac cives Metenses, qui tunc erant civitatem Metensem egressi, et que guerra favente pacis actore nunc est ad concordiam revocata. predicti etiam cives et communitas eisdem Johanni et Stephano integraliter satisfecerunt super omnibus et singulis dampnis, detrimentis ac dispendiis, que incurrerunt ac sustinuerunt in servicio predicto civium et communitatis Metensis in facto seu executione guerre predicte in quibuscunque rebus et quomodo libet propter que eisdem civibus et communitati ac habitatoribus et incolis predicte civitatis Metensis et aliis singulis quorum interest vel interesse poterit in futurum. [*Das Folgende nur lückenhaft erhalten, so dass eine Ergänzung unmöglich ist.*] et supplicamus per presentes venerabilibus viris prefato . . officiali et . . Argentinensis quarum ipsi[a] videlicet dominus officiatis sigillum curie Argentinensis ac dictus scultetus sigillum suum presentibus apponere dignaretur, et dominus . . officialis[b] scultetus Argentinensis predicti ad rogationem dictorum Johanni Rote et Steingasser singula[c] predicta prout superius sunt expressa presentibus apposuimus in testimonium veritatis fidem et robur omnium premissorum. actum et datum in die beati Thome Cantuarensis episcopi, que est quarto kalendas januarii, anno domini 1327.

Aus Metz Stadtbibliothek. Handschrift nr. 181 (Soldverträge) S. 61. Abschrift saec. XVII, in der bedeutende Lücken, die durch Striche charakterisirt sind. Darnach Regest bei Tabouillot Histoire de Metz IV, 43.

1188. *3 Schiedsleute entscheiden einen Streit zwischen den Herren von s. Thomas und Haneman Hüffelin über einen Mühlenwörth u. s. w. u. s. w.* Schiedspruch.

1328 Januar 5.

Kunt si allen den, die disen brief sehent oder hörent lesen, umb die mishel, die gewesen ist zwüschent den erbern herren den tûmherren zû sant Thoman einsite und andersite von Hanemans Hüffelns wegen eins edelknehtes von Strasburg von ir mülen wegen und ir mulen werdes und umbe daz graben, daz beschen ist in den mülnwasser und in dem müln wert, und umb den mülweg in den wert, gelossen ist von beden parten uf uns Reimbolt Hiltebrant von Mülnheim, Claws Zorn von Bülach rittere von Strasburg und Hügelin Obreht ein edelnkneht, also daz wir ein reht süllent sprechen uf unser eide noch ir vorderunge und entwürt und kuntschaft zû beden siten und ôch die worheit gehörent hant von des vorgenanten Hanemannes Hüffelins wegen; darumb seitent vil erber lüte uf ir eide, die sü darumbe vor uns swûrent, des ersten umb den mülwert, daz den sin vatter her Reinbolt Hüffelin selge in und her hat braht in nützlicher gewer und in eigins wis, einteil seite driszig iar oder me und etwivil von zwentzig iaren oder me und seitent ôch ettewievil, daz er underzeichent were mit pfelen wie verre er her Reinbolt Hüffelins selge were; und umb den weg, der in

a) *Kleine Lücke zwischen ipsi und videlicet.* b) *Kleine Lücke.* c) *Ergänzt.*

den mülwert gieng nebent der tůmherren hus in, do seitent etwievil ritter und knehte und ein teil erber lüte mit in, daz sü wol gedehtent, daz ein weg nebent dem hus in den mülwert gieng vor zweinzig iaren oder me, und seitent etwievil under den, daz ein müller, der hies Sure, daz der bete hern Reinbolt Hüffelin selgen, daz er ime gunde, daz er den weg verslůge und daz er und die sinen durch daz hus soltent weg haben. und umb daz graben seite der Heger selge und etwievil biderber lüte mit ime, daz ein iegelicher nidewendig des obern kaffes mit rehte möhte graben in dem wasser oder in dem lande uf sinem eigin one des andern widerrede, des gedehtent sü drissig iar oder me, unde do die tůmherren ir worheit soltent leiten, do verzigent sü sich ir worheit und leitent keini worheit. do sprechen wir die vorgenanten *Reimbolt* Hiltebrant von Mülheim, Clauus Zorn von Bůlach rittere von Strasburg und Hug Obreht ein edelkneht uf unser eide noch wiser lüte rat und uns ôch selber bessers nüt verstant, als Haneman Huffelin erzüget hat, des ersten umb den wert spreche wur, daz man die zeichen sůchen sol. vindent men die zeichen, wol und gůt, vindet man sü nüt, so sol Haneman Hüffelin dardurch gan mit der kuntschaft wie verre er sin sülle sin, und wen es also usgetragen wirt, ob man die zeichen vindet oder sus dar durch gat mit der kuntschaft, als davor geschriben stat. wil dan Haneman Hüffelin swern umb den wert und den weg und umb daz graben, daz er besser reht darzů habe, dan die vorgenanten tůmherren, so süllent sü in daran ungeirret lassen. dis hat er behebet mit sinem eide vor uns drigen *Reimbolt* Hiltebrant von Mülnheim, Claus Zorn von Bůlach rittern und Hug Obreht ein edelnknehte und vor andern biderben lüten umb alle stücke als davor geschriben stat, und als er den wert underzeichent hat, daz er besser reht darzů habe, den die tůmherren. wur sprechent ôch, daz sü den kaf zwüschent dem wert und den bedecketen brucken mit gemeinen kosten süllent wider machen, als er von alter har kommen ist, und sol ôch enkeinre obewendig des obern kaffes graben one den andern. und des zů eim urkünde hant wir die vorgenanten *Reimbolt* Hiltebrant von Mülnheim, Claws Zorn von Bůlach rittere und Hug Obreht ein edelkneht unser ingesigele gehenket an disen brief. der wart geben an dem zwelften abent in dem iar do man zalte von gottes gebürte drüzehenhundert iar und aht und zwenczig iar.

Aus Strassb. Thom. A. Registrande A fol. 230[b]. *cop. chart. s. XV inc. mit vielen Fehlern Ueberschrift s. XV:* «de molendino zů der spiczen». *Darnach abgedruckt bei C. Schmidt Hist. du chap. de s. Thom. 352 (Januar 6). Die Datirung ist wol ohne Zweifel auf den Vorabend von Epiphania zu deuten, als den zwölften Tag nach Weihnachten.*

Verzug. **1189.** C. j. c. A. Johannes dictus Bönlin, civis Arg., per sollempnem stipulationem verborum promittit usque ad festum nativitatis domini, quod erit sub anno domini 1329, domum Nese, sororis sue, uxoris Jacobi dicti zům Trůbele civis Arg., dictam zu dem von Marley, in c. A. an Kordewangasze juxta Dietricum sutorem et Johannem dictum Wilhelm sitam, exonerare a redditibus annuis 2 lib. den. Arg., quos Johannes dictus de Schönecke senior civis Arg. pro pretio 18 lib. den. Arg. super domo antedicta emit; ad majorem etiam securitatem titulo pignoris seu ipothece obligat domum suam zů dem von Hornberg et ejus aream Argentine juxta domum Nese et Ellekindis, sororum suarum, et domum quondam Cůnonis dicti Bönlin fratris ipsius. actum 7 idus januarii, a. d. 1328[1]. ***1327 Januar 7.***

Aus Strassb. Stadt A. Pf. G. lad. 101 fasc. 0. or. mb. c. sig. pend. delaps.

[1] *Vgl. nr. 632. Von der verpfändeten Rente kauft Nesa eine Rente von 8 Unzen für 6 Pfund Pfennige zurück. Cuno, Nesas Vater, und Henselin, ihr Bruder, hatten die Rente verkauft auf Gütern in Illwickersheim und dem genannten Hause. 1332 Januar 13. Or. ebendaselbst.*

Erbleihe.

1190. C. j. c. A. Adelheidis, uxor Cûnradi dicti Höyer militis Arg., per consensum Cûnradi predicti, et domicella Agnes, soror dicte Adelheidis, locaverunt in emphiteosim fratri Heinrico de Honburg, procuratori infirmorum hospitalis majoris Arg., nomine eorundem duas areas contiguas et ipsarum arearum domos, in c. A. sitas juxta Juntam dictam de Schafhusen e. u. et e. p. a. juxta aream heredum quondam Petri dicti Schwarber civis Arg. et tendunt a parte posteriori super fossatum Rintsitergraben, pro annuo censu 22 sol. den. Arg. et 2 caponum, quorum 10 sol. et 2 capones Sophie, dictarum locatricum matri, quoad vixerit, cedere debent ratione juris dotalis. Er. 1. (pro 10 sol. et 2 cap.). Er. 5. (de residuis). V. Hedewigis, filia quondam dicti Streuber de Hochvelden, renunciat omni juri sibi competenti in 2 partibus juris ciuphiteotici dictarum arearum et domorum, quod per porrectionem calami libere resignavit. et ob hujusmodi causas confessa est, se ab Heinrico predicto 28 lib. minus 2 unc. den. Arg. recepisse. datum a. d. 1328, 2 idus januarii. ***1328 Januar 12.***

Aus Strassb. Hosp. A. lad. 169 fasc. 28. or. mb. c. sig. pend.

Verkauf.

1191. Landgraf Philippes, domherr zu Strassburg, und Johannes, des landgrafen Ulrichs im Elsass seines bruders sohn, beurkunden, dass ihr diener der edelknecht Hug von Rinowe frau Katherine von Tübelsheim von Rinowe, einer Strassburger bürgerin, die mühle bei Wihersburg im Kestenholtzer bann gelegen um 8 mark verkauft hat, behalten sich aber den rückkauf um denselben preis vor. «an dem cistage vor sancte Agnestag,» 1328.

Januar 19.

Aus Colmar Bez. A. E 2383. or. mb. c. 3 sig. pend.

Verkauf.

1192. C. j. c. A. Metza, relicta Jacobi piscatoris de s. Arbogasto, Jacobus presbyter, ejus filius, Angnes, Metze filia, uxor Fritschonis cuparii Arg., Hilteburg, similiter Metze filia, uxor Hugonis dicti Boszer, Cristina, similiter Metze filia, uxor Ůlrici dicti de Eichahe de Missenheim, manu coadunata vendiderunt Else, nate quondam Angnetis dicte Mosungen civis Arg., pro 10 lib. den. Arg. unum pistrinum, situm apud litus s. Arbogasti juxta dictam Rösselerin e. u. et e. p. a. juxta Heintzelinum panificem, ita quod de area non plus solvatur quam 4 sol. den. Arg. monasterio s. Arbogasti (presente domino Hermanno preposito dicti monasterii et in dictam venditionem consentiente). Er. 1. A. 1. actum quoad Metzam, Jacobum, Agnetim et Fritschonem 4 nonas marcii, ad Hilteburgim, Hugonem 5 kalendas julii, Ůlricum 8 kalendas junii, Cristinam 4 idus augusti, a. d. 1328.

März 4, Juni 27, Mai 25 und August 10.

Aus Strassb. Hosp. A. Prot. 209 s. Marc fol. 112 (Copialb. von s. Arbogast s. XV med.). cop. chart.

Erbleihe.

1193. Die priorin und der convent von s. Elisabeth vor Strassburg machen bekannt, dass sie verliehen haben «Künigunde, Syfrides seligen wittewe, und iren erben von Vinckenwilre» eine hofstatt «zû Vinckenwilre, und lit nebent der Ysenhartin der wescherin einsite und andersiten nebent Niclaus zû dem Riet und zûhet ein ende uff den giessen, der da flûszet zwischent dem ziegeloffen und der selben hoffestat, das ander ende zuhet uff den graben, der zwûschent der selben hoffestat lit und den von sant Elizabethen garten», zu einem rechten erbe für einen jährlichen zins von 4 unzen und 4 kappen. Er. 1. die verleiher hängen ihre siegel an. gegeben montag vor Gregorii, 1328. ***März 7.***

Aus Strassb. Hosp. A. Prot. s. Elisabeth 205 (Copialb. s. XIV) lit. S nr. AF. Deutscher Auszug.

Verkauf.

1194. Bilgerin der junge der meister und der rat von Strassburg machen bekannt, dass Johannes von Dangrotzheim, bürger von Strassburg, verkauft hat der stadt Strassburg «viertzehen untze geltes Strazburger pfenninge uf sinem bancke, den er hette ligende under unserre pfaltzen ze Strazburg einsite nebent dem bancke, der Jeckelins waz zû der Hellen, unde andersit nebent dem bancke bi der Harpfen » für 19 pfund pfenninge weniger 4 unzen; » unde het der vorgenante Johannes vor uns gesworn an den heiligen, daz die vorgenanten viertzehen nutze geldes unverwidemet sint unbekumert, unversetzet unde unverseret in deheinen weg ane alle geverde.» »an unserre vrowen abent der verholne, 1328. heran warent wir her Renbolt Hufelin der alte, *u. s. w. folgt der Rat.* ***1328 März 24.***

Aus Strassb. Stadt A. V. C. G. suppl. DD or. mb. c. sig. pend.

Schenkung. **1195.** C. j. c. A. Burcardus dictus Philer miles, civis Arg., donacione inter vivos donavit ecclesie s. Thome in Argentina redditus 10 sol. den. Arg. super bancis, under der nüwen pfaltzen sitis in c. A.[1], ita ut anniversarium patris, quoad Burcardus vixerit, post ejus mortem, vero ipsius peragatur. A. 2. idem legat fabrice dicte ecclesie, apud quam suam eligit ecclesiasticam sepulturam, 20 lib. den. Arg. actum 14 kalendas maji, a. d. 1328.
April 18.

Aus Strassb. Thom. A. Registrande A fol 101. cop. chart.

Verkauf. **1196.** C. j. c. A. Katherina filia quondam Fritschonis dicti Stange, pistoris Arg., de consensu Rûdolfi dicti Smit de Benicheim, mariti sui, et Gerdrudis, soror Katherine adhuc minor, per manum et consensum Gerdrudis relicte predicti Friderici, matris dictarum sororum, ac Jeckelini dicti Stange, filii jam dicti quondam Friderici ex priori matrimonio procreati, necnon Nicolai dicti Suscheit de Oberkirche, mariti relicte predicte, ac Dina, filia quondam Nicolai dicti Stange pistoris Arg., de consensu Katherine, relicte predicti Nicolai matris ipsius Dine, et Dietschonis filii magistri Ůlrici sellatoris Arg. nunc mariti Katherine predicte relicte manibus coadunatis vendunt pro 17 lib. den. Arg. Rûdolfo dicto Drosche pistori Arg. jus emphiteoticum in domo et area, in der Smidegasse Arg. juxta dictum Westerman sitis, comparente domina Ellekindi relicta Symundi dicti Körner civis Arg., domina directa, et expresse consentiente et emptori domum et aream locante; de quibus cedunt singulis annis 5 lib. den. Arg. domine directe. Er. 4. V. A. 1. U. (Gerdrudis relicta et Jeckelinus pro Gerdrudi). actum 14 kalendas maji quoad ceteras personas, actum quoad Rûdolfum Smit 8 idus junii, a. d. 1328[2]. ***April 18 und Juni 6.***

Aus Strassb. Stadt A. G. U. Pf. lad. 37. or. mb. c. sig. pend.

Verkauf. **1197.** C. j. c. A. Cûno de Nuwilre, cappellanus altaris s. Oswaldi in ecclesia s. Petri junioris Argentine, de consensu decani et capituli ejusdem ecclesie vendidit Metze, filie quondam Fritschonis de Selselsheim civis Arg., (presente Rûdolfo, prebendario ecclesie Arg., et vice ejusdem Metze recipiente) redditus annuos 5 unc. den. Arg., quos habet nomine dicti altaris super area sita an der Ahnenden in c. A. dicta der Eschefarwin hovestat juxta Burcardum dictum Stangen civem Arg. e. u. p. et e. a. juxta dictam Wisin de Argentina, pro 8 lib. den. Arg. A. 1. actum 9 kalendas maji, a. d. 1328[3]. ***April 23.***

Aus Strassb. Thom. A. lad. Kaufbriefe 5. or. mb. c. sig. pend.

Verkauf. **1198.** C. j. c. A. Katherina, uxor Johannis dicti Pfutzer civis Arg., vendidit pro 18 lib. den. Arg. decano et capitulo ecclesie s. Petri Arg. (Nicolao de Kagenecke, preposito presente) redditus annuos 4 quartalium siliginis super domo et curia, in c. A. in vico dicto Pfützers gasze sitis juxta ortulum dicte Schickin e. u. et e. p. a. juxta domum Waltheronis de Schaf-

---

[1] *Vgl. nr. 1079.* [2] *Vgl. nr. 330.* [3] *Vgl. nr. 872.*

toltzheim, quam inhabitat dictus Vese, et obligat dictas domum et curiam tamdiu, quousque bona in banno ville Swindratzheim sita commode dictos redditus inferentia prefatis dominis tradita fuerint. A. 2. datum 2ª kalendas maji, a. d. 1328. **1328 April 30.**

Aus Strassb. Bez. A. G 1290 (4667). or. mb. c. sig. pend.

1199. *Zwei Kaufleute stellen zu Gunsten der Ochsensteiner einen Wechsel auf Sicht aus.* *Wechsel.* **Mai 4.**

Nos Theobaldus dictus Belami, civis Metensis, et Franciscus de Hoyo, mercator civitatem Argentinensem plerumque frequentans, notum facimus universis, quod nos recepimus ac nos per presentes recognoscimus recepisse pro strenuis viris dominis de Ohsesten mille libras Turonensium pervorum per manus familiarium ipsorum dominorum, videlicet per honorabilem virum dominum Symonem dictum Crieke militem ac discretos[b] viros dominum Johannem capellanum et Hermannum armigerum dominorum predictorum, necnon per manum domini Johannis de Atero civis et scabini Metensis, propter quod volumus ac mandamus per presentes discreto viro dilecto nostro Gossoni de Pfaffenehove civi Argentinensi, quatinus ipse pro nobis ac nomine nostro tradat[c] et deliberet dominis dictis de Ohsesten in Argentinensibus denariis ad valorem seu quantitatem mille librarum predictarum, quodque rem hujusmodi absque dilacione quacumque adimpleat cum effectu visis presentibus seu inspectis, nam quam primum ego prefatus Franciscus veni ad civitatem Metensem, ego statim absque impedimento deliberacionem ac solucionem dictarum mille librarum habui et recepi. in cujus rei testimonium atque robur nos prefati Theobaldus et Franciscus sigilla nostra presentibus litteris duximus apponenda, et quia[d] forte ipsa nostra sigilla dicto Gossoni sunt incognita, sigillum Metensis curie supplicamus et rogamus una cum predictis nostris sigillis appendi presentibus et apponi. et nos officialis Metensis ad rogatum prefatorum Theobaldi et Francisci nobis factum in personam dilecti nostri Godefridi Werneri de Gorzia, clerici curie Metensis predicte notarii vices nostras in hac parte gerentis, premissa nobis fideliter referentis, apponi presentibus fecimus in testimonium veritatis et fidem ac robur omnium premissorum. actum et datum anno domini 1328, quarta die mensis maji. Ge. W.[1]

Nach Mone Zeitschrift für Gesch. des Oberrheins XIV, 78 (nach dem Or. im Arch. zu Darmstadt. Die Siegel sind abgefallen).

1200. C. j. c. A. Anna, relicta Bertholdi dicti Krantz militis de Geispoltheim, et Bertholdus, ejus filius, manibus coadunatis vendiderunt pro 16 lib. den. Arg. Beruhildi de Odratzheim redditus annuos 1 lib. den. Arg. super domo et area, sitis uf der Almende under den Wennern Argentine juxta magistrum Albertum sutorem c. p. n. et c. a. juxta Ottonem dictum Wenner, ita quod venditores se warandos constituant dictorum reddituum et ad solucionem ipsorum se obligent. si venditores negligentes fuerint in solutione reddituum, per emptores occupari judicio spirituali et seculari possunt. Er. 5. A. 1. Wit. 1 (pro Anna). actum 7 idus maji, a. d. 1328[2]. *Rentenkauf.* **Mai 9.**

Aus Strassb. Hosp. A. Prot. Prédic. 107 (Copialb. s. XIV) fol. 86. cop. mb.

1201. C. j. c. A. Nicolaus dictus Maler, Johannes dictus Mülnecke fratres, milites, Hugo dictus Wisbrötil, Clara, ejus soror, et Johannes dictus Wisbrötil, armigeri Arg., pro se et specialiter Johannes armiger pro Katherina, Lúrgardi, Agneti et Nicolao, choeterinis suis, *Verkauf.*

a) *Ursprünglich stand dort* IIII *statt* II. b) *or.:* discreto. c) *or.:* tradet. d) *or.:* quid

[1] *Die Buchstaben bezeichnen den Namen des Schreibers.* [2] Bernhildis Kuael, domicella de Odratzheim, *schenkt dem Predigerbruder Petrus von Grostein Einkünfte in Geispoltzheim und eine Rente von 1 Pfund Pfenninge auf einem Hofe in Strassburg auf der Almende unter den Wennern. 1332. Auszug im Hosp. A. Prot. 7367 nr. 124 fol. 66*[b].

vendiderunt pro 38 lib. den. Arg. Walthero nato quondam Johannis dicti de Wintertur zûm Hohenhuse civis Arg. redditus annuos 2 lib. et 2 unc. den. Arg. super dimidia parte pro indiviso domus, dicte zû der Rusen, et aree ejusdem, in c. A. am Saltzhove sitarum juxta Johannem dictum Mansze e. u. et e. p. a. juxta domum dictam zûm Steininenstocke. Er. 1. redditus obvenerant venditoribus ex successione quondam Grede, matertere dictorum militum et amite armigerorum. actum 6 idus maji, a. d. 1328[1]. ***1328 Mai 10.***

Aus Strassb. Stadt A. V. C. G Corp. K lad. 23c nr. 59. or. mb. c. sig. pend. delaps.

Schenkung. **1202.** C. j. c. A. Agnes dicta Westernenin, relicta Johannis advocati in Honowe, Nicolao, filio Clime, filie sue, donacione inter vivos donavit omnia bona sua inmobilia. A. I. donatarius relocat bona donatrici pro annuo censu 1 quartalis siliginis. sequitur specificatio: curia zu Lûterowe etc., item das hûs zû der alten munszen zû Strasburg in der stat gelegen einsite zû den wogen und andersite nebent Clawsen zû der alten munszen. actum 5 idus maji, a. d. 1328. ***Mai 11.***

Aus Strassb. Hosp. A. lad. Orph. 21 fasc. 55. vid. mb. ausgestellt vom judex curie Arg. *1347.*

Quittung. **1203.** C. j. c. A. domicella Phina dicta Kelbin de Argentina confessa fuit in presentia fratris Friderici de Basilea ordinis fratrum predicatorum, eidem domicelle per dictum fratrem integraliter esse restitutam totam pecuniam in denariis, argenteis et florenis aureis consistentem commissam predicto fratri. actum 2 idus maji, a. d. 1328[2]. ***Mai 14.***

Aus Strassb. Hosp. A. Prot. Prédic. 107 (Copialb. s. XIV) fol. 82. cop. mb.

Verkauf. **1204.** C. j. c. A. Heinricus dictus Rûsze Arg. et Elsa, ejus uxor, manibus choadunatis vendiderunt pro 6 lib. et 5 sol. den. Arg. Wernhero dicto Swiger, balneatori Arg., et Else, uxori ejus, domum et aream, sitas Argentine an dem Rossemerkete in vico dicto Schiltecheimgasse juxta Waltherum, maritum dicte Wâltburg, pellificem e. u. et e. p. a. juxta dictum Mûseler lapicidam, de qua area cedunt annis singulis census nomine 15 unc. den. Arg. Johanni, filio quondam Billungi dicti de Renicheim, domino directo ejusdem aree, qui in vendicionem consentit et aream emptori locat. A. I. Wit. 3. (pro venditoribus). actum idus maji, a. d. 1328. ***Mai 15.***

Aus Strassb. Bez. A. H 2977. or. mb. c. sig. pend.

Testament. **1205.** Hartmannus presbyter, capellanus monasterii s. Margarete e. m. A., testamentum suum ordinat. episcopo legat 1 fertonem argenti, item Lembelino presbytero, officianti apud dictum monasterium, 1 lib. den., item Katherine de s. Aurelia, Huse dicte Zôrnin et Anne dicte Clobelôchin, monialibus dicti monasterii, cuilibet 10 sol. den. Arg. et cuilibet aliarum monialium ibidem 1 tricesimum, apud quod monasterium suam eligit sepulturam; item sorori Berhte, famulanti ibidem, 1 tricesimum, item Eberlino presbytero, celebranti ibidem, 1 tricesimum, item eidem monasterio redditus 2 lib. den. Arg., quos emi vult cum 20 lib. den. Arg., pro anniversariis ipsius, Gerdrudis matris, Johannis fratris peragendis; item instituit ibidem prebendam sacerdotalem in honorem s. Nicolai et Katherine, ad quam legat agros et curiam in banno et villa Wasselnheim et redditus quosdam. prebendam confert Burcardo presbytero, fratri suo. jus collationis est apud priorissam et conventum. prebendarius cottidie missam dicet et in ipsa memoriam legatoris habebit. item legat Else et Ellekindi sibi famulantibus cuilibet 2 quartalia siliginis, item cuilibet vicariorum ecclesie s. Thome 1 tricesimum, et viceplebano ibidem 5 sol., item fabrice dicte ecclesie 1 lib., item fabrice ecclesie Arg.

---

[1] *Vgl. nr. 1158.* [2] *Vgl nr. 744 Anmkg. 1*

togam suam furratam et caputium cum vario et 1 lib. den. Arg., item Johanni de Rodesheim, capellano monasterii s. Elysabeht e. m. A., 1 tricesimum, item presbyteris quibusdam in Wasselnheim redditus quosdam pro anniversario suo peragendo, item legat cuilibet colonorum suorum unam griseam tunicam novam, item monasterio in Steiga pro anniversario suo peragendo redditus quosdam. hujus testamenti tres moniales predictas constituit executores. sigillum cur. Arg. est appensum. actum 6 kalendas junii, a. d. 1328.

1328 Mai 27.

Aus Strassb. Bez. A. H 3128. or. mb. c. sig. pend. mutil.

1206. *Reinbolt Liebenzeller giebt die Fischerei in der Breusch und die Fischer zu Strassburg, die er selbst zu Lehen hat von Hannemann von Schönau, als Lehen an Eberlin von Mülnheim.* *Lehnsbrief.*

Mai 30.

Ich Reinbolt Liebenzeller ein ritter zû Strazburg tûn kûnt allen den, die disen brief sehent unde herent lesen, daz ich unbe die liebe unde fruntschaft, die ich zû dem erbern ritter han hern Eberlin von Mûlnheim, unde dürch den genemen dienest, den er mir geton het unde noch getûn maeg, han fürlûhen von der hant zû eime rehten lehen imme unde allen sin lehens erben fur mich unde alle min erben die Brusch zû Strazburg in der stat zû Strazburg unde die fischer alle zû Strazburg, die ich unde daz ich zû lehen han von mime genedigen herren hern Hanneman von Scheinouwe, mit allen den rehtern unde rehte, alse ich sû üntze an disen hütigen daeg geheibet han unde genossen, unde also, daz der selber her Eberlin unde alle sine lehenerben dis selbe gût gelt unde lehen nützen unde niesen sol noch lehens reht unde gewonheit, alse men lehen billiche nützen unde niesen sol. unde daz dis wer unde stete si fûr mich unde alle min erben, so han ich Reinbolt Liebenzeller der vorgenante min ingesigele zû eime ürkünde gehencket an disen brief. dis geschach an dem mentage noch sancte Ůrbans tage, in dem iare do men zalte von gotz gebürte drützehen hündert iar unde ahtewe unde zwentzieg iar.

Aus Strassb. Stadt A. G. U. P. lad. 86 nr. 1. or. mb. c. sig. pend.

1207. C. j. c. A. Anshelmus, natus quondam Anshelmi dicti de Altheim civis Arg., et Irmengardis, ejus uxor, nata quondam Johannis dicti Hornecke panificis Arg., manu coadunata vendiderunt Fritschoni dicto Gerter panifici Arg. et Katherine, uxori sue, dimidiam partem pistrini sive domus et aree, in c. A. sitarum juxta domum Odilie de Franckenheim e. u. et e. p. a. juxta domum dictam zûm Ůberhange, p. p. e. l. et redditus 15 sol. den. Arg. super dimidio scampno paniflcum, sito sub nova aula seu palatio civitatis Argentine apud forum piscium, in quibus Irmengardis patri suo successerat, pro 84 lib. den. Arg. item Heinricus dictus de Mûlnheim civ. Arg. vendidit omne jus sibi competens ex qualicunque causa in dimidia parte pistrini et aree predictarum pro 36 lib. den. Arg. A. 4. Wit. 3. (pro Anshelmo). actum quoad venditores conjuges idibus junii, quoad Heinricum de Mûlnheim 4 kalendas julii, a. d. 1328. *Verkauf.*

Juni 13 und 28.

Aus Strassb. Hosp. A. Prot. 242 Orph. (Copialb. von s. Clara auf dem Werde) nr. 158. cop. chart.

1208. C. j. c. A. Petrus, Gisela et Anna, liberi quondam Götzonis dicti Wise civis Arg., et specialiter Anna per manum et consensum Heintzemanni dicti Keller de Kolbotzheim mariti sui presentis manu choadunata vendunt fabrice ecclesie Arg. (Johanne de Ehenheim presbytero cive Arg. procuratore fabrice presente et vice fabrice emente) redditus annuos 19 sol. den. Arg. super quarta parte pro indiviso domus et aree, in c. A. ex opposito nove aule sitarum juxta Betschelinum natum quondam Dietheri de Kolbotzheim e. u. et e. p. a. *Verkauf.*

juxta aream quondam Johannis dicti Junge militis Arg., a detentoribus quarte partis solvendos, pro 18 lib. den. Arg. A. 1. redditus ipsis ex successione quondam Gisele matris eorum obvenerant. datum 15 kalendas julii, a. d. 1328[1]. ***1328 Juni 17.***

Aus Strassb. Stadt A. G. U. Pf. lad. 37. or. mb. c. sig. pend.

Schöffenurkunde. **1209.** «Reinbolt Huffelin, Rûlin Rûlenderlin rittere, Hug von Dossenheim, hern Huges seligen sun, scheffele unde burgere von Strazburg,» machen bekannt, dass sie zugegen waren und hingezugezogen wurden nach schöffels weise öffentlich, als frau «Hedewig, Johanneses geswihe zû dem Wolfe, eins burgers von Strazburg,» öffentlich erklärte, dass sie kein recht habe an dem hause und der hofstätte in Strassburg, genannt zu dem Wolfe, zwischen einem hause des genannten Johannes, das ietzt Cûne der scherer bewohnt, und einem der genannten Hedewig gehörigen, sondern dass es dem genannten Johannes gehöre. die genannten ritter und schöffel hängen ihre siegel an. «gegeben an dem fritage vor sancte Margarethen tage, 1328[2].» ***Juli 8.***

Aus Strassb. Thom. A. lad. 22 (Titres). or. mb. c. 3 sig. pend.

Verpfändung. **1210.** C. j. c. A. Reinboldus dictus Hüffelin miles civ. Arg. vendidit Conrado dicto Ripelin et Reinboldo dicto de Achenheim, militibus Arg., et Johanni sacerdoti dicto de Ehenheim, procuratoribus seu gubernatoribus operis fabrice eccl. Arg., ementibus nomine fabrice, redditus annuos 10 sol. den. Arg. super area et ejus attinenciis quondam Metze dicte Schidelerin, sita ante monasterium eccl. Arg. juxta domum fabrice predicte, pro 10 lib. minus 10 sol. den. Arg. A. 1. (in Reinboldum et Johannem predictos presentes). peracto vendicionis contractu prefati Reinboldus et Johannes procuratores nomine procuratoris indulserunt ex gracia speciali prefato venditori et ejus heredibus, quod reemere possint redditus predictos pro precio antedicto. actum 3 idus julii, a. d. 1328. ***Juli 13.***

Aus Strassb. Frauenh. A. Saalbuch 3 fol. 19[b]. cop. chart. s. XIV exeunt. Nach der Ueberschrift ein Eckhaus (auch genannt «zům halben huse»*) neben dem Hause* zum lembelin.

Verkauf. **1211.** Nicolaus prepositus[3], Götzo decanus, Conradus thesaurarius[4] totumque capitulum ecclesie s. Petri Arg. vendiderunt Heinrico dicto de Mulnheim, civi Arg., proprietatem dominium vel quasi aree quondam Ottonis dicti Pflûger, site an der Steinstrasze juxta aream olim fratrum saccitarum e. u. p. et e. a. juxta aream quondam Wetzelonis Marsilii militis Arg., necnon redditus 1 lib. den. Arg. et 2 caponum super area predicta, spectantes ad prebendam Nicolai de Kagenecke prepositi, pro 22 lib. den. Arg. A. 3. sigilla prepositi, decani, thesaurarii et capituli sunt appensa. actum et datum idus julii, a. d. 1328[5]. ***Juli 15.***

Aus Strassb. Bez. A. G 6175 (6202). 8. or. mb. c. 4 sig. pend.

Verkauf. **1212.** C. j. c. A. Reinboldus dictus Huffelin senior, miles Arg., et Heilika dicta de Rossewag, ejus uxor, vendiderunt Nicolao dicto de Dubicheim, presbytero et prebendario eccl. Arg., redditus annuos 5 sol. minus 4 den. Arg. et 1 caponis super domo et area, quam nunc ipse emptor inhabitat, sitis juxta magistrum Heinricum phisicum dictum de Northus e. u. et e. p. a. juxta curiam dictam der Rûlenderlin hof[6] Argentine, quos redditus emptor venditoribus

---

[1] *Vgl. nr. 726. Dorsualnotiz:* «super domo ex opposito pallatio zû dem Snebeliese.» [2] *Vgl. nr. 359 und 703.* [3] *Nach dem Siegel* de Kagenecke. [4] *Nach dem Siegel* de Mulnheim. [5] *Vgl. nr. 397 und 1182.* [6] *Nach Str. G. u. HN S. 42 in der Predigergasse (jetzt Goldschmiedgasse).*

solvere consuevit, pro 5 lib. et 2 sol. den. Arg. A. 1. Wit. 3. actum 8 kalendas augusti[a] quoad Reimboldum, quoad Heilikam vero 9 kalendas octobres, a. d. 1328.

1328 Juli 25 und September 23.

Aus Strassb. Thom. A. lad. Kaufbriefe 1. or. mb. c. sig. pend. delaps. Das Original ist durch Schwamm und Pilze so zerfressen, dass im unteren Teile nur noch Spuren der Schrift zu lesen. Das Pergament bröckelt zusammen.

1313. C. j. c. A. Metza, nata quondam Jacobi carrucarii de Hagenowe, vendidit Johanni dicto Pflûger, civi Arg., unam domum, sitam an der Steinstrazen c. m. A. juxta curiam Johannis dicte Spittelre e. u. p. et e. a. juxta domum Johannis emptoris predicti, pro 5 lib. den. Arg. A. 1. actum 5 kalendas augusti, a. d. 1328. *Verkauf.*

Juli 28.

Aus Strassb. Hosp. A. lad. Hôp. XLV fasc. 86. . or. mb. c. sig. pend.

1314. C. j. c. A. Engela, relicta Anshelmi dicti de Altheim civis Arg., de consensu Anshelmi, Hugonis et Odilie, liberorum suorum, vendidit pro 22 lib. den. Arg. Fritschoni dicto Seltzelin, carnificі Arg., et Else, uxori ejus, domum et aream, sitam in der Crutenôwe c. m. A. juxta Fritschonem predictum e. u. et e. p. a. juxta dictum Siferman, filiastrum dicti Hanewel, (ita quod de domo et area annis singulis detur 1 lib. den. Arg. Johanni dicto Bôckelin, Nicolao, Cûntzelino et Ůlrico, ipsius Johannis fratribus). Johannes emptori aream locat pro censu predicto. Er. 1. A. 1. Wit. 1. (pro Engela). actum 16 kalendas septembres, a. d. 1328. *Verkauf.*

August 17.

Aus Strassb. Bez. A. G 3647 (4042). 2. or. mb. c. sig. pend.

1315. C. j. c. A. Metza, filia quondam Heinrici sculteti de Kungeshoven, uxor Nycolai dicti de Basel sutoris Arg., vendit Gertrudi, sorori dicte Metze, uxori Hugonis dicti de Stille, funificis Arg., omne jus sibi competens in molendino dicto Brûchmul sito prope s. Arbogastum, quod sibi obvenit ex successione quondam Sophie, sororis ipsarum partium, item jus in redditibus 6 quartalium super dicto molendino et actionem sibi competentem super usufructu eorundem redditunm diu percepto per Irmenburgim, matrem ipsarum partium, item jus sibi competens in bonis in banno et villa Flexberg sitis, item jus in uno orto in villa Kungeshoven ex opposito s. Galli sito, pro pretio 4 lib. et 4 unc. den. Arg. A. 1. actum 14 kalendas septembris, a. d. 1328. *Verkauf.*

August 19.

Aus Strassb. Stadt A. Pf. G. lad. 49. or. mb. c. sig. pend. delaps.

1316. Johannes Kusolt, thesaurarius ecclesie Rynaugensis et canonicus ecclesie s. Thome Arg., debilis corpore de bonis suis in hunc modum disposuit, in primis eligit apud s. Thomam juxta murum cappelle s. Michahelis prope sepulcrum quondam Gôsselini de Kagenecke militis suam sepulturam, legat episcopo Argentinensi unum fertonem argenti, item legat redditus quosdam ecclesie s. Thome ad anniversarium suum peragendum et ad festum s. Michaelis dupliciter celebrandum; item ecclesie Rynaugensi ad anniversarium peragendum. voluit eciam, quod filia sua naturalis Agnes, que nunc inhabitat inclusorium prope cappellam s. Marie prope Rynaugiam, in eodem maneat et quod propter hoc inclusis ibidem de bonis suis satisfiat. item legavit ecclesie s. Thome pro ornatu culcitram suum melius, item Johanni filio fratris sui, canonico ecclesie s. Thome, librum suum matutinalem et psalterium suum magnum, necnon graduale suum, item decano ecclesie Rynaugensis antiphonarium suum, item Lucgardi filio fratris sui domum, in qua ipse thesaurarius sorori sue, uxori quondam Waltheri dicti Hentwingen successit, sitam in vico predicatorum in dem nuwen gesselin; item voluit, quod Liberadis soror sua in bonis ab ipso derelictis ipsi non succedat nec aliquam *Testament.* *September 29.*

[a] *Das Wort augusti ist nicht mehr sicher zu erkennen.*

capiat porcionem, nisi eadem dispositionem bonorum suorum aliis quam proximioribus suis factam revocet. voluit eciam, quod Hugo filius fratris sui equalem capiat porcionem in aliis bonis per ipsum thesaurarium derelictis una cum aliis ipsius thesaurarii heredibus; horum legatorum constituit executores decanum ecclesie Rynaugensis, magistrum Heinricum de Hugeswilre, canonicum ecclesie s. Thome, ac Conradum dictum Ripelin militem Argentinensem. omnia vasa sua argentea necnon utensilia domus sue ad ornatum tendencia videlicet tapeta et kussinos capiant et cum hiis familiam thesaurarii et ipsius confessorem convenienter expediant, cuilibet quoque executorum unum cleinodium legavit. sigillum cur. Arg. est appensum. actum a. d. 1328, feria 2 ante festum b. Michahelis archangeli[1].

1328 September 26.

Aus Strassb. Thom. A. lad. 25 (Titres). or. mb. c. sig. pend.

Verkauf. **1217.** C. j. c. A. Burcardus dictus Schöp et Heinricus dictus Swarber, milites Arg., manu choadunata vendunt magistro et consulibus civitatis Arg. et ipsi civitati domum et aream, in foro equorum in predicta civitate juxta turrim nuncupatam der Judin durn e. u. et e. p. a. juxta domum, quam inhabitat magister Cûnradus balistarius ex parte civitatis, p. p. e. l., excepto quod de iis annuatim 1 sol. den. Argent. civitati detur, pro 50 lib. den. Arg. A. 1. (in Ûlricum dictum Swarber civem Arg. presentem et nomine civitatis magistri et consulum recipientem). actum 3 kalendas octobris, a. d. 1328. ***September 29.***

Aus Strassb. Stadt A. V. C. G. suppl DD. or. mb. c. sig. pend

Verkauf. **1218.** C. j. c. A. Fridericus dictus Clette de Ůtenheim miles et Elsa ejus uxor, nata quondam Heinrici dicti Swarber civis Arg., manu choadunata vendiderunt Heinrico dicto de Mulnheim civi Arg. redditus annuos proprios 2 den. Arg., quos dicta Elsa habebat super domo et area, in c. A. gegen der Schûpfen ubere juxta domum quondam Heinrici dicti zûm halbenhuse e. u. et e. p. a. juxta domum dictam zû der rosen, quos quidem redditus procurator fabrice ecclesie Arg. nomine dicte fabrice Else solvit, et in quibus Elsa quondam parentibus successerat, pro 60 lib. den. Arg. A. 1. Wit. 2 (pro Friderico). actum 2 kalendas octobres, a. d. 1328[2]. ***September 30.***

Aus Strassb. Frauenh. A. lad. 19 nr. 93. or. mb. c. sig. pend.

Zeugenregest. **1219.** C. j. c. A. Johannes, natus quondam Johannis dicti Reinbart de Brûschwikersheim, confessus est in presencia Johannis dicti Heilt, procuratoris abbatisse et conventus monasterii s. Clare infra muros Arg., ipsi nichil juris competere in omnibus bonis, que monasterium habet in banno dicte ville, et, si quid juris sibi competiit racione culture ipsorum bonorum, illi renuntiat in hiis scriptis et per porrectionem calami resignavit. idem Johannes promittit per juramentum corporaliter prestitum monasterium necnon personas quascunque colentes hujusmodi bona nunquam impedire vel vexare; alioquin excommunicacionis sententie subjacebit. ob causas premissas dictus procurator prefato Johanni 50 quartalia et 1 octale bladi (²/₃ triticum ¹/₃ siligo), in quibus ipse dicto monasterio extitit obnoxius, remisit. acta sunt hec 7 idus octobres, presentibus Nicolao dicto de Grostein milite et Petro dicto Swarber cive, scabinis civitatis Arg. ad premissa pro testimonio vocatis, a. d. 1328. **Oktober 9.**

Aus Strassb. Hosp. A. lad. 19 fasc. 7. or. mb. c. sig. pend.

---

[1] *Quittung des Kapitels von s. Thomas über die durch die Exekutoren des Testaments des verstorbenen Kuolt, von denen der Ritter Konrad Ripelin selbst bereits verstorben ist, erfolgte Zahlung von 36 Pfund für Ankauf einer Rente von 3 Pfund zum Zwecke des Seelgerätes. 1330 Juni 28. Or. daselbst. Transfix an der Haupturkunde.* [2] *Nach der Ueberschrift einer Copie im Saalbuch 3 fol 12ᵃ (Frauenhaus A.) ist es:* «der junefrowen hus, do des werkes kelterin inne wonent.»

1220. Hanseler von Schönecke der meister und der rat von Strassburg machen bekannt, «daz her Johans Löselin und her Rûlin rittere, Peter, Ůlrich, Cûntze und Rûlin Löselin der iunge gebrůdere und frowe Nese ir swester mit willen und gehelle Johannes Clobelöches, irs elichen wurtes und wissenthaften vogetes, und Erbe von Lampertheim, ir swoger, mit willen und gehelle Johannes sins eiltesten sünes, und öch von anderre sinre kinde wegen, die er hette von frowe Nesen seligen irre swester, die hie nach geschriben stant Johannes, Erben, Gösselins, Heitzemannes, Nesen, Cilien, Gertrut, Katherinen, Minnelins und Irmelins, der vogt er ist,» verkauft haben dem kloster s. Clara auf dem Werde den garten und die häuser ringsum, neben dem eigentum des genannten klosters und der Stübenweger hofstätte, als lediges eigen ohne die zinse, die man früher an iung s. Peter und (5 schilling und 3 cappen) dem Stübenweg gab, für 400 pfund pfenninge. Erbe von Lampertheim und Johannes sein sohn verbürgen sich für Erbens minderjährige kinder, dass sie den kauf anerkennen. dass die grundstücke niemanden von ihnen zum wittum gegeben sind, bezeugen die sämmtlichen vorgenannten eheleute. «an der mitwuchen vor sant Gallen tag, 1328. haran worent wir Hanseler von Schönecke, *u. s. w. folgt der Rat.* ***1328 Oktober 12.*** *Verkauf.*

Aus Strassb. Hosp. A. Prot. 242 Orph. (Copialb. von s. Clara auf dem Werde) nr. 185. *cop. chart.*

1221. C. j. c. A. domina Margareta, relicta Günthern de Landesberg militis, vendidit choro ecclesie Arg. (Heintzelino dicti Cremere et Johanne de Dicke prebendariis dicte ecclesie ementibus cum pecunia quondam Burcardi dicti de Mülnheim civis Arg. pro anniversario suo peragendo legata per ipsum) pro 30 lib. den. Arg. bona subscripta p. p.° e. l. A. l. venditrix asserit per juramentum, se quondam Lückardi dicte Spenderin, matri ipsius, in bonis hujusmodi successisse. specificatio bonorum est hec et sita sunt in banno civitatis Argentine: in deme Burgvelde 2 agri in uno sulco contigui juxta bona monasterii s. Margarete; item una petia dicta der hof retro curiam dominorum de Kagenecke in deme brûch juxta bona altaris s. Vincentii siti in ecclesia predicta e. u. et e. p. a. juxta bona ecclesie s. Thome Arg. actum 16 kalendas novembres, a. d. 1328. ***Oktober 17.*** *Verkauf.*

Aus Strassb. Bez. A. G 3659 (4051). 4. *or. mb. c. sig. pend.*

1222. Johannes de Owen, capellanus olim domini Heinrici de Gundelfingen archidiaconi ecclesie Arg., prebendam fundaverat in capella b. Johannis ewangeliste[1], sita apud curiam claustralem domini Cûnradi de Kirkel thesaurarii eccl. Arg., ut patet ex diplomate de dato 1328 dezember 4. executores testamenti erant Nicolaus de Dübingheim prebendarius ecclesie Arg., magister Berhtoldus capellanus Heinrici dicti de Mülnheim civis Arg. et Johannes presbyter de Rotwilre commorans Argentine. ***Dezember 4.*** *Präbendenstiftung.*

Aus Strassb. Bez. A. G 1501 (1919) a. *or. mb. c. sig. pend. delaps.*

1223. C. j. c. A. Johannes dictus Wirich, filius quondam Andree dicti Wirich civis Arg., vendidit pro 5 lib. den. Arg. Rûlino dicto Kursenermeister Argentinensi redditus annuos 4 unc. den. Arg. super una area, sub macellis Argentine sita versus pontem dictum schintbrugge juxta Johannem dictum Owener carnificem e. u. et e. a. p. juxta scampnum quondam Johannis dicti Rietheim carnificis Arg., nuncupata Henselins Oweners banke, super qua area edificatum est 1 scampnum, in quo carnes vendi solent. emptor Johanni dicto Owener aream locat pro censu predicto. si hic in solutione census per integrum annum negligens fuerit (daz ein zins den andern berûrte), emptori licet ipsum invadere judicio spirituali et seculari *Verleihg.*

[1] *Ob identisch mit der Johannes-Kapelle im Entringerhof (vgl. nr. 72) ist fraglich.*

et sine judicio. A. 1. venditor asserit per juramentum, redditus non esse obnoxios aut eciam obligatos et se successisse in eisdem quondam patri suo predicto. actum 8 kalendas februarii, a. d. 1329. *1329 Januar 25.*

Aus Strassb. Thom. A. lad. Kaufbriefe 5. or. mb. c. sig. pend.

Erbleihe. **1224.** C. j. c. A. Heintzelinus dictus Grave de Aehe, residens Argentine, confessus est, capellanum altaris s. Vincentii siti in eccl. Arg. habere census annuos 20 den. Arg. super area, c. m. A. in der Grutenowe sita wider Sturnecke am Staden juxta Johannem dictum Pfalsleger e. n. et e. p. a. juxta Berhtoldum dictum Hagene, ceslendos in festo b. Johannis Bapt. actum 3 nonas februarii, a. d. 1329. *Februar 3.*

Aus Strassb. Bez. A. G 3659 (4054). 5. or. mb. c. sig. pend.

Schenkung. **1225.** C. j. c. A. Nicolaus de Kagenecke, cantor ecclesie s. Thome Arg., in remedium anime quondam Gösselini dicti de Kagenecke militis Arg., patris ipsius, legavit dicte ecclesie redditus quosdam in banno ville Ehenheim superioris. item eidem donat redditus 12 quartalium tritici et siliginis equaliter utriusque de redditibus 24 quartalium, in quibus patri suo successit, super curia et bonis sitis zů Kagenecke c. m. A. pro anniversario suo peragendo. actum idus februarii, a. d. 1329. *Februar 13.*

Aus Strassb. Thom. A. Registrande A fol. 147b. cop. chart. s. XIV.

Verkauf. **1226.** C. j. c. A. Petermannus dictus de Duntzenheim, miles Arg., et Clara, ejus uxor, manu choadunata vendunt Ůlrico dicto Swarber, civi Arg., pro 60 marcis argenti redditus annuos 6 lib. den. Arg., quos emptor solvere consuevit pretextu juris emphiteotici competentis super domo et area, sitis in c. A. juxta turrim nuncupatam zů Rintburgetor e. u. et e. p. a., quas venditores inhabitant, tendentibus a parte posteriori ad fossatum; qui venditores absolvunt emptorem necnon domum et aream a solutione illorum reddituum. A. 1. actum 11 kalendas martii, a. d. 1329. *Februar 19.*

Aus Strassb. Stadt A. V. C. G. Corp. K lad. 17 nr. 117. or. mb. c. sig. pend.

Verkauf. **1227.** C. j. c. A. Wernherus dictus de Pfettensheim civis Arg. vendidit Metze et Katherine, filiabus dicti Zoller de Argentina, dimidiam partem pro indiviso unius parietis, vulgariter dicendo einem steinen gebel, et aree seu fundi dicte dimidie partis et jus sibi competens in fundo sito ante dictum parietem (vor dem vorgenanten gebel) in c. A. in cono vici dicti Gröbengasze juxta dictas emptrices, pro 3 lib. den. Arg. actum 13 kalendas aprilis, a. d. 1329. *März 20.*

Aus Strassb. Frauenh. A. Saalbuch 3 fol. 95a. cop. s. XIV exeunt.

Schenkung. Tauschgeschäft. **1228.** C. j. c. A. Lisa, soror Eberhardi dicti Püller militis, uxor Johannis de Hohenstein militis, donacione inter vivos per manum dicti mariti sui predicto fratri suo bona subscripta loco 100 marcarum ponderis Arg., quas dicta domina prefato Eberhardo promisit dare, donavit. prefata donatrix a promissione dictarum 100 marcarum absoluta transfert per porrectionem calami in fratrem omne jus. Johannes maritus consentit et conjuges per fidem corporaliter prestitam asserunt, non esse dotalia bona inferius specificata. specificacio autem dictorum bonorum est hec: in c. A. domus dicta zů dem Müsinger[1] et area ejusdem, apud carnifices juxta domum dictam zů hern Egenolfe site, de quibus prefate donatrici redditus 7 den. Arg. et 10 sol. nomine census persolvi annis singulis consueverunt, item super domo et area et earum attinentiis dictis zů dem Grien, an dem Holtzmerckete juxta domum dictam

---

[1] *Vgl. Str. G. u. HN. S. 112.*

zů der Kevien e. u. et e. p. a. juxta rasorem sitis, redditus annui 30 sol. den. Arg. et 2 caponum, item due aree, contigue site in dicta civitate inter piscatores juxta Strúbelinum piscatorem e. u. et e. p. a. juxta dictum Dürrenbach proclamatorem vini, salvo tamen jure emphiteotico possessoribus predictarum arearum. actum 9 kalendas aprilis, a. d. 1329[1].

1329 März 24.

Aus Strassb. Frauenh. A. lad. 49 nr. 94. *or. mb. c. sig. pend. Daran Transfix von 1329 April 4, 1378 und 1403.*

1229. C. j. c. A. Wilhelmus dictus Dantz junior, armiger Arg., vendidit Gisele nate quondam Cůnradi dicti Kolbe, sutoris Arg., redditus annuos 12 unc. den. Arg. de redditibus 20 unc., quos emptores solvebant de area domus, site in c. A. an der oberstraszen juxta domum Ottemanni tornatoris e. u. et e. p. a. juxta domum dictam zů der linden, pro 20 lib. den. Arg. minus 10 sol. A. 1. venditor successerat quondam Johanni fratri suo. Wit. 2. (pro Greda de Hohfelden, uxore venditoris). actum 5 kalendas aprilis, a. d. 1329[2]. *Verkauf.*

März 28.

Aus Strassb. Stadt A. HH. Tribu des maréchaux. *or. mb. c. sig. pend. delaps.*

1230. C. j. c. A. Margareta, relicta Guntheri militis de Landesberg, filio suo, fratri Gunthero ordinis predicatorum domus Arg., in remedium anime sue donavit donatione inter vivos redditus 1 lib. den. Arg. super una domo, sita in c. A. bi Rintburgdor juxta domum dictam Daurisen e. u. et e. p. a. juxta unam domum sitam in cono vici dicti zů dem Sluche, item 1 lib. den. Arg. redditus super domo predicta zů dem Sluche. post obitum fratris Guntheri dicti redditus cedunt mense conventus predicatorum Arg. prior et conventus peragere tenentur anniversaria ipsius donatricis, quondam Guntheri sui mariti, Waltheri armigeri filii, et Gotfellindis filie ipsius Margarete. redditus debent inalienati remanere apud conventum dictum. qui si secus faceret, tunc cedunt redditus ad fabricam ecclesie Arg. actum 2 idus aprilis, a. d. 1329[3]. *Schenkung.*

April 12.

Aus Strassb. Hosp. A. Prot. Prédic. 107 (Copialb. s. XIV) fol. 53b. *cop. mb.*

1231. Johannes dictus Zutzendorf lanifex Arg. et Anna ejus uxor donant Anne ipsorum filie loco 35 marcarum argenti, quas eidem promiserunt, quando eam Conrado filio Conradi dicti Muller de Willestette ejus marito copulaverunt, domus sitas under den wenner Argentine in des spittales hof necnon bona in banno ville Gundesheim. actum 3 nonas maji, 1329. *Aussteuer.*

Mai 5.

Aus Strassb. Bez. A. G 2690 (3014). (Handschrift s. XVI). *Kurzer Auszug.*

1232. C. j. c. A. Oswaldus et Johannes, filii quondam Hugonis viceplebani in Berstette, de Basilea vendiderunt suo et Johannis junioris, adhuc minoris dictorum fratrum fratris, nomine Metze et Katharine, filiabus quondam Ottonis dicti Zoller de Arg., pro precio 27 lib. et 5 sol. den. Arg. domum dictam zů dem Stöcken, in c. A. in vico dicto Gröben gasze in superiori parte vici una domo dumtaxat excepta sitam, ita quod de area non plus annis *Verkauf.*

---

[1] Eberhardus dictus Pfiller miles et domina Jutta de Mogenheim, uxor ejus, *verkaufen an Nicolaus von Kagenecke, Propst von St. Peter zu Strassburg, (zugleich für seine Brüder Ritter Reimbold und Edelknecht Erhard) für 165 Pfund Pfenninge die angegebenen Güter. 1329 April 19. Or. ebendaselbst. Transfix der obigen Urkde.* [2] *Vgl. nr. 669.* [3] Eadem die ipsa relicta c. j. c. A. recognovit in presentia fratris Hetzelonis ordinis predicatorum, procuratoris domus Arg., quondam Lukardim matrem suam, relictam Waltheri dicti Spender militis Arg., in remedium anime sue legasse dicto conventui redditus 13 unc. den. Arg. (10 super area domus in c. A. site in cono vici dicti zů dem Sluche, 3 super domo dicti Creiger juxta Heinricum sutorem e. u. et e. p. a. juxta Richardum). anniversarium Lukardis perpetuo peragi debet. actum 2 idus aprilis, a. d. 1329. *April 12. Daselbst fol. 54.*

singulis debeatur preter quam 8 sol. et 2 capones nomine census Wernhero dicto de Pfettensheim civi Arg. domino directo aree, comparente dicto Wernhero et in dictam vendicionem consenciente. Er. 1. V. A. 1. actum 4 idus maji, a. d. 1329. *1329 Mai 12.*

*Aus Strassb. Frauenh. A Saalbuch 3 fol. 94*b. *cop. s. XIV exeunt.*

Verkauf.

1233. C. j. c. A. Lütgardis, relicta Berhtoldi zům Riet civis Arg., vendidit pro 30 lib. den. Arg. magistro et consulibus civitatis Arg. nomine civitatis ementibus domum, in dicta civitate trans novum pontem in cono vici dicti Utengasze quoad latus sinistrum juxta domum quondam dicte Irregengin sitam[1], tendentem a parte posteriori super domum Nicolai zům Riet, ita quod de eadem area annuatim debeantur 30 den. Arg. Johanni dicto Panphilin, armigero Arg., ratione feodi a comite de Friburgo dependentis, Johanne presente et consentiente, comparente etiam Nicolao de Brisaco sutore Arg. et omni juri emphiteotico in domo et area illis renuntiante. A. 1. (in Johannem dictum Hanseler de Schönecke civem Arg. nunc existentem de consilio civitatis presentem et nomine emptorum recipientem). Wit. 3. sigillum cur. Arg. ad peticionem venditricis, Johannis dicti Panphilin et Nicolay predictorum est appensum. actum 4 idus junii, a. d. 1329. *Juni 10.*

Aus Strassb. Stadt A. V. C. G. Supp. DD. or. mb. c. sig. pend.

Rechnungsabschluss.

1234. *Rechnungsabschluss der Münsterfabrik.* *Juni 27.*

An dem zinstag nach s. Johannesdag Baptiste zu sungichten, do man zahlte von gottes geburte dreyzehen hundert iar und nun und zwantzig iar, do her Rulin Löselin meister was, do rechent her Johannes uff unserre vrowen husz, do zugegen waren der vorgenannt meister, her Cunrat Ryppelin, her Reinbolt von Achenheim, her Hetzel Marx, her Clawes von Grostein, Johannes Clobeloch, Hanseler von Schönecke etc., do hat der vorgenannt her Johann empfangen 1370 libras et 2 libras cum decem et septem solidis et 8 denariis. die hat der vorgenannt herr Johann wider gerechnet und ist bliben schuldig 200 libras cum 4 solidis minus decem libris. So verblibet er von korne schuldig hundert vierteil, vier vierteil minre. so verblibet er schuldig von wine sehs und sehtzig fuder. so stat im usz von zinsze 11 1/2 libre cum duobus solidis[2].

Aus Strassb. Stadt A. V. D. G. corp. A lad. 63. Beglaubigte Abschrift aus dem Jahr 1776 eines Teiles eines Manuskriptes des Ammeisters Wencker, das im Archiv des Königlichen Prätors aufbewahrt wurde und eine Geschichte des Frauenwerkes enthielt.

---

[1] *Vgl. nr. 646.* [2] *Der oben abgedruckte Rechnungsabschluss der Domfabrik ist der älteste uns erhaltene. Leider enthält er offenbar gerade an der für uns wichtigsten Stelle eine Lücke. Die Reihe der bei der Rechnungsablage anwesenden schliesst nach Aufzählung mehrerer Strassburger (darunter die beiden Pfleger Konrad Riplin und Reinbold von Achenheim, drei damals im Rate sitzende Bürger: Hanseler von Schöneck Bürgermeister, Hetzel Marx und Johannes Knoblauch, zu ihnen gehört auch der schon genannte Reinbold von Achenheim; ohne Amt war damals so viel ich weiss, Claus von Grostein) mit einem et ceteri, wo sonst, so beim Rechnungsabschluss von 1338, die Namen der am Bau beschäftigten Architekten und Steinmetzen zu folgen pflegen. Zu Wenckers Zeiten war noch die ganze Reihe der Rechnungsabschlüsse der Domfabrik von 1329 bis 1398 erhalten, von denen heute nur ein verschwindender Bruchteil noch vorhanden ist. Wencker sagt in dem Aktenstück, dem der obengenannte Rechnungsabschluss entnommen ist:* «Ausz denen Rechnungen oder vielmehr derselbigen Scheinen, die von a 1329 bis 1398 beydes inclusive in richtiger Ordnung annoch vorhanden, ist zu ersehen, wie jährlich die Rechnungen generaliter zweymalen in præsentia der Meistere und Räthe auff dem Frauenhaus (ohne Beysein oder Benennung einigen canonici oder andern in ihrem Nahmen erscheinenden capitularen Persohn) seind abgehandelt und abgehört worden.» *Welcher Verlust der Untergang dieser niemals für die Münsterbaugeschichte benutzten Akten für dieselbe ist, liegt auf der Hand. Man vgl. darüber Martin und Wiegand, Strassburger Studien Band I, 290 ff.*

1285. C. j. c. A. Greda, relicta quondam Cůnradi de Gôdertheim cuparii Arg., vendidit magistro et consulibus civitatis Arg. jus sibi competens in area, dicta zů Nidecke in c. A. trans pontem ecclesie s. Thome ex opposito domus dicte zům Swederich juxta aliam domum venditricis sita, ita quod non plus inde debeatur preter quam 5 sol. den. Arg. nomine census Katherine dicte Wenserin, sorori fratrum dictorum Sickelin militum Arg., pro 16 lib. den. Arg. A. 1. (in Ůlricum dictum Swarber civem Arg. presentem nomine magistri et consulum recipientem). sigillum curie Arg. ad peticionem venditricis est appensum. actum 2 idus julii, a. d. 1329. *Verkauf.*

1329 Juli 14.

Aus Strassb. Stadt A. V. C. G Suppl. DD. or. mb. c. sig. pend. Der erste Teil der Urkunde bis zur Währschaftformel ist mit anderer Dinte geschrieben.

1286. C. j. c. A. Reinboldus dictus Brandecke, miles Arg., et Agnes, uxor Gôtzonis dicti Vôltsche senioris civis Arg., per manum ejusdem, ac frater Erbo de Achenheim, conventualis domus fratrum minorum Argentine, executores testamenti quondam Důde dicte de Ůtenheim, civis Arg., nomine executorio vendiderunt Cůnrado dicto Gürteler, civi Arg., et Else, uxori sue, redditus 1 lib. den. Arg. super una area, dicta zů deme Grien in c. A. an dem Holtzmerkete sita juxta heredes quondam Richwini dicti Kôrner e. u. et c. p. a. juxta Johannem dictum Sickelin juniorem militem Arg., quam nunc detinet in emphiteosim Růlinus dictus Baseler, rasor Arg., pro annuo censu 1 lib. den. Arg.[1], ac omne jus in area quondam Důde competens pro 17 lib. den. Arg. precium executores convertere volunt in predia cedenda pauperculis sororibus stantibus in domo dicta zů dem friden sita in civitate predicta. Reinboldus et Agnes constituunt se warandos. A. 1. actum 13 kalendas augusti, a. d. 1329[1]. ***Juli 20.*** *Verkauf.*

Aus Strassb. Bez. A. H 2107. or. mb. c. sig. pend.

1287. C. j. c. A. Nicolaus dictus Herrot de Innenheim vendidit pro 16 lib. et 10 sol. den. Arg. Nicolao dicto Kember et Johanni, filio ejus, residentibus Argentine, unam domum angularem, dictam vulgariter daz orthus in Blindengasze in c. A. sitam juxta aream canonicorum ecclesie s. Thome Arg. ex opposito domus Cůnradi dicti Gürteler civ. Arg., ita quod de dicta area non plus singulis annis debeatur preterquam 7 unc. den. Arg. et 3 capones domine Gerdrudi, relicte Johannis dicti Junge militis Arg., domine directe aree, que quidem domus venditori ex successione quondam Fritschonis dicti Herrot, fratris sui, obvenerat. A. 1. prefata domina Gerdrudis de consensu Egenolfi de Landesberg militis, nunc mariti sui, consentit et locat aream predictam pro dicto censu. Er. 1. V. actum 7 kalendas septembres, a. d. 1329[2]. *Verkauf.*

August 26.

Aus Strassb. Hosp. A. Ind. Hôp. XXXIV. or. mb. c. sig. pend.

1288. C. j. c. A. Rûdigerus, natus quondam Johannis dicti de Stille, nati quondam Fritschonis dicti Seiler de Arg., vendidit Ottemanno dicto Pflûger, nato quondam Heinrici dicti Pflûger de Criegesheim, et Elline de Dabichenstein, uxori sue, pro 10 lib. et 10 sol. den. Arg. unam domum, in c. A. apud s. Petrum seniorem sitam an deme ussern turne zů der rehten hant do man us vert, ita quod de area ipsius debeatur annuatim 2 lib. den. Arg. Heinrico dicto Swarber militi Arg. et 2 sol. den. civitati Argentine. Junta uxor venditoris *Verkauf.*

---

[1] *Vgl. nr. 849.* [2] *Nikolaus Kember bekennt seinerseits die Hofstatte von der genannten Gertrud in Erbleihe erhalten zu haben. 1329 August 26. Abschrift im Strassb. Stadt A. Briefbuch D fol. 196a.*

suum adhibet consensum. A. 1. Wit. 3. (pro Junta). M. (pro Rüdigero). actum 8 idus septembres, a. d. 1329[1]. ***1329 September 6.***

Aus Strassb. Hosp. A. Prot. Prédic. 107 (Copialb. s. XIV) fol. 19b. cop. mb.

Schenkung. **1239.** C. j. c. A. Katherina et Metza, filie quondam Ottonis dicti Zoller, residentes Argentine, in remedium animarum suarum fabrice eccl. Arg. unam domum, in c. A. uf dem Rossemerkete oben an Gröben gasze sitam inter domos Wernheri de Pfettinsheim civ. Arg., donant in recompensam donacionis, quam mater dictarum ac ipse filie de tercia parte bonorum ipsarum mobilium et immobilium ipse fabrice fecerunt, sicut continetur in instrumento, quod Johannes de Ebenheim presbyter civis Arg. procurator dicte fabrice presens nomine fabrice voluit cassum et irritum esse. A. 1. Wernherus de Pfettensheim predictus dominus directus aree predicte locat dictam aream procuratori antedicto pro annuo censu 8 sol. et 2 caponum. Er. 1. post obitum prefati procuratoris ex parte fabrice unus possessor est dandus, qui aream recipiet de domino directo et laudimium prestabit. V. actum 8 idus septembres, a. d. 1329[2]. ***September 6.***

Aus Strassb. Frauenh. A. Saalbuch 3 fol. 95a. cop. chart. s. XIV exeunt.

Verkauf. **1240.** C. j. c. A. Johannes dictus Wirich, armiger Arg., vendidit Heinrico dicto de Mülnheim civi Arg. unam aream, in c. A. in vico dicto Sporergasze sitam juxta Johannem dictum Hanseler civem Arg. e. u. et e. p. a. juxta dictum Fürstelin, prebendarium eccl. Arg., p. p. e. l., quam aream detinet dicta Blafüszin in emphiteosim pro redditibus annuis 4 lib. et 4 caponum et que venditori obvenit ex successione parentum suorum, pro 61 lib. den. Arg. A. 1. (in magistrum Berhtoldum de Hüningen capellanum dicti emptoris). actum 16 kalendas octobres, a. d. 1329. ***September 16.***

Aus Strassb. Bez. A. G 3659 (4054). 5. or. mb. c. sig. pend.

Schenkung. Leibzucht. **1241.** C. j. c. A. Odylia, filia quondam Nicolai dicti de Mulnheim institoris Arg., fabrice ecclesie Arg. in remedium anime ipsius donacione inter vivos donavit 1 agrum dictum einen gartacker aput Rotenkirchen zwüschent den zweigen wegen situm juxta 2 agros monasterii s. Johannis zû den hunden e. m. A. A. 1. (in Johannem de Ebenheim presbyterum procuratorem dicte fabrice). peracta donacione prefatus procurator locavit nomine fabrice dicte donatrici et Junte filie quondam Wolfhelmi dicti Wisse de Coswilre residenti Argentine dictum agrum, ad utifruendum, quoad vixerint, pro annuo censu 2 den. Arg. solvendo singulis annis festo beati Martini in signum directi dominii. actum 3 kalendas octobres, a. d. 1329. ***September 29.***

Aus Strassb. Frauenh. A. Saalbuch 3 fol. 87a. cop. chart. s. XIV exeunt.

Verkauf. **1242.** C. j. c. A. Reinboldus dictus Hüffelin, miles Arg., et domina Heilka, ejus uxor, manu choadunata vendiderunt decano et capitulo ac choro ecclesie Arg. (Nicolao dicto de Dübingheim ac Heinrico dicto Kremer, prebendariis dicti chori, ementibus) redditus subscriptos pro 50 lib. den. Arg. A. 1. redditus dicto Reinboldo donati sunt per domicellam Phynam dictam Kelbin. specificatio reddituum: 1 lib. den. Arg. solvit Johannes dictus Bühseler de 1 area in vico dicto Blindengasze sita prope fontem ibidem juxta Phynam domicellam dictam Kelbin e. u. et e. p. a. juxta dictos de Grostein. item 10 unc. et 4 capones Ülricus

---

[1] *Heinrich Swarber schenkt seiner Gattin Ellekindis, der Tochter des Str. Ritters Hugo Zorn, zum Wittum den Zins von genanntem Hause* (super muro civitatis inter duo valla ejusdem an der zollebrucken bi dem alten sant Petere an dem turne, dem man sprichet Johanneses turn von Dankratzheim). *1331 Januar 11 Or. Bez. A. G 4290 (4667).* [2] *Vgl. nr. 1227 und 1232.*

natus quondam Ůlrici dicti Junckherre am Estrich apud Rotenkirche c. m. A. de una curia apud Rotenkirchen [1], item redditus de 2 agris apud Rotenkirche. actum 7 idus octobres, a. d. 1329 [2]. **1329 Oktober 9.**

Aus Strassb. Bez. A. G 3659 (4054). 5. or. mb. c. sig. pend.

1243. C. j. c. A. Cůntzelinus, natus Cůnradi dicti der nuwe Wurt, residens an der Steinstrasze c. m. A., vendidit pro 4 lib. et 10 sol. den. Arg. magistro Johanni Erlini, scolastico eccl. s. Thome Arg., nomine ejusdem ecclesie et quondam Adelheidis [3], ipsius scolastici neptis, olim uxoris Jo[hannis] [a] dicti Löselin armigeri Arg., unum fundum, dictum vulgariter einen hof, prope curiam dictam Zürnecke, situm juxta bona leprosorum apud Rotenkirchen et juxta fundum Ellekindis et Cůnonis, chouterinorum dicti venditoris, p. p. e. l., ita quod prefate Adelheidis anniversarium in dicta ecclesia cum missa et vigiliis perpetuo peragatur; qui quidem fundus venditori obvenerat ex successione materna. A. 1. Wit. 3. peracta vendicione magister Johannes emptor nomine quo supra locavit in emphiteosim venditori dictum fundum pro redditibus annuis 4 unc. den. Arg., solvendis festo nativitatis domini. Er. 4. V. actum 7 kalendas novembres, a. d. 1329. **Oktober 26.** *Verkauf.*

Aus Strassb. Thom. A. lad. 12 (Titres). or. mb. c. sig. pend.

1244. C. j. c. domini thesaurarii ecclesie Arg. Albertus et Fritzemannus fratres dicti de Suntheim residentes uf dem werde, cives Arg., vendiderunt Cůnoni dicto de Hunesvelt civi Arg. molendinum ac fundum in banno ville Rüchelnheim situm pro precio 13 lib. den. Arg. datum 3 kalendas novembres, a. d. 1329. **Oktober 30.** *Verkauf.*

Aus Darmstadt Staats A. Fonds Hanau-Lichtenberg nr. 203 or. mb. c. sig. pend. mutil.

1245. C. j. c. A. Nicolaus et Cůno fratres dicti Wurt residentes apud Rotenkirchen, Cůntzelinus, frater ipsorum residens an der Steinstraszen, Ellekindis, ipsorum soror, et Heintzelinus dictus Mux, maritus dicte Ellekindis, manu choadunata vendiderunt Metze, nate quondam Fritschonis de Schsilsheim civis Arg., 2 agros (gartackere), in der Höffegasze hinder Steinstrasze sitos juxta bona fabrice ecclesie Arg. e. u. et e. p. a. juxta filium Richwini dicti Körner, matrem dicti Lappe militis Arg., p. p. e. l. pro 16 lib. den. Arg., ut inde census recipere possint 1 lib. den. Arg. et 4 caponum. A. 1. (in Růdolfum de Bopfingen, prebendarium ecclesie Arg. nomine dicte emptricis). Wit. 3. actum kalendas decembres, a. d. 1329. **Dezember 1.** *Verkauf.*

Aus Strassb. Thom A. lad Kaufbriefe 3. or. mb. c. sig. pend

1246. C. j. c. A. Sophia dicta de Westhus, civis Arg., Adelheidis dicta Höyerin et domicella Agnes, filie sue, procreate ex quondam Heinrico dicto Swarber cive Arg., manu choadunata vendiderunt pro 58 lib. den. Arg. Walthero, nato quondam Salmene de Altheim apud Schsilsheim, civis Arg., redditus annuos 3 lib. den. Arg. et 4 caponum super areis, sitis in c. A. in vico dicto Cleinstadilgasze juxta domum Katherine dicte Hertzogin e. u. et e. p. a. juxta Johannem dictum Blůmeler, filiastrum Burcardi dicti Twinger civ. Arg., de quibus areis dictos redditus solvit monasterium s. Clare uf deme Werde c. m. A., consensu expresso Hugonis militis, Nicolai et Wernheri armigerorum, filiorum predicte Sophie procreatorum ex *Verkauf.*

a) *Die einzelnen Buchstaben fast ganz verblichen, so dass der Name kaum mehr zu lesen ist*

---

[1] *Vgl. nr. 1185.* [2] *Nikolaus von Dübingheim und Nicolaus Hennicker, Pfrundner am Münster, geben Namens desselben die beschriebenen Güter an die dabei genannten Personen. 1329 Oktober 12 u. 17. Or. ebendaselbst.* [3] *Nach einer Dorsualnotiz s. XIV war Adelheid die Tochter des Johannes Clobelouch.*

quondam Wernhero de Westhus milite, marito legitimo, qui promittunt se non molestaturos esse dictos emptores in possessione dictorum reddituum. A. I. frater Nicolaus de Baldeburne confessus est, quod semper una persona a monasterio est danda, qui laudimium solvere tenetur. emptor locat Nicolao dictas areas. actum quoad venditrices et militem predictos 3 idus decembres, actum vero quoad Nicolaum armigerum 3 kalendas januarii, a. d. 1329, actum vero quoad conversum 2 nonas januarii, actum autem quoad Wernherum armigerum predictum 6 kalendas februarii, a. d. 1330.

1329 Dezember 11 und 30. 1330 Januar 4 und 27.

Aus Strassb. Hosp. A lad. Orph. XXXIII fasc. 15. or mb c. sig. pend.

Zeugenregest.

1247. *Hermann Kuntzeler von Burbach leistet eidlichen Verzicht gegen das Kloster Frauenalb auf alle Rechte an einer Wiese in Burbach.* «hie bie ist gewesen . . . her Eberhart von Lupfen unde grave Conrat von Furstenberg, tůmherren zů Straszburg, herre Otte von Schôwenburg, ein ritter, herre Fritsche, ein priester und capelan des vorgenanten heren von Lupfen, Johannes Tristan, ein burger von Stroszburg, unde der junge Burin von Schafhusen unde diener desselben herren von Lupfen, unde Heinrich, der vorgenannten frowen schaffener.» «an dem zwelften dage nach wihennahten, 1330.» ***1330 Januar 6.***

Aus Mone Zeitschft für Gesch. des Oberrhs XXV, 83. (Regest nach dem Original im Karlsruher Gener. Landes Archiv.)

Schenkung, Beghardenhausstatuten.

1248. C. j. c. A. domicella Katherina dicta Zuckementelin de Brůmat in ipsius, parentum etc. animarum remedium donacione inter vivos fratribus Heinrico de Scheffelingesheim, Nicolao de Geispoltzheim, Nicolao de Doroltzheim, Nicolao dicto Goltsmit, Nicolao dicto Brotbecker, Alberhto de Ehenheim et Dietrico dicto de Mittelhus donavit domum ipsius, in c. A. an der almenden apud vicum dictum Blyndengasze ex opposito domus Johannis dicti Pflûger juxta dictas de Lůtenheim sitam, necnon omne jus sibi competens in area dicte domus, ita quod de ipsa non plus detur singulis annis preter quam 7 sol. et 6 den. Arg. et dimidius capo nomine census domine Anne, nate quondam Gôtzonis dicti de Grostein militis Arg., domine directe aree predicte, que quidem domina directa comparuit et suum consensum ad premissa adhibet et locat dictam aream fratri Heinrico de Scheffelingesheim predicto pro censu predicto, persolvendo fratri Thome ordinis hospitalis s. Johannis Jerusalemitani, fratri carnali dicte domine directe, ad tempus vite ipsius Thome. post mortem Heinrici predicti alter frater dicte domus dictam aream recipere et laudimium solvere debet. he condiciones sunt adjecte, videlicet quod 7 fratres dicti (die gewilligen armen) vite laudabilis gerentes vestimenta sua juxta injunctionem bone memorie quondam domini Johannis episcopi Argentinensis [1] dictam domum inhabitare debeant; et quod post mortem seu cessionem unius ex ipsis superstites alium loco sui recipere et eligere debeant, quodque dicti fratres alios fratres consimiles vice aliunde venientes in domo predicta debeant hospitare. si quis ex dictis fratribus efficeretur aut esset talis, quod majori et saniori parti fratrum vita ejus non placeret, ille ad requisicionem dicte partis per Jacobum dictum Merswin, civem Argentinensem, et post ejus obitum per gubernatores hospitalis majoris Arg. separetur a dicta domo. hoc etiam adjectum est, quod si ipsi fratres de dicta domo ab invicem separarentur racione inordinate vite vel occasione alia, quam recognoscere deberent viri religiosi et approbati, quod tunc per ipsum Jacobum et ejus successores, dictos videlicet gubernatores, domus vendatur et tercia pars precii inde recepti infirmis actu decumbentibus in dicto hospitali; item una tercia pars pauperibus soro-

---

[1] *Vgl. darüber Rosenkränzer, B. Johann I, S. 74 ff., die verschiedenen Arbeiten von Ch. Schmidt (vor Allem Alsatia 1858-61) und Mosheim, de beghardis.*

ribus inhabitantibus domos vulgariter dictas gotzhüser in c. A. sitas, residua vero tercia pars fratribus inhabitantibus eandem domum pro inpensis factis circa refectionem et structuram dicte domus ministretur. A. 1. actum 4 kalendas februarii, a. d. 1330, hujus instrumenti sunt 2[1]. **1330 Januar 29.**

Aus Strassb. Hosp. A. Ind. Hôp. XLIX fasc. 51 or. mb. c. sig. pend.

1249. C. j. c. A. Katherina, relicta Rûlini dicti Lentzelin civis Arg., de consensu Nicolai, Rûlemanni, Heinrici ac Sophie, liberorum ipsius relicte, vendidit pro 101 lib. den. Arg. Heinrico dicto de Mülnheim, civi Arg., redditus annuos 5 lib. den. Arg. super redditibus 10 lib. den. Arg., quos venditores habent super 2 domibus et areis contigue sitis in c. A. in vico predicatorum juxta domum Fritschonis dicti Streler institoris Arg. e. u. et e. p. a. juxta Reimboldum dictum Hüffelin militem Arg., redditus emptos percipiendos ab inquilinis domorum (quolibet jejunio 4 temporum 15 unc. den. Arg.). Nicolaus predictus resignat omne jus, si quid sibi competat. A. 1. (pro Nicolao solo in manus judicis). A. 1. (pro aliis venditoribus). actum quoad venditricem, Rûlemannum, Heinricum et Sophiam predictos 2 kalendas februarii; datum vero quoad dictum Nicolaum 6 nonas marcii, a. d. 1330. *Verkauf.*

Januar 31 und März 2.

Aus Strassb. Bez. A. G 6175 (6202). 10. or. mb. c. sig. pend.

1250. Rûdolf Stübenweg ein ritter von Strassburg verpflichtet sich der Strassburger kirche die 20 pfund geldes auf der «bette zû Mollesheim» für 200 mark silbers und die 60 viertel weizen und 6 pfund pfenninge auf der «bette zû Sehsselsheim» für 100 mark silbers, die er vom kapitel gekauft hat, wiederum an dieselben zu verkaufen. Rûdolf hängt sein siegel an. «an dem samestage nach sante Valentins tag, 1330.» **Februar 17.** *Versprechen des Rückverkaufs.*

Aus Strassb. Bez. A. G 120 (555). 8. or. mb. c. sig. pend.

1251. C. j. c. A. Michahel, Johannes junior et Greda, liberi quondam Nicolai dicti Roppenheim monetarii civis Arg., confessi fuerunt, Nicolaum predictum in sue et quondam Katherine filie sue animarum remedium legasse decano et capitulo ecclesie s. Thome redditus annuos 1 lib. den. Arg.; nunc donant heredes, ut legatum sorciatur debitum effectum, domum et aream, e. m. A. in vico dicto Kageneckergeszelin sitas juxta dominas de s. Clara uf dem werde e. u. et e. p. a. juxta domum dictorum Marsilien civium Arg., p. p. e. l. anniversaria Nicolai et Katherine perpetuo peragi debent. ex quo domus et area se ultra dictos redditus extendunt, recognoverunt dicti liberi se a decano et capitulo 3 lib. recepisse. A. 1. (in judicem curie et magistrum Johannem Ruwini canonicum ecclesie s. Thome). dicti liberi caverunt pro Johanne, fratre ipsorum seniore, in remotis agente. actum quoad Gredam 8 kalendas marcii, quoad Michahelem et Johannem juniorem 7 kalendas marcii, a. d. 1330. *Schenkung.*

Februar 22 und 23.

Aus Strassb. Thom. A. Registraude A fol. 122b. cop. chart. Das Blatt 122 ist später s. XV durch ein anderes ersetzt, aber der Anfang unserer Urkunde wieder darauf eingetragen.

1252. C. j. c. A. Gerhardus Sibenschilling dictus Paternoster Arg. resignat per litteras presentes omne jus emphiteoticum, quod sibi competebat in domo et area, sitis Argentine in Blindegassen juxta bona monasterii s. Arbogasti e. m. A. e. u. et e. p. a. juxta Nicolaum dictum Kunner, in manus Johannis senioris dicti de Wintertur, domini directi ejusdem aree. actum 5 nonas marcii, a. d. 1330. **März 3.** *Erbleihe.*

Aus Strassb. Bez. A. G 4290 (4667). or. mb. c. sig. pend. delaps.

---

[1] *Es handelt sich hier um die älteste Nachricht über die Gründung eines sogenannten Beghardenhauses in Strassburg.*

Pfandbrief. **1253.** Bischof Berthold, Gebehart von Friburg domprobst, Johannes von Schwartzemberg dechant und das Strassburger kapitel verpfänden an ritter Niclauwes Zorn, den schultheiss von Str., und dessen minderjährigen bruder Clauselin für 300 mark silber eine rente von 30 mark silber auf den dörfern Epfiche, Dambach und Kestenholtz, jährlich von den dorfbewohnern in Str. zu zahlen am Lichtmesstag. *Februar 2.* siegel des bischofs, capitels und des schultheissen. «an dem nehsten zinstag vor deme vorgenanten unser frauwen tag der verholnen,» 1329. ***1330 März 20.***

Aus Strassb. Bez. A. G 3464 (Copialb. des Munsters «XVIII» nr. 192. cop. chart.

Stiftung einer Kirche. **1254.** Heinricus dictus de Mulnheim civis Arg. in remedium anime sue et Katherine, quondam uxoris sue, aream suam sitam, [*nr. 1166*] specificatam, cum ecclesia seu cappella sumptibus suis et expensis edificata et constructa in eadem necnon edificiis, ortis, inclusis et in ea comprehensis de consensu Waltheri, canonici ecclesie s. Petri Arg., Johannis, Burcardi, Johannis et Heinrici, filiorum suorum, Katherine et Grede, filiarum suarum, consensu Nycolai dicti Lappe et Nicolai dicti Zorn, maritorum ipsarum, accedente, liberaliter offert omnipotenti deo, b. Marie virgini et omnibus sanctis, ut ecclesia seu cappella predicta sub jure rei ecclesiastice inantea censeatur, auctoritate Bertholdi episcopi Arg. ad hoc accedente, quatenus in eadem ecclesia divina semper rite peragantur ministeria a sacerdotibus et clericis ibidem instituendis. ut autem hii necessaria vite habeant, bona quedam in banno ville Rynsteten, Wihersheim zů dem turn, Sufelwihersheim, Bischovisheim prope Schiltingheim, redditus 3 quartalium tritici, que solvit annuatim Albertus dictus Mennelin residens zů Wasenecke de area et orto sitis ze Wasenecke juxta novum fossatum ibidem inchoatum, item quedam bona in bannis villarum Schiltingheim et Adalhartzhoven, Frankenheim prope Suersheim donat. Bertholdus episcopus emunitatem et libertatem dicte ecclesie et aree ad eandem spectantis autorizat. sigilla episcopi, Heinrici, filiorum et generorum suorum sunt appensa. actum et datum idibus aprilis, a. d. 1330[1]. ***April 13.***

Aus Strassb. Bez. A. G 6170 (6197). 10. or. mb. c. 9 sig. pend. (quorum 1 est delapsum).

Schenkung. **1255.** C. j. c. A. domina Elsa, uxor Wernheri dicti Strôseil militis de Hipphensheim, de consensu ejusdem Wernheri, Hugelinus, Lúcgardis et Hartmannus, couterini Johannis dicti Kásolt, canonici ecclesie s. Thome in Arg., recognoverunt, redditus 1 lib. den. Arg., quos habuit quondam domina Agnes dicta de Schiltingheim, mater dictorum couterinorum, super area domus, site in c. A. in foro equorum an Schiltingheimgasse, quam nunc inhabitat domicella dicta de Geispoltzheim, cum omni jure pertinere ad dictum Johannem, qui de eo solvit 18 lib. den. Arg. pro dictis suis couterinis, creditoribus eorundem. premissis peractis dictus Johannes predictos redditus donavit decano et capitulo ecclesie s. Thome pro remedio anime sue ad distribuendum in anniversario suo. actum quoad Elsam, Hugelinum et Lúcgardim predictos idus aprilis, quoad Hartmannum 16 kalendas augusti, et quoad Johannem 3 kalendas augusti, sub a. d. 1330[2]. ***April 13, Juli 17 und 30.***

Aus Strassb. Thom. A. lad. 26 (Titres). or. mb. c. sig. pend.

Verkauf. **1256.** C. j. c. A. Reimboldus, Petrus, Nicolaus et Elsa, liberi quondam Hugonis dicti de Schônecke, militis Arg., manu choadunata vendunt Sifrido dicto Peiger, civi Arg., redditus annuos 1 lib. den. Arg. super tertia parte pro indiviso aree, in c. A. am Holtzmerkete juxta Johannem dictum Hauseler de Schônecke site ex opposito domus venditorum, item redditus

---

[1] *Vgl. Str. G. u. HN. S. 178 und den Aufsatz des Herrn v. Müllenheim im Bulletin de la soc. pour la cons. des mon. hist. d'Alsace, série II tom. XI.* [2] *Vgl. nr. 998.*

annuos 4 lib. den. Arg. super area a parte superiori dicte aree sita, item redditus 14 unc. den. Arg. super 2 areis, sitis a parte superiori prime aree juxta vallum ex opposito domus venditorum site, quos redditus emptor solvere consuevit, quittantes emptorem et ejus heredes a solutione redditnum illorum, pro 95 lib. et 10 sol. den. Arg. A. 1. promittunt apud Greslam, Katherinam et Gûtam, sorores suas minores, si que in seculo permanserint, cum ad annos discretionis pervenerint, se effecturos, quod contractum laudabunt, et si secus fieret, dampnum resarturos. actum quoad R., P., E. idus aprilis, quoad N. 17 kalendas junii, a. d. 1330. ***1330 April 13 und Mai 16.***

Aus Strassb. Stadt A. G. U. P. lad. 181 fasc. 2. or. mb c. sig. pend.

1257. C. j. c. thesaurarii ecclesie Arg. Beschelinus, natus quondam Diether de Kolbolzheim, et Odilia, uxor ejus, cives Arg., manu coadunata vendunt dicto Ernest sartori et Metze uxori sue, civibus Arg., redditus annuos per venditores solvendos 1 lib. den. Arg. super media parte domus et aree, in c. A. juxta pallatium ejusdem civitatis juxta Johannem dictum Junge militem e. u. p. et e. a. juxta domum relicte prefati Dietheri site, pro indiviso pro 15 lib. den. Arg. A. 1. (per jactum calami). Wit. 1. (pro Odilia). actum 11 kalendas maji, a. d. 1330[1]. ***April 21.*** *Rentenkauf.*

Aus Strassb. Stadt A. G. U. P. lad. 37. or. mb c. sig. pend.

1258. Margareta, abbatissa monasterii s. Stephani Arg., de consensu capituli et episcopi vendit sub condicione reempcionis Reimboldo, Gerhardo et Jacobo, canonicis monasterii predicti, executoribus quondam Johannis dicti de Ehenheim, fundatoris altaris apostolorum constructi in dicto monasterio prope fontem s. Athale et 2 prebendarum sacerdotalium ibidem, nomine unius dictarum prebendarum, quam nunc* detinet Nicolaus dictus Gürteler, ejusdem altaris prebendarius, redditus seu census annuos 5 lib. den. Arg. super curia et domo abbatie in dicto monasterio sitis et specialiter super domibus, que fuerunt olim Hugonis dicti Jöche et Sare, uxoris ejus, solvendos per abbatissam in festo purificationis b. Marie virginis, pro 54 lib. den. Arg. 18 lib. de predictis 54 convertende sunt in redditus annuos pro anniversario quondam Brigide abbatisse peragendo. et de ipsis (annuo censu 1 lib.) onerat domos predictas. jus reemptionis abbatissa sibi reservat. sigilla episcopi, abbatisse et capituli sunt appensa. actum a. d. 1330, 6 kalendas maji[2]. ***April 26.*** *Vertrag.* *Februar 2.*

Aus Strassb. Bez. A. H 2698 or. mb. c. 3 sig. pend. delaps. et transfixo de dato 1335.

1259. C. j. c. A. Metza, filia quondam Fritschonis de Sebsilsheim civis Arg., in remedium anime ipsius de consensu Reimboldi armigeri, sui nati, donavit abbatisse et conventui monasterii s. Clare i. m. A. domum et aream, in c. A. uf der Almende sitas juxta Nicolaum dictum Stange e. u. et e. p. a. juxta Katherinam, filiam dicte Wisin civ. Arg.[3], sub condicionibus infrascriptis. A. 1. condiciones adjecte sunt he: videlicet quod perpetuis temporibus 22 paupercule sorores de tertia regula s. Francisci (vulgariter dicendo Regel swester) vite laudabilis et conversationis honeste domum prescriptam inhabitare debeant; quarum una tamen si cesserit vel decesserit, tociens infra quindenam proximam post illius cessionem vel decessionem superstites sorores in prefata domo commorantes aliam possint et debeant eligere et recipere loco sui; que si in ea eligenda infra quindenam nequiverint concordare, extunc gardianus fratrum minorum Argentinensis eligere unam poterit juxta suum placitum. si qua vero ex predictis talis esset aut efficeretur, quod majori et saniori parti reliquarum sororum ejus vita et conversatio non placeret, illa tanquam ovis morbida ad requisitionem dicte majoris et sanioris partis per gardianum predictum separetur a dicta domo. debent eciam sorores *Beginenhausstiftung. Testament.*

[1] Vgl. nr. 726 und 1208. [2] Vgl. nr. 1080. [3] Vgl. nr. 872 und 1197 und Str. G. u. HN. S. 187.

omnes correctione et regimine ejusdem gubernari ac eidem semper obedire in omnibus licitis et honestis. si gardianus dicte domus seu abbatissa et conventus dicti monasterii aliud, quam est prescriptum, voluerint ordinare, extunc ipso facto omne jus, quod ipsis competit, ad fabricam ecclesie Arg. devolvitur, ita tamen quod omnia premissa, quoad pauperculas sorores predictas ac ipsam domum, in suo robore perpetuis temporibus debeant perdurare; hanc condicionem adjecit donatrix, si dicta domus ex parte sedis apostolice aut ex mandato spirituali vel seculari qualicumque annullaretur, ita si sorores paupercule amoverentur de eadem domo, quod tunc domus et area prescripte per abbatissam dicti monasterii vendantur et cum pretio inde recepto ac cum redditibus subscriptis prebenda sacerdotalis instituatur, in loco, ubi tunc gubernatoribus dictarum sororum saluti anime ipsius donatricis magis visum fuerit expedire. insuper dicta donatrix sororibus suis pauperculis donatione inter vivos donavit redditus infrascriptos de consensu Reinboldi predicti sub hiis condicionibus, videlicet quod magistra dicte domus de redditibus prescriptis perpetuis temporibus singulis diebus 1 denarium Arg. offerre debeat in ecclesia fratrum minorum dicte domus in ipsius donatricis et progenitorum suorum animarum remedium, quodque eadem magistra 10 lumina cerea perpetuis temporibus singulis annis in anniversariis subscriptis super sepulcra personarum subscriptarum deponere debeat ac teneatur, 2 videlicet lumina super sepulcrum quondam Fritschonis, patris ipsius Oktober 26. donatricis, cujus anniversarium est 7 kalendas novembres, item 2 lumina in anniversario November 25. quondam Katherine, matris ipsius donatricis (die b. Katherine), item 2 quondam Reimboldi Mai 8. fratris ipsius donatricis (8 idus maji), item 2 Adelheidis, olim cellerarie dicte Metze (2 idus März 14. Nov. 1. marcii), item 2 in die omnium sanctorum super dictum sepulcrum, quod est apud fratres minores, item 2 l. super sepulcrum quondam Johannis dicti Schultheis, armigeri Arg., mariti Juli 6. dicte Metze, sepulti in ecclesia s. Martini in Argentina (2 nonas julii), item 4 lumina, videlicet 2 in anniversario ipsius Metze et 2 in anniversario Reimboldi, nati sui; quorum luminum duo in se habere debent 1 vierlingum cere. residuum de redditibus predictis cedere debebit sororibus pauperculis predictis pro lignis et luminibus in dictis domibus comburendis. A. 1. (in judicem curie Arg. vice et nomine domus et sororum predictarum). specificatio reddituum est hec: primo videlicet redditus annui 1 lib. et 5 sol. den. Arg. super domo et area, in c. A. hi Bischovis burgetor sitis juxta dictam Richin de Basilea, filiam quondam Nicolai dicti Zorn militis, sculteti Arg., c. u. et c. p. a. juxta liberos Nicolai dicti von Allerheiligenberge de Dingensheim; item redditus annui 14 unc. den. Arg. super una area, in c. A. super aluenda sita juxta pistrinum quondam Alberhti Rülenderlini, militis Arg., c. u. et c. p. a. juxta turrim ipsius donatricis et nuncupatur eadem area des Kachelers hovestat[1]; item redditus annui 1 lib. den. Arg. et 4 caponum, qui dantur annuatim de 2 agris, vulgariter dictis 2 gartackere, hinder der Steinstraszen in Reiffengesselin sitis juxta bona fabrice eccles. Arg. c. u. et c. p. a. juxta filiam Richwini dicti Körner[2], item redditus annui 1 lib. den. Arg. super bonis in banno ville Swindratzheim. predicta donatrix voluit, postquam lumina predicta reposita fuerint ad sepulcrum apud fratres minores, quod tunc 1 lumen de sero ad portam fratrum ibidem presentetur, item 1 de mane in ecclesia ibidem offeratur per magistram, quodque 2 luminum portandorum ad dictum sepulcrum ecclesie s. Martini 1 comburatur in dicta ecclesia, reliquum vero ad stolam cum denario offeratur. sigillum curie Arg. est appensum. datum 7 idus maji, a. d. 1330. hujus instrumenti 2 sunt paria. ***1330 Mai 9.***

Aus Strassb. Hosp. A. lat. Hôp. XLI fasc. 51. or. mb. c. sig. pend. Nach einer deutschen Ausfertigung abgedruckt Alsatia 1858-61 S. 229 ff.

---

[1] *Vgl. Str. G. u. HN. S. 157 und 29.* [2] *Vgl. nr. 1245.*

1260. Otto herzog zu Oesterreich und Steyer giebt bekannt, dass er an Heinrich von Mulnheim, bürger von Strassburg, schulde 400 mark silbers, die er ihm «verluhen het und geborget an pfennigen, an wine, an korn und in anderem getreide», was er und seine amtleute richtig empfangen haben. die summe soll in Strassburg bis nächsten Martini abbezahlt werden durch die städte im Argau, denen herzog Otto die zahlung auferlegt. Otto verpflichtet sich an eidesstatt nötigenfalls zum einlager in Strassburg. er stellt ausserdem als bürgen seinen oheim Rudolf von Ochsenstein, Johannes den truchsessen von Walpurg, Rudolf von Urburg seinen hofmeister, Hermann von Landenberg, Renpreht von Walp, Claus von Frauenfeld probst zu Emrach, und Peter von Regesheim, und Burcart Cnner, seinen vogt zu Rotenburg. auch diese sind zum einlager verpflichtet. Otto gelobt auch: «wer das uns vor sant Martins tag gut köme von Osterreich, damit wir im gelten mohten ane geverde die vorgenante schulde, des sollen wir im geben und die stette lidig machen der büntnusze, so si gethan hand gegen in und seinen erben.» Otto bestätigt auch alle älteren von seinen brüdern ausgestellten pfandbriefe dem Heinrich. die genannten bürgen hängen mit herzog Otto ihre siegel an. «an dem sanstage noch dem schönen montage, 1330[1].» ***1330 Mai 19.*** *Schuldbrief.*

Aus Strassb. Bez. A. G 1359 (1777) nr. b fol. 10. cop. chart. s. XVI-XVII mit schlechter Orthographie.

1261. C. j. c. A. Katherina, nata Petri dicti Riche, militis Basiliensis, et Wetzelo, armiger et patruus et curator Nese et Heintzelini, liberorum dicte Katherine, procreatorum ex quondam Johanne Wetzelonis milite Arg., vendiderunt Nicolao dicto Zorn militi, sculteto Arg., ementi nomine Nicolai minoris fratris sui redditus annuos 1 lib. den. Arg. super domo, area, orto sive agro, tendentibus in parte anteriori uf die Steinstrasze c. m. A. ex parte vero posteriori uf daz brůch, contiguis ab uno latere aree quondam dicti Pflůger et e. a. juxta pistrinum emptoris predicti, pro 18 lib. den. Arg. A. l. jus reemptionis venditoribus restat. actum idus junii, a. d. 1330[2]. ***Juni 13.*** *Verkauf.*

Aus Strassb. Bez. A. G 6175 (6202). 10. or. mb. c. sig. pend.

1262. C. j. c. A. Reimboldus dictus Nickol miles Arg. statuit, quod Irmelina, filia dicti Scholle militis Arg., monialis monasterii s. Clare uf dem Werde c. m. A., valeat et possit annis singulis capere redditus 10 sol. den. Arg. super passagio nuncupato zu Belon an der vare prope monasterium s. Arbogasti[3], item redditus in Kungeshoven, quos redditus assignat Reimboldus loco reddituum 1 lib. den. Arg., quos quondam Agnes, mater ipsius Reimboldi, eidem Irmeline donaverat; redditus post obitum dicte Irmeline cedere debent monasterio s. Clarē in remedium animarum dicte Agnetis, Reimboldi et Katherine, quondam sororis dicti Reimboldi. anniversarium Agnetis peragi debet. Reimboldo et suis heredibus licitum est alios redditus 1 lib. pro predictis assignare monasterio. actum 15 kalendas julii, a. d. 1330. *Tauschgeschäft. Seelgerät.*

Juni 17.

Aus Strassb. Hosp. A. Prot 242 Orph. (Copialb. von s. Clara auf dem Werde s. XIV) nr. 18. cop. chart

1263. Nicolaus, prepositus ecclesie s. Petri Arg., et Conradus de Lůmersheim, cappellanus altaris s. Nicolai in ipsa ecclesia, de consensu decani et capituli ejusdem ecclesie locant in emphiteosim aream, sitam in vallo cerdonum in Argentina juxta domum Nicolai dicti Rem- *Erbleihe.*

---

[1] *Vgl. nr. 777 ff.* [2] *Vgl. nr. 1171. Ebenso verkauft der Edelknecht Heinrich, Sohn des verstorbenen Heinrich Wetzel Marsilius Strassburger Ritters, an Heinrich von Mulnheim für seine Kapelle Allerheiligen eine Rente von 2 Pfund auf dem genannten Hause, die die Kapelle bisher zu zahlen hatte, für 40 Pfund. Vertreter Heinrich v. Mülnheims ist* magister Berhtoldus, *Kaplan Heinrichs. 1330 Juni 19. Or. ebendaselbst.* [3] *Vgl. nr. 926.*

peler, cujus area ad dictum altare jure directi dominii pertinet[1], ex una et Waltherum de Hundensheim e. p. a., magistro Johanni, artifici calcariorum, pro annuo censu 2 unc. den. Arg.: preterea de edificiis solvi debent nomine legati festo Martini 2 den. Er. 4. V. sigilla prepositi, decani et capituli sunt appensa. actum feria quinta ante festum b. Johannis Baptiste, a. d. 1330. ***1330 Juni 21.***

Aus Strassb. Bez. A G 4827 (5199). or. mb. c. 3 sig. pend. partim delaps.

Gerichtlicher Verkauf.

1264. *Schultheiss und Vogt verkaufen Besitzungen des Sigelmann Sellose, der zahlungsunfähig ist.* ***Juni 27.***

Wir Claus Zorn der schultheisze unde Reinbolt Reinboldelin der vogt, rittere zû Strasburg, tûnt kunt allen den, die disen brief sehent ôder hôrent lesen, das Billung von des capitels wegen der herren von sant Thoman, der schaffener er ist, het erkobert und ûz erwartet, alse reht ist, fünf und zwentzig phunt Strasburger pheninge mit gerihte uf zweien hûsern Sygelmannes Seillosen und einem schürlin hindenan an den hûsern, die gelegen sint in Sellosen gesselin, unde uf anderhalbem ackere, die gelegen sint hunder dem vorgenanten geszelin. die hûser und daz schurli und den andern halben acker, die er erkobert het von des vorgenanten capitels wegen, han wir veil gebotten von des gerihtes wegen dem hofeherren und menlichem, alse reht ist. der vorgenante Billung het ôch mit gerihte erkobert, daz wir die vorgescriben hûser und daz schürlin mit den hofesteten, so dar zû horent, und den andern halben acker und alle die reht, die der vorgenante Sigelman daran hette, fürköffen sullent und den schuldenern domitte geltent, und haut es ôch fürköffet unde gegeben zû köffende von gerihtes wegen den vorgenanten herren von sant Thoman umb sehezehen phunde Strasburger phenninge und enwolte ôch nieman me drumbe[a] geben und haut den schuldenern furgelten an der vorgenanten erkoberunge, alse ferre de phenninge gereichen mohtent. unde des zû eime urkunde so han wir der schultheisze und der vogt die vorgenanten unsere ingesigele gehencket an diesen brief. der wart gegeben an der mittewôchen nach sancte Johannes dage zû sûnigihten dez iares, do men zalte von gotz gehürte drüczehenhunder iar und drissig iar.

Aus Strassb. Thom. A Registrande A fol 16[b]. cop. chart.

Schenkung.

1265. C. j. c. A. Reinboldus dictus Brandecke, miles Arg., et Agnes, nata quondam Johannis dicti Sturm et uxor Götzonis dicti Völtsche, civium Argentinensium, confessi fuerunt, quod quondam Dûda dicta de Ûtenheim, nata quondam Hugonis dicti Stubenweg militis Arg., ante spatium 18 annorum proxime transactorum donatione inter vivos donavit fratribus minoribus domus Arg. domum et aream, in c. A. in cono vici dicti zûm Sluche sitas juxta domum Katherine de Westhoven, et quod eadem donatrix easdem domum et aream receperit pro annuo censu 2 caponum ad tempus vite ipsius sub condicionibus, quod domus post mortem Dûde uni femelle vel duabus honestis vendatur ad usum pro tempore vite ipsius vel ipsarum et quod post earundem obitum redeat ad fratres minores. Reinboldus et Agnes predicti, executores testamenti Dûde, declarant se premissa perfecisse. Anna domicella, nata quondam Ottonis dicti Riplin militis Arg., domum emit ad tempus vite sue. actum 3 nonas julii, a. d. 1330. ***Juli 5.***

Aus Strassb. Thom A. lad. Kaufbriefe 3 or. mb. c. sig. pend. delaps.

Verkauf.

1266. C. j. c. A. Johannes dictus Kelbelin, civis Arg., vendit domino Cûnrado dicto de Mülnheim, thesaurario eccl. s. Petri Arg., presenti et ementi sibi et illis quibus duxerit

---

1 *Vgl. nr. 699.*

deputandum unum ortum nuncupatum dez Priols garte, infra et extra muros Arg. situm an der Steinstrasze bi der Rûffegasze juxta Hugonem dictum zûm Riet et e. p. a. ortos liberorum quondam Nicolai dicti Waldener et Johannis dicti Schill, militum Arg., tendens a parte inferiori ad ortum Hugonis dicti Zorn militis Arg., p. p. e. l. excepto, quod 6 den. Arg. ratione decime rectori ecclesie s. Andree Arg. debentur annuatim, in quo quidem orto venditor quondam Heintzelino dicto Priol, avunculo suo, civi Arg., successerat (una area tendente ad horreum Johannis dicti Zoller e. u. et e. a. p. juxta domos quondam magistri Johannis de Brandemburg nunc pertinentes ad ecclesiam s. Petri junioris Arg. duntaxat excepta, quam venditor sue dispositioni reservat), pro pretio 50 lib. den. Arg., Clara, uxore venditoris, nata quondam Katherine dicte Böldelerin, coram judice per juramentum asserente, sibi nichil juris competere in dicto orto. actum 3 nonas julii, a. d. 1330. ***1330 Juli 5.***

Aus Strassb. Stadt A. Pf. G. lad. 102 fasc. R. or. mb. c. sig. pend. et transfix. d. a. 1370.

1267. C. j. c. A. Greda nata quondam Fritschonis an dem Estriche de Rotenkirchen e. m. A. et eorum liberi vendiderunt choro eccl. Arg. (Nicolao dicto Hennecker et Heinrico de Illewickersheim prebendariis) de pecunia quondam domini Ülrici de Arberg, olim canonici ejusdem ecclesie, 1½ gartackere apud Rotenkirchen pro 13 lib. den. Arg. datum 7 idus julii, a. d. 1330. ***Juli 9.*** *Verkauf.*

Aus dem Archiv des Strassb. Domkapitels Münsterchorcopialb. s. XIV. fol. 14 b. cop. mb.

1268. *Kaiser Ludwig hält Reimbolt Hüffelin den jüngern schadlos für den Schaden, den er vor Colmar nahm. Hagenau.* ***August 6.*** *Entschädigung.*

Wir Ludwich etc. verjehen etc., daz wir dem etc. Raemboten dem iûgen Hufflein von Strazburck und seinen erben für den schaden, den er in unserm dienst ze Cholmarn an rossen genommen hat, funftzick marck silbers geben han, und versetzen im darumb den hof, der vor dem forst bei Hagenaw gelegen ist, den weilent Ottlein Trautman, schulthaizz ze Hagenaw, inn het, also daz der selb Rambot und sein erben den hof inn haben sol als lang untz wir oder unser nachkomen an dem reich in von in losen umb funfzick marck silber. daruber ze urchund etc. datum ut supra[1].

Aus Münch. Reichsarchiv. Registratura antiqua Ludovici Bavari (Kaiser Ludwig Selekt) p. 11 nr. 43. Kanzlei-Copie. Darnach abgedruckt Oefele Script. rer. boic. 1, 763. Böhmer Reg. Lud. nr. 1174.

1269. C. j. c. A. Beatrix, begina de tercia regula s. Francisci, filia quondam Friderici dicti in dem brûche e. m. A., de consensu Engeldrudis et Hedewigis, filiarum quondam Anne, sororis ipsius Beatricis, necnon Arnoldi, mariti dicte Engeldrudis, ac Nicolai, filii quondam Conradi dicti Snewelin, mariti ipsius Hedewigis, vendidit pro 9 lib. den. Arg. Agneti dicte de Achenheim et Junte, filie fratris ejusdem Agnetis, monialibus monasterii s. Agnetis e. m. A. (Heinrico dicto de Berse converso dicti monasterii presente et nomine monialium emente) medietatem unius domus et ejus aree, sitarum in dem brûche e. m. A. juxta dictum Heiden e. u. et e. a. p. juxta bona monasterii predicti et bona dicti Hoyer, ita quod una de monialibus dictis alteri post ejus obitum succedat. prenominata Beatrix una cum Engeldrudi et aliis predictis renunciat omni juri in residua medietate. de tota domo et area annuatim cedunt 4 sol. et 1 den. et 1 capo nomine census capitulo ecclesie s. Thome. Helwicus, presbyter et prebendarius ejusdem ecclesie, in vendicionem consentit et aream converso predicto locat pro censu predicto. A. 1. actum 3 idus septembres, a. d. 1330[2]. ***September 11.*** *Verkauf.*

Aus Strassb. Bez. A. H 3119. or. mb. c. sig. pend.

---

[1] *Die vorausgehende nr. 42 hat:* «ze Hagenaw an dem sant Sixten tag anno domini 1330, regni etc. imperii etc.» [2] *Vgl. nr. 875.*

Erbleihe. **1270.** C. j. c. A. Adelheidis, relicta Cůnradi dicti Hoyer militis Arg., et Nesa dicta Swarberin, filia quondam Heinrici dicti Swarber, ejus soror, manibus coadunatis locaverunt Ůlrico dicto Banwart in dem Brůch e. m. A. et Katherine, ejus uxori, in emphiteosim unam aream cum ejus edificiis, in dem Brůch e. m. A. juxta bona ecclesie s. Thome Arg. e. u. et e. p. a. juxta bona uxoris Petri dicti de Duntzenheim, militis Arg., pro annuo censu 9 unc. den. Arg., de qua area cedit annis singulis 1 sol. den. Arg. ecclesie s. Thome. conductores dictam aream in cultura bona et consueta debent conservare, ita quod locatrices dictum censum consequi valeant. Er. 2. V. actum 2 idus septembres, a. d. 1330.

1330 September 12.

Aus Strassb. Thom. A. lad. Kaufbriefe 1 vidim. mb. c. sig. pend. ausgestellt vom judex curie Arg *1364.*

Rentenkauf. **1271.** C. j. c. A. Fritschemannus, natus quondam Fritschemanni dicti de Düntzenheim, civis Arg., vendidit prebendariis seu vicariis chori ecclesie Arg. aream unam cum omnibus ejus edificiis, sitis inter pellifices Argentine juxta domum dictam der gotzhus zů der Schüren[1] e. u. et e. p. a. tendunt a parte anteriori super fontem ibidem. p. p. e. l. pro 16 lib. den. Arg. A. 1. (in Nicolaum dictum Heniger, presbyterum et prebendarium ecclesie predicte). peracta vendicione emptor venditori aream locat in emphiteosim pro annuó censu 1 lib. den. Arg. V. actum 5 idus octobris, a. d. 1330[1]. ***Oktober 11.***

Aus Strassb. Bez. A. G 3660 (4055). 2. or. mb. c. sig. pend.

Verkauf. **1272.** C. j. c. A. Heinricus dictus Hörwelin, civis Arg., et Agnes, ejus uxor, manu condunata vendiderunt abbatisse et conventui monasterii s. Clare uf dem Rosmerkete infra m. A. (Johanne dicto Heiden procuratore ipsarum presente et nomine ipsarum de pecunia Cůnradi dicti de Rutach civis Arg. in subsidium des gotzhuses per ipsum institute in c. A. site bi dem hohen stege an der Trenke e. u. et e. p. a. juxta Heintzelinum dictum Hörwelin et tendit a parte posteriori supra fossatum cerdonum donata[2], quam domum prescriptam dicto monasterio donavit, prout in instrumento sigillo curie Arg. sigillato plenius continetur) unam domum, sitam in c. A. in vico dicto Kleinstadelgasze juxta predictam gotzhus e. u. p. et e. a. juxta domum dictam der von Kagenecke gotzhus und stosset hündenan uf Rinsúter graben, cum omni jure in area, ita quod de ipsa non plus annis singulis debeatur preterquam 8 sol. den. Arg. et 2 capones monasterio s. Margarete e. m. A., pro 30 lib. den. Arg. Gerdrudis dicta Zórnin, priorissa monasterii s. Margarete, in venditionem consentit et aream emptoribus locat pro censu predicto absque laudimio. A. 1. domus venditrici obvenerat ex successione liberorum suorum ex priori matrimonio. Wit. 1. (pro venditoribus). U. 1. (pro Heintzelino, ipsorum filio). actum 13 kalendas novembres, a. d. 1330. ***Oktober 20.***

Aus Strassb. Thom. A. lad. 32 nr. 25 or. mb. c. sig. pend.

Verkauf. **1273.** C. j. c. A. Reimboldus dictus de Achenheim et Nicolaus dictus Ottefriderich, milites, gubernatores, et Johannes de Ehenheim presbyter civ. Arg., procurator fabrice eccl. Arg., nomine dicte fabrice vendiderunt pro 8 lib. den. Arg. Lamperhto dicto de Krafstette, clerico Arg., domum et aream, in c. A. in vico dicto Criegesgasze sitas inter pontes juxta Agnetim dictam Werbenegelin e. u. et e. p. a. juxta domum, quam inhabitat Johannes dictus Stůllecher, cujus domus area proxime prescriple spectat ad dictam de Wolfgangesheim, ita quod de area

[1] *Vgl. Str. G. u. HN. S. 180.* [2] *Nach einer Dorsualnotiz s. XIV hiess das Haus:* »zů der alten badestuben«. [3] *Vgl. nr. 1091.*

empta non plus annis singulis detur preter quam 18 den. Arg. videlicet cuilibet monasteriorum ss. Nicolay, Johannis zů den hunden et s. Katherine e. m. A. 6 den. nomine remedii. A. 1. actum 2 kalendas novembres, a. d. 1330[1]. *1330 Oktober 31.*

Aus Strassb. Hosp. A lad. 171 fasc. 33. *cop. mb. c. sig. judicis curie Arg pend. unten rechts von Hand s. XIV exeunt:* reformatum est per decretum dom. Jo. de Döch officialis; *in der Mitte unter dem Siegelstreifen:* Leonh.

1274. C. j. c. A. Götzo dictus Hentschüher et Ellekindis dicta de Nuremberg, residentes Argentine, vendunt Elline filie quondam Heinrici dicti Üle de Lutensheim residenti Arg. unam domum, in c. A. retro s. M[a]rtinum an dem orte juxta Conradum dictum Keser e. u. et e. p. a. juxta dictam Wisin, et jus emphiteoticum in area dicte domus ita, quod de eadem area annis singulis debeantur 3 lib. den. Arg. et 2 cappones Agneti relicte Reimboldi dicti Völtsche civis Arg., domine directe dicte aree, ipsa Agnete presente et consentiente, et quod eidem Agneti jura sua in eadem area debeant fore salva juxta tenorem locationis facte per Agnetam Heinrico dicto de Frideberg fabro Arg. et Katherine uxori sue; prout continetur in instrumento sigillo curie Arg. sigillato[2], pro pretio 20 lib. et 2 sol. den. Arg. A. 1. act. . .[a] nonas novembris, a. d. 1330. *November 2-5.* *Verkauf.*

Aus Strassb. Stadt A. Briefbuch C fol 1b. *cop*

1275. Johans Löselin der meister und der rat von Strassburg machen bekannt, dass «Katherine Fritzen selgen von Frauckenheim wittuwe, unsere burgerin», haus und hof in Strassburg «an dem staden obewendig Utengassen» neben unser frauen haus und Syfrid Closener als lediges eigen verkauft hat an Heintzelin Girlin und Metzen, dessen Gattin, für 140 pfund Str. pfenninge. A. 3. «an der ersten mitwochen noch sancte Martins tag des bischoves, 1330. heran worent wir her Johannes Löselin, *u. s. w. folgt der Rat.* *November 14.*

Aus Strassb. Stadt A. JJ. documents divers (Chambres des contrats). *or. mb. c. sig pend.*

1276. C. j. c. A. Dominicus dictus Flemminke Arg. hospitali nuncupato zů dem Swederich prope pontem s. Thome Arg. sito donacione inter vivos donavit omnia bona sua mobilia et immobilia sub hiis pactis, videlicet quod procuratores seu gubernatores ipsius hospitalis eidem donatori providere et ministrare teneantur in victu tantum et non vestitu, sicut personis in dicto hospitali prebendatis, quodque eciam dictus donator confraternitatem seu prebendam in dicto hospitali cum personis ibidem prebendatis tenere debeat. A. 1. (in Wetzellinum armigerum, filium quondam Wetzelonis dicti Marsilies militis Arg., procuratorem hospitalis). hiis peractis dictus procurator dicto donatori relocat bona vinifera infrascripta pro annuo censu 1 caponis. specificatio bonorum immobilium est hec: primo una domus cum ejus area in vico dicto sante Elsebet gasze Argentine sita juxta dictam de Lingolvisheim e. u. et e. p. a. juxta dictum Cremer; item agri viniferi in Ehenheim superiori et Vinhege. actum 14 kalendas decembres, a. d. 1330. *November 18.* *Schenkung*

Aus Strassb. Hosp. A. lad. Höp. XLVII fasc. 63. *or. mb. c. sig pend.*

1277. C. j. c. A. Bilgerinus, miles Arg., et Sophia, ejus uxor, manu choadunata vendunt monasterio s. Agnetis e. m. A. (fratre Heinrico, converso ejusdem monasterii presente) redditus annuos 1 lib. den. Arg. super scampnis panificum sub palatio civitatis Arg. sitis, qui redditus *Verkauf.*

a) *Die Lücke ist bei einem Brande, der den Rand der ganzen Handschrift lädirt hat, entstanden.*

[1] *Vgl. nr. 389.* [2] *Vgl. nr. 661.*

ipsi Sophie ex parte magistri et consulum solvuntur singulis annis, pro 10 marcis argenti. A. 1. actum nonis decembris, a. d. 1330. ***1330 Dezember 5.***

Aus Strassb. Stadt A. Pf. G. lad. 102 fasc. P. or. mb. c. sig. pend.

Schenkung. **1278.** C. j. c. A. Greda, relicta Erbonis dicti Groserbe militis Arg., in ipsius et dicti quondam mariti sui remedium animarum de consensu expresso Else et Sophie, filiarum Grede ipsius, et Johannis dicti Swarber mariti dicte Else, necnon Rôlini dicti Löselin, mariti dicte Sophie, militum Arg., consensum dictarum uxorum auctorisantium donavit choro ecclesie Arg. redditus annuos 8 unc. den. Arg. super domo et area, in novo vico apud vicum predicatorum in c. A. sitis juxta domum liberorum quondam Philippi apothecarii civis Arg., a prebendariis dicti chori percipiendos sub hoc modo, videlicet quod tam in vita quam post mortem ipsius *Februar 3.* anniversaria relicte et quondam mariti sui predictorum singulis annis die s. Blasii cum vigiliis et missis prebendarii predicti peragere teneantur. actum 2 kalendas januarii, a. d. 1330.
Dezember 31.

Aus Strassb. Hosp. A. lad. 171 fasc. 2. or. mb. c. sig. pend.

Messfundation. **1279.** Prepositus, decanus et capitulum ecclesie s. Thome Arg. notum faciunt, quod bone memorie Johannes dictus Kamerer olim decanus ecclesie dicte, natus quondam Götzonis, prebendam sacerdotalem altaris in ecclesia dicta per executores ejus constructi et in honorem bb. Bartholomei apostoli, Vincentii et Brigide virginis consecrati, coram quo ipse decanus requiescit, instituit et bona sua ad eandem legavit. inseruntur verba testamenti per dictum Johannem ordinati. jus collationis sibi reservatum nunc et in perpetuum est apud decanum ecclesie, qui si negligens fuerit, apud prepositum; item voluit legator, quod vicarius distributiones chori recipiat et in recompensam vicarius det singulis annis capitulo ad saccum communem (in den gemeinen sak) 4 lib. den. Arg. et quod vicarius cottidie missam celebret pro salute anime legatoris. altare construi jussit in stattia[2] ex opposito camere plebani dicte ecclesie a latere chori, et quod emant executores calicem, librum missalem, casulas 2 et alia necessaria ornamenta, item legat ad prebendam cistam suam ferream pro conservandis instrumentis. idem statuit, quod vicarius omni die post celebracionem misse visitet sepulcrum ipsius cum aqua benedicta, ut est moris. item legat ad chorum ecclesie culcitrum suum rubeum de condali[a] factum. sigillum capituli est appensum. actum a. d. 1330[3].

Aus Strassb. Thom. A. lad. 26 (Titres). or. mb. c. sig. pend. mutil.

Pfandbrief. Schenkung. **1280.** Frater Rûdolfus de Hochberg, commendator, et fratres hospitalis s. Johannis domus in Doroltzheim propter urgentem necessitatem vendunt Berhtoldo dicto Mansze, civi Arg., curatori Johannis adhuc minoris filii quondam Johannis dicti Mansze, olim fratris dicti Berhtoldi, nomine curatorio redditus annuos 2 lib. den. Arg. super redditibus 2 lib. et 10 sol. super domo et area, sitis in c. A. in der Küffergasze und ist ein orthus oben in der Brûygaszen, quos Johannes dictus Criegesheim cuparius jure emphiteotico tenet, obligantes redditus predictos 2 lib. et 10 sol. pro solutione reddituum 2 lib., pro 20 lib. den. Arg. A. 2. sigilla curie, commendatoris et conventus sunt appensa. ad hec dictus Johannes junior dictos redditus donat per manum curatoris sui eidem hospitali in remedium anime quondam patris sui donacione inter vivos pro anniversario ipsius patris peragendo. redditus non debent alienari.

a) *Vielleicht* candell. *Sinn?*

---

[1] *Nach einer Dorsualnotiz s. XIV lag das Haus in* ‹Kesselgassel› *und wurde* zu dem Sampson *genannt. Vgl. Str. G. u. HN. S. 90.* [2] *Wohl* = statio. *Gewölbe.* [3] *Derselbe hatte auch in der Kirche zu Rheinau eine Pfründe errichtet, wie das dortige Kapitel kundgiebt. 1331 März 13. Or. im Bez. A. G 4219 (4596). 6.*

quod si factum fuerit, ad donatorem et ejus heredes redeunt. A. 1. curator consentit. actum
quoad vendicionem 3 nonas januarii, quoad donacionem 5 idus mensis predicti, a. d. 1331.
hujus instrumenti sunt 2. ***1331 Januar 3 und 9.***

Aus Strassb. Bez. A. H 1511. 13. or. mb. c. 3 sig. pend. Die beiden letzten Zeilen (mitten im Satze anfangend vor der Datierung) sind mit anderer Dinte geschrieben von derselben Hand.

1281. C. j. c. A. feria tercia post festum b. Hilarii sub a. d. 1331 conparuit Johannes *Urteilspruch.*
dictus Sicke senior, miles Arg., tractus in causam per Fritschonem dictum Gürteler sacerdotem, procuratorem monasterii s. Stephani in Argentina, super eo, quod abbatissa et conventus fuerint in possessione vel quasi percipiendi singulis annis 10 sol. den. Arg. nomine
census de 3 areis, sitis in vico dicto zů dem heiligen crůce in Argentina juxta dictam Rinwartin e. u. et e. a. p. juxta relictam quondam Egenolfi burcgravii Arg., prout in libello oblato
militi ex parte procuratoris plenius continetur. prefatus reus sponte juramentum detulit procuratori predicto super petitis in libello dicto. judex dicto procuratori terminum prefixit feriam
quartam immediate sequentem, postea eum prolongavit in feriam quintam, qua feria quinta *Januar 16. 17.*
procurator juramento prestito obtinuit censum deberi de areis predictis nec solutum esse sibi
et aliis procuratoribus dicti monasterii a tempore in libello expresso[1].

Januar 15, 16 und 17.

Aus Strassb. Bez. A. H 2681. or. mb. c. sig. pend. Oben über dem Text steht mit gleicher Dinte von derselben Hand: «sex den. coust.», *wodurch wohl die Urkundungsgebühr ausgedrückt ist.*

1282. Junta priorissa et conventus monasterii penitentum e. m. A. notum faciunt, quod *Verkauf.*
pregravate debitis pluribus pro conquirenda pecunia ad ea persolvenda, juris sollempnitatibus
observatis vendunt pro 71 lib. den. Arg. Johanni dicto Sûner de Northeim perpetuo vicario
in Kirwilre domum et aream, in c. A. apud s. Andream sitas juxta curiam claustralem
ecclesie Arg., quam nunc inhabitat dominus Cůnradus de Kirkil thesaurarius dicte ecclesie[2],
e. u. et e. p. a. juxta domos rectoris ecclesie s. Andree sitas, p. p. e. l. A. 2. (carta presenti).
sigilla cur. Arg., priorisse et conventus appensa sunt. actum 11 kalendas februarii, a. d. 1331.

Januar 22.

Aus Strassb. Stadt A. V. D. G lad. 73 or. mb. c. 3 sig. pend.

1283. C. j. c. A. Johannes dictus de Rubiaco presbyter, prebendarius altaris omnium *Vertrag.*
sanctorum in ecclesia Arg. per Cůnradum dictum Gürteler civem Arg. fundati, de consensu
Else dicte Mosungin, fundatricis dicte prebende, obligavit se suosque successores daturos ad
chorum dicte ecclesie de proventibus dicte prebende 10 lib. den. Arg.: 2 lib. crastino purificationis b. Marie virginis pro anniversario quondam Heinrici dicti Bühszener, prioris mariti *Februar 3.*
dicte Else, 2 lib. dominica Invocavit matutinis horis inter presentes in choro, 2 lib. festo
b. Urbani episcopi pro anniversario quondam Ůlrici dicti Brant, 2 lib. feria tertia post festum *Mai 25.*
b. Barnabe pro anniversario quondam Agnetis dicte Mosungin matris et Beatricis, sororis
ejusdem Else, 2 lib. crastino assumptionis b. Marie pro memoria Else et Cůnradi dicti *August 16.*
Gürteler, nunc mariti ipsius Else. Gebehardus de Friburg prepositus, Johannes de Swartzen-
barg decanus et capitulum dicte ecclesie consentiunt. datum 4 kalendas februarii, a. d. 1331.
hujus instrumenti sunt 2. ***Januar 29.***

Aus Strassb. Bez. A. G 3660 (4055). 3. or. mb. c. sig. pend.

---

[1] *Vgl. nr. 613.* [2] *Bei s. Andreas erwarb das Domkapitel von Wilkin, dem Diener des Domherrn Johann von Ochsenstein, 2 Hofstätten für 102 Pfund Silbers. 1328 Regest im Münstercopialbuch s. XVIII. Strassb. Bez. A. G 3463 nr. 218.*

Erbleihe. **1284.** C. j. c. A. Conradus dictus Dettwilre, sutor Arg., et Anna, ejus uxor, recognoverunt se a preposito et conventu monasterii s. Arbogasti e. m. A. tenere in emphiteosim aream in c. A., sitam juxta Nicolaum dictum Zürne e. u. et e. p. a. juxta dictam Gurtelerin de Argentina ex opposito domus dicte zû der Swertzen, tendentem retro ad pistrinum dicti Stange, pro annuo censu 35 sol. den. Arg. Er. 4. V. conventum est etiam inter dictum Zürne et predictos conjuges, quod murus et paries (der gebil, die mure und die want) inter domos dictas a parte anteriori usque ad pistrinum sint communes et quod nullus alium in muro et pariete super edificare debeat. actum 2 kalendas februarii, a. d. 1331[1]. ***1331 Januar 31.***

Aus Strassb. Bez. A G 4345 (4721) II. fol. 5. cop. chart. s. XV inc.

Erbleihe. **1285.** C. j. c. A. frater Heinricus de Homburg, procurator infirmorum hospitalis majoris Arg., de consensu Rûlini Rûlenderlini et Johannis dicti Waldener, militum Arg. gubernatorum ejusdem hospitalis, locavit in emphiteosim Heinrico dicto Spitzhût et Katherine uxori sue unam domum et aream, sitas in c. A. retro ecclesiam s. Nicolai trans Brûscam juxta pistrinum dicti hospitalis e. u. et e. p. a. juxta Johannem dictum Kurnagil, pro redditibus annuis 17 unc. den. Arg. Er. 4. V. actum 2 kalendas februarii, a. d. 1331[2]. ***Januar 31.***

Aus Strassb. Hosp. A lad. 175 fasc. 4. or. mb. c. sig. pend.

Erbleihe. **1286.** C. j. c. A. Johannes dictus Schaffener, magister hospitalis majoris, Arg. et frater Heinricus de Homburg, procurator ejusdem, de consensu Rûlini Rûlenderlini et Johannis dicti Waldener, militum Arg. gubernatorum dicti hospitalis, locaverunt in emphiteosim Conrado dicto Bützkind et Agneti uxori sue, residentibus Argentine, domum et aream ipsius hospitalis, sitas in c. A. retro ecclesiam s. Nicolai trans Brûscam retro domum quondam Conradi dicti Zoller de Wintertur ante horreum dicti Wiseman, pro redditibus annuis 15 unc. den. Arg. et 2 caponum, ita quod dicti conductores etiam ultra prescriptum censum ad altare b. Katherine virginis situm in ecclesia s. Nicolai Arg. ultra Brûscam 2 uncias den. Arg. singulis annis darent de area predicta (Johanne de Hagenowe nunc cappellano dicti altaris presente et in predictam locacionem consentiente). E. 4. V. actum 8 idus februarii, a. d. 1331, quoad Johannem capellanum predictum 17 kalendas februarii, a. d. 1336. hujus instrumenti 2 sunt paria[3]. ***Februar 6 und 1336 Januar 16.***

Aus Strassb. Hosp. A. lad. Hôp. XLIII fasc. 8. 2 or. mb. c. sig. pend.

Verkauf. **1287.** C. j. c. domini prepositi eccl. Arg. Wölfelinus dictus zû dem Riet civis Arg. vendidit unam domum et aream, in c. A. in Gehen gasse juxta Lampertum advocatum Arg. e. u. et e. p. a. juxta dictum venditorem, Johanni dicto Strûbe civi Arg. p. p. e. l. pro 20 lib. den. Arg. A. 1. actum 3 idus februarii, a. d. 1331. ***Februar 11.***

Aus Strassb. Hosp. A. lad. Hôp. XLI fasc. 49. or. mb. c. sig. pend. delaps.

Verkauf. **1288.** C. j. c. thesaurarii eccl. Arg. in figura judicii Sophia dicta de Ehenhein, filia quondam Alberti dicti Clôwelin de Seligôwe, et Anna, filia quondam Guntrami fratris predicte Sophie, cives Arg., de consensu fratris Thome dicti de Grostein, commendatoris fratrum de Doroltzheim ordinis s. Johannis Jheros., domini directi aree subscripte, vendiderunt Johanni

---

[1] *Nach der Ueberschrift lag das Haus in der alten Kurdewangasse. In derselben Weise erklärt* Johannes dictus Rôlinus, magister pellificum Argentinensium, *von demselben Kloster das an das genannte anstossende Haus in Erbleihe zu haben für einen Zins von 25 Schillingen. (Er. 4. V.) Die obenerwähnte, hier wiederholte Abmachung über die gemeinsame Mauer wird als Strassburger Gewohnheit entsprechend bezeichnet. 1331 Juni 8. Abschrift ebendaselbst fol. 6.* [2] *Nach dem Prot. Hôp. II (Teutschbuch) fol. 126b ist nr. 144 zu vergleichen.* [3] *Vgl. nr. 433.*

dicto Birmenter de Novillari et Katherine, uxori sue, civibus Arg., unam domum cum suis edificiis, sitam in c. A. in vico dicto Blindengasse uf der Almende juxta aream commendatoris predicti, necnon jus emphiteoticum in area dicte domus, ita quod de ipsa census solvatur 9 unc. et 1 caponis, pro 29 lib. den. Arg. A. 1. actum 5 kalendas martii, a. d. 1331. **1331 Februar 25.**

Aus Strassb. Bez. A. G 4290 (4667). or. mb. c. sig. pend. delaps.

1289. C. j. c. A. prepositi ecclesie Arg. Ellina, uxor Johannis dicti de Hochvelden[a], fratris quondam Hartungi, item Margareta, uxor Cůnradi dicti Roselbům, Ůlricus dictus Zarte, opidani in Hagenowe, quilibet sextam partem curie, domus et aree, in c. A. nuncupate zů der blůmen[1] site inter pellifices juxta curiam nuncupatam zů sante Walpurge, pro 6 lib. et 4 unc. den. Arg. vendidit Hugoni dicto zům Riet, civi Arg., ita quod de dictis partibus 1 den. nomine census debeatur. A. 2. Johannes de Hochvelden et Ellina pro omnibus partibus se constituunt pro warandia. actum quoad Ellinam 3 idus marcii, quoad alios venditores 17 kalendas aprilis, a. d. 1331[b]. **März 13 und 16.** *Verkauf.*

Aus Strassb. Thom. A. lad. Kaufbriefe 3. or. mb. c. sig. pend. delaps.

1290. C. j. c. A. Dyna, nata quondam Johannis dicti Morsvelt civ. Arg., uxor Johannis dicti Erbe armigeri, per manum mariti sui necnon de consensu Engele, sororis Dyne, ac Nicolai dicti Clobelöch, mariti Engele, vendidit magistro et consulibus civitatis Arg. redditus annuos 5 lib. den. Arg. super una domo et ejus area, in c. A. sitis juxta vicum dictum Burggasse c. u. et juxta domum quondam dicti Schiecke junioris c. p. a., quas Petrus dictus Schonecke, canonicus ecclesie s. Petri Arg., detinet in emphiteosim, pro 95 lib. den. Arg. A. 1. (in magistrum Hugonem, notarium civitatis Argentine). actum idus marcii, a. d. 1331. **März 15.** *Verkauf.*

Aus Strassb. Bez. A. G 4290 (4667). or. mb. c. sig. pend.

1291. C. j. c. A. Gerdrudis, uxor Sigelini dicti de Mülnheim armigeri Arg., per manum ejusdem vendidit decano et capitulo ecclesie s. Petri Arg. redditus annuos 16 unc. den. Arg. et 6 caponum, quos emptores venditrici solvere consueverunt de domo et area, sitis in c. A. inter pontes juxta domum dictam zů der Mucken[2] c. u. et c. p. a. juxta pistrinum relicte Johannis dicti de Danckratzheim, pro 25 lib. den. Arg. A. 1. (in Nicolaum de Kageneckc prepositum ac Cůnradum de Mülnheim thesaurarium ecclesie s. Petri). Wit. 3. (bona venditrici obvenerant ex successione Johannis patris). actum 12 kalendas aprilis, a. d. 1331. **März 21.** *Verkauf.*

Aus Strassb. Frauenh. A. lad. 49 nr. 99. or. mb. c. sig. pend.

1292. C. j. c. A. Otto dictus Kuse, armiger Arg., et Heilka, ejus uxor, loco 85 marcarum argenti ponderis Arg. magistro et consulibus civitatis Arg. bona subscripta donant sub hac condicione, quod de iis prebenda sacerdotalis perpetua in augia dicta Růprehtzowe apud cappellam de novo ibidem constructam habeatur, sic etiam, si redditus annui 14 quartalium siliginis et ordei eque mensure, quos Waltherus de Landesberg miles pro se et h. s. super bonis subscriptis Ottoni per modum reemptionis pro 30 libris den. Arg. vendidit, reempti fuerint, quod tunc idem pretium commutandum erit in alia predia apud prebendam remansura. A. 1. (in Nicolaum Zorn dictum Lappe militem Arg. magistrum civitatis presentem vice civitatis recipientem). Wit. 1. (pro duobus donatoribus). donatores promittunt per juramentum donationem ratam habere. coram judice Heinricus dictus de Wolfgangesheim miles et Petermannus dictus Löselin armiger Arg. se et heredes suos constituunt principales debi- *Präbendenstiftung.*

a) *Die Worte* uxor *bis* Hochfelden *mit anderer Dinte hinzugefügt.* b) *Die Jahrzahl* (anno domini 1331 *ist, wie es scheint, von anderer Hand hinzugefügt.*

[1] *Vgl. Str. G. u. HN. S. 77.* [2] *Vgl. Str. G. u. HN. S. 191.*

tores in solidum, si liberi procreati fuerint ex matrimonio donatorum, se procuraturos apud eosdem, quod donationem laudabunt. specificatio bonorum est hec: in c. A. in vico dicto Múnstergasze domus et area juxta domum, quam inhabitat Johannes dictus Ble pergamentarius Arg., e. u. et e. p. a. juxta domum quondam Cûnradi dicti Kuse civis Arg., item bona, de quibus dicti redditus solvuntur, sunt 45 agri, 2 bletzer, 3 dualia, 1 mettelin in banno ville Heiligenstein, in Bergheim ban, in banno Ehenheim inferiori, in campo ville Sunthus, in campo ville Binrenheim. actum 12 kalendas aprilis, a. d. 1331. ***1331 März 21.***

Aus Strassb. Stadt A. V. C. G. suppl. DD. or. mb. c. sig. pend.

Urteilspruch. **1293.** *Der Rat entscheidet ein Streit über Erbfolge zwischen Hesselin in der Apotheke und dessen Schwiegermutter.* ***März 27.***

Wir Clouwes Zorne, dem man sprichet der Lappe, der meister und der rat von Strazburg tûnt kunt allen den, die disen brief gesehent und gehorent lesen, das wir uns kom Hesselin, Hessen seiligen sun in der apteken, und clagete von vrowen Sophyen wegen siner elichen wirtinne, die sich mit im gevogetet het, als er vor uns vurbraht an vrowen Agnes, siner swiger, die ouch zû gegen was, der vorgenanten Sophyen mûter, das sû im furbas teilte von der vorgenanten Sophien wegen, das sû von irm vatter Johans Hackenote seiligen zû erbe was komen[a] und vordert ouch der vorgenante Hesselin von der vorgenanten Sophien wegen an die vorgenante Agnes sin swiger, das sû im bi ierme eide geschriben gebe alles das gût, das der vorgenante Johans Hackenote und sû einander verwidemet hettent. do verentwurtet sich die vorgenante Agnes und sproch, su wolte sweren, das su dem vorgenanten Hesselin geteilet het von irre dohter wegen sinre elichen wirtinne, alles das su durch ein reht teilen solte, als verre sû es wuste, one ale geverde; und sprach ouch sie wolte im geschriben geben alles das gût, das der vorgenante Johans Hackenote ir elich man und sû einander verwidemet hettent. da kament wir überein nach clage und nach entwurte mit rehter urteil an offem gerihte und sprachent es zû rehte, das die vorgenante Agnes solte sweren, das su im geteilet hette von irre dohter Sophien erbez als wegen alles, das su irre dohter Sophien der vorgenanten durch reht teilen solte, als verre sie es wuste one alle geverde, und das sû ouch swern solte, das sû dem vorgenanten Hesselin von irre dohter Sophien wegen geschriben gebe alles das gût, das Johans Hackenôte der vorgenante und sû einander gewidemet hettent. do swûr vor uns die vorgenante Agnes, das sû Hesselin dem vorgenanten von irre dohter Sophien wegen geteilet het alles das sû durch reht teilen solte, als verre sie es wuste ohne alle geverde. unde swûr ouch vor uns, das Johans Hackenôte seilige ir elich man und sû einander gewidemet hettent und ouch ein verwidemet gût were alles das gût, das hie nach geschriben stat. und ist dis das gût: das hus zû der alten munszen in Brûgegasse einsite nebent dem zû der wagen mit allem reht, die dar zû horent; und zû Honowe in dem banne eine matte, der man sprichet hern Clauwes matte, und das gerûte und zwei stucke mit bernden bômen, der stoszet eins an das gerûte und das andere eine wenig hinbas do bi und heiszet Metzengût der Peterin dohter, und eine stucke mit bernden bômen, dem man sprichet Kellers stucke, und andersit an dem gerute eine stucke mit wilgen stoszet an den gieszen, und zwei vierteil nûsze geltes in dem banne zû Marley, die sint gelegen uf furn Lutzeln hof. unde des zû einem urkunde so ist unserre stette insigel gehencket an disen brief, der wart gegeben an der mittewochen vor dem osterdage in dem iar, do man zalt von gottes geburte drûzehen hundert iar und eins und driszig iare. haran warent wir her Johans Löselin, *u. s. w. folgt der Rat.*

Aus Strassb. Hosp. A. lad. Orph. VIII fasc. 23. or. mb. c. sig. pend. (Secretsiegel).

a) *or. wiederholt:* was komen.

1294. C. j. c. domini Rûdolfi de Ohsenstein, archidiaconi eccl. Arg., Heinricus, scolasticus ecclesie s. Petri Arg., locavit Heinrico de Lindôwe dem Paternostere domum et aream, in c. A. juxta fratres minores ex uno latere juxta domum dicte de Erstheim ex altero vero juxta domum dicte de Eckevershein, ad spatium 10 annorum a festo b. Johannis Bapt. pro censu annuo 2 lib. et 10 sol. den. Arg. si conductor ultra mensem negligens fuerit in solutione census, excommunicationis sententie subjacebit. locator post 10 annos omnia edifia insuper edificata solvere tenetur, item omnia que domui clavibus ferreis aut ligneis conjuncta sunt vel annexa; si hoc locator recusaret, conductori licebit omnia edificia refringere et auferre. actum 3 idus aprilis, a. d. 1331. hujus instrumenti sunt 2. ***1331 April 11.*** *Zeitleihe.*

Aus Strassb. Bez. A. G 4827 (5199). or. mb. c. sig. pend.

1295. C. j. c. A. Petermannus dictus Blanke, Agnes et Clara ipsius Petermanni sorores, cives Arg., manu choadunata vendiderunt redditus annuos 26 unc. den. Arg. super area estuarii, e. m. A. apud Augustinenses sita juxta Nicolaum dictum de Geispoltzheim panificem e. u. et e. p. a. juxta aream Stehellini dicti Howenesser militis, p. p. e. l. pro 30 lib. den. Arg. A. 1. actum 5 kalendas maji, a. d. 1331. ***April 27.*** *Verkauf.*

Aus Strassb. Pfarrarchiv von s. Aurelia lad. 2. or. mb. c. sig. pend.

1296. C. j. c. A. Petrus dictus Kornlin, civ. Arg., et Metza, ejus uxor, manibus choadunatis vendunt Walthero dicto Betwin, civi Arg., partem suam in domo et area, in der Crûtenowe e. m. A. juxta dictum Nepelin e. u. et e. p. a. juxta Ulricum sutorem sitis, p. p. e. l. pro 5 lib. den. Arg. A. 1. Wit. 2. (pro conjugibus). actum 3 idus maji, a. d. 1331. ***Mai 13.*** *Verkauf.*

Aus Strassb. Stadt A. G. U. P. lad. 169 nr. 3. or. mb. c. sig. pend. delaps.

1297. Rûdolfus dictus de Mûlnhusen, prebendarius eccl. Arg., testamentum suum ordinat. episcopo legat unum fertonem argenti, insuper legat choro ecclesie Arg. redditus annuos 12 lib. den. Arg. in villa Damhach, de quibus annuatim 5 lib. Rûvelino, nato suo naturali, ad tempus vite ipsius cedere debebunt; item Agneti, filie sue, redditus 5 lib. den. Arg., pro anniversariis suo, quondam Rûdolfi et Agnetis, parentum suorum, peragendis. hujus testamenti executores constituit Wernherum de Mûlnhusen, viceplebanum s. Laurentii ibidem, et Nicolaum dictum Swarber, prebendarium ejusdem ecclesie. actum 2 idus maji, a. d. 1331. ***Mai 14.*** *Testament.*

Aus Strassb. Bez. A. G 3535 (3930) nr. 4. cop. mb. c. sig. pend. de dato 3 idus decembres, a. d. 1335.

1298. Gebehardus de Friburg prepositus, Johannes de Swarzenberg decanus totumque capitulum eccl. Arg. promittunt, quod, cum Agnes Ungarorum regina sibi 100 florenos de Florentia aureos ex parte quondam Friderici Romanorum regis tamquam executrix testamenti ejusdem transmiserit, anniversarium Friderici (in die b. Hylarii) perpetuo peragant. sigillum capituli est appensum. datum Argentine a. d. 1331, 10 kalendas junii. ***Mai 23.*** *Seelgeräte.* *Januar 13.*

Aus Strassb. Bez. A. G 2708 (3122) nr. 10. or. mb. c. sig. pend.

1299. C. j. c. A. Jacobus dict. Bleyer et Katherina ejus uxor, Argentine residentes, de consensu Grede, Katherine, Odylie, Anne et Jekelini, ipsorum conjugum liberorum, et specialiter Katherina per manum Jacobi dicti Essigman mariti ipsius vendiderunt pro 40 lib. den. Arg. Metze et Katherine sororibus dictis Zollerin, residentibus Argentine, jus emphiteoticum in domo et area, sitis in c. A. in vico dicto Brantgasse neben dem Rotenhuse e. u. et e. p. a. *Verkauf.*

juxta domum quondam Rûdolfi dicti zûm Winde, ita quod de ipsis non plus detur annuatim preterquam 3 lib. den. Arg. venditores resignant omne jus. A. 1. actum 2 nonas junii, a. d. 1331. ***1331 Juni 4.***

Aus Strassb. Frauenh. A. Saalbuch 3 fol. 101a. cop. s. XIV exeunt.

Testament. **1300**. C. j. c. A. Agnes, nata quondam Hugonis dicti Klette de Útenheim militis, in remedium anime sue legavit Gerdrudi, sorori ipsius Agnetis, moniali monasterii s. Katherine e. m. A., redditus annuos 10 quartalium siliginis in banno opidi Erstheim percipiendos annuatim, quamdiu vixerint, pro necessitatibus suis sublevandis, et post obitum ejusdem monialis ab Heilka et Elsa, filiabus quondam Anne, sororis dicte legatricis, ac Katherina dicta Brogerin, monialibus dicti monasterii, quamdiu vixerint; quibus omnibus de medio sublatis de dictis redditibus 2 quartalia cedent conventui dicti monasterii pro pictantia in anniversario dicte legatricis, residua 8 quartalia cedere debent ad heredes ipsius legatricis in seculo existentes. item causa mortis donavit redditus dicto monasterio 10 sol. den., quos emi voluit pro 6 lib. den. Arg., item legavit fratribus minoribus domus Arg. redditus annuos 1 lib. den. Arg., quos emi voluit pro 12 lib. den. Arg., pro anniversariis peragendis ipsius et quondam Cûnonis de Rymûtheim, militis Arg., ejus mariti. item legavit dicto de Wasselnheim, ejus confessori et conventuali dicte domus, 1 lib., item fratribus Francisco Johannique de Mutziche, conventualibus ibidem, cuilibet 10 sol., item fratri Friderico, filio Wetzelonis dicti Broger, militis Arg. et sororis ejusdem legatricis, ordinis predicatorum, item fratribus dicto Durlender et Johanni dicto Nauwer ejusdem ordinis cuilibet 1 lib., item Heilke et Else ac Katherine dicte Brogerin, monialibus predictis, cuilibet 1 lib. den. Arg., item filiabus Reimboldi Reimboldelini militis Arg., monialibus, una videlicet apud monasterium s. Agnetis e. m. A., altera vero apud monasterium s. Clare in foro equorum, cuilibet 10 sol., item filiabus Nicolai de Rymûtheim, armigeri Arg., monialibus monasterii s. Johannis zû den hunden, cuilibet 10 sol. den., item deputavit Katherine, sue pedisseque, 10 quartalia siliginis et cursatum ipsius legatricis cottidianum; item legavit cuilibet peticioni s. Spiritus et ss. Antonii et Bernhardi unum quartale siliginis et cuilibet hujusmodi peticioni redditus annuos 1 sol. den. Arg. hujusmodi legatorum Fridericum dictum Clette, ipsius legatricis fratrem, et Nicolaum dictum Ottefriderich, milites Arg., executores constituit. actum 2 idus junii, a. d. 1331. ***Juni 12.***

Aus Strassb. Hosp. A. lad. 138 fasc. 13. or. mb. c. sig. pend. Dorsualnotiz: «di gelt von miner mûmen von Rimedeheim»

Verkauf. **1301**. C. j. c. A. Wilhelmus dictus de Lindowe, faber Arg., et Katherina, ejus uxor, manu coadunata vendiderunt pro 22 lib. den. Arg. Johanni, filio quondam Rûdolfi dicti Heimbürge de Ulme apud Liechtenôwe, rasori Arg., et Berhte, uxori dicti Johannis, jus emphiteoticum venditoribus competens in domo et area, sitis in c. A. an der Schintbrücken juxta domum dicti Hallerman c. u. et e. p. a. juxta domum dicti Bücking, fabri Arg., et in jure tercie partis domus et aree dicti Bücking, ita quod de ipsis non plus singulis annis debeatur census nomine quam 2 lib. et 10 sol. den. Arg. Sophie, uxori Bilgerini militis Arg. (eadem Sophia per manum sui mariti consentiente et locante pro censu predicto solvendo omni jejunio 4 temporum juxta cursum vulgariter dicendo nach marckzal). Er. 4. V. emptores domum et aream in bonis edificiis conservare tenentur. A. 1. actum 4 kalendas julii, a. d. 1331. ***Juni 28.***

Aus Strassb. Hosp. A. lad. 70 fasc. 26. cop. vid. ausgestellt vom bisch. Hofrichter im Jahre 1387.

1302. Katherina et Greda sorores, filie quondam Rûdegeri de Hunesvelt civ. Arg., legant *Schenkung.*
de consensu fratrum suorum Cûnonis et Nicolai in animarum patris, Agnetis matris, quondam
Gertrudis sororis remedium monasterio s. Nicolai e. m. A. redditus 10 sol. den. Arg., item
legant redditus annuos 1 lib. den. Arg. priori et conventui predicatorum domus Arg. super
domo et area, in c. A. sitis in vico dicto Vittellins *gasze* juxta Wilhelmum dictum Nape
e. u. et e. a. p. juxta dictum de Westhusen. in duobus monasteriis antedictis anniversaria
predictarum personarum peragi debent in die 11,000 martirum. in quo si negligentes fuerint, *Oktober 21.*
redditus cedunt ad fabricam ecclesie Arg. judex curie domini thesaurarii sigillum suum
appendit una cum sigillis Cûnonis et Nicolai predictorum. actum 4 kalendas julii, a. d. 1331.
1331 Juni 28.

Aus Strassb. Hosp. A. Prot. Prédic. 107 (Copialb. s. XIV) fol. 60ᵇ. cop. mb.

1303. C. j. c. A. Luscha, relicta Berhtoldi dicti zû deme Riet civis Arg. an dem Môl- *Präbendenstiftung.*
steine, prebendam sacerdotalem ab ipsa institutam confert Erboni presbytero, nato quondam
Wernlini civis Arg., habendam perpetuo in altari b. Marie virginis in ecclesia parrochiali
s. Martini in Arg. sine dampno hujus ecclesie, quod altare ipsa Luscha de consensu
Johannis militis filii sui coram judice constituti de bonis ad dictam prebendam donatis et de bonis
in banno ville Flexberg sitis dotat per hanc donationem inter vivos in eodem altari prebendam
sacerdotalem et perpetuam faciendo et quod prebenda actu sacerdoti idoneo et bone vite per
ipsam Luscham et post ejus obitum per heredem seniorem ejus infra mensem, postquam
vacaverit, conferatur; qui prebendarius omni die ante horam prime in ipso altari misse officium peragat, nisi legitima causa fuerit impeditus, et divinis officiis octo festorum quorundam intersit. si Luscha vel heres ejus prebendam vacantem infra mensem non contulerint,
rector ecclesie aut, si hic negligens sit, loci archidiaconus, aut si hic negligens sit, episcopus
Arg. illam conferat sacerdoti nullum aliud habenti ecclesiasticum beneficium sic, quod sacerdos
presentandus erit archidyacono loci ob investituram ab eodem recipiendam. sacerdos hic nihil
de juribus parrochialibus dicte ecclesie debet usurpare, secretales autem denarios eidem officianti datos, dum missalibus vestimentis non sit indutus, sibi potest reservare, comparente
coram judice Johanne dicto Gösterlin, rectore ecclesie s. Martini et consenciente. sigillum
cur. Arg. ad petitionem relicte, ejus filii, Erbonis et rectoris una cum rectoris sigillo est
appensum. actum 3 kalendas augusti, a. d. 1331. ***Juli 30.***

Aus Strassb. Stadt A. G. U. P. lad. 181 fasc. 19. or. mb. c. 2 sig. pend. Transfix an der Urkunde von 1323 April 8 s. dort.

1304. C. j. c. A. Heinricus dictus Göch, piscator Arg., et Katharina ejus uxor ac Cristina, *Schenkung.*
dicte Katharine filia privigna, in remedium animarum suarum fabrice eccl. Arg. donacione
inter vivos donaverunt omnia ipsorum bona mobilia et inmobilia et specialiter redditus in
Dossenheim, necnon 2 domos contiguas super 1 area, sitas in c. A. inter piscatores juxta
Gözonem dictum Hünkeler e. u. et e. p. a. juxta dictum Masterich, et jus ipsis conpetens in
area dictarum domorum. A. 1. (in Nicolaum dictum Otlefriderich militem gubernatorem dicte
fabrice et Heinricum presbyterum custodem imaginis b. Marie virginis sub ambone eccl. Arg.).
peracta donacione gubernator et presbyter predicti nomine dicte fabrice locaverunt dictis donatoribus ad tempus vite ipsorum hujusmodi bona, redditus et domos pro annuo censu $^1/_2$ vierlingi cere (solvendi f. purificacionis b. Marie v.) in signum directi dominii. conparente eciam *Februar 2.*
Nesa, relicta Nicolai dicti Heilman civis Arg., nunc uxore Johannis dicti Marx junioris militis
Arg., per manum ejusdem ibidem presentis et donacioni ac locacioni predictis consensum
expresse adhibente et locante ipsi fabrice aream predictam pro censu annuo 4 unc. den. Arg.
census nomine persolvendo, ita tamen, quod post obitum Johannis presbyteri de Ehenheim

procuratoris dicte fabrice, domino directo ejusdem aree dandus fuerit unus possessor, vulgariter dicendo ein hovesesse, qui dictum censum cum solucione laudimii dicti vulgariter erschatz solvere debebit domino directo. datum 7 idus augusti, a. d. 1331. hujus instrumenti sunt 2. *1331 August 7.*

Aus Strassb. Frauenh. A. Saalbuch 3 fol 66ª. cop. s. XIV exeunt.

Leihe. 1805. C. j. c. Gebehardi de Friburgo, prepositi ecclesie Arg., in forma juris Sygelinus dictus Buckeler et Gösselinus dictus Schilt, frater ejus, armigeri Arg., locaverunt aream ipsorum ac domum super eadem constructam, sitam e. m. A. juxta aream, quam Nicolaus de Kagenecke, prepositus ecclesie s. Petri Arg., e. u. et aream, quam Conradus de Mülnheim, thesaurarius dicte ecclesie, e. p. a. a dictis locatoribus detinent ex conducto, cum jure itineris vie et actus habendi per pontem tendentem a muro civitatis Argentine ad domum et aream locatas predictas, Johanni dicto Pflûger, civi Arg., ad spacium mille annorum pro annuo censu 1 lib. den. Arg. V. Er. 5. possessores orti quondam Nicolai dicti Waldener, patrui locatorum predictorum, pro medietate et possessores aree predicte et 2 arearum supra nominatarum (N. de Kagenecke et Conradus de Mülnheim) pro alia medietate tenentur ad structuram et refecturam pontis predicti de muro tendentis ad viam eundi ad 3 areas supradictas. hoc actum est in divisione facta inter dictum quondam patruum et patrem locatorum de orto ipso et 3 areis predictis, ita quod nullus alius jus eundi habeat per dictum pontem et viam nisi orti et arearum possessores. datum et actum 7 idus augusti, a. d. 1331. *August 7.*

Aus Strassb. Bez. A. G 4827 (5199). or. mb. c. sig. pend.

Verkauf. 1806. C. j. c. A. domicella Phyna nata quondam Jacobi dicti de Barre senioris civis Arg. vendidit choro eccl. Arg. (Nicolao dicto Hennecker prebendario dicte ecclesie presente) de pecunia ementi, que ipsi choro obvenit ex parte «illustris principis bone memorie quondam domini Friderici Romanorum regis», redditus annuos 2 lib. den. Arg. super redditibus 4 lib. et 5 sol., quos venditrix habet super domo et area in c. A. in Küfergasse sitis juxta Waltherum de Ettenheim cuparium und ist ein orthus, pro 32 lib. den. Arg. A. 1. actum 10 kalendas septembres, a. d. 1331. *August 23.*

Aus dem Archiv des Strassb. Domkapitels. Copialbuch des Münsterchors fol. 4. cop. s. XIV.

Verkauf. 1807. C. j. c. A. Gösselinus Rûlenderlin armiger Arg. vendit magistro et consulibus civitatis Arg. vice civitatis ementibus redditus annuos 2 lib. ac 1 unc. den. Arg., quos se habere dicebat sub palatio civitatis, pro precio 33 lib. et 4 unc. den. Arg. A. 1. (in magistrum Hugonem civitatis notarium coram judice presentem vice civitatis recipientem). actum 14 kalendas octobris, a. d. 1331. *September 18.*

Aus Strassb. Stadt A. Briefbuch A 177ª und 292ᵇ. cop. mb. Darnach abgedruckt Wencker coll. archivi 151

Rückverkaufsversprechen. 1808. Gosse Sturm und Johannis Buman bürger von Strassburg geloben den edlen Hartmannis und Ůlrich Richartis von Razenhusen, des verstorbenen herrn Dietherichis von Razenhusen söhnen, das dorf Westhus bei Benfeld jederzeit wiederzuverkaufen zum preise von 200 mark silbers oder die hälfte mit 100 mark, doch so, dass wenn dieser wiederverkauf *Februar 2.* nach lichtmess geschieht, ihnen noch der «nutz des dorffis zû dem hôbtgûte des vorgenanten silbers nach der margzal nachvolgen und vallen sol.» sie geben als mitschuldner: «hern Rûlin Rûlenderlin, Eberlin von Mülnheim rittere, Hug Sturmmen und Johannesen Vôltsche,» bürger von Strassburg. mittwoch vor s. Michelstag, 1331. *September 25.*

Aus Karlsruh. Gen. Landes A. Extradenda. or. mb. c. 6 sig. pend. delaps.

1809. Nicolaus de Kagenecke, prepositus ecclesie s. Petri, Johannes dictus Zorn miles et Nicolaus de Dübingheim, prebendarius ecclesie Arg., executores testamenti quondam magistri Heinrici Dietmari prebendarii dicte ecclesie, qui de testamento predicto multas vexationes ab aliquibus consanguineis testatoris et aliis multis personis perpessi sunt, de residuo bonorum dicti Dietmari dant ecclesie s. Thome pro structura sua laudabili consumanda 200 florenos auri. sigilla predictorum sunt appensa. actum et datum 3 nonas octobris, a. d. 1331 [1]. *Schenkung.*

1331 Oktober 5.

Aus Strassb. Bez. A. G 4748 (5120). 1. or. mb. c. 4 sig. pend. delaps

1810. C. j. c. A. Cristina de Erstheim, residens retro lobium pellificum Argentine, Cristine, filie quondam Berhte sororis ipsius Cristine antiquioris, donatione inter vivos donavit domum et edificia, in c. A. hünder Kürsener loben juxta dictam de Bersteleten e. u. et e. p. a. juxta aliam domum dicte donatricis, necnon jus in area, de qua cedunt annuatim 5 unc. den. Arg. portario ecclesie s. Petri Arg. (domino Cůnone de Grostein nunc portario presente et consentiente). A. 1. peracta donatione locavit donataria donatrici domum et aream ad tempus vite sue pro annuo censu 1 pulli (festo Martini) in signum directi dominii. actum 16 kalendas novembres, a. d. 1331. *Schenkung.*

Oktober 17.

Aus Strassb. Hosp. A. Prot. Prédic. 107 (Copialb. s. XIV) fol. 41 b. cop. mb.

1811. C. j. c. A. Lysa dicta Pullerin, relicta Johannis nati Burcardi dicti Erbe militis Arg., nunc uxor Johannis dicti de Hohenstein militis, in remedium animarum dicti quondam Johannis et quondam Anne, matris ejusdem noverce ipsius Lise, donatione inter vivos donat conventui fratrum predicatorum domus Arg. redditus annuos 2 lib. den. Arg. super domo et area nuncupatis zů dem stalle [2] et super domo et area, in vico dicto Schrinsgasze [3] Argentine sitis, quam nunc inhabitat dictus Zeisze. anniversaria predictarum personarum peragi debent. 1 sol. den. Arg. de redditibus 1 lib. den. Arg. de domo in Schringasse cedere debebunt decano et capitulo ecclesie s. Thome Arg. A. 1. (in fratrem Wetzelonem procuratorem). actum idus novembres, a. d. 1331. *Schenkung.*

November 13.

Aus Strassb. Hosp. A. Prot. Prédic. 107 (Copialb. s. XIV) fol. 55. cop. mb.

1812. Burkard Werner von Ramstein, Conrad Dietrich, Gölzo von Grostein, Otto von Ambringen und Rudolf von Endingen ritter entscheiden einen streit zwischen Hugo von Usenberg und Günther von Schwenau einerseits und Jacob von Neuenfels, probst von Neuenburg, über den besitz der hälfte des dorfes Schliengen und der gerichtsbarkeit des ortes. Basel, «an dem nechsten donrstage vor sant Katherine tage», 1331. *Schiedspruch.*

November 21.

Nach dem Regest bei Trouillat monum. de l'hist. de l'anc. évêché de Bâle III, 718 (entnommen dem Catalogue Maldoner).

1813. Bertholdus, episcopus Arg., de consensu capituli eccl. Arg., statuit de fructibus ecclesie parrochialis s. Martini civitatis Argentine, mense episcopali per apostolice sedis clementiam nuper unite, primo quod perpetuus vicarius ipsius ecclesie dimidiam habeat partem omnium oblationum, remediorum, secretalium, legatorum et omnium obventionum (sed tenetur 15 lib. den. Arg. capellano s. Katherine subscripto annuatim tradere). Quia nullum altare s. Katherine dedicatum existit in eccl. Arg. et episcopus unum erigere intendit in capella, «quam favente domino nostris expensis et sumptibus construere in ejusdem s. virginis honorem intendimus», huic capelle assignantur redditus 34 quartalium tritici et siliginis de decima Murnhardorum in Hönheim, item alii redditus et decima Marschalci in *Präbendenstiftung.*

---

[1] *Vgl. nr. 957.* [2] *Vgl. nr. 942.* [3] *Vgl. Str. G. u. HN. S. 145.*

Mollesheim. cappellanus habebit quoque presencias chori et refectiones refectorii. de consensu Conradi de Kyrckel thesaurarii est statutum, quod omnes oblationes in predicta capella capellano cedant. omni die capellanus in dicta capella missam dicet et in anniversario Bertholdi 10 sol. inter in choro presentes dividet. reliqua medietas proventuum ecclesie s. Martini, que se extendit ad 40 lib., et redditus 26 lib. den. Arg., provenientes de curia dicti Hüller et aliis domibus vicinis juxta ipsam ecclesiam s. Martini sitis, in quibus habitant Smerwarii, quos dant Matthias dictus Smerwer et Cüntzelinus Smydelin, item redditus 4 lib. cere, quos dat magister operis de cameris juxta capellam, item redditus in Hönheim colliguntur a capitulo ecclesie Arg., ut inde anniversarium Bertholdi etc. peragantur. preterea tenetur capitulum omni anno in vigilia palmarum 3 lib. den. capellano s. Katherine assignare. qui ex hiis et ex 30 solidis, quos de suo addere tenetur, 30 griseas emet tunicas, per eum in Cena Domini in ipsa capella 13 pauperioribus chori scolaribus, quos elegerit, lotis prius per eum eorum pedibus erogandas. ad vicariam s. Martini et ad prebendam s. Katherine sacerdotes tantum presentari debent. sigilla episcopi et capituli sunt appensa. datum Argentine, 8 kalendas decembres, a. d. 1331 [1]. ***1331 November 24.***

Aus Strassb. Stadt A. AA 1399. or. mb. c. sig. pend.

1314. Wetzel Brager der meister und der rat von Strassburg machen bekannt, dass sie «mit der schöffele und amman willen und gehelle» von der stadt wegen frau Agnes Frowelin herrn Burckhart Panfelins seligen tochter und Claus zû dem Swanne in erbleihe gegeben haben die hofstätte, in Strassburg neben der hofstätte, auf der das ofenhaus steht, an dem Burgthor bei Alt s. Peter und andererseits neben dem Stampfe, gegen einen jährlichen zins von 1 pfund und 6 pfenningen. Fr. 4. V. «freitag vor s. Andreas, 1331. heran worent wir her Wetzel Brager, *u. s. w. folgt der Rat.* ***November 29.***

Aus Strassb. Bez. A. G 4896 (5267). II fol. 51. cop. chart. s. XVI-XVII.

Verkauf. **1315.** C. j. c. A. domina Elizabeth de Hagenecke, relicta Reinboldi dicti Zorn militis Arg., vendidit decano et capitulo ecclesie s. Petri Arg. directum dominium (das hoveherren reht) in areis et edificiis insuper edificatis, de quibus solvuntur census annui ab emphiteoticis: de una 1 lib. den. Arg. et 2 capones, de alia vero 10 uncie et 2 cappones, pro 33 lib. den. Arg. venditrix successit quondam Burckardo militi, filio suo. A. 1. (in Nicolaum prepositum). specificatio arearum est hec: in c. A. uff der almenden: una area juxta domum abbatis monasterii Novillarensis [2] e. u. et e. a. juxta areolam ipsius abbatis, alia area juxta jam dictam areolam e. u. et e. a. juxta domum dicte venditricis. actum 7 idus decembres, a. d. 1331. ***Dezember 7.***

Aus Strassb. Bez. A. G 4902 (5373) fol. CCCXXXIII. cop. mb. s. XV incip.

Verkauf. **1316.** C. j. c. A. Burcardus Erbonis, armiger Arg., vendidit Reimboldo de Achenheim, Nicolao dicto Ottefriderich militibus gubernatoribus et Johanni de Ehenheim presbytero civi Arg., procuratori fabrice ecclesie Arg., nomine fabrice redditus annuos 3 lib. den. Arg. super area domus dicte zû Bülenecke, in c. A. an dem Wasser ex opposito pontis dicti Schintprücke site juxta domum dictam zûm Karricher pertinentem ad fabricam dictam, pro 53 lib. den. Arg. A. 1. (in Nicolaum dictum Ottefriderich militem). Wit. 3. actum 17 kalendas januarii, a. d. 1331 [3]. ***Dezember 16.***

Aus Strassb. Frauenh. A. lad. 49 nr. 98. or. mb. c. sig. pend.

---

[1] *Ueber den Bau der Katherinenkapelle vgl. bes. Kraus, Kunst und Altertum in Elsass-Lothr. Band I Regesten, und Leupold, Berthold von Bucheck S. 129 und 137.* [2] *Vgl. Str. G. u. HN. S. 187.* [3] *Vgl. nr. 1019.*

1817. Wetzel Broger der meister und der rat von Strassburg machen bekannt, dass sie «mit der scheffele unde amman wille unde gehelle von unserre stette wegen hern Johanse von Wickershein und vröwen Claren von Kagenecke und allen iren erben hus und hovestat, gelegen uffe unserre stette ringmuren zû Strazburg zû dem alten sante Peter nebent hern Stemphelin einsite und andersite nebent iungfröwen Nesen, hern Burckart Panphelins seligen dohter, hant verluhen zû eime rehten erbe» für einen jährlichen zins von 15 schillingen. E. 4. «von meister und rât die zû den ziten meister unde rât sint wandelunge git man öch keinen erschatz.» V. «in sant Thomans abent dez zwelfboten, 1331. haran warent wir her Wetzel Broger, *u. s. w. folgt der Rat.* *Erbleihe.*

1331 Dezember 20.

Aus Strassb. Stadt A. V. C. G. suppl. DD or. mb. c. sig. pend. delaps.

1818. Johannes Marx der meister und der rat von Strassburg machen bekannt, dass sie «mit der scheffele und amman wille und gehelle» an frau Agnes, «hern Burckatz seligen dohter Panphelins, Renboldes seligen Hochmeigers elichiu wirtin,» haus und hofstatt auf der stadt ringmauer «zû dem alten sant Peter eynsite nebent dez Köfflins turn und andersite nebent hern Johannes von Wickersheim» in erbleihe gegeben haben gegen einen jährlichen zins von 10 hutzen. Er. 4. V. «an dem ersten donerstage nâch dem zwelften dage nauch wihennahten, 1332. haran warent wir her Wetzel Brager, *u. s. w. folgt der Rat.* *Erbleihe.*

1332 Januar 9.

Aus Strassb. Stadt A. V. C. G. corp. K lad. 23c nr. 69. or. mb. c. sig. pend.

1819. Johannes Marx der meister und der rat von Strassburg machen bekannt, dass sie mit «der scheffele und amman wille und gehelle» herrn Heinrich Stemphelin einem priester, bürger von Str., haus und hofstatt «gelegen uf unserre stette ringmuren zû Strazburg zû dem alten sant Peter einsite nebent hern Johannes von Wickersheim und andersite nebent Clâwese Swan» in erbleihe gegeben haben gegen einen jährlichen zins von 1 pfund pfenninge. Er. 4. V. «an dem nehsten dunerstdage vor sant Agnes dage, 1332. haran warent wir her Wetzel Broger, *u. s. w. folgt der Rat.* *Erbleihe.*

Januar 16.

Aus Strassb. Bez. A. G 4290 (4667). or. mb. c. sig. pend. delaps.

1820. Johannes Marx der meister und der rat von Strassburg machen bekannt, dass herr Johannes Junge ein ritter, «unser burger, Henselines und Heilicken, Johansens seligen Dunas Högers kinde, unserre burgere an erstorben vogel», zu nutzen der genannten kinder, wie er bei seinem eide versicherte, «alse och sprachent bi iren eiden her Burckart Schôp, her Hug Zorne rittere und Hesse von Tanbach unser burgere, der selben kinde fründe von vatter und von mûtter,» verkauft hat an «Elsen, Lowen seligen Sigbrehtz witwen», für 190 pfund ein gut zu Lampertheim. «an dem ersten fridage nach sant Mathis dag dez zwelfbotten, 1332. haran warent wir her Wetzel Brager, *u. s. w. folgt der Rat.* *Verkauf.*

Februar 28.

Aus Strassb. Bez. A G 6197 (6224). 1. or. mb. c. sig. pend. mutil.

1821. C. j. c. A. Clara, filia quondam Nicolai dicti Dütschman militis Arg., uxor Wilhelmi dicti Dantz senioris armigeri Arg., per manum ejusdem Wilhelmi locavit in emphiteosim, zû eime rehten erbe, Jacobo dicto Zarte, cupario Arg., et Katherine, uxori sue, domum et aream, sitas in c. A. in Küffergassen gegen Brûygassen über nuncupatas zû der duben[1], pro annuo censu 5 lib. minus 5 sol. den. Arg., necnon 10 den. loco 2 caponum absque qualibet augmentacione, salvo censu annuo 5 sol. de dicto censu choro eccl. Arg. in festo *Erbleihe.*

[1] *Vgl. Str. G. und HN. S. 102.*

nativitatis domini. Er. 4. V. conductores domum et aream conservare debebunt in edificiis congruis. actum 3 nonas marcii, a. d. 1332. hujus instrumenti sunt 2. ***1332 März 5.***

Aus Strassb. Hosp. A. lad. 175 fasc. 5. or. mb. c. sig. pend.

Verkauf. **1322.** C. j. c. A. Burcardus armiger, filius quondam Burcardi dicti Erbe militis Arg., vendidit fabrice ecclesie Argentinensis (Johanne de Ehenheim presbytero cive Arg. procuratore et Reimboldo de Achenheim milite Arg. gubernatore ipsius fabrice) unam aream, sitam in c. A. juxta domum dictam zû Bûbenbecke c. u. et c. p. a. juxta domum dicte Erlerin, stosset hinden uf Heintzen Hendelin, de qua quidem area predicto venditori redditus annui 35 sol. den. Arg. solvebantur, pro 26 lib. et 10 sol. den. Arg. area est propria et libera. A. I. Wit. 3. actum 13 kalendas aprilis, a. d. 1332. ***März 20.***

Aus Strassb. Frauenh. A. lad. 49 nr. 100. or. mb. c. sig. pend. mutil.

Vertrag. **1323.** Johannes der iunge herr zû Rapoltstein thut kund, daz er gelobet hat dem schultheiszen, dem meister und dem rat zu Colmar 400 mark silbers Colmer geweges und 400 pfunde guter Basiler pfenninge «ze entwûrtende zû Strasburg in die stat Hêckeline Davides seligen sun eins iuden von Strasburg und frôwe Trinen sinre wirtin umbe daz vorgenant gût, daz die von Colmer hant gelobet ze geltende den vorgenanten iuden zû dem zwelften tage, der nu kumt, und sol daz tûn, wenne die vorgenanten von Colmer die egenanten iuden dez vorgenanten gûtes gewerent ze Colmer inne, und sol ôch den brief, den die iuden hant von des selben gûtes wegen, har wider uf entwirten in ire stat zu Colmer, wenne er den iuden daz gût geantwirtet ze Strasburg.» Johannes hängt sein siegel an. «geben an unserre frôwen abende in der fasten, 1332.» ***März 24.***

Aus Colmarer Stadt A. série J lad. 29 nr. 2. or. mb. c. sig. pend.

Präbendenstiftung. **1324.** C. j. c. A. Reimboldus dictus Hüffelin senior, miles Arg., recognovit in forma juris in presencia fratris Cûnonis de Kagenecke, prioris fratrum predicatorum domus Arg., institucionem unius misse cottidiane et deputationem redditnum 12 lib. den. Arg. factam per quondam Agnetim sororem Reimboldi ac quondam Johannem, filium Agnetis[1]. Reimboldus promittit se donationem et institucionem predictas non molestare tamquam heres dicti quondam Johannis. fratribus predicatoribus licebit redditus vendere pro aliis redditibus. actum 3 idus aprilis, a. d. 1332. ***April 11.***

Aus Strassb. Hosp. A. Prot. Prédic. 107 (Copialb. s. XIV) fol. 46. cop. mb.

Schuldenverzeichnis. **1325.** *Des Landgrafen Ulrich von Elsass Schulden.* ***April 11.***

Allen den sie kunt, die disen brief sehent oder hôrent lesen, das dis gût versetzt ist zû Brûmat, das hie nach geschriben stat. zû dem ersten hern Heinriche von Mülnheim dirtehalp hundert vierteil geltes für vierdehalp hundert marg. item hern Burckart Schôbe zwentzig und hundert vierteil geltes für anderhalp hundert marg. item Jeckelin von Ersthein sehzig vierteil geltes vür sehzig marg. item dem Scheren von Lamperthein zwentzig vierteil geltes vür zwentzig marg. item hern Reinbolte dem groszen zwentzig vierteil geltes vür zwentzig marg. item Hanselere von Schônecke zwentzig vierteil geltes vür zwentzig marg. item hern Rûlin Albreht zwentzig vierteil geltes vür zwentzig marg. item hern Rûlin Albreht vier pfunt geltes vür zwentzig marg. item hern Albrehte Rûlenderlin sinem brûder fünf pfunt geltes vür fünf und zwentzig marg[a]. item hern Henselin seligen Marschiliis vier pfunt geltes vür zwentzig marg. item Henseline von Kagenecke vier pfunt geltes vür zwentzig marg. item hern Rûdolfe

a) vür fünf und zwentzig marg *ist vom Schreiber hineincorrigiert.*

1 *Vgl. nr. 639.*

von Vegersheim zwentzig vierteil geltes vür zwentzig marg. item Virdenheime von Blůmenowe drü pfunt geltes vůr fünfzehen marg. item hern Ysenharte von Wingersheim zehen marg vůr zwei pfunt geltes. item Walthere von Bůtenheim drisig vierteil geltes vůr drissig marg. item hern Johannese von Bůtenheim fünf und zwentzig vierteil geltes und ein pfunt geltes vůr sehtzig pfunt. item Noppen zwei pfunt geltes vůr zwei marg. item hern Johannese von Schaftoltzheim vierzig marg vůr drisig vierteil geltes. item dem alten Sicken zwentzig marg vůr vier pfunt geltes. item dem Liebenzeller drisig marg vůr sehs pfunt geltes. item Wilhelme Zuckemantel und sime brůder ahtewe und drisig und hundert pfunt. item hern Walther Ensheim hundert pfunde. item Reinbere iuncher Philippes kneht fünf marg. item Niderburne stat dusent pfunde dem von Ohsenstein. item Wiphrůch und Gries und das dar zů höret stant hundert pfunde. item Schalckendorf und Ringendorf stant sehzig marg. item Altdorf und Eckendorf stant zehzig pfunde. item[a] die von Nůwilr zwei pfunt geltes uf dem gerůte für zweintzig pfunt. item Heintzelins Stůbenwegs erben zwei pfunt geltes für zehen marg. dise rechenunge der forgeschribenne gelte beschach an dem palmenbende des iars, do man zalt von gotz gebůrt drüzehenhundert und zwei und drissig iar[1].

Aus Mone Zeitsch. f. Gesch. des Oberrheins XIV, 429 f. (nach dem Original im Archiv zu Darmstadt mit 2 Siegeln, 1 abgefallen, es hängt noch das des Hanemann von Lichtenberg des jüngern).

1326. Růdolf von Vegirsheim ein ritter von Strassburg verbürgt sich für iunker Philippes landgraf domherr zu Strassburg, dass er bis zum 24 mai die mit Haneman und Ludewig herren zu Liehtenberg zu besiegelnden briefe besiegele, falls diese 100 pfund Strassb. pfenn. zahlen, nach jenem termin aber dazu nicht mehr verpflichtet sei. am palmtag, 1332. *Bürgschaft.*

1332 April 12.

Aus Darmstadt Staats A. Fonds Hanau-Lichtenb. nr. 222. or. mb. c. sig. pend. mutil

1327. Haneman und Ludewig herren zu Liehtenberg, bekennen frau Ellekinde Huges wittwe einer bürgerin von Strassburg genannt von Nuwilre 22 pfund Strassburger pfenn. schuldig zu sein und sie bis nächste Michaelis bezahlen zu wollen und gestatten ihr bis dahin ihre schafe im bann Brůmat weiden zu lassen. an der krumben in der karwochen mittwoch, 1332. *Schuldbrief.*

April 15.

Aus Darmstadt Staats A. Fonds Hanau-Lichtenb. nr. 224. or. mb. c. sig. pend. (das zweite abgefallen).

1328. «Noverint universi presentium inspectores, quod congregatis in modum capituli ad hoc specialiter indicti, honorabilibus dominis Gebehardo de Friburgo preposito, Johanne de Swartzenberg decano et Cůnrado de Kyrkel thesaurario ac aliis canonicis quam pluribus majoris ecclesie Argentinensis in ortulo curie fratrum, in quo pro tractatibus capitularibus convenire consueverunt, in presencia nostri judicis curie Argentinensis recognoverunt plura eis et ecclesie sue per quondam magistrum Heinricum Dietmari, olim prebendarium ibidem, et dominum Nycolaum prepositum ecclesie s. Petri, Johannem Zornonis militem Argentinensem et Nicolaum de Dübingheim prebendarium dicte majoris ecclesie Arg.», executores testamenti ipsius defuncti, beneficia impensa esse, et Johannem de Sarburg, prebendarium prebende sacerdotalis per defunctum institute ejusque successores ad participationem distributionum chori admittunt. prebenda solvit choro annuatim 8 lib. den. Arg. sig. cur. Arg. est appensum. actum 7 idus majii, a. d. 1332. *Vertrag betr. Pfründe.*

Mai 9.

Aus dem Archiv des Strassb. Domkapitels. Copialb. des Münsterchors fol. 14b. cop. s. XIV.

a) *Von hier ab von anderer Hand nachgetragen.*

1 *Vgl. die zum Teil allerdings irrigen Deutungen Mones a. a. O.*

ANHANG I.

Verzeichnis der ausserhalb der chronologischen Reihenfolge in den Anmerkungen enthaltenen Stücke.

1269	März	13	zu	nr.	3	S.	2,36
1271	November	10	»	»	13	»	4,40
»	»	27	»	»	182	»	59,39
1272			»	»	44	»	16,32
1275	Februar	23	»	»	61	»	21,41
»	März	30	»	»	68	»	24,43
»	August	11	»	»	74	»	25,41
1276	»	13	»	»	44	»	16,38
»	November	18	»	»	63	»	22,38
1277	Januar	5	»	»	89	»	32,41
»	März	3	»	»	63	»	22,43
1279	März	22	»	»	118	»	41,43
1280			»	»	136	»	46,42
1281	Juni	11	»	»	104	»	37,42
1282	Februar	14	»	»	44	»	16,39
»	April	1	»	»	44	»	16,39
»	November	1	»	»	157	»	52,41
1283	Juni	17	»	»	515	»	161,40
»	»	20	»	»	170	»	55,40
1287	August	13	»	»	213	»	68,34
1288	Januar	4	»	»	162	»	53,43
»	April	1	»	»	44	»	16,40
»	Oktober	1	»	»	219	»	69,43
1290	Dezember	7	»	»	161	»	53,41
»	»	19	»	»	44	»	16,42
1292	August	9	»	»	275	»	88,40
»	Oktober	9	»	»	351	»	111,41
»	»	24	»	»	275	»	88,42
1293	Juli	17	»	»	290	»	92,41
1294	Februar	2	»	»	224	»	71,44
»	Juli	4	»	»	224	»	71,40
1295	Januar	22	»	»	227	»	72,34
»	März	3	»	»	338	»	106,43
»	August	20	»	»	426	»	133,43
1296	Juni	26	»	»	314	»	99,37
»	»	29	»	»	343	»	109,37
»	August	1	»	»	340	»	340,37
1297	März	16	»	»	285	»	91,35
»	April	3	»	»	359	»	113,42
»	Dezember	19	»	»	290	»	92,43
»	»	31	»	»	384	»	121,34
1298	Januar	16	»	»	362	»	114,39
»	Februar	21	»	»	366	»	115,40
1298	Juli	1	zu	nr.	273	S.	88,35
»	»	1	»	»	274	»	88,36
»	»	16	»	»	222	»	70,40
»	August	15	»	»	380	»	119,43
»	November	21	»	»	178	»	58,42
1299	Januar	27	»	»	228	»	72,40
»	»	30	»	»	400	»	126,44
»	Juli	16	»	»	403	»	128,43
»	November	9	»	»	399	»	125,45
»	»	23	»	»	399	»	126,37
»			»	»	412	»	130,41
1300	Januar	22	»	»	186	»	60,42
»	Februar	7	»	»	368	»	115,43
»	März	31	»	»	323	»	101,43
»	Juni	5	»	»	285	»	91,40
»	Oktober	12	»	»	434	»	135,41
»	»	15	»	»	382	»	120,30
»	November	8	»	»	383	»	121,31
1301	Januar	10	»	»	382	»	120,37
»	»	30 (26?)	»	»	173	»	56,38
»	Februar	10	»	»	443	»	138,40
»	»	25	»	»	445	»	138,43
»	Juni	9	»	»	456	»	142,42
»	Dezember	14	»	»	382	»	120,42
1302	Februar	6	»	»	471	»	147,43
»	März	13	»	»	466	»	149,44
»	»	14	»	»	130	»	44,44
1303	Januar	21	»	»	3	»	2,40
»	Februar	19	»	»	80	»	30,39
»	Juli	12	»	»	509	»	159,45
»	»	26	»	»	304	»	96,41
»	September	5	»	»	481	»	151,41
1304	Januar	27	»	»	237	»	72,39
»	April	9	»	»	498	»	155,43
»	Juni	17	»	»	532	»	167,40
»	Oktober	4	»	»	346	»	110,37
1305	Januar	12	»	»	452	»	141,40
»	März	6	»	»	57	»	20,40
»	Mai	27	»	»	382	»	120,45
»	August	16	»	»	528	»	165,43
»	Dezember	20	»	»	705	»	215,44
1306	Februar	18	»	»	129	»	44,40
»	Mai	18	»	»	571	»	178,42

1307	Januar	7	zu	nr.	92	S.	33,46
»	Februar	15	»	»	432	»	135,39
»	November	5	»	»	576	»	179,34
»	Dezember	18	»	»	304	»	96,46
»			»	»	125	»	43,42
1308	Februar	2	»	»	543	»	170,41
»	»	20	»	»	417	»	131,44
»	März	1	»	»	549	»	172,38
»	Mai	20	»	»	589	»	182,40
1309	Juni	18	»	»	578	»	179,45
»	»	21	»	»	623	»	192,43
»	Juli	18	»	»	553	»	173,42
»	August	19	»	»	594	»	183,38
»	September	5	»	»	635	»	195,38
»	Dezember	18	»	»	620	»	191,39
1310	März	9	»	»	659	»	201,27
»	»	19	»	»	659	»	201,30
»	»	26	»	»	659	»	201,32
»	April	3	»	»	659	»	201,34
»	»	9	»	»	659	»	201,36
»	Mai	25	»	»	659	»	201,39
»	August	12	»	»	684	»	209,43
1311	Juli	4	»	»	513	»	160,40
»	November	4	»	»	659	»	201,42
»	Dezember	20	»	»	698	»	213,39
»	»	23	»	»	699	»	214,38
1312	März	10	»	»	657	»	200,40
»	Mai	12	»	»	713	»	217,42
»	»	24	»	»	629	»	193,40
»	September	2	»	»	398	»	125,39
»	»	12	»	»	602	»	185,43
»	Oktober	5	»	»	735	»	224,39
»	November	29	»	»	346	»	110,40
1313	Januar	1	»	»	398	»	125,42
»	März	22	»	»	737	»	225,37
»	April	20	»	»	729	»	222,42
»	Juni	24	»	»	748	»	228,36
»	September	12	»	»	578	»	179,40
1314	Februar	8	»	»	780	»	239,42
»	März	11	»	»	763	»	234,39
»	»	11	»	»	763	»	234,44
»	»	11	»	»	763	»	234,45
»	April	19	»	»	595	»	183,42
»	»	20	»	»	767	»	235,41
»	Juli	8	»	»	667	»	203,41
»	Oktober	18	»	»	779	»	239,40
1315	Januar	17	»	»	786	»	240,41
»	»	20	»	»	315	»	99,41
»	Februar	1	»	»	654	»	199,41
»	März	1	»	»	765	»	235,38
»	Oktober	11	»	»	290	»	92,47
»	»	31	»	»	402	»	127,41
1316	Januar	29	»	»	731	»	223,36
»	März	1	»	»	814	»	249,42
»	»	13	»	»	804	»	247,40
»	Juli	27	»	»	830	»	253,43
»	»	31	»	»	698	»	213,41
»	August	27	»	»	194	»	63,39
1316	September	10	zu	nr.	328	S.	103,41
»	Oktober	20	»	»	824	»	252,42
»			»	»	834	»	254,44
1317	Januar	13	»	»	937	»	283,41
»	Februar	5 u. 6	»	»	748	»	228,42
»	»	8	»	»	680	»	207,42
»	März	5	»	»	675	»	206,38
»	»	17	»	»	739	»	225,41
»	Juni	14	»	»	733	»	223,39
»	Juli	14	»	»	599	»	184,41
»	August	9	»	»	876	»	266,45
»	Oktober	4	»	»	346	»	110,43
1318	Januar	27	»	»	804	»	247,43
»	Mai	13	»	»	497	»	155,39
»	September	23	»	»	908	»	274,40
»	»	27	»	»	956	»	288,38
1319	Februar	26	»	»	872	»	264,41
»	April	21	»	»	524	»	163,43
1320	Mai	13	»	»	851	»	259,40
»	Juli	9	»	»	830	»	253,45
1321	Februar	12	»	»	329	»	104,41
»	Juni	21	»	»	761	»	233,44
»	Juli	25	»	»	966	»	291,41
»	Oktober	22	»	»	578	»	179,42
1322	Januar	5	»	»	808	»	248,42
»	Februar	3	»	»	975	»	293,43
»	März	6 u. 9	»	»	978	»	294,43
»	Mai	22	»	»	889	»	270,42
»	Juli	31	»	»	935	»	283,33
»	August	22	»	»	933	»	282,41
»	November	26	»	»	1020	»	306,42
»	Dezember	24	»	»	992	»	297,41
1323	Februar	14	»	»	816	»	250,44
»	Mai	1	»	»	998	»	299,40
»	Juni	27	»	»	514	»	161,36
»	September	24	»	»	1005	»	301,39
»	Dezember	9	»	»	999	»	299,45
»			»	»	658	»	201,26
1324	Mai	23	»	»	944	»	285,41
»	September	21	»	»	939	»	284,40
»	Oktober	30	»	»	806	»	248,38
»	November	20	»	»	1064	»	320,41
1325	Januar	24	»	»	1025	»	307,41
»	März	12	»	»	701	»	214,42
»	Mai	7	»	»	1014	»	304,43
»	Juli	18	»	»	1095	»	329,43
»	Oktober	21	»	»	1100	»	330,41
1326	März	10	»	»	833	»	254,41
»	April	5	»	»	1106	»	332,42
»	Juli	29	»	»	1046	»	315,43
»	August	5	»	»	609	»	187,42
»	»	11	»	»	1105	»	331,45
»	»	26	»	»	1055	»	318,41
»	September	1	»	»	819	»	251,39
»	»	16	»	»	744	»	227,37
»	»	27	»	»	945	»	286,41
»	Dezember	22	»	»	839	»	256,41
1327	Januar	19	»	»	967	»	291,44

1327	Januar	26	zu	nr. 1146	S.	345,40
•	Februar	12	•	• 1054	•	317,44
•	März	16	•	• 1160	•	348,43
•	Mai	8	•	• 1054	•	317,44
•	•	22	•	• 1035	•	311,41
•	Juni	25	•	• 413	•	130,42
•	•	27	•	• 935	•	283,38
•	Oktober	20	•	• 1175	•	352,42
•	•	30	•	• 958	•	289,45
1328	Juli	27	•	• 744	•	227,42
•	Oktober	22	•	• 677	•	207,40
•			•	• 1383	•	387,42
1329	Januar	28	•	• 1111	•	333,41
•	Februar	11	•	• 1034	•	310,42
•	April	13	•	• 1230	•	371,41
•	•	19	•	• 1228	•	371,38
•	Juni	27	•	• 1123	•	337,38
•	August	26	•	• 1237	•	373,40
•	September	7	•	• 1147	•	345,45
•	Oktob. 12 u. 17		•	• 1242	•	375,41
1330	Februar	7	zu	nr. 1096	S.	329,44
•	März	20	•	• 1080	•	325,40
•	April	19	•	• 1162	•	349,43
•	Juni	19	•	• 1261	•	381,42
•	•	28	•	• 1216	•	368,41
•	Juli	9 (14?)	•	• 822	•	251,41
•	•	14	•	• 957	•	289,34
•	Oktober	17	•	• 736	•	224,46
1331	Januar	11	•	• 1238	•	374,41
•	•	25	•	• 1167	•	350,41
•	•	30	•	• 916	•	276,40
•	März	13	•	• 1279	•	386,43
•	April	11	•	• 957	•	289,41
•	•	21	•	• 992	•	297,43
•	Juni	8	•	• 1284	•	388,39
•	September	18	•	• 957	•	289,40
•	Oktober	2	•	• 1145	•	344,41
1332	Januar	13	•	• 1189	•	360,43
•	April	29	•	• 926	•	280,39
•			•	• 1200	•	363,43

ANHANG II.

Urkundenformeln, entnommen der Handschrift cod. lat. nr. 410 der k. k. Hofbibliothek zu Wien.

Die nachfolgenden Formeln sind dem in Wien aufbewahrten Formelbuch des Strassburger Bischofs Johann von Dirbheim entnommen, das seitens der Verwaltung der k. k. Hofbibliothek gütigst nach Strassburg zur Benutzung übersandt wurde. Das Formelbuch ist in der bischöflich strassburgischen Kanzlei entstanden und befasst sich vorwiegend mit politischen oder kirchlichen Angelegenheiten; nur einige auf städtische Privatverhältnisse Bezug nehmende Urkunden sind aufgenommen. Diese sind hier abgedruckt. Dass von letzteren so wenige in dem Formelbuch vorkommen, darf nicht auffallen, da alle diese nicht in der bischöflichen Privatkanzlei sondern im Officialat concipirt und ausgestellt wurden. Es bleibt nun, wie bei jedem Formelbuch, zweifelhaft, ob die zur Formel gebrauchte Urkunde nicht frei erfunden ist oder doch nach einer wirklich ausgestellten Urkunde zwar geschrieben, aber abgeändert ist. Wir dürfen aber nach den Nachweisen, die Rosenkränzer (Bischof Johann I von Strassburg. Trier 1881 Seite 101 ff.) giebt, annehmen, dass wirklich bestimmte Urkunden zu Grunde lagen. Betreffs des übrigen Inhaltes der Handschrift verweise ich auf Chmel: die Handschriften der k. k. Hofbibliothek in Wien II, 312-427 und Rosenkränzer a. a. O., zu dessen Beschreibung des auf Strassburg bezüglichen Teiles ich jedoch eins zu bemerken habe. Es ist Rosenkränzer entgangen, dass die Hand bei Nr. 144 des Chmelschen Verzeichnisses wechselt. Da nun der Name des Bischofs Berthold (seit 1328) nur in den Nrn. 145 und 150 vorkommt, so ist wohl erwiesen, dass die Nrn. bis 144 vor 1328 entstanden sind, die Formelsammlung also zu Lebzeiten Bischof Johanns angelegt ist.

1. *Absolution eines Geistlichen wegen Uebertretung der Synodalstatuten betreffs Turniere.*

Forma absolutionis transgressionis mandatorum synodalium.

Noverint universi presentium inspectores, quod nos Johannes etc.[1] Dietricum de Argentina etc. ab omnibus excommunicationum sententiis, si quas ex transgressione mandatorum et statutorum nostrorum synodalium quorumcumque aut provincialium incidit quovis modo et specialiter occasione hastiludiorum, si qua exercuit, et actionum militarium, quibus se immiscuit, inquantum in nobis est absolvimus et absolutum esse volumus per presentes, injuncta sibi super hiis penitentia salutari. Datum etc.

Nr. 20. Regest bei Chmel S. 314.

---

[1] episcopus Argentinensis *ist zu ergänzen.*

2. *Beurkundung der Weihe des Bischofs Wernher von Marmora, der zu Strassburg sesshaft war.*

In dei nomine amen. nos Johannes, dei gracia episcopus Argentinensis, nostris litteris presentibus publice profitemur, quod die dominica, qua cantatur Reminiscere, sub anno domini 1310, celebrantibus seu cooperantibus nobis fratre Johanne ordinis Cysterciensis, episcopo talis ecclesie, et fratre Martino ordinis sancti Augustini, talis ecclesie episcopo, honorabilem virum fratrem Wernerum ordinis predicatorum domus in Argentina, electum Marmoriensem, auctoritate seu permissione reverendissimi patris domini N. patriarche ecclesie Constantinopolitane, ad quem ipsius ecclesie Marmoriensis provisio de pastore dum vacat pertinere dinoscitur, interveniente nec non consensu seu licencia reverendi in Christo patris ac domini P.[1] sancte Moguntinensis sedis archiepiscopi nostri metropolitani concurrente, consecravimus ipsique electo Marmoriensi dictis episcopis nobis suffragantibus, dicto tempore de consecrandis episcopis nondum decurso, munus consecracionis imposuimus in domo predicta predicatorum cum omni juris sollempnitate debita et consueta. in quorum omnium evidenciam, probacionem et recognicionem sigillum nostrum presentibus est appensum. 1310 März 15.

Nr. 53. Regest bei Chmel S. 315. Abgedruckt bei Rosenkränzer S. 108.

3. *Schuldbrief des Erzbischofs und Capitels von Mainz gegenüber dem Strassburger Bürger Heinrich von Mülnheim über 1000 Mark Silber.*

Forma confessati debitorum alicuius capituli.

Nos custos cantor totumque capitulum etc. vacante decanatu ecclesie Moguntinensis confitemur et literas recognoscimus per presentes, reverendum in Christo patrem ac dominum nostrum dominum Mathiam dei et apostolice sedis gracia sancte Moguntinensis sedis electum[2], recepisse sub credentia seu mutuo mille marcas argenti puri et legalis ponderis Argentinensis a discreto viro H[einrico] de Mülnheim, cive Argentinensi, consensu et voluntate nostra ad hec accedentibus et expressis deliberatione tam prehabita diligenti et tractatu sollempni, quod etiam argentum profitemur in utilitatem ecclesie nostre fore conversum integraliter et complete; obligando nihilominus ecclesias nostras et successores reverendi patris et domini nostri predicti ad solutionem argenti prenotati, si, quod absit, ipsum cedere vel decedere contingerit ante solutionem ipsius argenti integralem. renuntiantes insuper pro nobis, nostra ecclesia nostrisque in dicta successoribus universis exceptioni non numerate pecunie non ponderate non tradite non solute nec recepte et inutilitatem nostram ac ecclesie nostre non converse, literis a sede apostolica vel aliunde impetratis seu etiam impetrandis, exceptioni mali conditione sine causa et in factum actioni, jurique dicenti renuntiationem non valere generalem, omnique actioni et exceptioni, quibus contra premissa vel aliquod premissorum venire possemus quoquo modo in judicio vel extra inposterum vel ad presens. in quorum omnium et singulorum evidens testimonium et cautelam presentes literas tradidimus H[einrico] predicto sigillo nostri capituli communitas. Datum etc.

Nr. 117. Regest bei Chmel S. 317. Die Form der Urkunde entspricht ganz der in Strassburg üblichen, so dass wohl die zu Grunde liegende Urkunde auf Wunsch des Gläubigers Heinrich von Mülnheim in Strassburg concipiert und dann zur Besiegelung nach Mainz gelangt ist.

---

[1] *Peter von Aspelt (1306-20).* [2] *Matthias von Bucheck, von 1321-1328.*

4. *Erbleihebrief.*

Coram nobis . . . judice curie Argentinensis constitutus Hartungus de Ehenheim, primissarius ecclesie in Tossenheim [a], pro se et ipsius in prebenda hujusmodi prime misse successoribus universis locavit et concessit in emphiteosim perpetuam, quod vulgo dicitur zû eime rehten erbe, Gerlaco nato quondam magistri Erwini, civis Argentinensis [1], coram nobis presenti et conducenti sibi et ejus heredibus universis unum fundum, situm in villa Hugesbergen superiori juxta dictam Gebehartin ex una, et ex alia parte juxta dictam Lentzelerin, se locasse et concessisse publice est confessus pro annuo censu 4 sol. den. Arg. per ipsum conductorem et ejus heredes absque qualibet augmentacione et absque laudimio vulgariter dicendo ane hoher steigen und ane erschatz die palmarum singulis annis persolvendo prefato locatori et ejus universis successoribus predictis de fundo supradicto, comparentibus coram nobis honorabilibus dominis Johanne abbate monasterii in Swartzehe, ordinis sancti Benedicti Argentinensis diocesis, patrono, et Wernhero de Ehenheim, preposito ecclesie sancti Stephani in Wissenburg Spirensis diocesis, rectore ecclesie ville Dossenheim predicte, et in locacionem expresse consencientibus antedictam. et in evidens testimonium premissorum sigillum curie Argentinensis ad peticionem dictarum personarum una cum sigillis dominorum patroni et rectoris predictorum presentibus est appensum. nos Johannes abbas patronus et Wernherus rector ecclesie ville Dossenheim predicte recongnoscimus et presentibus publice profitemur nostrum consensum et voluntatem expressam dicte locacioni adhibuisse, quem et quam dicte locacioni presentibus adhibemus. et in signum nostri consensus predicti sigilla nostra una cum sigillo dicte curie ad peticionem nostram appenso hiis litteris duximus appendenda. datum et actum etc.

Nr. 144. Auszug bei Chmel II, 319.

a) *Nicht* Gossenheim, *wie Chmel liest.*

---

[1] *Der genannte* magister Erwinus *ist entweder der ältere Münsterbaumeister Erwin († 1318) oder sein gleichnamiger Sohn, sicher lässt sich das nicht entscheiden. Jedenfalls erfahren wir, dass der Name Gerlach in der Erwin'schen Familie üblich war. Schon Repertorium für Kunstgeschichte Bd V S. 277 vermutete ich, der genannte Gerlach sei der Münsterbaumeister Gerlach von 1338-1371. Die Frage wird aber dadurch schwieriger, dass eine inzwischen mir bekannt gewordene Urkunde von einem Glied der Erwin'schen Familie, Gerlach Pfarrer in Hausbergen redet. Dieselbe Urkunde, über die ich anderweit berichten werde, lässt aber keinen Zweifel, dass auch der (oder die?) Münsterbaumeister Gerlach (1338-71) der Familie Erwins angehört.*

ANHANG III.

Verzeichnis der Wappen der Strassburger Geschlechter.

1. *Den Schrägbalken, das alte Wappen der Strassburger Bischöfe, führten:* die Wetzel, Marsilius, von Kagenecke, von Hunsvelt, von Achenheim, unter den Kouflüten. *Die Familien* Wetzel *und* Marsilius, *die* Kagenecke *und* Hunsvelt, *die* Achenheim *und* unter den Kaufleuten *gehen ie auf einen Stamm zurück. Von den* Marsilius *stammen die* Grostein *und* Romer, *von* unter den Kaufleuten *auch die* Reinböldelin (*vgl. dazu das Register dieses Bandes*).
2. *Den Schrägbalken mit einem Turnierkragen belegt führten:* die von Blumenowe (*vgl. 7*), von Rümelnheim (*siehe nr. 32*) *und die* Reimböldelin (*vgl. 3*).
3. *Denselben mit einer Lilienhaspel belegt:* die Reinböldelin (*vgl. 2*) *und die* Burggrafen von Strassburg.
4. *Denselben mit 3 Lilien belegt:* Nöppelin *und* Kuse.
5. » *mit 3 Adlern belegt:* Wirich.
6. » *mit 3 Kugeln belegt:* Ottfriderich *und die daher stammenden* Suner (*vgl. Register*).
7. » *mit 1 Muschel im obern Feld:* die von Blumenowe (*vgl. 2*).
8. » *mit 3 Schlüsseln belegt:* die von Dossenheim.
9. » *mit 3 Hähnen belegt:* die von Schönecke.
10. *Im Schild 3 Höhne:* von Ache.
11. » *1 Flug:* Spender, Hüffelin, Erbe, jenseit der Breusch, Junge, Bild, in Kalbesgasse.
12. *Im geweckten Schild einen Schrägbalken mit 3 Weintrauben belegt:* von Winterture.
13. *Im (meist gerandetem) Schild ein Querbalken:* von Vegersheim.
14. *Im oberen Felde des geteilten Schildes ein meist 6 strahliger Stern:* die Ripelin, Zorn, Friburg, Lappe, Schultheisse, Turant, Süsse, *deren Abstammung aus der Familie* Ripelin *urkundlich feststeht, ferner die* Rulenderlin, von Dunzenheim, Pantilin, Bilgerin, Liebenzeller (*vgl. nr. 15*), *dann die* von Schiltigheim.
15. *Das Zorn'sche Wappen mit der Lilienhaspel belegt: die jüngeren* Liebenzeller (*vgl. nr. 14*), *schon 1328.*
16. *Im Schild eine Rose:* Stampf *und* von Steininburgetor; *dasselbe, meist mit Schildrand:* von Mülnheim.
17. » *schräggelegte Pfeilspitze:* Sicke, Spiegel, Knobloch *und* Blenkelin (*später beide mit Schildrand*).
18. » *ein Sparren mit 3 Lilien belegt:* Kalb, Vitulus, Kelbelin.
19. » *ein geschachteter Sparren:* Löselin, Broger.

20. *Im Schild ein Sparren belegt mit 3 Adlern:* Grostein (*vgl. nr. 1*), Maler, von Mülneck. *Die beiden letztgenannten Familien sind verwandt* (*vgl. Register*).
21. *Im Schild 3 Adler:* Waldener, *die davon abstammende Familie* Schilt (Buckeler), Tanris *und* Weldelin.
22. *Auf einem Querbalken 3 Adler:* Völtsche.
23. *Im Schild ein Kreuz, in den 4 Feldern ein Adler:* Swarber.
24. *Im 4fach gespaltenen Felde gestufter Querbalken:* Beger, Vitztum, Kage, Howemesser, Murnhard.
25. *In mit Schindeln bestreutem Felde ein Hund:* Stübenweg, Brandecke. *Letztere Familie stammt wie die der* Nidecke *von den* Stübenweg.
26. *Im Schild ein Sparren, in den 3 Feldern je eine Lilie:* von Heiligenstein.
27. » *ein Schwan:* Manse (*Schild später gerandet*), zum Riet (*Schild mit Schindeln bestreut*), Swan.
28. *2 Querbalken:* Schoub, *von ihnen stammt die Familie* der Pfiler.
29. *Ueber einen gespaltenen Schild ein Schrägbalken:* Lencelin.
30. *Geteilt, oberes Feld geschachtet:* von Sarburg.
31. *Schild gespalten: rechts 2 Schrägbalken, links 5mal schräg geteilt:* von Wolfgangesheim.
32. *Gespaltener Schild:* von Rümeluheim.

ANHANG IV.

Amtslisten.

I. Listen des Rates: 1266–1332.

Die nachfolgenden Ratslisten geben eine Uebersicht über die Zusammensetzung des Rates in der Zeit von 1266 bis zum Ende der Geschlechterherrschaft, der eine ganz andere Ratsorganisation in der Verfassung von 1332 folgte. Die Ratslisten beruhen nur zum geringsten Teil auf dem Ratsbuch, welches erst gegen Ende des vierzehnten Jahrhunderts von der Stadtverwaltung angelegt wurde, und dessen Wert man für die älteren Zeiten bisher weit überschätzte. Bei der Neuanlage des Buches liess man vorn auch für die älteren Jahrgänge Platz und trug in diesen, wenn man eine Ratsurkunde fand, aus derselben die Ratsliste ein. Häufiger liefen dabei aber Fehler unter, entweder setzte man die Liste zu einem falschen Jahr, oder gab irrige oder verderbte Lesungen der Namen u. s. w. Aus diesem Grunde ist im folgenden das Ratsbuch nur dann herangezogen worden, wenn wir durch die Listen desselben mehr erfahren, als uns die Urkunden noch bieten. Die wichtigste Quelle sind die Ratsurkunden; die in ihnen am Ende in den meisten Fällen gegebenen Ratslisten, die aus Raumersparnisgründen in den Regesten und Abdrücken nicht gegeben sind, sondern nun hier zusammengestellt werden, sind offizieller Art und somit die zuverlässigste Quelle. Doppelt wichtig sind die Ratsurkunden, da sie uns eine sichere Datirung der Amtsthätigkeit jedes der vier Bürgermeister geben. Um Vollständigkeit zu erzielen, sind auch die Urkunden des Bandes II herangezogen, doch konnte bei diesen die Zählung nach Nummern noch nicht gegeben werden. Ein wunderbarer Zufall hat uns auch aus der Zeit vor 1332 vier Wahlprotokolle erhalten für die Jahre 1322/3, 23/4, 27/8, 31/2. Ursprünglich enthielten dieselben nur eine Ratsliste in der offiziellen, in den Urkunden sich findenden Reihenfolge und das Datum des Schwurtages. Die Löcher an den vier Ecken deuten darauf hin, dass sie als Anschlagzettel gedient haben. Bei der Wahl des neuen Rates, die in Strassburg durch Ernennung je eines neuen Mitgliedes durch jedes Mitglied des alten Rates erfolgte, schrieb man hinter den Namen des Wählenden den von ihm Ernannten, so dass uns auf diese Weise ein Einblick in die Beziehungen der tonangebenden Geschlechter verstattet ist. Am wertvollsten ist das Protokoll über die Wahl des letzten Rates, bei dessen Unfähigkeit der Gegensatz zwischen Zorn und Mülnheim zum blutigen Kampf und dem Untergang der alten Verfassung führte.

Die Ratslisten der Urkunden zeigen in der späteren Zeit ganz ohne Ausnahme, in der älteren noch etwas schwankend, eine typische Form. Zuerst werden die 4 Bürgermeister genannt und zwar in der Reihenfolge, wie sie nacheinander amtiren; nur in wenigen

Fällen ist der gerade amtirende Meister, obwohl er nicht der vierte war, an die letzte Stelle gesetzt; dem Namen des letzten folgen die Worte «die vier [bez. drie] meistere», diejenigen Bürgermeister, welche Ritter waren, führen den Namen her, nur beim erst genannten fehlt häufiger diese Bezeichnung, es heisst sowohl: herane waren wir Rülin u. s. w. als auch: herane waren wir her Rülin u. s. w. Die übrigen Ratsmitglieder zerfallen in 2 Klassen. Zuerst sind diejenigen genannt, welche Ritter waren und den Titel her führen. Diese sind so geordnet, dass zuerst derjenige steht, der zuerst in einem Rat gesessen hatte, dann der zweitälteste Ratsherr — man könnte sagen, die Ratsherrn seien nach Dienstalter geordnet. An diese Klasse der Ratsmitglieder schliessen sich die Namen derjenigen, welche nicht dem Ritterstande angehörten. Auch hier scheint die gleiche Anordnung nach dem Dienstalter massgebend gewesen zu sein.

Die Zahl der Ratsmitglieder betrug, die 4 Bürgermeister eingeschlossen, wohl seit 1278/79 regelmässig 24. Die Abweichung bei 1284/85, wo das Ratsbuch 29 Mitglieder aufführt, muss man wohl auf Rechnung der Ungenauigkeit des Ratsbuches setzen. Nach dem zweiten Stadtrecht, dessen Anordnung auch im vierten wiederholt ist, konnten 12 oder mehr Ratsherrn gewählt werden. Die Zahl der Ratsherrn ist dem entsprechend bis gegen 1278 auch schwankend, wenigstens scheint die Ratsliste für 1271 sämmtliche Ratsherren aufzuführen und deren sind nur 18, dieselbe Zahl findet sich 1276/77, während im folgenden Jahre sie gar 25 betrug. Wenn die 1270 erwähnten «die zehen» wirklich der gesammte Rat sind, so zählte damals der Rat abgesehen von den (oder dem) Meister nur 10 Mitglieder. Seit 1271 finden sich regelmässig 4 Bürgermeister; ob vorher weniger oder dieselbe Zahl war, lässt sich bei der Unvollständigkeit der Listen nicht entscheiden.

Man darf eigentlich nicht von einer Wahl der Ratsherrn reden, es ist vielmehr eine Ernennung. Die Strassburger Stadtrechte reden ausdrücklich von der «kur», die eine Familie hat. Aber es waren nicht einmal nur 24 Familien, welche sich so in die Herrschaft der Stadt teilten, sondern noch weniger, da einzelne Familien mehrere Kuren besassen. Wenn auch hie und da für ein Jahr ein Glied einer anderen Familie in den Rat ernannt wurde, so nahm man selbstredend doch nur einen Mann, der ganz und gar von dem Ernennenden abhängig war. So war denn die Ratsverfassung bis 1332 eine durchaus oligarchische. Die Kuren galten als Eigentum der Familie. Nach dem Statut vom 21. März 1303 sollte beim Tod eines Ratsherrn die Kur an den «obersten und an den eltesten und an den nehsten, von dem die kur komen ist, fallen»; dieser soll sofort in den Rat als Ratsherr eintreten. Ein anderes Statut von 1302 April 23 verbot unter scharfen Strafen den Verkauf der Kur. Eine Ablehnung der Ernennung war nach dem Statut vom Frühling des Jahres 1303 verboten; dasselbe setzte das Wählbarkeitsalter für den Ratsherrn auf 30, für den Bürgermeister auf 35 Jahre fest. Das aus dem zweiten Stadtrecht in das vierte aufgenommene Verbot, dass Vater und Sohn oder 2 Brüder zugleich im Rate sein dürften, scheint ebensowenig streng eingehalten zu sein, wie das ebendort sich findende, dass ein Meister nur erst nach 5 Jahren wiedergewählt werden könnte. Obwohl dieses Stadtrecht noch bis 1312 als rechtsverbindlich galt, enthält es in seinen älteren Teilen doch mehrfach Bestimmungen, welche durch den Gebrauch längst abgeschafft waren.

Die 4 Bürgermeister wurden aus der Zahl der 24 Ratsherrn durch diese gewählt und zwar, wie es scheint, durch die des neuen Rates. So kann man wohl nur die Worte der für die Strassburger Verfassungsgeschichte wichtigen Stelle der Notæ historicæ Argen-

tinenses (Bohmer Fontes III, 119) verstehen: Ubi prius fuerant quinque magistri *(4 Bürgermeister und 1 Schöffenmeister)* singulis annis, qui ponebantur per ipsos consules tantum. *Auch in dem einen Wahlprotokoll ist die Bezeichnung* primus, secundus *u. s. w. erst später hinzugefügt.*

Das Fehlen eines Namens in der Ratsliste einer Urkunde ist wohl nur in den seltensten Fällen auf eine Nachlässigkeit des Schreibers zurückzuführen. Man wird an Todesfälle, Amtsentsetzungen u. s. w. zu denken haben, wo ein Ersatz noch nicht geschaffen war. Unten sind die Namen solcher Ersatzmänner, wie auch die Doppelnamen einer bereits im Hauptverzeichnis vorkommenden Person, von der Hauptliste durch einen Querstrich getrennt, aber fortlaufend numerirt angehängt, so dass man leicht eine Uebersicht darüber gewinnt, wer im Lauf des Jahres ausschied, wer neu hinzukam.

Jeder von den Bürgermeistern sollte ein Vierteljahr amtiren, so dass im Ganzen die Amtsdauer des Rates ein Jahr umfasste. In der That ist aber fast jeder Rat über die Zeit eines Jahres im Amt gewesen. Von 1275—1332 müssten 57 Räte einander gefolgt sein, es waren aber in der That nur 54, von denen nur einer, der von 1316/17, seiner Zusammensetzung nach unbekannt ist. Ein Statut von 1319 Frühjahr regelte die Amtsvertretung für einen verstorbenen Bürgermeister. Es war in diesem Jahre einer der 4 Meister gestorben (s. die Liste). Nach dem neuen Statut sollte, wenn ein Meister stirbt, sein nächster Vorgänger seine Stelle ausfüllen; stirbt er in seiner Meisterschaft, der nächste Nachfolger; ist der Verstorbene der letzte der 4 Meister, so tritt an seine Stelle sein nächster Vorgänger.

Vollständig, wenigstens in den Meisternamen, sind die Listen von 1275 bis 1332 mit Ausnahme des Rates von 1316/17 erhalten. Grössere Bruchstücke, vielleicht vollständig, sind auch die Listen von 1270, 1271 und 1272; von den übrigen Jahren sind nur einzelne Namen erhalten. So vollständig die Listen zusammenzustellen war bei Beginn der Arbeit nicht zu erhoffen.

Betreffs der Drucklegung ist noch einiges zu bemerken. In der Ueberschrift jeder Ratsliste, die von 1275 ab fortlaufend numerirt ist, ist die nachweisbare Grenze der Amtsthätigkeit angegeben. Dann folgt die Liste, womöglich nach der ältesten Urkunde, die aus der Ratsperiode vorliegt; war diese kein Original, so ist das älteste in Original vorliegende Stück gegeben. Es ist jedesmal das zuerst unter a *angeführte Stück die Grundlage. An diese Stammliste angehängt, von ihr durch einen Strich getrennt, sind die Namen der nur in den andern Urkunden vorkommenden Ratsherrn in fortlaufender Zählung gegeben. Bei den andern benützten Stücken ist unter* «amtirend» *der Name des amtirenden Meisters durch die Ziffer gegeben, unter* «genannt» *ebenso in Ziffern in der Reihenfolge der Urkunde die Namen der Ratsliste.*

1266.

Ratsmitglieder :

1. Erbe under den kremern genant Grymmel,
2. Wilhelm sin dohtermann,
3. Johanns Apt,
4. Hug Wahter,
5. Claus Mursel *und*
6. Hanns zům Riet.

bezeichnet als « burgere und des ratz der statt zů Straszburg » *in III, 2. Da die Vorlage nur ein schlechter Auszug einer lateinischen Urkunde ist, so sind die genannten Personen vielleicht nur gewöhnliche Zeugen.*

Vgl. UB. I nr. 615, wo Rŏlin Ripelin *Meister ist.*

1267.

Meister :

Johannes.

Band II in 2 Urkunden von 1. Februar.

1268.

Meister :

Burcardus Spendero.

Aus III, 11, April 5.

1269.

Meister :

1. Burcardus junior Spendero,
2. Niclawus von Kagenecke.

Grundlage :

a) III, 15, Februar, amtirend 1 allein.
b) III, 16, » » 1 »
c) III, 18, April 25, » 2 »
d) III, 24, Nov. 12, » 1 »

1270.

Meister :

1. Reinbolt von Friburg,

Rat :

2. her Reinbolt der Liebenzeller,
3. » » sin sun,
4. » Ebelin von Hornberc,
5. her Marcus,
6. » Rŭlin zůme Dorne,
7. » Bertholt zur Hellen,
8. » Burkart Sicke,
9. der Abbet ins Brunkenhof,
10. her Ulrich *und*
11. Cůnce.

Grundl. : III, 32. 2-11 sind bezeichnet als « die zêhen », *sehr wahrscheinlich sind damit die Mitglieder des Rates gemeint, der sonach nur aus 10 Mitgliedern bestand.*

1271 Juni 15 — Juli 16.

Meister :

1. Dominus Sifridus de Vegersheim,
2. Reinboldus Turant,
3. Johannes de Kagenecke *et*
4. Nicolaus Mursel, quatuor magistri.

Rat :

5. Johannes de Kunigeshoven,
6. Gerhardus Schŏb,
7. Johannes Hoierus *et*
8. Lucas milites,
9. Waltherus Rinsez,
10. Heinricus Durre,
11. Heinricus de Rinstete,
12. Burcardus Sicken,
13. Hugo Wirich,
14. Otto filius Friderici,
15. Wilhelmus de Tegervelt,
16. Erbo Stiubenweg,
17. Johannes de Utenheim,
18. Jacobus de Barre,

---

19. Cůnce Eberlin.

Grundlage :

a) III, 40, Juni 15, amtirend 4.
b) III, 41, Juli 7, » *4, genannt : 1-6. 9. 7. 8. 10 bis hier* her, *13. 14. 16. 12. 15. 17. 18. 19.*
c) Ratsbuch nach Urkde Juli 16, amtirend 1, genannt : 4. 1-3. 5-8 rittere, *9. 10. 12-14. 16. 15. 17. 18.*

1272 August 30 — 1273 Mai 5.

Meister :

1. Here Reinhold der Liebencellere,
2. here Marcus,
3. » Johannes von Blûmenowe,
4. » Heinrich Marsilius,

Rat :

5. here Gozelin von sant Thomane,
6. » Johannes ginsit Brusch,
7. » Niclawes von Kagenecke,
8. » Hug Stiubenwec,
9. » Otto Ripelin,
10. » Johannes von Sarburg,
11. Niclawes von Vinkenwilre,

---

12. her Rûlenderlin,
13. » Hartmût von Schiltingheim,
14. » Hug von Vegerszheim,
15. Hesse im Wasser,
16. Rûdiger von Hunsvelt,
17. Andres Wirich,
18. Johannes von st. Arbogast.

Grundlage :

a) III, 53, 1273 Mai 5, amtirend: 4.
b) Ratsbuch. Aus lat. Urkde 1272 August 30. amtirend 1, genannt: 1. 12. 2 3 meister, *5. 6. 13. 14* her, *10. 7. 4. 9. 11. 15-17.*
c) III, 49, 1272 Oktober 26, amtirend 2 allein.
d) II, 1272 Oktober 29, amtirend 2 allein.
e) III, 51, 1272 November 10, amtirend 0, genannt: 1. 2. 3. 5. 6. 14 her, *4. 7. 18. 11. 9. 8. 16. 15. 17.*
f) Ratsbuch. Aus lat. Urkde 1273 Juni 19, amtirend 14, genannt: 1. 6. 2. 5 her, *7. 16.*

1274.

Meister :

Burkardus Spender.

Aus III, 64. Tagesdatirung unvollständig erhalten.

1275 Januar 8.

Meister :

Reinbolt der Liebencellere.

Aus III, 65, amtirend allein.

1. *1275 August 23 — 1276 Juni 23.*

Meister :

1. Her Hans iensit der Brûsch,
2. her Cûne Sûner,
3. her Reinbolt von Friburg,
4. » Hartman (*recte* Hartmût) von Schiltingheim,

Rat :

5. her Hug von Vegerszheim,
6. Hug Ripelin,
7. Erbe Stûbenweg,
8. her Lux,
9. Niclaus von Kageneck,
10. Colin,
11. Johannes von Sarburg,
12. H. Marsilii,
13. Hesse im Wasser,
14. Heinrich Lentzelin,
15. Niclaus des Zornes sûn.

Grundlage :

a) Ratsbuch nach lat. Urkde vom 1276 Juni 23, amtirend 4.
b) III, 75, 1275 August 23, amtirend 3 allein.
c) III, 77, 1276 April 11, amtirend 4, genannt: 1. 2. 3. 4.

2. *1277 Juni 8 — Juli 24.*

Meister :

1. Here Niclawes Zorn,
2. here Burcart dere Spendere,
3. » Reinbolt der Liebencellere,
4. » Marcus,

Rat :

5. here Johannes von Blûmenowe,
6. » Gerhart Schôb,
7. » Erbo Stûbenweg,
8. » Johannes dez Zornes brûdere sun,
9. » Niclawes heren Reimboldelins brûder,
10. » Johannes von Kagenecke,
11. » Hartung an dem Wassere,
12. » Wezel Marsilius,
13. » Cûnrat der Brogere,
14. » Heince Lencelin,
15. Reinbolt von Lingolvesheim,
16. Lencelin vor dem Munstere,
17. Rûlin Ripelin,
18. Heince von Wolfgangesheim.

Grundlage :

a) III, 94, 1277 Juni 8, amtirend 4.
b) III, 97, 1277 Juli 24, amtirend 4, genannt: 1-4.

Betreffs III, 96 vgl. das nächste Jahr.

3. *1277 Juli 14 — 1278 März 17.*

Meister :

1. Here Johannes ginsit Brusch,
2. here Hug Ripelin,
3. » Clawes von Kagenecke,
4. » Lucas,

Rat :

5. here Gozzelin von sant Thomane,
6. » Hartmût von Schiltenkeim,
7. » Hug Tauriz,
8. » Petur Ripelin,
9. » Reinbolt Stûbenweg,
10. » Colin under Coftiuten,
11. » Hesso an deme Wassere,
12. Niclawes des Zornes sun,
13. Reinbolt hern Reinboldelins, sun,
14. Ůlrich Swarbere,
15. Otto Friderich,
16. Jacob von Barre,
17. Johannes Sturm,
18. Ebelin von Hohenloch,
19. Johannes Sickelin,
20. Wilhelm von Tegervelt,
21. Niclawes hern Erbun sun,
22. Paulus Wirich,
23. Hug Ripelin,
24. Hezele von Truhteresheim,
25. Gozzelin des Schôbez sun.

Grundlage :

a) III, 96, 1277 Juli 14. Es amtirt niemand. Das Datum der Urkunde erregt Zweifel, da nach nach ihm am 24. Juli der alte Rat amtirt. Wahrscheinlich ist in der einen datiert nach der Handlung, in der andern nach der Ausfertigung.

b) III, 105, 1278 März 6, amtirend 4, genannt : 1-3.

c) III, 106, 1278 März 17, unter Zeugen 4 magister.

4. *1279 März 23 — Juli 10.*

Meister :

1. Her Johans von Blûmenôwe,
2. her Johannes Panfile,
3. » Nyclawes Mursele,
4. » Hug Stubenweg,

Rat :

5. her Marcus,
6. » Walther Spendere,
7. » Gerhart Schôp,
8. » Johans von Kagenecke,
9. » Wetzel Marsilius,
10. her Heintze Lentzelin,
11. » Cûnrat der Broger,
12. » Johans von Strasburg (*wohl* Sarburg),
13. Reinbolt von Lingolvesheim,
14. Heintze von Wolfgangesheim,
15. Gôtze von Rimmutheim,
16. Erbe an dem Wassere,
17. Johans hern Johannes brûder ginsit Brûsch,
18. Erbo sin sun,
19. Johans von Utenhein,
20. Reinbolt Lôselin,
21. Eberhart Sicke,
22. Werner Riplin,
23. Andres Wirich,
24. Erbo von Schiltenkein,

---

25. here Johannes ginsit Brusch (= 17),
26. » Johannes von Sarburg (= 12),
27. Johans der Kelbin sun (= 17?),
28. her Erbe hern Hartunges sûn (= 18 *oder* 16).

Grundlage :

a) III, 119, 1279 März 23, amtirend 4.

b) III, 120, 1279 Juli 10, amtirend 3, genannt : 1. 2. 4. 3. 5-7. 25. 8. 10. 11. 9. 12. 13. 19. 14. 21.

c) Ratsbuch. Deutsche Urkunde von 1279 Juli 10. Reihenfolge : 3. 1. 2. 4-7. 27. 12. 8-11. 28. 14. 23. 13. 15. 21. 22. 19. 24. 17 und 20.

5. *1279 September 15 — 1280 Oktober 17.*

Meister :

1. Dominus Reinboldus Turant,
2. dominus Petrus Ripelinus,
3. » Reinboldus Stûbenweg,
4. » Hartmûtus de Schiltenkeim,

Rat :

5. dominus Johannes ultra Bruscam,
6. » Gozzelinus,
7. » Reinboldus Liebencellere,
8. » Petrus Ripelinus [ad angelum],
9. » Lucas,
10. » Nicolaus Zorno,
11. » Nicolaus de Kagenecke,
12. Hesso in Aqua,
13. Colinus,
14. Nicolaus filius Erbonis,
15. Symundus de Truhteresheim,
16. Gozzelinus Schôb,
17. Lencelinus,

18. Peregrinus de Ehenheim,
19. Ůlricus Swarbere,
20. Erbo Mendewin,
21. Colinus inter Mercatores (= *13*),
22. Symundus Hetzel (= *15*),
23. Reinboldus filius Reinboldelini,
24. Reinbolt Stůbenweg,
25. Wilhelm von Tegervelt,
26. Erbo Stůbenweg.

Grundlage :

a) III, 129, 1280 März 23, amtirend 3.
b) III, 122, 1279 September 15, amtirend 1, genannt : 1-4. 6 (P. R. ad Angelum). *11. 21. 22. 23.*
c) III, 132, 1280 September 10, amtirend, 4 genannt : 1-5. 6 (U. von st. Thomaue). *8. 9. 11. 10* (Niclawes des Zornes sun). *13. 12. 23. 19. 16. 15. 21 und 18.*
d) III, 133, 1280 Oktober 10, amtirend 4, genannt : 1-5. 6 (= c). 8. 9. 11. 10 (= c). 13. 12. 14. 15 bis hier her, *16. 24. 18. 25. 19. 20.*
e) III, 134, 1280 Oktober 17, amtirend 4, genannt : 1-6. 9. 8. 11. 10 (Nicolaus Zornonis filius). *13. 12 bis hier* dominus, *23. 15. 25. 16. 19. 26. 18. 20.*

Es ist auffallend, dass der Rat über 1 Jahr im Amt ist und so viel in seinen Mitgliedern wechselt.

6. 1281 Mai 21 — August 5.

Meister :

1. Here Hug Ripelin,
2. her Johannes heren Erben sun,
3. » Gotzo von Rimuntheim,
4. » Johannes von Kagenecke,

Rat :

5. her Marx,
6. » Hug von Vegersheim,
7. » Gerhart Schoub,
8. » Hug Ripelin,
9. » Erbe Stůbenweg,
10. » Erbe hern Johannsen sun,
11. » Conrat der Brager,
12. » Wetzel Marsilius,
13. Reinbolt von Lingelsheim,
14. Andres Wirich,
15. Rûlin Ripelin,
16. Johanns von Utenheim,
17. Jacob von Barre,
18. Heintz von Wolffgangesheim,
19. Hans Sickelin.

Grundlage :

a) III, 143, 1281 August 5, amtirend 4, genannt : 1-4.
b) Ratsbuch. Nach Urkunde von 1281 Mai 21, amtirend 3.

7. 1281 Dezember 12 — 1282 September 9.

Meister :

1. Here Niclawes der iunge Zorn,
2. here Walthere Spendere,
3. » Burcart von Rimnuthein,
4. » Hug Wirich,

Rat :

5. here Johannes ginsit Brusch,
6. » Hartmût von Schiltenkeim,
7. » Niclawes von Kagenecke,
8. » Reinbolt Stůbenweg,
9. » Reinbolt der iunge Stůbenweg,
10. » Niclawes von Mulnecke,
11. » Heinrich der Dürre,
12. » Otto Ripelin,
13. Thomas Hoyer,
14. dominus Reinboldus Liebencellere,
15. her Pilgerin von Ehenheim,
16. » Johans von Eckevursheim,
17. » Ůlrich Swarber,
18. » Götzo Marsilius,
19. » Hug Ripelin,
20. » Reinbold hern Reinboldelins sûn.

Grundlage :

a) III, 145, 1281 Dezember 10, amtirend 1.
b) III, 146, 1282 Januar 10, amtirend 1, genannt : 2. 4. 3. 1. 5. 14. 8. 6. 7.
c) III, 147, 1282 Februar 11, amtirend 1, genannt : 1. 2. 4. 3. 5. 14. 6-8. 15. 16. 9. 17. 18.
d) III, 148, 1282 März 5, amtirend 2, genannt : 1-5. 14. 6. 7. 16. 8. 19. 9.
e) Ratsbuch. 1282 September 9, amtirend 0, genannt : 1-7. 16. 20. 14.

8. 1283 November 20 — Dezember 3.

Meister :

1. Dominus Marcus,
2. dominus Hugo Ripelinus,
3. » Tanriz,
4. » Reinboldus de Friburg,

Rat :

5. dominus Gerhardus Schôb,
6. » Hugo frater sculteti,
7. » Johannes in Platea vituli,

8. dominus Erbo Stûbenweg,
9. » Erbo filius Johannis ultra Bruscam,
10. » Conradus Drogere,
11. Colinus,
12. Reinboldus de Lingolvesheim,
13. Nicolaus de Kagenecke junior,
14. Burcardus Reinboldelini,
15. Albertus Rûlenderlini,
16. Erbo de Schiltenkeim,
17. Waldenere,
18. Johannes de Utenheim,
19. Johannes filius theloncarii,
20. Lencelinus,
21. Johannes Sickelinus,

---

22. her Johannes von Kagenecke,
23. » Hug Rypelin (= 6),
24. » Heinrich von Wolffgangesheim.

Grundlage:

a) III, 168, 1283 November 20, amtirend 4.
b) Ratsbuch. 1283 Dezember 3, amtirend 0, genannt: 1. 3. 2. 4. 5. 22 23. 8. 24. 9. 16. 11 (under kouffluten) *bis hier* her, *13.*

9. ***1284 Juni 22 — Oktober 16.***

Meister:

1. Her Johannes Panfile,
2. her Reinbôldelin,
3. » Lucas,
4. » Niclaus von Kageneck,

Rat:

5. her Johanns von Blûmenowe,
6. » Hartmût von Schiltingheim,
7. » Peter Ripelin,
8. » Turant,
9. » Niclaus Zorn,
10. » Reinbolt Stûbenweg,
11. » Symunt Hetzel,
12. » Niclaus von Mulneck,
13. » Hug Wyrich,
14. » Böldelin,
15. » Reinbolt der iunge Stûbenweg,
16. » Burkart von Rimotheim,
17. » Pilgerin von Ehenheim,
18. » Wetzel Marsilius,
19. » Otte Rypelin,
20. » Niclaus von Vinckenwilre,
21. » Peter von Wintertur,
22. Gösselin Schoup,
23. Schilt,
24. Jacob von Barre,
25. Götze Marsilius,
26. Reinbolt Löselin,
27. Rudolff Zoller,
28. Johannes Lentzelin,
29. Eberhart Sicke,

---

30. her Walther Spender.

Grundlage:

a) Ratsbuch, 1284 Juli 13, amtirend 0. Die Liste scheint verdachtig.
b) III, 172, 1284 Juni 22, amtirend 2, genannt: 1-4. 6, 5. 8. 30. 7. 20. 27.
c) III, 174, 1284 August 28, amtirend 3 allein.
d) III, 175, 1284 Oktober 16, amtirend 4, genannt: 1. 3. 2. 4.

10. ***1285 Mai 22 — Dezember 5.***

Meister:

1. Her Erbo ginsit Brusch,
2. her Hug von Vegersheim,
3. » Reinbold von Lingolvesheim,
4. » Heinrich von Wolfgangesheim,

Rat:

5. her Tanriz.

Grundlage:

a) III, 188, 1285 Dezember 5, amtirend 1.
b) III, 184, 1285 Mai 22, amtirend 3 allein.
c) III, 185, 1285 Juni 15, » 3 allein.
d) III, 187, 1285 August 1, » 4, genannt: 2. 3. 4. 1.

11. ***1286 Juni 7 — 1287 Februar 22.***

Meister:

1. Her Hartmût von Schiltenkeim,
2. her Johannes von Eckeversheim,
3. » Niclawes von Mulnecke,
4. » Symund Hetzel,

Rat:

5. her Niclawes von Kagenecke,
6. » Reinboldelin,
7. » Turant,
8. » Gerhart Schôb,
9. » Hug Wirich,
10. » Petur Ripelin,
11. » Reinbold Stûbenweg,
12. » Burcart von Rimmuntheim,
13. » Reinbold der iunge Stûbenweg,
14. » Niclawes Zorn,
15. » Johannes Panfile,
16. » Petur von Winterture,
17. » Johannes Schilt,

18. her Gotzo Marsilius,
19. » Reinbold Löselin,
20. » Johannes Lencelin,
21. » Eberhart Sicke,
22. Rudolf Zoller,

---

23. Peter von Schönecke,
24. Nycolaus dictus Wizegeiz (= 3),
25. Johannes de Blûmenawe senior,
26. Sûner dictus,
27. Gozzo dictus Bonamie (= 18?),
28. Tanris dictus,
29. Tûminheim dictus,
30. Petrus dictus Neschart,
31. Otto filius Ripelini.

Grundlage:

a) III, 201, 1286 Juni 7, amtirend 2.

b) III, 206, 1287 Februar 22, amtirend 4, genannt: 1-4. 6. 7. 9. 8. 15. 12. 11. 14. 13.

c) Ratsbuch. 1286 November 15, amtirend 0, genannt: 1-6. 23. 15. 12 11. 14. 7. 13.

d) II, 1287 Mai 24, Urkunde betreffend Dominikanerstreit. Als consules pretoriti anni *aufgezählt: 24. 4. 1* (Hartmannus). *2. 14. 25. 26. 27. 5. 6. 28. 17. 11. 29. 30 31. Alle diese Namen der Hauptführer gegen die Dominikaner sind sehr entstellt. Die unter 24-31 genannten sind wohl meist unter 5-23 zu suchen. Vgl. den folgenden Rat unter f.*

12. ***1287 April 25 — 1288 März 11.***

Meister:

1. Here Niclawes der iunge Zorn,
2. here Burcart Reinboldelin,
3. » Rûlin Ripelin,
4. » Erbo Stûbenweg,

Rat:

5. here Reinbolt von Friburg,
6. » Hug Ripelin,
7. » Gotzo von Rimmuntheim,
8. » Erbo ginsit Brusch,
9. » Pilgerin von Ehenheim,
10. » Cûno von Kagenecke,
11. » Albreht Rûlenderlin,
12. » Hezel von Eckeversheim,
13. » Johannes Hoyer,
14. » Conrat der Brogere,
15. » Erbo von Schiltenkeim,
16. » Johannes Sickelin,
17. » Paulus Wirich,
18. der Waldenere,
19. Johannes Hezel,
20. here Johannes Zoller,
21. Rûlin Lencelin,
22. Johannes von Winterture,
23. Gotzo heren Gozzelins swester sun,

---

24. her Burkart von Rimuntheim (= 7?),
25. Johannes von Truhteresheim (= 19),
26. Gozzelin Schôh,
27. Gotzo Kurnagel (= 23),
28. filius Cunzonis dicti Bröger,
29. Philer,
30. Tûrant dictus,
31. Reinboldus frater Cûnradi dictus Sûze (= 5),
32. Johannes de Kagenecke patruus Cûnonis (= 10).

Grundlage:

a) III, 208, 1287 April 25, amtirend 1.

b) III, 211, 1287 Juni 23, amtirend 2, genannt: 1. 2. 4. 3. 5. 6. 24. 8. 13. 12. 10 15. bis hier her. *18* (Niclawes Waldenere), *25. 16. 20. 22. 26. 23 = 19.*

c) III, 213, 1287 August 13, amtirend 2, genannt: 1-9. 11. 10. 13. 12. 14. 15. bis hier her. *18* (Niclawes Waldenere), *26. 16. 25. 17. 20-23 = 24.*

d) III, 213, note, 1287 August 13, amtirend 2, genannt: (= c).

e) Ratsbuch. 1288 März 11, amtirend 0, genannt: 1-9. 11 13. 12. 14. 15 bis hier her, *18. 26. 16. 19. 17. 20-22. 27 = 23.*

f) Band II, 1287 Mai 24, Urkunde betr. den Streit der Dominikaner mit der Stadt, darin genannt: 1. 2. 4. 3. 14. 28. 15. 18. 29. 6. 30. 31. 20. 10. 32 = 15. Die Namen bleiben zum Teil unklar.

13. ***1288 Juli 9 — 1289 April 6.***

Meister:

1. Her Reinbolt Turant,
2. her Gotze Marsilius,
3. » Johannes Schilt,
4. » Petur Ripelin,

Rat:

5. her Hartmût von Schiltenkeim,
6. » Reinboldelin,
7. » Niclawes Zorn der eltere,
8. » Johannes von Eckeversheim,
9. » Symmund Hetzel,
10. » Burkart von Rimmuntheim,
11. » Johannes Panfile,
12. » Reinbolt der iunge Stûbenweg,
13. » Burcart Phyler,
14. » Niclawes von Kagenecke der iunge,

15. her Johannes Stůbenweg,
16. » Walther von Tůmenheim,
17. » Thomas Hoyer,
18. Ebelin von Hohenloch,
19. Johannes Lencelin,
20. Eberhart Sicke,
21. Růdolf Zoller,
22. Niclawes Homeyere,
23. Conrat des Brogeres sun,
24. Niclawes Ottun Friderichs sun,

---

25. her Walther von Curiheim (*wohl verschrieben für 16*).

Grundlage:

a) III, 221, 1288 Juli 14, amtirend 1.
b) III, 220, 1288 Juli 9, amtirend 1, genannt: 1-7. 9. 8. 16. 10-12. 14. 13. 15. 24. 17. 21. 20. 19. 18. 22. 23 (alles her) *= 24.*
c) III, 222, 1288 November 13, amtirend 3, genannt: 1-6. 8. 11. 9. 10. 13. 7. 16 = 13.
d) III, 224, 1288 Dezember 11, amtirend 3, genannt: 1-4.
e) III, 227, 1289 Januar 22, amtirend 3, genannt: 1-6. 14. 7. 11. 9. 8. 12. 16. 10. 13 her, *17. 19. 18. 22. 24. 20. 23. 21 = 23.*
f) III, 231, 1289 April 4, amtirend 4, genannt: 1-7. 14. 11. 9. 8. 16. 10. 12. 15. 13 her, *17. 19. 18. 20. 22. 21. 24. 23 = 24.*
g) III, 232, 1289 April 5, amtirend 4, genannt: 1-7. 11. 14. 9. 8. 10. 25. 12. 15 13 her *= 16. Die Urkunde ist dem Ratsbuch entnommen, wo irrig zu 1287.*
h) III, 283, 1289 April 6, amtirend 4, genannt: 1-7. 11. 14. 8. 9. 16. 10. 12. 15. 13 her *= 16.*

14. ***1289 August 5 — 1290 April 25.***

Meister:

1. Her Reinbold von Friburg,
2. her Gotze von Rimuntheim,
3. » Reinbold Stůbenweg,
4. » Hug Ripelin,

Rat:

5. her Hug Wirich,
6. » Burcart Reinboldelin,
7. » Erbo genant Brusch,
8. » Niclawes der iunge Zorn,
9. » Pilgerin von Ebenheim,
10. » Albreht Růlenderlin,
11. » Gotzo Kurnagel,
12. » Hezel von Eckevernheim,
13. » Johannes Hoyer,
14. » Gozzelin von Kagenecke,
15. » Johannes Hezel,
16. her Gozzelin Schöb,
17. » Růlin Ripelin,
18. » Conrat der Brogere,
19. » Erbo von Schiltenkeim,
20. » Johannes Sickelin,
21. » Růlin Lencelin,
22. der Waldenere,
23. Otto Ripelin,
24. der Tůlzman,

---

25. Gotze hern Gosselins swester sun (= 11).

Grundlage:

a) III, 244, 1290 April 18, amtirend 4.
b) III, 238, 1289 August 5, amtirend 1, genannt: 1-5, 7. 6. 8. 9. 12. 13. 10. 18. 17. 22. 19 ritter, *20. 16. 14. 21. 23. 25. 15. 24 = 24.*
c) II, 1290 Februar 22, amtirend 3, allein.
d) II, 1290 Februar 23, amtirend 3, allein.
e) III, 244, 1290 April 25, amtirend 4, genannt: 1-10. 13. 12. 14-16. 11. 17-20 her, *22. 21. 23. 24 = 24.*
f) Ratsbuch, 1290 April 24, amtirend 0, genannt: 1-10. 13. 12. 14-16. 11 = 16.

15. ***1290 August 18 — 1291 August 7.***

Meister:

1. Her Niclaus der alt Zorn,
2. her Johans Spender,
3. » Johans Panfile,
4. » Niclaus der iung von Kageneck,

Rat:

5. her Reimbolt Turant,
6. » Peter Ripelin,
7. » Erbo Stůbenweg,
8. » Niclaus von Můlneck,
9. » Reimbolt Stůbenweg der iunge,
10. » Johans von Eckversheim,
11. » Johans Viviantz,
12. » Niclaus von Rymmuntheim,
13. » Burckart der Pfiler,
14. » Johannes Schilt,
15. » Johannes Lentzelin,
16. » Andres Wirich,
17. » Johanns der iunge von Blůmenowe,
18. Erbe her Niclaus sün,
19. Löselin Broger,

---

20. her Hug Wirich.

Grundlage:

a) Ratsbuch, 1291 August 7, amtirend 0.
b) III, 250, 1290 Oktober 12, amtirend 2, genannt ohne scharfe Hervorhebung ihrer Stellung: 1. 3 4, 5. 20. 14. 8.
c) II, 1290 August, amtirend 1, allein.

16. ***1291 Dez. 14 — 1292 Sept. 23.***

Meister:

1. Her Johannes Hetzel,
2. her Hûg Ripelin der iungere,
3. » Albreht Rûlenderlin,
4. » Gösselin Schôp,

Rat:

5. her Reimbolt von Friburg,
6. » Reimbolt Reimbôldelin,
7. » Hug Ripelin der elter,
8. » Götze von Rimuntheim,
9. » Reimbolt Stûbenweg,
10. » Nyclawes Zorn der iungere,
11. » Kûne von Kagenecke,
12. » Böldelin von Lingolvesheim,
13. » Hetzel Marks,
14. der Waldener,
15. her Erbe von Schiltenkeim,
16. » Rûlin Lenzelin,
17. Cûnrat Broger der iunge,
18. Willehelm Nape,
19. Burchart Panfile,
20. Heinze Kellelin,
21. Eberlin von Schônecke,
22. Johannes von Wintertûr,

---

23. Reinbuldus inter mercatores (= 6),
24. her Johannes Hoyer.

Grundlage:

a) III, 266, 1291 Dezember 14, amtirend 2.
b) II, 1291 ohne Tag, amtirend 2.
c) III, 269, 1292 Januar 21, amtirend 2, genannt: 1-5. 23. 7-13 milites, *14-17. 21. 18. 19. 22. 20 = 22.*
d) III, 270, Bruchstück ohne Datum, amtirend 2 (in Kalbesgassen), *genannt: 1-3.,. 6-8.. 11. 24. 12... 17. 21. 18...*
e) III, 271, 1292 Februar 25, amtirend 4 (auffallende Datirung), genannt: 1-22 = 22.
f) III, 274, 1292 April 22, amtirend 3, genannt: 1-22 = 22.
g) III, 278, 1292 Juli 25, amtirend 4, genannt: 1-13. 24. 14-19. 21. 22 = 22.
h) III, 280, 1292 August 6, amtirend 4, genannt: = g.
i) III, 282, 1292 September 23, amtirend 4, genannt: 1-19. 21. 22 = 21.

17. ***1292 Dezember 15 — 1293 Juni 10.***

Meister:

1. Her Hug Danris,
2. her Andres Wirich,
3. » Peter Rypelin,
4. » Bilgerin von Ehenheim,

Rat:

5. her Reimbolt Dûrant,
6. » Erbe Stûbenweg,
7. » Nyclaus Zorn der alte,
8. » Symunt Hetzel,
9. » Burckart Reimbôldelin,
10. » Heinrich von Wolfgangesheim,
11. » Johannes von Kagenecke der iunge,
12. » Johannes Spender,
13. » Niclaus von Rymuntheim,
14. » Johannes Erbe,
15. » Johannes Schilt,
16. » Eberhart Sycke,
17. » Johans Lentzelin,
18. » Rûlin Rypelin,
19. » Rûdolf Zoller,
20. Hug von Schiltenkeim,
21. Groz Erbe von Mûlnecke,
22. Heinrich Wetzel,
23. Niclawes Ottefriderich,
24. Löselin Proger.

Grundlage:

a) II, 1292 Dezember 15, amtirend 1.
b) III, 285, 1292 Dezember 20, amtirend 1, genannt: 1-18 her, *19-24 = 24.*
c) III, 293, 1293 Februar 26, amtirend 2, genannt: = b.
d) III, 297, 1293 Juni 10, amtirend 3, genannt: = b.
e) III, 298, 1293 Juni 10, amtirend 3, genannt: = b.

18. ***1294 Januar 22 — November 13.***

Meister:

1. Her Burchart von Rimuntheim,
2. her Reimbolt Reimbôldelin,
3. » Johannes in Kalbesgasse,
4. » Götze von Grostein,

Rat:

5. her Reimbolt von Friburg,
6. » Egenolf der Burcgrave,
7. » Nyclawes Zorn der iunge,
8. » Reinbolt Liebenzeller,
9. » Gösselin Schôp,
10. » Johannes Hetzel,
11. » Waldener,
12. » Albreht Rûlenderlin,
13. » Hûg Schôp,
14. » Gösselin von Kagenecke,
15. » Peter Stûbenweg,
16. Erbe von Schiltenkeim,
17. Johannes Panfyle,

18. Hug Zolner,
19. Clawes Hûnmeiger,
20. Sygebote zer Schûre,
21. Cûnrat Proger,
22. Willehelm Nâpe,
23. Johannes Lûkes,
24. Clawes Lenzelin.

25. Reimboldelin under Kouflûten (= 2).

Grundlage:

a) III, 308, 1294 Januar 22, amtirend 1.
b) III, 310, 1294 März 18, amtirend 2, genannt: 1-7.
c) III, 311, 1294 April 22, amtirend 2, genannt: 1-24.
d) III, 324, 1294 Oktober 15, amtirend 4, genannt: 1-24.
e) III, 325, 1294 November 13, amtirend 4, genannt: 1-16 her, 17-24.

19. ***1295 Februar 7 — 1296 Januar 16.***

Meister:

1. Her Reinbolt Turant,
2. her Burcart Reimboldelin,
3. » Reinbolt Stûbenweg der alte,
4. » Niclawes Zorn der alte,

Rat:

5. her Gôtze von Rimuntheim,
6. » Heinrich von Wolfgangesheim,
7. » Hug Ripelin,
8. » Reimbolt von Lingolvesheim,
9. » Reimbolt Stûbenweg der iunge,
10. » Johannes von Mûlnheim,
11. » Hetzel Markes,
12. Anderes Wirich,
13. Rûlin Ripelin,
14. Johannes Lencelin,
15. Eberhart Sicke,
16. Johannes von Blûmenowe,
17. Clawes Friderich,
18. Grôz Erbe,
19. Burchart Panfile,
20. Hug von Schiltenkeim,
21. Johannes Hunesfelt,
22. Cûnrad Rihter,
23. Wetzel Proger,
24. Johannes von Wintertur.

Grundlage:

a) III, 330, 1295 Februar 7, amtirend 1.
b) III, 334, 1295 Mai 9, amtirend 2, genannt: 1-24.
c) III, 337, 1295 Mai 30, amtirend 2, genannt: 1-11. 21 her, 12-20. 22-24.
d) III, 342, 1295 August 27, amtirend 3, genannt: = c.
e) III, 344, 1295 Dezember 10, amtirend 4, genannt: = c.
f) III, 348, 1296 Januar 16, amtirend 4, genannt: = c.

20. ***1296 April 7 — September 15.***

Meister:

1. Niclawes Waldener,
2. her Hug Wirich,
3. » Erbe von Schiltenkeim,
4. » Johannes Panfile,

Rat:

5. her Reinbolt von Friburg,
6. » Burchart von Rimuntheim,
7. » Peter von Schônegge,
8. » Erbe Stûbenweg,
9. » Reinbôldelin,
10. » Albreht Rûlenderlin,
11. » Reinbolt Liebenzeller,
12. » Clawes von Kagenegge,
13. » Johannes Hetzel,
14. » Johannes der Junge,
15. » Johannes von Kagenegge der iunge,
16. » Johannes Fivianz,
17. » Hug Ripelin in Kalbesgasse,
18. Willehelm Nape,
19. Dietherich von Epfiche,
20. Eberlin von Schônegge,
21. Burchart des Schultheizen sun,
22. Johannes Voget,
23. Rûlin Lenzelin,
24. Heinzeman Abbet.

Grundlage:

a) III, 355, 1296 April 7, amtirend 1.
b) III, 358, 1296 Juli 2, amtirend 2, genannt: 1-24.
c) III, 359, 1296 Juli 2, amtirend 2, genannt: 1-24.
d) III, 362, 1296 September 15, amtirend 3, genannt: 1-24.

21. ***1297 April 3 — September 16.***

Meister:

1. Her Cûne von Kagenecke,
2. her Niclawes von Rimuntheim,
3. » Hetzel Markes,
4. » Hug Ripelin der alte,

Rat :

5. her Egenolf der Burcgrave,
6. » Reimbolt Turant,
7. » Niclawes Zorn der alte,
8. » Heinrich von Wolfgangesheim,
9. » Johannes in Kalbesgasse,
10. » Burchart Reimbōldelin,
11. der Pfiler,
12. her Reimbolt Brandecke,
13. Andres Wirich,
14. Eberhart Sycke,
15. Clawes Friderich,
16. Gros Erbe,
17. Johannes von Wintertur,
18. Johannes Lenzelin,
19. Wetzel Marsilies der iunge,
20. Walther von Mülnheim,
21. Cůnzelin Rihter,
22. Wetzel Broger,
23. Sigebolte zer Schůre.

Grundlage :

a) III, 359 note, 1297 April 3, amtirend 1.
b) III, 373, 1297 Mai 13, amtirend 1, genannt : 1-23.
c) III, 374, 1297 Mai 21, amtirend 2, genannt : 1-23.
d) III, 379, 1297 Juli 14, amtirend 2, genannt : 1-23.
e) III, 381, 1297 September 16, amtirend 3, genannt : 1-19. 21-23 = 22.

22. 1298 Juli 16 — 1299 Januar 31.

Meister :

1. Her Johannes Schilt,
2. » Gotze von Grostein,
3. » Viviantz,
4. » Albreht Růlenderlin,

Rat :

5. her Reinbolt von Friburg,
6. » Peter von Schonecke,
7. » Johannes Pfanflile,
8. » Reinbolt hern Reinboldelins,
9. » Gosselin Schoup,
10. » Gosselin und
11. » Johannes von Kagenecke,
12. der Liebenzeller [her Reinbolt],
13. her Johannes Hetzel,
14. » Johannes von Wolfgangesheim,
15. » Reinbolt [der iunge] und
16. » Johannes Stubenweg,
17. her Wilhelm Nope,
18. » Hug Zorn,
19. » Bůrchart Schultheize,
20. Rudolf Zolner,
21. Ruelin Lenzelin,
22. Conrat Broger,
23. Jacob Kempfe,
24. her Nicolawes Lappe.

Grundlage :

a) III, 392, 1298 Dezember 15, amtirend 4.
b) III, 222, note, 1298 Juli 16, amtirend 2, genannt : 1-5. 7. 6. 8. 9. 12. 10. 11. 13. 15. 16. 14. 24. her, 20 ohne her, 19. 17. 18 her, 22. 21. 23 = 24.
c) III, 393, 1299 Januar 2, amtirend 4, genannt : 4. 1-3. 5-23 = 23.
d) III, 398, 1299 Januar 31, amtirend 4, genannt : 1-23.
e) Ratsbuch, 1298 November 8, amtirend 0, genannt : 1-7. 9-23 = 22.

23. 1299 März 19 — 1300 März 9.

Meister :

1. Růlin Riplin,
2. her Nyclawes Otto Friderich,
3. » Bůrkart der Pfiler,
4. » Nyclawes der iunge Zorn,

Rat :

5. her Heinrich von Wolfgangesheim,
6. » Johannes von Kalbesgassen,
7. » Reinbolt der alte Stubenweg,
8. » Burkart hern Reinboldelins,
9. » Nyclawes Waldener,
10. » Hetzel Markez,
11. » Nyclawes von Rymundeheim,
12. » Johannes Hunsvelt,
13. » Burkart Schōp,
14. » Sifrid von Vegersheim,
15. » Bůrkart Panfűlin,
16. » Můtelin von Schiltingheim,
17. » Johannes Grimel,
18. » Hug Rihter,
19. » Nyclawes Tuschman,
20. » Eberhart Sicke,
21. Johannes Lentzelin,
22. her von Winterture,
23. Hug hern Peters sun von Schonecke,
24. Reinbolt hern Reinboldes sun von Friburg.

Grundlage:

a) *III, 401, 1299 März 19, amtirend 1.*
b) *III, 402, 1299 März 23, amtirend 1, genannt:* 1-21 her, 22-24 = 24.
c) *III, 409, 1299 Juli 15, amtirend 2, genannt: = b.*
d) *III, 412, 1299 August 18, amtirend 2 allein.*
e) *III, 413, 1299 September 19, amtirend 3, genannt: 1-12. 15. 16. 13. 14. 17-19* her, *20-24. = 24.*
f) *III, 414, 1299 September 26, amtirend 3, genannt: 1-24.*
g) *III, 415, 1299 Oktober 3, amtirend 3, genannt: = b.*
h) *III, 418, 1299 Oktober 31, amtirend 3, genannt: 1-19* her, *20-24 = 24.*
i) *III, 423, 1300 Januar 21, amtirend 4, genannt: = h.*
k) *III, 424, 1300 Januar 26, amtirend 4, genannt: = h.*
l) *III, 425, 1300 Januar 26, amtirend 4, genannt: = h.*
m) *III, 426, 1300 März 9, amtirend 4, genannt: = h.*

24. *1300 Mai 17 — November 14.*

Meister:

1. Reinbolt herrn Reinboldelins,
2. her Johannes Erbe [der iunge],
3. » Reinbolt der Liebenzeller,
4. » Peter von Schônnecke,

Rat:

5. her Johannes Schilt,
6. » Albreht Rûlenderlin,
7. » Gôtze von Grostein,
8. » Gôsselin Schôp,
9. » Nyclawes von Kagenecke der iunge.
10. » Johannes Spender,
11. » Johannes Hetzel,
12. » Willehelm Nape,
13. » Reinbolt der iunge und
14. » Peter Stûbenwege,
15. » Fritscheman Otte Frideriches,
16. » Johannes von Wolfgangesheim,
17. » Johannes von Eckevershein,
18. » Reinbolt Tûrant,
19. » Wetzel Broger,
20. » Willehelm Dantz,
21. » Andres Wirich,
22. Conrat Rihter,
23. Nyclawes Panfilin,
24. Lentzelin der iunge.

Grundlage:

a) *III, 429, 1300 Mai 17, amtirend 1.*
b) *III, 430, 1300 Juni 2, amtirend 1, genannt: 1-14. 16. 15. 17-24 = 24.*
c) *III, 431, 1300 Juli 1, amtirend 2, genannt: = b.*
d) *III, 438, 1300 November 14, amtirend 3, genannt: = b.*
e) *III, 1300 ohne Tag, amtirend 4 allein.*

25. *1301 Mai 2 — 1302 März 26.*

Meister:

1. Groz Erbe,
2. her Reinbolt Brandecke,
3. » Johannes von Mûlnheim,
4. » Hug Rihter,

Rat:

5. her Egenolf der Burcgrave,
6. » Niclawes der iunge Zorn,
7. » Burkart hern Reinboldelins,
8. » Cûne von Kagenecke,
9. » Hetzel Markes,
10. » Niclawes von Rymuntheim,
11. » Heinrich Wetzel,
12. » Hug Schôp,
13. » Johannes Panfilin,
14. » Burkart Schultheisse,
15. » Reinbolt hern Johanneses Erben sun, über Brûsche,
16. » Hartmût von Schiltingheim,
17. » Wernher Hentwing,
18. » Cûnzelin Hoyer,
19. Eberhart Sicke,
20. Rûlin Lenzelin,
21. Reinbolt des sun von Friburg der elteste,
22. Conrad Broger,
23. Reinbolt hern Niclaweses sun under den Kôflûten,
24. Johannes von Dunzenheim.

Grundlage:

a) *III, 452, 1301 Mai 2, amtirend 1.*
b) *III, 454, 1301 Juni 1, amtirend 1, genannt: 1-24.*
c) *III, 455, 1301 Juni 17, amtirend 1, genannt: 1-24.*
d) *III, 461, 1301 Oktober 6, amtirend 2, genannt: 1-24.*
e) *II, 1301 Dezember 14, amtirend 3, genannt: 1-24.*
f) *III, 476, 1302 März 10, amtirend 4, genannt: 1-24.*

g) III, 479, 1302 März 21, amtirend 4, genannt : 1-24.
h) III, 480, 1302 März 26, amtirend 4, genannt : 1-24.

26. *1302 August 6 — 1303 März 18.*

Meister :

1. Her Johannes Hetzel,
2. » Heinrich von Wolfgangesheim,
3. » Burkart Panfilin,
4. » Hug Ryplin,

Rat :

5. her Reinbolt der Liebenzeller,
6. » Gözelin Schöp,
7. » Johannes von Kagenecke der iunge,
8. » Johannes von Hunsvelt,
9. » Syfrid von Vegersheim,
10. » Reinbolt Tůrant,
11. » Johannes Höwemesser,
12. » Wetzel Marsilies der iunge,
13. » Niclawes Tůtschman,
14. » Johannes Grimel,
15. » C[onrat] Ryplin,
16. » Burkart hern Erben sun über Brůsche,
17. » Burkart Waldecke,
18. » Gözelin von M[ülnheim ?]
19. » Johannes Helfenstein,
20. » Nyclawes der Maler,
21. Johannes Lenzelin,
22. Clawes Colin,
23. Erbe under [den] Köflüten,
24. Clawes Soklan.

Grundlage :

a) III, 493, 1302 August 6, amtirend 1.
b) III, 499, 1302 Dezember 10, amtirend 3, genannt : 1-3. 5-17. 19-24 = 22.
c) III, 506, 1303 März 18, amtirend 3, genannt : 2. 5. 11. 8. 12. 10. 17 und 13 als scheffele.

27. *1304 März 14.*

Meister :

1. Heinrich Wetzel,
2. Her Niclaus von Kagenecke der iunge,
3. » Albreht Rülenderlin,
4. » Peter von Schoneck,

Rat :

5. her Johans Schilt,
6. » Günther von Landsperg,
7. » Johans der Spender,
8. » Niclaus Ottfriderich,
9. her Peter Stůbenweg,
10. » Burckart Schoup,
11. » Johans Viviantz,
12. » Grosz Erbe,
13. » Dietrich von Epfig,
14. » Heymbolt Brandecke,
15. » Reymbolt hern Erben sůn über Brůsch,
16. » Johans Schott,
17. » Johans Glosener,
18. » Ludwig von Blůmenowe,
19. » Wetzel Broger rittere,
20. Eberhart Sicke,
21. Růlin Lentzelin,
22. Niclaus Panfilin,
23. Conrat Rither.

Grundl.: Ratsbuch nach Urkde 1304 März 14.

28. *1304 Juli 30 — 1305 April 15.*

Meister :

1. Willehelm Nape,
2. her Nyclawes Tůtschman,
3. » Hetzel Markes,
4. » Nyclawes von Rymuntheim,

Rat :

5. her Hug Stůbenweg,
6. » Heinrich von Wolfgangesheim,
7. » Nyclawes der Waldener,
8. » Johannes von Blůmenowe,
9. » Johannes der Junge,
10. » Gözelin von Kagenecke,
11. » Johannes von Mülnheim,
12. » Syfrid von Vegersheim,
13. » Hug Schöp,
14. » Wetzel Marsilies der iunge,
15. » Conrat Ryplin,
16. » Reinbolt Tůrant rittere,
17. Johannes Lenzelin,
18. Heintzeman Appel,
19. Reinbolt von Achenheim,
20. Clawes von Vinkenwilre,
21. Clawes Colin,
22. Peter Panfilin,
23. Burkart hern Peters sun von Schönnecke,
24. Cůnrat Broger.

Grundlage :

a) III, 536, 1304 Juli 30, amtirend 1.
b) III, 547, 1305 April 15, amtirend 4, genannt : 1-19. 21. 20. 22-24 = 24.

29. *1305 Juni 30 — 1306 April 26.*

Meister :

1. Gösselin Schöp,
2. her Johannes Panfilin,
3. » Johannes Viviantz,
4. » Burkart Schöp,

Rat :

5. her Andres Murnhart,
6. » Rûlin Ryplin,
7. » Cûne von Kagenecke,
8. » Reinbolt Hûffelin,
9. » Conrat Hoyer,
10. » Reinbolt Brandecke,
11. » Walther von Mülnheim,
12. » Wetzel Broger,
13. » Rûdolf Ryplin,
14. » Wernher Hentwing,
15. » Johannes Closener,
16. » Johannes Löselin,
17. » Johannes von Schaftoltzheim,
18. » Ludewig von Dambach rittere,
19. Rûdolf Zoller,
20. Hug von Schönnecke,
21. Rûlin Lenzelin,
22. Burkart hern Hessen sun an dem Waszere,
23. Johannes Lenzelin,
24. Peter von Hunsvelt,

25. Burkart Hesse (= 22).

Grundlage :

a) III, 552, 1305 Juni 30, amtirend 1.
b) III, 554, 1305 Juli 14, amtirend 1, genannt: 1-8. 10. 9. 11-21. 25. 23. 24 = 24.
c) III, 557, 1305 Oktober 10, amtirend 2, genannt : = b.
d) III, 559, 1305 November 23, amtirend 2, genannt : = b.
e) III, 560, 1305 November 26, amtirend 2, genannt : = b.
f) III, 562, 1306 Januar 7, amtirend 3, genannt : = b.
g) III, 564, 1306 Februar 5, amtirend 3, genannt : 1-7.
h) III, 565, 1306 Februar 23, amtirend 3, genannt : = b.
i) III, 566, 1306 Februar 28, amtirend 4, genannt : = b.
k) III, 570, 1306 April 26, amtirend 4, genannt : = b

30. *1306 Juli 16 — 1307 März 15.*

Meister :

1. Burkart Reinboldelin,
2. her Conrat Ryplin,
3. » Johannes Stûbenweg,
4. » Syfrid von Vegersheim,

Rat :

5. her Symunt Hetzel,
6. » Heinrich von Wolfgangesheim,
7. » Johannes Schilt,
8. » Peter von Schonnecke,
9. » Götze von Grostein,
10. » Albrecht Rûlenderlin,
11. » Reinbolt der Liebenceller,
12. » Niclawes von Rymuntheim,
13. » Hetzel Markes,
14. » Johannes der Junge,
15. » Niclawes Ottefriderich,
16. » Niclawes von Kagenecke,
17. » Wilhelm Nape,
18. » Burkart der Pfiler,
19. » Burkart Panphilin,
20. » Hug Rihter rittere,
21. Eberhart Sicke,
22. Johannes von Wintertur zû dem Engele,
23. Johannes Lenzelin,
24. Conrat Broger.

Grundlage :

a) III, 580, 1306 November 23, amtirend 2.
b) III, 574, 1306 Juli 16, amtirend 1, genannt : = a.
c) III, 584, 1307 Februar 15, amtirend 3, genannt : 2-24 = 23.
d) III, 586, 1307 März 8, amtirend 4, genannt : = c.
e) III, 587, 1307 März 15, amtirend 4, genannt : = c.

31. *1307 Juni 21 — 1308 Januar 28.*

Meister :

1. Johannes Hetzel,
2. her Hug Schoub,
3. Nycolaus Colin,
4. her Nycolaus Waldener,

Rat :

5. her Reimbolt Reimboldelin,
6. » Johannes von Wolfgangesheim,
7. » Johannes Hunesvelt,
8. » Nycolaus Dûtschman,
9. » Reimbolt Brandecke,

10. her Peter Stubenweg,
11. » Hug Zorn,
12. » Burkart Schultheisse,
13. » Ludewig von Blûmenowe,
14. » Hug Wirich,
15. » Johannes von Schaftoltzheim,
16. » Jacob von Barre rittere,
17. Peter Swarber,
18. Rûlin Lenzelin,
19. Cûnrad Rihtter,
20. Clawes Soldan,
21. Berhtolt Krantz,
22. Henner von Duntzenheim,
23. Peter Ryplin,
24. Peter Pauphelin.

Grundlage:

a) III, 601, 1308 Januar 9, amtirend 3.
b) III, 592, 1307 Juni 21, amtirend 1, genannt: 1-18. 24. 19-23 = 24.
c) II, ohne Datum, genannt: 1.
d) II, » » » 2.
e) II, » » » 3.
f) III, 1308 Januar 28, amtirend 4, genannt: 1-7. 9-23 = 22.

32. 1308 Juli 1 — 1309 Mai 30.

Meister:

1. Cûne von Kagenecke,
2. Hug von Schônnecke,
3. her Johans von Kagenecke,
4. » Reinbolt Hûffelin,

Rat:

5. her Gûnther von Landesberg,
6. » Voltze von Hochvelden,
7. » Reinbolt der Liebenzeller,
8. » Rûlin Ryplin,
9. » Nyclawes von Rymuntheim,
10. » Burkart Panfilin,
11. » Johannes von Mûlnheim,
12. » Syfrid von Vegersheim,
13. » Erbe under den Kôfluten,
14. » Burkart Waldecke,
15. » Reinbolt Sûsse,
16. » Johans Scholte,
17. » Hug Rihter,
18. » Stebellin Hôwemesser,
19. » Johannes Helfenstein,
20. » Hug Wenser rittere,
21. Johannes Lentzelin,
22. Hug von Blûmenowe,
23. Clawes Schôp,
24. Burkart von Duntzenheim.

Grundlage:

a) III, 614, 1308 Juli 1, amtirend 1.
b) III, 616, 1308 Juli 24, amtirend 1, genannt: 1-8. 13. 9-12. 14-24 = 24.
c) III, 618, 1308 September 7, amtirend 2, genannt: = a.
d) II, 1308 Dezember 22, amtirend 0, genannt: 1. 2. 4. 6. 5. 7-10. 17-19. 11-16. 20-24 = 23.
e) III, 630, 1309 März 13, amtirend 4, genannt: 1. 2. 4-24 = 23.
f) Ratsbuch, Urkde 1309 März 17, amtirend 0, genannt: = e.
g) III, 634, 1309 April 10, amtirend 4, genannt: = e.
h) III, 640, 1309 Mai 30, amtirend 4, genannt: = e.

33. 1309 September 5 — 1310 Januar 23.

Meister:

1. Rûdolf Zoller,
2. her Peter Stubenweg,
3. » Wetzel Broger,
4. » Johannes von Wolfgangesheim,

Rat:

5. her Hetzel Marx,
6. » Gôsselin von Kagenecke,
7. » Hug Schôp,
8. » Johannes Pauphilin,
9. » Niclawes Tuscheman,
10. » Johannes Fiviantz,
11. » Johannes von Schaftoltzheim,
12. » Hoyer,
13. » Turant,
14. » Ludewig von Blûmenowe,
15. » Hug Wirich,
16. » Reinbolt Nicol,
17. » Ludewig von Tambach rittere,
18. Rûlin Leutzelin,
19. Clawes Colin,
20. Cûne undern Kôfluten,
21. Lentzelin,
22. Burkart zûm Riet,
23. Johannes von Wintertur der iunge,
24. Peter Kornelin.

Grundlage:

a) III, 635 Note, 1309 September 5, amtirend 1.
b) III, 653, 1309 Dezember 18, amtirend 3, genannt: 1-10. 12. 11. 13-24 = 24.
c) III, 654, 1309 Dezember 22, amtirend 3, genannt: = b.
d) III, 657, 1310 Januar 23, amtirend 3, genannt: = b.

34. *1310 August 6 — 1311 April 20.*

Meister :

1. Her Nyclawes von Rymmtheim,
2. der iunge Wetzel,
3. her Johannes von Wintertur,
4. » Niclawes Ottefriderich,

Rat :

5. her Symund Hetzel,
6. » Johannes Schilt,
7. » Voltze von Hochvelden,
8. » Reinbolt der Liebenzeller,
9. » Albreht Rulenderlin,
10. » Niclawes von Kagenecke,
11. » Göszelin Schöp,
12. » Burkart Panphilin,
13. » Johannes Stübenweg,
14. » Reinbolt Süsze,
15. » Erbe von Achenheim,
16. » Wernher Hentwiug,
17. » Hug Rihter,
18. » Jacob dez sün von Barre,
19. der Maler rittere,
20. Conrad Broger,
21. Lentzelin Grünewalt,
22. Johannes hern Huges Stülenweges sun des Hullen tohterman,
23. Burkart von Schönecke,
24. Eberlin Sicke.

---

25. her Wetzel Marsilies der iunge (= 2).

Grundlage :

a) III, 673, 1310 August 6, amtirend 1.
b) III, 676, 1310 September 24, amtirend 2, genannt : 1. 25 2-19. 21. 20. 22-24 = 24.
c) III, 678, 1310 November 17, amtirend 2, genannt : = a, statt 2 : 25.
d) III, 681, 1310 Dezember 8, amtirend 2, genannt : = c.
e) III, 683, 1311 Januar 28, amtirend 3, genannt : 1. 25. 3-14. 16-24 = 23.
f) III, 686, 1311 Marz 30, amtirend 4, genannt : ausserdem 6 und 9.
g) III, 687, 1311 April 20, amtirend 4, genannt : = c.

35. *1312 Januar 31 — Mai 20.*

Meister :

1. Her Johannes Panphylin,
2. » Johannes Hunesfelt,
3. » Burchart Schöp,
4. » Johannes der Junge,

Rat :

5. her Reinbolt Reinböldelin
6. » Niclawes Waldener,
7. her Hetzel Marcus,
8. » Johannes von Blümenowe,
9. » Heinrich Wetzel,
10. » Johannes von Wolfgangesheim,
11. » Willehelm Nape,
12. » Johannes von Mulnheim,
13. » Peter Stübenweg,
14. » Reinbolt Brandecke,
15. » Reinbolt Turant,
16. » Wetzel Broger,
17. » Johannes Helfenstein rittere,
18. Rülin Lentzelin,
19. Niclawes Colin,
20. Cüntzelin Rihter,
21. Hug von Schönecke,
22. Niclawes Zorn,
23. Johannes von Wintertur der iunge,
24. Sickelin der alte.

Grundlage :

a) III, 703, 1312 Januar 31, amtirend 3.
b) III, 716, 1312 Juni 20, amtirend 4, genannt : 1-24

36. *1312 Juli 20 — 1313 März 2.*

Meister :

1. Her Hug Zorn,
2. her Sifrit von Vegersheim,
3. » Burchart Schultheisze,
4. » Albreht Rürenderlin,

Rat :

5. her Volze von Hochvelden,
6. » Reinbolt Liebenzeller,
7. » Cüne von Kagenecke,
8. » Johannes Stübenweg,
9. » Burchart Panphylin,
10. » Hug Schöp,
11. » Hug Rihter,
12. » Johannes Schotte,
13. » Walther von Mulnheim,
14. » Reinbolt Süsze,
15. » Conrat Hoyer,
16. » Niclawes Maler,
17. » Johannes Rippelin,
18. » Reinbolt hern Burchartes Reinböldelins sun rittere,
19. Heinrich von Mulnheim,
20. Clawes Tauler,
21. Burchart von Schönecke,
22. Clawes Soldan,
23. Johannes Stübenweg,
24. Götze von Grostein.

Grundlage :
a) III, 722, 1312 Juli 20, amtirend 1.
b) III, 725, 1312 August 16, amtirend 1, genannt : 1-24.
c) III, 732, 1312 Dezember 15, amtirend 2, genannt : 1-24.
d) II, 1312 Dezember 20, amtirend 2, allein.
e) III, 738, 1313 März 2, amtirend 3, genannt : 1-24.
f) Ratsbuch, nach Urkde 1313 April 20, amtirend 0, genannt : 1-6. 8-24 = 23.

37. **1313 Juli 25 — 1314 April 19.**

Meister :
1. Her Reinbolt Brandecke,
2. Hug von Schönecke,
3. her Johannes von Mülnheim,
4. » Clawes Tüscheman,

Rat :
5. her Clawes von Kagenecke,
6. » Johannes der Junge,
7. » Willebelm Nape,
8. » Johannes Viviantz,
9. » Johannes von Wolfgangesheim,
10. » Reinbolt Zorn,
11. » Walther Spender,
12. » Jacob von Barre,
13. » Clawes Schultheisze,
14. » Johannes der iunge Waldener,
15. » Johannes Wirich rittere,
16. Conrat Rihter,
17. Burchart von Mülnheim,
18. Burchart von Tuntzenheim,
19. Clawes Schöp,
20. Berhtolt zû dem Riet,
21. Klein Klobelôch,
22. Willehelm von Tegervelt,
23. Gösselin Engelbreht,
24. Johannes Sicke.

Grundlage :
a) III, 750, 1313 August 28, amtirend 1.
b) II, 1313 Juli 25, amtirend 1 allein.
c) II, 1313 September 29, amtirend 1, in Adresse allein.
d) II, 1313 Oktober 5, amtirend 2, genannt : 1-24.
e) II, 1314 Februar 15, amtirend 3, genannt : 1-24.
f) III, 769, 1314 April 19, amtirend 4, genannt : 1-24.

38. **1315 Februar 1 — Juni 13.**

Meister :
1. Her Johannes Zorn,
2. » Johannes Schotte,
3. her Gotze von Grozstein,
4. » Goszelin von Kagenecke,

Rat :
5. her Albreht Rülenderlin,
6. » Nyclawes von Rymmontheim,
7. » Hetzel Markes,
8. » Burcart Panpfelin,
9. » Burcart Pfiler,
10. » Reinbolt Huffelin,
11. » Wetzel Marsilies,
12. » Peter Stübenweg,
13. » Hug Richter,
14. » Wetzel Broger,
15. » Hug Wirich,
16. » Clawes Maler,
17. » Walther von Mulnheim,
18. » Reinbolt Süsze,
19. » Reinbolt hern Burcartes sun Reinboldelins rittere,
20. Johannes von Winterture zûm Engele,
21. Rûlin Lentzelin,
22. Erbeler von Schiltingheim,
23. Johannes Sickelin der iunge,
24. Hanseler von Schönecke.

Grundlage :
a) III, 654 Note, 1315 Februar 1, amtirend 3.
b) II, 1315 Juni 13, amtirend 4, in Adresse allein.

39. **1315 September 15 — November 8.**

Meister :
1. Her Johannes Ripelin,
2. her Johannes von Wolfgangesheim,
3. » Johannes Sickelin der eltere,
4. » Cûnrat Royer,

Rat :
5. her Clawes Ottefriderich,
6. » Johannes Stubenweg,
7. » Johannes Paulilin,
8. » Hug Schöp,
9. » Johannes Hunesfelt,
10. » Reinbold Brandecke,
11. » Burghart Schultheisse,
12. » Walther Spender,
13. » Jacob von Barre,
14. » Johannes Closener,
15. » Johannes von Schaftolzheim,
16. » Johannes der iunge Waldener,
17. » Reinbold Süsze der iungere,
18. » Fritschemann von Duntzenheim,
19. » Rûlin Rülenderlin rittere,

20. Clawes Colin,
21. Heintzemann Appel,
22. Burghart von Mulnheim,
23. Johannes Knechtelin,
24. Dyether Richter.

Grundlage:

a) II, 1315 November 8, amtirend 2.
b) II, 1316 September 15, » 1.

40. *Mitte 1316 — Mitte 1317.*

fehlt

41. *1317 September 15 — 1318 Juli 18.*

Meister:

1. Her Wetzel Broger,
2. her Johannes Stubenweg,
3. » Reimbolt hern Burghartes seligen sůn,
4. » Hug Schôp,

Rat:

5. her Clawes von Rymuntheim,
6. » Goszelin von Kagenecke,
7. » Clawes Duůtsman,
8. » Hug Richter,
9. » Burchart Schultheisze,
10. » Cůnrat Ripelin,
11. » Johannes Zorn,
12. » Johannes von Eckeversheim,
13. » Rûlin Rûlenderlin,
14. » Johannes Waldener,
15. » Reinbolt Sûsze der iunge,
16. » Jacob von Barre,
17. » Gôszelin Engelbrecht,
18. » Fritscheman von Tuntzenheim,
19. » Reinbolt von Lingolfesheim,
20. » Johannes von Tûmenheim rittere,
21. Clawes Colin,
22. Burghart von Mûlnheim,
23. Reinbold Hûmeier,
24. Peterman von Schônecke,

25. Reimbolt Reimboldelin (= 3).

Grundlage:

a) III, 873, 1317 September 15, amtirend 1.
b) III, 885, 1318 März 10, amtirend 3 (25), genannt: 5. 6. 7. 2.
c) III, 886, 1318 März 13, amtirend 3, genannt: 1-15. 17-24 = 23
d) III, 903, 1318 Juli 13, amtirend 4, genannt: = c.
e) III, 905, 1318 Juli 18, amtirend 4, genannt: = c.

42. *1319 Februar 13.*

Meister:

1. Her Hug von Schônecke,
2. her Reinbolt Sûsze der eltere,
3. » Hug Zorn,

Rat:

4. her Sifrit von Vegersheim,
5. » Burghart Schôp,
6. » Reinbolt Brandecke,
7. » Johannes Hunesvelt,
8. » Cůnrat Hôyer,
9. » Clawes Schultheisze,
10. » Clawes Zorn,
11. » Johannes Sickelin der iunge,
12. » Cûne Reinboldelin,
13. » Johannes von Mulnecke,
14. » Rûlin Loselin rittere,
15. Heinrich von Mulnheim,
16. Cûnrat Rihter,
17. Erbeler von Schiltingheim,
18. Johannes Grûnewalt der alte,
19. Johannes Swarber,
20. Erbe von Lampertheim,
21. Markus Wirich,
22. Rûdolf Stûbenweg,
23. Clawes von Rymuntheim der iunge.

Grundlage:

a) III, 916, 1319 Februar 13, amtirend 2.
b) II, 1319 Februar 22 (15), amtirend 2, genannt: 1-23.
c) II, 1319 Februar 22 (15), amtirend 2, genannt: 1-23

43. *1319 August 20 — November 29.*

Meister:

1. Her Gotze von Grostein,
2. her Reimbolt Sûsze der iunge,
3. » Walther Spender,
4. » Rûlin Rûlenderlin,

Rat:

5. her Reinbolt Stûbenweg der alte,
6. » Gôszelin Schôp,
7. » Clawes von Rymuntheim,
8. » Hetzel Marcus,
9. » Goszelin von Kagenecke,
10. » Hug Schôp,
11. » Reinbold Huffelin,
12. » Wilhelm Nape,
13. » Burghart Schultheisze,
14. » Wetzel Broger,
15. » Reinbold Reinboldelin,

16. her Johannes Sickelin der alte,
17. » Johannes Waldener,
18. » Fritscheman von Tuntzenhenheim,
19. » Goszo Engelbrecht,
20. » Reinbold von Lingolfesheim,
21. » Clawes Zorn des Schultheissen sun,
22. » Sygellin Bilgerin der alte rittere,
23. » Cleine Johannes Sicke,
24. » Dyterich Richter.

Grundlage:

a) III, 930, 1319 November 29, amtirend 2.

b) II, 1319 August 20, amtirend 1, genannt: 1-24.

c) II, 1319 August 25, amtirend 1, genannt: 1-24.

44. ***1320 Oktober 10 — 1321 Juni 5.***

Meister:

1. Her Claus Zorn der iunge,
2. her Johannes Hunesvelt,
3. » Johannes von Tůmenheim,
4. » Johannes Sicke der iunge,

Rat:

5. her Hug Richter,
6. » Burghart Schôb,
7. » Hug von Schonecke,
8. » Reinbolt Brandecke,
9. » Cůnrat Hoyer,
10. » Claus Maler,
11. » Walther von Mülnheim,
12. » Cůne Reinboldelin,
13. » Hetzel Marcus der iunge,
14. » Claus Ottefriderich,
15. » Burghart von Nidecke rittere,
16. Claus Colin,
17. Burghart von Mülnheim,
18. Erbeler von Schiltingheim,
19. Eberlin Sicke,
20. Cleine Clobelôch,
21. Hanseler von Schonecke,
22. Claus von Rimuntheim,
23. Ulrich Swarber.

Grundlage:

a) III, 1321 Juni 5, amtirend 4.

b) II, 1320 Oktober 10, 1 Adressat in einem Briefe.

45. ***1321 August 28 (Schwurtag) — 1322 August 9.***

Meister:

1. Her Wetzel Broger,
2. her Lentzelin,
3. her Gosze Engelbrecht,
4. » Fritscheman von Tunzenheim,

Rat:

5. her Goszelin von Kagenecke,
6. » Claus Dutsman,
7. » Hug Schôp,
8. » Reinbold Huflelin,
9. » Reinbold Süsse der eltere,
10. » Reinbold von Achenheim,
11. » Reinbold Reinboldelin,
12. » Rûlin Rûlenderlin,
13. » Johannes Ripelin,
14. » Johannes Zorn,
15. » Claus Schultheisse,
16. » Johannes Waldener,
17. » Claus Zorn des schultheissen sun,
18. » Rûdolf von Vegersheim,
19. » Rûdolf von Nydecke,
20. » Claus von Grozstein rittere,
21. Cůnrad Richter,
22. Johannes Swarber,
23. Marx Wirich,
24. Jacob Lentzelin.

Grundlage:

a) II, 1322 Februar 17, amtirend 2.

b) II, 1322 Februar 17, amtirend 2, genannt: = a.

c) III, 991, 1322 August 9, amtirend 4, genannt: 1-5. 7-24 = 23.

d) Wahlprotokoll für die Wahl 1322/23.

Wahlprotokoll für die Wahl des Rates 1322/23.

Dis ist der råt von Strâsburg.

Der alte Rat: *der neue:*

1. her Hug Zorn primus, = 1,
2. Claus Sicke, = 24,
3. her Johannes Sicke der iunge, = 10,
4. » Cůnrat Hoyer, = 6,
5. Johannes von Achenheim, = 18,
6.[a] her Claus Maler, = 9,
7. » Hug von Schonecke secundus, = 2,
8. » Claus Ottefriderich.[b] Burchar Stubenweg, = 12. 13,
9. hern Claus Zorn, = 7,
10. Berchtolt Swarber, = 21,
11. her Burchart Reinbold, = 14,
12. » Michel Rûlenderlin, = 15,
13. hern Hetzel Max den iungen, = 11,
14. her Burghart Schôp[c] quartus, = 4,
15. Johanns Clobelôch, = 19,

alter Rat: *neuer Rat:*

16. her Eberlin von Mulnheim,
17. Erbeler von Schiltingheim, = 16,
18. her Claus Ottefriderich [d], = 12,
19. Heinzelin Stübenweg [e], her Reinbolt Brandecke, = 5,
20. Johannes Loselin, = 20,
21. Dyterich Richter, = 17,
22. her Sygellin Pilgerin tercius, = 3,
23. Johannes Wirich, = 23,
24. Johannes [f] Grünewalt der iunge, = 22.

Predictum consilium juravit feria sexta [g] post Bartholomei apostoli anno domini millesimo trecentesimo vicesimo primo = *August 28.*

a) *Der Name ist durchstrichen. Da derselbe auch in der jüngeren Urkunde fehlt (s. oben), so ist anzunehmen, dass er im Laufe des Amtsjahrs gestorben oder sonst ausgeschieden ist.*

b) *Der Name ist durchstrichen, er kommt wieder zu Nr. 18.*

c) *Der Name war schon einmal geschrieben, dann zur vorhergehenden Zeile (13) durch einen Strich hinübergezogen, der dann wie auch der Name wieder getilgt wurde.*

d) *auf Rasur.*

e) *Der Name ist durchstrichen, er kommt auch nicht unter den Mitgliedern des neuen Rates vor.*

f) *durchgestrichen.*

g) *Ursprünglich stand dort eine andere Datirung:* sexta ... Bartholomei apostoli *und* primo *steht auf Rasur. Unter* apostoli *ist noch zu erkennen:* virginis Marie.

Das Wahlprotokoll ist ein Pergamentblatt, an den 4 Ecken sind Löcher für Nägel; es diente somit als Anschlag. Die erste Spalte (hier nur in Ziffern, welche auf Rat 1321/22 verweisen, gegeben) ist von einer Hand in einem Zuge geschrieben. Auf diesen Inhalt bezieht sich die Datirung und war der Zettel wohl auch in diesem Zustand angeschlagen. Später wurde dann die zweite (hier genau wiedergegebene) Spalte von einer Hand, die aber oftmals absetzt, hinzugefügt; nur der Name her Reinbolt Brandecke *scheint von anderer Hand zu sein. Die hinzugefügten Zahlen bedeuten die Reihenfolge in der Ratsliste von 1322/23. — Aus Strassb. Stadt A. V. C. G. Corps K. lad. 14 fasc. 1.*

46. *1322 August 27 (Schwurtag) — 1323.*

Vgl. Wahlprotokolle 1322/23 u. 1323/24.

3) *auch als Adressat Bd. II. 1323 März 21.*

Wahlprotokoll über die Ratswahl 1323/24.

Diz ist der rât von Strasburg [a].

alter Rat: *neuer Rat:*

1. hern Reinbolt .. ffelin, = 5 [Hüffelin],
2. her Rûlin Loselin, = 12,
3. » Fritzeman von Duntzenheim, = 10,
4. » Johannes Schotten, = 7,
5. Heintzelin Stubenweg, = 22,
6. Erbe von Lampertheim, = 18,
7. her Reinbolt Süszen, = 9,
8. » Johannes Waldener tertius, = 3,
9. Claus Lentzelin, = 24,
10. Burkart von Mulnheim, = 17,
11. her Wolfhelm von Hochvelden, = 14,
12. hern Cûn Reinboldelin quartus, = 4,
13. her Wetzel Broger, = 6,
14. » Reinbolt Reinboldelin, = 16,
15. » Eberlin von Mülnheim, = 15,
16. » Gosselin Engelbrecht, = 11,
17. Kelbelin vor dem Münstere, = 23,
18. her Reinbolt von Achenheim, = 8,
19. » Burc. Schultheize magister primus, = 1,
20. » Claus von Grostein, = 13,
21. Rûlman Swarber, = 19,
22. Jacob Lentzelin, = 21,
23. Marx Wirich, = 20,
24. hern Johannes Sicken den eltern secundus, = 2.

Predictum consilium juravit feria sexta post Bartholomei apostoli anno domini m ccc vicesimo secundo = *August 27.*

a) *Später noch einmal darüber geschrieben.*

Pergamentblatt, stark lädirt. Es sind 3 Hände zu unterscheiden: 1) erste Spalte, in einem Zug geschrieben (hier in Ziffern gegeben, gleich den in Spalte 2 des vorigen Wahlprotokolls). 2) Datirung. 3) Die zweite Spalte, häufig ansetzend. Aus Strassb. Stadt A. V. C. G. Corp. K lad. 14 fasc. 1.

47. *1323 — 1324 August 31.*

Vgl. a) vorstehendes Wahlprotokoll, zweite Spalte.

b) III. 1052, 1324 August 7, amtirend 3, allein.

c) III, 1057, 1324 August 31, amtirend 3, genannt: 1-3. 5-24 = 23.

d) Ratsbuch, nach Urkunde 1324 August 31, genannt: 1-24 = 24.

Nach d) müsste 4 noch im Amte gewesen sein, der in c) fehlt. Es ist aber auffallend, dass in c) erst der dritte Bürgermeister amtirt.

48. 1324 Oktober 30 — 1325 August 27.

Meister :

1. Her Claus Maler,
2. her Rûdolf von Vegersheim,
3. Heinrich von Mulnheim,
4. her Rûdolf von Nidecke,

Rat :

5. her Burkart Schôp,
6. » Walther von Mulnheim,
7. » Reinbolt Brandecke,
8. » Cûnrat Hôier,
9. » Johannes Zorn,
10. » Reinbolt Reinboldelin,
11. » Sygelin Bilgerin,
12. » Claus Ottefriderich,
13. » Hetzel Marx der iunge,
14. » Michel Rulenderlin,
15. » Claus Lappe rittere,
16. Cûnrat Rihter,
17. Erbe von Schiltinghein,
18. Claus von Rymoltheim,
19. Hanseler von Schônecke,
20. Johannes Klobelôch,
21. Bertholt Swarber,
22. Johannes Grûnewald der iunge,
23. Wilhelm Dantz,
24. Hug von Witterture zû dem Engel,

---

25. her Rudolf Stûbenweg [= 4],

Grundlage :

a) III, 1063, 1324 Oktober 30, amtirend 1.
b) III, 1071, 1325 Januar 23, amtirend 2, genannt : 1-24.
c) III, 1078, 1325 Januar 31, amtirend 2, genannt : 1-24.
d) III, 1079, 1325 Februar 4, amtirend 2, genannt : 1-24.
e) III, 1097, 1325 August 27, amtirend 25 (= 4), genannt : 1-3. 25. 5-14. 21. 15 rittere. *16-20. 22-24 = 24.*

49. 1325 Dezember 13 — 1326 September 12.

Meister :

1. Her Claus Zorn der eltere,
2. her Johannes Swarber,
3. Burkart von Mûlnheim,
4. her Claus von Grostein,

Rat :

5. her Gôsselin von Kagenecke,
6. » Hug Schôp,
7. » Sifrid von Vegersheim,
8. » Wetzel Broger,
9. her Claus Schultheisse,
10. » Rûlin Rulenderlin,
11. » Sickelin der iunge
12. » Eberlin von Mulnheim,
13. » Bilgerin der iunge,
14. » Johannes Markes,
15. » Cûne von Rymotheim,
16. » Peterman von Tûntzenheim rittere,
17. Johannes Loselin,
18. Heinrich Stubenweg,
19. Jacob Lentzelin,
20. Johannes Wirich,
21. Cûntze von Winterture,
22. Gotz Kurnagel,
23. Wilhelm Nappe,
24. Hesse Erlin.

Grundlage :

a) III, 1135, 1326 September 10, amtirend 4.
b) III, 1103, 1325 Dezember 13, amtirend 1, genannt : 1-24 ohne her *vor den betr. Namen.*
c) III, 1120, 1326 April 24, amtirend 3, genannt : = b.
d) III, 1132, 1326 Juli 2, amtirend 4, genannt : = b.
e) III, 1136, 1326 September 12, amtirend 4, genannt : = a.

50. 1326 September 15 (*Schwörtag*) **— 1327 September 2.**

Meister :

1. Her Gôsselin Schôp,
2. her Gôsselin Engelbreht,
3. » Hetzel Markes der iunge, [Marx],
4. » Claus Ottefriderich,

Rat :

5. her Burkart Schôp,
6. » Reinbolt Brandecke,
7. » Cûnrat Hôier,
8. » Hug Zorn,
9. » Sigelin Bilgerin,
10. » Johannes Sicke der alte,
11. » Rûlin Löselin,
12. » Burkart Reinbôldelin,
13. » Burkart Stûbenweg,
14. » Claus Lappe,
15. » Albreht Rulenderlin rittere,
16. Erbe von Schiltinghein,
17. Hanseler von Schônecke,
18. Rûlmann Swarber,
19. Hug von Winterture,
20. Claus Zoller,
21. Peterman Ripelin,

22. Hesse von Tanbach,
23. Sigelin Buckeler,
24. Hug Wisbrötelin.

Grundlage:

a) Wahlprotokoll für Rat 1327/28 (s. unten).
b) III, 1176, 1327 September 2, amtirend 4, genannt: 1-24.
c) II, 1327 April 4, amtirend 3 allein.

Wahlprotokoll für die Wahl des Rates 1327/28.

Diz ist der rât von Strasburg.

alter Rat: *neuer Rat:*

1. Johannes Grûnewalt, = 19,
2. Jacob Lentzelin, = 20,
3. hern Johannes Marx, = 15,
4. Claus Swarber + [a], = 24,
5. hern Wetzel Brôger, = 6,
6. » Rudolf Stûbenweg, = 13,
7. » Renbolt Reinboldelin den alten, = 8,
8. » Renbolt Huffelin den alten, primus, = 1,
9. » Johannes Hulesvelt, = 5,
10. » Johannes den Siegen tertius, = 3,
11. » Fritzeman von Duntzenheim, = 12,
12. » Gossen Schôp + [a], = 16,
13. » Johan iunge + [a], = 17,
14. Peterman von Schonecke, = 18,
15. hern Claus von Grostein, = 14,
16. Sigelin von Mulnheim, = 23,
18.[b] den iungen Bilgerin secundus, = 2,
19. hern Claus Schultheiz, = 10,
20. Otten Kûsen, = 22,
21. Cuntzen von Winterture, = 21,
22. hern Claus Maler, = 7,
23. » Johans Waldener[c], = 9,
24. » Rûlin Rûlenderlin quartus, = 4.

Predictum consilium iuravit crastino exaltacionis s. crucis anno domini millesimo trecentesimo vicesimo sexto = *September 15.*

a) *Die Zeichen so im Original. Ihr Sinn unklar.*
b) *Später eingeschoben.*
c) *Auf Rasur. Es stand dort ein längerer Name, das letzte Wort scheint* Mûlheim.

Pergamentblatt, oben 2 Löcher zum Anheften. 2 oder 3 Hände zu unterscheiden: 1) erste Spalte in einem Zuge. 2) Datumzeile. 3) Die zweite Spalte. Die Zählung der vier Meister (primus *u. s. w.*) *scheint später hinzugefügt zu sein. — Aus Strassb. Stadt A. V. C. G. Corp K. lad 14, fasc. 1.*

51. ***1327 — 1328 März 24.***

a) Vorliegendes Wahlprotokoll zweite Spalte.
b) III, 1194, 1328 März 18, amtirend 2, genannt 1-24.

52. ***1328 Oktober 12 — 1329 Juni 27.***

Meister:

1. Hanseler von Schonecke,
2. her Michel Rûlenderlin,
3. » Rôlin Loselin,
4. » Burckart Renboldelin,

Rat:

5. her Burckart Schôp,
6. » Johannes Scholte,
7. » Renbolt von Achenheim,
8. » Walther Spender,
9. » Johannes Sicke der alte,
10. » Hetzel Marx,
11. » Gosse Engelbreht,
12. » Clauwes Lappe,
13. » Walther von Mûlnheim der iunge,
14. » Burckelin von Mûlnheim rittere,
15. Erbe von Schiltinkeim,
16. Johannes Klobelôch,
17. Hug von Plûmenowe,
18. Erbe von Lampertheim,
19. Hug von Winterture,
20. Sygelin Schilte,
21. Renbolt Sûsze der alte,
22. Renbolt Dauriz,
23. Peter Swarber,
24. Hug Ottefriderich.

Grundlage:

a) II, 1329 Februar 13, amtirend 2.
b) II, 1329 Februar 13, amtirend 2,
c) III, 1220, 1328 Oktober 12, amtirend 1, gegenannt: 1-24.
d) III, 1233, 1329 Juni 10, genannt: 1 allein.
e) III, 1234, 1329 Juni 27, amtirend 3 allein

53. ***1329 — 1330.***

Meister:

1. Her Claus Maler,
2. her Rûdolf Stubenweg,
3. » Eberlin von Mûlnheim,
4. » Behtolt Swarber.

Grundl.: Ratsbuch ohne Angabe der Quelle.

54. *1330 September 30 (Schwurtag) — 1331 März 27.*

Meister:

1. Her Johannes Löselin,
2. her Clawes Zorn, dem man sprichet Lappe,
3. » Johannes Zorn,
4. » Albreht Rülenderlin,

Rat:

5. her Burghart Schöp,
6. » Reinbolt Hüffelin der alte,
7. » Rüdolf von Vegersheim,
8. » Johannes Sicke der alte,
9. » Gosse Engelbreht,
10. » Burckart Reinboldelin,
11. » Burckart Stübenweg,
12. » Peterman von Duntzenheim,
13. » Walther von Mülnheim,
14. » Gosse Schöp,
15. » Klein Johannes Marckes rittere,
16. Johans Clöbeloch,
17. Hanseler von Schonecke,
18. Rüleman Swarber,
19. Johannes Grünenwalt,
20. Hug von Wintertur,
21. Reinbolt Danris,
22. Gerhart Schöp,
23. Johans Panffelin,
24. Johans Ripperlin.

Grundlage:

a) *III, 1275, 1330 November 14, amtirend 1.*
b) *II, 1330 Dezember 9, amtirend 1 allein.*
c) *II, 1331, Februar 17, amtirend 2 allein.*
d) *II, 1331 März 10, amtirend 4 allein.*
e) *III, 1292, 1331 März 21, amtirend 4 allein.*
f) *III, 1293, 1331 März 23, amtirend 4, genannt: 1-24.*
g) *Wahlprotokoll für Rat 1331/32 erste Spalte, es ist darin zwischen 15 und 16 der Name von 22, der an diesem Platz getilgt ist, eingeschoben, das* unde *und* rittere *ist in Zeile 15 getilgt, umgiebt aber den Namen* Gerhart Schöp, *so dass dieser als letzter Ritter erscheint.*

Wahlprotokoll für die Wahl des Rates 1331/32.

Dis ist der rat von Strazburg.

alter Rat: *neuer Rat:*

1. hern Pilgerin, = 10,
2. her Clous Ottefriderich, = 11,
3. Renbolt Süsze der alte, = 19,
4. hern Rülin Rülenderlin magister quartus, = 4,
5. Peter Swarber, = 18,
6. hern Rüd. Stubenweg, = 9,
7. Buckeler [a], Rüdeger Schilt, cfr. 16,
8. hern Hug Schöp, = 5,
9. Hentzelin von Sarburg, = 24,
10. hern Renbolt Renboldelin den alten, = 7,
11. Erbeler von Schiltinkein, = 15,
12. Cüntzen von Wintertur, = 17,
13. hern Johannes Waldener, = 8,
14. Hentzelin von Sarburg [a], Herman Wirich, = 24, 23.
15. hern gros Johannes Marckes magister secundus, = 2,
22. » Johannes Sicken den iungen [a], hern Renbolt Hiltebrant, = 3, 14,
16. » Wetzel Broger primus magister, = 1,
17. » Heinrich von Grostein, dem man sprichet der Römer, = 13,
18. » Clauwes Jungzorn, = 12,
19. » Johannes Sicken den iungen magister tercius, = 3,
20. Hug Wissebrötelin, = 22,
21. hern Claus Maler, = 6,
23. Otten Kusen, = 21,
24. Johans Kelbelin, = 20.

Predictum consilium juravit die Jeromini prespiteri anno domini 1330 = *September 30.*

a) *Der betr. Name ist ausgestrichen.*

Pergamentblatt, stark lädirt, an den 4 Ecken mit Löchern zum Anschlagen, von mehreren Händen: 1) erste Spalte in einem Zug, mit Ausnahme der oben angegebenen Correktur (Nr. 22 betr.), 2) verschiedene Hände machten die Einträge der zweiten Spalte. Von den gewählten Personen fehlt im folgenden Rat der unter 7 genannte Rüdeger Schilt, *für ihn findet sich* Siglin Schilt.

55. *1331 Oktober 27 — 1332 Mai 20.*

(Sturz desselben.)

Meister:

1. Her Wetzel Broger,
2. her gros Johannes Marckes,
3. her Johannes Sicke der iunge,
4. » Rülin Rülenderlin.

Rat :

5. her Hug Schôp,
6. » Clauwes Maler,
7. » Renbolt Reinhöldelin der alte,
8. » Johannes Waldener,
9. » Rûdolf Stubenweg,
10. » Bilgerin,
11. » Clauwes Ottefriderich,
12. » Clauwes Jungzorn,
13. » Heinrich Römer von Grostein,
14. » Renbolt Hiltebrant rittere,
15. Erbeler von Schiltinkeim,
16. Siglin Schilt,
17. Cûnrat von Winterture,
18. Peter Swarber,
19. Reinbolt Süesse der alte,
20. Johannes Kelbelin,
21. Otte Kuse,
22. Hug Wisbrotelin,
23. Herman Wirich,
24. Heintzelin von Sarburg.

---

25. her Rûlman Swarber.

Grundlage :

a) Vorstehendes Wahlprotokoll.
b) III, 1317, 1331 Dezember 20, amtirend 1, genannt : 1-17. 20-24 = 22.
c) III, 1314, 1331 November 29, amtirend 1, genannt : 1-17. 19-24 = 23.
d) III, 1318, 1332 Januar 9, amtirend 2, genannt : = b.
e) III, 1319. 1332 Januar 16, amtirend 2, genannt : = b.
f) III, 1320, 1332 Februar 28, amtirend 2, genannt : 1-18. 20-24 = 23.
g) Ratsbuch nach Urkde 1331 Oktober 27, genannt : 1-3. 25. 4-17. 19. 18. 20-24 = 25.

Vermutlich ist in diese Liste 25 durch ein Versehen hinein gekommen, alsdann würde sie zu den andern stimmen.

Vorbemerkung.

Die nachstehenden Amtslisten für städtische und kirchliche Behörden und Institute der Stadt Strassburg beruhen auf folgender Grundlage. Erstens ist der vorliegende dritte Band des Urkundenbuches (citirt als III, mit Angabe der Seiten- und Zeilenzahl) ganz vollständig ausgezogen; zweitens ist das Manuskript des zweiten Bandes excerpirt; diese Notizen konnten aber selbstredend nur unter dem Datum der Urkunde, nicht nach Seiten- und Zeilenzahl gegeben werden. Drittens sind dann die bei Sammlung des Stoffes aus solchen Urkunden aufnotirten Namen aufgenommen, welche sich zur Aufnahme in das Urkundenbuch nicht eigneten. Diese Urkunden sind jedoch nur dann angegeben, wenn wir aus ihnen erfahren, dass der betreffende Beamte länger in seinem Amte war, als wir aus Band II und III wissen, oder wenn er überhaupt in Band II und III nicht vorkommt. Beim Bistum und Domkapitel wurde diese letzte Quelle überhaupt nicht herangezogen, da diese Klasse von Amtslisten eher in ein Urkundenbuch des Bistums als der Stadt gehört und andererseits Vollständigkeit nicht zu erreichen war. Auch sind solche Notizen für die Laienbrüder der Klöster nicht benutzt.

Hinter jedem Namen ist zuerst in Klammern die Dauer der Amtsthätigkeit des Beamten u. s. w. gegeben, soweit sie sich aus den nachfolgenden Angaben ergiebt. Dann folgen zuerst die Citate aus Band III, angegeben in Seiten- und Zeilenzahl; vor dem ersten steht ausserdem die Bandzahl III. Hieran schliessen sich die Citate aus Band II nach Jahreszahl, Monat und Tag citirt, vor dem ersten die Bandzahl II. Zum Schluss kommen die Notizen aus den Archiven mit genauer Angabe des Aufbewahrungsortes der Urkunde nach der Archivbezeichnung. Ist der betr. Beamte an einer durch das Citat gegebenen Stelle nicht mehr als lebend bezeichnet, so ist vor das Citat ein Kreuz (†) gesetzt, dann folgt die Bandzahl, Citat, dahinter in Klammern dann die Jahreszahl, welche das Datum der citirten Urkunde angiebt, in der der betr. Beamte bereits als tot bezeichnet ist.

II. Städtische Behörden.

Schöffen (scabini) nach Familien geordnet.

Reinbolt von Achenheim: II, 1330 Okt. 20.
Bilgerin der alte (*1324*): III, 315, 42.
Bilgerin: II, 1330 Okt. 20.
Hugo von Blûmenowe (*1321*): III, 291, 22.
Johannes von Blûmenowe (*1286-1311*): III, 65, 12. 209, 32.
Ludewig von Blûmenowe (*1304*): III, 168, 17.
Ůlrich Bockelin (*1278*): III, 40, 6.
Reimbolt Brandeck (*1318*): III, 269, 6.
Erbo ultra Bruscham (*1290*): III, 78, 15.
Egenolf der Burggrave (*1302*): III, 149, 30.
Cûno von Kagenecke (*1302*): III, 149, 31.
Gôtzelin von Kagenecke (*1302-24*): III, 149, 31. 269, 7. 315, 41.
Nicolawes der alte von Kagenecke (*1299*): III, 125, 23. 126, 17.
Johannes Clobelôch der alte (*1318*): III, 275, 17.
Johannes Clobelôch (*1324-30*): III, 361, 1. 333, 37. II, 1330 Okt. 20.
Hug von Dossenheim (*1328*): III, 366, 5.
Burckart von Düntzenheim (*1315*): III, 246, 18.
Heinricus Durre (*1278*): III, 40, 6.
Claus Dütschman (*1318-63*): III, 158, 19. 269, 8.

Einhardus (*1290*): III, 78, 15.
Ernlin (*1286*): III, 65, 13.
Rûdolf von Vegersheim: II, 1330 Okt. 20.
Syfrid von Vegersheim (*1302-14*): III, 149, 31. 209, 32. 229, 40. 233, 36.
Gotzo von Grostein (*1299-1324*): III, 125, 23. 126, 17. 129, 44. 246, 17. 315, 41.
Nicolaus von Grostein (*1324-30*): III, 315, 42. 368, 38. II, 1330 Okt. 20.
Johannes Hentwinge (*1286*): III, 65, 12.
Reinbolt Huffelin (*1328-30*): III, 366, 5. II, 1330 Okt. 20.
Johannes Hunsvelt (*1303-24*): III, 158, 18. 315, 41.
Johannes Hôwemesser (*1303*): III, 158, 18.
Heinricus Lentzelin (*1278*): III, 40, 5.
Reinbolt der Liebenzeller (*1302-03*): III, 149, 31. 158, 17.
Rûlin Lôselin: II, 1330 Okt. 20.
Clawes Maler: II, 1330 Okt. 20.
Heinricus Marsilius (*1272*): III, 16, 10.
Wetzel Marsilies der iunge (*1303*): III, 158, 18.
Heinricus de Mûlnheim (*1320*): III, 282, 19.
Johans von Mûlnheim (*1313-14*): III, 229, 40. 233, 36.
Walther von Mûlnheim (*1314*): III, 233, 36.
Claus Otfriderich (*1318-30*): III, 269, 8. II, 1330 Okt. 20.
Johans Paaphelin (*1313*): III, 229, 40.
Clawes Rebestog (*1318*): III, 275, 17.
Reimbolt hern Reinboldelins (*1302-24*): III, 149, 30. 209, 32. 315, 42.
Burckart hern Reinboldelins (*1302-24*): III, 149, 30.
Berhtoldus zûm Riet (*1321*): III, 291, 22.
Claus von Rymuntheim (*1318*): III, 269, 7.
Cunrat Rypelin (*1311*): III, 209, 33.
Otto Rypelin (*1318*): 275, 17.
Rûlin Rûlenderlin (*1328*): III, 366, 5.
Johans Schilt (*1302*): III, 149, 31.
Erbeler von Schiltincheim (*1324*): III, 316, 1.
Hartmût von Schiltincheim (*1272*): III, 16, 11.
Eberlinus de Schônecke (*1290*): III, 78, 15.
Burckart Schultheisze (*1302-11*): III, 149, 32. 209, 33.
Eberhardus Sicke (*1290*): III, 78, 15.
Johannes Stûbenweg (*1318*): III, 269, 8.
Reinbolt Stûbenweg der alte (*1318*): III, 269, 8.
Heinrich Swarber (*1286*): III, 65, 12.
Heinrich der alte Swarber (*1304*): III, 168, 17.
Johannes Swarber (*1324*): III, 315, 42.
Peter Swarber (*1320-28*): III, 282, 19. 368, 38.
Rûleman Swarber (*1324-26*): III, 316, 1. 333, 38.
Ûlrich Swarber: II, 1330 Okt. 20.
Clawes Taweler von Vinckenwilre (*1319*): III, 279, 26.
Reinbolt Turant (*1303-13*): III, 158, 18. 229, 40.
Burkart Waldecke (*1303*): III, 158, 19.
Welschin (*1286*): III, 65, 13.
Heinrich Wetzel (*1319*): III, 279, 26.
Hug Wirich (*1299*): III, 129, 44.
Heinrich von Wolfgangesheim (*1303*): III, 158, 17.
Johannes filius Johannis dicti Zolner in Kalbesgasse (*1286*): III, 65, 13.
Clawes Zorn Lappe: II, 1330 Okt. 20.
Johannes Zorn: II, 1330 Okt. 20.
Niclawes Zorn (*1311*): III, 209, 32.
Niclawes Zorn, schultheiss, (*1318*): III, 269, 6.
Reinbolt Zorn, des Schultheissen Sohn, (*1315*): III, 246, 17.

Schultheiss, scultetus.

Nicolaus Zorn (*1270-1319*) ob mehrere?: III, 11, 45. 69, 18. 83, 10. 109, 16. 128, 30. 138, 25. 153, 20. 156, 36. 162, 20. 179, 27. 187, 31. 194, 19. 197, 28. 217, 1. 218, 24. 227, 33. 229, 21. 233, 17. 241, 44. 267, 13. 269, 6. 278, 21. II, 1296 Jan. 22. 1296 Mai 15. 1302 Dez. 11. 1313 Okt. 5. 1319 Febr. 15 (22). 1319 Aug. 20. 1319 Aug. 25. 1322 Febr. 17.
Nicolaus Zorn (*1320-30*): III, 303, 34. 329, 18. 350, 16. 351, 28. 378, 2. † III, 380, 29. II, 1320 April 7. 1321 Juni 5. 1321 Juli 29. 1321 Okt. 31. 1325 April 22. 1325 April 24. 1325 April 26. 1326 Okt. 3. 1327 April 4. 1327 April 11.
Nicolaus Zorn (*1330*): III, 381, 20. 382, 9

Unterschultheiss, judex secularis, vices gerens sculteti, vicescultetus.

Cûnradus (*1272*): † III, 17, 11.
Nikolaus Hûmeier (*1281*): III, 47, 1.
Gunther (*1315*): III, 246, 19.
Eberlinus Sicke (*1321*): III, 292, 9.
Heinricus Johan (*1322*): III, 298, 22.
Heinricus de Esselingen (*1325*): III, 328, 18.

Vogt, advocatus.

Ludewig von Liehtenberg (*1271*): III, 13, 17 u. 22.
Rûdolf von Liehtenberg (*1271*): III, 13, 17 u. 22.

Burcart von Ache (*1299*): III, 128, 30.
Reinbolt Reinbôldelin (*1308-13*): III, 187, 31. 194, 19. 227, 33.
Reimbold Reibôldelin (*1323-30*): III, 303, 34. 382, 31.

Burggraf.

Vgl. III, 10, 41 (*1270*): Heinrich der burcgrave von Sulzmatten.
Nicolaus Zorn (*1281*): III, 46, 34.
Johannes zum Riet: II, 1296 Jan. 10.

Zölner, thelonearius.

Johannes (?) (*1267-88*): III, 2, 27. 4, 37. 61, 2.
Cûnrad von Wintertûr (*1291*): III, 85, 3.

Stadtschreiber, notarius civitatis, advocatus. (Vgl. III, 280, 40.)

magister Cůncelinus ad s. Thomam (*1272?* † *vor 1279*): III, 17, 35 u. 44. 40, 21.
Johannes gener Erlini de s. Thoma (*1287-90*): II. 1287 s. d. 1290 Aug. 18.
magister Cunzelinus (*1290* † *1294*, *ob 1292?*): III, 79, 18. 91, 21. 98, 38.
Meister Gotfrid (Götze Wilman) (*im Amt 1299-1305*, † *vor 1315*): III, 125, 11. 125, 39. 125, 42. 141, 28. 142, 11. 144, 22. 170, 8. 245, 26. 289, 6.
Meister Hugo (*1320-31*): III, 285, 23. 333, 39. 349, 39. 389, 22. 394, 31.

Advocatus (ob Stadtschreiber oder Vogt ?).

Magister Johannes Vetterkint (*1321*, † *1329*): III, 288, 30 u. 42.
Lampertus (*1331*): III, 388, 31.

Procurator civitatis.

Johannes gener Erlini (s. Stadtschreiber): II, 1287 Mai 25, Juni 10, Juni 25. 1290 Aug. 18.
Hugo Ripelin: II, 1290 Juni 24.

Promotor in curia Romana.

Magister Johannes Leutonis, canonicus s. Petri: II, 1288-90.
Magister Cůnradus de Geispoltsheim: II, 1324 Sept. 12.

Nuncius civium.

Conradus (*1270*, † *vor 1277*): III, 9, 1. 36, 30.

Stadtknecht.

Heiden der Koch (*1313-17*): III, 226, 9 u. 42.

Münzmeister.

Hug Wyrich: II, 1292 Dez. 15.
Niclawes der alte Zorn: II, 1301 Dez. 14. 1308 Jan. 28. 1313 Okt. 5. 1314 Febr. 15. 1319 Febr. 22 (15). 1319 Aug. 20, Aug. 25. 1321 Juni 5. † II. 1322 Febr. 17.
Růdolf von Mollisheim: † III, 183, 4 (1309).
Götze von Grostein: II, 1322 Febr. 17. 1329 Febr. 13.

Monetarius. Münzhüter.

Claus von Roppenheim: † III, 377, 24 (1330). II. 1308 Jan. 28. 1313 Okt. 5. 1314 Febr. 15. 1319 Aug. 25. 1321 Juni 5. 1322 Febr. 17.
Diether Kruche (*1311*): III, 212, 1.
Berhtolt der alte zů dem Ryet: II, 1319 Febr. 22 (15).
Gösselin Clôbelôch: II, 1322 Febr. 17. 1329 Febr. 13.

Magister cupariorum.

Ůlricus cuparius (*1310*): III, 203, 2. † III 289, 20.
Johannes (*1321*): III, 289, 22.

Magister pellificum.

Johannes Růlinus (*1331*): III, 388, 40.

Magister piscatorum.

Bertschinus (*1321*): III, 290, 43.

Hospital.

Pfleger, magistri, gubernatores, rectores (stets 2 oder 3 von der Stadt ernannte).

Gozelin (*1275*): III, 23, 22.
Niclawes von Kagenecke (*1275-84*): III, 23, 22. 48, 36. 50, 7. 52, 29. 57, 20.
Johannes in Kalbesgassen (*1281-84*): III, 48, 36. 50, 7. 52, 29. 57, 20.
Johannes von Sarburg (*1281-84*): III, 48, 36. 50, 7. 52, 29. 57, 20.
Lucas von Eckeversheim: II, 1288 April 16.
Hug Ripelin: II, 1288 April 16.
Wetzel Marsilies (*1296*): III, 109, 40. 112, 14. 112, 28. 113, 42. 114, 29.
Reinbold Stůbenweg der alte (*1296*): III, 112, 14. 113, 42.
Niclawez der alte von Kagenecke (*1298-1302*): III, 124, 2. 127, 5. 135, 14. 145, 37.
Götze von Grostein (*1298-1302*): III, 124, 2. 127, 5. 135, 14. 145, 37.
Albrecht Rûrenderlin (*1305-1307*): III, 174, 8. 184, 24.
Jacob von Barre (*1305-1307*): III, 174, 8. 184, 24.
Heinrich Dürninger (*1308-10*): III, 196, 10. Urkunden Hosp. A. lad. Hôp. XXVIII u. V.
Johannes Hetzel (*1309*): III, 196, 10.
Heinrich Wetzel (*1313-23*): III, 232, 31. 245, 11. 247, 21. 262, 1. 284, 8. 303, 25. II. Aufzeichn. Heinrichs von Honburg.
Johannes von Winterture zům Engele (*1313-15*): III, 232, 31. 245, 11. 247, 21.
Clawes Otte Friderich (*1317*): III, 262, 1. 284, 8.
Betschelin Růses (*1320*): III, 284, 32.
Cůnradus Ripelin (*1321-24*): III, 303, 25. II, Aufzeichn. Heinrichs von Honburg. — Urkunden Hosp. A. lad. 30 u. lad. Hôp. XV.
Nycolaus Zorn (*1328*): Urkunden Hosp. A. lad. 35.
Wetzellinus (*1330*): III, 385, 31.
Růlinus Rûlenderlini (*1328-32*): III, 388, 11. 388, 18. Urkunde Hosp. A. lad. 4.
Johannes Waldener (*1328-32*): III, 388, 11. 388, 18. Urkunde Hosp. A. lad. 4.

Magister.

Conradus Staheler (*1296*): Urkunde Hosp. A. lad. Hôp. IV.

Hugo de Mutziche (*1302-13*): III, 162, 7. Urkunde Hosp. A. lad. Hôp. VI u. V.
Cûnrat Liebersun (*1305*): III, 173, 28.
Guntherus (*1311*): III, 201, 42.
Heinricus Harrer (*1311*): III, 213, 3.
Johannes de Virdenheim (*1313-22*): III, 232, 32. 239, 23. Urkunde Hosp. A. lad. Hôp. LXXVIII.
Petrus Kempfe (*1314-17*): III, 237, 15. 261, 25. 262, 4. 264, 7.
Johannes Schaffener (*1323-31*): III, 303, 23. 317, 41. 336, 43. 345, 2. 383, 17.

Procurator infirmorum.

Bruder Heinrich von Honburg (*1315-31*): III, 284, 31. 303, 24. 317, 41. 331, 39. 336. 43. 345, 3. 361, 2. 388, 10. II, 1315 Sept. 15 u. Selbstaufzeichnungen.

Domfabrik.

Werkmeister, magister operis, fabrice.

Rudolfus senior: † III, 31, 18 (1276).
Meister Erwin (*1284*): III, 57, 20. Vgl. III, 406.

Provisores, gubernatores (vom Kapitel bestellt).

Eberhardus de Entringen, canonicus eccl. Arg. (*1277*): III, 36, 24.
Marquardus de Entringen, scolasticus eccl. Arg. (*1277-82*): III, 36, 24. 51, 2.

Lonherre, magister operis.

Cunradus Oleyman (*1274*): III, 20, 10.
Heinrich Wehelin (*1281-84*): III, 48, 24. 51. 2. 57, 19.

Magister, Pfleger, Gubernator, Procurator, Lonherre (stets 2 von der Stadt bestellt).

Elnhardus magnus (*1291-1303*): III, 56, 38. 84, 25. 88, 24. 90, 27. 95, 30. 100, 5. 106, 22. 106, 43. 125, 7. 128, 19. 129, 20. 130. 40. 143, 32. 144. 18. 146, 32. 151, 15. 159, 2. 159, 45. 160, 15. 160, 26.
Lukas von Eckeversheim (*1290-95*): III, 77, 10. 88, 24. 91, 17. 95, 30. 98, 12. 106, 43.
Heilman am Wasser (*1299-1310*): III, 125, 7. 128, 19. 132, 16. 144, 18. 151, 15. 159, 26. 160, 15. 167, 15. 170, 13. 171, 10. 184, 10. 189. 13. Urkunde Frauenh. A. lad. 32.
Burkard Wadecke (*1311-21*): III, 160, 44. 214, 40. 226, 2. 244, 2. 245, 10. 273, 40. 280, 22. 285, 4. 288, 2.
Heinrich von Wolfgangesheim (*1311*): III, 214, 39.
Gösselin Schôp (*1312-26*): III, 244, 2. 245, 10. 273, 40. 280, 22. 288, 1. 307, 2. 336, 34. Urkunde Bez. A. H 2086.
Cûnrad Riplin (*1323-29*): III, 307, 2. 336, 34. 348, 20. 358, 31. 366, 15. 372, 21. Urkunde Frauenh. A. lad. 40.
Reimbolt von Achenheim (*1327-32*): III, 348, 20. 358, 32. 366, 16. 372, 21. 384, 36. 396, 35. 398, 6.
Nicolaus Ottefridrich (*1330-31*): III, 384, 36. 393, 38. 396, 36.

Procurator (stets ein Cleriker).

Heinrich von Hagenau Priester (*1289-1316*): III, 90, 27. 142, 33. 156, 45. 165, 39. 166, 18. 170, 13. 170, 32. 176, 35. 184, 11. 189, 13. 192, 4. 214, 40. 223, 43. 225, 39. 226, 3. 228, 33. 229, 7. 237, 31. 244, 2. 245, 10. Urkunden Frauenh. A. Saalb. 3 und lad. 27.
Johannes Urselinger von Ehenheim (*1318-32*): III, 163, 46. 271, 31. 273, 41. 279, 19. 280, 22. 285, 5. 288, 2. 288, 20. 296, 25. 300, 2. 300, 33. 306, 3. 307, 45. 308, 27. 327, 12. 335, 9. 336, 35. 338, 8. 338, 19. 341, 16. 348, 3. 348, 21. 358, 32. 365, 41. 366, 16. 374. 9. 374, 27. 384, 37. 393, 46. 396. 36, 398, 5.

Clericus fabrice.

Mangoldus (*1306-24*): III, 189, 43. 198, 12. 222, 43. 223, 25. 262, 38. 275, 3. 282, 30. Urkunden Frauenh. A. lad. 20 u. 38.

Nuncius, famulus, stacionarius.

Conradus (*1272-88*): III, 16, 6 u. 38 u. 39 u. 40. 39, 36. † III, 214, 10 (*1311*).

Diener.

Albert Schaffener (*1317*): III. 125, 40.
Heinrich von Hagenowe (*1318*): III, 275, 1.

Armenpfründen zum hl. Geist.

Magister pauperum, Pfleger.

Otto Crebiz (*1269*): III, 5, 11 u. 32.
Elnhard (*1298-1301*): III, 125, 45. 167, 6.

Vertreter.

Frater Ebelinus de Argentina (*1299*): III, 126, 38.

III. Geistliche Behörden und Institute.

Bischof von Strassburg.

Heinrich von Geroldseck (*1267-72*): III, 3. 36. 6. 40. 9, 4. 11, 26. 12, 12. 17, 18. II, 1267 Jan. 27, Febr. 1, Dez. 20. 1268 Mai 4. 1269 Aug. 27. 1270 Jan. 10, Aug. 8. 1263-70.

Conrad von Lichtenberg (*1275-99*): III, 32, 34. 36, 32. 37, 15 u. 22. 41, 6. 42, 14. 43, 23. 46, 32. 58, 6. 58, 32. 66, 8. 77, 2. 79, 43. 81, 17. 86, 2. 123, 25. 128, 13. II, 1276 Jan. 28. 1277 Mai 17. 1279 Juli 26. 1280 Jan. 23, Mai 20. 1281 Febr. 17, Febr. 22, Nov. 10. 1281 s. d. 1282 Juli 24. 1284 Okt. 31. 1286 Juli 24. 1287 Juni 26. 1290 Jan. 2, Jan. 4, Febr. 22, Febr. 23, Mai 12, Juni 23, Juni 24, Juli 18, Aug. 18. 1292 Febr. 29. 1293 März 17. 1294 Mai 6. 1296 Jan. 10, Febr. 18, Dez. 4. 1298 März 4, Mai 15, Okt. 18. 1299 Juni 16.

Friedrich von Lichtenberg (*1300-1304*): III, 138, 23. 144, 38. 145, 12. 149, 20. 151, 23. 162, 35. 169, 43. II, 1300 Juni 22, Aug. 3, Sept. 15. 1301 vor Mai 2. 1303 Nov. 21, Dez. 10. 1304 Okt. 4.

Johann von Dürbheim (*1306-27*): III, 179, 26. 180, 27. 181, 7. 196, 3. 201, 15. 202, 10. 209, 17. 220, 38. 227, 24. 232, 43. 239, 7 u. 43. 240, 21. 241, 1. 241, 33. 258, 31. 259, 20. 268, 39. 271, 21. 306, 36. 315, 20. 327, 17. 337, 26. 344, 28. 350, 18. † III, 376, 33 (1330). II, 1306 Nov. 29. 1309 Okt. 8. 1310 März 1. 1312 Juli 23. 1312 s. d. 1313 Juli 25. 1314 Jan. 5, Aug. 23. 1315 Juli 23. 1317 März 10. 1318 Febr. 6. 1319 Jan. 5, Jan. 16, Febr. 17, Febr. 22 (15), Mai 4, Aug. 20. 1320 Okt. 25. 1322 Febr. 17. 1324 Aug. 1325 Juli 26, Aug. 21. 1326 Aug. 22. 1227 April 4, April 11, Juli 24.

Berthold von Bucheck (*1329-31*): III, 344, 42. 378, 1. 378, 16. 395, 35. II, 1329 Mai 18, Sept. 4. 1330 April 25, Juni 2. Dez. 9. 1331 Febr. 17, März 10.

Vices episcopi gerens.

Frater Ywanus Lacedemoniensis episcopus: II, 1301 März 8.

Bischöfliches Offizialat.

Iudex curiæ, officialis, Hofrichter.

Magister Billungus (*1266-70*): III, 2, 8. 2, 18. 2, 25. 2, 32. 3, 5. 8, 16. 3, 23. 3, 32. 6, 1. 7, 5. 8, 35. 11, 14. 12, 5.

Magister Dietmarus (*1271-74*): III, 14, 26. 15, 32. 16, 6. 17, 32. 18, 19. 21, 11. Vgl. III, 16, 37 (1297).

Notarius curiæ.

Conradus de Veringen (*1278*): III, 38, 34.
Johannes de Twurri (*1316*): III, 255, 18.
Johannes (*1274*): Urkunde Hosp. A. lad. Hôp. XV.

Advocatus curiæ.

Dielmannus de Novenberg (*1318-21*): III, 288, 40.
Magister Johannes de Sennheim († *1323*): Urkunde Bez. A. G 4814 (5186).

Sigillator.

Heinricus Memminger († *1327*): III, 345, 31.

Pedellus curiæ.

Gervalkus (*1281*): III, 47, 5.
Heinricus Kolbener (*1316*): III, 255, 18.

Notarius episcopi.

Meister Rôlin (*1268-79*): III, 3, 21. 7, 33. 12, 1. 12, 29. 19, 9. 43, 13. † III, 38, 27 (1284).

Domkapitel.

Probst.

R. (*1269*): III, 6, 27.
Bertholdus (*1272*): III, 17, 8. † III, 25, 35 (*1275*).
Fridericus de Lichtenberg (*1290-98*): III, 85, 23. 123, 7. II, 1290 Juli 18. 1294 Mai 6. 1298 März 4, Okt. 18.
Johannes de Florichingen (*1300-02*): III, 147, 37. II, 1300 Aug. 23.
Gebehardus de Friburg (*1310-32*): III, 270, 3. 351, 9. 378, 1. 387, 38. 391, 33. 394, 6. 399, 32. II, 1310 März 1.

Dechant.

B[erthold von Ochsenstein] (*1269-72*): III, 6, 27. 17, 8. 39, 16.
M[arquard] von Entringen (*1286-1308*): III, 63, 14. 100, 4. † III, 192, 15 (1308). II, 1294 Mai 6.
Friedrich von Richenberg (*1298*): † III, 308, 37 (1323). II, 1298 März 4.

Heinrich von Lupfen (*1300-18*): III, 156, 32. 162, 18. 241, 1. 258, 31. 269, 1. † III, 292, 3 (1321). II, 1300 Aug. 23. 1310 März 1.

Walram von Veldentz (*1321-27*): III, 187, 44. 289, 15. 344, 36. 351, 11.

Johannes von Schwarzenberg (*1330-32*): III, 378, 1. 387, 38. 391, 33. 399, 32.

Cantor.

Conrad von Lichtenberg (*1267-71*): III, 13, 9. II, 1267 Juli 25. 1250-70.

Cellerarius.

Johannes (*1269-76*): III, 6, 28. 30, 14.

Custos.

Hermann von Thierstein (*1280*): III, 46, 12.

Portarius.

Friedrich von Richenbach (*1278*): III, 39, 17.

Heinrich von Dicke (*1315-21*): III, 249, 16. 260, 12. 287, 20.

Scholasticus.

Marquard von Endringen (*1269-84*): III, 6, 27. 36, 24. 39, 17. 56, 12.

Ludwig von Thierstein (*1291-95*): III, 85, 15. 104, 23.

Friedrich (*1301*): III, 144, 38.

Johann von Ochsenstein (*1310*): III, 204, 4.

Thesaurar.

Johannes (*1270*): III, 11, 4.

Hermann von Thierstein (*1274-95*): III, 20, 16. 28, 37. 78, 13. 85, 11. 94, 33. 104, 33. † III, 187, 12 (1308). II, 1288 Juli 20. 1293 April 2.

Heinrich von Freiburg (*1302-10*): III, 151, 28. II, 1310 März 1.

Conrad von Kirkel (*1313-32*): III, 227, 24. 238, 20. 255, 8. 269, 1. 288, 28. 318, 15. 369, 30. 387, 24. 396, 2. 399, 33.

Archidiaconi.

Albert von Steinburnen (*1269*): III, 6, 28.

C. von Entringen (*1269*): III, 6, 28.

C. von Sultz (*1269*): III, 6, 28.

Conrad von Dellmensingen (Talmassingen) (*1268-73*): III, 2, 39. 4, 25. 19, 8. II, 1270 Jan. 13.

Eberhard von Entringen (*1269-75*): III, 7, 6. 7, 44. 25, 7. 25, 28.

Gebehard von Freiburg (*1302-03*): III, 145, 12. 152, 10. 157, 40.

Heinrich von Gundelfingen (*1304-12*): III, 166, 17. 192, 10. 220, 28.

Heinrich von Ochsenstein: † III, 25, 11 (1275).

Hermann von Thierstein (*1308-25*): III, 187, 16. 325, 29.

H. von Zweibrücken (*1299*): III, 127, 36.

Johannes von Erenberg (*1290-1303*): III, 129, 1. 131, 6. 144, 10. 162, 16. II, 1290 Aug. 18.

Johannes von Ochsenstein (*1303-21*): III, 162, 24. 191, 12. 288, 23. II, 1290 Aug. 18.

Rudolf von Ochsenstein (*1321-31*): III, 288, 23. 295, 18. 391, 1.

Symond von Horburg (*1308-16*): III, 187, 16. 255, 10.

Symund von Ochsenstein (*1293*): III, 92, 16.

Canonici.

Albert von Dellmensingen (Talmassingen) (*1277*): III, 32, 34. † III, 35, 34 (1277).

Conrad von Frankenstein (*1303-14*): III, 162, 34. 238, 17.

Conrad von Fürstenberg (*1330*): III, 376, 12.

Conrad von Lierheim (*1316*): III, 255, 7.

C. von Wartenberg (*1269*): III, 6, 29.

Eberhart von Entringen (*1269-77*): III, 7, 6. 36, 24. † III, 192, 14 (1308).

Eberhart von Lupfen (*1330*): III, 376, 12.

Eberhart von Wartstein: † III, 255, 16 (1316).

Friedrich von Lichtenberg (*1271*): III, 13, 17.

Gebhard von Freiburg (*1302*): III, 147, 40.

Heinrich von Erenberg (*1266-1303*): III, 1, 12. 156, 32. 162, 18.

Heinrich von Geroldseck (*1316*): III, 255, 10.

Heinrich von Gundelfingen (*1303*): III, 156, 33.

Heinrich von Stein (*1279*): III, 42, 32.

Hermann von Geroldseck (*1300-03*): III, 133, 37. 156, 33.

Hermann von Geroldseck der jüngere (*1324*): III, 315, 1.

Hermann von Thierstein (*1295-1316*): III, 104, 34. 162, 18. 255, 9.

Johannes von Erenberg (*1279-1303*): III, 42, 33. 156, 32. † III, 195, 30 (1309).

Johannes von Geroldseck (*1324*): III, 315, 1.

Johannes von Schwarzenberg (*1316*): III, 256, 35.

Ludwig von Thierstein (*1279-1316*): III, 42, 38. 255, 9.

N. von Eichenberg (*1269*): III, 6, 29.

Otto von Entringen (*1269-75*): III, 5, 15 u. 31. 25, 18.

Philipp, des Landgrafen von Niederelsass Bruder, (*1313-32*): III, 229, 31. 248, 6. 250, 22. 310, 19. 320, 12. 361, 14. 399, 18.

Rudolf von Dellmensingen (*1283-1316*): III, 64, 37. 158, 33. 255, 11. 258, 22. 258, 28.

Ulrich von Arberg †: III, 383, 15 (1330).

Ulrich von Lupfen (*1269*): III, 6, 29.

Ulrich von Rapoltstein (*1321*): III, 287, 28.

Walram von Veldentz (*1314*): III, 237, 20. 240, 23.

Walther von Schauenburg (*1316*): III, 255, 10.

Walther von Dicke (*1286*): III, 63, 2.

Walther von Frankenstein (*1269*): III, 5, 13 u. 31.

Walther von Gundelfingen (*1301-12*): III, 56, 39. 215, 33.

Viceplebanus.

Johannes (*1312*): III, 216, 9.
Wernherus de Mülnhusen (*1331*): III, 391, 28.

Schaffner des Domkapitels.

Johannes von Holzheim (*1330*): III, 289, 35.

Geistl. Gericht des Propstes.

Notarius: Cûno (*1281*): III, 47, 5.

Gericht des Thesaurars.

Presidens judiciis, officialis:
- Cûnradus notarius (*1272*): III, 17, 32.
- Magister Johannes (*1273-75*): III. 18, 30. 24, 26.
- Magister Jacobus (*1324*): III, 318, 14.

Gericht des Küsters.

Statthalter: Johannes, Sänger der Kirche zu Honau. (*1268*): III, 5, 1.

Archidiakonalgericht.

Vices gerens: Magister Conradus de Sarburg (*1273*): III, 19, 7.

Collector censuum portariæ.

Cûnradus Rihter (*1323*): III, 308, 18.

Pfründner. Præbendarii.

Allerheiligenaltar:
- Johannes von Rufach (*1331*): III, 387, 29.

St. Antoniusaltar:
- Wernher Körner (*1326*): III, 187, 44.

St. Arbogast und Jodocusaltar:
- Conrad (*1316*): III, 258, 31.

Entringer Pfründe:
- Gotfrid (*1275*): III, 26, 21.

Frühaltar:
- Arnold (*1269*): III, 8, 7.
- Albert (*1280*): III, 45, 1.

St. Gregoriuscapelle:
- Heinrich (*1305-18*): III, 172, 16. 268, 33.
- Gotzo (*1322*): III, 294, 2.

Hauptaltar, altare majus:
- Nicolaus von Villingen (*1301*): III, 144, 28.

St. Jacobusaltar:
- Heinricus natus Gertrudis cyrurgice de Ehenheim superiore (*1312*): III, 219, 43.

St. Jacobus und Martinusaltar:
- Heinrich Fürstelin (*1327*): III, 302, 9.

St. Johannesaltar:
- Nicolaus von Villingen (*1315-18*): III. 246, 5. 268, 42.

St. Martinsaltar im Kreuzgang:
- Rudolf Grimolt von Sande (*1323*): III, 301, 2 u. 39.

St. Nicolausaltar:
- Friedrich von Zutzendorf (*1321*): III, 292, 1.

St Peter und Paulaltar:
- Johannes Swarze von Rufach (*1293-1305*): III, 94, 1. 170, 1.

Præbenda regis:
- Magister Cûnradus de Lingelvesheim (*1298*): III, 123, 9. † III, 187, 17 (1308).

St. Vincentiusaltar:
- Berthold von Richenberg (*1312*): III, 223, 1.

—

Magister Antonius physicus (*1268-86*): III, 3, 24. 61, 33. 63, 1. † III, 103, 33.
Bertoldus (*1290-1300*): III, 78, 17. 136, 15.
Conradus Camerer (*1280*): III, 44, 38.
Magister Conradus de Lingolvesheim (*1290*): III, 78, 42. s. Præbenda regis.
Conradus de Meistersheim (*1321-24*): III, 281, 30. 315, 12.
Conradus de Veringen (*1290*): III, 78, 16.
Magister Dietmarus (*1281*): III, 46, 41. † III, 289, 6 (1321). 289, 37 (1330).
Dietricus (*1275-81*): III, 25, 33 u. 42. 47, 23.
Eberhardus de Lobestette (*1305*): III, 170, 7.
Eberhart Zarte (*1330*): III, 289, 34.
Egelinus de Gündelvingen (*1327*): III, 345, 34.
Fürstelin (*1329*): III, 374, 18. s. St. Jacobus und Martinusaltar.
Heinricus Kremer (*1328-31*): III, 350, 43. 369, 18. 374, 36.
Magister Heinricus Dietmari (*1295-1331*): III, 104, 36. 288, 29. 288, 33. 289, 39 u. 41. † III, 395, 2 (1331). 399, 36. II, 1304 Okt. 4.
Heinricus de Illewickersheim (*1330*): III, 383, 14.
Magister Humbertus (*1283*): III, 53, 21.
Johannes de Dicke (*1316-28*): III, 258, 24. 283, 37. 319, 7. 369, 18.
Johannes von Elrestat (*1312*): III, 199, 43.
Johannes von Geispoltzheim (*1319-24*): III, 248, 40. 276, 18. 315, 12 u. 43.
Johannes Oleiman (*1290*): III, 78, 19.
Johannes Smidelin (*1324*): III, 248, 40.
Johannes Spirer (*1326*): III, 342, 18.
Johannes Steinlin (*1304*): III, 164, 28.
Johannes, procurator capituli (*1308-19*): III, 187, 8. 242, 28. 249, 15. 278, 18
Johannes (*1321*): III, 287, 30.
Nicolaus de Dübingheim (*1312-32*): III, 199, 43. 276, 18. 283, 37. 289, 16 u. 45. 292, 2. 369, 31. 374, 35. 375, 41. 395, 2. 399, 38.
Nicolaus Felix (*1284-1304*): III, 56, 14 u. 38. 63, 13. 100, 5. 166, 14.
Nicolaus Hennecker (*1329-31*): III, 350, 43. 375, 41. 383, 14. 384, 16. 394, 22.

Nicolaus von Vilingen genannt Swarber (*1317-18*): III, 228, 43. 248, 41. 268. 34. s. St. Johannesaltar.

Nicolaus, dessen Neffe, (*1317*): III, 228, 44.

Rôfelinus (*1326*): III, 335, 11.

Rûdolfus de Bopfingen (*1329*): III, 375, 28.

Rûdolfus de Mûlnhusen (*1331*): III, 391, 23.

Rûdolfus (*1328*): III, 362, 31.

Sigebotto Gûtelman (*1304-13*): III, 164, 28. 187, 10. 229, 1.

Magister Waltherus (*1278*): III, 39, 12.

Custos imaginis retro publicum altare.

Johannes in Brûderkuchene (*1313*): III, 226, 1.

Heinricus presbyter (*1331*): III, 393, 30.

Dormentarius.

Cûninus (*1302*): III, 147, 42.

Johannes (*1321*): III, 287, 25.

St. Thomas.

Probst.

Niclawes: † III, 34, 35 (1277).

Friedrich Spender (*1269-1304*): III, 7, 6. 26, 42. 64, 21. 79, 19. 89, 7. 91, 18. 106, 11. 114, 39. 115, 40. 136, 6. 138, 40. 144, 31. 161, 25. 167, 19. † III, 179, 32 (1306). II, 1278 Jan. 1288 Juli 20. 1294 Mai 6. 1296 Dez 12. 1300 Aug. 23.

Ludewicus (*1307-09*): III, 191, 24. II, 1307 Jan 4. 1309 Okt. 8.

Sigelin von Mülnheim (*1314-20*): III, 239, 22. 249, 7. 257, 9. 259, 27. 267, 7. 269, 37. 284, 15. † III, 292, 38 (1321). † III, 341, 7 (1326). II, 1317 Febr. 23.

Ulrich von Mandach (*1325-26*): III, 341, 5. Urkunde Thom. A. lad. 13 doc. hist.

Cantor.

Erbo, Bruder des Tanris, (*1269-93*): III, 8, 31. 92, 1.

Magister Conradus (*1309-11*): III, 195, 13. Urkunde Thom. A. lad. 25 (Titres).

Johannes Zorn: † III, 304, 43 (1325).

Cûnradus Schotte (*1324*): III, 315, 31.

Nicolaus de Kagenecke (*1328*): III, 370, 11.

Camerarius.

Hermannus (*1270-85*): III, 9, 6. 59, 11. † III, 225, 18 (1313).

Hermannus, decanus Rynaugensis. (*1297-13*): III, 120, 22. 121, 31.

Heinricus (*1325*): III, 321, 15.

Custos.

Heinricus de Phettensheim: † III, 98, 35 (1294).

Conradus Lebelin: † III, 121, 34 (1300) u. 157, 37 (1303).

Magister Johannes de s. Amarino (*1294-1312*): III, 98, 37. 170, 19. 216, 14. II. 1300 Aug. 3, Sept. 15. 1309 Okt. 8.

Magister Conradus de Offenburg (*1314-21*): III, 284, 21. 289, 15. Urkunden Bez. A. G 116 (551) u. Thom. A lad. 25 (Titres).

Decanus.

Magister Johannes de Peris (*1277-1303*): III, 35, 30 u. 45. 64, 21. 79, 19. 89, 7. 138, 31. 161, 25. II, 1288 Mai 20, Aug. 10-22. 1294 Mai 6. 1300 Aug. 23.

Hesso (*1307-09*): III, 191, 24. 197, 1. II. 1307 Jan. 4. 1309 Okt. 8.

Albertus de Sterneberg (*1313-17*): III, 225, 25. 239, 22. 259, 27. 263, 11. II, 1317 Febr. 23.

Johannes Zorn: † III. 259, 32 (1317).

Johannes de Kagenecke (*1318-26*): III, 284, 19. 297, 3. 321, 9. 341, 5. II. 1318 Febr. 15.

Johannes Kamerer: † III. 386, 16 (1330).

Pincerna.

Burkardus (*1291*): III, 81, 29. † III, 138, 31 (1301).

Nicolaus (*1304*): III. 167, 36

Portarius.

Johannes (*1272*): III, 16, 30.

Gozpertus (*1285*): III, 60, 30.

Rector puerorum.

Eberhardus de Brûnsebach (*1284*): III, 55, 18.

Scholasticus

Waltherus de Pfullingen: † III, 7, 8 u. 22 (1269).

Fridericus Spender (*1280-95*): III, 59, 11. 105, 9. II, 1204 Jan. Urkunde Thom. A. lad. 15 (Titres).

Ludewicus (*1304*): III, 167, 36.

Reimboldus de Kagenecke (*1316*): III, 253, 13. † III, 284, 16 (1320).

Magister Johannes Erlini (*1329-30*): III, 224, 47. 375, 6.

Thesaurarius.

Heinricus (*1270*): III, 9, 10.

Nicolaus Rûlenderlin (*1304*): III, 164, 2.

Cûnradus (*1314-25*): III, 239, 28. 259, 27. 318, 13. 321, 10.

Viceplebanus.

Symundus (*1280*): Urkunde Hosp. A. lad. Hôp. XIV.

Canonici.

Magister Conradus Leitrechen (*1266-72*): III. 6, 39. 7, 7. 18, 14. II, 1266 Dez. 17.

Conradus [Schotte] (1294): III, 100, 10.

Magister Dietmarus (*1290-94*): III. 78, 16. 81, 28. II, 1294 Jan.

Eberhardus (*1279*): III, 42, 34.

Erbe (*1289*): III. 75, 29.

Magister Fridericus de Gödertheim: II, 1310 Mai 27.
Göaselinus de Blûmenowe (*1310-27*): III, 199, 17. 352, 25.
Magister Gôtfridus phisicus (*1310*): III, 201, 8 ff.
Magister Gôtzo de Hagenoia (*1304-13*): III, 167, 36. † III, 237, 42 (1314). II, 1307 Jan. 4. Urkunde Thom. A. lad. 5 (Titres).
Hartmud (*1330*): III, 280, 38.
Magister Heinricus de Hugeswilre (*1318-26*): III, 270, 4. 317, 22. 321, 10. 368, 5.
Heinrich, Propst von Honau, (*1290*): III, 79, 12.
Hesso (*1289*): III, 73, 20.
Hesso Erlin (*1291*): III, 81, 29.
Johannes Kusolt (*1310-30*): III, 202, 24. 237, 40. 367, 31. 378, 28.
Johannes Kusolt (*1328*): III, 367, 30.
Magister Johannes Erlini (*1324*): 318, 13.
Magister Johannes Rywinl (Renwinus), ob mehrere? (*1314-30*): III, 237, 40. 258, 30. 269, 39. 287, 16. 297, 3. 321, 9. 377, 33.
Johannes, scriba, oder: notarius domini regis in Hagenoia: † III, 31, 29 (1276). † III, 46, 21 (1280).
Johannes Schôb (*1309*): III, 197, 7.
Johannes Webellin: † III, 81, 30 (1291).
Johannes Zorn (*1294-1323*): III, 98, 41. 303, 36.
Magister Johannes (*1283*): III, 55, 40.
Nicolaus von Kagenecke (*1310-16*): III, 205, 37. 253, 18.
Nicolaus filius Planchlin (*1322*): III, 323, 43.
Nicolaus Kûlenderlin (*1309*): III, 193, 21.
Nicolaus (*1324*): III, 316, 5.
Otto, plebanus quondam s. Martini, (*1271*): III, 15, 20.
Petrus Waldener (*1325*): III, 325, 33.
Reimboldus de Kagenecke (*1293*): III, 92, 5.
Rûdeger Rûsce (*1308-14*): III, 186, 19. 238, 6.
Meister Rulin, des Bischofs Schreiber, (*1279*): III, 43, 13.
Ůlricus Sûsze (*1327*): III, 351, 42.
Prepositus ecclesie Basiliensis (*1279*): III, 36, 28.

Pfründner.

St. Aegidiusaltar:
Heinricus Lôselin (*1304*): III, 164, 1.

St. Blasiusaltar:
Guntherus (*1277*): III, 35, 18.

St. Georgsaltar:
Fritscho de Lûtenheim (*1320*): III, 284, 20.

Hauptaltar:
Johannes de Achenheim (*1309*): III, 196, 8.
Heinricus de Hagenowe (*1309*): III, 196, 9.

Altar auf dem Lettner:
Sifridus zû dem Turne (*1320-23*): III, 267, 14. 296, 41. Urkunde Thom. A. lad. 5 (Titres).
Johannes Ortolfi (*1328*): Urkunde Thom. A. lad. 25 (Titres).

St. Marienpfründe:
Trutkind (*1311*): III, 209, 44.

St. Nicolausaltar:
Helwicus (*1303*): III, 161, 46.

St. Paulusaltar:
Fridericus Spies (*1326*): III, 333, 5.

Præbenda episcopi:
Hugo: † III, 59, 12. (1285).
Walterus (*1285*): III, 59, 12.

Albertus de Rotwilre (*1325*): III, 321, 13.
Burckart (*1266-69*): III, 1, 12. 6, 2. 7, 19. † III, 100, 34 (1294).
Cûne (*1266-69*): III, 1, 12. 6, 2. 7, 19.
Cûnradus (*1270*): III, 8, 37.
Fridericus de Vriesenheim (*1294*): III, 98, 34.
Hugo de Lutenheim (*1316-23*): III, 253, 20. 284, 15. Urkunde Thom. A. lad. 2 (Titres).
Johannes (*1294*): III, 98, 39.
Nicolaus de Mackenheim (*1326*): Urkunde Bez. A. H 2659.
Petrus (*1304*): III, 167, 37.
Symundus (*1284-91*): Urkunden Bez. A. H 3020 u. Hosp. A. lad. Hôp. LIV.
Waltherus Hasen (*1328*): Urkunde Hosp. A. lad. Orph. LXI.
Waltherus de Winterture (*1310*): III, 199, 16.

Vices camerarii gerens.

de Franchenheim (*1309*): III, 197, 9.

Schaffner, Procurator.

Burckart (*1274*): III, 22, 8.
Rûdegerus Merswin (*1310*): III, 199, 33. 203, 38.
Billunge (*1327-30*): III, 362, 36. 382, 10. II, 1330 Juni 2.

Procurator fabricæ.

Hermannus camerarius (*1280*): III, 49, 31.
Burkardus Kettener (*1313*): III, 224, 28.

St. Petrus.

Propst.

Heinrich (*1271*): Urkunde Bez. A. G 4749 (5121) 6.
Hugo Zorn (*1294-1320*): III, 99, 5. 128, 19. 152, 29. 160, 6. 168, 27. 201, 15. 222, 9. 237, 20. 245, 18. 251, 32. 259, 31. 271, 21. 283, 13. II, 1294 Mai 6. 1300 Aug. 23.
Nicolaus de Kagenecke (*1325-32*): III, 344, 30 u. 43. 350, 24. 356, 16. 357, 39. 362, 38. 366, 26. 371, 39. 381, 30. 389, 29. 394, 6. 395, 1. 396, 29. 399, 37. Urkunde Bez. A. G 4812 (5184).

Cantor.

Paulinus: † III, 80, 43. (1291).
Magister Wernherus de Ehenheim (*1311*): III, 211, 32.

Cellerarius.

Erbo de Kagenecke (*1298-1326*): III, 123, 19. 236, 39. 251, 33. 253, 31. 257, 17. 273, 41. 282, 8. 285, 21. 288, 39. II. 1324 August.

Custos.

Gotzo (*1288-1303*): III, 71, 10. 77, 1. 96, 27 u. 41. 123, 19.

Decanus.

Nicolaus (*1288-1300*): III, 91, 30. II, 1288 Mai 20, Aug. 16-22. 1294 Mai 6. 1300 Aug. 23.

Magister Waltherus de Mülnheim (*1303*): III, 160, 13. † III, 189, 18 (1308) u. 207, 29 (1310).

Johannes de Brandenburg (*1310*): III, 201, 15.

Götzo (*1316-32*): III, 251, 20. 251, 32. 271, 21. 282, 11. 339, 18. 344, 38. 356, 16. 366, 26. Urkunde Bez. A. G 4345 (4721).

Portarius, Pförtner.

Nycolaus von Bůnowe (*1294*): III, 71, 40.

Johannes Sigeberhti (*1320-26*): III, 286, 27. 319, 19. 347, 8.

Cůno von Grostein (*1331*): III, 395, 13.

Scholasticus.

Heinrich Kolin (*1303-28*): III, 96, 42. 214, 38. 217, 42. 235, 19 u. 38. 281, 6. 339, 14. Urkunde Bez. A. G 4273 (4650).

Thesaurarius.

Gotzo (*1310*): III, 201, 16.

Bertholdus Zorn (*1314-16*): III, 237, 24. 251, 32.

Johannes (*1318*): III, 271, 21.

Cůnradus de Mülnheim (*1326-31*): III, 339, 19. 356, 16. 366, 26. 382, 42. 389, 30. 394, 9.

Officium pistoriæ.

Reimboldus de Lingolvesheim: † III, 77, 4. (1290).

Nicolaus Zorn senior (*1290*): III, 77, 3.

Canonici.

Albertus de Talmassingen (*1276*): III, 32, 34.

Cůno de Grostein (*1317-27*): III, 265, 6. 285, 30. 339, 13. 349, 6.

Ebelinus presbyter (s. a.): III. 222, 39.

Egelolfus de Landesberg (*1270-83*): Urkunden Thom. A. lad. 10 (Titres) u. Bez. A. G 3070 (3478).

Erbo de Kagenecke (*1293-1316*): III, 92, 5. 247, 42.

Magister Heinricus de Ehenheim (*1326*): III, 344, 37.

Hesso Gope (*1299*): III, 124, 39.

Hugo Panphile (*1298*): III, 123, 19.

Magister Johannes de Brandenburg (*1315-16*): III, 245, 13. 247. 7 u. 40. † III, 282, 9.

Magister Johannes Lentonis: II, 1289-90.

Johannes Sigeberthi (*1312*): III, 222, 10.

Nicolaus de Kagenecke (*1312-20*): III, 283, 30. 284, 15. Urkunde Bez. A. G 4818 (5199).

Petrus Merswin (*1320*): III, 286, 29.

Petrus notarius Chunradi de Vriburch (*1322*): III, 323, 45.

Petrus de Schönecke (*1313-17*): III, 218, 30. 265, 10. Urkunde Bez. A. G 4769 (5141).

Reinboldus de Haselahe (*1293*): III, 92, 17.

Waltherus de Mulnheim (*1323-30*): III, 308, 17. 357, 4. 378, 12.

Magister Wernherus de Ehenheim (*1303*): Urkunde Bez. A. G 4769 (5141).

Wetzelo (*1327*): III, 349, 6.

Præbendarii

St. Columbaaltar:

Cůnradus de Brůmat (*1327*): III, 357, 36.

St. Nicolausaltar:

Cůnradus de Lůmersheim (*1310-30*): III, 207, 28. 214, 1. 381, 39.

St. Oswaldaltar:

Cůno de Neuwilre (*1328*): III, 362, 20.

St. Petersaltar:

Nicolaus de Geboltzheim (*1316*): III, 251, 35.

Bertholdus de Hůningen (*1318*): III, 271, 25.

Otto Endecrist (*1316*): III. 253, 8.

Procurator.

Johannes Gyligere sacerdos (*1305*): III, 175, 16.

Nycolaus Kőrnelin (*1324*): III. 319, 20.

Städtische Pfarrkirchen.

St. Andreas.

Patronus.

Johannes de Kůngeshoven (*1303*): III, 160, 7.

Plebanus.

Hugo, Probst von st. Peter, (*1303*): III, 160, 6.

Præbendarius.

St. Marienaltar:

Ůlricus Lorber (*1324*): III, 315, 19.

St. Michaelsaltar:

Dietricus (*1319*): Bez. A. G 4579 (5121).

St. Aurelia.

Perpetuus vicarius.

Fridericus Thöger (*1325*): III, 321, 24.

Vicarius.

Heinricus (*1305*): III, 171, 34.

Gozo: † II, 1294 Januar.

Procurator fabricæ.

Liebensůn (*1332*): Urkunde St. Aurel. A. lad. 6.

St. Martin.

Plebanus, Rector.

Otto (*1270*): Urkunde Thom. A. lad. 10 (Titres). Vgl. III, 15, 20.
Otto (*1282-85*): III, 51, 17. 59, 33.
Gebehardus de Friburgo (*1302*): III, 145, 12.
Johannes Cûsterlin (*1331*): III, 350, 43. 393, 28.

Viceplebanus.

Berchtoldus Orabis (*1304*): III, 165, 20.

Præbendarius.

St. Jodocuscapelle auf dem Friedhof:
Johannes frater dictæ die Alexanderin (*1315*): Urkde Bez. A. G 3528 (3918).
Marienaltar in der Kirche:
Erbo (*1331*): III, 393, 18.
Patron des Altars: Johannes Wasselnheim (*1316*): Urkunde Bez. A. G 1708 (2124).

St. Nikolaus über Breusch.

Viceplebanus, perpetuus vicarius.

Heinricus de Gamundia (*1309*): III, 195, 5.
Hugo de Sarburg (*1325*): III, 321, 5.

Præbendarius.

St. Katharinenpfründe:
Johannes de Hagenowe (*1331*): III, 388, 25.
St. Pantaleonsaltar:
Johannes (*1304*): III, 164, 11 u. 25.
Johannes dictus Schultheisse (*1323*): III, 301, 40.

Nicolaus de Erstheim (*1325*): III, 321, 11.

Alt St. Peter.

Rector.

Johannes Zorn (*1302*): III, 151, 29.

Viceplebanus.

Fridericus Spies (*1326*): III, 333, 5.

Männerklöster.

St. Arbogast.

Propst.

Jacobus Rybysin (*1293-95*): III, 103, 8. Urkunde Hosp. A. lad. 53.
Otto (*1307*): Urkunde Bez. A. G 5165 (4793).
Hermannus (*1313-30*): III, 313, 7. 331, 29. 337, 20. 361, 27. Urkunden Hosp. A lad. 110 und Frauenh. A. lad. 37.

Thesaurar.

Johannes (*1325*): III, 331, 20.

Monachus.

Conradus filius Cûnonis militis de Geispoltzheim (*1301*): Urkunde Hosp. A lad. Hosp. XII.

Grüner Wörth.

Monachus.

Conradus (*1304*): III, 165, 18.

Allerheiligen.

Propst.

Albertus (*1318*): III, 274, 18.

Deutschritter.

Commendator.

Waltherus (*1273*): Urkunde Bez. A. G 2705 (3119).
Courât (*1289*): Urkunde Hosp. A. lad. 62.
Albreht (*1304*): II, 1304 April 23.
Johans (*1318*): III, 270, 22.

Predigerbrüder.

Prior.

Burcart (*1270*): III, 10, 30. 11, 5. 11, 44.
E. (*1274*): Urkunde Hosp. A. lad. 104.
Alradus (*1288-89*): II, 1288 Febr. 22 (23), Dez. 28. 1289-90.
Egeno (*1296-1302*): III, 113, 20. 143, 6. 149, 38 u. 45.
Cûno de Kagenecke (*1303*): Urkunde Hosp. A. lad. 62.
Wernher Kuchenmeister (*1307*): III, 179, 35.
Dietherus (*1307*): III, 184, 14.
Matheus (*1314*): III, 236, 15.
Ulrich von Schaftoltsheim (*1316*): III, 63, 42.
Guntherus Monachi de Basilea (*1317-18*): Urkunden Hosp. A. lad. Hôp. LVII, Bez. A. D 47.
Friedrich von Basel (*1321*): III, 291, 43. 292, 23.
Petrus de Grostein (*1322-25*): III, 296, 11. 311, 35. 317, 15. 321, 38.
Albertus de Reinichem (*1327*): III, 349, 29.
Petrus de Grostein (*1330*): III, 349, 44.
Cûno de Kagenecke (*1330-32*): III, 398, 34. Urkunde Hosp. A. lad. Hôp. III.

Subprior.

Wernherus Kûchinmeister (*1292*): III, 87, 39.
Berhtoldus (*1299*): III, 120, 33.
Dominicus (*1321*): III. 202, 25.

Professor theologiæ.

Magister Eckehardus (*1314*): III. 236, 14.

Librarius.

Martinus: II, 1288 Dez. 28.

Sacrista.

Wernherus Coquinarius: II, 1288 Dez. 28.

Fratres, conventuales.

Albertus de Civitate (*1291*): Urkunde Hosp. A. lad. 72.

Bernhardus de Hymelberg (*1293*): III, 93, 10.
Bertholdus Faber (*1283*): III, 54, 10.
Bertholdus de Heiterbach (*1326*): III, 343, 25.
Ber. de Meistersheim (*1283*): III, 54, 10.
Burcardus Anerbe (*1269*): III, 7, 32.
Burcardus de Diessenhoven (*1311-13*): Urkunden Hosp. A. lad. 56.
Burcardus (*1297*): III, 116, 17.
Cůno de Kagenecke (*1325*): III, 331, 14.
Cunradus Cipe (*1321*): III, 292, 25.
Cunradus de Geispoltzheim (*1299-1322*): III, 295, 29. Urkunde Hosp. A. lad. s. Marc. VIII.
Dominicus de Kůngesheim (*1322*): III, 286, 8.
Dominicus de Schaftoltzheim (*1316*): III, 256, 20.
Ebelin (*1283-1301*): III, 54, 9. 143, 38.
Egeno de Stőffen (*1314*): III, 236, 15.
Egenolfus medicus (*1326*): III, 344, 18.
Erbo inter Mercatores (*1297*): III. 116, 17.
Volcmar (*1270*): III, 10, 36.
Fridericus de Basilea (*1326-28*): III. 227, 41. 364, 16.
Fridericus de Beinheim (*1291-96*): III. 83, 38. 88, 19 u. 20. 114, 10 u. 12.
Fridericus Broger (*1331*): III, 302, 18.
Fridericus de Erstcheim (*1276*): III, 27, 21. 28, 41.
Fridericus (*1270*): III, 10, 36.
Guntherus de Landesberg (*1329*): III, 371, 16.
Hartungus de Důngensheim (*1325*): III, 322, 7.
Hartungus de Hochveldcn (*1321*): III, 292, 26.
Heilmannus de s. Martino (*1318*): III, 278, 35.
Heilwicus (*1297*): III, 116, 17.
Heinricus de Basilea (*1276*): III, 28, 41.
Heinricus de Colonia (*1276*): III, 28, 42.
Heinricus de Furstunberg (*1304*): Urkunde Hosp. A. lad. Hôp. LXXVII.
Heinricus de Lůtzelnburg (*1318-27*): III. 268, 31. 349, 18.
Heinricus de Oberkirchen (*1269*): III. 7, 32.
Heinricus von Speyer (*1292*): III, 88, 37.
Hertwigus (*1283*): III, 54, 9.
Hetzelo (*1329*): III, 371, 42.
Hugo Engilberhti (*1314*): III, 236, 4.
Hugo de Achenheim (*1323-25*): III, 305, 10. 321, 19.
Hůgelinus de Achenheim (*1312*): III, 219, 5.
H. de Rinawia (*1271*): III, 16, 2.
Jacobus (*1292*): III, 88, 30.
Johannes Appet (*1286*): III, 65, 7.
Johannes Appet (*1286*): III. 65, 7.
Johannes de Bononia (*1296*): III, 114, 12.
Johannes Kerne de Westhofen: † III, 302, 38 (1323).
Johannes Kůffermeister (*1303*): Urkunde Hosp. A. lad. 62.
Johannes Fůterer (*1325*): III, 322, 7.
Johannes de Grifenstein (*1312-21*): III. 219, 4. 292, 27.
Johannes Hetzelonis (*1326*): III. 343, 25.
Johannes de Maguntia (*1302*): III, 146, 10.
Johannes Nauwer (*1331*): III, 392, 20.
Johannes de Offenburg (*1321*): III. 292. 26.
Johannes Panfolin (*1326*): III, 343, 25.
Johannes de Rynowe (*1325*): Urkunde Hosp. A. Zerstreute Sachen.
Johannes Spender (*1327*): III, 347, 9.
Johannes de Spira (*1304*): III, 166, 28.
Johannes de Sternegasse (*1310-16*): III, 206, 15. 253, 25.
Johannes de Stolzenecke (*1302-25*): III, 150, 25. 190, 20. 331, 8.
Johannes Sturm (*1305-27*): III, 172, 14. 291, 33. 292, 26. 317, 35. 320, 6. 343, 25. 347, 6.
Johannes de Tholeya (*1329*): Urkunde Hosp. A. lad. Orph. XV.
Johannes Wisze (*1310*): III, 208, 9.
Matheus Albus (*1316*): III, 250, 42.
Merkelinus de Lare (*1325-26*): III, 321, 19. 343, 25.
Nibelungus (*1297*): III. 116, 41.
Nicolaus Hippel (*1297*): III, 116, 17.
Nicolaus de Mollesheim (*1318-21*): III, 292, 26 u. Urkunde Hosp. A. Zerstreute Sachen.
Petrus de Grostein (s. Prior) (*1326-32*): III, 343, 26. 349, 18. 363, 44.
Petrus de Monasterio (*1325*): III. 331, 8.
Růdegerus de Hunesfelt (*1303-30*): III. 250, 40. 251, 43. 252, 32. 254, 9. 260, 6. 261, 12 u. Urkunde Hosp. A. lad. 56.
Růdolfus de Vegersheim (*1270*): III, 11, 44.
Růdolfus zů dem Dorne (*1310*): Urkunde Hosp. A. lad. Orph. XV.
Růlinus Wise (*1297-1313*): III, 116, 33. 117, 3. 143, 5. Urkunde Hosp. A. lad. Hôp. IV.
Sifridus de Wissenburg (*1296*): III, 114, 13.
Thomas de Numagie (*1296-1326*): III, 114, 12. 292, 35. 319, 38. 343, 24.
Ůlricus de Hagenowia (*1271*): III. 16, 2.
Ůlricus de Mittelhůs (*1325*): III. 321, 19.
Ůlricus de Rinowe (*1292*): III. 87, 40.
Ůlricus de Schaftoltzheim (*1316*): III, 256, 20.
Waltherus (*1318*): III. 208. 21.
Wernherus Kůchenmeister (*1303*): III, 179, 35.
Wernherus Kusen (*1283-1316*): III. 54. 10. 252, 29.
..dictus der Tůrlender (*1325-31*): III, 322, 9. 392, 20.

Procuratores, fratres laici (siehe auch unter conventuales).

Fritscho von Erstheim (*1296*): III, 88, 35.
Hartungus (*1326*): III. 343, 26.
Johannes Heintzelo (*1313*): III, 227, 43.
Symundus (*1292-96*): III. 88, 19. 114, 13.
Wernherus (*1293-96*): III. 93, 2. 111, 8. 113, 20.
Wetzelo (*1331*): III, 395, 25.

Minderbrůder.

Guardianus.

Heinricus (*1276*): III, 30, 1.
Sifridus (*1283*): II, 1283.

Fridericus (*1296-99*): III, 110, 13. Urkunde Bez. A. G 2705 (3119).
Fr. de Entringen (*1306*): III. 177, 19.
Petrus (*1312*): III. 222, 30.
Johannes (*1321*): III. 104, 42.
Thomas (*1324*): Urkunde Hosp. A. lad. Hôp. LVI.
Rûdolf von Tunzenheim (*1328*): Urkunde Thom. A. lad. 6 +.

Lector.

Gotfridus (*1277*): III, 36, 13.

Fratres.

Anshelmus de Monoltsheim (*1276*): III. 30, 1.
Bernhardus Kage (*1306*): III, 177, 20.
Burchardus (*1308*): III, 190, 38.
Egenolfus de Laudesberg (*1312*): III. 219, 6.
Erbo de Achenheim (*1329*): III. 373, 12.
Franciscus de Mutziche (*1331*): III, 392, 7.
Frichel (*1306*): III, 177, 20.
Friedrich von Entringen (*1308*): III. 182, 40.
Friedrich von Wangen (*1277*): III. 36, 13.
Hartlieb (*1277*): III, 36, 14.
Heinricus de Scherwilre (*1277*): III, 36, 14.
Heinricus de s. Stephano (*1278*): III, 38, 35. 39, 7.
Hugo (*1278*): III, 38, 35.
Jacobus medicus (*1306*): III, 177, 19.
Johannes de Maguncia (*1305*): III, 172, 16.
Johannes de Mutziche (*1318-31*): III. 268, 32. 392, 17.
Johannes de Ravensburg (*1324*): III. 319, 41.
Nycolaus de Achenheim (*1312*): III. 219, 6.
Rûdolfus de Biberahe (*1304-19*): III, 165, 22 u. 30. 177, 18 u. 27. 277, 39.
Waltherus de Landesberg (*1312*): III. 219, 6.
..Cyrmentegeno (*1324*): III. 319, 41.
2 filii Erbonis de Achenheim (*1312*): III, 219, 7.
..de Wasselnheim (*1331*): III. 392, 6.

Procurator.

Wezelo Marsilius (*1276-96*): III. 29, 25. 48, 15. 108, 10. 110, 12.
Her Wezel (*1290-1312*): III, 79, 29. 139, 38. 222, 29.
Johannes von Rinstette (*1295*): III, 104, 41.
Heinrich Welzel (*1318*): III, 275, 22.
Johans Gartener (*1318*): III, 275, 22.

Augustiner.

Prior.

Johannes Messerer (*1311-13*): III, 213, 9. Urkunde Hosp. A. lad. 56.

Fratres.

Johannes de Dossenheim (*1330*): Urkunde Thom. A. lad. 21 (Titres).
Johannes von dem Giessen (*1326*): III, 337, 28.
Johannes Hôbet de Offenburg (*1309*): Urkunde Thom. A. lad. lad. 21 (Titres).
Johannes Lowe (*1290*): III, 78, 27.
Hugelin von Dossenheim (*1330*): Urkunde Thom. A. lad. 21 (Titres).
Nicolaus (*1299*): Urkunde Bez. A. G 4741 (5113).

Wilhelmiter.

Procurator.

Bruder Nikolaus (*1320*): III, 282, 42.

Frauenklöster.

St. Stephan.

Aebtissin.

Anna de Lôphin (*1291*): III. 80, 38.
Brigida (*1303-26*): III, 162, 37. 174, 34. 180, 26. 202, 11. 212, 18. 226, 20. 227, 24. 259, 41. 273, 26. 286, 36. 315, 20. 325, 17. 334. 23. 345, 18. † III, 379, 27 (1330). II, 1310 März 1.
Margaretha (*1330*): III, 379, 18.

Sorores.

Adelheidis de Wangen (*1291*): III. 81, 8.
Adelheidis media de Lupfenstein (*1291*): III. 81, 8.
Adelheidis junior de Lupfenstein (*1291*): III, 81, 8.
Agnesa de Bitsch (*1291*): III, 81, 8.
Demûdis de Hirzberg (*1291*): III, 81, 8.
Demûdis de Lupfenstein (*1291*): III, 81, 8.
Gisela Begerin senior (*1317*): III. 259, 10.
Katherina Huwemesserin (*1291*): III, 81, 8.

Procuratrix.

Gisela Begerin (*1309*): III. 192, 37.

Procurator.

Heinricus de Rûtelingen (*1308*): III, 188, 16.
Ulricus Lorber (*1316*): III, 251, 13.
Friedrich Gürteler (*1326-31*): III, 325, 42. 333, 20. 387, 7.

Canonici.

Bertholdus de Tirlisdorff (*1268*): III, 3, 24. 4, 26.
Cûnradus (*1289-1304*): III. 73, 25. 97, 34. 110, 39.
Volmarus (*1302-04*): III. 169, 33. Urkunde Bez. A H 2654.
Gerhardus (*1309-30*): III. 191, 41. 379, 19.
Heinricus de Belheim (*1307-08*): III, 190, 32. Urkunde Bez. A. H 2672.
Heinricus de Greffere (*1299-1310*): III, 132, 13. 191, 41. 203, 12.
Jacob von Osthoven (*1330*): III, 325, 41. 379, 19.
Johannes Burkelin (*1309*): III, 191, 43.
Johannes Hawart (*1320-23*): III, 286, 9. 289, 32. Urkunde Hosp. A. lad. s. Marc. VI.
Matthias (*1269-1304*): III. 2, 38. 42, 29. 81, 14. 99, 22. 166, 27. † III, 167, 40 u. 169, 35 (1304). II, 1287 Sept. 15, Nov. 4, Dez. 13. 1288 Febr. 13, Mai 14, Mai 28, Juli 20, Juli 28. 1290 Mai 15.
Reinboldus (*1309-30*): III, 191, 41. 212, 31. 318, 11. 379, 19.
Wernherus de Milenbach (*1326*): Urkunde Bez. A. H 2638.

Rector ecclesiæ, Plebanus, Perpetuus vicarius.

Cûnradus (*1307-10, ausser Dienst 11-16*): III, 180, 27. 191, 6. 202, 10. 213, 40. 254, 16. 279, 5.
Heinricus de Etteningen (*1311-27*): III, 212. 18. 226, 30. 227, 25. 231, 34. 259, 12 u 40. 283, 10. 288, 26. 318, 8. 334, 24. 348, 44.

Præbendarius.

Apostelaltar:
Nicolaus Gürteler (*1330*): III, 379, 22.
St. Katharinenaltar «super ambone»:
Burchardus (*1317*): Urkunde Bez. A. H 2637.
St. Jacobusaltar:
Petrus Jöche (*1320*): III, 286, 5.
St. Marienaltar:
Johannes filius Cûnradi de Nunnenwilre (*1326*): III, 334, 26.
St. Nicolausaltar:
Johannes natus Erlewini (*1313*): III, 227, 27.

Uco de Zabernia (*1304*): III, 169, 37.

H. Kreuzkapelle.

Præbendar.

Heinricus de Rotwilre (*1313-21*): III, 231, 2. 288, 26.

St. Agnes.

Priorissa.

Adelheidis (*1268*): III, 4, 32.
Domina de Ochsenstein (*1291*): Urkunde Bez. A. H 3074.
Lûgart Rippelerin (*1327*): III, 350, 39.

Moniales, sorores.

Agnes filia Kleingedankes (*1268*): III, 4, 34.
Agnes filia sororis dicti Tanze (*1278*): III, 38, 33.
Anna filia Johannis de Blumenowe (*1316*): III, 253, 38.
Cecilia (*1294*): III, 100, 4.
Engeldrudis (*1330*): III, 383, 31.
Gerina de Achenheim (*1317*): III, 265, 19.
Hedewigis (*1330*): III, 383, 31.
Heilka filia Johannis de Blumenowe (*1316*): III, 253, 38.
Heilwigis, uxor quondam Kleingedankes (*1268*): III, 4, 34.
Junta de Achenheim (*1317*): III, 265, 19.
Lucgardis Sturmvetter (*1283*): Urkunde Bez. A. G 2053 (3365).
filia Dietrici Kolbelin (*1304*): III, 165, 14.
filia Reimboldi Reimboldelin (*1331*): III, 392, 21.

Fratres conversi, famuli, procuratores.

Cûnradus de Mollisheim (*1317*): III, 265, 25.
Cûnradus Munichelin (*1300*): III, 135, 27.
Heinricus de Berse (*1318-30*): III. 274, 41. 336, 23. 350, 3. 363, 35. 385, 40.
Johannes (*1312*): III, 317, 7.

St. Katherina.

Priorissa.

Junta (*1269*): III, 7, 38.
Sophia (*1313*): III, 245, 8.
Agnes (*1315-22*): III, 248, 13 u. 33. 300, 17.
Clara de Mûtensheim (*1328*): Urkunde Hosp. A. lad. 138.

Sorores.

Adelheidis de Dunnenheim (*1316*): Urkunde Hosp. A. lad. III.
Agnes de Rinowe (*1294*): III, 99, 12.
Agnes Schörpecherin (*1316*): Urkunde Hosp. A. lad. 139.
Anna de Dunnenheim (*1316*): Urkunde Hosp. A. lad. III.
Anna de Hochfelden (*1296*): Urkunde Hosp. A. lad. Orph. LXI.
Anna filia Reinboldi Stûbenweg (*1303*): III, 161, 15.
Katherina de Hochfelden (*1296*): Urkunde Hosp. A. lad. Orph. LXI.
Katherina de Rinowe (*1294*): III, 99, 12.
Katherina de Fleckesberg (*1294*): III, 100, 39.
Katherina Brogerin (*1331*): III, 392, 10.
Ellina Wisin (*1290*): Urkunde Hosp. A. lad. 169.
Elsa (*1331*): III, 392, 9.
Gertrudis filia Crebesser (*1288*): III, 69, 2.
Gertrudis filia Hugonis Clette de Ûtenheim (*1301-31*): III, 392, 5. Urkunde Hosp. A. lad. Orph. VI.
Gertrudis filia Heinrici militis de Ûtenheim (*1283*): Urkunde Hosp. A. lad. Orph. IX.
Gisela de Wartstein (*1324*): III, 319, 42.
Hedewigis Lente (*1298*): Urkunde Hosp. A. lad. Orph. XII.
Heilka (*1331*): III, 392, 9.
Husa zûm Dorne (*1298*): Urkunde Hosp. A. lad. Orph. X.
Margareta nata Cûnradi Kagonis (*1272*): Urkunde Hosp. A. lad. 138.
Metza Lente (*1298*): Urkunde Hosp. A. lad Orph. XII.
Sophia Kelbin (*1316*): Urkunde Hosp. A. lad. 139.
Sophia filia Sigelini Vehe (*1293*): Urkunde Hosp. A. lad. 138.

Fratres conversi, famuli, procuratores.

Cûno (*1275*): III, 24, 37.
Ludewicus (*1277-90*): III, 33, 28. 80, 8.
Waltherus (*1308*): III, 186, 27.

Capellanus altaris Nicolai et Michaelis instituti per † Johannem dictum Schorpecher militem de Brûmat.

Syfridus (*1328*): Urkunde Hosp. A. lad. 138.

St. Clara auf dem Rossmarkt.

Aebtissin.

Katherina (*1294*): III, 101, 15.
Agnes (*1300-13*): III, 134, 1. 226, 9.
Gerdrud (*1321-22*): III, 297, 13. Urkunde Hosp. A. lad. 49.
Katherina (*1323*): Urkunde Hosp. A lad. 51.
Lorata (*1327-30*): III, 346, 28. Urkunde Hosp. A. lad. 49.

Moniales.

Agnes filia Conradi zû der Megede (*1303*): III, 157, 10.
Agnes soror Symundi Hômesser (*1296*): Urkunde Hosp. A. lad. Hôp. LIV.
Luckardis filia Güntheri de Landesberg (*1312*): III, 219, 8.
Salgûdis (*1300*): III, 134, 4.
Filia Reimboldi Reimböldelin (*1331*): III, 392, 21.

Fratres conversi, famuli, procuratores.

Heinricus (*1323*): III, 299, 41.
Hetzelo (*1327*): III, 346, 27.
Johannes Bailt (*1321-28*): III, 293, 19. 368, 30.
Johannes Heiden (*1330*): III, 384, 22.
Ůlricus (*1275-96*): III, 24, 2. 102, 30. 108, 39.

St. Clara auf dem Werde.

Aebtissin.

Katherina (*1313-27*): III, 233, 10. 254, 44. Urkunde Hosp. A. lad. Orph. III.

Moniales.

Fina, filia Hetzelonis Markes (*1316*): III, 254, 32.
Irmelina filia Schotte (*1330*): III, 381, 27.

Fratres conversi, famuli, procuratores.

Gerhardus (*1323*): III, 303, 17.
Heinricus (*1309-16*): III, 191, 44. 193, 1. 212, 24. 254, 33.
Nicolaus (*1313-29*): III, 218, 25. 352, 15. 376, 2.

St. Elisabeth.

Priorissa.

Katherina (*1316*): Urkunde Hosp. A. lad. Hôp. II.

Moniales, Sorores.

Agnes Denzin (*1278-1310*): III, 58, 33. Urkunde Hosp. A. lad. 105.
Agnes Denzin (*1310*): Urkunde Hosp. A. lad. 105.
Agnes de Snellingen (*1312-26*): Urkunden Hosp. A. lad. s. Marc. II und Stadt A. s. Nic. in undis lad. K.
Agnes de Snellingen (*1312*): Urkunde Hosp. A. lad. s. Marc. II.
Agnes filia Pauli Mosung (*1321*): Urkunde Stadt A. s. Nic. in undis lad. M.
Agnes (*1302*): Urkunde Hosp. A. lad. s. Marc. II.
Beatrix (*1302*): Urkunde Hosp. A. lad. s. Marc. II.
Katerina Clobelôchin (*1304*): Urkunde Stadt A. s. Nic. in undis lad. I.
Clara filia Bertschini (*1304*): Urkunde Hosp. A. lad. 104.
Clara filia Pauli Mosung (*1321*): Urkunde Stadt A. s. Nic. in undis lad. M.
Elisabeth filia Pauli Mosung (*1321*): Urkunde Stadt A. s. Nic. in undis lad. M.
Elisabeth filia Nicolai de Mülnecke (*1311-27*): III, 218, 14. 343, 29. 348, 15.
Ellina de Ehenheim (*1310*): Urkunde Hosp. A. lad. 105.
Greda, filia Nicolai de Mülnecke (*1311-27*): III, 213, 14. 343, 29. 348, 15.
Hedewigis, filia Gerhardi piscatoris (*1272*): III, 16, 16.
Husa, filia Bertschini piscatoris (*1304*): Urkunde Hosp. A lad. 104.
Luscha, filia Grimolt (*1311*): III, 213, 14.
Odilia (*1324*): III, 317, 11.
2 dictæ de Epfiche (*1326*): III, 343, 30.
2 dictæ Schöttin (*1326*): III, 343, 28.
dicta de Rodesheim (*1326*): III, 343, 31.

Capellanus.

Johannes de Rodesheim (*1326-28*): III, 343, 27. 365, 1.
Fridericus Gürteler (*1327*): III, 356, 9.

Fratres conversi, procuratores.

Fridericus (*1277*): III, 34, 18.
Heinricus (*1311*): III, 213, 21.
Johannes von Bergheim (*1306*): III, 177, 41. 178, 42.

St. Johannes.

Moniales, sorores.

Agnes, neptis Berhtæ domicellæ, (*1326*): III. 335, 22.
Agnes filia Nycolai de Rymûtheim (*1326*): Urkunde Stadt. A. s. Nic. in undis lad. K.
Anna de Lingolvesheim (*1288*): Urkunde Frauenh. A. lad. 19.
Beatrix (*1326*): III, 335, 24.
Ellekindis filia Wölfelini zûm Riet (*1305-23*): III, 299, 33 und Urkunde Hosp. A. lad. s. Marc. V.
Gisela de Kagenecke (*1325*): III, 331, 2.
Heilka filia Wölfelini zûm Riet (*1305-23*): III, 299, 33 und Urkunde Hosp. A. lad. s. Marc. V.

Procurator.

Johannes von Bergheim (*1306*): III, 177, 41. 178, 42.

St. Marcus.

Priorissa.

Ellina von Schaftoltzheim (*1326*): III, 256, 41.
Adelheidis (*1329*): Urkunde Hosp. A. lad. 104.
Katherina (*1331*): Urkunde Hosp. A. lad. 104.

Moniales, sorores.

Agnes Ritterin (von Scharroch): (*1316-26*): III, 256, 9 u. 42.
Agnes (*1297*): Urkunde Hosp. A. Zerstreute Sachen.
Anna, filia Guntheri de Landesberg (*1312*): III, 219, 10.
Anna de Winterture (*1288*): Urkunde Frauenh. A. lad. 19.
Belima (*1297*): Urkunde Hosp. A. Zerstreute Sachen.
Katherina Küffermeisterin (*1316*): Urkunde Hosp. A. lad. 104.
Katherina, filia Wolmecher de Flexburg (*1304*): Urkunde Hosp. A. lad. 104
Katharina Löselin (*1317*): Urkunde Hosp. A. lad. s. Marc. VII.
Katharina, filia sororis dicti Tanse (*1278*): III, 38, 32.
Ellina von Schaftoltzheim (*1316*): III, 256, 9.
Elsa de Dünowe (*1286*): III, 65, 4.
Elsa Sickelin (*1326*): Urkunde Hosp. A. lad. Hôp. XII.
Engela de Winterture (*1313*): Urkunde Hosp. A. lad. Hôp. IV.
Gertrudis de Dankratzheim (*1329*): Urkunde Hosp. A. lad. 104.
Gertrudis Löselin (*1317*): Urkunde Hosp. A. lad. s. Marc. VII.
Gottelindis de Hohenstein (*1297*): Urkunde Hosp. A. Zerstreute Sachen.
Greda filia Johannis Appet (*1286*): III, 65, 4.
Greda Bleukelin (*1329*): Urkunde Hosp. A. lad. 104.
Ita de Duntzenheim (*1316*): Urkunde Hosp. A. lad. 104.

Fratres conversi, procuratores.

Cûnradus (*1270*): III, 11, 7.
Cûnradus (*1270*): III, 11, 7.
Fridericus (*1267-70*): III, 3, 1. 11, 7.
Fritscho (*1324*): III, 309, 19.
Volcmarus (*1267*): III, 3, 1.
Hartûngus (*1267*): III, 3, 1.
Wernherus (*1267*): III, 3, 1.

St. Margaretha.

Fundator.

Heinricus Webelin (*1285*): III, 59, 22.

Priorissa.

Katherina de s. Aurelia (*1326*): III, 344, 19.
Gerdrudis Zörnin (*1330*): III, 384, 30.

Moniales, sorores.

Agnes, filia Lenzelini (*1295*): III, 108, 33.
Anna Clobelöchin (*1328*): III, 364, 31.
Anna filia Conradi de s. Bernhardo (*1301*): III, 139, 17.
Katherina de s. Aurelia (*1328*): III, 364, 31.
Katherina, filia Lenzelini (*1295*): III, 108, 33.
Clara Riplerin (*1326*): III, 343, 45.
Demûdis (*1294*): III, 100, 40.
Gerdrudis Zorn (*1313*): III, 222, 1.
Gisela Landöltin (*1326*): III, 343, 44.
Husa Zörnin (*1326-28*): III, 344, 19. 364, 31.
Lûtgardis de Wiscenburg (*1296*): III, 114, 14.
Mehtildis (*1294*): III, 100, 40.
2 dictæ Dutschmennin (*1326*): III, 343, 44.
dicta de Westhus (*1326*): III, 343, 44.

Capellanus, officians.

Burcardus (*1328*): III, 364, 38.
Eberlinus (*1328*): III, 364, 34.
Lembelinus (*1328*): III, 364, 30.
Hartmannus (*1322-28*): III, 296, 35. 364, 29.

Fratres conversi, procuratores.

Conradus (*1322*): III, 294, 12.
Heinricus (*1290*): III, 79, 6.
Ludewicus (*1302*): III, 146, 16.

St. Maria Magdalena.

Priorissa.

Elsa (*1274*): III, 20, 9.
Leucardis (*1282*): III, 52, 8.
Metze von Steinhofen (*1324*): III, 309, 7.
Junta (*1330*): III, 387, 20.

Cantrix.

Agnes (*1294*): III, 100, 39.

Moniales.

Adelheidis (*1283*): III, 54, 25.
Beatrix (*1297*): III, 116, 42.
Cecilia (*1297*): III, 116, 43.
Elsa de Schönecke (*1324*): III, 319, 43.
Heiliega (*1297*): III, 116, 43.
Lûgardis (*1297*): III, 116, 42.

Pfleger.

Bruder Heinrich von Honburg (*1309-17*): III, 206, 28. 232, 45. 259, 26. II, 1309 Okt. 8.

Fratres conversi.

Heinrich Stotzhein (*1326*): III, 339, 26.
Rûdolfus (*1267*): III, 2, 18.

St. Nicolaus in undis.

Priorissa.

Lutgardis (*1303*): Urkde Stadt A. s. Nicol. in und. lad. 2.
Katherina de Duntzenheim (*1313*): Urkde Stadt A. s. Nicol. in und. lad. S 2.

Moniales, sorores.

Agnes Kelbin (*1297*): III, 116, 13.
Katherina de Scherwilre (*1324*): III, 312, 31.
Katherina de Rynowe (*1324*): III, 312, 28.
Clara Rychartin (*1324*): III, 319, 43.
Fina (*1299*): Urkde Stadt A. s. Nicol. in undis lad. V.
Gerina de Kertzvelt (*1320*): Urkde Stadt A. s. Nic. in undis. lad. B 1.
Oreda de Ilagen (*1304*): Urkde Stadt A. s. Nicol. in undis lad. C.
Lücgardis de Kertzvelt (*1320*): Urkde Stadt A. s. Nicol. in undis lad. B 1.
Lücgardis de Hunesvelt (*1325*): III, 322, 5.
Nesa de Zabernia (*1325*): III, 322, 5.
Sophia Nepin (*1304*): Urkde Stadt A. s. Nicol. in undis lad. C.
soror Heintzemanni Appet (*1304*): Urkde Stadt A. s. Nicol. in undis lad. C.

Fratres conversi.

Conradus de Kertzevelt (*1302*): III, 151, 18 u. 35.
Heinricus Ackermann (*1307-17*): III, 184, 15. 184, 42. 249, 7.

Beginenhäuser.

von Innenheim.

Magistra.

Mechtildis (*1276*): III, 29, 2.

Subpriorissa.

Adelheidis (*1276*): III, 29, 2.

Sorores.

s. III, 29, 4. 344, 44.

von Offenburg.

Magistra.

Adilheidis (*1276*): III, 30, 4.

Subpriorissa.

Mehtildis (*1276*): III, 30, 4.

Sorores.

s. III, 30, 5.

Des Schoubes Gotteshaus.

Magistra.

Engela de Reinicheim (*1323*): III, 304, 16.
Willeburgis de Hundensheim (*1327*): III, 357, 24.

Zum Turn.

Magistra.

Beata (*1276*): III, 27, 14.
Lütgardis (*1314*): III, 234, 36.

Subpriorissa.

Lücgardis de Slecistat (*1276*): III, 27, 14.

Sorores.

s. III, 27, 16. 219, 2. 234, 38.

Merswins Gotteshaus.

Sorores.

s. III, 322, 1.

Luckeses Gotteshaus.

Sorores.

s. III, 322, 10.

Beghardenhaus.

Fratres.

s. III, 376, 20.

Klausen.

Bei St. Gallus.

Pfründner.

Sigebotto (*1280*): III, 53, 10.

Inclusæ.

Vgl. III, 171, 30 (1305).

Bei St. Michael.

Inclusa.

Vgl. III, 322, 3 (1325).

Siechenhaus Rotenkirchen.

Rector ecclesiæ.

Erbo de Kagenecke (*1309*): III, 196, 24.

Procurator, Amministrator, Syndicus, Gubernator.

Couradus de Rangoldingen (*1291*): III, 81, 20.
Waltherus de Meistersheim (*1309*): III, 196, 25. Vgl. III, 273, 1 (1318).
Jacobus de Barre (*1309-18*): 196, 25. 272, 30.
Johannes Cleine sacerdos (*1318*): III, 273, 7.